魏晋南北朝史

王仲荦 ◎ 著

上海人民出版社

图书在版编目(CIP)数据

魏晋南北朝史/王仲荦著.—2版.—上海:上
海人民出版社,2016
ISBN 978-7-208-13564-2

Ⅰ.①魏…　Ⅱ.①王…　Ⅲ.①中国历史-魏晋南北朝
时代　Ⅳ.①K235

中国版本图书馆 CIP 数据核字(2016)第 010229 号

责任编辑　苏贻鸣　张晓玲　秦　堃
封面装帧　袁银昌平面设计有限公司

魏晋南北朝史

王仲荦　著

出　　版	上海人民出版社	
	(201101　上海市闵行区号景路 159 弄 C 座)	
发　　行	上海人民出版社发行中心	
印　　刷	江阴市机关印刷服务有限公司	
开　　本	850×1168　1/32	
印　　张	31.5	
插　　页	14	
字　　数	756,000	
版　　次	2016 年 8 月第 2 版	
印　　次	2025 年 9 月第 8 次印刷	
ISBN 978-7-208-13564-2/K·2476		
定　　价	138.00 元	

作者简介

　　王仲荦（1913—1986）中国历史学家。浙江余姚人。1937年上海正风文学院毕业。曾任上海太炎文学院、中央大学、山东大学教授。建国后，历任山东大学教授、历史系主任，《文史哲》编委会副主任，中国唐史学会副会长，山东省史学会理事长，国务院古籍整理出版规划小组成员。长期从事文史教学和研究，专于魏晋南北朝隋唐五代史。晚年致力于敦煌学和古代物价史的研究，写成《敦煌石室地志行记综录》。著有《魏晋南北朝史》、《隋唐五代史》、《关于中国奴隶社会的瓦解及封建关系的形成问题》、《北周六典》、《北周地理志》、《西崑酬唱集注》、《敦煌石室地志考释》等。另出版有《𬇕华山馆丛稿》、《𬇕华山馆丛稿续编》。

顾恺之(传) 洛神赋图卷（局部） 东晋

"竹林七贤及荣启期"砖画　东晋

云冈第二十窟释迦坐像　　　北魏

石造像　北齐

鞍马画像砖　南朝

牛车画像砖　南朝

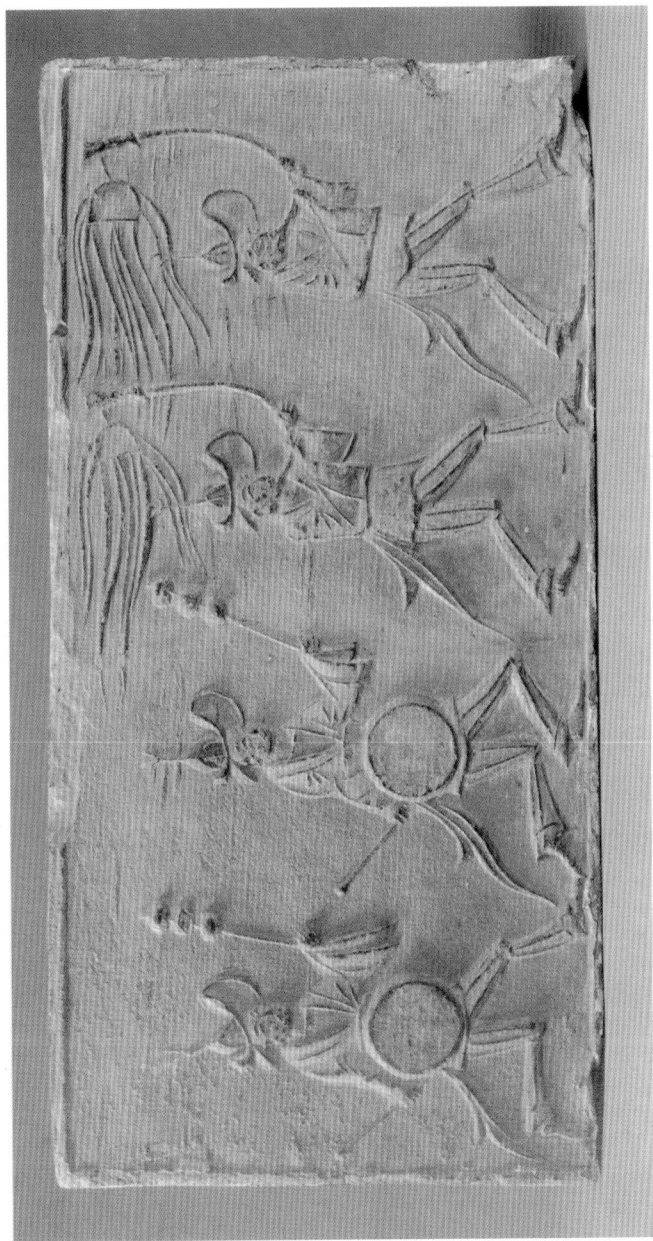

横吹画像砖　南朝

青瓷羊尊　　西晋

铜虎子　　十六国

青瓷仰覆莲花尊　北魏

玻璃碗　　十六国

玻璃杯　　十六国

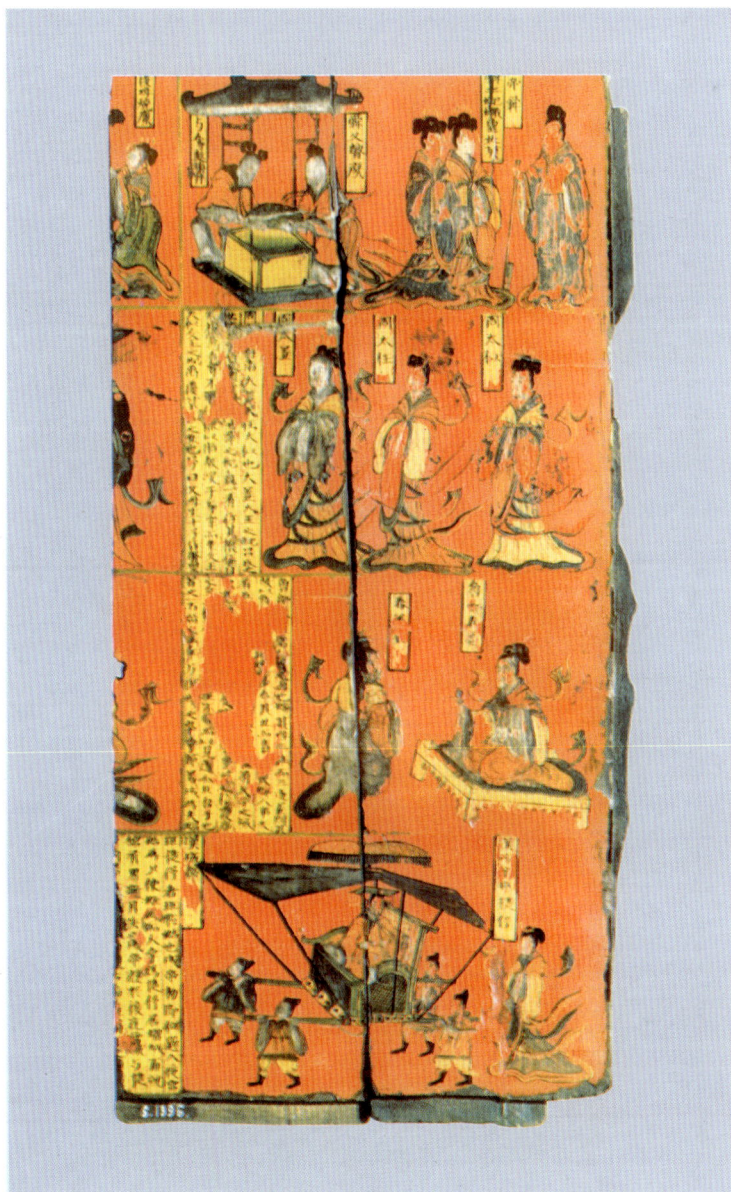

彩绘人物故事屏风　　北魏

犀皮鎏金铜釦皮胎漆羽觞　　三国·吴

序　言

　　我从 1952 年起,在山东大学历史系担任魏晋南北朝隋初唐史的课程,同时开始编写一部讲义,但不尽符合教材要求,以后就索性放开手,写成《魏晋南北朝隋初唐史》这一部断代史。它的上册在 1961 年 7 月由上海人民出版社出版,其下册也已经定稿,1966 年将要付排,因"文化大革命"开始,暂时停止排印。

　　1976 年冬,摧残科学事业的"四人帮"粉碎后,上海人民出版社即来信表示要重印我的《魏晋南北朝隋初唐史》上册,并且出版《魏晋南北朝隋初唐史》下册。我觉得很为难。因为这部书是在 1952 年着手编写的,实际已经经历了二十五个年头。我这部书,外界对它可谓毁誉参半;而在二十五年内,历史学界对有关这段历史的许多重要问题,争论甚烈,进展甚快,我不能把二十五年前的旧作,原封不动地重新印出来,势必大加修订。于是我征得了上海人民出版社的同意,决意抽出两三年的时间,重新写定。并决定把原书改写成为《魏晋南北朝史》和《隋唐五代史》两部书。先挤出一年左右的时间,补充修订了这部《魏晋南北朝史》;如果健康许可,再准备挤出一两年时间,写定《隋唐五代史》。

　　编写魏晋南北朝史,首先要接触到的是古史分期问题。而我是主张魏晋封建论者,与主张其他各种说法的同志的意见难以统一起来。我在讲授这门课程时,为了避免造成教学上的混乱,尽量不去触及这个问题。好在奴隶社会的下限,国内只有三派,而不管哪一派,对魏晋南北朝时期,封建农奴——部曲佃客制这一加强过程，是谁都没有否认或加以抹杀的，所以本书开头就没有把奴隶社会的下限问题作为重点来阐述。当然，要把每个人的古史分期主张完全撇在一边，来谈魏晋南北朝时期的社会结构、经济基础，是有困难的。我在这里只是略而不谈，有些地方仍然会表现出自己所持的看法，这也可以说是锲而不舍吧。

魏晋南北朝时期，封建土地所有制的形态是世家大族地主占有了大量土地和不完全占有土地上的依附农民——部曲、佃客。这种封建关系的形成，隶属性被极度强化，但劳动者和土地的结合，缓和了两汉以来农民失去土地成为流民这一严重的社会危机。这时候的屯田制、占田制、均田制，只是作为这种封建土地所有制的补充形态出现的，它们得受到封建土地所有制的制约。关于世家大族这个名称，有不少同志认为不如用门阀士族好。我认为世家大族和门阀士族其实是同义语。世家这个名称，可能会和春秋时代的"世卿"、"世禄"混淆，其实是能够区别开来的，春秋时代的"世家"，如淳释为"世世有禄秩家"（《史记·平准书》集解引），我认为这样解释是比较确当的。魏晋南北朝的世家就是士族。《新唐书·杜羔传》："开成初，文宗欲以真源、临真二公主降士族，诏宗正卿取世家子以闻。"可见世家和士族本来是同义语。"士""仕"本来是一个字，仕族用古义称士族，而士族二字骤看起来，好像带有书香子弟的味道。东晋、南朝的琅邪王羲之、王融，陈郡谢灵运、谢朓，南阳庾信，琅邪颜之推，他们才华不世出，称之为士族倒可以；至如北朝的赵郡李元忠、勃海高昂，这些带有土豪气息，没有一点书香余韵的，称之为士族，真是不相称。所以仍用世家来称呼他们。大族见《三国志·吴志·陆逊传》："世江东大族。"《北史·宋弁传》："高门大族。"门阀见《北史·辛术传》："管库〔寒人〕必擢，门阀不遗。"《新唐书·薛登传》："魏取放达，晋先门阀。"门阀和大族虽然不是同义语，但也很接近，只是从字面上看来，门阀的门第更高峻一些，一般世家大族有时还不能企及,因此就采用大族这一个名词了。本书有时出现世族这个名词,这是根据《晋书·外戚传》:"庾亮世族羽仪。"《宋书·恩幸传》论:"军中仓卒,权立九品,盖以论人才优劣,非谓世族高卑。"把世家大族一词简化一下,就成为世族这个名词了。当然拙著里有时也用门阀士族这个名称,偶或用之,应当也是允许的。

还有一个问题得谈一谈。我是把西周、春秋时期的井田制、书社制看作农村公社的。一直到现在,我还是坚持这个看法。就是说在当时有两种基本经济结构存在,即既存在古代东方的奴隶制度,也还残存着原始社会遗留下的农村公社制度。到了魏晋南北朝,西晋的占田制,北朝和唐代的均田制,实际又是封建社会前期,地主经济已经占统治地位下再度建立起来的村社残存形态。到了唐中叶,均田制破坏,两税法实施,我国村社的残余形态才基本结束,后来只有实行连坐法的保甲制度还残存下来罢了。这标志着中国封建社会进入它的中期和后期了。

江南的地方经济,在两汉以前是不算十分发展的。历东吴、东晋、宋、齐、梁、陈六朝,北方南下流民和江南土著农民经过长期辛勤劳动,江南的农业和手工业才有了巨大的发展。侯景乱梁和隋文帝灭陈,江南地方经济一度出现停滞迹象,到了唐代中后期,全国经济的布局,又数"扬一益二"了。五代十国时期,南宋时期,明清时期,江南地方经济都有长足的发展,所以江南成为我国最早出现资本主义萌芽的地区。关于六朝时期江南经济的发展情况,我们用较大的篇幅来描述它,我想这是有必要的。

魏晋南北朝时期,无论黄河流域和长江流域,都经历了民族融合这个过程。只有通过这个过程,中华民族的主体汉族吸收了新鲜的血液,才会更加发展壮大起来。在我国历史上的民族关系中,各族人民之间的密切联系、相互联合和融合是主流,是历史发展的基本趋势,我们应当给予充分的肯定。与此同时,对于当时各族统治者或政权（国）之间的矛盾和斗争，我们也要用一定的篇幅来加以叙述，指出这些斗争的阶级实质，区分正义和非正义的不同性质。初稿对少数民族进入中原地区后采用的胡汉分治政策或胡汉不分治政策，注意得不够，这次也作了一定的补充。初稿对石勒、姚兴等少数民族上层分子，有肯定不够之处，这次定稿时也作了较大幅度的修改。

魏晋南北朝时期，在长时期的剧烈的战争中，涌现了不少优秀的军事统帅，他们指挥战争的艺术，一直到今天，还有值得我们借鉴的地方。这一次修改时，也补充了不少军事史方面的内容。这里着重说一说《尚书·仲虺之诰》里提出的"取乱侮亡"的问题。一个国家，一个政权，如果内部安定团结的话，无论敌人势力怎样强大，也不见得会被消灭掉。十六国时期，前赵进攻前凉，前赵主刘曜有二十八万军队，"列营百余里，金鼓之声动地，河水为沸"。前凉张茂虽然只有几万军队，但内部和睦，使敌无隙可乘。后来后赵主石虎也动员了十多万军队进攻前凉，还是攻不下来。相反，兵力虽然强大，如果内部充满矛盾，像前秦主苻坚统率八十七万人大举南下，同只有八万人的晋兵会战于淝水，也会一败涂地。刘裕北伐的兵员并不比后秦多，只是趁着后秦姚氏众叛亲离之际，"取乱侮亡"，终于攻下长安，灭掉后秦。所以，只要自己内部安定团结，别人就不敢轻易欺侮，在中国历史上，这类例子还很多。这个历史教训，我们应该好好记取。

我国自古以来就是一个多民族国家，魏晋南北朝时期，南匈奴、羯、氐、羌、鲜卑等部族已经融合到中华民族的主体——汉族里去了。此外构成中华民族的一些部族，如东北的夫馀、沃沮、勿吉、室韦、库莫奚、契丹各族，西北的高昌、焉耆、龟兹、于阗、疏勒诸城邦，西边的吐谷浑、附国、女国、邓至、宕昌、党项各部落，西南的东爨、西爨各部落，他们的社会制度和政治活动，在我的初稿中，都没有涉及，这次都加以补写了。

魏晋南北朝时期，中国和四邻的友好往来，也是非常频繁的。东方和海东的高句丽、百济、新罗以及日本，北方和柔然、高车、突厥，西北和大月氏、哒、波斯、粟特、大秦以及五天竺国家，东南和占婆、扶南、狼牙修、诃罗单、盘盘等国的经济文化交流，在拙著《魏晋南北朝隋初唐史》上册里，都不曾提到，这次稽考《吴时外国传》、《梁书·诸夷传》和北朝诸史，加以补写。我个人有一种愿望，希图使中国古代中世纪历史能和世界历史联系起来；同时也想说明3—6世纪的东方各国，并不像西方资产阶级学者所说的那样，还都处于蒙昧落后状态，其实它们是有较高的文化的。而且，它们相互间往来频繁，包括派遣使节进行访问和开展经济文化交流，这些友好关系是值得加以阐扬的。

在解放前，有人把魏晋南北朝时期看作是中国史上的黑暗时代，认为它一团漆黑，社会经济停滞不前。本人也曾受到过这个看法的影响。后来学习了世界历史，逐渐改变了这个看法。是的，在魏晋南北朝时期，自然经济占绝对统治地位，货币近于废弃，这是由于封建依附关系的加强而造成的，但不等于说这个社会就裹足不前了，这个社会的文化就不再向前发展了。相反，在这个时期，无论是经学思想、哲学思想、宗教思想，史学著作、地理学著作，文学创作、文学批评，绘画、书法、雕塑、音乐、舞蹈、杂伎等等，以及科学技术方面，都有重大的成就。魏晋南北朝时期文化上的成就，为以后唐宋时期文化的繁荣和发展准备了充分的条件。本书文化部分占了全书十二章中的三章之多，几乎占了全书的四分之一篇幅。当然，由于我的水平低，这部分内容不但还有疏漏的地方，而且大半借用了前人和近人的研究成果来作一般性叙述，写来也浮光掠影，不够深入，这是应该向阅者致以歉意的。

本书从动笔到这一次改定为《魏晋南北朝史》，前后经历了一个世纪的四分之一。详略既不得当，前后又难免有不能照应和互相重复的地方，尤其本人对马克思列宁主义学习不够，观点、方法都存在很多问题，希望历史学界的同志们，严予批评，如果我有第二次修改的机会，我一定遵循同志们提出的意见，再作修改。

本书在编写之初，得到山东大学历史系童书业教授的帮助很大，他虽然不是专门研究魏晋南北朝史的，但帮助我把这部书的架子搭了起来。我们是上下楼的邻居，在"文化大革命"中我和他都卧病在家，时时过从，就共同讨论了大家对之都有兴趣的意见。可惜书业同志逝世已十年，这次改写时，就无法向他请教了。写到这里不禁为之泫然。这个改写稿，蒙上海人民出版社历史读物编辑室林烨卿同志予以细致的审校，并提出许多宝贵意见。书中所附的历史地图，是请复旦大学历史系历史地理研究室刘思源、陈伟庆同志审核绘制的，在这里一并表示感谢。

1979 年 5 月，王仲荦写定于济南山东大学南园之嵁华山馆

目　　录

序言 ……………………………………………………………… 1

第一章　三国分立 …………………………………………… 1

　第一节　东汉王朝的崩溃 ………………………………… 1

　　东汉统治的危机(1)　东汉统治集团内部矛盾的尖锐化(10)
　　黄巾大起义(12)　统治阶级的混战给社会带来了巨大破
　　坏(17)　自然经济完全占统治地位(22)

　第二节　曹操的统一北方 ………………………………… 26

　　曹操的崛起及取得在兖州的统治地位(26)　曹操能够统一北
　　方的几个重要因素(34)　曹操兴置屯田的成功(37)　官渡会
　　战前曹操的攻取徐州(38)　官渡之战(42)　赤壁之战(49)
　　曹操的进兵关陇与汉中的得而复失(52)　曹操利用孙权解除
　　襄樊的威胁(57)　对曹操的评价(59)

　第三节　蜀汉的兴起与衰亡 ……………………………… 65

　　刘备取得荆州(65)　刘备入蜀与攻取汉中(70)　刘备猇亭之
　　败(76)　诸葛亮的安定南中(79)　诸葛亮的北伐(82)　蜀汉
　　的衰亡(86)

　第四节　吴在东南的开发 ………………………………… 90

　　江东的开发与东吴政权的建立(90)　东吴的屯田(91)　东南
　　沿海地区经济的发展(92)　台湾与大陆经济文化的联系(94)
　　东吴与南洋经济文化的交流(95)　部曲佃客与江东世家豪族
　　大地主(96)　东吴的衰亡(99)

　第五节　曹魏的经济与政治 ……………………………… 111

　　曹操的田租户调令(111)　曹魏的屯田制度(112)　曹魏的兴

修水利与北方农业生产的复苏(117) 屯田制度的逐渐破坏(119) 九品官人制度的产生(120) 曹魏前期的政治(121) 曹魏的衰亡(123)

第二章 封建关系的加强‥‥‥‥‥‥‥‥‥‥‥‥‥‥ 131

　第一节 世家大族经济势力的发展与部曲佃客制度的
　　　　 形成‥‥‥‥‥‥‥‥‥‥‥‥‥‥‥‥‥‥‥ 131
　世家大族经济势力的发展与门阀士族制度的形成(131) 世家大族庄园的类型(145) 佃客与部曲(149) 门生与故吏(155) 奴隶制残余的严重遗留(157)

　第二节 西晋的占田法‥‥‥‥‥‥‥‥‥‥‥‥‥‥ 166
　占田法的实施(166) 太康时期的繁荣景象(170)

第三章 西晋的暂时统一及其崩溃‥‥‥‥‥‥‥‥ 173

　第一节 西、北各少数民族的内迁 ‥‥‥‥‥‥‥‥ 173
　匈奴人的迁徙(173) 乌桓、鲜卑的分布地区及其社会制度(176) 氐、羌的分布地区及其迁徙(183) 賨人的分布地区及其迁徙(187) 汉族统治阶级对内迁各族的奴役与剥削(189)

　第二节 西晋的黑暗统治与"八王之乱"‥‥‥‥‥‥ 193
　西晋的门阀政治(193) 统治阶级的贪暴和奢侈(196) 贾后干政与"八王之乱"(198) 西晋王朝的灭亡(202)

　第三节 人民的流徙与流民起义‥‥‥‥‥‥‥‥‥ 205
　汉族人民的流徙(205) 流民入蜀与成汉建国(206) 流民起义的继续发生(211)

第四章 十六国‥‥‥‥‥‥‥‥‥‥‥‥‥‥‥‥‥ 217

　第一节 胡羯的建国‥‥‥‥‥‥‥‥‥‥‥‥‥‥‥ 218
　匈奴刘氏王朝的建立(218) 匈奴刘氏王朝的衰亡(220) 后赵王朝的建立及其政治(223) 石虎的残暴统治(227) 梁犊起义与后赵王朝的衰亡(230) 冉闵的反胡羯斗争(231)

　第二节 前燕与前秦的对立及苻坚的统一北方‥‥‥ 238

前燕慕容氏的兴起(238)　慕容垂的襄邑之胜(242)　前燕王朝的衰亡(243)　前秦苻氏王朝的建立(244)　王猛辅秦与苻坚统一北方(246)　前凉政权的兴替(249)

第三节　淝水之战与苻坚的败亡····················254
苻秦政治的渐趋紊乱(254)　苻秦对东晋的斗争(256)　淝水之战(259)　前秦王朝的灭亡(264)

第四节　淝水战后北方的再分裂····················268
后燕与西燕(269)　北燕与南燕(275)　后秦、大夏与西秦(277)　后凉与南凉(284)　西凉与北凉(287)

第五章　东晋王朝的建立及其政治··················296
第一节　北方世家大族的南渡与东晋王朝的建立·······296
江东世族地主的"三定江南"(296)　北方世家大族的南渡与东晋王朝的建立(298)　祖逖北伐(302)　南北世家大族的矛盾(304)　王敦跋扈与苏峻举兵(307)　桓温的三次北伐(310)

第二节　北方流民的南下与东晋政府的对策·········320
北方流民的南下(320)　侨州郡与土断制(323)

第三节　孙恩卢循的起义与东晋王朝的崩溃·········333
北府兵与荆扬内争(333)　孙恩领导的浙东农民起义(336)　东晋王朝的衰亡与刘裕的当国(340)　卢循北进的失败(343)

第六章　南朝的政治与经济························353
第一节　宋初内政及北强南弱局势的形成···········353
刘裕灭后秦(353)　宋初内政(359)　北魏的南侵(362)

第二节　宋齐梁的更替与南朝世族制度的僵化·······365
宋齐梁的更替(365)　南朝的世族(372)　寒门将帅势力的逐渐抬头与寒人的典掌机要(378)

第三节　南朝自耕小农经济的继续衰颓与军事力量的继续衰落····························392
兵士身份的继续低落(392)　自耕小农经济的继续衰颓(395)　南朝的农民逃亡与农民起义(405)

第四节　侯景乱梁与南朝的再削弱 ⋯⋯⋯⋯⋯⋯⋯⋯ 413
　　萧梁内政与对魏战争(413)　侯景之乱(417)　萧绎灭侯景与
　　定都江陵(422)　江陵的陷落(426)

第五节　陈王朝的建立与衰亡 ⋯⋯⋯⋯⋯⋯⋯⋯⋯⋯ 429
　　陈王朝的建立(429)　江南地方豪强势力的兴起(431)　陈争
　　淮南与陈的衰亡(435)

第六节　南方各族人民的融合 ⋯⋯⋯⋯⋯⋯⋯⋯⋯⋯ 438
　　豫州"蛮"与荆、雍州"蛮"(438)　俚人与俚人(441)　僚
　　族(443)　爨族(444)

第七节　江南经济的发展 ⋯⋯⋯⋯⋯⋯⋯⋯⋯⋯⋯⋯ 445
　　农业的继续发展(445)　手工业商业的发展(448)　货币问题
　　的对策(459)　经济重心的逐渐南移(463)

第七章　北朝的政治与经济 ⋯⋯⋯⋯⋯⋯⋯⋯⋯⋯⋯⋯⋯ 475
第一节　北魏初期的社会性质 ⋯⋯⋯⋯⋯⋯⋯⋯⋯⋯ 475
　　鲜卑拓跋氏的建国(475)　北魏的社会性质(479)

第二节　北魏孝文帝的均田、迁都与改革 ⋯⋯⋯⋯⋯⋯ 487
　　均田制的起源(487)　均田制的内容(492)　工商地位的逐渐
　　改善(502)　迁都洛阳(504)　孝文帝与鲜卑保守贵族的斗
　　争(506)　孝文帝改革的内容(508)　北魏政权与汉世家大族
　　结合的加强(513)

第三节　北魏末年的各族人民大起义 ⋯⋯⋯⋯⋯⋯⋯⋯ 521
　　北魏政治的衰乱(521)　北魏末年的僧侣起义(526)　六镇起
　　义(528)　河北大起义(533)　山东起义(537)　关陇
　　起义(538)

第四节　东魏与北齐的政治 ⋯⋯⋯⋯⋯⋯⋯⋯⋯⋯⋯ 544
　　北魏王朝的分裂(544)　东魏和西魏的战争(550)　北齐王朝
　　的建立(555)　均田制在北齐地区的推行及其破坏(557)　北
　　齐王朝的腐败(561)

第五节　西魏与北周的政治 ⋯⋯⋯⋯⋯⋯⋯⋯⋯⋯⋯ 565
　　北周王朝的建立(565)　西魏北周的均田制度(569)　府兵制

度的确立(574) 关陇统治集团的组成(580) 北周武帝统一

北方(583) 北周王朝的衰亡(589) 北方各族人民的大

融合(594)

第八章 魏晋南北朝时期的边境各族………………………… 601

第一节 东北各族 ………………………………… 601

夫馀(601) 沃沮(603) 勿吉(604) 室韦(606) 契丹(608)

库莫奚(609)

第二节 柔然、高车与突厥 ………………………… 610

柔然人与柔然汗国(610) 高车(616) 突厥人与突厥

汗国(621)

第三节 西北各族 ………………………………… 626

鄯善(626) 伊吾(628) 高昌(629) 焉耆(633) 龟兹(634)

于阗(635) 渴盘陁(637) 疏勒(638) 乌孙与悦般(639)

第四节 西境各族 ………………………………… 640

吐谷浑(640) 附国和女国(646) 宕昌与邓至(647)

党项(648)

第九章 魏晋南北朝时期的中外经济文化交流………… 650

第一节 魏晋南北朝与海东各国的经济文化交流……… 650

高句丽(650) 百济(654) 新罗(656) 日本邪马壹与大和国

家(657)

第二节 魏晋南北朝与西域及五天竺各国的经济文化

交流 ………………………………… 660

大宛(660) 者舌(661) 悉万斤(661) 忸密(661) 粟

特(661) 大月氏贵霜王朝(662) 哒汗国(664) 波斯萨桑

王朝(666) 大秦帝国(669) 五天竺各国(671)

第三节 魏晋南北朝与南海各国的经济文化交流……… 677

占婆国(677) 扶南国(679) 金邻、顿逊与狼牙修国(682)

毗骞、丹丹与婆婆国(683) 诃罗单、干陀利与婆利国(684)

第十章 魏晋南北朝的哲学思想与宗教……………… 688

第一节　魏晋玄学与反玄学思想 ••••••••••••••••••••• 689

从清议到清谈(689)　玄学思想的产生(693)　正始之音的代表人物——何晏与王弼(695)　才性同异离合的讨论(705)　嵇康与阮籍的思想(707)　向秀和郭象的思想(715)　杨泉、欧阳建、裴𬱟的唯物主义思想(722)　鲍敬言的《无君论》(732)

第二节　道教的形成与发展 ••••••••••••••••••••••••• 736

道教的形成与《太平经》的传播(736)　葛洪与《抱朴子》(741)　陶弘景、寇谦之对南北朝道教发展的影响(746)

第三节　佛教的传播与发展 ••••••••••••••••••••••••• 750

佛教在中国的传播(750)　初期佛经的传译(756)　佛教在南方与玄学思想的结合(760)　佛教在中原地区的流行(762)　般若六家七宗学说的玄学化(765)　中土僧侣的西行取经(771)　鸠摩罗什、昙无忏的东来传译(774)　僧肇《肇论》与竺道生的涅槃佛性学说(777)　释慧远对佛教发展的影响(786)　东晋南朝君臣的佞佛(788)

第四节　反佛教的斗争与范缜的无神论思想 ••••••••••• 793

反佛教思想的先驱(793)　范缜的唯物主义与无神论思想(800)　北朝的灭佛事件(808)

第十一章　魏晋南北朝的经学、史学与文学艺术 ••••••••• 818

第一节　经学与历史、地理著作 ••••••••••••••••••••• 818

经学的继续发展(818)　正史的修撰(827)　汲冢竹简的发现及其史料价值(840)　《西京杂记》(841)　《华阳国志》(843)　《世说新语》(844)　《水经注》(849)　《洛阳伽蓝记》(855)　颜之推的《颜氏家训》(859)

第二节　文　　学 ••••••••••••••••••••••••••••••••• 863

五言诗的形成(863)　建安文学(864)　正始文学(873)　西晋文学(875)　东晋南朝的玄言诗与山水诗(878)　陶渊明(879)　谢灵运与颜延之(885)　鲍照(887)　东晋南北朝的民歌与故事诗(890)　永明诗人与新体诗(897)　骈文的发展(901)　《文心雕龙》与《诗品》(902)　《文选》(905)　宫体诗(907)　庾

信及北朝诗人(908)　神话与志怪小说(912)

第三节　艺　　术 ································· 922

绘画与雕塑方面的成就(922)　石窟艺术(926)　书法(932)

音乐、舞蹈与杂伎(938)

第十二章　魏晋南北朝的科学技术 ·············· 948

第一节　数学、天文学与地图学 ··············· 948

数学(948)　天文历法(954)　裴秀的《禹贡地域图》(961)

第二节　炼钢技术与机械发明 ················· 963

炼钢技术的新成就(963)　机械发明(964)

第三节　农学与医药学 ····················· 968

《齐民要术》(968)　医学与药物学方面的重要成就(975)

魏晋南北朝大事年表 ····················· 983

· 7 ·

第一章 三国分立

第一节 东汉王朝的崩溃

东汉统治的危机 在整个两汉时期,社会经济危机主要是由春秋战国以来土地自由买卖、土地的集中、奴隶使用数目的增加、小生产者——农民和手工业者经济的衰颓、流民的大量出现这些现象来构成的。

春秋以来,生产力进一步发展,铁器的普遍使用,"最初的铁往往比青铜软"(恩格斯:《家庭、私有制和国家的起源》,载《马克思恩格斯选集》第 4 卷,第 159 页),因此,青铜器只是慢慢地消灭的。"铁使更大面积的农田耕作,开垦广阔的森林地区,成为可能"(同上),不但铁犁、铁斧等普遍使用于农业方面,使农业生产有着显著的提高,就是手工业方面,有了坚牢而锐利的铁器以后,也产生了许多新的手工业,结果,有些手工业从农业中开始分离出来。手工业之离开农业而分立,促使交换经济获得进一步的发展,这就保证了商品生产出现的可能性。商业城市,也在王侯的营垒基址上发展了起来,如赵之邯郸,齐之临淄,周之洛阳,楚之郢都、寿春,宋之定陶,逐渐成为经济中心,成为手工业、商业、高利贷的荟萃之地。商品生产和国内市场的增长,还可以从金属日益起着货币作用这一方面推断出来。这时,不但金银的行用渐广,而且还铸造了大量青铜币。

随着商品货币关系的发展,出现新的经济力量,握有这种力量的就是商人。尤其是富商大贾,挟其压倒小生产者的经济势力,走向统治政权。随着商人的较多出现,也就产生了高利贷。商人和高利贷者奴役着小生产者,《史记·货殖列传》所谓"凡编户之民,富相什则卑下之,伯则畏惮之,千则役,万则仆,物之理也",《汉书·货殖传》所谓"其为编户齐民,同列而以财力相君,虽为仆虏,犹亡愠色",就是指这种情况的发生而说的。

土地既然可以自由买卖,小农经济的不稳固,必然引起有向高利贷者借款的必要,于是抵押土地、因欠债而转让土地和农民破产等现象开始增多起来,所谓"秦为无道……强者规田以千数,弱者曾无立锥之居"(《汉书·王莽传》),"卖田宅,鬻子孙,以偿责"(《汉书·食货志》载贾谊语),正是这些现象的最好说明。

当然,小农经济分化的原因,绝不能只归之于商品货币的发展。马克思曾说过:"前人总是把亚细亚的、古代的、中世纪的商业的范围和意义,估计得过低;与此相反,异常地把它估计得过高,又已经成为时髦了。"(《资本论》,第3卷,第411页)在秦、汉时代,对小生产者的破产起了巨大作用的,是超经济的强制、战争和国家捐税的负担,所谓秦"力役三十倍于古,田租、口赋、盐铁之利,二十倍于古。……汉兴,循而未改"(《汉书·食货志》)。小生产者——农民和手工业者在大土地占有者的发展过程中,在战争、捐税和高利贷的负担下,迅速地破产,而商品货币关系在很大程度上又刺激了和加速了这一过程。

"汉兴,海内为一,开关梁,弛山泽之禁,是以富商大贾周流天下,交易之物莫不通,得其所欲。"(《史记·货殖列传》)后在朝廷"外事四夷,内兴功利"的有利条件下,内外贸易获得长足的发展。富商大贾的势力,"大者倾郡,中者倾县,下者倾乡里者,不可胜数"。他们不是"积贮倍息",便是"坐列(市中卖物行)贩卖"(《汉书·食货志》)。最能发大财的要算盐、铁大商人了。蜀卓氏以铁冶富;程郑以铁冶富;宛孔氏用铁冶为业,家致数千金;鲁曹邴氏以铁冶起富至巨万；齐刁间使桀黠奴逐鱼盐商贾之利起数千万；齐之大盐商东郭咸阳，南阳大冶铁商人孔仅，皆致产累千金。在当时的技术条件下，开采铁矿，需要使用大量的奴隶劳动，故卓氏有僮八百人，程郑亦有数百人。除了奴隶以外，由于小农在继续分化，被抛出农村的农民也投向矿场盐亭。《盐铁论·复古篇》所谓"豪强大家，得管山海之利，采铁石鼓铸煮盐，一家聚众或至千余人，大抵尽收放流人民"，"放流人民"决不是指奴隶，而是指抛出农村的农民而言的。

汉专制主义统治政权的剥削对象主要是广大农村的小生产者。汉政府一方面奴役和压榨小生产者，但另一方面，又必然设法使这一小生产者阶层继续广泛存在。因此它不喜欢商品货币关系的发展所起的促进大一统局面的作用，而担心于商品货币关系发展后促使农村经济两极化——在一极上急速地进行着农民破产与沦落，在另一极上进行着土地以及财富的集积。小生产者是国家主要的军事力量，他们在生产发展中起着重要的作用。"士卒皆家人子，起田中从军"（《汉书·冯唐传》），可见当兵的是他们；"男子力耕不足粮饷，女子纺织不足衣服"（《汉书·食货志》），可见从事耕织和负担租赋的也是他们。倘使小生产者阶层日益破产，会使"外事四夷，内兴功利"的事业陷入瘫痪状态。

汉政府为了压制商人经济势力的无限制发展起见，对商业活动曾经采取了敌视和钳制的步骤，可是却获得"法律贱商人，商人已富贵矣；尊农夫，农夫已贫贱矣"的后果。当时的"富商大贾或蹛财役贫"，使封君皆低首仰给；"冶铸鬻盐，财或累万金，而不佐公家之急"（《汉书·食货志》）。这样，到了汉武帝元狩、元鼎之际（公元前119—前115年），除采取算缗、告缗等一系列措施外，并且厉行了盐、铁等统制专卖政策，这样一来，可以说沉重地打击了商人的商业活动。商人看到重要生产事业既已收归官营，使他们无法插手，虽然有一小部分大商人为统治政权所吸收，造成了当时所谓的"吏道益杂不选，而多贾人"的现象，但是绝大部分商人却被摒于统治政权之外，于是他们也就掉转头来，把商业和高利贷向农村猖狂进攻，最后集中于土地的收买。如西汉末，湖阳樊重，世好货殖，他自己又经营高利贷，"其所假贷人间数百万"（《太平御览》卷598引《东观汉记》），以后"广开田土三百余顷"（《后汉书·樊宏传》），这不是商业、高利贷、土地三位一体独特地结合起来的最好例证吗？

东汉一代，盐、铁的禁令弛禁无常，商人自然也很慎重，不肯贸然地去经营它。盐、铁事业，商人既不肯插手，至于其他重要手工业如纺织业，又始终和农业结合在一起，这样，东汉的商业终于也转化为高利贷，向土地投资。到东汉末年，荀悦《除田租论》所谓"今豪民占地，或至数百千顷，富过王侯"，仲长统《昌言·理乱篇》所谓"豪人之室，连栋数百，膏田满野，奴婢千群，徒附万计，船车贾贩，周于四方，废居积贮，满于都城，琦珞宝货，巨室不能容，马牛羊豕，山谷不能受"。《损益篇》所谓"豪人货殖，馆舍布于州郡，田亩连于方国，身……不为编户一伍之长，而有千室名邑之役"，就是这种景况的写照，社会危机更是严重①。

在两汉整个时期里，大土地占有者——贵族官僚霸占了任何一个平民有权租入的土地。如西汉成帝时，红阳侯王立"使客因南郡太守李尚占垦草田数百顷，颇有民所假少府陂泽，略皆开发"（《汉书·孙宝传》）；哀帝时"诏书罢苑，而以赐〔董〕贤二千余顷"（《汉书·王嘉传》）。此外，大土地占有者又不择手段地夺取农民的土地，如西汉宣帝时，阴子方"田有七百余顷"（《后汉书·阴识传》）；成帝时，张禹"买田至四百顷"（《汉书·张禹传》），樊重"广开田土三百余顷"；东汉时，济南王刘康有"私田八百顷"（《后汉书·济南安王康传》），郑泰"有田四百顷"（《后汉书·郑泰传》），中常侍侯览"前后请夺人……田百一十八顷"（《后汉书·宦者侯览传》),大土地占有者的发展,是建立在无数小农失去土地的基础之上的。

小生产者在货币商品关系的发展之后,在大土地占有者土地集中的过程之中,在政府的租赋剥削和意外灾害的袭击之下,迅速地破产了。破产的农民,不得不求助于高利贷者,他们因负债累累而丧失了自己的土地,他们往往因种地不能谋生,而且有时还因为有了土地反要肩负整个战争重担和巨额捐税,所以甚至自己主动地抛弃了土地。西汉从武帝以下,一直到东汉统治最后崩溃为止,农民被抛掷出土地的现象,达到了空前的程度;农民被抛掷出土地的问题,便成为最严重的社会问题。

现将农民破产流亡和政府争取控制农民的情况列表于后:

年　代	公　元	现　　　象	材料来源
武帝　元狩四年	前 119 年	"关东贫民徙陇西、北地、西河、上郡、会稽,凡七十二万五千口。"	《汉书·武帝纪》
元鼎六年	前 111 年	"山东被河灾,及岁不登数年,人或相食,方二三千里……令饥民得流食江淮间。"	《汉书·食货志》
元封四年	前 107 年	"关东流民二百万口,无名数者四十万,公卿议欲请徙流民于边以谪之。"	《汉书·石奋传子庆附传》
征和二年	前 91 年	"下吏妄赋,百姓流亡。"	《汉书·刘屈氂传》
昭帝　始元四年	前 83 年	"比岁不登,民匮于食,流庸未尽还。"	《汉书·昭帝纪》
		"年岁比不登,流民未尽还。"	《汉书·杜周传子延年附传》
宣帝　本始三年	前 71 年	"大旱……三辅民就贱者,且毋收事。"	《汉书·宣帝纪》
本始四年	前 70 年	"今岁不登……振贷困乏……使归就农业。"	同上
地节三年	前 67 年	"胶东相〔王〕成,劳来不息,流民自占八万余口。"	同上

年　代	公　元	现　　象	材料来源
元帝　初元元年	前48年	"谷贵民流。"	《汉书·杜周传孙缓附传》
		"关东连年被灾害,民流入关。"	《汉书·于定国传》
初元二年	前47年	"关东……民众久困,连年流离,离其城郭,相枕席于道路。"	《汉书·贾捐之传》
永光元年	前43年	"郎有从东方来者,言民父子相弃。"	《汉书·于定国传》
永光二年	前42年	"元元大困,流散道路。"	《汉书·元帝纪》
		"关东困绝,人民流离。"	《汉书·薛广德传》
成帝　河平元年	前28年	"流民入函谷关。"	《汉书·天文志》
河平四年	前25年	"濒河之郡,水所毁伤……避水它郡国,在所冗食之。"	《汉书·成帝纪》
阳朔二年	前23年	"关东大水,流民欲入函谷、天井、壶口、五阮关者,勿苛留。"	同上
鸿嘉四年	前17年	"水旱为灾,关东流冗者众,青、幽、冀部尤剧。"	同上
永始二年	前15年	"饥馑仍臻,流散冗食,馁死于道,以百万数。"	《汉书·谷永传》
元延元年	前12年	"比年丧稼,时过无宿麦,而百姓失业流散,群辈守关。"	同上
		"民流亡,去城郭……父子夫妇,不能相保。"	《汉书·鲍宣传》
绥和二年	前7年	"百姓……前去城郭,未能尽还。"	《汉书·翟方进传》
哀帝　建平二年	前5年	"岁比不登,天下空虚,百姓饥馑,父子分散,流离道路,以十万数。"	《汉书·孔光传》
平帝　元始二年	2年	"郡国大旱蝗,青州尤甚,民流亡。"	《汉书·平帝纪》
新莽　始建国三年	11年	"是时内郡愁于征发,民弃城郭,流亡为盗贼,并州、平州尤甚。"	《汉书·王莽传》
地皇元年至三年	20至22年	"流民入关者数十万人。"	《汉书·食货志》
光武帝　建武十二年	36年	"米谷荒贵,民或流散。"	《续汉书·天文志》

年　代	公　元	现　　象	材料来源
章帝　建初元年	76年	〔兖、豫、徐〕三州郡国"流人欲归还本者，郡县其实禀令足，还到，听过止官亭，无雇舍宿"。	《后汉书·章帝纪》
		"比年牛多疾疫，垦田减少，谷价颇贵，人以流亡。"	同上
和帝　永元五年	93年	"遣使者分行贫民，举实流冗，开仓赈禀，三十余郡。"	《后汉书·和帝纪》
永元六年	94年	"流民所过郡国，皆实禀之。……又欲就贱还归者，复一岁田租更赋。"	《后汉书·和帝纪》
永元十二年二月	100年	"郡国流民，听入陂池渔采，以助蔬食。"	同上
永元十二年三月	100年	"比年不登，百姓虚匮，黎民流离，困于道路。"	同上
永　元十四年	102年	"赈贷张掖、居延、敦煌、五原、汉阳、会稽流民下贫谷各有差。"	同上
永　元十五年	103年	"流民欲还归本而无粮食者，过所实禀之……其不欲还者，勿强。"	同上
殇帝　延平元年	106年	"郡国……覆蔽灾害，多张垦田，不揣流亡，竞增户口。"	《后汉书·殇帝纪》
安帝　永初二年正月	108年	"时州郡大饥，……老弱相弃道路。"	《后汉书·安帝纪》注引《古今注》
永初二年二月	108年	"遣光禄大夫樊準，吕仓分行冀、兖二州，禀贷流民。""时饥荒之余，人庶流迸，家户且尽。"	《后汉书·安帝纪》、《樊宏传族曾孙準附传》
永初四年	110年	"诏以三辅比遭寇乱，人庶流冗。"	《后汉书·安帝纪》
		"青徐之人，流亡万数。"	《后汉书·虞诩传》
元初二年	115年	"诏禀并、凉及流冗贫人。"	《后汉书·安帝纪》
顺帝　永建二年	127年	"诏禀贷荆、豫、兖、冀四州流冗贫人，所在安业之。"	《后汉书·顺帝纪》
永建六年	131年	"连年灾潦，冀部尤甚……百姓……弃业，流亡不绝。"	同上

年　代	公　元	现　　象	材料来源
永建六年	131 年	"百姓流亡,盗贼并起。"	《后汉书·陈宠传子忠附传》
永和四年	139 年	"太原郡旱,民庶流冗。"	《后汉书·顺帝纪》
质帝　本初元年	146 年	"民多流亡,皆虚张户口,户口既少,而无赀者多,当复割剥,公赋重敛。"	《后汉纪》质帝本初元年
桓帝　建和二年	148 年	"诏民有不能自振及流移者,禀谷如科。"	《后汉书·桓帝纪》
永兴元年	153 年	"百姓饥穷,流冗道路,至有数十万户,冀州尤甚。"	同上
灵帝　建宁元年至中平五年	168 至188 年	"羌胡大扰,定襄、云中、五原、朔方、上郡等五郡,并流徙分散。"	《晋书·地理志》

年　代	公　元	诏 文 内 容	材料来源
明帝　永平三年	60 年		《后汉书·明帝纪》
永平十二年	69 年		同上
永平十七年	74 年		同上
永平十八年四月	75 年		同上
永平十八年十月	75 年		同上
章帝　建初三年	78 年		《后汉书·章帝纪》
建初四年	79 年	"赐流民无名数欲自占者,人〔爵〕一级。"(注:"无名数,谓无文簿也;占,谓自归首也。")	同上
和帝　永元八年	96 年		《后汉书·和帝纪》
永元十二年	100 年		同上
元兴元年	105 年		同上
安帝　永初三年	109 年		《后汉书·安帝纪》
元初元年	114 年		同上
顺帝　永建元年	126 年		《后汉书·顺帝纪》
永建四年	129 年		同上
阳嘉元年	132 年		同上

　　这些农民,既被抛掷于小农农村之外,无可抗拒地沦于依附农民的境遇,要进入新的隶属关系。但是这种新的依附关系,也

绝不是一朝一夕所能建立起来的。西汉以来已经萌芽的世家大族地主庄园，如樊重广开田土三百余顷，马援役属宾客数百家（详见第二章），在当时还刚开始发展，不可能充分吸收被抛掷出来的农民，使他们按照这种依附关系投入生产，这就使大批失去土地的农民，不得不在社会上流荡，造成了王符《潜夫论·浮侈篇》里所说的"今察洛阳，浮末者，什于农夫，虚伪游手，什于浮末。……天下百郡千县，市邑万数，类皆如此"的严重程度。

破产流亡的农民，他们的境遇是极其悲惨的。他们在流亡途程中，往往赤裸着身体，啃着草根树皮——"裸行草食"（《后汉书·刘平传王望附传》）。这种悲惨的景象，是我们不难想象到的。东汉自安、顺二帝以后，农民抛出土地的现象发展到严重程度，阶级矛盾也极端尖锐化。破产而流亡的农民，不断举行起义，愈到东汉末期，规模愈大。

东汉安帝统治的十九年中，农民起义一共发生了四次；顺帝统治的十九年中，农民起义一共发生了十三次；冲、质两帝一共在位不满两年，农民起义却发生了四次；桓帝统治二十一年，农民起义一共发生了十四次；灵帝即位（公元168年），一直到公元180年，农民起义一共发生了六次。以上还不过是有史可稽的，至于规模较小、史书失载的农民起义，次数可能更多。参加起义的人数，也愈来愈多。在安、顺时代，不过数千人。到了桓帝时代，如永兴二年（公元154年），泰山、琅邪爆发了公孙举、劳丙领导的农民起义，人数已多达三万人（见《后汉书·桓帝纪》、《段颎传》、《赵彦传》）；延熹五年（公元162年），长沙、桂阳、苍梧、南海、南郡等地区爆发了卜阳、潘鸿、李研领导的农民起义，人数就多达十余万人了（见《后汉书·桓帝纪》、《度尚》、《陈球》诸传）。灵帝光和三年（公元180年），庐江、江夏爆发了黄穰领导的农民起义，人数也多达十余万人（见《后汉书·巴郡南郡蛮传》）。到了公元184年，便总爆发为全国性的黄巾大起义，终于摧毁了专制腐朽的东汉王朝，使它从此一蹶不振。

东汉统治集团内部矛盾的尖锐化　东汉后期，随着阶级矛盾的日益尖锐和激化，统治集团内部士夫官僚与外戚、宦官之间的斗争激烈展开；而在地方上，由于要采用武力来镇压各族人民起义，州牧、郡守擅兵的割据条件也逐渐形成。

外戚、宦官的擅政，是专制主义政权形式下的必然产物，因为唯有在专制主义政权形式之下，皇帝的亲姻才能依缘着裙带关系，掌握国家大政；同时那些受过阉割的宦官们，才有进入宫廷侍候皇帝，从而操纵政权的可能。但是无论外戚也好，宦官也好，当专制主义的全盛时期，他们都不可能扮演政治舞台上的重要角色；只有当统治政权日趋腐化，国内阶级矛盾日益激化之际，即当统治集团上层不但恐惧农民起义，而且在统治阶级内部对自己的任何臣属百官也不敢十分相信的时候，外戚、宦官这时才成了统治政权里的主要角色。

东汉的外戚，都出身于开国时的将相功勋之后，如窦氏是光武时功臣窦融之后，邓氏是元勋邓禹之后，耿氏是耿况之后，梁氏是梁统之后。他们虽都出身于元勋贵族，但是他们的势力消长却是随着太后、皇帝的生死而转移的。即当新皇帝即位或取得实际政权后，就有新的外戚要进入政权，而旧的外戚由于和新皇帝的关系较为疏远，他们就不得不伴随着旧皇帝或太后的死去而面临失势的境地。不过旧外戚还会留恋权势而不甘心退出政治舞台。新皇帝长大之后，为了要求还政于己，还须运用各方面的力量来铲除旧外戚的势力。可是皇帝生长于深宫之中，要想消灭久秉大政、威行内外的旧外戚，没有可能谋之于外廷群臣，这样，不得不谋之于宫廷中亲近的家奴——宦官。故东汉和帝利用宦官郑众杀外戚窦宪（公元 92 年），顺帝利用宦官孙程等十九人杀外戚阎显（公元 125 年），桓帝利用宦官单超等五人杀外戚梁冀（公元 159 年）。梁冀消灭之后，东汉王朝的统治大权，也就落入宦官集团的手里去了。

　　不论是外戚还是宦官，他们都是剥削人民霸占土地的能手。如外戚梁冀秉政十九年（公元 141—159 年），他搜括四方资财，"充积藏室"，并封禁洛阳城西土地数十里，作为他的园苑，又强迫良民作奴婢，称为"自卖人"，有数千口之多。他失败自杀后，政府没收他的财产，合三十余万万钱，占东汉王朝全盛时期全年财政总收入的四分之一强②。这三十余万万钱，还不包括房屋、园苑和土地，绝大部分都是从人民头上强取豪夺来的。

　　宦官的贪残横暴，比起外戚来更厉害。如宦官侯览"前后请夺人宅三百八十一所，田百一十八顷，起立第宅十有六区"（《后汉书·侯览传》）。"京畿诸郡数百万膏腴美田"，皆为宦官张让等所霸占（见《三国志·魏志·董卓传》注引《典略》）。他们甚至"虏夺良人，妻略妇子"（《后汉书·侯览传》）。由于他们的亲属和党羽夺占州郡大半土地，使无数农民失去土地变成赤贫，甚至沦为"自卖人"，东汉末年的农民起义就是在这样情况下发展到全国范围的。

　　东汉统治阶级中"士夫"阶层是组成规模庞大的官僚机构的骨干。这些士夫，他们往往先从师受经传或游学全国政治文化中心洛阳的太学，然后以经明行修应命征辟，历任地方守令、中央郎吏，以至卿相高位，逐渐形成为世家望族。尽管士夫地主经济的发展，客观上对王朝的统一起了一种瓦解的作用，但是士夫主观上是主张加强专制主义政权力量的。因为只有强有力的专制主义集权的中央政府才能限制外戚势力的无限发展，才能使他们本阶层前进的路上没有障碍。所以当外戚势力发展，渐渐有禄去王室之势的时候，士夫官僚是主张"权去外戚，政归国家"（《后汉书·李固传》）。如外戚窦宪势力膨胀时，涿郡崔骃、汝南袁安与之抗争；外戚耿宝、阎显势力膨胀时，弘农杨震与之抗争；外戚梁冀势力膨胀时，汉中李固、犍为张纲与之抗争。到了外戚势力压下去，宦官势力抬头，中央集权的体制更面临恶化，社会危机也更是严重，士夫官僚中一部分人和太学生们就投入了反宦官的斗争。由于一部分士夫官僚比较有统治经验，而三万多太学生，其中一部分比较接近下层，因此他们提出的对政治的改良要求，也尚能取得广大人民群众的支持，以致引起了宦官集团的恐惧，终于酿成了东汉历史上有名的"党锢之祸"。公元166、169年两次党锢之祸几乎把当时统治阶级内部较有统治经验的所谓"清流"——士夫一网打尽，全部摈诸政权之外。

两次党锢之祸发生以后，一直到公元189年，前后二十三年间，可说是宦官势力的极盛时期。中央各官署概由宦官来担任令、丞，中官领禁兵，且成为"汉家故事"，不准有人怀疑。宦官的"父子兄弟"，不但"并据州郡"（《三国志·魏书·董卓传》注引《典略》）充当刺史、郡守，而且也有位至三公的。

灵帝时，东汉王朝的政治腐败更达极点。光和元年（公元178年），甚至公开在西园卖官鬻爵，"二千石（郡太守）二千万，四百石（一万户以下的县长食禄四百石）四百万"（《山阳公载记》）。"或诣阙上书占令长，随县好丑，丰约有价。富者则先入钱，贫者到官然后倍输。"（《资治通鉴》汉灵帝光和元年）关内侯的爵位，卖五百万钱。公卿的职位，不敢公开发卖，就通过宦官及皇帝的其他亲信人员私下进行勒索，公定价千万，卿定价五百万。官吏到职以后，头一桩事情，就是搜括民脂民膏，把买官钱缴送上去。西园买官钱实际都转嫁在贫苦农民头上，只此一端，就可以知道人民受到剥削之重了。

黄巾大起义　灵帝中平元年（公元184年）的二月，黄巾大起义便爆发了。

当东汉顺帝时（公元126—144年），有琅邪人于吉，编写了一部《太平清领书》，传播道教。顺帝时期正是东汉王朝社会危机日趋严重的时期,当时困于饥饿流亡的苦难人民正求死不得,求生无门,自然把道教作为精神上的支柱来崇奉它了。灵帝初年,巨鹿(郡治廮陶,今河北宁晋西南)人张角就利用了道教,自称"大贤良师"来传播《太平清领书》的教义,用符水咒说来医病。张角所传的道教——太平道发展很快,十多年间,徒众发展到几十万人之多。

张角传教的目的是非常明确的,就是要推翻腐朽的东汉王朝,宗教是他号召群众、组织群众的工具。他提出的口号是:"苍天已死,黄天当立。岁在甲子,天下大吉。"他的门徒用白土在京城和州郡官署墙壁上书写"甲子"二字,暗示甲子年(公元184年)是东汉王朝(苍天)崩溃、新政权(黄天)建立的胜利年。张角还采用军事方式来组织农民群众。他"遣弟子八人使于四方,以善道教化天下。……遂置三十六方,方犹将军号也。大方万余人,小方六七千,各立渠帅"。方就是一个方面军,预定中平元年(公元184年)的三月五日,举行全国性的大起义。

张角的得力助手大方(即一个方面军首领)马元义在荆、扬一带组织了群众数万人,计划在冀州的邺城(今河北临漳西南)集合,配合张角主力军同日起义。马元义还几次出入洛阳,争取宦官封谞、徐奉等为内应,约定三月五日(甲子日)京内外同时起义,一举拿下洛阳。不料太平教徒济南人唐周叛变,向东汉政府上书告密,马元义在洛阳被捕,车裂而死。同太平道有牵连的警卫官兵和洛阳百姓,也被捕杀了一千多人。

张角听到洛阳密谋败露,便连夜通知三十六方,把起义日程提前到二月。起义军自称黄天,张角称天公将军,角弟张宝称地公将军,宝弟张梁称人公将军。三十六方同时起兵,起义军头戴黄巾以为标志,所以称为黄巾军。黄巾军起义以后,到处焚烧官府,攻杀官吏,州郡没有准备,溃不成军。仅仅十多天,"天下响应,京师震动"(《后汉书·皇甫嵩传》)。

起义军活动地带分为三个，第一是河北的冀州，由张角直接领导，起义一发动，就得到安平（今河北深州北）和甘陵（今河北清河东南）人民的拥护，活捉了民愤很大的安平王刘续、甘陵王刘忠。广阳（郡治蓟，今北京市西南）一带的黄巾军首领黄沙也起兵攻杀了幽州刺史郭勋和广阳太守刘卫。在东汉王朝时期，除了京城洛阳以外，豫州的南阳（郡治宛，今河南南阳市）是皇帝的家乡，所谓"南阳帝乡多近亲"，这一带土地非常集中，阶级矛盾非常尖锐，它和颍川（郡治阳翟，今河南禹州）、汝南（郡治平舆，今河南汝南东南）二郡又都靠近东汉的政治心脏洛阳，如果农民军能在这两个地区展开军事活动，便能威胁洛阳，置这个王朝于瘫痪的境地。所以南阳黄巾军首领张曼成聚集义众，攻杀了南阳太守褚贡；颍川黄巾军首领波才聚集义众，占领了颍川郡的广大地区；汝南黄巾军首领彭脱也战胜了太守赵谦，和各地黄巾军配合作战。

汉政府为了镇压起义，采取了下列几种措施。以外戚何进为大将军，驻兵洛阳，在洛阳四周设立八个关成，派兵驻守，确保洛阳的安全。同时调发天下精兵，遣北中郎将卢植出击冀州，遣左中郎将皇甫嵩、右中郎将朱儁出击颍川、汝南二郡黄巾。南阳郡的黄巾进展很快，汉政府一时还抽不出力量来对付，只好暂时搁下，等颍川、汝南二郡黄巾军解决之后，再掉转兵锋，来镇压南阳的黄巾军。

汉政府在农民起义的巨大压力下，为了集中统治阶级的力量，就解除"党锢之禁"，起用"党人"，镇压黄巾起义。

皇甫嵩、朱儁合军四万余人，进攻颍川黄巾。颍川黄巾军作战英勇，击败朱儁军，并把皇甫嵩围困在长社（今河南长葛东北）城内。后来皇甫嵩用火攻袭击农民军，农民军缺乏战斗经验，受了很大损失，损折了一万多人。官军乘胜追击，波才、彭脱战败逃散，到了中平元年的六月，颍川、汝南二郡的战事就先结束了。

颖川、汝南的黄巾军失败之后,朱儁移兵赶往南阳。先是南阳黄巾军首领张曼成攻杀太守褚贡之后,占领了南阳郡宛县有一百多天之久。到了中平元年六月,汉新任南阳太守秦颉进攻宛城,杀害了张曼成。张曼成的余部在赵弘的领导下,坚守宛城,人数发展到十余万人。朱儁进攻宛城,临阵杀害赵弘,农民军复推韩忠为首领,据守宛城,最后因城破被杀。黄巾军又推孙夏为首领,再次攻下宛城。后来因敌我力量悬殊,弃城西走,全军溃散。黄巾军在南阳和官军的激战,败而复振,宛城三失三得,起义军英勇果敢,是值得载入农民战争史的光辉史册里的。

北中郎将卢植进攻黄巾军主力张角于河北,屠杀农民军一万余人。张角退保广宗(今河北南宫南),固垒坚守。卢植筑围凿堑,并用云梯四面进攻,农民军英勇抵抗,官军还是不能得手。汉政府以卢植师久无功,把他撤回,改派东中郎将董卓代植当统帅。不久又以军事进展不大,撤回董卓,改派皇甫嵩前去镇压。正当军情紧急,张角病死。中平元年十月,广宗决战,张角弟张梁英勇战死,农民军被杀和赴河死的有八万余人之多。下曲阳(今河北晋州西)一役,张角弟张宝又在战斗中牺牲,农民军损折了十余万人。黄巾军的主力便这样被击溃了。汉政府趁这个胜利的军事形势,放手屠杀,史称“州郡所诛,一郡数千人”(《资治通鉴》汉灵帝中平元年)。这样,在全国范围内,又杀了几十万人。

在黄巾军主力被消灭的次年,汉政府还借口京城火灾,以修缮宫殿为名,普加天下田税,一亩十钱。刺史、太守除拜,责缴助军、修宫钱,大郡太守缴足二三千万,才准到任。农民起义更以如火如荼的燎原之势发展开来。起义的地区,不仅是在黄河流域,而且西及益州(见《三国志·蜀志·刘焉传》),南至交阯(见《三国志·吴志·朱治传》)。在中原地区,黄巾农民军余部形成无数细流,如“黑山、黄龙、白波、左校、郭大贤、于氐根(首领姓于,是大胡子)、青牛角、张白骑(首领姓张,骑白马)、刘石、左髭、丈八、平汉、大计、司隶掾哉、雷公(首领是大嗓子)、浮云、飞燕(首领脚手轻快)、白雀、杨凤、于毒、五鹿、李大目(首领姓李,是大眼睛)、白绕、畦固、苦哂之徒,并起山谷间,不可胜数。……大者二三万,小者六七千"(《后汉书·朱儁传》)。而青州黄巾,众且过百万,黑山众后来亦至百万,他们终于推倒了专制主义的东汉王朝。

张角领导的黄巾起义军的失败,除了因为没有先进阶级的领导之外,还有下列一些原因:(一)黄巾军领袖开始利用宗教来组织农民群众,这比以前有所进步,但道教徒内部阶级成分是比较复杂的,起义的准备工作虽然做得比较细致,而最后还是由于教徒中出现叛徒而被叛卖了。马元义在洛阳牺牲,举义日期仓猝提前,这对此后起义的成败有一定影响。(二)起义除了主力在河北发动以外,还开辟了南阳和颍川、汝南两个战场,这三个战场本来可以相互配合,实际上却缺乏联系,以致官军采用各个击破的战术,很快就次第被镇压下去了。(三)农民军人数虽然达数十万人,战斗意志也很旺盛,但平日缺乏训练,装备不良,尤其缺少有经验的军事指挥人员,在战略战术上,都不能化被动为主动。而汉政府却动员可以动员的武装力量,包括地主武装在内,抓住农民军的弱点,集中攻击,反而暂时得手了。

黄巾大起义最后失败了,全国各地人民再度受到残酷的剥削和压迫。他们在过去已被榨取得几乎一无所有了,他们被抛掷出农村,失去了土地,到处流亡。流民的问题构成汉代最大的社会危机,这个问题不解决,农民起义还会继续发生。这个问题后来总算被曹操所解决了,那就是后面要讲到的,曹操推行兵屯和民屯制度,使失去土地的农民重新和土地结合起来。

黄巾大起义,首先达到了摧毁东汉王朝的最终目的。尽管在灵帝以后,汉献帝还充当了有名无实的傀儡皇帝,但东汉王朝的大权实际上已落到曹操的手里。

伴随着这个腐朽的东汉王朝而存在的外戚也好,宦官集团也好,在黄巾大起义之后不久,也都被清洗出政治舞台去了。只有士夫官僚和地方豪强,他们在农民战争的结局中得到利益。他们中间有很多人本来是被宦官集团排挤在政权之外的。黄巾大起义之后,东汉政权为了要集中统治阶级力量来镇压农民运动,不得不下令解除"党锢",同时还起用一些"党人"来镇压农民起义。从这些士夫阶级的本身利益来讲,为了要共同对付更可怕的敌人起见,也是迫切要求参加政府并组织地主武装来镇压农民起义的。何况他们还想在镇压农民起义的过程中,出任地方州牧(或刺史)、郡守,积蓄力量,形成一种割据的势力,以便等待时机,进而分割汉室的一统江山。

统治阶级的混战给社会带来了巨大破坏 本来,汉王朝的地方政府是郡、县两级制,虽设立刺史,只是一种监察的官吏,而不是行政的官吏。西汉定制刺史以八月巡行所部郡国,并无固定驻地。东汉开始有固定驻地,官秩也从西汉的六百石提增为二千石。一州的事情,可以由刺史来全权处理。这样,刺史就渐渐由监察官吏变为地方行政官吏,"州"也由监察区域渐渐变为行政区域。这样,中央与郡县之间,又增加了州牧和刺史一级,地方政府就变成州、郡、县三级制度了。

这州、郡、县的三级制度,极大地影响了魏、晋、南北朝的行政制度,一直到隋朝,才加以厘革,重新恢复为州、县或郡、县的两级制度。

西汉初期,只有边郡太守才许统兵,所谓"初置四郡,以通西域……保边塞,以二千石(太守)治之,咸以兵马为务"。所以程不识、李广"俱以边太守将〔军〕屯"(《汉书·李广传》)。东汉中叶以后,少数民族的起义,遍及内地,农民革命运动也发展到全国范围。由于军事的延续和扩大,刺史、太守主兵的制度遂由沿边州郡延至腹地。刺史、太守握有军民财政诸权,地方政府的势力开始重要起来。到了黄巾起义,东汉王朝的末日已经来临,中央权力薄弱,对州、郡不能控制,割据局面遂由刺史、郡守的擅兵而形成。

黄巾大起义以后,东汉政府想组织一支新军,来加强拱卫首都的力量,于中平五年(公元188年)八月,在西园成立统帅部,即所谓“西园八校尉”。宦官塞硕为上军都尉,连大将军何进也得听他指挥,实际上是全国的最高统帅。虎贲中郎将袁绍为中军校尉,也就是副统帅。

灵帝病死(公元189年),外戚何进(何太后兄,少帝舅父)以大将军秉政。袁绍说何进诛宦官,进先杀塞硕,取得了西园八校尉的指挥权,又想彻底消灭宦官集团,可是何太后原先是由宦官的推荐而得灵帝的宠爱的,对宦官很感激,不肯答应。何进乃调动董卓率领的西北军进洛阳,准备在卓军开入洛阳之后,立即采用武力剪除宦官势力。宦官段珪等知进密谋,为了先发制人,趁何进入宫的时候,先杀进,并劫少帝出走。袁绍勒兵反攻,悉诛宦官,死者二千余人。

宦官的势力刚消灭,董卓的西北军却开进了洛阳。这样,东汉王朝的大权就落到董卓的手里。

董卓西北军成分很复杂,除了汉人以外,还杂有胡、羌族的雇佣兵,没有什么纪律。进入洛阳以后,他放纵兵士“淫略妇女,剽虏资物,谓之‘搜牢’”(《后汉书·董卓传》)。有一次他派兵去阳城(今河南登封),正是春季祭祀社神的日子,兵士突然把祭社的民众包围起来,男子的头全被斩下,挂在车辕上;车上满载妇女、财物,他们歌呼返回洛阳,声称击“贼”大胜。

董卓得政之后,杀何进妹何太后,废何太后所生子少帝,拥立少帝弟刘协为皇帝(献帝),卓自称相国。不久用毒药把少帝毒死。

董卓初入洛阳，要想拉拢人材，巩固政权，也曾起用当时著名的"党锢"中人荀爽、陈纪、韩融等为公卿；又听从"党人"的推荐，以韩馥为冀州牧，刘岱为兖州刺史，孔伷为豫州刺史，张邈为陈留太守，张咨为南阳太守。但是由于董卓轻率废杀太后、少帝，引起士夫官僚的普遍不满，因此他所任命的山东牧守，个个都举兵来反对他。

袁绍从他高祖父袁安以来，四代出了五个三公，"门生故吏，遍于天下"（《后汉书·袁绍传》）。消灭宦官时，袁绍又出了大力。他是反对董卓废杀少帝、立献帝的，他反对董卓这种做法，并不是要兴复汉室，而是认为这样做会丧失人心，招致失败。袁绍既和董卓闹翻，怕董卓杀他，逃奔河北。后来董卓听到袁绍还在河北带头反对他，他就尽杀袁氏在洛阳和长安两地的家属，自太傅袁隗以下死者五十余人。山东的州郡牧守，都纷纷起兵，号为袁家报仇，推袁绍为盟主，共同声讨董卓。

董卓见洛阳受到关东（潼关以东）军的威胁，而黄巾军余部以郭太为首的白波军这时又集结在白波谷（在山西临汾境内），人数已发展到十多万人，有南渡黄河截断董卓后路的动向。董卓于是慌忙挟持汉献帝退至西北军的根据地长安。卓入关之后，"又稍诛关中旧族，陷以叛逆"（《后汉书·董卓传》）；又数杀大臣，欲以立威，更弄得统治阶级内部上下离心，人人自危。司徒王允串通董卓部将吕布等共杀卓，并灭其家族。长安士卒闻董卓死，皆欢呼称万岁，百姓歌舞于道。长安居民把有限的一些装饰品和衣服都卖掉了，沽酒买肉相庆祝，"填满街肆"，反映了人民对董卓的极度仇恨。

王允虽然果断地把董卓杀了，但善后的工作做得很不好。大名士蔡邕，是当时第一流的学者，在宦官擅政时期，蔡邕受到迫害，亡命吴会达十二年之久。董卓得政之后，蔡邕被迫出仕，做到左中郎将。由于蔡邕以前曾在一次会议上开罪了王允，王允杀掉董卓后,就借蔡邕同情董卓这个罪名把他也杀了。同时王允自谓有杀董卓之功,骄傲自大,接待人士,"每乏温润之色"(《后汉书·王允传》),实际上就把自己孤立起来了。

王允更为失策的是在董卓死后,董卓的部众尚有十多万人,王允不愿下赦令赦免他们,加以收编,而坚持要他们解除武装。董卓的余部认为王允偏向关东军,西北军"今日解兵,明日当复为鱼肉矣",就会被人消灭。董卓的部将李傕、郭汜等遂联兵攻破长安,杀王允。接着董卓的部将又彼此争权夺利,互相残杀起来。

当董卓撤出洛阳时,卓"部兵烧洛阳城外面百里。〔卓〕又自将兵烧南北宫及宗庙府库民家,城内扫地殄尽"(《三国志·魏志·董卓传》注引《续汉书》)。"〔卓〕尽徙洛阳人数百万口于长安,步骑驱蹙,更相蹈藉,饥饿寇掠,积尸盈路。"(《后汉书·董卓传》)卓死时,"三辅民尚数十万户,卓将李傕等放兵劫略,攻剽城邑,人民饥困","强者四散,羸者相食,二三年间,关中无复人迹"(《三国志·魏志·董卓传》、《后汉书·董卓传》)。

关中如此,山东地区的情况也没有比关中好多少。在山东,世家大族和地方牧守在声讨董卓的同时,又互相厮杀起来。正如《三国志·魏志·文帝纪》注引《典论·自叙》中所说的:"名豪大侠,富室强族,飘扬云会,万里相赴。……山东大者连郡国,中者婴城邑,小者聚阡陌,以还相吞灭。""关东诸州郡起兵,众数十万,皆集荥阳及河内,诸将不能相一,纵兵抄掠,民人死者且半。"(《三国志·魏志·司马朗传》)青州素殷实,户至百万,刺史焦和参加内战,"不暇为民保障,……州遂萧条,悉为丘墟"(《三国志·魏志·袁绍传》注引《九州春秋》)。其后曹操与徐州牧陶谦战,时"京师遭董卓之乱,人民流移东出,多依彭城间",操至,"坑杀男女数万口于泗水,水为不流",操"引军从泗南攻取虑、睢陵、夏丘诸县,皆屠之,鸡犬亦尽,墟邑无复行人"(《三国志·魏志·

荀彧传》注引《曹瞒传》)。大抵当时最富庶的地方,也就是战争最激烈的地方,如陈留、颍川两郡,其全盛时,陈留户十七万七千、口八十六万九千,颍川户二十六万三千、口百四十三万六千(《续汉书·郡国志》),以后都被战争破坏得荒凉不堪;涿郡旧有民户十万、口六十三万(《续汉书·郡国志》),到了曹魏时,只"领户三万"(《三国志·魏志·崔林传》注引《魏名臣表》)了;鄢陵(属颍川郡,今河南鄢陵)旧有民户五六万家,经过战火浩劫之后,也只剩下数百民户③;人口集中的黄河流域,"名都空而不居,百里绝而无民者,不可胜数"(仲长统《昌言·理乱篇》),"野战死亡,或门殚亡尽"(《三国志·魏志·明帝纪》注引《魏略》),"百姓死亡,暴骨如莽"(《三国志·魏志·文帝纪》注引《典论·自叙》),造成了"千里无人烟"与"白骨蔽平原"的悲惨景象④。

随着统治阶级的混战,农业生产遭到巨大的破坏,因而招致了人为的饥荒。"袁绍之在河北,军人仰食桑椹;袁术在江淮,取给蒲蠃。……州里萧条。"(《三国志·魏志·武帝纪》注引《魏书》)刘备"军在广陵,饥饿困败,吏士大小自相啖食"(《三国志·蜀志·先主传》注引《英雄记》);曹操与吕布相持,操军"乏食,〔东阿人程〕昱略其本县,供三日粮"(《三国志·魏志·程昱传》注引《世语》)。军队有武力可以依靠,犹缺乏粮食到这样地步,一般人民之饥饿死亡,可想而知了。

人民以锋镝余生,奔走四方。青州人民流徙入幽州者百余万口⑤;关陇人民流徙入荆州者十余万家,流徙至益州者数万家,流徙至汉中者又数万家⑥;京雒之民流徙东出,至徐州者十余万口;南阳之民亦多流入益州;荆州之民,又移诣冀州⑦;冀州之民五万户,又移诣河南⑧;皖北、苏北人民东渡长江,一次就有十余万户之多⑨。此外,避难辽东,远至交州者,又以成千成万计算⑩。

自公元2世纪20年代以来,中原一带流行一种凶猛的疾疫⑪。至此由于天灾人祸，生产荒废，疫势更加猖獗。人民除了颠沛锋镝之间、流离海内之外，还要遭受到疾疫可怕的侵袭，"家家有强尸之痛，室室有号泣之哀，或阖门而殪，或举族而丧者"，这又增加了人民死亡的数字。

大死丧大流徙的结果，中原户口，十不存一。曹操统一北方之后，占有十二州土地，至于民户数却只抵得上汉时的一大郡⑫。东汉桓帝永寿三年（公元157年）时，全国有户一千六十七万余，口五千六百四十八万余；至西晋太康元年（公元280年），得户二百四十五万九千余，口一千六百十六万余；经过了一百多年，人口反而减少，只剩下了三分之一。当然，这种人口骤减的原因，我们不能认为完全是由于战争、疾疫的死亡；除了死亡而外，由于地方封建贵族——世家大族经济势力的日益发展和巩固，大部分过去独立小农，在战乱与流徙以后，不得不依附于世家大族，变为"部曲"和"佃客"。这种依附农民一变成部曲、佃客之后，也就不再向政府呈报户口。荫庇户口的日益增多，政府的户口自然日益减少，因此，户口显露出骤然衰落的现象来了。

自然经济完全占统治地位　当东汉社会危机逐渐加深的时候，也正是小生产者的经济益趋衰颓的时候。小生产者的农民，在衣食等几项主要生产方面，向来依靠自给，现在由于他们经济益趋衰颓的缘故，购买力更大大地降低。对于手工业者来说，农村既是手工业原料与生活资料的供给地，又是手工业制成品的市场，独立小农经济的衰颓，就使已经脱离农业而独立的一些手工业走向衰落。因此，从东汉以来，商品货币关系的规模，就要比西汉缩小。在西汉时，黄金的行用，总数量在百万斤以上。王莽末，"省中黄金万斤为一匮者，尚有六十匮；黄门、钩盾、臧府、中尚方，处处各有数匮"（《汉书·王莽传》）。至东汉，黄金使用的总数量，见之于记载的，不过数万斤，即东汉末年董卓最后藏之于郿坞的，据《三国志·魏志·董卓传》注引《英雄记》所载，也只有二三万斤而已。青铜铸币方面，西汉"自孝武元狩五年（公元前118年），〔上林〕三官初铸五铢钱，至平帝元始中（公元1—5年），成钱二百八十亿万余"（《汉书·食货志》）；王莽变汉制，币制紊乱，至光武建武十六年（公元40年），初铸五铢钱，中间有二十多年，已经"货币杂用布帛金粟"（《后汉书·光武帝纪》）；章帝元和中（公元84—86年），尚书张林说"可尽封钱，一取布帛为租，以通天下之用"（《后汉书·朱晖传》），事未施行，而章帝终以林言为然；过了七十多年，至桓帝永寿三年（公元157年），有人上书说"民以货轻钱薄，故致贫困，宜改铸大钱"，桓帝下其议，孝廉刘陶等表示反对，"帝竟不铸钱"（《后汉书·刘陶传》）。这都说明由于社会经济危机的正在日益加深，因此，商品货币关系规模也正在逐渐缩小。

到了东汉统治总崩溃阶段，史称由于董卓"坏五铢钱，更铸小钱，悉取洛阳及长安铜人、钟虡、飞廉、铜马之属，以充铸焉，故货贱物贵，谷石数万"（《后汉书·董卓传》）。"自是后，钱货不行。"（《三国志·魏志·董卓传》）事实上，倘使钱货的不行单纯是董卓破坏五铢钱系统所造成币制紊乱的结果，那么以后曹操复废小钱，行用五铢，交换经济就应该很快重新活跃起来了，然而历史事实却不是如此。五铢的铸币，迄建安之世（公元196—220年），几近于废弃，谷帛等实物经济，代替执行货币的性能；到了曹丕黄初二年（公元221年），终于废止使用五铢钱，使"百姓以谷帛为市"（《晋书·食货志》）。可见魏、晋时期的货币近于废弃，不能全部推诿责任于董卓的破坏五铢钱系统。董卓的这种举动，不过加深了东汉的社会经济危机，使物价腾贵，人民生活更加困难；而促使货币从此一度近于废弃的主要原因是由于伴随着东汉王朝灭亡而来的生产力遭到巨大的破坏，农业趋于衰落，手工业由于依附农民缺乏购买力而更和农业结合在一起，而使销路缩减,商业停滞,人口减少。自春秋战国以来,从王侯的营垒基址上发展起来的城市,至此日益丧失其曾经有过的政治经济意义。此后,在中国境内特别是黄河流域,涌现了无数坞垒堡壁,住在这些坞垒堡壁里的"垒主"、"乡豪"等地方封建贵族,他们的经济与社会势力大大加强,因此,地方实权分散在这些地方封建贵族的手里。固然,在魏、晋时期,中央集权还是在极困难的情况下被保存了下来,而且还微弱地向前发展,但是在自然经济及各个坞垒堡壁间经济联系极其薄弱的条件下,终于使政治制度发生变化,使国家趋向分裂。所以自东汉统治崩溃之后,一直到隋王朝的统一,这四百年间(公元189—589年)除了西晋短短二十年(公元280—300年)间一度统一以外,便出现了长期的分裂局面。

不过,我们虽然已经注意到地方封建贵族——世家大族经济势力增长所产生的政治变革而促使政治上造成分割,并使国家分裂,但是秦、汉时的国家究竟不和居鲁士和亚历山大大帝的帝国,或者恺撒和查理大帝的帝国一样,因为"这些帝国不曾有自己的经济基础,而是暂时的不巩固的军事行政的联合。……这些帝国是一些各有各的生活方式、各有各的语言的部落和部族的集合体"(斯大林:《马克思主义与语言学问题》),因此,他们的国家,一支解就衰落了。而从两汉过渡到魏、晋、南北朝,比起它们这些国家来说,固然破坏得也很厉害,但是并没有完全衰落,就是因为汉族老早已经形成为具有比较统一的语言、地域、文化的"部族"。固然由于自然经济占统治地位,尚不可能发展为近代意义的"民族",然而它已经是比较稳固的人类共同体,而不是暂时的不巩固的军事行政的联合组织了。所以东汉王朝统治崩溃以后,王权还是在极困难的情况下被保存了下来;到了西晋初年,还能一度统一;就是以后的胡羯递嬗称帝,鲜卑建立北朝,亦是由于汉人的文化和经济生活,一切都高出于他们,因此使他们很快汉化了。这些边疆内外部落或部族入居中原地区后，甚至忘掉或废止了自己的语言，而改说汉语，最终融合于汉部族之中。所以我们认为，东汉王朝统治的崩溃，固然造成了四百年的分裂的局面，然而这一分裂，并没有使中国衰落，它只可算作是后来创造国家中央集权化的经济前提的一个准备阶段而已。

---

① 本节论点参考侯外庐先生主编《中国思想通史》第二卷第一章《汉代社会与汉代思想》。

② 桓谭《新论》：汉宣以来，百姓赋敛，一岁为四十余万万。吏俸用其半，余二十万万，藏于都内为禁财；少府所领园地作务之八十三万万，以给宫室供养诸赏赐。

③《晋书·庾峻传》：颍川鄢陵人也。祖乘……峻少……游京师，闻魏散骑常侍苏林老疾在家，往候之。林尝就乘学，见峻，流涕良久曰："……鄢陵旧五六万户，闻今裁有数百。"

④《后汉书·仲长统传》李贤注：献帝婴董卓之祸，英雄棋峙，白骨膏野，兵乱相寻，三十余年。三方既宁，万不存一也。

《三国志·吴志·朱治传》注引《江表传》：中国萧条，或百里无烟，城邑空虚，道殣相望。

《三国志·吴志·孙坚传》注引《江表传》：旧京空虚，数百里中无烟火。

《三国志·魏志·王昶传》：文帝践祚……〔昶〕为洛阳典农，时都畿树木成林。

⑤《后汉书·刘虞传》：青、徐士庶，避乱归虞〔于幽州〕者，百余万口。

⑥《三国志·魏志·卫凯传》：关中膏腴之地，顷遭荒乱，人民流入荆州者，十万余家。

《三国志·蜀志·刘璋传》注引《英雄记》：先是南阳三辅人，流入益州数万家。

《三国志·魏志·张鲁传》：韩遂、马超之乱，关西民从子午谷奔之（当时张鲁据有汉中者）数万家。

⑦《续汉书·五行志》：建安初，荆州童谣曰："八九年间始欲衰，至十三年无孑遗。"……十三年无孑遗者，言十三年（公元208年），〔刘〕表又当死，民当移诣冀州也。

⑧《三国志·魏志·辛毗传》：〔文〕帝欲徙冀州士家十万户实河南……毗曰："今徙既失民心，又无以食也。"帝遂徙其半。

⑨《三国志·吴志·孙权传》：建安十八年（公元213年），庐江、九江、蕲春、广

陵户十余万，皆东渡江，江西遂虚，合肥以南，唯有皖城。

⑩《三国志·魏志·邴原传》：原在辽东，一年中，往归原居者数百家。

《三国志·吴志·士燮传》：中国士人，往依避难者以百数。

⑪《续汉书·五行志》：安帝元初六年（公元119年）夏四月，会稽大疫。延光四年（公元125年）冬，京都大疫（刘昭注引张衡明年上封事曰："臣窃见京师……民多病死，死有灭户，人人恐惧……"）。《后汉书·桓帝纪》：建和三年（公元149年）十一月甲申，诏曰："……今京师厮舍（李贤注："厮舍，贱役人之舍"），死者相枕，郡县阡陌，处处有之……"《续汉书·五行志》：桓帝元嘉元年（公元151年）正月，京都大疫。二月，九江、庐江又疫。延熹四年正月，大疫。灵帝建宁四年（公元171年）三月，大疫。熹平二年（公元173年）正月，大疫。光和二年（公元179年）春，大疫。五年二月，大疫。中平二年（公元185年）正月，大疫。献帝建安二十二年（公元217年），大疫。（刘昭注引魏文帝书与吴质曰："昔年疾疫，亲故多离其灾。"魏陈思王常说疫气云："家家有强尸之痛，室室有号泣之哀，或阖门而殪，或举族而丧者。"）

⑫《三国志·魏志·张绣传》：是时天下户口减耗，十裁一在。

《三国志·魏志·陈群传》：丧乱之后，人民至少，比汉文景之时，不过一大郡。

《三国志·魏志·杜畿传子恕附传》：〔恕〕上疏曰："……今大魏奄有十州之地，而承丧乱之弊，计其户口，不如往昔一州之民……。"

《三国志·魏志·蒋济传》：景初中……济上疏曰："……今虽有十二州（兖、豫、司、冀、荆、扬、青、徐、幽、并、雍、凉十二州也），至于民数，不过汉时一大郡……。"

《续汉书·郡国志》注引《帝王世纪》曰：……献帝即位，而董卓兴乱，火焚宗庙，劫御西迁，京师萧条，豪杰并争。……是以兴平、建安之际，海内凶荒……白骨盈野……遂有寇戎，雄雌未定，割剥庶民，三十余年。及……文帝授〔受〕禅，人众之损，万有一存。景元四年（公元263年），与蜀通计，民户九十四万三千四百二十三，口五百三十七万二千八百九十一人。又案正始五年（公元244年）扬威将军朱照日所上吴之所领兵户，九十三万二千，推其民数，不能多蜀矣。昔汉永和五年（公元140年），南阳户五十余万，汝南户四十余万，方之于今，三帝鼎足，不逾二郡；加有食禄复除之民，凶年饥疾之难，见可供役，裁若一郡。以一郡之人，供三帝之用，斯亦勤矣！

第二节　曹操的统一北方

曹操的崛起及取得在兖州的统治地位　曹操，沛国谯（今安徽亳州）人。祖曹腾，中常侍，是桓帝时代宦官集团中的中坚分子。东汉自顺帝以来,定令准许宦官养子袭爵,因此腾养子曹嵩。有人说曹嵩是曹腾从本家那儿过继来的,有人说他是夏侯氏之子。真相究竟如何,史书上也只能说"莫能审其生出本末"。无怪曹操的政敌以后攻击曹操时,也就要骂曹嵩是"乞丐携养"(《三国志·魏志·袁绍传》注引《魏氏春秋》)了。自灵帝建宁元年(公元168年),宦官王甫等杀外戚窦武,士夫陈蕃、李膺等,第二次"党锢"之狱起,一直到中平六年(公元189年)灵帝之死,这二十年中,是宦官势力达到顶峰的时期,曹氏如曹嵩以曹腾的养子,也由司隶校尉而转大司农、大鸿胪,又适逢灵帝开"西园"卖官,嵩出钱一万万文,买到了三公之一的太尉官职(公元187年)。在这一时期,曹氏宗属做中央或地方大官的,如曹腾弟曹褒,官至颍川太守;褒子炽,官至侍中、长水校尉、陈侯;曹腾侄儿曹鼎,官至尚书令;曹瑜,官至卫将军;曹腾又一个堂侄儿(曹休的祖父),官吴郡太守。真是"父子兄弟,并据州郡"。

曹嵩能出钱一万万买太尉的官来做,可见他家财之巨。曹炽子曹纯,家亦"羡富","僮仆人客以百数"(《三国志·魏志·曹仁传》注引《英雄记》)。曹鼎侄儿曹洪,"家资"比曹操家还要多,东汉末年,"家兵"至有千余之多。可见曹氏不仅政治上有势力,就是经济实力也非常雄厚。

曹操是曹嵩的长子。他刚满二十岁,就受到州郡的推荐,以孝廉为郎,除洛阳北部尉,迁顿丘令;以骑都尉随皇甫嵩、朱儁镇压颍川黄巾有功,迁济南〔王〕国相,真是一年数迁,官位扶摇直上。灵帝筹组新军——西园八校尉,曹操又一帆风顺地参加了新军,被任命为八校尉之一的典军校尉。新军的统帅,为上军校尉宦官小黄门蹇硕,副统帅为中军校尉袁绍(袁绍因为他家曾和宦官袁赦攀过本家,所以才能打进这支新军里去)。曹操的参加西园新军,自然一大半是靠他父、祖的余荫了。

可是曹操看到宦官集团正处于恶化没落中,是当时人民痛恨的目标,是没有远大前途的,曹操是一个有远见的政治家,他是不愿意随同这样一股恶势力同归于尽的。他要想改变自己的社会地位,就必须打入虽是现时在统治政权里还未占优势但正在发展的士夫地主——即后来的世家大族地主集团里去。经过许多曲折,曹操就取得了"世名知人"的太尉桥玄的赏识,桥玄称曹操为"命世之才",替他游扬名誉。曹操还通过桥玄的关系,去见当时名士中主持"月旦评"的汝南许劭。许劭说曹操是"治世之能臣,乱世之奸雄"(《三国志·魏志·武帝纪》注引孙盛《异同杂语》)。这个评价算是很高的,由此引起当时士夫集团的普遍注意,渐渐和他接近起来。久而久之,沆瀣一气,认为曹操就是士夫官僚集团中的一分子而不加以歧视了。

曹操参加西园新军统帅部,担任典军校尉以后,又和袁绍拉拢得很好,因此,到了袁绍劝外戚何进杀宦官时,身为宦官之孙的曹操到这时居然也能参加到士夫集团的核心圈里去,预闻消灭宦官的密谋了。

袁绍劝何进杀宦官,曹操也参加了意见,袁绍主张杀得一个不剩,曹操却认为只要惩办几个罪大恶极的魁首就够了[①]。可见他对消灭宦官的看法,和士夫地主袁绍迥然不同,这都和曹操的出身以及曹操父子与宦官集团的瓜葛是分不开的。但就当时形势来看,只惩办几个罪大恶极的魁首,何进当时的力量完全能够做到;如果要把宦官杀得一个不剩,就得动用董卓的军队,即使何进不死,董卓军队只要开进洛阳,政权也迟早会落入董卓手里,所以权衡利害,曹操的意见是可取的。

董卓入据朝廷后不久,废少帝,立献帝,把大权掌握在自己手里。董卓的一切政治措施及其军纪败坏,都说明了董卓必然失败并成为人民的痛恨目标。曹操眼看董卓是要失败的,因此,董卓虽然想拉拢曹操并用汉政府名义发表曹操为骁骑校尉,可是曹操还是不愿和董卓合作,而与袁绍等先后退出洛阳。操在陈留（今河南陈留）纠集宗族、宾客、部曲起兵讨卓，陈留孝廉卫兹出钱助操，合兵五千人。曹操那时因为没有地盘，在给养诸方面，不得不受陈留太守张邈的接济，从而在行军作战的指挥上也不得不受张邈的节制。兖州的军队有十多万人，集结在酸枣（今河南延津北）一带，曹操也随着张邈驻扎在酸枣前线。

关东军都是新编成的队伍，论起战斗经验来，远远不及董卓的西北军，因此山东牧守谁都不敢再向洛阳推进一步。曹操认为董卓破坏洛阳，"劫迁天子"，举国震动，正应该趁这一个有利时机来和董卓决战，于是把自己的军队向成皋前线移动，希望十多万兖州军在他的军队影响之下，同时向前推进。

曹操军队向成皋推进到荥阳汴水的时候，与西北军徐荣部遭遇，战斗失利，士卒死伤很多，卫兹战死，曹操自己也为流矢所伤，所骑的马也受重伤。幸亏他的堂弟曹洪沿汴水找到一条船，才得乘夜逃脱。

曹操经过这次挫折，感到自己军队太少，于是和他的亲信将领曹洪、夏侯惇等到扬、徐二州招募军队，勉强又拼凑到几千人，再度北上。这次他不再返回酸枣，而是渡过黄河，赶到河内（郡治怀，今河南武陟西南）前线，直接受盟主袁绍的指挥了。

公元190至191年之间，关东军统帅部内部，即山东的州郡牧守之间不断发生矛盾。开始，兖州刺史刘岱和东郡太守桥瑁发生摩擦，刘岱火并了桥瑁，派王肱去代理东郡太守。不久，袁绍也夺取了冀州牧韩馥的地盘，而自领冀州牧，逐渐在黄河中下游形成一股强大的力量。

关东州郡起兵讨伐董卓，双方胶着在荥阳和河内一带，内战的持续进行与扩大，大大地加重了人民的负担。山东、河北地区本来就已发展到百万之众的青州黄巾军和河北黑山军，更以燎原之势发展起来。

公元191年的秋天，以于毒、白绕、眭固为首的黑山农民军，开始向冀州的心脏邺城推进,并有渡过黄河南攻兖州的动向。而这时青州的黄巾军一百多万人,因受到袁绍所委派的青州刺史臧洪的军事压力,也正分两路向河北移动,有与河北的黑山军会师之势。设使河北的黑山军渡黄河而南,或青州的黄巾军渡黄河而北,两支数近百万的大军一旦会师,黄河中下游的力量对比就会引起急遽而深刻的变化。这样,关东州郡尽管充满内部矛盾,还是要集中力量来对付农民军。

袁绍一方面要用堵击或拦截的方法来破坏农民军两路会师的计划;一方面又想利用这一时机,把自己的势力扩展到兖州,使青、兖、冀三州联系起来,这样,黄河中下游就全部受他的控制了。要完成这一任务,不得不借重曹操。于是袁绍以东郡太守王肱不能抵抗黑山农民军为借口,派曹操引兵进入东郡,围攻黑山军。在曹操刚一击溃以白绕为首的黑山军于濮阳(今河南濮阳南)之后,袁绍就以盟主的资格,发表曹操担任东郡太守的职位,袁绍此时满以为自己的势力范围从此可以扩大到兖州地区了。

经过对农民军疯狂地镇压和扫荡以后,到了公元 192 年的春天,曹操才把黄河以南的黑山军基本肃清。可是就在同年的夏天,青州的黄巾军却因渡河北上受阻,转而把主力向兖州推进。这一支农民军的主力进入兖州以后,首先攻下了任城(今山东济宁市东南),杀死任城相郑遂;接着在东平(今山东东平)附近,击溃了兖州主力军兖州刺史刘岱的部队,在阵上斩杀刘岱,并继续向寿张(今山东东平西南)方向移动。

兖州刺史刘岱阵亡,州中无主,济北(国都卢,今山东长清南)相鲍信和兖州治中万潜等和曹操取得联络,推曹操出任兖州牧。曹操接受兖州牧名义之后,即与鲍信联军堵击农民军于寿张东郊。经过昼夜苦战,农民军虽然阵斩鲍信,并几乎击垮曹操的军队,但农民军亦因损失太重,不得不向济北方向撤退。曹操纵兵追击，到了这一年的十二月，他终于把青州黄巾军主力击溃，收编降附男女百余万口，得降兵三十余万。曹操就从收编过来的黄巾军中选拔精锐，来充实并扩大自己的队伍，当时称这支兵为"青州兵"。这支青州兵以后在曹操转战中原的统一战争中曾起过很大的作用。

曹操刚把青州黄巾军打败，他在兖州的统治地位还来不及进一步巩固。长安的汉政府由于兖州刺史刘岱阵亡，就任命一个叫金尚的为兖州刺史，令其赶来兖州就任。曹操得到这个消息，预先派兵在兖州边界迎击，金尚只得投奔南阳袁术。

袁术是袁绍的弟弟，是嫡出；袁绍却是庶出，其父袁逢又把袁绍出继给二兄袁成。当袁绍据有青、冀二州的时候，袁术也据有户口数百万、手工业商业都比较发达的南阳郡。袁术野心很大，想做皇帝。他看不起袁绍，认为袁绍是他家"婢使"之子，对袁绍充当关东牧守的盟主，非常不服气，兄弟之间关系很紧张。袁术曾远交幽州的公孙瓒，企图颠覆袁绍在河北的统治势力，袁绍也联络荆州的刘表来牵制袁术。

公元192年冬天，距离曹操击降青州黄巾军不满二十天，袁术就和公孙瓒遥遥配合，开始向曹操和袁绍进攻。同年的年底，龙凑（在今山东平原境内，古黄河津渡）一役，袁绍击溃了公孙瓒的来犯部队。第二年正月，袁术进军陈留，与曹操作战正处于胶着状态的时候，荆州牧刘表从襄阳进逼袁术的根据地南阳，并切断了袁术的粮道，由此袁术主力不战自溃，向襄邑（今河南睢县西）、宁陵（今河南宁陵东南）一带退却。从此袁术失掉南阳，退到淮北，又从淮北退到淮南，以寿春（今安徽寿县）为根据地。袁术退到淮南以后，西面受到荆州牧刘表的威胁，东北面又不可能向徐州发展，于是想利用江东籍的将领孙策来经略大江以南，这引起了以后孙策的渡江和拓定江南，给东吴政权奠定了基业。

曹操于公元193年春天把袁术击退，在同年秋天，就发动进攻徐州（治下邳，今江苏睢宁西北）牧陶谦的战争。

曹操进攻徐州，有两个原因。第一个原因，当时曹操是依附袁绍的，可是陶谦却和公孙瓒结成联盟，与袁绍为敌。当公孙瓒进攻袁绍的时候，陶谦还曾出兵配合公孙瓒进攻袁绍。因此，袁绍击退公孙瓒、曹操击溃袁术之后，他们就必然要把兵锋转向徐州。但是那时河北地区的黑山农民军于毒部又活跃起来，一度进入冀州的心脏邺城，袁绍忙于镇压黑山农民军，无暇远略，所以进攻陶谦的责任，就落在曹操一个人身上。第二个原因，曹操的父亲曹嵩本来居住在故乡谯县，山东牧守兵起，他从谯县避难至琅邪（国都开阳，今山东临沂北）。曹操出任兖州牧后，想把父亲接到任所。曹嵩走到兖州属郡泰山界内华县（今山东费县东北）、费县（今山东费县西北）界内，遭到陶谦的部将张闿等的袭击，曹嵩及其次子曹德全家数十口都被杀死，一百多车财物也被掠一空。所以曹操攻入徐州，志在复仇。曹操攻入徐州境内，接连攻下彭城（今江苏徐州市）以北的十多座城市，屠杀人民数万口②，这一带破坏得"鸡犬亦尽，墟邑无复行人"（《三国志·魏志·荀彧传》注引《曹瞒传》）。曹操在徐州屠杀了一阵以后，军食亦尽，到公元194年春天退回兖州。曹操将军队略加整补，后方也略加部署之后，就在同年的夏天，再度进攻徐州，还是和上次那样，"所过多所残戮"（《三国志·魏志·武帝纪》）。最后还想进攻陶谦所驻的下邳，由于陶谦的堵击，同时兖州境内，正酝酿着一次巨大的政变，陈留太守张邈联络驻屯东郡的曹操部将陈宫，迎吕布出任兖州牧，共拒曹操，这就迫使曹操不得不迅速把自己军队从徐州撤回来了。

吕布杀了董卓以后，王允并没有怎样重用他。董卓部将进攻王允，围攻长安城时，吕布率百余骑自长安逃出，由武关（今陕西商州东）至南阳，想投奔袁术，但为袁术拒绝。他又投奔袁绍，又遭袁绍猜忌，乃改投张杨（故何进部将）于河内。途中经过陈留,和张邈"把手共誓"(《三国志·魏志·张邈传》)。自从曹操出任兖州牧以后,张邈和曹操之间的关系开始恶化,这时张邈和陈宫联合,派兵迎吕布进驻濮阳(今河南濮阳南,本为东郡治所,曹操做东郡太守,移东郡治东武阳,今山东莘县西南),推布为兖州牧。

由于张邈和陈宫在兖州陈留、东郡等地区拥有一定的地方势力,因此他们出来反对曹操,立时"郡县响应"。只有曹操的驻地鄄城(今山东鄄城北)和东郡的两个属县范(今河南范县东南)、东阿(今山东阳谷东北)两城,在曹军坚守中。这时曹操抽调了绝大兵力去攻打徐州,"留守兵少",后方非常空虚,而兖州(鄄城)城内的"督将大吏,多与〔张〕邈、〔陈〕宫通谋"(《三国志·魏志·荀彧传》),对曹操说来,形势是极危险的。曹操自出任兖州牧之后,已把东郡太守让给自己最亲信的将领夏侯惇来担任;到曹操去攻打徐州时,又把兖州后方的留守事务交给州司马荀彧去处理。荀彧赶忙把夏侯惇的军队从东郡调回鄄城,连夜杀督将大吏谋叛迎吕布者数十人,把兖州的政治中心鄄城稳定了下来。同时又派东阿人程昱前往范、东阿两城,鼓励当地官吏"拒城坚守"(《三国志·魏志·程昱传》)。

吕布进攻鄄城不克,西屯濮阳。曹操便回军攻打濮阳,濮阳大姓田氏在城内响应曹操,曹操亲率战士入城,可是巷战失利,险些儿被吕布的骑兵抓住。结果冒着火焰,从东门逃出,左手掌被火烧伤。

曹操和吕布交战了一百多天。战斗的持续进行,使得农民无法从事生产。这年夏天,蝗虫又特别多,发生了大饥荒,"百姓大饿"。吕布也是非常缺乏军粮,只得退兵。九月间曹操回到鄄城,吕布也退屯山阳(郡治昌邑,今山东金乡西北)。曹操用了一年多时间,才把兖州的郡县陆续收复。到了公元195年的夏天,经过巨野(今山东巨野南)会战,曹操终于击败了吕布,迫使吕布不得不向徐州方向逃奔。张邈随吕布南奔,后来为其部下所杀。这样,曹操在兖州的统治地位总算渐渐稳固下来。

当曹操同吕布作战相持不下之际,袁绍曾派人劝说曹操把家属遣送到邺城居住,实际上就是叫曹操对袁绍"称臣纳质"。曹操的谋臣程昱等人表示反对,曹操也没有答应。从这一桩事可以看出,一方面当时"袁曹方睦"(《三国志·魏志·臧洪传》),他们之间的关系还算和睦;另一方面随着时间的推移,形势的进展,袁曹之间的矛盾也快要表面化了。

曹操能够统一北方的几个重要因素 曹操在巩固了他的兖州牧统治地位以后,接着就南征北讨,最后终于完成了统一北方的事业。当然,曹操能够统一北方,决不是侥幸成功的,是他具备了成功的一些客观条件。由于曹操能够充分利用或顺应这些条件,因而他在逐鹿中原的许多战役中,最后是胜利了,而其余一些和他同时起兵的州郡牧守、地方豪强,则因不善于利用或不适应这些客观的有利条件,因而在当时固然也是"喑噁叱咤"的一世之雄,但最后还是失败了。

曹操所以能够统一北方,第一是由于他兴置屯田有显著成效。第二是由于他建立军队和建立根据地获得成功。第三是由于他能笼络强宗豪族和士夫地主,并取得他们的支持和拥护。第四是由于他善于利用对他有利的客观条件,如迎汉献帝都许,从此"挟天子以令诸侯",造成政治上极大优势。第五是由于他在历次战役和长期政治生活中,锻炼了非凡的指挥才能,积累了丰富的统治经验,等等。

继黄巾大起义之后,在东汉王朝的废墟上,出现了无数坞壁堡壁。那些屯坞自守、筑壁相保的强宗豪族,即使为了军事上的需要而作有计划的迁移,他们也是带领"宾客"、"部曲"、"宗族",聚族而徙。在统治阶级的混战中,他们的力量不仅没有被摧毁,反而加强了。其后割据一方的野心家为了扩张势力来压倒敌人，势必要拉拢他们，曹操也不例外。当时中原地区的强宗豪族如中牟人任峻"收宗族及宾客、家兵数百人"（《三国志·魏志·任峻传》），李典有"宗族、部曲三千余家，……万三千余口"（《三国志·魏志·李典传》），谯人许褚"聚少年及宗族数千家，共坚壁以御寇"（《三国志·魏志·许褚传》），他们纷纷归附曹操，构成曹魏政权坚固的基础。但是以"赘阉遗丑"（《三国志·魏志·袁绍传》注引《魏氏春秋》）的曹操要和四世五公地跨冀、幽、青、并的袁绍来争夺天下，还是件不容易的事。于是在曹操出任东郡太守之后，就设法笼络士夫地主的首脑人物颍川荀淑之孙荀彧，再通过荀彧的关系，拉拢了好些士夫大地主，如彧从子荀攸、颍川郭嘉、戏志才、钟繇、陈群、河内司马懿、京兆杜畿等，这么一来，曹操所代表的阶层面变得更大了。

当时士夫大地主的庄园经济正在发展，农民的依附隶属程度正在加强，客观上，这种正在发展的庄园经济，对统一的东汉国家，正在起着一种瓦解的作用，但是他们在主观上，却还企图早日恢复专制主义集权政治，来集中力量镇压农民起义，以发展他们的庄园经济，巩固他们的既得利益。因此他们首先主张拥戴汉帝。

自从公元 192 年，王允杀董卓，卓将李傕、郭汜、樊稠、张济等联军攻破长安以来，汉献帝就落进他们的手中。后来，李傕、郭汜自相火并，汉帝又被李傕所劫持。李傕部将杨奉叛傕，拥汉帝退往陕县（今河南陕县），因受李傕、郭汜联军的逼迫，再从陕县北渡黄河退到大阳（今山西平陆东北），这时跟得上汉帝撤退的公卿大臣，只有几十个人了。到达大阳是公元 196 年十二月的事，朝廷的秩序更是荡然无存。史称："乘舆时居棘篱中，门户无关闭，天子与群臣会，兵士伏篱上观，互相镇压以为笑。"（《三国志·魏志·董卓传》注引《魏书》）皇帝的尊严扫地，将领往往自己带了酒菜去请皇帝吃，倘使"侍中"不给他们通报，他们就

"喧呼骂詈"，骂起街来。最后因粮食发生恐慌，汉帝不得不渡河南下，回到洛阳。洛阳那时是一片焦土，"宫室烧尽，街陌荒芜"。回都以后，百官没有房屋住，只能"披荆棘，依墙壁间"，搭些棚子来居住。饥饿的威胁不但没有解除，而且更加严重，史称："群僚饥乏，尚书郎以下自出采稆，或饥死墙壁间。"（《后汉书·献帝纪》）东汉国家的元首——皇帝到了这般田地，也真是走到穷途末路了。

当汉帝逃到河东的时候，袁绍的谋臣沮授劝袁绍"迎大驾安宫邺都"，这样就可以"挟天子而令诸侯，畜士马以讨不庭"（《三国志·魏志·袁绍传》注引《献帝传》）。可是袁绍听从了另一部分将领如郭图、淳于琼等人意见，认为把皇帝接来邺城，动不动就要向皇帝请示，反而事事受到牵制，这不是好办法。因此袁绍没有接受沮授的建议。

曹操在公元 195 年击走吕布，接着又在建安元年（公元 196年）二月，击败汝南颍川一带的黄巾农民军，攻下许县（今河南许昌），势力更大大地扩展起来。这时汉帝已回到洛阳，荀彧首先向曹操建议，"奉迎天子都许"。并告诫曹操说："若不时定，使豪杰生心，后虽为虑，亦无及矣。"（《后汉书·荀彧传》）曹操乃派曹洪引兵先行，接着亲自赶到洛阳，朝见汉帝，借口洛阳残破，把汉帝接到许县，暂定许为汉王朝的都城。并用汉帝名义任命荀彧为侍中，守尚书令，使自己出外征伐时，中枢的大政可由荀彧来调度。汉帝从此就成为曹操手掌中的傀儡了。

曹操到洛阳朝见汉帝后，汉帝就任命曹操为司隶校尉，录尚书事。迁都于许时，曹操又用汉帝名义任命自己为大将军。由于袁绍反对，才把大将军的头衔让给袁绍，自己做司空，行车骑将军事。自从曹操迎汉帝都许以后，"挟天子以令诸侯"，不仅使自己的地位高出一切文臣武将，而且此后发号施令或是征伐异己，都用汉帝名义，名正言顺，造成了政治上极大的优势。

曹操兴置屯田的成功　在曹操统一北方的许多重要因素中,起决定性作用的,要算曹操的在内地推行屯田政策了。

当时战争形势变化不定,军事集团要想站得住,除了有兵以外,还要有粮。在国家统一时代,粮食的来源,全靠向农村小生产者征收租课。自荒乱之后,人民流亡,土地荒芜,"名都空而不居,百里绝而无民者,不可胜数"(仲长统《昌言·理乱篇》)。依附于世家大族庄园下的部曲佃客,对政府也不再出租赋和服徭役。因此,州郡方镇的割据之雄,到这时也到了无兵可募、无粮可征的地步。如袁绍河北的军队仰食桑椹;袁术在江淮取给蒲蠃;曹操和吕布争夺兖州时,军队粮食缺乏,东阿人程昱"略其本县,供三日粮"(《三国志·魏志·程昱传》注引《世语》)。粮食问题严重到如此程度,所以有些军事集团并不是被敌人打败,只是本身"率乏粮谷",就"瓦解流离,无敌而自破"(《三国志·魏志·武帝纪》注引《魏书》)。

粮食问题固然严重,比这更严重的,即黄巾大起义虽然被统治阶级残酷地镇压了,而两汉以来的流民问题,迄未解决,因此各地的农民起义仍是此起彼伏,在持续地进行斗争。曹操慑于农民起义的巨大威力,不得不首先考虑解决流民问题,这样,由政府在内地推行屯田,使失去土地的农民重新和土地结合起来便成为首要的问题了。

屯田的土地是不成问题的,人民大流移使土地荒芜,这些荒芜无主的土地,都已变成国家的公田。《三国志·魏志·司马朗传》称"今承大乱之后,民人分散,土业无主,皆为公田",仲长统《昌言·损益篇》称"今者土广民稀,中地未垦",当时可供屯垦的荒地是大量存在的。问题在于如果大规模地推行屯田,需要众多的劳动力,曹操又从哪儿去招募来呢?建安元年(公元196年),曹操在巩固了兖州统治权之后,进围汝南、颍川黄巾,许下一战,杀黄巾军首领黄邵,另一部分黄巾军首领何仪、何曼出卖农民军投降曹操，曹操把他们收编了下来。这支队伍本来是由农民组合成的，不管男女老小，他们都有相当丰富的生产经验和熟练的劳动技能；同时在这次战役中曹操还从农民军手里掠夺到不少农具和耕牛，诚如统治阶级的史书上所记载着的"及破黄巾，定许，得'贼'资业"（《三国志·魏志·任峻传》注引《魏武故事》），曹操因此就采取了两汉以来边疆上军事屯田的一种组织形式，把他们编制在土地之上，强迫他们进行生产，这就是下面要讲到的民屯和兵屯。

曹操的募民屯田，开始于建安元年的许下屯田，一岁得谷百万斛。以后又大规模地在"州郡列置田官，所在积谷，征伐四方，无运粮之劳"（《三国志·魏志·武帝纪》注引《魏书》）；"数年中，所在积粟，仓廪皆满"（《三国志·魏志·任峻传》），"五年中，仓廪丰实"（《三国志·魏志·国渊传》），以后每年可以收获到谷物达数千万斛之多。这样，不但北方的农业经济得以逐渐恢复，而且也解决了军粮问题，使曹操具备了统一北方的雄厚经济基础。同时，我们在上面反复提到过的两汉以来出现的流民问题，也暂时获得了解决，使以前失去土地和脱离土地的农民，又以隶属性很强的隶属农民身份，复归于土地，复归于农业，这标志着一种社会危机暂时取得缓和。但是由于屯田的实施，耕种屯田土地的一部分农民，身份比起自耕农民来是大大地低落了，隶属关系是大大地强化了。政府成为大土地所有者，自己经营屯田，役使"屯田客"、"佃兵"，从事农业劳动，这样，政府便成为最大的地主，"屯田客"、"佃兵"成为在屯田土地上耕作的隶属农民。

官渡会战前曹操的攻取徐州 曹操巩固了兖州的统治权，并迎汉帝都许之后，董卓的残部有不少人还想把汉帝从曹操手里抢走，但都没有得手。

当建安元年（公元 196 年）的秋冬之交，西北军的一支由张济率领曾向荆州推进，被荆州牧刘表击败，张济中流矢而死，他的部队由其侄儿张绣率领，投降刘表。刘表接受了张绣的投降后，命张绣屯军宛县（今河南南阳市），以便在有利时机北进威胁许都。

曹操为了解除许都的威胁，便在建安二年的正月，率大兵出征。曹操的军队开到淯水（白河），张绣就率领全军投降曹操。

曹操在接受张绣投降之后，却把张绣的叔母（即张济的后妻）娶去作妾，这使张绣心怀不满。曹操又想用重金收买张绣亲信胡车儿刺杀张绣。计划泄露，张绣就对曹操大营发动突然袭击，杀死曹操的长子曹昂和侄子曹安民，将士死伤甚多，曹操的卫队长校尉典韦和卫队十多人，也都力战而死。曹操也险些被杀，他在逃走时，自己的左臂和坐马都被流矢射伤，侥幸逃命。曹操沿途收集散兵，退到舞阴（今河南泌阳西北），击退了张绣的追军，才退回许都。

同年的冬天，曹操又进军宛城，张绣退屯穰县（今河南邓州）。南阳郡的宛、穰都是荆州牧刘表的势力范围，刘表不得不出兵和张绣配合，抵抗曹操。曹操怕和刘表作战之际，河北的袁绍出兵南下袭击许都，于是决定迅速撤退。

刘表当时据有荆州八郡，"南收零（零陵郡治泉陵，今湖南零陵北）、桂（桂林郡治郴，今湖南郴州），北据汉川（汉水流域），地方数千里，带甲十余万"（《三国志·魏志·刘表传》），在当时算是势力很强的一个州牧。在曹操攻宛、穰时，他也发兵配合张绣，进行抵抗。但是他对汉帝始终"不失贡职"，不断向许都供应物资。对待河北的袁绍也表示"不背盟主"（《三国志·魏志·刘表传》注引《汉晋春秋》）。只是想自守一方，"保江汉间，观天下变"（《三国志·魏志·刘表传》），是一个没有"四方志"的人物。在曹操"挟天子以令诸侯"的情况之下，只要曹操不去侵犯荆州，刘表是决不会举兵进攻许都的。所以曹操不必首先解决刘表。

袁绍却不是这样。他在当时已跨据冀、幽、并、青四州,包括今河北、山西两省,以及河南省黄河以北一部分地区和山东省胶州半岛地区。这时袁绍力量相当强,仅冀州一州就有民户百万家,倘使征发全部及龄壮丁,可得精兵三十万人。曹操的实力是远远比不上他的。不过这时袁绍正在集中全力包围易京(今河北雄县西北),企图解决盘踞幽州的公孙瓒;然后再"侵扰关中,西乱羌胡,南诱蜀汉",据"天下六分之五"(《三国志·魏志·荀彧传》),来包围曹操。所以对曹操来说,袁绍是当时最强大也是他最主要的敌手。

　　不过曹操要和袁绍决一雌雄,必须避免两线作战的不利局面。当时吕布占领了徐州,曹操如果不消灭吕布,将来就很难摆脱这个两线作战的不利局面。

　　吕布自和曹操争夺兖州的领导权失败之后,就退到了徐州。这时徐州牧陶谦刚病死,刘备接任了徐州牧。吕布投奔刘备不久,趁刘备出击袁术的机会,乘虚袭取了刘备的根据地下邳(今江苏睢宁西北),自称徐州刺史。刘备一度向吕布求和,后来因受吕布攻击,投奔曹操。吕布的将领像陈宫等有不少人是从曹操的部下叛变投到吕布那里去的,他们还想打回兖州去。因此,倘使吕布占领徐州较长时期,诚如曹操谋臣荀攸所分析的:"布骁猛,又恃袁术,若纵横淮泗间,豪杰必应之。"(《三国志·魏志·荀攸传》注引《魏书》)这样,倘使曹操与袁绍决战,吕布就会配合袁绍夹攻曹操,那时曹操腹背受敌,两线作战,无疑就会遭到失败。

　　所以曹操的谋臣郭嘉向曹操建议,趁袁绍"方北击公孙瓒,可因其远征,东取吕布"。他并且指出,倘"不先取布,若绍为寇,布为之援,此深害也"(《三国志·魏志·郭嘉传》注引《傅子》)。而曹操另一谋臣荀彧也指出:"今与公争天下者,唯袁绍尔。"他除了详细分析曹、袁的优劣诸点以外,也认为倘"不先取吕布",就会造成以后两线作战的被动局面,"河北未易图"(《三国志·

魏志·荀彧传》)。曹操听从了谋臣的分析,就决定先取吕布,然后到适当时机,再和袁绍决战。

曹操在建安三年(公元198年)九月,发动对吕布的进攻,并利用了刘备,和备联军向徐州进发。十月初,攻取了彭城(今江苏徐州市),进围下邳。吕布没有听从部下陈宫等人用游军切断曹操粮道的意见,却死守下邳,等待袁术救兵。曹操久围下邳不克,后来引沂水、泗水灌城,城内外一片汪洋,吕布部将宋宪等遂缚陈宫投降曹操。吕布退守下邳南门的城楼——白门楼,最后也还是投降。曹操下令把吕布和陈宫绞死,而留用了吕布部将张辽、臧霸等人。

袁术龟缩在淮南寿春,不敢救援吕布。最后势穷力竭,怕寿春守不住,想前往青州投靠袁绍长子袁谭,又怕曹操中途截击。不久就呕血而死。他的残部,以后都被孙策接收过去了。

刘备投靠曹操时,曹操用汉政府名义任命刘备做豫州牧。不久刘备随曹操攻下吕布,又被任命为左将军。这时许都正酝酿着一次反曹操的政变,参与其事的有汉车骑将军董承、长水校尉种辑等,刘备和他们有些往来。凑巧曹操派刘备率兵去徐州堵击袁术北上,刘备到了下邳,就杀了曹操的徐州刺史车胄,反起曹操来了。

建安五年(公元200年)正月,董承等反曹操的阴谋泄露,曹操杀了董承、种辑等人,随即东征刘备。有人认为与曹操争天下的是袁绍,劝曹操不必亲提大兵去打刘备。曹操的回答很简单,"今不击,必有后患"(《三国志·魏志·武帝纪》)。实际上曹操还是怕将来和袁绍决战时,腹背受敌。

曹操很快把刘备击溃。刘备被迫从徐州逃往青州,最后就逃到河北袁绍那里去了。

曹操又派过去在青、兖一带有潜在力量的将领臧霸,率领一部分精兵入青州,攻下齐(国都临淄,今山东临淄)、北海(郡治剧,今山东寿光东南)等郡国,防止了以后袁绍可能从青州方面配合主力发动的攻势。

这样,虽然袁绍力量强大,曹操力量较弱,但是曹操不断取得了许多的局部优势和局部主动地位,去剥夺敌人的许多局部优势和局部主动地位,自己也就走出了战略劣势和战略被动地位。

官渡之战 曹操在建安四年(公元 199 年)八月,听到袁绍要南攻许都的消息,故先进军黎阳(今河南浚县东北)。九月,曹操回到许都,分兵屯守官渡(今河南中牟东北十二里)。到了十二月间,又亲至官渡前线。建安五年正月,又因刘备在徐州举兵,他去徐州亲征刘备。同月,攻破刘备,还军官渡。

袁绍与曹操双方的战争,袁绍是采取攻势的一方,曹操是采取防御性攻势的一方。这时袁绍集中在河北前线的兵力,约有"精兵十万,骑万匹"(《后汉书·袁绍传》)。曹操集结在官渡一带的军队,最多不会超过三四万人③。袁绍进攻的目的是直捣许都,劫夺汉帝。他知道这是攻取曹操的心脏一着,是迫使曹操非堵截不可的,从而可以在自己优势兵力下两军进行决战,最后达到消灭曹操的目的。

袁绍在计划出兵之初,袁绍的监军沮授劝袁绍不要急于决战。他劝袁绍进屯黎阳,以黎阳为最前线,据河而守,然后"渐营河南",不断派遣精骑,骚扰曹操的边境,"令彼不得安,我取其逸"(《三国志·魏志·袁绍传》注引《世语》),这样不到三年工夫,就可以把曹操拖得精疲力尽,一击就垮。袁绍的谋臣田丰也反对决战。他认为袁绍应该"内修农战",来奠定和充实自己的经济力量和军事力量;一方面还要"外结英雄",以便到时机成熟时开辟进攻曹操的第二战场,来夹攻曹操。同时还主张选拔一部分精锐队伍作为机动的奇兵,来骚扰曹操防御较弱的地区,使曹操"救右则击其左,救左则击其右",这样,"我未劳而彼已困"(《三国志·魏志·袁绍传》),不到两年,就可以把曹操拖垮。他还指出:"决成败于一战",这是危险的事;一战而败,懊悔就来不及了。

可是袁绍部下另一部分将领以郭图、审配为代表,则主张迅速决战。他们认为按照兵法,兵力超过敌人十倍以上,就可以包围敌人;超过五倍以上,就可以发动进攻;兵力相当,就可以进行决战。现在袁绍率"河朔之强众,以伐曹操,其势譬若覆手"。又说:袁绍"师徒精勇,将士思奋,而不及时早定大业,所谓'天与不取,反受其咎'"(《后汉书·袁绍传》),所以坚决主张进行决战。结果,袁绍采纳了郭图、审配的意见。

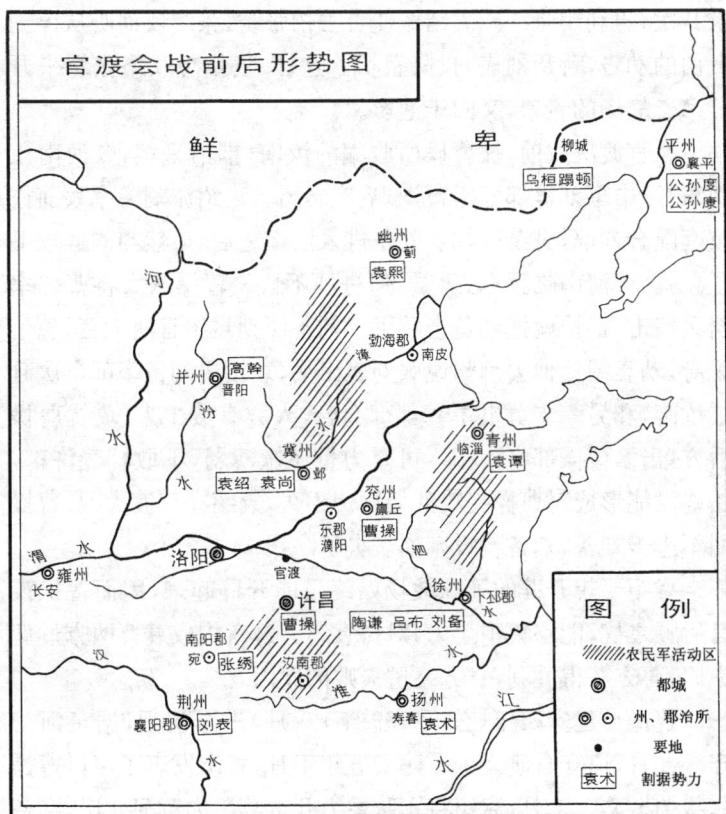

官渡会战前后形势图

图　例

▨▨▨　农民军活动区

◎　都城

◉　州、郡治所

●　要地

袁术　割据势力

袁绍在企图进攻曹操之初，就想在曹操统治区南面开辟第二战场，但是由于曹操已经预料到这一着，而先把吕布、刘备击败或消灭了，因此袁绍不得不把开辟第二战场的希望寄托于刘表和张绣。可是这时荆州统治集团内部矛盾表面化了，长沙太守张羡自建安三年起，就联结长沙、零陵、桂阳三郡，抗拒刘表。刘表出兵进攻张羡，战争尚在相持阶段，没有力量来配合袁绍向曹操进攻，所以《三国志·刘表传》说：袁绍"遣人求助，表许之而不至"。

　　袁绍既没有办法动员刘表开辟第二战场，于是不得不退而求其次，想利用张绣。袁绍派使者去招张绣，张绣反而听从谋士贾诩的劝告，背叛刘表，投降曹操。这样，袁绍想联络张绣来开辟第二战场的希望，又归于泡影。

　　在官渡决战前，被曹操所收编的汝南（郡治平舆，今河南汝南东）黄巾军刘辟部背叛曹操，响应袁绍。袁绍派刘备率兵前往汝南配合刘辟，进袭许都。刘备进入汝南之后，虽然与刘辟攻下了瀙强（今河南临颍东）等县，但进展不快。曹操派大将曹仁率骑兵堵击，很快就把刘备击败了。刘备回到袁绍官渡大营，急于脱身，劝袁绍让他去荆州说服刘表出兵，袁绍要刘备率部再次赶往汝南，和另一支黄巾军龚都部会合，人数有数千人，攻扰曹操后方，击杀曹操部将蔡阳。可是力量还嫌薄弱，不敢轻袭许都，始终没能形成对曹操夹攻的局面。不久，袁绍在官渡大败，曹操回军进击刘备，刘备就投奔刘表去了。

　　袁绍要想开辟的第二战场始终没能开辟起来，因而曹操没有后顾之忧，能够集中全力，对付袁绍。这就构成袁曹两方逐鹿中原，曹方获得胜利，袁方终遭失败的原因之一。

　　曹操自建安四年（公元199年）八月，进军黎阳，据黄河为守。九月，退守官渡。到了建安五年正月，袁绍发表了声讨曹操罪状的檄文。二月，袁绍将军队主力开抵黎阳的黄河北岸，准备渡河南进。又派大将颜良率部围攻驻守白马(今河南滑县东)的曹操东郡太守刘延。到了四月间,曹操为了解白马之围,自官渡率兵北上,而故意进军延津(今河南延津北),装作将袭击袁绍后方的模样,果然吸引袁绍一部分主力向延津移动。于是曹操立即率领轻骑,兼程赶往白马,乘袁军不备,斩了颜良,把白马城内的军民救了出来。袁绍闻讯派兵追来,曹操又斩了袁绍大将文醜,然后退回官渡。

袁绍在公元 200 年四月,把军队主力从黄河北岸推向黄河南岸。到了同年的七月,把主力继续推进到阳武(今河南原阳东南,在官渡水北),到了八月,又进至官渡,"依沙𡺅为屯,东西数十里"(《三国志·魏志·武帝纪》)。

根据沮授在袁绍面前分析这时两方的情况是:"北兵(袁绍一方)数众,而果劲不及南;南(曹操一方)谷虚少,而货财不及北。南利在于急战,北利在于缓搏。宜徐持久,旷以日月。"(《三国志·魏志·袁绍传》)可见这时就袁绍一方的战略来讲,应该采取"敌饥以持久弊之"的方法来对付曹操。而曹操一方的战略,一方面因为处在强敌的进攻面前,若不退让一步,则必危及军力的保存,因此必须诱敌深入,避免不利的决战,等到情况对自己有利时再来进行决战;另一方面由于自己的军粮不足,必须速战速决才有利。因此到了同年九月间,曹操除了同袁绍作了一次小接触之外,始终坚壁不和袁绍交锋,但是这不是消极的防御,而是为反攻和决战做好准备的一种积极防御。

曹操深沟高垒,坚守官渡阵地。袁绍十万大军逼近官渡以后,后方补给线很长,粮食的运输和供应都遇到困难。曹操听从谋士荀攸的建议,趁袁绍方面几千辆运粮的车辆快到官渡的时候,就派部将徐晃前往偷袭,把袁绍这几千车军粮全部烧光。

到了十月间,袁绍重新从河北运到粮食一万多车,他把这些军粮堆在官渡大营北面四十里的乌巢(今河南延津东南),派大将淳于琼统兵万余人驻守乌巢。谋士许攸劝袁绍分遣轻兵袭许，遭到拒绝，愤而投奔曹操，他把袁绍在乌巢屯积军粮的情况告诉了曹操，并劝他进行偷袭。曹操听了大喜，留曹洪、荀攸守营，自己挑选精骑五千人，打着袁军旗号，乘夜赶到乌巢，放火烧粮。到了天亮，淳于琼见曹操兵马不多，出兵迎战，却被曹操击败。淳于琼退保营寨，不再出战，等待袁绍的援军到来。

袁绍听说曹操出击乌巢，认为这倒是进攻曹操大营，击败曹军的好机会，"就操破琼，吾拔其营，彼固无所归矣"（《后汉书·袁绍传》）。所以他派了大将张郃、高览率领重兵去攻打曹操官渡阵地，只调遣了几千骑兵去救援乌巢。曹操指挥士卒，经过苦战，大破袁军，杀死淳于琼，把袁绍的存粮万余车全部烧掉。这一消息传到官渡前线，张郃、高览等看到大势已去，就向曹洪投降了。于是袁绍军心涣散，士卒纷纷溃逃。曹操出兵追击，袁绍和他的长子袁谭只带了八百多骑，逃过黄河。余众投降曹操，全部被坑杀。这一战役，曹操先后消灭了袁军主力七万多人。

官渡决战，是统治阶级内部两个政治集团间进行的战争，曹操获胜后坑杀降卒这件事，就显出这种战争的残酷性来。不过曹操在这一战役中，以少击众，以劣势对优势而获胜，造成了封建社会军事史中弱军战胜强军的有名的战例，充分表现了他的军事指挥才能。

从军队的人数来讲，曹操的军队要比袁绍的少得多。从武装配备来讲，袁绍有"铠万领"，曹操只有"大铠二十领"；袁绍有"马铠三百具"，曹操"不能有十具"（《太平御览》卷356引魏武《军策令》）。从经济力量来讲，曹操占领的兖、豫二州，不及河北那样富庶，固然这时距离屯田许下已有四五年光景，可是曹操和袁绍相持快到决战阶段时，军粮只够全军吃一个月，而袁绍第一次从河北运来粮食几千车，第二次又运来一万多车，足见曹操的经济力量也远不及袁绍充裕。从双方占领地区的地形形势来讲,曹操占领的兖、豫二州,是四战之地,要巩固起来比较困难;而袁绍占领的河北,有山河之固,所有以上这些条件,曹操都不如袁绍。

但是曹操在政治方面,由于他主观的努力,造成了许多对他有利的条件。他首先推行屯田,解决了流民问题,从而缓和了其统治地区内的紧张的阶级关系;其次,"挟天子以令诸侯";再其次,拉拢了不少地主豪强和门阀士族,并取得他们的支持与拥戴;再其次,当袁、曹战争快要进入决战阶段,军事物资又是极端缺乏之际,曹操却听从赵俨等的建议,缓征绵绢,缓和了阶级矛盾,曹操在决战前是做了充分的政治准备的。而且,曹操能倾听他部下正确的推论和判断,对战争全局作了通盘的检查。为了避免陷入两线作战的不利局面,当机立断地在官渡会战之前,攻取徐州,擒杀吕布,逐走刘备;并选择在荆州牧刘表在荆州和张羡相持不下无法和袁绍配合进攻自己的时候,就和袁绍进行决战。

以曹操的劣势军队,处在袁绍优势军队进攻面前,因为双方强弱不同,弱者为了保存军力,必须先让一步,所以曹操从黎阳退守官渡阵地,不肯前进一步。利用袁绍轻敌的弱点,诱袁军深入,到了袁军主力进逼官渡,曹操始终坚守阵地,避免作战,几达半年之久。最后到了对自己有利的情况,看清袁绍十万大军补给供应上的困难,便乘敌之隙,出奇兵烧掉敌军全部粮食,这样,曹操不但脱出劣势,而且还占了绝对优势。而袁绍反从优势转变为绝对劣势,最后袁军内部分裂,大将降敌,结果全军不战而溃,胜利便属于曹操一方了。曹操所取得的胜利,不能不说是他主观努力和指挥正确的结果。

袁绍败于官渡,从此就一蹶不振。过了两年,即建安七年(公元202年)五月,袁绍病死。绍先以长子袁谭为青州刺史;以次子袁熙任幽州刺史,镇蓟(今北京市西南);以外甥高幹为并州刺史，镇晋阳（今山西太原市西南）；而指定小儿子袁尚为冀州刺史，镇邺，继承他的位置。不久，袁尚、袁谭兄弟火并，袁尚远离邺城，进攻袁谭于平原（今山东平原西南）。袁谭困急，派人向曹操求救，操出兵直捣邺城，袁尚回师救邺，曹操把他击败，袁尚逃奔幽州。邺城外援断绝，而袁军坚守不降，曹军围攻半年之久，到建安九年八月才攻下邺城。次年正月，曹操又攻下南皮，杀袁谭，冀、青二州很快都被曹操攻占了。

袁尚逃往幽州依靠袁熙，不久袁熙部将焦触等响应曹操，熙、尚兄弟只得放弃幽州，逃奔辽西的乌桓部族，幽州也很快归属曹操。袁绍的外甥并州刺史高干在袁熙、袁尚逃奔乌桓，乌桓乘机骚扰塞上之际，想和他们配合，用奇兵偷袭邺城。曹操在建安十一年出兵攻取并州，高干欲南奔刘表，逃到峣关（今陕西蓝田东南），为关都尉所杀。并州从此也并入曹操势力范围之内了。

至此，袁绍过去占有的冀、青、幽、并四州，全部落入曹操的手中。曹操就用汉帝名义任命自己为冀州牧。从此河北便成为曹操的根据地，而邺城则成为曹操"霸府"的所在地。因为邺城是魏郡太守的治所，所以后来曹操就以汉帝名义封自己为魏公，其后又进爵为魏王。到了他儿子曹丕代汉做皇帝，国号也就叫魏。

袁尚被曹操打败以后，与兄袁熙胁迫幽冀军民十余万人投奔三郡乌桓蹋顿单于，蹋顿也趁势出兵侵扰汉边塞，破坏沿边人民的和平生活。公元 207 年，曹操出兵反击乌桓。大军在边塞人民的积极支援之下，出卢龙塞（由今喜峰口至冷口），"堑山湮谷，五百余里"（《三国志·魏志·武帝纪》），经过白檀（今河北滦平东北兴州河南岸）、平刚（今辽宁凌源西南），翻越白狼堆（今辽宁凌源东南），向蹋顿的根据地柳城（今辽宁朝阳南）推进。在不到柳城百数里地的凡城和蹋顿主力遭遇，曹军一战击溃了蹋顿的军队,临阵斩蹋顿,进破柳城,获得辉煌的战果。并把被乌桓族掳去及逃在塞外的汉族人民十余万户全部接回来,同时还把十余万户乌桓族人陆续迁进来,此后曹操利用他们的"侯王大人"率某部众,来参加国内各个战役,史称"由是三郡乌丸,为天下名骑"(《三国志·魏志·乌丸传》),曹操的军事力量于是更是加强了。这样,北方除关陇与辽东等地区以外,初步统一于曹操统治之下了。

曹操处于黄巾大起义之后这样一个不平凡的时代里,慑于人民力量的强大,了解到流民问题的严重性,于是兴建屯田,使流民重新和土地结合起来,使社会生产有继续发展的可能,这是最应该肯定的地方。他的统一北方,也是符合当时黄河流域人民结束长期内战的迫切要求的;就是对乌桓战争的胜利,使北边人民和平生活有了保障,北边农业生产能够顺利进行,也是符合广大人民的要求的。曹操对当时历史发展曾起了好的作用,所以曹操可以说是中国历史上的一个杰出的人物。

赤壁之战 荆州牧刘表,在东汉末太学生运动中,号为"八俊"之一,也是士夫地主集团中的中坚人物,出任荆州牧后,团结荆州地主的工作做得很好。荆州地方数千里(荆州八郡,包括现在的湖南、湖北地区),带甲士兵十余万,在牧守混战时期,独有荆州没有受到破坏。建安十三年(公元208年),表病死,次子琮继父位,曹操率十余万众乘机南征,大部分荆州地主(以蒯越为代表)劝刘琮投降,琮遂降于曹操。

刘备自从建安六年投奔刘表以后,到建安十三年,驻在荆州,已有八年之久。这八个年头中,他也利用荆州搜括"游户"之际,招募丁壮,补充自己的军队,军队人数有了一定的增加。当刘表在世时,因为要利用刘备来抵御曹操,所以请刘备屯军樊城(今湖北襄阳市北),对他也还比较照顾。

刘表病死,刘琮向曹操接洽投降,刘备开始还蒙在鼓里,全不知道。到了曹操大军到达宛县（今河南南阳市），刘备才知道刘琮降曹的消息，赶忙调动自己的部队向江陵撤退，一路吸收不少军民，一时人数发展到十几万人之多。曹操接受刘琮投降以后，听说刘备退往江陵，因为江陵是荆州的重要军事基地之一，贮积了不少军事物资，倘被刘备取去，武装他新编收来的军队，就会大大地增强刘备的军事力量，因此自率精兵五千追击刘备，一天一夜赶了三百多里地，赶到当阳长坂（今湖北当阳东北），才把刘备队伍击散。刘备只得放弃原来退往江陵的计划，转向汉水方面撤退，曹操于是进军江陵。

刘备自当阳撤退到汉水，与刘表长子江夏太守刘琦合兵，共二万人，退回夏口（今湖北汉口），又从夏口退到长江南岸的樊口（今湖北鄂城西五里），联合孙权，共抗曹操。孙权自其兄孙策割据江东，形成一种势力以后，也恐怕曹操并吞江东，因此命周瑜、程普率军三万，与刘备联军共同抵御曹军。

曹操集中的军队，号称八十万，实际只有二十二至二十四万人；二十多万人中，有七八万人还是刚从刘琮那儿接收过来的，他们"尚怀狐疑"（《三国志·吴志·周瑜传》注引《江表传》）；而曹操自己的十五六万人，又大多"远来疲敝"（《三国志·蜀志·诸葛亮传》）。而且这时长江一带，正流行一种非常可怕的疾疫，曹操的军队也已经传染到，"以疲病之卒，御狐疑之众"（《三国志·吴志·周瑜传》注引《江表传》），就使得曹操不能指挥如意。北军的优势是骑兵，缺点是"不习水战"（《三国志·蜀志·诸葛亮传》），而由于受地理条件的限制，曹操偏偏要"舍鞍马，仗舟楫"（《三国志·吴志·周瑜传》）来作战，舍己之长，用己之短，军事上化优势为劣势，这对于曹操也极为不利。同时由于曹操在荆州的军事开展得太快，离开他的根据地——屯田区比较远，因此曹军的后方补给线太长，粮食供应困难；时值冬季，马草也成问题。而"荆州之民附操者，逼兵势耳，非心服也"（《三国志·蜀志·诸葛亮传》），民心既然不服，民众就不可能出粮出力来支援大军。加之这时关陇地区，马超、韩遂的势力正盛，曹操尚有后顾之忧，因此不可能把他的二十多万大军长期胶着在长江沿岸持续作战。由于上面这些缘故，加上主观指挥的错误，所以曹操在赤壁打了一个败仗。

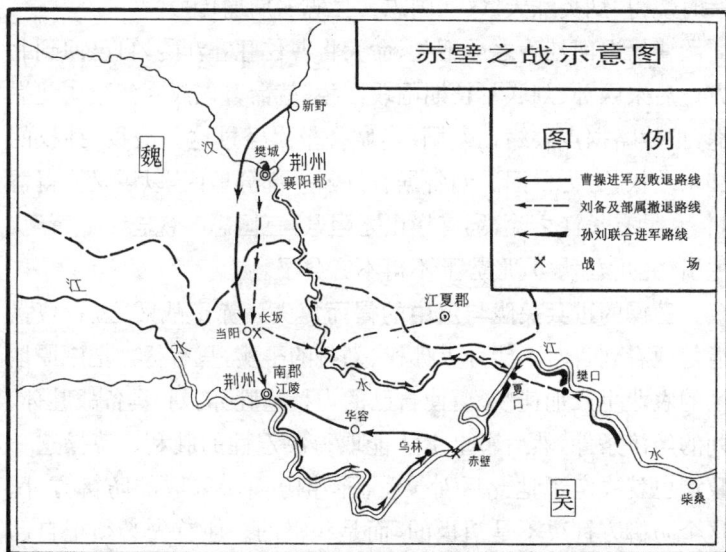

赤壁之战示意图

图　例

→　曹操进军及败退路线
⇠　刘备及部属撤退路线
➤　孙刘联合进军路线
×　战　　　　场

魏

吴

　　战争的经过是曹操率水陆两军自江陵沿长江东下，到达赤壁（今湖北赤壁市西北，在长江南岸），与孙、刘联军遭遇。这时曹军已传染上疫病，所以和孙、刘联军一接触打了一个小败仗后，曹操就把军队向北岸撤退，屯军乌林（今湖北洪湖东北，在长江北岸），隔江对阵。

　　周瑜部将黄盖见曹军船舰首尾相接，就建议用火攻。他假称向曹操投降，用蒙冲斗舰十艘，"载燥荻、枯柴积其中，灌以鱼膏"（《三国志·吴志·周瑜传》注引《江表传》），快到曹军二里地，顺风放火。这一天，东南风很紧，"火烈风猛，船往如箭"，一靠近北岸曹操军舰,就延烧起来,同时还延烧到岸上的营砦。南岸周瑜所率江东军主力看到北岸火起,也擂鼓前进,曹操战败,只得取陆路向江陵撤退。曹操恐怕留下烧剩的船舰及军用物资被孙、刘掠去利用,增强敌人的作战力量,因此在退走前,就索性把没有烧着的船舰以及带不走的军用物资也一起烧掉了,所以一时烧得"烟炎涨天"(《三国志·吴志·周瑜传》)。④

曹操退回江陵之后不久,命大将曹仁驻守江陵,自己回到北方。后来因孙、刘联军长期围攻江陵,就命曹仁放弃江陵向北撤退,把战略据点收缩在襄阳、樊城一带。经过这一战役,孙权的江东政权,更为稳固。刘备据有荆州一部分地区,以后又取得益州。"吴有长江之险,蜀有崇山之阻"(《三国志·魏志·武帝纪》注引《九州春秋》),形势上不得不三分了。

曹操的进兵关陇与汉中的得而复失 赤壁战败之后,曹操清楚地看到一时不能歼灭孙权、刘备的事实,只有努力把中原地区的农业生产加速恢复,使自己的力量远胜孙、刘,具备战胜孙、刘的经济条件,然后军事上才能取得决定性的胜利。曹操这一政策也就决定了他此后对吴、蜀军事方面所采取的防御方针。这个防御方针决不是消极的,而是积极的。他首先必须把自己的后方巩固起来,使将来和吴、蜀作战,无后顾之忧。他要进一步巩固自己的后方,必须统一关陇,然后乘机夺取汉中,进规巴蜀。因此,对关中的用兵这一桩事,首先就被提到议程上来。

当时关中还处在割据分裂状态之中,但是这些割据一方的将领,名义上还受汉帝给与的官位,倘使曹操骤然出兵进击他们,就会师出无名。所以曹操先不说去征服他们,而是说要夺取汉中,讨伐张鲁。但是事实上曹操如果要讨伐张鲁,必然要进兵关中,这些割据关中的将领也必然会出兵阻挡,那么曹操正式下令对他们加以讨伐,也就振振有辞了。

建安十六年(公元 211 年)春,曹操命钟繇率大将夏侯渊等由洛阳向关中推进，声称进讨张鲁，果然关中割据的势力——韩遂、马超、侯选、程银、杨秋、李堪、张横、梁兴、成宜、马玩等将领，立时联合起来，人数共有十万左右，屯据潼关，阻挡曹军开入关中。曹操就在这一年的秋天，亲临前线。

曹操到达潼关之后，便把大军集结起来，和韩遂等夹潼关而阵，牵制了韩遂等联军主力无法分身；然后抽调徐晃、朱灵两将率领步骑四千，从蒲坂（今山西永济西蒲州镇）渡过黄河，在黄河西岸建立了坚固的阵地，接着曹操把潼关的大军陆续北调，与徐晃的军队会合。这样，迫使韩遂等只得放弃潼关天险，把防线退缩到从渭口（今陕西潼关县北）以西的渭水南岸去了。曹操又把自己军队向渭水移动，并多设疑兵，分散敌人注意力，最后大军陆续渡过渭水，在渭水南岸筑成坚固阵地，两军对阵起来。

当曹操进兵关中之初，许多人对他说："关西兵强，习长矛，非精选前锋，则不可以当。"曹操的答复是，"战在我"，不在韩遂、马超，关西兵"虽习长矛，将使不得以刺"（《三国志·魏志·武帝纪》注引《魏书》）。曹军主力渡到渭水南岸以后，一方面"连车树栅"（《三国志·魏志·武帝纪》），从黄河西岸到渭水北岸，筑成一条甬道，把河东地区积贮的粮米源源不绝地运往前方，使大军军食供应无缺；另一方面，又坚守住渭水南岸阵地，避免与韩遂等盲目作战。这样，作战的主动权，完全掌握在曹操一方。

关中以韩遂、马超为首的将领，最后因求和不能，决战不得，军事形势的发展，对他们愈加不利，只好向曹操纳质求和了。曹操采纳了谋臣贾诩的意见，假装允许讲和，再利用讲和的机会，离间韩遂和马超的关系，最后曹操又利用了他们之间互相猜忌这一弱点，一举而击溃了关中的联军。成宜、李堪等阵上被杀；杨秋逃归安定（郡治临泾，今甘肃镇原南），不久投降；梁兴退保鄜城（陕西洛川东南），不到一年，也被曹操消灭；韩遂逃回显亲（今甘肃天水西北），到了建安二十年（公元215年），为其部下所杀;马超退到陇上,一度攻杀曹操所派遣的凉州刺史韦康,攻陷冀城(今甘肃甘谷南),后来韦康部下杨阜、姜叙等起兵讨超,杀超妻子,超投奔张鲁,最后又从张鲁那儿投奔刘备。

韩遂身死,马超败走,曹操在西北地区的劲敌可算基本解决。同时曹操派遣大将夏侯渊攻杀了在枹罕(今甘肃临夏)称了三十年"河首平汉王"的宋建,陇右一带,从此都并入了曹操的统治势力范围之内。到了曹丕称帝,河西四郡也陆续并入曹魏政权统治势力之内。

曹操刚接受刘琮投降,取得荆州不久,益州牧刘璋曾派遣使臣张松向曹操致敬。按照《三国志·蜀志·二牧传》注引《汉晋春秋》的说法,由于曹操新取得荆州,"方自矜伐",对张松接待很简慢,因而张松回到成都,就"疵毁"曹操,劝刘璋不必和曹操来往。事实上这一说法对于张松这一人物的历史作用是有夸大的地方的。曹操接见张松,大概在进军江陵之后,赤壁会战之前。当曹操到达江陵之际,西可以进规三峡,东可以席卷江东,但是这时孙、刘联军已在组成,曹操劲敌当前,必须集中全力击溃孙、刘,然后回师入蜀,进取刘璋。到那时刘璋如果仿效刘琮束手归附,曹操就可以兵不血刃,拿下益州;如果那时刘璋负隅抵抗,就也很容易地把他消灭。而在赤壁败后,接着江陵不守,曹操已不可能派偏师溯江而上,席卷全蜀。刘璋后来之所以没有同曹操往来,曹操之所以不进入巴蜀,并不决定于曹操接待张松的简慢和张松的长相丑陋,而是决定于赤壁兵败,江陵失守后的军事形势。接着曹操就谋取关中,进兵汉中,从中可以看到曹操进规巴蜀的念头,时刻萦绕在心上,不过客观的形势阻止了他,使他无法实现而已。

公元211年,曹操击败关中韩遂、马超等联军之后,本来可以立刻把兵锋转向汉中,但是因为当时河北的河间郡(治乐成,今河北献县东南)发生了以田银、苏伯为首的农民起义,曹操为了稳定后方,火速把关中的大军主力抽回到河北来,这样又推迟了对汉中的进军。农民起义很快被镇压下去之后,曹操恐怕自己用兵汉中,孙权会骚扰东南,所以动员了步骑四十万,从合肥进攻孙权的濡须坞(今安徽巢湖东南四十里),想用军事威力震慑孙权一下,使他以后不敢轻易开启兵衅,然后可以专意经营西部地区。不过曹操刚把东南的阵地稳住,在许都却又制造了杀汉伏皇后及其宗族一百多人这一大狱,进一步加强了对汉中央的控制,这样又不得不推迟夺取汉中的计划。而刘备却在这时取得了益州的统治权。曹操怕刘备不久进窥汉中,威胁关中,因此在建安二十年(公元215年)就调遣十万大军,进攻张鲁。

曹操从陈仓(今陕西宝鸡市东)出散关(今宝鸡市西南),进至阳平关(今陕西勉县西北),张鲁弟张卫率领一万多人拒关坚守,山峻难登,曹操进攻,损折了很多士兵,终于把它攻下。张鲁听到阳平失守,放弃南郑(今陕西南郑东),退到賨人居住地区的巴中——今四川嘉陵江、渠江上游地方去。賨部落酋长朴胡、杜濩、任约相率归附曹操,曹操以朴胡为巴东太守,杜濩为巴西太守,任约为巴郡太守。到了十一月间,张鲁就也出降曹操了。

刘备看到曹操的势力不但已进抵汉中,而且渗透到嘉陵江、渠江流域,这样就直接威胁到蜀汉政权的存在。因此刘备派遣部将黄权出兵三巴,击平了朴胡、杜濩、任约,把蜀汉政权在嘉陵江、渠江上游的统治权重新巩固下来。

曹操得悉朴胡等被刘备击破,派部将张郃进军宕渠(今四川渠县东北)。刘备派巴西(郡治阆中,今四川阆中)太守张飞率领一万余人,和张郃相拒,经过五十多天激烈的战斗,最后张郃终于为张飞所破,退回南郑。曹操在汉中坐镇了一些时候,就留亲信大将夏侯渊率领一部分将士驻守汉中,自己带了军队主力,在建安二十一年(公元216年)春天回到邺城去了。

史书上曾说,当曹操刚攻下南郑时,随军从征的丞相府主簿司马懿，劝曹操趁刘备取得益州还不到一年，"蜀人未附"，而且刘备因为与孙权交涉荆州分界的问题，正去公安的时候，乘机进兵，益州"势必瓦解"（《晋书·宣帝纪》）。曹操另一谋臣刘晔也劝曹操说："（刘备）得蜀日浅，蜀人未附也。今举汉中，蜀人震恐，其势自倾。……因其倾而压之，无不克也。若小缓之……蜀民既定，据险守要，则不可犯矣。"（《三国志·魏志·刘晔传》）另据当时人傅幹的记载，那时"蜀中一日数十惊，〔刘〕备虽斩之而不能安也"（《三国志·魏志·刘晔传》注引《傅子》）。这些记载都是说曹操没有采纳司马懿和刘晔的建议，因而把进取巴蜀的大好机会放过了。这类历史记载是不是符合当时实际情况，是值得研究的。曹操指挥战争是非常把稳的。益州地势险要，刘备、诸葛亮又都是有政治斗争经验和军事指挥才能的人物，只要他们据险不战，以逸待劳，就会给曹操军队带来莫大的损失，曹操是决不肯冒险进兵的。因此曹操不会在攻克南郑之后，接着进攻成都，而只是想利用賨部落酋长的归附，把他的势力向三巴推进，这正是曹操的善于用兵而不是曹操在战略上的失误。

在刘备方面看来，汉中是"益州咽喉"，"若无汉中，则无蜀矣，此家门之祸"（《三国志·蜀志·杨洪传》）。刘备的谋臣法正也力劝刘备进取汉中。曹操主力在建安二十一年春天撤退，到了建安二十二年（公元217年）冬天，刘备就开始发动对汉中的进攻，到了建安二十三年夏天，刘备还亲临阳平关前线，对驻防汉中的曹军夏侯渊、张郃部发动攻击。在同年九月，曹操也亲提大军，赶往长安，密切注意汉中战局的发展。

建安二十四年正月，刘备进据定军山（今陕西勉县东南），夏侯渊出兵争夺阵地，为刘备部将黄忠所杀。这年三月，曹操自己就从"五百里石穴"（《三国志·魏志·刘放传》注引《孙资别传》）的斜谷道（在今陕西眉县西南）赶往他所认为的"天狱中"的南郑，拔出自己在汉中的所有部队，退到长安。这样，曹操就放弃汉中,而把抵御刘备的战略据点收缩到长安、陈仓(在今陕西宝鸡市东)一带。

汉中的得而复失,从曹操方面来讲,固然在军事方面是一种较大的损失,但是曹操情愿放弃汉中,也不肯把自己主力拖进这一"食之无味,弃之可惜"(《后汉书·杨震传玄孙修附传》)比之于"鸡肋"的泥淖——汉中地区去,从战略指导原则来看,这是完全可以理解的。刘备在进兵汉中不久,就命关羽从江陵出兵,北规襄、樊,而孙权也一度配合刘备,围攻合肥。这一次的攻势,东西齐举,规模相当大,对曹操来说,是应该沉着对付,不能粗心大意的。如果曹操不肯放弃汉中,曹军主力势必陷在西线战场,就会造成军事上极大的不利。所以曹操宁可放弃战略要地的汉中,而不肯为了固守汉中而使自己的主力给敌人牵制住。由此可见,曹操放弃汉中,是不能算作失着的。

曹操利用孙权解除襄樊的威胁 刘备在攻克汉中后,即命令驻防江陵的关羽出兵襄、樊,北向宛、洛。建安二十四年(公元219年)七月,关羽向樊城发起进攻。这时曹仁防守樊城,在关羽进攻前,先派于禁、庞德等七军屯于樊北,与城内互为掎角。八月间大雨,汉水骤涨,平地水深数丈,于禁等七军被水浸没,只有小部分将领登高避水。关羽乘大船猛攻,于禁投降,庞德被杀。关羽乘船猛攻樊城,这时城内人马只有几千人,曹仁坚守待援。城遭水淹,水再涨高几尺,全城就要被淹没,真是危急万分。关羽还出兵包围襄阳,曹操方面所派遣的荆州刺史胡修、南乡(郡治南乡,今河南淅川东南)太守傅方也都投降关羽了。曹操听到襄、樊战事不利的消息,他先派遣徐晃率兵屯据宛城,待机反攻;自己也赶忙把主力从关中抽回,并且移驻洛阳,指挥襄、樊战事。当时因许都距离前线较近,曹操还打算把首都迁往邺城,只是怕动摇人心,才没有迁都。

曹操的谋臣司马懿、蒋济劝曹操利用孙权、刘备间的矛盾,对孙权采取外交攻势,加深孙、刘的裂痕。蒋济还认为:"刘备、孙权,外亲内疏,关羽得志,权必不愿也。可遣人劝〔孙权〕蹑其后,许割江南以封权,则樊围自解"(《三国志·魏志·蒋济传》)。曹操采纳了他们的意见。

孙权这时也因江陵居建业(今江苏南京)上游,如让关羽势力发展,对自己极为不利。因此一方面派吕蒙偷袭关羽的根据地江陵。同时写信给曹操,表示愿意出兵偷袭江陵,并请求曹操不要泄露这个军事秘密。曹操接到孙权的信,召集部属商议处理办法,大多数人认为应该把孙权偷袭江陵的行动暂时保守秘密。独有谋臣董昭认为应该把这一绝密消息透露给围城内的将士和关羽知道。这样,一,可以使围城内"不知有救,计粮怖惧"(《三国志·魏志·董昭传》)的守城将士,守城意志更加坚决。二,关羽知道后,必然要迅速退回去,樊城之围,不救自解;同时他还料想关羽"为人强梁",以樊城有必破之势,必不速退,因此也不至于会影响到孙权的偷袭江陵计划。曹操就派人抄录孙权来信,用箭射进樊城城内和关羽营屯里去。果然,围城内的将士听到这一消息,更是"志气百倍";而关羽则犹豫不决,没有立即退兵。

不久,曹操又进驻摩陂(今河南襄城东南),命徐晃在前线开始进行反击。这时孙权命吕蒙偷袭江陵已经得手,关羽获悉江陵失守,仓皇撤退,归路上全军溃散,关羽没有到达江陵,就在十二月间被吕蒙擒杀了。曹操这一次利用孙权消灭关羽,不但解除了襄、樊的暂时威胁,而且在战略上说来,也使蜀汉失去荆州基地,以后诸葛亮几度对魏用兵,只能出秦川(今陕西、甘肃秦岭以北平原地带)一路,而无法"命一上将,将荆州之军,以向宛、洛"(《三国志·蜀志·诸葛亮传》)。蜀汉两面钳击的攻势,从此流产,这对于此后的魏、蜀战争也有很大影响。

曹操在樊城解围之后,于建安二十五年(公元220年)正月,又整旅从摩陂退到洛阳，就在这一月的二十三日，在洛阳病死了。

对曹操的评价　曹操从建安元年（公元 196 年）迎汉帝都许，建安九年攻下河北，建安十三年用汉帝名义，任命自己为相国，建安十八年，封魏公，建安二十一年进爵魏王。在名义上，相国、魏王固然要比汉帝矮一级，在实际权力方面汉帝只是曹操手里的一个傀儡，国家大权，刑罚庆赏，实际都掌握在曹操手里。他把统治国家的权力是掌得牢牢的，曾公开对人说："身为宰相，人臣之贵已极。……设使国家无有孤（曹操自称），不知当几人称帝，几人称王。……然欲孤便尔委捐所典兵众以还职事，归就武平侯国（曹操说这些话时，封武平侯），实不可也。何者？诚恐己离兵，为人所祸也。既为子孙计；又己败则国家倾危，是以不得慕虚名而处实祸，此所不得为也。"（《三国志·魏志·武帝纪》注引《魏武故事》）这是比较真实的自白。

曹操临死前数月，孙权上书劝他做皇帝，曹操把孙权的上书给他的僚属看，文官以士族大地主陈群为首，将帅以夏侯惇为首，趁此向曹操劝进，他们认为汉朝到今天，"唯有名号，尺土一民，皆非汉有"；而曹操"十分天下而有其九"（《三国志·魏志·武帝纪》注引《魏略》），劝曹操不用推辞，快做皇帝。曹操的回答是："若天命在吾，吾为周文王矣。"意思是说，即使做皇帝的条件已具备，时机已成熟，自己也不去做，而让自己的后辈去做了。

汉建安二十五年（公元 220 年）正月，曹操病死，年六十六。子曹丕继操为丞相、魏王。到了同年的十月，曹丕代汉称帝，国号魏，追尊曹操为太祖武皇帝。

据《世说新语·容止篇》注引《魏氏春秋》：曹操"姿貌短小，而神明英发"。可见曹操个子不很高大，却很有精神。东吴人著《曹瞒传》，称他"为人佻易无威重……被服轻绡，身自佩小鞶囊，以盛手巾细物，时或冠帢帽以见宾客。每与人谈论，戏弄言诵，尽无所隐,及欢悦大笑,至以头没杯案中,膳肴皆沾污巾帻"。尽管东吴人的著作,有意要贬低曹操,但也可以看到曹操平日不大讲究仪容,动作比较随便,不矫揉做作。

曹操从小养成读书的好习惯,平日"手不舍书,昼则讲武策,夜则思经传"(《三国志·魏志·武帝纪》注引《魏书》)。他的乐府诗,豪迈悲凉,我们在文化章里还要谈到。曹操的草书也写得非常好。他还喜欢打猎,据说他曾经在南皮射雉鸡,一天之内,射到六十三只之多。

曹操提倡节俭,他的"后宫衣不锦绣……帷帐屏风,坏则补纳。茵蓐取温,无有缘饰"(《三国志·魏志·武帝纪》注引《魏书》)。由于曹操以身作则,建安时期,社会上形成一种俭朴的风气。东汉末年的一股奢侈歪风,到曹操执政的年代,基本上扭转过来。

葛洪在《抱朴子外篇·审举》里讲到:东汉"灵、献之世……群奸秉权……台阁失选用于上,州郡轻贡举于下。夫选用失于上,则牧、守非其人矣;贡举轻于下,则秀、孝不得贤矣。故时人语曰:'举秀才,不知书。察孝廉,父别居。寒素清白浊如泥,高第良将怯如鸡。'……于时悬爵而卖之,犹列肆也;争津者买之,犹市人也。……其货多者其官贵,其财少者其职卑"。东汉王朝就是在这种腐败的情况下,发生了农民大起义而土崩瓦解的。曹操掌握汉中央政权之后,他首先重用崔琰、毛玠来典掌选举,把住了选拔官吏这一道关。选拔官吏的标准是要求"举用皆清正之士",清是指操守清廉,正是指作风正派。由于上头的人提倡"以俭率人,由是天下之士,莫不以廉节自励,虽贵宠之臣,舆服不敢过度"(《三国志·魏志·毛玠传》)。一时形成了一种朴素的风气,官吏回家省亲,往往"垢面羸衣,独乘柴车"(《资治通鉴》汉献帝建安十三年)。"朝府大吏,或自挈壶飧以入官寺。"倘使官"吏有著新衣、乘好车者"(《三国志·魏志·和洽传》),舆论就会说他不廉洁；官吏如果经常穿敝旧的衣服，舆论就会说他廉洁。这固然偏于注重形式，但是承东汉末年奢靡俗尚之后，一反过去积习，对曹操当时统治权的巩固，还是起了积极作用的。

曹操一方面要求官吏廉洁，另一方面又强调不拘一格录用人才。他先后三次下令，第一次是在建安十五年（公元 210 年），令文说："今天下尚未定，此特求贤之急时也。……若必廉士而后可用，则齐桓其何以霸世（因为管仲不能算作廉士）！今天下得无有被褐怀玉而钓于渭滨者乎？又得无盗嫂受金而未遇无知者乎？"第二次是在建安十九年，令文说："夫有行之士，未必能进取；进取之士，未必能有行也。陈平岂笃行，苏秦岂守信邪？而陈平定汉业，苏秦济弱燕，由此言之，士有偏短，庸可废乎！有司明思此义，则士无遗滞，官无废业矣。"（《三国志·魏志·武帝纪》）第三次是在建安二十二年，令文说："韩信、陈平，负污辱之名，有见笑之耻，卒能成就王业，声著千载。吴起贪将，杀妻自信，散金求官，母死不归，然在魏，秦人不敢东向，在楚则三晋不敢南谋。今天下得无有……负污辱之名，见笑之行，或不仁不孝而有治国用兵之术；其各举所知，勿有所遗。"（《三国志·魏志·武帝纪》注引《魏书》）可见曹操一方面虽然重视选用清正之士，而另一方面又怕有用之才，所以一涉清议便终身废弃，这种流弊，也想竭力防止。他对各种类型人才的选拔，设想是比较周到的。

曹操这样一个人物，固然有值得肯定的地方，但也存在不少不可宽恕的罪行。作为地主阶级代表人物的曹操，一开始出现在政治舞台，就以镇压颍川黄巾起义而崭露头角，后来他又镇压了青州黄巾军、黑山黄巾军、汝南刘辟、龚都等等的黄巾军，以及陆浑、孙狼为首的农民起义。被曹操屠杀的农民有几十万之多，可以说曹操的一生，双手沾满了农民的鲜血。

在统治阶级内部争权夺利的战争中，曹操也是非常残酷的。

如曹操在进攻陶谦残破徐州的战役中，屠杀徐州人民数十万人；官渡之役，坑杀袁绍降卒好几万人。曹操还定出了"围而后降者不赦"（《三国志·魏志·程昱传》注引《魏书》）这个条文，在这个条文的实施过程中，不知有多少繁华的城市遭到了惨烈的破坏，无数的无辜平民遭受到残酷的屠戮。

曹操迎汉帝都许之后，把汉帝牢牢抓在自己手里，所谓"挟天子以令诸侯"，这种情况，一直继续了有二十四年之久。在这样长的一段时间里，曹操为了巩固自己权力，还要不断和汉王朝的残余势力进行斗争。建安五年，汉车骑将军董承等曾联结刘备，谋杀曹操，操杀承等。董承女为汉帝"贵人"（妃子），曹操也要把她杀掉，当时董贵人已怀孕，汉帝请求曹操宽恕她，操不许。汉帝因此怨操，伏皇后把这事情写信告诉她父亲伏完，"辞甚丑恶"（《三国志·魏志·武帝纪》）。到了建安十九年，伏完已病死，伏后的信却流传出来，被曹操知悉，操大怒，命汉帝废伏后，后幽闭死，并杀后所生二皇子，伏氏宗族牵连此事而死有百余人之多。除了上面两次牵涉到宫廷的事变之外，在建安二十三年，少府耿纪、丞相司直韦晃、太医令吉本等在许都图谋劫夺汉帝，进攻曹操的丞相长史王必，很快就失败了。建安二十四年，魏相国西曹掾魏讽，又结合徒众，乘曹操不在邺城的时候，阴谋发动武装政变，事先被人告发被杀。曹操对这几次搞政变的人，都残酷地加以镇压了。参加政变的人，往往诛及三族，其中魏讽一次大狱，牵连被杀者有一千余家之多，张绣子张泉，刘廙弟刘伟，王粲二子，都在这一次大狱中被杀。曹操对汉帝控制是极严的，议郎赵彦就因和献帝接近而被曹操所杀。曹操对自己政治上的敌人，往往无情地予以消灭，几次大狱，牵连的人可能扩大化了一些，但曹操为了巩固自己的统治权，这样做还是有其必要的。

但是曹操有时也把一些不必杀的人杀了；有时公开杀人不

便,暗地里还是置人于死地,这就不可原谅了。譬如陈留人边让,有文才,曾著《章华台赋》,传诵一时。同时学人蔡邕、王朗,都对边让很推崇。像这样一个后来收在《后汉书·文苑传》里的人物,曹操刚当上兖州牧,就因为他讥议自己而轻率地把他杀了。这桩事曾普遍引起兖州人士对他的不满,张邈、陈宫之所以引吕布拒曹操,和这桩事有一定关系。前北海相孔融,是一个在当时享有盛名的人物,他在北海时,效忠汉室,对袁绍、曹操两大势力,都不协附;曹操定邺之后,他提出"千里寰内,不以封建诸侯"(《后汉书·孔融传》)的建议,想阻挠曹操以魏郡为封地;他和友人祢衡的清谈中,有反对儒家伦理道德的倾向;他还有讥议曹操父子的地方⑤。曹操没有能够容忍这样的反对派,结果把孔融连他的妻子、儿女都杀了。祢衡才气横溢,而恃才傲物,得罪了曹操。曹操想利用自己的政治地位来侮辱他,补他作鼓吏,最后还是容纳不了他,把他放逐到刘表那儿,衡终于为表将黄祖所杀。丞相主簿杨修,以才智敏捷,为操所忌,卒被操所杀。前面讲到过的崔琰,为曹操典选举,有过贡献,后来因人告发崔琰诽谤朝政,操勒令自杀。守尚书令荀彧是曹操的左右手,因反对曹操称魏公并受"九锡"殊礼,被迫自杀。还有当时杰出的名医华佗,由于不愿在曹操左右充当侍医,长期请假,曹操也把他抓来杀了。总之,这些人原是可以不杀,或不应该杀的,曹操却把他们杀了。这样做,曹操的威望,不是更为提高了,反而是削弱了。

当曹操和袁绍起兵讨董卓时,袁绍说:"吾南据河,北阻燕代,兼戎狄之众,南向以争天下,庶可以济乎!"曹操说:"吾任天下之智力,以道御之,无所不可。"(《资治通鉴》汉献帝建安九年)智是指谋臣,力是指将士。袁绍但知割据河北地盘,曹操却主张"任天下之智力",自然比袁绍要高明得多。曹操不仅能够指挥大军作战,而且也是一个军事学家,对《孙子兵法》有研究,并作了注释。史称曹操"行军用师,大较依孙吴之法,而因事设奇,谲敌制胜,变化如神"(《三国志·魏志·武帝纪》注引《魏书》)。但是他部下的将帅,除了后来涌现了司马懿以外,第一流的将帅却不多。谋臣自郭嘉、荀攸等殂逝之后,后继者也是寥寥无几。相反孙权、刘备那里,人才辈出,如孙权建立东吴政权之初,与周瑜、鲁肃若布衣之交,对吕蒙、陆逊信任不疑,这种君臣之间的推心置腹精神,在曹操那里是找不到的。刘备的才具当然不及曹操,但是刘备同诸葛亮、庞统、法正等君臣之间的和谐气氛,在曹操那里也是不容易看到的。曹操所占据的地盘要比吴、蜀大,人口要比吴、蜀多,中原地区的文化水平要比吴、蜀高;然而像吴、蜀那样的将相如诸葛亮、周瑜、陆逊这一类人物,却一个也没有。曹操叱咤风云,为一代霸主,然而"诸将征伐,皆以新书(指曹操自作兵书)从事;临事又手为节度"(《三国志·魏志·武帝纪》注引《魏书》),即使方面大将,也都秉承他的谋略行事,反而束手束脚,难以充分发挥主观指导的能力。这不是曹操的优点,而正是曹操的缺点。

---

①《三国志·魏志·武帝纪》注引《魏书》:太祖……曰:"阉竖之官,古今宜有。但世主不当假之权宠,使至于此。既治其罪,当诛元恶,一狱吏足矣,何必纷纷召外将乎?"

②《三国志·魏志·荀彧传》注引《曹瞒传》:"自京师遭董卓之乱,人民流移东出,多依彭城间。遇太祖(曹操)至,坑杀男女数万口于泗水,水为不流。……〔太祖〕引军从泗南攻取虑、睢陵、夏丘诸县,皆屠之;鸡犬亦尽,墟邑无复行人。"按"坑杀男女数万口",《后汉书·陶谦传》作"凡杀男女数十万人"。

③《三国志·魏志·武帝纪》:"时公兵不满万,伤者十二三。"裴松之以为:"魏武初起兵,已有众五千,自后……一破黄巾,受降卒三十余万,余所吞并,不可悉纪;虽征战损伤,未应如此之少也。……窃谓……绍为屯数十里,公能分营与相当,此兵不得甚少,一也。绍若有十倍之众,理应当悉力围守,使出入断绝,而公使徐晃等击其运车,公又自出击淳于琼等,扬旌往还,曾无抵阂,明绍力不能制,是不得甚少,二

也。诸书皆云,公坑绍众八万,或云七万。夫八万人奔散,非八千人所能缚,而绍之大众,皆拱手就戮,何缘力能制之? 是不得甚少,三也。将记述者,欲以少见奇,非其实录也。"

④《三国志·吴志·周瑜传》注引《江表传》称操后书与孙权云:"赤壁之战,值有疾病,孤烧船自退,横使周瑜虚获此名。"可见赤壁之战,曹军船只营砦,固然由于黄盖的火攻而延烧,但损失还不太大;到了曹操决定撤退,又把烧剩的船只也一起烧掉,不使流入敌人手中:这两桩事是可以结合起来看的。

⑤ 按《后汉书·孔融传》称孔融为北海相时,"时袁曹方盛,而融无协附"。又称:"融知绍、操终图汉室,不欲与同。"是孔融不附袁、曹之证。又《孔融传》云:郗虑"令丞相军谋祭酒路粹枉状奏融曰:'少府孔融……前与白衣祢衡,跌荡放言',云'父之于子,当有何亲? 论其本意,实为情欲发耳。子之于母,亦复奚为? 譬如寄物瓴中,出则离矣'。"《三国志·魏志·崔琰传》注引《魏氏春秋》亦云"祢衡受传融论,以为……若遭饥馑,而父不肖,宁赡活余人"。这三条罪状,都是想证明孔融平日和祢衡的私房话中,有败坏儒家伦理思想的罪行。其实孔融的这种言论,是属于当时清谈范围之内的。曹操破邺,曹丕私纳袁熙(袁绍次子)妻甄氏,故孔融讥之。"乃与操书,称'武王伐纣,以妲己赐周公'。操不悟,后问出何经典。对曰:'以今度之,想当然耳。'"

第三节　蜀汉的兴起与衰亡

刘备取得荆州　刘备,字玄德,涿郡涿县(今河北涿州)人。汉景帝子中山靖王刘胜之后。备祖雄,父弘,世仕州郡。备早年丧父,家贫,与母以贩履织席为生。灵帝末年,黄巾起义,中山(今河北定州)大商张世平、苏双等出钱使刘备组织地主自卫武装。后从击黄巾有功,累迁至高唐(今山东禹城西南)令。这时高唐的东南,有青州黄巾军在活动;高唐的西面,有黑山军在活动。高唐一度为农民军所攻陷,刘备投奔公孙瓒。公孙瓒因与袁绍争河北地盘,又派刘备担任平原(国都平原,今山东平原西南五十里)相,配合公孙瓒所任命的青州刺史田楷,向袁绍的势力范围青州推进。

曹操进攻徐州(治下邳,今江苏睢宁西北),徐州牧陶谦向田楷求援,田楷派刘备往救。时刘备有兵千余人,沿途又接受了流民数千人,到了徐州,陶谦又拨了丹阳兵四千人补充刘备军队。陶谦推刘备为豫州刺史,屯兵小沛(今江苏沛县东)。不久,陶谦病死,死前嘱其部下迎刘备来担任徐州刺史。备移驻下邳,这一年是汉献帝的建安元年(公元196年)。

据有淮南的袁术,听说陶谦病死,就出兵争夺徐州,刘备被迫出兵抵御。在这以前,吕布和曹操争夺兖州领导权失败,东奔刘备。这时吕布利用刘备东御袁术的机会,用兵袭取了刘备的徐州刺史治所下邳,俘虏了刘备妻子及其将吏家属。刘备赶回解救,又被吕布击败,全军溃散。刘备收集散卒,退到广陵,"饥饿困踬,吏士大小,自相啖食"(《三国志·蜀志·先主传》注引《英雄记》),只得向吕布求和,吕布送还刘备妻子和将吏的家属,并同意刘备屯兵小沛。布自称徐州刺史,驻下邳。不久,刘备集兵万余人,吕布怕刘备力量壮大,派其大将高顺攻破小沛,刘备只能投奔曹操了。曹操也利用刘备在徐州的影响,和备联军进攻吕布,很快攻下下邳,把吕布消灭了。这是建安三年秋冬间的事情。

刘备由曹操表荐为豫州牧。吕布消灭后,他随曹操回到许都,进位左将军。曹操很看重刘备,"出则同舆,坐则同席"。有一天,曹操请刘备喝酒,曹操随便地对刘备说:"今天下英雄,惟使君与操耳。本初(袁绍字)之徒,不足数也。"(《三国志·蜀志·先主传》)刘备听了很紧张,怕曹操不能相容。这时汉车骑将军董承等正在酝酿一次政变,谋害曹操,刘备同他们有些联系。建安四年(公元199年)冬,曹操和袁绍相持于官渡。袁术从淮南北上,想冲破曹操徐州防线,退往青州,曹操派刘备前去堵击。袁术北上受阻,发病死。许都董承等政变阴谋也泄露了,刘备就索性在徐州攻杀曹操所派遣的徐州刺史车胄,举兵反曹了。

由于有不少郡县响应刘备,刘备部众发展到好几万人,并同袁绍联合,共拒曹操。曹操于是东征徐州,刘备战败,逃奔袁绍。在官渡会战之前,袁绍两次请刘备转进至汝南一带活动,企图骚扰曹操的后方。袁绍官渡战败,刘备就从汝南投奔到荆州牧刘表那里去了。

刘表统治荆州达二十年之久,荆州八郡,地方数千里,带甲十余万。在牧守混战的时期,荆州比较安定,所以各地的人士都流寓到荆州来。刘表在荆州的政治中心——襄阳"开立学官,博求儒士,使綦母闿、宋忠等撰《五经章句》,谓之《后定》"(《三国志·魏志·刘表传》注引《英雄记》)。一时荆州的学术研究气氛也非常浓厚。刘备从建安六年来到荆州,到建安十三年刘表病死,住在荆州有八年之久。他是以客军来投靠刘表的,刘表指定刘备的军队屯扎在新野(今河南新野南)一带,后来又移驻在樊城(今湖北襄阳市北)。刘备在荆州作客,没有地盘,兵源的补充也就没有保障。更严重的是他左右人才寥落,虽有关羽、张飞、赵云等人,皆万人之敌,而文臣如孙乾、简雍等辈,都是中等人才。要依靠这样一个班底,来和曹操、孙权逐鹿中原,是有困难的。他当前首要的任务就是延揽英才,以为臂助。为使这个计划实现,在历史上就出现了刘备"三顾茅庐",三次去访问诸葛亮的故事。

诸葛亮,字孔明,琅邪阳都(今山东沂南)人,家世二千石大官。东汉末,牧守混战,天下大乱,诸葛亮随叔父至荆州避难。叔父死,诸葛亮居住在襄阳城西二十里的隆中,躬耕陇亩,自比管仲、乐毅。据《襄阳记》说:"刘备访世事于司马德操,德操曰:'俗生儒士,岂识事务?识时务者,在乎俊杰。此间自有卧龙、凤雏。'备问为谁,曰:'诸葛孔明、庞士元(庞统字)也。'"曾为刘备谋士的徐庶,也把诸葛亮推荐给刘备,并且要求刘备亲自去访问他。刘备于是到隆中去访问诸葛亮,去了三次,第三次才见到诸葛亮,和他畅谈了一阵,这一次谈话,就是历史上有名的"隆中对"。

诸葛亮在隆中对刘备说:"自董卓已来,豪杰并起,跨州连郡者,不可胜数。曹操比于袁绍,则名微而众寡,然操遂能克绍,以弱为强者,非惟天时,抑亦人谋也。今操已拥百万之众,挟天子而令诸侯,此诚不可与争锋。孙权据有江东,已历三世(父坚,兄策,至权三世),国险而民附,贤能为之用,此可以为援而不可图也。荆州北据汉沔,利尽南海,东连吴、会,西通巴、蜀,此用武之国,而其主(指刘表父子)不能守,此殆天所以资将军,将军岂有意乎?益州险塞,沃野千里……刘璋暗弱,张鲁在北,民殷国富,而不知存恤。智能之士,思得明君。将军……若跨有荆、益,保其岩阻,西和诸戎,南抚夷越,外结好孙权,内修政理。天下有变,则命一上将,将荆州之军,以向宛、洛;将军身率益州之众,出于秦川……诚如是,则霸业可成,汉室可兴矣。"(《三国志·蜀志·诸葛亮传》)诸葛亮这一番话,给此后刘备建立蜀汉政权和三国的鼎峙局面勾勒出一幅粗具规模的蓝图,当然此后蜀汉失去荆州的各种变化,也并不是诸葛亮所能预料到的。诸葛亮从此参加了刘备这个政治集团,刘备倚诸葛亮为股肱,两人间的合作,诚如刘备自己所说的:"孤之有孔明,犹鱼之有水也。"这一年是建安十二年,诸葛亮二十七岁,刘备四十七岁。

当时刘备的军队不到数千人,实力单薄。诸葛亮建议刘备劝说刘表,清查荆州管内户口,"令国中凡有游户,皆使自实"(《三国志·蜀志·诸葛亮传》注引《魏略》)。刘备就藉清查户口的机会,发动游户中的丁壮参加自己的军队,凑成了一支战斗力较强的武装力量。

建安十三年,刘表病死,刘琮投降曹操。刘备从樊城率部众向江陵方向撤退,"荆楚群士,从之如云"(《三国志·蜀志·刘巴传》)。可见刘备不仅请到诸葛亮做他的股肱,同时也延揽群士,充实自己的班子,他在荆州七八年间,在招徕人才方面,还是有较大成就的。

刘备向江陵方向撤退,因为江陵是荆州的重要军事基地之一,刘表在世时曾贮存了不少军用物资,刘备要夺取这个军事基地。刘备的部众向南移动,沿途吸收了不少兵士和平民,快到当阳(今湖北当阳)的时候,人数一时达到十余万人之多,还有辎重几千辆。由于军队是临时收编的,"被甲者少"(《三国志·蜀志·先主传》),也没有经过训练,所以经不起曹操一击。

曹操到达襄阳之后,听说刘备向江陵撤退,怕江陵落到刘备手里,就迫不及待地亲自率领五千骑兵追击刘备,一天一夜赶了三百多里地,在当阳县的长坂(在湖北当阳东北)才赶上刘备,把刘备的队伍打散。刘备只得放弃原来撤往江陵的计划,折向东南汉水方面撤退,和自汉水东下的关羽所率水军精甲万人会合。渡过汉水之后,又碰到刘表长子江夏太守刘琦,他也带有军队一万多人,他们就联军退到夏口(今湖北武汉市汉口)。又从夏口退到樊口(今湖北鄂城西北)。

当刘备在当阳撤退的时候,孙权曾派鲁肃去和他联络。因此刘备到了樊口,也派诸葛亮去见孙权,表示愿意组织联军共同抵抗曹操。

赤壁战后,刘备推刘琦为荆州刺史,利用刘琦在荆州的潜在势力,去招抚长江以南的荆州四郡太守,即武陵郡(治临沅,今湖南常德西)、长沙郡(治临湘,今湖南长沙市南)、桂阳郡(治郴,今湖南郴州)、零陵郡(治泉陵,今湖南零陵北)。这四郡太守大多数都是刘表的老部下,在当时,刘琦是刘表的合法继承人,他们当然归附刘琦了。第二年,刘琦病死,刘备取得孙权的同意,自己就称起荆州牧来了。

荆州牧下督八郡,驻地是公安(今湖北公安西北油江口)。

这时刘备只占有四个郡，其余四个郡，南阳（治宛，今河南南阳市）、章陵（治章陵，今湖北枣阳东）落在曹操手里，南郡（治江陵）、江夏（治西陵，今湖北黄冈西北）落在孙权手里。刘备亲自去东吴，娶孙权妹为妻，并请求孙权把荆州的南郡仍拨归荆州牧节制，孙权也就答应了。

在孙权把南郡拨归荆州节制这件事上，东吴内部的意见是不一致的。东吴从曹军手里夺过江陵来，曾经过一场苦战，现在轻易地把它交给刘备，有些将领想不通。当时只有鲁肃认为应该把江陵拨归荆州节制，维持孙、刘联盟的体制，来共同对抗曹操。尽管后来孙权在给陆逊的信中，提到鲁肃“劝吾借玄德地，是其一短”（《三国志·吴志·吕蒙传》），批评了鲁肃。事实上，在当时及稍后，曹操曾把二三十万大军调往合肥前线，准备进攻东吴。如果长江中游——江陵的防线也让东吴来担任警戒，而让刘备的军队处于长江之南长沙等郡第二线，这是非常失策的。孙权让出江陵，实际就是把长江中游的防务移交给刘备，而把自己的军力集中东御曹操。这样，孙、刘联盟就进一步巩固，曹操就无法进展其攻势了。《三国志·吴志·鲁肃传》称曹操“闻权以土地业备，方作书，落笔于地”，可见曹操对孙权把江陵让给刘备这件事，反应很是强烈，这也说明鲁肃的主张是该肯定的。

刘备入蜀与攻取汉中　刘备取得江陵之后，荆州的地盘还是太小了，北有强敌曹操，东受孙权威胁，这是一个四战之地，不可能长久这样存在下去，只有向割据势力较弱的一环——益州去求发展。我们在这里不得不追述刘焉、刘璋父子统治益州的情况。

东汉末，统一王朝快趋崩溃，一部分士夫地主都想到边远州郡去做官，割据地盘，独霸一方。汉宗室刘焉时为九卿，也上书请去交趾当州牧，没被批准，恰好益州刺史郗俭为黄巾军所杀，政府派刘焉充益州牧。焉未进至益州，黄巾军已为地方武装所镇压；焉入益州之后，"务行宽惠"，尖锐的阶级矛盾暂时缓和了下来。

焉入川时，亲戚故旧，跟着他的很多，形成一个政治性的集团。"先是南阳三辅人流入益州数万家，收以为兵，名为东州兵"（《三国志·蜀志·刘璋传》注引《英雄记》），刘焉这一政治集团就是依靠"东州兵"作为他们的主要武装力量。

刘焉为首的外来地主集团经济势力的发展，必然会使益州土著地主的既得利益受损害，因此益州地主纷纷武装起兵，想推翻刘焉的统治，这场火并，颇为惨烈。从刘焉杀"州中豪强"王咸、李权等"以立威刑"开始，蜀郡人任岐、贾龙继而举兵，一直到刘焉死、子刘璋继位，州大吏巴西赵韪结合州中大族武装倒刘失败为止，前后十几年中，地主阶级内部矛盾没有间断过，刘璋终于依靠东州兵力量，把内乱平定下来。但是益州土著地主集团对刘璋始终没有好感，刘璋也始终没能得到他们更多的支持。

那时农民军的一支——五斗米道在张鲁领导下，又在汉中一带活跃起来，刘璋很是害怕。益州地主集团中坚蜀郡张松企图依赖外力来推翻刘璋的统治，就乘机向刘璋建议，把刘备从荆州请来，请他去消灭张鲁。张松以为只要刘备入蜀，刘璋失势，益州土著地主集团的势力就可抬头了。而刘璋也正因内受益州土著地主集团的反对，外有张鲁的威胁，就采纳了张松的建议。

建安十六年（公元211年），刘璋派遣了军议校尉法正去荆州，请刘备入蜀北击张鲁。刘备答应了刘璋的请求，即率步兵数万人，由水道入蜀，留诸葛亮、关羽驻守荆州。

刘备沿长江、嘉陵江，到达涪县（今四川绵阳东）之后，刘璋也从成都赶来和刘备相见，欢宴了百余天，拨给了刘备不少军用物资，请他进击张鲁。刘备到达葭萌（今四川广元西南）以后，就驻扎了下来，不再向白水（关名，在今四川广元东北）、阳平关（在今陕西勉县西白马河入汉水处）方向前进一步了。

刘备入蜀的企图是非常明显的,是想夺取刘璋的益州地盘,自然不肯汲汲于替刘璋去消灭张鲁,夺取汉中。当时刘备集结在葭萌前线的军队,约有三万多人,住了一年之久,没有与张鲁军队接触。这一年之间,军事给养,对益州来说,是一个很沉重的负担。后来刘备又借口曹操要进攻孙权和荆州,自己必须回救荆州。刘璋这时也已看清刘备要想夺取益州的企图,一面收斩私通刘备的张松,一面下令关戍诸将,不得再和刘备联系。刘备也就回师攻下涪县(今四川绵阳东)、绵竹(今四川德阳北),包围雒城(今四川广汉)有一年之久,才把它攻下,谋士庞统在督众攻城时中流矢而死。刘备接着进围成都。这时诸葛亮也从荆州率领张飞、赵云等由水道入蜀,攻下江州(今重庆市),会师成都。

刘备围攻成都几十天,刘璋看到外援断绝,坚守无望,只得向刘备投降了。刘备从建安十六年冬入蜀,十七年冬回师攻打刘璋,打了一年多的仗,到十九年夏,总算攻取成都,自领益州牧,奠定了他在益州的统治权。

刘备刚取得益州,孙权便要求刘备把荆州让给他。建安二十年(公元215年)夏,孙权出兵夺取长沙、桂阳、零陵三郡,还要求关羽让出南郡。刘备听到荆州有事,就赶往公安,派人同孙权交涉。这时曹操已在进兵汉中,刘备怕益州有失,所以同意和孙权中分荆州,以湘水为界,江夏和长沙、桂阳三郡属孙权,南郡和零陵、武陵三郡属刘备。孙权也同意刘备北攻汉中时,他就出兵进攻曹操的合肥,配合作战。

建安二十二年,刘备进兵汉中。到了二十四年,曹操的大将夏侯渊在汉中为备军所杀;这年夏天,曹操亲自赶到汉中把军队撤退出来,刘备终于攻下汉中。刘备的取得汉中,进一步巩固了益州的防务。到了这一年的秋天,刘备步曹操称魏王的后尘,自称汉中王。公元220年,曹操病死,操子曹丕代汉称皇帝,国号魏;第二年,即公元221年,刘备也在益州称帝,国号汉,史称蜀汉。

刘备在益州以"诸葛亮为股肱,法正为谋主,关羽、张飞、马超为爪牙,许靖、麋竺、简雍为宾友。及董和、黄权、李严等本〔刘〕璋之所授用也,吴懿、费观等又璋之婚亲也……刘巴者宿昔之所忌恨也,皆处之显任,尽其器能"(《三国志·蜀志·先主传》)。对文武官员的使用,是各方面都照顾到的。以后刘备死后,诸葛亮掌管国政,还是禀承了刘备生前的安排。随刘备转战中原的旧日文武,随刘备入蜀的"荆楚群士",都得到刘备和诸葛亮的重用,如霍峻为梓潼太守,陈震为汶山太守,后来官至尚书令,刘邕为江阳太守,董恢、辅弼为巴郡太守,邓芝为广汉太守,蒋琬后代诸葛亮为丞相,所谓"豫州(指刘备)入蜀,荆楚人贵"(《华阳国志》卷9),确是当时的真实情况。除此以外,刘备、诸葛亮对随刘焉入蜀的刘璋旧部,也通过各种方式来加以拉拢。这也是当时刘备巩固蜀汉政权的唯一手段。当时刘璋集团内的实力派吴懿,是刘备首先拉拢的对象,于是刘备娶懿妹为妻。懿妹原是刘璋兄刘瑁的妻子,瑁病死,懿妹寡居,刘备这个集团中的人士都劝刘备娶她,刘备开始还认为刘瑁和自己是同族,有些顾虑,到了法正也劝他结这一门亲事时,刘备就和她结合了。正如恩格斯说过的:"对于骑士或男爵,以及对于王公本身,结婚是一种政治的行为,是一种借新的联姻来扩大自己势力的机会;起决定作用的是家世的利益,而决不是个人的意愿。"(《家庭、私有制和国家的起源》,载《马克思恩格斯选集》第4卷,第74页)刘备正是从这个角度来考虑问题的[①]。通过这种拉拢方式,刘璋虽然倒台了,刘璋的部下却完全被刘备和诸葛亮所争取过去了。这个政治集团里的许多代表性人物,以后在蜀汉政权里,也担任了很重要的职位。如董和"内干机衡二十余年"(《三国志·蜀志·董和传》),董和的儿子董允后官至尚书令,蜀人称诸葛亮、蒋琬、费祎、董允为四相;费祎继蒋琬为丞相,他原是刘璋的远亲；刘巴、吕艾、李严先后为尚书令，他们原先都是刘璋的僚属。还有一个特殊的例子，汝南许靖，他是蔡邕、孔融一辈的人，资格很老，刘备进攻成都时，许靖正担任刘璋的蜀郡（治成都）太守，他想逾城投降刘备，没有成功。成都破后，刘备瞧不起他，想不给他安排官职。法正劝刘备说："天下有获虚誉而无其实者，许靖是也。然今主公始创大业，天下之人，不可户说，靖之浮称，播流四海。若其不礼，天下之人以是谓主公为贱贤也。宜加敬重，以眩远近，追昔燕王之待郭隗。"（《三国志·蜀志·法正传》）刘备接受了法正的意见，以许靖为长史；到了刘备称帝，以许靖为司徒。东汉末年士夫地主人物中，像许靖那样的代表性人物，与曹魏政权中三公华歆、王朗等齐名，彼此常通信札，在益州是不多的，因此刘备听从法正作了这样安排，还是比较妥当的。

法正这个人物，是蜀汉政权中仅次于诸葛亮、庞统的智囊。他是扶风郿县（今陕西眉县）人，建安初年，关中饥荒，流寓入蜀，依刘璋为军议校尉。后来刘璋叫他去请刘备入蜀，他看到刘璋懦弱，必然保不住益州，所以就投向刘备了。刘备取得益州，法正之谋居多。刘备攻克成都之后，以法正为蜀郡太守；刘备做皇帝，且以法正为尚书令。法正为蜀郡太守时，"外统都畿，内为谋主。一飡之德，睚眦之怨，无不报复……或谓诸葛亮曰：'法正于蜀郡太纵横，将军（时亮为军师将军）宜启主公，抑其威福。'亮答曰：'主公之在公安也，北畏曹公之强，东惮孙权之逼，近则惧孙夫人生变于肘腋之下②，当斯之时，进退狼跋。法孝直（法正字）为之辅翼，令翻然翱翔，不可复制。如何禁止法正，使不得行其意邪。'"（《三国志·蜀志·法正传》）这里撇开法正作威作福的事不谈，只想说明刘备、诸葛亮在蜀汉政权立国之初，对刘璋的旧部中立有大功的法正，是如何的信任和器重。

刘备、诸葛亮对益州土著地主集团，就不像对待从他们入蜀的荆楚群士和刘璋旧部一样了。既有打击的一面，又有拉拢的一面。刘备、诸葛亮吸收了大部分益州土著地主到蜀汉政权里来,同时发现了其中有不稳妥的人物,就毫不留情地加以打击。譬如广汉彭羕③,是益州土著地主集团中比较有才气的一个人物,刘备入蜀之初,他也立了一些功劳,后来派他做江阳太守,他不愿意外放,去游说马超:"卿为其外,我为其内,天下不足定也。"马超把他的话报告上去,诸葛亮也屡次在刘备前进言,"羕心大志广,难可保安"(《三国志·蜀志·彭羕传》),结果就把彭羕杀了。刘备入蜀之初,蜀郡张裕因无礼于刘备,蜀汉政权刚建立,张裕又造谣言说刘备取得益州之后九年又当失掉,刘备也想把他杀掉。诸葛亮问刘备应该加他哪一种罪名,刘备干脆地回答说"芳兰生门,不得不锄"(《三国志·蜀志·周群传》),就把他送到市上斩首。有人对诸葛亮说:"你们到四川来,你们是客人,四川是主人,客人应该对主人宽和一些。"诸葛亮的回答很简单:"我们是不走刘焉、刘璋父子老路的。"④

刘备、诸葛亮对待益州人士,往往能够破格录用。刘备北征汉中,蜀郡太守法正随行。诸葛亮镇守成都,问蜀郡从事犍为(郡治武阳,今四川彭山东)杨洪,发兵增援前方,这样做对不对?杨洪说:"汉中则益州咽喉,存亡之机会。若无汉中,则无蜀矣,此家门之祸也。方今之事,男子当战,女子当运,发兵何疑。"(《三国志·蜀志·杨洪传》)诸葛亮认为杨洪很有识见,破格叫他代理蜀郡太守。不久,法正迁尚书令,杨洪就正式接任蜀郡太守。蜀郡门下书佐(小吏)何祗,很有才干,杨洪把他推荐给诸葛亮,几年后,诸葛亮就破格提拔何祗为广汉太守。诸葛亮能够这样破格录用人才,"是以西土咸服诸葛亮能尽时人之器用也"(《三国志·蜀志·张裔传》)。可见刘备、诸葛亮尽管打击了一小部分不向蜀汉政权靠拢的益州土著地主,大部分的益州土著地主如肯为蜀汉政权服务,诸葛亮还是竭力争取,破格录用,益州人士在诸葛亮执政时,对诸葛亮能心悦诚服,其原因之一就在于此。《荀子·议兵篇》有这样一句话："兼并，易能也，唯坚凝之难焉。"诸葛亮作为地主阶级的政治家，能够把地主阶级的力量团结起来，把积极因素调动起来，蜀汉政权就也渐渐地巩固下来了。

刘备猇亭之败　诸葛亮在隆中曾向刘备提出争霸的计划："将军……若跨有荆、益，保其岩阻……外结好孙权，内修政理。天下有变，则命一上将，将荆州之军，以向宛、洛；将军身率益州之众，出于秦川……诚如是，则霸业可成，汉室可兴矣。"（《三国志·蜀志·诸葛亮传》）第一是要取得荆、益两州，巩固根据地，安定后方，积蓄力量；第二是巩固吴、蜀联盟，共抗曹操；第三在军事上，主要是巩固襄阳和汉中两大战略基地，条件成熟时，两面钳击洛阳，东吴出合肥侧击。这在当时，从刘备方面的战略来说，是完全对的。因此，刘备入蜀时，就交给坐镇荆州的关羽两大任务：一面要相机夺取襄、樊，一面要巩固吴、蜀联盟。但关羽只想完成夺取襄、樊的任务，和东吴的关系却搞得很坏。

后来有人责备关羽不该冒险进攻襄、樊，这个责备是不对的。江陵和襄阳相去步道五百里，以后《南齐书·州郡志》有这样的话："江陵去襄阳步道五百，势同唇齿，无襄阳则江陵受敌不立故也。"说明襄阳是江陵的北门，要保江陵，非争襄阳不可。尤其是东吴把湘水以东的桂阳、长沙等郡取走之后，江陵后方虚弱，只有北取襄、樊，才能依阻汉水，摆脱三面受敌的地位。所以说关羽进兵襄、樊，完全是当时形势所决定的。应该说，关羽北攻襄、樊，并没有错，错的是襄阳长期进攻不下，应该估计到自己后方虚弱，及早回师，以待再举。

关羽的最大缺点，是没有把脆弱的吴、蜀同盟巩固住。孙"权遣使为子索羽女，羽辱骂其使，不许婚"（《三国志·蜀志·关羽传》）。作为策略来讲，这是很大的失着。

还有，关"羽善待卒伍而骄于士大夫"（《三国志·蜀志·张飞传》)。关羽和他的僚属（文职人员）的关系很紧张，像潘濬这样一个优秀人物，关羽不知重用，关羽死后，反而被孙权争取过去了。麋芳是刘备的小舅子，时为南郡太守，守江陵；将军傅士仁屯兵公安，他们投降孙权，都和关羽同他们的紧张关系有关。这些事情，结合起来，关羽就一败涂地，不可收拾了。

江陵、公安的失守，这在蜀汉政权方面来讲，不仅丧失了荆州基地，被封闭于三峡之内；而且脆弱的吴、蜀联盟，宣告破产，盟友变成敌人，这对刘备的打击是太大了。

刘备在丢失荆州后称帝，称帝后就想夺回荆州。当时对这个问题，蜀汉君臣中大致可以分为主战、主和两派。诸葛亮是主张维持吴、蜀联盟的，但他知道刘备主战很坚决，不敢极言劝阻。到了刘备后来打了败仗，他才敢说，"法孝直若在（这时法正已病死），则能制主上，令不东行；就复东行，必不倾危矣"（《三国志·蜀志·法正传》）。表达了他不同意出兵攻吴的想法。赵云是跟随刘备时间比较长久的将领，他也明确地说："国贼是曹操，非孙权也。且先灭魏，则吴自服。操身虽毙，子丕篡盗，当因众心，早图关中。……不应置魏，先与吴战。兵势一交，不得卒解也。"（《三国志·蜀志·赵云传》注引《赵云别传》）当然也有不少主战派的将领，为了要立功，并迎合刘备急于为关羽复仇的心理，坚决主张和东吴开战。当时蜀汉政权内部虽有主和、主战两派，由于刘备是坚决主战的，所以主战派占很大优势，诸葛亮也就无法对刘备施加影响，阻止他不去伐吴了。

公元221年的七月，刘备亲提大军四万余人，由将军吴班、冯习、张南等率领，沿长江，出巫峡，收复东吴所占领的巫县（今重庆巫山北）、秭归（今湖北秭归），浩浩荡荡地直扑江陵。自秭归出发的时候，治中从事黄权向刘备建议："吴人悍战，而水军沿流，进易退难。臣请为先驱以尝寇，陛下宜为后镇。"（《三国志·蜀志·黄权传》）这个建议，从战略方面考虑，是比较周到的。刘备并没有接受，却任命黄权为镇北将军，叫他去指挥江北军队，防备魏军。后来因刘备战败，黄权后退无路，反而投降了曹魏。

从巫峡到夷陵（今湖北宜昌市东），有六七百里地，江岸两侧，高山连云，这是一个地形比较复杂的区域，如果战争失利，前有敌兵，后无退路，这是兵家的大忌。刘备偏偏凭恃这个不利的地形，来和东吴作战。公元222年二月，刘备的军队沿长江南岸缘山截岭，推进到夷陵，便舍舟登陆，在江岸南侧，处处结营，"树栅连营七百余里"（《三国志·魏志·文帝纪》），把军队的力量配置得极度分散，战斗力也相对地削弱了。

刘备亲率主力屯营于夷陵猇亭（今湖北宜都北，长江北岸之古老背），派将军吴班向吴军挑战，东吴大都督陆逊却集中五万优势兵力，坚守不出。蜀军自兴师东下，行军已有七八月之久，将士疲惫不堪。到这年六月，陆逊才乘盛夏采用火攻的战术，向蜀军发动攻势。东吴将士各执一火把，全力出击，大破蜀军前锋，阵斩蜀汉大将冯习、张南。刘备退保马鞍山（今湖北宜昌市西北六十里），陆逊督促吴军四面围攻，蜀军又损折了近万人。刘备乘夜从马鞍山突出重围，退到秭归，再从秭归退回白帝城（今重庆奉节东）。陆逊纵兵追击，连破蜀军四十余营，挺进到巫县才停止。史称蜀军"舟船器械，水步军资，一时略尽。尸骸漂流，塞江而下"（《三国志·吴志·陆逊传》）。刘备退到白帝城不久就发病，终于不起。

在吴蜀夷陵会战之后不到三四个月，魏主曹丕两路出兵，进攻东吴的濡须（今安徽巢湖南）和江陵。孙权遣郑泉使蜀，刘备派宗玮报聘，脆弱的吴蜀联盟又复活了。

公元223年的四月，刘备在白帝城病死，备子刘禅继位，诸葛亮以丞相辅政。诸葛亮首先要考虑的问题，是恢复吴蜀的外交正常关系，进而安定南中，然后专力抗魏。所以他派遣邓芝出使东吴，主动地去加强吴蜀联盟⑤。联吴抗魏的外交路线，更进一步明朗了起来。

诸葛亮的安定南中　在当时蜀汉地区,要形成一个割据的政治局面,经济上各方面的条件是完全成熟的。

蜀汉地区,本来就已"土地肥美,有江水沃野、山林竹木、疏食果实之饶"(《汉书·地理志》);到了蜀汉建国,"封域之内",仍是"栋宇相望,桑梓接连","原隰坟衍,通望弥博","沟洫脉散,疆理绮错,黍稷油油,粳稻莫莫"(左思《蜀都赋》)。成都平原的丰收与否,是和都江堰的灌溉工程分不开的。都江堰当时称为"都安堰",诸葛亮辅政后,曾"以此堰农本,国之所资,以征丁千二百主护之"(《水经·江水注》)。这样,"水旱从人,不知饥馑,沃野千里,世号陆海"(《水经·江水注》)的成都平原,其农业的发展,比之两汉全盛时代,亦无逊色。同时蜀汉还在汉中一带,设置屯田,这些都有助于农业的发展。在纺织手工业方面,织锦业最为发达,居全国第一位。故当时织锦,"魏则市于蜀,而吴亦资西道"(《太平御览》卷 815 引山谦之《丹阳记》)。成都附郭的纺织业盛况,据《蜀都赋》说:"阛阓之里,伎巧之家,百室离房,机杼相和。"蜀亡之时,史称蜀库存"锦绮彩绢各二十万匹"(《三国志·蜀志·后主传》注引王隐《蜀记》),可见纺织生产产量之多。中原地区的商业,已不如前代,而蜀汉的商业,并未衰歇。如成都"市廛所会,万商之渊,列隧百重,罗肆巨千,贿货山积,纤丽星繁……贾贸墆鬻,舛错纵横,异物崛诡,奇于八方"(左思《蜀都赋》)。

不过话又要说回来,尽管益州是沃野千里、有"盐铁之利"(《三国志·蜀志·吕乂传》)的天府之国,如前所述,蜀地的织锦业,又非常发达,可是要动员十万以上兵众来长期和魏进行战争,军费浩大,仅仅倚靠这些收入来作为"决敌之资"⑥,还是有困难的。居住于蜀汉西南边境的少数部族,既然不向蜀汉政权纳税服徭役,而且在刘备病死前后,越巂(郡治邛都,今四川西昌西南)叟帅高定元杀郡将举兵称王。牂牁(郡治故且兰,今贵州凯里西北)太守朱褒据郡不受调遣。益州郡(郡治滇池,今云南晋宁东)大姓雍闿杀太守正昂,蜀汉政府改派张裔为益州太守,又为闿执送东吴。东吴发表雍闿为永昌(郡治不韦,今云南保山东北)太守,想在蜀汉边境培植亲东吴的势力。雍闿同时还拉拢另一益州郡大姓孟获,叫人散布谣言,欺骗"夷、叟"(当时对西南少数民族的泛称)说,"官欲得乌狗三百头,膺前尽黑,蟎脑(即玛瑙)三升,斫木长三丈者三千枚(斫木不会高过二丈),汝能得否"(《华阳国志·南中志》),假称蜀汉政府要他们贡献这些根本不可能得到的东西,来威胁群众,挑拨民族感情。当时南中反蜀汉的力量正在结集起来,威胁蜀汉的后方。诸葛亮秉政后,趁与东吴通好之际,就举兵南进,他不但想解除蜀汉后方的威胁,还想掠夺南中物资,补充夷、叟兵员,来充实蜀汉军事力量,为北伐作好准备。

公元225年春,诸葛亮亲率大军南征。大军分为三路,马忠率东路军直指牂牁,不久就消灭了朱褒;李恢率中路军自平夷(今贵州毕节)径趋滇池,包抄雍闿、孟获的后方;诸葛亮亲率西路主力,由安上(今四川屏山)从水路趋越巂。高定元在定筰(今四川盐源南)、卑水(今四川会理东北)一带"多为垒守",设置防御工事。诸葛亮想等待高定元的军队集合后再进行决战,因此停军卑水前线,稍作休整。正在准备决战之际,雍闿、孟获也从滇东赶来,高定元的部下袭杀雍闿,孟获代闿为主,继续进行顽抗。诸葛亮趁南中内部混乱的时刻,一举攻克越巂郡,临阵击杀高定元。就在这年五月,渡过金沙江,追击孟获。这时李恢率领的中路军,"追奔逐北,南至盘江,……与亮声势相连"(《三国志·蜀志·李恢传》)。孟获南有李恢的迎击,北有诸葛亮的追兵,被包围在南盘江上游今曲靖一带。传说通过七擒七纵,诸葛亮把南中少数民族的上层分子孟获争取过来了。不久,三路大军在滇池会合。诸葛亮的出兵是在春天,五月渡泸(金沙江),到秋天,南中四郡(越巂郡、益州郡、永昌郡、牂牁郡)悉平,十二月回到成都,用兵可算是神速的。

南中平定之后,诸葛亮大量起用少数兄弟族的上层分子,"皆即其渠率而用之"。有人对此表示异议,诸葛亮向他们作了解释,认为如果大量指派内地人去当官吏,同时必须派遣军队驻扎在那里,"兵留则无所食",不但增加少数民族地区的经济负担,而且还会导致民族间的隔阂。只有尽量利用当地民族上层分子,才可以勉强做到"不留兵,不运粮,而纲纪粗定,夷汉粗安"(《三国志·蜀志·诸葛亮传》注引《汉晋春秋》)这样一个局面。当然,诸葛亮选择的南中少数民族上层分子如建宁太守李恢、云南太守吕凯、永昌太守王伉等人,他们大都是拥护蜀汉政权的。诸葛亮还吸收少数民族上层分子中原先和蜀汉政权有距离的一些人到蜀汉中央政府里去,给予他们较高的政治待遇,如建宁(郡治味县,今云南曲靖南)爨习官至领军将军,孟获官至御史中丞,朱提(今云南昭通)孟琰官至虎步监。这样,不仅使蜀汉政权后方得以巩固,而且还从西南少数民族方面得到一些兵员的补充,如他"移南中劲卒青羌万余家于蜀,为五部"(《华阳国志·南中志》)。此外诸葛亮又通过少数民族上层分子向少数民族人民请求资助,"出其金银、丹漆、耕牛、战马,给军国之用"(《华阳国志·南中志》)。

同时,诸葛亮也把中原正在加强中的封建的隶属关系,带进到西南少数民族那里去。从东汉以来,益州和中原及江南地区一样,隶属关系逐渐强化起来。在刘焉、刘璋时代,益州地区的地主就拥有众多的部曲,这些武装过的部曲,在平时也一定就是地主土地上的耕作者——佃客。蜀汉政权成立之后,益州的土著农民和益州的土著地主之间的隶属关系,也逐渐在强化之中。如"郪县(今四川三台)大姓王、李氏,又有高、马家,世掌部曲"

（《华阳国志·蜀志》）。诸葛亮在征服南中地区以后，就把这种中原的隶属关系带进到西南地区去了。如他把南中的"羸弱配大姓焦、雍、娄、爨、孟、量、毛、李为部曲……以夷多刚狠，不宾大姓富豪，乃劝令出金帛骋策恶夷为家部曲，得多者奕世袭官"（《华阳国志·南中志》）。封建的隶属关系，就是这样地在西南地区发展起来了，这一定会使西南少数民族的社会性质起剧烈的变动的。

诸葛亮对南中地区用兵的结果，保证了西南少数民族人民与汉族经济、文化的进一步交流；另一方面，"军资所出，国以富饶"（《三国志·蜀志·诸葛亮传》），因此也给西南少数民族的劳动者们带来了蜀汉政权对他们的沉重的剥削和压迫。

"南方已定，兵甲已足"（《三国志·蜀志·诸葛亮传》），公元227年，诸葛亮北驻汉中，就准备大举北伐了。

诸葛亮的北伐　蜀汉政权失去荆州以后，要想北伐曹魏，只有利用吴蜀联盟，东西齐举，配合作战。公元227年的春天，诸葛亮北驻汉中，准备北伐。他故意放出风声，要从褒谷、斜谷（从陕西褒城沿褒水、斜水趋向眉县）直趋郿县。这时曹魏的都城已迁至洛阳，曹操子曹丕（文帝）也已病死，丕子曹叡（明帝）即位不久。由于刘备已经死了四五年，蜀中一直无动静，曹魏君臣不免放松警惕，骤然得到诸葛亮出兵的消息，魏主曹叡召集朝中文武，讨论对蜀的攻守方针。散骑常侍孙资认为应该继续保持曹操对吴、蜀的战略防御的方针，他说："武皇帝（曹操）圣于用兵，察蜀贼栖于山岩，视吴虏窜于江湖，皆挠而避之。不责将士之力，不争一朝之忿，诚所谓见胜而战，知难而退也。今若进军就南郑讨亮，道既险阻，计用精兵又转运镇守南方四州，遏御水贼（指孙权），凡用十五六万人。……天下骚动，费力广大，此诚陛下所宜深虑。夫守战之力，力役参倍，但以今日见兵，分命大将据诸要险，威足以震慑强寇，镇静疆场。将士虎睡，百姓无事。

数年之间,中国(指中原地区)日盛,吴、蜀二虏,必自罢弊。"(《三国志·魏志·刘放传》注引《孙资别传》)这一段话,并不是什么新东西,孙资不过重复了自曹操以来对待吴、蜀两国的基本方针。曹叡后来派遣曹真、司马懿都督关中诸军西御诸葛亮,他们的作战计划主要就是依据这个基本方针来制定的。

因为诸葛亮扬言从褒斜道直捣长安,所以曹叡派大将军曹真督关右诸军,驻扎在斜谷北口的郿县一带。曹魏又抽调精锐步骑五万,由宿将张郃带领,赶往西线,驻防陇右一线,归曹真指挥。

诸葛亮并没有从斜谷道进趋郿县,只是派赵云、邓芝为疑军,进据箕谷(今陕西太白境内),做出要进攻的模样(佯攻);而大军主力却沿西汉水上溯,北出祁山(甘肃西和北祁山堡),想先取得陇右,然后以高屋建瓴之势,夺取长安。史称诸葛亮的军队"戎阵整齐,号令明肃"。陇右的汉阳(郡治冀,今甘肃甘谷东)、南安(郡治獂道,今甘肃陇西西南)、安定(郡治临泾,今甘肃镇原东南五十里)三郡的吏民也纷纷起兵,反魏附蜀。

越嶲太守马谡,襄阳人,随刘备自荆州入蜀,这时为诸葛亮参军。谡平日"好论军计",可以说是一个军事理论家,但缺少实战经验。诸葛亮平日很器重他,"每引见谈论,自昼达夜"。刘备临死之前,对诸葛亮说过:"马谡言过其实,不可大用,君其察之。"(《三国志·蜀志·马良传》)但并没有引起诸葛亮的注意。公元228年春,诸葛亮北出祁山,挑选先锋,把有实战经验的宿将魏延、吴懿等都撂在一边不用,却叫马谡担任先锋。马谡进至街亭(今甘肃秦安东北),碰到张郃主力,众寡不敌,马谡又没有实战经验,舍水上山,不下据城,被张郃切断水道,杀得大败。亏得裨将王平所率领的一千多人,队伍还很整齐,没有被打垮。王平沿途收拾马谡残部,回归祁山大营。赵云在箕谷佯攻的军队,也受到魏人阻击,赵云敛众固守,略有伤亡。街亭之战,虽是一次小接触，蜀方兵员损折的人数，也不算太多，但挫伤了锐气，诸葛亮只能暂时退还汉中了。魏方由曹真等收复了三郡。

诸葛亮追究街亭战败的责任，杀败将马谡，超迁王平为讨寇将军，并上疏请自贬三等，以右将军，行（代理）丞相事。诸葛亮这一次北伐，动员了十万人左右，《三国志·蜀志·马良传》注引《襄阳记》有"于时十万之众，为之垂涕"语可证。有人劝诸葛亮再补充兵员，与魏决战。诸葛亮认为十万大军不算少了，决胜之机，在于将领，"于是考微劳，甄烈壮……厉兵讲武，以为后图。戎士简练，民忘其败矣"（《三国志·蜀志·诸葛亮传》注引《汉晋春秋》）。

这一年（魏太和二年，公元 228 年）的夏天和秋天，曹叡命曹休率步骑十万，进趋东吴的皖城（今安徽潜山），又命司马懿从南阳趋江陵，贾逵从西阳向东关（今安徽巢湖东南），三道并进。东吴大将陆逊把曹休杀得大败。曹魏抽调关中的军队去抵抗东吴。这年冬天，诸葛亮乘关中空虚，引兵出大散关（今陕西宝鸡市西南），围攻陈仓（今陕西宝鸡市东）。攻了二十多天，还是没有攻下，蜀军粮食已尽，又听到魏援军快到，诸葛亮只得迅速撤退了。

公元 229 年（魏太和三年）的春天，诸葛亮又出兵攻下阴平（郡治阴平，今甘肃文县西）、武都（郡治下辨，今甘肃成县西北）二郡，并击退了魏将郭淮的援军。蜀主刘禅又任命诸葛亮为丞相。

魏军统帅曹真见蜀军三次北侵，并攻占阴平、武都二郡，请求魏主准许他统兵伐蜀，魏臣陈群、华歆、杨阜、王肃等纷纷上奏表示反对。公元 230 年（魏太和四年）八月，曹真从长安出兵西讨，适遇霖雨三十多天，山坂峻滑，栈道断绝，行军困难，只得退兵。第二年二月，诸葛亮又率诸军北攻祁山，这时曹真病重，魏主调司马懿都督关中诸军，西援祁山。司马懿驻精兵于上邽（今甘肃天水市），诸葛亮亲来挑战，并刈割上邽附近的麦子，司马懿只是"敛军依险"，不和蜀军作战。诸葛亮求战不得，又把主力引向卤城(在今甘肃天水市及甘谷之间),司马懿也追蹑到卤城。到了卤城之后"又登山掘营,不肯战"(《三国志·蜀志·诸葛亮传》注引《汉晋春秋》)。司马懿的部下背后都说司马懿"畏蜀如虎"。魏军曾和蜀军交锋了一次,魏军损折了甲士三千人,司马懿更是坚壁不肯决战了。六月,诸葛亮粮尽退军,魏大将张郃率部追蹑,在木门谷(今甘肃天水市西南九十里)遇伏,飞矢中膝而死。

诸葛亮每次出兵,魏将曹真、司马懿等都执行战略防御的方针,不肯和亮决战。蜀汉十万大军,一切给养和粮米都得从剑南运到前线,千里馈粮,士有饥色,诸葛亮也每每因为粮尽不得已而退兵。后来设计制造两种号为木牛、流马的运输车辆,先期运集粮米,以供军用。并修理斜谷的邸阁(仓库),运来的米积储在斜谷口。公元234年(魏青龙二年)的二月,诸葛亮动员了十万大军由褒斜道北抵郿县(这时候郿县的县治,在今眉县东北渭河北岸,诸葛亮只到达渭水南岸),司马懿当时指挥魏军二十多万人,也驻扎在渭水南北,堵击蜀军。他还是坚持历来的方针,坚壁不肯会战。诸葛亮也表示要长期驻扎在渭水南岸,开始在渭南分拨一部分兵力来经营屯田。史称"耕者杂于渭滨居民之间,而百姓安堵,军无私焉"(《三国志·蜀志·诸葛亮传》),说明蜀军在诸葛亮的统率下,纪律很好,军民的关系也不错。

诸葛亮这次出兵,是和东吴配合好的。同年五月,吴主孙权亲率大军十万,由巢湖进攻合肥新城;陆逊率军万余由沔口(今湖北汉口)进军襄阳。魏主曹叡得悉吴、蜀两国东西配合,来夹攻魏国,他自己亲率水师,东征孙权。一面告诉司马懿:"但坚壁拒守,以挫其锋。彼进不得志,退无与战,久停则粮尽,虏略无所获,则必走;走而追之,全胜之道也。"孙权听说魏军增援合肥,曹叡亲临前线,就退回去了。

蜀军和魏军相拒有六个月之久,诸葛亮多次挑战,司马懿就是不肯应战。诸葛亮送了司马懿一套妇人的首饰,讥笑司马懿胆怯得像妇人一样。诸葛亮想运用速战速决的战略来取得决定性的胜利,司马懿知道蜀军兴师远征,粮食接济困难,利于速决战;魏军固守,后方供应不成问题,利于持久战,因此竭力避免和诸葛亮决战。尽管诸葛亮在渭南屯田,作出久驻的计划,但这一年的八月,诸葛亮终于在渭南的郭氏坞病死,终年五十四岁。亮死,蜀军就退回汉中了。

诸葛亮的治蜀,史称:"科教严明,赏罚必信,无恶不惩,无善不显。至于吏不容奸,人怀自厉,道不拾遗,强不侵弱,风化肃然也。"又说:"诸葛亮之为相国也……开诚心,布公道,尽忠益时者虽仇必赏,犯法怠慢者虽亲必罚,服罪输情者虽重必释,游辞巧饰者虽轻必戮。……终于邦域之内,咸畏而爱之,刑政虽峻而无怨者,以其用心平而劝戒明也。"(《三国志·蜀志·诸葛亮传》)辅佐诸葛亮多年的丞相长史张裔也称赞诸葛亮说:"公赏不遗远,罚不阿近,爵不可以无功取,刑不可以贵势免,此贤愚之所以佥忘其身者也。"(《三国志·蜀志·张裔传》)诸葛亮实行法治,政治比较清明,蜀汉地区的阶级矛盾因此有所缓和。

诸葛亮死后,蜀汉百姓非常怀念他,"遂因时节私祭之于道陌上"。"百姓巷祭,戎夷野祀。"(《三国志·蜀志·诸葛亮传》注引《襄阳记》)一个地主阶级政治家,能使人民对他这样悼念,这是应该加以称道的。

蜀汉的衰亡 诸葛亮死后,继诸葛亮主持大政的是蒋琬。琬,零陵湘乡(今湖南湘乡)人,随刘备从荆州入蜀。诸葛亮北伐的最后几年,他做丞相长史,留在成都。亮每次出兵,"琬常足食足兵,以相供给"。亮病死前,上表后主,推荐蒋琬做他的接班人。在蒋琬执政的十二年中(公元234—246年),蜀汉没有大举北伐。蒋琬虽有自汉中乘汉水东下袭击曹魏的打算,但由于朝野间的议论,认为汉水浅急,如果出兵不能取胜,撤退时就会遇到困难,怕重蹈猇亭之败的覆辙,因此没有进军。蒋琬执政的后几年,得病甚重,江夏人费祎担任大将军,掌管军政。这时曹魏政权内部矛盾非常尖锐,魏明帝曹叡已病死,大将军曹爽、太尉司马懿辅政,两人争夺权力,曹爽想通过伐蜀的胜利,来提高自己的威望,压倒司马懿。公元 244 年(魏正始五年、蜀延熙七年),曹爽亲自率领六七万大军,从骆谷道(在今陕西周至西南)攻入汉中。谷长四百多里,道路艰险。蜀军屯据汉中的兴势山(今陕西洋县北),设疑待敌,费祎又率兵增援,曹爽知道不易取胜,才仓皇退军,费祎派兵邀击,魏军损折甚多。

蒋琬死,费祎秉政。公元 253 年,费祎为魏降人所刺杀。蜀汉的兵权,从此落到姜维的手中。姜维,天水郡冀县(今甘肃甘谷南)人,曾为魏国天水参军,在诸葛亮第一次北出祁山时,归附蜀汉。他后来位至大将军,屡立战功,但在蜀汉政权中,孤立无援。公元 258 年(蜀景耀元年)以后,蜀汉政权开始受到刘禅所宠信的宦官黄皓的操纵,黄皓想罢黜姜维,由与他朋比为奸的右大将军阎宇掌握兵权。姜维危惧,所以领兵居外,不敢复返成都。姜维连年出征,由于蜀汉政权内部矛盾逐渐激化,不像诸葛亮秉政时期那样,后方能足食足兵,支援前方,所以军队的战斗力就大大地削弱下来。当时全蜀"领户二十八万,男女口九十四万",可是"带甲将士十万二千,吏四万人"(《三国志·蜀志·后主传》注引王隐《蜀记》),平均九个人负担一个"战士",七家民户养活一个"吏"。东吴孙休时派往蜀汉去的使臣薛珝曾说过,"经其野,民皆菜色"(《三国志·吴志·薛综传》注引《汉晋春秋》),蜀汉人民所受封建剥削的苛重是可以想见的,这个政权也就不容易长久维持下去了。

公元 263 年,魏大将军司马昭派钟会、邓艾统率大军共十八万人分道伐蜀。钟会由斜谷入汉中,姜维退守剑阁。邓艾以奇军从阴平(今甘肃文县)间道取江油,进克涪县,攻杀蜀将诸葛瞻(诸葛亮子)于绵竹(今四川德阳),势如破竹,直逼成都。刘禅急召群臣会商,有的主张投奔东吴,有的主张逃往南中七郡(今云、贵地区),众议纷纭。以谯周为首的益州土著地主集团,却公开主张投降。在益州土著地主集团看来,蜀汉政权并不能代表他们全部的利益,它的覆亡,也不会给他们带来更大的灾害,相反,这一政权的覆亡,反可驱逐荆楚等外来地主势力于益州之外,而使益州土著地主集团更能获得长足的发展。益州的人民也因为负担逐年加重而不愿继续作战,来延长国内割据的局面。人民不愿作战,益州土著地主投降的论调高唱入云,蜀汉政权只有投降这一条路了。蜀亡,立国共四十三年。

刘禅一共做了四十年皇帝。他是一个庸材,用了诸葛亮这样的好丞相,他的统治就比较稳定;后来信任黄皓等阉竖,他就成为昏君了。蜀汉亡国之后,刘禅被迁徙到魏国都城洛阳,司马昭有一次问他:"颇思蜀否?"他竟回答说:"此间乐,不思蜀。"(《三国志·蜀志·后主传》注引《蜀汉春秋》)他被封为安乐县公,到西晋初年,才病死于洛阳。

司马昭灭蜀之后,一面为了防范蜀汉政权卵翼下的残余势力在益州的再起,甚至和中央闹对立,一面也为了满足益州土著地主集团——主降派驱逐外来地主势力的要求,在公元264年,把旧蜀汉政权中非益州籍的重要文武官吏,全部召回到中原地区去,给他们官做,因此,也可以说,他们的势力,已随着蜀汉政权的覆灭而撤出益州了⑦。

经过武装的、有部曲的非益州籍地主集团撤离了益州。益州土著地主集团却没有经过武装,这对保护他们本阶级利益来说是不利的。西晋末年,流民进入巴蜀,益州地主就无法抵御,没能像江东世家豪族大地主一样"三定江南",其缘故就是在这里。

---

①《三国志·蜀志·先主穆皇后传》:陈留人也。兄吴壹(本名懿,因避司马懿

讳,史改为壹),少孤,壹父素与刘焉有旧,是以举家随焉入蜀。……焉时将子瑁自随,遂与瑁纳后。瑁死,后寡居。先主既定益州,而孙夫人还吴,群下劝先主聘后。先主疑与瑁同族,法正进曰:"论其亲疏,何与晋文之于子圉乎?"于是纳后为夫人。……壹官至车骑将军,封县侯。

《三国志·蜀志·杨戏传》载《季汉辅臣赞》:〔吴〕子远名壹,陈留人也。随刘焉入蜀。刘璋时,为中郎将,将兵距先主于涪,诣降。先主定益州,以壹为护军、讨逆将军,纳壹妹为夫人。章武元年,为关中都督。建兴八年……进封高阳乡侯,迁左将军。十二年,丞相亮卒,以壹督汉中,车骑将军、假节、领雍州刺史,进封济阳侯。十五年卒。

②《三国志·蜀志·法正传》:初,孙权以妹妻先主,妹才捷刚猛,有诸兄之风,侍婢百余人,皆亲执刀侍立。先主每入,衷心常凛凛。

《三国志·蜀志·赵云传》注引《赵云别传》:先主入益州,云领留营司马。此时先主孙夫人以权妹骄豪,多将吴吏兵,纵横不法。先主以云严重……特任掌内事。权闻备西征,大遣舟船迎妹,而夫人内欲将后主还吴,云与张飞勒兵截江,乃得后主还。

③《华阳国志·蜀志》:广汉郡广汉县,蜀时彭羕有隽才,晋令段容号令德,故二姓为甲族也。

④《三国志·蜀志·诸葛亮传》注引《蜀记》曰:亮刑法峻急,刻剥百姓,自君子小人,咸怀怨叹。法正谏曰:"……今君假借威力,跨据一州,初有其国,未垂惠抚;且客主之义,宜相降下,愿缓刑弛禁,以慰其望。"亮答曰:"君知其一,未知其二。……刘璋暗弱,自焉以来有累世之恩,文法羁縻,互相承奉,德政不举,威刑不肃。蜀土人士专权自恣,君臣之道,渐以陵替;宠之以位,位极则残,顺之以恩,恩竭则慢。所以致弊,实由于此。吾今威之以法,法行则知恩;限之以爵,爵加则知荣。荣恩并济,上下有节,为治之要,于斯而著。"

⑤《三国志·蜀志·邓芝传》:先主薨于永安。先是吴王孙权请和,先主累遣宋玮、费祎等与相答报。丞相诸葛亮深虑权闻先主殂殒,恐有异计,未知所如。芝见亮曰:"今主上幼弱,初在位,宜遣大使,重申吴好。"亮答之曰:"吾思之久矣,未得其人耳,今始得之。"芝问其人为谁?亮曰:"即使君也。"乃遣芝修好于权。

⑥《隋书·地理志》:〔益州〕昔刘备资之,以成三分之业。……人多工巧,绫锦雕镂之妙,殆侔于上国。

《太平御览》卷815引《诸葛亮集》曰:今民贫国虚,决敌之资,唯仰锦耳。

⑦《资治通鉴》晋泰始五年(公元269年),济阴太守巴西文立上言:"故蜀之名臣子孙,流徙中国者,宜量才叙用,以慰巴蜀之心,以倾吴人之望。"帝从之。

《华阳国志·大同志》:后主即东迁,内移蜀大臣宗预、廖化及诸葛显等并三万家于东及关中,复二十年田租。

《三国志·魏志·陈留王纪》:咸熙元年,劝募蜀人能内徙者,给廪二年,复除二十岁。

《宋书·州郡志》:济南……晋世济岷郡,云魏平蜀,徙蜀豪将家于济河,故立此郡。

第四节　吴在东南的开发

江东的开发与东吴政权的建立　孙坚,富春(今浙江富阳)人,世仕郡县为小吏。东汉末,会稽地区有许生为首的农民起义,坚组织地主武装,助州郡击杀许生。后十年,黄巾起义,坚又随朱儁镇压黄巾,积军功封侯,任长沙太守。牧守混战中,坚依附袁术,奉袁术命令进攻刘表,在襄阳城外为表部将黄祖部下射死。坚长子孙策,领坚部曲,有众千余人,马数十匹。袁术利用孙策以江东人进取江东,策在兴平二年(公元195年)受命渡江作战,所向无前,不久在江东建立了根据地;有兵两万余人,马千余匹。袁术称帝,策便和袁术决裂。术病死,术残部全归孙策,策统一了江东。建安五年(公元200年)策遇刺身死(年二十六),弟权继位。权对长江以北的中原局势,坐观成败,竭力向长江以南扩大地盘,除江东之外,据有今广东、福建及湖南大部地区。赤壁会战打消了曹操吞并江东的企图,这样,东吴的江东政权就更加巩固了。公元221年,权受封吴王,229年自称皇帝。

东吴立国的先决条件是什么呢? 本来在西汉时,东南沿海一带还是地广人稀、火耕水耨的落后地区。东汉时,安徽庐江一带,尚未懂得牛耕,由太守王景教以犁耕之法,"垦辟倍多,境内丰给"。其他一些地区也铸作田器,使用牛耕,从此牛耕的方法,逐渐从黄河流域推广到长江流域乃至珠江流域了。

除牛耕普遍应用以外，中原的水利灌溉事业，也推广至江南会稽一带。《太平御览》卷66引《会稽记》："〔镜湖〕，汉顺帝永和五年(公元140年)，会稽太守马臻创立。镜湖在会稽、山阴两县界，筑塘蓄水，高丈余，田又高海丈余。若少水，则泄湖灌田；如水多，则闭湖，泄田中水入海，所以无凶年。堤塘周回五百一十里，溉田九千余顷。"即此一端，可见江南的灌溉事业，也是在飞跃发展之中。

由于农业生产的发展，农业生产技术的逐渐提高，人口也就渐渐增加起来了。荆州的人口，由西汉的三百五十九万余增至六百二十万余；扬州的人口，由西汉的三百二十余万增至四百三十万余。这种情形就说明在东汉时东南的经济、文化逐渐发展的事实。

牧守混战，中原变成屠场，北方人民避难渡江的更多①。公元213年，江北的自耕小农不愿做政府屯田土地上的屯田客，渡江至江南，一次就有十余万户之多。他们不仅给江南带来了进步的农业生产工具和先进生产技能，同时也扩大了江南的耕地面积，这就成为东吴在江东立国的有利条件。

东吴的屯田　今皖南歙、黟、休宁等县，浙西淳安等县，江西德兴、上饶、永修等县市，福建武夷山、建阳等县市，周围数千里，山谷万重。这一带的土著居民，在汉末尚过着村社的生活，当时称之为"山越"。东吴政权建立初期，想夺取他们村社的土地，而使他们变成屯田土地上的隶属农民，强制他们给政府耕田当兵。孙权于公元200年开始向山越进攻，一直到公元237年，前后达三十八年之久。掠夺来的"生口"，除补充军队以外，不是充作屯田上的隶属农民，便是分给世家豪族大地主和功臣当作部曲和佃客；诸葛恪在丹阳(郡治宛陵，今安徽宣城)一郡，就得到甲士四万之多。粗略统计起来，东吴军队共有二十余万，其中精锐十余万人，就是由山越人组成的②。

军队扩大了,战斗力也加强了③。然而,东吴政权须有牢固的经济基础作为先决条件,然后使它从军事集团的组织形式渐渐走上封建割据国家的组织形式道路上来。

为了保证军粮的供给,为了增加政府财政的收入,东吴政权也像曹魏政权一样,成立兵屯和民屯的管理机构——典农校尉和典农都尉④,采用军事编制,把掠夺来的江南深山中的村社农民,束缚在土地之上,强制他们进行耕作。兵屯下的耕作者——佃兵,称为"作士";民屯下的耕作者,称为"屯田客"。屯田客只须种田耕地,政府对他们有免除兵役的规定;佃兵且耕且战,负担两种任务。屯田客和佃兵有时也参加政府的突击工作,如建粮仓、开道路⑤,但主要的还是种田耕地。

东吴的屯田,开始于公元203—204年前后,直到东吴政权覆灭(公元280年),历七十余年之久⑥。较大规模的兵屯在庐江郡(治皖,今安徽潜山)⑦;较大规模的民屯在毗陵(今江苏武进),有男女各数万口之多⑧。

东南沿海地区经济的发展 东吴屯田的成功,解决了北方南下流民与土地的结合问题,也解决了当时的军食问题。同时,由于北方劳动人口涌向江南,与江南土著居民这两支生产大军在生产战线上会师,大大地扩大了江南的耕地面积。随着耕地面积的增加,农业生产的昂扬,造成了"其四野则畛畷无数,膏腴兼倍。……国税再熟之稻,乡贡八蚕之绵"(左思《吴都赋》)的繁荣景况。手工业方面,也有了很大的发展。冶铸手工业,以武昌附近最为发达⑨。煮盐手工业,政府在海盐(今浙江平湖东南)、沙中(今江苏常熟西北)设有食盐产销的管理机构⑩。纺织手工业方面,除了分散在农村以外,政府在建业有自己的"织络"作坊,作坊内拥有大量的奴隶(罪人是奴隶的来源),专为统治者们制造奢侈的丝织品⑪。

东吴政权也注意兴修水利,这不仅是为了利用水力资源和防止水灾,而且也含有军事意义。孙权在黄龙二年(公元230年)筑东兴堤以遏巢湖。赤乌十三年(公元250年),作堂邑(今江苏六合)涂塘(今瓦梁堰)以淹北道。其余重点水利工程大都是围绕首都建业(今江苏南京市)而兴修的。孙权在赤乌四年凿东渠,阔五丈,深八尺,以泄玄武湖水,使它倾注到秦淮河里。从青溪而西,抵鸡笼山东南,因为受到江潮的浸润,所以又称这一段为潮沟。青溪、潮沟,南接秦淮,西通运渎,北达长江。赤乌八年又"遣校尉陈勋将屯田及作士三万人,凿句容(今江苏句容)中道,自小其(今江苏江宁境内)至云阳(今江苏丹徒)西城,通会市,作邸阁"(《三国志·吴志·孙权传》),这是陆上的驿道。同时开凿破冈渎,把秦淮河截断,在方山埭,使秦淮河和破冈渎接连起来,再引破冈渎水接通到云阳,这是水道。也就是此后南朝转输的主要内河航道,它的目的是"可避京江之险"。在此稍前,东吴"使都傜凿〔建业〕城西南,自秦淮北抵仓城,以达吴越运船"(《读史方舆纪要》);在这以后,东吴还开凿了从云阳到达长江的运道,这就是《南齐书·州郡志》所说的"丹徒水道,入通吴会"。后来江南运河的雏形,在这时已经粗具规模了。

江南的交通和运输工具,一般依赖船只,海船不算大的,尚能载马八十匹[12];吴亡时,东吴政府的舟船被西晋政府接收去的有五千艘以上(见《三国志·吴志·孙皓传》注引《晋阳秋》)。建安的侯官(今福建福州市)、临海的横屿船屯(今浙江平阳)、广州的番禺(今广州市),都是当时江南规模最大的造船基地[13]。航海的水手,大都选自闽、粤,左思《吴都赋》所谓"篙工楫师,选自闽、禺"是也。

江南的商业比之以前,也有了巨大的发展。吴都建业(今江苏南京市),有大市二,所谓建康大市、建康东市,皆东吴时所立。《吴都赋》称当时"富中之甿,货殖之选,乘时射利,财丰巨万",商人的财富很快地积聚起来。从公元240年起,东吴还对郡县级城池，"治城郭，起谯楼，穿堑发渠"（《三国志·吴志·孙权传》）。这些有防御设备的城塞，不仅是政治和征税机关的集中地，同时也是这一小地域的交易集中地。商业的初步发展而引起货币的不足，故孙权曾下令铸造以一当五百和以一当一千的青铜币来流通。当然，这时的货币还是以辅助姿态出现，因为这时不仅北方使用谷帛，就是江南地区，也多是盐布杂用。如孙权赐朱桓家属"盐五千斛以周丧事"（《三国志·吴志·朱桓传》），孙晧时，"一犬至直数千匹"（《三国志·吴志·孙晧传》注引《江表传》），赏赐市易，都用实物，可见江南这一时期的商业发展，还是有限度的。

台湾与大陆经济文化的联系　孙权黄龙二年（公元230年），东吴开始和构成今中华民族之一的台湾高山族有了正式的接触。

今天的台湾，当时称为夷洲，据《太平御览》卷780引《临海水土志》称："夷洲在临海东南，去郡二千里。土地无雪霜，华木不死。四面是山，众山夷所居。"这时台湾高山族内部已分成若干部落，"各号为王，分划土地人民，各自别异"。但他们具有一些共同的社会特征和生活习惯。他们已经有了农业，"土地饶沃，既生五谷，又多鱼肉"。但是他们的生产技术还是相当低下，生产工具和武器尚全用石器，所谓"其地亦出铜铁，唯用鹿觡矛以战斗耳，磨砺青石，以作矢镞刀斧，镮贯珠珰"；纺织方面，他们已"能作细布，亦作斑文布"。他们还没有严格的君臣上下之别，首领要召集民众，用大杼击大木鼓，远近驰往赴会。所有这些社会特征，表明它还处在原始社会阶段。夷洲和它的近邻亦在大海中的亶洲同大陆很早就有了贸易往来，据《三国志·吴志·孙权传》称，"其上人民时有至会稽货布"，而"会稽东县人海行，亦有遭风流移"到他们那儿去的。

黄龙二年（公元230年），孙权"遣将军卫温、诸葛直将甲士万人，浮海求夷洲、亶洲"（《三国志·吴志·孙权传》），结果他们虽然没有找到亶洲，却到达了夷洲。这可以说是大陆上汉族人民利用先进的文化知识开发台湾的开始。从此之后，台湾和大陆在经济、文化等方面的联系逐渐地密切了起来，这个宝岛也就成为我国不可分割的领土的一部分。

东吴与南洋经济文化的交流　东吴于黄龙二年"浮海求夷洲"之后不久，又进一步地巩固了对交州（治番禺，今广东广州市）的统治权，于是开始和徼外的扶南（今柬埔寨）、林邑（今越南南部）诸国建立友好关系。后来交州刺史又派中郎康泰、宣化从事朱应出使南海诸国。康泰等在扶南曾见到中天竺的使臣陈宋，他们向陈宋"具问天竺土俗"（《梁书·中天竺国传》），因此这时东吴和印度也有了联系。他们出使南海，"所经及传闻，则有百数十国"（《梁书·海南诸国传》总叙），归国后朱应著《扶南异物志》，康泰著《外国传》（亦称《吴时外国传》、《吴时外国志》，其中包括《扶南记》、《扶南传》、《扶南土俗》诸篇），都是研究中国和南海诸国初期经济文化交流的宝贵材料，可惜原书已佚，现在我们只能从《水经注》、《梁书》、《艺文类聚》、《通典》、《太平御览》诸书中看到它的一鳞半爪。

在孙权黄武五年（公元226年），大秦的商人秦论也从南海来到交趾，后来又从交趾到达吴都建业。他在东吴住了七八年之久，一直住到孙权嘉禾三年（公元234年）至六年左右，才返回本国。

当时航行在南海之上的船舶，"大者长二十余丈（四十六至五十米），高出水三二丈，望之如阁道，载六七百人，物出万斛（千吨）"（《太平御览》卷769引万震《南州异物志》）；有中国船、波斯船、天竺船。许多"徼外人，随舟大小，或作四帆，前后沓载之，有卢头木，叶如牖形，长丈余，织以为帆，其四帆不正前向，皆使邪移相聚，以取风吹，风后者，激而相射，亦并得风力，若急则随宜增减之，邪张相取风气，而无高危之虑，故行不避迅风激波，所以能疾"（《太平御览》卷771引万震《南州异物志》）。至于开往大秦国的海舶，有时甚至多到"张七帆"（《太平御览》卷771引康泰《吴时外国传》）的。其中扶南国的航海船舶，"长者十三寻（二十二至二十四米），广肘六尺，头尾似鱼，皆以铁镊露装，大者载百人。人有长短桡及篙各一，从头至尾，约有五十人至四十余人，随船大小，行则用长桡，坐则用短桡，水浅乃用篙，皆撑上应声如一"（《太平御览》卷769引康泰《吴时外国传》）。从以上记载来看，当时吴国与南洋诸国的国际交通已经相当发达，商务关系也已经相当繁荣了。

部曲佃客与江东世家豪族大地主　孙策的渡江而东，统一江南，孙权的东吴政权能够出现，主要是由于得到江东和皖北世家豪族大地主的支持。

东汉末，由于牧守混战，江淮构兵，江东以吴郡顾、陆、朱、张四姓为首的世家豪族大地主希望江东有一个强有力的军事集团和他们的地主武装结合起来，组织一个理想的政权，共同来维持江东的局面。这种政权的出现不仅可以保护他们的既得利益，而且可使他们的庄园经济获得长足的发展。孙策兄弟，正是他们物色中的理想人物，而孙氏兄弟也竭力拉拢他们，孙策之女后来嫁给了顾邵、陆逊；孙权受封吴王以后，亲拜顾雍老母于庭前；后以顾雍为丞相，雍为相历十九年之久；朱桓被重用，领有部曲万人。陆氏一家出二相、五侯、将军十余人。四姓子弟，担任郡县守令的更多，《三国志·吴志·朱治传》所谓"公族子弟及吴四姓，多出仕郡，郡吏常以千数"，《三国志·吴志·陆凯传》所谓"先帝（孙权）外仗顾、陆、朱、张"，都是当时的实际情况。不过江东世家豪族地主志在保护他们在太湖流域的既得经济利益，对外拓地的要求，却远不及皖北世家豪族大地主那样来得迫切。

孙坚以长沙太守起兵讨董卓，坚子孙策徙居庐江郡舒县（今安徽庐江西南），和舒县世家大族子弟周瑜（瑜从祖父景，景子忠，皆为汉太尉；从父尚，丹阳太守；父异，洛阳令）同年友善，瑜把自己的大宅让给孙策居住，互通有无。其后孙策平定江东，瑜亦渡江为策得力助手。时桥公有二女，策娶大桥，瑜娶小桥。曹操取荆州，欲乘势兼并江东，周瑜和鲁肃坚决主张抗击曹操。孙权遂命瑜率精兵三万，败曹操于赤壁。孙权推心置腹地信任周瑜，并以女配瑜子循；瑜女又配孙权太子登，君臣相得无间。鲁肃，临淮东城（今安徽定远）人，家富于财。当牧守混战时，淮泗间战争频繁，肃部勒轻侠少年，"细弱在前，强壮在后，男女三百余人行"（《三国志·吴志·鲁肃传》注引《吴书》），渡江到达江东，通过周瑜的推荐，说孙权割据江东。尽管张昭等人排挤他，说他"年少粗疏，未可用"，孙权还是非常信任他。周瑜死后，鲁肃代瑜领兵。吕蒙，汝南富陂人（今安徽阜阳西南），行伍出身。鲁肃死后，孙权破格用他来代替鲁肃领兵。他积极谋划攻取江陵，"全据长江"，孙权也认为要割据江东，必须控制长江上游，所以完全听从了他，不惜暂时破坏吴蜀联盟，来取江陵，袭杀关羽。吕蒙病死时，"权哀痛甚，为之降损（消瘦）"（《三国志·吴志·吕蒙传》）。诸葛瑾，是诸葛亮的胞兄，汉末移居江东，受到孙权优礼，官至大将军。孙权曾说："孤与子瑜（诸葛瑾字）有生死不易之誓，子瑜之不负孤，犹孤之不负子瑜也。"（《三国志·吴志·诸葛瑾传》）可见彼此关系之深。当然，孙权和周瑜、鲁肃、吕蒙、诸葛瑾等人之间的君臣相得，推心置腹，不仅仅是出于彼此感情上的融洽，意气间的相投。在牧守混战之际，皖北、鲁南一带的世家豪族大地主带领了他们的宗族、宾客、部曲南渡之后，迫切需要避难的立足点，既可以进，也可以守。孙策、孙权的江东政权能够稳固起来是完全和他们的政治利益、经济利益相一致的，他们自然乐于归依孙氏兄弟，为孙权出谋划策，攻城略地。孙权也必须倚赖这些流寓到江东来的世家豪族大地主来开疆拓土，北抗曹操,使割据江东的政治局面,更加稳定下来。到了三国鼎峙的局势确定,东吴全据三峡以下长江中下游的局面已经形成,江东政权改取守势,巩固防务,才重用吴中四姓的首脑人物陆逊。周瑜、鲁肃、吕蒙等人之后,陆逊是孙权最信任的一个将领。诸葛亮在蜀汉秉政,吴蜀联盟重又恢复,"时事所宜,权辄令逊语亮,并刻权印以置逊所。权每与〔刘〕禅、〔诸葛〕亮书,常过示逊,轻重可否,有所不安,便令改定,以印封行之"(《三国志·吴志·陆逊传》)。但陆逊只是想维持三国鼎立的局面,只是想保住江东。当他在夷陵打败刘备,刘备退往白帝时,东吴将领徐盛、潘璋等都主张进兵白帝,以擒刘备。陆逊和朱然等少数人认为不宜追击,应该注意北方的动向,防备曹魏的突然袭击,所以他很快就胜利收兵了。公元228年秋,魏将曹休被诱率步骑十万人至皖城(今安徽潜山),孙权命陆逊、朱桓等督六万人拒休。当时朱桓估计魏兵必败,因此建议在打败曹休后,"乘胜长驱,进取寿春,割有淮南,以规许(许昌)、洛(洛阳)"(《三国志·吴志·朱桓传》)。孙权征求陆逊的意见,陆逊认为不可以这样做,孙权也就作罢。孙权君臣以苟安江南为满足,比起诸葛亮"王业不偏安"的这种心情,是远逊一筹的。

由于东吴政权和江东世家豪族大地主的利益相一致,因此,在东吴政权形成初期,统治集团内部是比较团结的。陆逊曾代表江东世家豪族大地主向孙权建议,对江南深山中的村社农民——山越,使用暴力把他们变成国家屯田上的隶属农民。孙权采纳了他的意见,屡次进攻山越,以扩大其政府屯田基础,同时也把这些隶属农民分赐给出力的功臣(东吴出力的功臣,也往往就是江东和皖北的世家豪族大地主)。如赐吕蒙"寻阳屯田六百户,官属三十人",蒙死,"与守冢三百家,复田五十顷"(《三国志·吴志·吕蒙传》);蒋钦死后,"以芜湖民二百户,田二百顷,给钦妻子"(《三国志·吴志·蒋钦传》);陈表"所受复赐人得二百家,在会稽新安县"(《三国志·吴志·陈武传》)。江东世家豪族大地主的庄园经济就是在这种情况下向前发展了一步。发展到怎样程度呢？葛洪在《抱朴子·吴失篇》里曾说过："车服则光可以鉴,丰屋则群乌爱止。……势利倾于邦君,储积富乎公室……僮仆成军,闭门为市,牛羊掩原隰,田池布千里……金玉满堂,伎妾溢房,商贩千艘,腐谷万庾,园囿拟上林,馆第僭太极,粱肉余于犬马,积珍溢于帑藏。"庄园经济实力这样雄厚,毋怪江东世家豪族地主的政治地位一直到南朝陈亡还未下降,吴郡陆氏,在唐一代还出了六个宰相,吴郡顾氏在唐代亦有宰相,到唐末,才渐渐衰落下去。他们的政治地位延续那么久,从他们的庄园经济来看,并不是偶然的。

除了佃客的赐予以外,东吴的军队中,由于士兵的佃耕土地,多是父子相承,因此出现了世袭兵制度[14]。士兵是世袭的,将领也有不少是世袭的。东吴将领统率军队,往往是终身职,身死之后,他的部曲,照例应由长子来承袭"兵业";长子死后,或有其他原因,则改由次子统率;无子或子幼,则由弟或兄弟的儿子来带领。江东的世家豪族大地主,差不多都是将领,因此,他们差不多都有部曲。朱桓部曲万人,以后由他儿子朱异承袭他的兵业;陆逊部曲数千人,以后由他儿子陆抗承袭他的兵业;陆抗部曲数万,抗死,五子分领。当时江东世家豪族大地主的实力,连敌国都不敢轻视,所以魏大将邓艾说："孙权已殁,大臣未附,吴名宗大族,皆有部曲,阻兵仗势,足以建命。"(《三国志·魏志·邓艾传》)

世族地主权力的扩张也就意味着政府权力的缩小,因此,在东吴政权后期,皇室和大族之间是有矛盾的[15],不过矛盾是次要的,而他们之间的互相依存,共同对隶属农民进行榨取,却是主要的。

东吴的衰亡 孙权从汉建安五年(公元200年)继其兄孙策

统事,到魏黄初二年(公元 221 年)冬受封吴王,太和三年(公元229 年)自称皇帝,嘉平四年(公元 252 年)四月病死,他实际做了五十多年的江东之主。

孙权继承孙策统事时,只有十九岁。他在前半生是一个有作为的统治者。他能团结人,对周瑜、鲁肃、吕蒙、诸葛瑾、陆逊这些将领,能够推心置腹地信任他们,从而取得了他们的拥戴。他有一个缺点就是沉湎于酒。他称吴王的时候,在"武昌临钓台,饮酒大醉。权使人以水洒群臣曰:'今日酣饮,惟醉堕台中,乃当止耳。'"(《三国志·吴志·张昭传》)又在一次宴会中,孙权自起敬酒,有人假作喝醉了酒不肯再喝,孙权几乎将他杀死,经大臣谏争得免。"权因敕左右,自今酒后言杀,皆不得杀。"(《三国志·吴志·虞翻传》)这种酗酒的风气到孙皓时更加发展了,酗酒成为东吴亡国的原因之一。

孙权在称帝以后,刚愎自用,这在三国的君主中,也是少见的。公元 233 年,割据辽东(都于襄平,今辽宁辽阳北七十里)的公孙渊向孙权上表称臣,孙权非常高兴,实行大赦;并且派太常张弥、执金吾许晏率兵七八千人(号称万人),乘船前往辽东,授予公孙渊燕王的封号。满朝文武都说:"渊未可信而宠待太厚,但可遣吏兵数百护送舒、综(宿舒、孙综,两人为公孙渊的使节)。"(《三国志·吴志·孙权传》)孙权不听。东吴的元老张昭更是竭力规劝,孙权和张昭反复辩论,甚至要杀张昭。张弥、许晏等人到了辽东,果然被公孙渊所囚杀,公孙渊还把张弥、许晏的首级送给魏主曹叡请赏,七八千士兵中,由海上逃回到东吴的只有六十多人。这个例子,说明孙权的刚愎自用,发展到什么样程度。

孙权晚年,统治集团内部斗争逐渐激化。孙权立长子孙登为太子,登先于孙权病死。孙权又立登弟和为太子,封和弟霸为鲁王。孙权宠爱孙霸,孙霸想夺取太子的地位,于是朝臣就分为两大派。丞相陆逊、大将军诸葛恪、太常顾谭、骠骑将军朱据、会稽太守滕胤、大都督施绩、尚书丁密等拥护太子和；骠骑将军步骘、镇南将军吕岱、大司马全琮、左将军吕据、中书令孙弘等支持鲁王霸。孙权看到大臣分成两派，恐怕自己身后也会像袁绍身后那样酿成大乱，就废太子和，并命令孙霸自杀，而立少子孙亮为太子。公元252年，孙权病死，孙亮即位，那时他才十岁，不得不由孙权生前安排好的大将军诸葛恪来辅政。

诸葛恪是诸葛瑾的长子，年轻时就为孙权所器重，在陆逊死后代逊领兵。他秉政以后，裁撤监视文武官吏的校官，豁免百姓积欠政府的逋债，除去关津的杂税，开始时吴人对他的印象非常好，史称诸葛"恪每出入，百姓延颈思见其状"。可是东吴统治集团内部，自孙权废太子和时起，矛盾一直很尖锐，诸葛恪秉政以后，还没有能够完全控制这种局面，照理他应该把主要精力放在内政的整顿上，而不宜轻启边衅。诸葛恪在秉政的第二年，衄于巢湖东兴堤（在今安徽含山西南）一次小胜，就轻率地征发了近二十万兵众，围攻曹魏的合肥新城，从四月围攻到八月，由于暑天，士卒疲劳，感染瘟疫，死亡的很多，诸葛恪只得撤兵。于是吏民失望，朝野怨艾。东吴的宗室孙峻（孙坚弟孙静的曾孙）就利用人们对诸葛恪的不满，在宴席间杀诸葛恪，由孙峻以丞相代恪辅政。过了三年，到了公元256年，孙峻病死，孙峻从弟孙綝代峻辅政。公元258年，孙綝废黜了孙亮，拥立孙权的第六个儿子孙休（孙亮兄）为帝。同年，孙休杀孙綝，把统治权力收回到自己手里。

孙休做了六年皇帝，公元264年病死。这时蜀汉刚灭亡，魏、蜀、吴三国鼎立的局面，变为魏、吴两国对峙的局面，吴国西、北两面，都受到魏国军队的威胁。丞相濮阳兴、左将军张布等认为国家面临危机，宜立长君，所以拥立故太子和的儿子二十三岁的孙皓为皇帝。

从孙权末年,到孙晧亡国,二十余年间,东吴屯田上的隶属农民,生活更为困苦。民屯的屯田客过去是不服兵役的,到了公元263年蜀汉灭亡后,东吴为了要补充兵力,来充实长江防务,就取消过去屯田客不服兵役的规定,开始抽调民屯的屯田客万人去作战士。兵屯中的佃兵,过去规定"不给他役,使春惟知农,秋惟收稻,江渚有事,责其死效"(《三国志·吴志·陆凯传》)。自孙权死后,什么工作都交给佃兵去做,兵士不但要给皇帝修建宫室,而且还要替将领"浮船长江"做买卖,或受雇去当佃客,把盈利和薪资,全部交给将领,这样不仅影响屯田,使收获量减少,造成"国无一年之储,家无经月之蓄"的严重危机,也使屯田士兵因徭役太重,出现了"弃子"(《三国志·吴志·骆统传》)不养,"父子相弃,叛者成行"(《三国志·吴志·贺邵传》)的现象。东吴的统治者为了加紧对人民的压榨,还采用西汉统一时代的"酤䊶"、"算缗"等等旧办法,来增加政府的收入,供养庞大的军队。当时全国民"户五十二万三千,……男女口二百三十万",而"吏三万二千,兵二十三万"(《三国志·吴志·孙晧传》注引《晋阳秋》),平均十人负担一个士兵,自然弄得"民力困穷,鬻卖儿子,调赋相仍,日以疲极"(《三国志·吴志·陆凯传》),"老幼饥寒,家户菜色"(《三国志·吴志·贺邵传》),全国人民要怨声载道了⑯。统治者为了满足他们腐化奢侈的生活,打算扩大官营的手工业工场,命交州的地方官吏抽调民间的手工业工人一千余名到建业,来补充官奴隶数额之不足,以致引起了交州以吕兴为首的农民起义,接着永康(今浙江永康)也发生了以施但为首的农民起义,广州又发生了以士兵郭马为首的起义,东吴境内的阶级矛盾,已激化到不可缓和的程度。

孙晧是三国时期著名的暴君。濮阳兴和张布拥立他做皇帝不久,见他粗暴骄盈,又好酒色,非常懊悔,孙晧知道后,就杀死兴、布。接着又杀死了孙休的妻子和孙休的两个儿子。夏口(今汉口)督孙秀（孙权弟孙匡之孙）以宗室至亲握兵在外，为孙晧所不满，被迫投奔晋朝。侍中韦昭著有《国语》注等书，是东吴著名的学者，"常领左国史。……晧欲为父和作纪，曜（即"昭"，晋人避司马昭讳所改）执以和不登帝位，宜名为传。如是者非一，渐见责怒。……晧每飨宴，无不竟日，坐席无能否，率以〔酒〕七升为限。虽不悉入口，皆浇灌取尽。"韦昭平日的酒量，不超过二升，孙晧嫌他不多饮酒，"积前后嫌忿，收曜付狱"（《三国志·吴志·韦曜传》），最后还是把他杀了。常侍王蕃也以"不能承颜顺指，时或迕意"，在一次酒会中，"沉醉顿伏"，孙晧还说他是假醉，"呵左右于殿中斩之"（《三国志·吴志·王蕃传》）。孙晧还常常施用剥面皮和凿眼睛的酷刑，如果臣下不顺从他或敢于迕视他，他就施用这些酷刑。小小一个吴国，当时后宫将近万人。孙晧还"激水入宫，宫人有不意者，辄杀流之"（《三国志·吴志·孙晧传》）。在晋灭吴之后，晋武帝问东吴旧臣薛莹："孙晧之所以亡者何也？"薛莹回答说："晧之君吴也，昵近小人，刑罚妄加。大臣大将，无所亲信，人人忧恐，各不自保。危亡之衅，实由于此。"（《三国志·吴志·薛综传》注引干宝《晋纪》）单凭薛莹这几句话，就知道东吴是非亡不可的了。

公元 279 年（晋武帝咸宁五年）十一月，晋武帝司马炎大举伐吴，分六路出兵：镇军将军琅邪王司马伷趋涂中（今安徽全椒滁河流域），安东将军王浑趋横江（今安徽和县东南横江浦，南对江南之采石），建威将军王戎趋武昌，平南将军胡奋趋公安（油江口），镇南大将军杜预自襄阳趋江陵，益州刺史龙骧将军王濬自巴蜀顺流而下。六路军队共二十多万人，受大都督贾充节制，贾充率中军驻扎在襄阳。王濬在公元 272 年时，就在蜀中召集兵夫一万多人赶造船舰，大舰"长百二十步，受二千余人，以木为城，起楼橹，开四出门，其上皆得驰马往来"（《资治通鉴》晋武帝泰始八年）。当王濬大规模造船的时候，木片碎屑沿江漂下，东吴建平太守吾彦把这个情况向孙皓汇报,并请求在秭归增加军事力量以防晋军出峡东下,孙皓根本不考虑吾彦这个建议。吾彦只得在江碛要害之处,加置了一些铁锁链来横截江路,同时还铸造了许多一丈多长的铁锥,暗置江底,使大的船舰无法顺利下驶。这时王濬率水陆军七万人乘楼船东下,先作大筏几十个,方百余步,筏上缚草为人,披甲持杖,由善识水性的兵士推筏前进,遇到江底潜伏的铁锥,设法取出。又做了长十余丈、大数十围的火炬,放在船前,遇到横截江路的铁链,用火炬把它烧断,楼船便通行无碍。王濬顺流而下,于次年二月攻下东吴的西陵(今湖北宜昌市东)、乐乡(今湖北松滋东);随后又会同王戎,进克武昌,直趋建业。杜预也攻取江陵,沅水、湘水流域及其以南州郡望风归顺。

东吴丞相张悌率精兵三万渡江迎战,结果为王浑的军队所击败,全军溃散,张悌阵亡,这样,长江的制江权完全掌握在西晋一方了。王濬自武昌扬帆东下,"戎卒八万,方舟八里","兵甲满江,旌旗烛天,威势甚盛"(《资治通鉴》晋武帝太康元年)。吴军军心涣散,望风而逃,孙皓只得投降。吴立国凡五十八年而亡。

东吴政权被西晋消灭了,可是江东世家豪族大地主除了缴出东吴政权过去交给他们率领的一部分世袭兵以外,他们的经济基础一点也没有变动,他们的家兵,也并没有收编或解散。这一支武装力量,在以后西晋政权崩溃的时候,还起了周玘"三定江南"的作用,成为东晋统治阶级稳定江东的重要支柱力量。

江东世家豪族大地主的经济基础,何以不为西晋政权所消灭呢? 江东世家豪族大地主的武装,何以不被西晋政权所解散呢? 这有一定原因。西晋统治者在灭吴之后,看到江东世家豪族大地主内部很团结,经济势力很雄厚,武装力量很强大,这对中央来说,固然有所不利,可是东吴末年,江南的阶级矛盾日趋激化,保留江东世家豪族大地主的武装力量以及滋养这种武装力量的庄园经济,来共同镇压人民,比消灭它远为有利。因此,吴亡之后，西晋政权一面让江东世家豪族大地主的庄园经济和武装组织原封不动地保留下来，另一面还吸收江东世家豪族大地主中的著名人物如陆机、陆云、顾荣、张翰等到中央去。不过，江东世族大地主并不留恋"素衣化为缁"的中朝——洛阳，天天想回到江南去。陆机临死，还惦念着华亭（今上海市松江西平原村）的鹤唳；顾荣念念不忘江南的水味；张翰见秋风起，想到吴中的菰菜、莼羹、鲈鱼脍，立刻辞职回家，正因为他们的庄园，不因东吴政权的倾覆而荒芜，才念念不忘啊！

孙吴世系表

（一）大帝权（222—251）——太子登
　　　　　　　　　　　　——废太子和 —（四）末主晧（264—280）
　　　　　　　　　　　　——鲁王霸
　　　　　　　　　　　　——（三）景帝休（258—263）
　　　　　　　　　　　　——（二）会稽王亮（252—257）

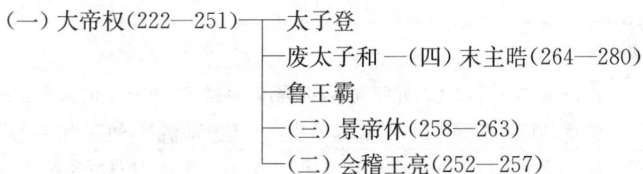

①《三国志·吴志·刘繇传》：曹公攻陶谦，徐土骚动，〔笮〕融将男女万口，马三千匹，走广陵。

《三国志·魏志·华歆传》注引华峤《谱叙》曰：是时四方贤士大夫，避地江南者甚众。

《三国志·吴志·张昭传》：〔张昭〕，彭城人也。……汉末大乱，徐方士民，多避难扬土。昭皆南渡江。

《三国志·吴志·全琮传》：是时中州士人，避乱而南依琮居者，以百数。

《三国志·吴志·鲁肃传》注引《吴书》曰：中州扰乱，肃乃命其属曰："……淮、泗间，非遗种之地。吾闻江东沃野万里，民富兵强，可以避害，宁肯相随，俱至乐土，以观时变乎？"其属皆从命。乃使细弱在前，强壮在后，男女三百余人行，州追骑至，肃等徐行，勒兵持满……骑度不能制……乃相率还。肃渡江。

亦有远至交州者，见《三国志·吴志·士燮传》：中国士人往依避难者，以百数。

《三国志·蜀志·许靖传》：靖身坐岸边，先载附从疏亲悉发，乃从后去。……浮涉沧海，南至交州。经历东瓯、闽越之国，行经万里……漂薄风波。

②"山越"之名,始见于东汉末年。他们以"宗"为组织骨干,部称"宗部",伍称"宗伍",首领称"宗帅",统称之为"宗民",统治阶级则诬之为"宗贼"。因江南山民,氏族的残余遗留特别严重,故称"宗"。不过从《三国志·魏志·刘表传》注引司马彪《战略》"江南……宗贼帅多贪暴,为下所患"的话看来,山越内部的阶级对立,也已经非常显著了。《战略》又称:"〔表〕遣人诱宗贼帅,至者五十五人,皆斩之,袭取其众,或即授部曲……江南遂悉平。"则他们曾遭刘表的袭击。

《三国志·吴志·太史慈传》注引《江表传》曰:慈见策曰:"华子鱼(歆)……非筹略才,无他方规,自守而已。又丹阳僮芝,自擅庐陵,诈言被诏书为太守。鄱阳民帅。别立宗部,阻兵守界,不受子鱼所遣长吏,言我已别立郡,须汉遣真太守来,当迎之耳。子鱼不但不能谐庐陵、鄱阳,近自海昏(今江西永修)有上缭壁,有五六千家相结聚作宗伍,唯输租布于郡耳。发召一人,遂不可得,子鱼亦睹视之而已。"策拊掌大笑,仍有兼并之志矣。顷之,遂定豫章。(以上系东吴立国以前山越宗部之见于当时记载者)

《三国志·吴志·孙权传》:建安五年,策薨,以事授权。……是时惟有会稽、吴郡、丹阳、豫章、庐陵,然深险之地,犹未尽从。……分部诸将,镇抚山越,讨不从命。……八年(公元203年)……"山寇"复动。〔权〕还过豫章,使吕范平鄱阳、会稽,程普讨乐安,太史慈领海昏,韩当、周泰、吕蒙等为剧县令长。

《三国志·吴志·顾雍传》注引《吴书》曰:雍母弟徽……或传曹公欲东,权谓徽曰:"……卿为吾行。"……到北,与曹公相见。公具问境内消息。徽……因说江东大丰,山薮宿恶,皆慕化为善,义出作兵。公笑曰:"……君何为道此?"徽曰:"正以明公……欲知江表消息,是以及耳。"

《三国志·吴志·张温传》:以辅义中郎将使蜀。权谓温曰:"卿不宜远出;恐诸葛孔明不知吾所以与曹氏通意,以故屈卿行。若山越都除,便欲大搆于蜀。行人之义,受命不受辞也。"

《三国志·吴志》贺齐等传评曰:山越好为叛乱,难安易动,是以孙权不遑外御,卑词魏氏。(山越的反抗,使孙权不得不屈事曹魏,其影响之大可知)

关于江西山民见下列记载:

《三国志·魏志·刘晔传》:庐江太守刘勋……兵强于江淮之间。孙策恶之,遣使卑词厚币,以书说勋曰:"上缭(今江西建昌)宗民,数欺下国,忿之有年矣。击之,路不便,愿因大国伐之。上缭甚实,得之可以富国,请出兵为外援。"勋信之。……〔晔〕对曰:"上缭虽小,城坚池深,攻难守易,不可旬日而举,则兵疲于外,而国内虚,策乘虚而袭我后,则不能独守。……若军必出,祸今至矣。"勋不从,兴兵伐上缭。

《资治通鉴》献帝建安四年(公元199年):勋伐上缭,至海昏(今江西永修),宗帅知之,皆空壁逃迁,勋了无所得。时策……闻勋在海昏……乃……自……袭皖城,克之。

《三国志·吴志·韩当传》:从……破黄祖,还讨鄱阳,领乐安(今江西德兴东)长,山越畏服。

《三国志·吴志·潘璋传》:迁豫章西安(今江西武宁西)长。……比县建昌(今江西奉新西)起为"贼乱",转领建昌……讨治"恶民",旬月尽平,召合遗散,得八百人。

《三国志·吴志·董袭传》:鄱阳"贼"彭虎等,众数万人。袭与凌统、步骘、蒋钦,各分别"讨",……旬日尽平。

《三国志·吴志·凌统传》:后从击"山贼",权破保屯,先还,余麻屯万人,统……留攻……大破之。

《三国志·吴志·贺齐传》:建安十八年(公元213年),豫章东部民彭材、李玉、王海等起为"贼乱",众万余人,齐讨平之,拣其精健为兵,次为县户。……二十一年,鄱阳民尤突……化民为"贼"……齐讨破突……料得精兵八千人。

《三国志·吴志·周鲂传》:黄武中(公元225年),鄱阳大帅彭绮作"乱",攻没属城,乃以鲂为鄱阳太守,与胡综勠力攻讨,遂生禽绮。

《三国志·魏志·刘放传》注引《孙资别传》曰:时吴人彭绮又举义江南,议者以为因此伐之,必有所克。帝问资。资曰:"鄱阳宗人前后数有举义者,众弱谋浅,旋辄乖散。……以此推绮,惧未能为权腹心大患也。"绮果寻败亡(《资治通鉴》系于魏明帝太和元年)。

《三国志·吴志·周鲂传》:"贼"帅董嗣负阻"劫钞",豫章、临川并受其害。……鲂遣间谍,授以方策,诱狙杀嗣。嗣弟怖惧,诣武昌降于陆逊,乞出平地,自改为善。由是数郡无复忧惕。

《三国志·吴志·孙权传》:嘉禾三年(公元234年)冬……庐陵"贼"李桓、罗厉等为"乱"。四年夏,遣吕岱讨桓等。……五年二月……中郎将吾粲获李桓,将军唐咨获罗厉等。……赤乌元年(公元238年)夏,吕岱讨庐陵"贼"毕。

《三国志·吴志·孙权传》:嘉禾五年冬十月……鄱阳"贼"彭旦等为"乱"。

《三国志·吴志·陆逊传》:嘉禾六年……鄱阳……郡民吴遽等果作"贼"……逊自闻辄讨即破……料得精兵八千余人。

《三国志·吴志·孙休传》:永安七年(公元264年)秋七月,……庐陵豫章民张节等为"乱",众万余人。

关于皖南山民,见下列记载:

《三国志·吴志·孙辅传》注引《江表传》曰:策既平定江东……袁术……乃阴遣

间使赍印绶与丹阳宗帅陵阳(今安徽石台东北陵阳镇)祖郎等使激动山越,大合众,图共攻策。策自率将士讨郎,生获之。

《三国志·吴志·周泰传》:策讨六县"山贼"。权住宣城,使士自卫,不能千人,意尚忽略,不治围落。而"山贼"数千人卒至。

《三国志·吴志·朱桓传》:后丹阳、鄱阳"山贼"蜂起,攻没城郭,杀略长吏,处处屯聚。桓督领诸将,周旋赴讨,应皆平定。

《三国志·魏志·刘表传》注引司马彪《战略》曰:刘表之初为荆州也,江南"宗贼"盛。

《三国志·吴志·贺齐传》:建安十三年(公元208年),讨黟阳黟(今安徽黟县)、歙(今安徽歙县)。时武强(今浙江遂安界有武强山)、叶乡、东阳、丰浦四乡先降。齐表言以叶乡为始新县(今浙江淳安西)。而歙"贼"金奇万户屯安勤山,毛甘万户屯乌聊山,黟帅陈仆祖山等二万户屯林历山(《资治通鉴》胡三省注引《魏氏春秋》曰:"丹阳郡歙县有林历山")。……齐大破仆等,其余皆降。……齐复表分歙为新定(今浙江遂安西)、黎阳(今安徽休宁东南)、休阳(今安徽休宁西)并黟、歙凡六县。权遂割为新都郡,齐为太守,立府于始新。

《三国志·吴志·陆逊传》:逊建议曰:"方今英雄棋跱,豺狼窥望,克敌宁乱,非众不济。而'山寇'旧恶,依阻深地。夫腹心未平,难以图远,可大部伍,取其精锐。"权纳其策。……会丹阳"贼"帅费栈受曹公(操)印绶,扇动山越,为作内应,权遣逊讨栈,栈支党多而主兵少,逊乃益施牙幢,分布鼓角,夜潜山谷间,鼓噪而前,应时破散。遂部伍东三郡,强者为兵,羸者补户,得精卒数万人,……还屯芜湖。

《三国志·吴志·诸葛恪传》:恪以丹阳山险,民多果劲,虽前发兵,徒得外县平民而已,其余深远,莫能禽尽。屡自求乞为官出之,三年,可得甲士四万。众议咸以丹阳地势险阻,与吴郡、会稽、新都、鄱阳四郡邻接,周旋数千里,山谷万重,其幽邃民人,未尝入城邑、对长吏,皆仗兵野逸,白首于林莽,逋亡宿恶,咸共逃窜;山出铜铁,自铸甲兵;俗好武习战,高尚气力,其升山赴险,若鱼之走渊,猿狖之腾木。……自前世以来,不能羁也,皆以为难。……权拜恪抚越将军,领丹阳太守。……恪乃移书四部属城长吏,令各保其疆界,明立部伍,其从化平民,悉令屯居。乃分内诸将,罗兵幽阻,但缮藩篱,不与交锋,候其谷稼将熟,辄纵兵芟刈,使无遗种。旧谷既尽,新田不收,平民屯居,略无所入,于是山民饥穷……老幼相携而出。岁期(三年)人数(四万),皆如本规(公元237年事)。恪自领万人,余分给诸将。……率众佃庐江皖口。……赤乌中(公元243年)……徙……屯于柴桑。

《三国志·吴志·顾雍传孙承附传》:孙承,后为吴郡西部都尉,与诸葛恪等共平山越,别得精兵八千人。

《三国志·吴志·陈武传子表附传》：嘉禾三年，诸葛恪领丹阳太守，讨平山越，以表领新安都尉，与恪参势。……表在官三年，广开降纳，得兵万余人。

《三国志·吴志·钟离牧传》：建安、鄱阳、新都三郡山民作乱，出牧为监军使者讨平之，"贼"帅黄乱、常具等出其部伍，以充兵役。

关于浙东山民，见下列记载：

《三国志·吴志·孙权传》：吴人严白虎等各万余人处处屯聚，策遂引兵渡浙江，据会稽，屠东冶(今福建福州市)，乃攻破虎等。

《三国志·吴志·朱桓传》：迁荡寇校尉。……使部伍吴、会二郡，鸠合遗散，期年之间，得万余人。

《三国志·吴志·陆逊传》：时吴、会稽、丹阳，多有伏匿，逊陈便宜，乞与募焉。会稽"山贼"大帅潘临旧为所在害，历年不禽，逊讨治深险，所向皆服，部曲已有二千余人。

《三国志·吴志·凌统传》：统以山中人尚多壮悍，可以威恩诱也。权令东占，且讨之，……得精兵万余人。

《三国志·吴志·贺齐传》：建安十六年(公元211年)，吴郡余杭民郎稚合宗起，"贼"复数千人，齐出讨之，即复破稚。

《三国志·吴志·周鲂传》：钱唐大帅彭式等蚁聚为"寇"，以鲂为钱唐侯相，旬月之间，斩式首，及其支党。

《三国志·吴志·全琮传》：权使讨山越，因开召募，得精兵万余人。黄武七年(公元228年)……丹阳、吴、会山民复为"寇贼"，攻没属县，权分三郡险地为东安郡(注引《吴录》曰："琮时治富春"，琮领太守，招诱降附，数年中得万余人。

《三国志·吴志·孙晧传》：宝鼎元年(公元266年)冬十月，永安"山贼"施但等，聚众数千人(注引《吴录》曰："永安今武康县也")……出乌程……比至建业，众万余人。丁固、诸葛靓逆之于牛屯，大战，但等败走。

关于福建山民，见下列记载：

《三国志·吴志·贺齐传》：侯官(今福建福州市)既平，而建安(今福建建瓯)、汉兴(今福建浦城)、南平(今福建南平)复"乱"。齐进兵建安，立〔会稽南部〕都尉府，是岁〔建安〕八年(公元203年)也。……"贼"洪明、洪进、苑御、吴免、华当等五人，率各万户，连屯汉兴；吴五(姓吴名五)六千户，别屯大潭(今福建建阳)；邹临六千户，别屯盖竹(今福建松溪)。……齐进讨明等，连大破之，临阵斩明，其免、当、进、御皆降。转击盖竹，军向大潭，三将又降。凡讨治，斩首六千级，名帅尽禽，复立县邑，料出兵万人。建安十年(公元205年)，转讨上饶，分以为建平县(今福建建阳)。

《三国志·吴志·吕岱传》：出补余姚长，召募精健，得千余人。会稽东冶五县

"贼"吕合、秦狼等为"乱",权以岱为督军校尉,与将军蒋钦等将兵讨之,遂禽合、狼,五县平定。

关于湖湘山民,见下列记载:

《三国志·吴志·张昭传子承附传》:子承,出为长沙西部都尉,讨平"山寇",得精兵万五千人。

《三国志·吴志·陆凯传》:五凤二年(公元 255 年),讨"山贼"陈毖于零陵,斩毖克捷。

关于交广山民,见下列记载:

《三国志·吴志·陆凯传》:〔弟〕胤……复讨苍梧、建陵"贼",破之。前后出兵八千余人,以充军用。

③《三国志·吴志·华覈传》:江南精兵,北土所难,欲以〔北土〕十卒,当〔江〕东一人。

④《宋书·州郡志》:"〔丹阳〕溧阳令,汉旧县。吴省为屯田。""湖熟令,汉旧县。吴省为典农都尉。""〔吴郡〕盐官令,汉旧县。《吴记》云:'盐官,本属嘉兴,吴立为海昌都尉治,此后改为县。'""〔淮南〕于湖令……本吴督农校尉治。""〔南琅邪〕江乘令,汉旧县。……吴省为典农都尉。""晋陵太守,吴时分吴郡、无锡以西为毗陵典农校尉。"

《三国志·吴志·华覈传》:始为上虞尉、典农都尉。

⑤《三国志·吴志·孙权传》:赤乌八年(公元 245 年)八月,……遣少尉陈勋,将屯田及作士三万人,凿句容中道,自小其至云阳西城,通会市,作邸阁。

⑥《三国志·吴志·陆逊传》:"年二十一……出为海昌屯田都尉,并领县事。"按陆逊死于赤乌八年,年六十三,倘逊年二十二、三岁时为海昌屯田都尉,当在建安八年、九年左右。

⑦《三国志·吴志·诸葛恪传》:恪自领万人,……率众佃庐江皖口。

《三国志·魏志·满宠传》:〔青龙〕三年(公元 235 年)春,〔孙〕权遣兵数千家,佃于江北。至八月,宠以为田向收熟,男女布野,其屯卫兵去城远者数百里,可掩击也。

《晋书·王浑传》:吴人大佃皖城(今安徽潜山)……浑遣军攻破之,并破诸别屯,焚其积谷百八十余万斛,稻田四千余顷,船六百余艘。

⑧《三国志·吴志·诸葛瑾传》注引《吴书》:赤乌中(公元 238—250 年),诸郡出部伍(以所掠山越生口整编而成),新都都尉陈表、吴郡都尉顾承,各率所领万人,会佃毗陵,男女各数万口。表病死,权以〔诸葛〕融代表。

⑨《太平御览》卷 343 引陶弘景《刀剑录》曰:吴主孙权黄武四年,采武昌山铜铁,作千口剑,万口刀,各长三尺九寸,刀头方,皆是南钢越炭作之。

⑩《三国志·吴志·孙休传》：永安七年（公元 264 年）秋七月，"海贼"破海盐，杀司盐校尉骆秀。

《宋书·州郡志》：晋陵南沙令，本吴县司盐都尉署。吴时名沙中。

⑪《三国志·吴志·陆凯传》：〔孙晧〕宝鼎元年（公元 266 年），……凯上疏曰："……自昔先帝时，后宫列女及诸织络，数不满百，……幼、景在位，更改奢侈，不蹈先迹。伏闻织络及诸徒坐，乃有千数，计其所长，不足为国财，……"

⑫《三国志·吴志·孙权传》嘉禾二年注引《吴书》曰：遣使者谢宏……拜〔句骊王〕宫为单于。……是时宏船小，载马八十匹而还。

⑬《三国志·吴志·孙晧传》：凤凰三年（公元 274 年），……会稽太守郭诞……送付建安作船。

《三国志·吴志·张纮传》：子玄，玄子尚，孙晧时，送建安作船。

《宋书·州郡志》：吴孙休三年（公元 260 年），……立建安郡……。原丰（今福建福州市）令，晋武帝太康三年（公元 282 年），省建安典船校尉立。……温麻（今福建霞浦西）令，晋武帝太康四年，以温麻船屯立。

⑭《三国志·吴志·孙亮传》：太平二年，科兵子弟，年十八已下，十五已上，得三千余人，日于苑中习焉。

⑮如孙权废张温，见《三国志·吴志·张温传》；孙綝杀朱异，见《三国志·吴志·朱桓传》；孙晧厌恶陆凯，以其宗族强盛，不敢加诛，见《世说新语·规箴篇》注引《吴录》。

《世说新语·政事篇》：贺太傅〔邵〕作吴郡。……吴中诸强族轻之，……于是至诸屯邸，检校诸顾陆役使官兵及藏逋亡，悉以事言上，罪者甚众。陆抗时为江陵都督，故下请孙晧，然后得释。

⑯《续汉书·地理志》注引《帝王世纪》："魏正始五年（公元 244 年），扬威将军朱照日所上吴之所领兵户凡十三万二千。"按自此时越三十六年而吴亡，晋收其户籍，得户五十二万三千，吏三万二千，兵二十三万，男女二百三十万，是东吴在这三十六年间，其兵户增加十之三四。

第五节　曹魏的经济与政治

曹操的田租户调令　从东汉末年起，自耕小农对政府负担田租、户调、力役三项封建义务。

从东汉中叶以来，政府调发实物，尤其调发缣、帛等实物，逐渐增多。如桓帝本初元年(公元146年),"河内一郡尝调缣、素、绮、縠才八万余匹,今乃十五万匹"(《后汉纪》);到了献帝建安五年(公元200年),曹操在兖、豫二州"录户调","收其绵、绢"(《三国志·魏志·赵俨传》);略定河北后,在建安九年,操又下令"收田租亩四升,户出绢二匹,绵二斤"(《三国志·魏志·武帝纪》注引《魏书》)。这就是田租户调令的正式颁布。

户调制的剥削对象是小农农村的小生产者,而户调制的剥削形式则是从两汉时代的人头税演变而来的。

汉代于徭役之外,本有所谓"口赋"及"算赋"等人头税:"民年七岁至十四岁,出口赋钱,人二十三,二十钱以食天子,其三钱者,武帝加口钱以补车骑马"(《汉书·昭帝纪》元凤四年如淳注引《汉仪注》);"人年十五以上至五十六,出赋钱人百二十,为一算"(《汉书·高帝纪》如淳注引《汉仪注》),贾人与奴婢倍算。曹魏的征收绵、绢当为口赋和算赋的合并。不同的是汉制征收货币,东汉王朝统治崩溃以后,自然经济更占统治地位,铸币近于废弃,民间改用谷、帛交易,故魏制改征实物;汉制以丁为征收单位,曹魏把人头税等货币折成绢、布以后,如果把完整成匹的绢、布,断裂成零碎的片段来折合人头税,不但计算起来存在着困难,而且碎裂不成整匹的绢、布,也不能再制衣服,这对人力物力来说,都是莫大的浪费,同时,也由于东汉末年以来,剥削过重,逃亡者多,户较丁更不容易流动,也就更便于征调,故魏制以户为征收单位,并易其名为户调。当然,户调实施的最主要的原因还是由于古代中国,家庭纺织业始终没有从农业中分离出来,农业和手工业是一直结合在一起的,随着封建关系的发展,政府编户齐民一部分都被世家豪族分割去了,政府的税源日益减少,封建政权自然更需要加紧对自耕小农的剥削,这样,就会既向他们要大量租谷,又向他们要超额的调绢了。

曹魏的屯田制度　黄巾大起义的巨大威力,迫使曹操不得不考虑流民和土地的结合问题，而开始募民屯田。建安元年（公元196年），曹操开始于许下屯田，一岁得谷百万斛；以后又大规模地募民，在州郡列置屯田，每年收获到谷物数千万斛。这样，不但解决了军食问题，使曹操粉碎群雄，统一北方，有了比较充实的经济力量；同时也使东汉以来被剥夺了土地和脱离了土地的农民，又以隶属农民的身份重新和土地结合起来，这不能不说是一种进步的过程。屯田的成功，使政府成为大土地经营者，役使屯田客、佃兵从事隶农的劳动，这样便构成了官府大地主和屯田客、佃兵的生产关系。

屯田分民屯和兵屯两种。民屯的管理方式：全国所有民屯，由大司农掌管[①]；民屯所在地的郡国，设立典农中郎将（和郡守地位相等的农官）；中郎将之下，有典农都尉（和县令地位相等的农官）[②]；典农都尉以下，就是管理一屯（生产单位）的屯司马了。每一屯的屯司马，管辖屯田客五十人[③]，屯田客也称"典农部民"[④]。从管理民屯的农官称为典农中郎将、典农都尉、屯司马等看来，民屯的军事色彩也是很浓厚的。

兵屯除由各军将吏自行"劝课"耕作之外，又由大司农派司农度支校尉、度支都尉至兵屯所在地，专管军队中的屯田事项[⑤]。而兵屯则还是保持着原有的军事建制，以营为生产单位，每营有佃兵六十人[⑥]，佃兵也称"士"，又称"田卒"。

参加民屯的各个家族，有着自己的固定田场，也有着自己的经济。不过屯田客、佃兵的土地是属于政府的，他们对土地的占有权是不稳固的，政府随时可以把他们移诣别处，他们每年在收获到农产品以后，按分成的办法，缴给政府，"兵持官牛者，官得六分，士得四分；自持私牛者，与官中分"（《晋书·傅玄传》）。屯田客向政府缴纳的租额，不但比两汉统一政权对小生产者三十税一或十五税一的剥削（人口税在外）远为沉重，就是比之汉代无地的农民，耕种地主的土地，缴纳十分之五的地租，也都超过了。

屯田土地上，除了普遍种植稻、粟以外，从其后曹爽、何晏"共分割洛阳野王典农部桑田数百顷"（《三国志·魏志·曹真传》）一事看来，也有栽植桑、麻的。当曹操屯田实施之初，正值连年荒俭，曹操甚至命典农种稗以济凶年，故《齐民要术·种谷篇》有"稗中有米，熟时捣取米炊食之，不减粱米"，本注："魏武（曹操）使典农种之，顷收二十斛，斛得米三四斗，大俭，可磨食也。"

由于官府对屯田客、佃兵的过度剥削，以及州、郡农民过去本来是独立的小土地所有者，耕种自己的土地，身份是比较自由的，而屯田客是束缚在指定地区的屯田土地上的隶属农民，其劳动则须直接受着典农或屯司马的管辖及支配，身份大大低落与失去自由，因此，在曹操屯田初期，屯田客、佃兵就发生不是逃亡便是起义的现象⑦，以致曹操不得不把民屯政策的强制移殖改为自愿应募，同时不得不允许应募而来的屯田客只要种田，不必作战，作为一种让步⑧。这么一来，应募而来的人，果然是增多了。至于曹操对付兵士的逃亡，则一味采取高压政策。兵士逃亡，罪及妻子⑨。到此，士兵在性质上，不但是个战士，而且是国家军屯下的隶属农民。这样，制止军士的逃亡，不但依靠有形式的军法，而且有比军法更厉害的使佃兵束缚于土地上的经济关系。自此以后，由于佃兵的耕种土地，多是父子相承，军户从此也是世代相袭，成为低于自耕农的人户了⑩。

曹操在许昌（今河南许昌）、颍川（郡治阳翟，今河南禹州治）屯田的成功，使他得以统一中原，因此屯田制也扩大到各地区。如司州的洛阳、荥阳（郡治荥阳，今河南荥阳）、原武（郡治原武，今河南原阳西）、弘农（郡治弘农，今河南灵宝南）、河东（郡治安邑，今山西闻喜南）、河内（郡治怀，今河南修武西南）、野王（郡治野王，今河南沁阳）、汲郡（治汲，今河南汲县西南）、豫州的襄城

（郡治襄城，今河南襄城）、汝南（郡治平舆，今河南汝南东南）、梁国（治下邑，今安徽砀山）、沛国（治相，今安徽宿州西北）、谯郡（治谯，今安徽亳州），荆州的南阳，冀州的魏郡（治邺，今河北磁县东南）、巨鹿（郡治廮陶，今河北宁晋西南），并州的上党（郡治壶关城，今山西长治市东南）等郡国，都兴立屯田⑪。此外为了供应前方的粮饷起见，也选择军事重镇如雍州的长安（今陕西西安市）、上邽（今甘肃天水市西南）、扬州的芍陂（今安徽寿县南）、皖城（今安徽潜山）等地，兴立屯田⑫。以后又于公元243年，在今苏北、皖北一带，广兴屯田，规模尤大：长四百余里的屯田线上，“淮北屯二万人，淮南屯三万人”（《三国志·魏志·邓艾传》），“北临淮水，自钟离（今安徽凤阳）而南、横石以西，尽沘水（今河南南阳附近），四百余里，五里置一营，营六十人，且佃且守。……淮南淮北，皆相连接，自寿春（今安徽寿县）到京师（洛阳），农官田兵，鸡犬之声，阡陌相属”（《晋书·食货志》）。到了公元257年，“淮南及淮北郡县屯田口十余万官兵”（《三国志·魏志·诸葛诞传》），“豫州界二度支（校尉）所领佃者，州郡大军杂士，凡用水田七千五百余顷”（《晋书·食货志》）。这对中原地区农业经济的恢复起了一定作用。

曹魏一面用屯田客、佃兵屯田，一面又招回流亡人口，分给无主荒地，并贷以犁、牛。如：“关中……遭荒乱，人民流入荆州者，十万余家，闻本土安宁，皆企望思归，而归者无以自业。”卫觊说曹操以“盐，国之大宝”，“置使者监卖，以其值益市犁、牛，若有归民，以供给之”（《三国志·魏志·卫觊传》），于是“流人归还，关中丰实”（《晋书·食货志》）。原先关中经乱，“民人多不专于农殖，〔京兆太守颜〕斐到官，乃令属县整阡陌，树桑果。是时民多无车牛，斐又课民以闲月取车材，使转相教匠作车；又课民无牛者，令畜猪狗，卖以买牛……一二年中，家家有丁车大牛”（《三国志·魏志·仓慈传》注引《魏略》）。“敦煌……不晓作耧

犁……人牛功力既费，而收谷更少；〔敦煌太守皇甫〕隆到，教作
楼犁……其所省庸力过半，得谷加五"（《三国志·魏志·仓慈

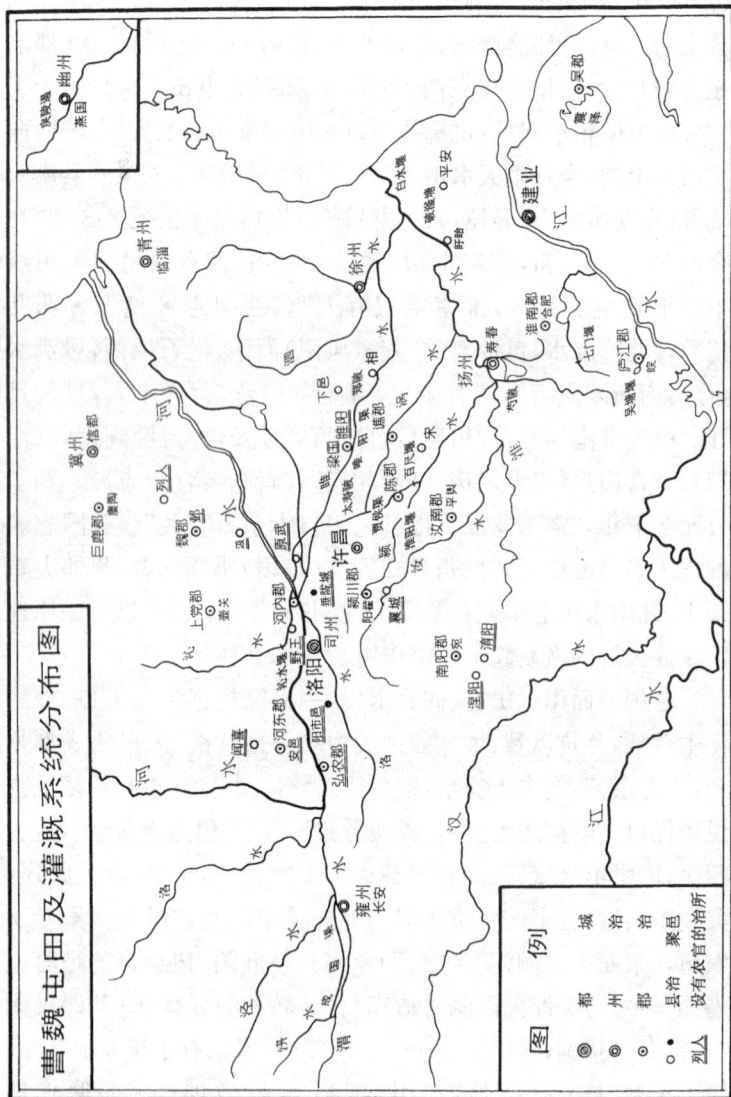

曹魏屯田及灌溉系统分布图

传》注引《魏略》)。

曹魏的兴修水利与北方农业生产的复苏 曹魏为了配合大规模的屯田,注意兴办水利灌溉事业,在各地修造陂堨,广兴稻田。如建安七年(公元 202 年),治睢阳渠。黄初六年(公元 225年),通讨房渠。此外又在今河南境内"断太寿水作陂……种稻"(《三国志·魏志·夏侯惇传》)。在今安徽合肥附近,"兴治芍陂及茹陂、七门、吴塘诸堨,以溉稻田"(《三国志·魏志·刘馥传》),仅七门一堰,"灌田千五百顷"(《太平寰宇记》);芍陂灌溉的面积更广,溉田至数万顷之多。在今安徽宿州一带,当时的"萧、相二县界,兴陂遏,开稻田……比年大收,顷亩岁增,租入倍常"(《三国志·魏志·郑浑传》)。在今河南,"遏鄢、汝,造新陂,又断山溜长溪水,造小弋阳陂。又通运渠二百余里,所谓贾侯渠者也"(《三国志·魏志·贾逵传》)。在河南北部造沁水石门,"若天旸旱,增堰进水;若天霖雨,陂泽充溢,则闭防断水"(《水经·沁水注》)。在今陕西"开成国渠,自陈仓至槐里;筑临晋陂,引汧、洛溉潟卤之地三千余顷"(《晋书·食货志》)。在今河南淮阳一带,"修广淮阳、百尺二渠,上引河流,下通淮、颍",又"大治诸陂于颍南、颍北,穿渠三百余里,溉田二(《通典·食货典·屯田》作三)万顷"(《三国志·魏志·邓艾传》)[13]。在今河北"导高梁河,造戾陵遏,开车箱渠","水流乘车箱渠自蓟西北径昌平,东尽渔阳潞县,凡所润洽四五百里,所灌田万有余顷"(《水经·鲍丘水注》)。在河南、湖北交界处,"又修邵信臣遗迹,激用滍、淯二水,以浸原田万余顷"(《晋书·杜预传》)。可见灌溉事业的发达已普遍到整个中原地区,西至关、陕,北至幽、冀,都有引河溉田的农业经营,而从洛阳到淮南的灌溉系统,尤具规模。水田的生产量,远比陆田为大,曹魏时代经营的水田,每年每亩的收获量可达到数十斛以上,全国屯田的总生产量,数量当更可观[14]。

中原地区的灌溉系统，经过长时期整理以后，粗具规模。但是由于以后掌握水利灌溉组织的都水使者和州、郡官吏以及度支、典农等农官，对于防旱和防洪的一致性认识不够，在修建陂堰工程时，只是单纯地注意于蓄水防旱，而不注意于防洪防汛，平日掌握的重点也偏重于合理用水，对防洪防汛，没有丝毫准备，因此到了西晋政权成立初期（公元277年），颍川、襄城一带，"自春以来"，"霖雨过差"，"非但五稼不收，居业并损，下田所在停洿，高地皆多硗埆"（《晋书·食货志》），而且在水灾过后，由于陂堨已被决坏的缘故，又带来了旱灾的威胁。西晋为了防止水旱灾和安插人口起见，于是就进一步把兖、豫两州不必要的蓄水陂堰，"蒲苇马肠陂之类，皆决沥之"（《晋书·食货志》），放泄积水，辟为陆田，借田给兖、豫两州兵民耕种；同时，由于原来这一地带"以水田为业，人无牛犊，今既坏陂"（《晋书·食货志》），变为陆田，就由政府调拨耕牛三万五千头，借与两州兵民，收谷之后，每头牛偿谷二十斛；这样，耕地增加，农业当继续在发展。

中原地区农业生产逐渐复苏，手工业也相应有了发展。在东汉时，杜诗就在南阳"造作水排，铸为农器"（《后汉书·杜诗传》），水力鼓风炉已被应用于铁的冶铸方面。曹魏承大破坏之后，铁的生产，大遭破坏，改铁制刑具为木制，足见铁非常缺乏。曹操在"河北始开冶"（《太平御览》卷241引《魏略》），以王修为司金中郎将，韩暨为监冶谒者。暨"在职七年，器用充实"。"旧时冶作马排，每一熟石（熟铁一百二十斤），用马百匹（百匹马力），更作人排，又费功力，暨乃因长流为水排，计其利益，三倍于前"（《三国志·魏志·韩暨传》）。《水经·谷水注》："白超垒在缺门东一十五里，垒侧旧有坞，故冶官所在。魏、晋之日，引谷水为水冶，以供国用。"可见这种水冶已经普及大河南北了。在晋人的通信中，曾提到曹魏邺城的冰井台下，还藏有石炭（煤）数十万斤，由此可以看出当时人民逐渐扩大对自然界物资的利用[15]。由于煤开始应用于冶铁方面，水力鼓风炉之被利用，又能不断进行熔炼，一方面提炼出的金属比起所耗费的原料来，已经减少，可以增大铁的冶铸量，另一方面，又可以降低铁的成本。铁的冶铸量的增加与生产成本之降低，扩大了铁器的使用范围，从而使农业生产获得更快的恢复，奠定西晋代魏前后覆蜀灭吴的经济基础⑯。

屯田制度的逐渐破坏　中原地区自公元 196 年开始屯田，到公元 280 年实行占田，前后八十余年之间，农村经济逐渐恢复。但是随着生产的进步，剥削也加重了。屯田的租率，越来越高。过去屯田客、佃兵如使用政府耕牛，生产总收获量百分之六十归政府，百分之四十归自己；如用自己耕牛，与政府中分收获量。魏末晋初，租率提高到如"持官牛者，官得八分，士得二分；持私牛及无牛者，官得七分，士得三分"（《晋书·傅玄传》）。过度的剥削，使屯田客、佃兵的生活更为困苦，生产情绪，日益低落。在这种情况下，屯田客、佃兵不是在农官的许可下，"末作治生，以要利入"（《三国志·魏志·司马芝传》），来补农耕之不足，造成"天下千城，人多游食"（《晋书·束皙传》）的景象，便是逃亡，投靠于世家大族。这样，屯田土地上的劳动人手，必然不足。同时，为了提高剥削量，政府课田的方针也不得不一反魏初的精耕细作的耕法，所谓"不务多其顷亩，但务多其功力"的方法，而强迫屯田客、佃兵多耕垦亩数。但在当时的生产工具和技术条件等限制之下，劳动力的强度是有限的，课田的亩数增多，他们就被迫渐趋于粗放的耕法，即所谓"日增田顷亩之课"，以致收获减少，"至亩数斛已还"，甚至"不足以偿种"（《晋书·傅玄传》）。

为了增加租入，政府有补充劳动人手到兵屯中去的必要，乃在公元 275 年，用"邺奚官奴婢，著新城（合肥新城）代田兵种稻"（《晋书·食货志》）。奴婢一经屯田，则其待遇一如佃兵，其身份也由官奴婢而提升为屯田土地上的隶属农民了。然而奴婢成为佃兵之后，在三七、二八分的超额租课之下，劳动兴趣也不会比屯田客、佃兵高。

而且，世家大族有时还想霸占屯田的土地，如曹爽专政时，与何晏等"共分割洛阳野王典农部桑田数百顷……以为产业"（《三国志·魏志·曹真传子爽附传》）；晋泰始（公元265—274年）初，"故立进令刘友、前尚书山涛、中山王睦、故尚书仆射武陔，各占官三更稻田"（《晋书·李憙传》）；"尚书令裴秀占官稻田"（《晋书·裴秀传》），这又加速了屯田制破坏的过程。

屯田制发展到了这个地步，就政府来说，已经不能通过屯田达到束缚流民于土地之上和增加租入的目的，政府也已无利可图了（甚至不足以偿种），所以，司马炎灭吴（公元280年）之后，因屯田的军事目的已经消逝，便要另行颁布占田法了。

九品官人制度的产生　在曹操未死时，曹操做皇帝的条件已经成熟了。可是中原的世家大族却不愿背弃享国已四百年的汉天子，而称臣妾于"赘阉遗丑"的曹氏。曹操既杀孔融，又因荀彧不同意自己受"九锡"，迫使荀彧自杀。世家大族在这样形势下，也只得低首下心，暂时向曹魏政权屈服，等待时机，再图发展。

公元220年，曹操病死。曹丕继位为魏王，进一步就要受禅，登上皇帝的宝座。为了取得世家大族的支持，做好改朝换代的工作，对世家大族就不得不作出让步。当时世族大地主尚书颍川陈群向政府提出"九品官人"的方案，曹丕不加留难地予以通过了。经过这种方式的妥协，他才登上了皇帝的宝座。这"九品官人"方案的内容是什么呢？

在国家统一时代，官僚的来源，大要不出"察举"和"征辟"两途。察举是由中央政府下诏规定政府所需要的人才的性质，如"贤良方正"、"直言极谏"、"武猛堪将帅"之类，要地方政府在其辖境内发现这种人才，推荐上去。至于各级官府选拔有才能的人做僚属，或者是中央政府直接从"布衣"或地方上卑微的官吏或做过高官的人中挑选人才，给他大官做，那便叫做征辟了。这两种制度,有同一目的,就是强化中央集权。东汉以后,小生产者经济衰颓,又经过东汉统治崩溃以后的人士大流徙,无论士、庶大都流离徙转,脱离乡土;秦、汉以来的乡、亭、里组织,已大半破坏,人士的出身里爵、道德才能,均难稽考。以乡、亭、里组织形式为基础的"乡举里选"已无法执行了。在这种状态下,所谓"魏武始基,军中仓卒"(《宋书·恩幸传》论),为了吸收人才,扩大统治集团势力,遂不得不立权宜之制,于是有九品中正的产生⑰。这时中央的铨选机关承东汉以来尚书台权力发展的趋势,完全转归吏部,而九品中正的成立,即是以已经吸收了的"著姓士族",为其本州郡邑的州都与大中正、中正,使掌搜荐,以帮助吏部来铨选人士。各州大中正、各郡中正,依据管内人物的品行,定为上上、上中、上下、中上、中中、中下、下上、下中、下下九品。中正有权进退,"或以五升四,以六升五","或自五退六,自六退七"(《文献通考·选举考》)。吏部的选用,就是根据中正的"品状"来定的。

起初,权立九品,所谓"盖以论人才优劣,非为世族高卑"(《宋书·恩幸传》论)。但是由于大小中正,既皆取"著姓士族"来充任,其结果必然地为世家大族所操纵,以致出现了"上品无寒门,下品无势族"(《晋书·刘毅传》)的现象。世家大族有了政治上这种垄断工具,他们在政治上的力量比以前更为雄厚,只要把国家政权的主要工具军队抓到手,就可以战胜寒门地主了。

曹魏前期的政治 公元 220 年十月,曹丕迫使汉帝禅位,自己做了皇帝,国号魏,把都城从许昌迁到洛阳。曹丕做了七年皇帝(公元 220—226 年)。他想完成曹操生前所没有完成的全国统一事业,曾问谋臣贾诩,先攻吴呢,还是先平蜀?贾诩说:"吴、蜀虽蕞尔小国,依山阻水。刘备有雄才,诸葛亮善治国;孙权识虚实,陆议(陆逊)见兵势,据险守要,泛舟江湖,皆难卒谋也。用兵之道,先胜后战,量敌论将,故举无遗策。……臣以为当今宜先文后武。"(《三国志·魏志·贾诩传》)这还是曹操所规定的战略决策，吴、蜀一时不能攻取，先不忙于兴师动众，让中原的生产复苏，积蓄力量，然后利用吴、蜀内部的危机，取乱侮亡，出兵攻取二国。曹丕起初并不能接受这个现实，黄初五年（公元224年），他亲率大军伐吴，到达广陵（今江苏扬州市），"时江水盛长，帝临望，叹曰：'彼有人焉，未可图也。'"（《三国志·吴志·孙权传》）只得退兵。黄初六年，丕再次临江观兵，时魏"兵有十余万，旌旗弥数百里，……帝见波涛汹涌，叹曰：'嗟乎，固天之所以隔南北也。'"（《三国志·吴志·孙权传》注引《吴录》）还是把军队北撤了。这两次伐吴，都没有打胜仗，耀兵江上，对东吴只是起一种威慑的作用而已。

公元226年，曹丕病死，子曹叡即位。曹叡在即位之前，不接交朝臣，不过问政事，曹丕怕他担当不起国家重任来，所以指定曹真、陈群、曹休、司马懿受遗诏辅政。不久，曹叡把曹真调往关中，把司马懿调到南阳去坐镇，处以方面重任，政由己出。又用钟繇为太傅，华歆为太尉，王朗为司徒，陈群为司空。曹魏的太傅和三公，不亲政事，都没有实权，但钟繇、王朗这些人，在当时世家大族中"皆一时之俊伟"（《三国志·魏志·钟繇传》），有其代表性。曹叡对这些代表人物的安排，还是比较得当的。曹叡即位的第二年，蜀相诸葛亮就开始北伐，孙权后来也配合诸葛亮几次进攻合肥新城。曹叡先后用曹真、司马懿镇守关中，抵御诸葛亮；用满宠镇守淮南，防备东吴，坚决执行曹操以来所坚持的战略防御方针，使敌军进不得战，粮尽必退。这个不战而屈人之兵的方针，执行得是比较成功的。

当时割据辽东的公孙渊自称燕王，建元绍汉，并引诱鲜卑单于，侵扰魏的北边。曹叡在太和六年（公元232年）、景初元年（公元237年）、景初二年三次遣兵伐渊。最后一次讨伐，司马懿担任统帅，带了四万军队，连战连胜，斩公孙渊父子，把辽东的广大地区并入了曹魏的版图。

曹叡统治的时期,是魏王朝的全盛时期。有人认为从曹丕时起,曹魏政权就在走下坡路了,这是不符合历史实际的。曹叡修缮了许昌和洛阳两地的宫殿,在洛阳建造昭阳太极殿、九龙殿、陵霄阙、芳林园,规模巨大的土木工程,成为国家支出的重大压力。后宫宫女多至数千人,也给人民带来了沉重负担。曹叡还在洛阳东面的荥阳、洛阳西面的宜阳一带,圈禁了许多土地来豢养麋鹿,鹿群践踏附近作物,或龁食禾苗,曹叡不准百姓加以伤害。猎禁规定,"杀禁地鹿者,身死,财产没官"(《三国志·魏志·高柔传》)。百姓不敢犯禁杀鹿,只能眼看着鹿群把自己辛勤种植起来的作物糟蹋得不像样子。这些可算是曹叡的弊政,但是他政由己出,大权并没有旁落。

曹魏的衰亡 公元 239 年,曹叡病死。养子曹芳年仅八岁,继位为帝。大将军曹爽(曹真子)、太尉司马懿辅政,国家权力不久就落到司马懿手里。

司马懿,是河内温县(今河南温县)的世族大地主,家世二千石高官,祖隽,颍川太守;父防,京兆尹;懿兄弟八人,号称"八达"。汉建安六年(公元 201 年),当他二十三岁的时候,郡举为上计掾。建安十三年,曹操为丞相,又辟司马懿为丞相府文学掾。屡转至丞相主簿。到了曹操封魏王、曹丕为魏国王太子时,司马懿又转为魏王太子中庶子,大为丕所信重。曹操死,曹丕继为魏王、汉丞相,以司马懿为丞相长史。丕受汉禅,司马懿的地位渐渐重要起来,官至抚军将军,录尚书事。曹丕死,司马懿又与曹真、陈群、曹休同受遗诏,辅佐曹叡。不过当时的曹叡"政由己出",曹真、曹休的声望又高于司马懿,因此司马懿在曹魏政权中,还不可能取得举足轻重的地位。自公元 231 年曹真死后,对蜀汉的战争开始归司马懿指挥。在三国鼎峙的局面下,军事斗争毕竟是很重要的。曹魏的对外战争,主要是对蜀汉的战争,担当这个重任的,实际上也就握有曹魏军事实权。司马懿很能掌握过去曹操的战略方针，他就被派担任防御蜀汉的重任，最后不战而屈人之兵，战胜了诸葛亮，防御方针完全成功。以后他又率大军消灭割据辽东已有三世的公孙渊，因此在政治上军事上的威信也首屈一指了。

司马氏的姻戚都是当时世家大族，如司马懿妻母河内山氏，是山涛的祖姑母；懿长子司马师继娶泰山羊氏，是羊祜的姊姊；懿次子司马昭娶东海王氏，王氏祖王朗、父王肃，都是当时数一数二的经学世家；懿女婿京兆杜预等，也都是名宦之后。而曹氏父子出自"赘阉遗丑"，曹操妻卞后出自娼家，曹丕妻郭后本铜鞮侯家女奴，曹叡妻毛后父典虞车工来，贵贱美丑，在当时世家大族看来，真是相去天渊。

曹芳继位后，大权全归大将军曹爽；司马懿转为太傅，却是一个闲职。曹爽一面以弟曹羲为中领军，率领禁兵；一面引用心腹何晏、邓飏、丁谧、毕轨、李胜等人掌管枢要，力图排挤司马氏势力。司马懿假装生病，表示谦让，暗中却也在布置，以司马师代夏侯玄为中护军，蒋济为太尉。曹氏与司马氏之间的矛盾已趋表面化了。

正始十年（公元249年）正月初六日，司马懿用迅雷不及掩耳的手段，趁皇帝曹芳和大将军曹爽离开洛阳去祭扫高平陵（魏明帝曹叡墓，在洛阳南九十里）的时候，发动政变，控制洛阳，迫使永宁宫太后郭氏（曹叡妻）下令免除曹爽兄弟职位，并关闭洛阳各城门。司马懿还夺据了武库（军器库）；派他长子司马师屯兵司马门，列阵阙下；自己又和太尉蒋济出屯洛水浮桥，切断了洛阳和高平陵的交通。然后派人送奏章给少主曹芳，揭举曹爽兄弟的罪恶，要求黜免曹爽兄弟的职位。曹爽进退失据，彷徨无计，最后同意放弃权力，说："司马公（司马懿）正欲夺吾权耳。吾得以侯（曹爽封武安侯）还第，不失为富家翁"（《晋书·宣帝纪》）。曹爽兄弟伴随曹芳回到洛阳，就被软禁起来。到了正月初十,曹爽和其弟曹羲、曹训及尚书丁谧、邓飏、何晏、司隶校尉毕轨、荆州刺史李胜等,以"阴谋反逆"的罪名被斩首,诛及三族(父母、妻子、兄弟)。经过这次政变,曹魏的军政大权,全部落在司马懿手中。然而矛盾并没有彻底解决,斗争在酝酿,在继续发展。

嘉平三年(公元251年),司马懿病死,子司马师继懿擅政。正元二年(公元255年),司马师死,弟司马昭继师擅政。

正始十年,司马懿杀曹爽;嘉平三年,杀扬州刺史(镇寿春)王淩及楚王曹彪(曹操子);嘉平六年,司马师杀太常夏侯玄、中书令李丰、皇后父光禄大夫张缉,废魏主曹芳,立高贵乡公曹髦(曹丕孙);正元二年,杀镇东大将军(镇寿春)毌丘俭;甘露三年(公元258年),司马昭又杀征东大将军诸葛诞;甘露五年,杀魏主曹髦,立曹奂(曹操孙)。经过一系列统治阶级内部政治集团的残酷斗争,历时十五六年(公元249—264年)之久,结果,亲司马氏的一派才把亲曹氏的一派彻底击垮了。

咸熙二年(公元265年),司马昭死,子司马炎继昭为丞相、晋王,旋即废掉魏主曹奂,自立为皇帝,国号晋,他就是晋武帝。

中原经过五六十年相对安定的局面,实力已超过吴、蜀两国。在魏景元四年(公元263年),司马昭先已派兵灭蜀;晋太康元年(公元280年),司马炎又派兵灭吴,结束了三国鼎立的局面,使中国暂时获得统一。

曹魏世系表

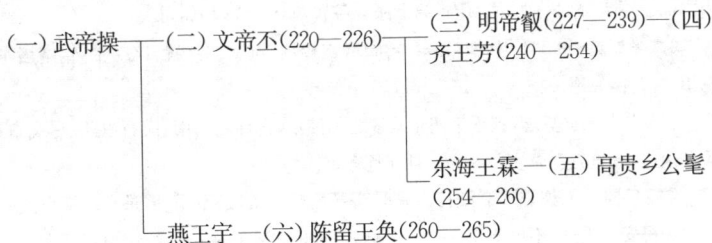

(一)武帝操——(二)文帝丕(220—226)——(三)明帝叡(227—239)—(四)齐王芳(240—254)

东海王霖 —(五)高贵乡公髦(254—260)

燕王宇 —(六)陈留王奂(260—265)

①《汉书·叙传》："〔班况〕积功劳至上河农都尉，大司农奏课连最。"按屯田都尉隶大司农，自汉制已然。

《三国志·魏志·曹真传子爽附传》注引《魏略》曰："桓范……为司农……谓〔曹〕羲曰：'……卿别营近在阙南，洛阳典农治在城外，呼召如意。今诣许昌，不过中宿，许昌别库，足相被假，所忧当在谷食，而大司农印章在我身。'"

《太平御览》卷 232 引《晋阳秋》曰：司农桓范出奔曹爽云："大司农印在我手中，所在得开仓而食。"

②《续汉书·百官志》刘昭注引《魏志》：曹公置典农中郎将，秩二千石。典农都尉，秩六百石或四百石。典农校尉，秩比二千石。所主如中郎。部分别而少，为校尉丞。

③《晋书·食货志》：咸宁元年十二月诏："今以邺奚官奴婢，著新城（合肥新城），代田兵种稻，各五十人为一屯，屯置司马，使皆如屯田法。"

屯司马亦称农司马。《晋书·石苞传》："县召为吏，给农司马。"

④ 屯田客见《三国志·魏志·赵俨传》："以俨为关中护军。屯田客吕并，自称将军。聚党据陈仓。"

屯田客亦简称客，见《三国志·魏志·任峻传》注引《魏武故事》。又见《三国志·魏志·梁习传》："建安十八年……又使于上党取大材，供邺宫室。习表置屯田都尉二人，领客六百夫，于道次耕种菽粟，以给人牛之费。"

典农部民见《三国志·魏志·邓艾传》："少为襄阳典农部民。"又见《三国志·魏志·司马芝传》："先是诸典农各部吏民，末作治生，以要利入。"

屯田客亦有称百姓者，见《三国志·魏志·王昶传》："为洛阳典农，昶劝课百姓，垦田特多。"又见《晋书·文帝纪》："为洛阳典农中郎将……不夺农时，百姓大悦。"

⑤ 度支中郎将一人，二千石，第六品，掌诸军屯田。度支校尉一人，比二千石，第六品。度支都尉一人，六百石，第七品。各置司马一人，均属司农。

《太平御览》卷 241 引《魏略》曰：司农度支校尉，黄初四年置，比二千石，掌诸军屯田。

⑥《晋书·食货志》：〔正始四年〕，遂北临淮水，自钟离而南、横石以西，尽沘水，四百余里，五里置一营，营六十人，且佃且守。

⑦《三国志·魏志·袁涣传》：是时新募民开屯田，民不乐，多逃亡。涣白太祖曰："夫民安土重迁，不可卒变。……宜顺其意，乐之者乃取；不欲，切勿强。"太祖从之，百姓大悦。

屯田客起义见《三国志·魏志·赵俨传》："以俨为关中护军。屯田客吕并自称将军，聚党据陈仓，俨复率〔殷〕署等攻之，'贼'即破灭。"

⑧《三国志·魏志·贾逵传》："其后欲发兵，遂疑屯田都尉藏亡命。"按屯田都尉藏匿逃兵，不是因为屯田农官有势力，而是因屯田客无兵役，兵士逃入可以相蒙混。

⑨《三国志·魏志·卢毓传》：时天下草创，多逋逃，故重士亡法，罪及妻子。亡士妻白等，始适夫家，数日，未与夫相见，大理奏弃市（处死刑）。

《三国志·魏志·高柔传》：鼓吹宋金等，在合肥亡逃。旧法：军征，士亡，考竟（处死）其妻子。太祖患犹不息，更重其刑。金有母、妻及二弟，皆给官，主者奏尽杀之（父母妻子兄弟皆死，是为夷三族）。柔启曰："士卒亡军，诚在可疾。然窃闻其中时有悔者，愚谓乃宜贷其妻子，一可使'贼'中不信，二可使诱其还心。正如前科，固已绝其意望，而猥复重之，柔恐自今在军之士，见一人亡逃，诛将及己，亦且相随而走，不可复得杀也，此重刑非所以止亡，乃所以益走耳。"太祖曰："善。"不杀金母、弟（仍杀金妻子）。

《三国志·魏志·高柔传》：护军营士窦礼，近出不还，营以为亡，表言逐捕，没其妻及男女盈为官奴婢。

⑩《三国志·魏志·辛毗传》：帝欲徙冀州士家十万户实河南。

《文馆词林》卷六百六十二引晋武帝伐吴诏：今调诸士家，有二丁三丁取一人，四丁取二人，六丁以上三人，限年十七以上，至五十以还，先取有妻息者。

《晋书·匈奴传》：侍御史西河郭钦上疏曰："……徙三河三魏见士四万家以充之。……"（以上士家之证。）

《三国志·魏志·陈思王植传》注引《魏略》曰：是后大发士息（士之子曰士息），及取诸国士。植以近前诸国士息已见发，其遗孤稚弱，在者无几，而复被取。乃上书曰："……臣初受封……而所得具百五十人……又臣士息，前后三送，兼人已竭，惟尚有小儿七八岁已上，十六七已还，三十余人。……"（以上士家子称士息之证。）

《三国志·魏志·明帝纪》注引《魏略》曰：太子舍人张茂以……帝……录夺士女已前嫁为吏民妻者，还以配士……乃上书谏曰："臣伏见诏书，诸士女嫁非士者，一切录夺，以配战士……吏属君子，士为小人，……"（以上士之女称士女，必以配士之证）

《三国志·魏志·钟繇传子毓附传》：听……士为侯，其妻不复配嫁，毓所创也。（以上士妻配嫁之证。）

⑪许昌屯田除建安初已具规模外，以后还继续发展。《三国志·魏志·王朗传》："黄初中……车驾徙许昌，大兴屯田，欲举军东征。"

颍川屯田，见《晋书·宣帝纪》："魏武以荆州遗黎及屯田在颍川者，逼近南寇，皆欲徙之。"按任颍川典农中郎将者，有严匡、徐邈、裴潜；严匡见《三国志·魏志·武帝纪》建安二十三年，徐邈、裴潜各见《三国志·魏志》本传。

洛阳屯田，任洛阳典农中郎将者，有司马昭、司马望、侯史光、王昶、桓范、毌丘俭；司马昭见《晋书·文帝纪》，司马望见《晋·安平王孚传子望附传》，侯史光见《晋书》本传，桓范见《太平御览》卷 681 引《魏书》，王昶、毌丘俭见《三国志·魏志》本传。

荥阳屯田，见《水经·济水注》。

原武屯田，任原武典农中郎将者，有毛曾、司马洪；曾见《三国志·魏志·明悼毛皇后传》，洪见《晋书·安平王孚传孙洪附传》。洪传云"仕魏历典农中郎将原武太守"，魏时无原武郡，其为咸熙元年罢屯田，诸典农官改为太守时所改无疑。

弘农屯田，见《三国志·魏志·贾逵传》。任弘农典农校尉者，有孟康、傅玄；康见《三国志·魏志·杜畿传》注引《魏略》，玄见《晋书》本传。

宜阳屯田，任宜阳典农者有刘龟，见《三国志·魏志·高柔传》。

河东屯田，任河东典农中郎将者，有赵俨，见《三国志·魏志》本传。又曲沃典农都尉见大将军曹真碑碑阴所载"州民小平农都尉"（无考），"州民曲沃农都尉"。

河内屯田，任河内典农中郎将者，有司马孚，见《晋书》本传及《水经·沁水注》。

野王屯田，见《三国志·魏志·曹真传子爽附传》："〔爽〕专政，共分割洛阳、野王典农部桑田数百顷……以为产业。"《晋书·安平王孚传子辅附传》："魏末为野王太守。"按曹魏时无野王郡，其为咸熙元年罢屯田，诸典农官改为太守时所改无疑。

汲郡屯田，任汲郡典农中郎将者，有何曾、贾充，各见《晋书》本传。

襄城屯田，任襄城典农中郎将者，有黄朗，见《三国志·魏志·裴潜传》注引《魏略》。

汝南属县宋屯田，见《晋书·食货志》："宋……县（今安徽太和北）领应佃二千六百口，可谓至少，而犹患地狭不足肆力。"

梁国屯田，见《三国志·魏志·卢毓传》："毓上表徙民于梁国就沃衍……遂……使将徙民为睢阳（梁国治所）典农校尉。"

沛国屯田，见《三国志·魏志·袁涣传》。

谯郡屯田，见《三国志·魏志·卢毓传》："〔文〕帝以谯旧乡，故大徙民充之，以为屯田。"

南阳屯田，见《水经·谷水注》："涅阳县（今河南镇平县南），故南阳典农治。"

魏郡屯田，任魏郡典农中郎将者，有裴潜，见《三国志·魏志》本传。魏郡治邺，故亦称邺典农中郎将；石苞任此，见《晋书》本传。

巨鹿属县列人（今河北肥乡东北）屯田，任列人典农都尉者，有王弘直，见《三国志·魏志·管辂传》。

　　阳平、顿丘屯田，见《晋书·束晳传》：昔魏氏徙三郡人在阳平、顿丘界，今者繁盛，合五六千家。

　　上党屯田，见《三国志·魏志·梁习传》。

　　⑫长安屯田，见《三国志·魏志·赵俨传》；又《仓慈传》注引《魏略》有"长安典农"。

　　上邽屯田，见《晋书·食货志》："嘉平四年，关中饥，宣帝（司马懿）表徙冀州农夫五千人佃上邽。"

　　芍陂屯田，见《三国志·魏志·武帝纪》："建安十四年，置扬州郡县长吏，开芍陂屯田。"

　　皖城屯田，见《三国志·吴志·吕蒙传》："魏使庐江谢奇为蕲春典农，屯皖田乡。……曹公遣朱光为庐江太守，屯皖，大开稻田。"

　　关于曹魏屯田材料，参考杨晨《三国会要》，和何兹全教授所著《三国时代国家的三种领民》（《食货》第 1 卷第 11 期）、唐长孺教授《西晋田制试释》（载《魏晋南北朝史论丛》）等论文。

　　⑬《元和郡县志》：陈州溵水县溉灌城，县东二十五里，本魏将邓艾所筑。艾为典农，使行陈颍之间，东至寿春，艾以为田良水少，不足尽地利，遂开陂筑塘，大兴灌溉，军储丰足，因名此城。

　　《元和郡县志补》引《艺文类聚》：邓艾既开陂灌田，又于县（楚州宝应县）筑塘四十九所。（白水陂在县西八十里，邓艾所筑，与盱眙破釜塘相连，开八水门，立屯，溉田万二千顷）

　　⑭当时东南沿海稻田每亩收稻约五六斛（一斛合今二斗左右）。《三国志·吴志·钟离牧传》："种稻二十余亩……春所取稻，得六十斛米。"六十斛米约一百二十斛粟，平均每亩收粟五六斛。巴蜀地区有亩收十五斛至三十斛者，《华阳国志·蜀志》："绵竹县……绵与雒各出稻稼，亩收三十斛，有至十五斛。"其在黄河流域，亩收十斛，即为良田，嵇康《养生论》所谓"夫田种者，一亩十斛，谓之良田"是也。然通全国肥瘠而计之，每亩约收三斛；《后汉书·仲长统传》载《昌言·损益篇》："今通肥饶（硗）之率，计稼穑之人，令亩收三斛。"而屯田以灌溉规模宏大，故有亩收十余斛，或数十斛者。《晋书·傅玄传》："近魏初课田，不务多其顷亩，但务其功力，故白田收至十余斛，水田收数十斛。"

　　⑮《水经·浊漳水注》：魏武封于邺……城之西北有三台……北曰冰井台……上有冰室，室有数井，井深十五丈，藏冰及石墨焉。石墨可书，又燃之难尽，亦谓之石炭。

《太平御览》卷605引陆云与兄机书曰:一日上三台,曹公藏石墨数十万斤,云消此烧,复可用燃,今送二螺。

⑯ 参考何兹全教授所著《三国时代农村经济的破坏与复兴》,载《食货》第1卷第5期。

⑰《晋书·卫瓘传》:魏氏承颠覆之运,起丧乱之后,人士流移,考详无地,故立九品之制,粗具一时选用之本耳。其始造也,乡邑清议,不拘爵位,褒贬所加,足为劝励,犹有乡论余风。中间渐染,遂计资定品。

《晋书·李重传》:上疏陈九品曰:"……九品始于丧乱,军中之政,诚非经国不刊之法也。……承魏氏彫弊之迹,人物播越,仕无常朝,人无定处,郎吏蓄于军府,豪右聚于都邑,事体驳错,与古不同。"

第二章　封建关系的加强

第一节　世家大族经济势力的发展与
部曲佃客制度的形成

世家大族经济势力的发展与门阀士族制度的形成　魏晋南北朝时期的世家大族经济势力萌芽于西汉末年，如湖阳（今河南唐河南八十里湖阳镇）樊重，"世善农稼，好货殖，三世共财。其营理产业，物无所弃，课役僮隶，各得其宜，故能上下勠力，财利岁倍，至乃广开田土三百余顷"（《后汉书·樊宏传》）。他又"广起庐舍，高楼连阁，陂池灌注，竹木成林，六畜放牧，鱼嬴梨果，檀漆桑麻，闭门成市，兵弩器械，资至巨万"（《水经·比水注》）。马援在"北地牧畜，宾客多归附者，遂役属数百家"（《后汉书·马援传》）；及其屯田天水苑川，"请与田户中分"（《水经·河水注》）；后归洛阳，又使宾客屯田长安上林苑中。东汉末，博陵崔寔著《四民月令》，对于这种自给自足的庄园经济就有较全面的叙述①。到了南北朝时，如颜之推《颜氏家训·治家篇》所说："生民之本，要当稼穑而食，桑麻以衣，蔬果之蓄，园场之所产，鸡啄之善，埘圈之所生，爰及栋宇器械，樵苏脂烛，莫非种殖之物也。至能守其业者，闭门而为生之具以足，但家无盐井耳。"说明这种自给自足的庄园经济，已经较为普遍了。

这种自给自足庄园主，有的出身于中央集权统治机构中的官僚，也有的是由商人转化来的。

由于中国古代国家的统治权是严格集中的,所有最高的权力最后都集中在皇帝的手中。专制君主要压制贵族——世卿势力的发展,造成绝对王权,必须提拔一部分自由平民和低级贵族来组成官僚集团,以统治整个国家,实现其集权中央的目的。恰好春秋、战国之际,"竹帛下于庶人",于是列国诸侯、位置官吏就也提拔"士"这一阶层来作为官僚机构的骨干。这样,氏族贵族的政治势力就受到了一定程度的限制,世卿自此而坠;严格集中制的官僚体系也于此形成,两汉的所谓布衣卿相,其实就是这种情况下的产物。

秦、汉国家的巨大规模使官僚机构愈来愈复杂而庞大,官僚的人数也愈来愈众多。而政府选拔官僚,因为自汉武帝以来,崇尚儒术的缘故,官僚也多以经术起家,致身通显。他们不但授徒讲学,注籍的弟子门生,成千上万,形成一种社会力量;而且由于他们的子孙往往绍继家学,也必然会造成一种累世公卿的情况。如东汉弘农杨氏,杨震官至太尉,震子秉亦官至太尉,秉子赐位至司空、司徒,赐子彪亦位至司空、司徒、太尉;自震至彪,凡四世皆为三公。汝南袁氏,袁安官至司空、司徒,安子敞亦官至司空,敞兄子汤为司空、太尉,汤子逢亦为司空,逢弟隗又为太傅,故臧洪谓袁氏四世五公,比杨氏更多一公。这些士族门阀也在东汉中叶以后渐次出现了。过去所谓"每寻前世举人贡士,或起畎亩,不系阀阅"(《后汉书·章帝纪》建初元年诏),现在开始"选士而论族姓阀阅"(仲长统《昌言》),"贡荐则必阀阅为前"(王符《潜夫论·交际篇》),"以族举德,以位为贤"(《潜夫论·论荣篇》)了。到了曹魏初期,九品官人之法行,州郡大小中正皆由当地著姓士族担任,九品的定评,自然操纵于他们的手中,于是官品的升降,大都凭借"世资",久而久之,更造成了"公门有公,卿门有卿"(《晋书·文苑·王沈传》),"高门华阀,有世及之荣;庶姓寒人,无寸进之路"(《廿二史札记》)的情况。所以曹魏以后,世族的势力更加发展。例如：颍川荀氏，自荀淑仕汉为朗陵令，淑子爽官至司空，淑孙或为曹操谋臣，位至尚书令，荀氏在魏晋南北朝，为世"冠冕"。颍川陈氏，自陈寔仕汉为太丘长，寔子纪位至九卿，纪子群仕魏至司空，其后子孙历两晋南北朝，并处高位。平原华氏，自华歆仕魏至太尉；东海王氏，自王朗仕魏至司徒；高平郗氏，自郗虑仕汉佐曹操至御史大夫；河东裴氏，自裴潜仕魏至尚书令；河东卫氏，自卫觊仕魏至尚书；扶风苏氏，自苏则仕魏至侍中；京兆杜氏，自杜畿仕魏至尚书仆射；北地傅氏，自傅嘏仕魏至尚书仆射：他们的子孙，一直到两晋南北朝，还是"衣冠"连绵不绝。此外以东晋南朝的王、谢而论，琅邪王氏，由王仁仕汉至青州刺史，仁孙王祥仕魏至太傅，祥弟览亦历九卿，祥从子衍仕西晋至太尉，览子导仕东晋至丞相；陈郡谢氏，自谢缵仕魏为典农中郎将，缵子衡仕西晋至九卿，衡子安仕东晋至太傅，王、谢遂俱为江左"盛门"。以北朝的崔、卢、郑、王而论，清河崔氏，自崔林仕魏至司空；范阳卢氏，自卢植仕汉为北中郎将，植子毓仕魏至司空；荥阳郑氏，自郑众仕汉至大司农，众玄孙浑仕魏至将作大匠；太原王氏，自王柔仕汉为北中郎将，柔弟子昶仕魏至司空，由于九品中正制的继续执行，这些士族门阀累世富贵，是显而易见的。

　　世家大族，除了出身于国家官僚机构中的官僚以外，也有从商人转化来的。从汉武帝以后，由于盐、铁等重要生产事业收归官营，使商人无法插手，于是商人通过土地的兼并把他们的财富最后集中于地权。这些商人在取得大量土地以后，已经不是商人的身份，而是大土地所有者了。西汉末，湖阳樊重"世善农稼，好货殖"，"资至巨万"，宛李氏"世以货殖著姓，雄于闾里"（《后汉书·李通传》）；其后重子宏以汉光武帝刘秀母舅，李氏子通以光武帝妹夫，转化为东汉贵族。东汉末，东海麋竺"祖世货殖，僮客万人，资产巨亿"；竺后为徐州牧陶谦别驾从事，嫁妹于刘备为夫人，并进"奴客二千，金银货币，以助军资"（《三国志·蜀志·麋竺传》），后遂随备适荆州，由荆入蜀，为备上客。这些身"不为编户一伍之长，而有千室名邑之役"的富商大贾，至此，已部分转化为拥有部曲、佃客的大土地所有者了。这些从富商巨贾转化来的大土地所有者，往往与"武断乡曲"的豪强不容易严格区分，故在当时统称之曰"地方豪强"。

但是，从官僚体系中派生出来的世家大族和从商人方面转化而成的地方豪强，他们都带着特别浓厚的父家长色彩，这是不难理解的。由于中国国家形态的比较早熟，在社会制度上，氏族残余也长期严重遗留，因此秦、汉以来的小农农村，虽然在农村公社——井田和书社已经崩溃以后，但也还依然以氏族为纽带而巩固结合起来，人们都是聚族以居的。虽然汉高祖为了削弱六国旧氏族贵族的势力，曾下令徙齐诸田、楚昭屈景、燕、赵、韩、魏后诸族十余万口于关中，武帝时，又"徙强宗大姓，不得族居"（《后汉书·郑弘传》注引谢承《后汉书》），但这不过是局限在六国旧族和豪杰名家一方面，而且即使是六国旧族和豪杰名家，在迁徙之后，也还是在他们定居的地域内保存了他们的血缘结合。至全国各地区，小农农村之内，仍然广泛地以血缘作为结合的纽带。

在东汉末年长期纷扰之中，世家大族除了和依附农民之间的隶属关系有了急剧的发展以外，他们还通过血缘的结合，在坞垒堡壁之间，部勒宗姓，加以武装，或聚族以自保，或举宗而避难。前者如《三国志·魏志·常林传》载"林避地上党……依故河间太守陈延壁。陈、冯二姓，旧族冠冕，张杨利其妇女，贪其资货，林率其宗族，为之策谋，见围六十余日，卒全壁垒"；《三国志·吴志·孙静传》载"静……坚季弟也。坚始举事，静纠合乡曲及宗室五六百人，以为保障，众咸附焉"；《三国志·魏志·王脩传》载"胶东人公沙卢，宗强，自为营堑，不肯应发调"；《三国志·魏志·许褚传》载"汉末，〔褚〕聚少年及宗族数千家，共坚壁以御寇"。后者如颍川韩融，"将宗亲千余家，避乱密西山中"（《后汉书·荀彧传》）；颍川荀彧"谓父老曰：'颍川，四战之地也，天下有变，常为兵冲，宜亟去之，无久留。……'彧独将宗族至冀州"（《三国志·魏志·荀彧传》）；陈留高柔以"陈留四战之地……从兄幹……在河北呼柔，柔举宗从之"（《三国志·魏志·高柔传》）；右北平田畴"率举宗族他附从数百人……入徐无山中，营深险平敞地而居……百姓归之，数年间，至五千余家"（《三国志·魏志·田畴传》）；李典"宗族部曲三千余家，居乘氏，自请愿徙诣邺郡。……遂徙部曲、宗族万三千余口居邺"（《三国志·魏志·李典传》）；南郡董和，"汉末，和率宗族西迁"（《三国志·蜀志·董和传》）。这种以血缘为纽带的结合，在魏、晋之际世家大族庄园形成初期，是曾经扮演了极其重要的角色的。魏明帝时，杜恕以疾去官，"遂去京师，营宜阳一泉坞，因其垒堑之固，小大家焉"。一直到南北朝，如北魏时，河东薛氏，"世为强族，同姓有三千家"（《宋书·薛安都传》），聚居绛郡；赵郡李显甫"集诸李数千家，于殷州西山开李鱼川，方六十里居之，显甫为其宗主"（《北史·李灵传》）。北齐时，"瀛、冀诸刘，清河张、宋，并州王氏，濮阳侯族，诸如此辈，一宗将近万室，烟火连接，比屋而居"（《通典·食货典·田制》引宋孝王《关东风俗传》）。这些世家大族，大都是聚族而居的，所以自从东汉统治崩溃，两汉的地方机构乡亭里制失去了它的作用之后，北魏的三长制度尚未确立以前，由于中古这种自给自足的庄园还保存了氏族制的纽带，世家大族同时也是几个大的家长制家族的总体的代表，因此，必然出现符合于当时实际情况的"宗主督护"制度②，来与政府的地方机构取得一定程度上的联系，可以更合法地来"庇荫"丁户，在"百室合户，千丁共籍"（《晋书·慕容德载记》）的实际情况下，分割了国家的户口。

不过，魏、晋之际，世家大族势力形成初期，由于一族之内，就已贫富分化，贫富的对比，就已非常显著，因此，贫穷的族人，实际上已不得不受显贵的族人——世家大族所役使了。随着庄园经济不断发展，阶级关系的变化也特别复杂，经两晋以至南北朝，连同族的大地主与大地主之间，由于官位的升降，门第的高下，也有东崔不及西崔③，乌衣诸王，官位不及马粪诸王之高的差别了④；崔、卢、李、郑四大族，每姓之内，又"第其房望"（《新唐书·高士廉传》），以显示出他们门第的特别优越。这样，不仅"一姓中，高下悬隔"，就是一房之中，差别也很大。一部分贫穷的族人，到那时，其身份地位，实际上已降落到可与奴客为伍了。

然而这种情况，并不是在世家大族地主庄园一开始形成时就是如此的。显贵的族人，为了要团结宗族子弟作为他们屯坞自守、筑壁相保的一种基本力量；贫穷的族人，也要依靠显贵族人——世家大族来出面组织武装，进行自卫，使自己不致转尸于沟壑之间，或者沦为其他封建主的佃客与奴仆，因此，他们两者，就在原先的血缘基础上，更加上了政治利害的一种结合。新兴的世家大族所以带着特别浓厚的父家长色彩出现于魏、晋、南北朝时期，就是这个缘故。

世家大族为了维护他们的既得利益，在统一政权崩溃的废墟上屯坞自守，筑壁相保；他们就在战争发展之中，部勒他们的依附农民，成为部曲。所以建安以后，战争的持续进行，不但没有把他们的经济摧毁，反而更加强了世家大族和部曲、佃客之间的隶属关系。

农民本身也由于遭受掠夺及苛捐杂税和繁重的力役而感到绝望，尤其在当时，兵役成为加速自耕小农破产的主要原因，割据之雄为了充实军事力量，搜括民丁，甚为酷虐，至"放兵捕索，如猎鸟兽"（《三国志·魏志·袁绍传》注引《九州春秋》），这更使农民不得不托庇于世家大族。但农民付出了非常高的代价——

放弃土地所有权,将自身交给显要的和强大的世家大族去奴役——才得到庇护的。他们受世家大族的剥削,除了"其佃谷皆与大家量分"(《隋书·食货志》),"被强家收大半之赋"(《通典·食货典·丁中》)以外,并替世家大族服许多杂役⑤,必要时还得荷戈作战。但是在这一时期,兵役既是农民破产的主要原因,依附于世家大族以后的佃客所负担的兵役杂徭,究竟比自耕小农负担的国家租税重担减轻很多,因此,劳动人口纷纷向世家大族庄园集中,这些被奴役的农奴,就是以后要特别提到的,平时为封建主耕地、战时为封建主打仗的部曲和佃客。

东汉末年的割据之雄,为了扩展自己势力,压倒敌人,对拥有部曲、佃客的世家大族,更极尽拉拢之能事。如曹操拉拢许褚、李典、田畴,孙权拉拢鲁肃、甘宁以及吴中四姓,刘备拉拢麋竺、霍峻,正由于这些世家大族的归附与支持,魏、蜀、吴政权才得以形成鼎立的局面。

在这种力量支持下出现的政权,它不但不能立刻搜括逃户,而且还把政府民屯下的农民赐予世家豪族。如曹魏"给公卿以下租牛客户,数各有差",故"自后小人惮役,多乐为之,贵势之门,动有百数"(《晋书·外戚·王恂传》)。东吴也有复臣下客户的事实:《三国志·吴志·陈表传》注引《江表传》载"权命复客二百家";《三国志·吴志·周瑜传》载"权后著令曰:'故将军周瑜、程普,其有人客,皆不问也。'"《三国志·吴志·吕蒙传》载"别赐寻阳屯田六百户","与守冢三百家,复田五十顷";《三国志·吴志·蒋钦传》载"钦卒,权以芜湖民二百户,田二百顷,给钦妻子";《三国志·吴志·潘璋传》载璋"嘉禾三年卒,璋妻居建业,赐田宅,复客五十家"。政府既然以大量佃客赐予臣下,则已被"庇护"于世家豪族的部曲、佃客之被追认为合法更是不容置疑。这样,使曹魏以后,两税法实施以前,出现了最显著的一个特征,即人口的分割,封建土地所有主的权力,在这一时期内,诚如马克思所说的:"不是由他的地租的多少,而是由他的臣民的人数决定的"(《资本论》第1卷,第785页)。这种人口的分割,反映在法制上,便成为两晋、南朝的给客、荫客制度和隋、唐的奴婢部曲为"不课口"等规定。

晋武帝初"践位,诏禁募客",募客是指豪势之家公然招募佃客。佃客可以逃避公家的赋役,所以"惮役"的农民,多愿意充当佃客,"贵势之门,动有百数。又太原诸部亦以匈奴胡人为田客,多者数千"。武帝时王恂为河南尹,"明峻其防,所部莫敢犯者"(《晋书·外戚·王恂传》),说明当时王权还强大,还能够制止募客,使它不致过分发展。泰始五年(公元269年)正月癸巳敕有云:"豪势不得侵役寡弱,私相置名。"(《晋书·食货志》)"置名"就是把佃客的姓名,载在豪势之家的户籍上,"私相置名",就是没有经过给客、荫客制度的正式手续,擅自把编户齐民占募为佃客载在自己的户籍上是不合法的,所以西晋政府下令禁止这种情况的继续发展。

西晋初年,也有赐客制度,如《晋书·华表传子廙附传》载:"初,表有赐客在鬲,使廙因县令袁毅录名,三客各代以奴。"赐客是封建国家赏赐的佃客,袁毅却把赐客中的三客代之以奴,这是不合法的,所以后来袁毅因贪污犯了罪,华廙也因以奴代客的事情而免官削爵。

晋武帝太康元年(公元280年),下令实施占田法。同时根据官品规定了"荫人以为衣食客及佃客"的制度,"品第六已上得衣食客三人,第七、第八品二人,第九品……一人。其应有佃客者,官品第一、第二者佃客无过五十户,第三品十户,第四品七户,第五品五户,第六品三户,第七品二户,第八品、第九品一户"(《晋书·食货志》)。当然,实际荫客的数目要远远超过这个数字,这在后面还要讲到。

东晋元帝过江,"时百姓遭难,流移此境(指南兖州),流民多庇大姓以为客"。元帝太兴四年(公元 321 年),诏以"流民失籍,使条名上有司,为给客制度,而江北荒残,不可检实"(《南齐书·州郡志》南兖州序)。这个给客制度,可能就是《隋书·食货志》里所载的给客制度。《隋志》云:"都下人多为诸王公贵人左右、佃客、典计、衣食客之类,皆无课役。官品第一、第二,佃客无过四十户;第三品三十五户;第四品三十户;第五品二十五户;第六品二十户;第七品十五户;第八品十户;第九品五户。其佃谷,皆与大家(指主人)量分。其典计,官品第一、第二,置三人;第三、第四,置二人;第五、第六……一人,皆通在佃客数中。官品第六已上,并得衣食客三人;第七、第八二人;第九品……一人。客皆注家籍。"

元帝太兴四年给客制度的数目,也和实际的庇荫人数出入很大,所以《南齐书·州郡志》里才明确提出"江北荒残,不可检实"这个现实。

《南史·齐东昏侯纪》云:"又先时诸郡役人,多依人士为附隶,谓之'属名'。"东昏侯于永元(公元 499 至 501 年)中,下令"在所检占诸属名","凡属名多不合役,止避小小假,并是役荫之家"。东昏侯把他们都搜括出来,"摄充将役"。"属名"之名,也就是前面提到的"私相置名"之名,"属名"、"置名",都是说他们的名字,已经登记在豪势之家的户籍上,也就是"客皆注家籍"了,他们已经不算为政府的编户齐民,而成为世家大族或豪势之家的荫庇户口了。

西晋官吏占田荫客表

官　　品	一品	二品	三品	四品	五品	六品	七品	八品	九品
土　　地	五十顷	四十五顷	四十顷	三十五顷	三十顷	二十五顷	二十顷	十五顷	十顷
荫衣食客	三人	三人	三人	三人	三人	三人	二人	二人	一人
荫佃客	五十户	五十户	十户	七户	五户	三户	二户	一户	一户

东晋南朝官吏占田荫客表

官　品	一品	二品	三品	四品	五品	六品	七品	八品	九品
荫衣食客数	三人	三人	三人	三人	三人	三人	二人	二人	一人
荫 典 计 数	三人	三人	二人	二人	一人	一人			
限佃客户数	四十户	四十户	三十五户	三十户	二十五户	二十户	十五户	十户	五户

在北朝，情况也是一样。《魏书·食货志》称："魏初不立三长制，故民多荫附。荫附者皆无官役，豪强征敛，倍于公赋。"由于匈奴、羯、氐、羌、鲜卑各族迭据中原，他们的社会发展阶段大都还留滞在家长奴隶制阶段，因此黄河流域奴隶制残余一时很为严重，鲜卑勋贵和中原世家大族，他们的土地上有很多奴隶。可是到了北朝后期，如在北周武帝建德六年（公元 577 年）的诏文中，解放了官私奴婢，令"所在附籍，一同民伍。若旧主人犹须共居，听留为部曲及客女"（《周书·武帝纪》）。可见部曲、佃客、客女之成为荫庇人口，当时政府也认为是合法的。他们一成为荫附的人口，就不成为政府的"编户齐民"，也不再负担政府的课役了。因此，日益发展和巩固的世家大族土地所有制，它与国家所有制是对立的。国家为了得到一部分劳动力，用来补充军队，作为国家的军事力量，并使之直接耕种国家的土地，而用田租、户调的剥削形式，把直接生产者的剩余生产品攫为己有，因此，国家所有制必然会在一定程度上限制世家大族土地所有制的发展。

这种对立的关系，决定了魏晋南北朝时期政府与世家大族及僧侣大地主间的关系。世家大族及僧侣大地主想增多他们的荫庇民户，而政府便防止荫庇户的增多。当丧乱分据，"赋重役勤，人不堪命"的时候，自耕小农不是"多依豪室"（《通典·食货典·丁中》），便是"假慕沙门，实避调役"（《魏书·释老志》）。而一当政府权力集中时，不是下土断之令，便是立三长之制，建输籍之法,来搜括荫户。

从西晋开始,王朝就重视搜括荫冒即不合法的荫户。武帝咸宁三年(公元 277 年),中山王司马睦"遣使募徙国内八县,受遁逃、私占及变易姓名、诈冒复除者,七百余户"(《晋书·高阳王睦传》),为冀州刺史所奏,贬为丹水县侯。可见用私占、诈冒的手段来隐庇户口,是要受到严厉惩罚的。

十六国时代,前燕、后燕、南燕都曾搜括荫户。如前"燕王公、贵戚多占民为荫户,国之户口,少于私家,仓库空竭,用度不足"。前燕的尚书左仆射悦绾向前燕主慕容暐建议:"国家政法不立,豪贵恣横,至使民户殚尽,委输无入。""宜一切罢断诸荫户,尽还郡县。"慕容暐采纳了悦绾的意见,并命悦绾"厘校户籍","纠擿奸伏,无敢蔽匿,出户二十余万"(《资治通鉴》晋海西公太和三年)。后燕主慕容宝初嗣位,遵循其父慕容垂遗令,"校阅户口,罢诸军营分属郡县,定士族旧籍"(《晋书·慕容宝载记》)。南燕主慕容德时,其尚书韩𧀰上疏云:"百姓因秦(指后秦姚氏)、晋(指东晋)之弊,迭相荫冒。或百室合户,或千丁共籍,依托城社,不惧熏烧,公避课役,擅为奸宄。""今宜隐实黎萌,正其编贯。"慕容德采纳了韩𧀰的建议,"遣其车骑将军慕容镇率骑三千,缘边严防,备百姓逃窜"。并命𧀰"巡郡县隐实,得荫户五万八千"(《晋书·慕容德载记》)。慕容德所据青州,一共只有十几万户,而一次搜括出荫户五万八千,可见荫户数目之多。

西晋灭亡之后,"百姓之自拔南奔者,并谓之侨人";另外,"其无贯之人,不乐州县编户者,谓之流浪人"(《隋书·食货志》)。侨人和流浪人往往"多庇大姓以为客",这种客又大都由世家大族私自招募而不在给客制度数目之内的,东晋南朝政府为了要搜括这类不在法定范围之内的客,往往结合土断来进行户口的搜检。土断的事,以后有专节要谈到,这里只谈检括户口的雷厉风行情况。东晋哀帝兴宁二年(公元 364 年),桓温庚戌土断，严令"不得藏户"，时宗室彭城王司马玄以"匿五户"，"收付廷尉"（《晋书·彭城王权传玄孙玄附传》）。刘裕在东晋哀帝义熙九年（公元413年）土断，余姚的世族大地主虞亮以"藏匿亡命千余人"（《宋书·武帝纪》），被刘裕处以死刑。宋、齐的整理户籍，检巧却籍，也是针对户口的搜括一事而进行的。

北朝搜括户口，往往是结合均田来进行，同南朝的做法不完全一样。在北魏孝文帝太和九年（公元485年）实施均田制之前，"旧无三长，唯立宗主督护，所以多隐冒，五十、三十家方为一户"（《北史·序传》）。均田制颁布后，接着就创立三长制，它的职责之一就是使"包荫之户可出"。而且在均田制颁布后，政府不但依靠搜括的政治权力，有时还可以采用"廉价"的方法，使荫户登记户口，成为政府的编户齐民，所谓"定其名，轻其数，使人知为浮客，被强家收大半之赋，为编氓，奉公上蒙轻减之征"（《通典·食货典·丁中》）。东魏承丧乱之后，"赋重役勤，人不堪命，多依豪室"（《通典·食货典·丁中》），以致"户口失实"，"阙于徭赋"。武定二年（公元544年），东魏丞相高欢命孙腾、高隆之等"为括户大使，分行诸州"（《资治通鉴》梁武帝大同十年），"分括无籍之户，得六十余万。于是侨居者各勒还本属"（《隋书·食货志》）。北齐为北周所灭时（公元577年），有户三百零三万，而东魏孙腾等这次却搜括到六十多万户，几乎占北齐灭亡时户口总数的五分之一，可见户口的荫庇诈冒的严重程度。北周武帝灭佛教，把北周、北齐地区的三百万僧侣，"皆复军民，还归编户"（《历代三宝记》），这是统治阶级内部另一种争夺户口的手段，在《西魏与北周的政治》一节里要讲到，这里就不多讲了。北周武帝命群臣撰《刑书要制》，规定"正长隐五户及十丁以上、及地三顷以上，皆死"（《隋书·刑法志》）。这一条法律条文，也透露出政府对户口的控制是多么严格。总之，政府和地主之间，一个是要荫庇户口，一个是要搜括户口，这就构成魏、晋、南北朝时期统治阶级内部矛盾的重要内容。

但是在人口分割方面，不管他们之间的矛盾尖锐化到如何程度，他们二者却抱着同一目的，即怎样来对他们的依附农民进行更厉害的剥削。而依附农民则争取要自己支配土地，并反对封建土地所有主不顾人命程度的剥削。因此，那一时期的主要矛盾，还是地主阶级和农民阶级的矛盾，包括最高地主——皇帝和自耕小农、屯田上的屯田客佃兵、占田均田上的农民，世家大族（还有北朝的鲜卑勋贵和以军功出身的汉族地主）和他们有依附关系的部曲、佃客，庶族寒门地主和他们的佃户、佣耕者，僧侣大地主和"僧祇户"、"佛图户"、劳动僧、部曲（观寺亦有部曲，见《唐律疏议》）所构成的阶级矛盾。

有的同志问：魏晋南北朝这一阶段，有没有中小地主这个阶层？他们是采取哪种剥削形式来进行剥削的？我们这样答复：如果从土地的多少，庄园的大小，来划分大、中、小地主的话，那么世家大族中有大地主，也有中小地主；庶族寒门中有大地主，也有中小地主。但是这个时候有它的特点，即世家大族中的一些房分，他们从北方流寓到江南以后，有的土地不多，有的甚至依靠俸禄来维持生活，如颜之推《颜氏家训·涉务篇》所说的："江南朝士因晋中兴南渡江，卒为羁旅，至今八九世，未有力田，悉资俸禄而食耳。假令有者，皆信僮仆为之，未尝目观起一坺土，耘一株苗，不知几月当下，几月当收。"个别世家大族没有获得土地，这种情况偶然还会有的。如梁代王僧孺，他是曹魏司徒王朗的九世孙，确实是东海的世家大族。但由于他的父亲早死，他这一房偏枯下来了，史称"僧孺幼贫，其母鬻纱布以自业"；僧孺"常佣书以养母"。后来僧孺以事免官，写给他友人何炯信中还提到"素无一廛之田，而有数口之累"（《梁书·王僧孺传》），可见他就是"资俸禄而食"的。和王僧孺同时的傅昭，是北地世家大族，他父亲在宋孝武帝时被杀，因此他早年生活清苦，年"十一，随外祖于朱雀航（即朱雀桥，在今江苏南京市镇淮桥稍东）卖历日"（《梁书·傅昭传》），当时他家也不会有土地。但尽管如此，由于他们出身世家大族，只要得到推荐，就能登仕，所以即使没有土地，他们也是属于世家大族这个阶层。一般地说，世家大族凭借他们在社会上的特殊地位，是会拥有巨大的田产的。所以我是认为只要是世家大族，就都是大地主，道理很简单，凡是世家大族，即使是"资俸禄而食"的，因为他们代表了大地主阶层的利益，所以就可以称之为世族大地主。

至于庶族寒门，应该区分为庶族寒门大地主和中小地主两个阶层。庶族寒门大地主虽然出身寒微一些，但有的已经致位将师，有的又参掌机要，实际上已和这个统治政权的利益息息相关，固然"士庶天隔"，他们和世家大族之间还存在一些隔阂，而两者的利害得失基本上是一致的。庶族寒门中的中小地主和庶族寒门大地主不同的地方，就是中小地主虽有一些土地，但没有取得任何特权，尤其是没有取得荫客的特权，这是和世家大族最大不同的地方。

两晋、南朝的荫客制度规定各级官吏按照官品来享受荫客的特权。西晋官品第九荫客一户，东晋官品第九给客五户，庶族寒门中的中小地主未必有官位，就不一定能取得荫客的特权。部曲类似"家兵"，在中小地主的户籍中更不可能出现家兵。当然，庶族寒门中的中小地主，可以使用奴婢来从事耕织，此外还可役属"佣耕"或"自卖"的客。佣耕和主人的依附关系，是不会太强的；"自卖为十夫客"等的客，也只是债务关系，偿债完毕，就不再受人役属了。因此可以说，在庶族寒门中的中小地主的土地上，奴隶制的残留形态可能比较严重，雇佣租佃的封建地租形态或者也较发展，但部曲、佃客对主人的依附关系，却未必十分强化。

下面就来谈谈魏晋南北朝时期大、中、小三种类型的自给自足庄园。

世家大族庄园的类型 三国时期,在江南立国的东吴,有许多世家大族,如吴郡的顾、陆、朱、张,会稽的孔、魏、虞、谢,他们的庄园,都是"僮仆成军,闭门为市,牛羊掩原隰,田池布千里","金玉满堂,伎妾溢房,商贩千艘,腐谷万庾"(葛洪《抱朴子·吴失篇》),经济势力很大。到了西晋时期,世家大族的庄园经济在北方也有了发展,如石崇"有别庐在河南县界金谷涧(今河南洛阳市西北)中,去城十里,或高或下,有清泉茂林,众果竹柏药草之属,金田十顷,羊二百口,鸡猪鹅鸭之类,莫不毕备。又有水碓、鱼池、土窟"(石崇《金谷诗序》)。石崇在他的文章里,提到这所"河阳别业"时还说:"其制宅也,却阻长堤,前临清渠,百木几于万株,流水周于舍下。有观阁池沼,多养鱼鸟"(石崇《思归引》)。可见这个庄园的规模是很大的。石崇的好友潘岳在洛水之旁,也"筑室种树"。他的庄园里,樱桃、葡萄、石榴、苹果(白柰和赤柰)、梨、柿、枣、李、桃、杏、梅树,"靡不毕殖";蔬菜方面,有葱、韭、蒜、芋、菫、荠、笋、姜等等,种类也很多(见潘岳《闲居赋》)。

东晋末年,勃海刁逵一家自其祖侨居京口(今江苏镇江市),至逵兄弟子侄,"以货殖为务","奴客纵横,固吝山泽","有田万顷,奴婢数千人"(《晋书·刁协传孙逵附传》)。从"有田万顷,奴婢数千人"二语看来,刁家庄园的规模也是很大的,可惜庄园内部的情况缺乏记载。东晋名将谢玄因病解职以后,在会稽始宁县(今浙江上虞西南)经营的山墅,经过他的孙子谢灵运进一步"修营","傍山带江,尽幽居之美"(《宋书·谢灵运传》)。谢灵运为此写了一篇《山居赋》,对他修营的这所山墅,作了细致的描写,并作了注释。谢灵运这所山墅有"南北两居",谢玄原来居住在南山,因此"南山是开创卜居之处","临江旧宅,门前对江","风兴涛作,水势奔壮"。"茸室在宅里山之东麓"。"茸骈梁(三

145

间)于岩麓，栖孤栋于江源。敞南户以对远岭，辟东窗以瞩近田"。谢灵运又在北山，别营居宅。"其居也，左湖右江"，"面山背阜"，"四面有水"，"东西有山"。这两处居宅，距离相当远，又因隔了许多山岭，"峰嶺阻绝"，只有"水道通耳"，所以说"南北两居，水通陆阻"。在"南山则夹渠两田，周岭三苑"。"众流溉灌以环迎，诸堤拥抑以接远"。"从江楼步路，跨越山岭，绵亘田野，或升或降，当三里许。涂路所经见也，则乔木茂竹，缘畛弥阜，横波疏石，侧道飞流"。"及其所居之处，自西山开道，乞于东山，二里有余。南悉连岭叠障，青翠相接，云烟霄路，殆无倪际"。"从径入谷"，"缘路初入，行于竹径，半路阔，以竹渠涧"。"西岩带林，去潭可二十丈许，葺室构宇，在岩林之中，水卫石阶。开窗对山，仰眺层峰，俯镜浚壑。去岩半岭，复有一楼，回望周眺，既得远趣，还顾西馆，望对窗户。缘崖下者，密竹蒙径，从北直南，悉是竹园。东西百丈，南北百五十丈。北倚近峰，南眺远岭，四山周回，溪涧交过，水石林竹之美，岩岫隈曲之好，备尽之矣。"谢灵运就是选择了这样一处山水幽深的地方，来"刊剪开筑，此焉居处"，建立他的居宅的。山墅周回，有上好的土地，所谓"田连冈而盈畴，岭枕水而通阡"。这些可耕地，"阡陌纵横，塍埒交经，导渠引流，脉散沟并。蔚蔚丰秋，苾苾香粳"。水稻以外，在旱种作物方面，还"兼有陵陆，麻、麦、粟、菽"。粮食以外，在蔬菜的莳艺方面，"畦町所艺"，有蓼、蘵、蒁、荠、荶、菲、苏、姜、绿葵、白薤、寒葱、春蕰。可以说，山墅的主人完全"不待外求"，"灌蔬自供"，可以自给自足。在果园方面，"北山二园，南山三苑，百果备列"。其中有"杏坛、柰(苹果)园、橘林、栗圃，桃李多品，梨枣殊所，枇杷、林檎，带谷映渚"。山墅周围除了修筹萧森的竹林以外，还有很多树木，常见的有松、柏、檀、栎、桐、榆、楸、梓，都是"干合抱以隐岑，杪千仞而排虚"。山墅"出药甚多"，有桃仁、杏仁、五茄根、葛根、菊华、柏实、菟丝实、女贞实、蛇床实、天门冬、麦门冬、附子、天雄、乌头、地黄、细辛、卷柏、茯苓等等，凡是雷公《本草》、桐君《药录》所记载的药物，也基本能够自给自足，不需外求。在山墅里，也有一些家庭手工业，蚕桑麻纻，是由佃客、客女为之进行生产的。"寒待绵纩，暑待絺绤"，一切衣着，绝大部分都是自给的。谢灵运还提到"陟岭刊木，除榛伐竹"；又说"既坁既埏，品收不一，其灰其炭，咸各有律"，可见庄园有计划地砍伐一些竹木，同时也烧木炭以作燃料及供冬日烤火之用，并且烧制一些陶器和砖瓦之类。他又提到"昼见搴（拔）茅，宵见索绹（搓草绳）"，大概是为佃客、客女、奴婢盖茅草屋用的。《山居赋》里还提到"六月采蜜"。又提到酒的酿造，"亦酝山清，介尔景福。苦以尤成，甘以椑熟"。尤酒味苦，可治痰冷；椑酒味甘，可治痈核。有时候还"剥芨岩椒"，用来造纸。总之这个大庄园提供了谢家生活上的一切需要，"春秋有待，朝夕须资。既耕以饭，亦桑贸衣。艺菜当肴，采药救颓"，"供粒食与浆饮，谢工商与衡牧"。既然一切能够自给自足，就不须同手工业者、商人和渔业畜牧业者打交道了，所以他最后画龙点睛地指出："但非田无以立耳"。正因为他占了这么多土地，才能达到这种自给自足的现状。在当时不仅谢灵运有这样规模的庄园或山墅，谢灵运在《山居赋》注里还提到，在他的山墅北面，有大小巫湖，东晋"义熙中王穆之居大巫湖，经始处所犹在"。在他的山墅东面较远一些地方，有五个奥。"五奥者，昙济道人（和尚）、蔡氏、郗氏、谢氏、陈氏，各有一奥"。其中郗氏，是高平大族，他家还在谢灵运山墅南面的漫石这个地方修建起"精舍"来。还有白烁尖一带，"下有良田，王敬弘经始精舍"。"昙济道人住孟山，名曰孟墼，芋薯之嵺田"。这些山墅、精舍，规模也不会比谢灵运的山墅小多少。王敬弘除了经营白烁尖精舍外，他在余杭舍亭山还置有山墅，也是"林涧环周，备登临之美"（《宋书·王敬弘传》）。这个山墅，一直到王敬弘的孙子王秀之时候，还加以营理，继续扩展。和谢灵运同时而略后的孔灵符，他以会稽的世家大族，在宋文帝元嘉年间，出任本郡太守。孔家累世卿尹，"产业甚广"。灵符"又于永兴（今浙江萧山）立墅，周回三十三里，水陆地二百六十五顷，含带二山，又有果园九处"（《宋书·孔季恭传子灵符附传》）。这个山墅的规模，甚至会超过谢灵运家的山墅。当然，像孔灵符这样占地二三百顷的庄园究竟也是不多的，这必须在当时比较荒僻的东土（今浙江东部），经过几代的占山固泽，并取得给客、置名各种特权，才有条件形成这么规模巨大而连成一片的庄园。

有些世家大族，土地虽多，但他们的庄园，却不全是集中在一处。如东晋末年的谢混，他家的土地是分散在十余处的。谢混为刘裕所杀，他家的庄园经济，都归谢混的侄儿谢弘微来代理经营。史称："混仍世宰辅，一门两封，田业十余处，僮仆千人"，"弘微经纪生业"，"一钱尺帛出入，皆有文簿"。"自混亡，至是九载，而室宇修整，仓廪充盈，门徒业使，不异平日，田畴垦辟，有加于旧"。到了宋文帝元嘉九年（公元 432 年），谢混的妻子东乡君病死，留下来"资财巨万，园宅十余所，又会稽、吴兴、琅邪（南琅邪郡，治所在金城，今江苏句容北）诸处，太傅（谢安）、司空琰时事业，奴僮犹有数百人"（《宋书·谢弘微传》）。可见谢混的土地虽多，除了在上虞东山（浙江上虞西南）的山墅，或者可以和谢玄的山墅匹敌以外，其余十余处田业，如果平均每处僮仆百人的话，一人耕种五十亩，百人耕种五十顷左右土地，规模比起谢灵运的始宁山墅和孔灵符的永兴山墅来，就要小得多了。梁代王骞有旧墅在钟山大敬爱寺侧，"有良田八十余顷，即晋丞相王导赐田也"（《梁书·太宗王皇后传》）。因为在首都附近，不可能出现大型的庄园，像这样一个占地八十余顷的山墅，在当时只可以说是中型的庄园。

梁名将韦叡的孙子韦载，"有田十余顷，在江乘县（今江苏句容北）之白山"。陈文帝天嘉元年（公元 560 年），载以病去职，

"遂筑室而居"(《陈书·韦载传》)。这大概可以说是小型的庄园了。《颜氏家训·止足篇》称:"常以为二十口家,奴婢盛多,不可出二十人,良田十顷,堂室才蔽风雨,车马仅代策杖,蓄财数万,以拟吉凶急速。"这可以说是小型庄园经济的写照。

十六国时期北方的世家大族庄园,因史文缺载,我们已无法考查。北朝的世族庄园,规模较大的如赵郡李灵甫"集诸李数千家于殷州西山,开李鱼川方五六十里居之"(《北史·李灵传》)。不仅赵郡李氏如此,崔、卢、郑、王这些世家大族,都可能有这样规模的庄园。像清河崔浩,自曹魏时的司空崔林以来,庄园的基址当在不断扩展,到了崔浩仕北魏,"牛羊盖泽,资累巨万"(《魏书·崔浩传》)。这个庄园的规模,想必也不会太小。东魏孝静帝元善见被迫退位后,北齐主高洋送给他"奴婢三百人,水碾一具,田百顷,园一所"(《魏书·孝静帝纪》)。梁将陆法和投降北齐,北齐主高洋赐给陆法和"田一百顷,奴婢二百人,生资什物称是"(《北齐书·陆法和传》)。这两所庄园大概都是北朝中上型的庄园形态。至于小型的庄园,占地都在十顷左右。如西魏丞相宇文泰赐庾季才"宅一区,水田十顷,并奴婢牛羊什物等"(《隋书·艺术·庾季才传》);北周明帝赐裴侠"良田十顷,奴隶耕牛粮粟,莫不备足"(《周书·裴侠传》)。

庶族寒门的取得土地,往往通过兼并、高利贷等等手段,因此土地分散,难得连成一大片,中小地主的土地更是如此。

佃客与部曲　魏、晋、南北朝时期的基本阶级,是地主阶级和农民阶级。这里只讲世家大族与受他们剥削的依附农民——佃客和部曲的关系。

"客"这一名称的涵义,在井田公社解体以后,凡是离开自己土地的人,都可以称之为"客"。也有称为"宾萌"的(见《吕氏春秋·离俗览》,宾萌即客民)。所谓客,寄也,自此托彼曰客。因此,战国以来,脱离生产劳动的游士,称之曰客,或称"宾客"。后来就是自己土地不够而劳动力有余,于是到拥有土地较多的家族那里去佣耕,也称之曰客;或者已经"无置锥之地",失去自己土地而到拥有较多土地的家族那里去租佃他们的土地的佃农,也称之曰客。随着依附关系的发展,久而久之,他们也终于变成部曲和佃客了。不过佣耕也好,假地种植也好,并不是一开始就沦为依附农民,如西汉时匡衡"父世农夫,至衡好学,家贫,佣作以供资用"(《汉书·匡衡传》);东汉时,孟尝"隐居穷泽,身自耕佣"(《后汉书·孟尝传》);第五访"少孤贫,常佣耕以养兄嫂"(《后汉书·第五访传》);杨震"少孤贫,独与母居,假地种殖,以给供养"(《后汉书·杨震传》注引司马彪《续汉书》);郑玄"家贫,客耕东莱……后以书戒子益恩曰:'……年过四十,乃归供养,假田播殖,以娱朝夕……'"(《后汉书·郑玄传》)。他们在当时都是以编户齐民的身份为大土地所有者佣耕或向大土地所有者佃耕土地,并不立刻变成农奴。从魏晋时起,封建依附关系加强,佣耕的佃农与主人的依附关系才逐渐强化起来,这样,他们的身份就继续低落,渐渐蒙上了依附农民的色彩,终而变成部曲、佃客了。

所谓宾客,顾名思义,他们在开始时是可以和主人分庭抗礼的。这一阶层的开始带有依附色彩,应该溯源于战国时代的食客。西汉的强宗大姓,都有宾客,如颍川灌夫,其"宗族宾客为权利,横颍川"(《汉书·灌夫传》);"阳翟轻侠赵季、李款,多畜宾客,以气力渔食闾里"(《汉书·何并传》);"涿郡大姓西高氏、东高氏,自郡吏以下,皆畏避之,莫敢与牾……宾客放为盗贼,发辄入高氏,吏不敢进"(《汉书·酷吏·严延年传》);马援留北地"牧畜,宾客多归附者,遂役属数百家"(《后汉书·马援传》)。主人对宾客可以"畜",可以"役属";宾客也可以依赖主人"豪大家"的势力,"为权利","为盗贼",这说明他们之间的结合,已经带着一种浓厚的依附色彩了。到了王莽末年,四方兵起,这些"豪大家"

为了维护其阶级利益起见，也将依附的宾客加以部勒，如南阳冯
鲂，"为郡族姓，王莽末，四方溃畔，鲂乃聚宾客，招豪杰，筑营堑，
以待所归"（《后汉书·冯鲂传》）；刘缤"部署宾客"（《后汉书·齐
武王缤传》），起兵讨莽；臧宫"率宾客入下江兵中"（《后汉书·臧
宫传》）；"王郎起，〔刘〕植……率宗族宾客，聚兵千余人，据昌城"
（《后汉书·刘植传》）。部勒以后的宾客，虽名为宾客，其实已经
是部曲了。

王莽时，马援在北地牧畜，役属宾客数百家；其后援屯田苑
川，《水经·河水注》称其"请与田户中分以自给"。《水经注》里
的"田户"（佃户），可能就是马援以前在北地所役属的"宾客"。
那么过去宾客与主人之间只是一种客主的结合，而现在却已经
是在租佃的基础上建立起依附关系来了。到了东汉末年，刘节
"宾客千余家"，"前后未尝给繇"（《三国志·魏志·司马芝传》）；
"曹洪有宾客在〔许〕界"（《三国志·魏志·满宠传》），又有"宾客
在〔长社〕县界，征调不肯如法"（《三国志·魏志·贾逵传》注引
《魏略》），这些宾客虽名为宾客而实为依附农民。

由于客的依附性愈来愈强化，因此客的身份也愈来愈低落。
其初犹"宾客"、"人客"杂称⑥，久而久之，便名为"私客"、"家
客"⑦，终于与奴僮合流，连缀起来，称为"奴客"、"僮客"了⑧。
东吴、曹魏甚至把佃客像土地钱帛一样，赐与臣下，无怪赐客要
被主人视为僮仆。东吴陈武"所受赐复人得二百家，在会稽新安
县"，后其子表"简视其人，皆堪好兵"，乃上书称"枉此劲锐，以为
僮仆"（《三国志·吴志·陈武传》），可见这时候佃客已被当作僮
仆看待。

"部曲"这名词，原来是两汉以来的一种军事建制。汉大将
军营，有五部，每部有校尉一人、军司马一人；部下有曲，每曲有
军候一人；曲下有屯，每屯有屯长一人。"部曲"二字，连缀起来，
犹如后世的师、团、营、连一样，因为常常连缀在一起，运用习惯

了，本来军事建制中的部曲，一转而成了代表军队的名词、士卒队伍的变称了。

东汉一代，家臣的依附关系已经随着新的前进的各种关系而被强化起来，所谓"仕于家者，二世则主之，三世则君之"（《三国志·魏志·公孙度传》注引《魏书》）的情况，已成为普遍的风气，军队中自然也不能例外，于是对主将有人身依附关系的部曲也日益变形为主将的私属了。东汉末年，因于战争的农民，都去请求武装的世家大族保护；世家大族在屯坞自守、筑壁相保的过程中，也采取军事建制，来部勒他们已有的宾客和佃客，使成为武装的部曲⑨，这时的私部曲，有时亦称家兵⑩。

战争的不断扩大和延续，使部曲成为人数众多的阶层，同时武装的世家大族又把部曲转移到土地上，使他们成为且耕且战的武装耕作者。战时是武装的世家大族统率下的部曲，在平时又是他们土地上耕作的佃客。因为佃种土地，是父子承袭的，因此，部曲在参加耕作之后，部曲的身份，自然也是家世承袭的。所以《陈书·沈众传》有"家代（"代"即"世"字，唐人避唐太宗李世民讳所改）所隶义故部曲，并在吴兴"的说法。部曲从事耕作以后，渐次变为依附于世家大族的佃客，主要的任务，不是作战，而是耕田，如《梁书·处士·张孝秀传》所载"孝秀居于东林寺，有田数十顷，部曲数百人，率以力田"，可见那时私部曲，主要用来种田了。这样，开始是部曲作战，佃客耕田，以后部曲的主要任务，既然也是佃耕土地，所以到了南北朝、初唐，就把佃客这一名称，也包括在部曲名称的涵义之内了。唐代著名的法典《唐律》，是只称部曲，而不称佃客的。

在世家大族经济发展的初期，以前被剥夺了土地和脱离了土地的流民，又以依附者的身份，重新和土地结合起来，这不能不说是一种进步的过程。但是，由于隶属制度的加强，农民的身份显然地低落下来。本来在封建社会里，要是大土地所有者没有直接支配农民人身的权力,他们就不可能强迫分得土地和经营自己的经济的人为他们劳作,因此必须要有"超经济的强制"。但是,经济外的强制,在巩固世家大族地主的经济权力方面,固然起过作用,可是封建制度的基础,并不是经济外的强制,而是封建土地所有制。世家大族用封建地租形式来占有依附农民的剩余劳动,他们的剥削程度往往包含部曲、佃客的全部剩余劳动,甚至还包含大部分必要劳动,因此,世家大族不得不利用超经济的强制来保证完成他们的封建剥削。这种超经济的强制,主要表现在部曲和佃客虽然有着自己的经济,然而却牢固地被束缚在土地之上,无权支配自己的劳动。

部曲、佃客禁止离开自己的土地的。他们倘若没有得到他们主人的允许,而擅自离开自己土地的话,那就作为"逃亡"论罪。据《南史·范云传》称齐明帝时(公元 494—498 年),范云"为始兴(治曲江,今广东韶关市)内史。旧郡界得亡奴婢,悉付作(指作部,是从事苦役的作坊);部曲即货去,买银输官"。也就是说,在南齐时代,奴隶逃亡后被捉获,罚充终身苦役;而部曲逃亡后被捉获,即可把他们货卖,买银输官。法律有它的继承性,唐初制定的《唐律》,有一些主要内容,尤其律文中所反映的阶级关系,往往是继承南北朝(包括隋)沿用的律文而制定的,因此《唐律》中有一部分实际上也反映了南北朝的阶级关系。在《唐律》卷 28《捕亡律》及其本注里有着"诸官户、官奴婢亡者,一日杖六十,三日加一等","部曲、私奴婢亦同"的规定,可见对部曲逃亡处刑的轻重,到唐时还是和逃亡奴婢一样的。

另外,《唐律》还规定禁止部曲、佃客不经过合法手续便从一个封建地主手里转到另一个封建地主手里去。某些封建地主倘若收留逃亡部曲而被人告发,那就要看情节的轻重,遭受不同程度的惩罚。情节重的称作"略"(不和为略),情节轻的称作"和诱"(谓和同相诱)⑪。《唐律疏议》卷 20《贼盗律》疏议曰:"略他人部曲为奴婢者，流三千里。略部曲还为部曲者，合徒三年。……和诱者，各减一等。和诱部曲为奴婢，徒三年，还为部曲，徒二年半。"可见对收留逃亡部曲的地主处刑是相当重的。这样，部曲、佃客就完全被固着于土地之上，丧失了人身的自由。在这一时期内，封建地主之间买卖土地，部曲、佃客也会随同土地一起被转让。

部曲、佃客必须经过主人的放免才能成为平民。《唐律疏议》卷 12《户婚律》："诸放部曲为良，已给放书……。疏议曰：'依户令：放奴婢为良及部曲客女者，并听之。皆由家长给手书，长子以下连署，仍经本属申牒除附。……'"可见部曲离开世家大族，必须由带着父家长色彩特别浓厚的封建主给予手笔的发放文书，这文书还须取得封建主的长子——未来的父家长——以下的连署，申报地方政府，剔除"附籍"，才算合法。

部曲、佃客死后，世家大族有权将其妻子指配给另一部曲、佃客。《唐律疏议》卷 12《户婚律》："又问：'部曲娶良人女为妻，夫死服满之后，即合任情去住，其有欲去不放，或因压留为妾，及更抑配与部曲及奴，各合得何罪？'答曰：'……若是良人女压留为妾，即是有所威逼，从不应得为重科。或抑配与余部曲，同……'"在这里，法律上只规定部曲妻本来是"良人女"，不准世家大族威逼她们作妾，或者抑配给另一部曲；但是如果部曲妻不是"良人女"，而她们的身份是低于良人一等的客女或甚至是奴婢的话，那么，封建主就有全权支配她们，或者把她们留做自己的侍妾，或者指配给另一部曲，这在律文上是不加禁止的。

部曲、佃客所不同于奴婢的，在于奴婢是奴隶主所有，而部曲、佃客只是"附籍主户"作人身的依附[12]；奴婢在法律上是"律比畜产"、"同于资财"[13]，而部曲、佃客虽是封建主变相的资财，但毕竟不同于资财，更非畜产[14]；奴婢只能与奴婢结婚，而部曲除娶客女（客女谓部曲之女，或有于他处转得，或放婢为之）为妻外,也可娶良女,但也可以娶婢女⑮;奴婢可以买卖,而部曲、佃客只准转移事人,不能出卖⑯。

唐代法典上还明文规定着:奴婢、部曲,不同良人(《唐律》卷2《名例》)。因此,部曲杀良人,绞;良人杀部曲,减一等,流三千里⑰。部曲杀主,斩;主杀部曲,部曲有罪,勿论,部曲无罪,主徒刑一年⑱。部曲过失杀主,绞;主过失杀部曲,勿论⑲。部曲殴伤主之近亲,斩或绞;主之近亲殴伤部曲,杖一百至七十,如主之近亲因过失杀部曲,勿论⑳。良人相奸,部曲客女相奸,徒刑一年半;部曲奸良人,加一等,徒刑二年;良人奸他人部曲妻及客女,杖一百。部曲奸主之妻及主之姑之姊之妹或主兄弟之妻女,绞,强奸者斩;主奸己之部曲妻及客女,无罪㉑。除谋反、谋逆、谋叛三大罪状,直接危害到最高统治者外,部曲无控诉主人之权。部曲诉主,绞,部曲诉主之近亲,流;主诬告部曲,勿论,若非诬告,更不用说了㉒。从上面的例子来看,两相比较,部曲与主人,同犯一罪,一绞,一无罪,处罚截然不同,法律的阶级性,在这里表现得特别露骨。本来,封建法律,是封建经济关系的反映,在这里,我们可以很明显地看到在封建社会内,作为国家权力主要工具的封建法律,是如何地采取法律形式和立法形式来维护和巩固这种经济关系并使它神圣化的。

门生与故吏 与部曲和佃客社会地位相类似的便是门生和故吏。先说门生,次说故吏。

欧阳修《孔宙碑阴题名跋》称:"汉世公卿多自教授,聚徒常数百人,其亲受业者为弟子,转相传授者为门生。"本来是师弟间的关系,以后也随着各种关系的发展而强化起来,从士夫学术研究的结合,逐渐转变为依附名势的一种结合了。东汉末,大将军窦宪是外戚,而《后汉书·郅恽传子寿附传》称其有"门生";黄门令王甫是宦官,而《后汉书·杨震传曾孙彪附传》称甫有"门生",这类门生,只是出于趋炎附势而已,谈不到什么学术转相传授。

门生为了取得师长的荫庇，以免课役㉓，自然不能不自动地为师长执劳辱之役㉔，岁时还有所馈献㉕。到了魏、晋、南北朝，门生的地位，更为低落，如《晋书·王机传》载机"将奴客、门生千余人入广州"；《宋书·谢灵运传》载灵运"奴僮既众，义故、门生数百"；《南齐书·刘怀珍传》载"怀珍北州旧姓，门附殷积，启上门生千人充宿卫"，可见这些门生的地位已接近于部曲了。在南朝，为门生者，至与士人不能同席共坐，所谓"士庶天隔"㉖。在北朝，世族大地主范阳卢宗道，"位南营州刺史。……将赴营州，于督亢城坡，大集乡人，杀牛聚会。有一旧门人，醉言疏失，宗道令沉之于水。后坐酷滥除名"（《北史·卢观传》）。当时寒门富室，为了取得政治上的地位，不能不投靠达官贵人之门，称"门生"，取得他们的提携以为进身之阶，否则在当时"世胄蹑高位"的情况下，寒人是无进身之路的㉗。东晋时，谢安做桓温司马，"属门生十余人于田曹郎中赵悦子。悦子……悉用之，曰：'……今自乡选，反违之邪。'"（《世说新语·赏誉篇》）南齐时，王琨为"吏部郎。吏曹选局，贵要多所属请，琨自公卿下至士大夫，例为用两门生"（《南齐书·王琨传》）。陆慧晓为"吏部郎。尚书令王晏选门生补内外要局，慧晓为用数人而止，晏恨之"（《南齐书·陆慧晓传》）。从这些例子看来，门生的地位虽比士族低，但是比部曲、佃客为高。

东汉时，公府以至州牧、刺史，他们的幕僚掾属，多由自己挑选人才，征辟任用，被征辟的人愿意应征辟或不愿意应征辟，有完全的自由。但是另一方面，由于一应征辟，成为公府或郡国的幕僚掾属，便不上通为中央的有秩命士，这样就渐渐地和他的长官成了一种私恩的结合，所以东汉以来，幕僚掾属对其长官，往往私为君臣。这表现在社会礼制风俗方面的，如为郡国所保荐的孝廉、秀才，即使其后任官中央，但向过去保荐过他的郡国守相，皆称"故吏"㉘。主官或荐举者死，故吏掾属，有服丧之制。

故吏称郡守为"本朝"㉙。并有"昔为人子,今为人臣"(《后汉书·公孙瓒传》)的说法,可见家臣的关系,也随着各种隶属关系的发展而在强化起来。到了东晋、南北朝,不称为故吏,而称为"义故"、"门附"了㉚。

此外又有与部曲、佃客地位相等的衣食客㉛、典计㉜等等。

奴隶制残余的严重遗留 在魏、晋、南朝,虽然封建社会已经发展到典型阶段,然而由于东方国家形态的特殊性,奴隶制的残余,还是相当严重的。从三国时"奴执耕稼,婢典炊爨"(《三国志·蜀志·杨戏传》载《季汉辅臣赞》注引《襄阳记》),南朝时"耕当问奴,织当访婢"(《宋书·沈庆之传》),北朝时"奴任耕,婢任绩"(《魏书·食货志》),"耕则问田奴,绢则问织婢"(《北史·邢峦传》)的话来看,世家大族庄园内的奴婢,不仅限于家内的执役,而且是参加农业生产劳动的。西晋时,石崇有"苍头八百余人,它珍宝货贿田宅称是"(《晋书·石苞传》);王戎"广收八方园田"(《晋书·王戎传》),"家僮数百"(《初学记》卷18引徐广《晋记》);荀晞有"奴婢将千人"(《晋书·荀晞传》)。东晋时,陶侃有"家僮千余"(《晋书·陶侃传》);刁逵"有田万顷,奴婢数千人"(《晋书·刁协传》);谢混死后,"会稽、吴兴、琅邪诸处,太傅(谢安)、司空琰时事业,奴僮尚有数百人"(《宋书·谢弘微传》)。宋彭城王刘义康"私置僮部(僮仆、部曲)六千余人"(《宋书·彭城王义康传》);沈庆之"广开园田之业……奴僮千计"(《宋书·沈庆之传》)。僮仆人数如此之多,决非家内执役所能容纳,他们实际上是被固着于土地之上了。《南齐书·萧景先传》载景先临死遗言:"三处田,勤作,自足供衣食。力少,更随宜买粗猥奴婢充使。"从这话看来,奴婢显然是用在土地上的。梁武帝即位初年,御史中丞任昉奏弹刘整,提到刘整"奴当伯,先是众(指大家庭)奴。整兄弟未分财之前,整兄寅以当伯贴钱七千,供众作田"(《昭明文选》卷40任昉《奏弹刘整》)。可见奴当伯也曾用来耕作土地。

宋时王僧达自言："婢仆十余，粗有田入，岁时是课，足继朝昏。"(《宋书·王僧达传》)北齐时颜之推云："常以为二十口家，奴婢盛多，不可出二十人，良田十顷。"(《颜氏家训·止足篇》)以上两例，尤其前一例"粗有田入，岁时是课，足继朝昏"这几句话，很明白地说明到那一时期的奴婢已经按照依附农民的租田课额把收获物分成缴给主人了，也就是说，他们已经走上农奴化的道路了[33]。

东晋会稽王世子司马元显"发东土诸郡免奴为客者，号曰乐属，移置京师，以充兵役"(《晋书·会稽文孝王道子传》)一事，也充分说明东晋末年，在东土一带的世家大族庄园里，已经开始把许多奴婢免为佃客、客女了。大概一直到梁、陈时期，"免奴为客"的事还在继续流行。

在奴隶制残余比较严重的北朝，前面已经讲到过，北周武帝灭北齐之后，在建德六年(公元 577 年)下诏释放官私奴隶，令"所在附籍，一同民伍，若旧主人犹须共居，听留为部曲及客女"(《周书·武帝纪》)。这反映了奴隶制残余形态的逐渐削弱和封建依附关系的继续发展。

现在把魏晋以来世家大族经济势力发展以后发生的阶级关系的变化简说如下：

(一)秦、汉以来，失去土地以佣耕为生的雇农，以及耕豪民之田的佃农，与由于遭受掠夺及苛捐杂税和为繁重力役所困倒而绝望以求助于世家大族荫庇的农民，随着依附关系的强化，他们逐渐丧失了人身自由，最后完全被固着于土地之上，变成了依附农民。

(二)本来是自由人身份的庄园主族人，由于日益贫困，不得不受其显贵族人所奴役；久而久之，逐渐接近依附农民的队伍。

（三）过了时的不占支配地位的奴隶制残余还是被保存了下来；由于奴婢被转移到土地上从事农业劳动的缘故，久而久之，他们就逐渐走上了农奴化的道路。

---

① 崔寔所著《四民月令》对于正在日益发展起来的地主庄园经济有较全面的叙述：

（一）庄园内农业生产进行情形：

十二月，休农息役，惠必下浃。遂合耦田器，养耕牛，选任田者，以俟农耕之起。

正月，雨水中，地气上腾，土长冒橛，陈根可拔，急菑强土黑垆之田。粪畴，可种瓜，可种瓠，可种葵，可种蘸、韭、芥、大小葱、蒜、苜蓿及杂蒜，可种蓼，可莳芋。正月尽二月，可种青麦、稗豆。

二月，可种蓝，可种大豆，可种胡麻，可种稹禾，可种苴麻，可种瓜。

三月，可种稹禾，可种苴麻，可种瓜，可种胡麻，可种黍穄，可种粳稻。

四月，时雨降，可种黍禾，可种胡麻，可种大小豆。

五月，可种胡麻，可种黍，可种牡麻。可别种稻及蓝。

六月，可种小蒜，可种冬葵，可种芜菁。

七月，可种芜菁，可种大小葱，可种苜蓿，可种芥。

八月，可种大小麦及矿，可种大蒜，可种芥，可种苜蓿，可种干葵。

（二）庄园内林木栽种情形：

正月，自朔至晦，可移诸树竹、漆、桐、梓、松、柏杂木。唯有果实者，及望而止。

（三）庄园内手工业生产进行情形：

正月，命女工趣织布。典馈（厨子）酿春酒。

二月，蚕事未起，命缝人浣（洗）冬衣，彻复为袷，其有赢帛（多余的绢帛），遂供秋服。

三月，清明节，令蚕妾治蚕室，涂隙穴，具槌持箔笼。谷雨中，蚕毕生，乃同妇子（家族参加），以勤其事，无或务他，以乱本业。有不顺命，罚之无疑。

四月，茧即入簇，趣缲剖线，具机杼，教经络。

六月，命女工织缣、练。可烧灰染青、绀杂色。

七月，处暑中，向秋节，浣故制新，作袷薄，以备始凉。

八月，清风戒寒，趣织缣、帛，染采色，擘丝治絮，治新浣故（做新衣洗旧衣），及韦（生皮）履贱好，预买以备冬寒。

十月，可折麻缉织布缕，作白履、不借（草履曰不借），命典馈渍曲酿冬酒。

（四）为了发展庄园经济，庄园内囤积居奇，卖贵买贱：

二月，可粜粟、黍、大小豆、麻、麦子等。收薪炭。

三月，可粜粟买布。

四月，可粜矿及大麦、敝絮。

五月，霖雨将降，储米谷、薪炭，以备道路陷滞不通。可粜大小豆、胡麻，籴矿、大小麦，收敝絮及布絮。

六月，可粜大豆，籴矿、小麦，收缣、练。

七月，可粜大小麦、豆，收缣、练。

八月，粜种麦，籴黍。

十月，卖缣、帛、敝絮。籴粟、豆、麻子。

十一月，籴粳、稻、粟、豆、麻子。

一年中有九个月都作买卖，交易的都是衣食必需品，夏天收布絮、缣、帛，冬天卖出，春天缺粮时粮价上涨，就把粮食大宗卖出，四月麦熟粮价低落，就开始收购麦子。

（五）由于氏族残余的严重遗留，因此九族之内，贫富虽在分化，但是还得存问赈救：

三月，是月也，冬谷或尽，椹麦未熟，乃顺阳布德，振赡穷乏，务施九族，自亲者始。无或蕴财，忍人之穷；无或利名，罄家之富，度入为出，处厥中焉。

九月，存问九族孤寡老病不能自存者，分厚彻重，以救其寒。

十月，五谷既登，家储蓄积，乃顺时令，敕丧纪，同宗有贫窭久丧不堪葬者，则纠合宗人共兴举之；以亲疏贫富为差，正心平敛，无相逾越，先自竭以率不随。

（六）庄园内有大学学五经章句，有小学学文字训诂，学生大概都是宗族子弟：

正月，农事未起，命成童已上入大学，学五经。砚冰释，命幼童入小学，学《篇》（《苍颉篇》）、《章》（《急就章》）。

八月，暑退，命幼童入小学，如正月焉。

十月，农事毕，命成童入学，如正月焉。

十一月，砚冰冻，命幼童入小学读《孝经》、《论语》、《篇》、《章》。

（七）庄园主即父家长在正月、二月、五月、六月、八月、十一月、十二月都要祀祖。也唯有父家长才有特权侍奉祖先：

正月之朔，躬率妻孥，洁祀祖祢。及祀日，进酒降神毕，乃室家尊卑，无大无小，以次列于先祖之前；子妇曾孙，各上椒柏酒于家长，称觞举寿，欣欣如也。

这宛然是"跻彼公堂，称彼兕觥，万寿无疆"的神气，只是氏族贵族的公却换成了封建庄园主家族中的父家长而已。

（八）《四民月令》中的记载，都是封建庄园制度下的正面文字，事实上能有这样好生活的，除了庄园主本房以外，还有一部分庄园主的宗族姻亲（他们也日益在分化的过程中）而已。奴隶姑且不论，就是佃耕的佃客，田家作苦，生活也是不堪设想的。贫富的对立，使庄园主不得不讲习武事，修筑门墙；也在这种过程中，把他的佃客同时加以部勒，成为部曲了。

二月，顺阳习射，以备不虞。

三月，葺治墙屋，修门户，警设守备，以御春饥草窃之寇。

五月，弛角弓弩，解其征弦；张竹木弓弩，弛其弦。

八月，正缚铠弦，遂以习射，弛竹木弓弧。

九月，是月也，治场圃，涂囷仓，修窦窖，缮五兵，习战射，以备寒冬穷厄之寇。

十月，培筑园场。

②《通典·食货典·乡党》：后魏初，不立三长，唯立宗主督护，所以人多隐冒，五十、三十家方为一户，谓之荫附。……孝文太和十年，给事中李冲……创三长之制……五家立一邻长，五邻立一里长，五里立一党长。

《北史·李灵传》：孙显甫，集诸李数千家，于殷州西山，开李鱼川，方五六十里居之。显甫为其宗主。

③《魏书·高阳王雍传》：纳博陵崔显妹……欲以为妃。世宗初以博陵崔氏，世号东崔，地寒望劣，难之，久乃听许。

④《南齐书·王僧虔传》：时迁御史中丞，领骁骑将军。甲族由来多不居宪台，王氏以分支居乌衣者，位官微减，僧虔为此官，乃曰："此乌衣诸郎坐处，我亦可试为耳。"

《南史·王昙首传》：子僧虔，僧虔子志，家居建康禁中里马粪巷。……时人号马粪诸王为长者。

⑤《宋书·王弘传》：尚书王淮之议：……有奴客者，类多使役，东西分散，住家者少。其有停者，左右驱驰，动止所须，出门甚寡。典计者在家十无一二。

《三国志·魏志·郭皇后传》：黄初六年，文帝（曹丕）东征吴，至广陵，后留谯宫。时后从兄表留宿卫，欲遏水取鱼。后曰："水当通运漕，又少材木，奴客不在目前，当复私取官竹木作梁遏，今奉车（表为奉车都尉）所不足者，岂鱼乎？"

《三国志·吴志·孙休传》注引《襄阳记》：李衡每欲治家，妻辄不听。后密遣十人于武陵龙阳氾洲上作宅，种甘橘千株。临死，敕儿曰："汝母恶吾治家，故穷如是。然吾州里有千头木奴，不责汝衣食，岁上一匹绢，亦可足用耳。"衡亡后……儿以白母，母曰："此当是种甘橘，汝家失十户客来七八年，必汝父遣为宅。……"吴末，衡甘橘成，岁得绢数千匹，家道殷足。

⑥《潜夫论·断讼篇》：又贞洁寡妇……遭值不仁世叔，无义兄弟，或利其聘币，或贪其财贿……强中欺嫁……或后夫多设人客，威力胁载，守将抱执，连日乃缓，与强掠人为妻无异。

《三国志·魏志·曹仁传》注引《英雄记》：〔弟〕纯僮仆人客以百数，纲纪督御，不失其理。

《三国志·魏志·王修传》：高密孙氏素豪侠，人客数犯法。

《三国志·吴志·步骘传》：会稽焦征羌，郡之豪族，人客放纵。

《三国志·吴志·周瑜传》：权后著令曰："故将军周瑜、程普，其有人客，皆不得问。"

⑦《后汉书·梁冀传》：孙氏宗亲，为侍中卿校尉郡守长吏十余人，……各遣私客籍属县富人，被以它罪。

《三国志·吴志·吕范传》：将私客百人归策。

《三国志·魏志·田畴传》：自选其家客，与年少之勇壮募从者二十骑俱往。

⑧《汉书·胡建传》：多从奴客。

《汉书·五行志》：成帝鸿嘉之间，微行出游，选从期门有力者，及私奴客，多至十余，少五六人。

《后汉书·窦融传曾孙宪附传》：奴客缇骑，依倚形势，侵陵小人。

《三国志·吴志·孙策传》注引《江表传》曰：许贡奴客潜民间，欲为贡报仇。

《三国志·魏志·董昭传》：又闻或有使奴客名作在职家人，冒之出入……。

《三国志·魏志·曹爽传》注引《魏略》曰：丁谧呼其奴客。

《宋书·王弘传》：奴客与符伍交接……是以罪及奴客。……奴客与邻伍相关……有奴客者，类多使役。……罪其奴客。……无奴客可令输赎。（以上奴客连称）

《三国志·蜀志·麋竺传》：祖世货殖，僮客万人，资产巨万。

《三国志·吴志·甘宁传》注引《江表传》：宁将僮客八百人就刘表。

《三国志·吴志·虞翻传》注引《会稽典录》：徐陵卒，僮客土地，或见侵夺，骆统为陵家讼之。

《晋书·隐逸·陶淡传》：僮客百数。（以上僮客连称）

⑨《三国志·魏志·李典传》：典从父乾……合宾客数千家，在乘氏。……吕布之乱……布别驾薛兰、治中李封招乾欲俱叛，乾不听，遂杀乾。太祖使乾子整将乾兵……整卒，典……将整军。……太祖与袁绍相拒官渡，典率宗族及部曲输谷帛供军……典宗族部曲三千余家，居乘氏，自请愿徙诣魏郡……遂徙部曲宗族万三千余口居邺（后者之部曲，即前者之宾客，是部勒宾客，即成部曲之证）。

⑩《后汉书·朱儁传》：会稽上虞人也。……光和元年，即拜儁交阯刺史，令过本郡简募家兵，及所调合五千人。……张燕……逼近京师，于是出儁为河内太守，将家兵击却之。

《三国志·魏志·吕虔传》：将家兵守湖陵……太祖以虔为泰山太守……虔将家兵到郡。

《三国志·魏志·任峻传》：峻别收宗族及宾客家兵数百人。

《晋书·王浑传》：以家兵千余人闭门拒〔楚王〕玮。

⑪《唐律疏议》卷4《名例》：及略和诱部曲奴婢，若嫁卖之，即知情娶卖。疏议曰："……此论部曲客女奴婢等，……或得而自留，或转将嫁卖，或乞人，亦同。……不问良贱，共知本情，或娶或买，限外不首，亦为藏匿（不和谓略，谓设方略而娶之；和诱，谓和同相诱）。"

⑫《唐律疏议》卷17《贼盗律》：疏议曰："奴婢、部曲，身系于主。"

《唐律疏议》卷22《斗讼律》：疏议曰："部曲、奴婢，是为家仆，事主须存谨敬。"

《唐律疏议》卷6《名例》：疏议曰："部曲为私家所有。"

《唐律疏议》卷12《户婚律》：释文云："此等（部曲）之人，随主属贯，又别无户籍。"

《唐律疏议》卷12《户婚律》：疏议曰："奴婢、部曲，亦同不课之口。"

⑬《唐律疏议》卷4《名例》：诸以赃入罪，正赃见在者，还官主。本注曰："转易得他物及生产蕃息皆为见在。"疏议曰："……生产蕃息者，谓婢产子，马生驹之类。"（婢产子，谓之生产蕃息，则此子为主家所有，观其婢与马、子与驹对举，则私奴婢身同畜产，更不必说了。）

《唐律疏议》卷6《名例》：疏议曰："奴婢贱人，律比畜产。"

《唐律疏议》卷4《名例》：疏议曰："其奴婢同于资财。"

《唐律疏议》卷14《户婚律》：疏议曰："奴婢既同资财，即合由主处分。"

《唐律疏议》卷18《贼盗律》：疏议曰："奴婢比之资财。"

⑭《唐律疏议》卷17《贼盗律》：疏议曰："部曲不同资财。"

⑮《唐律疏议》卷14《户婚律》：诸与奴娶良人女为妻者，徒一年半，女家减一等，离之。其奴自娶者，亦如之。……即奴婢私嫁女与良人为妻妾者，准盗论。知情娶者与同罪，各还正色。

《唐律疏议》卷6《名例》：疏议曰："部曲……妻通娶良人、客女、奴婢为之。"

⑯《唐律疏议》卷18《贼盗律》：诸杀人应死，会赦免者，移乡千里外。本注："部曲及奴，出卖及转配事千里外人。"注云："谓私奴出卖，部曲将转事人，各于千里之外。"（这是因避仇而定的特殊习惯，一般都是随着土地而转让的）

《唐律疏议》卷 25《诈伪律》：疏议曰："奴婢有价，部曲转事无估。"

《唐律疏议》卷 2《名例》：疏议曰："又令云：'转易部曲事人，听量酬衣食之直。'"

⑰《唐律疏议》卷 22《斗讼律》：诸部曲殴良人者，加凡人一等；奴婢又加一等；若奴婢又殴良人折跌支体及瞎目者，绞，死者各斩。其良人殴伤杀他人部曲者，减凡人一等，奴婢又减一等；若故（有意的）杀部曲者，绞，〔故杀〕奴婢，流三千里。

⑱《唐律疏议》卷 17《贼盗律》：诸部曲、奴婢谋杀主者皆斩。

《唐律疏议》卷 22《斗讼律》：诸主殴部曲致死者，徒一年，故杀者，加一等；其（部曲）有愆犯，决罚致死及过失杀者，各勿论。

《法苑珠林》95 引《冥祥记》：梁武昌太守张绚，常乘船行。有一部曲，役力小不如意，绚便捶之；一下，即辟躃无复活状，绚遂推置江中。

⑲《唐律疏议》卷 22《斗讼律》：诸部曲、奴婢，过失杀主者，绞，伤及詈者流。诸主过失杀〔部曲〕者，各勿论。

⑳《唐律疏议》卷 17《贼盗律》：诸部曲、奴婢谋杀主之期亲及外祖父母者，绞，已伤者皆斩。

《唐律疏议》卷 22《斗讼律》：（诸部曲、奴婢）即殴主之期亲及外祖父母者，绞，已伤者皆斩，詈者徒二年。殴主之缌麻亲者，徒一年，伤重者，加凡人一等，小功、大功，递加一等，死者皆斩。诸殴缌麻、小功亲部曲、奴婢，折伤以上，各减杀伤凡人部曲、奴婢二等，大功又减一等，过失杀者，各勿论。疏议曰："谓殴〔本〕身之缌麻、小功亲〔之〕部曲……总减三等，假如殴折肋者，凡人合徒二年，减三等，合杖一百……大功又减一等，谓殴小功部曲折齿，总减四等，合杖七十……其有过失杀缌麻以上部曲奴婢者，各无罪。"

㉑《唐律疏议》卷 26《杂律》：诸奸者，徒一年半，有夫者，徒二年。部曲官户杂户，各加一等。奸他人部曲妻者，杖一百，强者各加一等。其部曲及奴奸主及主之期亲若期亲之妻者，绞，妇女减一等，强者斩。即奸主之缌麻以上亲及缌麻以上亲之妻者，流，强者绞。疏议曰："奸他人部曲妻〔杖一百〕，明奸己家部曲妻及客女，各不坐。"

㉒《唐律疏议》卷 24《斗讼律》：诸部曲、奴婢告主，非谋反逆叛者，皆绞，若〔告〕主之期亲，及外祖父母者，流。大功以下亲，徒一年。……即奴婢诉良，妄称主压者，徒三年，部曲减一等。疏议曰："日月所照，莫非王臣。奴婢、部曲，虽属于主，其主若犯谋反逆叛，即是不臣之人，故许论告，非此三事而告之者，皆绞，罪无首从。"注云："……其主诬告部曲、奴婢，即同诬告子系之例，其主不在坐限。"

㉓《晋书·王衰传》：门人为本县所役，告衰求属令。衰曰："卿学不足以庇身，吾德薄不足以荫卿，属之何益？……"乃……送所役生到县，门徒随从者千余人，安

164

丘令……出迎之。衷……云:"门生为县所役,故来送别。"因执手涕泣而去。令即放之……。

㉔《宋书·隐逸·陶潜传》:潜尝往庐山,……潜有脚疾,使一门生二儿舁篮舆。

《宋书·王微传》:门冬昌术,随时参进。……家贫乏役,至于春秋令节,辄将二三门生,入草采之。

《南齐书·高昭刘皇后传》:门生王清与墓工始下插。

《南齐书·刘瓛传》:游诣故人,唯一门生持胡床随后。

㉕《宋书·颜竣传》:多假资礼,解为门生,充满朝野,殆皆千计。

《梁书·顾协传》:有门生始来事协,知其廉洁,不敢厚饷,止送钱二千。

《南史·姚察传》:有门生送南布一端,花练一匹。

㉖《宋书·顾琛传》:尚书寺门有制,八座已下,门生随人各有差,不得杂以人士。琛以宗人顾硕头寄尚书张茂虔门名,而与硕头同席坐,明年,坐遣出,免中正。

㉗《宋书·徐湛之传》:门生千余人,皆三吴富人子弟,资质端研,衣服鲜丽。每出入行游,涂巷盈满;泥雨日,悉以后车载之。

㉘《昭明文选》卢子谅《赠刘琨》诗李善注引《傅子》曰:汉武元光初,郡国举孝廉。元封五年,举秀才。历世相承,皆向郡国称故史。

㉙《日知录》卷24《上下通称》条:汉人有以郡守之尊称为本朝者,司隶从事郭究碑云"本朝察孝,贡器帝庭",豫州从事尹宙碑云"纲纪本朝"是也。亦谓之郡朝,《后汉书·刘宠传》"山谷鄙生,未尝识郡朝"是也。亦谓之府朝,《晋书·刘琨传》"造府朝,建市狱"是也。

㉚门徒、义附连缀起来,称为徒附,如仲长统《昌言》"徒附万计"。亦称门附,如《南齐书·刘怀珍传》"怀珍北州旧姓,门附殷积,启上门生千人充宿卫,孝武大惊。召取青、冀豪家私附,得数千人。"

《晋书·祖逖传》:宾客、义徒,皆暴桀勇士。

《梁书·沈众传》:侯景之乱,众表于梁武帝,称家代所隶义故部曲,并在吴兴,求还召募以讨贼,武帝许之。及景围台城,众率宗族、义附五千余人,入援京邑。

㉛《晋书·食货志》:平吴之后……又得荫人以为衣食客……品第六已上,得衣食客三人;第七第八品二人;第九品……一人。

《隋书·食货志》:晋自中原丧乱,元帝寓居江左,历宋、齐、梁、陈……都下人多为诸王公贵人左右、佃客、典计、衣食客之类,皆无课役。官品第六已上并得衣食客三人,第七第八,二人,第九品……一人。……客皆注家籍。

㉜《隋书·食货志》:都下人多为诸王公贵人左右、佃客、典计、衣食客之类,皆无课役。其典计,官品第一第二,置三人;第三第四,置二人;第五第六……已上,一

人。皆通在佃客数中。(典计盖总管家内之事,即所谓管家。《三国志·吴志·楼玄传》:东观令华覈上疏曰:"臣窃以治国之体,其犹治家。主田野者,皆宜良信,又宜得一人,总其条目,为作维纲,众事乃理……所任得其人,故优游而自逸也。"此典计即指管家之职而言)

㉝ 本节参考何兹全教授所著《中古大族寺院领户研究》,载《食货》第 3 卷第 4 期,和唐长孺教授著《三至六世纪江南大土地所有制的发展》一书。

第二节 西晋的占田法

占田法的实施 司马炎在灭吴之后(公元 280 年),由于政治上重见统一,而且由于中原地区农业生产的复苏,生产力向前发展,含有军事意味的屯田制,不能在平时普遍施行于全国。在一个统一国家之内,对国家编户齐民(他们不是小农农村的自耕小农,便是民屯中的屯田客)不必要有两种待遇,为了适当调整屯田制度下三七、二八分不合理的超额租课关系下所造成的生产萎缩现象,为了扩大兵役的负担面,对于过去民屯中只耕田不作战的屯田客也加上兵役和力役的负担,尤其是为了贯彻曹魏以来户调制的基本精神——对耒耜机杼同时进行剥削,因此在占田制颁布以前,曾经两次下令,第一次在魏咸熙元年(公元 264 年),"罢屯田官,以均政役,诸典农皆为太守,都尉皆为令长"(《三国志·魏志·陈留王纪》);第二次在晋泰始二年(公元 266 年)十二月,"罢农官为郡县"(《晋书·武帝纪》),屯田客也恢复为州郡编户齐民中的自耕小农的身份,和州郡编户齐民一样,负担田租、户调、力役等封建义务。在屯田客变成州郡编户齐民之后,由于他们刚从三七、二八分的超额租课剥削关系之下解放出来,在所有权较稳固的小块土地上进行生产,因此他们的劳动情绪有所提高,这对于生产起了一定程度的刺激作用,从效果上来看是好的。因此西晋在统一之后,"罢天下军役,示海内大安"(《晋书·山涛传》),根据过去民屯改隶州郡从而使屯田客改变为州郡编户齐民的经验,把兵屯的土地分给士兵家属去耕种,于是就在全国国家土地的范围内,实施了占田法。

上面曾讲到在魏、晋、南北朝时期,封建关系大大地强化起来;既然这样,任何一处都不应该有例外,何以含有军事束缚形式的曹魏屯田制偏偏为重新编制成小农农村组织形式的西晋占田制所代替呢?这是不难理解的,是和中央集权国家被保存了下来有密切关联的。马克思说:"如果不是私有土地的所有者,而像在亚洲那样,国家既作为土地所有者,同时又作为主权者同直接生产者相对立……在这种情况下,依附关系在政治方面和经济方面,除了所有臣民对这个国家都有的臣属关系以外,不需要更严酷的形式"(《资本论》第 3 卷,1975 年 6 月版,第 891页)。也就是说,国家对它的编户齐民,除了有土地的关系,使农民向它缴纳田租、户调并贡献力役以外,而且还有国家的权力工具如军队、法庭、监狱等等,可以强制他们来执行这种义务,这样,他们在事实上就成为国家变相的农奴,因此,不再需要有什么更加苛刻的形态加之于他们的身上了。

占田法首先规定了"户调之式"。丁男之户,每年缴纳户调绢三匹,绵三斤;女及次丁男立户,纳半数;边郡民户户调,只纳规定数目的三分之二,更远纳三分之一;少数民族每户每年纳"賨布"一匹,远地或纳一丈。拿它和曹操的户调令户绢二匹,绵二斤来比较,虽是丁次、远近、夷汉所缴纳的税额,略有差等,但是丁男为户的税率,却比魏制加重二分之一。

户调,顾名思义,以户为征收单位。然而一户之内,可能有三四个以至五六个壮丁①;这样,政府的课田,自然也不能局限在户长一人身上,而必须兼及其外丁男女;不能以户为授予单位,而以丁为授予单位了。

《晋书·食货志》:"男子一人,占田七十亩,女子三十亩。其外丁男(男女年十六以上至六十岁,为正丁)课田五十亩;丁女二十亩；次丁男（男女年十五以下至十三岁，六十一以上至六十五岁，为次丁）半之，〔次丁〕女则不课。……十二已下，六十六已上为老小，不事。远夷不课田者，输义米，户三斛；远者五斗；极远者输算钱，人二十八文。"可见户长以外的丁男、丁女、次丁男，也得各按课田限额，起征田租。据《晋故事》："凡民丁课田，夫五十亩，收租四斛，绢三匹，绵三斤。"（《初学记》卷27引）田租、户调连在一起讲，可见就是占田七十亩的户长，七十亩中也得课田五十亩，每亩征收田租八升，比起曹操时户调令亩收田租四升来，每亩又增加了四升之多。

占田的"占"字，是汉、魏办理户口登记、土地登记的一种沿用术语。如《汉书·宣帝纪》："流民自占八万余口。"师古注："占者，谓自隐度其户而著名籍也。"《后汉书·明帝纪》："中元二年……赐……流人无名数欲自占者，人〔爵〕一级。"李贤注："无名数，谓无文簿也。占，谓自归首也。"可见"占"是向政府办理登记手续的意思。因此，农民向地方政府登记自己家庭的户口，称做"占著"；农民向地方政府登记请领土地的亩数，称作"占田"。《三国志·魏志·贾逵传》注引《魏略》："杨沛身退之后，家无余积……无他奴婢，后占河南夕阳亭部荒田二顷，起瓜牛庐居止其中。""占"到的土地，有的就可以垦殖，有的还来不及垦殖，不过使用权已经属之于"占"到的人了。当西晋太康初年，屯田土地重新分配给农民耕种的时候，农民向政府办理土地登记手续，政府势得作出如一夫一妇登记土地亩数不得超过百亩等等规定，由于政府规定这种农民能够遵守的土地亩数限额，是在办理土地登记手续的时候才提出来而加以限制的，而这种办理土地登记手续，既是称为"占田"，那么关于这种限制农民登记土地的办法，就也称为占田法了。

课，本来是课收贡税的意思。可是统治阶级往往喜欢把剥削的名称美化起来，他们不愿直截了当说要向他人进行剥削，而偏偏转弯抹角地说是为了鼓励他们加紧生产，于是又引申出寓劝于课的说法来，使"课"之一字，又含有劝勉、督促的意思在内。西晋政府一方面想设法巩固小农农村，希望它继续广泛存在，作为中央集权化国家的牢固剥削对象，因此作出一夫一妇占田最高限额不得超过百亩的规定来，使重新巩固起来的农村，财产上的分化不至于立刻十分严重起来；另一方面，政府为了保证财政方面的收入不至于落空，又必须在"寓劝于课"的美名之下，订出可以占田百亩的一夫一妇，他们实际在耕种的土地，也不得少于七十亩（丁男五十亩，丁女二十亩）的规定，对于户长以外的丁男、丁女、次丁男，也得按照他们劳动能力所能及，作出丁男课田五十亩，丁女二十亩，次丁男二十五亩起征的规定。然后又按照这种规定，以每亩八升来征收田租，这样，丁男课田五十亩，纳田租四石；丁女课田二十亩，纳田租一石六斗；次丁男课田二十五亩，纳田租二石。倘丁男、丁女、次丁男的耕种面积没有达到课田的规定亩数，也得按课田的固定限额来起征田租，这也就是"寓劝于课"的课田法的基本内容了。

占田法的颁布使封建国家之内除了世家大族领有的部曲和佃客以外，国家的编户齐民中的农民只有自耕小农一种了。如站在曹魏以来州郡编户齐民中的自耕小农的角度上来看，西晋占田法的封建负担，户调要比魏制加重二分之一，田租要比魏制加重一倍，只有力役一项，在全国统一的情况下，相对地有所减轻。可是由于占田制实施之后，专制君主更充分地行使其"所有者"的职权，对"使用者"——农民的土地买卖，加以限制；土地的授受之权，既开始操之于政府，实质上使他们成为封建政府的变相农奴。如站在民屯的屯田客的角度上来看，占田的封建负担则增加了力役的负担；户调、田租的课征率虽重，可是比起三七、二八分的民屯超额租课，究为减少；人身自由也有所改善。如从兵屯下的佃兵和代佃兵种稻的官奴婢角度上来看，占田法的封建负担田租、户调的课征率虽重，比起屯田的超额租课，不知减轻多少；他们"出战入耕"，力役的负担，从来是很重的，现在也相对地减轻了些。由此可见，占田法的用意，使民屯上的屯田客，兵屯上的佃兵，以及代佃兵种稻的官奴婢，也成为占田户，而这种占田户，名义上虽是独立小农，实际上是封建国家的变相农奴。

太康时期的繁荣景象 太康元年（公元 280 年），西晋有"户二百四十五万九千八百四十，口一千六百一十六万三千八百六十三"（《晋书·地理志》）；占田法实施后的第三年（太康三年），国家领"户有三百七十七万"（《三国志·魏志·陈群传》注引《晋太康三年地记》），增加了一百三十多万户之多，增加了二分之一以上。固然登记请求分配到土地的家族，也有许多是"废业占空，无田课之实"（《晋书·束皙传》）的，所以当时史称"牛马被野，余粮栖亩，行旅草舍，外闾不闭，……其匮乏者，取资于道路，故于时有天下无穷人之谚"（干宝《晋记·总论》），其中难免有溢美之辞，未必符合当时实际，但是即使一小部分劳动人口复归于农业，复归于土地，也总算一种进步的标志。

但是自从东汉中叶以来，社会的危机既在加深，商品货币关系已经在逐渐缩小；其后伴随着东汉灭亡而来的是生产力遭到巨大破坏，手工业趋向衰退，商业停滞，货币近于废弃②，人口减少，自战国以来从诸侯营垒的基址上发展起来的城市，日益丧失其曾经有过的经济意义。这种情况，并没有因曹魏屯田的成功与中原地区生产的恢复而改变过来。而且魏、晋以来，由于世家大族庄园经济获得急剧发展，这种庄园之内，就是一种自给自足的自然经济，生产主要是为了自给自足。由于自然经济的统治，国内缺少经济的联系，所以就不可能有坚强的政治机构。魏、晋以来，中央集权虽是在极端困难的情况下被保存了下来，西晋颁布占田法，也还是想巩固小农农村来作为王朝的牢固剥削对象，然而在当时隶属关系正在急剧发展的局势之下，这种刚用政治力量编制起来的带有村社残存形态的小农农村，如果一旦失去王权的保护，它就会成为世族大地主所要吞噬与奴役的对象。因此，随着以后国内八王纷争，分裂局面的加深，王权的衰落，再加上少数民族上层分子举兵的冲击，西晋末年的移民狂潮遂一发而不可收拾了。

当西晋实施占田制，对屯田的土地以及后来扩展和部分农村中独立小农的土地，通过新的规定，重新举办土地登记，予以适当的调整和加以限制的时候，关于世家大族的土地，是始终没有敢触动的。不但没有触动，而且在经济特权与政治特权合一的原则之下，他们得再参与占田法土地的分配。占田法规定，官吏按官品高低占田，一品占田五十顷，每品递减五顷，至九品占田十顷。这种官吏占田的亩数，并非是世家大族可以占有土地的限额，而只是政府依官吏品级重新加给他们的亩数，故李重在太康中有"人之田宅，既无定限"的说法。此外，官吏还可以按官品高卑，荫亲属多至九族（上至高祖，下至玄孙），少至三族（父母、妻子、兄弟）；宗室、国宾、圣贤后裔、名门世族的子孙，也得按高卑荫亲属。被荫人得免课役。官吏又得荫衣食客及佃客。六品以上，得荫衣食客三人，七品、八品二人，九品及不入品的吏士得荫一人；"其应有佃客者，官品第一第二者佃客无过五十户，第三品十户，第四品七户，第五品五户，第六品三户，第七品二户，第八品第九品一户。"（《晋书·食货志》）

占田法把官吏和人民的占田数量分别规定，显示出他们彼此之间有着巨大的悬隔。然而从官吏占田数与其应有佃客的户数的规定看来，还是极不调和。如第八、第九品占田十五顷至十顷，荫佃客一户，佃客一户决耕种不了一二十顷土地；就是第三品，要以十户去耕四十顷土地，也是地余于力的。不过从"人之田宅，既无定限，则奴婢不宜偏制其数"（《晋书·李重传》）的话看来，当时奴隶残余还相当严重，不足的劳动力，可能是用奴隶来补充的③。

因为西晋政权有赖于世家大族的拥护，所以占田法并没有触动大土地所有者的既得利益；占田法实施之后，由于官吏有受田、荫客的规定，官品愈高，受田愈多，受田之后，又往往有受而无还，因此，占田法不仅没有妨害世家大族庄园经济的发展，反而助长了它的发展。

———————————

① 《文馆词林》卷 662 引晋武帝伐吴诏：今调诸士家，有二丁三男取一人，四丁取二人，六丁以上三人，限年十七以上，至五十以还，先取有妻息者。其武勇散将家，亦取如此。

按《史记·商君列传》虽有"民有二男以上不分异者，倍其赋"的规定，但由于氏族残余特别严重，大的家长制家庭，在秦汉时期仍有重大的意义，因此父子分居的法令，终究不能贯彻下去。晋武帝此诏，也可以侧证西晋的兵士之家，除户主丁男以外，甚至有"六丁以上"同居的情形；那么到了占田法实施时，一户之内，除了户主丁男以外，还允许与"其外丁男"同居，更是不容否认的事实了。

② 《三国志·魏志·董卓传》：卓坏五铢钱，更铸小钱……自是后钱货不行。

《晋书·食货志》：黄初二年（公元 221 年），魏文帝罢五铢钱，使百姓以谷、帛为市。明帝乃更立五铢钱，至晋用之，不闻有所改创。

《宋书·孔琳之传》：魏明帝时，钱废谷用，三十年矣。（从初平混战至魏明帝初年，有三十余年）

《晋书·石勒载记》：勒令公私行钱，而人情不乐……钱终不行。

《魏书·食货志》：魏初至于太和（公元 386—499 年），钱货无所周流……冀州已北，则用绢布交易。

以上是指黄河流域而言。至于江南地区，货币使用，比黄河流域较为活跃；河西地区，开始也不用钱，张轨令人铸钱，钱遂大行，西域的金银钱，以后也在这一地区流通使用。

③ 本节编写时参考侯外庐先生主编的《中国思想通史》第 3 卷，唐长孺教授所著《魏晋南北朝史论丛》。

第三章　西晋的暂时统一及其崩溃

第一节　西、北各少数民族的内迁

从汉、魏以来，我国西境和北境的少数民族不断内迁，一直到北魏末六镇起义后鲜卑人最后全部涌进塞内为止，这样一个阶段，在中国古代中世纪史上，可以说是民族大迁徙的时代。

匈奴人的迁徙　北方的游牧部族匈奴人，居住在广大的蒙古草原上。他们的生活情形，常受自然条件所限制，他们以放牧马、牛、羊、橐驼来生活，他们为了要饲养这些畜类，每年不得不由北而南，由南而北，逐水草而移动。全体游牧人，平时的迁徙很有规则，所谓"各有分地，逐水草移徙"（《汉书·匈奴传》）。因为汉地有富庶的城邑，肥沃的土地，这些对游牧人来说都是富于诱惑性的目标，所以他们时常劫掠汉边境。他们在几个世纪之中，总是突然侵入汉北边郡县，洗劫城市，蹂躏庄稼，掠汉人为奴婢。当汉军云集的时候，他们又回到草原地带，在茫无边际的旷野里四散了。

两汉时匈奴人的社会还滞留在家长奴隶制的阶段，奴隶经济还不是匈奴部族的整个经济基础，奴隶只是辅助力量，只是主人的助手。汉元帝时（公元前 32 年），郎中侯应对匈奴事状称："边人奴婢愁苦，欲亡者多，曰：'闻匈奴中乐，无奈候望急何！'然时有亡出塞者。"（《汉书·匈奴传》）从这话看来，匈奴人对待奴隶远较汉人为温和，也就是说匈奴的社会阶段远较汉族社会为落后。

先进的汉族文化渐渐地影响了游牧的匈奴人,匈奴单于也采用了"天地所生,日月所置"的尊号,匈奴的王侯们派遣自己的子弟到汉王朝来居住。匈奴人也开始模仿和采用了汉人的习惯和汉人的服装,近时在蒙古北部发掘了一些埋葬匈奴酋长的坟墓,发现有战车、汉地的丝织品、织有带翼野兽裂麋鹿的华丽地毯、珍贵物品、伞盖及其他物品。

公元46年(东汉建武二十二年),蒙古高原发生了空前的大旱灾,"赤地数千里,草木尽枯"。游牧于这里的匈奴族,"人畜饥疫,死耗大半"(《后汉书·南匈奴传》)。在这样大饥馑、大疫病的时期中,匈奴汗国分裂了。一部分匈奴人依附东汉,是为南匈奴;大部分匈奴人则向西方迁移,是为北匈奴。自是之后,匈奴遂分南北。公元91年,东汉复驱逐北匈奴势力于金微山(阿尔泰山)之外,北匈奴遂益更西徙,与以前西徙的匈奴人(郅支单于遗族)会合,越乌拉尔山及伏尔加河,抵顿河而止。安置他们的帐幕于里海之北,有两个多世纪之久。

过了两个世纪,北匈奴的后裔在迁徙期中和其他族如阿兰人混合以后,在4世纪60年代,出现于欧洲东部。5世纪之初,匈奴已有欧洲之半(自高加索直达易北河),其后立国于匈牙利平原,以那里为中心,进而经略中欧。5世纪50年代末60年代初,匈奴主阿提拉(Attila)的兵锋直逼君士坦丁堡和罗马城下,而且曾深入高卢,攻陷奥尔良,当时罗马人称之为"上帝之鞭"(The Scourge of God)。

阿提拉死(公元453年),欧洲的匈奴汗国,为阿提拉诸子所瓜分;匈奴征服地区的日耳曼人,亦群起反抗,因此汗国骤然衰落。有些匈奴人定居多瑙河右岸,其余的则回到黑海草原。

北匈奴西迁时,经过伊犁河流域,"其赢弱不能去者","住龟兹北"的伊斯色克(Issik)湖畔,于5世纪的前半叶建悦般国,"地方数千里,众可二十余万","凉州人犹谓之单于王"(《北史·西域·悦般国传》)。

北匈奴既北徙数千里,而南匈奴率五千余落依附东汉。初居五原塞(今内蒙古乌拉特前旗以东、包头市西、乌拉尔山以南),不久迁至西河美稷(今内蒙古准格尔旗西北之纳林)。东汉王朝以巨大的军费,每年一亿九十余万,供给南匈奴,使为西北的外围,以抵御北匈奴。其后鲜卑的势力,日益西渐,至尽有匈奴故地。且趋五原攻匈奴南单于,杀左奥鞬日逐王。南匈奴感受鲜卑的压迫,于是亦益南徙塞内,到达了晋陕高原北部,最后建庭于山西离石的左国城(今山西离石北)。

黄巾大起义爆发,汉政府欲调发南匈奴兵镇压农民起义,匈奴部众不从,杀单于羌渠,别立须卜骨都侯为单于。羌渠子於扶罗既不得立为单于,求助于汉,值汉衰亡,於扶罗遂乘衅将数千骑与白波起义军合兵,略地赵、魏,兵锋及于河南。

后曹操以南匈奴处内地,人口繁殖,势力渐大,始分匈奴为五部,以弱其势。每部置帅,选汉人做司马,来监督他们。魏末又改帅称都尉。左部都尉统万余落,居故兹氏县(今山西临汾市南);右部都尉六千余落,居祁县(今山西祁县东南);南部都尉三千余落,居蒲子县(今山西隰县);北部都尉四千余落,居新兴县(今山西忻州);中部都尉六千余落,居大陵县(今山西文水东北)。至此已有匈奴三万余落,分布于今山西汾水流域。曹操还通过并州刺史梁习,"礼召其豪右,稍稍荐举,使诣幕府;豪右已尽,乃次发诸丁强,以为义从。又因大军出征,分请以为勇力,吏兵已去之后,稍移其家,前后送邺,凡数万口。……单于恭顺,名王稽颡,部曲服事供职,同于编户"(《三国志·魏志·梁习传》)。这样一来,保塞的匈奴不论上层、下层,全都被置于曹操的有效控制之下。

西晋初(公元 265—287 年),塞外匈奴归附者,一次两万余落,一次两万九千三百人,一次十余万口,一次一万一千五百口,前后有十九种,各按部落,居住塞内。而其他所谓"杂胡"之以"内附"而移居中原内地者,亦"前后千余辈"(《晋书·武帝纪》咸宁三年),甚至有"男女十万口"(《晋书·武帝纪》太康十年)的。

十六国时期,匈奴入塞十九种中之屠各种刘氏建汉、前赵政权(公元304—329年);羌渠种石氏建后赵国(公元319—351年);屠各种赫连氏建大夏国(公元407—431年)。

当东汉时,还有一支游牧于青海祁连县西北黑河流域的卢水胡,后来他们也驱着畜群向东北迁徙。魏晋之际,卢水胡的一支已经到达了今天甘肃的张掖、高台附近的黑河流域,而且逐渐从游牧转向农业的定居生活[①],他们称为临松(郡名,今甘肃张掖南)卢水胡。这一支的部落酋长大沮渠氏以后建北凉国(公元397—439年)。由于大沮渠氏先世曾为匈奴左沮渠之官,故以官名为氏。后来的人,也因为卢水胡曾为匈奴之官,所以认为他们也是匈奴族了。

乌桓、鲜卑的分布地区及其社会制度 在公元前2世纪、1世纪,今内蒙古东部的老哈河流域,住有游牧部落,这些游牧部落后来形成为一个大的部落,中国史上称此一结合的游牧人为"乌桓",也有译作"乌丸"的。

当匈奴全盛时,乌桓曾为匈奴所攻破,不得不臣属于匈奴。匈奴以频繁的勒索与劫夺去压榨乌桓人民,乌桓人民"常岁输牛、马、羊,过时不具,辄虏其妻子"(《三国志·魏志·乌丸传》注引《魏书》)。可是乌桓人要从匈奴的统治下求得解放,必须配合汉王朝与匈奴作战。在汉武帝击破匈奴之后,乌桓得到汉王朝的同意,徙居上谷(治沮阳,今河北怀来东南)、渔阳(治渔阳,今北京市密云西南)、右北平(治平刚,今辽宁凌源西南)、辽东(治襄平,今辽宁辽阳市北)、辽西(治阳乐,今辽宁义县西)五郡的塞外。汉王朝交给他们的任务是"为汉侦察匈奴动静"。

《三国志·魏志·乌丸传》注引王沈《魏书》曾描写过乌桓人的生活,说:他们还过着半游牧的生活,他们主要的职业是畜牧和打猎,他们为了寻找良好的牧地,经常迁徙,"居无常处"。他们逐渐向安定的生活方式转变,乌桓族中从事农耕的开始多起来,他们知道在布谷鸟啼叫的时候,从事耕作。他们住在名为"穹庐"的牧帐中。衣服还是很原始的,"以毛毳为衣"。食物为牛乳、乳酪、肉、"青穄"、东墙煮成的饭,能酿白酒而不知道作曲。他们还不知道种稻秔,蘖米也是由汉地输入的。他们已知道开采金铁,并且已知"锻金铁为兵器"。他们能够自己制弓矢和鞍勒,他们经常把羊毛制成毡氈。但他们还没有文字。

他们过着氏族制度的生活。他们选举勇健能战、公平而能解决争讼的人做"大人","邑落各有小帅,数百千落,自为一部",大人和小帅都是由氏族中选举出来的,不能世袭。大人有呼召,各部落不敢违犯。他们的土地还是氏族公有的,但是他们的酋长和氏族长已经把马牛羊当作自己的财产来支配,所谓"大人以下,多自畜牧治产",这样,畜牧已经成为私有财产了。但对氏族成员,还"不相徭役",这说明氏族内部还是平等的。

他们还没有法律,只相约:"违大人言,死;盗不止,死;其相残杀,令部落自相报,相报不止,诣大人平之,有罪者出牛羊以赎死命,乃止。"

乌桓族常常进行战争,所有成年男子,都是战士。在战斗中死去,这在乌桓人看来是无上光荣的事,所以他们"重兵死"。战争和军事组织成为乌桓族人民生活的正常职能。他们开始为掠夺而进行战争,东汉以来,乌桓族的入塞杀掠,就是在这种情况之下发生的。掠夺战争促进了君王权力的出现,于是渐渐地派生了由氏族酋长和军事领袖所构成的氏族和军事贵族。

公元1世纪50年代,匈奴分裂,转徙千里,乌桓势力转盛,逐渐布满在汉沿边诸郡——自今山西、河北以北一直到内蒙古包头一带。东汉灵帝时期(公元168—189年),乌桓大体可以分为四部:

上谷(郡治沮阳,今河北怀来东南)部,由九千多落组成,归部大人难楼统治;

辽西(郡治阳乐,今辽宁义县西)部,由五千多落组成,归部大人丘力居统治;

辽东(郡治襄平,今辽宁辽阳市北)部,由一千多落组成,归部大人苏仆延统治;

右北平(这是指西汉的右北平郡,郡治平刚,今辽宁凌源西南)部,由八百多落组成,归部大人乌延统治。

每一个落,即每一个帐户,大概有十多口,四部乌桓一万六千多落,总数大约在二十万人以上。其中以辽西部势力最强。公元190年,辽西部大人丘力居死,子楼班年少,从子蹋顿代立,总摄辽西、辽东、右北平三郡乌桓。后楼班长大,辽东部大人苏仆延拥立楼班为单于,蹋顿退居为王。可见那时乌桓族由于长期进行掠夺战争,加强了最高军事首领以及次要军事首领的权力,由同一家族中选出他们后继者的习惯,渐渐地已变为世袭的权力了。从袁绍拜三郡乌丸王为单于的版文中"始有千夫长、百夫长以相统领"(《三国志·魏志·乌丸传》注引《英雄记》)的话看来,部落军事组织中,十进法的千夫长、百夫长,也已经普遍地采用了。

蹋顿总摄三郡,成为部落结合的军事领袖,正值汉末中原纷扰之际。蹋顿破幽州,掳去汉民十余万户之多。公元207年,曹操亲征蹋顿于柳城(今辽宁朝阳南),临阵斩蹋顿,楼班、苏仆延、乌延后亦被杀。三郡乌桓的一部分余众及幽州、并州汉乌丸校尉所统率的乌桓一万多落,逐渐徙居塞内。曹操以后还率领他们的"侯王大人"及其部众,参加中原内战,"由是三郡乌丸",号称"天下名骑"。

三郡乌桓的主力既为曹操所破,而且被强制地徙居内地参与中原内战,这些入塞的乌桓人,他们的事迹以后还屡见于当时的记载②,历十六国北朝,始融合于汉族。塞外的乌桓,自4世纪以后,也因鲜卑势力的发展而都同化于鲜卑③。乌桓和鲜卑本来是近属,习俗语言大抵相同,因此他们的融合是很容易的。只是《旧唐书·室韦传》说:"乌罗护之东北二百余里,那河(今黑龙江)之北,有古乌丸之遗人,今亦自称乌丸国。"这一支乌桓是怎样迁徙去的,或是那河之北本来就是乌桓族的原始居住地带,以后这些乌桓人又是怎样融合于其他部族的? 都无从考查了。

公元1世纪左右,在今西拉木伦河流域以北的蒙古草原东部住有游牧部落,这些游牧部落后来形成为一个大的部落,中国史上称此游牧部族为鲜卑。

《三国志·魏志·鲜卑传》注引王沈《魏书》说鲜卑族"言语习俗与乌丸同",可见鲜卑、乌桓是近属,他们当时的社会性质大致相同。不过,自蹋顿单于为曹操击杀以后,塞外乌桓族的独立国家是夭折了,而鲜卑族的势力在那时却方兴未艾。

乌桓族人原来的分布地区较南,在老哈河流域;而鲜卑族人原来的分布地区较北,在西拉木伦河流域。公元1世纪50年代,匈奴汗国内部分裂之后,北匈奴西迁,南匈奴保塞,今天的蒙古草原,在那时一度成了无主的地带。于是乌桓人出而占领漠南,鲜卑人出而占领漠北,做了蒙古草原新的主人,中国北部形势至此一变。

公元155年,鲜卑的势力推进到匈奴汗国的本部鄂尔浑、土拉河流域。原来蒙古草原上留下来的"匈奴余众尚有十余万落",在鲜卑统治蒙古草原之后,他们也就加入鲜卑的部落结合,"皆自号鲜卑,鲜卑由此渐盛"(《后汉书·鲜卑传》)。

从本来是"隔在漠北","无军长之帅,庐邑之居"(《后汉书·

应奉传》)的鲜卑部落，不到一个世纪，发展成为"东接辽水，西当西域"（《三国志·魏志·鲜卑传》注引王沈《魏书》），"兵利马疾，过于匈奴"（《后汉书·鲜卑传》引蔡邕语）的鲜卑部族，外在的原因，固然由于匈奴汗国之瓦解与东汉统治政权由于小农的破产而带来的军事威力之衰落；但内在的原因还是由于鲜卑族生产力的发展与人口增多的缘故。

从公元1世纪以来，汉人就与鲜卑人"通胡市"（《三国志·魏志·鲜卑传》注引王沈《魏书》），以后又因汉地先进生产技术和"精金良铁"（《后汉书·鲜卑传》）不断输入鲜卑的缘故，鲜卑的生产力获得更快的发展。这一切都是鲜卑族人口日益稠密的征候。大约从这一时期起，在东汉的边塞——从东北的辽水起到西北的河西走廊止，鲜卑人向东汉政权的总进攻已经开始了。这一斗争，一直延续到公元4世纪末拓跋氏入主中原为止，持续了二百多年之久。

鲜卑势力向匈奴汗国推进的时期，鲜卑族正处于原始公社制解体而进入家长奴隶制的阶段。在这个阶段，战争和军事组织成为鲜卑人民生活的正常职能；在他们看来，掠夺是比辛勤劳动更容易甚至更荣耀的事情。以前他们进行战争，仅仅为报复侵犯，或为了扩大感觉不够的领土；现在他们进行战争，则是为了掠夺。战争成为鲜卑人的正常的职业。他们与匈奴人、汉人直接为邻，又经常与匈奴人、汉人进行战争，这就促进了鲜卑族军事组织的巩固和发展。氏族和军事贵族在鲜卑族里形成了，战俘奴隶也大量出现了。自从2世纪起，鲜卑人就组成了部落联盟，其中有几个已经有了王——最高军事首领，不过那时的王，是从贵族里面推选出来的，而不是世袭的。国王在战争中获得大量的战利品，他拥有许多牧地、牲畜和奴隶，王权便这样地逐渐巩固起来，为以后真性的王权奠定了基础。

2世纪50年代，鲜卑各部落推选檀石槐为最高军事首领。

檀石槐建庭(鲜卑族的政治中心)于高柳(今山西阳高西北)北三百余里弹汗山(今河北尚义大青山)歠仇水(今东洋河)上,有控弦之士十万,兵马甚盛。"南钞汉边,北拒丁零,东却夫余,西击乌孙,尽据匈奴故地。东西万二千余里,南北七千余里,网罗山川水泽盐池甚广",成为新兴的强大力量。檀石槐仿照匈奴遗制,"分其地为中、东、西三部。从右北平以东至辽,东接夫余、〔汶〕貊为东部,二十余邑(部落),其大人曰弥加、厥机、素利、槐头;从右北平以西至上谷为中部,十余邑(部落),其大人曰柯最、厥居、慕容等,为大帅;从上谷以西至燉煌,西接乌孙为西部,二十余邑(部落),其大人曰置鞬落罗、日律推演、宴荔游等,皆为大帅,而制属檀石槐"(《三国志·魏志·鲜卑传》注引王沈《魏书》)。掠夺战争加强了最高军事首领以及次要首领的权力,由同一家族中选出他们后继者的习惯渐渐地变为世袭的权力。对于这种权力,他们最初是容忍,其次是要求,最后便是篡夺了。世袭的王位与世袭贵族的基础便从此奠定下了。于是自檀石槐以后,"诸大人遂世相传袭"了。

参加檀石槐部落联盟的部落贵族:东部大人槐头,就是宇文部大人的祖先莫槐;中部大人慕容,就是徒何部大人慕容氏的祖先;西部大人推演,可能就是拓跋部大人推寅的异译。檀石槐时代,是初期鲜卑族的全盛时期,《魏书·序纪》称拓跋氏之先"统国三十六,大姓九十九",恐怕也就是指檀石槐时代的部落联盟而言。其后檀石槐子孙式微,但是檀石槐的英雄事迹却遗留在一般鲜卑人的记忆中,非常鲜明。拓跋氏为了夸耀其悠远的家世起见,就把这非直系祖先的檀石槐的事业攘夺过来,作为拓跋氏先世的光荣业绩。

自檀石槐死后,到了度步根(檀石槐孙)时代,这个部落联盟势力渐趋衰落。另一鲜卑小帅轲比能的势力逐渐兴起。轲比能牧地之广及获得各部落共同之推崇,虽"犹未能及檀石槐",而因其"部落近塞"的缘故,当东汉末年,曾有不少汉人由河北逃至塞上,轲比能部落就从这些流亡的汉人那里学会了制造兵器和铠楯的方法。3世纪20年代,曹操西征马超于关中,河间郡民田银、苏伯起义,乌丸校尉阎柔征发轲比能所统率的骑兵三千余前往镇压,由此使轲比能的势力更获得了长足的发展。3世纪30年代,轲比能已有"控弦十余万骑","从云中(治云中,今内蒙古托克托东北)、五原(治九原,今内蒙古包头市西北)以东抵辽水,皆为鲜卑庭",成为塞上最强大的势力了。同时,轲比能又采用了汉人的习惯,"勒御部众,拟则中国,出入弋猎,建立旌麾,以鼓节为进退"(《三国志·魏志·鲜卑轲比能传》)。从这时起,近塞的鲜卑人,开始学习汉族的文字,鲜卑族的汉化,比檀石槐时代更进一步了。

3世纪40年代,轲比能被刺身死,鲜卑人继续向中原地区扩展势力。自檀石槐时代起,他们早就在塞上分为三路向前推进。檀石槐时代的中部大人慕容氏的牧地逐渐向东部移动,与东部大人宇文氏及辽西鲜卑段氏,向辽水流域推进,任左翼;檀石槐时代的西部大人拓跋氏的牧地也逐渐向中部转移,过了若干年后,又自今内蒙古地区向长城内的山西、河北挺进,为中路;拓跋氏的支族秃发氏仍为西部大人,留居河西走廊,与后来号为陇西鲜卑的乞伏氏,向中原地区的西北部陕甘进展,任右翼。慕容氏的另一支族吐谷浑氏担任对青海草原的征服。

十六国时代,慕容氏建前燕国(公元337—370年),西燕国(公元384—394年),后燕国(公元384—407年),南燕国(公元398—410年);冯氏(鲜卑化的汉人)建北燕国(公元407—436年);秃发氏建南凉国(公元397—414年);乞伏氏建西秦国(公元385—400年,409—431年);而吐谷浑氏所建的河南国,自晋永嘉末(公元307—312年)至唐龙朔三年(公元663年)吐蕃取其地时止,前后历三百五十年,最为长久。

氐、羌的分布地区及其迁徙 西羌各族,以广漠的青海草原为他们放牧的场所。他们每遇压迫,即行退却。史称当时诸羌"各自为种,任随所之"。徙于川滇边境的为牦牛种,即越嶲羌;徙于四川西北的为白马种,即广汉羌;居于甘肃西南的为参狼种,即武都羌;本来留居在青海湟水两岸,而后又徙居西海盐池(今青海湖)左右的为研种,即湟中羌。

汉宣帝时(公元前 63 年),先零羌渡湟水,进攻金城(郡治允吾,今甘肃永靖西北);元帝时(公元前 42 年),羌乡姐等七种进攻陇西(郡治狄道,今甘肃临洮),均先后为西汉将领赵充国、冯奉世统率的军队所击溃。故史称永光(公元前 43 年)以后,汉边疆无事,达六十余年。

新莽时代,取西海之地,置西海郡,筑五县,"边海亭燧相望"。王莽死后,羌又入居塞内。隗嚣据陇西,曾发羌人为兵;隗嚣死,羌人遂更深入内地而遍布于今甘肃西南之境。

东汉初,马援击破先零羌,徙其人于天水、陇西、扶风三郡之地。先零、卑湳诸羌,先居大小榆谷(今青海海南藏族自治州贵德西),土地肥美,故并皆富强。后烧当羌(即研种羌,在西汉时,研种的部落酋长烧当最豪健,故后以烧当为部落之称号)夺居大小榆谷,逐渐发展,成为强大的部落。公元 58 年,汉政府出兵夺取大小榆谷,徙烧当族人七千口于关中三辅之地。烧当羌既失大小榆谷,走析支河曲(今青海东南境河曲之地),常结合其他羌部落,进攻东汉边塞,以图夺回他们旧日的牧地。汉政府在公元 2 世纪初,出兵三万击破烧当羌,徙其族人六千余口于汉阳(郡治冀,今甘肃甘谷南)、安定(郡治临泾,今甘肃镇原南)、陇西。于是夹黄河两岸,列置屯田三十五部,作为以后开拓青海、设置郡县的准备。

当时移居内地的羌族移民,布满关陇郡县,"皆为吏人豪右所徭役,积以愁怨"(《后汉书·西羌传》),他们早就要起而反抗。

而那时的东汉王朝,由于主要军事力量——小生产者经济的衰颓而造成军事威力的衰落,为了挽回这种颓势起见,汉政府乃征发羌族移民,编成雇佣军,去远征西域。羌族移民"惧远屯不还,行到酒泉,多有散叛。诸郡发兵傲遮,或覆其庐落"。于是诸羌同时惊溃,酿成了统治阶级历史书上的所谓"羌患"。

随着东汉统治日益陵替与其内部力量之日益衰弱,羌族的进攻,遂日益频繁起来。他们的兵锋,曾"南入蜀、汉,东掠赵、魏,唐突轵关,侵及河内"(江统《徙戎论》)。汉与羌人所进行的战争,遂不得不日益由进攻转变为防御了④。

羌族原来有一百五十"种","氏族无定,或以父名母姓为种号"(《后汉书·西羌传》)。迄至东汉时,羌族还没有国家形式出现,"强则分种为酋豪,弱则为人附落,更相抄暴,以力为雄"。"其五十二种,衰少,不能自立,分散为附落,或绝灭无后,或引而远去。其八十九种,唯钟最强,胜兵十余万⑤,其余大者万余人,少者数千人"。顺帝时(公元126—144年),东汉王朝对近塞的羌族战士人数,曾有过统计,认为合起来在二十万人左右,当然,绝远地区的羌部落战士人数,尚不计算在内。

自安帝时代起,终东汉之末,"羌患"三起,虽终于弭平,而一直到西晋之初,冯翊(郡治临晋,今陕西大荔)、北地(郡治泥阳,今陕西铜川市南)、新平(今陕西铜川市西南)、安定(郡治临泾,今甘肃镇原南)界内,还是布满了羌人。因此在十六国时代,烧当部落的一支,南安赤亭(今甘肃陇西西)羌姚氏得以纠集其族人,在关中建立后秦国(公元384—417年)。

氐人自"称盘瓠之后"(《三国志·魏志·乌丸鲜卑东夷传》注引《魏略·西戎传》),可能与崇拜狗图腾的南方少数民族是血缘近亲,后向西发展,和冉駹夷、白马羌混合以后,他们的"嫁娶有似于羌",因此,后来的封建历史学家,也不称之为"南蛮"而称之为"西戎"了。

当氏族历史序幕拉开的时候，他们的分布地区，在今四川茂县东北，一直到陕西略阳和甘肃徽县、成县附近，分为十多个部落，其中以白马氏最为强大。在公元前2世纪中叶至末叶，氏族逐渐向安定的生活方式转变。一部分已定居，一部分尚在探寻适宜于他们移住的地方。

汉武帝元鼎六年（公元前111年），西汉的统治势力，向氏族分布地区推进，并在他们居住的地区，成立武都郡（郡治武都，今甘肃成县西）。氏人成为汉王朝的编户以后，一方面可以自由地从西南向东北移殖，"或在上禄（今甘肃成县西南），或在沔陇（二山名，在今陕西陇县界）左右"；但是另一方面，列置郡县以后，给他们带来了繁重的赋役，所谓"立郡赋重"（《后汉书·西南夷冉駹传》）。氏人为了解除汉统治者的奴役，曾再次举行武装起义，但每次都失败；而且一部分氏族人民在反抗失败之后，还被强制地遣送到酒泉郡去居住。

据《三国志·魏志·乌丸鲜卑东夷传》注引《魏略·西戎传》的记载，氏人有自己的语言；不过由于他们长期和汉族"错居"的缘故，他们大部分懂得汉语，而"其自还种落间，则自氏语"。

从武帝开武都郡以来，氏族中从事农耕的更加增多，他们虽也"畜养豕、牛、马、驴、骡"，但这不是他们主要的职业了，他们主要的职业是"善田种"。他们住在"板屋土墙"（《南齐书·氏杨氏传》）的房子里。他们又从汉人那里学会了熟练的纺织技能，《通典·边防典·氏传》说他们居住的地区"土地险阻，有麻田"，《魏略·西戎传》说他们"俗能织布"。他们喜欢穿青绛色的衣服，汉人根据他们衣服的颜色，称他们为"青氏，或号白氏，或号蚺氏"（《魏略·西戎传》）。所以称他们为"蚺氏"，可能由于他们曾和"冉駹"融合的缘故。

氏人"多自有姓"，也都是单缀语，如同汉人姓氏。他们虽然从西汉以来，久已成为汉王朝的编户齐民，但是在他们自己的村落间，还存在着部落贵族，所谓"今虽都统于郡国，然故自有王侯在其墟落间"。而且这种王侯，多受汉王朝封拜，已经取得汉王朝对他们名义上的承认了。

东汉末，氐族中最强大的"部落大帅"，数仇池（山名，在今甘肃西和县西南洛峪）杨氏。仇池"地方百顷，因以百顷为号。四面陡绝，高平地方二十余里，羊肠蟠道三十六回，山上丰水泉，煮土成盐"（《宋书·略阳清水氐杨氏传》）。酋长杨千万称百顷氐王，与兴国（今甘肃秦安东北）氐王阿贵，各有部落万余家。建安十八年（公元213年），曹操西征马超，千万与阿贵联兵抗曹，操遣将夏侯渊灭阿贵，逐千万，收氐谷十余万斛（见《三国志·魏志·夏侯渊传》）。操又遣将徐晃进平陷麋（今陕西陇县东）、汧（今陕西陇县南）楗仇夷诸氐。操击张鲁于汉中，武都氐人塞道，操击破氐人，收其麦以给军食（见《三国志·魏志·张既传》）。又进破氐王窦茂之众于河池（今甘肃徽县西北）。前后徙武都氐人五万余落，出居扶风、天水地界⑥。魏黄初元年（公元220年），武都氐王杨仆率部众内附，居汉阳郡。正始元年（公元240年），郭淮徙氐人三千余落于关中。一直到西晋初年，氐人布满秦陇地区的天水（郡治上邽，今甘肃天水市）、南安（郡治獂道，今甘肃陇西东北）、扶风（郡治池阳，今陕西三原西南）、始平（郡治槐里，今陕西兴平东南）、京兆（郡治长安，今陕西西安市）一带。

杨千万孙子杨飞龙，西晋之初，返回略阳（今甘肃秦安东南八十里）。其子杨茂搜，值西晋乱亡，率部落还保百顷。其后浸盛，尽有汉武都郡之地，建仇池国（公元296—506年），然僻小不预于十六国之数。而略阳临渭（今甘肃秦安东南）氐族部落酋长苻氏建前秦国（公元352—394年），至苻坚时，最为强盛，曾统一中原地区。坚败，又有略阳氐吕光据姑臧建后凉国（公元387—403年）。

賨人的分布地区及其迁徙 賨人亦称巴人,据《华阳国志·巴志》的记载,自周秦以来,就已经居住在嘉陵江上游地区了。

不知道什么缘故,在春秋时代,巴国的君长是姬姓,也许巴部落和周部落曾是血缘的近属。《华阳国志·巴志》称春秋时代的巴国,"虽都江州(今重庆市嘉陵江北岸),或治垫江(今重庆合川),或治平都(今重庆丰都),后治阆中(今四川阆中),其先王陵墓多在枳(今重庆涪陵西)",可见巴部落的活动,大概在这一地带。巴国虽然僻处西南,不能参与春秋时代所谓诸夏的会盟,可是巴族的分布地区,"东至鱼复(今重庆奉节),西至僰道(今四川宜宾),北接汉中,南极黔、涪"⑦,疆域远比中原的齐、晋为大。

自春秋一直到战国,巴国一方面与楚数相攻伐,一方面又和蜀世起战争。秦惠文王时秦灭蜀,继而进兵取巴,以巴、蜀为郡县。秦亡,刘邦为汉王,王巴蜀,欲举兵东向与项羽争中原,募发賨民与共定三秦。秦地既定,汉兵将要出关,賨民皆思归,刘邦听其还巴。"阆中有渝水(今嘉陵江上流),賨民多居水左右,天性劲勇,初为汉前锋陷阵,锐气喜武,帝(刘邦)……乃令乐人习学之,所谓巴渝舞也。"(《华阳国志·巴志》)

秦取巴国时,曾与巴人约:"顷田不租,十妻不算(算赋——人口税),伤人者论,杀人雇死倓钱"(《华阳国志·巴志》)⑧。至汉又规定巴族的罗、朴、昝、鄂、度、夕、龚七姓,不输租赋,但每户岁出"賨钱"口四十文。巴人呼赋为賨,故当时称之为"賨人"。由于賨人执板楯作战,因此也称作板楯七姓;因为他们能够打虎,所以亦称为"白虎蛮"或"白虎复夷"⑨。

秦、汉以来,巴人的分布地区,既已列置郡县,巴人亦已融合于汉部族之中,经久而失去了他们自己的语言,改用汉族的语言。但是在他们的村落间,还是有部落酋长所谓夷王、賨邑侯存在。

东汉安帝永初（公元107—113年）中，西羌侵入汉中，攻没郡县，汉政府赖板楯七姓——賨民的英勇作战，才把羌人击退，当时板楯获得"神兵"的徽号。桓帝建和二年（公元148年），羌人再度攻入汉中，杀太守，汉政府又靠了板楯精兵，才把它的西南部疆土从羌人手里抢救出来。由于那时国家的主要军事力量——小生产者经济衰颓，军事威力衰落，因此汉政府的南征西讨，不得不靠板楯兵的力量。可是东汉政府对于賨民所进行的剥削，却是逐渐加重（绝不止每岁口钱四十文），所谓"更赋至重"（《华阳国志·巴志》），重到賨民无法负担，不是"嫁妻卖子"，便是"或自颈割"。东汉的地方官吏，对待他们，也是"仆役过于奴婢，箠楚隆于囚房"，因此，賨民从东汉中叶起，也不断地采取武装起义的形式来反抗东汉统治阶级的剥削和奴役。

东汉末，益州牧刘璋发汉昌（今四川巴中）賨民为兵，以拒张鲁（《华阳国志·二牧志》）。賨民多奉张鲁的五斗米道，很多賨民"自巴西之宕渠（今四川渠县东北），迁于汉中杨车坂"（《晋书·李特载记》），汉中人称之为"杨车巴"。曹操破张鲁，鲁走巴中，依板楯七姓。其后鲁降于操，板楯七姓夷王朴胡、賨邑侯杜濩亦率賨民降附于操，操以朴胡为巴中太守，杜濩为巴西太守，任约为巴郡太守，欲利用巴人的力量，来瓦解刘备的后方。后朴胡等为刘备部将黄权所败，操又使张郃进军宕渠，徙賨民于汉中。刘备使张飞拒郃，飞大破郃，郃走还南郑，在这一次战役中，巴西的賨民随曹操军撤退的，人数可能很多。以后曹操预备放弃汉中，又把汉中的賨民全部迁移到略阳、天水一带去居住。那一带本来是氐人的居住地，氐人内迁，賨人填充，因此北土之人，称賨人为"巴氐"⑩。

巴族这一支——"巴氐"或"賨人"，一部分于西晋末年，在李特的领导下，以流民的身份，结合天水六郡豪右，返抵巴蜀，在数万家秦、雍流民的支持下，建立成（汉）国（公元303—347年）。

一部分仍留居陇右,在西晋灭亡后,巴族酋长勾渠知联络四山羌、氐、巴、羯三十多万人,对匈奴主刘曜展开了惨烈的斗争,虽然巴民五千余众最后作了壮烈的牺牲①,但已经震撼了匈奴前赵王朝的根基。

汉族统治阶级对内迁各族的奴役与剥削　大抵匈奴族居山西西北部及陕西北部,氐、羌入居陕、甘内地,鲜卑族布满东起辽东西迄青海的塞外。他们都在"归附"的名义下,成群地进入中原地区。魏末晋初,少数民族归附的最高数目是"八百七十余万口"(《晋书·文帝纪》),这数字固然有些夸张,但也未必全没根据;八百七十余万口虽未必全部入居中原地区,但是入居中原地区的少数民族人数,也不会太少。

造成这种现象的主要原因,是由于东汉中叶以后,曾在秦汉国家发展的整个时期里,都起过重要作用的小生产者破产了,他们是国家的主要军事力量,他们经济的衰落,也就给东汉带来了军事威力的衰落,其结果,使东汉王朝对少数民族所进行的战争不得不日益由进攻转为防御。

随着东汉王朝军事威力的衰落,鲜卑、乌桓人的进攻日益频繁起来,在这样条件下,东汉政府为了挽救军事上的颓势,不得不利用内附羌夷、附塞匈奴来作战。少数民族之为汉政府作战,有时固出于强制(如发西羌屯戍西域);有时却出于自愿(如南匈奴为汉击鲜卑)。东汉王朝崩溃以后,方镇互峙,三国纷争,中原的割据势力为了战胜敌人,又主动地招致了塞上少数民族的内徙。如袁绍"抚有三郡乌桓,宠其名王,而收其精骑"(《三国志·魏志·乌丸鲜卑东夷传》序);绍子袁尚遣将与匈奴单于连兵平阳(今山西临汾),以击曹操;曹操使太原乌丸王鲁昔屯兵池阳以备卢水胡;又徙武都氐五万余落于秦川,"欲以强寇弱国,捍御蜀虏"(江统《徙戎论》);诸葛亮远结鲜卑轲比能,"与相首尾"(《三国志·魏志·牵招传》),以扰曹魏北边;邓艾谋灭蜀汉,招鲜卑数万,置于雍凉之间,与汉人杂居(见《晋书·傅玄传》)。从此魏、蜀的军队,也就变成了一支各族混杂的部曲。不独董卓之众"来兵皆胡羌"(《后汉书·列女·董祀妻传》);就是刘备、曹操的部队也杂以"幽州乌桓杂胡骑"(《三国志·蜀志·先主传》);魏末郭淮部曲,更多"羌胡渠帅"(《三国志·魏志·郭淮传》注引《世语》);西晋灭吴之役,有骑督匈奴人綦母伣邪参加(见《晋书·匈奴传》);西晋以后,十六国迭相雄长,中原的军事组织大都由"戎晋"组合而成,更是不用说了。

除了以部落武装形式有组织地移居中原之外,还有许多少数民族移民,或因部落分散,归附后成为国家的编户齐民,或由汉人把他们俘虏而来。这些移民的迁居内地,在当时简直是必需的。因为从东汉中叶以后,农民大量流亡,被迫脱离劳动生产;东汉统治崩溃之后,接着又是连年混战,中原地区残破不堪,农民不是被屠杀,便是在饥馑疫疫中死亡,天下不耕者二十余年,剩下来的编户齐民,仅及汉代全盛时期人口总数的七分之一。少数民族入居内地,正可以代替他们,弥补劳动人手的不足。政府只要入居中原的少数民族人民能"家使出谷"(《三国志·魏志·郭淮传》),"输租调"(《三国志·魏志·牵招传》),"服事供职,同于编户"(《三国志·魏志·梁习传》),是招徕之不暇的。而在参加掠夺劳动人手白热战过程中,世族大地主看到成批成批的少数民族移民入居内地,更用尽各种方法,使他们成为自己的佃客。因此,在曹魏之末,就太原一地而论,"以匈奴胡人为佃客,多者数千"(《晋书·外戚王恂传》)。这样,少数兄弟族的人民大都在忍受当地汉世族大地主的剥削和压榨了[⑫]。

"西北诸郡,皆为戎居","关中之人,百余万口,率其少多,戎狄居半"(江统《徙戎论》)。晋都洛阳,离匈奴所居庭平阳(今山西临汾)仅隔骑兵三四天路程。西晋王朝的形势,真是岌岌可危,无怪魏晋以来,邓艾、郭钦、傅玄、江统诸人都提出"徙戎"的主张,要反复地说明面临的危机了。更何况西晋之末,又继之以"八王混战",增加了这种危机呢!

---

①《后汉书·西南夷·冉駹传》:其(指冉駹——在今四川茂县)西又有三河、槃于房,北有黄石、北地、卢水胡。

《三国志·魏志·梁习传》注引《魏略》:太祖拔汉中诸军,还到长安,因留骑督太原乌丸王鲁昔,使屯池阳(今陕西三原西),以备卢水。

《三国志·魏志·张既传》:文帝即位(公元220年),凉州卢水胡伊健妓妾、治元多等反,河西大扰……既进击大破之,斩首获生以万数。

《晋书·惠帝纪》:元康六年(公元296年),匈奴郝度元帅冯翊、北地马兰羌、卢水胡反。

《资治通鉴》晋元康六年胡三省注:卢水胡居安定界。

《华阳国志·大同志》:元康八年,汶山兴乐县(今四川松潘西北)黄石、北地、卢水胡成豚坚……等数千骑劫县令。

② 汉、魏以后入居中原内地的乌桓,见于史乘的,如:《晋书·王沈传子浚附传》:"〔浚〕持节都督幽州诸军事。……成都王颖……使〔和〕演杀浚。……演与乌丸单于审登谋之……单于……乃以谋告浚。"《晋书·石勒载记》:"乌丸薄盛执渤海太守刘既,率户五千降于勒。……乌丸审广、渐裳、郝袭背王浚,密遣使降于勒……〔勒〕迁乌丸审广、渐裳、郝袭、斩市等于襄国……徙平原乌丸展广、刘哆等部落三万余户于襄国。"《晋书·苻坚载记》:"徙关东诸杂夷十万户于关中,处乌丸杂类于冯翊、北地。"《资治通鉴》晋太元九年:"春正月,慕容农之奔列人也,止于乌桓鲁利家。……农乃诣乌桓张骧……骧再拜曰:'得旧主而奉之,敢不尽死!'……易阳乌桓刘大各帅部众数千赴之。……二月,燕主垂引丁零、乌桓之众二十余万……以攻邺……鲜卑、乌桓及坞民降者数十万口。"《魏书·太祖纪》:皇始二年"秋七月,〔慕容〕普邻遣乌丸张骧……出城求食……贺麟自丁零中入于骧军,因其众复入中山……张骧……等先来降,寻皆亡还,是日(九月甲申)复获之。……天兴元年……九月,乌丸张骧子超,收合亡命,聚党三千余家,据渤海之南皮,自号征东大将军乌丸王"。

③ 汉、魏以后,塞外的乌桓见于史乘的,如:《三国志·魏志·武帝纪》:"建安二十一年(公元216年)夏五月,代郡乌丸行单于普富卢与其侯王来朝。""二十三年夏四月,代郡上谷乌丸无臣氏等叛,遣鄢陵侯彰讨破之。"《三国志·魏志·乌丸传》注引《魏略》:"景初元年(公元237年)秋,遣幽州刺史毌丘俭率众军讨辽东右北平乌丸单于寇娄敦。辽西乌丸都督率众王护留叶昔随袁尚奔辽西,闻俭军至,率众五千余

人降。寇娄敦遣弟阿萝奖等诣阙朝贡。"《通典·边防典·乌桓传》本注:"前燕慕容儁时有乌桓单于薛云,后燕慕容盛时有乌桓渠帅莫贺咄科教,其别种,然而微弱不足云矣。"《晋书·慕容盛载记》:"乌桓王龙之阻兵叛盛。"这部分乌桓族人,以后都融合于鲜卑族,而最后仍融合于汉部族。

④《通典·边防典·西戎·羌无弋传》:〔安帝时〕羌众入寇河东,至河内⋯⋯诏魏郡、赵国、常山、中山,缮作坞堠六百一十六所。⋯⋯元初元年(公元114年),遣兵屯河内,通谷冲要三十五所,皆作坞壁,设鸣鼓。⋯⋯明年秋,汉又筑冯翊北界堠坞五百所。⋯⋯永和五年(公元140年),又于扶风、汉阳、陇道,作坞壁三百所。

⑤《后汉书·安帝纪》注引《续汉书》曰:钟羌九千余户,在陇西临洮谷。

⑥《华阳国志·汉中志》:武都郡,魏益州刺史天水杨阜以滨蜀境,移其氐傁于汧、雍及天水、略阳。

《三国志·魏志·杨阜传》:⋯⋯转武都太守。⋯⋯会刘备遣张飞、马超等,从沮道趣下辩,而氐雷定等七部万余落反,应之。⋯⋯太祖以武都孤远,欲移之,恐吏民恋土。阜威信素著,前后徙民使居京兆、扶风、天水界者万余户。

⑦《华阳国志·巴志》云:巴、楚数相攻伐,故置捍关、阳关及沔关。《括地志》云:涪州之阳关(今湖北巴东)、夔州鱼复县之江关(今重庆奉节东赤甲山)、峡州巴山县之捍关(今湖北长阳西),此三关也。

⑧《后汉书·南蛮板楯蛮夷传》李贤注:"优宠之,故一户免其一顷之税,虽有十妻,不输口算之钱。"何承天《纂文》曰:"倓,蛮夷赎罪货也。"

⑨《华阳国志·巴志》:秦昭襄王时,白虎为害,自秦蜀巴汉患之。秦王乃重募国中有能杀虎者,邑万家,金帛称之。于是夷朐忍(今重庆云阳县,《后汉书·南蛮·板楯蛮夷传》作"巴郡阆中夷人")廖仲药、何射虎、秦精等,乃作白竹弩,于高楼上射虎⋯⋯夷人⋯⋯专以射白虎为事⋯⋯故世号白虎复夷,一曰板楯蛮,今所谓弜头虎子者也。

⑩《华阳国志·李特志》:魏武定汉中,〔李特〕祖父虎与杜濩、朴胡、袁约、杨车、李黑等,移于略阳,北土复号曰巴氐。

《太平御览》卷323引《十六国春秋》:及魏武克汉中,〔李〕特祖父虎归魏,魏武嘉之,迁略阳,内徙者亦万余家,散居陇右诸郡,及三辅、宏农,所在号为巴人。

《晋书·李特载记》:魏武帝克汉中,特祖将五百余家归之,魏武帝拜为将军,迁于略阳,北土复号之为巴氐。

⑪《华阳国志·巴志》:宕渠郡汉昌县⋯⋯大姓勾氏。

《晋书·刘曜载记》:长水校尉尹车谋反,连结巴酋徐库彭。曜乃诛车⋯⋯尽杀库彭等,尸诸街巷之中十日,乃投之于水。于是巴氐尽叛,推巴归善王勾渠知为主,四山羌、氐、巴、羯应之者三十余万，关中大乱，城门昼闭。……〔曜〕以〔游〕子远为……都督雍秦征讨诸军事。……子远次于雍城，降者十余万，安定氐、羌悉下。唯勾氏宗党五千余家保于阴密(今甘肃灵台西五十里)，进攻，平之。

⑫《三国志·魏志·陈群传子泰附传》：正始(公元 240—249 年)中……为并州刺史……京邑贵人，多寄宝货，因泰市匈奴婢。

第二节　西晋的黑暗统治与"八王之乱"

西晋的门阀政治　公元 265 年，司马炎代魏称帝，国号晋，史称西晋；司马炎就是晋武帝。到了公元 280 年，晋武帝出兵灭吴，重新统一中国。但西晋是一个极其短促的统一王朝。

在封建社会里，土地所有权是政治权力的源泉，从世家大族的政治要求出发，就出现了"九品官人"之法。曹魏一代，九品中正制的继续采用，久而久之，便造成"上品无寒门，下品无势族"(《晋书·刘毅传》)的现象。

《晋书·礼志》载晋武帝诏曰："本诸生家，传礼来久。"可见司马氏为东汉中叶以后的世家大族无疑，而司马炎在未即帝位之前，以世族贵公子当上品之选，司州十二郡莫敢与其辈比。这样，西晋受禅之后，虽然有令内外群臣"举清能，拔寒素"的诏令，可是那时中正所保荐的人物，如霍原曾封"为列侯，显佩金〔章〕紫〔绶〕"，而"应寒素之目"(《晋书·李重传》)。这样，名为"拔寒素"，实际上并不是真正为素门寒族开道路，而只是给世家大族增多另一种做官的机会而已。当时世家大族如琅邪王祥，荥阳郑冲、陈国何曾、临淮陈骞、颍川荀颙、荀勖、河东卫瓘、裴秀、太原王浑、王沈、泰山羊祜、河内山涛、京兆杜预等，或以国之耆老，特蒙优礼；或以参与魏、晋递嬗之际的秘策密谋，任掌机要；或以联姻皇室，如羊祜为司马师妻弟，山涛与司马师、司马昭为中表兄弟，杜预为司马懿女婿等等，为晋室爪牙虎臣。门阀专政的典型时期，实形成于这一时期。无怪敦煌段灼有"今台阁选举，徒塞耳目;九品访人,唯问中正。故据上品者,非公侯之子孙,则当涂之昆弟也。二者苟然,则筚门蓬户之俊,安得不有陆沉(埋没)者哉"(《晋书·段灼传》)的说法了。

魏、晋以来的世家大族,由于他们经济势力的发展,客观环境的变化,往往想贯彻一种政治理想。如司马懿长兄司马朗在曹魏时代曾谓"天下土崩之世,由秦灭五等之制"(《三国志·魏志·司马朗传》),因此他主张恢复五等爵。这种政治理想,表面上有似复古的论调,其实是符合当时世家大族,尤其是经过武装过程以后的世家大族的要求的。他们建立起他们的小王国——庄园以后,想用旧的五等封建制作为外衣来披在新的封建制之上,经过名正言顺的法定手续,来承认他们小王国的独立主权和新的主佃依附关系的合法性①。这种政治理想,到了司马氏掌握政权时,在魏咸熙元年(公元264年)五月庚申"复五等爵"(《三国志·魏志·陈留王奂纪》),就见诸实行了。故晋"有王、公、侯、伯、子、男六等之封","有开国郡公、县公、郡侯、县侯、伯、子、男及乡亭、关内、关外等侯之爵"(《通典·职官典·历代王侯封爵》)。

本来,曹魏承汉以来削弱诸侯王的趋势,虽因循汉制,封建同姓王侯,但均为虚封,"皆使寄地空名而无其实。王国使有老兵百余人,以卫其国。虽有王侯之号,而乃侪于匹夫。悬隔千里之外,无朝聘之仪,邻国无会同之制。诸侯游猎,不得过三十里;又为设防辅监国之官,以伺察之。王侯皆思为布衣而不能得"(《三国志·魏志·武文世王公传》注引《袁子》)。因此在地方上,宗室毫无屏藩的势力;中央方面,虽重用宗室,如任曹爽,以图集权,但外无屏藩,一旦中央势力转移,政权亦随之转入他人之手。晋初受禅,"公、侯、伯、子、男,五百余国"(《晋书·段灼传》)。晋武帝惩戒曹魏之以孤立而亡,于是在泰始元年(公元265年),大封同姓诸王,使互相维制。以郡为国,邑二万户为大国,置上中下三军,兵五千人;邑万户为次国,置上下二军,兵三千人;邑五千户为小国,置一军,兵一千五百人(郡公食邑如五千户王,郡侯食邑如不满五千户王)。以后"更制户邑",凡是不满万户的小国,皆增满万户;大国增为四万户,而汝南王亮、秦王柬食邑至八万户,成都王颖食邑至十万户。西晋分封五十七王,以每国一万户计,已达五十七万户,此外五等封爵的食邑户数尚不统计在内。这些诸侯王虽然"徒享封土,而不治吏民",而且所谓食邑户数,也只是在国家的编户中(名义上是属于诸王侯的),抽出每户全年户调绢的三分之一(即户调绢一匹)与每户田租二斛,作为诸侯王的租秩[②],这对中央来说,并不妨害中央行政权的统一,但租调的分割,却给中央的财政收入带来了巨大影响。

西晋太康三年(公元 282 年),户三百七十七万,这和东汉永嘉元年(公元 145 年)全国领户九百九十三万的数字比较起来,才三分之一强。可是庞大的官僚机构政务开支,却压在这三百七十七万国家编户头上,无怪当时人有"纵使〔农民〕五稼普收,仅足相接",倘"一岁不登,便有菜色"(《晋书·傅玄传》)的说法了。

魏晋之际,除了中央拥有数十万大军,以守卫边境、防备吴蜀以外,在维持国内统治秩序方面,州郡兵也是一支重要军事力量。晋武帝平吴之后,以为全国统一了,可以"偃武修文"(《世说新语·识鉴篇》),"息役弭兵,示天下以大安"(《世说新语·识鉴篇》注引《竹林七贤论》)了,"乃诏天下罢军役"(《晋书·山涛传》),"州郡悉去兵,大郡置武吏百人,小郡〔置武吏〕五十人"(《竹林七贤论》)。这些州郡兵在裁撤以前,可能就在军屯上从事耕作;裁撤州郡兵时,屯田土地大概都被用来供占田法的受授之用,因此被裁撤的州郡兵可以根据占田法的土地分配方式,获得土地,从事耕作,并缴纳国家以田租户调。把拿刀枪的消费者士兵,改变为拿锄犁的生产者占田务农,这本来是一个极为可取的步骤。但是从封建统治阶级来说,不能轻易地削弱州郡军事力量,如果把州郡兵全部裁撤了,统治阶级就会失去维护自己的统治权力的重要手段。当时的尚书仆射山涛就"以为不宜去州郡武备",晋武帝不听。州郡没有武备,宗室诸王却拥有军队,诸王就是利用了手中的军队和担任方镇的权力"轻遘祸难",酿成"八王之乱";刘渊、石勒、汲桑、王弥等起兵,"郡国多以无备,不能制服,遂渐炽盛"(《世说新语·识鉴篇》)。具体历史事实说明晋武帝去州郡兵是错误的做法,它不但违反了"忘战必亡"这个箴言,而且混战局面形成之后,兵连祸结,州镇权力愈重,州郡兵的数目也比前愈为增多,晋武帝裁撤州郡兵的结果,跟他的愿望恰恰相反。

统治阶级的贪暴和奢侈 西晋政府在占田制度中本已制定了一套关于世家大族荫宗族、荫佃客等的优待办法;加之世家大族无不致位通显,爵极公侯,国租户税的收入,也极为可观,这样,岂有不事兼并的道理。王戎"广收八方园田,水碓周遍天下,积财聚钱,不知纪极"(《晋书·王戎传》)。"石崇百道营生,积财如山。"(《初学记》卷18引王隐《晋书》)"强弩将军庞宗,西州大姓,田二百余顷。"(《晋书·张辅传》)金城麴氏"与游氏世为豪族,西州为之语曰:'麴与游,牛羊不数头,南开朱门,北望青楼。'"(《晋书·麴允传》)足见他们扩大财产,并无止境。统治阶级就在过于富裕的生活中腐化了,如晋武帝在灭吴之后,后宫姬妾近万人,而史称:"并宠者甚众,帝莫知所适,常乘羊车,恣其所之,至便宴寝。宫人乃取竹叶插户,以盐汁洒地,而引帝车。"(《晋书·后妃·胡贵嫔传》)皇帝如此,贵戚公卿也以淫奢相竞。何曾"日食万钱,犹曰无下箸处"(《晋书·何曾传》);曾子劭"食必尽四方珍异,一日之供,以钱二万",奢侈更甚于曾。王济、王恺、羊琇比劭尤甚。晋武帝曾至王济宅(济妻常山公主,晋武帝女),济"供馔并用琉璃器;婢子百余人,皆绫罗绮褥,以手擎饮食。蒸豚肥美,异于常味。帝怪而问之。答曰:以人乳饮豚"(《世说新语·汰侈篇》)。"时洛京地甚贵,济买地为马埒,编钱满之,时人谓为金沟。"(《晋书·王浑传》)恺、琇等声色服用与济相似。石崇又高出一等，没有人能与崇相比。石崇做过荆州刺史，他"在荆州劫远使商客，致富不赀"（《晋书·石苞传子崇附传》）。王恺曾与石崇斗富，"君夫（王恺字）以粘糒（麦芽糖）澳釜（洗锅）；石季伦（石崇字）用蜡烛作炊。君夫作紫丝布步障，碧绫里，四十里；石崇作锦步障五十里以敌之。石以椒为泥；王以赤石脂泥壁"。"武帝……尝以一珊瑚树高二尺许赐恺，枝柯扶疏，世罕其比。恺以示崇，崇视讫，以铁如意击之，应手而碎。恺既惋惜，又以为疾己之宝，声色甚厉。崇……乃命左右悉取珊瑚树，有三尺、四尺，条干绝世，光彩溢目者六七枚，如恺许比甚众，恺惘然自失。"（《世说新语·汰侈篇》）无数财富浪费在奢侈生活之中，"奢侈之费，甚于天灾"（《晋书·傅玄传子咸附传》）。

这些世家大族，拥有为数众多的家内奴婢，如王戎"家僮数百"（《初学记》卷18引徐广《晋记》），石崇有"苍头八百余人"（《晋书·石苞传子崇附传》）。他们对于这些奴婢，更是随意杀戮。如王恺请客人吃饭，命女伎吹笛，"吹笛人有小忘，君夫（王恺字）闻，使黄门阶下打杀之，颜色不变"（《世说新语·汰侈篇》注引《王丞相德音记》）。"石崇每要客燕集，常令美人行酒，客饮酒不尽者，使黄门交斩美人。"（《世说新语·汰侈篇》）有一次宴客，有一个客人坚决不肯饮酒，石崇就在席上杀了行酒美人三人。真是残暴到绝灭人性的地步了。

统治阶级为了满足其奢侈腐化的生活，必然要加紧对人民的剥削。从皇帝司马炎起，就卖官鬻爵，当时有些正直之士，面斥司马炎，比之为东汉末年的桓、灵二帝，而且以为"桓、灵卖官钱入官库"，而司马炎"卖官钱入私门"（《晋书·刘毅传》），所以他还不如桓、灵二帝。南阳鲁褒曾作《钱神论》讥刺当时的士大夫，说：万恶的金钱"无德而尊，无势而热，排金门而入紫闼。钱之所在，危可使安，死可使活；钱之所去，贵可使贱，生可使杀。是故忿争辩讼，非钱不胜；孤弱幽滞，非钱不拔（升迁）；怨仇嫌恨,非钱不解;令闻笑谈,非钱不发。洛中朱衣(王公),当途(当权)之士,爱我家兄(指钱),皆无已已(爱不能止),执我之手,抱我终始。……凡今之人,唯钱而已!"统治者爱钱如命,所以当时"纲纪大坏,货赂公行,势位之家,以贵陵物……谗邪得志,更相荐举,天下谓之互市焉。"(《晋书·惠帝纪》)

所以西晋初期的繁荣,正如昙花一现,瞬息即行萎谢。到了惠帝司马衷时,统治阶级内部矛盾决裂了,贵族相互攻战,演成"八王之乱"。

贾后干政与"八王之乱"　司马懿共有九个儿子,其中最出名的是司马师和司马昭了。司马师无子,以司马昭次子司马攸为子。司马师死,司马昭继兄执政。因为司马昭是继承了司马师的事业,司马攸是司马师过继去的儿子,所以司马昭虽已立长子司马炎为太子,而认为这个天下是司马师让给他的,他还得把它交给司马攸,因此特别宠爱司马攸,"每见攸,辄抚床呼其小字曰'此桃符座也。'"(《晋书·齐王攸传》)临死,执司马攸之手以授司马炎,意思是兄弟要友爱。司马昭死后,司马炎做了皇帝,封攸为齐王。

晋武帝司马炎立儿子衷做皇太子,他是个白痴。当时朝廷大臣都知道太子"不慧",武帝的其他儿子又年幼,所以大家都希望司马攸能够继承武帝的皇位。武帝也担心太子衷担当不了治理国家的重任,有意废掉他,太子衷母杨皇后提出"立嫡以长不以贤"的古训,阻止废立。武帝宠信的大臣荀勖、冯统党附太子衷,害怕司马攸嗣位后对自己不利,也竭力劝阻,而且怂恿武帝命令司马攸回到他的封国去。司马攸气得吐血,就在洛阳病死。

公元290年,晋武帝死,太子衷继位,是为晋惠帝。惠帝"尝在华林园闻蛤蟆声,谓左右曰:'此鸣者为官乎,私乎?'或对曰:'在官地为官,在私地为私。'及天下荒乱,百姓饿死,帝曰:'何不食肉糜?'"(《晋书·惠帝纪》)这样糊涂的皇帝,自然无法掌管朝政。他即位之初，皇太后父杨骏为太傅辅政，独揽大权。皇后贾南风（贾充女）凶险多权诈，与楚王司马玮（司马炎第五子）合谋，于公元291年三月，杀杨骏、杨珧、杨济兄弟，杨骏亲族和党羽死者数千人。贾后又废黜皇太后为庶人，迫使她绝食而死。大乱就从宫廷政变开始了。

既而晋廷推汝南王司马亮（司马懿第四子）和元老卫瓘共执朝政，贾后仍不得专权。这年六月，贾后又叫惠帝下手诏给司马玮，令其率领北军（守卫京城北部的禁兵）杀司马亮、卫瓘。等到司马玮执行命令杀了司马亮等人之后，贾后又否认惠帝曾经下过这道诏书，乃借司马玮擅杀大臣的罪名，杀了司马玮。这样国家大权就完全落在贾后的手中。贾后除了依靠族兄贾模、内侄贾谧、母舅郭彰这些亲党外，还起用当时的名士张华为司空，世族裴頠为尚书仆射，裴楷为中书令，王戎为司徒，令他们四人并管机要。因为这几个人具有一定的统治经验，贾模和他们"同心辅政"，所以从公元291到299年这七八年间，"虽暗主在上，而朝野安静"（《资治通鉴》晋惠帝元康元年），还能维持一个相对稳定的局面。

惠帝只有一个儿子——太子遹，是惠帝后宫谢玖所生。太子和贾谧有矛盾，贾氏的亲党怕太子得政之后，也像贾后杀杨骏、逼死杨太后一样来对付他们，所以劝贾后废太子，"更立慈顺者以自防卫"。贾后于是诬陷太子遹要杀害惠帝和她自己，废太子为庶人，接着又把太子杀害了。"太子既废非其罪，众情愤怨。"（《晋书·愍怀太子传》）就在太子遹死后一个月——公元300年四月，掌握宿卫禁兵的赵王司马伦（司马懿第九子），利用了禁兵对贾后杀害太子的不满情绪，起兵杀了贾后和张华、裴頠等人。次年正月，司马伦又废晋惠帝，自立为帝。宫廷政变转变为皇族争夺政权的斗争，演成"八王之乱"。

所谓八王是指汝南王亮、楚王玮、赵王伦、齐王冏（司马攸子)、长沙王乂(司马炎第六子)、成都王颖(司马炎第十六子)、河间王颙(司马懿弟司马孚孙)、东海王越(司马懿弟司马馗孙),一共八个王而言。

一般人认为八王之乱是因晋初武帝封建同姓诸王所致,这是不全面的。其实晋初的同姓诸王,虽都拥有军队,分润租调,但他们在封地上,并没有治民的实权,所谓"法同郡县,无成国之制"(《晋书·刘颂传》)。而其召乱之速,主要是由于西晋承东汉末年以来州、郡积重之势,而使诸王出专方面重镇所致。如武帝末年,用秦王柬(司马炎子)都督关中,楚王玮都督荆州,淮南王允(司马炎子)都督江、扬二州,汝南王亮出镇许昌。惠帝即位,用梁王肜(司马懿子)、赵王伦、河间王颙等先后镇关中,成都王颖镇邺。赵王伦擅政,用齐王冏镇许昌。出镇的亲王,既握军符,复综民事,州郡本已列置佐官,将军开府以后,复添设许多幕僚,他们的文武僚属,自然纵横捭阖,各求富贵,一切割据称雄与举兵向阙的事情,也均由此而起。所以八王致乱,不是在于司马炎大封同姓诸王,而是在于司马氏任诸王以方面重镇之故。

赵王司马伦篡夺了帝位,出镇许昌的齐王司马冏就起兵讨伦,得到成都王司马颖、河间王司马颙等的响应。三王联兵打败司马伦的军队。司马伦的亲信将领王舆也在京城举兵反伦,迎惠帝复位,司马伦旋即被杀。司马冏入京辅政。

司马冏辅政后,太子遹的第三个儿子司马尚本来已被立为皇太孙的,也病死了。成都王司马颖本来可以立为皇太弟,可是司马冏想要久专大政,怕司马颖立为皇太弟之后,自己的权力被削弱,所以立惠帝弟清河王司马遐(司马炎第十四子)之子,年仅八岁的司马覃为皇太子。这一着,不但导致司马颖与司马冏的破裂,也使长沙王司马乂(司马炎第六子)不满于冏,因为司马乂也是有可能立为皇太弟的。公元302年的十二月,西镇关中的司马颙出兵进攻洛阳,军抵新安。在洛阳的司马乂也举兵讨冏,连战三日，困败，为乂所杀。成都、河间二王都不肯离开他们的根据地邺城和长安，所以司马乂在洛阳执政，司马颖以大将军名义在邺城遥加控制。司马颙原欲废惠帝立司马颖，自己做宰相，可以专政。司马颖也嫌司马乂不完全受他摆布，于是二王又联合起来，借口司马乂"论功不平"，于公元303年八月同时发动对洛阳的攻势。这一次内战，司马颙命都督张方率领精兵七万，自函谷关（今河南新安东北）向洛阳推进；司马颖调动了大军二十多万，由前锋都督陆机率领，也渡河南向洛阳。司马乂所能指挥的洛阳军队也不下数万人，三方结集的军队，人数在三十万人以上，这是八王之乱以来军队人数最大的一次集结。司马乂的军队人数虽不多，但是曾在洛阳建春门外，击败司马颖的军队，使陆机溃不成军。不过由于双方兵力悬殊，司马颖和张方逐渐收缩对洛阳的包围圈，"张方决千金堨（堰谷水而成），水碓皆涸，乃发王公奴婢手舂给兵廪……又发奴助兵。……公私穷蹙，米石万钱"（《晋书·惠帝纪》）。在这种困难环境下，洛阳城内统治集团内部分裂了。公元304年正月，东海王司马越勾结部分禁军，拘禁司马乂，向外兵求和；并把司马乂交给司马颙部将张方，乂被张方活活用火烤死。司马颖进入洛阳，做了丞相，但他仍然回到他的根据地邺城。这时惠帝子孙既死尽，颖又废太子覃而自兼皇太弟，一时政治中心移到邺城。

成都王司马颖是武帝的儿子，惠帝的弟弟，按照当时局面，他来担任西晋的皇位继承人，是名正言顺的。但司马颖的为人，"形美而神昏，不知书"，而"恃功骄奢，百度废弛"（《晋书·成都王颖传》）。又委任宦人孟玖等，政治搞得比以前司马冏、司马乂执政时还坏，因此大失人心。洛阳禁军在东海王司马越的统率之下，拥戴惠帝讨伐司马颖。荡阴（今河南汤阴西南）一役，讨伐军战败，皇帝被俘；司马越逃往自己封国（今山东郯城北）。河间王司马颙命部将张方乘机率兵占领洛阳。

幽州刺史王浚、并州刺史东嬴公司马腾（司马越弟）联兵攻破邺城，司马颖挟惠帝出奔洛阳。但洛阳已经落入司马颙手中，颖至京后不得复与政事。不久，张方又强迫惠帝和司马颖前往长安。颖到长安后为司马颙所废黜，豫章王炽（司马炎第二十五子）被立为皇太弟。

公元 305 年七月，东海王司马越在山东起兵，西向进攻关中。司马颙战败，次年六月，越迎惠帝还洛阳。颖、颙相继为越所杀。大权最后落入司马越手中。

自公元 291 年贾后杀杨骏至公元 306 年惠帝回洛阳，前后十六年间，统治阶级内部大混战，人民被杀害的，动辄以万计③，这就是所谓八王之乱。

而且诸王在混战中利用少数民族的贵族参加内战，造成严重后果。如成都王司马颖引匈奴刘渊为外援，于是匈奴贵族遂借赴国难之美名，长驱入邺；东嬴公马腾引乌桓羯朱袭司马颖，于是乌桓遂长驱入塞；幽州刺史王浚召辽西鲜卑攻邺，"鲜卑大掠妇女"，"沉于易水者八千人"④。从此大河南北，就成为匈奴、鲜卑贵族统治的世界，由八王内乱引起了中原地区更大的胡汉移民狂潮。

西晋王朝的灭亡　公元 306 年十一月，晋惠帝死，皇太弟司马炽嗣位，是为怀帝。

怀帝是武帝最小的儿子。史书里说他为豫章王时，"冲素自守，门绝宾游，不交世事，专玩史籍"。即位以后，"至于宴会，辄与群官论众务，考经籍"。所以当时人称赞他，说他如果生在"承平"的时候，"足为守文佳主"（《晋书·孝怀帝纪》）。但是在八王内战之后，又碰到东海王司马越擅政的局面，这时需要的是拨乱反正的才干，怀帝缺乏统治经验，没有办法把当时的险恶政局扭转过来。怀帝即位的第二年即永嘉二年（公元 308 年），匈奴贵族刘渊已在平阳（今山西临汾市）称皇帝，国号汉，石勒、王弥等并以汉主为共主。永嘉三年，石勒的军队发展到十万以上，在河北地区活动。王弥的军队也发展很快,而且经常出入于洛阳、许昌附近。永嘉四年,石勒又从河北渡河南出襄阳,连续攻拔了长江以北的堡壁三十多所。洛阳处于包围之中,粮食供应问题很严重。朝廷用羽檄征调四方军队来保卫京城,怀帝对使臣说:"为吾语征、镇(将军出任方面,带征东、南、西、北或镇东、南、西、北将军的军号的),若今日尚可救,后则无逮(及)矣。"(《晋书·孝怀帝纪》)当时的方镇自救不暇,没有一个发兵来救。东海王司马越准备放弃洛阳,就在这年十一月,带领甲士四万人,向东南方向撤退。他在撤退的时候,成立了一个尚书行台,"朝贤素望,悉为佐吏,名将劲卒,咸入其府"(《资治通鉴》晋怀帝永嘉四年)。永嘉五年三月,越行军到项县(今河南沈丘),忧惧病死。襄阳王司马范(楚王玮子)、太尉王衍率领这支军队,折至苦县(今河南鹿邑)的宁平城(今河南郸城东北三十五里),为石勒军追及。石勒纵骑兵"围而射之",晋军将士自相践踏,"王公士庶死者十余万"(《晋书·东海王越传》)。西晋的主力军全部消灭。留在洛阳的司马越妻子裴妃、子司马毗等,得到越病死的消息,同西晋宗室四十八王也逃出洛阳,中途遇到石勒军队,也全被消灭了。怀帝在洛阳支持到这年六月,匈奴贵族刘曜与王弥、石勒等联军攻陷了洛阳,晋怀帝被掳至平阳,不久被害。刘曜破洛阳时,纵兵烧掠,宫殿官府皆被烧尽,杀王公士民三万余人。自东汉末董卓焚毁洛阳以后,经魏、晋两代惨淡经营加以修复的洛阳,不到一百年,重又化为灰烬了。

洛阳破后,刘曜进掠长安。时关中"诸郡,百姓饥馑,白骨蔽野,百无一存"(《晋书·贾疋传》)。晋臣贾疋、麴允、阎鼎等聚众十余万,屡败刘曜军。曜弃长安,驱掠关中男女八万余口,退往平阳。公元312年八月,贾疋等拥立秦王司马邺(司马炎孙)为皇太子,建行台于长安。次年四月,怀帝死讯传到长安,皇太子即皇帝位,是为愍帝。这时候"长安城中,户不盈百,墙宇颓毁,蒿棘成林",全城"公私有车四乘"（《晋书·愍帝纪》）。愍帝为了取得关中武装地主的支持,凡是关中堡壁坞垒的主帅,都给予银印青绶和将军称号⑤,可是对兵民的生活,却全没注意改善。长安临时政府的局面支持了四年。在这期间,关中的农业生产不但没有能够逐渐恢复,而且由于临时政府统治集团内部不断火并的结果,人民的生活更加困苦。公元 316 年,刘曜再度攻入关中,进围长安。长安城中食尽,史称"米斗,金二两。人相食,死者太半"（《晋书·愍帝纪》）。这年十一月长安城破,曜掳愍帝,送至平阳,西晋亡。明年,愍帝在平阳被杀,琅邪王司马睿在江南建立政权,史称东晋。

西晋帝系及八王世系表

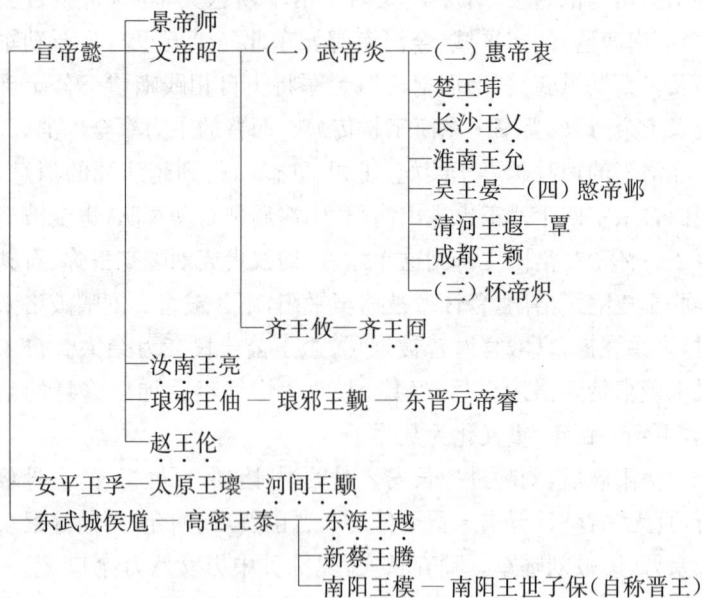

① 本段参考陈寅恪氏所著《崔浩与寇谦之》一文,载《岭南大学学报》11 卷第

1 期。

②《初学记》卷27《宝器部·绢》第九所引《晋故事》云:凡民丁课田,夫五十亩,收租四斛,绢三匹,绵三斤。凡属诸侯,皆减租谷亩一斗("斗"为"升"之讹),计所减以增诸侯。绢户一匹,以为诸侯秩。又分民租户二斛,以为诸侯奉。其余租及旧调绢二(二字疑衍)户三匹,绵三斤,书(当作"尽")为公赋。九品相通,皆输入于官,自如旧制。

③《晋书·赵王伦传》:自兵兴六十余日,战所杀害,仅十万人。

《资治通鉴》晋惠帝太安二年:〔河间王〕颙以张方为都督,将精兵七万,自函谷东趋洛阳。……张方入京城,大掠,死者万计……〔洛阳〕公私穷蹙,米石万钱。永兴元年:〔方〕军中乏食,杀……牛马肉食之。……军人因妻略后宫,分争府藏……魏晋以来积蓄,扫地无遗。

《晋书·孝惠帝纪》:光熙元年……越遣其将祁弘、宋胄、司马纂等迎帝。……弘等所部鲜卑大掠长安,杀二万余人。

④《晋书·王沈传子浚附传》:〔浚〕自领幽州,大营器械。召段务勿尘率胡、晋合二万人,进军讨颖……克邺城,士众暴掠,死者甚多。鲜卑大掠妇女,浚命敢有挟藏者斩。于是沉于易水者八千人,黔庶荼毒,自此始也。

⑤《资治通鉴》晋建兴四年:麹允……喜以爵位悦人。……村坞主帅,小者犹假银青、将军之号;然恩不及下,故诸将骄恣而士卒离怨。

第三节　人民的流徙与流民起义

汉族人民的流徙　西、北各族入居中原内地之后,因受西晋地方官吏和汉族地主的剥削与压迫,不断起来反抗。如在西晋泰始中,鲜卑秃发树机能举兵凉州,历十年之久(泰始五年至咸宁五年,即公元 269 年至 279 年)。惠帝元康四年(公元 294 年),匈奴族人郝散起兵上党谷远(今山西沁源);元康六年,氐帅齐万年起兵关中,郝散弟郝度元联结冯翊、北地羌、胡族人举兵响应,秦、雍二州氐、羌族人也奋起参加,有众数十万,声势浩大,连败政府军。他们都先后失败。可是秦、雍一带,自惠帝永熙元年(公元 290 年)起,由于水利失修,无年不旱。到了元康四年,便造成了严重的饥馑。元康七年以后,

"秦、雍二州大旱疾疫",饥荒更是严重,"米斛万钱",正是"饥疫荐臻,戎晋并困"(《晋书·五行志》)。此后,"至于永嘉(公元307—312年),丧乱弥甚。雍州以东,人多饥乏,更相鬻卖,奔迸流移,不可胜数。幽、并、司、冀、秦、雍六州大蝗,草木及牛马毛皆尽。又大疾疫,兼以饥馑……流尸满河,白骨蔽野"(《晋书·食货志》)。

在大旱荒大饥饿的情况下,秦、雍等州各族人民不得不流徙至梁、益、荆、豫等州就食①。并州的汉族人民,也在饥旱与日益壮大的匈奴贵族势力威胁之下,不得不流徙至冀、豫等州就食②。冀州的汉族人民又不得不流徙至兖州一带就食③。

秦、雍流民流徙至梁、益之后,西晋在益州的统治即告结束,益州的汉族农民,流徙到荆、湘地区,或南入宁州(州治味县,今云南曲靖)的很多。宁州连年饥疫,人民死亡在十万人以上,西晋在宁州的统治也濒于瓦解的前夜,在宁州的吏民,又有不少人由宁州撤退至交州一带④。

汉族人民迁徙的数目,大概从秦、雍迁出者约四五万户,约占当地总人口数的三分之一;从并州迁出者约四万户,约占当地总人口数的三分之二;从梁、益迁出者约二十万户,约占当地总人口数的十分之九;从冀州迁出者约一万户,约占当地总人口数的三十分之一。

总计迁徙的户口,见于记载的,将近三十万户,约占西晋全国总户数(三百七十七万)十二分之一强。占秦、雍、并、冀、梁、益、宁等州总户数(合计约六十万户)的二分之一弱。

由于人民大流徙,阶级矛盾更趋激化,便引起流民大起义。

流民入蜀与成汉建国 江统在《徙戎论》里说:"关中之人,百余万口,率其少多,戎狄居半。"当时的关中地区,是汉族和氐、賨等少数民族杂居而且是人数不相上下的地区。在氐人齐万年所领导的经历四年之久(元康六至九年,即公元296—299年)的抗晋运动将告失败之际，秦、雍一带，由于连年荒旱，米一石卖到万钱，略阳、天水等六郡人民数万家、十余万口，包括賨人和氐人在内，这时不得不流徙至梁、益地区去就食。

在六郡人民流徙的过程中，六郡"大姓"李氏、任氏、阎氏、赵氏、何氏、杨氏、上官氏、费氏，便成了流民的领袖。李氏就是略阳賨人李特、李庠兄弟，史称流徙之中，"道路有疾病穷乏者，特兄弟常营护振救之，由是得众心"（《资治通鉴》晋惠帝元康八年），因而被推举为流民领袖。可见李氏后来领导流民与西晋政府对抗，在流徙之初就已打下深厚的群众基础了。

流民十余万口进入巴蜀地区之后，益州政治局面发生了重大的变化。当时西晋益州刺史赵廞见中原多事，有割据巴蜀的野心。他想利用这六郡十余万流民的力量来和西晋政府抗衡，于是拉拢李庠等，"委以心膂，使招合六郡壮勇至万余人，以断北道（入蜀之道）"（《资治通鉴》晋惠帝永康元年）。西晋任命耿滕为益州刺史来替代赵廞，廞在耿滕到达成都之后，集兵杀滕，自称大将军、益州牧。廞又猜忌李庠"骁勇得众心"（《资治通鉴》晋惠帝永宁元年），借故杀李庠及庠子侄十余人。庠兄李特、弟李流将兵在外，团聚六郡流民七千余人进攻成都；廞战败逃亡，为其部下所杀。

赵廞既死，晋廷任命罗尚为益州刺史，率兵万余入蜀。晋廷并限期迫令流民返回秦、雍。时"流人布在梁、益，为人佣力"（《晋书·李特载记》），"随谷庸赁，一室五分，复值雨潦"（《华阳国志·大同志》），"年谷未登，流人无以为行资"。"及闻州郡逼遣，人人愁怨，不知所为。"同时广汉太守辛冉贪暴成性，他除了限期催促流民上路外，还"欲杀流人首领，取其资货"，并"于诸要〔隘〕施关，搜索宝货"。在这样情势下，流民遂起而反抗。李特屡为流民向政府请求放宽遣返期限，因此为流民所感戴，被推为领袖。公元301年，李特在绵竹（今四川德阳北)结大营,收容流民,"流人既不乐移,咸往归特……旬月间,众过二万。〔李〕流亦聚众数千"(《晋书·李特载记》)。可见流民生活的痛苦和西晋政府官吏对他们的压迫,是激起这次起义的重要原因。

李特分其众为二营,李特自居北营,弟李流居东营。还派阎式去见益州刺史罗尚,再一次请求他放宽遣返回乡的期限。罗尚正在集结军队,准备进攻流民,所以假意应允。阎式知道罗尚欺骗他,便说:"弱而不可轻者,百姓也。今促之不以理,众怒难犯,恐为祸不浅!"阎式回去不久,罗尚果然调动步骑三万来袭击李特大营。李特率军反击,政府军大败。于是六郡流民推李特为主,成立军政府。特称行镇北大将军,后又改称益州牧、都督梁益二州诸军事、大将军、大都督。署置官吏,进兵广汉。

李特的领导六郡流民起兵抗晋,是能取得当时巴蜀人民的同情和支持的;罗尚为首的西晋官吏,大都贪残异常,深为巴蜀人民所痛恨。《晋书·李特载记》称:"时罗尚贪残,为百姓患;而特与蜀人约法三章,施舍振贷,礼贤拔滞,军政肃然。百姓为之谣曰:'李特尚可,罗尚杀我!'"可见在益州的人民看来,李特的一切措施,比西晋政权要好得多。李特开始领导六郡流民与西晋官吏进行斗争的时候,益州的地主阶级是站在政府方面的,但是由于益州土著地主的实力比较薄弱——前面曾提到过,蜀汉政权倾覆后,有武装组织、实力雄厚的荆楚地主集团,既然撤离四川,益州的土著地主集团却没有经过武装的过程,所以秦、雍流民一入益州,他们就无法抵御了,他们当时虽然也已经结成坞堡,但是军事力量悬殊,使他们不得不与李特等虚与委蛇。及至李特屡败晋军,攻入成都小城,罗尚退守成都大城,特因军中粮少,乃分六郡流民至成都外围诸坞堡就食。李特弟李流曾向李特建议:"诸坞新附,人心未固,宜质其大姓子弟,聚兵自守,以备不虞。"(《资治通鉴》晋惠帝太安二年)并写信给李特的司马上官惇说:"纳降如受敌,不可易也!"但是这些合理的意见并没有引起李特的重视。结果,罗尚密约诸坞堡的大地主,合兵袭击李特。特军大败,李特被杀。

流民闻李特被杀,团结得更紧,由李流继续领导作战。不久李流病死,李特子李雄继续领导流民与西晋政权斗争。经过几次大的战斗,公元303年十二月,李雄终于逐走罗尚,攻下成都。304年,雄遂自称成都王;306年,改称皇帝,国号大成。

秦、雍六郡流民在巴蜀地区举行的大起义,可以说是西晋末年流民起义中规模最大的一次。它是由賨人李氏领导的,好像带有少数民族对抗西晋王朝的色彩,但是实际上巴族人从秦汉时代起就已融合于汉族之中,巴族人很早已经完全使用汉族的语言,而且巴蜀地区本来就是巴族人生息活动的区域,賨人和汉人之间无所谓民族隔阂,亦无所谓地域上的距离,因此,以賨人李氏为首的在这一地区发动的流民起义,是阶级斗争,而不是阶级与民族的双重斗争。

賨人李氏虽是略阳大姓,领导这次起义的其他流民领袖,也有不少是略阳、天水六郡大姓分子⑤,但是这并不改变这次斗争的性质,即阶级斗争的性质。理由很简单,因为他们领导的反晋运动,是完全符合广大流民的利益的。

但是,到了李雄称帝、成汉政权正式建立之后,政权性质确已转变,属于封建制政权范畴之内的了。本来在流民与以罗尚为首的西晋官吏进行斗争的军政府时代,李流为了战胜罗尚,就已与益州青城山武装大地主道教徒范长生取得联络;到了成汉建国,李雄称帝,任范长生为丞相,号"天地太师"。范长生拥有部曲数千家,李雄还允许优待他的"部曲不豫军征,租税一入其家"(《晋书·李雄载记》)。对范长生优待到这样程度,这不仅仅是巩固成汉政权的一种策略,实际上成汉政权已经代表地主阶级的利益,成为封建地主阶级统治的工具。

不过,成汉在建国初期,究竟不同于一般的封建地主政权。因为这一政权是在六郡流民反西晋统治者的火热斗争中建立起来的,它为了继续取得流民的拥戴,势必要重视人民(流民和土著居民)的利益。因此向人民征收的赋税,就远较晋和迭据中原的少数兄弟族所建立的短期王国为轻。《华阳国志·李雄志》称:雄“宽和政役,远至迩安,年丰谷登。乃兴文教,立学官。其赋民:男丁一岁谷三斛,女丁一斛五斗,疾病半之。户调绢不过数丈,绵不过数两”。境内因而出现了“事少役稀,百姓富实,至乃闾门不闭,路无拾遗,狱无滞囚,刑不滥及”的清明景象。在十六国纷扰的时代里,初期的成汉政权,应该算是人民所拥护的政权。

公元 334 年,李雄病死,兄子班立,李雄子李期杀班自立。公元 338 年,李骧(李特弟)子李寿又杀李期自立,始改国号为汉。李寿即位之后,务为奢侈,大起宫殿,“百姓疲于使役,呼嗟满道,思乱者十室而九”(《晋书·李寿载记》)。李寿死,子李势继位,淫杀尤甚,上下离心。在西晋太康三年(公元 282 年),梁、益二州原有人口二十二万五千六百户;西晋末年,流徙荆、湘、宁州的益州民庶,有二十万户之多,占梁、益二州总人口的十分之九,那么留下来的巴蜀土著居民,就不到十分之一了。秦、雍六郡十余万口填充巴蜀以后,巴蜀的人口密度还是稀疏的。公元 346 年左右,成汉政权将趋瓦解之际,本来居住在我国西南的僚族人民,纷纷向巴蜀移动,史称当时僚族人民移居梁、益二州界者,达十余万落之多。这在中世纪时期少数兄弟族迁移史上,也是一件大事。

蜀政益乱,公元 347 年,东晋荆州镇将桓温出兵伐蜀,李势兵败出降,成汉亡。自李雄称成都王至李势降晋,立国凡四十四年。

流民起义的继续发生　当秦、雍六郡流民在益州地区进行起义的时候，西晋王朝曾命令荆州刺史调发荆州"武勇"，开赴益州去镇压。被调发的荆州武勇，都不乐远征，"而诏书催遣严速，所经之界，停留五日者，二千石免〔官〕。由是郡县官长，皆躬出驱逐"（《晋书·张昌传》）。这些武勇到处受到驱逐以后，"展转

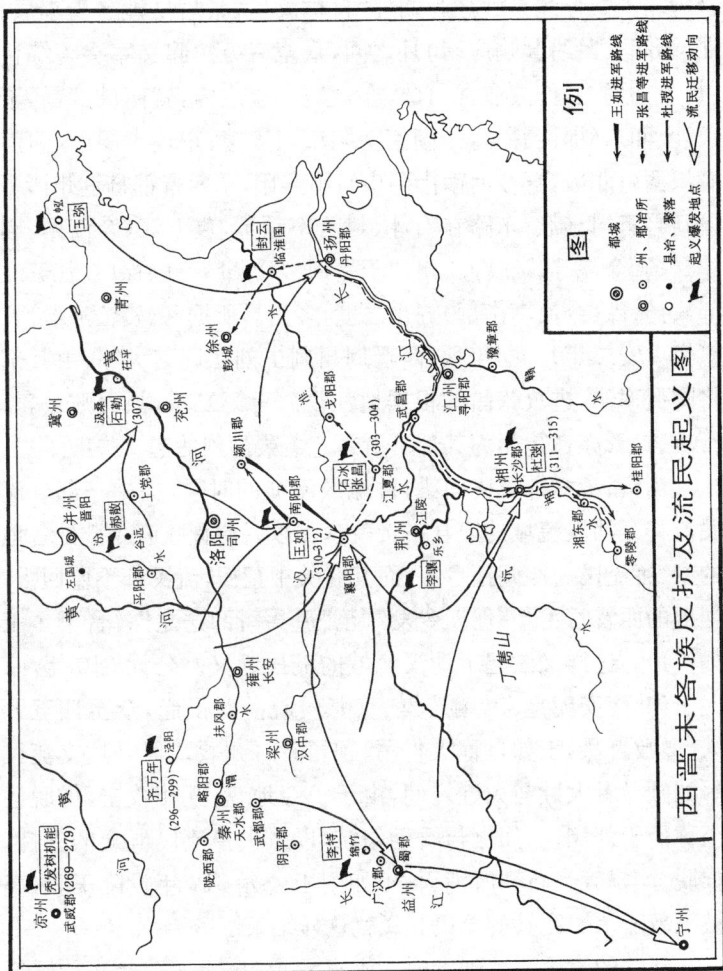

西晋末各族反抗及流民起义图

图例

—— 王如等进军路线
---- 张昌等进军路线
→→→ 杜弢进军路线
← 流民迁移动向

◎ 都城
◉○ 州、郡治所
○ 县治、聚落
⚔ 起义爆发地点

不远,辄复屯聚"(《资治通鉴》晋惠帝太安二年)。公元303年春,有平氏县(今河南桐柏西北平氏镇)小吏张昌,聚众于江夏郡治安陆县(今湖北安陆北)南八十里地的石岩山,就食江夏一带的流民数千口以及不愿远征的丁壮,不久都团聚在他周围。昌起兵攻下江夏,拥立山都县(今湖北谷城东南)吏丘沈为天子,昌自为相国。丘沈易姓名为刘尼,自称汉后;张昌易姓名为李辰。江、沔间人民纷起响应,旬月之间,众至三万。起义军头著绛色巾,上插羽毛,作战非常勇敢,在短短一年之内,就南破武昌,下长沙、湘东(郡治酃县,今湖南衡阳市)、零陵;东攻弋阳(今河南潢川西);北破宛(今河南南阳市),下襄阳,杀西晋都督荆州诸军事新野王司马歆;东路在石冰、封云率领下,攻下江(今江西、福建)、扬(今江苏、浙江)二州,"于是荆(今湖北)、江、徐(今江苏北部)、扬、豫(今河南南部)五州之境,多为昌所据"(《资治通鉴》晋惠帝太安二年)。同年秋,西晋荆州刺史刘弘调集大军,由其部将陶侃率领,进攻张昌的根据地江夏。至第二年,昌兵败被害,石冰、封云亦在徐州为其部下所害。轰轰烈烈的起义失败了。

当秦、雍六郡流民向梁、益地区流徙的时候,关中一部分流民流移至沔汉流域的宛县一带就食。以后西晋政府令散处各地的秦、雍流民一律归还乡里,而其时关中荒残,流民都不愿回去。当地的西晋官吏却"促期令发",至"遣兵〔押〕送之"(《晋书·王如传》)。这样又激起了沔汉流域的流民起义。公元310年,京兆王如、南安庞寔、冯翊严嶷、京兆侯脱一时俱起,众至四五万人,屡败晋兵,王如自称大将军、领司雍二州牧。但是这支流民军的领导者大姓与大姓之间,由于争夺地盘,互相攻击,侯脱甚至称藩于刘渊,王如也与石勒勾结,以致失掉流民群众的支持。侯脱、严嶷旋为石勒所消灭;王如则于公元312年投降王敦,卒被王敦所杀。宛县的流民起义就这样结束了。

河北的流民流徙到青州。永嘉元年(公元307年),晋廷任苟晞为青州刺史。晞欲"以严刻立威,日行斩戮,州人谓之'屠伯'"(《资治通鉴》晋怀帝永嘉元年)。于是流民五六万人,推顿丘太守魏植为首领,反抗苟晞,但不久也失败了。

当李特、李流领导流民和西晋益州官吏进行斗争之际,巴蜀的土著居民数万家流亡到荆、湘地区。他们到达荆、湘以后,由于受到荆、湘二州官吏、地主的歧视和压迫,起义的事件也是不断发生。蜀人李骧在乐乡(城名,在今湖北松滋东北)领导流民起义,杀死县令。西晋荆州刺史王澄派兵袭杀李骧,并沉杀巴蜀流民八千余人于长江。流民更为怨忿,蜀人杜畴再次聚众起义。湘州刺史苟眺也认为"巴蜀流民皆欲反","欲尽诛流民。流民大惧,四五万家一时俱反"(《资治通鉴》晋怀帝永嘉五年),并推"以才学著称"有"州里重望"的益州秀才杜弢为首领。公元311年,弢自称梁、益二州牧,领湘州刺史。起义军攻下长沙,生擒苟眺,复南破零陵、桂阳,东袭沔阳、豫章,杀了不少西晋的贪官污吏。公元315年,晋琅邪王司马睿命王敦、陶侃集结大军,围攻杜弢,前后数十战,弢兵力损折甚多,部将王贡投降官军。弢突围出走,中途病死,这次坚持四年的流民起义也就失败了。

以上许多次流民起义,除了极少数在北方发动的流民起义偶然被其领导的大姓所利用,归附刘聪、石勒以外,其余都有程度不同的积极表现。如在巴蜀地区流民起义中建立起来的成汉政权,为了取得流民的拥护,采取轻徭薄赋的措施,而使这一地区在十六国纷扰时代出现了一种稀有的政治清明局面。至于江、湘、汉、沔流域的许多次流民起义,虽然都没有发展成为大规模的农民起义,但它的意义却更为深远。因为这个时候,进入中原地区的少数兄弟族的反晋运动已经揭开了,不久,西晋在中原地区的统治便完全崩溃了,但是由于少数兄弟族的统治贵族如刘聪、石勒等奴役和屠杀汉族人民以及各少数兄弟族人民的缘故,民族矛盾已经上升为主要矛盾,阶级矛盾反而退居次要与服从的地位。这样，在南方，流亡南下的北方人民，就以全力来支援东晋王朝在江东建立侨寓政权，进行北伐；而东晋的统治阶级，也鉴于历次流民运动的巨大威力，而不得不注意对流民生活有所安排，除了减轻赋税以外，还侨立州郡来安置北方流亡南下的人民，并作出优复等各种办法，因而流民的生产情绪有所提高，从而推动了此后江南经济建设的巨大发展。在北方，情况完全不一样，流徙的人民，往往集结在一两个坚持战斗的将领周围，如并州流民数千家集结在"乞活帅"陈午周围，东郡流民数百家集结在抗胡将领魏该周围，和刘聪、石勒等进行斗争。这时他们的课题已经不是推翻西晋王朝，而是与各少数民族统治者作生死的决斗了。

---

① 关于陕、甘流民至湖北、河南一带就食的事，见下列记载：

《晋书·李特载记》：关西扰乱，频岁大饥，秦、雍六州民流移就谷，相与入汉川者数万家。

《晋书·王如传》：王如，京兆新丰人也。初为州武吏，遇乱，流移至宛。……潜结诸……少年……南安庞寔、冯翊严嶷、长安侯脱等各帅其党……众至四五万。

②《晋书·刘元海载记》：东嬴公腾……率并州二万户下山(太行山)东。

《晋书·东海王越传》：初东嬴公腾之镇邺也(并州刺史司马腾以晋阳荒远，移镇邺城)，携并州将田甄……等部众万余人至邺，遣就谷冀州，号为"乞活"。

《晋书·王弥传》：河东、平阳、弘农、上党诸流人之在颍川、襄城、汝南、南阳、河南者数万家，为旧居人所不礼，皆焚烧城邑，杀二千石长吏以应弥。

《晋书·刘琨传》：并州流移四散，十不存二，携老扶弱，不绝于路。……时东嬴公自晋阳镇邺，并土饥荒，百姓随腾南下，余户不满二万。

③《晋书·苟晞传》：顿丘太守魏植，为流人所推，众五六万，大掠兖州。

④《晋书·杜弢传》：[杜弢]蜀郡成都人也。……遭李庠之乱，避地南平。……时巴蜀流人汝班、蹇硕等数万家，布在荆、湘间，而为旧百姓之所侵苦，并怀怨恨。……湘州参军冯素……言于刺史苟眺曰："流人皆欲反。"眺以为然，欲尽诛流人。班等惧死……共推弢为主。……[后]弢乃遗应詹书曰："天步艰难，始自吾州；州党流移，在于荆土。其所遭值，蔑之如遗。顿伏死亡者，略复过半，备尝荼毒，足下之所见也。客主难久，嫌隙易构……"

《晋书·王澄传》:梁、益流人四五万家,一时俱反。

《晋书·刘弘传》:时益、梁流人在荆州十余万户,羁旅贫乏,多为盗贼,弘乃给其田种粮食。

《资治通鉴》晋惠帝太安二年:蜀民皆保险结坞,或南入宁州,或东下荆州,城邑皆空,野无烟火。

《资治通鉴》晋怀帝永嘉二年:汉中民东走荆、沔。

《资治通鉴》晋惠帝光熙元年:宁州频岁饥疫,死者以十万计。五苓夷强盛,州兵屡败,吏民流入交州者甚众……

⑤《晋书·李特载记》:元康中,……关西扰乱,频岁大饥,百姓乃流移就谷,相与入汉川者数万家。……初,流人既到汉中,上书求寄食巴蜀,朝议不许。遣侍御史李苾持节慰劳,且监察之,不令入剑阁。苾至汉中……表曰:"流人十余万口,非汉中一郡所能振赡。东下荆州,水湍迅险,又无舟船。蜀有仓储,人复丰稔,宜令就食。"朝廷从之。由是散在梁、益,不可禁止。

《华阳国志·大同志》:元康八年(公元 298 年)……略阳、天水六郡民李特及弟庠、阎式、赵肃、何巨、李远等及氐叟、青叟数万家,以郡土连年旱荒,就谷入汉川。

六郡大姓流移入蜀,后仕李氏,其姓名爵里可考者列之于后:

天水	阎式	仕晋为始昌令	仕成至尚书令
天水	任回		仕成至征东、镇南大将军,南夷校尉,宁州刺史
天水	任臧	仕晋为上邽令	仕李氏为太守
天水	上官晶		仕成为将帅
天水	上官惇		仕成至司空
天水	上官相		仕成为汉王相
天水	杨褒	仕晋为将兵都尉	仕成至尚书仆射、丞相
天水	杨发		仕成至侍中
天水	杨珪		仕成至尚书
天水	王达		仕成至军帅、司徒
天水	鞠歆		为李氏爪牙
天水	文夔		仕成为太子宾友
陇西	董融		仕成为太子宾友
阴平	李远	仕晋为阴平令	为李氏僚属
武都	李博		为李氏僚属

| 扶风 | 李攀 | 仕晋为谏议大夫 | 仕成为将帅 |
| 始平 | 费他 | | 仕成为将帅 |

（任回子任调，在李寿时为镇北大将军、梁州刺史、东羌校尉；李雄妻弟任颜，在李寿时为仆射）

以上诸大姓，除董、费两氏，可能是氐人外，其余皆是汉人。可见成汉政权建立之初是六郡大姓所掌握的封建地主政权。

第四章 十 六 国

内迁的各少数兄弟族人民,自魏、晋以来,生活上普遍陷于悲惨的境地。他们大部分替汉族地主充当佃客,有些甚至被汉族统治者掠卖为奴隶。八王之乱又加深了他们的痛苦。当山西大饥荒时,并州刺史司马腾甚至用武力捕捉大批匈奴族人,二人一枷,送往山东、河北出卖,换购军粮。他们的痛苦生活,使他们对于汉族的统治阶级蕴蓄着强烈的阶级仇恨,他们所受的压迫,是阶级与民族的双重压迫。

当汉族人民展开反对西晋黑暗统治的斗争的时候,各少数兄弟族的人民也起来一道和汉族人民反抗西晋的统治阶级,这一斗争是进步的,是正义的。但这一各少数兄弟族人民的反抗西晋统治阶级运动,是在阶级斗争和民族斗争结合在一起的形式之下进行的,当这一运动发展到一定阶段,运动的领导权落入少数民族的部落渠帅手里时,部落渠帅为了满足其奴役或虐杀他族人民的欲望,必然鼓动本族人民来对汉族人民进行残酷报复,于是民族间的矛盾就扩大到人民中间去,本来没有矛盾的人民,在彼此仇杀与彼此猜疑的情况下也产生了矛盾,这样,这一斗争就变成落后的斗争了。民族矛盾发展得更为广泛,到了石赵灭亡前后,各族间的相互仇杀表现得也最为突出。

在少数兄弟部落的渠帅利用扩大民族间的矛盾建立起他们的统治政权之后,这些部落渠帅和中原的世家大族,他们在阶级利益方面,又有其共同点,必然会发生一种相互倚赖的作用。所以,少数兄弟族渠帅所建立起来的统治,一方面固然还是"苦役晋人",对汉族人民继续进行剥削和奴役;另一方面,却又勾结中原的世家大族,不但承认他们在政治上和经济上的特权,而且还发展这种特权。这样,胡、汉统治阶级就逐渐结成一体,共同压榨以汉族为主体的各族人民。这一情况,从石赵开始,到了北魏建都平城以后尤其明显。

但是另一方面,自从少数兄弟族的贵族在中原地区建立统治权以来,汉族人民的反抗斗争自始至终就没有停止过。随着各少数兄弟族的入居内地,有些少数兄弟族上层分子在中原建立起来的统治政权,不久就崩溃了,这些少数兄弟族的人民很难退回原居住地去,于是他们就由统治族人民变为被统治族人民;就是有些统治族(如鲜卑拓跋氏),其政权虽然存在稍久,可是由于受到中原地区经济、文化的影响,封建化在加深,阶级的分化也愈来愈为明显,于是参加反抗斗争的群众,不仅是汉族人民,同时也会包括各少数兄弟族以至鲜卑族人民。他们在联合反抗鲜卑、汉族统治阶级的斗争中逐渐团结起来,统一了斗争的目标,从而使民族隔阂逐渐消失,形成了各族的大融合。这一过程,当完成在北魏末年至隋初年。到了隋末农民大起义,在这里只见到阶级斗争,而没有羼入多少民族斗争的色彩了①。

第一节　胡羯的建国

匈奴刘氏王朝的建立　进入中原地区的各少数兄弟族,受到西晋统治阶级的奴役和压榨,不断举行反抗和斗争。到了西晋政权崩溃前夕,少数民族的贵族大都挣脱西晋王朝的统治,形成一种独立的势力。尤其在并州(今山西)地区,太康之初原有编籍的民户五万九千二百,到了永嘉之际(公元 307—312 年),汉族人民大部分流亡南下,只剩下民户二万户,胡汉力量的对比发生变化,汉族大大处于不利的地位。因此进入汾河流域的匈奴族人在其部落酋长刘渊统率之下，首先独立起来，建立政权。

刘渊，祖父名於扶罗，为南匈奴单于。父豹，为左贤王。渊在晋武帝司马炎时，为北部都尉。匈奴族的酋长自归附汉朝之后，自谓是汉朝的外孙，故冒姓刘②。八王之乱时，成都王司马颖结刘渊为外援，遣渊回并州调发匈奴五部之众，想叫他们参加内战，并以渊为北单于。渊至左国城，匈奴贵族共推渊为大单于。公元304年渊改称汉王，建庭左国城（今山西离石北）。公元308年又改称皇帝，建都平阳（今山西临汾市西北），国号汉。

当时聚众青、徐的王弥、曹嶷，起兵于赵、魏的汲桑、石勒，上郡四部鲜卑陆逐延，氐族酋长单徵等均拥众归渊，以渊为共主。渊以王弥为青、徐二州牧。弥转战青、徐、兖、豫四州，攻破他所经过的许多郡县，一度攻入西晋的重镇许昌，其兵锋进抵西晋政府所在地——洛阳城下，一时洛阳震动，城门昼闭。石勒也率众三万，转战魏郡（治邺）、汲郡（治汲，今河南汲县西南）、顿丘（郡治顿丘，今河南清丰西南）一带，攻下堡壁五十余处，任命垒主为将军或都尉，拣选丁壮五万人，补充军队。公元309年夏，勒又攻下河北郡县堡壁百余处，部众发展到十余万之多。勒屡败晋军，河北诸堡壁皆请降、送"质子"。同年，渊亦遣将攻占黎阳（今河南浚县东北），败晋将王湛于延津（今河南延津北），沉杀男女三万余口于黄河。复遣子刘聪进围洛阳。

公元310年，刘渊病死，太子和立，渊第四子聪杀和自立。聪遣族弟刘曜、大将王弥等率众四万出洛阳，周旋于梁、陈、汝、颍之间，攻下堡壁百余处，在战略上达到孤立西晋京城洛阳的目的。

公元311年，石勒在苦县（今河南鹿邑）的宁平城（今河南郸城东北三十五里），把西晋的主力部队十多万人全部消灭。同年夏，刘曜、王弥攻破洛阳，俘晋怀帝。公元316年，刘聪又遣刘曜攻破长安，俘晋愍帝，灭西晋。

匈奴刘氏王朝的衰亡　　刘聪既灭西晋，中原广大地区，皆属汉的统治范围，可算是匈奴王朝的全盛时代。刘聪在统治区内"置左、右司隶，各领户二十余万，万户置一内史，凡内史四十三人"（《晋书·刘聪载记》），来统治汉族人民。这种十进制的地方组织，在匈奴原先部落里已经存在，如《汉书·匈奴传》所说的："自左、右贤王以下至当户，大者万余骑，小者数千，凡二十四长，立号曰万骑。……诸二十四长，亦各自置千长、百长、什长……之属。"不过那时只是一种以人口为标准的军队编制，与地域无关。至此，刘聪为了便于统治汉族人民，开始改变为以地域为标准，于是就出现了千户或百户的一定区域，过去军队里的万骑、千夫长、百夫长、什夫长，也变成了地方行政的长官，握有法律和财政的权力了。刘聪除了置左、右司隶来统治汉族人民以外，又在大单于下设"单于左、右辅，各主六夷十万落，万落置一都尉"（《晋书·刘聪载记》）。所谓六夷，是指胡（匈奴）、羯、鲜卑、氐、羌、巴氐而言的，或说有乌桓而无巴氐。总计匈奴王朝的领民，大概在三四百万口以上。它是采用胡汉分治的方式来进行统治的。大单于的权力极大，其实就是副王，如刘渊临死前，以第四子刘聪为大司马、大单于、录尚书事，置单于台于平阳西，有十万以上的兵力，都掌握在刘聪手中。刘聪即位后，虽立其弟乂为太弟，而以其子刘粲为相国、大单于、总百揆，实际也是副王。后来刘曜在关中，以子南阳王刘胤为大司马、大单于，置单于台于渭城（今陕西咸阳市），更置左、右贤王以下，皆选胡、羯、鲜卑、氐、羌豪酋来充任，由此可见，匈奴王朝自刘渊至刘曜，都采用胡汉分治的政策。

刘聪在名义上虽然是中原的共主，可是随着军事的延续，地方的割据势力迅速形成。公元311年，石勒就火并了王弥，"有跨据赵、魏之志"（《晋书·刘聪载记》）；公元315年，王弥的部将曹嶷攻拔齐、鲁之间的郡县堡壁四十余处，部众发展到十余万人,也"有雄据全齐之志"(《晋书·刘聪载记》);鲜卑的势力,更是向南推进,渐渐布满燕、代之间。刘聪实际上所能统治的地区,只局限在山西的一角(其余部分尚在刘琨敌后政权手中)和由刘曜坐镇的关中一部分地区。其地"东不逾太行,南不越嵩、洛,西不逾陇坻,北不出汾、晋"(《读史方舆纪要》)。由于刘聪本人酗酒荒淫,与匈奴部落贵族在过度富裕生活中腐化;战争又是无岁不兴,生产根本无法进行,以致演成人为的饥荒,"平阳(聪国都)大饥,流叛死亡,十有五六"(《晋书·刘聪载记》)。司隶部民逃奔石勒的有二十万户之多。右司隶部人三万余骑,驱牧马,负妻子,逃奔东晋游击区,可见匈奴王朝统治地区的阶级矛盾,也正在增长和尖锐之中。

公元 318 年,刘聪病死,太子刘粲继位。匈奴贵族靳準杀刘粲,刘氏男女在平阳者无少长皆为準所杀。準自立为汉天王。刘聪族弟刘曜在长安,闻变,自立为皇帝,遣兵至平阳,族灭靳氏,遂移都长安,改国号曰赵(史称前赵,以别于石勒之后赵)。自此平阳、洛阳以东之地,又入于石勒。后数岁,关中连年大疫,民死者十三四③,曜乃徙上郡氐、羌二十余万口以实长安,又徙陇右之民万余户于长安,徙秦州大姓杨、姜诸族二千余户于长安。

刘曜全盛时,有兵二十八万五千人,在他出兵的时候,"临河列阵,百余里中,钟鼓之声沸河动地,自古军旅之盛未有斯比"(《晋书·刘曜载记》)。当时关陇氐、羌,莫不臣服。

公元 325 年,刘曜命其从弟中山王刘岳,率兵一万五千人围攻后赵将石生于洛阳金墉城。石勒命其从子石虎率步骑四万救援石生,与刘岳战于洛水西岸,岳兵败,退保石梁戍(在洛水北岸)。石虎进围石梁,岳军饥饿,杀马为食。刘曜亲率大军救岳,屯兵金谷(河南洛阳市西北),夜里军中无缘无故地自相惊扰,士卒溃散,退往渑池(今河南渑池西)。当夜军中又自相惊扰起来,刘曜遂退归长安。不久,石虎攻下石梁戍,生擒刘岳及其将佐八十余人、氐羌三千余人,并坑杀其士卒九千人。通过刘曜所率大军夜中无故惊扰溃散一事,可以看出刘曜军队的纪律很差,战斗意志也不旺盛,才会有这种现象发生。

公元 328 年,石勒又命石虎率大军四万自轵关(今河南济源西北十五里)西攻蒲坂(今山西永济西蒲州镇),刘曜亲率水陆精锐自潼关渡河援救,石虎引兵撤退,刘曜追及于高侯原(今山西闻喜北),大破石虎军,"枕尸二百余里,收其资仗亿计"(《晋书·刘曜载记》)。石虎逃奔朝歌(今河南淇县)。刘曜取得这次重大胜利之后,即自大阳关(今山西平陆茅津渡,河的南岸即今河南三门峡市)南渡,围攻石生于洛阳金墉城。后赵荥阳(郡治荥阳,今河南郑州市西北)太守尹矩、野王(郡治野王,今河南沁阳)太守张进等相继投降刘曜。前方军事失利的消息震动了后赵的国都襄国。石勒认为刘曜如果攻下洛阳,下一步必然进攻河北,所以必须出兵抢救洛阳。他又对刘曜的军事行动作了三种估计:"曜盛兵成皋关(今河南荥阳西北),上策也;阻洛水(今巩义之洛水),其次也;坐守洛阳,此成擒耳。"(《资治通鉴》晋成帝咸和三年)这年十二月,石勒在成皋集结步卒六万,骑兵二万七千,卷甲衔枚,自巩县渡洛水,进抵洛阳城下。

刘曜听说石勒亲提大军来到洛阳,撤走了包围金墉城的军队,把自己十多万军队列阵于洛阳之西,南北十余里。石勒带了步骑四万,进入洛阳城。到了决战的那一天,在城外的后赵部队,由石虎率领步兵三万,自洛阳城北向西移动,攻击刘曜的中军;石堪、石聪各率精骑八千,自洛阳城西向北移动,攻击刘曜的前锋。两军大战于洛阳西面的宣阳门(西面南头第一门)外,接战以后,石勒亲自带领后赵军主力,出自阊阖门(洛阳西面北头门),夹击刘曜军。匈奴贵族大都酗酒成性,刘曜也是一样,"少而淫酒,末年尤甚。勒至,曜将战,饮酒数斗……比出,复饮酒斗余"(《晋书·刘曜载记》)。至西阳门,已昏醉不能作战,后赵大军乘其阵势移动,加以掩击,前赵兵大溃。刘曜在昏醉中退走,马陷渠中,曜坠于冰上,身上被创十余处,为石堪所擒。这一仗石勒获得大胜,斩首五万余级,前赵的主力部队损折尽了。

刘曜战败被擒,不久就为石勒所杀。曜子刘熙、刘胤等放弃长安,逃奔上邽(今甘肃天水市)。明年(公元329年)九月,后赵出兵攻占了上邽,杀赵太子熙及诸王公侯,将相卿校以下三千余人,又坑其王公及五郡屠各五千余人于洛阳,并徙其台省文武、关东流民、秦雍大族九千余人于襄国。前赵亡。自刘渊称汉王至刘熙覆灭,立国凡二十六年(公元304—329年)。

后赵王朝的建立及其政治 石勒,羯人,史书说他是"匈奴别部羌渠之胄"。"羌渠"为匈奴入塞十九个部落中的一个。羯人高鼻深目多须,崇奉祆教④,和匈奴显然不是同一个部族。后人认为《魏书》有者舌国,《隋书》有石国,都于柘折城,即今天的塔什干。石勒的祖先可能就是石国人,移居中原后,遂以石为姓。勒父、祖并为部落小帅。勒生于上党武乡县(今山西榆社北)。十四岁时,曾随同部落中人"行贩洛阳",不久又回家耕田。晋惠帝末年,山西大饥荒,并州刺史东嬴公司马腾掠卖胡人往山东、河北作奴隶,换购军粮,两胡一枷,以防逃逸。勒时年二十余岁,亦在被掠卖的行列中。从山西到河北、山东的路上,勒备历饥饿疾病死亡的危险。后被卖于茌平(今山东茌平西)人师懽家为耕奴;不久,师懽把他放免为佃客。

勒后来招集王阳等八人为"骑盗";后又得郭敖等十人加入,号称"十八骑"。八王混战中,成都王司马颖被杀,颖部将公师藩起兵赵、魏,声称为颖复仇,有众数万。勒归公师藩。后又归刘渊为渊部将,受渊指挥。在这一时期,勒发展军队到十余万人。公元311年,追击西晋主力军东海王司马越军于苦县宁平城,全歼晋兵。同年与刘曜、王弥会师攻破洛阳。不久,勒又诱杀了王弥,兼并了王弥部众。旋进军南侵江、汉,失败,用张宾计,北据襄国(今河北邢台市)。西晋东北八州,勒有其七⑤。公元314年,勒又袭杀王浚,取幽州,割据了河北、山东的大部地区。公元316年,击败晋将刘琨。公元321年,灭鲜卑段氏;同年乘东晋祖逖之死,进据河南、皖北。公元323年,破曹嶷,取青州。公元329年,灭前赵,并有关陇。中原地区,除辽东慕容氏、河西张氏以外,皆为勒所统一。石赵全盛的时候,其地"南逾淮、海,东滨于海,西至河西,北尽燕、代"(《读史方舆纪要》)。勒于公元319年自称大单于、赵王,定都襄国(今河北邢台市)。公元330年,勒改称大赵天王,行皇帝事。同年,又改称皇帝。

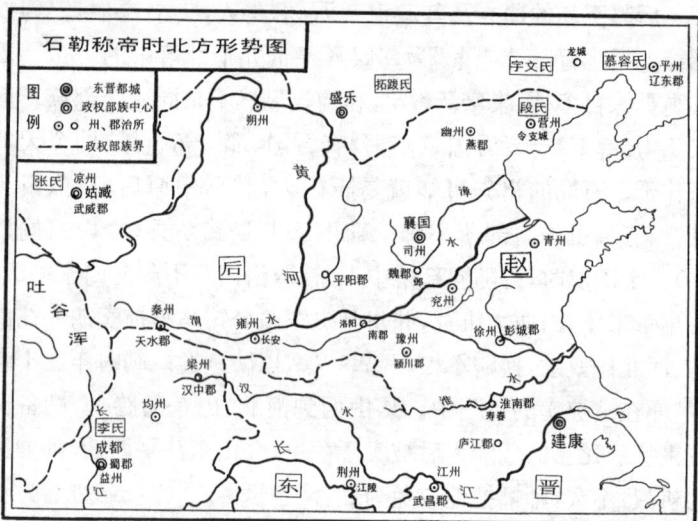

石勒称帝时北方形势图

石勒在其初起时,转战南北,攻下坞垒堡壁,往往"税其义谷,以供军士"。后来进据襄国,曾因粮食不足,"闻广平(郡治广平,今河北鸡泽东)诸县秋稼大成,……分遣诸将收掠野谷",可见有时还采用掠夺方式来取得粮食。至于碰到大灾荒的年头,草木及牛马毛都给蚃蝗吃尽,石勒为了保存他的军队,就不顾人民死活,采用武力对人民来进行粮食掠夺,无怪当时人民要把石勒的这种行动称为"胡蝗"了⑥。但是石勒早年经历过"两胡一枷"被执卖到山东为奴隶的悲惨生活,后来又参加过马牧起义军,对人民的艰苦生活,应该是身有感受的。所以在他取得邺城之后(约在公元 313 年),以"司、冀渐宁,人始租赋",开始采用中原地区已有的封建剥削方式,向他所占领地区内的编户齐民,进行田租户调的剥削。到了公元 314 年,他取得幽州之后,以幽、冀诸州,渐次稳定,"始下州郡,阅实人户",规定百姓每户出"户赀〔帛〕二匹,租〔谷〕二斛"(《晋书·石勒载记》)。这个剥削量,和曹操定河北后的"收田租亩四升,户出绢二匹,绵二斤"(《三国志·魏志·武帝纪》注引《魏书》),基本相近。比之西晋实施占田法后,"民丁课田,夫五十亩,收租四斛(亩八升),绢三匹,绵三斤"(《初学记》卷 27 引《晋故事》)来,要轻得多。在十六国时期,战争频仍,生产破坏,而石勒减轻编户齐民的田租户调,确是难能可贵的。匈奴贵族大都酗酒,酒的大量消耗,实际就会造成粮食的大量消费。石勒为了节约粮食,一反匈奴旧俗,在石赵统治区内,严禁酿酒。史称:石勒"以百姓始复业(业指本业,即农业生产),资储未丰,于是重制禁酿,郊祀宗庙,皆以醴酒,行之数年,无复酿者"。石勒为赵王后,还常常"遣使循行州郡,劝课农桑"。有一次"以右常侍霍皓为劝课大夫,与典农使者朱表、典农都尉陆光等循行州郡,核定户籍,劝课农桑。农桑最修者,赐爵五大夫"(《晋书·石勒载记》)。这一些措施,多少有利于当时农业生产的恢复,当然石勒采取这样的措施,目的在于巩固统治,进行剥削。

石勒起兵后,出于民族仇恨心理,杀死不少所俘虏的西晋王公卿士和世家大族。对于降服于他的世家大族则采取优容的态度,逐渐吸收他们参加政权机构。石勒转战河北的时候,即将当地的"衣冠人物,集为君子营"。并以汉族失意士人张宾为谋主,后任为大执法,总管朝政。建国以后,"徙朝臣掾属已上士族者三百户于襄国崇仁里,置公族大夫以领之"(《晋书·石勒载记》)。又"徙司、冀豪右三千余家,以实襄国"(《晋纪》)。又下令胡人"不得侮易衣冠华族"(《晋书·石勒载记》)。同时继续采用九品官人制度,如"清定五品,以张宾领选;复续定九品,署张班为左执法郎,孟卓为右执法郎,典定士族,副选举之任";后来又"以牙门将王波为记室参军,典定九流"(《晋书·石勒载记》)。中原的汉世家大族如河东裴宪(裴楷子,仕石赵官至司徒、太傅)、范阳卢谌(卢毓孙,仕石赵官至侍中、中书监)、勃海石璞(石苞曾孙,仕石赵官至司徒)、北地傅畅(傅祗子,仕石赵官至大将军右司马)、颍川荀绰(荀勖孙,仕石赵官至石勒参军)、清河崔悦(崔林曾孙,仕石赵官至司徒左长史)、崔遇(崔琰孙,仕石赵官至特进)、荥阳郑略(仕石赵官至侍中)等,均出仕石氏,做了大官。以后石虎又下令豁免关陇地区的世家大族如安定皇甫氏、胡氏、梁氏,京兆韦氏、杜氏,安定牛氏,陇西辛氏等十七个大姓的兵役,以期取得他们的拥护。中原的一部分世家大族,也就觍颜臣事,开始辅助石赵政权,来压榨和统治汉族和各少数兄弟族人民了。

石勒攻取河北后,即在襄国"立太学,简明经善书吏,署为文学掾,选将佐子弟三百人教之"。不久,又"增置宣文、宣教、崇儒、崇训十余小学于襄国四门,简将佐豪右子弟百余人以教之,且备击柝之卫(宿卫工作)"。设立在都城的学校是培养石赵政权的文武官吏子弟的。同时,石勒还下令"郡国立学官,每郡置博士祭酒一人,弟子百五十人"(《晋书·石勒载记》)。各地地主阶级子弟,入学后经过三次考核,如果成绩优异,就由郡国推荐到中央或地方政府,破格录用。

后赵王朝也和匈奴刘氏王朝一样,采用胡汉分治的政策。石勒曾以中垒将军支雄、游击将军王阳并领门臣祭酒,"专明胡人辞讼"。以张离、张良、刘群为门生主书，"司典胡人出内，重其禁法，不得侮易衣冠华族"。但是法令是法令，羯人欺侮汉人的事，还是经常发生。石勒有一次召见参军樊坦，看到他"衣冠弊坏，大惊曰：'樊参军何贫之甚也！'坦……率然而对曰：'顷遭羯贼无道，资财荡尽。'勒笑曰：'羯贼乃尔暴掠邪！今当相偿耳。'……赐车马衣服装钱三百万"（《晋书·石勒载记》）。当时规定称呼羯人为"国人"、汉人为"赵人"，严禁汉人称羯人为胡人，这次樊坦违犯禁令，石勒没有加以责备。但是，通过这一事件，也可以知道羯族人高出汉人一头，他们随时可以掠夺汉族官吏的财产，至于汉族人民要饱受他们的欺凌，更是不用说了。后赵专设大单于来统率胡羯，石勒初为赵王，即兼大单于，而以石虎为单于元辅。后来石勒称皇帝，以子石弘为太子，子石宏为大单于。石虎因为石勒没有让他做大单于，因而心怀不满。采用胡汉分治政策，就得置大单于来"镇抚百蛮"。石赵的单于台，大概是设置在邺城。

石勒不识字，而喜好文学，常常要人读史书给他听。有一次，他"使人读《汉书》，闻郦食其劝〔汉高祖〕立六国后，刻印将授之。大惊曰：'此法当失，云何得遂有天下！'至留侯（张良）谏，乃曰：'赖有此耳'"（《世说新语·识鉴篇》）。这说明他对历史事件有自己的看法，凭着他的丰富的政治经验，评论历代帝王的是非得失，往往使听者叹服。他钦佩汉高祖刘邦，曾说自己"若逢高皇，当北面而事之，与韩〔信〕、彭〔越〕竞鞭而争先耳。脱遇光武，当并驱于中原，未知鹿死谁手"（《晋书·石勒载记》）。石勒的有些措施，就是效法汉高祖的。在他的统治下，人民要比在西晋末年和前赵时候生活得好一些。

石虎的残暴统治 石勒建立后赵，他的侄子石虎出了很大力量。石勒的父亲名叫周曷朱，石虎的祖父名叫䓁邪，大概是本家兄弟。石虎父寇觅、祖䓁邪，不是早死，便是流亡外出不归，石虎由石勒的父亲周曷朱抚养大，因此有些人说石虎是石勒的堂弟。石勒早年被掠卖到山东，石勒的母亲王氏和石虎留在山西上党。后来据守并州的晋将刘琨想结好石勒，把王氏和石虎送到石勒那里去。这时石虎才十七岁。石虎性残忍，游荡无度；但骁勇善战，屡立大功。石勒称大单于、赵王时，以石虎为单于元辅，都督禁卫诸军事，实际就是代理大单于，掌管胡羯六夷事务，坐镇邺城，权力极大。后来石勒想把邺城作为京都，叫儿子石弘镇邺，并命骁骑将军领门臣祭酒王阳专统六夷，将石虎调回都城襄国，石虎已经感到不满。到了石勒称皇帝，以弘为太子，以弘弟石宏为大单于，而以石虎为尚书令、太尉，封中山王。石虎非常不满，对他的儿子石邃说过："成大赵之业者，我也。大单于之望实在于我，而授黄吻婢儿，每一忆之，令人不能寝食。待主上晏驾之后，不足复留种也。"(《晋书·石季龙载记》)可见在石勒生前，石虎已有在石勒死后夺权的打算了。

公元333年七月，石勒病死，太子弘即帝位。国家权力掌握在石虎手中，虎自为丞相、魏王、大单于，总摄朝政。石勒妻刘氏与彭城王石堪(石勒养子，汉人，本姓田)合谋诛虎，反被石虎所杀。镇守关中的河东王石生和镇守洛阳的石朗起兵讨虎，先后败死。第二年十一月，石虎就废石弘，自称居摄(代理)赵天王。不久又杀石弘及其弟石宏、石恢与弘母程氏。公元335年，石虎迁都于邺。公元337年，他改称大赵天王。公元349年，改称赵皇帝。他是十六国时期出名的残暴统治者。

在民族大迁徙时代，国内少数兄弟族在中原地区建立的政权，其强大与否，是由统辖地区的大小、编户数目的多寡、士兵人数和战斗力的强弱、租调收入的多少来决定的。因此，石赵政权除了拓境辟土之外，还大规模掠夺民户，以补充其兵源的不足和劳动人手的缺乏。石赵掠夺到的汉人及少数民族人民，有好几百万⑦，大都被强迫安置在石赵政权的政治军事中心襄国、邺城和拱卫首都的司（州治邺）、冀（州治信都，今河北冀州）等州郡。他们在掠夺中倘若遇到抵抗，就屠城戮邑，极残酷之能事。石勒杀人不少，石虎杀人尤多。有一次石勒派石虎去攻打青州（治广固，今山东青州西北八里），广固降，石虎坑杀广固的军士三万人；城中尚留下许多平民，石虎还想全部杀尽，石勒所任命的青州刺史刘徵提出抗议，说：“你叔父派我来青州，是要我来管理人民；你如把人杀得一个不剩，我的官也做不成了，只能跟你回去。”石虎为了照顾刘徵的官儿起见，勉强下命令留下男女七百口不杀，由刘徵率领，留在广固⑧。

在石虎的残暴统治之下，人民的兵役、力役负担和所受的苛索，超过任何一代。如石虎“将讨〔辽西〕慕容皝，令司、冀、青、徐、幽、并、雍兼复之家（有免除兵役特权的家族），五丁取三，四丁取二”；没有免役特权的家族，其壮丁尽发为兵，更是不用说了。中原地区的壮丁经过这次征发之后，“合邺城旧军满五十万”（《晋书·石季龙载记》）。石虎又“盛兴宫室于邺，起台观四十余所，营长安、洛阳二宫，作者四十余万人。又敕河南四州，具南师之备；并、朔、秦、雍，严西讨之资；青、冀、幽州，三五发卒，诸州造甲者五十万人。兼公侯牧宰竞兴私利，百姓失业，十室而七。船夫十七万人，为水所没，猛兽所害（采木深山之故），三分而一。……发雍、洛、秦、并州十六万人，城长安未央宫。……又发诸州二十六万人，修洛阳宫。……发近郡男女十六万，车十万乘，运土筑华林苑及长墙于邺北，广长数十里。……暴风大雨，死者数万人”（《晋书·石季龙载记》）。有一次石虎想进攻东晋，下令征调士兵，“课责征士，五人车一乘、牛二头、米各十五斛、绢十匹。诸役调有不办者，皆以斩论。穷民率多鬻子以充军制，而犹不足者，乃自经于道路。死者相望，犹求发无已”（《魏书·羯胡石勒传》）。石虎还大发百姓家女年十三以上、二十以下的三万余人充后宫，地方政府为了取媚讨好起见，强夺已婚而貌美的妇人九千余人充数，故有"夺人妻女，十万盈宫"（《晋书·石季龙载记》）的说法。这样，中原地区的人口，更为减少；生产组织，更为破坏。史称："时众役繁兴，军旅不息，加以久旱谷贵，金一斤直米二斗，百姓嗷然无生赖矣。""海、岱、河、济间，人无宁志矣！""荆、楚、徐、扬间，流叛略尽。"（《晋书·石季龙载记》）人民已不能活下去，激化着的阶级矛盾和民族矛盾，到这时已不可能不爆发了，不管爆发是采取哪一种形式。公元337年，以侯子光为首的农民起义，爆发于关中杜县（今陕西西安市东南）的南山，众至数千人；公元342年，以李弘为首的农民起义，爆发于河北贝丘（今山东高唐东南），参加者数千家。这两次起义虽然很快失败，却说明汉族人民是不能容忍石赵统治者如此残酷的经济掠夺和政治压迫的。

梁犊起义与后赵王朝的衰亡　石虎立子石邃为太子。邃骄淫残忍，好装饰美姬，斩其首，洗血置盘上，与宾客传观。邃又谋杀虎，为虎所觉，虎乃杀邃，并邃妻及邃子女二十六人，同埋一棺之中。虎又立子石宣为太子。宣弟韬有宠于虎，宣使人杀韬；并欲杀虎。事情败露，虎杀宣。东宫卫士十余万人，皆谪配凉州。这十多万东宫卫士，都是从民间征调来的，由于石赵统治集团内部演出父子相残的丑剧，却使他们充军万里之外。这部分士兵至此已认清石赵统治者残忍和淫虐的面目，其中一万多人，自邺城向西北出发，先到达雍城（今陕西凤翔）。在公元349年三月，他们自发地从被迫害阶级的立场上站起来，举起反抗石赵统治者的大旗，推高力督（石宣挑选力气大的人守卫东宫，号称"高力"，设置督将来率领他们，叫高力督）梁犊为首，起兵首义。犊自称晋征东大将军。登高一呼，关中各族人民纷纷加入，"比至长安，众已十万"。石虎子石苞时镇长安，出战而败，保城不敢出。义军鼓行而东，出潼关，破政府军十万于新安。及与政府军会战于洛阳，义军又获大胜，石赵政权到此更摇摇欲坠了。

石虎为挽救自己的命运计,不得不利用羌族部落贵族姚弋仲和氐族部落贵族苻洪这两支武装集团力量去"扫荡"。以兵士为主体的起义,是被镇压下去了。可是氐、羌两武装集团的势力,通过这次军事上的胜利,却日见发展,直接威胁了石赵政权的存在。

当梁犊起义的时候,有始平(今陕西咸阳市西北十五里)人马勖,于洛氏葛谷起兵响应,石虎命石苞全力镇压。石苞杀勖,同时残杀起义人民有三千家之多。梁犊领导的起义,虽亦陷于失败,但是动摇了石赵统治的基础,成为摧毁石赵政权的主要力量。

冉闵的反胡羯斗争 冉闵,内黄(今河南内黄西北)人,父瞻。当西晋政权颠覆的时候,中原地区始终反抗胡羯族统治的,主要是乞活军⑨。乞活军中间,有一支作战特别出色、立场比较坚定的队伍,就是以陈午为首的乞活军。陈午始终在中原地区抗御胡羯各族,临死时还告诫他的部下"勿事胡",冉瞻就是在陈午所领导的这支乞活军里成长的。瞻年十二,为石勒所俘,勒命石虎养瞻为子,冒姓石,瞻子冉闵遂为石虎养孙。闵勇悍善战,早年是石虎为首的石赵统治集团内比较得力的一个将领。

历史上有名的暴君石虎,在公元349年四月愁怖病死。石虎死后,诸子争立,大臣相杀,大将李农畏诛,逃奔广宗(今河北威县东)。那一带是中原地区乞活军的根据地,乞活军为了有利于推翻石赵统治起见,都自动受李农指挥,和李农一起退保上白,这样,李农也和乞活军建立了友谊。冉闵在邺,乘石氏兄弟自相残杀的混乱局势(虎少子石世立三十三日,为兄石遵所杀;遵立百八十三日,为兄石鉴所杀;鉴立百零三日,为冉闵所杀),在回邺任大司马的李农的协助下,夺得了政权。公元351年,冉闵消灭了后赵的残余势力石祇。后赵立国三十二年灭亡。

前面已经讲过,从石勒以来,石赵政权是采取胡、汉分治政策的。胡人入居中原地区的有数十万之多，他们的贵族公开劫掠汉族和各兄弟族人民，石赵政府是毫不过问的。他们骑在汉族人民的头上，压榨并虐杀汉族和各兄弟族人民，达三十年之久。汉族和各兄弟族人民同石赵统治者之间的矛盾发展到了最高点。冉闵为了巩固他的政权，必须依靠汉族，那么必须展开反胡羯的斗争。他下令大开邺城城门，向城中人宣布："与官同心者住，不同心者各任所之。"结果羯人纷纷出城，拥挤得城门都塞住了；百里内的汉人，悉数自动进城。冉闵知道羯人和自己不同心，于是下令杀羯人，不管贵贱男女老幼，一律斩杀，共杀二十余万人⑩。

冉闵展开的反胡羯斗争，原是迫于当时敌我形势而不得不采取的一种斗争形式。但是冉闵在杀胡羯时，不问羯族人的贵族与平民、剥削阶级与被剥削阶级，一概杀尽，不拿武器的妇女、孩提亦未能幸免，这种表现为民族仇杀的报复政策是非常落后的，只能使进入中原地区各兄弟族间的关系更加恶化而已。

由于冉闵所领导的反胡羯斗争顺利展开，中原地区的汉族人民，都支持他建立的政权。闵称皇帝，国号魏，仍都于邺。闵遣使临长江告东晋政府说："胡逆乱中原，今已诛之。若能共讨者，可遣军来也。"（《晋书·冉闵载记》）东晋君臣以闵已称帝，置之不答。

冉闵建立冉魏政权之后，他在政治上的措施是："清定九流，准才授任，儒学后门（即寒门地主），多蒙显进。"（《晋书·冉闵载记》）这正说明他仍走着魏、晋以来封建统治政权的老路，稳定世族，提拔寒门，只是在地主阶层方面下功夫，忽视了广大人民的利益，不肯依靠人民，更无法发掘人民的潜在力量。如他由于猜忌而把与他合作共同消灭羯族的李农杀害了之后，对于与李农有过深厚友谊的乞活军，未见有进一步的联系；那时关中的垒主乡豪，拥三十余壁，聚众五万，以应东晋，冉闵也没有很好和他们取得联络⑪。而冉魏政权卵翼下的世族地主或寒门地主，不但没有反对少数民族统治者的决心，而且为了维护自己的财富和权势地位，有时还会利用机会进行政治投机，从而加速冉魏政权的倾覆。

石赵政权对于中原地区农业生产，起到了相当大的破坏作用，尤其在石虎末年，黄河下游连年饥荒。冉闵为了赈济穷困者，在他的新政权成立时就把政府仓库内的积存粮食，全部散发给贫民。然而由于石赵的残余势力石祗（石虎子）在襄国称帝，纠合氐、羌、鲜卑各族攻冉闵，闵无月不战，要他及时把中原地区的农业生产恢复起来，却是谈不到的了。

以后，冉闵虽终于消灭石祗，而连年战争，实力大损。氐族部落贵族苻健（苻洪子）已率众西归，据有关中；鲜卑慕容氏则自辽西进兵幽、冀，蚕食赵、魏，集中大军精锐攻闵，东晋政府坐视不救，到公元352年，冉魏终于为慕容儁所灭，立国凡三年。

从永嘉（公元307—312年）以来，大死丧、大流徙的结果，"中原萧条，千里无烟"。边徼上各少数民族的移居中原腹地，也更为频繁。如公元318年，氐、羌、胡羯归于石勒者十余万落，徙处河北郡县。公元320年，刘曜徙巴氐部落二十余万口于长安。公元329年，石勒灭刘曜，徙氐、羌十五万落于河北。公元332年，石虎徙秦、雍民及氐、羌十余万户于关东，使氐族部落酋长苻洪为流民都督，居枋头（今河南浚县西南淇门渡）；羌族部落酋长姚弋仲为西羌大都督，率部族数万，移居清河之滠头（今河北枣强东北）。黄河下游，一度布满了氐、羌部族。

冉闵在消灭石赵政权以后，欲驱逐各少数民族的势力于赵、魏地区之外，史称："青、雍、幽、荆州徙户及诸氐、羌、胡、蛮数百余万，各还本土，道路交错，互相杀掠；且饥疫死亡，其能达者，十有二三。诸夏纷乱，无复农者。"（《晋书·冉闵载记》）在这种情况下，氐族酋长苻洪首先率领其部落，由枋头西撤，当时流移在山东、河北一带的关陇流民，也相率归附苻洪，洪众至十余万人。洪死，子健率其众入关，遂在关中建立苻秦政权。羌族酋长姚襄（姚弋仲子）也率其部落六万户西归，进屯杏城（今陕西黄陵西南），图据关中，与苻秦战于三原（今陕西三原），襄兵败被杀。其弟姚苌率羌部落投降苻氏。后苻坚失败，姚苌杀坚，在关中建立姚秦政权。

　　汉人在黄河下游所建立的冉魏政权，既被进入中原内地的少数民族的武装势力包围夹攻，终至消灭，多数汉族人民都不愿在中原地区过着长期被压迫被侮辱和随时可能被虐杀的生活，于是他们就像海潮似地涌向江南，想回到汉人所建立的东晋王朝的统治地区去。河北汉族人民二十万口，已渡过黄河，请求东晋政府派兵应援。东晋政权对于中原地区的人民不大关心，没有很好地去配合接应，使二十万汉族人民受到少数民族统治阶级的攻击，"死亡咸尽"⑫。

---

　　① 参考马长寿《北狄与匈奴》及唐长孺《晋代北境各族"变乱"的性质及五胡政权在中国的统治》，载《魏晋南北朝史论丛》。

　　②《晋书·刘元海载记》："永兴元年，元海……即汉王位，下令曰：'昔我太祖高皇帝，以神武应期，廓开大业；太宗孝文皇帝，重以明德，升平汉道；世宗孝武皇帝，拓土攘夷，地过唐日；中宗孝宣皇帝，搜扬俊义，多士盈朝。是我祖宗，道迈三王，功高五帝。……而元、成多僻，哀、平短祚，贼臣王莽，滔天篡逆。我世祖光武皇帝……祀汉配天，不失旧物。……显宗孝明皇帝，肃宗孝章皇帝，累叶重晖，炎光再阐。自和、安已后，皇纲渐颓……黄巾海沸于九州，群阉毒流于四海。董卓因之，肆其猖勃；曹操父子，凶逆相寻。故孝愍（献帝刘协）委弃万国，昭烈播越岷、蜀。……自社稷沦丧，宗庙之不血食，四十于兹矣。今天诱其衷，悔祸皇汉，使司马氏父子兄弟，迭相残灭。……孤今猥为群公所推，绍修三祖之业。……'乃赦其境内，年号元熙，追尊刘禅为孝怀皇帝。立汉高祖以下三祖五宗神主而祭之。"可见刘渊初起兵时，也是冒称汉后，以期达到迷惑汉族人民，泯没民族成见，以巩固其统治之目的。其国号曰汉，盖有故而然也。

《金石录》叙伪汉司徒刘雄碑云："公讳雄，字元英，高皇帝之胄，孝宣帝元孙。王莽篡窃，远遁边朔，为外国所推，遂号单于。"按雄为渊弟。《晋书·刘元海载记》云："初汉高祖以宗女为公主妻冒顿，约为兄弟，故其子孙遂冒姓刘氏。"而此碑直云出自宣帝，岂渊初起时假此以惑众乎？

③《晋书·刘曜载记》：三年（太兴三年，公元 320 年）……广平王岳为征东大将军，镇洛阳，会三军疫甚……〔永昌元年，公元 322 年〕曜又进攻仇池……兼疠疫甚（《资治通鉴》作"军中大疫"）……疫气大行，死者十三四。

④《晋书·石季龙载记》：龙骧孙伏都、刘铢等结羯士三千，伏于胡天，亦欲诛闵等。《太平御览》卷 120 引《十六国春秋·后赵录》同。按北朝时称琐罗亚斯德教（唐时称为祆教或拜火教）信仰为胡天或胡天神。

⑤《资治通鉴》晋愍帝建兴二年（公元 314 年）：〔刘〕琨……上表曰："东北八州，勒灭其七；先朝（西晋）所授，存者惟臣。勒据襄国，与臣隔〔太行〕山，朝发夕至，城坞骇惧……"胡三省注曰："勒入邺，杀都督东燕王〔司马〕腾；寇信都，杀冀州刺史王斌；袭鄄城，杀兖州刺史袁孚；攻新蔡，杀豫州刺史新蔡王〔司马〕确；袭蒙城，擒青州都督苟晞；克上白，斩青州刺史李恽；攻信都，杀冀州刺史王象；攻定陵，杀兖州刺史田徽；袭幽州，擒王浚；除李恽、田徽，王浚承制所授，是灭其七也。"

⑥《晋书·孝愍帝纪》：建兴五年秋七月，大旱，司、冀、青、雍等四州螽蝗；时石勒亦竞取百姓禾，时人谓之"胡蝗"。

⑦《晋书·石勒载记》：逯明攻宁黑于茌平，降之，因破东燕酸枣而还，徙降人二万余户于襄国。……徙平原乌丸展广、刘哆等部落三万余户于襄国。……支雄、逯明击宁黑于东武阳，陷之，……徙其众万余于襄国。……〔刘〕聪死，……靳准杀〔聪子〕粲于平阳……勒攻准于平阳小城，平阳大尹周置等率杂户六千降于勒，巴帅及诸羌、羯降者十余万落，徙之司州诸县。……石生攻刘曜河南太守尹平于新安，斩之，克壁垒十余，降掠五千余户而归。《资治通鉴》晋咸和三年：后赵将石聪……虏寿春二万余户而归。《晋书·刘曜载记》：上邽（刘曜为石勒将石堪所执，曜余众西保秦州，秦州治上邽）溃，季龙……徙其台省文武、关东流人、秦雍大族九千余人于襄国。《晋书·石勒载记》：季龙克上邽……勒徙氐、羌十五万落于司、冀州。……〔石〕生……徙秦州夷豪五千余户于雍州。……季龙……徙雍、秦州华戎十余万户于关东。……徙秦州三万户于青、并二州诸郡。《晋书·石季龙载记》：索头郁鞠率众三万降于季龙……散其部众于冀、青等六州。……〔季龙〕伐段辽……乃迁其户二万余于雍、司、兖、豫四州之地。……寇〔东晋〕荆、扬北鄙……掠七万户而还。……徙辽西、北平、渔阳万余于兖、豫、雍、洛四州之地。……王擢克武街，……徙七千余户于雍州。

235

⑧《太平御览》卷 120 引《十六国春秋·后赵录》曰：石虎性酷虐无道，降城陷垒，坑斩士女，鲜有遗类。

《晋书·石勒载记》：曹嶷降，送于襄国，勒害之，坑其众三万。季龙将尽杀嶷众，其青州刺史刘徵曰："今留徵，使牧人也；无人焉牧？徵将归矣！"季龙乃留男女七百口配徵镇广固。

⑨《资治通鉴》晋惠帝光熙元年(公元 306 年)：十二月，……时并州饥馑，数为胡寇所掠，郡县莫能自保。州将田甄、甄弟兰、任祉、祁济、李恽、薄盛等及吏民万余人，悉随〔司马〕腾就谷冀州，号为"乞活"。

《晋书·石勒载记》：勒攻幽州刺史石尠于乐陵，尠死之。乞活田湮帅众五万救尠，勒逆战败湮。

《资治通鉴》晋怀帝永嘉元年(公元 307 年)：五月……〔汲〕桑长驱入邺，〔司马〕腾……为桑将李丰所杀。……十二月戊寅，乞活田甄、田兰、薄盛等起兵，为新蔡王腾报仇，斩汲桑于乐陵。

《晋书·东海王越传》：王弥在许……〔越〕召田甄等六率，甄不受命，越遣监军刘望讨甄。初，东嬴公腾之镇邺也，携并州将田甄、甄弟兰、任祉、祁济、李恽、薄盛等部众万余人至邺，遣就谷冀州，号为乞活。及腾败，甄等邀破汲桑于赤桥。越以甄为汲郡，兰为巨鹿太守。甄求魏郡，越不许，甄怒，故召不至。望既渡河，甄退。李恽、薄盛斩田兰，率其众降。甄、祉、济弃军奔上党。

《晋书·石勒载记》：勒攻乞活赦亭、田湮于中丘，皆杀之。

《晋书·怀帝纪》：永嘉三年十一月，乞活帅李恽、薄盛等帅众救京师，〔刘〕聪退走，恽等又破王弥于新汲。

《晋书·东海王越传》：〔越〕留妃裴氏、世子镇军将军毗及龙骧将军李恽并何伦等，守卫京都。……率甲士四万，东屯于项。……永嘉五年，薨于项。……何伦、李恽闻越之死，秘不发丧，奉妃裴氏及毗出自京邑，从者倾城，所经暴掠。至洧仓，又为〔石〕勒所败，毗及宗室三十六王俱没于贼。李恽杀妻子奔广宗。

《资治通鉴》晋怀帝永嘉五年：秋七月，王浚……承制……以田徽为兖州刺史，李恽为青州刺史。建兴元年(公元 313 年)：夏四月……石勒攻李恽于上白(在今河北威县)，斩之。王浚复以薄盛为青州刺史。……五月……石勒遣孔苌击定陵，杀田徽；薄盛率所部降勒(《石勒载记》作"乌丸薄盛执渤海太守刘既，率户五千降于勒"，岂薄盛虽为乞活帅，而本是乌丸族人邪)。

《晋书·石勒载记》：勒时与陈午相攻于蓬关。……勒引师攻陈午于肥泽。午司马上党李头说勒曰："公……当平安四海……有与公争天下者，公不早图之，而反攻我曹流人；我曹乡党，终当奉戴，何遽见逼乎？"勒心然之，诘朝引退。

敦煌石室新出《晋纪》:太兴二年(公元 319 年)夏四月戊寅,振武将军、陈留内史陈午卒。午临卒,戒其众,勿事胡。午者,乞活帅也……时据浚仪,众可五千余人,率勇悍善战。午既死,子赤特尚幼。大帅冯龙、李头等共推午从父川辅相赤特。川遂自号宁朔将军、陈留内史。川本大陵县吏,以法绳下,众心不附。讨樊雅之役,祖逖征兵诸村堡,川使李头将兵之,逖遇之厚……头深德逖……川怒杀头,乃袭其支党,余人奔于逖……川……以浚仪叛。……五月,平西将军伐陈川……石虎济河救之……遂掠豫州诸郡,徙川襄国,留桃豹屯于吹台。

《晋书·祖逖传》:张平余众助〔樊〕雅攻逖。蓬陂坞主陈川自号宁朔将军、陈留太守。逖遣使求救于川,川遣将李头率众援之,逖遂克谯城。……李头之讨樊雅也,力战有勋。逖时获雅骏马,头甚欲之,而不敢言;逖知其意,遂与之。头感逖恩遇,每叹曰:"若得此人为主,吾死无恨!"川闻而怒,遂杀头。……遣将魏硕掠豫州诸郡……遂以众逖附石勒……〔石季龙〕徙陈川还襄国(《石勒载记》作"徙陈川部众五千余户于广宗")。

《晋书·石季龙载记》:张豺与张举谋诛李农。……农惧,率骑百余奔广宗,率乞活数万家保于上白。

《晋书·桓彝传孙石民附传》:时(公元 386 年,丁零翟辽据黎阳)乞活黄淮自称并州刺史,与翟共攻长社,众数千人。石民……击淮斩之。

《宋书·王镇恶传》:弟康……值关陕不守……保金墉城……时有一人邵平,率部曲及并州乞活一千余户屯城南,迎亡命司马文荣为主。

《水经·渠水注》引《陈留风俗传》曰:县有仓颉师旷城,上有列仙之吹台,北有牧泽……梁王增筑以为吹台。……今层台孤立于牧泽之右矣。其台方百许步……晋世丧乱,乞活凭居,削堕故基,遂成二层……世谓之乞活台。

《晋书·慕容德载记》:苻登弟广率众降于德,拜冠军将军,处之乞活堡。

《宋书·垣护之传》:随张永攻碻磝……〔萧〕思话复令渡河戍乞活堡以防众军。

《太平寰宇记》瀛州河间县下有乞活城。

本注参考周一良《乞活考》一文。根据以上一系列材料,可以得出如下结论:

(一)乞活是跟着司马腾撤出并州的武装流民集团。

(二)乞活军在流亡和战斗的过程中,逐渐成长和壮大起来,他们在西晋政权濒于倾覆之际,和进入中原腹地的少数民族统治者作战最力;在西晋政权倾覆之后,乞活军更成为留在中原地区对少数民族的统治者进行反抗斗争的中坚力量。

(三)乞活军的领袖如陈午,临死时尚诫其众"勿事胡",这种坚持斗争的精神是非常可贵的。

(四)由于当时两晋统治者对于乞活军采取分化政策,以致田兰为薄盛、李恽所杀,陈川也杀李头以降石勒。这一方面说明了乞活军领袖之间也自相残杀,具有一般流民集团共有的弱点;另一方面也说明了西晋、东晋政权分化乞活军的结果,只是削弱抗胡力量,有害于抗胡斗争的发展。

(五)乞活军在被石赵政权强制迁徙于广宗、上白等地区以后,经过三十年之久,还能保存力量,等待时机,最后终于配合冉闵、李农,一举而歼灭了石赵政权的残余势力。

(六)在冉闵失败以后,乞活军在中原地区还保有他们光荣的番号,继续进行斗争。当公元419年东晋大将刘裕北伐无结果,汉族的势力再度退出黄河流域之际,乞活军还想拥护司马氏宗室司马文荣在北方树立汉族的政权,这时距离乞活军撤出并州(公元306年),已经有一百一十多年了。

⑩《晋书·石季龙载记》:〔冉闵〕宣令内外六夷,敢称兵仗者斩之。胡人或斩关或逾城而出者,不可胜数。……令城内曰:“与官同心者住,不同心者各任所之。”敕城门不复相禁。于是赵人百里内悉入城,胡羯去者填门。闵知胡之不为己用也,班令内外赵人,斩一胡首送凤阳门者,文官进位三等,武职悉拜牙门。一日之中,斩首数万。闵躬率赵人诛诸胡羯,无贵贱男女少长皆斩之,死者二十余万,尸诸城外;……屯据四方者,所在承闵书诛之,于是高鼻多须,至有滥死者半。

《资治通鉴》晋穆帝永和六年:〔麻〕秋承闵书(诛胡羯之命),诛〔王〕朗部胡千余人。

⑪《晋书·石季龙载记》:石苞时镇长安,谋帅关中之众攻邺。……雍州豪右知其无成,并遣使告晋梁州刺史司马勋,勋于是率众赴之,壁于悬钩,去长安二百余里,使治中刘焕攻京兆太守刘季离,斩之。三辅豪右,多杀其令长,拥三十余壁,有众五万以应勋。

⑫《资治通鉴》晋穆帝永和五年:征北大将军褚裒上表请伐赵……秋七月,加裒征讨大都督,督徐、兖、青、扬、豫五州诸军事。裒率众三万,径赴彭城,北方士民降附者日以千计。……鲁郡民五百余家,相与起兵附晋。……八月,裒退屯广陵。……时河北大乱,遗民二十余万口,渡河欲来归附;会裒已还,威势不接,皆不能自拔,死亡略尽。

第二节　前燕与前秦的对立及苻坚的统一北方

前燕慕容氏的兴起　前燕慕容氏,是鲜卑族的一支。东汉末,鲜卑檀石槐称大汗时,分其地为中、东、西三部,东部二十余“邑”,中部十余“邑”,西部二十余“邑”。宇文氏属东部,慕容氏属中部,拓跋氏属西部。慕容氏肤色较其他鲜卑族人为白,因此被称为"白部鲜卑"。曹魏初年,居辽西;魏晋之际,迁于辽东北。其酋长慕容廆每岁侵扰辽西边境。公元 294 年,徙居于大棘城(今辽宁义县西南),开始了定居的农业生活。公元 307 年至 312 年,西晋覆没,慕容廆自称鲜卑大单于。廆死,子皝于公元 337 年称燕王。公元 343 年,后赵石虎率众二十万攻燕,为皝所败,石赵士兵死亡者八万余人。皝又迁都龙城(今辽宁朝阳),声势日盛,东破夫余及高句丽,攻灭鲜卑宇文部,成为辽西地区唯一的武装势力,为以后慕容儁的入主中原奠定了基础。

西晋末年,匈奴贵族刘曜攻破洛阳和长安,中原的世家大族,举族迁徙,不是南渡江南,便是西投凉州张氏;而山东、河北的世家大族,也有一部分北徙幽州,投奔西晋所任命的幽州刺史世族大地主王浚(太原王氏,王沈之子)。以后王浚政治腐败,石勒要想吞灭王浚的形势非常明显,于是投靠王浚的世家大族,逐渐从幽州转至辽西,投靠平州刺史世族大地主崔毖。慕容氏据有辽西之后,他们也就投靠慕容氏了。这些投靠慕容氏的世家大族有河东裴嶷、裴开,右北平阳耽、阳裕,广平游邃,勃海封抽、封弈、封裕、高瞻,平原宋该、刘赞,兰陵缪恺,鲁国孔纂,西河宋奭,安定皇甫岌、皇甫真等。他们迁徙时大都率领了他们的宗族、乡里、部曲、佃客,如高瞻"与叔父隐率数千家"(《晋书·慕容廆载记高瞻附传》)归慕容氏,就是一个例子。

他们在投靠慕容氏以后,就教导慕容氏一套统治汉族人民的办法,如教他不仇视汉族人民,名义上承认东晋宗主国的地位等等①。其后后赵石勒曾遣使至辽西,慕容廆拘押石勒使臣送江南,以表示对晋室之忠诚。求生不得的中原汉族人民,在这种政治手段笼络下,便大群地流亡到辽水流域来。

慕容氏为了更好地掌握流民,以巩固其统治起见,在公元 310 年,就开始在辽水流域成立中原流亡的地方政府——侨郡、县，"以统流人，冀州人为冀阳郡，豫州人为成周郡，青州人为营丘郡，并州人为唐国郡"（《晋书·慕容廆载记》）。对中原流亡来的汉族人民，赋予一定程度上的优待办法，如免役权等，因此，辽水流域的流民，更为增多，多过原来居住的人民十倍以上②。到了慕容皝称燕王之后，慕容氏的辽西政权已极巩固，对流民的政策，略有改变，公元347年，下令取消郡一级的中原流亡政府成周、冀阳、营丘等郡，而"以渤海人为兴集县，河间人为宁集县，广平、魏郡人为兴平县，东莱、北海人为育黎县，吴人为吴县"（《晋书·慕容皝载记》），都直接隶属于燕国。这样，过去欺骗流民的一套优待办法，也自然取消，流民的负担，也就逐渐加重了。

流移到辽西地区来的汉族人民，都是有熟练的生产技能的，他们的到来，对于辽西土地的开发和农业生产的提高起着决定性的推动作用。慕容皝为了适应当时地狭人多的实际情况，把他过去圈为园苑、牧地的土地也都开放了，任凭流民垦种，并贷给流民以耕牛，田于苑中，开始要对他们实行"公收其八，二分入私"的剥削办法。流民自己有牛而田于苑中的，"公收其七，三分入私"。慕容皝记室参军封裕认为："魏晋虽道消之世，犹削百姓不至于七八。持官牛田者，官得六分，百姓得四分；私牛而官田者，与官中分。百姓安之，人皆悦乐。臣犹曰非明王之道，而况增乎！"慕容皝接受了封裕的意见，下令："苑囿悉可罢之，以给百姓无田业者。贫者全无资产，不能自存，各赐牧牛一头。若私有余力，乐取官牛垦官田者，其依魏晋旧法。"（《晋书·慕容皝载记》）即按照魏晋屯田制土地上的分成办法，采取六四或五五分租③。同时，慕容皝败段氏，掠户五千；破高句丽，掠男女五万余口；灭宇文部，徙其部人五万余落于昌黎（今辽宁朝阳）；袭夫余，虏其部众五万余口；袭后赵幽冀之境，掠三万余家而归。这部分被征服的人民，以及慕容氏统治下的鲜卑族人，也渐渐在生产上农业化了。所以慕容氏的辽西政权，能有较多的户口，养活较多的军队,文化也达到较高水平。

公元 348 年,慕容皝死,子慕容儁继位。慕容氏已有兵二十余万,由于辽西地区农业生产的发展,军队的战斗力也跟着提高。石虎死,公元 352 年儁出兵击灭冉闵,自称燕皇帝,初都蓟城(今北京市),后定都于邺,史称前燕。其地"南至汝、颍,东尽青、齐,西抵崤、黾,北守云中"(《读史方舆纪要》),占有中原地区的今河北、河南、山西、山东广大地区,与关中的苻秦政权平分了黄河流域。

由于慕容氏在其势力未壮大以前,表面上拥护东晋,东晋政权也就信任它,反而不信任消灭石赵政权的冉闵,坐视冉闵被慕容儁消灭而不救。到了冉闵被消灭之后,慕容儁即位称帝,东晋政权派人来和他联络,慕容儁回答:"汝还白汝天子,我承人乏,为中国所推,已为帝矣。"(《晋书·慕容儁载记》)真面目才暴露出来。慕容儁令州郡检查户口,每户留一丁,其余悉数当兵,想凑足一百五十万大军,攻灭东晋和前秦,统一中国。计划还未实现,儁病死(公元 360 年)。太子慕容暐继位,年才十一。儁弟太原王慕容恪(皝第四子)辅政,上庸王慕容评(慕容廆子,慕容皝弟)副赞朝政。慕容恪自公元 360 年辅政,至公元 366 年病死,前后执政凡七年。这七年中间,是前燕王朝政治比较稳定的一个时期。

慕容恪执政之初,由于太师慕舆根主张把政治中心迁回龙城,动摇人心。同时慕舆根还一方面劝说慕容恪废暐自立;一方面又在太后可足浑氏和少主慕容暐跟前说慕容恪、慕容评"将谋不轨",请求给他禁兵诛杀二人。慕容恪不得已杀慕舆根及其党羽。

慕容恪虽综大政,每事必和叔父慕容评商议,"未尝专决。虚心待士,谘询善道,量才授任,人不逾位。官属朝臣或有过失,不显其状,随宜他叙,不令失伦,唯以此为贬;时人以为大愧,莫敢犯者"(《资治通鉴》晋穆帝升平四年)。慕容恪不仅懂得政治,还有军事指挥才能，东晋一度收复的洛阳于公元 365 年失守，就是被慕容恪所攻下的。慕容恪"为将，不事威严，专用恩信；抚士卒务综大要，不为苛令，使人人得便安。平时营中宽纵，似若可犯；然警备严密，敌至莫能近者，故未尝负败"（《资治通鉴》晋哀帝兴宁三年）。

慕容垂的襄邑之胜　公元 367 年四月，慕容恪病危，向慕容暐推荐吴王慕容垂（慕容皝第五子）继任他的大司马职位，以为"吴王文武兼资，管〔仲〕、萧〔何〕之亚，陛下若任以大政，国家可安；不然，秦、晋必有窥窬之计"（《资治通鉴》晋海西公太和二年）。慕容恪死后，慕容评继恪辅政。评性多猜忌，并不以慕容恪的建议为然，结果慕容暐任命其弟中山王慕容冲为大司马，果然出现秦、晋乘机伐燕的局面。

自石赵政权颠覆之后，黄河以南，一度为东晋所收复。慕容暐在慕容恪辅政时，分遣诸将，前后攻陷洛阳、荥阳、许昌、悬瓠（今河南汝南）诸地；继又下泰山，破兖州诸郡，进侵淮南。东晋疆土，自黄河以南、淮水以北，全为慕容氏所占领。东晋大司马桓温为了收复失地，提高自己在江南的政治威望，乘慕容恪初死，前燕政治开始腐败之际，于公元 369 年率兵五万自兖州伐燕，连败燕军，舟师入河，进驻枋头（今河南浚县西南淇门渡），距离前燕首都只有二百来里地。慕容暐、慕容评恐慌异常，已作好逃奔龙城的准备。慕容垂请求慕容暐由他率兵抵御晋师，慕容暐乃以慕容垂为南讨大都督，率兵五万御温。慕容垂派兵切断荥阳石门桓温的水军退路，温远征粮储罄竭，石门又打不开，无法由河入汴，乃焚舟步归。慕容垂追蹑至襄邑（今河南睢县西）大败晋军，晋军死了三万多人。慕容垂这次胜利，把前燕王朝从危亡中拯救了出来。

慕容垂获得这次大胜，反而使他的处境更加困难了。慕容垂曾一再要求燕廷重赏在襄邑之役中"摧锋陷锐"的将士，慕容评却拒不执行，两人嫌隙日深。太后可足浑氏向来憎恶慕容垂，她和慕容评密商，想杀害慕容垂。慕容垂被迫逃奔龙城，走到邯郸附近，慕容评派来追捕他的精骑已到范阳（河北定兴西南）。慕容垂眼看此路不通，只好取山中小道到达河阳（今河南孟州西南），渡黄河至洛阳，再转往长安，投奔苻秦去了。

前燕王朝的衰亡 匈奴的刘氏王朝和羯人的石赵王朝，都是采用胡汉分治政策的。慕容氏在中原建立的前燕王朝，不采用胡汉分治政策。这固然说明慕容鲜卑汉化程度较深，鲜卑、汉族之间隔阂较少。但也产生了新问题，即慕容鲜卑进入中原之后，其王公贵人随着中原地区封建制度发展而逐渐转化为封建贵族。他们在中原地区荫户制度的影响下，开始庇荫了大量的户口。这时中原地区从事农业的编户齐民，苦于兵役的苛繁和租赋的沉重，不得不被迫交出自身的份地，放弃自身的自由，去请求慕容鲜卑的王公贵人和汉世家大族的庇荫。随着庇荫制度的发展，大量的编户齐民成为鲜卑王公贵人和汉世家大族的衣食客和佃客，造成了前燕王朝统治地区内"国之户口，少于私家"、"民户殚尽，委输无人"的严重情况，无形中大大削弱了前燕王朝经济、政治和军事力量。公元 368 年，慕容暐曾接受其尚书左仆射悦绾的建议，下令"一切罢断诸荫户，尽还郡县"。悦绾亲自"厘校户籍"，"纠擿奸伏，无敢蔽匿"（《资治通鉴》晋海西公太和三年），一次就搜括出荫户二十余万户之多（平均一户五口，一百多万人），占全国总人口数的十分之一强。悦绾这样认真搜括荫户，力图强化前燕政权力量，使得以慕容评为首的王公贵人（他们都拥有大量荫户）"怨怒"异常。不久，悦绾就遭他们暗杀，搜括户口的事，也不再进行了④。

慕容氏自龙城迁都邺城之后，其统治集团日益在富裕的生活中腐化了。慕容暐"后宫四千有余，僮仆厮养通兼十倍，日费之重，价盈万金"（《晋书·慕容暐载记》）。邺下政权有兵士四十余万,财政支绌到连士兵的军服都发不出,兵器也缺乏得很⑤。慕容氏统治集团为了满足其骄奢淫逸的生活,更是拼命搜括,霸占山泉,不准人民自由取用,军民饮水,一概纳绢,绢一匹,水二石⑥。剥削这样露骨,阶级矛盾自然更加尖锐。

就在前燕政权"政以贿成,官非才举,群下切齿"(《晋书·慕容暐载记》)的情况下,秦主苻坚于公元 370 年四月,任王猛为统帅,率杨安等六将,步骑六万人,进攻前燕。至七月,王猛自率秦军主力攻壶关(今山西长治东南),命杨安北攻晋阳(今山西太原市西南)。八月,王猛攻下壶关。九月,王猛引兵助杨安攻取晋阳。这时前燕统帅慕容评集中了大军三十万驻扎在潞川(今浊漳河)一带,抵御秦军。王猛进兵与评相持。慕容评以前秦悬军深入,欲以持久制之。但"评性贪鄙,鄣固山泉,卖樵鬻水,积钱绢如丘陵,三军莫有斗志"(《晋书·慕容暐载记》)。王猛派骑兵乘夜从小道绕到燕军后方,烧毁了燕军辎重,慕容暐在邺城也能望见火光,急得派人责备慕容评贪财怕死。慕容评只好出战,结果燕军大败,死者五万余人;秦军乘胜追击,降者又十余万人,这样,燕军主力三十万就轻易地被苻秦所消灭了。王猛从潞川挥军东进,秦王苻坚亲率精锐十万会猛攻邺。这年十一月,慕容暐仅率数十骑逃出邺城,被秦兵追及俘获。苻坚入邺,收其名籍(户口册),凡郡百五十七、县一千五百七十九、户二百四十五万八千九百六十九、口九百九十八万七千九百三十五。坚徙慕容暐及其王公以下并鲜卑四万余户于长安。

前燕自西晋太康六年(公元 285 年)慕容廆统部至慕容暐为苻坚所灭,凡四世,八十五年。自慕容儁杀冉闵(公元 352 年)入主中原,至慕容暐失国,凡十九年。

前秦苻氏王朝的建立　氐族苻氏,世为部落小帅,居于略阳临渭(今甘肃秦安东南)。当西晋政权颠覆之际,略阳氐族也在"戎晋"归附的有利形势下,形成一个大的军事集团,推部落贵族苻洪为首领。洪自称护氐校尉、秦州刺史、略阳公。刘曜在长安称帝，以洪为氐王。公元 329 年，石勒灭刘曜，洪又降于石勒。公元 333 年，石虎徙关中豪杰及羌戎于关东，乃以苻洪为流民都督，率户二万居于枋头，至公元 350 年，苻健撤出枋头，这一支氐人居枋头有十八年之久。

石虎末年，梁犊起义于雍城，进军长安，众至十余万，东出潼关，威胁洛阳，石赵的邺下政权面临土崩瓦解之势。苻洪与羌部落贵族姚弋仲共受石虎命，围攻梁犊军，有功；虎以洪为都督雍秦州诸军事、雍州刺史，镇关中。适石虎死，冉闵不欲苻洪回关中，言于石遵（石虎子，杀其弟石世为帝），免洪都督，洪怒，归屯枋头，遣使降晋。冉闵杀胡、羯，关陇流民相率西归，路经枋头，纷纷归洪，洪众至十余万，自称大都督、大将军、大单于、三秦王。洪不久为石虎旧将麻秋所毒死，子苻健代统其众。健自枋头而西，关中氐人纷起响应，健遂进入长安，据有关陇。公元 351 年，健自称大秦天王、大单于。翌年，改称皇帝，国号秦，史称前秦。

当石赵政权在中原地区的统治土崩瓦解之际，关中的胡、汉人民，纷纷起义，如孔特起池阳（今陕西泾阳），刘珍、夏侯显起鄠（今陕西鄠邑，即原户县），乔景起雍（今陕西凤翔南），胡阳赤起司竹（今陕西周至东南），呼延毒起霸城（今陕西西安市东），众至数万，分遣使者向东晋将领桓温、殷浩两处接洽联络。苻健知道中原地区"民心思晋"，所以在他从枋头入关之时，也打着晋征西大将军、都督关中诸军事、雍州刺史的旗号来作号召；在他抵达关中以后，又遣使向东晋称臣，来缓和关中的民族矛盾和阶级矛盾，到了他称帝建号之后，才正式和东晋断绝联系。

关陇各地的汉族和各少数民族人民到处起义，东晋大将桓温企图利用这种有利形势，收复关陇失地，于公元 354 年，亲率大军四万攻秦。因苻健执行坚壁清野政策，桓温军队在给养问题上遇到困难，只得作战略上的撤退。

由于关中经过梁犊起义，继石赵而起的氐部落贵族建立的苻秦政权，对于其所统治下的人民，不得不减低征取额，以期达到缓和阶级矛盾巩固统治政权的目的。以后苻健又"于丰阳县（今陕西山阳）立荆州，以引南金奇货、弓竿漆蜡，通关市，来远商，于是国用充足，而异贿盈积矣"（《晋书·苻健载记》）。这些措施，对于初期苻秦政权的巩固，曾起了一定的作用。

公元355年，健死，子苻生继位。生淫杀过度，公元357年，苻健弟苻雄之子苻坚杀苻生自立。

王猛辅秦与苻坚统一北方 王猛，北海剧县（今山东寿光）人，家世寒素，以贩畚为业，尝卖畚于洛阳市上。后居于华阴，博学好读兵书。公元354年，东晋大将桓温提兵入关，屡破秦军，进驻灞上。王猛见温，扪虱而谈当世之事，旁若无人。桓温问：我率大军入关，为百姓讨贼，而三秦豪杰还没有人来看我，这是什么缘故？王猛说："公不远数千里，深入寇境，长安咫尺而不渡灞水。百姓未见公心故也，所以不至。"（《晋书·苻坚载记王猛附传》）王猛一针见血地指出桓温的北伐，只是想提高威望，并没有真正恢复关陇失地的雄心，否则，长安城近在咫尺，而桓温为何不渡过灞水去攻取它？不久桓温粮尽将要撤退，署王猛为高官督护，要王猛一起南下。王猛以东晋门阀专政，自己是寒人，东晋王朝不会加以重用，因此仍旧留在北方，不肯随桓温南行。

苻坚在登位前，就知道王猛的名声，并曾约见王猛，谈得十分投机。及即帝位，任猛以政。王猛采取的政治措施，主要是加强中央集权，抑制氐部落贵族势力的无限制发展。

在匈奴、乌桓、鲜卑、氐、羌、卢水胡、賨各族中，由于賨、氐两族在经济生活上，受到汉族巨大影响，其文明程度要较其他少数兄弟族为高。虽然从西汉以来，汉王朝即于氐人的居住地区设置郡县，然而鱼豢《魏略·西戎传》有"氐人……今虽都统于郡国，然故有王侯在其墟落间"之语，可见氐族内部的贵族，并不因汉王朝设立郡县而消灭,换一句话说,也就是氐人的氏族社会残余,并不因汉王朝的统治而基本上有所改变。在民族大移动时代,经常的战争与不断的迁徙,更促进了氐部落的军事组织的巩固和发展。氐族中的一支——苻氏,为时势所迫,被后赵石虎迁徙到关东枋头一带,历时十八年,又从关东退回关中,作为这一支的部落酋长,在流徙与战斗的过程中,对征服领域的防卫,对内对外,都要求强化王权,苻健就在这一情况下,开始建立前秦王朝的。

氐族的部落贵族其实就是奴隶主贵族,由于苻秦所统治的中原内地已经进入典型的封建社会,形成奴隶社会的客观条件不存在,氐族的部落贵族们,不能使自己成为奴隶主一类的统治阶级,被迫而转化为分散性的封建主阶级。王猛的抑制氐部落贵族势力的发展,实际上就是代表中原地区传统的中央集权化专制主义势力,来反对代表奴隶主贵族势力的氐部落贵族。由于王猛的抑制氐部落贵族,其目的在于强化王权,因此,王猛得到苻坚的信任和重用。

苻坚初任王猛为中书侍郎,参掌机要。后转尚书左丞,日益亲近用事。当时的氐族贵族,包括宗室近戚,勋旧重臣,都很嫉妒王猛。氐族大臣樊世,辅佐秦主苻健立有大功,他尤其看不起王猛,曾对王猛说:"吾辈耕之,君食之邪!"王猛回答得也很干脆:"非徒使君耕之,又将使君炊之!"樊世听了很冒火,说:"要当悬汝头于长安城门,不然,吾不处世。"(《资治通鉴》晋穆帝升平二年)后来两人又在苻坚面前发生争执,樊世丑言大骂,苻坚由此发怒,命斩樊世于西厩。氐部落贵族都不服,纷纷攻击王猛,"坚恚甚,慢骂,或有鞭挞于殿廷者。……自是公卿以下无不惮猛焉"(《晋书·苻坚载记》)。王猛对氐部落贵族进行这类斗争,也有一定的策略,他也还拉拢了和他观点相同,即主张中央集权的氐族贵族如尚书右仆射梁平老、尚书左仆射李威、领军将军强汪、司隶校尉吕婆楼等,他们团结在苻坚周围,和氐族贵族中的顽固派进行斗争。苻坚后又迁王猛为侍中、中书令,领京兆尹。京兆是氐贵族集中的地方,不好治理。苻健妻强太后有弟强德,"酗酒豪横,掠人财货子女,为百姓患。猛下车(上任)收德,奏未及报,已陈尸于市。……与〔御史中丞〕邓羌同志,疾恶纠案,无所顾忌。数旬之间,权豪贵戚,杀戮刑免者二十余人,朝廷震栗,奸猾屏气,路不拾遗"(《资治通鉴》晋穆帝升平三年)。

王猛政策的成功,不仅抑制了氐族部落贵族势力的发展;同时,更强化了苻秦的中央权力,不仅使苻坚有"今吾始知天下之有法也,天子之为尊也"(《晋书·苻坚载记》)的感叹,而且,在中央集权下的苻秦政权,还调发王侯富室的僮隶三万人,兴修关中水利,"以溉冈卤之地"⑦,这样就使得"田畴修辟,帑藏充盈"(《晋书·苻坚载记》),似乎可以无敌于天下。

王猛自公元359年为吏部尚书、尚书左仆射、尚书令,灭燕之后,又进位丞相、都督中外诸军事,至公元375年病死,猛为相达十六年之久。史称"猛宰政公平,流放尸素,拔幽滞,显贤才,外修兵革,内崇儒学,劝课农桑,教以廉耻,无罪而不刑,无才而不任,庶绩咸熙,百揆时叙。于是兵强国富,垂及升平"(《晋书·苻坚载记王猛附传》)。这当然是溢美之词,不过在王猛执政期间,秦国政治比较清明确是事实。

自公元357年苻坚即位至370年灭前燕,在这十余年中,前秦国内有个相对安定的环境,所谓"关陇清晏,百姓丰乐,自长安至于诸州,皆夹路树槐柳,二十里一亭,四十里一驿,旅行者取给于途,工商贸易于道"(《晋书·苻坚载记》),在十六国云扰时代,呈现出一种"小康"的气象来了。苻坚就在这个基础上,集中了氐族武装力量,统一了黄河流域。

公元370年,苻坚命王猛灭前燕,擒慕容暐;次年,灭仇池氐杨氏;公元373年,取东晋梁、益二州,于是西南夷邛、筰、夜郎,都归附于坚;公元376年,苻秦又灭前凉张氏;同年,乘鲜卑拓跋氏衰乱之际,进兵灭代;公元 382 年,又命氏族部落贵族吕光进驻西域。于是中原地区全部统一于苻秦王朝势力之下,它的版图"东极沧海,西并龟兹,南苞襄阳,北尽沙漠"(《高僧传·晋长安五级寺释道安传》)。东北的新罗、肃慎,西北的大宛、康居、于阗以及天竺等六十二国,都遣使和苻秦建立友好关系,只有东南一隅之地的东晋,同它对峙。

前凉政权的兴替 前凉张轨,安定乌氏(今甘肃平凉市西北)人。晋惠帝时,他在京城洛阳做散骑常侍。赵王伦当国,张轨看到朝政混乱,想到距离洛阳较远的河西走廊一带,保据一方,所以要求去凉州。永宁元年(公元 301 年),西晋政府发表他为凉州(治姑臧,今甘肃武威)刺史。张轨到任之后,首先稳定了地方的政治局面。当时鲜卑人分布在河西一带的很多,张轨妥予安排,如果鲜卑部落贵族桀黠难制,甚至侵扰地方,轨即加以讨伐。他又延用当地有才干的封建地主阶级中的代表性人物宋配、阴充、氾瑗、阴澹等人作为股肱,来治理凉州,不久就"威著西州"。惠帝永兴二年(公元 305 年),鲜卑若罗拔能有众十余万,自漠北向河西移动,侵入凉州。张轨遣宋配领兵阻击,斩拔能,俘鲜卑十余万口,安置在河西走廊,这一战役更使张轨"威名大震"。西晋永嘉(公元 307 至 312 年)中,怀帝被刘聪、王弥、石勒围困在洛阳城内,"所在使命莫有至者,〔张〕轨遣使贡献,岁时不替"(《晋书·张轨传》)。

洛阳沦陷后,"中州避难来者日月相继"(《晋书·张轨传》),张轨"上表请合秦、雍流移人于姑臧西北,置武兴郡"。"又分西平界置晋兴郡。"(《晋书·地理志》)河西走廊一带,魏晋以来比较荒凉,也不使用铸币。"裂匹以为段数,缣布既坏,市易又难,徒坏女功,不任衣用。"这样以布帛来代替货币职能,已不符合当时经济情况,因此张轨下令铸造五铢钱,"立制准布用钱,钱遂大行"(《晋书·张轨传》),这反映了河西地区经济的向上发展。

晋愍帝在长安即位,张轨派遣了三千人去保卫长安。公元

314年,张轨病死,长子张寔继位,晋愍帝正式任命张寔为都督凉州诸军事、凉州刺史、西平公。张寔以长安受到刘曜的攻击,守御困难,他除了派遣军队救援长安外,还"献名马、方珍、经史图籍"等物。长安失守,愍帝被俘,西晋宗室疏属南阳王司马保(司马懿弟司马馗曾孙)在上邽(今甘肃天水市)自称晋王,由于受到刘曜威胁,想投奔张寔,旋即病死。司马保的残部分散投奔凉州的有一万余人,张寔都予以收容。

公元320年,张寔为其帐下阎沙等所杀,寔弟张茂诛阎沙等,自称凉州牧。公元323年,前赵主刘曜亲率大军二十八万五千西击凉州,沿黄河列营一百多里,扬言要渡河进攻姑臧,河西震动。张茂采纳参军陈珍、马岌的意见,一面出屯于姑臧东面的石头,表示决心抵抗;一面坚壁不战,准备同刘曜打持久战。刘曜知道自己"军势虽盛,然畏威而来者(指氐、羌乌合之众)三分有二,中军(刘曜的主力)疲困,其实难用"(《资治通鉴》晋明帝太宁元年),所以不敢贸然渡河,结果让张茂称藩了事。张茂做了五年凉州牧,史称:"豪右屏迹,威行凉域。"(《晋书·张轨传》)

公元324年,张茂病死,无子,兄张寔子张骏继位,称凉州牧、西平公。不久刘曜为石勒所并,张骏"尽有陇西之地,士马强盛"。他又勤修政治,"刑清国富","境内渐平"(《晋书·张轨传》),说明河西走廊的政局更加稳定了。这时西域诸城邦都派使者送来方物,其中有汗血马、火浣布(石棉布)、犎牛、孔雀、巨象等等及诸珍异品二百多种。张骏并在今吐鲁番地区建置了高昌郡。河西走廊距离江南较远,张骏在位时期,由于仇池(山名,在今甘肃成县西)氐杨氏归附东晋,河西和江南的交通畅通无阻,"自是每岁使命不绝"。同时凉州一直沿用晋愍帝的建兴年号。

公元346年,张骏病死,子张重华继位,称凉州牧、假凉王。后赵主石虎乘张骏新死,命其大将麻秋攻下凉州金城郡(治金城,今甘肃兰州市西北)。张重华任主簿谢艾为中坚将军,拨步骑五千，令其东击麻秋，艾大破麻秋，斩首五千级。公元347年，石虎先后派麻秋、石宁等带领十二万大军，进攻枹罕（今甘肃临夏），前凉枹罕守将张璩率部奋勇抵抗，后赵士卒死伤数万。张重华任命谢艾为军师将军，给与步骑三万，进军濒临黄河。麻秋怕谢艾军队渡河切断赵军归路，麾军后撤，艾乘势进击，大破秋军，斩杀一万三千人。同年五月，麻秋、石宁等再次进兵凉州，七月间长驱渡河，屯兵金城河北（今兰州市北），欲直扑姑臧。谢艾苦战，又大破后赵军，麻秋被迫退至金城。石虎听说麻秋连战连败，还不死心，命令东宫卫士——高力一万多人谪戍凉州，增援麻秋军。高力督梁犊在雍城（今陕西凤翔南）举起反赵的大旗，众至十万，鼓行而东，虽不久失败，但暴君石虎愁怖得病，很快病死，后赵王朝从此瓦解。前凉在抗击后赵的战争中获得胜利，公元349年，"凉州官属共上张重华为丞相、凉王、雍秦凉三州牧"（《资治通鉴》晋穆帝永和五年）。张骏、张重华父子统治前凉时期，其疆域"南逾河、湟，东至秦、陇，西包葱岭，北暨居延"（《读史方舆纪要》），这是前凉政权兴盛的时期。

公元353年，张重华病死，子曜灵继位，年才十岁。重华庶兄张祚辅政，旋废张曜灵，张祚自称凉州牧、凉公。明年又自称凉王。祚淫虐暴乱，人人怨愤。张祚有族人张瓘为河州刺史，镇枹罕，兵力颇盛。公元355年，张祚遣将偷袭枹罕，反为张瓘所败。张瓘进兵姑臧，张祚震惧，怕臣下又拥立张曜灵，派人杀害了张曜灵。敦煌人宋混、宋澄兄弟在姑臧西面合兵一万余人，响应张瓘，攻破了姑臧城。张祚被臣下所杀。张瓘进入姑臧，立张曜灵弟张玄靓为凉王，张瓘自为都督中外诸军事、尚书令、凉州牧，以宋混为尚书仆射。这时张玄靓年才七岁，前凉政权实际掌握在张瓘和宋混两人手中。过了几年，到公元359年，张瓘、宋混两人火并，宋混杀了张瓘，代瓘辅政。张玄靓取消凉王称号，改称凉州牧。公元361年，宋混病死，宋澄代兄辅政。同年，张

玄靓的族人张邕起兵杀宋澄,自为中护军,以张重华之弟张天锡
为中领军,两人一同辅政。张邕又因骄纵专权,被张天锡所杀。
公元363年,张天锡暗杀玄靓,自为凉州牧、西平公。从353年
张重华病死到363年张天锡自立,这十年间,前凉统治阶级上层
争权夺位,自相残杀,前凉政权逐步走向下坡路。张天锡取得政
权后,"荒于声色,不恤政事",并不能挽回前凉的颓势。而当时
正是前秦王朝强盛的时期,公元376年,苻坚征调了步骑十三万
人进攻前凉,张天锡先后征集了十万军队进行抵抗,两军几次合
战,前凉大败,张天锡被迫出降,前凉亡。

　　前凉虽然也是封建地主阶级所建立的地方割据政权,但它
始终对东晋表示忠诚,并且击退前赵刘曜、后赵石虎的一再进
攻,使得河西地区汉族和各兄弟族劳动人民的农业畜牧业生产
不受破坏,中原流亡到河西地带来的人民也得以安定下来,河西
走廊也就成为发展当时汉族先进文化的重要据点。张氏的前凉
完成了这个历史任务,是应该予以肯定的。

　　前凉九主,立国凡七十六年。

前凉世系表

(一) 张轨(301—314)

(二) 张寔(314—320)　　(三) 张茂(320—324)

(四) 张骏(324—346)

(五) 张重华(346—353)　(七) 张祚(354—355)　(九) 张天锡(363—376)

(六) 张曜灵(353)　　　(八) 张玄靓(355—362)

---

①《晋书·慕容廆载记》:征虏将军鲁昌说廆曰:"今两京倾没……琅邪(司马

睿)承制江东,实人命所系。明公雄踞海朔,跨总一方,而诸部犹怙众称兵,未遵道化者,盖以官非王命……今宜通使琅邪,劝承大统,然后敷宣帝命,以伐有罪,谁敢不从?"廆善之,乃遣其长史王济浮海劝进。……〔元帝〕授廆将军、单于……

②《晋书·慕容皝载记》:九州之人,塞表殊类,襁负万里,若赤子之归慈父,流人之多旧土十倍有余,人殷地狭,故无田者十有四焉。

③《晋书·慕容皝载记》:〔皝〕以牧牛给贫家,田于苑中,公收其八,二分入私;有牛而无地者,亦田苑中,公收其七,三分入私。皝记室参军封裕谏曰:"……流人之多旧土十倍有余,人殷地狭,故无田者十有四焉,殿下……克广先业……宜省罢诸苑,以业流人。人至而无资产者,赐之以牧牛,人既殿下之人,牛岂失乎?……且魏、晋虽道消之世,犹削百姓不至于七八,持官牛田者,官得六分,百姓得四分,私牛而官田者与官中分,百姓安之,人皆悦乐,臣犹曰非明王之道,而况增乎?……"皝乃令曰:"览封记室之谏,孤实惧焉。……苑囿悉可罢之,以给百姓无田业者。贫者全无资产,不能自存,各赐牧牛一头。若私有余力,乐取官牛垦官田者,其依魏晋旧法。沟洫灌溉,有益官司,主者量造,务尽水陆之势。……"

④《资治通鉴》晋海西公太和三年(公元 368 年):燕王公贵戚,多占民为荫户,国之户口,少于私家,仓库空竭,用度不足。尚书左仆射广信公悦绾曰:"今三方鼎峙(燕、晋、秦),各有吞并之心。而国家政法不立,豪贵恣横,至使民户弹尽,委输无人,吏断常俸,战士绝廪,官贷粟帛以赡给,既不可闻于邻敌,且非所以为治。宜一切罢断诸荫户,尽还郡县。"燕主从之。使绾专治其事,纠摘奸伏,无敢蔽匿。出户二十余万,举朝怨怒。绾先有疾,自力厘校户籍,疾遂亟,冬十一月卒。

《晋书·慕容暐载记》:暐仆射悦绾言于暐曰:"太宰(慕容评)政尚宽和,百姓多有隐附。……今诸军营户,三分共贯,风教陵弊,威纲不举,宜悉罢军封,以实天府之饶……"暐纳之。绾既定制,朝野震惊,出户二十余万。慕容评大不平,寻贼绾,杀之。

⑤《晋书·慕容暐载记》:其尚书左丞申绍上疏曰:"……后宫四千有余,僮侍厮养通兼十倍,日费之重,价盈万金。绮縠罗纨,岁增常调,戎器弗营,奢玩是务。今帑藏虚竭,军士无襜褕之资……"

⑥《太平御览》卷 334 引《十六国春秋》曰:慕容评性贪鄙,障固山泉,卖樵鬻水,积钱绢如丘陵,三军莫有斗志。

《水经·浊漳水注》引《燕书》:王猛与慕容评相遇于潞川,评障固山泉,鬻水与军,入绢匹,水二石。

⑦《晋书·苻坚载记》:坚以关中水旱不时,议依郑白故事,发其王侯以下及豪望富室僮隶三万人,开泾水上源,凿山起堤,通渠引渎,以溉冈卤之地。及春而成,百姓赖其利。

第三节　淝水之战与苻坚的败亡

苻秦政治的渐趋紊乱　苻坚统一了中原之后,开始营建宫室,器玩也都饰以金银,极为精巧。慕容垂的儿子慕容农偷偷地对他父亲说:"自王猛之死,秦之法制,日以颓靡,今又重之以奢侈,殃将至矣。"(《资治通鉴》晋孝武帝太元二年)说明王猛死后,苻秦的政治已逐渐腐败起来。

庞大的苻秦王朝,和稍前的匈奴人、羯人、鲜卑人建立的前赵王朝、后赵王朝、前燕王朝有其共通之处,即"这不是民族,而是偶然凑合起来的、内部缺少联系的集团的混合物,其分合是依某一征服者的胜败为转移的"(《斯大林全集》第 2 卷,第 292页),它们"是一些各有各的生活方式、各有各的语言的部落和部族的集合体",它们"不曾有自己的经济基础,而是暂时的不巩固的军事行政的联合"(斯大林:《马克思主义与语言学问题》,第 9页)。当时在苻秦王朝境内,关陇一带,布满了卢水胡与羌人;今山西西北部和陕西北部,还是山胡(匈奴族)的驻地;山西东北部和内蒙古一带,又是鲜卑族拓跋氏一支的牧区;河北、辽东以及河南的北部,都布满了慕容氏一支的鲜卑族人;赵魏地区,还有很多丁零人。除此之外,汉族更是当时中原地区的主要人口。以前一些少数兄弟族在中原地区建立的王朝,从其境内的民族关系来说,就已够复杂了。至此,苻坚多消灭一个国家,民族关系的复杂性,多增加一层。本来,在关陇地区,氐族的人口是比较集中而占优势的,可是关陇以外的地区,却还没有烙印过氐族人的足迹(除了苻氏一度驻军枋头以外)。苻坚统一中原地区后(时王猛已死),为了巩固氐族在中原的统治,就在公元 380 年,把三原(今陕西三原)、武都(今甘肃成县西)、九嵕(山名,在今陕西乾县东北)、汧(今陕西陇县南)、雍(今陕西凤翔南)等地的氐族十五万户,采取军事殖民的方式,移殖到被征服地区的各重要方镇去。

军事殖民的方式,系由苻坚分封苻氏子弟和氐部落贵族为军事殖民区的长官,同时也就是这一地区世袭的诸侯。如:以长乐公苻丕(苻坚庶长子)为都督关东诸军事、征东大将军、冀州牧,出镇邺城,领氐族三千户;以仇池氐部落贵族杨膺为苻丕征东大将军府的左司马,领氐族一千五百户;以九嵕氐部落贵族齐午为苻丕征东大将军府的右司马,领氐族一千五百户;杨膺、齐午二人,就成为苻丕长乐公封地的世卿。又如:以毛兴(氐部落贵族)为河州刺史,镇枹罕(今甘肃临夏),领氐族三千户;以王腾(氐部落贵族)为并州刺史,镇晋阳(今山西太原市西南),领氐族三千户;以平原公苻晖为豫州牧,镇洛阳,领氐族三千二百户;以巨鹿公苻叡为雍州刺史,镇蒲坂(今山西永济西蒲州镇),领氐族三千二百户。

这种军事殖民的方式,氐部落贵族是全数赞成的,因为在被征服的地区内,"就靠牺牲人民而造成了新贵族的基础"(恩格斯:《家庭、私有制和国家的起源》,载《马克思恩格斯选集》第4卷,第149页)。

如果王猛不死,他肯定会站在中央集权主义的立场上,来反对这种终究要导致国家分裂的分封制度和军事殖民制度的。我们姑且不管这种军事殖民形式对于以后苻秦的中央集权政治会有如何影响,只消指出,这种落后的军事殖民方式,使苻氏以统治者的姿态,出现于其统治地区之后,氐族的部落贵族,必然对其统治区内的汉族和其他各少数民族人民进行残酷的剥削和镇压,因而使中原地区的阶级矛盾和民族矛盾尖锐化。

另一方面,氐族的人口本来不多,由于从部落发展起来的军事组织,力量比较集中,故能征服其他部落国家,组织集权的中央政府;苻秦政府一旦把氐族十五万户分割到被征服地区的各重要方镇去以后，就造成了氐族武装势力上极度分散的劣势。氐族在关陇的力量，虽然因分散而削弱，相反，自符坚灭前燕慕容氏以后，"徙关东诸豪杰及诸杂夷十万户于关中（内有鲜卑四万余户，徙于长安）；处乌丸杂类于冯翊（今陕西大荔）、北地（今陕西铜川市南）"，丁零翟斌于新安（今河南渑池东），所谓"鲜卑、羌、羯，布满畿甸"（《晋书·符坚载记》），成为符秦王朝的心腹大患，正如赵整《琴歌》所说："远徙种人留鲜卑，一旦缓急当语谁！"可是符坚并没有认识到危机的严重性。

符秦对东晋的斗争　　王猛临死的时候，符坚"访以后事"。王猛只讲了两点："晋虽僻处江南，然正朔相承，上下安和。臣没之后，愿勿以晋为图。鲜卑、西羌，我之仇敌，终为人患，宜渐除之，以便社稷。"（《资治通鉴》晋孝武帝宁康三年）王猛临死时，东晋正是谢安当国的时候，从前人有一副对联："关中良相唯王猛，天下苍生望谢安。"这一南一北的两位地主阶级"贤相"，都有丰富的政治经验，在当时历史上都起过一定的作用。西晋灭东吴，后来隋灭陈，都是"取乱侮亡"，在对方政治极端腐败的时候大举出兵，才把它灭掉。而这时候的东晋，却不是这样，谢安当国，将相同心，政治相对稳定。所以王猛临死时还劝符坚"勿以晋为图"。被符秦征服的鲜卑、羌族上层分子，王猛认为是靠不住的，所以劝符坚分散他们的势力，翦除其中对符秦政权最有威胁的野心家。只有这样，符秦政权才能稳定。王猛的临终遗言，对符秦王朝说来，应该是有决策意义的。

可是符坚已被胜利冲昏了头脑。他认为黄河流域和长江上游广大地区已被他用武力所征服，只有东南一隅，与他为敌。他自恃"强兵百万，资仗如山"（《资治通鉴》晋孝武帝太元七年），日夜想灭亡东晋，甚至下诏任命司马曜（东晋孝武帝）为尚书左仆射、谢安为吏部尚书、桓冲为侍中，先给他们在长安修盖住宅，以备灭晋以后，让他们到长安来居住。

在王猛死前二年（东晋孝武帝宁康元年，公元 373 年），苻坚遣将王统、朱彤率兵二万出汉中，毛当、徐成率兵三万出剑门，进攻东晋的梁、益二州。晋兵连败，苻秦攻下梁、益二州，东晋退守巴东（郡治鱼复，今重庆奉节）、建平（郡治巫，今重庆巫山县）一带。

王猛死后的第三年（东晋孝武帝太元三年，公元 378 年），苻坚命其子长乐公苻丕等率领步骑十七万围攻襄阳。围攻了一年，才把襄阳攻下，生俘东晋襄阳守将朱序。与此同时，苻坚遣将俱难、毛当、彭超等率步骑七万攻下东晋的彭城（今江苏徐州市）、淮阴（今江苏淮阴西南）、盱眙（今江苏盱眙东北）诸城。然后苻秦又集中步骑六万，围攻东晋幽州刺史田洛于三阿（今江苏宝应），三阿去东晋江防重镇广陵（今江苏扬州市）只一百里地，三阿被围，建康震动，沿江布防。东晋宰相谢安遣其弟征虏将军谢石统率舟师屯兵涂中（今安徽滁州、全椒一带），遣兄子兖州刺史谢玄自广陵救援三阿。三阿围解，玄与田洛合众五万，大败秦军，连克盱眙、淮阴，俱难、彭超退兵淮北。苻秦以毛当为徐州刺史，镇彭城，毛盛为南兖州刺史，镇湖陆（今山东鱼台西南），王显为扬州刺史，镇下邳（今江苏睢宁西北）。淮上的战事，胶着在徐州以南、淮水以北一带。

在荆州一线，东晋荆州刺史桓冲（桓温弟）畏苻秦强盛，在襄阳失守前，已把荆州治所从江陵移迁到长江之南的上明（今湖北松滋西北）。公元 381 年冬，苻秦荆州刺史（镇襄阳）都贵派兵二万进犯东晋的竟陵（今湖北潜江），桓冲派兄子桓石虔率水陆军二万大破秦军，斩首七千级，生俘万人。次年九月，桓冲还派将军朱绰进攻苻秦占领下的襄阳，焚烧沔北田稻，夺取民户六百余户而还。公元 383 年五月，桓冲亲率大军十万，进攻襄阳。苻坚派其子巨鹿公苻叡率领步骑五万援救襄阳，桓冲退还上明。

上述苻秦对东晋的局部战争，只是淝水会战前的前哨战，决定双方胜败的大规模的会战正在酝酿中。

公元382年的十月，苻坚召集文武大臣，提出自己的主张，要亲率九十七万大军，一举消灭东晋，让群臣加以讨论。秘书监朱彤随声附和，说什么"若一举百万，必有征无战"，就是说只要大兵压境，东晋就会不战而降。尚书左仆射权翼则带头反对，他认为东晋"君臣和睦，上下同心。谢安、桓冲，江表伟才，可谓晋有人焉。……未可图也"。太子左卫率石越也认为东晋"国有长江之险，朝无昏贰之衅"，因此"未宜动师"。由于多数朝臣反对出兵，这次廷议议而不决。苻坚单独同他的弟弟、阳平公苻融商量，苻融分析了秦、晋双方的情况，指出"晋主休明，朝臣用命"；"我数战，兵疲将倦，有惮敌之意"，当时没有灭晋的可能。他还哭着说出自己最大的心事：鲜卑人、羌人、羯人布满在长安附近一带，他们都是苻秦的仇敌，大军一旦东下，关中将会发生极大危险。苻坚太子苻宏、幼子苻诜、爱妾张夫人，也都规谏苻坚不要出征，苻坚一概不听。鲜卑族的慕容垂、羌族的姚苌却在私下劝苻坚伐晋，慕容垂便以"小不敌大，弱不御强"为理由，请苻坚作出最后决断。事实上在灭掉前凉和攻占梁、益二州以后，苻坚就有进一步征服江东的企图。他对大举伐晋这件事，"内断于心久矣"（《晋书·苻坚载记》），是不可改变的了。

下面我们来分析一下东晋内部的情况。

汉部族很早已经形成，而东晋侨寓政权，正是建筑在民族矛盾上升为主要矛盾这一基础之上的。那时东晋境内的世家大族，兼并土地，相当剧烈，因此失去田园而流亡的农民，往往逃逸山湖，阶级矛盾也日益激化①，但由于强敌压境，江南土著农民和北方流亡到南方的农民，热爱汉族的政权，看到汉族的政权又面临存亡关头，他们是积极支持东晋的抗秦战争的，因此，民族矛盾上升为主要矛盾，而阶级矛盾反居于次要与服从的地位，表面上取得暂时的缓和。作为东晋政权支柱的北方世族大地主和江东世族大地主呢,他们也知道倘使"胡马渡江",他们在江南的庄园利益,首先会受到损害,从他们狭隘的阶层利益打算,也得咬紧牙关,共同对敌。

在东晋江东政权的内部,孝武帝年幼,世族大地主陈郡谢安辅政,桓冲继其兄桓温之位,坐镇荆州。谢安为了培植中央的势力,在桓温过去"土断"政策的基础上,把北来侨民,征募为兵,号称"北府兵",由谢安兄子谢玄负责训练,已经过七年的时间。这支新军的成立,在荆、扬二州的均势上,发生了一定的作用,改变了东晋统治阶级内部的关系。新军士兵的来源,不是其父祖是北方流亡南下的农民,便是本身是冲破少数民族统治者所布置的封锁线而来到江南的农民,热爱汉族政权之情之真,收复失地之情之切,异乎一般的兵士,因此,兵额虽少——不满十万人,而战斗意志,却极坚决。与此相反,苻坚军队虽然号称百万,除了氐族之外,十之八九是汉族人民和其他各少数民族人民,他们被强迫征发而来,根本不愿意作战,哪里还谈得到旺盛的战斗意志呢!

淝水之战 公元383年七月,苻坚下令进攻东晋。他规定在苻秦的统治地区内,所有公私马匹,全部征用。平民每十丁抽出一丁当兵。"良家子"(门第比较高的富家子弟)年二十以下有材勇者,都授与羽林郎的官号。良家子来从军的有三万余骑,苻坚任命秦州主簿赵盛之为少年都统,统率这些羽林郎。到八月二十六日,苻坚任命苻融为前锋都督,指挥慕容垂等所率步骑二十五万先行;任命姚苌为龙骧将军,带领蜀军东下。九月初二,苻坚从长安出发,"戎卒六十余万,骑二十七万,前后千里,旗鼓相望。坚至项城(今河南沈丘),凉州之兵,始达咸阳,蜀汉之军顺流而下,幽冀之众至于彭城,东西万里,水陆齐进。运漕万艘,自〔黄〕河入石门(即河南荥阳石门,过此石门入菠荡渠,可通汴水),达于汝颍"(《晋书·苻坚载记》)。这支声势浩大的百万大军,在出师前被苻坚吹嘘为"投〔马〕鞭于〔长〕江,足断其流"(《晋书·苻坚载记》），实际投入战斗的，只有苻融指挥的到达颍口（今安徽颍上）的三十万先遣部队。

东晋王朝发表了谢石为征讨大都督（元帅）、谢玄为前锋都督，与将军谢琰（谢安子）、桓伊等率众八万，抗击秦军。又命将军胡彬，率水军五千增援淮南军事重镇寿阳（今安徽寿县）。谢玄率领的北府兵，便成了淝水之战中晋军的主力。

这年十月，秦军就在苻融指挥下，渡过淮水，攻下寿阳，生擒晋将徐元喜。晋将胡彬听到寿阳陷落的消息，退保硖石（在今安徽寿县西北。淮水流经山峡中，两岸山上各有一城，是屏障淮南的重要据点）。苻融要消灭东晋这支在淮水上的援军，命将军梁成率兵五万，屯扎洛涧（即今安徽淮南市东淮河支流洛河），不但把淮水水道截断，使胡彬的水军无法东撤；同时也巩固了寿阳秦军的东面防务。谢玄军主力自东向西推进，忌惮梁成军，到达距离洛涧二十五里地就停止前进。胡彬困守在硖石，粮食快要吃完，派人报告谢石说：“今贼（指秦兵）盛粮尽，恐不复见大军。”秦军捉到送信的人，把他送到苻融那里。苻融赶忙派人去项城报告苻坚说：“贼（指晋兵）少易擒，但恐逃去，宜速赴之。”（《资治通鉴》晋孝武帝太元八年）苻坚听到这个新情况，便把大军留在项城，自己只带轻骑八千，赶往寿阳。

苻坚到了寿阳，派原东晋襄阳守将朱序前往晋营，说谢石等投降。朱序私下对谢石说：“若秦百万之众尽至，诚难与为敌。今乘诸军未集，宜速击之；若败其前锋，则彼已夺气，可遂破也。”（《资治通鉴》晋孝武帝太元八年）谢石本来采取了消极的防御方针，“欲不战以老秦师”。这时接受朱序的建议，决定趁秦军尚未全部集中，对它的前锋发起攻击。到下一个月，谢玄便派前锋刘牢之带了北府精兵五千人急行到洛涧，奋勇渡河，阵斩秦将梁成及其弟梁云，秦步骑奔溃，抢渡淮水，士卒溺死的有一万五千人。刘牢之纵兵追击，生擒秦扬州刺史王显等人，缴获秦军丢弃的全部军械。洛涧这一仗的胜利,对淝水战争的全局,是起决定性影响的。晋军水陆并进。苻坚同苻融登上寿阳城,看到晋兵布阵严整。又望见八公山(在寿县城北四里)上的草木,以为都是晋兵。苻坚有点害怕了,回头对苻融说:"这也是劲敌啊,怎么能说他们的力量弱呢!"

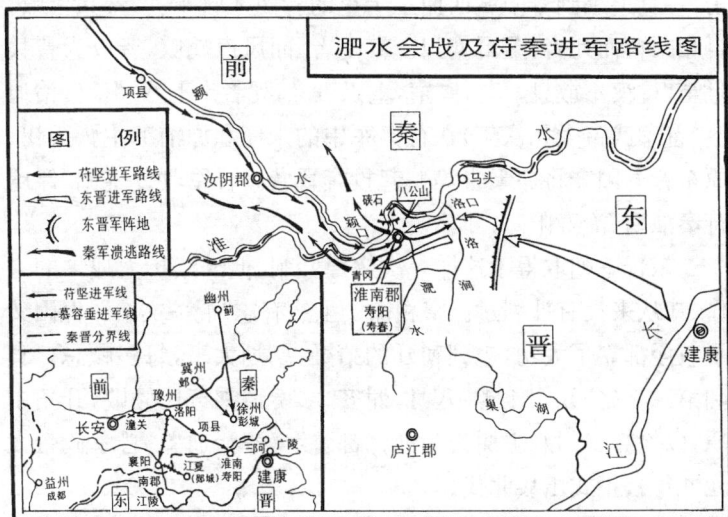

淝水会战及苻秦进军路线图

秦兵靠着寿阳城东面的淝水布阵。晋兵进至淝水东岸,两军隔水相望。谢玄派人去对苻融说:"君悬军深入,而置阵逼水,此乃持久之计,非欲速战者也。若移阵少却,使晋兵得渡,以决胜负,不亦善乎!"秦军将领都说:"我众彼寡,不如遏之,使不得上,可以万全。"这个意见是正确的,在兵法里也有这样一句话,"不动如山"(《孙子·军争篇》),就是说军队驻守时像山岳一样,不可动摇。苻坚、苻融却认为可以同意晋方的要求,苻坚说:"但引兵少却,使之半渡,我以铁骑蹙而杀之,蔑不济矣。"这也是符合在江河地带行军作战的处置原则的。《孙子·行军篇》就说:"客(敌军)绝(横渡)水而来,勿迎之于水内,令半济而击之,利。"

由于这时敌军横渡江河，首尾不接，行列混乱，攻击比较有利。苻融于是麾军稍退。可是被迫当兵的汉人和其他被奴役的各族人，他们不愿作战，一退即不可止。秦军阵势大乱，不可收拾。谢玄等引兵渡水猛攻。苻融驰骑略阵，想阻止秦军盲目退却，马倒，为晋军所杀。秦军指挥无主，更溃不成军。谢玄等乘胜追击，一直追杀到寿阳城西面三十里的青冈才收军。"秦兵大败，自相蹈藉而死者，蔽野塞川。其走者，闻风声鹤唳，皆以为晋兵且至，昼夜不敢息，草行露宿，重以饥冻，死者十七八。"（《资治通鉴》晋孝武帝太元八年）在苻秦军中的朱序和原前凉主张天锡、原东晋寿阳守将徐天喜等一起投奔晋营。晋军收复寿阳，俘虏苻秦淮南（治寿阳）太守郭褒。

东晋王朝取得了这样一次辉煌胜利，但继续扩大战果的工作，却从来没有计划过。宰相谢安虽然有志"混一文轨"，但因父子叔侄都立了大功，遭到朝廷的猜疑，擘划大事，每多顾忌。直到第二年（公元384年）八月，谢安才"奏请乘苻氏倾败，开拓中原，以徐兖二州刺史谢玄为前锋都督"（《资治通鉴》晋孝武帝太元九年），正式出兵北伐。

在这以前，晋军在淝水大捷胜利形势推动下，东起淮、泗，西至荆、襄，已在陆续出击。公元384年正月，刘牢之进克谯城（今安徽亳州）。桓冲也派上庸（郡治上庸，今湖北竹山西南）太守郭宝攻取魏兴（郡治西城，今陕西安康西北）、上庸、新城（郡治房陵，今湖北房县）三郡。还派竟陵（郡治石城，今湖北钟祥）太守赵统进攻襄阳。同时，晋将杨佺期又进据成固（今陕西城固），击走苻秦梁州刺史潘猛。二月间桓冲病死，赵统在继任荆州刺史的桓石民（桓冲兄子）支援下，于四月攻取襄阳，苻秦荆州刺史都贵狼狈逃跑。五月，东晋梁州刺史杨亮（杨佺期父）便率部五万伐蜀。同年十二月，秦梁州刺史潘猛放弃汉中，逃奔长安。到第二年四月，晋军终于攻克成都，收复益州。这样，淝水战争前被苻秦占领的东晋梁、益二州和战略要地襄阳,都给东晋收复了。

谢玄接受北伐的任务,于公元384年八月攻下彭城(今江苏徐州市)。九月又派刘牢之攻下鄄城(今山东鄄城北旧城,前秦兖州刺史治所),河南城堡,望风归附。十月,晋军进伐青州(州治东阳城,今山东青州),军至琅邪(治开阳,今山东临沂北),前秦青州刺史苻朗(苻坚从兄子)来降。谢玄分遣诸将,一度把军事力量推进到碻磝(在今山东茌平西南古黄河南岸)、滑台(今河南滑县东南)。公元385年,刘牢之还渡河攻占黎阳(今河南浚县东北),并进军邺城。东晋君臣们所谓"开拓中原",或是"经略旧都",只是想收复黄河以南地区。刘牢之以一军渡河北攻,曾因骄傲轻敌,被慕容垂所败,部众损失了几千人。随后入邺城,"收集亡散,兵复少振",慕容垂被迫北趋中山(治卢奴,今河北定州),以避晋军的兵锋。可是东晋王朝借口刘牢之在这次战役中打过败仗,就把刘牢之的军队从河北前线撤回来了。其实河北和关中地区不能恢复,河南地区照样不能确保。淝水之战以后不到十年左右,东晋收复的洛阳、虎牢、滑台、碻磝这些黄河以南的战略要地,一个一个地丢失,慕容德(慕容垂弟)甚至在青州(今山东东部)建立起南燕王朝来,这是历史事实的最有力说明。

淝水战前,少数民族上层分子在中原地区建立的政权,如前赵、后赵、前燕、前秦,国力都比较雄厚,随着政治、军事形势的发展,它们都有统一中原的可能,或已统一中原。所以东晋庾翼、桓温等想要北伐,主观上虽抱着收复中原的宏愿,结果却受到客观条件的限制。淝水战后,北方再度分裂,其中武力较为可观的如后燕(慕容垂)、后秦(姚兴),但都没有统一中原的力量;其武装力量、政治条件不如后燕、后秦的,更不用说了。中原既没有统一的力量出现,那么,统一中原的,不是塞外的鲜卑族,便是江南的东晋。而当淝水战后,纷争云扰的局面揭开的时候,北魏拓跋珪刚开始他的复国运动,要巩固他的恒代政权,还不大容易,哪里能谈得到立刻入主中原呢？从这一点看来，淝水之战，是民族大移动中的最大一次战争，也是决定南北能否统一的一次战争。战争的结果，理该不是北方的少数民族王国——苻秦消灭南方的汉族王朝东晋，便是东晋收复中原。可是却出现了南北对峙的局面，主要的原因，在于东晋统治集团苟安江南，没有收复中原失地的决心。

上节提到，东晋的统治集团，从他们狭隘的阶层利益出发，不得不抗御苻秦，淝水一战，氐贵族是打败了，追击氐贵族的时机到来了，可是他们只想保全他们在江南的庄园，并没有统一中国恢复河山的要求。虽以北府兵之善战，收复了黄河以南的今河南、山东广大地区，荆州军又克复了蜀地和汉中，而东晋王朝对于黄河以北、潼关以西的地区，却弃而不顾。不但如此，就是对于已收复地区内曾长期受各少数民族统治者奴役的汉族人民，不但没有解除他们的痛苦，而且还四出抄掠"生口"，作为奴婢，俘虏他们到江南世族庄园内去强制劳动，过着非人的生活②。东晋统治集团中的有些人更是胡作非为。在黄河流域再度分裂之后，关中汉族人民千余家自拔南奔，东晋的戍防将领，还诬蔑他们为"游寇"，杀其男丁，虏其子女③。这样，只能给中原人民带来更大的失望。

中原既没有统一的力量出现，东晋的统治阶级又是苟安江表，志在抄掠"生口"，没有收复中原的决心，塞外拓跋氏的势力，在毫无阻拦的情势下，便逐渐发展起来。公元 395 年，参合陂（今内蒙古凉城西北）一役，拓跋氏歼灭了后燕慕容垂的骑兵主力八万人。公元 402 年，蒙坑（今山西襄汾东南）一战，拓跋氏又消灭了后秦姚兴的步骑各兵种四万人，于是率领其善战的骑兵部队，"入主中原"，统一了黄河流域。

前秦王朝的灭亡　苻坚在淝水大败时，身上中了流矢，单骑逃到淮水北岸。他强迫征调来的军队，绝大部分已经溃散，只有慕容垂带领的一支三万人的军队,在公元383年十月间奉命出击东晋的郧城(今湖北安陆),没有参加淝水会战,完整地保全了下来。这年十一月,苻坚从寿阳前线到了慕容垂军中,慕容垂护送他前往洛阳。苻坚沿路收集散兵,到达洛阳时有了十多万人。同年年底,苻坚回到长安。

这时河北局面不稳。慕容垂要求到邺城去祭扫先人陵墓,同时安抚河北,苻坚答应了。慕容垂脱离苻坚不久,就自称燕王,打起复国的旗号。鲜卑、丁零、乌桓各族人纷起响应,部众很快发展到二十多万人,东进争夺邺城。到公元386年年初,慕容垂自称皇帝,定都中山。河北广大地区终于被他占领了。

苻坚南征时,命太子苻宏监国。留氏族弱卒数万人戍守长安。当时"鲜卑、羌、羯,攒聚如林"(《晋书·苻坚载记》),关中形势对于苻秦王朝极不利。苻坚败归长安不久,鲜卑贵族慕容泓(前燕主慕容暐弟)招集被奴役的马牧鲜卑,众至十余万人,屯兵华阴。苻坚令其子巨鹿公苻叡率领羌部落贵族姚苌等领兵五万,进攻慕容泓。苻叡粗猛轻敌,又不顾士卒死活,结果战败,为慕容泓军所杀。姚苌一方面怕苻坚加罪于他,一方面也看到氏人势力已衰,羌族是关中的一支巨大力量,只要把留在关中的鲜卑人赶出潼关,羌族就可以取代氏族而称王关中。姚苌于是出奔渭水北岸,在羌人和西州豪族的支持下,自称大将军、大单于、万年秦王。公元384年夏进屯北地(郡治泥阳,今陕西耀州东南)。苻坚亲率步骑二万进攻姚苌,先胜后败。后因慕容冲军逼近长安,苻坚只得引兵回长安。

慕容冲是慕容泓的弟弟。慕容泓的部下杀泓立冲,进逼长安。从公元384年六月到第二年六月,长安被包围了一年之久。慕容冲"纵兵暴掠,关中士民流散,道路断绝,千里无烟"(《资治通鉴》晋孝武帝太元十年)。公元385年五月,苻坚留太子苻宏守长安,自率数百骑,和妻张夫人,幼子苻诜,二女苻宝、苻锦逃往五将山(今陕西岐山东北)。到了七月,姚苌派骑兵包围五将山,活捉了苻坚及其家属,苻坚被勒死在新平(郡治漆,今陕西彬县)佛寺里,张夫人、苻诜等都自杀。

苻坚的太子苻宏守不住长安,率领数千骑兵和母、妻等逃奔武都(今甘肃成县西八十里),辗转投奔东晋。

淝水战前,苻坚以庶长子苻丕镇邺城。淝水战后,慕容垂起兵反秦,率部二十多万人,围困邺城,"苻丕在邺粮竭,马无草,削松木而食之"(《晋书·苻坚载记》)。慕容垂见邺城一时攻不下来,北屯新城(今河北肥乡西),想诱使苻丕西归。可是苻丕并没有撤出邺城,反而向东晋统兵北伐的谢玄求援。谢玄派刘牢之等率兵二万自黎阳东援邺城,并由水陆两路运米二千斛,来接济邺城守军。后来晋将刘牢之奉命撤兵,苻丕只得放弃邺城,率邺中男女六万余口,往西退至晋阳(今山西太原市西南)。苻丕到达晋阳后,始知长安失守,苻坚已死,苻宏投奔东晋,他就在晋阳称起皇帝来了。氐族的根据地在关中,苻丕要谋发展,还得返回关中。苻丕留大将王腾守晋阳,自己带领步骑四万,进占平阳(今山西临汾市西南)。当时关中的鲜卑族人在慕容永率领下,正向关东撤退,因河南已为晋军占领,要经由河东回到河北去,苻丕却不允许他们假道,引起了一场激战,结果苻丕大败,率数千骑南奔东垣(今河南新安东)。他想偷袭洛阳,遭到晋将冯该的邀击,被冯该所杀。他的残余势力,大部分回到关中,小部分为西燕慕容永所接收。这是公元386年十月间的事情。

苻坚族孙苻登,勇悍善战。枹罕(今甘肃临夏)的氐族豪帅推举他为都督陇右诸军事、雍河二州牧,他率兵五万东下,攻取南安(郡治獂道,今甘肃陇西东南)等地。苻丕既死,关陇的氐族残余势力拥护苻登做皇帝。当时胡、汉各族归附他的有十余万人之多。他和姚苌及其弟硕德连年作战,互有胜负。到公元394年,为姚苌子姚兴所败,兵溃被杀。苻登子苻崇奔湟中(今青海西宁、湟中一带），为西秦乞伏乾归所逐杀。前秦亡。自公元 350 至 394 年，前秦立国凡四十五年而亡。

前秦苻氏世系表

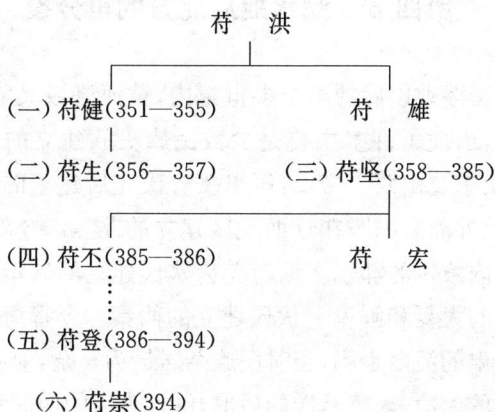

```
                    苻  洪
        ┌────────────────────────┐
  （一）苻健(351—355)          苻  雄
        │                         │
  （二）苻生(356—357)    （三）苻坚(358—385)
        ┌────────────────────────┐
  （四）苻丕(385—386)          苻  宏
        ┆
  （五）苻登(386—394)
        │
  （六）苻崇(394)
```

①《世说新语·政事篇》注引《续晋阳秋》曰：自中原丧乱，民离本域，江左遭创，豪族并兼，或客寓流离，名籍不立。太元（公元 376—396 年）中，外御强氏，搜简民实，三吴颇加澄检，正其里伍。其中时有山湖遁逸，往来都邑者。后将军〔谢〕安方接客时，人有于坐言宜纠舍藏之失者。安……以强寇入境，不宜加动人情，乃答之云："卿所忧在于客耳，然不尔，何以为京都？"

②《晋书·殷仲堪传》：谢玄镇京口……以为长史……仲堪致书于玄曰："胡亡之后，中原子女鬻于江东者，不可胜数。骨肉星离，荼毒终年，怨苦之气，感伤和理。……当世大人既慨然经略，将以救其涂炭，而使理之于此，良可叹息！愿节下……隐心以及物，垂理以禁暴，使足践晋境者必无怀戚之心……顷闻抄掠所得，多皆采相饥人，壮者欲以救子，少者志在存亲，行者倾筐以顾念，居者吁嗟以待延。而一旦幽絷，生离死绝，求之于情，可伤之甚！……必使边界无贪小利，强弱不得相陵，德音一发，必声振沙漠，二寇（慕容垂、姚苌）之党，将靡然向风，何忧黄河之不济，函谷之不开哉！"

③《法苑珠林》卷 82 引《冥祥记》：晋张崇，京兆杜陵人也。晋太元中，苻坚既败，长安百姓有千余家，南走归晋，为镇戍所拘，谓为游寇，杀其男丁，虏其子女。崇与同等五人，手脚共械，衔身掘坑，埋筑至腰，各相去二十步，明日将驰马射之。……

崇……夜中械忽自破，上得离身，因是便走，遂得免脱。……遂至京师，具列冤氏
（抑），帝乃悉如（加）宥，已为人所略卖者，皆为编户。

第四节　淝水战后北方的再分裂

在前秦溃败以后的半个多世纪内，黄河流域又陷入分裂割
据的局面，出现了许多主要是少数民族贵族建立的割据政权。
今河北、山东及山西一带，有鲜卑慕容氏先后建立的后燕、西燕
和南燕，此外尚有冯跋在辽西地区建立的北燕。今陕西和甘肃
的东部及内蒙古的鄂尔多斯有羌族姚氏建立的后秦，匈奴族赫
连氏建立的大夏和鲜卑乞伏氏建立的西秦。今青海乐都、西宁
一带和甘肃的河西走廊，当时民族杂居最为复杂，前后出现了鲜
卑秃发氏的南凉，氐族吕氏的后凉，汉人李氏的西凉和卢水胡沮
渠氏的北凉。其中后燕和后秦比较强大，它们全盛的时候，武装
力量都在二十万人以上。有的只是昙花一现，如氐族吕氏的后
凉，只靠七万多军队，维持对河西走廊的军事统治，不过十多年，
随着它的军事力量的衰退，这个政权也就被消灭。有些政权虽
亦历时不长，但建立这些政权的少数民族，在当地生息已久。乞
伏鲜卑在今甘肃靖远、榆中一带，秃发鲜卑在今青海乐都、西宁
一带，都居住了一个多世纪，卢水胡沮渠氏居住在今甘肃张掖的
黑河流域，甚至达五六百年以上。他们本部落的人数并不多，被
部落贵族武装起来用以控制面积不大的地域，是有力量的。如
果部落贵族要开疆拓土，和邻近的部落贵族长期进行无穷无尽
的战争，那就会给其部落的人民带来巨大灾难。部落内部的阶
级分化本来是不显著的，酋豪的得势，粗具规模的政权的建立，
阶级的分化也就剧烈起来。部落贵族上层在富裕生活中腐化
了，下层人民在长期的混战中大批地死亡，农业和畜牧业生产遭
到严重的破坏，部落人民穷困了，部落经济衰落了，建立在部落

基础上的割据政权也就衰败下来了。

这些少数民族政权的统治者,看到自己部落人民穷困、经济衰落,越发要掠夺别的部落的劳动人手①,掠夺别的部落的畜产和庄稼,依靠掠夺当然不能挽救其灭亡的命运,结果还是逐个地被消灭了,最后,北魏王朝统一了中原地区。中原的汉族人民和各族人民在生产无法进行、生命没有保障的严酷情况下,是希望出现这种统一的。

后燕与西燕 淝水之战后,慕容垂在苻坚同意下回到了邺城。这时丁零的翟斌在洛阳附近新安一带起兵反秦,镇守邺城的苻坚庶长子苻丕拨兵两千给慕容垂,并派宗室苻飞龙带领氏族骑兵一千为慕容垂的副手,前去镇压翟斌。慕容垂在行军途中袭杀了苻飞龙和一千氏族骑兵,正式同苻坚决裂了。

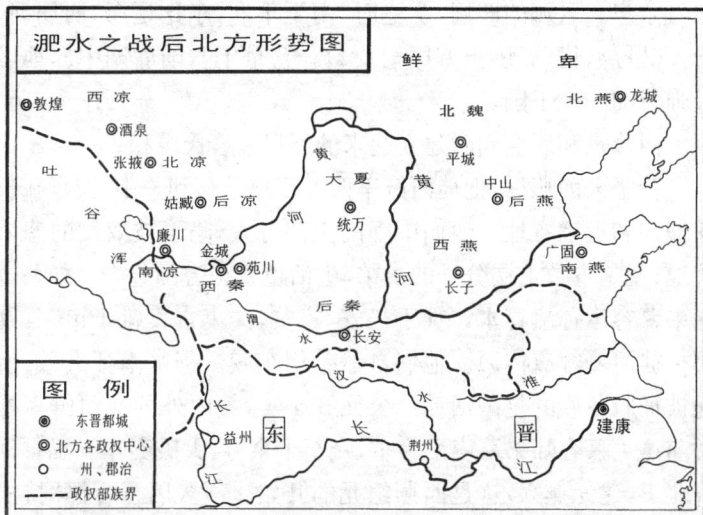

淝水之战后北方形势图

图例
◎ 东晋都城
◉ 北方各政权中心
○ 州、郡治
--- 政权部族界

公元 384 年冬,慕容垂渡过黄河转移到洛阳附近,和翟斌联军进攻洛阳。后来因为洛阳是四战之地,而鲜卑族的势力大都在河北,所以就引兵东下。他在荥阳自称大将军、大都督、燕王。

随后自石门(荥阳石门即汴口)渡黄河,向邺城进发。这时部众发展到二十多万人。这二十多万人中,除了鲜卑族人外,有不少丁零、乌桓族人。

苻丕固守邺城,慕容垂屡攻不下,史称:"燕、秦相持经年,幽、冀大饥……邑落萧条。燕之军士多饿死;燕王垂禁民养蚕,以桑椹为军粮。"(《资治通鉴》晋孝武帝太元十年)河北的农业生产,遭受严重破坏。到公元385年八月,苻丕撤出邺城,西往晋阳,整个河北地区都落进慕容垂手中。公元386年正月,慕容垂自立为皇帝,定都中山(今河北定州),改元建兴,史称后燕。

公元392年,慕容垂攻下滑台(今河南滑县东南),消灭了丁零翟氏所建立的魏国,取得翟魏所统七郡三万余户②。394年,又攻下长子(今山西长子西)和晋阳,灭西燕,取得西燕所统八郡七万余户。后燕的四境,全盛时"南至琅邪,东讫辽海,西届河、汾,北暨燕、代"(《读史方舆纪要》)。它是十六国后期中原地区最强盛的一个王国。

西燕是和后燕同时建立起来的鲜卑慕容氏政权。

苻坚灭前燕后,把徒河鲜卑四万多户迁移到关中,安置在长安城内和近畿各地。他们中间的大部分人,陷于被奴役的悲惨境地;就是少数上层分子的子弟,生活也变得穷困起来。如慕容廆弟慕容运孙慕容永,"徙于长安,家贫,夫妻常卖靴于市"(《魏书·徒河慕容廆传》)。他们自然希望东归。苻坚南征失败,引起被征服各族的复国活动。公元384年,关内外的徒河鲜卑推举前燕主慕容晭弟慕容泓为主,众至十余万,大破秦军。泓自称济北王,建元燕兴,这是西燕纪元的开始。不久因慕容泓"持法苛峻",鲜卑贵族又杀泓而立其弟慕容冲。慕容冲率众进围长安,就在长安城西的阿房(在今陕西西安市西)自称皇帝。苻坚和太子苻宏相继出走后,慕容冲占领了长安。他留恋长安,"且以慕容垂……跨据山东,惮不敢进,课农筑室,为久安之计。众咸怨之"(《魏书·徒河慕容廆传》)。他的部将就利用鲜卑军民的怨怼情绪,攻杀了他,改立鲜卑贵族段随为燕王。燕宗室慕容恒、慕容永又袭杀段随,立慕容恒子慕容颙为燕王。他们顺应鲜卑族人思归的心理,率鲜卑男女三十余万口离长安东去。途中慕容韬(慕容恒弟)诱杀慕容颙,慕容恒改立慕容冲子慕容瑶为燕帝。慕容永又杀慕容瑶,立慕容泓子慕容忠为帝。不久,慕容忠又为鲜卑贵族所杀。由于慕容永"持法宽平",鲜卑贵族就在公元 386 年的六月,推慕容永为大将军、大单于、河东王,率领这个鲜卑族武装流亡集团继续东进。

关中鲜卑的撤退,是走河东这条路的,前秦主苻丕挡住他们的归路,坚决不让他们通过。两军在襄陵(今山西襄汾北)会战,秦兵仅四万人,寡不敌众,被慕容永率领的鲜卑军队杀得大败。苻丕只带数千骑兵逃往河南,在洛阳附近遭到东晋荆州刺史桓石民派遣的军队的邀击,被晋将冯该杀死。慕容永东进至长子(今山西长子西),就自称皇帝,改元中兴。这是公元 386 年十月间的事。西燕强盛时,其统治区域南抵轵关(今河南济源西北),北至新兴(郡治九原,今山西忻州),东依太行,西临黄河。

西燕主慕容永和后燕主慕容垂,都以复兴燕国相标榜。他们虽然同样是"国之枝叶",却有亲疏远近的区别。慕容垂是慕容廆的裔孙,决然容不得作为宗室疏属的慕容永"僭举位号,惑民视听",正如他自己所说的:"终不复留此贼以累子孙也。"(《资治通鉴》晋孝武帝太元十八年)所以他在消灭翟魏之后的第二年便出兵兼并西燕了。

公元 393 年冬,慕容垂征发了步骑兵七万,命丹阳王慕容瓒出井陉关(在今河北井陉井陉山上,"太行八陉"之一),攻打西燕武乡公慕容友(慕容永弟)镇守的晋阳。慕容永集中了精兵五万防守潞川(今山西浊漳河)。次年春,慕容垂增调司、冀、青、兖四州兵,分兵三路,太原王慕容楷出滏口(今河北磁县西北石鼓山,

"太行八陉"之一），辽西王慕容农出壶关（今山西长治市东南），慕容垂自率主力出沙亭（在邺城西南），其兵力集中于太行山东麓。慕容永也分兵拒守，另外派了一万多人防守储粮地台壁（今山西黎城西南）。慕容垂在邺城西南屯兵月余，并无前进动向。慕容永怀疑慕容垂实际上是从太行山南口进兵，于是除留台壁一军外，将其他军队调往轵关，加强南线防务。这年夏天，慕容垂亲率大军出滏口，由天井关（在今山西晋城南太行山上）直趋台壁。慕容永仓促集结五万精兵，与后燕军会战于台壁南，西燕军中伏大败，慕容永逃回长子。后燕军乘机攻下晋阳。慕容垂进围长子，于八月间灭西燕，杀死慕容永及其公卿大将三十多人。西燕从公元384年慕容泓改元起，到公元394年慕容永被杀止，首尾十年。

慕容垂灭掉西燕之后，利用东晋的衰乱，渡黄河而西，略地青、兖，把后燕疆域向南扩展到今山东的临沂、枣庄一带。

那时候，鲜卑拓跋氏的势力在长城以北发展起来。公元386年，拓跋珪建立了北魏，把盛乐（今内蒙古和林格尔）作为都城。北魏和后燕的关系本来是友好的。但后燕因战马缺乏，屡求于魏，甚至发生扣留北魏使者拓跋觚（拓跋珪弟）以求名马的事，于是两国绝交，北魏主拓跋珪转而采取联西燕、拒后燕的政策。公元394年西燕危急时，慕容永向拓跋珪求救，拓跋珪派了五万骑兵，进至今山西忻州附近，遥为西燕声援。慕容垂在灭西燕的次年，便命太子慕容宝、赵王慕容麟等率众八万伐魏，又遣范阳王慕容德率步骑一万八千为后继。拓跋珪听说燕军北上，就把部落、畜产和二十多万大军转移到黄河以南（今内蒙古鄂尔多斯）。燕军到达五原（今内蒙古包头市西北），收北魏穄田百余万斛，并赶造渡船，准备渡河。

后燕从公元395年五月出兵，到了这年十月，暴师五月之久，达不到和魏军主力决战的目的，士气挫尽，军心不稳。加上塞外严寒，慕容宝不得不决定撤退。拓跋珪先派堂弟拓跋遵带领骑兵七万，堵塞燕军南归之路。自己带了精骑二万，乘河冰新合，渡河追蹑燕军。十一月九日，燕军宿营参合陂（今内蒙古凉城西北五十里石匣子沟）东，当天黄昏，拓跋珪的骑兵追蹑到参合陂西。拓跋珪乘夜部勒诸军，准备凌晨掩击燕军，士卒衔枚潜进。十日清晨，魏军登山，下临燕营。燕军将东引，忽见山上敌兵，士卒惊扰，乱不成军。拓跋珪纵兵奋击，燕兵赴水逃命，人马自相腾蹂，压死溺死的成千上万。拓跋遵带领的七万骑兵又在前邀击，燕军四五万人，纷纷放下兵器，束手就擒，生还的不过几千人。魏军还俘虏了后燕文武将吏数千人，缴获了兵器、衣甲、粮货无数。拓跋珪把俘虏到的后燕士兵四五万人全部坑杀。慕容宝、慕容麟等单骑逃回。

慕容宝回到中山之后，不甘心失败，请求慕容垂再次出兵伐魏。慕容垂的弟弟范阳王慕容德也劝慕容垂趁自己健在时亲征，以免遗留后患。慕容垂接受了他们的意见。公元396年三月，慕容垂留慕容德守中山，亲率大军越过广昌岭（在今河北易县、满城之间，俗名五回岭），凿山通道，直指平城（在今山西大同市东北）。北魏陈留公拓跋虔率部落三万余家镇守平城，出战败死，燕军尽收其部落。魏主拓跋珪退保阴山。慕容垂经过参合陂的时候，见去年交战处，积骸如山，军士恸哭，声震山谷。慕容垂这时已经七十一岁了，本来有病，经不起劳累加刺激，病情更加沉重，改乘马舆，急急忙忙退兵。四月，燕军回到沮阳（今河北怀来南），垂即病死。慕容垂这次北伐，并没有能够挽回后燕军事上的颓势。此后，拓跋珪就挟其三四十万骑兵，长驱进入中原了。

后燕和前燕一样，不采用胡汉分治政策。但是也暴露了一个重大问题，即他们所占领的地区，是封建经济比较发展的地区，鲜卑贵族和汉世家大族荫庇了大量民户，这种户口的分割，使后燕的财政收入，大为减少。慕容垂死，慕容宝继位，遵照慕容垂遗令："定士族旧籍，分辨清浊。校阅户口，罢军营封荫之户，悉属郡县。"(《资治通鉴》晋孝武帝太元二十一年)"法峻政严。"(《晋书·慕容宝载记》)不但鲜卑贵族和汉世家大族由于丧失大量荫户而心怀不满，就是汉族农民也因官家的租调和力役苛重，情愿充当荫户，而不愿充当编户齐民，因此这次户口的搜括，反而造成了"士民嗟怨"，"百姓思乱者十室而九"的严重政治局面。

在后燕，全国最重要的战略据点和政治中心有五处，一是都城中山，二是慕容廆时旧都龙城(今辽宁朝阳)，三是前燕旧都邺城，四是并州刺史的治所晋阳，五是幽州刺史的治所蓟(今北京市西南)。公元396年的八九月间，北魏拓跋珪率领了步骑四十余万，趁并州早霜，饥荒乏食的时机，轻易地攻取晋阳。十一月，兵锋转向河北，很快就攻下常山(郡治真定，今河北正定南)、信都(郡治信都，今河北冀州)，河北许多郡县的守宰，不逃即降。这时慕容宝在中山有步卒十二万，骑兵三万七千，悉数出拒魏军，大败而还。魏军进围中山，到了公元397年的三月，慕容宝率领一万余骑，冲出重围，退往龙城。中山便在这年十月被拓跋珪攻下，后燕公卿将吏及士卒投降北魏的有二万多人。

公元398年，慕容宝在龙城为鲜卑贵族兰汗所杀。汗自称大将军、大单于、昌黎王。慕容宝子慕容盛是兰汗的女婿，又杀汗自立。慕容盛"峻极威刑"，宗亲、勋旧多被诛杀，人人自危。慕容盛因此为其臣下段玑等所杀。鲜卑贵族拥立慕容垂少子慕容熙为主，诛段玑等。慕容盛曾"立燕台，统诸部杂夷"(《资治通鉴》晋安帝隆安四年)。慕容熙即位后，"改北燕台为大单于台，置左右辅，位次尚书"(《晋书·慕容熙载记》)。说明后燕迁到龙城以后，也实行了胡汉分治政策，比起前燕和后燕慕容垂、慕容宝统治时期的胡汉不分治政策来，反而后退了一步。

慕容熙据有辽西地区，境域狭隘，民户不多，可是他却大兴土木，"筑龙腾苑，广袤十余里，役徒二万人。起景云山于苑内，基广五百步，峰高十七丈。又起逍遥宫、甘露殿，连房数百，观阁相交。凿天河渠，引水入宫"。又"凿曲光海、清凉池。季夏盛暑，士卒不得休息，暍死者太半"。又"拟邺之凤阳门，作弘光门，累级三层"。为昭仪苻氏"起承华殿，高承光〔殿〕一倍。负土于北门，土与谷同价"（《晋书·慕容熙载记》）。这样无休止地兴建极华丽的宫苑殿阁，给辽西各族人民带来了无穷的灾难。公元407年，慕容熙的昭仪苻氏病死，熙命令公卿以下至兵民，家家都去营造陵墓，陵墓规模宏大，周围数里。苻氏的灵柩下葬时，慕容熙亲自出城送葬。龙城的将吏推高云为主，拒绝慕容熙回城。慕容熙逃入龙腾苑，被杀。后燕亡。自公元384年慕容垂称燕王，到公元407年慕容熙被杀，立国凡二十四年。

高云是高句丽的王族，仕于后燕，侍卫慕容宝有功，宝收为养子，赐姓慕容氏。慕容熙荒淫无道，冯跋等拥立高云为燕天王，复姓高氏。高云自以为"无功德而为豪杰所推"，老是怕人推翻他。他蓄养了许多壮士，令宠臣离班、桃仁等"专典禁卫，委之以爪牙之任，赏赐月至数千万，衣食卧起皆与之同"（《晋书·慕容云载记》）。可是他们贪得无厌，到了公元409年，还是把高云杀害了。

北燕与南燕 北燕主冯跋，汉人，原籍长乐信都（今河北冀州），他的祖父迁居上党（郡治长子，今山西长子西）。父安，在慕容永时仕西燕为将军。西燕灭亡后，冯跋东徙龙城，为后燕禁卫军将领。慕容熙荒淫无道，冯跋和高云等杀熙，推云为主，云以跋为使持节都督中外诸军事、录尚书事、武邑公，掌握军政大权。高云被宠臣离班等所杀，跋自立为王，称燕天王，史称北燕。冯跋虽是汉人，还是继续推行慕容盛以来的胡汉分治政策，以其太子冯永领大单于。

后燕慕容熙时期，"赋役繁苦，百姓困穷"。冯跋做了北燕天王之后，废除前朝苛政，务从简易，"励意农桑，勤心政事，乃下书省徭薄赋"。又下令："桑柘之益，有生之本。此土少桑，人未见其利，可令百姓人殖桑一百根，柘二十根。"（《晋书·冯跋载记》）北燕这样重视农桑，辽西地区的农业生产也就得到恢复和发展。

公元430年（宋文帝元嘉七年），冯跋病死，跋弟冯弘杀跋诸子自立，称燕天王。冯跋、冯弘都曾派遣使者到江南，当时南朝称北燕为黄龙国。冯弘时，北魏开始进攻北燕，一次掠夺辽西民户三万余家，迁往幽州；一次掠夺男女六千口；龙城也屡次遭到魏军围攻。冯弘于公元436年放弃龙城，逃往高句丽，北燕亡。立国凡三十年（高云两年，冯氏二十八年）。

南燕主慕容德，是前燕主慕容皝的幼子，后燕主慕容垂的幼弟。后燕慕容宝时，北魏进兵中原，攻取河北郡县，慕容宝北奔龙城，魏军旋取中山，后燕被切断为两部分。慕容德时镇邺城，见魏军将乘胜来攻，人心浮动，乃率民户四万，车二万七千乘，从邺城迁往黄河南岸的滑台，称燕王。到公元399年又以"青州沃野二千里，精兵十余万，左有负海之饶，右有山河之固"（《资治通鉴》晋安帝隆安三年），故迁都广固（今山东青州西北八里），改称燕皇帝，史称南燕。

慕容德"立冶于商山（今山东桓台西南），置盐官于乌常泽（今山东寿光东北）"（《晋书·慕容德载记》）。南燕最兴盛的时候，有"步兵三十七万，车一万七千乘，铁骑五万三千"。其疆域"东至海，南滨泗上，西带巨野（今山东巨野北古巨野泽），北薄于河"（《读史方舆纪要》）。

南燕在青、兖一带立国，这是封建经济比较发展的一个地区，封建的依附关系比较发展。所以南燕和后燕后期不一样，不能采用胡汉分治政策。正是由于胡汉不分治，很多汉族农民，成为鲜卑贵族和汉世家大族庄园里的部曲、佃客。南燕尚书韩𧨱上书慕容德,书中讲到:"百姓因秦、晋(指后秦和东晋)之弊,迭相荫冒,或百室合户,或千丁共籍……公避课役,擅为奸宄。……今宜隐实黎萌(百姓),正其编贯,庶……益军国兵资之用。"(《晋书·慕容德载记》)慕容德接受了韩谌的建议,以谌为行台尚书,令其"巡郡县隐实"。又派宗室慕容镇率骑兵三千,"缘边严防,备百姓逃窜"。这样雷厉风行地搜括户口,据说搜括出荫户五万八千户之多。仅仅十余万户编户的青州,荫户有五万八千,数目确实惊人。

公元 405 年,慕容德病死,无子,兄子超继位。超宠信幸臣公孙五楼,专事畋猎,不恤政事。公元 410 年,东晋大将刘裕北伐南燕,攻取广固,斩超及鲜卑王公以下三千人,南燕亡。南燕二主,立国凡十三年。

后秦、大夏与西秦　后秦的建立者姚苌,南安(郡治獂道,今甘肃陇西东南)赤亭(在陇西西)羌人。这个羌部落,东汉中叶就迁居赤亭。西晋永嘉时(公元 307—312 年),这个羌部落的一支,由姚苌父羌部落贵族姚弋仲率领,从赤亭迁徙到隃糜(今陕西千阳东三十里)一带居住。石虎徙关中氐、羌以实河北,公元 333 年,以姚弋仲为西羌大都督,率羌众数万徙居于清河(郡治清河,今河北清河东)之滠头(今河北枣强东北)。直到公元 352 年,这支羌人才由姚弋仲第五子姚襄率领,离开滠头。石赵末年大乱,姚襄率众返回关中,在三原(今陕西三原东北)为苻生将邓羌所杀。姚襄弟姚苌率羌部落降于苻秦。苌为苻坚将领,累立大功。苻坚在淝水战败,关中的氐族势力大大削弱,相反,羌族的势力却大大发展起来。于是姚苌就在羌族和西州豪族的支持下,在渭北自称大将军、大单于、万年秦王,准备取苻坚而代之了。

姚苌势力发展很快,渭北羌胡归附他的有十余万户之多。苻坚亲率大军进攻姚苌,也未能取胜。后来徒河鲜卑在慕容冲的率领下包围长安,苻坚逃至五将山,为苌所杀。慕容冲入长安后,不久为其部下所杀,徒河鲜卑放弃长安东归,姚苌轻易地取得长安。公元386年,姚苌即秦皇帝位于长安,国号大秦,史称后秦。

姚苌虽然取得关中,而以苻登为代表的氐族残余势力,始终与姚苌为敌。公元393年,姚苌病死,子姚兴继位,他击杀了苻登,"散其部众,归复农业"。关陇一带的割据势力,也逐渐被姚兴消灭了。西燕灭亡,姚兴又取得了河东。并乘东晋衰乱,出兵潼关,攻取了东晋的洛阳,"自淮、汉已北诸城,多请降送任(质子)"(《晋书·姚兴载记》)。后秦的版图,"南至汉川,东逾汝、颍,西控西河,北守上郡"(《读史方舆纪要》)。十六国后期在中原地区,慕容垂的后燕和姚兴的后秦,可算是国力比较强盛的王朝。

姚兴在十六国后期的君主中,比较留心政事。他在军事方面,依靠叔父姚绪、姚硕德;在政治方面,依靠尚书仆射尹纬。尹氏是天水的大族,苻坚时因尹赤曾迎降过姚襄,所以天水尹氏都被禁锢不准出仕。尹纬在苻秦王朝做尚书令史的小官。姚苌自立为王后,尹纬成为后秦的"佐命元功"。苻坚在五将山被俘,姚苌派尹纬去见苻坚,苻坚和他一谈,大为赏识,问尹纬:"卿于朕何官?"纬答:"尚书令史。"苻坚叹息说:"宰相之才也,王景略(王猛字)之俦,而朕不知卿,亡也不亦宜乎?"(《晋书·姚兴载记》)苻坚在王猛死后,以为再也找不到像王猛那样的"宰相之才"了,而尹纬在前秦时却沉沦于下僚,后为后秦的开国功臣。无世无人才,只是在封建社会里,挖掘人才,培养人才,并不容易而已。

姚兴曾下令:"百姓因荒自卖为奴婢者,悉免为良人。"在十六国云扰的时期,人民颠连无告,受尽各族统治阶级的奴役和迫害,姚兴下这样的命令,对人民生活的安定是会起好的作用的。

十六国时期,统治者以杀戮立威,刑法滥酷,人民生命毫无保障。姚兴"立律学于长安",调集郡县没有职任的令史到长安来学习,学习结束,回到原郡县"论决刑狱"。如果州郡碰到疑难案件,可以转请廷尉(最高司法官)来定谳。姚兴自己也经常到谘议堂"听断疑狱,于时号无冤滞"(《晋书·姚兴载记》)。封建社会的法律,是封建地主阶级专政的工具。但是有了成文法律,并根据它来量刑定罪,这比滥施刑法,草菅人命要好得多。

姚兴还大兴儒学。当时有姜龛、淳于岐、郭高等耆宿,"经明行修,各门徒数百,教授长安,诸生自远而至者万数千人。兴每于听政之暇,引龛等于东堂,讲论道艺,错综名理。凉州胡辩,苻坚之末,东徙洛阳,讲授弟子千有余人,关中后进多赴之请业。兴敕关尉曰:'诸生谘访道艺,修己厉身,往来出入,勿拘常限。'于是学者咸劝,儒风盛焉"(《晋书·姚兴载记》)。姚兴信奉佛教,以名僧鸠摩罗什为国师,亲率群臣及沙门听罗什讲佛经;又命罗什翻译佛教经论三百余卷,罗什持梵本,口自传译,兴执旧经,以相考校,可见他对佛经传译事业的重视。姚兴提倡儒学和佛教,固然出于巩固封建统治的需要,但在客观上是有利于汉族先进文化的保存和发展的。

公元416年,姚兴病死,太子泓即位。东晋太尉刘裕乘姚兴新死,出兵讨伐后秦,军事节节胜利,不久攻下洛阳。后秦王室内部,却演出骨肉相残的丑剧。镇守蒲坂(今山西永济西蒲州镇)的太原公姚懿(姚泓弟),这时自称皇帝,起兵欲夺取长安,姚泓调动了很多军队,把他打垮。镇守安定(郡治安定,今甘肃泾川北)的齐公姚恢(姚泓从弟),又率安定镇户三万八千,南趋长安,自称大都督、建义大将军,移檄州郡,"欲除君侧之恶"。姚泓把防守潼关的军队也撤了回来,才平定姚恢的叛乱。东晋大军就在后秦"内外离叛"的局面下,长驱入关,水陆并进,于公元417年攻破长安,姚泓出降,后秦亡。后秦三主,立国凡三十四年。

大夏赫连勃勃，匈奴族人。原是匈奴南单于的后裔。赫连勃勃的曾祖父叫刘虎，刘虎的祖父去卑是南匈奴的左贤王；刘虎的父亲诰升爰，为南匈奴五部帅之一的北部帅。诰升爰死，刘虎继承了北部帅的职位。北部帅统率匈奴四千余落，居住在新兴郡(郡治新兴，今山西忻州)虑虒县(今山西五台北)之北。刘聪建立匈奴王朝，刘虎以宗室的关系，被封为楼烦公、安北将军、监鲜卑诸军事、丁零中郎将，"雄据肆卢川(今山西忻州北七十里的云中河)"③，成为并州北边的一支重要军事力量。晋并州刺史刘琨曾联合拓跋鲜卑进攻刘虎，刘虎被击败，西渡黄河，退往塞外。刘虎死，子刘务桓代领部落。务桓(一名豹子)"招集种落，为诸部雄"(《魏书·铁弗刘虎传》)。石虎任命他为平北将军、左贤王、丁零单于。务桓子卫辰，是代王拓跋什翼犍的女婿。由于什翼犍屡次出兵袭击卫辰，卫辰乃改而归附苻坚。苻坚灭拓跋什翼犍后，分代国为二部，黄河以东的一部分，由刘库仁来督摄；黄河以西的一部分，由刘卫辰来督摄。苻坚并任命刘卫辰为西单于，督摄河西诸部，驻屯代来城(在今内蒙古鄂尔多斯东胜西)。淝水战后，刘卫辰势力发展，"遂有朔方之地，控弦之士三万八千"(《晋书·赫连勃勃载记》)。公元391年，北魏拓跋珪自五原金津(今内蒙古包头市西南)南渡黄河，直抵代来城，卫辰被部下所杀。拓跋珪杀卫辰子弟宗党五千余人，获马三十余万匹、牛羊四百余万头。

赫连勃勃是刘卫辰的第三子，辗转逃到高平川(今宁夏南部的清水河)，投奔后秦的高平公破多罗没弈干(鲜卑族)，没弈千把勃勃招为女婿。勃勃不久出仕后秦王朝为骁骑将军，姚兴非常器重他，对人说："勃勃有济世之才，吾方收其艺用，与之共平天下，有何不可！"其后姚兴任命勃勃为持节、安北将军、五原公，配以三交(在今陕西榆林西)五部鲜卑二万余落，镇朔方。公元407年，勃勃率其众三万骑，伪猎于高平川，袭杀了岳父破多罗没弈千,尽并其众。六月,勃勃自称大夏天王、大单于④,年号龙升。匈奴南单于是屠谷种,"屠谷"的异译,有作"仆谷"⑤,有作"独孤"⑥,赫连勃勃是"匈奴正胤"⑦,当然也是屠谷种,可是他既不愿姓汉姓刘氏,又不愿姓屠谷、独孤。当时草原上在融合过程中的部族,"谓胡父、鲜卑母为'铁弗'"⑧,谓鲜卑父、胡母为"秃发"或"拓跋"⑨。由于刘卫辰曾娶拓跋什翼犍女为妻,勃勃又娶鲜卑破多罗没弈千女为妻,因此当时都称他这个部落为铁弗部。可是赫连勃勃不愿蒙上这个姓氏,于是下令:"帝王者,系天为子,是为徽赫实与天连,今改姓曰赫连氏。"其支庶"非正统,皆以铁伐为氏,庶朕宗族子孙,刚锐如铁,皆堪伐人"(《晋书·赫连勃勃载记》)。"铁伐"其实就是"铁弗"的异译。

赫连勃勃自立为大夏天王之后,有人劝他在地势险固,山川沃饶的高平(今宁夏固原)定都。赫连勃勃说:"吾大业草创,众旅未多,姚兴亦一时之雄。……我若专固一城,彼必并力于我,众非其敌,亡可立待。吾以云骑风驰,出其不意,救前则击其后,救后则击其前,使彼疲于奔命,我则游食自若。不及十年,岭北(今陕西礼泉九嵕山以北地)、河东,尽我有也。待姚兴死后,徐取长安。"(《晋书·赫连勃勃载记》)赫连勃勃不肯以高平为根据地,而企图通过流动袭击的办法来蚕食后秦的疆土,这对后秦来说是严重的威胁。他不断出兵侵扰后秦岭北的城镇,消灭后秦的有生力量。姚兴遣将齐难伐夏,全军覆没,勃勃俘其将士二万,收其戎马万匹。后又攻取定阳(陕西宜川西北),坑斩士卒四千余人。攻占安定(郡治安定,今甘肃泾川北),降其众四万五千,获戎马二万匹。攻下杏城(陕西黄陵西南),坑杀后秦战士二万人。袭陷上邽(今甘肃天水市),杀后秦将士五千人。到了后秦灭亡前夕,后秦的岭北镇戍郡县大都被赫连勃勃所占领了。

东晋刘裕灭掉后秦,不久退回江南。赫连勃勃乘机夺取长安,公元418年在长安灞上即皇帝位。夏国的四境:"南阻秦岭,东成蒲津，西收秦、陇，北薄于河。"（《读史方舆纪要》）夏国的版图虽然不如后秦全盛时期广大，但是它的军事力量却超过后秦。

赫连勃勃在公元413年征发岭北胡汉各族人民十万人筑都城统万城（在今陕西靖边县北白城子）。用蒸熟的土筑城，筑成后用铁锥刺土，如果刺进一寸，就杀掉筑城的人。统万"城高十仞，基厚三十步，上广十步，宫墙五仞，其坚可以砺（磨）刀斧。台榭高大，飞阁相连，皆雕镂图画，被以绮绣，饰以丹青，穷极文采"。统万城的南门叫朝宋门，东门叫招魏门，西门叫服凉门，北门叫平朔门。赫连勃勃自以为将会"统一天下，君临万邦"，所以取了这些名字。他为人极端狂妄，也极端残忍。"所造兵器，匠呈必死。射甲不入即斩弓人，如其入也便斩铠匠，凡杀工匠数千人。常居城上，置弓箭于侧，有所嫌忿，手自杀之。群臣近视者凿其目，笑者决其唇，谏者谓之诽谤，先截其舌而后斩之。"（《魏书·铁弗刘虎传》）他是个"视民如草芥"的暴君。

赫连勃勃攻取长安后，于长安置南台，以太子赫连璝录南台尚书事，镇长安。后来赫连勃勃想废赫连璝而立少子赫连伦为太子，赫连璝从长安出兵攻赫连伦于高平，伦败死。赫连勃勃第三子赫连昌又率兵袭杀赫连璝，赫连勃勃立赫连昌为太子。公元425年，赫连勃勃病死，赫连昌继位。

公元426年，北魏主拓跋焘趁赫连勃勃新死，夏国局势不稳之际，派大将奚斤等率兵五万余，袭取蒲坂，进据长安；自己亲率精骑二万，渡河袭统万城，掠得牛马十余万，徙其民一万余家而还。

公元427年，夏主赫连昌遣其弟赫连定率众二万攻长安，与奚斤相持。魏主拓跋焘动用了十万大军，乘虚进攻统万，拓跋焘率轻骑三万兼程至统万城下，夏主赫连昌以步骑三万迎战失败，逃往上邽（今甘肃天水市）。魏军占领统万城，掠获马三十余万匹，牛羊数千万头。赫连定反攻长安未得手，听说统万失守，也就退到上邽去了。

公元 428 年，魏军进兵上邽，生俘赫连昌。赫连定逃奔平凉（今甘肃平凉市西北），自称夏皇帝。公元 431 年，赫连定灭西秦，掳西秦民十余万口，欲渡河西击北凉而夺取其地，在半渡黄河时遭到吐谷浑部落的袭击，定被俘，夏亡。夏三主，立国凡二十五年。

西秦乞伏国仁，鲜卑族人。乞伏国仁的上代从民族大迁移时代开始，自漠北南出大阴山，迁往陇西。在迁移的过程中，乞伏、如弗斯、出连、叱卢四个部落联合在一起，成为一个小的部落联盟。其中乞伏部落有一个酋长，骁勇善骑射，四部服其雄武，推为统主。这个鲜卑族的四姓可汗，便称为乞伏可汗。西晋泰始（公元 265—274 年）初，乞伏鲜卑到达了陇西高平川（今宁夏南部的清水河）。高平川是有名的苦水，不适宜放牧，因此他们又翻越牵屯山（在今宁夏固原西），放牧于苑川水（在今甘肃榆中东北）、度坚山（在今甘肃靖远境内）、麦田山（在今甘肃靖远东北）、勇士川（在今甘肃榆中东北）一带，几乎有一个半世纪之久⑩。苑川水一带，据《水经·河水注》"为龙马之沃土"。王莽末，马援曾在这儿屯田，"请与田户中分（二五分成）以自给"。这个地区既便于发展农业，又适宜于畜牧，乞伏鲜卑定居下来后，部落就很快发展起来了。

淝水战后，苻坚败亡，乞伏鲜卑的酋长乞伏国仁也招集部落，有众十余万，成为陇山以西的一支重要军事力量。公元 385 年，国仁自称大都督、大将军、大单于、领秦河二州牧。前秦主苻登在公元 387 年封国仁做苑川王。国仁死，弟乾归统部，改称河南王，迁都金城（今甘肃兰州市西北）。苻登也就封他做金城王。公元 394 年，苻登败死，乞伏乾归尽有陇西之地，自称秦王，史称西秦。公元 400 年，迁都苑川。乞伏乾归旋为后秦主姚兴所败，降于后秦，姚兴以乞伏乾归为河州刺史。不久姚兴又怕乞伏乾归势大难制,就在他入朝长安的时候,留他在长安做官,其子乞伏炽磐在苑川统率部落。乞伏乾归留居长安三年(公元406至409年),回到苑川,这时赫连勃勃的夏国强盛,威胁后秦岭北城镇,姚兴已没有余力经营陇西。公元409年七月,乞伏乾归又称起秦王来了。公元412年,乞伏乾归死,子乞伏炽磐继位,迁都枹罕(今甘肃临夏)。

乞伏炽磐在位时期,是西秦国力最强盛的时期。他乘南凉饥馑衰乱,灭南凉秃发傉檀;又屡败吐谷浑的军队;还掠夺了契汗部落的牛羊五十余万头。西秦的疆境:"西逾浩亹(今青海乐都东),东极陇坻(陇山),北距河,南略吐谷浑。"(《读史方舆纪要》)

公元428年,乞伏炽磐死,子乞伏暮末继位。暮末"刑政酷滥,内外崩离,部民多叛"(《魏书·鲜卑乞伏国仁传》)。到了公元430年,从正月到九月没有下雨,饥荒严重,人民流亡的又很多。乞伏暮末想东趋上邽,归附北魏,率户一万五千走到南安(郡治豲道,今甘肃陇西东南)的高田谷,遭到夏主赫连定的堵击,退保南安城。翌年,夏军进围南安,暮末饥穷出降,西秦亡。西秦四主,立国凡三十七年。

后凉与南凉 后凉主吕光,略阳(郡治临渭,今甘肃天水市东北)氐人,前秦苻坚太尉吕婆楼之子。苻坚统一中原地区之后,发兵七万、骑五千,命吕光经营西域。吕光到达西域的龟兹城(今新疆库车)后,西域三十余国,陆续归附。苻坚任命吕光为使持节、都督玉门已西诸军事、安西将军、西域校尉。

苻坚从淝水败归,长安危急,吕光部将请光速归,光全师而还,用骆驼二万余头负载西域珍宝及奇伎异戏、殊禽怪兽,千有余品,还有骏马万余匹,回到玉门。前秦凉州刺史梁熙发兵五万拒光于酒泉,光大败梁熙军,遂进入凉州刺史的治所姑臧城(今甘肃武威)。苻坚为姚苌所杀,光自称使持节、侍中、中外大都督、督陇右河西诸军事、大将军、凉州牧、酒泉公。公元 389 年，改称三河王。公元 396 年，光自立为大凉天王，署置百官，史称后凉。

后凉主吕光之所以能够称霸河西，主要依靠他部下七万五千军队，这支军队，以氐人为其骨干。但河西走廊原来不是氐人居住的地区，吕光要扩充他的军事力量，不能不受到限制。加上后凉经常与其周围的部落贵族进行战斗，损折兵力不少，这样，军事力量就逐渐削弱了。经过十多年时间，后凉就积弱不振了。公元 399 年，吕光病死，太子绍立，光庶长子吕纂杀绍自立。不久，吕光弟子吕隆又杀纂自立，统治阶级上层自相残杀，政事败坏。吕纂"游田无度，荒耽酒色"（《晋书·吕纂载记》）；吕隆"多杀豪望，以立威名，内外嚣然，人不自固"。后秦姚兴、南凉秃发傉檀、北凉沮渠蒙逊相继入侵。沮渠蒙逊包围姑臧时，"姑臧谷价踊贵，斗直钱五千文……饿死者十余万口。城门昼闭，樵采路绝，百姓请出城乞为夷虏奴婢者日有数百。〔吕〕隆惧沮动人情，尽坑之，于是积尸盈于衢路"（《晋书·吕隆载记》）。在这种情况下，吕隆只得向后秦投降，乞求姚兴来接管姑臧城。公元 403 年，后凉亡。后凉的境域，"吕光初据姑臧，前凉旧壤，宛然如昨也。乃未几而纷纭割裂，迨凉亡，姑臧而外，唯余仓松（今甘肃古浪西）、番禾（今甘肃永昌西）二郡而已"（《读史方舆纪要》）。后凉四主，共历十七年。

南凉主秃发乌孤，鲜卑族人。"秃发"即"拓跋"的异译。汉、魏之际，拓跋氏一支，由部族酋长秃发疋孤（北魏圣武皇帝拓跋诘汾长子，北魏始祖神元皇帝拓跋力微长兄）统率，从塞北迁到河西，被称为河西鲜卑。它的牧地，"东至麦田（今甘肃靖远东北）、牵屯（山名，在今宁夏固原西），西至湿罗，南至浇河（今青海贵德之东沟、西沟），北接大漠"（《晋书·秃发乌孤载记》）。秃发鲜卑居住在这个地区，约有两个多世纪。秃发部原是游牧部落，渐渐定居下来,除了畜牧业外,也从事农业生产。

秃发乌孤时期,部众稍盛,开始筑廉川堡(在今青海乐都东)作为政治中心。公元397年,乌孤自称大将军、大单于、西平王,后改称武威王,徙都乐都(今青海乐都)。乌孤死,弟利鹿孤统部,徙都西平(郡治西都,今青海西宁市)。公元401年,改称河西王。次年利鹿孤死,弟傉檀统部,再从西平迁回乐都,改称凉王,史称南凉。

秃发傉檀嗣位不久,因后秦强盛,且欲谋取姑臧,故向姚兴称臣。自吕隆投降姚兴后,姚兴取得了姑臧,但河西走廊一带,羌族人从来就没有定居过,姚兴要巩固姑臧这个据点,必须经常动用四五万人的兵力。况且姑臧以西,有战斗力很强的北凉沮渠蒙逊;姑臧和后秦上邽之间,还隔着西秦乞伏鲜卑的一些城池,它不过是一座四面受敌的孤城。这时姚兴为了安抚秃发傉檀,索性任命秃发傉檀为凉州刺史,镇守姑臧。秃发傉檀既然据有姑臧,便与姚兴决裂,恢复凉王的称号。"其地东自金城(今甘肃兰州市西北),西至青海,南有河、湟,北据广武(今甘肃永登东南)"(《读史方舆纪要》)。自此南凉便卷入了争夺河西走廊领导权的无穷无尽的战争中。首先,夏主赫连勃勃出兵侵犯南凉北边,杀伤万余人,驱掠二万七千口、牛马羊数十万而还。傉檀追击,又为赫连勃勃所败,"名臣勇将死者什六七",勃勃积南凉阵亡兵士骸髅为高台,号称"髑髅台"。赫连勃勃这一次进攻,给予南凉以致命的打击。傉檀还是好战不已,又率领五万骑兵,攻打北凉,结果大败而归,河西走廊是站不住脚了,秃发傉檀只得放弃姑臧,还都乐都。北凉主沮渠蒙逊取得姑臧之后,继续对南凉进行攻击和骚扰,并三次包围了乐都城。

南凉不断遭到北凉的进攻,农业生产根本无法进行,"不种多年""连年不收""上下饥弊""内外俱窘"(《晋书·秃发傉檀载记》),傉檀想去掠夺青海乙弗部的畜产,来暂时解决境内的粮食危机。他亲率精骑七千前去袭击，掠夺到牛马羊四十余万头。西秦主乞伏炽磐亲率步骑二万，乘虚来袭乐都，乐都城溃，乞伏炽磐徙城中文武百姓万余户于枹罕，南凉城镇也陆续归附西秦。随同秃发傉檀西征的将士，听说乐都失陷，大都逃散。秃发傉檀无路可走，只好投降西秦。公元414年，南凉亡。南凉三主，立国凡十九年。

西凉与北凉　西凉李暠，陇西狄道（今甘肃临洮）人。世为陇西大姓，高祖、曾祖都在西晋任郡守，祖父仕前凉为武卫将军，封亭侯。吕光末年，建康（郡治在今甘肃高台南）太守段业在张掖自称凉州牧，以李暠为效谷（今甘肃敦煌西）令，迁敦煌太守。公元400年，李暠在敦煌自称冠军大将军、沙州刺史、凉公，史称西凉。公元405年，暠又自称大将军、大都督、凉公、领秦凉二州牧，迁都酒泉。公元417年，李暠病死，子李歆继位。

西凉李氏政权，只有今天甘肃的酒泉、玉门、安西、敦煌几地，"地狭民希"（《资治通鉴》宋武帝永初元年），步骑兵合计仅三万人，军事力量虚弱。李歆"又好治宫室"，"用刑过严"（《资治通鉴》晋恭帝元熙元年），丧失民心。当时西凉的近邻北凉，兵力很强，西凉远非其敌手。公元420年，李歆听说北凉主沮渠蒙逊出兵东伐西秦乞伏炽磐，便想乘虚偷袭蒙逊的根据地张掖。沮渠蒙逊却有意布置疑阵，实际上他并没有引兵东伐，而是把军队埋伏在李歆进军的路上，以便进行伏击。歆率步骑三万东出，中伏大败，不肯退兵，率众与蒙逊决战于蓼泉（今甘肃高台西），结果全军覆没，歆战死，酒泉随之失守，西凉亡。西凉二主，立国凡二十一年。

李歆弟敦煌太守李恂闻酒泉失守，据敦煌自称冠军将军、凉州刺史。不到半年，北凉主沮渠蒙逊提兵二万，围攻敦煌城，"三面起堤，以水灌城"（《晋书·凉武昭王李玄盛传》），城陷，李恂自杀⑪。

北凉主沮渠蒙逊,临松(在今甘肃张掖南)卢水胡。卢水即今黑河。沮渠是匈奴的官名,据说沮渠蒙逊的祖先做过匈奴左沮渠这个官,所以以官名为氏。沮渠氏"世居卢水为酋豪",蒙逊的祖父沮渠祁复延,封狄地王;蒙逊的父亲法弘,被苻秦任为中田护军。"蒙逊代父领部曲,……为诸胡所推服"(《宋书·氏胡传》)。这里应该指出两点:一是卢水胡虽然很早就居住在河西走廊的黑河流域,但由于他们还是过着游牧的生活,所以一直到十六国时期,还维持其部落组织,沮渠氏就是这个部落组织的酋长;二是从卢水胡的姓名看来,如晖仲归、祁复延、罗仇、麴粥、蒙逊、日蹄、颇罗、牧犍(《宋书》译作"茂虔")这些字音,他们肯定保存着自己的部落语言,可是既然长期和汉人错居,必定娴习汉语,像沮渠蒙逊不仅通晓汉文,而且"博涉群史"(《晋书·沮渠蒙逊载记》)。卢水胡沮渠部落的社会发展阶段及其经济文化生活和汉化程度,大概仅次于氐苻氏、羌姚氏(他们都居住在关东近二十年之久),而要远远高出于鲜卑乞伏氏、秃发氏。

卢水胡的分布地区虽然很广,安定(今甘肃泾水北)、杏城(今陕西中部西南)都有他们的足迹,但河西走廊的张掖郡一带,是他们集中居住的地方。居住在张掖的这个部落,在十六国云扰时期,为了要保卫本部落,经过武装过程,逐渐形成为一支武装力量。割据河西走廊的吕光、段业,都想支配这支武装力量。公元 397 年,后凉主吕光命其子吕纂率领张掖卢水胡部帅沮渠罗仇伐西秦,光弟吕延战死。吕光委罪沮渠罗仇,杀罗仇及其弟麴粥。沮渠蒙逊是罗仇的侄儿,他那时在姑臧"自领营人配厢直"(《宋书·氏胡传》),担任宿卫工作。罗仇和麴粥被杀后归葬临松,卢水胡诸部前来送葬的有一万多人。蒙逊遂与诸部结盟起兵,攻下凉临松郡,屯据金山(在今甘肃山丹西南)。这时,沮渠蒙逊的堂兄沮渠男成也聚众数千反凉。他们共推后凉建康太守段业为凉州牧、建康公。不久,段业进据张掖,自称凉王。公元 401 年,沮渠蒙逊诱使段业杀沮渠男成,却又借口段业枉杀无辜,集众一万攻破张掖,杀死段业,自称使持节、大都督、大将军、凉州牧、张掖公。

秃发傉檀取得姑臧城以后,遭到夏主赫连勃勃的攻击,实力大损。沮渠蒙逊又屡败秃发傉檀,几次进兵包围姑臧。最后秃发傉檀只好放弃姑臧城,退回乐都。公元 411 年(东晋安帝义熙七年),沮渠蒙逊终于据有姑臧城,次年迁都姑臧,改称河西王,史称北凉。公元 420 年,蒙逊灭西凉,取酒泉、敦煌,河西走廊完全为沮渠蒙逊所占领。北凉全盛时,拥有武威、张掖、敦煌、酒泉、西海(郡治居延,今内蒙古额济纳旗东南)、金城、西平、乐都等郡地。并且交通西域诸城邦,鄯善(都城在今新疆若羌)王比龙亲来姑臧访问,其他很多城邦同北凉有友好往还。

公元 433 年,蒙逊病死,子牧犍继位,亦称河西王。公元 439 年,北魏主拓跋焘亲率大军伐北凉,包围姑臧,这座有二十多万人口的城市,很快就落在北魏手中,沮渠牧犍出降,北凉亡⑫。北凉二主,立国凡三十九年。

从此北魏王朝统一了黄河流域,结束了历时一百三十五年的十六国分裂割据局面。

北凉灭亡后,河西文化就被介绍到中原地区来。河西地区从前凉张氏以来,学术研究的空气就很浓郁,西凉、北凉一直保持了这个优秀传统。这个河西文化的传统,同江左的文化传统是息息相关的,因而不论是前凉还是西凉和北凉,不仅在政治上同江南的东晋以及后来的刘宋信使往来,彼此在文化上的联系也特别密切。如宋元嘉三年(公元 426 年),北凉主沮渠蒙逊子沮渠兴国,遣使至宋,"请《周易》及子、集诸书……合四百七十五卷"。沮渠蒙逊自己又写信给宋司徒王弘,要求替他找一部干宝的《搜神记》,王弘就请人抄了一部送给他。宋元嘉十四年,北凉主沮渠牧犍又遣使至宋,送给江南一百五十四卷书籍,其中有敦煌赵䂤所著《甲寅元历》一卷,这个历法最早提出改革闰法,对以后祖冲之编制《大明历》很有影响。还有《赵䂤传》、《周髀》注一卷⑬,刘昺所著的《凉书》(记前凉事)十卷及《敦煌实录》十卷,阚骃的《十三州志》十卷。当时除了赵䂤死了不多几年之外,刘昺、阚骃都还活着,这是尤应注意的。此外北凉还送去魏、晋之间著名历法家杨伟的著作《乘丘先生书》二卷、《时务论》十二卷,魏敦煌人周生(复姓)烈的《周生子》十三卷、前凉名臣谢艾的《谢艾集》八卷。同时沮渠牧犍也向江南求抄晋、赵起居注和其他杂书数十种,宋文帝满足了他的要求,命人抄好送去。河西走廊和江南之间的文化交流的频繁,由此可见。

北魏灭了北凉之后,除了把三万户吏民掠至国都平城(在今山西大同市东北)一带,作为"平凉户",罚作隶户以外,也注意到了接纳有成就的河西学者,把他们迁移到平城去居住。其中著名的学者有敦煌刘昺、阚骃、索敞,武威阴兴、宗钦、段承根,金城赵柔,以及流寓在河西的广平程骏、程弘,河内常爽等人。这些学者到达平城以后,或是著书修史,或是讲学授业,胡三省称:"代北以右武为俗","而魏之儒风及平凉州始振"(《资治通鉴》晋安帝隆安三年注),说明河西学者的东迁和河西学风的东传,对北魏学术界有很大的影响。

---

① 淝水会战以后,中原地区再度大分裂,当时各少数民族贵族在其建国之初,为了掠取兵源和劳动人手起见,都大规模地把征服地区的民户,集中于其都城或军事重镇,以便控制。

关于后秦姚氏掠徙民户的记载,见下列各书:《太平御览》卷 123 引《十六国春秋·后秦录》曰:"徙秦州三万户于安定。"《晋书·姚苌载记》:"徙安定五千余户于长安。"《晋书·苻登载记》:"〔姚〕苌率骑三万,夜袭大界营陷之……驱掠男女五万余口而去。"《晋书·姚兴载记》:"徙阴密三万户于长安……徙新平、安定新户六千于蒲坂。……兴遣姚崇寇洛阳……陷柏谷,徙流人西河严彦、河东裴岐、韩袭等二万余户而还。……遣狄伯支迎流人曹会、牛寿万余户于汉中。……徙河西豪右万余户于长安。"《太平御览》卷125引《十六国春秋·后凉录》曰："吕……隆率户一万，随难东迁，既至长安。"《晋书·姚兴载记》："陷城固，徙汉中流人郭陶等三千余家于关中。……弥姐亭地率其部人南居阴密……〔姚〕弼收亭地……徙二千余户于郑城。"《晋书·姚泓载记》："初兴徙李闰羌三千家于安定，寻徙新支。至是羌酋党容率所部叛还，遣抚军姚赞讨之，容降，徙其豪右数百户于长安，余遣还李闰。……并州、定阳二城胡数万落叛泓入于平阳。……征东姚懿……大破之……徙其万五千落于雍州。"

关于夏赫连氏掠徙民户的记载，见《晋书·赫连勃勃载记》："勃勃求婚于秃发傉檀，傉檀弗许。勃勃……伐之……驱掠二万七千口、牛马羊数十万而还。……掠平凉杂胡七千余户，以配后军。……勃勃又攻〔姚〕兴将金洛生于黄石固，弥姐豪地于我罗城，皆拔之，徙七千余家于大城……勃勃又攻兴将姚寿于清水城，寿都奔上邽，徙其人万六千家于大城。……进攻姚兴将党智隆于东乡，降之……徙其三千余户于贰城。"

关于后凉吕氏掠徙民户的记载，见《晋书·吕光载记》："初光徙西海郡人于诸郡，至是……遂相扇动，复徙之于西河乐都。"

关于南凉秃发氏掠徙民户的记载，见下列各书:《晋书·秃发利鹿孤载记》："傉檀……乘虚袭姑臧……虏八千余户而归。……傉檀……徙显美、丽轩二千余户而归。……吕隆为沮渠蒙逊所伐……〔利鹿孤〕遣傉檀……救之……徙凉泽、段冢五百余而归。"《晋书·秃发傉檀载记》："傉檀伪游浇河，袭徙西平、湟河诸羌三万余户于武兴、番禾、武威、昌松四郡。……遣……〔将〕伐沮渠蒙逊，掠临松人千余户而还。……蒙逊……来伐……傉檀……乘虚出番禾以袭其后，徙三千余家于西平。……傉檀……伐蒙逊……五道俱进，至番和、苕藋，掠五千余户。"

关于西秦乞伏氏掠徙民户的记载，见下列各书:《晋书·乞伏乾归载记》："遣炽磐讨谕薄地延……地延率众出降……徙其部落于苑川。又攻克〔姚〕兴略阳、南安、陇西诸郡，徙二万五千户于苑川、枹罕。……又攻克姚兴将姚龙别将姚龙于伯阳堡，王憬于水洛城，徙四千余户于苑川，三千户于谭郊。"《资治通鉴》晋安帝义熙七年:"河南王乾归徙鲜卑仆浑部三千余户于度坚城……徙羌句岂等部众五千余户于叠兰城";八年:"春正月，河南王乾归复讨〔西羌〕彭利发……收羌户一万三千。"《晋书·乞伏炽磐载记》:"义熙九年，遣其龙骧乞伏智达……讨吐谷浑树洛干于浇河……虏三千余户而还。又遣其镇东昙达……东讨，破休官权小郎吕破胡于白石川，虏其男女万余口，进据白石城，休官降者万余人。……炽磐率诸将讨吐谷浑别统支旁于长柳川，掘达于渴浑川，皆破之，前后俘获男女二万八千。……率步骑二万袭乐都……一旬而克……徙百姓万余户于枹罕。……伐姚艾于上邽……破黄石大羌二成,徙五千余户于枹罕。令其安东木弈千……讨吐谷浑树洛干于塞上,破其弟阿柴于尧扞川,俘获五千余口而还。……乙弗鲜卑乌地延率户三万降于炽磐……地延寻死,弟他子立……率户五千,入居西平。……讨彭利和于漒川,大破之……徙羌豪三千余户于枹罕。"《资治通鉴》宋文帝元嘉元年:"秦王炽磐遣太子暮末帅……步骑三万……攻河西白草岭、临松郡,皆破之,徙民二万余口而还。"二年:"秦王炽磐……袭河西镇南将军沮渠白蹄于临松,擒之,徙其民五千余户于枹罕。"

关于北凉沮渠氏掠徙民户的记载,见《晋书·秃发傉檀载记》:"蒙逊徙其众八千余户而归。……蒙逊侵西平,徙户掠牛马而还。……镇南文支以湟河降,蒙逊徙五千余户于姑臧。"

② 丁零的原始牧地在今西伯利亚南部贝加尔湖流域者,汉人称之为北丁零;在阿尔泰山鹿浑海(今新疆乌伦古湖)者,汉人称之为西丁零。自公元 1 世纪末匈奴西迁之后,鲜卑北出,丁零南下,两族相遇,鲜卑曾把丁零带到漠南来,故《三国志·魏志·明帝纪》太和五年(公元 231 年)有"鲜卑附义王轲比能率其种人及丁零大人兒禅诣幽州贡名马"之语。又《晋书·慕容儁载记》称儁在东晋升平元年(公元 357 年)"遣慕容垂……讨丁零敕勒于塞北",此处所谓"塞北",虽未详何地,但以前燕兵力揆之,其在漠南无疑,则由此可知丁零族人已有逐渐向漠南迁徙的迹象。

又丁零翟氏,世居鹿浑海,后渐东迁,当两晋之际,曾入朝后赵,疑系西丁零之支属。其酋帅翟鼠居中山,称中山丁零,后叛赵归燕。前燕灭,苻坚徙丁零翟斌于新安(今河南渑池东)、渑池(今河南渑池西)之间。苻坚自淝水败归,翟斌起兵抗秦,推慕容垂为盟主。垂封斌为河南王。后斌贪求无厌,垂杀斌。斌兄子真北奔邯郸,屯于承营。其后翟真司马鲜于乞(亦丁零族人)杀真及诸翟,营人又共杀乞;立真从弟翟成为主。慕容垂攻翟成,成长史鲜于得杀成降垂,垂坑成众,独翟成从兄翟辽出奔晋军。至太元十三年(公元 388 年),辽据滑台(今河南滑县南),称魏天王,改元天光,署置百官。太元十六年,翟辽死,子钊继位,改元定鼎。十七年,慕容垂亲率大军攻钊,钊兵败单骑出奔西燕,垂取滑台,收其所统七郡三万余户。后岁余,翟钊为西燕主所杀。

翟魏虽灭,而丁零余众,在常山赵郡界内者,人数实多。事见《魏书》纪传,文繁不录。

③ 肆卢川,在今山西忻州北,现称云中河。或以为在朔方(今内蒙古鄂尔多斯),大误。《晋书·赫连勃勃载记》明言刘虎"雄据肆卢川",事在拓跋猗卢进攻刘虎,刘虎走据朔方之前。

④ 《史记》、《汉书》都说匈奴是夏后氏苗裔淳维之后,赫连勃勃是匈奴族人,因此附会夏后氏苗裔这个传说,定国号为大夏。

⑤《晋书·刘曜载记》:"北苑市三老孙机进酒于曜曰:'仆谷王,关右称帝皇。'"《晋书·艺术·佛图澄传》:"澄曰:'相轮铃音云:"秀支替戻冈,仆谷劬秃当。"此羯语也。秀支,军也。替戻冈,出也。仆谷,刘曜胡位也。劬秃当,捉也。此言军出捉得曜也。'"以上"仆谷",皆"屠谷"之异译。

⑥《魏书·刘库仁传》:"刘库仁……刘虎之宗也。……建国三十六年,昭成暴崩,太祖(拓跋珪)未立,苻坚以库仁……与卫辰分国部众而统之。自河以西属卫辰,自河以东属库仁。于是献明皇后携太祖……自贺兰部来居焉。"又《魏书·外戚·贺讷传》:"会苻坚使刘库仁分摄国事,于是太祖(自贺兰部)还居独孤部。"按据上二条所引,刘库仁部即独孤部。其实独孤部亦即屠谷部。

⑦《南齐书·魏虏传》义熙中,杨盛表云:"索虏勃勃,匈奴正胤。"

⑧《魏书·铁弗刘虎传》:铁弗刘虎,南单于之苗裔,左贤王去卑之孙,北部帅刘猛之从子。……北人谓胡父鲜卑母为铁弗,因以为号。

⑨《晋书·秃发乌孤载记》:"秃发乌孤……其先与后魏同出。八世祖匹孤率其部自塞北迁于河西。……匹孤卒,子寿阗立。初寿阗之在孕,母胡掖氏因寝而产于被中,鲜卑谓被为秃发,因而氏焉。"按"秃发"为"拓跋"之异译,产于被中之说不可信。寿阗母胡掖氏,可能是胡人。鲜卑父胡母的混血儿,得称为秃发与拓跋,此亦一侧证。

⑩ 西秦,鲜卑族乞伏国仁建。其先自漠北徙居陇西,总四部鲜卑,号曰乞伏可汗。《晋书·乞伏国仁载记》云:"其后有祐邻者,即国仁五世祖也。泰始(公元265—274年)初,率户五千,迁于夏缘,部众稍盛。鲜卑鹿结七万余落,屯于高平川(原出宁夏固原开城岭,北流至中卫入黄河,今曰清水河)……祐邻并其众,因居高平川。祐邻死,子结权立,徙于牵屯(山名,在今宁夏固原西)。结权死,子利那立,击鲜卑吐赖于乌树山,讨尉迟渴权于大非川(今青海湖西布哈河),收众三万余落。利那死,弟祁埏立。祁埏死,利那子述延立,讨鲜卑莫侯于苑川(今甘肃榆中东北),大破之,降其众二万余落,因居苑川。以叔父轲埏为师傅,委以国政;斯引乌埏为左辅将军,镇蔡园川;出连高胡为右辅将军,镇至便川;叱卢那胡为率义将军,镇牵屯山。述延死,子傉大寒立,会石勒灭刘曜,惧而迁于麦田(今甘肃靖远东北)無孤山。大寒死,子司繁立,始迁于度坚山(今甘肃靖远西)。寻为苻坚将王统所袭,部众叛降于统,司繁……乃诣统,降于坚。坚……署为南单于,留之长安。……俄而鲜卑勃寒侵斥陇右,坚以司繁为使持节都督讨西胡诸军事、镇西将军以讨之,勃寒惧而请降,司繁遂镇勇士川(在今甘肃榆中东北)……。司繁卒,国仁代镇。"

⑪ 西凉为沮渠氏所灭,西凉后主李歆弟子李宝被徙于姑臧。后岁余(公元423年),李宝随舅晋昌太守唐契北奔伊吾(今新疆哈密),招集人众,至二千余家,臣于柔

293

然，柔然以契为伊吾王。契为伊吾王经二十年之久。其后遣使降于北魏，柔然闻之，进兵攻逼，契遂拥部西趋高昌（公元 442 年）。高昌太守凉州人阚爽告急于沮渠无讳（沮渠牧犍弟，时据鄯善），无讳自率部落赴救，而柔然亦遣军救高昌，唐契与柔然部帅阿若战，契败死，契弟和率余众奔车师前部（交河城），遣使请降于魏。李宝亦于此时，自伊吾率余众二千南归敦煌，修缮城府，安集故民。遣弟怀达、子承入朝北魏于平城。北魏以宝为使持节、侍中、都督西垂诸军事、镇西大将军、开府仪同三司、领护西戎校尉、沙州牧、敦煌公。公元 444 年，宝入朝魏于平城，魏遂留之而不遣。宝据敦煌自公元 442 年至 444 年，历时三年。

⑫ 北凉虽灭，而沮渠氏残余势力，远渡流沙，立国西域，又历二十年之久。《宋书·大且渠蒙逊传》：元嘉十六年（公元 439 年），"拓跋焘攻凉州……茂虔（即牧犍）见执。茂虔弟安弥县侯无讳，先为征西将军、沙州刺史、都督建康以西诸军事、酒泉太守。……拥家户（部落）西就从弟敦煌太守唐儿。焘使将守武威、张掖、酒泉而还。十七年正月，无讳使唐儿守敦煌……自……伐酒泉，三月，克之。攻张掖临松，得四万余户，还据酒泉。十八年五月，唐儿反，无讳留从弟天周守酒泉……讨唐儿……杀之，复据敦煌。七月，拓跋焘遣军围酒泉。十月，城中饥，万余口皆饿死……食尽，城乃陷。……于时虏兵甚盛，无讳众饥，惧不自立，欲引众西行。十一月，遣弟安周五千人伐鄯善（城邦在今新疆若羌）坚守不下（《北史·鄯善传》："无讳遣其弟安周击鄯善，王比龙恐惧欲降。会魏使者自天竺、罽宾还，俱会鄯善，劝比龙拒之，遂与连战，安周不能克，退保东城"）。十九年四月，无讳自率万余家弃敦煌西就安周，未至，而鄯善王比龙将四千余家走（《北史·鄯善传》："比龙西奔且末，其世子乃应安周"），因据鄯善。初（晋昌太守唐契反，蒙逊攻唐契，克之），唐契自晋昌奔伊吾，是年攻高昌（治高昌壁，今新疆吐鲁番西南古城），高昌城主，阚爽告急（《北史·大沮渠蒙逊传》："先是高昌太守阚爽为李宝舅唐契所攻，闻无讳至鄯善，使诈降，欲令无讳与唐契相击"）。八月，无讳留子丰周守鄯善，自将家户赴之（《北史·大沮渠蒙逊传》："从焉耆东北趣高昌"），未至而芮芮（柔然）遣军救高昌，杀唐契，〔契〕部曲奔无讳（《北史·大沮渠蒙逊传》："爽拒无讳"）。九月，无讳遣将卫寮夜袭高昌（《北史·大沮渠蒙逊传》："遂屠其城"），爽奔芮芮，无讳复据高昌。……无讳卒，弟安周立（公元 444 年）。"是年，西域大饥荒，《高僧传》："释法进……凉州张掖人。……为沮渠蒙逊所重。逊卒，子景环（即无讳）为胡寇所破……后三年，景环卒，弟安周续立。但岁饥荒，死者无限。……进……乃净洗浴，取刀盐，至深穷窟饿人所聚之处……投身饿者前云：'施汝共食。'众虽饥困，犹义不忍受。进即自割肉柱盐以啖之，两股肉尽，心闷不能自割，因语饿人曰：'汝取我皮肉，犹足数日……'饿者悲悼，无能取者。须臾，弟子来至……因舆之还宫。〔安〕周敕以三百斛麦以施饥者，别发仓廪以振贫民。"饿

者无以为食,灾情之严重可知。安周后袭取车师前部,而卒为柔然所攻灭,见《资治通鉴》宋文帝元嘉二十七年(公元 450 年)六月:"初车师大帅车伊洛世服于魏,魏拜伊洛平西将军,封前部王。伊洛将入朝,沮渠无讳断其路,伊洛屡与无讳战。……无讳卒,弟安周夺其子(无讳子)乾寿兵,伊洛遣人说乾寿,乾寿遂帅其民五百余家奔魏。……伊洛西击焉耆,留其子歇守城,沮渠安周引柔然兵间道袭之,攻拔其城,歇走就伊洛,共收余众保焉耆镇。遣使上书于魏主,言:'为沮渠氏所攻,首尾八年,百姓饥穷,无以自存。臣今弃国出奔,得免者仅三分之一。已至焉耆东境、乞垂赈救。'魏主诏开焉耆仓以赈之。"同书宋孝武帝大明四年(公元 460 年):"柔然攻高昌,杀沮渠安周,灭沮渠氏。"

⑬ 按《周髀》一卷,《隋书·经籍志》作赵婴注,现在题作赵邠卿注,我个人认为赵婴为赵畋之讹,两字形体极为近似。当另作文考之。

第五章 东晋王朝的建立及其政治

从东晋元帝建武元年（公元 317 年）到隋文帝开皇九年（公元 589 年）灭陈，前后二百七十多年的历史，可以分作两个阶段。第一个阶段，自东晋建国到孙恩领导农民起义为止（公元 317—404 年）。在这一个阶段里，北方流亡南下的劳动人民和江南的土著居民开始汇合，他们一边辛勤地开发江南，一边坚持进行北伐。在坚持生产斗争和民族斗争同时，他们还和统治阶级进行不调和的阶级斗争。第二个阶段，从晋末刘裕秉国到陈亡（公元 405—589 年）。在这个阶段开始，由于孙恩领导的农民起义，沉重地打击了世族专政的统治，从而推动了江南经济的巨大发展。但是，江南经济获得巨大发展以后，地主阶级集积了大量财富，人民的生活却没有改善，世家大族在富裕生活中日益腐化了，他们终于招致了侯景之乱，给江南经济带来了巨大的破坏。陈的统治时代，不仅疆域比前狭小，就是从经济发展的速度而言，也不如侯景乱梁以前那么迅速了。

第一节 北方世家大族的南渡与东晋王朝的建立

江东世族地主的"三定江南" 江东的世家大族自东吴灭亡（公元 280 年）后，并不因东吴政权的消灭而随着消灭；他们的庄园，仍旧是"牛羊掩原隰，田池布千里"；他们的庄园之内，仍旧是"僮仆成军，闭门为市"。他们的经济基础，一点也没有动摇。固然，北方的人士从某一角度看来，认为西晋政权笼络江东世家大族的工作做得还不够好①，江东世家大族出仕中朝——在洛阳任大官的人还不够多②。可是江东世家大族在江南的潜在势力与社会地位，依然有举足轻重之势，江东世家大族的武装组织，仍然是镇压农民起义和地方割据的主要力量。

所以以周玘为代表的江东世族大地主，能够"三定江南"。什么是周玘的"三定江南"呢？

在西晋惠帝太安二年（公元303年）的五月，长江、沔水之间，曾爆发了张昌为首的农民起义，农民军的一支在石冰的统率下，攻下扬州，进破江州（治豫章，今江西南昌市）；临淮（郡治盱眙，今江苏盱眙东北）民封云起兵响应，也袭破了徐州，起义军一时声势浩大。虽然是年八月，张昌在江夏战败，而石冰、封云所统率的起义军却仍继续在扬、徐一带进行着顽强的斗争。江东世族大地主义兴（今江苏宜兴）周玘（祖父鲂，东吴鄱阳太守；父处，西晋御史中丞）联络"江东人士"，推"东吴四姓"之首的吴郡顾祕为都督扬州九郡诸军事③，动员江东世家大族的地主武装，配合政府军，攻击农民起义军。公元304年四月，石冰战败，奔江北，投封云，云部下杀冰，云降。在石冰领导下的扬、徐二州农民起义，就这样地在江东世族大地主镇压之下结束。这就是"一定江南"。

自西晋灭吴以后，"南方米谷，皆积数十年"（《晋书·陈敏传》），西晋政府任命仓部令史庐江陈敏为合肥度支（后迁广陵度支），令其督运江淮漕米。敏后以功迁广陵相，转右将军。时中原战乱，公元305年，敏收兵据历阳（今安徽和县），自称扬州刺史。乃南略江州，"东略诸郡，遂据有吴越之地"（《晋书·陈敏传》），自称都督江东军事、大司马、楚公。他想拉拢江东世家大族来建立割据江东的新政权，任命"江东首望"顾荣等四十余人为将军、郡守④。但是这些江东的世家大族地主们，却以为陈敏出身寒微，"七第顽冗，六品下才"（《晋书·陈敏传》），不甘心拥戴他做江东之主。当西晋政府派兵讨伐陈敏之际,江东世家大族以周玘、顾荣、甘卓为首,起兵响应政府,攻杀陈敏。这就是"再定江南"。

当陈敏想割据江东之时,吴兴人钱璯起兵讨敏,敏破,西晋东海王司马越任命钱璯为建武将军,令率其部众救援洛阳。璯至广陵,闻刘聪攻逼洛阳,惧不敢进,遂自广陵举兵,杀西晋度支校尉陈丰,焚烧邸阁(粮仓),公元310年,自称西平大将军、八州都督,率兵渡江而南,进攻义兴。周玘又联合了乡里地主武装,击灭钱璯。这就是"三定江南"。

有了周玘"三定江南",换句话说,有了江东世家大族镇压农民起义、消灭割据势力,从而稳定了江东的政局,而后东晋政权,才有在江东扎根的余地。

北方世家大族的南渡与东晋王朝的建立 西晋在八王混战后,接着王弥、石勒起兵,匈奴攻逼,搞得"中原萧条,白骨涂地"。东汉末年以来已经发展起来的坞垒堡壁,至此普遍出现于西晋王朝的废墟上。如阳翟(今河南禹州)庾衮"率其同族及庶姓,保于禹山"。"于是峻险阨,杜蹊径,修壁坞,树藩障"(《晋书·孝友·庾衮传》),缮治兵器,部勒部曲,敌人围逼三次,都不敢进攻而退。这种坞垒堡壁的初起,固然是一种共同保护生命财产的自卫组织,但是由于平民和自耕农向它依附,以求得到庇护,依附的农民又大都是在坞垒堡壁武装势力所能防御的附近土地上进行生产,以其剩余生产品贡献于坞主乡豪,于是坞主乡豪遂成为大的封建主,而依附的农民亦沦落为坞主乡豪的部曲、佃客,这样也就是更强化了封建的隶属关系。

由于少数民族贵族武装势力日益发展,北方的局势日益恶化,掌握坞垒堡壁领导权的世家大族与地方豪强,就在军事上作出有计划的移动。除了一小部分世家大族,北投幽州刺史王浚、平州刺史崔毖或西走河西走廊投奔凉州刺史张轨外,大部分世家大族率其宗族、乡里、宾客、部曲，南渡江南。如高平金乡（今山东金乡东北）人郗鉴，初率乡里"千余家，避难于鲁之峄山（今山东邹城东南），三年间，众至数万"（《晋书·郗鉴传》）；后又退屯广陵（今江苏扬州市）。鉴后仕东晋，官至太尉。东莞姑幕（今山东诸城西北）人徐澄之"与乡人臧琨等，率子弟并闾里士庶千余家，南渡江，家于京口（今江苏镇江市）"（《晋书·儒林·徐邈传》）。那时北方"亡官失守"的世族大地主很多求官吴越，如颍川（治许昌，今河南许昌东）庾琛（衮弟）出任会稽太守，琅邪（治开阳，今山东临沂北）王澄、王敦分任荆、扬二州刺史⑤，真是纷纷渡江，切实掌握了长江中下游的重要据点，作好洛阳丧失后撤退江南的准备。

王澄是王衍之弟，王敦是王衍之族弟。琅邪王氏，从太保王祥以来，一直是冠冕盛门，祥族孙王衍又累官至司空、司徒、太尉，是中朝数一数二的头面人物。他看清了北方局势，所以有这一些布置。这时掌握西晋政府大权的东海王司马越，自然也早有筹划，预先在江南培植好自己的势力，作为自己以后的退步，琅邪王司马睿移镇建邺（今江苏南京市），就是在这种情况之下发生的。

司马睿是司马懿的曾孙，琅邪王司马伷的孙子，嗣琅邪王司马觐的儿子。觐早死，睿袭封琅邪王。司马睿的封地邻接司马越的封地。在八王混战时期，司马睿一直在司马越卵翼之下，成为司马越的忠实党羽。司马越率军北上，参与宗室混战，就把自己后方军事根据地下邳（今江苏睢宁西北古邳）交给司马睿去镇守。其后，北方的局势日见恶化，而下邳又是一个"四战之地"，不易守御，于是司马睿请求司马越，把根据地从下邳移到长江之南的建邺，司马越正有从北方失守退守江南的打算，自然同意司马睿的请求。于是由西晋政府下令任命司马睿为安东将军、都督扬州江南诸军事，令其移镇建邺；不多时，又以司马睿为镇东大将军,都督扬、江、湘、交、广五州诸军事,他便成为江南地区的最高军政长官。司马睿的移镇建邺,是在晋怀帝永嘉元年(公元307年)七月;王澄出任荆州都督,是在同年十一月;王敦被任命为扬州刺史,是在永嘉三年三月,由此可见,在洛阳实际上掌握西晋政府大权的东海王司马越和世家大族的代表人物太尉王衍,他们在那时已经开始布置好南渡的准备工作了。

其后洛阳饥困危急,司马越率领西晋的主力军十余万人与王衍等退守许昌。永嘉五年三月,越在行军途中病死;众推王衍为元帅,想护送司马越枢还葬东海(治郯,今山东郯城北)。四月,王衍等行至苦县(今河南鹿邑东)宁平城(在今河南郸城东北三十五里),遭石勒军围攻,全军覆没。同年六月,洛阳亦失守,怀帝被刘聪所俘。建兴四年(公元316年),长安又陷落,愍帝被俘,北方的司马氏政权,至此覆灭。公元317年,司马睿也就和过江的世家大族,建立起侨寓的东晋政权来了。

司马睿为琅邪王时,就和王衍的族弟、王敦的从弟王导(太保王祥弟王览之孙)"素相亲善",王导对司马睿也是"倾心推奉"(《晋书·王导传》)。东晋政权的建立,琅邪王氏翼戴之功居多。王导任至宰辅,王敦都督江、扬、荆、湘、交、广六州军事,居上游重镇,所谓"王与马,共天下"(《太平御览》卷495引《晋中兴书》),并不是凭空产生的一句话,是符合当时实际情况的。有了世家大族的相率渡江,而后司马睿能在长江以南重建政权。这个政权的主要支柱既是世家大族,于是北来的世家大族到达江南以后,东晋政府除了"收其贤人君子"(《晋书·王导传》)与之共图国事以外,还对其家族照顾备至。如太原王佑子王峤,携二弟渡江避难,既到建邺,司马睿就下诏曰:"王佑三息(子)始至,名德之胄……宜蒙饰叙。且可给钱三十万,帛三百匹,米五十斛,亲兵二十人。"(《晋书·王湛传族孙峤附传》)可见东晋政府对于流离南下的世家大族,照顾得是无微不至的。

司马睿移镇建邺之初，江东世家大族的态度非常冷淡，他们本来就瞧不起外来的一群"伧父"，对坐镇建邺的琅邪王、安东将军司马睿同样不够重视，经过一个多月，司马睿竟没有能够和江东的世族地主取得联系。王导认识到这个问题的严重性，乃在三月三日上巳那天，司马睿乘肩舆出游，王敦、王导以及北方流亡南下的世族大地主皆骑马随从，隆重的仪仗，威严的行列，使江东世家大族体会到司马睿可能就是北方世家大族日后要拥戴的江东之主，于是如"江南之望"的纪瞻、顾荣，见到这种形势，就相率拜睿于道左。王导也就想笼络具有代表性的江东世家大族顾荣、贺循，再通过他们的关系，使整个江东世族地主集团逐渐向司马睿靠拢，乃进策于司马睿说："顾荣、贺循，此土之望，未若引之，以接人心。二子既至，则无不来矣。"（《晋书·王导传》）司马睿便请王导代表他去拜访顾荣、贺循。恰好这时江南一带经过三次"变乱"，江东世家大族也感觉到如果要维护住本阶层的利益，有必要建立一个和自己利害基本上一致，并且真正能够代表门阀专政的政权，而司马睿所要组织的江东新政权，正是这样的政权。因此，顾荣、贺循一经王导拉拢，就应命而至，史称"由是吴、会风靡……渐相崇奉，君臣之礼始定"（《晋书·王导传》），也就是说到这时候，司马睿除了已取得北来世家大族的翼戴之外，再通过王导的拉拢，在利害一致的基础上，又获得江东世家大族的拥护，东晋王朝成立的条件，完全成熟了。公元317年，司马睿得到愍帝被俘的消息，先称晋王；翌年，改称皇帝（史称元帝），东晋王朝于是创建起来了。

由于东晋政权是在南北门阀支持下出现的，东晋政权是西晋政权之再版，因此就决定了东晋政权的性质。"举贤不出世族，用法不及权贵"，这是东晋内政的基本方针。东晋初年，"偷石头（在今江苏南京市清凉山）仓米一百万斛，皆是豪将辈，而直打杀仓督监以塞责"（《晋书·庾亮传弟翼附传》）。当时歌谣有

"廷尉狱,平如砥;有钱生,无钱死"(《初学记》卷20引晋元帝时廷尉卫展陈谚言表)的说法。江南"万顷江湖",尽被世家豪族霸占,"百姓投一纶,下一筌者,皆夺其鱼器,不输十匹,则不得放"(《太平御览》卷834引王胡之与庾安西笺),东晋政府也并没有加以干涉。明白了东晋政权的性质,我们对于这些情况,也就会认为是门阀专政的必然的结果,而不以为怪了。

祖逖北伐 东晋政权初建立时,匈奴刘聪的势力,才扩张到晋南、豫北和关中一带;羯人石勒南进江汉失败,退而北据襄国,开始经营河北;巴氏李雄时已占有巴蜀,北取汉中,西收宁州(治味县,今云南曲靖)。但除了成汉以外,由于刘、石仇视汉族人民,肆行残杀,激起北方汉族人民的纷起抗敌。中山刘琨以并州都督名义屯晋阳,屡败刘聪⑥;平阳李矩为乡人推为坞主,以荥阳太守名义,屯新郑(今河南新郑);东郡魏浚与流民数百家,屯

东晋初北方形势及祖逖北伐路线图

于洛北石梁坞(今河南洛阳市东洛水北),浚死,浚族子该领其众,以河东太守名义,屯宜阳一泉坞(今河南洛宁东,洛水北岸),与刘曜相拒;河南郭默率遗民,自为坞,以河内太守的名义与李矩、魏该相犄角;乞活帅陈午,以五千余人据浚仪(今河南开封市),与石勒对峙;魏郡邵续,以冀州刺史名义,屯厌次(今山东阳信东南),与石勒相拒;续女婿广平刘遐,以坞主为平原(今山东平原南二十里)内史,壁于河、济之间。他们不顾力量薄弱,往往以少击众,坚持斗争,如李矩的军队,收复了洛阳,击败了刘聪的大军,使刘聪"愤恚发病而死"。塞外部族如辽西鲜卑段匹䃅、辽东鲜卑慕容廆、代郡鲜卑拓跋猗卢等,也遥奉晋王朝,配合刘琨等和刘、石作战。

以上的形势,对于东晋北伐来说,是非常有利的。同时,那时"荆、扬晏安,户口殷实",也还有北伐的可能。可是以司马睿为首的东晋政权却是无意收复北方,惟范阳祖逖,以一军北上。

祖逖,范阳遒县(今河北涞水北)人,"世吏二千石,为北州旧姓"。洛阳沦没,"逖率亲党数百家,避地淮泗。以所乘车马载同行老疾,躬自徒步,药物衣粮,与众共之",因此获得流民的爱戴,被推为"行主"(堡壁的首领为坞主,流徙的首领为行主)。到达泗口以后,司马睿任命祖逖为徐州刺史,寻征入为军谘祭酒,徙居江南之京口(今江苏镇江市)。逖以"戎狄乘隙,毒流中原,今遗黎既被残酷,人有奋击之志",请求司马睿交给他北伐的任务。司马睿乃用逖为豫州刺史,只"给千人廪,布三千匹"(那时政府仓库内有布二十万匹,绢数万匹),不给兵器,也不给兵士,让祖逖自己招募。愍帝建兴元年(公元313年),逖率其原来随他流徙南下的部曲数百家渡长江,先在淮阴(今江苏淮阴西南)起铁冶,铸造兵器,陆续招募到二千余人,进屯雍丘(今河南杞县)。数出兵邀击石勒,"勒镇戍归附者甚多",北方的抗战将领如赵固、上官巳、李矩、郭默等，以前互相攻击，很不团结，到这时皆愿受逖指挥。"由是黄河以南，尽为晋土。"石勒来信请求互市，逖不答勒书，而听其互市，"收利十倍，于是公私丰赡，士马日滋"。黄河北岸坞壁间的人民，对祖逖也都十分支持，只要石勒方面一有军事性的行动，他们立刻把情况报告祖逖，使祖逖有所警备，结果"石勒不敢窥兵河南"。

祖逖好容易把北方的局面打开，正在积蓄力量，准备向河北推进，东晋统治阶级内部的矛盾却大大尖锐起来。当时王敦同司马睿对抗，内乱势将爆发。东晋政府派大臣戴渊为征西将军、都督司兖豫并雍冀六州诸军事、司州刺史，坐镇合肥，来防备王敦，祖逖也要受戴渊的节制。逖"虑有内难，大功不遂，感激发病……卒于雍丘"（《晋书·祖逖传》）。逖死（公元321年），东晋内乱旋起，不久，祖逖收复的失地自淮水、汉水以北，又悉为石勒所攻占。

南北世家大族的矛盾　据颜之推《观我生赋》自注中说："中原冠带，随晋渡江者百家，故江东有百〔家〕谱。"这一百个世家大族，他们带着自己的宗族、乡里、宾客、部曲到达江东以后，最迫切需要解决的就是土地问题。江南的膏壤沃野，自东吴以来，久为江东世家大族所据有，北来的世家大族，若再向同一地带发展，必然会损害到江东世家大族的经济利益，那就毫无疑问地要遭受到江东世家大族的强烈反对，这样，南北世家大族间的矛盾，就逐渐发展，东晋新政权也面临着严重的危机。

东晋新政权是以北来的世家大族为主要支柱的，在东晋政权中，北来的世家大族，特别占优势。这也使两大地主集团间除了在经济上的矛盾无法避免之外，在政治上又表现为南北地域上严重的宗派斗争。洛阳丧失，北方的世家大族，纷纷渡江，司马睿尽量争取他们来"佐佑王业"，于是北来的"亡官失守之士"，

"多居显位"（《晋书·周处传孙弼附传》）；而江东的世家大族，如以后贺循任太常，纪瞻、陆晔为侍中，只是虚名具位，并无实权。司马睿这种虚与委蛇的态度，自然更要引起江东世家大族之不满，因为在他们看来，这一批"亡官失守之士"，包括司马睿在内，不过是流播南下的高级难民，这一点，司马睿在初渡江时，也曾说过"寄人国土，心常怀惭"（《世说新语·言语篇》）。而今居然"驾御吴人"，喧宾夺主，又怎能不使"吴人颇怨"（《晋书·周处传孙弼附传》）呢？

"三定江南"的义兴周玘，首先想发动武装政变。事泄，周玘忧愤而死；临死对他儿子周勰说："杀我者，诸伧（吴人谓中州人曰"伧"）子，能复之，乃我子也。"（《晋书·周处传子玘附传》）。周勰秉承父志，纠集江东地主武装，准备起兵。吴兴徐馥，杀吴兴太守袁琇，聚众数千；孙晧族人孙弼起兵广德（今安徽广德东）；勰族兄周续举兵义兴，均以讨王导、刁协为名，将奉周勰叔父周札为主。事为周札闻知，札以徐馥等冒昧起兵，成功的可能性绝少，就把勰等阴谋告知政府，周勰想发动的武装变乱，至此完全失败。事实上这次叛变是周勰发动的，可是司马睿考虑到义兴周氏在江南的潜势力，暂时还不敢"穷治"其事，表面上对待周勰还是和过去一样。

然而江东世家大族的武装势力对于东晋政权的威胁，发展到像周勰这样举行武装叛变的地步，这使司马睿和北来的世家大族深深感到恐慌了。他们感到旧的笼络政策已不能适应新的形势，于是对有武力量如义兴周氏、吴兴沈氏等江东世族大地主的态度，便不得不由一味笼络而变为多方分化，用离间的手段，以达到使江东世家大族自相削弱的目的。当时江东世族地主武装力量较为强大的，要数义兴周氏和吴兴沈氏，所谓"江东之豪，莫强周、沈"，而周氏"一门五侯，并居列位，吴士贵盛，莫与为比"（《晋书·周处传子札附传》），尤为北来世家大族所忌惮。

王敦乃通过钱凤的拉拢，与吴兴沈充深相勾结，如沈充答应与王敦共灭周氏，王敦也想培植沈氏，"使充得专威扬土"（《晋书·周处传子札附传》）。于是由王敦制造借口，诬周札叔侄图谋叛乱，派沈充统兵袭击，尽灭周氏。

义兴周氏既灭，沈充遂成为王敦死党。其后王敦失败，充亦为其部下吴儒所杀。江东之豪的周、沈二族，就这样在东晋政权的分化政策下，于内讧中同归于尽。

东晋政权的建立，由于获得江东世家大族之拥护而更加巩固，但是当江东世族地主如周、沈二族的武装力量无限发展，威胁到东晋政权的存在时，那么，它就会回过头来打击江东世家大族如周札、沈充者流；但是假使其他江东世家大族对东晋政权还能起一定的支持作用，那么也必然会迫使北来的世家大族作出适当的让步。同样的道理，当北方的世家大族不严重损害江东世家大族的经济利益时，江东世家大族也还能与北来世家大族和平共处，共同维护东晋政权；假如江东世家大族的经济利益遭到严重损害，他们不但不肯发挥支持东晋新政权的作用，甚至会不惜一切来拆新政权的台。东晋政权认识到这一问题的重要性，必须迅速解决。于是北来的世家大族就转而去开发东土——浙、闽，这就是说为了避免南北两大地主集团间的经济冲突，北方流播南下的世家大族着重向东土发展经济势力，不要尽在太湖流域一带求田问舍，江东世家大族在太湖流域的经济利益，是应该尊重而照顾的，这样，南北两大地主集团的关系才会好转。而这时在会稽一带的世家大族如孔、魏、虞、谢四姓[⑦]，他们的势力，远不及太湖地区吴郡的顾、陆、朱、张以及吴兴的丘、沈诸族。于是以王、谢为首的北来世家大族率其宗族、乡里、宾客、部曲，纷纷流寓到浙东会稽一带，进而又发展到温、台一带，林、黄、陈、郑四姓则移居福建[⑧]。从此，南北两大地主集团之间，便从地域上划分开各自的经济势力范围，从而两者间激化着的统治阶级内部矛盾也取得一定程度上的缓和。这样，两大地主集团此后在利益一致的基础上，共同维持了江左偏安之局，有二百七八十年之久。

江东世家大族虽然经过一定的斗争过程，使得他们的既得经济利益不受到损害，但是在参加政权领导工作方面，无论在东晋抑或宋、齐、梁，比起北方世家大族来，还是相形见绌。《南齐书·张绪传》称："张绪……吴郡吴人也。……太祖（萧道成）……欲用绪为〔尚书〕右仆射，以问王俭（王导五世孙）。俭曰：'南士由来少居此职。'褚渊在座，启上曰：'……江左用陆玩、顾和，皆南人也。'俭曰：'晋氏衰政，不可以为准则。'上乃止。"《南齐书·沈文季传》："世祖（萧赜）谓文季曰：'南士无仆射，多历年所。'文季对曰：'南风不竞，非复一日。'"可见"南士"在政治上的待遇，远不及北人，故南齐时，丘灵鞠（吴兴乌程人）曾恨恨地说："我应还东，掘顾荣冢。江南地方数千里，士子风流，皆出其中，顾荣忽引诸伧渡，妨我辈涂辙，死有余罪。"（《南齐书·文学·丘灵鞠传》）

在这里还应该补充几句话，南北两大地主集团间固然存在着矛盾，但是在怎样占夺劳动者的土地，怎样对依附农民进行更厉害的剥削的问题上，他们的利益却完全是一致的。

王敦跋扈与苏峻举兵　东晋、南朝的经济军事重心，就地区而论，主要是在荆、扬二州，所谓"江左大镇，莫过荆、扬"（《南齐书·州郡志》）。两州的户口，也占了江南的一大半。就地理和军事的形势而论，自东晋以来，又以扬州为内户，荆州为外阃。然而扬州虽是京畿——政治中枢之所在；而长江上游的荆州又因"甲兵所聚"，它的经济和军事力量，又常有控制下游的可能，因此，就东晋、南朝整个时期的内部形势来看，荆州的镇将又往往因上游军事经济的优势，孕育野心，威逼下游。《通典·州郡典》称："荆楚风俗，……杂以蛮僚，率多劲悍。南朝鼎立，皆为重镇。然兵强财富,地逼势危,称兵跋扈,无代不有"⑨。所谓"荆、扬之争"——中央与方镇的矛盾,就是在这种形势下造成的。

王敦的跋扈与叛乱,是荆、扬之争的序幕。

敦,王览之孙,妻司马炎女襄城公主。西晋怀帝时王衍荐之于东海王司马越,越用为青州刺史,后转为扬州刺史。司马睿"初镇江东,威名未著,敦与导等,同心翼戴"(《晋书·王敦传》)。敦任统帅,经营上游,杜弢灭后,任都督江扬荆襄交广六州军事、江州刺史,镇武昌。王敦既掌握了上游军队,逐渐威胁中央。司马睿以刘隗、刁协等人为腹心,暗中作了一番军事布置:首先充实中央的军事力量,释放扬州地区内沦落为僮客的北方流民,把他们组成军队⑩,任命戴渊为征西将军、都督兖豫幽冀雍并六州军事,刘隗为镇北将军、都督青徐幽平四州军事,各率万人,分驻合肥、泗口(泗水入淮之口,今江苏淮阴西南),名义上是北讨石勒,实际是防御王敦。

公元 322 年,王敦自武昌举兵,攻下建康(时因避西晋愍帝司马邺讳,已改建邺为建康),杀戴渊、周颙、刁协,刘隗逃奔石勒。这一年的闰十一月,元帝司马睿死,太子司马绍即位(是为明帝)。敦又自武昌移镇姑孰(今安徽当涂),自领扬州牧。公元 324 年,王敦病重,明帝下令讨伐王敦。敦以兄含为元帅,率众三万攻建康,建康未下而敦病死,含军遂溃。敦无子,以兄含子王应为嗣,军败,含父子西奔荆州,含从弟荆州刺史王舒沉杀含父子于长江,敦余党悉平。

王敦虽死,王含虽败,而琅邪王氏,如王导即以司徒进位太保,王舒迁湘州刺史,舒子允之后为江州刺史,导从弟彬为度支尚书,彬子彪之后官至尚书令,位任不衰,仍然是当时数一数二的世家大族。

王敦跋扈上游的威胁刚解除,历阳(治历阳,今安徽和县)内史苏峻又自淮南举兵入都。

苏峻，长广掖(今山东莱州)人。"父模，安乐相。峻少为书生，有才学，仕郡主簿。年十八，举孝廉。"(《晋书·苏峻传》)中原战乱，"百姓流亡，所在屯聚，峻纠合得数千家，结垒于本县"，被推为坞主。后率数百家泛海南奔，仕东晋，以破王敦、沈充功，为历阳内史，威望渐著。"有锐卒万人，器械甚精"，东晋政权寄以江外(时称江北为江外)之任。

公元325年，明帝死，子司马衍(成帝)继位，年幼，王导与外戚世族大地主颍川庾亮辅政。亮以苏峻骄恣，欲夺峻兵，因而内调峻任大司农。公元327年，峻与豫州刺史祖约(祖逖弟，逖死，约领逖之众)合谋，以讨伐庾亮为名，举兵南渡长江。翌年，攻破建康，分兵转战吴县、海盐、嘉兴、余杭，又攻陷宣城，声势日盛。峻攻建康时，"因风放火，台省及诸营寺署，一时荡尽"。城破之后，又"纵兵大掠"，这时东晋政府的大库内尚存有布二十万匹、金银五千斤、钱亿万、绢数万匹，被峻全数掠去。

东晋的边防，上游在荆、襄，下游在淮南，赵宋时李纲所谓"六朝之所以能保有江左者，以强兵巨镇，尽在淮南、荆、襄间"(《宋史·李纲传》)。现在淮南的方镇既然举兵对抗中央，唯有倚赖荆楚的力量来戡定叛乱。于是荆州刺史陶侃、江州刺史温峤联军东下，消灭苏峻，收复建康(公元329年)。祖约与苏峻举兵时，石勒派大军进攻祖约根据地，约军溃散，约逃奔历阳。及苏峻失败，约又率亲信数百人投奔石勒。石勒鄙薄祖约的为人，将约及其亲属百余人，全都杀死。

东晋统治阶级内部，经过几次火并，既加深了人民的痛苦，也把江东搞得积弱不堪。除非在万不得已时，他们不愿意把兵锋转而北向，有时为了狭隘的集团利益打算，甚至不惜采取阻碍恢复中原的行动。以后桓温的北伐，便是在这种情况下，遭受了挫折。

桓温的三次北伐　自王敦死后,陶侃坐镇荆楚,都督八州(荆、江、雍、交、广、宁、梁、益),史称其"据上流,握强兵,潜有窥窬之志"(《晋书·陶侃传》)。侃死,庾亮以帝舅代侃镇武昌,而王导以丞相居中辅政。"亮虽居外镇,而执朝廷之权。既据上流,拥强兵,趣向者多归之。导内不能平,常遇西风尘起,举扇自蔽,徐曰:'元规(亮字元规)尘污人。'"(《晋书·王导传》)咸康五年(公元 339 年),王导病死,亮弟冰为中书监、扬州刺史,参录尚书事,荆、扬之争,暂得消弭。亮死,弟翼继督荆州。翼大佃积谷,发奴为兵,有意北伐,以众意不同而止。永和元年(公元 345 年),翼病死,翼兄冰先翼死,东晋政府乃以桓温继翼为都督荆梁四州诸军事、荆州刺史,上游事权,遂集中于桓温一人之身。明年春,司马睿少子司马昱又以会稽王居中辅政,于是荆、扬之间,复形成分争对立之局。

桓温,谯国龙亢(今安徽怀远西北龙亢镇)人。父彝,渡江后仕至散骑常侍、宣城内史,死于苏峻之乱。温娶明帝女南康公主为妻,拜驸马都尉,累迁至徐州刺史,后代庾翼镇荆州。

温有雄才,志在收复中原,同时他更企图以军事上的胜利,来提高个人的威望,以便代晋称帝。这时,蜀李氏的成汉政权已日趋衰乱,在"取乱侮亡"的策略指导下,桓温欲进兵灭蜀。温以公元 345 年任荆州都督,346 年冬,即率兵沿江直上,留辎重于彭模(今四川彭山),亲将步卒直指成都,李势战败投降。平蜀之后,温声望极高。

当时中原的情况:公元 349 年正月,梁犊起义于雍城,众至十万,东出潼关,犊失败,始平人马勖继续起义,中原的石赵政权开始动摇。四月,石虎忧怖病死。五月后,石赵统治集团内部矛盾恶化,石虎子石世立三十三日,为兄石遵所杀;遵立百八十三日,为兄石鉴所杀;鉴立百三日,为冉闵所杀;闵尽灭石氏、诛胡羯,胡羯死者二十余万人。公元 350 年,徒河鲜卑慕容儁率众南下；至公元 352 年，灭冉闵。自公元 349—352 年这三年间，北方再度大混乱，于是"赵所徙青、雍、幽、荆四州之民⑪，及氐、羌、胡、蛮数百万口，各还本土，道路交错，互相杀掠，其能达者，十有二三。中原大乱，因以饥疫……无复耕者"（《资治通鉴》晋穆帝永和七年）。

桓温在这时想乘机北伐，几次上表朝廷讨论进兵事宜，朝廷恐桓温北伐成功，更无法控制，故意把桓温的建议搁置不复。公元 349 年，石虎初死，虎徐州刺史王浃以寿春（今安徽寿县）降晋。东晋政府就派徐兖二州刺史、外戚褚裒任征讨大都督，率众三万北伐，进至彭城（今江苏徐州市），"河朔士庶，归附者日以千计"，"鲁郡民五百余家，相与起兵附晋，求援于褚裒"（《晋书·外戚·褚裒传》），真是"晋之遗黎，鹄立南望"，殷切期待晋兵的渡河。可是褚裒懦怯，非将帅之才，一战而败，便退屯广陵。当时河北有遗民二十万人，渡河欲来归附，因晋兵已经撤退，他们遭到少数民族统治者的杀掠，死亡殆尽。淮水、汉水以北，黄河以南，一度在名义上尽成晋土⑫。可是东晋的北伐之师，却并未再出。公元 351 年，桓温不等朝廷命令，声称北讨，率领大军顺流而下，到达武昌，宰辅会稽王司马昱苦苦劝阻，温只得作罢。东晋政府又把北伐的任务交给扬州刺史殷浩。浩于是统兵北上。殷浩是个书生，只能清谈玄学，并无实战经验。公元 353 年，殷浩自寿春率众七万北伐，以羌族酋长姚襄（姚苌兄）为前锋，行至山桑（今安徽蒙城北），襄中途倒戈，袭击浩军，浩丢弃辎重，狼狈逃走，士卒死伤万余人。东晋的世家大族本来就不主张北伐，至此北伐遇到挫折，世族大地主琅邪王羲之（王导从子）便主张不但应该放弃河南，就是"保淮之志，也非复所及，莫过还保长江"⑬。东晋政府在这样不利的形势下，只得把司州拨归桓温来节制，也就是说把收复河南的任务交给桓温来负责。温上表弹劾殷浩，殷浩被罢免，这时谁也不能阻止桓温的北伐了。

公元 354 年，温率步骑四万，自江陵取道襄阳，出淅川（今河南淅川均水），进攻关中，于峣柳（今陕西蓝田）连败秦主苻健的军队，兵锋直达长安东面的霸上。居民"持牛酒迎温于路者十八九，耆老感泣曰：'不图今日复见官军。'"（《晋书·桓温传》）在关中人民的积极支持下，晋军才能取得胜利，迫使苻健退保长安，深沟自固，不敢交战。桓温来时，由于运输上困难，没有能够多带粮食，当时估计春麦已熟，可割取以为军粮，不料苻健先期"芟苗清野"，因此晋军在给养上遭遇到严重困难，是年九月，温只得退兵。

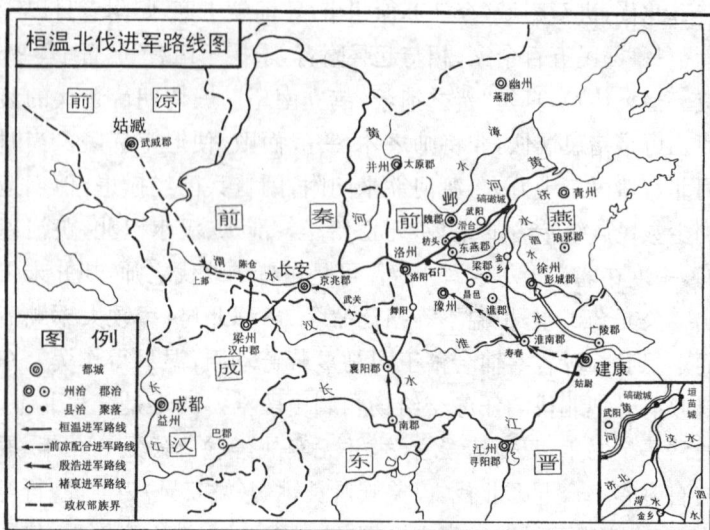

桓温北伐进军路线图

图例
⊚ 都城
◎ 州治 郡治
○ 县治 聚落
→ 桓温进军路线
◆→ 前凉配合进军路线
◀━ 殷浩进军路线
◁━ 褚裒进军路线
━ ━ 政权郡族界

公元 356 年，逗留在河南许昌一带的羌族酋长姚襄，进攻洛阳，桓温自江陵北伐，把姚襄击溃，襄西走关中，为秦主苻生所杀。桓温在收复洛阳以后，建议政府还都洛阳，并主张把永嘉以来播流江南的北人，全部北徙河南⑭。那时南渡的北方世家大族，他们已在江东置立庄园，自然不愿北迁，对桓温的建议，纷纷提出异议⑮，复都洛阳之议，就此作罢。公元 358 年，豫州刺史出缺,朝廷初拟任命桓温弟桓云为豫州刺史,尚书仆射琅邪王彪之认为"温居上流,已割天下之半,其弟复处西藩(东晋豫州刺史镇姑熟,都城建康在今南京,故称豫州为西藩),非深根固蒂之宜"(《晋书·王廙传弟子彪之附传》),于是朝廷任命吴兴太守陈郡谢万(谢安弟)为豫州刺史。公元 359 年,万受命与徐、兖二州刺史郗昙北征,昙因病退屯彭城,万误认为是前燕大军压境,仓皇下令退兵,军遂溃散,万单骑逃归,于是许昌、颍川、谯、沛诸城,相次为前燕慕容氏所攻没;公元 365 年,洛阳又告失守。

公元 363 年,桓温被任命为大司马、都督中外诸军事,次年又加扬州牧,到公元 369 年,兼徐、兖二州刺史,荆、扬两镇,由温一身兼任。温企图利用北伐获得胜利,建立更高的威望,以便代晋称帝,因此决定北伐前燕。这年四月,桓温统率步骑五万,从姑孰(今安徽当涂)出发。六月,到达金乡(今山东金乡)。由于这年夏季气候亢旱,水位低落,如果运输粮食给养的航道不能畅通,五万人的大军是无法北进的。因此桓温驻兵金乡,遣冠军将军毛宝生"凿巨野(即大野泽,在今山东巨野北)三百里,引汶水会于清水(古济水自巨野泽以下别名清水)"(《资治通鉴》晋海西公太和四年)。因为我国的河流大都由西向东,而当时行军需要,必须开凿一条由南向北的航道出来。《水经·济水注》里称这条桓温所开的航道为"桓公渎"⑯。本来这里有一条久已淤塞的河道叫"洪水",桓公渎就是利用洪水旧道重新加工浚凿,把泗水和巨野泽接通,再通过巨野泽的东北角和清水相连接。桓温还嫌清水的水源不旺,因此他进一步把汶水引入清水⑰,然后使军用舰只可以由清水驶入黄河。这条桓公渎虽然开凿成了,可是在北方,秋冬之际雨水稀少,水位骤落,航道涩滞,这一条新凿的运河以后能否畅通无阻,仍存在着严重问题。桓温的谋士郗超曾为此事向桓温慎重提出:"清水入河,难以通运,若寇(指前燕)不战,运道又绝,因敌为资,复无所得,此危道也。不若尽举见众直趋邺城,彼畏公威名,必望风逃溃,北归辽、碣。若能出战,则事可立决;若欲城邺而守之,则当此盛夏,难为功力。百姓布野,尽为官有,易水以南,必交臂请命矣。但恐明公以此计轻锐,胜负难必,欲务持重,则莫若顿兵河、济,控引漕运,俟资储充备,至来夏乃进兵;虽如赊迟,然期于成功而已。舍此二策而连军北上,进不速决,退必愆乏。贼(指前燕)因此势以日月相引,渐及秋冬,水更涩滞。且北土早寒,三军裘褐者少,恐于时所忧,非独无食而已。"(《资治通鉴》晋海西公太和四年)郗超指出秋冬之际,水更涩滞,粮运困难,因此提出两个方案:一个是今年顿兵河、济,积蓄粮食,到明年再进兵;一个是直趋邺城,决胜负于一战。而桓温认为第一个方案太迟缓,使前燕有了准备时间;第二个方案,直扑邺城,一决胜负,又太冒险。所以都没有采纳。

桓温亲率水军自清水经四渎口(今山东长清西南、东阿东北)入黄河[18],舳舻数百里,进至枋头(今河南浚县西南)。另外派遣建威将军檀玄自陆路进军,在黄墟(今河南杞县东南)击溃了前燕征讨大都督下邳王慕容厉的二万军队。前锋邓遐、朱序又在林渚(今河南郑州市东北)击败了燕将傅颜的军队,军事形势的发展对东晋非常有利。枋头离前燕国都邺城只有二百里地,前燕君臣恐慌异常,一面向苻秦王朝求救,希望苻秦从洛阳出兵侧击,牵制晋军北进;一面作好出奔龙城(今辽宁朝阳)的准备。同时改派慕容垂为南讨大都督,率兵五万抵御晋军。

桓温七月间到达枋头,果然不出郗超所料,"欲务持重",不敢直趋邺城。到了这年九月,北方继续缺水,桓公渎水位低落,接近干涸,不能利用了。桓温在进兵之初,曾命豫州刺史袁真进兵谯(郡治谯,今安徽亳州)、梁(治睢阳,今河南商丘南),直趋荥阳(今河南荥阳),想叫他打开荥阳的石门(即汴口)⑲,把黄河水引进蒗荡渠下注汴渠,以沟通淮、泗水运,使水军能由这一条水道,退回淮上。袁真虽然攻克了谯、梁,却不敢进兵荥阳,打不开石门。慕容垂又命其弟范阳王慕容德率领精骑一万五千,加强了石门的防御力量,袁真更难完成夺取荥阳、打开石门这个战略任务了。桓温悬军深入,粮储已竭,只得退兵。退兵时因无法走水道由河入蒗荡渠,由渠入汴,只好焚毁船舰,丢弃辎重兵器,自陆路由东燕县(今河南延津东北三十五里,当时在黄河南岸)经仓垣(今河南开封市东北),步行七百余里,退到襄邑(今河南睢县西)。慕容垂率骑兵八千跟踪追击,慕容德先伏劲骑四千于襄邑东涧中,与垂夹击晋军,晋军大败,损失了三万多人。东晋收复的淮水以北的失地,重又丧失。

桓温北伐的失败,正如前燕谋臣申胤所预料的:"以温今日声势,似能有为,然在吾观之,必无成功。何则?晋室衰弱,温专制其国,晋之朝臣,未必皆与之同心,故温之得志,众所不愿也。必将乖阻,以败其事。"(《资治通鉴》晋海西公太和四年)可见东晋统治阶级内部矛盾——荆、扬之争的持续和扩大,牵制着桓温,甚至破坏桓温的北伐,成为他北伐不能获得胜利的主要原因;当然,桓温本身的弱点——企图在胜利以后做皇帝,也使他的北伐事业受到不利的影响。不过桓温的三次北伐,给予氐族、羌族、鲜卑族的统治者一定的打击,在客观上并支持了北方各族人民的反压迫斗争,多少符合了当时中原人民的愿望。

枋头败后,桓温为了挽救自身威望的低落,于公元371年废皇帝司马奕,拥立司马昱为帝,是为简文帝。这时桓温已经六十岁了。翌年,司马昱病死,昱子司马曜(孝武帝)继位,温业已有病,要求加九锡,这是禅位之前的一种荣典,宰相谢安、王坦之、王彪之等故意拖延,拖上九个月,桓温等不到荣典颁发,就病死,东晋王朝又拖长了四十多年。

东晋帝系表　东晋十一帝，一百四年。

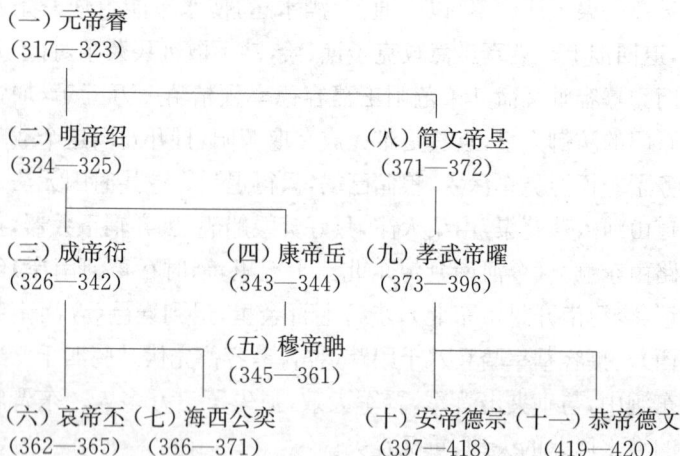

```
（一）元帝睿
（317—323）
│
├─────────────────────────────┐
│                             │
（二）明帝绍                  （八）简文帝昱
（324—325）                   （371—372）
│                             │
├──────────────┐             │
│              │             │
（三）成帝衍   （四）康帝岳   （九）孝武帝曜
（326—342）    （343—344）    （373—396）
               │
               （五）穆帝聃
               （345—361）
│                             │
├──────────────┐             ├──────────────┐
（六）哀帝丕  （七）海西公奕  （十）安帝德宗  （十一）恭帝德文
（362—365）   （366—371）     （397—418）    （419—420）
```

①《晋书·刘颂传》颂上疏曰："……孙氏为国，文武众职，数拟天朝，一旦湮替，同于编户。不识所蒙更生之恩，而灾困逼身，自谓失地，用怀不靖。"

②《晋书·贺循传》后为武康令……政教大行……然无援于朝，久不进序。著作郎陆机上疏荐循曰："伏见武康令贺循……历试二州，刑政肃穆。前蒸阳令郭讷……才足干事。循守下县，编名凡悴，讷归家巷，栖迟有年。皆出自新邦，朝无知己，居在遐外……诚以……壅隔之害，远国益甚。至于荆、扬二州，户各数十万，今扬州无郎，而荆州江南乃无一人为京城职者……。"

③《资治通鉴》晋惠帝太安二年胡三省注曰：扬州统郡十八，帝割豫章、鄱阳、庐陵、临川、建安、南康、晋安属江州。扬州统十一郡，今止推〔顾〕祕督丹阳、宣城、毗陵、吴、吴兴、会稽、东阳、新安、临海九郡；淮南、庐江在江北，不与也。

④见《晋书·陈敏传》。《资治通鉴》晋惠帝永兴二年：敏遂据有江东，以顾荣为右将军，贺循为丹阳内史，周玘为安丰太守。凡江东豪杰名士，咸加收礼，为将军郡守者四十余人；或有老疾，就加秩命。

⑤《晋书·王戎传》从弟衍，字夷甫。……后拜尚书令、司空、司徒。衍虽居宰辅之重，不以经国为念，而思自全之计。说东海王越曰："中国已乱，当赖方伯，宜得文武兼资以任之。"乃以弟澄为荆州，族弟敦为青州。因谓澄、敦曰："荆州有江汉之固，青州有负海之险，卿二人在外，而吾留此，足以为三窟矣。"

《资治通鉴》晋怀帝永嘉元年《考异》曰:《晋春秋》:"王衍言于太傅越,以王澄为荆州,敦为扬州,据吴、楚以为形援,越从之。……"按《晋书·王敦传》:自青州入为中书监,……出为扬州。

⑥《晋书·刘琨传》:永嘉元年(公元 307 年),为并州刺史。……琨在路上表曰:"臣……九月末得发,道险山峻,胡寇塞路,辄以少击众,冒险而进。……即日达壶口关。臣自涉州疆,目睹困乏,流移四散,十不存二,携老扶弱,不绝于路。及其在者,鬻卖妻子;……白骨横野……感伤和气。群胡数万,周匝四山,动足遇掠,开目睹寇。……婴守穷城,不得薪采,耕牛既尽,又乏田器。……"时……并土饥荒,百姓……南下,余户不满二万。寇贼纵横,道路断塞,琨募得千余人,转斗至晋阳。府寺焚毁,僵尸蔽地,其有存者,饥羸无复人色。荆棘成林,豺狼满道……寇盗互来掩袭,恒以城门为战场,百姓负楯以耕,属鞬而耨。琨……在官未期,流人稍复,鸡犬之音,复相接矣。……人士奔进者,多归于琨。琨善于怀抚,而短于控御,一日之中,虽归者数千,去者亦以相继。……〔刘〕聪遣子粲……乘虚袭晋阳琨引猗卢并力攻粲,大败之,死者十五六。……愍帝即位,拜大将军、都督并州诸军事,加散骑常侍,假节。

《北堂书钞》卷 165 注引王隐《晋书》:琨与丞相书云:"不得进军者,实因无食。编草盛粮,不盈十日。夏则桑椹,冬则莹豆,视之哀叹,使人气尽。"

《晋书·刘琨传》:〔元〕帝……拜琨为司空、都督并冀幽三州诸军事。……寻猗卢……病死,部落四散……箕澹等帅〔猗〕卢众三万人,马牛羊十万,悉来归琨,琨由是复振。……属石勒攻……琨……击澹,大败之,一军皆没,并土震骇。寻又灾旱,琨穷蹙不能复守。幽州刺史鲜卑段匹䃅数遣信要琨……琨……率众赴之……竟为匹䃅所……害(公元 317 年)。

⑦《世说新语·赏誉篇》:"会稽孔沉、魏颛、虞球、虞存、谢奉,并是四族之俊,于时之桀。"同篇魏隐兄弟条注引《魏氏谱》:"隐,会稽上虞人,历义兴太守、御史中丞。弟遄,黄门郎。"

⑧ 宋陈振孙《书录解题》引唐林谞《闽中记》:永嘉之乱,中原仕族,林、黄、陈、郑四姓,先入闽。

明何乔远《闽书》卷 152:晋永嘉二年,中州版荡,衣冠始入闽者八族,所谓林、黄、陈、郑、詹、丘、何、胡是也。

⑨ 晋王敦、桓温、殷仲堪、桓玄、宋谢晦、南郡王刘义宣、袁颛、沈攸之、桂阳王刘休范,齐陈显达,梁武帝萧衍、陈王琳、华皎,皆自上流拥兵东下。

⑩《晋书·元帝纪》:太兴四年(公元 321 年)五月庚申,诏曰:"……其免中州良人遭难为扬州诸郡僮客者,以备征役。"

《晋书·刁协传》：以奴为兵，取将吏客，使转运，皆协所建也，众庶怨望之。

《晋书·戴若思传》：发投刺王官千人为军吏，调扬州百姓家奴万人为兵配之。

《晋书·刘隗传》：拜镇北将军、都督青徐幽平四州军事，……率万人镇泗口。

《晋书·王敦传》：帝以刘隗为镇北将军，戴若思为征西将军，悉发扬州奴为兵，外以讨胡，实御敦也。永昌元年（公元 322 年），敦率众内向……上疏曰："……免良人奴，自为惠泽，自可使其大田以充仓廪，今便割配，皆充隗军。……又徐州流人，辛苦经载，家计始立，隗悉驱逼，以实己府。……复依旧名，普取出客，从来久远，经涉年载，或死亡灭绝，或自赎得免，或见放遣，或父兄时事，身所不及，有所不得，辄罪本主，百姓哀愤，怨声盈路。……"

⑪《资治通鉴》晋穆帝永和七年胡三省注：石虎破赵鹭，徙青州之民；破刘胤、石生，再徙雍州之民；破段匹磾及为燕所败，徙幽州之民；石勒南掠江汉，徙荆州之民。

⑫《晋书·穆帝纪》：永和五年（公元 349 年）六月，石遵扬州刺史王浃以寿阳来降。七年正月辛丑，鲜卑段龛以青州来降。五月，〔石〕祗兖州刺史刘启自鄄城来奔。八月，冉闵豫州牧张遇以许昌来降。十一月，石祗将姚弋仲，冉闵将（《冉闵载记》作"闵兖州刺史"）魏脱各遣使来降。十二月，石季龙故将（《冉闵载记》作"闵徐州刺史"）周成屯廪丘，高昌屯野王，乐立（《冉闵载记》作"荆州刺史乐弘"）屯许昌，李历屯卫国，皆相次来降。

《晋书·冉闵载记》：闵平南高崇、征虏吕护执洛州刺史郑系，以三河归顺。

《晋书·穆帝纪》：永和八年七月，石季龙故将（《南齐书·州郡志》作"秦州刺史"）王擢遣使请降。

⑬《晋书·王羲之传》：〔殷〕浩……为姚襄所败，复图再举，〔羲之〕又遗浩书曰："知安西败丧，公私悒怛，不能须臾去怀。以区区江左，所营综如此，天下寒心，固以久矣。……今军破于外，资竭于内，保淮之志，非复所及，莫过还保长江，都督将各复旧镇，自长江以外，羁縻而已。……"又与会稽王（司马昱）笺，陈浩不宜北伐，曰："……今虽有可欣之会，内求诸己，而所忧乃重于所欣。今功未可期，而遗黎歼尽，万不余一。……以区区吴越，经纬天下十分之九，不亡何待！愿殿下……令殷浩、荀羡还据合肥、广陵，许昌、谯郡、梁、彭城诸军皆还保淮，为不可胜之基……"

⑭《晋书·桓温传》：隆和初（公元 362 年）……温……欲还都洛阳，上疏曰："……伏惟陛下……诚宜远图庙算，大存经略，光复旧京，疆理华夏……今江河悠阔，风马殊邈，故向义之徒襁负亡相寻，而建节之士犹继踵无悔。况辰极既回（言还都洛阳），众星斯仰……则晋之余黎，欣皇德之攸凭，群凶妖逆，知灭亡之无日，骋思顺之心，鼓雷霆之势，则二竖（苻氏、慕容氏）之命，不诛而自绝矣。……自强胡陵暴，中

华荡覆,狼狈失据,权幸扬越……而丧乱缅邈,五十余载,先旧徂没,后来童幼,班荆辍音,积习成俗,遂望绝于本邦,宴安于所托。……臣……属当重任,愿竭筋骨,宣力先锋,剪除荆棘,驱诸豺狼。自永嘉之乱,播流江表者,请一切北徙,以实河南,资其旧业,反其土宇……然后陛下……朝服济江,则宇宙之内谁不幸甚!……"

⑮《晋书·孙楚传孙绰附传》:时大司马桓温……以河南初平,将移都洛阳。……而北土萧条,人情疑惧。……绰乃上疏曰:"……怀、愍不建,沧胥秦京,遂令胡戎交侵……中夏荡荡,一时横流。……中宗(司马睿)龙飞,非惟信顺协于天人而已,实赖万里长江,画而守之耳。……自丧乱已来六十余年,苍生殄灭,百不遗一,河洛丘墟,函夏萧条,井堙木刊,阡陌夷灭,生理茫茫,永无依归。播流江表,已经数世,存者长子老孙,亡者丘陇成行。……温今此举……百姓震骇,同怀危惧者,岂不以反旧之乐赊,而趣死之忧促哉!何者?植根于江外数十年矣,一朝……弃生业,富者无三年之粮,贫者无一餐之饭,田宅不可复售,舟车无从而得,舍安乐之国,适习乱之乡,出必安之地,就累卵之危,将顿仆道涂,飘溺江川,仅有达者。……自古今帝王之都,岂有常所?时隆则宅中而图大,势屈则遵养以待会。……何故舍百胜之长理,举天下而一掷哉!……"

⑯《水经·济水注》:济水故渎又北,右合洪水。水上承巨野薛训渚,历泽西北,又北径阚乡城(今山东汶上西南南旺湖中)西,又北与济渎合。自〔薛训〕渚迄于北口,百二十里,名曰洪水。桓温以太和四年率众北入,掘渠通济。至义熙十三年,刘武帝(刘裕)西入长安,又广其功。自洪口已上,又谓之桓公渎,济自是北注也。

⑰《水经·济水注》:济水又北,汶水注之,戴延之所谓清口也。郭缘生《述征记》曰:"清河首受洪水、北注济。"或谓清即济也。《禹贡》济东北会于汶,今枯渠注巨泽,巨泽北则清口,清水与汶会也。

⑱ 关于桓温水军由清入河,我认为是从四渎口进入黄河的。《水经·河水注》:"河水又东北流,径四渎津,津西侧岸临河,有四渎祠,河对四渎口。河水东分济,亦曰济水受河也。……自河入济,自济入淮,自淮达江,水径周通,故有四渎之名也。"桓温自清水入黄河以后,进屯武阳(东武阳,今山东莘县西南朝城)。如果不是从平阴、东阿一带进入黄河,就无法解释水军会经过武阳。现在有些同志认为桓温的进军枋头,是由济水入汴入河,再折而向东至枋头,这是值得商榷的。胡三省《通鉴》注认为清水在东燕县入河,东燕在今河南延津东。如果桓温由东燕入河,也已绕过了东武阳,所以也说不通。后来刘裕伐后燕,水军分两路,一路由沈林子、刘遵考率领,出石门(即荥阳的汴口),自汴入河;一路由王仲德为前锋,"开巨野入河"。开巨野入河,就是走桓温北伐前夷开桓公渎去枋头的老路。接着刘裕亲率大军北上,也是走王仲德"开巨野入河"的这条水路。《水经·济水注》"济水又东北径垣苗城西,

故洛当城也。伏韬《北征记》曰'济水又与清水合,流至洛当'者也。宋武帝西征长安,令垣苗镇此,故俗又有垣苗城之称。"垣苗城就在四渎口的东南面,刘裕为了确保四渎口的水运畅通,所以才叫垣苗以重兵镇此。《资治通鉴》晋安帝义熙十二年说:刘裕"自淮、泗入清河,将溯河西上"。又说:"裕引军入河,以左将军向弥为北青州刺史,留戍碻磝。碻磝在今山东茌平西南。"留戍"两个字,意味着向弥是跟随刘裕进军的,刘裕率水军西进,经过碻磝,认为这是一个战略要地,有把向弥留下来戍守的必要。可见碻磝是刘裕水军经过的地方。《资治通鉴》又说:"魏人以数千骑缘河随裕军西行,风火迅急,有漂渡北岸者,辄为魏人所杀。"后来刘裕派遣朱超石、丁旿等率二千七百人进击,魏人奔溃,"退还畔城"。畔城在今山东聊城界内,可见北魏军队在黄河北岸骚扰刘裕的水上行军,也不出聊城一带。《资治通鉴》又说"王仲德水军入河",取滑台。滑台在今河南滑县东南,也在东燕县东。由此可见刘裕、王仲德都在滑县、聊城以东,由清水经四渎口入黄河,而不是由东燕县入黄河,更不是由汴水入黄河。所以我认为桓温也是一样,由平阴、东阿一带经四渎口入河,而不是由清溯汴入河。

⑲ 荥阳的石门即后来的汴口,在晋、宋时期是战略要地。现略释如下:

《水经·河水》:"河水又东过荥阳县北,蒗荡渠出焉。"郦道元《水经注》:"大禹塞荥泽,开之以通淮、泗,即《经》所谓蒗荡渠也。汉……灵帝建宁(公元 168 至 172 年)中,又增修石门以遏渠口。水盛则通注,津耗则辍流。"

《水经·济水注》:"〔汉〕灵帝建宁四年,于敖城西北,垒石为门,以遏渠口,谓之石门。……门广十余丈,西去河三里……魏太和(公元 227 至 229 年)中,又更修之,撤故增新。"

第二节　北方流民的南下与东晋政府的对策

北方流民的南下　西晋永嘉以后二三百年间,进入中原地区的各少数民族统治者,对于汉族人民的压迫和剥削,异常残酷,他们对汉族农民,不是呼为"汉狗"、"贼汉",便是呼为"头钱价汉"①,"禁令苛刻,动加诛锼"(《南齐书·王融传》)。在阶级的和民族的双重压迫下,汉族人民联合被压迫的各少数兄弟族人民,自始就没有停止过反抗,到处举行武装起义,而且如梁犊的起义,终于摧毁了最残暴的石赵统治政权。此外,在每逢少数民族贵族统治权动摇之际,北方通向江南国境的封锁线上,偶然绽裂出一个缺口，那些本来"南向而泣，日夜以觊"的中原人民，就"北顾而辞"(《南齐书·王融传》)，像潮水似地越淮渡江，奔向江南了。当然，江南广阔而肥沃的耕地的垦辟，也是北方人口南移的一种吸引力。

中原人民流亡南下，除了巴、蜀流民在永嘉之前已布满荆、湘一带外，此外可以分作七个时期。

永嘉元年(公元 307 年)，司马睿移镇江东，北方流民相率过江，这是第一个时期②。

太兴四年(公元 321 年)，祖逖病死，郗鉴自邹山(今山东邹城东南)退屯合肥，祖约自谯城(今安徽亳州)退屯寿春，其后遂尽失黄河以南、淮水以北地区，流民渡江者转多，这是第二个时期③。

永和五年(公元 349 年)，梁犊起义雍城，石虎愁怖病死，石赵政权崩溃，桓温出兵关中，雍、秦流民多南出樊、沔，或至汉中，这是第三个时期④。

太元八年(公元 383 年)，淝水大捷，苻坚败亡，黄河流域再度分裂，中原流民相率渡江，这是第四个时期⑤。

义熙十二年(公元 416 年)，刘裕北伐，河南、关中次第收复，既而复失关中；刘裕死，又失河南，流民南渡者转多，这是第五个时期⑥。

宋元嘉二十七年(公元 450 年)，北魏南侵至瓜步，流民南渡江淮，这是第六个时期⑦。

宋泰始二年(公元 466 年)，失淮北四州及豫州淮西之地，流民南渡江淮，这是第七个时期⑧。

中原人民流徙南下，集中在荆、扬、梁、益诸州，据谭其骧教授的统计(见《晋永嘉丧乱后之民族迁徙》，载《燕京学报》第 15 期)，今江苏长江南部的南京、镇江、常州一带，长江北部的扬州市及淮阴一带，当时所接受的移民，以今之山东地区及苏北移民为主体,河北、皖北副之。今皖南的芜湖与江西九江附近及皖北,河南的淮水以南、湖北的东部,当时所接受之移民,以今之河南及皖北移民为主体,河北、苏北副之。今山东省黄河以南,当时所接受的移民,以今之河北及山东之黄河以北移民为主体。今湖北江陵、松滋及湖南北部安乡一带,当时所接受的移民,以今之山西移民为主体,河南副之。今河南、湖北二省的汉水流域,上自郧西、竹溪,下至宜城、钟祥,以襄阳为中心,当时所接受的移民,以今之陕西及河南的西北部移民为主体。今四川自成都东北沿川、陕通途及陕西之汉中,当时所接受的移民,以今之甘肃及陕西北部移民为主体。综观迁徙的大势,是我国北方的东部人民,迁移到我国南方的东部;我国北方的西部人民,迁移到我国南方的西部。

谭其骧教授把《宋书·州郡志》中所记载的侨州郡县之户口数作为南渡人口(政府的编户齐民)之约数,自永嘉截至刘宋之季,南渡人口(编户齐民)约有九十万,占当时政府编户齐民五百四十万的六分之一。当西晋太康之初,北方诸州及徐州之淮北共有户约百四十万(见《晋书·地理志》),以一户五口计,共有口七百余万,而南渡人口九十万,占北方人口总数的八分之一强。换言之,亦即晋永嘉以来,北方平均八人之中,有一人迁徙至南方。结果使东晋、南朝所辖境域内,其政府编户齐民中六分之五为本土旧民,六分之一为北来侨民。

南渡民户,以侨寓今江苏者为最多,约二十六万,侨寓今山东者约二十一万,侨寓今安徽者约十七万,侨寓今四川及陕南之汉中者约十五万,侨寓今湖北者约六万,侨寓今河南者约三万,侨寓今江西、湖南者约各一万余。

全国侨寓人口中,侨寓今江苏者即有二十六万人。而南徐州(州治丹徒,今江苏镇江市)一州领有侨寓人口二十二万余,几占有全省侨寓人口总数的十分之九。南徐州内侨旧人口合计为四十二万余,若侨寓人口二十二万余,则比旧有人口多二万余人。

不过在这里我们应该特别指出,上面的侨寓人口统计数字,只是指政府的编户齐民而言。北来的世家大族在过江之后,为了统治人民,建立起侨寓的东晋政权,同时也在江南火耕水耨的地域中,发展他们自己的庄园别墅。在流离混乱之中,世家大族竭力吸收部曲、佃客以增加自己的剥削对象,而流徙民庶又不得不依附世家大族以图获得耕种的土地,于是在江南各地,由依附荫庇而形成的一种中古庄园形态,也更加发展起来。《世说新语·政事篇》注引檀道鸾《续晋阳秋》云:"自中原丧乱,民离本域;江左造创,豪族并兼,或客寓流离,民籍不立。"萧子显《南齐书·州郡志》南兖州序云:"时百姓遭难,流离此境,流民多庇大姓以为客。"《南史·齐本纪》称:"诸郡役人,多依人士为附隶,谓之属名。"当时"南北权豪,竞招游食"⑨,如山遐为余姚令,"豪族多挟藏户口,以为私附,遐到县八旬,出口万余"(《晋书·山涛传孙遐附传》),可见当时世家大族荫庇户口数目之多。荫附的人户,不再向政府呈报户口,从此成为世家大族庄园下的佃客、部曲,他们的人数不会比在政府编户齐民之内的北来侨民为少。因此,上面侨民的数目,也不过是一个约数,其移民的实在数字,可能还要超过可以算出的侨寓人口的总数。

由于中原人民的大量南移,因此唐诗人张籍的《永嘉行》中,有"北人避胡多在南,南人至今能晋语"的说法。

侨州郡与土断制 永嘉以后,中原地区人民大量南徙,倘若东晋政府不能及时很好处理这一问题,不但会失去作为侨寓政权的剥削对象,而且西晋末年的流民起义,又会重演。因此,东晋政权以及后来继承东晋的刘宋政权处理北来侨民的对策,除了拉拢流民领袖如祖逖、苏峻、郗鉴、康穆等,让他们参加中央或地方的行政机构之外,还在长江南北、梁、益通路,陆续成立北来侨民原籍地区的地方机构——侨州郡。《隋书·食货志》所谓："元帝寓江左，百姓自拔南奔者，并谓之侨人。皆取旧壤之名，侨置郡县，往往散居，无有土著。"只要注籍侨州郡户口簿上，就可以获得优复（免调役）等等的优待。在当时，兵役和国家租调的重担，成为编户农民破产的重要原因，政府对侨州郡人民，作出这一规定，不仅仅对延长侨州郡人民——编户农民破产时期的到来，有着决定性的作用；而且对于吸引中原地区人民像怒潮似地涌向江南，也起过一定的作用。

同时，当时北来的世家大族，互相标榜门阀，"竞以姓望所出，邑里相矜"（《史通·邑里篇》），地望在习惯上已经变成了他们的商标，有如解放前在大城市中的某姓公馆标以某姓生地如"合肥李公馆"、"常州盛公馆"者然。倘使琅邪王氏、陈郡谢氏为了流寓江南而变成了丹阳王氏、会稽谢氏，那就等于取消了他们的高贵标志，因此，他们也必会提出：琅邪（或陈郡）"既是望邦，衣冠所系，希立此郡，使本壤族姓，有所归依"了[⑩]。

在元帝司马睿南迁时，琅邪人民随司马睿过江者一千多家，元帝在太兴三年（公元320年），侨立怀德县于建康，以安置这些琅邪侨民。成帝司马衍咸康元年（公元335年），又在江乘县（今江苏句容北六十里）境内侨立琅邪郡，为了和北方的琅邪郡区别起见，称为南琅邪郡。北方的琅邪郡有临沂县（琅邪王氏就是这一县的人），于是南琅邪郡领邑下也侨立临沂县（在江乘界内）[⑪]，这可以算是侨郡县的创始。其后侨置纷繁，以长江下游而言，在东晋渡江之初，由于从兖州、青州以及徐州北部（淮水以北）南下的侨民较多，所以东晋政府首先在京口界内侨立南徐州和南兖州（南兖州初在京口，其后迁往江北之广陵），在广陵界内侨立南青州，在芜湖界内侨立南豫州等州一级的机构；可是其他如幽州、冀州流徙南下到达江南的侨民，人数较少，就不设立州一级的机构，而只是在大江南北侨置幽、冀诸州的郡级或县级的机构,并把它们拨给南徐、南兖、南青等州来管辖,这样,以南徐州一州而论,就包括有徐、兖、幽、冀、青、并等州的郡邑。这种随便分合地区、随便侨置郡县的结果,到了后来,以今天常州一地而论,在当时就设有十五六个郡级和六十多个县级的流寓郡县,真是搞得"紊乱无纪,名实俱违"。如沈约《宋书》诸志总序所说:"自戎狄内附,有晋东迁,中土遗氓,播徙江外","百郡千城,流寓比室","莫不各树邦邑,思复旧井",于是"一郡分为四五,一县割成两三",而"民单户约,不可独建",因此不得不"省置交加,日回月徙","或昨属荆、豫,今隶司、兖","故魏邦而有韩邑,齐县而有赵民","版籍(户口册)为之浑淆,职方(掌管疆域图籍的政府机构)所不能记"了。

随着时间的推移,一方面版籍混淆,而流寓郡县仍然未改;一方面北来侨民,已因从事生产而有安定的生活。到这时候,东晋、南朝的统治者,认为过去优待侨州郡人民而作出的优复等等办法,已消失其曾经有过的意义。为了政府的"财阜国丰"(《宋书·武帝纪》)计,为了"京口"的"兵可用"计,自然有调整地方行政机构,实行"土断",取消优复等等优待办法之必要了。

土断的目的,不是在于撤销侨置郡县。因为历次土断以后,虽也裁撤了或合并了一些流寓的地方机构,可是却把那些保留下来的和江南固有的地方行政机构,混合编制了起来,往往把江南的县邑,转移给侨州郡去管辖,俾使侨州郡有了实际辖地,如义兴郡本属扬州,由于南徐州统辖下的许多侨郡县和义兴郡接界,因此就把义兴郡改隶到南徐州之下;于湖(在今安徽当涂南三十八里)本来是属于扬州丹阳郡的,其后成为淮南郡的治所(淮南郡原治寿春);当涂县(今安徽怀远)原来是属于治所设在寿春的淮南郡的,以后也随着淮南郡撤退,在于湖县境内成立了侨置当涂县,到了后来,原来在江南的于湖县,在舆图上却消失了,侨置的当涂县反而代替了于湖县的位置;武进(今江苏常州市)和丹徒(今江苏镇江市东南十八里丹徒镇)县,本来是属于扬州晋陵郡的,以后丹徒变成南徐州南东海郡的辖地,晋陵郡也由扬州改隶于南徐州。这样一来,所谓土断,不但没有彻底裁撤侨置郡县,而且还搞乱长江中下游固有的旧地方行政系统。这种南北地名分合交叉的结果,除了客观上标志出南北两大地区人民在这种过程中的大融合以外,只有使人的地域观念混乱。同时,从这一点来看,也就可以说明土断制的目的,并不着重于裁撤流寓的郡县。

那么土断制的目的是什么呢?

土断制的中心内容,是想通过整理户籍,以便于政府统一进行对编户齐民的剥削——就是北来侨民,也不例外。东晋时范宁曾说:"荒郡(侨郡)之人,星居(分散)东西,远者千余〔里〕,近者数百〔里〕"⑫。刘宋时柳世隆亦称:"凡诸流寓,本无定憩,十家五落,各自星处(散居)"⑬。这些北来侨民,居处既然这样分散,对政府来说,不但查实户口,有所困难;就是在将来取消优复等等办法之后,呼召役调,也无法进行。因此,在调整地方机构之后,对北来侨民,就须用乡里的组织形式,把他们编制起来,固着于土地之上,作为政府牢固的剥削对象,这就是土断人户的目的。

第一次土断,在东晋成帝咸和(公元 326—334 年)中,可惜史无明文⑭。第二次土断在成帝咸康七年(公元 341 年)。这次土断,为了使北来侨民保留着将来在故地收复之后,还可以回复原籍的希望,因此在取消流寓郡县之后,把户籍分作两种颜色,一种是黄色的户籍,所谓"黄籍",是正规的土著的户籍;另一种是白色的户籍,所谓"白籍",是北来侨户的户籍⑮。第三次土断,在东晋哀帝"兴宁二年(公元 364 年)三月庚戌,大阅户人,严法禁,称为庚戌制"(《晋书·哀帝纪》)。第一、二次土断,都没有第三次土断著名。第三次土断的命令,是在三月初一庚戌那一天颁布的,因此称为"庚戌制",也称为庚戌土断。主持这次土断的是桓温。由于取消侨州郡优复等等办法之后，政府对北来侨民的剥削加紧加重，尤其是沉重的兵役，成为以后北来侨民破产的主要原因，因此，北来侨民往往在土断之际，隐匿不报户口，或去请求世家大族，取得他们保护，以期逃避比起世家大族的剥削来远为沉重的政府调役。因此桓温在执行土断法时，不得不对隐匿户口的世家大族，予以沉重的打击，如东晋宗室彭城王司马玄，"会庚戌制，不得藏户，玄匿五户，桓温表玄犯禁，收付廷尉"（《晋书·彭城穆王权传玄孙玄附传》）。又当时王彪之为会稽内史，"亡户归者三万余口"（《晋书·王廙传弟子彪之附传》），这也说明庚戌土断的彻底。由于执行得比较彻底，政府的收入增多，所以经过这次土断之后，史称"财阜国丰"。以后谢安当国，组织北府兵，也就是在这一次土断的基础上进行的。

此后，东晋义熙八年、九年（公元 412、413 年），进行第四次土断[16]。这时刘裕当国，先是会稽四姓中的余姚世族大地主虞亮，因"藏匿亡命千余人"，被裕处以死刑，于是"豪强肃然，远近知禁"（《宋书·武帝纪》），所以这次土断，也能雷厉风行。除南徐、南兖、南青三州在晋陵郡界内（今江苏镇江、常州一带）者，不在土断之例外，其余皆依界土断，"流寓郡县，多被并省"（《宋书·武帝纪》）。经过这次土断后，一直到宋文帝刘义隆元嘉末年，一般官吏对户籍清理工作，可以说都比较重视[17]，因此，在齐、梁之际，再度整理户籍，还是以宋元嘉黄籍为依据的。到了宋孝武帝刘骏孝建元年（公元 454 年），"始课南徐州侨民租"（《宋书·孝武帝纪》）。其后又有宋孝武帝大明元年（公元 457 年）秋七月，"土断雍州诸侨郡县"的第五次土断。宋后废帝刘昱元徽元年（公元 473 年）的第六次土断[18]，齐高帝萧道成建元三年（公元 481 年）土断江北侨郡县的第七次土断[19]，梁武帝萧衍天监元年（公元 502 年）夏四月"土断南徐州诸侨郡县"（《梁书·武帝纪》）的第八次土断，入陈之后，又有陈文帝天嘉元年（公元

560 年)的南朝最后的一次土断⑳。

　　土断以后，政府剥削对象增多，同时北来侨民不再享受优复待遇，因此造成一时的"财阜国丰"现象。但是租调的日益加重，和东晋、南朝政府在长久持续的战争中强迫北来侨民服兵役，使得他们生活贫困，并且缺乏劳动力，不能进行简单的再生产，除了由债务人变为奴客之外，再没有别的出路了。

----

①《北史·恩幸·韩凤传》：凤恒带刀走马，未曾安行，瞋目张拳，有啖人之势。每咤曰："恨不得剉汉狗饲马。"又曰："刀止可刈贼汉头，不可刈草。"……凤……尤嫉人士。……未尝与人相承接，朝士谘事，莫敢仰视，动致呵叱，辄詈云："狗汉大不可耐，唯须杀却。"

《北史·高允传》：允从祖弟祐，祐从子昂，昂为军司、大都督，统七十六都督……练兵于武牢。御史中尉刘贵时亦率众在焉。……贵与昂坐，外白河役夫多溺死。贵曰："头钱价汉，随之死。"按"头钱价汉"《资治通鉴》作"一钱汉"，胡三省注曰："言汉人之贱也。"

②《宋书·州郡志》序：自夷狄乱华，司、冀、雍、凉、青、并、兖、豫、幽、平诸州，一时沦没，遗民南渡，并侨置牧司，非旧土也。

《宋书·州郡志》：南徐州刺史：晋永嘉大乱，幽、冀、青、并、兖州及徐州之淮北流民，相率过淮，亦有过江在晋陵郡界者。……其徙过江南及留在江北者，并立侨郡县以司牧之。徐、兖二州或治江北，江北又侨立幽、冀、青、并四州。……故南徐州备有徐、兖、幽、冀、青、并、扬七州郡邑。

《晋书·地理志》司州序：元帝渡江，亦侨置司州于徐，非本所也。

《晋书·地理志》徐后序：永嘉之乱，临淮、淮陵并沦没石氏。元帝渡江之后，徐州所得惟半，乃侨置淮阳、阳平、济阴、北济阴四郡。又……置……琅邪郡……割吴郡之海虞北境，立郯、朐、利城、祝其、厚丘、西隰、襄贲七县，寄居曲阿，以江乘置南东海、南琅邪、南东平、南兰陵等郡，分武进立临淮、淮陵、南彭城等郡，属南徐州。又置顿丘郡，属北徐州。明帝又立南沛、南清河、南下邳、南东莞、南平昌、南济阴、南濮阳、南太平、南泰山、南济阳、南鲁等郡，以属徐、兖二州。

③《宋书·州郡志》：〔扬州〕淮南太守：……其后中原乱，胡寇屡南侵，淮南民多南渡。成帝初，苏峻、祖约为乱于江淮，胡寇又大至，民南渡江者转多，乃于江南侨立淮南郡及诸县。

《宋书·州郡志》南徐州刺史：……晋成帝咸和四年（公元 329 年），司空郗鉴又徙流民之在淮南者于晋陵诸县。

《宋书·州郡志》南兖州刺史：中原乱，北州流民多南渡，晋成帝立南兖州，寄治京口，时又立南青州及并州。

《宋书·州郡志》南豫州刺史：晋江左胡寇强盛，豫部歼覆。元帝永昌元年（公元322 年），刺史祖约始自谯城退还寿春。成帝咸和四年，侨立豫州……治芜湖。

④《晋书·石季龙载记》：荆、楚、徐、扬，流叛略尽。

《晋书·冉闵载记》：青、雍、幽、荆州徙户及诸氐羌胡蛮，数百余万，各还本土，道路交错。

《晋书·外戚·诸葛传》：石季龙死，褒上表请伐之。……褒率众三万，径进彭城，河朔士庶，归降者日以千计。……使还镇广陵。时石季龙新死，其国大乱，遗户二十万口，渡河将归顺，乞师救援。会褒已旋，威势不接，莫能自拔……死亡咸尽。

《宋书·郡州志》〔益州〕安固太守：张氏于凉州立，晋哀帝时，民流入蜀，侨立此郡。

⑤《宋书·州郡志》雍州刺史：晋江左立。胡亡氐乱，雍、秦流民多南出樊、沔，晋孝武始于襄阳侨立雍州，并立侨郡县。

《南齐书·州郡志》：雍州……自永嘉乱，襄阳民户流荒。……〔晋安帝时〕郡恢为雍州，于是旧民甚少，新户稍多。

《宋书·州郡志》：〔南豫州〕南谯太守：晋孝武太元中，于淮南侨立郡县。……南梁太守：晋孝武太元中，侨立于淮南。

《宋书·州郡志》：秦州刺史：……晋孝武复立，寄治襄阳。安帝世，在汉中南郑。……西京兆太守：晋末，三辅流民出汉中侨立，领县三，户六百九十三，口四千五百五十二。……西扶风太守：晋末三辅流民出汉中侨立，领县二，户百四十四。

《宋书·州郡志》〔益州〕怀宁太守：秦、雍流民，晋安帝立。……领县三，户一千三百一十五，口五千九百五十，寄治成都。……始康太守：关、陇流民，晋安帝立。领县四，户一千六十三，口四千二百二十六，寄治成都。……晋熙太守：秦州流民，晋安帝立。领县二，户七百八十五，口三千九百二十五。

⑥《宋书·州郡志》司州刺史：……晋江左以来，沦没戎寇，虽永和、太元王化暂及，而太和、隆安还复沦陷。……武帝北平关、洛，河内底定，置司州刺史……少帝景平初，司州复没于北房。文帝元嘉末，侨立于汝南（悬瓠），寻又废省。明帝复于南豫州之义阳郡立司州，渐成实土焉。

《宋书·州郡志》〔雍州〕冯翊太守：……三辅流民出襄阳，文帝元嘉六年立。……南天水太守：……本西戎流寓，今治岩叶（汉水中之洲，在襄阳附近）。……领县四，户六百八十七，口三千一百二十二。……华山太守：胡人流寓，孝武大明元年立,今治大堤(襄阳城东北之堤),领县三,户一千三百九十九,口五千三百四十二。

《梁书·康绚传》:康绚,字长明,华山蓝田人也。其先出自康居。……其后即以康为姓。晋时陇右乱,康氏迁于蓝田。绚曾祖因为苻坚太子詹事,生穆,穆为姚苌河南尹。宋永初中,穆举乡族三千余家,入襄阳之岘南,宋为置华山郡蓝田县,寄居于襄阳,以穆为秦、梁二州刺史,未拜,卒。绚世父元隆,父元抚,并为流人所推,相继为华山太守。

《宋书·武帝纪》:秦、雍流户,悉南入梁州。

《南齐书·州郡志》梁州:……宋元嘉中……氐虏数相攻击,关、陇流民多避难归化,于是民户稍实。

《宋书·文帝纪》:元嘉二年秋八月甲申,以关中流民出汉川,置京兆、扶风、冯翊等郡。

《宋书·州郡志》〔秦州〕冯翊太守:三辅流民出汉中,文帝元嘉二年侨立。领县五,户一千四百九十,口六千八百五十四。……陇西太守:……文帝元嘉初,关中民三千二百三十六户归化,六年立。今领县六,户一千五百六十一,口七千五百三十。

⑦《宋书·文帝纪》:元嘉二十八年冬,徙彭城流民于瓜步,淮西流民于姑孰,合万许家。

《宋书·州郡志》〔冀州〕魏郡太守:……江左屡省置,宋孝武又侨立。……领县八,户六千四百五,口三万三千六百八十二。……顿丘令:文帝元嘉二十八年,流民归顺,孝武孝建二年立。临邑令:……孝武孝建二年,与顿丘同立。……河间太守:……江左屡省置,宋孝武又侨立。……领县六,户二千七百八十一,口一万七千七百七。……顿丘太守:江左屡省置,孝武又侨立。……领县四,户一千二百三十八,口三千八百五十一。……高阳太守:……江左屡省置,孝武又侨立。……领县五,户二千七百九十七,口一万四千七百二十五。……勃海太守:……江左〔屡〕省置,孝武又侨立。……领县三,户一千九百五,口二千一百六十六。

《宋书·州郡志》〔秦州〕北扶风太守:孝武孝建二年,以秦、雍流民立,领县三。

⑧《宋书·州郡志》〔南兖州〕北淮太守:宋末侨立。……北济阴太守:宋失淮北侨立。……北下邳太守:宋失淮北侨立。……东莞太守:宋失淮北侨立。

《宋书·州郡志》兖州:……宋末失淮北,侨立兖州,寄治淮阴。……高平太守:……宋明帝泰始五年,侨立于淮南当涂县界。……东平太守:……宋末又侨立于淮阴。

《宋书·州郡志》青州:……明帝失淮北,于郁洲侨立青州,立齐、北海、西海郡。

《宋书·州郡志》徐州:……魏、晋、宋治彭城。明帝世,淮北没寇,侨立徐州,治钟离。

《宋书·州郡志》〔雍州〕北河南太守:晋孝武太元十年立北河南郡,后省。……

明帝泰始末复立，寄治宛中。……弘农太守：……宋明帝末立，寄治五垒。

⑨《晋书·颜含传》：过江……除吴郡太守。王导问含曰："卿今莅名郡，政将何先？"答曰："王师岁动，编户虚耗，南北权豪，竞招游食，国弊家丰，执事之忧。且当征之势门，使反田桑，数年之间，欲令户给人足。……"

⑩《南齐书·州郡志》北兖州：镇淮阴。……宋泰始二年，失淮北，于此立州镇。建元四年，移镇盱眙。……所领唯平阳一郡。永明七年，光禄大夫吕安国启称："北兖州民戴尚伯六十人诉：'旧壤幽隔，飘寓失所。今虽创置淮阴，而阳平一郡，州无实土，寄山阳境内。窃见司、徐、青三州，悉皆新立，并有实郡；东平既是望邦，衣冠所系，希于山阳、盱眙二界间，割小户置此郡，始招集荒落，使本壤族姓，有所归依。'臣寻东平郡既是此州本领，臣贱族桑梓，愿立此邦。"见许。……东平郡：寿张（割山阳官渎以西三百户置）。淮安（割直渎、破釜以东淮阴镇下流杂一百户置）。

⑪《宋书·州郡志》〔南徐州〕南琅邪太守：晋乱，琅邪国人随元帝过江千余户。太兴三年，立怀德县。丹阳虽有琅邪相，而无土地。成帝咸康元年，桓温领郡，镇江乘之蒲洲金城上，求割丹阳之江乘县立郡。又分江乘地立临沂县。

⑫《晋书·范汪传子宁附传》〔孝武帝时〕宁又陈时政曰："古者分土割境，以益百姓之心，圣王作制，籍无黄白之别。昔中原丧乱，流寓江左，庶有旋反之期，故许其挟注本郡。自尔渐久，人安其业，丘垄坟柏，皆已成行，虽无本邦之名，而有安土之实。今宜正其封疆，以土断人户，明考课之科，修闾伍之法。难者必曰：'人各有桑梓，俗自有南北。一朝属户，长为人隶，君子则有土风之慨，小人则怀下役之虑。'斯诚并兼者之所执，而非通理者之笃论也。……且今普天之人，原其氏出，皆随世迁移，何至于今，而独不可？凡荒郡之人，星居东西，远者千余〔里〕，近者数百〔里〕，而举召役调，皆相资须，期会差违，辄致严坐。……今荒小郡县，皆宜并合，不满五千户，不得为郡；不满千户，不得为县。……"

⑬《南齐书·州郡志》：永明元年（公元 483 年），〔南兖州〕刺史柳世隆奏："尚书符下土断条格，并省侨郡县。凡诸流寓，本无定憩，十家五落，各自星处，一县之民，散在州境，西至淮畔，东届海隅。今专罢侨邦，不省荒邑，杂居舛止，与先不异。离为区断，无革游滥。谓应同省，随界并帖。若乡屯里聚，二三百家，并甸可修，区域易分者，别详立。"于是济阴郡六县，下邳郡四县，淮阳郡三县，东莞郡四县，以散居无实土，官长无廨舍，寄止民村及州治立，见省，民户帖属。

⑭《陈书·高祖纪》〔其先〕世居颍川。……达，永嘉南迁……出为长城令……因家焉。……达生康……咸和中土断，故为长城人。

⑮《晋书·成帝纪》：咸康七年夏四月，实编户，王公已下，皆正土断白籍。

《资治通鉴》晋成帝咸康七年胡三省注云：时王公庶人，多自北来，侨寓江左，今皆以土著为断，著之白籍也。白籍者，户口版籍也；宋、齐以下有黄籍。

《太平御览》卷606引《晋令》：郡国诸户口，黄籍，籍皆用一尺二寸札，已在官役者载名（则黄籍晋时已有）。

胡三省《通鉴释文辩误》卷4：《通鉴》九十六，晋咸康七年，诏实王公以下至庶人，皆正土断，白籍。史炤《释文》曰："白籍，谓白丁之籍耳。"余（胡三省自称）按江左之制，诸土著实户，用黄籍；侨户土断，白籍。琅邪（司马睿封琅邪王）南渡，凡中土故家以至士庶自北来者，至此时各因其所居旧土，侨置郡县名，并置守令以统治之，故曰正土断。不以黄籍籍之，而以白籍，谓以白纸为籍，以别于江左旧来土著者也。若以为白丁之籍，则王公岂白丁哉？

⑯《宋书·谢晦传》：义熙八年，土断侨流郡县，使晦分判扬、豫民户，以平允见称。

《宋书·武帝纪》：义熙九年，时民居未一，公表曰："……在昔盛世，人无迁业，故井田之制，三代以隆。秦革斯政，汉遂不改，富强兼并，于是为弊。然九服弗扰，所托成旧，在汉天京，大迁田、景之族，以实关中，即以三辅为乡闾，不复系之于齐、楚。自永嘉播越，爰托淮、海，朝有匡复之算，民怀思本之心……及至大司马桓温，以民无定本，伤治之深，庚戌土断，以一其业。于时财阜国丰，实由于此。自兹迄今，弥历年载，画一之制，渐用颓弛。杂居流寓，间伍不修，王化所以未纯，民瘼所以犹在。……所谓父母之邦以为桑梓者，诚以生焉终焉，敬爱所托耳。今所居累世，坟垄成行，敬恭之诚，岂不与事而至。请准庚戌土断之科……"于是依界土断，唯徐、兖、青三州居晋陵者，不在断例。诸流寓郡县，多被并省。

⑰《南齐书·虞玩之传》：建元二年（公元480年），诏朝臣曰："黄籍，民之大纪，国之治端。自顷氓俗巧伪，为日已久……"玩之上表曰："宋……元嘉中，故光禄大夫傅隆，年出七十，犹手自书籍，躬加隐校。……愚谓宜以元嘉二十七年（公元450年）籍为正。……今户口多少，不减元嘉，而板籍顿阙，弊亦有以。……"

⑱《宋书·后废帝纪》：元徽元年八月辛亥，诏曰："分方正俗，著自虞册……故井遂有辨，间伍无杂……虽绵代殊轨，沿革异仪，或民怀迁俗，或国尚兴徙，汉阳列燕、代之豪，关西炽齐、楚之族，并通籍新邑，即版成旧。洎……中州黎庶，襁负扬越，圣武造运……申土断之制。而……岁馑凋流，戎役惰散，违乡寓境，渐至繁积。宜式遵鸿轨，以为永宪。……"

⑲《南齐书·柳世隆传》：建元三年，出为使持节督南兖兖徐青冀五州军事、安北将军、南兖州刺史。……上（齐高帝）欲土断江北。又敕世隆曰："吕安国近在西，土断郢、司二境上杂民，大佳，民始无惊恐。近又令垣豫州（垣崇祖时任豫州刺史）断其州内，商得崇祖启事，已行竟，近无云云，殊称前代旧意。卿视兖部中可行此事不？若无所扰，春便就手也。"

《南齐书·吕安国传》：建元二年……上（齐高帝）遣安国出司州，安集民户。诏曰："郢、司之间，流杂渐广，宜并加区判，定其隶属。……"

⑳《陈书·世祖纪》：天嘉元年秋七月乙卯，诏曰："自顷丧乱，编户播迁，言念余黎，良可哀惕。其亡乡失土，逐食流移者，今年内随其适乐，来岁不问侨旧，悉令著籍，同土断之例。"

第三节　孙恩卢循的起义与东晋王朝的崩溃

北府兵与荆扬内争　桓温死后，东晋孝武帝司马曜年幼，世族大地主陈郡谢安当国[①]，桓氏让出了扬州，由桓温弟桓豁、桓冲相继出任荆州都督，继续掌握上游大权。桓冲不像桓温那样野心大，不十分干涉下游的事权，因此，荆、扬之间的矛盾，又暂时缓和了下来。

桓温因为集中在今镇江、常州一带的当时北来侨民——南徐州、南兖州侨户，"人多劲悍"，在土断之后，就有把他们编成一支新军的计划，可是计划还没实施，桓温病死。谢安继温当国，为了充实长江下游的军事力量以拱卫首都、抗衡上游起见，就筹募成立这支新军。公元377年，东晋政府任命谢安兄子谢玄为南兖州刺史，负责筹组新军。谢玄又把南兖州的军府，从京口移到广陵。南徐、南兖两州侨户，纷纷应募入伍，彭城刘牢之"与东海何谦、琅邪诸葛侃、乐安高衡、东平刘轨、西河田洛及晋陵孙无终等，以骁猛应选"（《晋书·刘牢之传》）。这一支新军，经过七年以上的长期训练，成为一支精悍能战的军队，号为北府兵（当时称京口为北府）[②]。北府兵的兴起，它不但成为长江下游的主要军事力量，改变了荆、扬的形势；而且在淝水会战中，在江、淮以南广大人民的支援下，粉碎了苻秦南侵的百万大军，把江南从苻秦的铁骑下抢救出来。

淝水战后，东晋的统治阶级满足于偏安的局面，没有恢复失地的要求和决心，以致不能扩大战果，乘胜逐北，收复中原。虽以北府兵之善战,收复了徐、兖、青、司、豫、梁六州(今山东、河南、陕西南部等广大地区),但当东晋外部的威胁消除的时候,东晋统治阶级内部的矛盾却日益尖锐化。王室内部和王室和世族——主、相之间,中央与方镇——荆、扬之间,展开了错综复杂的斗争。他们不但不能通力合作,收复失地,反而互相牵制,破坏北伐。后燕终于攻入临淄、滑台;南燕且在青、兖一带建国;不久,洛阳又失守;淮、汉以北,悉为后秦所占;最后谯纵据益州称成都王(公元405—413年)。淝水会战后所收复的失地,就这样地次第失去,"鹄立南望"的中原地区人民,不但没能获得解救,而且在北方再度大分裂、少数兄弟族再度大移动之中,在各族统治者的残酷统治下,半为奴虏,辗转死去。

谢安在淝水会战胜利之后,进位太保、太傅,都督扬江荆司豫徐兖青冀幽并宁益雍梁十五州军事,声望极高,因此招致了皇帝的猜嫌,主相之间,渐渐隔膜起来③。他于是请求北征,出镇广陵,实际上是在孝武帝同母弟会稽王司马道子的排斥下,被迫离开朝廷。不久安病死,司马道子遂以司徒、录尚书事、兼领扬州刺史、都督中外诸军事,代安为相。

当时孝武帝沉溺于酒色。司马道子更是宴饮无度,经常"蓬首昏目","政刑谬乱"(《晋书·简文三子传》)。孝武帝与司马道子兄弟之间——同时也是主相之间,逐渐又发生了摩擦。孝武帝任命王恭(太原王氏,世族大地主,王皇后之兄)为南兖州刺史,镇北府;又以殷仲堪(陈郡殷氏,世族大地主)为荆州刺史(淝水战后,桓冲死,桓豁子石民继任荆州刺史;石民死,王忱继任荆州刺史,时亦病死),掌握上游事权。孝武帝想培植方镇的力量,来牵制朝廷中的权臣,结果加剧了统治阶级内部的分裂。

公元396年,孝武帝死,子司马德宗继位,是为安帝,司马道子以太傅摄政。史称安帝"自少及长,口不能言,虽寒暑之变无以辨",奉这样的一个白痴来做皇帝,宰辅司马道子的权任自然更重了。道子又引用主张削弱方镇的王国宝(太原王氏,世族大地主。祖述,尚书令;父坦之,中书令;弟忱,荆州刺史。国宝,谢安女婿)、王绪(国宝从祖弟)为心腹,以对抗王恭、殷仲堪等。国宝位至中书令、尚书左仆射,"参掌朝权"。

公元 397 年,王恭(这时他又成为皇帝的舅父)从京口举兵,以诛王国宝为借口;殷仲堪也在荆州举兵,与恭相应。东晋政府成立的北府兵,本来是为了拱卫首都、充实长江下游力量的,现在北府兵在王恭统率下反而联络荆州军来对抗中央,司马道子自然无法抵御,只得把王国宝、王绪等杀死,请求王恭退兵。

公元 398 年,王恭第二次举兵,荆州刺史殷仲堪、广州刺史桓玄(桓温子,时在荆州)等起兵响应,使南郡(治江陵,今湖北荆州市区)相杨佺期率舟师为前锋,沿江东下。司马道子以子司马元显为征讨都督,统兵抵御。那时王恭以北府将领刘牢之为前锋,元显派人往说牢之倒向中央,答应事成后用牢之代恭任南兖州刺史,于是刘牢之倒戈袭击王恭,王恭兵败而死。殷仲堪、桓玄等闻恭被杀,仓皇退走,至寻阳(今江西九江市),共推桓玄为盟主。公元 399 年,桓玄又火并了殷仲堪、杨佺期,据有荆州上游,东晋以玄为都督荆江襄雍秦梁益宁八州军事、荆州江州刺史。桓氏世镇荆楚,故旧甚多,因此桓玄"树用腹心,兵马日盛"(《晋书·桓玄传》)。

元显自击破王恭以后,又用手段把扬州刺史的职位攘夺到手,同时他又总录尚书事,当时称"道子为东录,元显为西录"(《晋书·会稽王道子传》)。道子昏醉多病,"政无大小,一委元显",由是"西府车骑填凑,东第门下可设雀罗",中央大权实际操在元显一人手中。

元显考虑到荆州上游的威胁和北府兵的难以控制,想建立一支由自己来指挥的新军。因为当时兵源缺乏,于是下令强制征发东土诸郡(浙东)其本身或父祖本来是奴隶,而已获得放免为佃客的壮丁,集中京都,担任兵役,称之为"乐属"④。这一措置,不仅仅造成世族对政府的普遍不满,因而使东晋政府失去部分世家大族的支持;而且从本来是奴隶而已获得放免为佃客身份的农民来说,更是绝大的迫害。因为这一部分佃客,他们已经有自己的经济,有自己的生产工具,具有为耕种土地并从自己收成中拿出一部分实物缴给封建主所必需的劳动兴趣,现在却被征发为兵,而兵士的身份,自魏、晋以来,就已非常低落,"兵骄"之名,至与奴婢并列,"谪兵""补兵"又是世代相袭,真是一成兵士,"辱及累世",他们是绝不乐意去当兵的。因此这一命令一颁布,就搞得"东土嚣然",终于变成孙恩、卢循领导的浙东农民起义的直接导火线。

孙恩领导的浙东农民起义 上面提到的东晋政权发东土诸郡免奴客为乐属,只是浙东农民起义的重要原因之一。这次农民起义的主要原因,还是由于北来的世族大地主的庄园集中在浙东一带,而他们对佃客所进行的剥削又是超乎依附农民所能忍受的限度所致。

以王、谢为首的北来世家大族为了避免和江东世家大族在经济上发生冲突起见,他们把庄园安置在浙东一带。据《晋书·王羲之传》称:"羲之……与……谢万书曰:'……当与安石(谢安字)东游山海,并行田视地利,颐养闲暇。衣食之余,欲与亲知时共欢宴……其为得意,可胜言邪!……'"可见他们的能够"颐养闲暇"以及"与亲知时共欢宴",就是建筑在这种"行田视地利"的基础上的。南渡的世族如琅邪王氏、陈郡谢氏、太原王氏、高平郗氏、太原孙氏、陈留阮氏、高阳许氏、谯国戴氏、鲁国孔氏等⑤,他们的田业,多集中在东土一带,明白这一点,而后对孙恩领导的农民起义以后从海上登陆,获得浙东农民的积极响应,而且孙恩也以这一地区为根据地,也就不难了然了。

自东汉于吉以来,五斗米道就在会稽、吴郡一带传播。晋孝武帝时,有钱塘人杜子恭传教授徒。琅邪大族孙氏,"世奉五斗米道"(《晋书·孙恩传》),孙氏南渡以后,至孙恩叔父孙泰又师事杜子恭,子恭死,泰继子恭为道首。道教的教义本身并不含有反抗黑暗统治的企图,不过在缺乏经济联系的封建社会里,它却是联络农民发动革命的较好工具。孙泰就是借宗教去联络农民群众的,《晋书·孙恩传》称"百姓……敬之如神,皆竭财产、进子女以祈福庆"。孙泰固然出身大族,但他这种做法,也会引起东晋政府对他的怀疑,于是把他流放到广州。当时东晋统治阶级上层也有不少人信奉五斗米道。孙泰到了广州以后,被广州刺史王怀之暂任为代理郁林(郡治布山,今广西贵港东)太守(公元393—394年)。不久东晋政府又把他召回来,任命为徐州主簿,迁新安太守。王恭举兵,孙泰以讨恭为名,私合兵众,得数千人,"三吴士庶多从之"。东晋政府害怕孙泰作乱,司马道子父子便诱斩了孙泰和他的六个儿子,泰兄子孙恩逃入海岛。

孙泰的信徒,听说孙泰被杀,不肯相信是真的,都以为孙泰好像蝉一样蜕壳成仙——"蝉蜕登仙"。他们纷纷给逃亡海岛的孙恩馈送资财。这样,孙恩就在海岛上团聚了一百多个决心反晋的伙伴。

公元399年,东晋政府下令"发东土诸郡免奴为客者……充兵役",一时激起浙东依附农民普遍骚动,孙恩就在这一年的十月中,带了一百多人从海上登陆,攻下上虞,杀上虞令,袭破会稽,人数发展到好几万。"于是会稽谢鍼、吴郡陆瓌、吴兴丘尫、义兴许允之、临海(郡治章安,今浙江临海东南)周胄、永嘉(郡治永宁,今浙江温州市)张永及东阳(郡治长山,今浙江金华)、新安(郡治始新,今浙江淳安西北)等凡八郡,一时俱起","旬日之中,众数十万","畿内诸县,处处蜂起"(《晋书·孙恩传》)。会稽内史王凝之、吴兴太守谢邈、永嘉太守谢逸、乌程令夏侯愔等被杀,吴国内史桓谦、临海太守新蔡王司马崇、义兴太守魏隐等,纷纷放弃郡城逃走。此外南北世家大族如南康公谢明慧、黄门郎谢冲、张琨、中书郎孔道、太子洗马孔福等，也都被农民起义军先后杀死。

孙恩自称征东将军，以会稽郡山阴县（今浙江绍兴市）为农民军的活动中心，称他的部下为"长生人"。

浙东是以王、谢为首的世族大地主庄园所在地，现在浙东陷落，直接损害到世家大族的经济利益。东晋政府要派遣大军去镇压，选择元帅，也自然以物色王、谢两族中人物来担任为适宜。北府兵宿将、卫将军谢琰（谢安子）正是那时王、谢两大族中最有威望的人物，东晋政府乃任命谢琰为会稽内史兼督吴兴、义兴军事，去收复浙东。当时北府军著名将领南徐、南兖二州刺史刘牢之亦发兵前往浙东，协助谢琰镇压农民军。

谢琰于公元 399 年十二月率军攻下义兴，击杀农民军头领许允之。接着进兵吴兴，击走农民军头领丘尪，屯兵乌程（今浙江湖州南二十五里）。分兵配合刘牢之，向钱塘江推进。

孙恩见刘牢之率北府兵精锐将渡钱塘江，乃率男女二十余万口向东撤退。官军攻破山阴，杀农民军所任命的吴郡太守陆瓌、吴兴太守丘尪、余姚令沈穆夫。刘牢之纵容军队烧杀抢掠，东土"郡县，城中无复人迹，月余乃稍有还者"（《资治通鉴》晋安帝隆安三年）。

孙恩率众退入海岛。公元 400 年五月，孙恩从浃口（在今浙江宁波市镇海东南）登陆，入余姚，破上虞，进至邢浦（今浙江绍兴市北三十五里），被谢琰派兵击退。几天后，起义军再度进攻邢浦，官军失利，孙恩乘胜追击，山阴（今浙江绍兴市）一战，阵斩骄傲自恃的谢琰及其二子，朝廷大震，增派北府兵将领高雅之等堵击起义军。这年十一月，孙恩大败官军于余姚。东晋政府紧急任命刘牢之都督会稽、临海、东阳、永嘉、新安五郡军事，统兵进击孙恩。恩又退至海岛。次年二月，孙恩又自浃口以水军进攻句章（在今浙江宁波市南），转而进攻海盐，都被刘牢之部将刘裕击破。五月,恩率军北上,攻下沪渎(今属上海),杀吴国内史袁山松。六月,又浮海疾进至丹徒(今江苏镇江市东丹徒镇),有战士十余万,楼船千余艘。建康震惧,内外戒严,东晋政府赶忙下令驻扎江北的军队入卫京都。刘牢之也派刘裕自海盐兼程赴援。孙恩知道建康已有防备,不打算硬攻,便派兵攻破广陵(今江苏扬州市);自己率领水军浮海攻下郁洲(今江苏连云港东云台山一带),生擒东晋将军高雅之。但与刘裕三战三败,死伤万余人,于是又从浃口远航海岛。

这时由于东晋政府加强了沿海地区的防务,起义军得不到给养,又发生疫病,"死者大半"(《宋书·武帝纪》)。最后于公元402年三月,孙恩进攻临海失败,起义军损失很大。孙恩及其家属和部下一百多人,一起投海而死,人们便传说孙恩成了"水仙"(《晋书·孙恩传》)。起义军余众还有几千人,推孙恩妹夫卢循为首领。当时东晋政权已经落入桓玄手中,桓玄正想代晋称帝,力求稳定局势,乃发表卢循为永嘉太守。卢循在大起义失败之后,也想争取一个喘息的机会,所以表面上接受了永嘉太守的任命,实际上并没有停止对东晋统治阶级的斗争。

卢循,范阳涿(今河北涿州)人,出身于北方大族。孙恩领导农民起义时,循即参加起义军。孙恩投海死后,循取得余部的领导权。公元403年正月,循出兵进攻东阳,被刘裕击败。同年八月,刘裕进攻永嘉,卢循接战不利,退往晋安(郡治原丰,今福建福州市)。次年十月,又泛海攻下番禺(今广东广州市),活捉东晋广州刺史吴隐之。卢循自称平南将军,摄(代理)广州刺史事。派他的姊夫徐道覆攻下始兴(今广东韶关市西南)。在这期间,北府兵后起将领刘裕掌握了东晋政府的大权,正在消灭桓玄的残余势力,无暇南顾,就在公元405年的四月,正式任命卢循为广州刺史,徐道覆为始兴相。卢循也答应了东晋政府提出的要求,把俘虏的前广州刺史吴隐之和流寓在广州的世族大地主王诞一并放回。

孙恩所领导的浙东农民起义,它不仅是为了推翻东晋在江南的统治权而进行的斗争,同时由于参加的起义群众多半是浙东世族庄园里奴童佃客,作为领导者的孙恩虽然自己出身世族,但为了满足起义群众要求,因此也必须无情地打击或消灭以王、谢为首的世族大地主。消灭的对象如谢琰是谢安之子,谢肇、谢峻是谢琰之子,谢邈是谢安幼弟谢铁之长子,谢冲是谢邈之胞弟,谢明慧是谢冲的亲生儿子而又过继给谢石(谢安弟,谢铁兄)子谢汪为子的(所以袭封南康公),王凝之是王羲之的儿子,又是谢安的侄女婿。孙恩还下令悬赏通缉谢方明(谢冲子,因为谢方明组织地主武装的缘故)。这正可以说明浙东是王、谢的天下,而这次浙东的农民运动所要消灭的对象也正是他们。

东晋王朝的衰亡与刘裕的当国　沈约在《宋书·孔季恭传》论里说过:江东"外奉贡赋,内充府实,止于荆、扬二州",而会稽"带海傍湖,良畴亦数十万顷",浙东是东晋的剥削渊薮无疑。自从浙东农民起义发生之后,政府派大军进行镇压,除了大肆抢掠以外,还放手屠杀,把江浙地区,搞得残破不堪,所谓"三吴……编户饥馑,公私不赡"(《晋书·简文三子传》),"饥馑疾疫","歼亡事极"(《宋书·孔季恭传》论),扬州的生产事业遭到破坏,荆州的势力自然驾御扬州而上。因此,荆州都督桓玄乘"东土……饥馑,漕运不继"(《资治通鉴》晋安帝元兴元年),东晋政府财政粮食都非常困难的时候,封锁长江,不让上游的物资向下游运输,"商旅遂绝"。于是下游的粮荒更加严重,兵卒的食粮至以秕(谷皮)、橡实代替。东晋政府迫不得已,下令讨伐桓玄,以司马元显为征讨大都督,刘牢之为前锋都督,率军讨玄。桓玄也上表指斥司马元显罪状,举兵东下。公元402年三月,刘牢之为桓玄收买,北府兵不战而降于桓玄,因此桓玄取得了决定性的胜利,长驱入建康,司马道子、元显父子先后被杀。以后桓玄又逼安帝退位，公元 403 年十二月，桓玄自己登位做皇帝，国号楚。

表面上是改朝换代了，实际还是危机四伏。东土诸郡，还是有无数农民在"饥馑疾疫"中死去，所谓"会稽饥荒……百姓散在江湖采稆"，"顿仆道路，死者十八九"（《晋书·桓玄传》），"三吴大饥，户口减半，会稽减什三四，临海、永嘉〔死散〕殆尽"（《资治通鉴》晋安帝元兴元年）。这样严重问题，新王朝不但不能予以及时解决，相反危机还在加深。

荆州军的成功，是由于北府兵将领的倒戈迎降，以当时实力而论，能与荆州军为敌的，也就是这支北府兵。无怪桓玄认为要巩固自己荆州系统的新政权，削弱北府兵将领的力量是他的主要任务了。因此桓玄在进入建康之后，首先剪除北府将领，夺刘牢之兵权，转牢之为会稽太守，牢之想举兵反抗没有成功，自缢而死。玄又先后杀北府将领吴兴太守高素、辅国将军竺谦之、高平相竺朗之、辅国将军刘袭、袭弟彭城内史刘季武、冠军将军孙无终等。同时桓玄又不得不提拔一些北府后起的将领如刘裕等，来作为他的爪牙，使北府兵能够对他效忠，北府兵依旧能成为拱卫下游的力量。

刘裕，原籍徐州彭城（今江苏徐州市）。曾祖混，渡江侨居丹徒的京口，做过武原令（侨县，无实土，寄治武进，属南徐州南彭城郡）；祖靖，东安太守；父翘，郡功曹。刘裕虽说是士族，可是北来侨民的生活本来就不优裕，而裕父又早亡，故裕"尝自新洲（在今镇江市西，长江中小洲）伐荻"，"躬耕于丹徒"，"樵渔山泽"。土断以后，侨州郡的编户齐民又加重了兵役的负担，裕以士族，为北府将领冠军将军孙无终府司马，其后为前将军刘牢之府参军，随牢之镇压浙东农民起义有功，累官至建武将军、下邳太守。桓玄剪除北府将领，北府中下级军官人人危惧，可是刘裕知道他自己还不够格，并不恐惧，对人说："今方是〔桓〕玄矫情任算之日，必将用我辈也。"（《宋书·武帝纪》）果然，桓玄任命从兄桓脩

（桓冲子）为南徐、南兖二州刺史镇北府（京口）以后，桓脩就以刘裕为参军，把他当作北府中下级军官中培养的对象。桓玄将要做皇帝，桓脩兄桓谦想了解北府将领对这一重大事件的看法，曾单独和刘裕谈话。刘裕对桓谦说："楚王（玄时封楚王）、宣武（桓温谥宣武）之子，勋德盖世。晋室微弱，民望久移，乘运禅代，有何不可！"这种"劝进"的表示，获得了桓氏对他的信任。可是另一方面，刘裕却在团结北府中下级军官，密谋推翻桓玄。

公元404年二月二十八日，刘裕与北府兵中下级军官何无忌（刘牢之甥）、魏咏之、檀凭之等百余人，在京口起兵，斩桓脩。同日，北府兵中下级军官刘毅、孟昶、刘道规（刘裕弟）等，也在北府兵另一根据地广陵起兵，斩桓玄所任命的青州刺史桓弘（桓脩弟）。毅等集兵渡江至京口，与裕会师，进攻建康。

桓玄听到北府兵叛变，恐慌异常，派兵堵击，又被北府兵击溃，桓玄只得放弃建康，退往荆州军的根据地江陵。撤退时，还把退位的东晋皇帝司马德宗一起带走。到了江陵之后，桓玄又"大聚兵众"，准备浮江东下，结果在峥嵘洲（今湖北鄂城）一战，水军主力两万都被刘毅所统率的北府兵击垮，桓玄败退江陵，不久被杀。桓氏的残余势力，还在荆、湘一带继续骚扰，过了一年左右，才完全消灭。白痴的东晋皇帝司马德宗也被迎回建康，重又登上皇帝的宝座。

刘裕起兵成功，以侍中、车骑将军、都督中外诸军事、领南徐、南青二州刺史，镇京口；随后又解除南青州，加领南兖州刺史，于是北府重兵，都掌握在刘裕一人的手中。公元408年，裕又入为扬州刺史录尚书事，实际掌握了东晋政权。

这时，南燕主慕容超乘东晋衰乱之际，派骑兵侵入东晋边境，劫掠晋人充作奴婢，称为"吴口"，分送给后秦各国。公元409年二月，慕容超又派将军公孙归等率骑兵攻破宿豫（今江苏宿迁），掳东晋阳平太守刘千载、济阴太守徐阮，大掠而去；在所掠晋人中挑选出男女二千五百人，补为乐工。随后公孙归等又侵扰济南，掳去太守赵元及男女千余人。刘裕于是出兵北伐南燕。刘裕的对外用兵，一方面想满足江南人民抗敌的要求，以缓和国内的阶级矛盾；另一方面，刘裕也企图利用对外用兵的胜利，建立更高的威望，使得和他同时起兵的北府将领（如刘毅、诸葛长民等）以及世家大族俯首帖耳，不敢与他抗衡。

公元409年四月，刘裕率水军自建康出发，沿中渎水、泗水到达下邳（今江苏睢宁西北），留下船舰、辎重，走陆路到琅邪，越过大岘（今山东沂水北穆陵关），六月，进围广固（今山东青州西北八里）。慕容超向后秦求救，姚兴派了个使臣到刘裕那里警告刘裕说："今当遣铁骑十万，径据洛阳。晋军若不退者，便当遣铁骑长驱而进。"刘裕的答复是："语汝姚兴：我定燕之后，息甲三年，当平关、洛。今能自送，便可速来。"（《宋书·武帝纪》）当然，后秦姚兴不过是虚声恫吓而已。公元410年二月，刘裕攻下广固，生擒慕容超（送至建康市斩首），灭南燕，收复了青、兖广大地区。刘裕的功业，这时已超轶祖逖、桓温，东晋政权中，没有人能和他抗衡了。

卢循北进的失败　当刘裕北伐南燕，获得胜利的时候，卢循所领导的农民军，正从广州向江州（州治豫章，今江西南昌市）推进。

卢循到了广州以后，在广州住了五年零四个月。农民军进行了休整补充，待机再起。在刘裕北伐南燕期间，徐道覆派人劝卢循乘虚袭取建康，卢循犹豫不决。徐道覆亲自到番禺对卢循说："本住岭外……正以刘公（指刘裕）难与为敌故也。今〔刘裕〕方顿兵坚城之下，未有旋日。以此思归死士（指三吴旧部），掩袭何〔无忌〕、刘〔毅〕之徒，如反掌耳。不乘此机……若〔裕〕平齐（指南燕）之后，小息甲养众……自率众至豫章，遣锐师过岭……恐必不能当也。今日之机，万不可失。"（《宋书·武帝纪》）又说：

"君若不同,便当率始兴之众,直指寻阳(今江西九江市西)。"
(《晋书·卢循传》)卢循勉强同意了徐道覆的意见。

徐道覆是一位坚定果敢的农民起义将领。他攻取始兴之后,就派人到大庾岭一带斫伐大量船木,运至始兴(治曲江,今广东韶关市)贱卖给居民,这时又依据原先的卖券收购船木,赶造船舰,积极准备北进。

公元410年二月,卢循和徐道覆在始兴会合,随后分兵两路,西路由卢循率领,从始兴攻下长沙,推进至巴陵(今湖南岳阳市),准备攻取江陵;东路由徐道覆率领,破南康(郡治赣,今江西赣州市),连下卢陵(郡治石阳,今江西吉水北)、豫章(郡治南昌,今江西南昌市),兵锋直指建康。农民军的战士,不是"三吴旧'贼',百战余勇",便是"始兴溪子,拳捷善斗"(《资治通鉴》晋安帝义熙六年),战斗力极强。东晋江州刺史何无忌自寻阳(今江西九江市西)引兵南下,抵御徐道覆。三月,何无忌战死于豫章。刘裕得到消息,慌忙班师南归,自己只带几十个人,于四月间赶回建康。

卢循到达巴陵以后,接受徐道覆的建议,自巴陵浮江东下,与道覆会师,集中力量攻取建康。于是两路农民军连旗东下。东晋江、淮驻军纷纷入卫建康。豫州刺史刘毅率水军二万,从姑孰(今安徽当涂)溯江而上,阻击农民军。五月,农民军在长江中的桑落洲(在今江西九江市东北)大败晋兵,刘毅丢掉全部船只和辎重,带了几百人狼狈逃走。农民军接连打败北府兵重要将领何无忌和刘毅,声势大振。史称"战士十余万,舟车百里不绝"。"别有八槽船八枚(艘),起四层,高十二丈。"(《宋书·武帝纪》)十多万大军乘胜直逼建康,进抵淮口(秦淮河入江之口,在今江苏南京市西北)。

这时东晋方面,刘裕"北伐始还,士卒创痍,堪战者可数千人"。建康人心惶惶,"众议并欲迁都"(《宋书·王懿传》)。刘裕认为"若一旦迁动,便自土崩瓦解"(《宋书·武帝纪》),坚决不同意迁都。当农民军到达淮口时,东晋政府宣布内外戒严,同时征发居民修筑防御工事,沿江置栅、筑垒。稍后江、淮入卫军队陆续开到,其中有一千多强悍的鲜卑骑兵,分兵守卫各个军事据点。农民军到这时候便丧失了"攻其无备,出其不意"(《孙子·计篇》)的有利战机。

卢循在北上进军中,常处于被动地位。他开初不愿意出兵。后在行军途中得悉刘裕已经回到建康,立刻大惊失色,竟想退还寻阳,再占领江陵,"据〔江、荆〕二州以抗朝廷"。经过徐道覆力争,"疑议多日"(《宋书·武帝纪》),卢循才同意继续进兵。这样,刘裕便赢得了周密部署的时间。

徐道覆曾经向卢循建议,水军从新亭(在今南京市西南)到白石垒(在今南京市西北)一线登陆,登陆后焚毁船舰,使士兵下决心死战,力争胜利。卢循认为徐道覆的建议太冒险,不是万全之计,而把战船停泊在蔡洲(在今南京市西南十二里大江中),等待晋军自行"溃乱"。等到刘裕完成其防备部署后,卢循方才发动进攻,率兵与晋军相持于查浦(在今南京市清凉山南),进至丹阳郡(在今南京市东南),转攻京口等地,并无所得。刘裕则统率北府兵主力列阵于秦淮河南岸的南塘一带,坚壁不战。

卢循自五月乙丑(五月十四日)到达蔡洲,到七月庚申(七月初十日),顿兵建康城下两个月之久,师老兵疲,粮食给养都发生困难,只好从蔡洲南撤,退守寻阳。欲西取荆州,再与刘裕决战。这年十月,徐道覆率水军三万西攻江陵,大败于破冢(在今湖北江陵东南),损失万余人,道覆退回溢口(今江西九江市西)。十二月,卢循、徐道覆又率众数万,连舰而下,先后与晋军战于大雷(今安徽望江)、左里(今鄱阳湖口),农民军方面又损折了数万人。卢循乃收散卒数千人,向其根据地广州转移;徐道覆也退保其根据地始兴。次年二月,晋军攻破始兴,徐道覆被杀。三月,卢循率部到达广州,但广州州城番禺早已被晋军占领,循围攻番禺二十余日不下,于四月间南袭合浦(今广西合浦东北),转战至交州(州治龙编,今越南慈山、仙游地区),兵败投水死。

从公元399年十一月孙恩领导浙东农民起义起,到411年四月卢循在交州失败止,东晋末年的这次农民起义,前后持续了十一年零五个月之久。农民起义军转战东南半壁,人民自己所建立起来的舰队,曾经溯洄赣江,纵横长江上下游,乘长风破巨浪于汪洋大海之上,开农民战争战略战术上未有之前例。

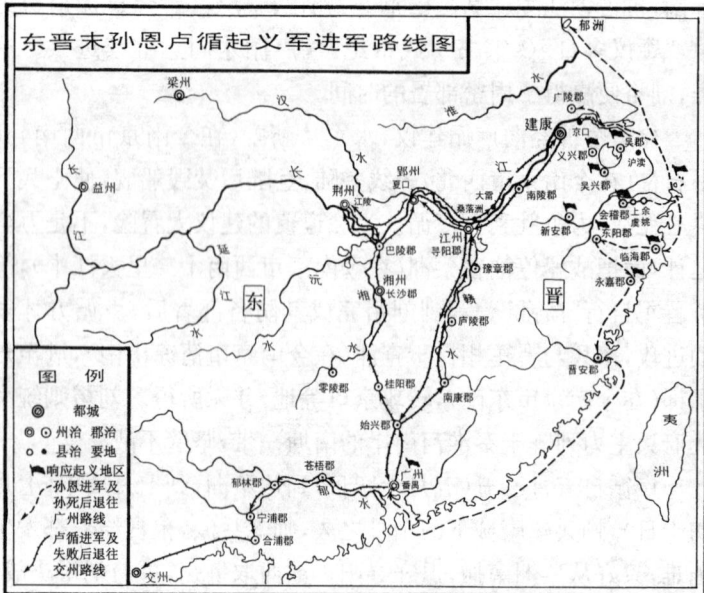

东晋末孙恩卢循起义军进军路线图

以孙恩、卢循为首的这一次农民起义的失败,除了因为没有也不可能有先进阶级的领导这一主要原因外,其他原因是:(一)孙恩在浙东登陆,一时获得八郡人民的响应之后,未能及时地建立根据地,成立农民自己的军政府,一见战争形势不利,便仓猝退入海岛,这样,不但失去了与大陆广大群众的联系,而且众至二三十万的农民军以及妇孺,无计划地向海岛撤退,粮食等给养得不到保证,给农民军造成很大的困难。(二)卢循取得农民军的领导权后,虽然采用各种手段巩固了根据地——广州,可是他实际上是企图割据一方,并没有推翻东晋王朝的决心和信心;等到刘裕北灭南燕,初步满足了江南人民抗敌的要求之际,他迫于三吴战士的思归要求和徐道覆的严正态度,迟迟北进,使得农民军不容易保持其战略主动地位。(三)卢循在作战指导上往往举棋不定,"多疑少决",不能利用有利战机力争胜利。农民军在建康城下从优势变为劣势,从主动变为被动,最后竟一败涂地,这主要是卢循主观指导错误所造成的。

在卢循交州战败投海死后,东晋末年农民战争的最后一幕已经结束⑥。江南各地农民再度屈服于世家大族与新兴的北府军将领的统治之下,他们重新受着残酷的剥削与压迫,虽然他们在过去已被榨取得几乎一无所有了。

这次农民战争,给了东晋王朝严重的打击,从此它就名存实亡了。

在这次农民战争中受到沉重打击的,还有东晋政权的主要支柱——以王、谢为首的北来的世族大地主,他们的仓廪被打开,他们在浙东的庄园和财产遭到严重冲击,他们丧失了数目众多的奴客。王凝之、谢邈的被杀,谢琰的阵亡,又在在说明了他们削弱到简直不能抵抗。固然,"百足之虫,死而不僵",他们的社会地位,因为"凭藉世资",还是极高,然而他们今后在政治上只是饰演配角,当庶族出身的新兴北府系统的将领夺取帝位之际,他们就只能饰演捧玺绶、上劝进表角色,"将一家物与一家"这一流的角色。从此,他们被剥夺了北府兵的领导权;他们顾问中枢大权,以后也逐渐被寒门庶族出身的中书舍人所替代。寒门庶族出身的新兴将领做了皇帝以后,为了集权中央,也毫无顾忌地对他们加以打击,如刘裕杀太原王愉(王坦之之子,愉官至尚书仆射、前将军)、陈郡谢混(谢安孙，谢琰子，混官至中书令、领军将军、尚书左仆射)、高平郗僧施(郗鉴曾孙、郗愔孙)等，都足以说明高贵的世家大族，至此不得不落到北府将领统治之下了。

在这种情形下，唯一得利者是新兴的北府将领，他们在农民战争的结局中得到利益，他们不仅从以王、谢为首的世家大族手里，夺得了北府兵的领导权，消灭了以桓玄为首的荆州系统的方镇势力，而且他们在因农民战争而崩解了的东晋王朝废墟上，重新建立起新的王朝来。

---

① 谢安，陈郡阳夏(今河南太康)人，伯父谢鲲，渡江任豫章太守；父裒，太常卿，都是流寓江表的世族大地主。以王、谢为首的北方世家大族，到达江东之后，为了避免和江东世家大族发生经济上的冲突起见，他们的庄园都在东土——浙东，所以谢安早年多居会稽(郡治山阴，今浙江绍兴市)。那时谢安从兄谢尚(谢鲲子)官至尚书仆射、都督豫并幽冀四州军事、镇西将军、豫州刺史。尚卒(公元357年)，安兄奕继尚为都督豫充冀并四州军事、安西将军、豫州刺史。安弟万又继奕任都督司豫冀并四州军事、豫州刺史。真是"家门富贵"，江东数一数二的世家大族。由于谢安有这些兄弟先后参加东晋政权领导工作，可以代表他们这一阶层和他这一家族的利益，因此，谢安可以"放情丘壑"，"出则渔弋山水，入则言咏属文"。东晋政权既是代表世家大族的利益的，那么，这些世家大族为了本阶层和家族的利益起见，每家至少有一人或一人以上参加东晋政权领导工作，这一世家大族的政治地位愈高，社会地位就愈巩固，经济利益也就更能获得一定的保障和长足的发展。每个世家大族如三世以上冠冕不绝，那就成为"天下盛门"、"奕世膏粱"；倘或偶然有一代接不上来，不能继续保持原有的爵位，于是便有称为"门户中衰"或"衰门"的危险。同时，东晋王朝既然以北方流播南下的世家大族为其主要支柱，那么必须随时注意培养世家大族中的后起之秀，通过九品官人等等方式，吸收他们参加政权领导工作，统治集团内部人才愈充实，统治权自然也愈巩固。以谢安这个人物而论，自是过江以后的第一流，作为东晋政权而论，是应该把他拉出山来的，于是便产生出"东山不起，如苍生何"的话来。可是谢安呢？仍然高卧东山(今浙江上虞西南四十五里)，度着他山林隐遁的生活，尘世事没有扰乱他的心胸，因为尘世事自有他的门生、典计(庄园的管理者)去替他处理，并不用他操心，政府几次三番请他出山，他都"高卧不起"，政府甚至采取"禁

锢终身"的手段，来对他进行威胁，他还是漠然无动，"吟啸自若"。到了谢安四十多岁的时候，安兄谢奕、从兄谢尚先后逝世，弟谢万受命北讨，兵溃单骑逃归，废为"庶人"，这么一来，谢家就要"门户中衰"了。由于门户中衰，社会地位受影响，经济的利益首先会受到损害，陈郡谢氏处在这种不利形势下，要保持家门富贵，便只有谢安出山之一法。桓温在这时请他去当自己幕府的司马，安黾勉从命。王、谢两族，是当时世家大族中的冠冕，只要谢肯做官，获致高位，是不成问题的，何况谢安一"释褐"，就和桓温建立了僚属的关系，这对于他以后进身之阶，甚为有利：以后谢安入辅中央，由侍中而吏部尚书、尚书仆射、后将军、扬州刺史、中书监、录尚书事；桓温死后，孝武帝年幼，安更独综朝权，政由安出。

②《世说新语·排调篇》注引《南徐州记》：旧徐州都督，以东为称。晋氏南迁，徐州刺史王舒加北中郎将，北府之号，自此起也。

《世说新语·捷悟篇》注引《南徐州记》：徐州人多劲悍，号精兵，故桓温常曰："京口酒可饮，箕可用，兵可使。"

《资治通鉴》晋海西公太和四年胡三省注："晋都建康，以京口为北府，历阳为西府，姑孰为南州。"又晋孝武帝太元二年注："晋人谓京口为北府。谢玄破俱难等，始兼领徐州，号北府兵者，史终言之。"

按南徐州刺史多兼北中郎将，故时称南徐州为"北府"，因此，在京口招募之侨民亦称之为"北府兵"。

③《晋书·桓宣传族子伊附传》：伊……善音乐，尽一时之妙，为江左第一。……时谢安女婿王国宝专利无检行，安恶其为人，每抑制之。及孝武末年，嗜酒好内，而会稽王道子昏酱尤甚，惟狎昵诌邪，于是国宝谗谀之计稍行于主相之间。而好利险诐之徒，以安功名盛极而构会之，嫌隙遂成。帝召伊饮宴，安侍坐。……伊便抚筝而歌怨诗曰："为君既不易，为臣良独难。忠信事不显，乃有见疑患。周旦佐文武，《金縢》功不刊。推心辅王政，二叔反流言。"声节慷慨，俯仰可观。安泣下沾衿，乃越席而就之，捋其须曰："使君于此不凡！"帝甚有愧色。

④《晋书·会稽王道子传》：世子元显又发东土诸郡免奴为客者，号曰乐属，移置京师，以充兵役。东土嚣然，人不堪命，天下苦之矣。

⑤《晋书·王羲之传子徽之附传》：居山阴，后为黄门侍郎，弃官东归。《世说新语·任诞篇》：王子猷(徽之字)居山阴。刘峻注引《中兴书》曰：徽之弃官东归，居山阴也。(这是琅邪王氏王羲之一房居会稽之证。)

《宋书·谢灵运传》载《山居赋》自注：大小巫湖……并是美处。义熙中，王穆之(王导孙)居大巫湖，经始处所犹在。(这是琅邪王氏王导一房中居会稽之证)

《晋书·王廙传子胡之附传》：胡之，字修龄。《世说新语·方正篇》：王修龄曾在东山，甚贫乏。刘峻注引《王胡之别传》曰：胡之常遗世务，以高尚为情，与谢安相善也。

《宋书·谢灵运传》载《山居赋》自注：白烁尖者最高，下有良田，王敬弘（王廙曾孙）经始精舍。

《南史·王裕之传》：晋骠骑将军廙之曾孙。……所居余杭舍亭山，林涧环周，备登临之美，故时人谓之王东山。……孙秀之，营理舍亭山宅，有终焉之志。

《南史·王镇之传》：晋司州刺史王胡之之从孙……桓玄辅政……乃弃家致丧还上虞旧墓。

《南史·王镇之传弟弘之附传》：家在会稽上虞……始宁（今浙江上虞西南）沃川有佳山水，弘之又依岩筑室。《宋书·隐逸·王弘之传》：谢灵运与庐陵王义真笺曰："会稽既丰山水，是以江左嘉遁，并多居之。但季世慕荣，幽栖者寡，或复才为世累，弗获从志。至若王弘之拂衣归耕，逾历三纪；孔淳之隐约穷岫，自始迄今；阮万龄辞事就闲，纂成先业，浙河之外，栖迟山泽，如此而已。……"（以上是琅邪王氏王廙一房居会稽之证。）

《宋书·王素传》：高祖翘之（王彬子），素住东阳，隐居不仕，颇营园田之资。（这是琅邪王氏王彬一房居会稽之证）

《世说新语·雅量篇》注引《中兴书》：〔谢〕安玄居会稽，与支道林、王羲之、许询共游处，出则渔弋山水，入则谈说属文，未尝有处世意也。《世说新语·赏誉篇》注引《续晋阳秋》：初谢安家于会稽上虞县，优游山林。

《宋书·谢弘微传》：从叔峻，司空琰（谢安子）第二子也，无后，以弘微为嗣。……所继叔父混（琰第三子）……诛，妻晋陵公主……以混家事之弘微。混仍世宰辅，一门两封，田业十有余处，童仆千人……〔元嘉〕九年，东乡君（即晋陵公主，晋亡，降为东乡君）薨，资财巨万，园宅十余所，又会稽、吴兴、琅邪诸处，太傅（谢安）、司空琰时事业，奴童犹有数百人。（以上是陈郡谢氏谢安一房居会稽之证）

《水经·浙江水注》：浦阳江自峥山东北径太康湖，车骑将军谢玄田居所在。右滨长江，左傍连山，平陵修通，澄湖远镜。于江曲起楼，楼侧悉是桐梓，森耸可爱，居民号为桐亭楼。楼两面临江，尽升眺之趣，芦人渔子，泛滥满焉。湖中筑路，东出趋山，路甚平直。山中有三精舍，高甍凌虚，垂檐带空，俯眺平林，烟杳在下，水陆宁晏，足为避地之乡矣。

《南史·谢灵运传》：祖玄……灵运父祖并葬始宁县，并有旧宅及墅，遂移籍会稽，修营旧业，备山带江，尽幽居之美。……灵运因祖父之资，生业甚厚，奴童既众，义故门生数百。（以上是陈郡谢氏谢奕一房居会稽之证）

《世说新语·仇隙篇》：王蓝田（述）于会稽丁艰，停山阴治丧。

《世说新语·识鉴篇》：王大（王忱小名）自都来拜墓。（王忱为王坦之子，王述孙，王述一房坟墓在会稽，其田宅当亦在会稽）

《世说新语·文学篇》：支道林、许〔询〕、谢〔安〕共集王〔濛〕家，谢顾谓诸人曰："今日可谓彦会。"《言语篇》注引《王长史别传》：濛字仲祖，太原晋阳人，其先经汉、魏，世为大族。

《世说新语·文学篇》：许掾（许询）年少时，时人以比王苟子，许大不平。时诸人士及林法师并在会稽西寺讲，王亦在焉。注：苟子，王脩小字也。《文字志》曰："脩字敬仁，太原晋阳人。父濛，司徒左长史。"

《世说新语·德行篇》：王恭（王濛孙，王脩子）从会稽还。（以上是太原王氏王濛一房居会稽之证）

《宋书·谢灵运传》载《山居赋》自注：五奥者，县济道人、蔡氏、郗氏、谢氏、陈氏，各有一奥。……漫石在唐磁下，郗景兴（郗超，字景兴，一字嘉宾，高平郗鉴孙，郗愔子）经始精舍，亦是名山之流。（这是高平郗氏居会稽之证）

《晋书·孙楚传》：子纂，纂子绰，居于会稽，游放山水，十有余年。《世说新语·言语篇》注引《中兴书》曰：孙绰，字兴公，太原中都人。……历太学博士、大著作、散骑常侍。《遂初赋》叙曰："余经始东山，建五亩之宅，带长阜，倚茂林。"《世说新语·言语篇》：孙绰筑室畎川。《世说新语·赏誉篇》：孙兴公、许玄度共在白楼亭，共商略先往名达。注引《会稽记》：亭在山阴，临流映壑也。

《世说新语·任诞篇》：刘尹云："孙承公（孙绰兄孙统，字承公）狂士。"注引《中兴书》：承公家在会稽。（以上是太原孙氏居会稽之证）

《世说新语·栖逸篇》：阮光禄（裕）在东山，萧然无事，常内足于怀。《德行篇》注引《阮裕别传》：裕……陈留尉氏人。祖略，齐国内史；父颙，汝南太守。裕累迁侍中，以疾筑室山阴会稽剡山。

《宋书·隐逸·阮万龄传》：祖思旷（阮裕字），左光禄大夫；父宁，黄门侍郎。万龄……家在会稽剡县。……永初末，自侍中解职东归。（以上是陈留阮氏居会稽之证）

《世说新语·言语篇》注引《续晋阳秋》：许询，字玄度，高阳人，魏中领军允玄孙。《世说新语·栖逸篇》：许玄度隐在永兴（今浙江萧山西）南幽穴中。《世说新语·文学篇》：时诸人士及林法师并在会稽西寺讲，……许〔询〕便往西寺。《世说新语·雅量篇》注引《中兴书》：〔谢〕安玄居会稽，与支道林、王羲之、许询共游处。（这是高阳许氏居会稽之证）

《世说新语·栖逸篇》：戴安道既厉操东山，而其兄欲建式遏之功。注引《续晋阳秋》：逵（安道之名）不乐当世……隐会稽剡山。又引《戴氏谱》曰：〔安道兄〕逯，字安

丘,谯国人,祖硕,父绥,有名位,逯以功封广陵侯,仕至大司农。(这是谯国戴氏居会稽之证)

《宋书·隐逸·孔淳之传》:孔淳之……鲁郡鲁人也。……居会稽剡县。……元嘉初,复征为散骑侍郎,乃逃于上虞县界。(这是鲁国孔氏居会稽之证)

⑥《宋书·褚叔度传》:高祖版行广州刺史,仍除都督交广二州诸军事、建威将军、领平越中郎将、广州刺史。……义熙八年(公元 412 年),卢循余党刘敬道窘迫,诣交州归降。交州刺史杜慧度以事言统府,叔度以敬道等路穷请命,事非款诚,报使诛之。慧度不加防录,敬道招集亡命,攻破九真,杀太守杜章民,慧度讨平之。

第六章　南朝的政治与经济

第一节　宋初内政及北强南弱局势的形成

刘裕灭后秦　以刘裕为代表的新兴的北府兵将领,在东晋末年镇压了农民起义之后,他们的内部便又开展了争权夺利的斗争。公元412年至413年初,刘裕消灭了名位仅次于己的北府兵重要将领刘毅,从而为他自己受禅称帝扫清了道路。

刘毅和刘裕一样,早年侨寓京口,参加了北府系统的青州(镇广陵)刺史府中兵参军属。北府将领推倒桓玄的时候,刘裕在京口领导起兵,刘毅在广陵领导起兵,两人功业相当,毅亦因此自负,不愿屈事刘裕。桓玄垮台后,刘裕统率北府兵,坐镇京口。公元408年,扬州刺史缺官,刘毅等不欲刘裕入朝辅政,企图以中领军谢混为扬州刺史,或令裕于丹徒遥领州事。刘裕遂自请入朝,就任扬州刺史、录尚书事,掌握了军政大权。次年刘裕北伐南燕,当时刘毅任豫州刺史,又以"宰相远出,倾动根本"为理由(《宋书·谢景仁传》),力图加以阻止。不久自己却在桑落洲被卢循打得大败。最后为荆州刺史,"既据上流,阴有图裕之志"(《资治通鉴》晋安帝义熙八年)。一面与谢混等人相交好;一面招纳亲党,要求朝廷调他的堂弟兖州刺史刘藩到荆州做他的副手。刘裕也知道刘毅"不能居下,终为异端"(《宋书·武帝纪上》),于是趁刘藩自广陵入朝的机会,搞突然袭击,杀刘藩、谢混;随即率兵西征,伴称刘藩率兖州兵西上,很快就攻破江陵,刘毅力竭自杀。

另一个与刘裕合谋讨伐桓玄的将领诸葛长民,在桓氏灭后亦以功臣自居,"骄纵贪侈……所在残虐,为百姓所苦"(《晋书·诸葛长民传》)。刘裕西袭江陵,用长民为建康留守。他写信煽动冀州刺史刘敬宣(刘牢之子)说:"盘龙(刘毅小字)狼戾专恣,自取夷灭。异端将尽,世路方夷,富贵之事,相与共之。"(《南史·刘敬宣传》)刘敬宣把原信转呈给刘裕,刘裕从江陵回来的第二天,就把他诱杀了。

公元405年,益州大族谯纵乘东晋衰乱之际,据有四川,自称成都王,称臣于后秦姚氏。桓玄败,桓玄从兄桓谦逃奔姚兴,纵又遣将与谦联兵侵扰东晋,威胁荆楚。刘裕乃在公元412年十二月,命大将朱龄石率众二万进攻四川,翌年七月,晋军攻破成都,谯纵自杀,益州遂被东晋收复。

在刘裕要讨伐刘毅的时候,东晋政府任命宗室司马休之为荆州刺史。到了公元415年,刘裕又嫌司马休之在江陵"颇得江、汉人心",以休之子文思犯法,休之不肯严惩,反而心存怨望为借口,下令讨伐休之。东晋雍州(镇襄阳)刺史鲁宗之也怕刘裕容不了他,和司马休之联兵抗裕。休之、宗之兵败投奔后秦。公元416年正月,后秦派遣鲁宗之子鲁轨率兵进攻襄阳,骚扰荆楚,想切断东晋长江上下游以及扬、益间的交通。这时后秦主姚兴新死(公元416年二月,兴病死),兴子姚泓初继父位,姚秦王室内部斗争激烈,北魏拓跋氏跨有并、冀,大夏赫连氏虎踞朔方,又时时在威胁姚秦北方,牵制了姚秦一部分兵力。刘裕就在公元416年的八月,亲统大军,北伐姚泓。

北伐大军分为四路,水陆并进。一路由王镇恶、檀道济率领步兵自淮、淝进取许昌、洛阳。一路由沈林子、刘遵考率领水军,与王镇恶等步兵配合,由汴水经荥阳石门入河。一路由沈田子、傅弘之率领,径趋武关。一路由王仲德率领水军,由桓公渎自淮入泗，自泗入清、济，自清入河。后来刘裕自己统率的大军主力，也是走王仲德走的这一条路。

檀道济、王镇恶这一路，推进得非常迅速，所至诸城戍皆望风归降；接连攻下项城、许昌、成皋（今河南荥阳上街镇），姚秦洛阳守将姚洸开城出降。晋军乃占领洛阳，前锋进抵潼关。

王仲德这一路，由水道自巨野泽经清河折入黄河以后，自然要威胁到北魏在黄河南岸的唯一桥头堡滑台（今河南滑县东南）。北魏滑台镇将尉建没有等到晋军进攻，仓皇放弃滑台，渡河遁逃。九月，晋军进入滑台。公元417年初，刘裕也从彭城亲统大军从水道自淮、泗入清河，又自清河经四渎口（今山东长清西南）入黄河，溯流西上。为了确保行军的安全，刘裕任命左将军向弥为北青州刺史，留戍碻磝（今山东茌平西南），加强了黄河南岸这个战略要点的防务。这时北魏在黄河北岸集结了十万军队。晋军主力沿黄河进军时，北魏派了几千兵士，在隔岸进行骚扰。刘裕的"军人于南岸牵百丈（百丈是拉船的牵绳），风水迅急，有漂渡北岸者，辄为魏人所杀略。裕遣军击之，裁登岸则走，退则复来"（《资治通鉴》晋安帝义熙十三年）。刘裕无可奈何，最后派自己的卫队奋勇渡河，在黄河北岸建立了两端抱河的却月阵，并且动员了二千多劲勇，带了大弩百张，大锤及稍千余，奋勇击败魏军。魏军退至畔城（在今山东聊城境），晋军追击，又获全胜，东晋大军主力终于顺利地自河道到达洛阳。

公元417年三月，刘裕到达洛阳，这时前锋王镇恶、檀道济、沈林子等军已进抵潼关。于是重新作了部署，分两路进攻关中，一路入武关（今陕西丹凤东南），包抄长安的后路；一路从潼关直取长安。

武关的一路，仍由沈田子、傅弘之率领，从武关北入，屯据青泥（即峣柳城，今陕西蓝田）。后秦主姚泓怕青泥失守，长安不保，想先消灭东晋进攻青泥的军队，然后集中兵力来和潼关方面的晋军主力决战,所以亲率步骑数万南救青泥。沈田子军只有一千多人,原是迷惑敌人用的疑兵,人数众寡悬殊。可是北府兵作战英勇,乘姚泓营阵未立,奋勇进击,秦兵大败,损折了万余人。姚泓率领余部奔还灞上。

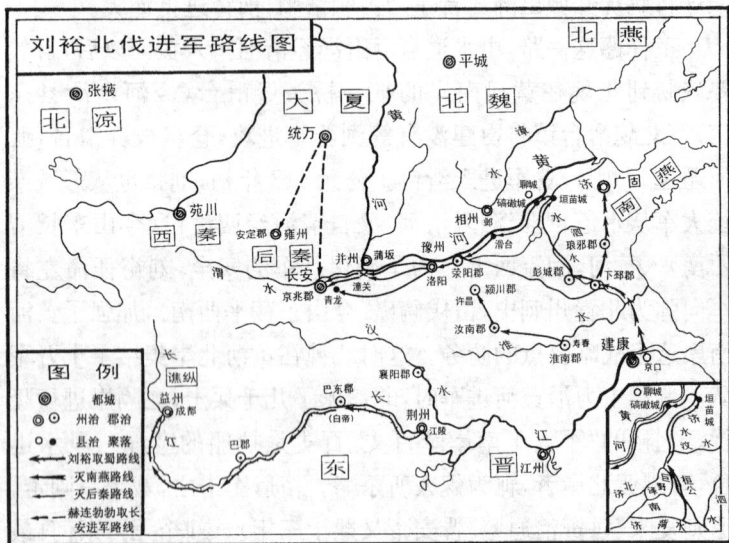

刘裕北伐进军路线图

这时刘裕亲率晋军主力到了潼关,命王镇恶率水军溯渭水西上,直趋长安。王镇恶的水军打败列阵于泾水之上的秦军,进至渭桥(今陕西西安市东北)。镇恶"令将士食毕,便弃船登岸。渭水流急,倏忽间诸舰悉逐流去。时姚泓屯军长安城下犹数万人,镇恶抚慰士卒曰:'卿诸人并家在江南,此是长安城北门外,去家万里,而舫乘衣粮,并已逐流去,岂复有求生之计邪!唯宜死战,可以立大功,不然,则无遗类矣。'"众"莫不腾踊争先,泓众一时奔溃,即陷长安城"(《宋书·王镇恶传》),姚泓出降,后秦亡,时为公元417年八月。刘裕收后秦彝器、浑仪、土圭、记里鼓、指南车送往建康,姚泓亦被送往建康市斩首。

晋军北伐南燕、后秦,都取得胜利,固然由于战士的英勇战斗,刘裕的指挥正确,但更重要的是中原人民的支援。如刘裕伐南燕时,"河北居民荷戈负粮至者,日有数千"(《宋书·武帝纪》)。及伐后秦,当王镇恶、檀道济等前锋挺进得过快,到了潼关为秦兵所拒时,由于"悬军远入,转输不充","将士乏食"。王镇恶亲自到弘农(今河南灵宝北)去动员百姓捐献粮食,"百姓竞送义粟",使晋军"军食复振"(《宋书·王镇恶传》)。正是中原地区人民的积极支援,保证了刘裕两次北伐的胜利。

　　刘裕收复关中以后,流寓关中的陇右流民,都希望他继续出兵收复陇右。由于刘裕留在建康代掌枢要的尚书左仆射刘穆之病死,政权有旁落到他人手中的危险,因此,他在长安只停留两个多月,就急于返回江南。三秦父老听说他要离开长安,流着眼泪到他那儿挽留他,向他诉说:"残民不沾王化,于今百年,始睹衣冠,人人相贺。长安十陵,是公家坟墓;咸阳宫殿,是公家室宅(长安十陵,咸阳宫殿,皆汉家故迹,裕为刘氏子孙,故三秦父老以是为言而留之),舍此,欲何之乎?"(《资治通鉴》晋安帝义熙十三年)可见关中人民对刘裕是如何寄以期望,而刘裕的行止却终究使他们失望了。

　　刘裕这次攻灭后秦,将领中王镇恶、沈田子之功居多。王镇恶是前秦丞相王猛的孙子。十三岁时,苻坚败亡,他随叔父王曜流寓江南,客居荆州。后来为刘裕所赏识,刘裕杀刘毅,王镇恶立了大功。刘裕出兵伐后秦,因为王镇恶从少生长关中,故以镇恶为龙骧将军,带领先头部队北伐关中。攻下长安之后,"抚慰初附,号令严肃,百姓安堵"。但王镇恶为人贪财爱钱,"是时关中丰全,仓库殷积,镇恶极意收敛子女玉帛,不可胜计"(《宋书·王镇恶传》)。这时有人向刘裕密告王镇恶收藏姚泓专用的车子,有做皇帝的野心。刘裕派人秘密调查这桩事,王镇恶把车上的金银都剔下来了,而把车子丢弃在墙边。这说明王镇恶贪财,而不是有政治野心，刘裕就放下心来了。关中人的追念王猛，真像蜀人的追念诸葛亮一样，所以王镇恶在关中，是很得人心的。攻灭后秦，王镇恶又立了大功，因此刘裕军中的江南将领，多妒嫉王镇恶。尤其是沈田子和傅弘之，他们两人在青泥以一千余人击败姚泓数万之众，据以和王镇恶争功，彼此心不能平。

这年十二月，刘裕仓猝东归，安排他的次子只有十二岁的刘义真为安西将军，镇长安；以王脩为安西长史，辅佐义真；王镇恶为安西司马，沈田子、毛德祖为安西中兵参军，率兵一万余留守关中。这样安排显然是无法应付刚收复的关中那样复杂的政治局面的。夏主赫连勃勃见刘裕东还，认为这是他夺取关中的极好机会，他的谋臣王买德也对他说："关中形胜之地，而裕以幼子守之，狼狈而归，正欲急成篡事耳（代晋称帝），不暇复以中原为意。此天以关中赐我，不可失也。青泥、上洛（今陕西商州），南北之险要，宜先遣游军断之；东塞潼关，绝其水陆之路；……则义真在网罟之中，不足取也"（《资治通鉴》晋安帝义熙十三年）。赫连勃勃采纳了他的计策，叫自己的儿子赫连昌屯兵潼关，王买德屯兵青泥，又叫世子赫连璝率精骑二万直趋长安，赫连勃勃亲率夏军主力为后继。这样，刘义真想用留守军一万多人来保卫长安，是太困难了。

夏军前进到渭水北岸，沈田子和王镇恶联兵抗击。当时军中流传谣言说"镇恶欲尽杀南人，以数十人送义真南还，因据关中反"（《资治通鉴》晋安帝义熙十四年），沈田子轻信了谣言，于公元418年正月十五日，杀害了王镇恶。王脩责备沈田子专戮节将，征得刘义真的同意杀了沈田子。到了同年的十月，刘义真又听信了左右的话，杀了王脩，并调回渭北的所有驻军，集中守防长安。关中郡县逐渐为赫连勃勃所攻占，长安也被围困，"樵采路绝"。最后刘义真只好撤出长安。东晋将士在撤退时大掠长安，用车子满载宝货子女，一天不过走十里路。夏兵追及于青泥,义真全军覆没,他自己单骑逃出。当时毛德祖以河东太守名义镇守蒲坂,到第二年二月才率部退回彭城,没有遭受损失。关中地区收复了不到一年零五个月,却又落入夏主赫连勃勃的手中。

综观刘裕的北伐,其主观动机,固然在于建立个人威望,以便代晋称帝,可是在客观方面,他的灭南燕、灭后秦这种军事行动,不仅给予当时鲜卑、羌、胡各族统治者以沉重的打击,而且支持了北方各族人民的反压迫斗争,这是符合当时中原人民的要求的。尽管关中地区得而复失,而潼关以东、黄河以南的广大地区,终于被刘裕所收复了,对江南地区起了掩护的作用,为此后南方经济和文化的发展创造了有利的条件。因此,刘裕的北伐事业,还是应该加以肯定的。

宋初内政 刘裕回到江南,受封为宋王。公元 420 年,代晋称帝,是为武帝,国号宋。

刘裕做皇帝不到三年,病死(公元 422 年),太子义符继位,司空徐羡之、中书令傅亮、领军将军谢晦辅政。刘义符做了两年皇帝,游戏无度,不亲政事。徐羡之等人密谋废立,因次立者应是徐羡之等所嫌忌的庐陵王刘义真,于是他们先废义真为庶人,再废黜了少帝刘义符,并且把兄弟两人都杀害了。然后迎立荆州刺史、宜都王刘义隆(刘裕第三子)为帝。他们为了持久地控制朝廷,由谢晦出任荆州刺史,掌握重兵,作为居中秉权的徐羡之、傅亮的外援。刘义隆就是宋文帝,他不能容忍大臣擅行废立,重蹈晋末衰乱的覆辙,即位不久就宣布徐羡之、傅亮、谢晦等人杀害刘义符、刘义真的罪状,下令严办。徐羡之畏罪自杀。傅亮被处死。谢晦在江陵起兵反抗,兵败北逃未成,被擒送至建康斩首。这样,宋文帝才把国家统治权力收回到自己手中,政由己出。

从晋安帝义熙十一年(公元 415 年)刘裕剪除异己起,到宋文帝元嘉二十七年(公元 450 年)止，这是南朝相对安定的一个小康时期。

由于刘裕的两次北伐，获得辉煌的胜利，虽然刘裕不能在这种胜利的基础上，扩大战果，统一中原，甚至连关中地区也得而复失，但从东晋、南朝的人民看来，这位宋武帝的功业，已初步满足他们的抗敌要求了。刘裕、刘义隆父子承孙恩、卢循起义之后，继东晋而称帝，慑于人民的巨大威力，也不得不作出一系列减轻人民负担的措施，来缓和国内的阶级矛盾，巩固新王朝的统治政权。东晋末年，渤海刁逵(刁协孙)为桓玄豫州刺史，逵弟刁畅为桓玄右卫将军，刁氏侨寓京口，史称"刁氏素殷富"，"有田万顷，奴婢数千人，余资称是"，"奴客纵横，固吝山泽，为京口之蠹"(《晋书·刁协传》)，刘裕起兵讨桓玄，消灭刁氏，把刁氏的土地财产分给京口贫民。晋安帝妻王皇后(王羲之孙女，王献之女)死，后有"脂泽田四十顷"，在临沂(侨置在今江苏句容境内)、湖熟(今江苏南京市东南湖熟镇)一带，刘裕请晋安帝下令把这四十顷土地分"赐贫人"(《晋书·安帝纪》)。当时江南的"山湖川泽，皆为豪强所夺，小民薪采渔钓，皆责税直"(《宋书·武帝纪》)。义熙九年，刘裕下令禁断。同时荆、雍诸州的牧守，又往往把"州郡县屯田池塞"据为己有，中饱私囊。刘裕曾先后下令禁止。刘裕在消灭刘毅后，曾在荆州"宽租省调，节役原刑"(《资治通鉴》晋安帝义熙八年)，博得荆州人士的好感；在驱逐了司马休之之后，又对荆、雍二州"老稚服戎，空户从役"，加以改变，规定二州"吏及军人年十二以还、六十以上，及扶养孤幼，单丁大艰"(《宋书·武帝纪》)，一概遣散。在东晋末年，政府曾不断向民间征发造船木料，以及征用船只车牛，供运输之用，刘裕下令以后政府需用造船木料和船只，由政府派定专人和民间商议好公平价格，依照规定的价格来"和市"，严禁官吏假借官威，强行征发①。魏、晋以来，兵农身份低落，在繁重的兵役和超额的租税之下，犯禁逃亡的，不计其数，刘裕在称帝的第一年，就下令"开亡叛赦，限内首出"得"蠲租布二年"(《宋书·武帝纪》)。此外，刘裕在称帝之初，命令人民积欠政府的"逋租宿债"，不复收取；文帝也在元嘉十七年(公元440年)，下令把人民积欠政府的"诸逋债"，酌量减轻；元嘉二十一年，再一次下令把人民积欠政府的"诸逋债，在元嘉十九年以前"的，一概免除。文帝也很重视农业生产，在他在位时期，几次下令劝课农桑②；湖熟有"废田千顷"(《宋书·文帝纪》)，在他的命令下被开垦为良田；扬、南徐等州农民缺乏田粮种子，他下令贷给③；元嘉二十一年，江南旱灾，文帝下令"悉督种麦，以助阙乏"(《宋书·文帝纪》)。文帝对消极的赈济也比较重视，如元嘉十一年，丹阳、淮南、吴兴、义兴一带大水，文帝就曾拨出数百万斛米赈济灾民。

当然，刘裕父子的一系列措施，其目的还在于巩固自己的统治。这些措施，稳定了正在趋于没落的自耕小农这一阶层，使他们的经济，不致日益衰颓，从而使自耕小农还能继续供封建国家剥削。

宋文帝又在东晋义熙土断的基础上，进行清理户籍工作，以后齐、梁时代，再度整理户籍，还都以元嘉户籍为依据。户口数比较准确，一方面固然可以说明政府课户人数的增加，税源、兵源的有恃而无恐，标志出元嘉时代刘宋政权的一定稳定程度来；另一方面，也多多少少反映了刘宋政权承东晋义熙土断之后，怎样重视整理户籍工作，使赋役的负担，不致偏压在少数课户头上，在稳定它的剥削对象自耕小农经济方面，有着显著的成就。

这三四十年间，自耕小农这一阶层，在困难的情形下，相对稳定，农村经济也不断地在发展，人民的购买力，也有所提高，货币流通数量至此也自然增加，在文帝元嘉七年，政府虽已成立了魏、晋以来前所未曾设立过的"钱署"，开铸四铢钱，但是到了元嘉二十四年，由于商品交换的频繁，流通货币还是极嫌缺乏,造成"用弥广而货愈狭"的现象,这正是生产事业向前发展的反映。

南朝及后世的历史学家对这三四十年间的小康时代,作过概括的评述:"自义熙十一年〔司〕马休之外奔,至于元嘉末,三十有九载,兵车勿用,民不外劳,役宽务简,氓庶繁息,至余粮栖亩,户不夜扃"(《宋书·孔季恭传》论);"虽没世不徙,未及曩时,而民有所系,吏无苟得。家给人足,即事虽难,转死沟壑,于时可免。凡百户之乡,有市之邑,歌谣舞蹈,触处成群,盖宋世之极盛也"(《宋书·良吏传》序);"江左风俗,于斯为美,后之言政治者,皆称元嘉焉。"(《资治通鉴》宋文帝元嘉十五年)这些话虽然难免有溢美之处,但是可以说明这三四十年间的南朝人民,他们的生活比较东晋末年确是好过了些。

元嘉二十七年,北魏太武帝拓跋焘率领六十万大军南侵,南朝的人民,到这时还是不能避免转死于沟壑之间了。

北魏的南侵　自刘裕弃关中以后,滑台、虎牢、洛阳等城邑也陆续被北魏夺去。河南虽失,可是那时拓跋氏北有柔然人的威胁,西有赫连氏这个强敌,因此还不敢放手南侵。北魏境内的各族人民,也不断起义,前仆后继,想推翻拓跋魏的统治。其后北魏消灭了赫连氏,并吞了关中地区,渐渐地统一了黄河流域。

元嘉二十二年(公元445年),北地卢水胡人盖吴在杏城(今陕西黄陵西南)起义,团结在他周围的人民,有十余万之多,关中氐、羌、山胡等族纷纷响应,河东薛氏一族三千余家,也都参加了这次起义。起义军声势浩大,震动关陇。次年,魏太武帝拓跋焘亲自率军镇压,才把这次轰轰烈烈的起义镇压下去。

盖吴在起义之初,曾上表宋文帝云:"臣以庸鄙,仗义因机,乘寇虏天亡之期,藉二州思旧之愤。……伏愿陛下给一旅之众,北临河陕,赐臣威仪,兼给戎械。进可以压捍凶寇,覆其巢穴;退可以宣国威武,镇御旧京。"第二次又上表云:"士庶……倾首东望,仰希拯接。……虏主二月四日,倾资倒库,与臣连营。接刃交锋,无日不战,获贼过半,伏尸蔽野。伏愿特遣偏师,赐垂拯接。……遗民小大,咸蒙生造。"(《宋书·索虏传》)可见中原的起义军,对南朝援军期望之殷切。宋文帝只是给盖吴以安西将军、雍州刺史的空头官号;并且命令雍、梁二州屯兵境上,为盖吴声援。实际上并无一兵一卒去支援盖吴,坐失收复中原的时机,这样,只能等待北魏的入侵了。

盖吴的义军既然失败,柔然人对北魏的威胁,也因柔然主的新死而暂为缓和,拓跋焘就在元嘉二十七年,调动大军南下,进攻南朝。

拓跋焘自率步骑十万,进攻宋的悬瓠城(今河南汝南),宋守军苦战却敌。这年七月,刘宋出动大军分水陆数路北伐,其主力在王玄谟统率下,进攻滑台,为魏军主力击败。刘宋另一支偏军由建威将军柳元景率领,用很少的兵力,出卢氏(今河南卢氏),得当地武装配合,如卢氏人"赵难驱率义徒以为众军乡导"(《宋书·柳元景传》),形成相当大的力量和声势。他们直出熊耳山(今河南卢氏东南),连克弘农、陕县,进军潼关,势如破竹,斩魏洛州刺史张是连提,魏军死亡万余人。关中人民和四山各族人民,处处蜂起,响应宋军,但宋文帝因王玄谟主力溃败,所以命令柳元景退兵。

魏军号称百万,乘势分路南进。拓跋焘亲率大军攻彭城不下,渡淮直趋瓜步(今江苏六合东南),"坏民庐舍,及伐苇为筏",扬言要渡江进攻建康。宋内外戒严,"丹阳统内,尽户发兵"。"游逻上接于湖(今安徽当涂南),下至蔡洲(今江苏南京市西南江中),陈舰列营,周互江滨,自采石(今安徽马鞍山市西南采石矶)至于暨阳(今江苏江阴)六七百里"(《资治通鉴》宋文帝元嘉二十七年),建立了巩固的防线。次年春,拓跋焘回军围攻盱眙,盱眙军民奋勇抗击。魏军攻城三十日,死伤无数,积尸高与城齐；拓跋焘又怕归路被切断，方才退走。魏军在撤退时，进行大杀戮大破坏，"丁壮者即加斩截，婴儿贯于槊上，盘舞以为戏"（《资治通鉴》宋文帝元嘉二十八年）。当时人说："虏之残害，古今未有，屠剥之苦，众所共见，其中幸者，不过驱还北国作奴婢耳。"（《资治通鉴》宋文帝元嘉二十七年）江北魏军"所过郡县，赤地无余"（《资治通鉴》宋文帝元嘉二十八年）。《宋书·索虏传》称："喋喋黔首……强者为转尸，弱者为系虏，自江、淮至于清、济，户口数十万，自免湖泽者，百不一焉。村井空荒，无复鸣鸡吠犬。时岁唯暮春，桑麦始茂，故老遗氓，还号旧落。……至于乳燕赴时，衔泥靡托，一枝之间，连窠十数，春雨裁至，增巢已倾。……甚矣哉，覆败之至于此也。"南朝经此空前浩劫，国力是大大地削弱下来了。

自此，刘宋政府便把自己的防线，步步南撤，既由洛阳、滑台撤至淮北，到了明帝刘彧时代（公元 469 年），淮水以北青、冀、徐、兖四州及豫州淮水以西九郡，又先后被北魏夺去，于是防线复由淮北撤至淮南。那时的"淮北士民"，虽是"力屈胡虏"，可是"南向之心，日夜以冀"（《南齐书·垣崇祖传》）。南朝的统治集团，却正在争权夺利，排演其相互残杀的丑剧，便把外敌完全放在一边了。

---

①《宋书·武帝纪》：义熙八年十一月：公至江陵，下书曰："……台调癸卯梓材，庚子皮毛，可悉停省。……"

《宋书·武帝纪》：永初元年秋七月丁亥……又运舟材及运船，不复下诸郡输出，悉委都水别量。台府所须，皆别遣主帅与民和市，即时神直，不复责租民求办。又停废虏车牛，不得以官威假借。

②《宋书·文帝纪》：元嘉八年闰〔六〕月庚子诏曰："自顷农桑惰业，游食者众，荒莱不辟，督课无闻。……宜思奖训……咸使肆力，地无遗利，耕蚕树艺，各尽其力。若有力田殊众，岁竟，条名列上。"

《宋书·文帝纪》：元嘉二十年冬十二月壬午，诏曰："……自顷在所贫罄，家无宿积。赋役暂偏，则人怀愁垫；岁或不稔，而病乏比室。……抑亦耕桑未广，地利多遗。……有司其班宣旧条，务尽敦课。游食之徒，咸令附业……。"

《宋书·文帝纪》：元嘉二十一年秋七月乙巳，诏曰："……凡诸州郡，皆令尽勤地利，劝导播殖，蚕桑麻纻，各尽其方，不得但奉行公文而已。"

③《宋书·文帝纪》：元嘉十七年十一月丁亥，诏曰："前所给扬、南徐二州百姓田粮种子……应督入者，悉除半。今年有不收处，都原之。……"

《宋书·文帝纪》：元嘉二十年，是岁诸州郡水旱伤稼，民大饥，遣使开仓赈恤，给赐粮种。

《宋书·文帝纪》：元嘉二十一年春正月……凡欲附农而种粮匮乏者，并加给贷。

第二节　宋齐梁的更替与南朝世族制度的僵化

宋齐梁的更替　以北府将领起家的刘裕承东晋王朝而称帝之后，因鉴于东晋政权由于门阀势盛，因此威权下移，所以中书省则任用寒人为中书舍人掌机要，而外藩则托付宗室。刘裕下谕"京口（南徐州治所）要地，去都邑密迩，自非宗室近戚，不得居之"（《宋书·刘延孙传》）；又"以荆州上流形胜，地广兵强，遗诏诸子次第居之"（《宋书·江夏王义宣传》）。除了荆、扬、南徐州以外，其他重要的州镇，也大都由诸王出任刺史。诸王掌握了方镇的军队，还兼任当地的最高行政官，实际上形成半独立的政权。他们力量强大的时候，往往要夺取中央政权。王室内部骨肉相残的事，也就史不绝书。

东晋中叶以来，还重用宗室亲王总录尚书众事，如简文帝司马昱为会稽王时，以抚军大将军录尚书六条事，专总万机；东晋安帝时，会稽王司马道子亦以太傅录尚书事，时称"相王"，他们的权力都非常大。宋文帝元嘉六年（公元 429 年），始以弟彭城王义康为司徒、录尚书事；到了元嘉九年，又加领扬州刺史；元嘉十六年，又进位大将军。刘义康既专总朝权，加上文帝多病，"寝顿积年","方伯(方镇)以下,并委义康授用"。"生杀大事",义康亦"以录命行之",所以"势倾天下"(《宋书·彭城王义康传》)。江州刺史檀道济,是当时硕果仅存的北府名将,曾随刘裕灭南燕、后秦,元嘉初击败谢晦,元嘉八年率军北讨,又斩北魏济州刺史悉颇库结。身经百战,战功卓著。元嘉十三年,文帝病久不愈,义康怕文帝一死,"道济不可复制",就把他杀死了。道济临刑时,愤怒地说:"乃坏汝万里长城!"北魏统治者听到这个消息却很高兴,说:"道济死,吴子辈不足复惮。"(《资治通鉴》宋文帝元嘉十三年)这种自坏长城的行为,真是使亲者痛、仇者快。又有一次,文帝病重,已在安排后事。那时文帝诸子年龄都很小,义康的亲信竟去尚书仪曹调阅东晋中叶成帝病死立其弟康帝这一事实经过及其仪注的档案。文帝病愈后略有所闻,隐忍未发。当时拥护义康最为出力的是领军将军刘湛,刘湛也是宰相之一,他和刘义康的亲信,结成朋党,排斥异己,使得文帝对义康更为嫌恶起来。元嘉十七年,文帝终于采取了断然措置,收杀了拥戴义康的刘湛及其族人刘斌等十多个人,改授义康为江州刺史,出镇豫章(今江西南昌市)。到了元嘉二十二年,太子詹事范晔、员外散骑侍郎孔熙先等又想拥立义康,谋泄被杀,义康也因这案牵涉在内,被废为庶人,徙居安成郡(治平都,今江西安福东南)。元嘉二十八年,北魏主拓跋焘率大军抵瓜步(今江苏六合东南),隔江威胁建康。文帝怕义康被人利用,在后方作乱,终于下令把义康杀死。南朝王室骨肉相残的事情,就是从这桩事开始的。

　　宋文帝立子劭为太子,"以宗室强盛,虑有内难,特加东宫兵,使与羽林相若,至有实甲万人"(《资治通鉴》宋文帝元嘉三十年)。后来文帝又想废掉他,另立太子。太子劭先发制人,于元嘉三十年二月,率东宫兵入宫杀文帝及宰相江湛、徐湛之、王僧绰等,自立为帝。这时文帝第三子武陵王刘骏出为江州刺史,正带领江、豫、荆、雍四州的军队去攻打大别山以南的少数兄弟族五水"蛮",听说父亲被杀,就利用这支武装力量传檄州镇,声讨刘劭。讨伐军很快就推进到新亭(在今江苏南京市南),依山修筑营垒。刘劭出兵迎战失利,退守台城(建康有三城,中为台城,皇帝所居,也有居民;西为石头城,禁军驻屯之所;东为东府城,宰相录尚书事兼扬州刺史所居,亦有甲士数千人守卫),束手无策。大将军、江夏王刘义恭(刘裕第五子)弃家逃奔刘骏,刘劭杀义恭十二子及有旧恨的宗室长沙嗣王刘瑾、临川嗣王刘晔等多人。到五月四日,台城就被攻破,刘骏杀刘劭及其四子,又杀劭同党始兴王刘濬(文帝第二子)及其三子。王室间子杀父、弟杀兄的丑剧不断演出。当时民间有一首歌谣:"遥望建康城,小江逆流萦,前见子杀父,后见弟杀兄"(《魏书·岛夷刘裕传》)。反映了人民对统治集团内部骨肉相残的丑恶行径的鄙夷态度。

刘骏即帝位,是为孝武帝。孝武帝即位不久,因荆州是上游重镇,不愿意让他叔父南郡王刘义宣(刘裕第六子)久任荆州刺史,于是内调义宣为丞相、扬州刺史。义宣在荆州十年,财富兵强,举兵不受代。他率水军十万,"舳舻数百里",沿流而下,江州刺史臧质、南豫州(治寿阳,今安徽寿县)刺史鲁爽等起兵响应。孝武帝一面派遣大将沈庆之率军在小岘(今安徽合肥市东)一带击杀了鲁爽,解除了北面的威胁;一面遣王玄谟、柳元景率领水陆大军在采石(今安徽马鞍山市西南)、梁山(今安徽当涂西南)一带和义宣、臧质的叛军进行决战。结果叛军大败,义宣单舸逃到江陵,并其诸子,均为孝武帝新任的荆州刺史朱修之所杀。臧质亦逃至武昌,为人所杀。

孝武帝在位的短短十年中,还先后杀了他的弟弟南平王刘铄(文帝第四子)、武昌王刘浑(文帝第十子)、海陵王刘休茂(文帝第十四子)及竟陵王刘诞(文帝第六子)等。尤其是刘诞,大明三年(公元 459 年)为南兖州(镇广陵,今江苏扬州市)刺史,孝武帝因疑忌他而派大军围攻广陵,及城破,孝武帝下令屠城,把城中五尺以上的男丁,全部斩首,死者数千人;城中全部女口也作为"军赏",分赐给屠城有功的将领充当奴婢。可见在他们兄弟互相残杀的过程中,更遭殃的还是南朝人民。

孝武帝死(公元464年),子刘子业(前废帝)继立,年才十六岁,骨肉相杀的丑恶剧,还是继续演下去。子业杀叔祖刘义恭(刘裕第五子)并其四子,又杀弟刘子鸾、刘子师。刘子业不仅残杀骨肉,也杀了许多大臣名将,密戚近臣,如始兴郡公沈庆之、尚书令柳元景、尚书左仆射颜师伯、东阳太守王藻、会稽太守孔灵符等,搞得"举朝遑遑,人人危怖"(《宋书·蔡廓传子兴宗附传》)。刘子业还计划把剩余的六个叔父杀掉,其中三个叔父湘东王刘彧(文帝第十一子)、建安王刘休仁(文帝第十二子)、山阳王刘休祐(文帝第十三子),更是成为刘子业猜忌的对象,常想加以杀害。宿卫的将士也朝不保夕,他们最后就联合起来,自发地杀了刘子业,拥立刘彧为帝,是为明帝。

刘子业未死前,曾派人拿了毒药去毒杀弟弟江州刺史、晋安王刘子勋(孝武帝第三子)。子勋年才十岁,江州的军事政治权力实际都掌握在江州长史邓琬手里,邓琬起兵反抗。刘子业死,明帝即位,邓琬在寻阳(今江西九江市)拥立子勋为帝。子勋的两个弟弟,一个是荆州刺史、临海王刘子顼(孝武帝第七子);一个是会稽太守、寻阳王刘子房,都由其长史作主,起兵响应。这就爆发了一次规模较大的以明帝刘彧为首的文帝系诸王和以晋安王刘子勋为首的孝武帝系诸王的统治阶级内战。明帝一方面遣将在晋陵(今江苏常州市)、义兴(今江苏宜兴)一带,击败了会稽方面北上的军队,最后并进军浙东,生俘了刘子房和行会稽郡事孔觊,结束了东战场的军事行动。一方面就专意对付长江中游的军事压力。战争胶着在鹊洲(今安徽繁昌东北大江中)一带,由于明帝方面的将领张兴世等在贵口(今安徽贵池西五里)

袭击江州方面的粮米三十万斛得手,使西军十万人不战自溃。明帝很快就攻下寻阳,杀年仅十一岁的刘子勋;接着又攻下江陵,杀刘子顼,孝武帝其余十二子,也先后为明帝所杀死,一个不剩。

在宋王室骨肉相残的过程中,参加内战的镇将如幽州刺史刘休宾、兖州刺史毕众敬、徐州刺史薛安都、冀州刺史崔道固、青州刺史沈文秀等,纷纷投降北魏,把淮水以北的广大地区,拱手送给敌国。淮北失守,淮南就变成了前线,在"烽鼓相达"与"兵火相连"的情况下,"天府所资,唯有淮海"的淮南地区,也弄得"民荒财单"(《宋书·后废帝纪》)。北魏进军青、齐时,就把青、齐一带的人民,全部掠作奴婢,分赐百官,称为"平齐户",可见王室内战,遭殃的还是南朝人民。

明帝自己受着刘子业的迫害,几乎被杀,但到了他自己大权在握,不但杀尽了孝武帝诸子,还把自己仅存的五个弟弟也杀掉了四个。明帝死(公元 472 年),子刘昱(后废帝)继位,明帝仅存的一个弟弟江州刺史、桂阳王刘休范于公元 474 年 5 月起兵,率众二万、骑五百,轻兵急下,直捣建康。幸亏右卫将军萧道成指挥城防军队,坚守台城,并派黄回、张敬儿等诈降于休范,乘机杀了休范,才把危局挽回。建平王刘景素(文帝孙)为南徐州刺史,镇京口。看到朝政混乱,权力旁落,想举兵夺取政权,兵败身死(公元 476 年)。在王室内部倾轧的浪潮中,大权集中到中领军将军萧道成手中。公元 477 年,道成杀刘昱,立昱弟刘准为帝(顺帝)。以后道成次第消灭了他的政敌尚书令袁粲、荆州刺史沈攸之等,他也像刘裕一样,登位称帝,是为齐高帝;改国号为齐,史称南齐。刘准旋被道成所杀,"宋之王侯,无少长皆幽死"(《南史·宋本纪》),仅宋文帝第九子晋熙王刘昶在前废帝刘子业时,出为徐州(治彭城,今江苏徐州市)刺史,逃祸降魏,留有后人。宋王朝就这样地在内乱中灭亡。

宋帝系表 宋八帝,首尾六十年。

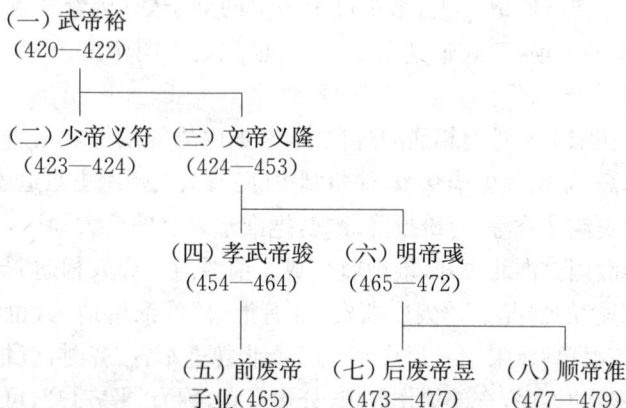

```
(一)武帝裕
(420—422)
    │
    ├──────────────┐
(二)少帝义符   (三)文帝义隆
(423—424)     (424—453)
                     │
           ┌─────────┴─────────┐
      (四)孝武帝骏        (六)明帝彧
      (454—464)         (465—472)
           │                 │
      (五)前废帝      ┌──────┴──────┐
      子业(465)   (七)后废帝昱   (八)顺帝准
                   (473—477)    (477—479)
```

萧道成,原籍兰陵郡兰陵县(今山东枣庄市峄城东)人。道成高祖萧整,东晋初年南迁江南,东晋在晋陵武进县(今江苏常州市)界内侨置兰陵郡,以后这地区便被称为南兰陵,因此萧氏遂为南兰陵人。道成父萧承之,以刘宋的外戚疏属(刘裕继母萧氏),因军功累官至南泰山太守、右军将军,道成也以军功累官至南兖州刺史,其后以中领军将军掌握了刘宋的军政大权。

道成称帝后四年死(公元 483 年),子萧赜(武帝)继位。道成父子为了想缓和国内阶级矛盾,巩固新政权起见,也曾针对宋末的情况,减免百姓逋租宿债,减轻市税,又下令"诸王悉不得营立邸邸,封略山湖"(《南齐书·高帝纪》)。可是事实上为了满足他们奢侈腐化的生活(如武帝后宫姬妾万余人,弟豫章王萧嶷后房亦千余人),不但刘宋末年的苛捐杂税没有减除,反而变本加厉,通过种种剥削形式,搜括民脂民膏,"聚钱上库五亿万,斋库亦出三亿万,金银布帛,不可称计"(《南史·齐本纪》)。对内进行残酷剥削,对收复中原的事业却置之度外。

南齐王朝仍然和刘宋王朝一样,王室内部不断爆发争权夺利的斗争。武帝嫡长子萧长懋(文惠太子)先武帝死,武帝舍第二子竟陵王萧子良不立，而立长懋子萧昭业为太孙。在继承人人选问题上，这是很大失误。因为萧子良历任会稽太守、丹阳尹、南徐州刺史、南兖州刺史、扬州刺史、司徒，富有统治经验；子良并在鸡笼山开西邸，招集文学之士，依曹丕《皇览》例编《四部要略》，当时才学之士沈约、谢朓、王融、萧衍（即梁武帝）、萧琛、范云、任昉、陆倕等并游西邸，号称八友，可见他延揽的人才很多，如果齐武帝把国家权力交给他，萧子良是能够胜任的。太孙萧昭业少长深宫，"矫情饰诈"，又无统治经验。公元493年，齐武帝病死，太孙萧昭业嗣位，叔父萧子良以嫌疑忧惧病死，国家大权旁落到受遗诏辅政的萧鸾（萧道成侄）手中。萧鸾杀昭业，立昭业弟昭文；旋又杀昭文自立，是为明帝。齐明帝在位五年，专事屠杀，齐高帝十九子、武帝二十三子除萧嶷（高帝次子）一支有后人外，其余都被明帝杀尽。明帝于公元498年病死，子宝卷（东昏侯）继位。萧宝卷为太子时，"便好弄（玩），不喜书学"（《南齐书·东昏侯纪》）。明帝并不好好对他进行教育，反而告诉他自己死后如果有人想发动政变，就应该先发制人，"作事不可在人后"。所以萧宝卷取得政权之后，便拼命杀人。王室方镇间也还是不断倾轧与残杀，最后演出齐宗室雍州刺史萧衍的举兵向阙，尽杀明帝后裔的一幕。

齐明帝时，北魏统治地区内有北地人支酉，在长安以北起义，秦、雍间七州人民同时响应，众至十万人。支酉遣使请求南齐速派大军支援义军，齐王朝内部正在火热地演出它骨肉相残的丑剧，哪肯派遣大军援救，以致秦、雍一带义军，旋为魏孝文帝拓跋宏所消灭。魏孝文帝也为了加紧镇压中原的汉族人民起见，迁都洛阳，出兵南侵。史称"齐梁之际，内难九兴，外寇三作"，南齐王朝就在这样情况下，结束了它的统治。

萧衍是齐武帝的族弟。萧衍父萧顺之，在武帝父子相残杀时，奉命率兵进攻江陵，杀武帝子子响。萧衍长兄萧懿，在明帝杀高帝、武帝子孙夺取政权时,也出了很大的气力。明帝死时,指派侄子萧遥光、表弟江祐等六位大臣辅佐萧宝卷处理国家大政,时称"六贵"。六贵后欲废杀宝卷,宝卷诛六贵。既而江州刺史陈显达自寻阳、豫州刺史裴叔业自寿阳先后举兵,陈显达旋即兵败被杀,裴叔业献地投降北魏。萧宝卷遣平西将军崔慧景率众北讨裴叔业。崔慧景至广陵,拥立南徐、南兖二州刺史江夏王萧宝玄(明帝第三子)为主,倒戈进围建康。萧宝卷命萧懿率兵抵御,萧懿杀宝玄、慧景,懿亦以功进位尚书令。后萧懿又欲废杀宝卷,宝卷杀懿,并收其家属。时萧懿弟萧衍为雍州刺史,镇襄阳,宝卷派将军刘山阳率兵三千,会合荆州军,袭取萧衍。那时荆州刺史萧宝融(明帝第八子)年才十四岁,实权掌握在长史萧颖胄(南齐宗室)手中。萧衍派人联络萧颖胄,攻杀刘山阳,同时举兵声讨萧宝卷。

永元三年(公元 501 年)三月,萧宝融在江陵即帝位,任命萧颖胄为尚书令、行荆州刺史,萧衍为尚书左仆射、都督征讨诸军事。萧衍自襄阳出兵,直取汉口,加湖(在今湖北黄陂东南)一役,击败了萧宝卷的讨伐军,进逼江州,江州刺史陈伯之迎降,衍遂乘胜东下。

不久,萧颖胄在江陵病死,萧衍弟萧憺自襄阳率兵赴江陵,宝融任命萧憺为荆州刺史,从此荆州——长江中游事权,全落于萧衍手中。萧衍进兵攻围台城,城中禁卫军叛变,杀萧宝卷,迎萧衍进入台城。萧衍使人迎萧宝融于江陵,中途杀宝融。公元 502 年四月,萧衍在建康自为皇帝,改国号为梁,萧衍就是梁武帝。

南朝的世族 在南朝统治阶级内部,地位最优越的,要算世家大族了。南朝的世家大族,承两晋以来的趋势,还是凭借世资,坐取公卿,他们在统治政权内还是继续盘踞着高官重位,宋、齐、梁政府在法令上而且作出"甲族以二十登仕,后门(寒门)以过立(三十岁以上)试吏"(《梁书·高祖纪》)的明文规定,这对于他们都是非常有利的。世家大族子弟一开始做官，多先为秘书郎和著作佐郎。秘书郎员额四人，俸秩六百石，官品第四，分掌中外三阁的四部书籍；著作佐郎员额八人，俸秩四百石，官品第七，掌修国史和皇帝起居注的工作，这两种官，职闲廪重，地望清美，是世家大族高门子弟开始做官的最好阶梯。由于秘书郎员额不多，而许多世家大族子弟须挨次序递补空额，所以不能久任，做秘书郎的照例不到几十天或一百天，便可升迁①。吏部郎可以参掌大选，而选铨大权是和世家大族的切身利害有关系的，因此除了吏部尚书必须由世家大族担任外，就是吏部郎也多由世家大族来担任。至于其他尚书台的台郎，在两晋时代，人选还比较重视，一到南朝，第一流的世家大族子弟嫌憎台郎工作忙，谁都不愿干它了②。

此外，在中央的有些官位，品级虽不极高，却是清选，只有世家大族才能充任，寒人是不能染指的。如黄门侍郎员额四人，俸秩六百石（梁时秩至二千石），官品第六，以其地居"清切"（《宋书·殷淳传》），与散骑侍郎二官，有所谓"黄、散之职，故须人门兼美"（《陈书·蔡凝传》）之说。秘书丞，员额一人，俸秩四百石，官品第六，官既清贵，历来对它的人选十分看重，刘宋时张绪为吏部郎，以琅邪王俭"人地兼美"（《南史·张裕传孙绪附传》），请政府任俭为秘书丞。梁武帝萧衍以吴郡张率为秘书丞，"引见于玉衡殿，谓曰：'……秘书丞，天下清官，东南望胄（江东世家大族）未有为之者，今以相处，为卿定名誉'"（《南史·张裕传曾孙率附传》）。梁武帝又用刘孝绰为秘书丞，对人说："第一官当用第一人"（《梁书·刘孝绰传》）。他的所谓第一等人，当然还是从世家大族的门第流品来说的。南朝的世家大族做官，大都经历上述的这些过程，所谓"平流进取，坐至公卿"，故宋孝武帝刘骏以琅邪王僧达（王导五世孙）为尚书右仆射，而僧达"自负才地，三年间便望宰相"（《南史·王弘传子僧达附传》）。其后僧达孙王融，在齐武帝萧赜时期，"自恃人地，三十〔岁〕内望为公辅"（《南史·王弘传曾孙融附传》）。这些都可以说明他们政治地位还是相当的优越。当然，他们这种政治地位的优越，未尝不是以他们庄园经济基础的优越为前提的。陈郡谢混，"仍世宰辅，一门两封，田业十余处，僮仆千人"。混死后十余年，至宋元嘉中，混妻东乡君死时，犹有"资财巨万，园宅十余所，又会稽、吴兴、〔南〕琅邪诸处，太傅（谢安）、司空〔谢〕琰时事业，奴僮犹有数百人"（《宋书·谢弘微传》）。谢灵运在会稽始宁县的别墅，包含南北二山，有水田旱田，果园五所，竹林菜圃。琅邪王骞（王导六世孙）"有良田八十余顷"，在钟山大爱敬寺寺侧，"即晋丞相王导赐田"（《梁书·太宗王皇后传》）。会稽孔灵符"家本丰，产业甚广，又于永兴（今浙江萧山）立墅，周回三十三里，水陆地二百六十五顷，含带二山，又有果园九处"（《宋书·孔季恭传》）。他们有了这种优越的庄园经济基础，自然不能不形成他们优越的政治地位。

南朝世家大族的社会地位，比起他们的政治和经济地位来，更显得优越。世族、寒门两者身份高下不同，"服冕之家，流品之人，视寒素之子，轻若仆隶，易如草芥，曾不以之为伍"（《文苑英华》卷 760 引《寒素论》）。因此，这两个阶层之间是不相往来的。寒人虽致位通显，上升为贵戚近臣，倘不自量而往见世族，亦不为世族之所礼接，甚至会受到侮辱。如宋孝武帝母路太后兄路庆之孙路琼之，和王僧达做邻居，琼之"尝盛车服诣僧达，僧达将猎，已改服。琼之就坐，僧达了不与语，谓曰：'身昔门下驺人路庆之者，是君何亲。'"（《南史·王弘传子僧达附传》）于是叫左右把路琼之坐着的床烧掉，搞得路琼之下不了台。宋吴郡张敷为正员中书郎，中书舍人秋当、周赳以为与张敷是同僚，商量是否应该去拜访他。周赳说："他倘若不招待我们，我们会很难堪，我们还不如不去。"秋当说："我们也已经有相当地位了，既是同事，随便坐坐总可以。"这样，他们两人就决定去看张敷。张敷"先设二床，去壁三四尺。二客就席，敷呼左右曰：'移我远客。'"(《南史·张邵传子敷附传》)表示不愿意和寒人共坐。秋当、周赳二人感到很窘，只得退出。齐中书舍人纪僧真，典掌机要，曾请求齐武帝萧赜："臣出身本县武吏，荣任高官，又替儿子娶得旧门荀昭光家的女儿作媳妇，现在我没有其他要求了，只请求陛下允许臣列入士族！齐武帝说："'由江敩、谢瀹，我不得措此意，可自诣之。'僧真承旨诣敩，登榻坐定，敩便命左右曰：'移吾床让客。'僧真丧气而退。告武帝曰：'士大夫故非天子所命。'"(《南史·江夷传曾孙敩附传》)世家大族社会地位的优越与对当时官位身份的严格区别及世家大族之排斥寒流，即此数端，已可概见了。

世家大族为了要表示自己门第族望的特别优越，为了不使混淆所谓"士庶天隔"的界限，他们就必须不与寒门庶族通婚。所以世家大族对婚姻的选择，特别重视门第，高门望族一定和高门望族结亲，吴郡顾、陆、朱、张四姓也一定自择素对，或者和会稽孔、魏、虞、谢四姓结亲③。一方面他们不以联姻素门出身的南朝帝室为殊荣④；另一方面，他们也以"营事婚宦"，"不得及其门流"为耻。因为"婚宦失类"，就会受到本阶层人士的排斥和非难，他们金字招牌的门第就会变得不光彩，他们以后的政治前途就会黯然失色⑤。

然而南朝寒门出身的将帅，也有很多位至三公，任总方面。他们在政治上的势力既是那么大，所以有少数世家大族与这一批暴发户结起亲来，如琅邪王锡（王导七世孙）以女妻沈庆之子沈文季⑥，陈郡谢超宗（谢玄玄孙）"为子娶张敬儿女为妇"(《南史·谢灵运传孙超宗附传》)，谢朓妻王"敬则女"(《南史·谢裕传从孙朓附传》)。不过这种情形极不普遍罢了。至于世家大族更下而与寒贱杂门结婚，像"东海王源（王朗七世孙）嫁女与富阳满氏"满璋之子满鸾，满氏"下钱五万，以为聘礼"；南齐御史中丞沈约上表弹劾，以为王源曾祖位至尚书右仆射，王源本人及其父祖也都位列清显，而满璋之虽任王国侍郎，璋之子满鸾任吴郡主簿，可是满氏的"姓族，士庶莫辨"，"王、满连姻，实骇物听"，玷辱世族，莫此为甚，故请政府革去王源官职，剔出士族，"禁锢终身"（《昭明文选》卷40沈约《奏弹王源》）。可见寒门、世族的界限，还是极严格的。

社会上士庶的区分愈严，世家大族愈互相标榜门阀，"竞以姓望所出，邑里相矜"（《史通·邑里篇》），郡望习惯上已经变成了他们的商标。自西晋末年中原世家大族开始播迁渡江，一个世家大族，在其原籍是人人知其为世家大族，用不着自行表襮，迁徙到其他地方以后，就不然了。琅邪王氏、太原王氏是世族，其他地方的王氏就不是；陈郡谢氏、济阳江氏是世族，其他地方的谢氏或江氏就不是，一处地方，新迁来一家姓王或姓谢的，谁知道他是哪里的王氏或哪里的谢氏呢？如此，就不得不郑重声明，我是琅邪王氏或太原王氏而非别的王氏，是陈郡谢氏、济阳江氏而非别的谢氏、江氏了。可见所以重视郡望，是讲究门阀制度的必然结果。

极端注重门阀的结果，因而造成重视家讳这一积习。凡是世族大地主的祖先名讳，在他的子孙面前，必须避免说出，并用其他语言来代替。如王彧子王绚，"年五六岁，读《论语》至'周监于二代'，外祖何尚之戏之曰：'可改"爷爷（"郁"音同"彧"）乎文哉！'绚应声答曰：'尊者之名安可戏！宁可道"草翁之风必舅"'（《论语》"草上之风必偃"，"上"音同"尚"，故改为翁；"偃"，尚之子何偃名，故改为舅）"（《南史·王彧传子绚附传》）。如果不避忌别人的家讳，便会闹出笑话来。如谢超宗的父亲是谢凤（谢灵运子），超宗有文才，为宋孝武帝所称美。有一天，孝武帝"谓谢庄曰：'超宗殊有凤毛，灵运复出。'时右卫将军刘道隆在御坐，出候超宗，曰：'闻君有异物，可见乎？'超宗曰：'悬磬之室，复有异物邪?'道隆武人,无识,正触其父名,曰:'且侍宴至尊,说君有凤毛。'超宗徒跣还内。道隆谓检觅〔凤〕毛,至暗,待不得,乃去"(《南史·谢灵运传孙超宗附传》)。

由于重视门阀,于是谱牒百氏之学,遂成为专门的学问。平阳贾渊,祖弼之,父匪之,祖孙三代以谱学名家。弼之,晋太元中撰十八州士族谱。宋刘湛、齐王俭、梁王僧孺均撰定《百家谱》,俾便吏部铨叙之用⑦。"有司选举,必稽谱籍,而考其真伪"(唐人柳芳语),故宋、齐以下,不熟悉谱学的,即认为不能居吏部之职⑧。

但是也由于世家大族在政治、经济诸方面都有其固定的优越地位,因此都只孳孳于保持他们家门富贵。君统的变易,朝代的更迭,反而一似与己无关。在禅代废立之际,世家大族不是不预闻,便是帮助篡位,均以自己门第利益为转移。《南齐书·王延之传》:"宋德既衰,太祖(萧道成)辅政,朝野之情,人怀彼此。延之(时为尚书左仆射)与尚书令王僧虔中立无所去就。"《南史·谢弘微传》:孙朏,"历都官尚书、中书令、侍中、领新安王师。求出,为吴兴太守。明帝(萧鸾)谋入嗣位,引朝廷旧臣。朏内图止足,且实避事。弟瀹时为吏部尚书","于征虏渚送别,朏指瀹口曰:'此中唯宜饮酒。'""朏至郡,致瀹数斛酒,遗书曰:'可力饮此,勿豫人事!'""瀹,建武之朝,专以长酣为事","明帝废郁林(萧昭业),领兵入殿,左右惊走报瀹。瀹与客围棋,每下子,辄云'其当有意',竟局,乃还斋卧,竟不问外事"。这都是不预闻的事例。《南史·王昙首传》:孙俭"素知帝(萧道成)雄异,后请间,言于帝曰:'功高不赏,古来非一,以公今日地位,欲北面居人臣可乎?'……又曰:'……公若小复推迁,则人望去矣,岂惟大业永沦,七尺〔之躯〕岂可得保?'"《南史·王镇之传侄孙晏附传》:"齐高帝(萧道成)时威权虽重,而众情犹有疑惑,晏便专心奉事";"及明帝(萧鸾)谋废立,晏便响应推奉"。这是帮助篡位的事例。这时主谋劝进、受禅奉玺者,莫不由世家大族来扮演这一角色,如宋受晋禅，谢澹（谢安孙）授玺，王弘（王导曾孙）、王昙首（弘弟）、王华（王导曾孙）均为佐命元勋；南齐代宋，褚渊（褚衮五世孙）授玺，王俭、王晏均为谋首；萧梁代齐，王亮（王导六世孙）、王志（王导五世孙）授玺；陈氏代梁，王通（王导九世孙）、王玚（王弘六世孙）授玺。他们认为禅代受玺，不过是把一家物给予另一家而已。史称褚渊子褚“贲，往问讯〔从叔褚〕炤。炤问曰：‘司空（渊时为司空）今日何在？’贲曰：‘奉玺绂在齐大司马（萧道成）门。’炤正色曰：‘不知汝家司空，将一家物与一家，亦复何谓？’”（《南史·褚裕之传从孙炤附传》）从以上的例子看来，无怪封建的史学家们也要说他们“殉国之感无因，保家之念宜切。市朝亟革，宠贵方来，陵阙虽殊，顾眄如一”（《南齐书·褚渊王俭传》论）了。

寒门将帅势力的逐渐抬头与寒人的典掌机要　从东晋以来，有两种社会势力在互相激荡。一种是世家大族的势力，他们依一定的门第和仕途，在政治上享有特殊地位。另一种是寒门将帅的势力，他们由军勋起家，或由寒吏入仕。这两种势力，在统治阶级内部互为消长。

由于世家大族经济上有田园别墅供其剥削和享受，政治上有父祖的资荫作凭借，可以“平流进取，坐至公卿”（《南齐书·褚渊王俭传》论），他们大都鄙薄武事，不肯“屈志戎旅”（《宋书·王昙首传》），“不乐武位”（《南齐书·文学·丘灵鞠传》）。结果，寒门庶族出身的将士军人，便以军功为其进身之阶。自此荆州、北府，成为他们势力的渊薮。宋武帝刘裕微时尝伐获新洲（在今江苏镇江市西长江中），又曾负刁逵社钱，被缚执甚急，其出身寒素可知。齐高帝萧道成在宋时与褚渊及袁粲书，称“下官常人，志不及远”（《南齐书·褚渊传》），及临死遗诏，复称“吾本布衣素族，念不到此”（《南齐书·高帝纪》）。既云“常人”，又云“素族”，其非高门亦可知。梁武帝萧衍与齐高帝萧道成同族，则亦非高门。他们无不由于立了军功而掌握了军事力量,势力强大到足以取得帝王的地位与政权。此外南朝的将帅功臣,亦多出自寒人,宋世将帅如蒯恩,在刘裕镇压孙恩农民起义军时,"县差蒯恩为征民,充乙士,使伐马刍"(《宋书·蒯恩传》),其后累功至辅国将军、淮陵太守;到彦之"初以担粪自给"(《南史·到彦之传》),后因军功累官至护军将军;沈庆之"躬耕垄亩,勤苦自立","手不知书,眼不识字"(《宋书·沈庆之传》),后以军功,官至太尉;张兴世"少时家贫,南郡宗珍之为竟陵郡,兴世依之为客"(《宋书·张兴世传》),后以军功至左卫将军;沈攸之"少孤贫","元嘉二十七年,发三吴民丁,攸之亦被发。既至京都,诣领军将军刘遵考,求补白丁队主,遵考谓之曰:'君形陋,不堪队主。'"(《宋书·沈攸之传》)后官至征西大将军、荆州刺史;宗越"本为南阳次门",其后"条次氏族",又被黜为"役门"(《宋书·宗越传》),越出身补郡吏,后总禁旅,受将帅之任;佼长生"出身为县将"(附见《宋书·宗越传》),后以战功为宁蛮校尉;武念,"本三五门(三丁发一、五丁发二的役民),出身郡将"(《宋书·宗越传武念附传》),后为右军将军、南阳太守;吴喜"出身为领军府白衣吏"(《宋书·吴喜传》),后亦任至将帅;黄回,"竟陵郡军人也,出身充郡府杂役,稍至传教"(《宋书·黄回传》),其后位至将帅。齐世将帅如张敬儿"本名苟儿",其弟恭儿"本名猪儿",及贵始改,"始不识书,晚既为方伯,乃习学《孝经》、《论语》"(《南齐书·张敬儿传》);王敬则"母为女巫",敬则微时"屠狗商贩,遍于三吴"(《南史·王敬则传》),其后官至大司马,封寻阳郡公;陈显达以寒贱,后官至征南大将军、江州刺史,封鄱阳郡公,"自以人微名重,每迁官,常有愧惧之色"(《南齐书·陈显达传》);陈伯之"年十三四⋯⋯候伺邻里麦熟,辄偷刈之","及年长,在钟离数为劫盗,尝授面舰人船,船人斫之,获其左耳"(《梁书·陈伯之传》),齐末官至安东将军、江州刺史。梁世将帅如吕僧珍"起自微贱"(《梁书·吕僧珍传》），事萧衍父萧顺之为门下书佐，后至领军将军；冯道根"家贫佣赁"（《梁书·冯道根传》），既贵始读书，后以军功累官至左军将军、豫州刺史；昌义之"不知书，所识不过十字"（《南史·昌义之传》），后以武干，屡居藩任，积战功，官至护军将军；陈庆之"本非将种，又非豪家"，幼为萧衍随从，衍"好棋，每从夜达旦不辍，等辈皆倦寐，惟庆之不寝，闻呼即至，甚见亲赏"（《梁书·陈庆之传》），及萧衍称帝，任庆之为将帅，后佐元颢北伐至洛阳，累官至都督南北司西豫豫四州诸军事、南北司二州刺史；王琳"本兵家"（《南史·王琳传》），以梁元帝萧绎宠姬之兄仕梁，积军功至广州刺史。由此可见，南朝自刘宋以降，出身庶姓寒门的将士军人，已能因缘时会，致位通显了。固然当时的世家大族，尚恃其门第轻侮军人，如齐世王敬则与王俭同拜开府，徐孝嗣戏俭以为"连璧"，俭曰："不意老子遂与韩非同传"（《南史·王敬则传》）。然而军人的势力实际已凌驾世家大族而不容轻视了。

此外，南朝自刘宋以降的君主为着要行使君权，也常引用寒人，典掌机要。

本来自魏、晋以来，世家大族的势力愈益发展，结果自然是君权的衰落。君权既缩至极小，一切高官清要，全由世家大族来充任，于是君主的用人之权，只及于卑官寒吏⑨。可是魏、晋以降的世家大族，已如前述，凭借其身份特权，可以"平流进取，坐至公卿"；并且拥有大量庄园，过着悠闲生活，不必以外物撄心，不必以吏治著绩，这样一来，遂使世家大族，崇尚玄虚，菲薄吏治，结果实际的吏治，均让台阁令史、主书、监帅、典签等晓习文法的下吏去办理⑩，也就是说，世家大族固然把持了政权高位，同时却又脱离了实际吏治。

世家大族一方面盘踞高官重位，一方面又不屑留心吏治，并且进而压抑君权。南朝自刘宋以降的君主为着要行使君权，自然有所委信，当时剥夺世家大族的官品以位置人才的措置，在世家大族力量尚存在的时期既不可能⑪，只好一方面优容世家大族，任其霸占高官重位，一方面便是引用寒人，以委寄中枢的实权。于是实际政权和军权的行使，反而落到中书通事舍人与制局小监的手里，这些都是当时的卑官，不限门资，可用庶姓寒门来充任，君主为了集权，自然就用寒人以典掌机要⑫。寒人的典掌机要，这里还牵涉到秦、汉、魏、晋、南北朝的政治制度问题。自东汉以来，尚书台就已开始取代了丞相、御史二府的职权；到了魏、晋、南北朝，尚书台已正式成为法定的行政执行机关⑬，但是也由于尚书职权发展为行政执行机关的缘故，反而使它和皇帝之间有了一定的距离，于是比起它来更接近皇帝的中书监令，便代替了它过去的地位，专管机密，地位日益重要，成为实际的宰相，从此大政的决定，多在中书，尚书遂又变为纯粹受成的执行机关了。中书省的发展，也有两个阶段，第一是中书监令权重，使尚书的实权陵替；第二是中书省职掌的文书诏命出纳，又转归中书通事舍人，而监、令、侍郎只是清华贵重，反无事任，又成虚位。前者正当魏、晋时期，后者则在南朝时期更为显著。至是不但尚书之权陵替，即中书监令与中书侍郎之权，亦暂时旁落了⑭。

宋文帝元嘉中，中书通事舍人秋当、周赳，出自寒人，并管要务。鲁郡巢尚之，"人士之末"；会稽戴法兴"少卖葛于山阴市"，法兴父"贩纻为业"。孝武帝在位时，尚之、法兴并为中书通事舍人，孝武帝凡有"选授迁转诛赏大处分"，都和尚之、法兴商量决定。孝武帝死后，当前废帝刘子业尚未亲政之际，"凡诏敕施为，悉决法兴之手，尚书中事无大小，专断之"，当时的录尚书事、江夏王刘义恭与尚书左仆射颜师伯，都拱手受成，并无实权。故民间称戴法兴做"真天子"，而把当时新即位的小皇帝称作"赝天子"（《宋书·恩幸·戴法兴传》）。明帝刘彧时代，会稽阮佃夫，

"出身为台小史"(《宋史·恩幸·阮佃夫传》);吴兴王道隆,出身主书书吏;宣城杨运长,出身宣城郡吏:并为中书通事舍人,权柄次于君主。拿孝武帝时的中书通事舍人巢尚之、戴法兴和阮佃夫等来比较,权势还远不如他们。佃夫的"捉车人〔官至〕虎贲中郎将,傍马者〔官至〕员外郎"(《南史·恩幸·吕文显传》),就可见他们权势的烜赫了。

南齐时代,君主对中书通事舍人,尤为委任。其时居此职而擅权势者,如纪僧真、刘係宗,均门户低贱,出自寒人;吕文显、吕文度、茹法亮、綦母珍之,亦多起自小吏,历斋干、扶持等贱职,"既总权重",并"势倾天下"(《南史·恩幸·吕文显传》)。齐武帝萧赜尝说:"学士辈不堪经国,唯大读书耳。经国,一刘係宗足矣;沈约、王融数百人,于事何用"(《南齐书·幸臣·刘係宗传》)。齐武帝又称誉吕文度,说:"公卿中有忧国如文度者,复何忧天下不宁。"(《南史·恩幸·茹法亮传》)可见君主对他们委寄之深之重。齐"时中书舍人四人,各任一省,世谓之四户"(《南史·恩幸·吕文显传》)。由于中书通事舍人位居枢要,和皇帝关系密切,所以人地虽寒,官品虽卑,而权任却极重。茹法亮任中书通事舍人时,太尉王俭常常说:"我虽有大位,权寄岂及茹公。"(《南史·恩幸·茹法亮传》)綦母珍之任中书通事舍人时,凡所论荐,齐废帝萧昭业事无不允,当时官吏甚至说:"宁拒至尊(皇帝)敕(令),不可违舍人命。"(《南史·恩幸·茹法亮传》)又可见他们势焰之逼人。

萧梁时代,中书通事舍人的权任,还是非常重要,梁武帝萧衍初任世族大地主汝南周捨为中书通事舍人,捨参与机密二十余年。周捨卒后,梁武帝改用寒人朱异替代周捨典掌机要。朱异后累官至中领军将军,但是始终兼任中书舍人。他对世家大族王公贵戚,都非常骄倨,有人劝他不要采取这种态度,他说:"我是寒士。今天的一班贵人,都依靠他们的门第和祖宗的官资来轻视我，也就是说靠冢中枯骨来轻视我；倘我对他们谦恭，他们反会更看不起我的。所以我先做出看不起他们的样子来。"异居权要有三十余年之久，威震内外，无怪当时的世家大族要"怨梁武帝父子，爱小人而疏士大夫"（《颜氏家训·涉务篇》）了。

入陈之后，毛喜以素族，施文庆以吏门，沈客卿以寒流，先后任中书通事舍人。史称宣帝陈顼因委政毛喜，"由是十余年间，江东狭小，遂称全盛"（《陈书·毛喜传》）；及后主陈叔宝用施文庆、沈客卿等典掌机要，文庆等聚敛无厌，"唯以刻削百姓为事"（《南史·恩幸·施文庆传》），而陈遂以亡。在封建的史学家看来，陈王朝的兴亡，其关键就在于君主所委任的中书通事舍人是否贤佞，这看法固然只是就表象而论，并不深入到事物本质，但也可以见到由寒人出身而出任中书通事舍人的人物，在政治舞台上是扮演着如何重要的角色了。

南朝的君主，既然鉴于东晋政权由于门阀势盛，威权下移，因此内省则重用寒人，参掌机要；外藩则托付宗室，由诸王出任刺史。可是自宋中叶以后，出任方镇的诸王，年龄都比较幼少，而州府上佐，那时大多由世家大族子弟来充任，他们往往不屑留心吏事，而寄情物外，因此，君主不得不指派寒人出身的亲近左右来充任诸王典签——也称签帅，代替诸王批阅公事，甚至照管到诸王的饮食起居，这样，典签的职位虽低，实权却很重。同时，由于宋、齐诸王出任方镇的结果，诸王的势力逐渐强大，往往威胁中央，骨肉相残的事，史不绝书，于是加强典签控制刺史的权力，成为当时君主控制诸王——中央控制方镇的唯一可以施行的办法。所以君主为了集权中央，不但年幼皇子出任刺史，要派典签来代他处理政务，就是"长王临藩，素族出镇"，也得由君主指定典签以"出纳教命"（《南史·恩幸·吕文显传》），这样可以对方镇事事掣肘，使他们不至于和中央相对抗。刺史向中央呈奏公事，也必须取得典签的副署；有些典签，一年之内，回首都几次，当他到达首都朝见皇帝时，就秘密汇报刺史、郡守和州内僚佐的好坏，以供君主进退黜陟的参考，这样一来，毋怪上自刺史、下至僚佐，都要巴结典签，希望他不在皇帝面前说他们的坏话了⑮。齐武帝的儿子竟陵王萧子良曾经问范云："士大夫何意诣签帅？"范云答道："去巴结长史以下的僚佐，对他们毫无好处，巴结签帅便有十倍的好处，为什么不去巴结"（见《南史·齐巴陵王子伦传》）。典签的"威行州郡，权重藩君"（《南史·恩幸·吕文兴传》），就是在这样情况下，逐渐形成。如齐武陵昭王萧晔（萧道成第五子），出为江州刺史，到任百余天，典签赵渥之向齐武帝汇报萧晔过失，齐武帝即将晔免职，召还建康（见《南齐书·武陵昭王晔传》）。南海王萧子罕"戍琅邪，欲暂游东堂，典签姜秀不许而止"；子罕回京后，哭着对他母亲说："儿欲移五步亦不得，与囚何异！"西阳王萧子明（武帝第十子），去探望他侍读鲍僎的病，想带几部书去送给他，典签吴修之不同意，只好不送。吴修之后为荆州刺史、巴东王萧子响的典签，与长史刘寅等联名密告子响隐秘，子响杀刘寅、吴修之等，于江陵举兵。齐武帝听到子响反，对群臣说："子响遂反！"大臣戴僧静大声说："诸王都自应反，岂唯巴东！""取一挺藕、一杯浆，皆谘签帅；〔签帅〕不在则竟日忍渴。诸州唯闻有签帅，不闻有刺史！"以后明帝萧鸾杀高、武子孙时，都叫典签去下手，诸王束手就戮，竟没一人敢抵抗。萧鸾开始辅政时，卫尉萧谌密召诸王典签，责成他们约束诸王，不许诸王交通外人。这时巴陵王萧子伦，出镇琅邪，拥有军队，萧鸾想杀他，先和子伦的典签华伯茂商量，华伯茂说："你倘要派兵，恐怕一时反不能解决；不如把这任务交给我，我绝对有把握处理。"萧鸾就命华伯茂回琅邪相机行事，伯茂终于强迫子伦服毒而死（事见《南史·齐巴陵王子伦传》）。萧鸾又命裴叔业带兵去害湘州刺史南平王萧锐，萧锐的防阁周伯玉主张起兵抵抗，可是萧锐的典签已倾向萧鸾一方，下令把周伯玉下狱处死，同时把萧锐杀害(见《南史·齐南平王锐传》)。萧鸾又令典签柯令孙杀郢州刺史建安王萧子真,"子真走入床下,令孙手牵出之"(《南史·齐建安王子真传》),加以杀害。从以上一系列事例来看,典签出身虽微贱,官品虽小,然而,权任极重,"权重藩君"四字,并不是凭空一句话,而是实在的事情。

无论世族寒门,无论他们之间存在着什么样的矛盾,他们利用政治地位共同对人民进行剥削与劫夺,却是一模一样的。南齐时寒人典掌机要的中书通事舍人有四员,各住一省,当时谓之"四户",四方守宰,馈送财物,一年中可收至数百万,茹法亮曾在中书省对人说:"何须觅外〔郡〕禄,此一户内,年办百万。"(《南史·恩幸·吕文显传》)事实上,一户内年入百万,还是最低的估计,故戴法兴、戴明宝之于宋,茹法亮、吕文显之于齐,均各家累千金;齐废帝郁林王萧昭业时,有舍人綦母珍之,"凡所论荐,事无不允,内外要职及郡丞尉,皆论价而后施行,货贿交至,旬月之间,累至千金"(《南史·恩幸·茹法亮传》)。

东晋以来,地方官吏的任用制度,诚如范宁所云:"虽制有六年,而富足便退。"(《晋书·范汪传子宁附传》)因而更代频繁,轮流搜括。宋、齐以下,以"六年过久,又以三周(年)为期,谓之小满;而迁换去来,又不依三周之制"(《南史·恩幸·吕文显传》)。《南齐书·王秀之传》谓秀之"出为晋平太守,至郡期年,谓人曰:'此邦丰壤,禄俸常充;吾山资已足,岂可久留以妨贤路。'上表请代,时人谓王晋平恐富求归"。这是轮流搜括的最好例子。由于地方官大都以贪贿搜括为事,因此世家大族的经济情况稍或不充,便请求政府派他去充任地方官,如罗企生以家贫亲老,求补临汝令(见《晋书·忠义·罗企生传》);王僧达诉家贫,求郡,宋文帝欲以为秦郡太守(见《宋书·王僧达传》)。均因地方官可以受饷遗搜括致富的缘故。南齐时陈郡谢朏出为吴兴太守,唯务聚敛,尝以鸡蛋交予农民,每一鸡蛋至期交鸡一只,共收鸡数千只⑯;济阳江禄(江敩子),梁时出为武宁太守,大事搜括,"积钱于壁,壁为之倒,连铜物皆鸣"(《南史·江夷传玄孙禄附传》);琅邪王筠(王僧虔孙),梁大通中出为临海太守,"在郡侵刻,还资有芒屧两舫(船),他物称是"(《南史·王昙首传曾孙筠附传》)。荆、雍是南朝的上游军事重镇,齐豫章王萧嶷尝为荆州刺史,后返建康,"斋库失火,烧荆州还资,评直三千余万"(《南齐书·豫章王嶷传》);宋张兴世(寒门)自雍州还,括到钱三千万(见《南史·张兴世传》);齐曹虎(寒门)任雍州刺史,括到钱五千万(见《南齐书·曹虎传》)。但是南朝的肥缺,究竟要数广州,史称"南土沃实,在任者常致巨富,世云'广州刺史但经城门一过,便得三千万'"(《南齐书·王琨传》);广州"西南二江,川源深远,别置督护,专征讨之〔任〕。卷握之资(搜括致富),富兼十世"(《南齐书·州郡志》);河南褚叔度(晋太傅褚裒曾孙)除广州刺史,在任四年,"广营贿货,家财丰积"(《宋书·褚叔度传》)。广州之外,就数梁、益,史称"梁、益二州,土境丰富,前后刺史莫不营聚蓄,多者至万金。所携宾客,并京邑贫士,出为郡县,皆以苟得(贪污)自资"(《宋书·刘秀之传》)。兰陵萧惠开,宋末任益、宁二州刺史,出镇成都,后自蜀还,资财至二千余万(见《宋书·萧惠开传》);齐刘悛为益州刺史,"在蜀作金浴盆,余金物称是"(《南齐书·刘悛传》);梁初邓元起(寒门)任益州刺史,大事聚敛,"财富山积,金玉珍帛为一室,名曰内藏;绮縠锦罽为一室,号曰外府"(《南史·梁长沙王懿传子藻附传》);清河崔庆绪,齐永明中为梁州刺史,"资财千万"(《南齐书·文学·崔慰祖传》);清河崔慧景,齐时为梁、南秦二州刺史,"在州蓄聚,多获珍货"(《南齐书·崔慧景传》)。以上都是南朝方镇盛事聚敛的例子。至如刺史所携的宾客以及用寒人来充任的典签,也无不大通饷遗。梁萧恪(梁武帝侄)为雍州刺史,恪时年少,委政群下,"百姓每通一辞,数处输钱,方得闻彻。宾客有江仲举、蔡薳、王台卿、庾仲容四人，俱被接遇，并有蓄积，故人间歌曰'江千万，蔡五百〔万〕，王新车，庾大宅'"（《南史·梁南平王伟传子恪附传》）。至于典签"威行州郡，权重藩君"，贪污致富的机会更多。齐南兖州刺史、西阳王萧子明的典签何益孙、刘道济，先后受赃均在百万以上（见《南齐书·萧惠基传弟惠朗附传》）。由此可知，南朝无论世族寒门，都是聚敛成性。其时州郡县皆尽量向民间搜括；而朝廷则于刺史、太守还京时，迫令献纳，甚至有君主采取樗蒲之戏（古代的一种赌博），以罄尽臣僚之还资者。史称宋"孝武末年贪欲，刺史二千石罢任还都，必限使贡献，又以蒲戏取之，要令罄尽，乃止。〔垣〕闳还至南州，而孝武晏驾，拥南资为富人。明帝初……出为益州刺史，蜀还之货亦数千金，先送献物，倾西资之半。明帝犹嫌其少，及闳至都，诣廷尉自簿（对庭），先诏狱官留闳，于是〔闳〕悉送资财，然后被遣"（《南史·垣护之传从弟闳附传》）。又如齐时崔慧景，历居方镇，"每罢州，辄倾资献奉，动数百万"（《南齐书·崔慧景传》），由此获得齐武帝萧赜对他的嘉奖；齐永明中萧惠休出为广州刺史，罢任，倾资献奉武帝；刘悛"罢广、司二州，倾资贡献，家无留储"（《南齐书·刘悛传》），后罢益州刺史还都，适武帝病死，废帝郁林王萧昭业新即位，悛奉献减少，萧昭业示意官吏把他监禁起来，几乎砍去脑袋。又据《魏书·岛夷萧衍传》称：梁武帝萧衍时，"衍所部刺史牧守，初至官者，皆责其上献，献物多者，便云称职；所贡微少，言为弱惰。故其牧守在官，皆竞事聚敛，劫剥细民，以自封殖，多伎妾粱肉金绮。百姓怨苦，咸不聊生"。可见到了梁代，上下求索的风气，更形普遍。当时的官吏一方面要尽情搜括来倾资献奉君主，一方面又要满足自己的侈靡腐化生活，因此，他们罢官之日，虽是"致资巨亿"，可是"不支数年，便已消散"，"乃更追恨向所取之少"（《梁书·贺琛传》）。倘若他们再去担任地方长官（这种机会对于他们来说是非常多的），以后官做得越大、越长久，那么他们搜括的本领也就越到家。然而南朝的人民在"百端聚敛"之下,"唯以应赴征敛为事",被统治他们的君主与守令、世族与寒门地主,剥削得"肌肉略尽"、"骨髓俱罄"(《魏书·岛夷萧衍传》)了。

---

① 《梁书·张缅传弟缵附传》:起家秘书郎,时年十七。……秘书郎有四员,宋、齐以来,为甲族起家之选,待次入补,其居职例数十百日便迁任。

《唐六典》:秘书郎中四人,宋氏除"中"字。……梁秩六百石。江左多任贵游年少,而梁代尤甚。当时谚言:"上车不落则著作,体中何如则秘书。"陈著令:"令、仆射子起家为之。"

《通典·职官典》:魏氏又置佐著作郎。……晋佐著作郎八人。……秘书监自调补之。(《阁纂集》云:邹湛谓秘书监与峤曰:"阁纂可佐著作。"峤曰:"此职闲重。势贵多争,不暇求才。")……宋、齐以来,遂迁佐于下,谓之著作佐郎,亦掌国史,集注起居。……陈氏为令、仆子起家之选。

② 《通典·职官典》:晋尚书郎,选极清美,号为大臣之副。……自过江之后,官资小减。

《晋书·王湛传曾孙坦之附传》:仆射江虨领选,将拟为尚书郎。坦之闻曰:"自过江来,尚书郎正用第二人,何得以此见拟?"虨遂止。

《晋书·王湛传玄孙国宝附传》:妇父谢安恶其倾侧,每抑而不用,除尚书郎。国宝以中兴膏腴之族,惟作吏部,不为余曹郎,甚怨望,固辞不拜。

《宋书·江智渊传》:元嘉末,除尚书库部郎。时高流官序,不为台郎,智渊门孤援寡,独有此选,意甚不悦,固辞不拜。

③ 东晋世族,琅邪王羲之妻高平郗鉴女,见《世说新语·雅量篇》注引《王氏谱》。羲之子凝之妻陈郡谢奕女,见《世说新语·言语篇》注引《王氏谱》。王导孙王珣娶陈郡谢万女,珣弟王珉娶谢安女,见《晋书·谢安传子琰附传》。陈郡谢安妻沛国刘耽女,见《世说新语·言语篇》注引《谢氏谱》。安弟谢万妻太原王述女,见《世说新语·简傲篇》注引《谢氏谱》。太原王述子王坦之娶顺阳范汪女,见《世说新语·方正篇》注引《王氏谱》。坦之国宝妻陈郡谢安女,见《晋书·王湛传玄孙国宝附传》。颍川庾亮子庾龢娶陈郡谢尚女,见《世说新语·轻诋篇》注引《谢氏谱》。河南褚裒娶颍川庾峻女,见《晋书·褚裒传》。陈郡袁耽大妹适殷浩,小妹适谢玄,见《世说新语·任诞篇》注引《袁氏谱》。陈郡殷颛妻同郡谢尚女,见《世说新语·轻诋篇》注引《谢氏谱》。颛从兄仲堪娶琅邪王临之女,见《世说新语·文学篇》注引《殷氏谱》。谯

国桓冲娶琅邪王恬女,见《世说新语·贤媛篇》注引《桓氏谱》。冲复娶颍川庾蔑女,见《世说新语·仇隙篇》注引《庾氏谱》。冲兄子桓玄娶沛国刘耽女,见《晋书·刘耽传》。宋世族,琅邪王敬弘女适庐江何述之与鲁郡孔尚,见《宋书·王敬弘传》、《孔淳之传》。王导曾孙王弘妻陈郡袁淑姑母,见《宋书·袁淑传》。弘从弟僧达妻陈郡谢景仁(祖据,谢安第二弟)女,见《南史·谢裕传子恂附传》。陈郡殷景仁妻琅邪王谧(王导孙)女,见《宋书·殷景仁传》。陈郡袁质(袁耽子)妻同郡谢安女,质子湛妻安兄子谢玄女,见《宋书·袁湛传》。湛弟子洵妻济阳蔡廓女,见《宋书·蔡廓传子兴宗附传》。洵弟淑妻琅邪王诞女,见《宋书·袁淑传》。齐世族,陈郡殷叡妻琅邪王奂女,见《梁书·殷钧传》。陈郡谢瀹(谢万五世孙)妻河南褚渊女,见《齐书·谢瀹传》。汝南周颙,东莞臧质外甥,见《齐书·周颙传》。梁世族,南阳乐蔼,同郡宗悫之甥,见《梁书·乐蔼传》。南阳刘之遴,同郡乐蔼之甥,见《梁书·刘之遴传》。陈留阮胤之,琅邪王晏之舅,见《梁书·阮孝绪传》。胤之从子孝绪,陈郡谢蔺(谢安八世孙)之舅,见《梁书·谢蔺传》。河南褚向,陈郡谢举(谢瀹子)外弟,见《梁书·褚翔传》。以上诸例,大都是北来的世族大地主,他们为了巩固新的同盟以加强自己的势力,所以互结姻亲;而江东的世族大地主也和北来世族大地主一样,慎择门户素对,然后结好。如吴郡张融,会稽孔稚珪外兄,见《齐书·孔稚珪传》。吴郡陆慧晓妻同郡张岱女,见《梁书·陆倕传》。慧晓从孙陆琼妻,同郡顾盼妹,见《昭明文选》卷26陆韩卿《答内兄顾希叔诗》。吴郡陆叡妻同郡张畅女,见《梁书·陆杲传》。吴郡张稷女适会稽孔氏,见《梁书·张稷传》。

④《梁书·王峻传》:子琮……为国子生,尚始兴王(萧憺,梁武帝萧衍第十弟)女繁昌公主,不惠,为学生所嗤,遂离婚。峻谢王,王曰:"此自上意,仆极不愿如此。"峻曰:"臣太祖是谢仁祖(尚字)外孙,亦不藉殿下姻媾为门户。"

⑤《晋书·杨佺期传》:弘农华阴人也,汉太尉震之后也。曾祖准,太常,自震至准七世有名德。……佺期……自云门户承籍,江表莫比。……而时人以其晚过江,婚宦失类,每排抑之。

⑥《南齐书·沈文季传》:吴兴武康人。父庆之,宋司空。……妻王氏,王锡女,……文季风采稜岸,善于进止。司徒褚渊,当世贵望,颇以门户裁之,文季不为之屈。……遂言及房动,渊曰:"陈显达、沈文季,当今将略,足委以边事。"文季讳称将门,因是发怒。

⑦《南齐书·文学·贾渊传》:平阳襄陵人也。祖弼之,晋员外郎。父匪之,骠骑参军,世传谱学。……先是谱学未有名家,渊祖弼之广集百氏谱记,专心治业。晋太元中,朝廷给弼之令史书吏,撰定缮写,藏秘阁及左民曹。渊父及渊三世传学。凡十八州士族谱,合百帙七百余卷,该究精悉,当世莫比。永明中,卫军王俭抄次《百家

谱》,与渊参怀撰定。……撰《氏族要状》及《人名书》,并行于世。

《南史·王僧孺传》:入直西省,知撰谱事。……武帝……诏僧孺改定《百家谱》。始晋太元中,员外散骑侍郎平阳贾弼,笃好簿状。……太保王弘、领军将军刘湛并好其书。弘日对千客,不犯一人之讳。湛为选曹,始撰百家,以助铨序,而伤于寡略。齐卫将军王俭复加去取,得繁省之衷。僧孺之撰,通范阳张等九族,以代雁门解等九姓;其东南诸族,别为一部,不在百家之数焉。……僧孺……集《十八州谱》七百一十卷,《百家谱集抄》十五卷,《东南谱集抄》十卷。

⑧《南齐书·王晏传》:上(萧颐)欲以高宗(萧鸾)代晏领选,晏启曰:"鸾清干有余,然不谙百氏,恐不可居此职。"上乃止。

⑨《晋书·良吏·胡威传》:累迁监豫州诸军事、右将军、豫州刺史,入为尚书,加奉车都尉。威尝谏时政之宽,〔武〕帝曰:"尚书郎以下,吾无所假借。"威曰:"臣之所陈,岂在丞郎令史?正谓如臣辈,始可以肃化明法耳。"

《宋书·武帝纪》:史臣曰:"……晋自社庙南迁,禄去王室,朝权国命,递归台辅。君道虽存,主威久谢。……"

⑩《晋书·裴秀传子頠附传》:頠深患时俗放荡,不尊儒术。何晏、阮籍素有高名于世,口谈浮虚,不遵礼法,尸禄耽宠,仕不事事;至王衍之徒,声誉太盛,位高势重,不以物务自婴,遂相放效,风教陵迟。

《梁书·谢举何敬容传》论曰:魏正始及晋之中朝,时俗尚于玄虚,贵为放诞,尚书丞郎以上,簿领文案,不复经怀,皆成于令史。逮乎江左,此道弥扇。惟卜壶以台阁之务,颇欲综理,阮孚谓之曰:"卿常无闲暇,不乃劳乎?"宋世王敬弘,身居端右,未尝省牒,风流相尚,其流遂远。望白署空,是称清贵;恪勤匪懈,终滞鄙俗。是使朝经废于上,职事隳于下。小人道长,抑此之由。

⑪《南史·王惠传从弟球附传》:球除尚书仆射。……素有脚疾,多病还家,朝直至少。录尚书、江夏王义恭谓尚书何尚之曰:"当今乏才,群下宜加勠力;而王球放恣如此,宜以法纠之。"尚之曰:"球有素尚,加又多疾,公应以淡退求之,未可以文案责也。"义恭又面启文帝曰:"王球诚有素誉,颇以物外自许,端任要切,或非所长。"帝曰:"诚知如此,要是时望所归;昔周伯仁终日饮酒,而居此任,盖所以崇素德也。"遂见优容。

⑫《宋书·恩幸传》序:夫人君南面,九重奥绝,陪奉朝夕,义隔卿士,阶闼之任,宜有司存。既而恩以幸生,信由恩固,无可惮之姿,有易亲之色。孝建(宋孝武帝刘骏年号)、泰始(宋明帝刘彧年号),主威独运,官置百司,权不外假,而刑政纠杂,理难遍通,耳目所寄,事归近习。赏罚之要,是谓国权,出内王命,由其掌握,于是方涂结轨,辐凑同奔。人主谓其身卑位薄,以为权不得重。……外无逼主之嫌,内有专用之功,势倾天下,未之或悟。

《南齐书·幸臣传》论：中世以来，宰御天下，万机碎密，不关外司。尚书八座五曹，各有恒任，系以九卿六府，事存副职。咸皆冠冕缙绅，任疏人贵，伏奏之务既寝，趋走之劳亦息。关宣所寄，属当有归，通译内外，切自音旨。若夫环缨敛笏，俯仰晨昏……探求恩色，习睹威颜，迁兰变鲍，久而弥信……宫省咳唾，义必先知。故能……坐归声势，卧震都鄙。贿赂日积，苞苴岁通，富拟公侯，威行州郡。制局小司，专典兵力……至于元戎启辙……亲承几案，领护所摄，示总成规。若征兵动众，大兴民役，行留之仪，请托在手，断割牢禀，卖弄文符，捕叛追亡，长成远谪……害政伤民，于此为蠹。况乎主幼时昏，其为谗慝，亦何可胜纪也。

《颜氏家训·涉务篇》曰：晋朝南渡，优借士族。故江南冠带，有才干者，擢为令仆以下，尚书郎中书舍人以上，典掌机要。其余文义之士，多迂诞浮华，不涉世务，纤微过失，又惜行捶楚，所以处于清名，盖护其短也。至于台阁令史、主书监帅、诸王签省，并晓习吏用，济办时须，纵有小人之态，皆可鞭杖肃督，故多见委使，盖用其长也。人每不自量，举世怨梁武帝父子爱小人而疏士大夫，此亦眼不能见其睫耳。

⑬ 魏晋南北朝时期，在中央政制方面，因仍东汉以来的趋势而有显著的演变与发展。第一，是秦汉以来的三公及其他古代的诸公官称，至此完全成为虚衔，除权臣转移政权的过程中利用以为尊崇的官衔以外，大都变为加赠荣宠之官，与实际的政务无关。第二，是九卿职权的卑落，尚书、门下、中书三省的发展，三省在汉代都是少府的属官，及至发展到魏、晋，不但脱离少府，而且根本代替了秦汉三公、九卿的职权了。东汉尚书台本已取代了丞相、御史二府职权，太傅或太尉录尚书事代替了丞相，诸曹尚书也代替了九卿。自魏晋以至南北朝，录尚书发展演变，一方面以王公重臣权重者为之，成为录公或总录的制度，主领行政铨选职权；另一方面则依条省录，而有分录的制度。尚书令仆射则取代了前此丞相、御史二府一部分的职权，总理尚书诸部，而八座尚书，这时已发展到了具体执行中央政务的地位了。故整个尚书已成为行政中枢。

⑭《南齐书·幸臣传》序：中书之职，旧掌机务。汉元以令仆用事，魏明以监令专权，及在中朝（西晋），犹为重寄。……晋令，舍人位居九品，江左置通事郎，管司诏诰。其后郎还为侍郎，而舍人亦称通事。……宋文世，秋当、周纠，并出寒门。孝武以来，士庶杂选，如东海鲍照，以才学知名；又用鲁郡巢尚之，江夏王义恭以为非选，帝遣尚之书二十余牒宣敕论辩，义恭乃叹曰："人主诚知人。"及明帝世，胡母颢、阮佃夫之徒，专为佞幸矣。齐初亦用久劳，及以亲信。关谳表启，发署诏敕。颇涉辞翰者，亦为诏文，侍郎之局，复见侵矣。建武世，诏命殆不关中书，专出舍人。省内舍人四人，所置（直）四省，其下有主书令史，旧用武官，宋改文吏，人数无员。莫非左右要密，天下文簿版籍，入副其省，万机严密，有如尚书。外司领武官，有制局监，领器仗

兵役,亦用寒人被恩幸者。

⑮《南史·恩幸·吕文显传》:故事,府州部内论事,皆签前直叙所论之事,后云谨签,月日下又云某官某签,故府州置典签以典之。……宋氏晚运,多以幼少皇子为方镇,时主皆以亲近左右领典签,典签之权稍重。大明、泰始,长王临藩,素族出镇,莫不皆出内教命,刺史不得专其任也。宗悫为豫州,吴喜公为典签,悫刑政所施,喜公每多违执,悫大怒曰:"宗悫年将六十,为国竭命,政得一州如斗大,不能复与典签共临。"……自此以后,权寄弥隆。典签递互还都,一岁数反,时主辄与间言,访以方事,刺史、行事(指长史代理刺史执行政务者)之美恶,系于典签之口,莫不折节推奉,恒虑不及。于是威行州郡,权重藩君。……明帝……始制诸州急事,宜密有所论,不得遣典签还都,而典签之任轻矣。

⑯《南史·谢弘微传孙朏附传》:朏……为吴兴太守……居郡每不理,常务聚敛……以鸡卵赋人,收鸡数千。

第三节　南朝自耕小农经济的继续衰颓
与军事力量的继续衰落

兵士身份的继续低落　南朝国势的日益削弱,北强南弱局势的逐渐形成,是和魏、晋以来封建隶属关系的加强,"吏"、"士"身份的日益低落分不开的。

魏、晋以来,"士家"制度开始形成。士家亦称"兵户",由于他们大都父子相承佃耕政府土地,因此兵户的身份也就世代相袭。兵户子弟称为"兵家子"(见《晋书·王尼传》、《张华传刘卞附传》);兵户的户籍,也和民户的户籍分开,不属于郡县,而属于营部。兵户的户籍,称作"士籍"、"兵籍"(见《宋书·谢晦传》、《竟陵王诞传》)、"军籍"(见《宋书·元凶劭传》)。由于兵户世世代代都要担负沉重的兵役,因此他们的生活非常困苦,他们的身份自然也日益低落,故在梁武帝诏书中,至以"兵驽"与"奴婢"并列(见《梁书·武帝纪》天监十七年)①。

"吏"比"兵"的身份虽较高,但是隶属性也强。一般"吏籍"和"民籍"也已分开,蜀灭时,全国有吏四万人(见《三国志·蜀志·后主传》注引王隐《蜀记》）；吴灭时，全国有吏三万二千人（见《三国志·吴志·孙晧传》注引《晋阳秋》）。西晋统一中国后（公元280年），晋武帝司马炎为了要表示"息役弭兵，示天下大安，于是州郡悉去兵，大郡置武吏百人，小郡五十人"（《世说新语·识鉴篇》"晋武帝讲武"条注引《竹林七贤论》）。这种"州郡悉去兵"以后代兵执行职务的"武吏"，他们的身份虽仅高于"兵"，但是由于一经为吏，便受所在机关之役属，除非解除吏名，不能自由，一切徭役都集中在他们的身上，他们的身份也渐渐沦落到与"兵户"同列了。

东晋、南朝，州郡拥有巨额的"吏"员。刘裕在永初二年（公元421年）三月下诏，规定"荆州府置将不得过二千人，吏不得过一万人；州置将不得过五百人，吏不得过五千人。兵士不在此限"（《宋书·武帝纪》）。裁汰之后，吏的员额还是那样多；裁汰之前，当更可观。既然州郡拥有那么大数额的吏，自然非迫使他们参加农业生产以增加政府的收入不可。在东晋初年，应詹就有这种建议，詹在王敦平后（公元324年）上表云："都督可课佃二十顷，州十顷，郡五顷，县三顷。皆取文武吏、医、卜，不得扰乱百姓。"（《晋书·应詹传》）可见在东晋之初，即已计划用文武吏来佃耕官吏的职田。宋元嘉三年（公元426年），始兴"郡（治曲江，今广东韶关市西南）大田，武吏年满十六，便课米六十斛，十五以下至十三，皆课米三十斛，一户内，随丁多少，悉皆输米"（《宋书·良吏·徐豁传》）。从这一条材料来看，当时"吏"已经成为世袭的身份，由于世袭，必然会导致全家要为政府服役，而且隶属性之强，租课之重，更已达到骇人听闻的程度②。

兵户和吏户要世代负担沉重的兵役，而且要世代佃耕政府的土地，承担巨额的租课，因此他们的生活极端困苦，他们不是在疆场上"裸身求衣"（《宋书·后废帝纪》），便是在家庭内"弃子不养"（《宋书·良吏·徐豁传》），这一阶层的人口，就无法繁殖起来。

战争的持续,使兵、吏的补充感到困难,而私家的分割又增加了这一困难的严重程度。如东晋末年,"方镇去官,皆割精兵器仗,以为送故……送兵多者,至于千余家,少者数十户"(《晋书·范汪传子宁附传》),精壮的兵士,渐渐都变成了私家的部曲。宋孝建三年(公元456年),孝武帝又令"内外官有田在近道,听遣所给吏僮附业"(《宋书·孝武帝纪》),这样不但追认政府的精壮部队过去割属于私家为合法,而且还分配给世家大族以土地,使被分割去的兵、吏在赐予的土地上进行佃种,剩下来的政府部队,如荆州"西府兵士,或见年八十,而犹伏隶;或年始七岁,而已从役"(《宋书·自序》),自然尽是些老兵弱卒了。

"兵"、"吏"既然日益减少,自然不得不征发"露户"、"役门"(《宋书·宗越传》)来补充。沉重的兵役和徭役,使已征发去的露户役民,也不得不出诸逃亡之一途。而东晋南朝政府对于兵士的亡叛,立法处刑,又非常严峻,一人亡叛,一家补兵;一家亡叛,亲戚旁支补兵;甚至利用乡里什伍组织——连环保的继续遗留,扩大到一人逃亡,邻伍补兵③。梁时郭祖深称:"自梁兴以来,发民征役,号为三五。"往往因主将克扣军粮,死亡惨重,可是偏不说他是病死,而说他逃亡;甚至"有身殒战场,而名在叛目(叛亡名单),监符下讨,称为逋叛,录质家丁。合家又叛,则取同籍;同籍又叛,则取比伍;比伍又叛,则望村而取";弄得"一人有犯,则合村皆空"(《南史·循吏·郭祖深传》)。兵役真已成为南朝自耕小农破产的重要原因了。

兵士的逃亡至"一人有犯,则合村皆空",兵源自然会更感到缺乏,因此,政府除了搜捕亡户,"以充军实"(《晋书·庾亮传弟冰附传》)和"皆以补兵"(《晋书·毛宝传孙璩附传》)之外,为了扩充兵源起见,还不得不在法律条文上作出重囚死犯的"家口令补兵"(《宋书·刘秀之传》)等规定,而家口的含义,有时扩及到"同籍期亲"(《宋书·何承天传》)、同堂兄弟,甚至"亲戚旁支,罹其祸害"(《晋书·范汪传子宁附传》)。这一措施,其实不但无益于兵源之扩大,而且由于把罪犯家属补充兵役的缘故,更加使兵士的身份继续地低落下去。

兵士身份的继续低落,一方面固然可以说是封建制度加强后的必然结果;但另一方面也必然招致另一结果:由于兵士身份的低落,带来了士气和战斗力的低落。南朝的军事威力,因此一落千丈。到了梁武帝末年,出现了"发召兵士,皆须锁械;不尔,便即逃散"(《魏书·岛夷萧衍传》)的严重景况。终至无法抵御侯景之侵入,而萧梁以亡,继萧梁而起的陈朝,也于焉不振。

自耕小农经济的继续衰颓 东晋王朝以后,宋王朝首尾六十年,齐王朝首尾二十四年,梁王朝首尾五十五年,陈王朝首尾三十二年,王朝的不断变更,统治年代的短促,以及各代王朝的对外怯弱,统治阶级内部矛盾的不断发生,这都和中央集权化的国家作为牢固剥削对象的自耕小农的继续破产、自耕小农经济的继续衰颓有分不开的关系。

刘宋从武帝、文帝以来,朝廷为了要集权中央,就必须巩固正在日趋没落的自耕小农阶层,使他们的经济,不致急遽衰颓,还能成为中央集权化的王朝所依靠的剥削对象。但是事实上,自南朝宋、齐以下,大土地所有者已经霸占了任何一个农民有权租入的公地,固然当时的平原良畴,都已开发,可是未开发的山地湖田,究竟还多。但是这些可以开发的土地,往往为豪强所占夺,所谓"名山大川,往往占固"(《宋书·孝武帝纪》),"炽山封水,保为家利","富强者兼岭而占,贫弱者薪苏无托,至渔采之地,亦又如兹"(《宋书·羊玄保传兄子希附传》)。封锢山湖,本来是和政府的禁令相抵触的,至此,政府为了要顺应这种豪强"占山锢泽"的既成事实,就不得不修改法令,使追认这种事实为合法。宋孝武帝大明中,下令:"官品第一、第二听占山三顷;第三、第四品,二顷五十亩;第五、第六品,二顷;第七、第八品,一顷五十亩；第九品及百姓，一顷"（《宋书·羊玄保传兄子希附传》）。这一次令文的规定，首先是承认自秦、汉以来一直所认为公共地的山泽，得由私人所占有；然后又规定出已开辟的果园渔场，其亩数虽是超过定额，得追认为其"先业"，"听不追夺"。同时还订出"先占阙少，依限占足"（《宋书·羊玄保传兄子希附传》）的补充条文来，对未占、少占的世家大族，也使他们重新参加分配，享受这种利益。从此在山林川泽的公有地上，更发展了封建的土地所有制。齐竟陵王萧子良在宣城（今安徽南陵东四十里）、临城（今安徽青阳南五里）、定陵（今安徽青阳东北）三县界，封锢山泽至数百里，其余王公妃主，世家大族，爰至典掌机要的宫省近臣，以及僧侣地主，也都成为这些土地的实际所有者④。

　　此外，大土地所有者在"无田何由得食"（《宋书·王惠传》），"非田无以立耳"（《宋书·谢灵运传》载《山居赋》自注）的指导思想之下，又不择手段地夺取农民的土地，其结果，大土地所有制的庄园更加发展。世族如陈郡谢琰一房之后，宋元嘉中犹有资财巨万，田业十余处，奴僮数百人；琅邪王骞一房，梁天监中，在钟山的旧墅一处，就有良田八十余顷；会稽孔灵符于永兴（今浙江萧山）立墅，周回三十三里，水陆地二百六十五顷，含带二山，又有果园九处，均见前述。此外如会稽虞琮，"治家富殖，奴婢无游手"（《南齐书·虞琮传》）；南阳张孝秀，"居于东林寺（在庐山），有田数十顷，部曲数百人，率以力田"（《梁书·处士张孝秀传》）。而将帅如沈庆之，初"居清明门外，有宅四所，室宇甚丽。又有园舍在娄湖（在今江苏南京市东南），庆之一夜携子孙徙居之，以宅还官，悉移亲戚中表于娄湖，列门同闬焉。广开田园之业，每指地示人曰：'钱尽在此。'……家素富厚，产业累万金，奴僮千计"（《宋书·沈庆之传》）；周山图亦"于新林立墅舍，晨夜往返"（《南齐书·周山图传》）；裴之横"与僮属数百人，于苟陂（今安徽寿县南）大营田墅，遂致殷积"（《梁书·裴邃传》）。这种大土地所有制庄园的继续形成和发展的过程，自然也就是自耕小农继续没落的过程，何况南朝从宋元嘉二十七年（公元450年）以后，巨额的捐税和经常的战争重担，高利贷的剥削，这一切都结合起来集中进攻自耕小农，使正在日趋没落的这一自耕小农阶层，至此更不得不迅速地破产了。

下面我们来谈东晋、南朝政府对小生产者进行的剥削方式。

东晋在江南建国之初，把西晋王朝的政府组织、经济制度、门第制度等等全盘继承了下来。那么西晋占田制实施后的一套田租户调征收额，也必然被东晋王朝保留了下来，这是毋庸怀疑的。据《晋故事》："凡民丁课田，夫五十亩，收租四斛，绢三匹，绵三斤。"（《初学记》卷27引）西晋的田租户调征收额这个数目，我认为东晋初期的田租户调额，也该维持着这个数目⑤。田五十亩，收租四斛，也就是说每亩收租八升。这个西晋王朝施行的田租制度，到了东晋初期，就不完全适用了。西晋的田租制度，是和占田课田制同时实施的，它的前提是编户齐民能够占有足额土地然后能够负担这个足额租调。东晋初期，北来的世家大族和北方的流民大量拥向江南，江南原来土地分配的平衡状态，完全被冲破了，东晋王朝必须根据当时的实际情况来加以调整，才能使赋税制度适应新的土地占有情况。因此东晋成帝咸和五年（公元330年）颁布了"度田收租"的税法，下敕"始度百姓田，取十分之一，率亩税米三升"（《晋书·食货志》）。到了东晋哀帝隆和元年（公元362年），又"减田税，亩收二升"（《晋书·哀帝纪》）。这种度田收租制的实行，同时也标志了东晋政府在江南承认大土地所有制得以无限发展及其私有制的性质。

东晋孝武帝时，谢安当国。当时南北世家大族的掠夺土地，已经到了相对饱和的状态，度田收租制对大土地所有制来说，一方面固然使它得以无限制发展，但另一方面，按亩纳租，土地多的就要缴纳较多的租米，对地主说来，也并非有利。同时，自庚戌（公元 364 年）土断以后，流寓江南的北来侨民，他们户籍的混乱情况，也已经有了改变，他们和当时江南的土著小农，每户占有土地的面积并不多，政府对他们进行剥削，度田收租也不如按户收米为有利。因此，太元元年（公元 376 年），又"除度田收租之制，王公以下，口税〔米〕三斛，唯蠲（除）在役之身"；过了七年，到了太元八年，"又增百姓税米，口五石"（《晋书·食货志》）。由此可见，自东晋南渡以后，因江南农业生产逐渐上升，农业方面的收获量亦在逐渐增加之中，而政府对世家大族却愈来愈优待，对编户齐民的自耕小农的剥削则愈来愈重了。

东晋初期的户调征收额，史无明文，我个人认为大体上也是沿袭西晋的。西晋的户调，每户纳绢三匹、绵三斤，由于东晋初期江南地区蚕桑的养殖尚未普遍，户调以布而不以绢，故与田租并列，或称租、布，或称租、调⑥。东晋孝武帝宁康二年（公元 374 年）皇太后诏中，有"三吴、义兴、晋陵及会稽遭水之县，尤甚者，全除一年租布"（《晋书·孝武帝纪》）之语，租指田租，布指丁布（或户布），至于绢布怎样折合，就无法稽考了。到了宋孝武帝大明五年（公元 461 年），又重定户调，下令："天下民户，岁输布四匹。"（《宋书·孝武帝纪》）在麻乡地区征收户布以外，还在浙东的蚕桑之乡征调绵、绢，"斋库上绢，年调巨万匹，绵亦称此"（《宋书·沈怀文传》）。由于浙东农民蚕桑所得的丝、绢，数量不多，有时只好向市上购买绵、绢来缴纳给政府，囤积居奇的大族豪右，趁此机会，故意抬高绵绢价格，卖与自耕小农或贷与自耕小农，绢价高涨，"民间买绢，一匹至二三千，丝一两，亦三四百"（《宋书·沈怀文传》）。穷苦的农民，实在缴不起，"贫者卖妻儿，甚者或自缢死"（《宋书·沈怀文传》），这样，即使过去生活过得较宽裕一些的自耕小农，也不得不陷入高利贷者的罗网里去了。

宋孝武帝大明八年、九年，浙"东诸郡大旱，甚者米一升数百，京邑亦至百余，饿死者十有六七"（《宋书·前废帝纪》）。刘宋政权不但没有施行赈济与减免租调,而且下令"听受杂物当租"(《宋书·孝武帝纪》大明七年)。所谓"杂物当租",也就是说,政府放宽剥削的种类,使农民在租米之外,搜索各种物资,如钱布或钱布以外的杂物等等,来折合租米,向政府缴纳,使政府不因旱灾而减少剥削收入。无怪这次东土旱灾,虽"病未半古,而死已倍之",要"并命比室,口减过半"(《宋书·孔季恭传》论)了。到了南齐时代,又把这种杂物当租的办法法制化了。在齐武帝的永明四年(公元486年),规定田租户调,二分取钱,一分取布。那时的布,每匹市价一百多文,政府的官价却规定为每匹五百文。当时钱币缺乏,农民只有布和米,没有铸币,为了完纳户调,不得不把已有的布匹以每匹市价一百多文卖掉,换了钱,再向政府缴纳折合官价每一匹五百文的户布⑦。这么一来,农民缴户调,如根据过去刘宋时的定制每户缴纳布四匹的话,在一分取布、二分取钱的折纳办法规定出之后,以每匹布市价一百五十文来计算,实际要缴到布十匹八尺九寸。这还不算,同时,农民向政府缴钱的时候,钱币还须轮廓完整,否则不收;可是那时的古钱,多被民间剪凿破损,轮廓完整的钱币,极其少有。农民需用当时流行的钱币一千七百文去掉换这种合乎规格的钱币一千文,还很难换得到,这更迫使编户齐民的自耕小农迅速地失业破产。

在当时农村里贫富是非常悬殊的,所以从东晋王朝起,征收户调,就不得不订出以资产的多少来定户等,再根据户等来制定户调课征准则的"赀调"税的制度来。故东晋"常年赋税,主者常自四出,诘评百姓家赀"(《晋书·刘超传》);到了宋孝武帝在位时,更雷厉风行地执行了这一以户贫富之等来定户调课征准则的税法,"乃令桑长一尺,围以为价,田进一亩,度以为钱,屋不得瓦,皆责赀实"(《宋书·周朗传》)。这种税则规定出之后,由于农民畏惧提高户等,加重封建负担,加速他们破产时期的到来,因此,"树不敢种,土畏妄垦,栋焚榱露,不敢加泥"(《宋书·周朗传》),

这正说明这种过度的剥削方式，已经严重地束缚住生产力的发展了。南齐时代，齐武帝仍是继续命令江南的地方牧守"围桑品屋，以准赀课"，农民一方面怕提高户等，一方面又为了完纳租调，往往"斩树发屋，以充重赋"（《南齐书·竟陵王子良传》）。梁初还是"围桑度田"（《南史·邓元超传罗研附传》），后来才把"赀调"取消，而单收"丁布"，所谓"始去人赀，计丁为布"（《梁书·良吏传》）。

南朝后期即梁、陈的田租、丁调，据《隋书·食货志》载："其课，丁男调布、绢各二丈，丝三两，绵八两；禄绢八尺，禄绵三两二分；租米五石，禄米二石。丁女并半之。男女年十六已上至六十，为丁。男年十六亦半课，年十八正课，六十六免课；女以嫁者为丁，若在室者年二十乃为丁。""其田，亩税米二升⑧。盖大率如此。"由于当时征收实物，因此南朝的统治阶级在征收租米、丁布时，喜欢用大斗长尺。当时的度量是："斗则三斗当今（今，指唐初）一斗，称则三两当今一两，尺则一尺二寸当今一尺"（《隋书·食货志》）。租米、丁调之外，还有度田收租，亩收税米二升的记载。关于禄绢、禄绵、禄米，大概本来只是一种附加税。《隋书·食货志》称："州郡县禄米、绢、布、丝、绵，当处输台传仓库；若给刺史、守、令等，先准其所部文武人物，多少由敕而裁。凡如此禄秩，既通所部兵士给之，其家（指刺史、守、令之家）所得盖少。"可见禄绢、禄绵、禄米本来是给刺史、守、令作为俸禄及其所部士兵的给养用的，后来才规定要全部上缴给中央政府的"台传仓库"，州郡县不得随便挪用，到此就成为中央规定的一种正式税收了。据《宋书·前废帝纪》："永光元年（公元465年）二月乙丑，减州郡县田禄之半。"同书《明帝纪》："泰始四年（公元468年）四月己卯，复减郡县田禄之半。""田禄"，《资治通鉴》作"田租"，是错的；《建康实录》作"禄秩"，是对的。田禄即禄秩，内容包括禄绢、禄绵、禄米之类，可见向人民征收禄绢、禄绵、禄米，在刘宋已经开始。《陈书·宣帝纪》载太建三年（公元571年）三月的赦文，内有"自天康（公元566年）迄太建元年，逋余军粮、禄秩、夏调未入者悉原之"的话；太建十二年十一月的赦文，又称："其丹阳、吴兴、晋陵、建兴、义兴、东海、信义、陈留、江陵等十郡，并诸署即年田税、禄秩，并各原半；其丁租半申至来岁秋登。"可证一直到陈代还在向人民征收禄绢、禄绵、禄米。

南朝对编户齐民的自耕小农的剥削，除了上述的田租、丁调、田税（亩税米二升）、禄绢、禄绵、禄米等主要项目以外，还有各种杂调，如：

口钱：《南齐书·豫章王嶷传》：建元二年（公元480年）夏，"以谷过贱，听民以米当口钱，优评斛一百"。《梁书·武帝纪》：天监元年（公元502年）夏四月丙寅，诏"逋布、口钱、宿债勿复收"。口钱的征收额，和口钱究竟始于何时、终于何时，已无从考查，至少从公元480年到502年，这二十二年中有过这类口钱。

塘丁税：会稽一带，"边带湖海，民丁无士庶皆保塘役"。这种塘役是民间自动组织起来的，"良由陂湖宜壅，桥路须通"，因地制宜，由民间自己作出安排，因而"均夫订直"，也是由民间自己来决定。而且各个地区情况不同，"若甲分毁坏，则年一修改；若乙限坚完，则终岁无役"。并非每个地区都得负担这种塘役。南齐建元（公元479至482年）初年，因为军事用度紧张，开始征收塘丁税，"浙东五郡，丁税一千，乃有质卖妻、儿，以充此限"。齐武帝永明二年（公元484年），王敬则为会稽太守，请求政府把塘丁税列为正式税收，收到的税钱，都送往台库，这样就变成"租赋之外，更生一调"。塘丁税本来是用来修理海塘湖陂的，现在"悉评敛为钱"，送往台库，海塘湖陂却没有拨下款项来经常加以修理，"致令塘路崩芜，湖源泄散"（《南齐书·王敬则传》），造成了破坏生产的严重恶果。到了南齐东昏侯萧宝卷在位时期（公元499至500年），进一步扩大塘丁税的征收范围，下令"扬、南徐二州桥桁（浮桥）塘埭丁，计功为直，敛取见钱，供太乐主衣杂费"(《南齐书·东昏侯纪》)。因此也造成了"所在塘渎,多有隳废"的同样恶果。

酒租和盐赋:南齐东昏侯永元二年,曾下令"京邑酒租,皆折使输金"(《南齐书·东昏侯纪》)。陈文帝天嘉二年(公元561年),"以国用不足,奏立煮海盐赋及榷酤之科"(《陈书·世祖纪》)。

杂调:这是一种临时性的征发,如东晋建元元年(公元343年),庾翼为都督江荆司雍梁益六州诸军事荆州刺史,出兵北伐,"发所统六州奴及车、牛、驴、马"(《晋书·庾亮传弟翼附传》)。这是带有军事性质的征发,只有在非常时期才能这样做。另外如《宋书·武帝纪》所载刘裕在义熙八年(公元412年)下敕:"台调癸卯(东晋安帝元兴元年癸卯,即公元403年)梓材、庚子(安帝隆安四年庚子,即公元400年)皮毛,可悉停省,别量所出。"这两项临时性征发,一项实施了九年,一项实施了十二年,才被刘裕下令撤销。所谓杂调,就是指这些临时性的征发而言的。这些都是正规的田租户调以外的额外剥削。杂调的种类尚多,雉头、鹤氅、白鹭缞,有时都成为临时性征发的对象⑨。名目繁多,我们在这里就不一一列举了⑩。

农民所苦,力役尤甚于租调。两晋之制,十三岁为半丁,十六岁为全丁,往往不论半丁、全丁,都被征去服劳役,十三岁的孩子尚未发育,也要他承担成人的劳役,是非常不人道的,因此连当时的统治阶级学者也要说这是有"伤天理"(《晋书·范汪传子宁附传》)的了。宋元嘉之初,把十五岁至十六岁的改为半丁,十七岁的为全丁(见《宋书·王弘传》),但是从元嘉十七年的诏文中,还有"役召之品,遂及稚弱"(《宋书·文帝纪》)的话看来,可见命令是命令,事实上连妇女童幼,那时还都要去服役⑪。

在东晋、南朝,法令上虽明文规定"男丁岁役不得过二十日,又率十八人出一运丁"(《隋书·食货志》),但是实际上远过于此。东晋时范宁已有"古者使人,不过三日;今之劳扰,殆无三日休停"(《晋书·范汪传子宁附传》)的说法。南齐时代,由于徭役的频繁,荆州一带,甚至造成"四野百县,路无男人;耕田载租,皆驱女弱"(《宋书·沈攸之传》)的凄惨景况。海陵王延兴元年的诏书也承认"公获二旬,私累数朔"(《南齐书·海陵王纪》),这就是说,公家尽管规定每年力役二十天,而州郡县地方官吏额外摊派给农民的力役,甚至增加到几个月。

一年中"殆无三日休停"的徭役和超额的租调负担,使国家课户的对象——自耕小农不得不渐趋于赤贫化。南齐时代,浙东的大县山阴,有"人户三万"(《宋书·良吏·江秉之传》),内有"课户二万"。大资产的人家,大都是世家大族,他们都享有免税免役的特权。二万户中,资产不满三千文的,就占有二分之一;此外还有顶穷的"露户役民",他们更谈不上有什么财产,可是"三五属官"(《资治通鉴》宋文帝元嘉二十七年胡三省注谓"三五者,三丁发其一,五丁发其二",替政府服兵役),"百端输调"(各式各样的剥削),什么都压在他们的头上(见《南齐书·陆慧晓传顾宪之附传》)。他们为了不沦落到部曲、佃客的队伍里去,就不得不挣扎而告贷于高利贷者。那时经营高利贷者,有世家大族,如琅邪王珣(王导孙)"好聚积,财物布在民间"(《宋书·王弘传》),皆有券书。清河崔庆绪"家财千万",死时"假贷文疏"(《南齐书·崔慰祖传》)甚多。又吴郡顾绰,"私财甚丰","乡里士庶,多负其责"(《宋书·顾觊之传》),放出高利贷而收到的借据,有一厨之多。又有王公妃主,如宋孝武帝诸子刘子尚等,在江南各处设立经营高利贷的铺子——邸舍,"为患遍天下"(《宋书·沈怀文传》);即就会稽一地而言,"王公妃主,邸舍相望",其贷放高利贷后,"子息滋长,督责无穷"(《宋书·蔡廓传子兴宗附传》)。梁武帝第六弟临川王萧宏,"都下有数十邸,出悬钱立券,每以田宅邸店悬上文券,期讫,便驱券主,夺其宅,都下东土百姓,失业非一"(《南史·梁临川王宏传》)。又如典掌机要的寒人中书通事舍人山阴昌文度,亦"于余姚立邸,颇纵横"(《梁书·止足·顾宪之传》)。当时僧侣地主寺院的常住财产,也很富有,因此他们都兼营高利贷。南齐时,有甄彬"尝以一束苎,就州(荆州江陵)长沙寺库质钱。后赎苎还,于苎束中,得五两金,以手巾裹之。彬得,送还寺库。道人惊曰:'近有人以此金质钱,时有事,不得举而失,檀越(施主)乃能见还。'"(《南史·循吏·甄法崇传》)可见小自一束苎麻,大至黄金贵金属,都可质钱,抵押品的范围是很广泛的。农民的穷困,是高利贷者寄生的温床,如果不穷困,自耕小农是不会向高利贷者借债的;但是如果自耕小农穷到一无所有,缺乏物品抵押,那么他也就失去向高利贷者借贷的资格了,所以借债者以自耕小农居多。王公、妃、主以及世族、僧侣大地主们,过去对于自耕小农,是没法用封建地租的方法去剥削他们的,现在这些自耕小农在一年中"殆无三日休停"的徭役和超额租调之下,更加贫困起来,他们不得不陷入从自己身上榨取脂膏的高利贷者的罗网里去了。

这一切结合起来,进攻自耕小农,自耕小农"贫者但供史,死者弗望埋,鳏居有不愿娶,生子每不敢举,又戍淹徭久,妻老嗣绝",无怪有人要绝望地喊出"杀人之〔道〕日有数途,生人之〔法〕岁无一理,不知复百年间,将尽以草木为世邪"(《宋书·周朗传》)的呼吁了。

侯景乱梁前夕,南朝境内的"豪家富室,多占取公田,贵价僦税,以与贫民"(《梁书·武帝纪》载大同七年诏)。有很多农民,"或依于大姓,或聚于屯封"(《梁书·贺琛传》);更有不少农民,"假慕沙门,实避调役",纷纷出家当和尚。据萧梁时人郭祖深所"上封事……以为都下佛寺五百余所,穷极宏丽,僧尼十余万,资产丰沃,所在郡县,不可胜言。道人又有白徒,尼则皆畜养女,皆不贯人(民)籍,天下户口,几亡其半"。"恐方来处处成寺,家家剃落,尺土一人(民),非复国有"(《南史·循吏·郭祖深传》)。僧尼人数的激增,固然是梁武帝佞佛提倡佛教的结果;另一方面,却也说明出家做僧尼,这已成为南朝农民逃避超额租调的一种途径。不过,僧侣人数激增,寺院中的常住财产,名义上固然属于全体僧众所有,而事实上却掌握在少数僧侣地主的手中,这样的僧侣地主,在萧梁十余万僧侣中,究属少数;绝大多数的僧侣,却在寺院中做牛马,受着少数僧侣地主的剥削,其身份和"白徒"、"养女"并无有所不同,差异的只在于出家不出家,而他们是出家的隶属农民而已。

由此可见,南朝的自耕小农,大部分已由债务人而沦为依附农民了,其结果,自然使南朝的军事威力,更加衰落。毋怪当时人要说:"议者必以为胡衰不足避,而不知我之病,甚于胡矣。……设使胡灭,则中州必有兴者,决不能有奉土地率人民以归国家矣"(《宋书·周朗传》)。是啊!南朝农民的生活既是如此困难,北方汉族人民闻之也必然会伤心失望,他们只有依靠自己的力量,不断举行起义,来推翻北魏拓跋氏的统治,他们对南朝政权——过去曾认为是汉族的政权的,到这时候不再寄以多大希望了。

南朝的农民逃亡与农民起义 北朝的人民,对南朝政权,既是如此伤心绝望,而南朝的人民,身受过度剥削和残酷统治,亦唯有用行动来表示反抗。当时农民所采取反抗的最普遍形式,是逃亡。东晋成帝时(公元 326 至 342 年),江逌为太末(今浙江龙游县)令,"县界深山中,有亡命数百家,恃险为阻,前后守宰莫能平"(《晋书·江逌传》)。穆帝永和(公元 345 至 356 年)中,郗愔为临海太守,王羲之(郗愔的姊夫)《杂帖》与人书云:"方回(郗愔字)遂举为侍中,不知卒行不?……比得其(指郗愔)书云:'山海间(指临海郡)民逃亡殊异,永嘉乃以五百户去。'"可见临海郡有人逃亡,永嘉郡民逃亡的比临海郡更多。孝武帝太元(公元376 至 396 年)中,"海陵县(今江苏泰州市)界地名青蒲,四面湖泽,皆是菰葑,逃亡所聚"。淮南太守毛璩率兵千人进讨,"时大旱,璩因放火,菰葑尽然,亡户窘迫,悉出诣璩自首,近有万户,皆以补兵"(《晋书·毛宝传孙璩附传》)。安帝义熙元年至八年间(公元405至412年),江州境内,也都"男不被养,女无匹对,逃亡去就,不避幽深"(《晋书·刘毅传》)。南朝宋孝武帝时(公元454至464年),逃亡的农民集结在任城(今山东济宁市)一带,史称"任榛大抵在任城界,积世'通叛'所聚,所在皆棘榛深密,难为用师,故能久自保藏"(《宋书·薛安都传》)。南齐武帝永明十一年(公元493年)的诏文中也提到:"江淮之间,仓廪既虚,遂'草窃'充斥,互相侵夺,依阻山湖,成此逋逃。"(《南齐书·武帝纪》)甚至"三吴内地",也"饥寒尤甚","民庶凋流"(《南齐书·王敬则传》)。南齐明帝(公元494至498年)初,永嘉郡(治永宁,今浙江温州市)"所部横阳县(今浙江平阳北),山谷崄峻,为逋逃所聚"(《梁书·良吏·范述曾传》)。梁武帝时,晋安"郡(治侯官,今福建福州市)居山海,常结聚逋逃"(《梁书·臧盾传弟厥附传》)。到了武帝晚年,由于剥削苛重,"百姓不能堪命,各事流移",农民逃亡的现象,更是严重,"天下户口减落","东境户口空虚","细民弃业,流冗者多"。这个事实说明了,即使侯景不乱梁,梁王朝也是非土崩瓦解不可的。

南朝在刘宋时代,规模较大的农民起义,如大明中(公元457至464年),黟、歙二县有亡命千余人,攻破城邑(见《宋书·吴喜传》)。泰始五年(公元469年),有临海(今浙江临海)民田流为首的攻海盐杀鄮令的农民起义;接着又有豫章民张凤聚众康乐山的起义(见《南齐书·周山图传》)。元徽(公元473至476年)初年,有巴西民李承明为首的起义(见《南齐书·苏侃传》)。到了刘宋末年,又有义阳(郡治作唐,今湖南安乡)张群为首的攻破义阳、武陵(郡治临沅,今湖南常德市)、天门(郡治澧阳,今湖南石门)、南平(郡治孱陵,今湖北公安西南南平镇)等四郡的起义(见《南齐书·豫章王嶷传》)。其他小规模的起义,更是遍及全国。刘宋政权为了镇压农民的反抗运动,明帝曾在泰始四年下令:"自今凡劫窃执官仗,拒战逻司,攻剽亭寺及伤害吏人(民)……皆不限人数,悉……斩刑。……五人以下,止相逼夺者,亦依黥作'劫'字,断去两脚筋,徙付远州。……家口应及坐,悉依旧结谪(补兵)。"(《南史·宋本纪》)想通过严刑峻法,来挽救垂死的统治政权,然而刘宋王朝统治阶级的内部矛盾,在阶级矛盾日渐激化的基础上也尖锐化起来,结果,宋王朝终于改换成为齐王朝。

可是,改朝换代并没有使阶级矛盾暂时缓和下来。南齐初年,就爆发了以唐寓之为首的农民起义。这次起义的直接导火线,是南齐政权的清理户籍。

自从宋元嘉以来,在战争的重担和巨额的租调下,自耕小农除了沦为部曲、佃客以外,就只有不报户口,成为"浮浪人"(《隋书·食货志》);或是虚报户口,以图逃避剥削之一途。这样,自宋、齐以来,在户籍方面,就出现了"或户存而文书已绝,或人在而反记死叛,停私(住家)而云隶役,身强而称六疾","生不长发,便谓为道人(僧侣)","或抱子并居,竟不编户"等等情况,其中最普遍的,则是"改注籍状,诈入仕流"(《南齐书·虞玩之传》)。

南齐政权为了扩大剥削面,整理户籍,自是刻不容缓的事情。萧道成在即位初年,就下令扩大清理户籍,在中央成立清查户籍的专门机构,"置令史,限人一日得数巧(指取巧伪冒户籍),以防懈怠"(《南齐书·虞玩之传》)。在清查户籍时,凡是伪冒户籍即所谓"巧者",被从户籍中剔除出来,称为"却籍",却籍的民户,全家得补兵充远戍。

在没有成立清理户籍的专门机构以前,户籍上的弊端,固然已经很多,但还可以根据晋、宋的旧户籍来查对;专门机构成立之后,无形之中反替把持这一机构的贪污令史,制造发财机会。

凡是"粗有衣食"之家，想逃免调役，只需送一万文钱与这一机构中负责校对户籍的令史们，请他们在晋、宋旧户籍上，把自己的"籍状"，改注为"百役不及"（《通典·食货典》）的世族，这样，不但可以永久免除调役，就是以后再清理户籍时，即使查对晋、宋旧籍，也无法查出的了。

贪污的令史，并且还采用"应却而不却，不须却而却"（《通典·食货典》）的手段来诈取钱财；地方官吏也以清查伪冒户籍为借口，利用村社残余的乡里什伍连坐的酷法，更是"横相质累"，"一人被摄，十人相追"（一人捉去，十人同时捉去审问），弄得"亲属里伍，流离道路"（《南齐书·陆慧晓传顾宪之附传》），以致"百姓嗟怨"，民不聊生，终至逼得他们"奔窜湖山"（《宋书·沈怀文传》），举行起义了。

却籍的民户，大都是北来侨民，北来侨民的户籍，本来是白色的，因此在他们奔窜湖山举行起义之后，统治阶级就称他们做"白贼"⑫了。

齐武帝永明三年（公元485年）冬，富阳人唐寓之集众四百人。四年春，袭破桐庐（今浙江桐庐西），进占钱塘（今浙江杭州市）、盐官（今浙江海宁西南）、诸暨、余杭，又分遣高道度袭击东阳郡（郡治长山，今浙江金华），杀武帝族叔东阳太守萧崇之。寓之在钱塘称帝，国号吴，年号兴平。江南一带的却籍民户，纷纷加入，众至三万余人。齐武帝急派台军（禁卫军）数千人，马数百匹，前往镇压，才把南朝较大的一次"白贼"起义镇压下去（见《南齐书·武帝纪》、《沈文季传》、《南史·虞玩之传》、《茹法亮传》）⑬。台军乘机大肆抄掠。那时正需改建都城的外郭——都墙，齐武帝于是强迫参加唐寓之起义的江南却籍民户，"谪役"修筑首都城墙⑭。以后齐武帝为了稳定动摇的政权起见，终于不得不被迫在永明八年下令对"却籍"而被发配戍边的人民，准许他们返归故乡，想反复地通过压榨、迫害、欺骗种种手段，以达到他扩大剥削面的目的。

到了永明十一年,南齐首都建康又爆发了沙门法智与州民周盘龙为首的起义(见《南齐书·王玄载传弟玄邈附传》)。南齐末(永元二年,公元 500 年),益州的晋原(郡治江原,今四川崇州东十里)、东遂宁(郡治巴兴,今四川遂宁)、巴西(郡治阆中,今四川阆中西)、江阳(郡治江阳,今四川泸州)、广汉(郡治雒,今四川广汉)诸郡,都先后爆发了规模较大的农民起义(见《梁书·刘季连传》)。

梁王朝代替齐王朝统治了江南之后,境内的阶级矛盾,自始至终,就没有缓和下来过。梁武帝天监四年(公元 505 年),益州地区爆发了以焦僧护为首众至数万人的起义(见《梁书·长沙王业传弟藻附传》)。天监九年,宣城郡又爆发了以郡吏吴承伯为首的攻杀太守朱僧勇的起义(见《梁书·蔡撙传》、《谢朓传弟子览附传》)。天监十年,益州又爆发了以巴西郡民姚景和为首的起义(见《梁书·张齐传》)。中大通元年(公元 529 年),北兖州有沙门僧强与蔡伯龙为首的众至三万余人的起义(见《梁书·陈庆之传》)。中大通二年,会稽又爆发了农民起义(见《南史·梁长沙王懿传子猷附传》)。中大通五年,益州有江阳人齐苟儿为首的众至十万人进围成都的起义(见《梁书·武帝纪》)。大同元年(公元 535 年),鄱阳郡(郡治鄱阳,今江西鄱阳东)也爆发了鲜于琮杀广晋(今江西鄱阳北)令,众至万余人的起义(见《梁书·陆襄传》)。大同八年,安城郡(郡治平都,今江西安福)又爆发了以郡民刘敬躬为首攻庐陵、取豫章,众至数万人的起义(见《梁书·武帝纪》、《张缅传弟绾附传》)。大同十年,又有巴山郡(郡治巴山,今江西乐安)民王勤宗为首的起义(见《梁书·陈庆之传子昕附传》)和广州人卢子略为首的起义(见《南史·梁本纪》)。总之,梁王朝境内农民的反抗斗争此起彼伏,前仆后继,尤其是梁、益地区,起义的事件更是不断发生。这种农民自发的反抗运动,是在什么样情况下产生的呢?《南史·邓元起传罗研附传》

里有一段很好的说明。它说:"齐苟儿之役,临汝侯(萧猷)嘲之曰:'卿蜀人乐祸贪乱,一至于此。'研对曰:'蜀中积弊,实非一朝。百家为村,不过数家有食,穷迫之人,什有八九,束缚之使,旬有二三。贪"乱"乐"祸",无足多怪。若令家畜五母之鸡,一母之豕,床上有百钱布被,甑中有数升麦饭,虽苏〔秦〕、张〔仪〕巧说于前,韩〔信〕、白〔起〕按剑于后,将不能使一夫为"盗",况贪"乱"乎?'"这真说出农民起义的基本原因来了。

"人人厌苦,家家思乱"(《资治通鉴》梁武帝太清元年),侯景乱梁前夕的萧梁境内,总括起来,就是这样八个字。

---

① 参考何兹全教授所著《魏晋南朝的兵制》一文,载《历史语言研究所集刊》第十六本。

② 参考唐长孺教授所著《三至六世纪江南大土地所有制的发展》一书,上海人民出版社 1957 年版。

③《晋书·王羲之传》:羲之遗尚书仆射谢安书曰:"……自军兴以来,征役及充运,死亡叛散,不反者众,虚耗至此,而补代循常,所在凋паем,莫知所出。上命所差,上道多叛,则吏及叛者,席卷同去。又有常制,辄令其家及同伍课捕,课捕不擒,家及同伍,寻复亡叛。百姓流亡,户口日减,其源在此。……谓自今诸死罪原轻者……可以充此,其减死者,可长充兵役……皆令移其家,以实都邑。都邑既实,是政之本,又可绝其亡叛。不移其家,逃亡之患,复如初耳。……"

《宋书·武帝纪》:永初二年冬十月丁酉,诏曰:"兵制峻重,务在得宜。役身死叛,辄考旁亲,流迁弥广,未见其极。遂令冠带之伦,沦陷非所。宜革以弘泰,去其密科。自今犯罪充兵合举户从役者,便付营押领。其有户统及谪止一身者,不得复侵滥服亲,以相染连。"

《宋书·羊玄保传》:补宣城太守。先是刘式之为宣城,立吏民叛制,一人不禽,符伍里吏送州作部,若获者赏位二阶。玄保……陈之曰:"臣伏寻亡叛之由,皆出于穷逼……今……单身逃役,便为尽户。……一人不测,坐者甚多……牵挽逃窜,必致繁滋。……"

《宋书·沈攸之传》:泰始五年,出为持节监郢州诸军事、郢州刺史。为政刻暴。……将吏一人亡叛,同籍符伍充代者十余人。……齐王……数攸之罪恶曰:"……又攸之……视吏若仇,遇民如草……一人逃亡,阖宗补代,毒遍婴孩,虐加斑白。……男不得耕,女不得织,奔驰道路,号哭动天。……"

《南齐书·高帝纪》:沈攸之……自郢州迁为荆州,聚敛兵力,将吏逃亡,辄讨质邻伍。

④《宋书·蔡廓传子兴宗附传》:会稽多诸豪右,不遵王宪,又幸臣近习,参半宫省,封略山湖,妨民害治。

《南齐书·高帝纪》:建元元年夏四月己亥,诏曰:"……二宫诸王,悉不得营立屯邸,封略山湖。……"

《梁书·止足·顾宪之传》:时司徒竟陵王(萧子良)于宣城、临城、定陵三县界,立屯,封山泽数百里,禁民樵采。

《梁书·武帝纪》:天监七年九月丁亥,诏曰:"……薮泽山林,毓材是出,斧斤之用,比屋所资。而顷世相承,并加封固,岂所谓与民同利,惠兹黔首?凡公家诸屯戍见封炘者,可悉开常禁。"

《梁书·武帝纪》:大同七年十二月壬寅,诏曰:"……又复公私传、屯、邸、冶,爰至僧尼,当其地界,止应依限守视;乃至广加封固,越界分断水陆采捕及以樵苏,遂致细民措手无所。凡自今有越界禁断者,禁断之身,皆以军法从事。若是公家创内,止不得辄自立屯,与公竞作以收私利。至百姓樵采以供烟爨者,悉不得禁,及以采捕,亦勿诃问。若不遵承,皆以死罪结正。"

⑤《晋书·成帝纪》:咸和四年(公元329年)秋七月,"诏复遭贼(指苏峻)郡县租税三年。"

按此诏颁发于"度田收租"之前一年,"租税"当指田租而言。

⑥东晋王朝初期的户调征收额,史无明文,大体上该是沿袭西晋的,每户纳绢三匹、绵三斤。不过由于东晋初期江南地区蚕桑尚未普遍,因此户调以布而不以绢,故与田租并称为租、布。《晋书·孝武帝纪》:宁康二年夏四月壬戌,"皇太后诏曰:'……三吴、义兴、晋陵及会稽遭水之县,尤甚者,全除一年租、布,其次听除半年。……'"《宋书·武帝纪》:永初元年八月辛酉,"开亡叛赦,限内首出,蠲租、布二年。"戊辰,"诏曰:'彭、沛、下邳……可复租、布三十年。'"《宋书·文帝纪》:元嘉四年三月丙子,"诏曰:'丹徒桑梓……其蠲此县今年租、布。……'"二十六年三月丁巳,"诏曰:'复丹徒县侨旧今岁租、布之半。……'"《宋书·刘道产传》:"道产弟道锡,〔为〕巴西、梓潼二郡太守,元嘉十八年,为氐寇所攻。……道锡募吏民守城,复租、布二十年。"《宋书·孝武帝纪》:元嘉三十年闰〔六〕月甲申,"蠲寻阳、西阳郡租、布三年。"大明三年二月,"荆州饥,三月甲申,原田租、布各有差。"七年二月甲寅,"车驾巡南豫、南兖二州……壬寅,诏曰:'……可大赦天下,行幸所〔过〕,无出今岁租、布。……'"《宋书·孝义·贾恩、潘综、王彭传》:"蠲租、布三世。"《南齐书·高帝

纪》:建元四年正月癸亥,"诏……建元以来战亡,赐蠲租、布二十年,杂役十年。"《南齐书·明帝纪》:永泰元年三月丙午,"蠲雍州遇虏之县租、布。"《南齐书·百官志》:"尚书右丞一人……领村郡租、布。"

租、布亦称租、调。《南齐书·武帝纪》:永明五年八月乙亥,"诏今夏雨水,吴兴、义兴二郡,田农多伤,详蠲租、调"。六年闰〔十〕月乙卯,"诏曰:'北兖、北徐、豫、司、青、冀六州,边接疆埸,民多悬磬,原永明以前所逋租、调。'"

⑦《南齐书·竟陵王子良传》:诏折租布,二分取钱。

《南齐书·武帝纪》:永明四年五月癸巳,诏"扬、南徐二州今年户租,三分(中)二(一之讹)取见布,一(二之讹)分取钱。来岁以后,远近诸州输钱处,并减布直,匹准四百,依旧折半,以为永制"。

《南齐书·王敬则传》:竟陵王子良启曰:"伏寻三吴内地,国之关辅,百度所资。民庶凋流,日有困殆,蚕桑罕获,饥寒尤甚。富者稍增其饶,贫者转钟其弊……顷钱贵物贱……杼勤苦,匹裁三百。……民间钱多剪凿,鲜复完者;公家所受,必须员大,以两代一,困于所贸……昔晋氏初迁,江左草创,绢布所直,十倍于今,赋调多少,因时增减。永初中,官布一匹,直钱一千;而民间所输,听为九百。渐及元嘉,物价转贱,私货则束直六千,官受则匹准五百,所以每欲优民,必为降落。今入官好布,匹堪百余,其四民所送,犹依旧制。昔为损上,今为刻下,氓庶空俭,岂不由之!……"

《南齐书·竟陵王子良传》:子良又启曰:"……又泉铸岁远,类多剪凿,江东大钱,十不存一。公家所受,必须轮廓,遂买本一千,加子七百,犹求请无地,捶革相继。……"

⑧"二升"原作"二斗"。按古人书升斗字,书斗作"卅",书升作"卅",唐敦煌计帐中犹可见,两字形极相似,容易致误,今据《通典·食货典》改正。

⑨《南齐书·东昏侯纪》:又订出雉头、鹤氅、白鹭缞,亲幸小人,因缘为奸利,课一输十,郡县无敢言者。

⑩《宋书·竟陵王诞传》:营宇制馆,僭拟天居,引石征材,专擅兴发……。

《宋书·吴喜传》:喜至荆州……乘兵威之盛,诛求推检,凡所课责,既无定科,又严令驱蹙,皆使立办。

《梁书·武帝纪》:大同七年十二月壬寅,诏云:"至于民间诛求万端,或供厨帐,或供厩库,或遣使命,或待宾客,皆无自费,取给于民。"

《陈书·华皎传》:皎起自下吏,善营产业,湘川地多所出,所得并入朝廷。粮运竹木,委输甚众。至于油、蜜、脯、菜之属,莫不营办。

⑪《宋书·元凶劭传》:于时男丁既尽,召妇女亲役。

《梁书·安成王秀传》：天监十三年，复出为……郢州刺史。郢州当涂为剧地，百姓贫，至以妇人供役，其弊如此。

《梁书·武帝本纪下》：大同七年十一月丙子，诏停在所役使女丁。

⑫《宋书·张畅传》：元嘉二十七年，索虏拓跋焘南侵……虏尚书李孝伯……曰："亦知有水陆，似为'白贼'所断。"畅曰："君着白衣，故称'白贼'邪？"孝伯大笑曰："今之'白贼'，亦不异黄巾、赤眉。"

《南齐书·幸臣·刘係宗传》：永明四年，"白贼"唐寓之起。

⑬参考赖家度教授所著《从南朝士族制度看唐寓之所领导的农民起义》，载《历史教学》1952年6月号。

⑭《南齐书·王俭传》：宋世外六门设竹篱，是年初，有发白虎樽者，言："白门三重门，竹篱穿不完。"上感其言，改立都墙。

《南齐书·幸臣·刘係宗传》：上欲修治白下城，难于动役。係宗启谪役在东民丁随〔唐〕寓之为逆者，上从之。后……上履行白下城，曰："刘係宗为国家得此一城。"

第四节 侯景乱梁与南朝的再削弱

萧梁内政与对魏战争 梁武帝即位之初，看到东晋王朝首尾一百零四年，宋王朝首尾六十年，齐王朝首尾二十四年，统治的年代，一个王朝比一个王朝短促，他要想培养稳定的力量来巩固他的政权，首先必须调和统治阶级内部世族与寒门之间的矛盾。固然梁武帝一方面起用寒人典掌机要；而另一方面，还广泛罗致世家旧族，下诏："凡诸郡国旧族邦内无在朝位者，选官搜括，使郡有一人"（《梁书·武帝纪》），置州望、郡宗、乡豪各一人（当时有州二十三，郡三百五十，县一千二百二十），专掌搜荐东晋以来湮没不显的旧族，使他们有参加政权的机会，作为政权的支持力量。然而以寒士为中书通事舍人而典掌机要的朱异仍是轻蔑世族，世族也还是埋怨梁武帝父子爱小人而疏远士大夫，统治阶级内部世族寒门之间的矛盾，不但没有缓和，相反由于梁武帝优容充任官吏的世族寒门的缘故，加深了社会危机，使南朝境内阶级矛盾更加激化。

梁武帝优容皇族子弟和官吏,他们犯法,全不受法律的制裁。如梁武帝侄萧正德和大臣子弟夏侯洪等,纠集恶少年在黄昏时公开杀人,劫人财物,梁武帝也并不加以处分。梁武帝第六弟临川王萧宏"恣意聚敛,库室垂有百间",锁得非常严密,有人去报告梁武帝,说库房里藏的都是武器。梁武帝以为萧宏要谋反,带了亲信丘佗卿到萧宏家,饮酒半醉之后,对萧宏说:"我要参观参观你的后房。"没有得到萧宏的答复,就起身进去。萧宏恐怕他哥哥发现他搜刮了那么多钱财而遭到惩罚,非常恐惧。梁武帝更加怀疑库房里所藏的都是武器,间间库房,都亲自去检查过。史称"宏性爱钱,百万一聚,黄榜标之;千万一库,悬一紫标,如此三十余间。帝与佗卿屈指计见钱三亿余万。余屋贮布、绢、丝、绵、漆、蜜、纻、蜡、朱砂、黄屑杂货,但见满库,不知多少"(《南史·梁临川王宏传》),萧宏认为这一来糟了。哪里知道梁武帝查明库内贮藏的不是武器以后,知道弟弟没有夺取皇位的野心,非常喜欢,还盛赞萧宏说:"阿六,你真会处理生活!"于是重新回到前堂饮酒,痛饮到夜里才回宫。由此可见,只要不危害到王权,贪污是允许的,萧宏一人如此,其他王公贵人,也何莫不然。王伟为侯景草檄,说:"梁自近岁以来,权幸用事,割剥齐民,以供嗜欲。如曰不然,公等试观:今日国家池苑,王公第宅,僧尼寺塔;及在位庶僚,姬姜百室,仆从数千,不耕不织,锦衣玉食,不夺百姓,从何得之。"(《资治通鉴》梁武帝太清二年)可见当时官僚的奢侈腐化,肆情搜括到如何程度了。梁武帝对皇族、官僚及其子弟这样优容,可是对待老百姓,刑罚却极其苛刻,史称其"收缚无罪,逼迫善人,民尽流离,邑皆荒毁,由是劫抄蜂起,盗窃群行,抵文者比室,陷辟(法)者接门,囹圄随满,夕散朝聚"(《文苑英华》卷 754 引何之元《梁典·总论》)。梁时全国政府编户不超过五百万口,百姓每年因犯法而被判处二年以上徒刑的,有五千人之多(见《隋书·刑法志》)。梁武帝有一次出建康城,建康有一个年老的百姓,拦住去路,向他诉说:"陛下为法,急于黎庶(平民),缓于权贵,非长久之术;诚能反是,天下幸甚。"(《隋书·刑法志》)萧衍置之不理。所以和他同时代的历史学家对他的批评是,"罔恤民之不存,而忧士之不禄"①,这话是非常中肯的。

梁武帝所要培养来作为政权支柱的这一撮腐朽的贵族、官僚,叫他们去吮吸人民的血汗是能手,要叫他们来办正经事,却低能极了。颜之推说:"梁朝全盛之时,贵游子弟,多无学术,至于谚云:'上车不落(到办公地点前,不下车,只派人去报了到)则著作,体中何如(常常请病假)则秘书。'无不熏衣剃面,傅粉施朱,驾长檐车,跟高齿屐,坐棋子方褥,凭斑丝隐囊,列器玩于左右。从容出入,望若神仙。明经求第,则顾人答策;三九(三月三日上巳,九月九日重阳)公宴,则假手(请人)赋诗。"(《颜氏家训·勉学篇》)梁武帝要想利用这样腐败透顶的统治阶级来支撑他的政权,其失败是无疑的了。

梁武帝对内任其政治腐化恶化,对外也显得贪婪而无能。当梁武帝即位之初,北魏政治已日趋衰乱。梁武帝于天监四年(公元 505 年)大举伐魏。当时梁军"器械精新,军容甚盛,北人以为百数十年之所未有"(《梁书·太祖五王传》)。可是梁武帝却舍当时名将韦叡不用,而任命其六弟、懦怯无能的萧宏为主帅。大军北伐,进驻洛口(今安徽怀远西南七十里洛河镇,洛涧入淮之口),一个夜里,偶然发生暴风雨,萧宏以为是敌人来进攻,即弃大军偷偷逃回建康。大军觅宏不得,纷纷散归,"弃甲投戈,填满水陆"(《资治通鉴》梁武帝天监五年),兵民也损折了将近五万人左右。北魏接着集中大军进攻梁淮南,幸亏钟离(今安徽凤阳东北)的人民在守将昌义之率领下死守却敌,韦叡等率大军援救,才扭转大败的局面。后来梁武帝想阻止敌军南下,乃欲堰淮水淹寿阳。公元 514 年,动员二十万民伕,筑浮山堰(在今安徽凤阳),费时两年筑成,"长九里,下阔一百四十丈,上广四十五丈、高二十丈,深十九丈五尺,夹之以堤,并树杞柳"(《南史·康绚传》),然后开渫东注。北魏也凿山深五丈,开渫北注。"水日夜分流。……水之所及,夹淮方数百里地",并成泽国。北魏军散溃退走,淮河两岸居民,"散就冈垄"(《南史·康绚传》)。不久,淮水暴涨,浮山堰倒塌,声闻数百里,沿淮河所有城戍居民村落十余万口,都被洪流漂流入海。

以后萧梁政治日益腐败,农民起义发生的次数也愈多,地区也愈广,规模也愈大,萧梁的统治更加动摇;这时北魏亦已趋于衰亡,梁武帝就想发动对外战争,来缓和国内阶级矛盾,便又出师北伐。

自南齐而下,南朝的政权,日益腐化与恶化,黄河流域各族人民对南朝政权,除伤心与失望外,已不对它存有任何幻想,因此,中原人民除了以自己的武装起义行动来推翻鲜卑贵族的统治以外,就没有再用南朝来作为号召的了。当萧梁北伐之际,正是北魏统治区内六镇起义、河北起义失败之后,关、陇各族人民的起义运动,还正在进展中,山东人民起义也方在邢杲的领导之下,与北魏统治政权展开惨烈的斗争。可是梁武帝不知振作自己,刷清内政,整军经武,去配合中原地区的农民起义,收复失地,却想利用北魏宗室元颢去充当北朝傀儡,来发展自己的势力。大通二年(公元528年),梁武帝以元颢为魏王,命大将陈庆之率众七千,送颢北还。元颢和陈庆之攻下北魏首都洛阳,北魏主元子攸逃往黄河北部的河内。庆之等在一百四十天内,攻下了三十二个城市,前后经过大小四十七次战争,战无不胜。可是孤军深入,不能很好结合当地民众。而元颢在入洛阳之后,又和北魏政权内的胡、汉地主集团勾结起来,甚至想消灭南朝的武装,脱离萧梁而独立,梁武帝也没有再派大军去支援陈庆之。结果尔朱荣反攻洛阳,元颢被杀,陈庆之全军覆没,只庆之一人乔装僧侣,逃返江南,梁武帝的北伐事业也就告一结束。

梁武帝于天监元年即帝位,时年三十八;至太清二年(公元548年)侯景乱梁时,年八十五,在位已四十七年(他在位共四十八年,于太清三年死,年八十六)。这四十七年中,从他本人的私生活而言,好像是一个非常难得的皇帝。他对公文很重视,冬季四更天就起身点烛批阅文件,手冻得坼裂也不在乎。晚年崇信佛教,每天只吃一顿饭,饭菜也是"膳无鲜腴,豆羹粝饭而已";"身衣布衣,木绵皂帐,一冠三载,一被二年,……不饮酒,不听音声。"(《南史·梁本纪》)从少就爱读书,至老手不释卷,常常读书到深夜。对经学很有研究,撰有《群经讲疏》二百余卷;又撰《通史》六百卷;诗作得很好,"洛阳女儿名莫愁"的诗句到后世还在传诵;"草隶尺牍骑射,莫不称妙。"(《南史·梁本纪》)初即位,即命群臣撰吉凶军宾嘉《五礼》一千余卷,群臣撰《五礼》时,遇有疑惑,都由他下最后判断。他又兴修国学,增广生员,立五经馆,置五经博士。所以《南史》本纪评论说:"自江左以来,年逾二百,文物之盛,独美于兹。"而敌国如东魏丞相高欢也要说"江东有一吴儿老翁萧衍,专事衣冠礼乐,中原士大夫望之以为正朔所在"(《北齐书·杜弼传》)了。他自然也以此自满。史称"衍好人佞己,末年尤甚"(《魏书·岛夷萧衍传》),有人向他说北朝强盛的,即便忿怒;有人如说北朝衰弱下去,他就高兴非常。朝臣左右知道他这一习性,谁也不敢说真话。萧梁就在这样的情形下,在梁武帝做皇帝的第四十七个年头,招致了侯景之乱。

侯景之乱　侯景是北魏怀朔镇中已同化于鲜卑的羯族人,曾做过怀朔镇的外兵史,和高欢极为友好。六镇起义失败后,景降于尔朱荣,随尔朱荣入晋阳,进洛阳。尔朱荣破葛荣时,景为前锋,以功擢升定州刺史。高欢灭尔朱氏,景又附于高欢,因与高欢少时友好,为欢大丞相府长史,仍兼定州刺史。以后在东魏历官尚书左仆射、吏部尚书、司空、司徒、河南道大行台(河南道的最高军政长官),将兵十万,专制河南,有十四年之久(公元

534—547年），可算是高欢唯一得力的帮手。高欢死，欢子高澄想把侯景调回，夺其兵权，景举兵不受代，以河南十三州之地，降于西魏。西魏丞相宇文泰接受了侯景的投降，但知景机诈多变，仍采取"受降如临敌"的谨慎态度，分派大军，络绎接收侯景占有的土地有七州十三镇之多，并示意侯景要他把指挥的军队交出来，并且希望他入朝长安。同时高澄也已在侯景叛变之后，派遣大军，命慕容绍宗率领，向侯景军进逼。侯景在东西夹击的不利形势下，乃派使至江南向梁武帝接洽投降，请求萧梁出师援救。

已做了四十六年南朝皇帝的梁武帝，听到侯景来投降，认为统一中原的机会到了。一面任命侯景为大将军、河南王、都督河南北诸军事、大行台，接受了他的投降；一面派他的侄儿萧渊明率领南朝的主力军队五万人进攻彭城（今江苏徐州市），牵制东魏，支援侯景。由于南朝兵农身份的继续低落，与兵役成为自耕小农主要破产因素的缘故，因此"萧衍发召兵士，皆须锁械；不尔，便即逃散"（《魏书·岛夷萧衍传》）。叫那些用锁颈械手的方式抓来的士兵去援救侯景，而且这次举动，又与全国人民的利益不能结合起来，这些士兵的战斗意志的低落是可想而知的了，叫他们去面临劲敌，打败仗自是必然无疑。加以军官腐化，师到之处，劫掠居民，毫无纪律，以及统帅萧渊明的怯懦与没有实战经验，结果梁军在彭城外十八里寒山堰一战，为东魏大将慕容绍宗所败，渊明被俘，南朝的主力军，几乎全部歼灭。东魏军在大捷之后，回师进击侯景。景时有众四万，退保涡阳（今安徽蒙城），曾连败东魏军。慕容绍宗坚壁不与交战，相持数月；等到侯景食尽，然后绍宗出兵击景，景军溃败。景率步骑八百人，投奔南朝，赚取了寿阳（今安徽寿县）。

寒山堰大败，梁朝主力军被消灭的消息传到建康，梁武帝紧张得几乎从床上堕下来。侯景到了寿阳后，梁武帝便正式任命侯景为南豫州刺史，让他镇守寿阳。并赐给青布万段，兵仗若干。以后还"赏赐锦彩钱布,信使相望"。

东魏在寒山大捷并驱走了侯景收复一部分失地之后,又采取外交攻势,叫被俘的萧渊明写信给梁武帝,表示只要南朝消灭侯景,北朝就可以释放萧渊明和寒山的战俘。想通过这方法,来离间侯景和梁朝的关系,促使侯景迅速叛变,以达到他们所预期的,不是消灭侯景便是梁朝被侯景所灭,两者相争,东魏乘机坐收渔利的目的。梁武帝在得到东魏的和议消息后,复信是:"贞阳(萧渊明封贞阳侯)旦至,侯景夕返"(《资治通鉴》梁武帝太清二年)。在太清二年的六月间,并正式派使臣徐陵前往东魏商谈和议的具体方案。

在梁朝和东魏和谈的过程中,侯景一再表示反对,可是梁武帝既不加以考虑,也不加以防范。侯景乃强迫招募南豫州属下的居民充作兵士,于太清二年八月初十日在寿阳举兵叛变,袭取谯州(治山桑,今安徽含山西南),陷历阳(今安徽和县),引兵直临长江。

梁武帝在长子萧统出生以前,以弟萧宏之子萧正德为子;后来生了萧统,又把正德还给萧宏。正德认为自己应该算作梁武帝的长子,他日可以继承皇帝的位置,对梁武帝措置这桩事非常不满。他阴养死士,想夺取皇位。侯景就利用萧正德与梁武帝叔侄之间的矛盾,派人去和萧正德取得联络,表示愿意拥护他做皇帝,共同举兵来推翻梁武帝的统治。愚蠢的萧正德听到侯景愿意拥戴他,认为他做皇帝的机会到了,就不惜出卖他的伯父,出卖他的国家,同意做侯景的内应。

侯景叛变的消息到达建康以后,梁武帝还认为"长江天堑",侯景是渡不过来的。就下令派他第六子萧纶统率四道都督北讨侯景;又任命萧正德为平北将军,都督京师诸军事,交给他担任保卫建康的任务。正德知道侯景到了长江北岸的横江(今安徽和县东南有横江浦,面对江南之采石),就派大船数十艘把他接到江南采石(今安徽马鞍山市西南采石)来。侯景就这样轻易地渡过长江。侯景渡江的时候,只有"马数百匹,兵八千人"(《南史·侯景传》),时间是在公元548年的十月二十二日。

侯景以十月二十二日渡江,二十三日至板桥(今江苏南京市西南板桥街道),二十四日至秦淮河南岸。梁军在秦淮北岸,隔朱雀桁(大桥)而军。萧正德党与沈子睦闭桁渡景军。景既渡秦淮,萧正德率众与景合,直抵台城城下。乃作长围围台城以隔绝内外,又西陷石头城、东取东府城,百道俱攻,昼夜不息。又引玄武湖水灌台城,阙前御街尽为洪波所淹没。

自太清二年十月二十四日被围,到太清三年三月十二日城破,台城前后被围有一百三十多天之久。梁武帝时已老耄,到了八十六岁的高龄,城中防务由太子萧纲主持,防军在名将羊侃的指挥下尽力抵抗。城初被围时,城内有男女十余万人,甲士二万余人,米四十万斛。被围既久,死者十之七八,登城而能作战的士兵,不满四千人了,这四千人也都是瘦得不像人样,只是喘气。城内"横尸满路","烂汁满沟"(《南史·侯景传》)。城破时,生存的只有二三千人。城外的居民,在侯景的蹂躏下,更是悲惨。当攻城时,他们被强迫起土山,"乱加殴捶,疲羸者因杀之以填山"(《梁书·侯景传》)。侯景"士卒掠夺民米,及金帛子女。是后米一升至七八万钱……饿死者十五六"(《资治通鉴》梁武帝太清二年)。数月之间,"道路断绝","存者百无一二"(《资治通鉴》梁武帝太清三年)。《太平寰宇记》卷90引《金陵记》称:"梁都之时,城中二十八万余户,西至石头城,东至倪塘,南至石子岗,北过蒋山,东西南北各四十里。"经过此次战乱,已是荒圮不堪,"南朝四百八十寺,多少楼台烟雨中"(杜牧诗句)的建康,在这次战乱中毁灭了。

当台城被围的时候,城外援军在邵陵王萧纶、东扬州刺史萧大连(皇太子萧纲之子)、南兖州刺史萧会理(梁武帝第四子萧绩之子)、司州刺史柳仲礼、西豫州刺史裴之高、衡州刺史韦粲、高州刺史李迁仕等率领下,集结于建康城周围的有二三十万人之多,共推柳仲礼为大都督,指挥全局。其中除韦粲一人战死外,其余将帅大都是顿兵不战,竞相抢掠。城破后,侯景强迫梁武帝命令援军全听侯景指挥。援军或归或降,陆续散去。

景未入建康时,曾立萧正德为帝(太清二年十一月初一日);既入建康,废正德,后又缢杀正德,萧正德共做了一百多天的傀儡皇帝,傀儡的下场,就是如此。侯景自加都督中外诸军事、录尚书事,南朝的军政大权全掌握在他一人手中。梁武帝也被侯景软禁起来,在台城陷落后二月,老病饿死,年八十六。其长子萧统先死,三子萧纲时为太子,侯景立纲为帝(是为简文帝),简文帝当了将近两年的傀儡皇帝,景又自为相国,自封宇宙大将军、都督六合诸军事。公元551年的八月,景又废简文帝,立萧统长子萧欢之子萧栋为帝。这一年的十月中,景命人用土囊压杀简文帝萧纲,并杀其十余子;十一月中,又强迫萧栋禅位于己,国号汉。

在台城初陷之时,建康附近,已破坏不堪,淮南诸州,亦多为北齐所侵占,可是南朝的粮库东土会稽一带,还是非常丰沃。东扬州(州治即会稽郡治山阴,今浙江绍兴)刺史萧大连有"胜兵数万,粮仗山积"(《资治通鉴》梁武帝太清三年)。江南人民憎恶侯景残暴,都愿起兵讨景。可是萧大连朝夕酣饮,不问军事。侯景派兵攻取吴郡、吴兴之后,又攻下会稽,三吴(吴郡、吴兴、会稽为三吴)全部,为景所占。"自晋氏渡江,三吴最为富庶,贡赋商旅,皆出其地。及侯景之乱,掠金帛既尽,乃掠人……卖于北境,遗民殆尽矣"(《资治通鉴》梁简文帝大宝元年)。侯景军队对东土的破坏,造成大宝元年(公元550年)的江南大饥荒,"会稽尤甚,死者十七八"。史称:"时江南大饥,江、扬弥甚。旱蝗相系,年谷不登。百姓流亡,死者涂地。父子携手,共入江湖;或兄弟相要,俱缘山岳。芰实荇花,所在皆罄;草根木叶,为之凋残。虽假命须臾,亦终死山泽。其绝粒久者,鸟面鹄形,俯伏床帷,交相枕藉,待命听终。于是千里绝烟,人迹罕见,白骨成聚,如丘陇焉。"(《南史·侯景传》)繁华的南朝,破坏到这种程度。统治者养寇自患,却给江南人民带来了巨大的灾祸[②]。

侯景要想在江南建立起他的统治政权,一方面把从南朝俘虏到的原来没为奴隶的北朝鲜卑族人,释放出来,待以高官厚禄[③]。同时又封逃在南朝的北魏元氏宗室十余人为王,并重用北人,来共同统治南人。一方面为了镇压南朝人民的反抗起见,禁止人民二人以上共同交谈,"犯者刑及外族"。"于石头〔城〕立大舂碓",把反抗他的南朝人民投碓中"捣杀之"。又为"大剉碓","先进其脚,寸寸斩之,至头方止"。在他执行惨酷的杀人政策时候,还强迫建康人民前往观看,欲以威众。每次出兵,他常告诫诸将说:"若破城邑,净杀却,使天下知吾威名。"(《南史·侯景传》)因此他部下的将领"专以焚掠为事",以杀人为戏笑。但是不管侯景的这种统治政策,怎样恐怖,江南百姓是"虽死,终不附之"(《资治通鉴》梁简文帝大宝元年)的。

萧绎灭侯景与定都江陵 江东政权本来就是"树根本(指中央政权)于扬越,任推毂(军府)于荆楚"。以后北府兵训练成功,扬州的军事力量较为充实,可是到了梁武帝末年寒山之败,梁朝中央的主力军几乎全部被歼灭。荆州军更成为支持萧梁政权的唯一武装力量了。在台城被围之后,梁援军自四方至者有二三十万人,而荆州却只派步骑万人,东援建康。

当时的荆州刺史是梁武帝第七子湘东王萧绎,他的官衔是使持节、都督荆雍湘司郢宁梁南北秦九州诸军事、镇西将军、荆州刺史,他指挥的地区:东至今天湖北省接江西省之界,南至湖南尽云南边境,北至襄阳,西至陕南的汉中。除了四川全境,由他八弟萧纪统治外,上流重镇,全部受他管辖。他听到台城被围,并不急于派遣大军,援救父兄,相反地却希望台城早日陷落,他的父兄早日被杀,然后让他来做皇帝。因此在台城被围时,他只是迫于当时的舆论,勉强派儿子萧方等率领援军万人,前往援救。全国都不满意他这种行为,他在舆论的指责下,只得再派大

将王僧辩率领舟师万人继续增援。可是不久台城就被侯景攻破,舟师也全部给侯景接收过去,只有王僧辩等将领数人回到江陵。台城是陷落了,不久梁武帝也死了,对于萧绎这都是有利的事。但是那时萧绎的兄弟之中,除萧绎之外,生存的还有三个,三兄萧纲名为皇帝,实际是在侯景软禁之中。六兄萧纶在侯景起兵时,被任命为北讨大都督,总督诸军北讨侯景,到了台城被围的时候,纶赴援战败,及台城破,逃往会稽,又自会稽逃到郢州(治武昌),被推为中流盟主——都督中外诸军事,大修器甲,将

讨侯景。论兄弟的行次,萧纶是萧绎的哥哥,那么将来帝位继承的次序,也应该萧纶在前。因此萧绎是非消灭萧纶不可的。就派王僧辩率水军万人,进逼郢州,纶军溃散,纶逃至汉东。这时西魏派大将杨忠略地汉东,萧绎派使臣去同杨忠接洽,缔结了出卖国土称臣西魏的盟约:"魏以石城(竟陵郡治,今湖北潜江)为封,梁以安陆为界,请同附庸,并送质子"(《资治通鉴》梁简文帝大宝元年),目的在于要求西魏消灭萧纶。不久西魏军就在杨忠指挥下,擒杀萧纶,投尸江岸。这么一来,和萧绎争皇位的人,总算又少了一个。

萧纶死后,萧绎还有一个八弟萧纪。纪自大同三年(公元537年)被任命为都督益梁等十三州诸军事、益州刺史,到了公元552年,镇守梁、益,已有十六个年头。萧纪在蜀,"南开宁州、越嶲(治邛都,今四川西昌东南),西通资陵、吐谷浑,内修耕桑盐铁之功,外通商贾远方之利,故能殖其财用,器甲殷积"(《南史·梁武陵王纪传》),有精兵四万,马八千匹。他也和萧绎一样,当建康被围时,毫无出兵援救建康之意。到了台城已破,梁武帝已死,萧纲已被杀,他就即位称帝,率水军沿江东下,以讨侯景为名。东下时,"黄金一斤为饼,百饼为籯,至有百籯,银五倍之,其他锦罽缯彩称是"(《南史·梁武陵王纪传》)。萧绎见萧纪东下,又派使臣向西魏请兵,说:"子纠(春秋时齐公子,齐桓公兄)亲也,请君讨之(意思是说萧纪虽是我亲兄弟,但是请你消灭他)。"(《资治通鉴》梁元帝承圣二年)西魏自然乐得乘萧绎兄弟内阋的机会,派大军攻下梁州,接着进兵取得益州,坐收渔利。萧纪未至江陵,而后方益州已失,纪又为萧绎军所破,绎将生获萧纪,杀之于巫峡口。萧绎剪除兄弟势力的目的是达到了,可是梁、益既失,襄阳又被西魏所控制,江陵已是危如累卵了。

襄阳是雍州刺史驻地。当时雍州刺史为萧詧,是萧绎长兄昭明太子萧统的第三子。萧统的第二子萧誉先为湘州刺史,侯景围台城时,因不肯受萧绎的节制,萧绎派兵围攻长沙(湘州治所),詧为救他二兄萧誉起见,曾举兵向江陵,欲解湘州之围。城破后誉被杀,詧遂举襄阳附于西魏,请为西魏附庸之国。西魏也想扶植萧詧作傀儡,可以乘机向南朝进行侵略,乃封萧詧为梁主,并派重兵驻于襄阳,带着一种半监视半保护的性质。襄阳距离江陵,只有五百里路,势同唇齿④,倘襄阳失守,江陵就三面受敌,因此要保卫江陵,必须固守襄阳,可是萧梁皇室互争地盘,自相火并,却把山川形险,拱手让给敌人。

在侯景消灭前后,荆州周围的形势,就是如此。

侯景掌握建康政权占有扬、越之后,对其统治区内人民,进行残酷的掠夺和烧杀,这样,一方面直接使人口减少,生产破坏;一方面又加速其自身的灭亡。那时江南扬州虽残破不堪,而荆楚尚称全盛,荆州能够消灭侯景,本是自然不过的事。公元551年,侯景出兵攻取江州、郢州,乘胜西上,史称其水军"号二十万,联旗千里,江左以来,水军之盛未有也"(《南史·侯景传》)。景军推进至巴陵(今湖南岳阳),将攻江陵。萧绎命王僧辩率兵击退景军,收复郢州和江州。次年三月,王僧辩又大捷于姑孰(今安徽当涂),乘胜进抵建康。侯景战败东奔,与心腹数十人乘船由沪渎(今属上海市)入海,景党或死或降,或走投北齐。梁将羊侃第三子鹍随景东走,语舵师驶回京口(今江苏镇江市),至胡豆洲(今江苏镇江市北),景觉,大惊,欲投水,鹍刺杀之,送景尸于王僧辩,侯景平。

王僧辩从江陵出发时,曾向萧绎请示:"平贼(侯景)之后,嗣君(萧纲)万福(平安不死),未审何以为礼(不知用什么礼节对待他)。"(《资治通鉴》梁元帝承圣元年)萧绎的指示是"六门之内,自极兵威(台城有六个城门,言台城破后,自可放手杀戮)"(《南史·梁昭明太子统传》),也就是暗示萧纲应在被杀之列。城破,萧纲已为侯景所杀;萧栋(萧统长子萧欢子)兄弟三人本已被侯景监禁起来,这时就从幽禁处所逃出,投奔荆州军,结果王僧辩执行了萧绎命令,派人把萧栋兄弟沉水溺死。

荆州军攻克建康之后,"纵兵蹂掠"(《南史·侯景传》)。建康人民天天期待"王师"到来,一旦"王师"进城,"老小相扶竞出"(《南史·侯景传》);谁知荆州军刚渡过秦淮河,就对他们进行抢掠,"剥剔士庶,民为其执缚者,袒衣(衬衣裤)不免;尽驱逼居民,以求购赎。自石头至于东城,缘淮号叫之声,震响京邑"(《梁书·王僧辩传》)。王僧辩在石头城,听到远远呼叫之声,还认为侯景反攻,登城瞭望,知道人民被掠,也不下令禁止。当时都认为"王师之酷,甚于侯景"(《南史·侯景传》)。荆州军进入宫内以后,把贵重财物抢光,因没法向萧绎交代,到了晚上,就用一把火把太极殿(正殿)及东西堂、延阁、秘署全部烧光,只剩下武德、五明、重云殿及门下、中书、尚书三省被抢救住。这一次浩劫,造成"都下户口,百遗一二;大航(桁)南岸(秦淮河南岸),极目无烟"(《南史·侯景传》)的荒凉景象。

侯景既破,萧绎就在公元 552 年的十一月,在江陵即帝位,是为梁元帝。那时江北诸郡,多被东魏侵占,梁、益两州已全部并于西魏,雍州一镇也已沦为西魏的附庸,史称"自侯景之难,州郡大半入魏,自巴陵(今湖南岳阳)以下至建康,缘以长江为限,荆州界北尽武宁(郡治乐乡,今湖北钟祥西北),西距峡口(巫峡之口),自岭以南,复为萧勃所据。文轨所同,千里而近,人户著籍,不盈三万,中兴之盛,尽于是矣"(《南史·梁元帝纪》),南朝到这时更为削弱了。

江陵的陷落 梁元帝萧绎即帝位后,首先要解决的事情,就是都城所在地,是还都建康呢?抑是定都江陵?小朝廷内部分为两派,有两种主张。一派是荆州系统的文武,以宗懔、黄罗汉为代表,他们主张定都江陵,他们的理由是江北之地尽失,建康与北齐只隔一条长江，都城受威胁，东土一带破坏得又很厉害，而江陵还没有受到破坏，因此以定都江陵为宜。一派是世家大族，以王褒、周弘正为代表，他们主张还都建康，他们的理由是自东晋以来，建康一直是江东的政治中心，一般百姓的心理，认为做皇帝而不前往建康，和"列国诸王"并没两样。当然他们也看到距江陵五百里的襄阳，已在西魏的手中，江陵的局势已很为险恶，可是他们知道梁元帝萧绎为人猜忌多忌讳，因此没敢直说，只是隐隐约约地点了一下。梁元帝萧绎呢？他知道自己由于荆州军在收复建康时期的大焚掠而失去扬、越一带的人心，况且建康破坏很严重，一时不易恢复，因此一时也不想回建康，于是就决定定都于江陵。

萧绎在侯景未平前，曾称臣于西魏，既即帝位便不再称臣。西魏派遣使臣宇文仁恕到江陵聘问，梁元帝接待宇文仁恕不像接待北齐使臣那样热烈。梁元帝并向宇文仁恕表示，梁已统一，西魏所侵梁之梁、益等州和襄阳等地应归还给梁。宇文仁恕回去报告西魏执政宇文泰。宇文泰认为既已取得梁、益，倘若再把江汉地区拿到手，形势于己更为有利。而萧詧又在此时入朝西魏，请求出兵。公元 554 年九月，宇文泰乃命于谨、宇文护等率步骑五万，南侵江陵。十月十一日至襄阳，萧詧领兵助战。十一月十四日西魏大军至江陵，派精骑先据江津，切断江路，使江南援军无从得渡，然后筑长围，尽锐攻城，二十九日城破，梁元帝被执处死。西魏挑选江陵百姓男女十余万口，分赏将士作奴婢，驱归关中，将小弱者全部杀掉⑤。

西魏攻下江陵后，将人民全部掳去，只把空城留给傀儡萧詧作梁国的都城，而将未遭破坏的雍州收归西魏作郡县。萧詧帮了一阵凶，反而失去襄阳，得到江陵空城，而这座空城还得由西魏派江陵总管驻扎其地来监视他。他悔恨作赋："昔方千〔里〕而畿甸，今七里而盘萦。寡田邑而可赋，阙丘井而求兵。"（《周书·

萧詧传》)不久忧愤而死。卖国投敌落得如此下场。

江陵破后,王僧辩、陈霸先在建康拥立梁元帝子萧方智为帝（是为敬帝）。未几,霸先废方智自立,梁亡。

齐梁帝系表　齐七帝,首尾二十四年;梁四帝,首尾五十五年。

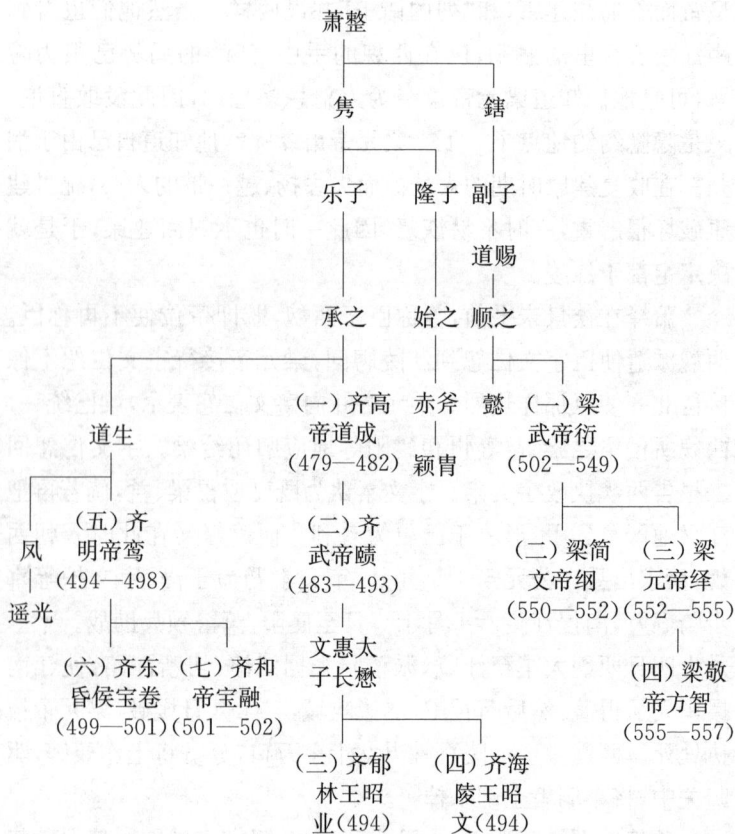

```
                          萧整
                  ┌────────┴────────┐
                  隽               镃
            ┌─────┼─────┐          │
          乐子  隆子   副子        道赐
                              ┌────┴────┐
          承之   始之        顺之

    ┌───────┐  (一)齐高  赤斧   懿  (一)梁
    道生      帝道成           武帝衍
    │        (479—482)  颖胄     (502—549)
  ┌─┴──┐
  凤  (五)齐   (二)齐           (二)梁简 (三)梁
      明帝鸾   武帝赜           文帝纲  元帝绎
  遥光 (494—498) (483—493)      (550—552)(552—555)

  (六)齐东 (七)齐和  文惠太              (四)梁敬
  昏侯宝卷 帝宝融    子长懋              帝方智
  (499—501)(501—502)                   (555—557)

              (三)齐郁 (四)齐海
              林王昭   陵王昭
              业(494)  文(494)
```

────────────────

①《文苑英华》卷 754 引何之元《梁典·总论》:洎于后代,其弊尤甚,阋恤民之不存,而忧士之不禄。苟民之长,守次更为,为君者甚多,为民者甚少,下上递憎,甚于仇敌。百城恣其暴夺,亿兆困其征求,捐弃旧乡,奔亡他县,地荒邑散,私少官多。

于是仓库既空，赋敛更重，民不堪命，轰然土崩。

②《魏书·岛夷萧衍传》：始景渡江至陷城之后，江南之民及衍王侯妃主，世胄子弟，为景军人所掠，或自相卖鬻、漂流入国者，盖以数十万口。加以饥馑死亡，所在涂地，江左遂为丘墟矣。

③《南史·贼臣侯景传》：景至都……又募北人先为奴者，并令自拔，赏以不次。朱异家黥奴乃与其侪逾城投贼，景以为仪同，使至阙下，以诱城内。乘马披锦袍诟曰："朱异五十年仕宦方得中领军；我始事侯王，已为仪同。"于是奴僮竞出，尽皆得志。

《资治通鉴》梁武帝大同二年：景募人奴降者，悉免为良。得朱异奴，以为仪同三司，异家资产，悉与之。奴乘良马，衣锦袍，于城下仰诟异曰："汝五十年仕宦，方得中领军；我始事侯王，已为仪同矣。"于是三日之中，群奴出就景者以千数，景皆厚抚以配军，人人感恩，为之致死。

《资治通鉴》梁武帝太清三年：五月壬午，诏北人在南为奴婢者，皆免之，所免万计。〔侯〕景或更加超擢，冀收其力。

④《南齐书·州郡志》：江陵去襄阳步道五百，势同唇齿，无襄阳则江陵受敌不立故也。……雍州镇襄阳。……自永嘉乱，襄阳民户流荒。……宋元嘉中，割荆州五郡属，遂为大镇。疆蛮带沔，阻以重山，北接宛、洛，平涂直至，跨对樊、沔，为鄢、郢北门。

⑤ 西魏俘虏江陵百姓人数，各书记载不一，《法苑珠林》卷 95 引《冥祥记》作百四十万口；《通鉴考异》引《三国典略》作五十万口；《梁书·元帝纪》作数万口；《周书·文帝纪》及《于谨传》作十余万口，今从《周书》。

第五节　陈王朝的建立与衰亡

陈王朝的建立　陈霸先，原籍颍川，其祖先在永嘉时南渡，居于吴兴，遂为吴兴之长城（今浙江长兴）人。家世寒微。初仕乡为里司，后至建康，为油库吏，徙为新喻侯萧映（萧梁宗室）传教。后萧映为广州刺史，霸先从映至广州，以镇压广州农民起义有功，累官至西江督护、高要（郡治高要，今广东高要）太守。侯景叛变，广州刺史元景仲（逃至南朝的北魏宗室）与景勾结，霸先讨杀景仲。遂起兵讨侯景，自始兴（郡治曲江，今广东韶关市）出大庾岭，沿赣江而下，至湓城（今江西九江市），与王僧辩会师。由于霸先自岭南出发时，即以讨侯景为号召，因此广东、江西地区的人民,踊跃参军,他率领的队伍发展到甲士三万人,强弩五千张,舟船二千乘,贮积军粮亦有五十万石之多。时荆州军乏食,霸先以米三十万石赡荆州军,荆州军的战斗力因此为之大振。破建康,灭侯景,霸先之功居多。梁元帝以霸先为司空领扬州刺史,镇京口。以王僧辩为太尉,镇石头(王僧辩父神念,自北魏降梁,本姓乌丸氏,盖鲜卑族人。僧辩为荆州大将,平侯景立大功)。

西魏军攻破江陵,霸先与王僧辩共迎梁元帝第九子江州刺史、晋安王萧方智于寻阳(今江西九江市),立为皇帝,时年十三。江北之地自侯景乱后,已为北齐所占;至此北齐闻江陵陷落,派大军临长江,欲进军江南。梁元帝的郢州刺史陆法和,以郢州(治武昌)降齐。北齐又采用外交攻势来配合军事进攻,派人与王僧辩接洽,认为萧方智年幼,梁朝在多事之秋,应该推立长君,寒山被俘的萧渊明年龄较大,且是梁武帝的亲侄子,推他做皇帝,较为适宜,倘若梁朝拥立萧渊明做皇帝,北齐也不再进攻江南。王僧辩从个人的利益打算,就答应了北齐的条件。北齐乃派兵一千人卫送萧渊明过江,即位为帝。这样一来,萧梁政权,实际是由北齐来操纵了。王僧辩屈事北齐的行径,激起江南人民的强烈不满。陈霸先正想夺取萧梁政权,这正是他利用民心的好机会,于是就从京口举兵偷袭石头,杀了王僧辩,废去萧渊明,重新拥立萧方智为帝。不久,王僧辩的残余势力还想勾结北齐,进犯建康,军至钟山。江南人民为了保卫乡土,听得陈霸先的军队缺乏粮食,家家在晚间用荷叶裹饭,夹以鸭肉,慰劳军队①。陈霸先的军队在江南人民这样的积极支援之下,战斗意志更是坚决,奋勇杀敌,获致空前大捷,把王僧辩的残余势力全部肃清;北齐的军队,也被打得七零八落,逃回江北的,只剩十之二三。陈霸先在这次大捷中获得北齐的军资器械,更是不可胜数。

陈霸先把北齐势力驱逐出长江以南之后,他的功业,超过萧道成、萧衍,萧梁政权自然非转让给他不可。他就在公元 557 年十月，自己登上皇位(是为武帝)，改国号为陈。霸先在位二年死(公元559年)，霸先子陈昌在江陵陷落时，被西魏俘往长安，陈霸先的事业，遂由侄儿陈蒨(文帝)来继承。

陈文帝继位时，江东政权的号令还是不出建康千里之外。最威胁建康的，是盘踞湘、郢二州的王琳。王琳本是梁元帝的湘州刺史，在江陵陷落后，长江中流的萧梁残余势力，都推他为盟主。陆法和降齐后，他又据有武昌，并且夺取江州，进军濡须口(今安徽和县西南裕溪口)。他一方面拥立梁元帝的七岁孙子萧庄为梁主以作号召；一方面又勾结北齐、北周，做他卖国的勾当。北齐派兵万余人，配合王琳军东下，企图进犯建康。陈文帝坚决抗击，在芜湖附近打败了王琳与北齐的联军。王琳逃回江州，还想继续骚扰江南，可是他部下的士兵不愿为他作战，纷纷散去，其上流根据地湘州，又为北周所袭取。于是王琳只得和他妻妾左右十余人，渡江逃入北齐去了。

陈文帝在击败王琳和北齐的联军之后，收复了江州、郢州，进军巴丘(今湖南岳阳市)，截断江路。北周军队在陈军采用封锁政策所造成的饥饿威胁下，只得迅速撤退。陈文帝在这次战役中，又获致空前大捷。

陈霸先叔侄在以上几次战役中，击退了北齐、北周的军队，削平了长江中游的割据势力王琳，到这时候江东政权才算初步地稳固了下来。以后广州刺史欧阳颁、桂州刺史淳于量又先后归附。比起梁来，虽是"西不得蜀、汉，北失淮、沘"(《读史方舆纪要》)，可是长江以南，总算统一在陈氏的江东政权之下了。

江南地方豪强势力的兴起　侯景之乱，给予南朝社会经济一大打击，兵乱所至，世族庄园随之破坏，破坏结果，使世族经济基础大为削弱。

侯景于作乱之始，就有打击世家大族势力的企图，《南史·侯景传》言："景请娶于王、谢，〔梁武〕帝曰：'王、谢门高非偶，可于朱、张以下访之。'景恚曰：'会将吴儿女以配奴。'"及景围建康，"纵兵杀掠，交尸塞路，富室豪家，恣意哀剥，子女妻妾，悉入军营"。围城内的世家大族，也都"鸟面鹄形，俯伏床帷……莫不衣罗绮，怀金玉，交相枕藉，听命待终"。城破以后，"京邑大饥，饿死者十八九"，世族大地主如东海徐孝克（徐摛子，徐陵弟）至逼嫁其妻臧氏（领军将军东莞臧盾之女，盾亦世家大族）于侯景部将孔景行，换取谷帛，藉以活命；孝克后又剃发为僧，乞食为生②。颜之推所说"中原冠带随晋渡江者百家……至是在都者，覆灭略尽"（《北齐书·颜之推传》载《观我生赋》自注），当是实事。及西魏之陷江陵，"系虏朝士"多为奴隶③，"诸见俘虏，虽百世小人，知读《论语》、《孝经》者，尚为人师；虽千载冠冕，不晓书记者，莫不耕田养马"（《颜氏家训·勉学篇》）。至此，南朝的世家大族，尤其是北来的世家大族，势力殆已受到沉重的打击；即江东的世家大族如吴郡顾、陆、朱、张四姓，会稽孔、魏、虞、谢四姓，也有渐趋式微的倾向。只有江南未经战乱之地的地方豪强的势力，却崛然兴起。

在侯景乱梁，萧梁中央政权已濒临土崩瓦解之际，江南的地方豪强，各据坞壁，起而自卫，"于是郡邑岩穴之长，村屯坞壁之豪，资剽掠以致强，恣陵侮而为大"（《陈书·熊昙朗、周迪、留异、陈宝应传》论）。如豫章（郡治南昌，今江西南昌市）熊昙朗，"世为郡著姓。……侯景之乱，〔昙朗〕据丰城县（今江西丰城西南）为栅，桀黠群盗多附之"。其后"兵力稍强，劫掠邻县，缚卖居民，山谷之中，最为巨患"（《陈书·熊昙朗传》）。陈初，昙朗以南川豪帅历宜新、豫章二郡太守、平西将军，封永化县侯。临川（郡治南城，今江西南城西南）周迪，侯景乱梁时，其宗人周续起兵于临川，以讨侯景为名，梁临川内史始兴王萧毅以郡让续，既而续所部渠帅杀续，推迪为主，迪乃据有临川之地。时"百姓皆弃本业（农业），群聚为'盗'；唯迪所部，独不侵扰，并分给田畴，督其耕作，民下肄业，各有赢储，政教严明，征敛必至，余郡乏绝者，皆仰以取给"（《陈书·周迪传》）。陈初，周迪亦以南川豪帅为安南将军、江州刺史，封临汝县侯。东阳（郡治长山，今浙江金华）留异，"世为郡著姓。异……为乡里雄豪，多聚恶少，陵侮贫贱。……侯景之乱，还乡里，召募士卒。……太守沈巡援台（建康），让郡于异，异使兄子超监知郡事。……侯景平后……仍纠合乡间，保据岩阻，其徒甚盛，州郡惮焉"（《陈书·留异传》）。江陵陷后，王僧辩以异为东阳太守。陈初，异位至安南将军、缙州刺史、领东阳太守，封永兴县侯。晋安（郡治侯官，今福建福州市）陈宝应，"世为闽中四姓。父羽……为郡雄豪。……侯景之乱，晋安太守、宾化侯萧云以郡让羽，羽年老，但治郡事，令宝应典兵。是时东境饥馑，会稽尤甚，死者十七八，平民男女，并皆自卖，而晋安独丰沃。宝应自海道寇临安、永嘉及会稽、余姚、诸暨，又载米粟，与之贸易，多致玉帛子女……由是大致资产，士众强盛。……侯景平，元帝（萧绎）因以羽为晋安太守。高祖（陈霸先）辅政，羽请……传郡于宝应……许之"（《陈书·陈宝应传》）。陈初，宝应位至宣毅将军、闽州刺史，封侯官县侯。新安（郡治始新，今浙江淳安西北）程灵洗，"侯景之乱，灵洗聚徒据黟、歙以拒景。……及景败……复据新安，进军建德"（《陈书·程灵洗传》）。后仕陈，官至安西将军、郢州刺史，封重安县公。扶风鲁悉达，"侯景之乱，悉达纠合乡人，保新蔡（今湖北黄梅西南），力田蓄谷。时兵荒饥馑，京都及上川饥死者十八九，有得存者，皆携老幼以归焉。悉达分给粮廪，其所济活者甚众，仍于新蔡置顿以居之。招集晋熙（郡治怀宁，今安徽潜山）等五郡，尽有其地"（《陈书·鲁悉达传》）。悉达后归陈，仕至安南将军、吴州刺史，封彭泽县侯。巴山新建（今江西乐安）人黄法氍，少"为乡间所惮。侯景之乱，于乡里合徒众，太守贺诩下江州，法氍监知郡事"（《陈书·黄法氍传》）。陈霸先辅政，割江州四郡置高州，以法氍为高州刺史,镇巴山(今江西崇仁西南)。其后仕陈,位至镇西大将军、都督豫建光朔合北徐六州诸军事、豫州刺史,封义阳郡公。始兴曲江(今广东韶关市)人侯安都,"世为郡著姓。……安都……善骑射,为邑里雄豪。……侯景之乱,招集兵甲至三千人"(《陈书·侯安都传》),从陈霸先东下,后遂为陈开国功臣,官至征北大将军、南徐州刺史,封桂阳郡公。长沙欧阳頠,"为郡豪族"。梁、陈之际"岭南扰乱",陈霸先以"頠有声南土",乃授頠广州刺史,頠弟盛为交州刺史,次弟邃为衡州刺史(治含洭,今广东英德西北洸洸),"合门显贵,名振南土"(《陈书·欧阳頠传》)。此外如"巴山陈定",梁末"拥众立寨"(《陈书·陈昙朗传》);"闽中豪帅",也"往往立砦以自保"(《陈书·萧乾传》)。又高凉(郡治高凉,今广东阳江县西三十里)洗氏,"世为南越首领,部落十余万家"(《北史·列女·谯国夫人洗氏传》),女为罗州(州治石龙,今广东化州西北)刺史冯宝妻,世称洗夫人。冯宝祖冯业至宝四世为守牧,然"他乡羁旅,号令不行",及冯宝娶洗夫人后,"夫人诫约本宗,使从百姓礼,每与宝参决辞讼……自此政令有序,人莫敢违"。及江陵陷落,"岭表大乱",时冯宝已死,洗"夫人怀集百越,数州晏然"(《北史·列女·谯国夫人洗氏传》),成为有陈一代及以后隋文初平江南之际稳定珠江流域政治局面的重要支持力量。

陈氏在建国之初,对这些地方豪强笼络备至,如陈文帝嫁女丰安公主于留异第三子贞臣,又命编陈宝应一门于属籍为宗室。但是由于部分地方豪强势力的过分发展,必然会对抗中央,妨害中央的集权政策,故熊昙朗、周迪、留异、陈宝应等,不久仍次第为陈文帝所消灭,而程灵洗、鲁悉达、黄法㬞、侯安都、欧阳頠、洗夫人等,则均位至将帅,成为支持南朝陈氏政权的主要力量。

但是这些作为陈氏政权主要支持力量的江南地方豪强,由于政局的急转直下,因此,他们从兴起到衰落,时间也是很短暂的。

本来一时崛起的江南地方豪强,他们的经济势力,是靠经济外的强制力量来巩固住的。经济外的强制,是他们获得土地的重要手段,也是从受他们庇护的部曲、佃客那里榨取剩余劳动的重要手段,可是陈王朝的统治,只有短短的三十三年,就被隋文帝杨坚用强大的兵力所征服,江南地方豪强的政治和经济势力,随之而大大削弱了。

陈争淮南与陈的衰亡 陈文帝死(公元566年),子伯宗(废帝)继位,后三年,文帝弟陈顼废伯宗自立(公元569年),是为宣帝。

陈宣帝时,北周遣使聘陈,约陈共伐齐,中分天下。其实北周想利用陈王朝出兵淮南,牵制北齐一部分兵力,好达到它消灭北齐的目的,并非真的愿意和陈中分天下。

陈军乃在太建五年(公元573年)开始北伐,后二年,大败齐兵于吕梁(今江苏徐州市东南五十里),尽复淮南失地。这时北齐衰乱已极,倘若陈军能乘胜推进,可能消灭北齐,进而统一中国。可是陈宣帝的进图淮南,其目的还是在于划淮而守,苟安江表,因此停兵淮南,坐失灭齐的时机。而北周武帝宇文邕却乘陈王朝牵制北齐一部分兵力的时候,伺机出兵(公元575—576年),乘胜灭齐,统一了中原。到北周平齐以后,陈宣帝却想争夺徐、兖,出兵北伐。太建十年二月,陈将吴明彻率水军猛攻彭城(北周徐州治所,今江苏徐州市),但后路被周军截断。陈兵军心动摇,不得不撤退,到了清口(古泗水入淮之口,在今江苏淮阴市西),遇到拦截的周军,因水路已被障碍物堵塞,船舰无法前进,结果全军溃散,将士三万人成了俘虏,器械辎重全都丢失,吴明彻也束手就擒。只有骑兵数千在骁将萧摩诃的指挥下,乘夜突围,才回到淮水南岸。此后北周就把兵锋转向淮南,至翌年冬,尽占江北、淮南之地,陈氏的江东政权至此已摇摇欲坠了④。不过这时适逢北周武帝宇文邕病死（公元 578 年），宣帝宇文赟新立，荒淫暴虐，没有继续出兵灭陈统一南北的意图。公元 580 年，周宣帝死，其子宇文阐（静帝）继位，年仅八岁，外戚杨坚执政。坚欲代周称帝，大杀宇文氏宗室，相州总管尉迟迥自邺、益州总管王谦自蜀、郧州总管司马消难自安陆，三方起兵攻杨坚，坚出兵平定三方，公元 581 年，坚乃废阐自立，改周为隋。杨坚称帝后第一步工作，是把新政权巩固起来，自然不遑外略，所以灭陈的事情，就不得不暂时搁置起来，这样，陈政权就又苟存了八年之久。

陈宣帝死（公元 582 年），子叔宝（后主）继位。叔宝荒淫奢侈，到他统治时代，陈的政治，更加腐败。陈的境域民户，比起东晋、宋、齐、梁任何一代来都不如。可是陈的官吏，"唯以刻削百姓为事"，向农民搜括去的财物，"每岁所入数十倍"（《南史·恩倖·沈客卿传》），真是"劫夺闾阎，资产俱竭"。尤其是"微畜资产"的农民，动辄被官吏"诬盗以贼，系以囹圄，货财不尽，性命不存"。至此，南朝的自耕小农更是"各不聊生，无能自保"。而繁重的兵役，这时便成为自耕小农破产的主要因素，无辜的自耕小农，往往"身充苦役，至死不归"（《文馆词林》卷 664 引隋文帝《安边诏》）⑤；当兵以后，由于士兵身份的继续低落，即使是"介士武夫"，也苦于"饥寒力役"，战斗力的薄弱，那是情理之常。刘宋大明八年（公元 464 年），南朝有户九十万六千八百七十，口四百六十八万五千五百一；到了陈亡时（公元 589 年），南朝有户五十万，口二百万。过了一百二十五年，户口的数目反而减少一半以上，固然这中间经过侯景乱梁和江陵陷落，以致南朝境域的更加缩小，户口也随之而减缩，但这都不是主要的原因，主要的还是由于政府编户——自耕小农不断破产的缘故。

北朝自杨坚建立隋朝后，原先在鲜卑贵族支配下的关陇政权，其最高统治者——皇帝已由汉人来接替。北朝境内，自公元

524年各族人民大起义以后,至此,进入中原地区的各少数兄弟族皆已完全汉化。以民族矛盾作为主导而造成的南北对立局面,其因素已不存在,江南人民自然不需要用流血的代价来支持南朝政权了。何况北朝自北魏实施均田制度以来,除了农业生产有显著的进展以外,还巩固和扩大了作为专制皇帝主要剥削对象的自耕小农这一阶层;从西魏、北周起,又在均田制的基础上,发展和扩充了府兵制度,北朝兵农的身份,也有了显著的提高,军事威力自然大大地增强。所以杨坚在公元587年,把西魏、北周所培植出来的后梁傀儡政权消灭之后,就于公元588年,任命其第二子晋王杨广为行军元帅,率领贺若弼、韩擒虎等九十个行军总管,士兵共有五十一万八千人,分八路进兵伐陈。兵已临江,陈叔宝犹谓"王气在此"(《南史·陈本纪》);他左右近臣也都说"长江天堑,古以为限隔南北,今日虏军岂能飞渡邪"(《资治通鉴》陈后主祯明二年),君臣依然赏花赋诗,饮酒作乐。公元589年,隋兵渡江灭陈,擒叔宝,陈亡。

陈帝系表 陈五主,首尾凡三十三年。

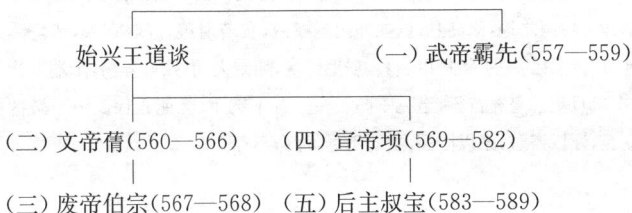

```
                                        ┌────────────────┐
            始兴王道谈          （一）武帝霸先(557—559)

  （二）文帝蒨(560—566)      （四）宣帝顼(569—582)
           │                          │
  （三）废帝伯宗(567—568)    （五）后主叔宝(583—589)
```

①《资治通鉴》梁敬帝太平元年:时四方壅隔,粮运不至,建康户口流散,征求无所。……霸先将战,调市人得麦饭,分给军士,士皆饥疲。会陈蒨馈米三千斛,鸭千头,霸先命炊米煮鸭,人人以荷叶裹饭,"媲"以鸭肉数脔(以鸭盖饭上曰"媲")。

②《陈书·徐陵传弟孝克附传》:梁末侯景寇乱,京邑大饥,饿死者十八九。孝克养母,饘粥不能给。妻东莞臧氏,领军将军臧盾之女也,甚有容色。孝克乃谓之曰:"今饥荒如此,供养交阙,欲嫁卿与富人,望彼此俱济,于卿意如何?"臧氏弗之许

也。时有孔景行者，为侯景将，富于财，孝克密因媒者陈意，景行多从左右，逼而迎之，臧涕泣而去，所得谷帛，悉以供养。孝克又剃发为沙门，改名法整，兼乞食以充给焉。臧氏亦深念旧恩，数私致馈饷，故不乏绝。后景行战死，臧伺孝克于途中，累日乃见，谓孝克曰："往日之事，非为相负，今既得脱，当归供养。"孝克默然无答，于是归俗，更为夫妻。

③《周书·唐瑾传》：江陵既平，衣冠仕伍，并没为隶仆。瑾察其材行，有片善者，辄议免之，赖瑾获济者甚众。

《隋书·庾季才传》：初，郢都之陷也，衣冠人士，多没为贱。季才散所赐物，购求亲故。

《法苑珠林》卷110引《冥祥记》：梁江陵陷时，有关内人梁元晖，俘获一士大夫姓刘，位曰新城，失其名字。此人先遭侯景乱，丧失家口，惟余小男，年始数岁，躬自担抱，又著连枷，值雪途不能进。元晖逼令弃去……遂强夺取，掷之雪中，杖拍交下，驱蹙使去。刘乃步步回首，号叫断绝，辛苦顿弊，加以悲伤，数日而死。

④《陈书·宣帝纪》：太建十年九月乙巳，立方明坛于娄湖。戊申，以中卫将军、扬州刺史、始兴王叔陵兼王官伯，临盟。甲寅，舆驾幸娄湖临誓。乙卯，分遣大使，以盟誓班于四方，上下相警戒也。

《资治通鉴》陈宣帝太建十年胡三省注曰：时彭城丧师，陈人通国上下摇心，故为是盟。

⑤《文馆词林》卷664引隋文帝《安边诏》：陈氏昔在江表，劫剥生灵，事等怨仇，何以堪命。岭南之地，涂路悬远，如闻凶魁赋敛，贪若豺狼，贼署官人，情均溪壑，租调之外，征责无已，一丁一科甲一具，皮毛铁炭，船乘人功，殊方异物，千端万绪，晨召暮行，夕求旦集。身充苦役，至死不归。……各不聊生，无能自保。……微畜资产，殃祸立至，诬以盗贼，系为囹圄，货财不尽，性命不存。

第六节　南方各族人民的融合

在魏晋南北朝这个历史阶段，南方各族人民通过长期的密切的经济文化的联系，加速了各族的进步和互相融合的进程。

豫州"蛮"与荆、雍州"蛮"　讲南方的民族融合，首先要提到山越。从三国的东吴时期起，山越就已经从深山险阻之间出居平地，逐渐和汉族融合在一起了。纵然在南朝的梁、陈之际，还有山越在会稽一带活动的记载（见《陈书·世祖纪》），此后再也没有记载，它已完全和汉族融合起来了。关于山越，我们在前面叙述东吴历史的时候，已经讲得很详细，这里就不去多谈它了。

其次要提到的是"蛮"族。先讲豫州"蛮"，它是廪君"蛮"的后裔，后来出至南郡（治江陵，今湖北荆州），又从南郡迁至汉水下游，渐渐又推进至庐江（郡治舒，今安徽庐江西南），就形成为豫州"蛮"。他们活动的地方，"北接淮、汝，南极江、汉，地方数千里"（《宋书·豫州蛮传》）。在豫州"蛮"中间最有名的一支是五水"蛮"，因为西阳郡（治西阳，今湖北黄冈）有巴水、蕲水、希水（今浠水）、赤亭水（今举水）、西归水（今倒水）五条水，这五条水的东北就是今天的大别山区，豫州"蛮""咸依山谷"（《南齐书·蛮传》），"所在并深岨，种落炽盛"（《宋书·蛮传》）。他们也以种植谷物为主要生产，一到收获的季节，"'蛮'田大稔，积谷重岩"（《宋书·沈庆之传》）。南朝的统治阶级，经常出动大军，向他们居住的地区进行掠夺，"搜山荡谷"，"系颈囚俘"（《宋书·蛮传》）。他们往往奋起抵抗，杀得官军"被伤，失马及器仗"（《南齐书·蛮传》），狼狈而归。后来南朝政府索性在他们居住的地区，成立左郡、左县，拉拢"蛮"族的酋豪渠帅来担任左郡太守、左县令，对他们实行羁縻的政策。

除了豫州"蛮"以外，还有荆、雍州"蛮"，他们的祖先，自称是盘瓠之后，可能是一个崇拜狗图腾的部落。他们原来居住在长沙、武陵一带，武陵有雄溪、樠溪、辰溪、酉溪、武溪五条溪，因此称为五溪"蛮"；后来又渐渐北上到荆州、雍州（治襄阳）一带。荆州置有南蛮校尉府，雍州置有宁蛮校尉府，专门管理荆、雍两州"蛮"族事务。南朝也在他们的居住地区，设立左郡、左县，"一户输谷数斛，其余无杂调"，比起土著居民来，赋税比较轻。南朝统治下的人民，苦"赋役严苦，贫者不复堪命，多逃亡入'蛮'"，所以"蛮"族居住地区的人口，反而激剧增加。遇到好刺史，如宋文帝时刘道产任雍州刺史，他"善抚诸'蛮'，前后不附者，皆引出平土，多缘沔（汉水）为居"。刘道产死后，继任的官吏，压迫"蛮"人，史称"徭赋过重，'蛮'不堪命"（《宋书·蛮传》），被压榨到活不下去的地步，就只能举起反抗大旗，出兵断道了。"汶阳（郡治高安，今湖北远安西北）本临沮（今湖北当阳西北）西界。二百里中，水陆迂狭，鱼贯而行，有数处不通骑，而水白田甚肥腴。"这个地区，西边是今天的神农架，"西北接梁州新城（南新城郡治房陵，今湖北房县），东北接南襄城（郡治在今湖北南漳），南接巴（巴东郡治鱼复，今重庆奉节东）、巫（今重庆巫山）"（《南齐书·蛮传》），"蛮"族人民辛勤地把这个地区开垦了出来，可是南朝的统治阶级却进兵这个地区，对他们进行无情的掠夺，"断其盐米"，想困死他们，结果还是"连讨不克"，无功而返。

"蛮"族留居在湘州一带的称为莫徭"蛮"，史称"湘州界零陵（郡治泉陵，今湖南零陵）、衡阳（郡治湘西，今湖南株洲市西南）等郡有莫徭'蛮'者，依山险为居，历世不宾服"（《梁书·张缵传》）。《隋书·地理志》讲到它的风俗时说："长沙郡又杂有夷蜒，名曰莫徭。自云其先祖有功，常免徭役，故以为名。其男子但著白布裤衫，更无巾裤；其女子青布衫，斑布裙，通无鞋屦。婚嫁用铁钴锛为聘财。武陵（郡治临沅，今湖南常德市）、巴陵（郡治巴陵，今湖南岳阳市）、零陵、桂阳（郡治郴县，今湖南郴州）、澧阳（郡治澧阳，今湖南澧县）、衡山（郡治衡阳，今湖南株洲市）、熙平（郡治桂阳，今广东连州）皆同焉。"说明这个地区都是莫徭"蛮"的居住区域。

在三峡一带的盘瓠"蛮"，在南北朝末年有冉氏、向氏二姓，"陬落尤盛。余则大者万家，小者千户"。他们的酋豪也自"称王侯，屯据三峡，断遏水路。荆、蜀行人，至有假道者"（《魏书·蛮传》）。否则就过不了这个三峡通道。

北朝的史书上，就不分别廪君"蛮"和盘瓠"蛮"而混称为

"蛮"了。《魏书·蛮传》称"蛮"族"在江、淮之间,依托险阻,部落滋蔓,布于数州。东连寿春(今安徽寿县),西通上洛(今陕西商州),北接汝、颍,往往有焉。其于魏氏(曹魏)之时,不甚为患,至晋之末,稍以繁昌"。江、淮之间的"蛮"族,实际是指廪君"蛮"而言,上洛、汝、颍之间的"蛮"族,则是指盘瓠"蛮"而言。到了十六国的刘聪、石勒时期,中原云扰,更没有一种力量可以阻碍"蛮"族向北迁移,因此,盘瓠"蛮"(也称荆、雍州"蛮")也就"渐得北迁,陆浑(今河南嵩县东北)以南,满于山谷"。北魏孝文帝迁都洛阳前后,为了巩固洛阳都城的防务,开始用兵襄樊,进军三关(平靖关、武阳关、黄岘关,均在今河南信阳之南)。这些地区本来是"蛮"族的左郡、左县所在地,孝文帝拉拢大阳(今大别山区)"蛮"王桓天生(他自称是桓玄的儿子),封他为襄阳王、东荆州刺史,令居朗陵(今河南确山西南),跟随桓天生北附北魏的"蛮"族,据说有八万余落之多。"蛮"族酋豪很多像桓天生一样,利用南北朝对峙的矛盾,发展他们自己的势力。"蛮"族人民一般都是"衣布、徒跣(赤足),或椎髻,或剪发"。"便弩射","虎皮衣楯","兵器以金银为饰"(《南齐书·蛮传》)。由于"蛮"族人民从山谷出居到江、淮、汝、颍之间以及沔水南北以后,长期和汉族人民交错杂居,互通婚姻,所以到了南北朝后期和隋唐之际,他们基本上已和汉族人民融合在一起,分别不出"蛮"、汉了。

傒人与俚人 "蛮"族以外,就应该提到傒人和俚人。傒亦作奚,或作溪。居住的地区,大概在今江西省的南部和广东省的曲江一带。当时北来的世家大族轻视江南的少数民族,所以东晋温峤诋陶侃为"溪狗"(见《世说新语·容止篇》),南齐范柏年骂胡谐之作"傒狗"(见《南史·胡谐之传》)。傒族人民有很多被人掠卖为奴婢,过着悲惨的生活。南朝宋时人乔道元在一篇文章中谈到他家里有"小婢从成,南方之奚,形如惊獐,言语嵥厉,声音骇人,唯堪驱鸡"(《初学记》卷 19 引《乔道元与天公笺》)。

东晋、南朝统治阶级对俚族人民进行各种各样的掠夺和压迫,引起俚族人民的不断反抗。东晋末年农民起义军重要将领徐道覆曾以始兴(郡治曲江,今广东韶关市)为据点,他的部下多为"始兴溪子,拳捷善斗"(《资治通鉴》晋安帝义熙六年),所谓"始兴溪子"就是指今广东曲江一带当时的俚族人民而言的。俚人的宗族,往往以溪洞来称呼。梁、陈之际,有新吴(今江西奉新西)洞主余孝顷出任豫章(郡治南昌,今江西南昌市)太守,他大概是溪洞的豪姓,而不是一般俚族的普通人民了。可是俚族内部,贫富贵贱的分化,也很剧烈。南北朝以后,俚族这个名称,已经少见。后来以溪峒相称的,不是指俚族,而是指湘黔桂的苗、瑶诸族了,因为那时俚族早已和汉族融合在一起了。

俚人当时分布在今两广、湘南等山地,大部分俚人已和汉人杂居,同为国家编户。逃役的汉人,"年及应输"(《宋书·良吏·徐豁传》),便往往逃入俚人村落。历史的记载里说:"俚人则质直尚信","皆重贿轻死,唯富为雄。巢居崖处,尽力农事。刻木以为符契,言誓则至死不改"(《隋书·地理志》)。可见俚族内部虽然已经贫富分化,但风俗习惯还是比较纯朴的。东晋、南朝的统治阶级为了统治俚族人民,往往拉拢他们的酋豪渠帅,来担任州郡官吏,所谓"又岭外酋帅,因生口(奴隶买卖)、翡翠、明珠、犀象之饶,雄于乡曲者,朝廷多因而署之,以收其利"(《隋书·食货志》)。郡县的地方政权,往往操纵在酋豪渠帅手里,东晋、南朝政权对这些郡县,也只是"羁縻而已,未能制服其民"(《魏书·司马睿传》)。东晋、南朝对这个地区进行剥削,也不是采用田租赀调等形式,"诸蛮陬俚洞,沾沐王化者,各随轻重,收其赆物,以裨国用"(《隋书·食货志》)。俚族人民所受南朝政府的剥削,虽较汉族的编户为轻,但有时也很沉重。如"中宿县(今广东清远)俚民课银,一子丁输南称半两"。中宿县并不产银,俚民得向市上去购银,"俚民皆巢居鸟语",不懂买卖,每碰到要购银输课,就逃不了被商贾剥削的一关。因此表面上看来，"官所课甚轻"，而实际却是"民以所输为剧"（《宋书·良吏·徐豁传》）。所以州郡官吏也替俚民说话，请改计丁课银为计丁课米。东晋、南朝时期，广、湘地区爆发了无数次农民起义，常常有俚民参加。

僚族 僚族原来居住在我国西南部的广西、贵州一带。李势王蜀时（公元346年左右），僚人开始移居巴蜀地区，先是"蜀人东流，山险之地多空，僚遂挟山傍谷"，分布居住。"自汉中达于邛、筰，川洞之间，所在皆有"。到了北朝中期，僚族人口更加增多，仅隆城镇（今四川仪陇北）北僚的一支，就有僚户二十万户之多。僚人和汉人"参居者，颇输租赋。在深山者，仍不为编户"。不为编户的，当时称其酋师为"头王"。头王也"每于时节，谒见刺史"。这个僚族的头王，是由僚族村落里推选出来的，所谓"推一长者为王，亦不能远相统摄"。可见头王的势力范围不是太广，权力也不是太大。但"父死则子继，若中国（指中原地区）之贵族也"，说明头王已经是世袭的了。僚族的支派也很复杂，"种类甚多，散居山谷，略无氏族之别。又无名字，所生子女，唯以长幼次第呼之。其丈夫称阿谟、阿段，妇人阿夷、阿等之类，皆语之次第称谓也。依树积木，以居其上，名曰'干兰'，干兰大小，随其家口之数"。他们还处于很原始的奴隶制阶段。奴隶掠卖的现象非常普遍，"亲戚比邻，指授相卖，被卖者号哭不服，逃窜避之，乃将买人捕逐，指若亡叛，获便缚之。但经被缚者，即服为贱隶，不敢称良矣"。村落之间，"好相杀害，多不敢远行"。他们性格暴躁，"忿怒"的时候，"父子不相避，唯手有兵刃者先杀之。若杀其父，走避外，求得一狗以谢其母，母得狗谢，不复嫌恨"。"僚王各有鼓角一双，使其子弟自吹击之。""用竹为簧，群聚鼓之，以为音节。""铸铜为器，大口宽腹，名曰铜爨，既薄且轻，便于熟食。"僚人作战，"唯执盾持矛，不识弓矢"，因此他们的战斗力并不太强。僚人也以农业为主要生业，他们织出的"细布，色至鲜净"。"死者竖棺而埋之"。可见他们是采用竖棺葬的。南朝梁武帝时，"梁、益二州岁岁伐僚以自裨润，公私颇藉为利"（《魏书·僚传》），说明南朝的统治阶级公开掠卖僚族人民，充作奴隶。西魏、北周取到巴蜀地区之后，更是大规模用兵，掠夺僚人居住的村落，"每岁命随近州镇出兵讨之，获其口以充贱隶（奴隶），谓之为压僚焉"。因中原地区的鲜卑、汉贵族、官僚使用僚奴婢的非常普遍，所以当时"商旅往来"巴蜀的，也多贩卖僚奴，赚取暴利。这么一来，中原地区的"公卿逮于民庶之家，有僚口者多矣"（《周书·僚传》）。由于鲜卑、汉族地主不断对僚人居住地区进行人口掠夺和屠杀，从而经常引起僚人的反抗。史书上记载着：僚人"种族滋蔓，保据岩壑，依林走险，若履平地，虽屡加兵，弗可穷讨"（《周书·僚传》）。这说明鲜卑、汉族统治阶级的残酷掠夺和血腥屠杀，并没有吓倒僚族人民。入唐以后，伐僚的事情，逐渐少见，大概僚族已经和汉族融合起来，没有僚、汉的分别了。

爨族　分布在今云南东部（迤东、迤南）的各民族，从两晋以来，大多处在其酋帅爨氏的统治之下，因此被称为爨人。爨人分为西爨白"蛮"和东爨乌"蛮"两部，西爨白"蛮"分布在今昆明、嵩明、安宁、晋宁，西至老鸦关一带；东爨乌"蛮"则围绕在西爨白"蛮"居住地区的东、南、北三面，即北自寻甸、曲靖，东经师宗、弥勒，南达建水、元江。这个两爨地区，当时"邑落相望，牛马被野"（《蛮书》）。两晋、南朝政府沿用蜀汉以来的羁縻政策，除了只是任命汉人将帅担任宁州（西晋治味县，今云南曲靖；南齐移治同乐，今云南陆良东北）刺史外，一般郡守、县令，都由爨族酋豪世袭，而经中央政府加以追认。东晋、南朝的统治阶级往往利用爨族酋豪来镇压边地人民，遇有邻近州郡爆发大规模的农民起义，南朝政府也发动爨族酋豪来共同镇压。如宋文帝元嘉九年（公元432年），益州地区爆发了赵广为首的起义，起义的火焰曾播及到宁州地区,晋宁(郡治建伶,今云南晋宁区)太守爨龙颜曾出动军队,进行激战,终于把这次起义镇压下来。侯景乱梁,宁州刺史徐文盛从爨族地区招募士兵数万,东下拒景。

总之,在魏晋南北朝时期,南方各少数民族的社会,经历着巨大的变化。不管山越、俚、僚的出居平地,豫州"蛮"、荆雍州"蛮"的向北推移,由于他们和中原地区汉族(或鲜卑族)人民二三百年的交错杂居,密切了各族人民之间经济文化联系,促进了社会经济的发展,加速了各少数民族内部的阶级分化,从而也比较显著地出现走向封建化的过程以及与汉族逐渐融合的局面。除了南方的边远地区外,到了隋唐,进入中原地区和江南经济较发达地区的少数民族,基本上已和汉族融合在一起了,就是边远地区的少数民族如莫徭、西爨白"蛮"、东爨乌"蛮"等等,由于受到中原前进中社会经济发展的影响,他们的社会结构,也多少地在发生着不同程度的变化。

第七节　江南经济的发展

农业的继续发展　从西晋王朝崩溃以后,北方流亡南下的农民与江南的土著农民(包括俚、"蛮"等各少数民族在内)这两支生产大军,在江南的生产战线上会师。由于他们并肩劳动,辛勤开发江南,从公元 317 年到公元 589 年这两个半世纪当中,江南的农业生产在两汉、东吴的原有基础上,获得了长足的发展。

东晋政权建立初期,北方的农民,如海潮似地涌向江南,江南的人口突然激增。一时麇集在城市里还没有从事生产劳动的北来侨民,数"以十万计",消费者多于生产者。因此,江、扬诸州都发生过大饥荒,三吴沃壤,尚且"阛门饿馁,烟火不举"(《太平御览》卷 35 引《王洽集》),"江州萧条",更是"白骨涂地,豫章一郡,十残其八"(《晋书·王鉴传》)。所以增加农业生产总量,解决粮荒,是当时的急务。从东晋政权建立起以至南朝陈亡为止,不管在客观上,每一代王朝如何以巨额捐税和经常的战争重担来压在自耕小农的头上,加速了自耕小农的破产,而每个王朝的意图却总想巩固这一小农阶层,使他们成为王朝牢固的剥削对象,而且慑于无数次的东晋、南朝农民革命运动的巨大威力,事实上也不得不注意到有关于巩固自耕小农阶层的这一工作,使脱离了土地的流民,重新和土地结合起来。作为东晋、南朝政权主要支柱的世家大族呢,他们在支持东晋建立起侨寓政权同时,也在江南火耕水耨的地域中,建立起他们的庄园来。在流离混乱中,世家大族大量地吸收荫附的部曲、佃客以从事发展自己的庄园经济,而流徙民庶也不得不依属于世家大族以求得到作为主要生产资料的土地,俾便从事生产以图生存。这种在江南各地通过人身依附关系的加强而发展起来的庄园制度,就使以前被剥夺了土地和脱离了土地的流民,以依附农民身份,重新复归于土地,复归于农业。

这样,新的生产力终于发展起来,尽管它的发展速度极为缓慢。在东晋初年,江南的粮荒问题,有如上述,是非常严重的;但是南北劳动人民两支生产大军,他们用无比坚韧的力量,战胜了自然,给社会创造出无数物质财富,使江南地区在农业的发展上,向前迈进了一大步。沈约《宋书》孔季恭等传论说:"江南之为国盛矣。……地广野丰,民勤本业(农业),一岁或稔,则数郡忘饥。会土(会稽)带海傍湖,良畴亦数十万顷,膏腴上地,亩直一金,鄠(今陕西鄠邑区)、杜(今陕西西安市南)之间(汉时关中农业发达地价高昂之处),不能比也。荆城(荆州)跨南楚之富,扬郡(扬州)有全吴之沃,鱼盐杞梓之利,充牣八方;丝绵布帛之饶,覆衣天下。"二百多年时间,江南经济有了空前的发展。江、浙的太湖流域和浙东的会稽,江西的鄱阳湖流域,湖南的洞庭湖流域,都变成东晋、南朝的粮仓。就是交广一带,自从东汉初年任延把犁耕的方法推广到那一带之后,经过了五六百年,垦地面积,亦日益增加,同时由于气候温和,每年稻熟二次,且"米不外散",故"恒为丰国"(《水经·温水注》)①。从刘宋时代起,江南稻米的产量,已将压倒北方,所谓"自淮以北(北朝),万匹为市;从江以南(南朝),千斛为货"(《宋书·周朗传》),家庭纺织业固然还不如北方,稻米生产量则逐渐要超过北方了。

在农业生产技术上,这二百多年中,也发生许多变化,从"遏长川以为陂,燔茂草以为田"(陆云《答车茂安书》)的火耕水耨原始耕作方法,发展到用粪来做肥料②。固然火田在当时仍不失为施肥的一种办法,这在南北朝人的诗句中也有所反映,如庾信《归田诗》中有"穿渠移水碓,烧棘起山田"的诗句,徐陵的诗中也有"烧田云色暗"、"野燎村田黑"的诗句,北朝鼓角横吹曲《紫骝马》歌词有"烧田烧野鸭,野鸭飞上天"的诗句,但是从当时的农业技术水平来说,火田已不是唯一的施肥办法,更重要的是粪田了。

麦菽在江南也已开始推广栽植,适宜于旱作的区种法也开始在江南推行③。水利灌溉系统,也在过去的基础上推广和整理。东晋时,在曲阿(今江苏丹阳)立新丰堰,"溉田八百余顷"(《晋书·张闿传》);在吴兴乌程县(今浙江湖州)筑荻塘,"溉田千顷"(《太平寰宇记》卷94);在会稽句章县(今浙江余姚东南)修复汉时旧堰,"溉田二百余顷"(《晋书·孔愉传》)。芍陂(今安徽寿县南)有"良田万顷,堤堰久坏",宋、齐、梁三代累加修葺④;雍州穰县有六门堰(今河南邓州西),汉时溉田"至三万顷"(《通典·食货典》),"堰久决坏",宋元嘉时加以修复,"雍部由是大丰"(《宋书·刘秀之传》);宋末在乌程筑吴兴塘,"灌田二千余顷"(《元和郡县图志·湖州乌程县》);在荆州筑获湖,"堰湖开渎,通引江水,田多收获"(《太平寰宇记》卷146)。齐时筑赤山塘(今江苏句容西南),上接九源,下通秦淮,有石门以为水启闭之节（《梁书·良吏·沈瑀传》）。梁时在豫州（治寿春，今安徽寿县）之"苍陵立堰，溉田千余顷"（《梁书·夏侯亶传弟夔附传》）；在临海乐安县（今浙江仙居）"堰谷为六陂以溉田"（《太平寰宇记》卷127）。那时江南河渠纵横，但是要把这些河道的水流控制起来，用以灌溉田畴和便利运输，就必须依据地势的高下，建立堰闸，使水位的高低可以用人工来调节。尤其钱塘江、曹娥江一带，两江支流汇入两江之口，如钱塘江西岸有柳浦（今浙江杭州市东南候潮门外江干）埭，钱塘江东岸有西陵（今浙江萧山西北二十里西兴镇）埭，曹娥江东岸有南津埭（今浙江上虞梁胡堰），曹娥江西岸有北津埭（今上虞曹娥堰），均遏水为埭，作水楗数所，以为水位高低调节之用，旱则开楗，引江水以利灌溉，涝则闭楗，以避免江水的淹溃⑤。讲求水利的结果，稻米的产额自然增加。同时，在江南有无数湖沼，只消在湖沼的四周筑起堤塘来，使四山的水流向河渠，而不是蓄存湖中，这样，湖面自然缩小，便能开辟出无数良田来。这种新辟的湖田，土壤肥沃，又不怕旱，收获量比起一般稻田来，会高得多。南朝对这种湖田，也大力加以垦辟，如会稽有回踵湖，始宁（今浙江上虞西南）有岅崲湖，宋元嘉初，世族大地主陈郡谢灵运请求政府拨给他作私产，想把它"决以为田"（《宋书·谢灵运传》）；孔灵符为会稽太守，上书请求朝廷批准把山阴县贫民迁徙到余姚、鄞（今浙江奉化东五十里）、鄮（今浙江宁波东）三县境内，"垦起湖田"，以后"并成良业"（《宋书·孔季恭传子灵符附传》）。这样一来，江南的农业生产，自然有很大进展，无怪能压倒北方，成为全国最富饶的地区。

手工业商业的发展 南朝的手工业也有了发展。家庭纺织业比以前有了更大的进展，在这一时期内，养蚕缫丝的技术水平大见提高，豫章郡（治豫章，今江西南昌市）"一年蚕四五熟"（《隋书·地理志》），永嘉（郡治永宁，今浙江温州市）等郡蚕一年八熟⑥；桑树的栽植也更见普遍⑦。用亚麻来织布的技术，同样有着提高,豫章一带的妇女,"勤于纺绩,亦有夜浣纱而旦成布者,俗呼为鸡鸣布"(《隋书·地理志》)。江南的锦织业,过去是不发达的,所谓"江东历代,尚未有锦,而成都独称妙,故三国时,魏则市于蜀,而吴亦资西道"(《太平御览》卷815引《丹阳记》);刘裕灭后秦以后,把关中的锦工迁至江南,在丹阳(今江苏南京市)斗场成立锦署,从此江南的织锦业便逐步推广了。

由于自然经济占统治地位,由于小农农村中保存着男耕女织的原始分工,耕男勤栽桑麻,织妇长年札札机杼⑧,其结果,自然使江南各地绢布产量为之激增,因之绢布价格也日见低落。宋"永初(公元420—422年)中,官布一匹,直钱一千";到元嘉时期(公元424—453年),"物价转贱,私货则束直六百,官受则匹准五百"。到了齐永明初(公元484年),布的价格,"入官好布,匹堪百余"(《南齐书·王敬则传》);绢的价格,每匹也只值三百文了。物价的低落,一方面固然由于货币流通额缺少,即所谓钱荒所造成;而另一方面,也说明绢布生产量是在激剧增加。齐永明六年(公元488年),因江南地区的农产品及家庭手工业制成品价格过低,使作为政府牢固剥削对象的自耕小农这一阶层更难维持其不濒于破产的艰难境况,因此,由政府平价收购大宗粮食,并在首都建康及南豫、荆、郢、司、西豫、南兖、雍等州,收购大量丝绵绫绢布等家庭手工业制品⑨,根据这一事实来看,可见当时江南各地,无不盛产绢布,虽然以当时江南的纺织业生产水平来说,还赶不上北方,但已给后来——从唐、宋时代起的跃居第一位的江南纺织业打下了良好的基础。

在魏晋南北朝时,江南地区的西南部,草棉的种植也渐渐发展起来。我国种植草棉的记载,最早见之于后汉时期⑩,华峤《汉后书》称:"哀牢夷知染彩绸布,织成文章如绫锦。有梧〔桐〕木华,绩以为布,幅广五尺,洁白不受垢污。"(《太平御览》卷820引)哀牢人居住在今天云南省西部的保山一带,华峤虽是西晋初年人，但他所著的《汉后书》记述哀牢人的事情，却是后汉前期的事，因此可以算作我国记载棉花和棉布的最早资料。华峤书中所说的梧桐木华纺织成的棉布，在与华峤同时的左思的《蜀都赋》里，又称之为橦布，所谓"布有橦华"。据左思同时人刘逵为《蜀都赋》所作的注释说："橦华者，树名橦，其花柔，毳可绩为布也，出永昌（郡治不韦，今云南保山东）。"橦即桐，大概左思也知道把棉花当作梧桐木华，不太妥当，所以采取"桐"字这个音，而另造一个"橦"字，说明棉花不就是梧桐的花毳。但是到了东晋人常璩著《华阳国志·南中志》时，还是采用了华峤《汉后书》中这段话，而称它为桐华布或帛叠⑪。东晋人郭义恭《广志》载："木绵濮，土有木绵树，多叶，生房甚繁。房中绵如蚕所作，其大如拳。"（《太平御览》卷791引）从以上这些记载，可以说现在云南保山地区，是我国棉花（草棉和木棉）最早繁植的地方。除了云南保山地区外，魏、晋时期的交、广地区，也是草棉繁植的地区。东吴时人万震著《南州异物志》云："五色斑衣，以丝布古贝木所作。此木熟时，状如鹅毳，中有核如珠珣，细过丝绵。人将用之，则治出其核，但纺不绩，任意小抽，相牵引无有断绝。欲为斑布，则染之五色，织以为布，弱软厚致……文最繁缛。"（《太平御览》卷820引）东吴、西晋之间人张勃著《吴录》，其《地理志》谓："有木绵树，高大，实如酒杯，口有绵，如蚕之绵也。又可作布，名曰白緤，一名毛布"（《齐民要术》卷10《木棉》条引）⑫。晋末宋初人裴渊著《广州记》，也说："蛮夷不蚕，采木绵为絮。"（《太平御览》卷819引）这都是指交、广一带的草棉及木棉而言的。新疆地区的植棉事业，也发展很早。近年考古发掘的报告和论文中曾提到，在1959年，民丰县北大沙漠中发掘出的东汉墓里，出土了大批织物，其中有两块蓝白印花的食单，都是用棉纤维织造的。还有男尸着的白布裤和女尸的手帕，也都是棉织品⑬。这说明至迟在东汉时期，我国塔里木盆地周围已经种植草棉和纺织棉布了。《梁书·高昌传》载：高昌"多草木，草实如茧，茧中丝如细纩，名为白叠子，国人多取织以为布。布甚软白，交市用焉"。在永昌称棉布为桐花布或橦布，在交、广称为吉贝（有时又作古贝），在高昌称为叠布，有时又书作㲲布⑭。吉贝，据玄应《一切经音义》卷1《大方等大集经》卷15《音义》："劫波育，或言劫贝者，讹也。正言迦波罗。高昌名叠，可以为布。罽宾以南，大者成树；以北形小，状如土葵，有壳，剖以出华如柳絮，可纫以为布也。"这几句话，把草棉和木棉分别得很清楚。劫贝是吉贝的异译，劫波育的简译。一直到今天，广东、闽南一带，还有叫草棉为吉贝的。由于棉布是交、广一带生产的，因此当时多称之为"越叠"，《晋令》里有"士卒百工，不得服越叠"（《太平御览》卷820引）⑮，可见越叠是贵重的物品。梁武帝是以佞佛著名的皇帝，既然信佛教，就得断杀生，蚕茧成丝，在梁武帝看来，杀死蚕的生命太多，罪孽深重！因此他虽贵为帝王，不肯穿着丝绸衣服。史称其"身衣布衣，木棉皂帐"（《梁书·武帝纪》）。木棉和草棉本来不是同一种植物，木棉花的纤维比较滑润，纺起纱来拉力不强，但当时人对棉布究竟是用木棉还是草棉做成，是不十分明确的，因此往往也叫草棉布为木棉布。梁武帝的木棉帐，实际就是草棉布制成的帐子。梁人刘孝绰有《谢越布启》云："比纳方绡，既轻且丽，珍迈龙水，妙越鸟夷。"（《艺文类聚》卷85引）陈代吏部尚书姚察，有门生送他"南布一端"（《陈书·姚察传》），越布、南布大概都是指草棉布而言的。棉布的使用当时虽然还不很普遍，但已经在逐渐发展起来了，这对此后宋、元、明、清棉花种植事业的推广，奠定了良好基础。

盐的制造，宋、齐、梁是允许民间私煮的；到了陈文帝时代，开始由政府征收煮海的盐赋。当时江南的吴郡海盐（今浙江海盐），是产盐的重要地区，《太平寰宇记》卷95引《吴郡记》称"海滨广斥，盐田相望"；江北南兖州境内的盐城县（今江苏盐城），也有很多盐场，据当时人阮昇之的《南兖州记》云："上有南兖州盐亭一百二十三所，县人以鱼盐为业，略不耕种，擅利巨海，用致饶沃。公私商运，充实四远，舳舻往来，恒以千计。"（《太平寰宇记》卷124引）可见盐的制造业也相当发达。

铁的冶铸业，是由政府官营的⑯。江南最有名的冶铸作坊，属扬州的是梅根冶（今安徽贵池东五十里），属荆州的是冶唐（今湖北武昌东南三十里）⑰。各冶制造的器物，除兵器外，多为民间用具，"大则釜鬵，小则鋘锄"（《梁书·康绚传》）。梁时筑浮山堰，用东西二冶铁器数千万斤，沉于堰所，可见当时铁器的产量已经很高。齐梁时人陶弘景云："钢铁是杂炼生（生铁）鍒（熟铁）作刀镰者。"（《重修政和证类本草》卷4《铁精》条引）所谓杂炼生鍒，是指在熔铁炉中，把生铁和熟铁混杂起来冶炼。"洪炉鼓鞲，火力到时，生钢（"铁"之讹字）先化，渗淋熟铁之中，两情投合，取出加捶，再炼再捶，不一而足"（《天工开物·五金篇》），就成质量较纯的钢铁。这种炼法，费工较少，成本较低，因此不独可以制刀剑，也可以制镰刀，对发展生产是有积极意义的。官营冶坊中的冶铸工人，大都是次于死罪一等的囚犯，政府把他们罚充苦工——"补冶"以后，他们的身份是官奴隶。他们中间很多人被剪去头发，带着镣锁来从事无偿劳动，往往没有多久便被折磨死去，他们可以说是受迫害最深重的一个阶层。

《隋书·食货志》称"交、广之域，全以金、银为货"，因此，银的开采，也极为普遍。晋末，卢循曾在广州开采银矿⑱；宋元嘉初，始兴郡（治曲江，今广东韶关市）领下有银民三百多户，专事开采银矿，史称其"凿坑采砂，皆二三丈"（《宋书·良吏·徐豁传》），可是由于当时技术条件低劣，每年因矿坑崩坍而压死的人也很多。又梁末，周文育行至大庾岭，在旅店中与商人赌博，赢"得银二千两"（《南史·周文育传》）。银的流通额，既是这样大，银的总生产量，在全国来说，当然也是一个可观的数目。

煤矿已开始发现和开采。宋雷次宗著《豫章记》，称："丰城县（今江西丰城西南）葛乡，有石炭二百顷，可燃以炊爨"（《太平御览》卷871引）。既然用煤来煮食物，也可能渐渐用来冶炼铜铁了。

造纸术是我国古代科学技术的四大发明之一。我国古代在发明纸以前，一般用简牍和缣帛作为书写材料。简牍每简只能写几个字或十几个字，木牍虽然可以多写一些字，可是所占空间很大，使用不便。缣帛虽便于书写，但价格昂贵，更是无法普及使用。造纸术的发明，是我国古代劳动人民对世界科学文化发展作出的卓越贡献。公元1957年，西安灞桥砖瓦厂工地上发掘出汉武帝时的古墓一座，内有米黄色长宽差不多10厘米大小的古纸，虽已裂成碎片，经过化验，证实是大麻纤维（兼亦掺杂有少量苎麻）所造。灞桥纸可说是我国现存最早的植物纤维纸。公元1933年，我国新疆罗布淖尔汉代烽燧亭障遗址中，也曾出土一片古纸，其原料为"麻质，白色，作方块薄片。四周不完整"。纸长10厘米，宽4厘米，"质甚粗糙，不匀净，纸面尚存麻筈。盖为初造纸时所作，故不精细也。按此纸出罗布淖尔古烽燧亭中，同时出土者有黄龙元年（公元前49年）之木简，黄龙为汉宣帝年号，则此纸亦当为西汉故物也"（黄文弼教授《罗布淖尔考古记》）。灞桥纸和罗布淖尔纸的考古发现，说明我国造纸手工业的发生和发展，应该推早到西汉武帝（公元前140至87年）时期。但是早期的麻纸，纸质比较粗糙，表面有较多的纤维束，纤维组织不够紧密，分布不够匀净，麻纸上透眼较多，眼也较大[19]。东汉和帝时，中常侍蔡伦担任主管制造御用器物的尚方令。他总结了西汉以来劳动人民用麻质纤维造纸的经验，改进造纸术，采用树皮、麻头、破布、旧渔网为造纸原料，于元兴元年（公元105年）监制了一批良纸，风行全国，通称"蔡侯纸"[20]，从此造纸术就在我国各地推广开来。直到东晋、南朝时期，经过劳动人民不断的改进和提高,在原料方面,除原有的麻、楮皮外,还利用桑皮、藤皮来造纸。纸的原料更容易获得,纸的成本更为降低,纸的生产量也更为增多。王羲之曾一次把会稽郡库存纸九万张送给谢安㉑,可见纸的消费量也已随着生产量的增多而增加。当时范宁认为"土纸不可以作文书,皆令用藤角纸"(《初学记》卷21引),可见用藤皮来制成的纸,已普遍使用于公私之间了。藤纸的产地,集中在剡溪(曹娥江上游)一带,而余杭由拳村(今浙江杭州市西旧余杭城南二十八里有由拳山,村在山下)所出的藤纸,也很出名㉒。桓玄曾"命平准作青红缥绿桃花纸,使极精",又下令政府机关"用简者,皆以黄纸代之"(《太平御览》卷605引《桓玄伪事》),可见纸的功用,到了这时已完全代替了简帛。南朝的建康城中有"银纸官署,齐高帝造纸之所也,尝造银光纸赠王僧虔,一云凝光"(《丹阳记》)。梁简文帝为太子时,与人笺,有"特送四色纸三万枚"之语;梁元帝为湘东王时,出为荆州刺史,曾"上武帝纸万幅,又奉简文红笺五千番",又云"特送五色三万枚"(见元鲜于枢《笺纸谱》引)。所谓四色、五色系指不同的纸色而言,而不是一纸之中含有四种或五种颜色,但是纸张的花色增多,说明纸的加工制造技术不断地在提高。梁阮孝绪父彦为湘州从事,孝绪随父之任,"不书南纸,以成父之清"(《广弘明集》卷3);陆倕有答谢安成王(梁武帝弟萧秀)赐西蜀笺纸一万幅启,由此证之,到了南朝中叶,荆、湘和蜀中的造纸业,也开始发展起来了。

漆器制造方面,从当时人所写的《东宫旧事》一书中所留下来的记载来看,有"漆二升魁三","长槃五,漆尺槃三十,漆柏炙拌二","漆四升杯四十,漆杯子三百","漆碗子一百枚"(《太平御览》卷758、759、760引)等等用具,可见漆器的用途非常广泛,可以和唐、宋以后的瓷器的用途等量齐观。因此,《晋令》中特别规定,凡是制造漆器,必须得到政府的批准,在漆器按照一定的规格制成后,还得用朱砂调漆写上制成的年月和制造者的姓名㉓。南齐时,梁州刺史崔庆绪,家财千万,自用的漆器上都题有"日"字。庆绪死后,庆绪的儿子崔慰祖,散家财与宗族,由是"'日'字之器,流乎远近"(《南齐书·文学·崔慰祖传》),可见当时民间也还普遍使用漆器。

制瓷业在江南也发展起来。制瓷技术是在制陶技术不断发展的基础上发明的。地下出土的商、周时期的釉陶或青釉器皿,它的外观和成分已经兼有陶和瓷的某些特点,所以人们叫它做"釉陶"、"原始青瓷"或"原始瓷器"。我国劳动人民在汉代就发明了瓷器。到了三国、两晋和南朝时期,青瓷的制造技术渐臻成熟。近年在安徽亳县(今亳州)元宝坑发掘了曹操家属的墓葬,出土了许多青瓷碎片,釉色光泽,质地纯洁,火候较高,说明当时青瓷的烧造技术,已达到相当水平㉔。南京市出土的东吴甘露元年(公元265年)墓中的青瓷羊,不论造型或釉色,都已相当精美。浙江绍兴东吴永安三年(公元260年)墓中出土带有铭文的明器谷仓,通体青釉,器身周围贴有许多人物鸟兽楼阁,全身青釉的釉色,已显现较深的绿色,施釉亦厚,这说明了这一时期的青瓷比起早期釉薄而作淡绿带黄色的青瓷器来,又大大跨前了一步。江苏宜兴西晋周处墓中的青瓷器皿(如青瓷熏炉等),经过化学分析,它的胎和釉同杭州出土的南宋官窑瓷器的化学成分接近,可见当时青瓷器选土提炼的技术相当进步。南京市西晋永宁二年(公元302年)墓中的青釉鹰形壶,壶腹下部贴附双爪及尾,两侧划刻双翅,造型生动。浙江余姚东晋墓中出土的青釉鸡头壶,鸡头都有颈,曲柄代替了鸡尾,明显地看出造型在不断改进㉕。西晋人潘岳《笙赋》有"倾缥瓷以酌酃"之语,缥瓷(青白色瓷)是青瓷的一种。青瓷窑的分布地区,在今浙江绍兴一带;而缥瓷窑则分布在今浙江温州一带。缥瓷的瓷质不透明,但一般淘炼得都很纯,杂质成分很少,硬度很高。制瓷业经过东晋以来二三百年的发展,不仅产量大增,而使瓷器成为人们的日常生活用品;而且瓷器的胎质、釉料和烧制技术都有进一步的提高,为隋、唐时期青釉器物制造的突飞猛进打下了坚实的基础。

　　江南是水乡泽国,长江及其支流赣江、湘江、沔江(汉水)是当时主要的交通路线;三吴平野的运河网,到南齐时代也已经大体完成。随着水上交通的发展,造船业也更加发展起来。刘宋时的荆州作部,已能"装战舰数百千艘"(《南史·沈庆之传从子攸之附传》)。侯景乱梁时,也有战舰千艘,称作"鹢舸","两边悉八十棹",鼓棹进退,"捷过风电"(《梁书·王僧辩传》)。当时民间的造船业也相当发达。颜之推说:"昔在江南,不信有千人毡帐;及来河北,不信有二万斛船。"(《颜氏家训·归心篇》)《太平御览》卷 769 引《南州异物志》称东吴时,"外域人……船,大者二十余丈(四十六至五十米),高去水三二丈,望之如阁道,载六七百人,物出万斛(约千吨)"。到了南朝,船只载重二万斛(约二千吨),比之以前,又要超过一倍了。隋文帝灭陈后,下命令说:"吴、越之人,往承弊俗,所在之处,私造大船,因相聚结,致有侵害。其江南诸州,人间有船长三丈以上,悉括入官。"(《隋书·高祖纪下》)足见南朝时民间私造的大船很多,才会引起隋文帝的注意而予以没收。

　　农业技术的提高与收获量的增多,以及手工业的发展,使这一时期内,在江南新建立起来的具有单纯的政治和军事性质的城市的基础上,商业有了萌芽的机会。不过我们在研究商品生产时,不可脱离占统治地位的生产方式,不可和经济现象的一切总和失掉联系。在当时的江南由于自然经济占统治地位,手工业始终和农业结合在一起,没有分离出来,由于这缘故,商品生产在这时并没有多么大的意义,它不过指出交换发展的初步过程而已,我们绝对不能把那时的商业和近代的商业等量齐观。那时国内市场上出现的重要商品,大都只是"绵、绢、纸、席之属"

《宋书·孔觊传》），坐市肆贩卖的虽都是平民身份的商人与其家族成员㉖，而从事货物囤积或操纵市场贩运土产的则多为王公贵戚、世家大族㉗，因为他们想把庄园里堆积如山的农产品和手工业制成品推销出去，他们还借政治势力去经营商业，可以免去一些官吏的留难，尤其是贩卖违禁品，可以免去重税的勒索及关津的盘查㉘。因此，这一时期，不是没有商业，而是在封建制度范围内以及在中古庄园的基础上发展起来的商业，它是庄园制度下剩余产品的一种销售形式，它仍是为封建制度服务的。

建康、京口、山阴、寿春、襄阳、江陵、成都、番禺，都是当时商业比较繁荣的城市。

建康是六朝的政治和文化中心，又是傍长江下游的大埠。平时"贡使商旅，方舟万计"（《宋书·五行志》）；"梁都之时，城中二十八万户（以五口一户计，约一百四十万口），东西南北各四十里"（《太平寰宇记》卷 90 引《金陵记》）；"小人率多商贩，君子资于官禄，市廛列肆，埒（等）于二京（长安、洛阳）。"（《隋书·地理志》）都城内有四市，秦淮河两岸，有不少市镇，北岸有大市、自余小市十余所㉙，可算是江南最大的都市。京口（今江苏镇江市）"东通吴〔郡〕、会〔稽〕，南接江湖，西连都邑（建康），亦一都会"（《隋书·地理志》）。山阴是两浙的绢米交易中心，"征货贸粮"，"商旅往来"，钱塘、浦阳两江的牛埭税（过堰税），一年之中就可征收到四百余万之多（见《南齐书·陆慧晓传顾宪之附传》）。寿春在淮、泗、汝、颍交错的区域，是南北交通的咽喉，军事攻守的重镇㉚，北魏也曾在"南垂立互市，以致南货，羽毛齿（象牙）革之属，无远不至"（《魏书·食货志》）。襄阳是汉水中游的重镇，也是"四方凑会"之处，所以寿春和襄阳两个城镇，在当时都是南北进行物资交换的通商据点㉛。江陵不但是长江上游的政治、军事中心，而且也是长江上游的经济中心，所谓"荆州物产，雍（雍州治襄阳）、益（益州治成都）、交（交州治龙编）、梁（梁州治南郑）

之会"(《南齐书·张敬儿传》),又是"良皮美罽"的集散地。成都"水陆所凑,货殖所萃"(《隋书·地理志》),既是全国织锦业的中心,又是西南的贸易中心。

广州南海郡的番禺(今广东广州市),是当时海外贸易的中心。从西汉起,中国人就已经带了黄金和丝货,从徐闻(今广东海康)、合浦(今广东合浦东北)一带,开始航行于南海与印度洋上,与南海、印度洋诸国进行贸易[32]。天竺(今印度)的商人在东汉桓帝延熹二年(公元159年)、四年,大秦(罗马帝国)的商人在延熹九年,也开始用"贡使"的名义,从海道到达中国。从这一次通航起,大秦商人往往远涉重洋,到中国来交易[33]。孙权黄武五年(公元226年),有大秦商人秦论到达建业,其后秦论将返大秦,孙权特地派人伴送他回去[34]。刘宋以后,海上交通更有了发展,通商的国家远至波斯(今伊朗)、天竺(今印度)、师子(今斯里兰卡)等国,和南海各国的往来,尤为频繁。即以广州一地而论,梁时海舶往往"每岁数至",有时甚至一"岁十余至"[35]。繁盛的商业,使南朝政府在国际贸易方面获得了巨大的利益。《宋书·夷蛮传》论称:"若夫大秦、天竺,迥出西溟。……而商货所资,或出交部,泛海陵波,因风远至。……山琛水宝,……千名万品,并世主之所虚心。故舟舶继路,商使交属。"《南齐书·东南夷传》论亦称扶南等国"分屿建国,四方珍怪,莫此为先,藏山隐水,瑰宝溢目。商舶远届,委输南州,故交、广富实,牣积王府"。同书《州郡志》称:交、广一带"外接南夷,宝货所出,山海珍怪,莫与为比"。因为广州是对外贸易的中心,所以有"广州刺史但经城门一过,便得三千万"(《南齐书·王琨传》)的说法。据阿拉伯人古行记的记载,中国的商舶,从公元3世纪中叶,开始西向,从广州到达槟榔屿,4世纪到锡兰,5世纪到亚丁(Aden),终至在波斯及美索不达米亚独占商权;到了7世纪之末,阿拉伯人才代之而兴。3世纪中叶正当三国之末,7世纪之末当唐武则天大帝之世,这四百五十年的中间,中国人的航行东西洋之间是比较活跃的㊱。东晋末(公元399年),沙门法显赴印度取经,回国时循海道东归,自印度多摩梨帝(Tamluk)出发,"载商人大船,泛水西南行,得冬初信风,昼夜十四日到师子国。……法显住此国二年……即载商人大船上,可有二百余人,后系一小船,以备大船破坏……东下二日……大风昼夜十三日……如是九十日许,乃到一国,名邪婆提(今爪哇)。……复随他商人,大船上亦二百许人,赍五十日粮。……商人议言,常行时正可五十日便到广州"(《法显传》),后遭风被飘到青州长广郡(治胶东城,今山东平度,这里指崂山湾)才登陆。在他所著的行记里,我们可以知道两点:第一是在当时航海设备非常简陋的情况之下,作远海航行,是非常艰巨而冒危险的事;第二是航行于印度洋、马六甲海峡、爪哇海、南海之间的每一条海船,船上往往运载到二百余人,这二百余人中间,又大都是商人。从这里也可以见到当时的海上贸易是相当繁盛的。当时输入的商品,有象牙、犀角、珠玑、玳瑁、琉璃器、螺杯、吉贝(棉布)、郁金、苏合(香料)、沉檀、兜銮等等㊲,输出的商品,仍以绫、绢、丝、锦为大宗㊳。此外也互相进行奴隶买卖,中国的官吏,往往把高凉郡(治安宁,今广东阳江西三十里)的"生口"卖给外国商人,海舶上的外国商人也把南海上的"昆仑奴"运到中国来出卖㊴。

因为南朝商业有了初步发展,政府在商税方面的收入也比较多㊵。在当时,凡货卖奴婢、马、牛、田、宅、木材等等,有抽百分之四的契税,卖的人出百分之三,买的人出百分之一㊶;货物经过关卡,抽十分之一的关津税㊷;此外又有繁重的市税㊸,和甚为扰民的过路税㊹。

货币问题的对策　自从东汉王朝崩溃以后,生产力遭到严重的破坏,手工业由于产品缺乏销路而萎缩,商业停滞,农业变成为居民的唯一职业。在这样的情况下,货币必然会近于废弃。

所谓近于废弃,不是说完全摒弃货币于市场之外而不用,以《晋书·惠帝纪》所载"帝单车走洛阳,仓卒上下无赍,侍中黄门被囊中赍私钱三千,诏贷用,所在买饭以供宫人",《魏书·萧宝夤传》所载"宝夤脱本衣服,著乌布襦,腰系千许钱,潜赴江畔"二事为例,可见在这一时期,并不是不再使用铸币,而是说在自给自足的自然经济下,粮食是农民在自己的土地上生产的,衣料也是家庭成员自己来纺织的,这样,市场当然无法扩大,商品交换当然显现出一定程度上的静止形态来了。所以自魏、晋以后,交易往往以谷、帛为主,而铜钱只是以辅助的姿态出现罢了,所谓"自淮以北,万匹为市;从江以南,千斛为货",就是这种情况的最好说明。

从东晋在江南建国以来,江南没有兴铸过钱,一开始就沿用东吴孙权所铸的大钱;其时"吴兴沈充又铸小钱",当时称之为"沈郎钱"(《晋书·食货志》),不过沈充不久被杀,所以这种沈郎钱的流通额一定不会多的。经过了七八十年,江南农业生产力逐渐向上昂扬,商品经济随着有了发展,货币的需要量也逐渐在增加。然而因为自东晋以来长久不兴铸钱币的缘故,当时钱币的流通数量极感缺少,必然会形成钱贵物贱等现象。在当时,生产谷、帛的是农民,而有"藏镪百万"的是王公妃主,世族豪强,如果钱贵物贱的这一现象持续下去,只是加速了自耕小农的破产。政府为了要消灭这种现象,以巩固其剥削对象自耕小农这一阶层起见,曾想出各种对策来。有些对策如东晋安帝时(公元402—403年),桓玄辅政,曾主张废止钱币,使用谷、帛(见《宋书·孔琳之传》);其后刘宋时周朗,萧梁时沈约,也曾有此主张⑮,他们都想凭政治的强制力量来禁止或限制钱币的行用。然而钱币的逐渐行用,只是商品交换初步发展的结果,而商品交换的初步发展,又是直接受着当时生产力影响的结果,所以桓玄、周朗等这种开倒车的主张,事实上是行不通的。

商品经济的初步发展,既不可能使钱币完全归于废弃而全用谷、帛,于是就不得不开始铸造钱币,以适应当时的需要。在南朝宋元嘉时代,江南的农业、手工业生产一度呈现出东晋以来未曾有过的繁荣气象,商品经济也继续在发展,在"王略开广,声教遐暨,金镮所布,爰逮荒服"的情势下,货币的流通额远远不能适应市场上的实际需要,因此,造成了"用弥广而货愈狭"(《宋书·何尚之传》引沈演之议)的情况,宋王朝乃在元嘉七年(公元430年),开始设立钱署,铸造四铢钱。

四铢钱的铸造数额并不多,因此,不可能尽废古币(汉五铢钱、魏五铢钱、吴大钱、东晋沈郎钱等)而不用;而且顾名思义,四铢钱必然会较以往的五铢钱为轻,"民间颇盗铸,多剪凿古钱以取铜"(《宋书·何尚之传》),便成为自然的趋势。为消除这种弊端起见,宋文帝元嘉二十四年六月,又下诏提高大钱(指古钱)的价值⑯,规定大钱一枚抵四铢二枚,以作补救。这一办法的实行,徒然使有钱的人钱更多,穷人生活更加困难,所谓"富人资货自倍,贫者弥增其困",而且和古钱的轻重比价也不匀称,所以"行之经时,公私非便"(《宋书·何尚之传》)。到第二年五月,就废止了这种办法。

商品经济的继续发展,钱币的需要量越来越大,政府自不得不大量兴铸,以适应市场的需要。宋孝武帝孝建元年(公元454年),又铸造四铢钱。由于铜的缺乏,这次铸成的钱,"形式薄小,轮廓不成就。于是民间盗铸者云起……百物踊贵"(《宋书·颜竣传》)。武康(今浙江德清西武康旧城)一县,因盗铸钱而被判处死刑的,就有一千多人(见《宋书·刘怀慎传》)。永光元年(公元465年)二月,又铸二铢钱。二铢的重量,顾名思义又要比四铢少二分之一,可是政府却仍旧强制新铸的小钱和从前的大钱等价使用,这样,官钱一出,民间就模仿盗铸,钱币更为滥恶。在这种情势下,到了这一年的九月,政府只得允准民间也可铸钱,但是，这样一来，币制搞得更是混乱异常，"一千钱长不满三寸"，称为"鹅眼钱"；更劣的钱称为"綖环钱"，"入水不沉，随手破碎"（《宋书·颜竣传》），商贾不敢行用。宋明帝泰始二年（公元466年），下令禁用鹅眼、綖环等劣钱，"专用古钱"（《宋书·明帝纪》）。这两次铸造新钱，不但不能使南朝的商业由于铸币增多之故而获得发展，相反，货币的滥恶引起市场物价的波动，从而使商业的发展发生波折。

自从禁止行用新钱，专用古币之后，货币缺乏的严重情况，又回复到原来的出发点上。

钱币的缺乏，使南齐初年，又出现了钱贵物贱的现象。以绢、布为例，从东晋初年到刘宋永初初年，这一百年间，布价无大变动；从永初初年到元嘉二十七年，这二三十年间，布价跌落一倍，原来一千文一匹的布，跌到五六百文一匹；又过了三四十年，到了南齐永明年间（公元483—493年），布价竟跌落到十倍之多，一匹布只值一百文了。布价的继续下降，一方面固然标志着江南地区绢、布产量的激增；但另一方面，尤其是在南齐的永明时代，主要原因是受了钱荒的影响。物价的跌落，受害最大的自然是生产谷、帛的农民，然而南齐政权不但不注意其剥削对象自耕小农这一阶层的利益，相反，竭泽而渔，自永明四年起，在征收租调时，订出了二分取钱、一分取布的折纳办法来；永明五年，又改订为钱、帛兼半的折纳办法，意图利用钱币的缺乏，而要农民缴纳钱币。上缴的钱币，个个必须圆大，在当时古币多被民间剪凿破损的情况之下，农民要找这种符合规格的钱，不是"买本一千，加子七百"（以一千七百钱换好钱一千），便是"以两代一"（纳两钱代一钱），这更加重了农民的负担。可见钱币的缺乏，不但使在江南初步发展过程中的商品经济停滞不前，同时也加速了自耕小农的破产。

"梁初，唯京师（建康）及三吴、荆、郢、江、湘、梁、益用钱；其余州郡,则杂以谷、帛交易;交、广之域,则全以金银为货"(《隋书·食货志》),可见货币并不广泛地在各地区普遍使用,使用的范围还是狭小的,大半也由于钱币缺乏的缘故(当然,主要还是由于那些不使用货币地区在商品交换方面的滞涩)。由于钱币缺少,梁武帝又铸新钱曰五铢与女钱两种。这次铸钱,又因为与古钱的轻重比价不能相等,再一度引起了币制的紊乱。百姓不用新币,专用古币来做交易[47];梁武帝虽然下令禁用古钱,而民间私用,仍是很盛。普通四年(公元523年),梁武帝乃下令尽罢铜钱,改用铁钱,"人以铁钱易得,并皆私铸,及大同(公元535—546年)以后,所在铁钱遂如丘山,物价腾贵,交易者以车载钱,不复计数,而唯论贯"(《隋书·食货志》)。梁武帝这种方策,不仅没有解决当时的货币问题,反而使货币问题,更趋严重。

侯景乱梁,江南生产遭受严重的破坏,商品交换更形滞涩,陈朝境内,铁钱已废而不行,谷、帛的使用更取代了铸币的职能[48]。陈文帝天嘉五年(公元564年)铸五铢钱,宣帝太建十一年(公元579年)铸六铢钱,后又废六铢专行五铢(见《隋书·食货志》)。然而陈的疆域本极狭小,西失梁、益、宁诸州,北以大江为界,"岭南诸州,多以盐、米、布交易,俱不用钱"(《隋书·食货志》),因此,铸币的使用区域,可说是很狭小的。

总的说来,南朝经济是自然经济,当时固然也有商品交换和货币流通,但在广大农村里,交换只是具有偶然的性质,社会上主要的支付工具还是实物,铸币只是以辅助的姿态出现于市场之上,因此,纵然币制紊乱到极点,也只是使谷、帛等的使用范围更加扩大而已。

经济重心的逐渐南移 中国古代的经济重心在北方(较偏于西),据《尚书·禹贡》的记载,古代北方的农业生产,远胜于南方,各州土地依据其肥瘠的程度,分为九等:

雍州……厥田惟上上

徐州……厥田惟上中

青州……厥田惟上下

豫州……厥田惟中上

冀州……厥田惟中中

兖州……厥田惟中下

梁州……厥田惟下上

荆州……厥田惟下中

扬州……厥田惟下下

可见南方在当时来看,还是生产极落后的地区。战国时,魏决漳
水灌邺,秦筑郑国渠溉泽卤之地四万余顷,北方的水利灌溉事
业,在那时已经相当发展。《史记·货殖列传》也说:"关中自汧、
雍以东至河、华,膏壤沃野千里,自虞、夏之贡,以为上田。……
故关中之地,于天下三分之一,而人众不过什三,然量其富,什居
其六。"而当日的南方呢?《史记·货殖列传》称:"江南卑湿,丈
夫早夭。多竹木。豫章出黄金,长沙出连锡,然堇堇(仅仅)物之
所有,取之不足以更(偿)费。""总之,楚、越之地,地广人希,饭稻
羹鱼,或火耕而水耨,果隋蠃蛤,不待贾而足,地势饶食,无饥馑
之患,以故呰窳(苟且惰懒之谓)偷生,无积聚而多贫。是故江、
淮以南,无冻饿之人,亦无千金之家。"可见那时的江南,还谈不
到开发,处处都表现出劳动人手不足、生产技术的低下、财富的
贫乏来。总之,古代中国的经济重心在北方,而不在南方。

自从东汉政权崩溃以后,接着是西、北少数民族贵族进入内
地建立王朝,中原地区曾经长期地蒙受剧烈的破坏,尤其在农业
生产方面,土地荒芜,水利失修,生产的发展,受到阻滞。当北方
经济进展稍为缓慢有时甚至受到阻滞的时候,南方(较偏于东)
却突飞猛进,已经脱离了《史记·货殖列传》里所描写的地广人
稀及无积聚而多贫的状态,到了隋唐以后,便成为全国经济最发
达、财富最丰盈的地方了。

自东晋建国至陈亡(公元 317—589 年),这将近三百年间,中原人民大量南下,与江南土著人民在生产战线上会师之后,两支生产大军,辛勤地开发江南,把江南建设得"良畴美柘,畦畎相望,连宇高甍,阡陌如绣"(《陈书·宣帝纪》)。南贫北富的情形,已开始在这三百年内逐渐转变。到了唐朝,数全国财富,就以扬州为第一,所谓"扬一益二"(《资治通鉴》唐昭宗景福元年),韩愈也称"当今赋出天下而江南居十九"(韩愈《送陆歙州诗》序),它简直成为全国的谷仓和衣料的取给地,中国的经济重心,从此由北方移到南方了。所以在隋朝灭陈统一南北之后,首要的事情,就是把南北经济联系起来,这就是以后要提到的开凿运河大工程。

---

①《水经·温水注》:九真太守任延始教耕犁,俗化交土,风行象林。知耕以来六百余年。火耨耕艺,法与华同。名白田种白谷,七月火作,十月登熟;名赤田种赤谷,十二月作,四月登熟,所谓两熟之稻也。至于草甲萌芽,谷月代种,稑穄早晚,无月不秀,耕耘功重,收获利轻,熟速故也。米不外散,恒为丰国。

②《南史·到彦之传曾孙㳅附传》:历御史中丞、都官、左户二尚书,掌吏部尚书。时何敬容以令参选,事有不允,㳅辄相执。敬容谓人曰:"到㳅尚有余臭,遂学作贵人。"……㳅祖彦之,初以担粪自给,故世以为讥云。

③《晋书·隐逸·郭文传》:河内轵人也。……洛阳陷,乃步担入吴兴余杭大涤山中……区种菽麦。

《宋书·文帝纪》:元嘉二十一年秋七月乙巳,诏曰:"比年谷稼伤损,淫亢成灾,亦由播殖之宜,尚有未尽。南徐、兖、豫及扬州浙江西属郡,自今悉督种麦,以补阙乏。"

④《宋书·长沙景王道怜传子义欣附传》:〔元嘉〕七年……迁使持节、监豫司雍并四州诸军事、豫州刺史……芍陂良田万顷,堤堰久坏,秋夏常苦旱。义欣遣谘议参军殷肃循行修理。有旧沟引陂水入陂,不治积久,树木榛塞。肃伐木开榛,水得通注,旱患由是遂除(《通典·食货志》作"由是遂丰稔")。

《南齐书·垣崇祖传》:普通四年冬,始修芍陂。

《水经·肥水注》:肥水又东北径白芍亭东,积而为湖,谓之芍湖,陂周百二十许里,在寿春县南八十里。

⑤《晋书·孔愉传从子严附传》:时东海王奕求海盐、钱塘以水牛牵埭,税取钱直,帝初从之,严谏乃止。

《南齐书·陆慧晓传顾宪之附传》:永明六年,为随王东中郎长史,行会稽郡事。时西陵戍主杜元懿启:"吴兴无秋,会稽丰登,商旅往来,倍多常岁。西陵牛埭税,官格日三千五百,元懿如即所见,日可一倍,盈缩相兼,略计年长百万。浦阳南北津及柳浦四埭,乞为官领摄,一年格外长四百许万。"

《水经·浙江水注》:浦阳江水东径上虞县南,亦谓是水为上虞江。县之东郭外有渔浦湖……湖之南,即江津也。江南有上塘、阳中二里,隔在湖南,常有水患,〔会稽〕太守孔灵符遏峰山前湖以为埭,埭下开渎,直指南津,又作水楗(水闸)二所,以舍此江,得无淹渍之患。

《资治通鉴》齐武帝永明六年胡三省注:"西陵在今越州萧山县西十二里西兴渡是也。""牛埭即今西兴埭,用牛挽船,因曰牛埭。""浦阳江南津埭则今之梁胡堰是也,北津埭则今之曹娥堰是也,柳浦埭则今杭州江干浙江亭北跨浦桥埭是也。"

⑥《太平御览》卷825引《永嘉郡记》曰:永嘉有八辈蚕、蚖珍蚕,三月绩;柘蚕,四月初绩;蚖蚕,四月初绩;爱珍,五月绩;爱蚕,六月末绩;寒珍,七月末绩;四出蚕,九月初绩;寒蚕,十月绩。凡蚕再养者,前辈皆谓之珍,少养之。爱蚕者,故蚖蚕种也。蚖珍三月既绩,出蛾取卵,七月、八月便剖蚕生,多养之。是为蚖蚕。欲作爱者,取蚖珍之卵,藏内瓷器中,随器大小,亦可十纸百纸,盖覆器口,安冷水使冷气折其出势,仅得三七日,然后剖生养之,谓之爱珍,亦爱子。绩成茧蛾,生卵,卵七日又剖成蚕,多养之,此则爱蚕也。

《文选》左思《吴都赋》:乡贡八蚕之绵。

⑦《宋书·文帝纪》:元嘉八年闰六月庚子,诏曰:"……耕蚕树艺,各尽其力。……"二十年冬十二月壬午,诏曰:"……抑亦耕蚕未广,地利多遗。……"二十一年秋七月乙巳,诏曰:"……凡诸州郡,皆令……蚕桑麻纻,各尽其力……"

《梁书·良吏·沈瑀传》:永嘉元年,为建德令。教民一丁种十五株桑、四株柿及梨栗,女丁半之。人咸欢悦,顷之成林。

梁吴均《续齐谐记》:吴县张成,夜起,忽见一妇人立于宅上南角,曰:"明年令君蚕桑百倍。"言绝失之,成自此后大得蚕。

⑧《南史·垣护之传侄昙深附传》:先是刘楷为交州……昙深……随楷,未至交州而卒。……昙深妻郑氏……仍随楷到镇,昼夜纺织。……居一年,私装了,乃告楷求还。

《南史·程灵洗传》:妓妾无游手,并督之纺织。

《南史·孝义传上》：诸暨东洿里屠氏女，父失明，母痼疾，亲戚相弃，乡里不容。女移父母远住纻舍，昼采樵，夜纺绩，以供养父母。

⑨《通典·食货典·轻重》：齐武帝永明中，天下米谷布帛贱，上欲立常平仓，市积为储。六年，诏出上库钱五千万，于京师(建康)市米，买丝绵纹绢布；扬州(治建康)出钱千九百一十万，南徐州(治京口)二百万，各于郡所市籴〔米〕；南荆河州(即南豫州，《通典》避唐代宗讳改，治姑孰，今安徽当涂)二百万，市丝绵纹绢布米大麦；江州(治寻阳，今江西九江市)五百万，市米胡麻；荆州(治江陵，今湖北荆州)五百万，郢州(治夏口，今湖北武昌西)三百万，皆市绢绵布米大小豆大麦胡麻；湘州(治长沙，今湖南长沙市)二百万，市米布腊；司州(治义阳，今河南信阳市)二百五十万，西荆河州(即西豫州，治历阳，今安徽和县)二百五十万，南兖州(治广陵，今江苏扬州市)二百五十万，雍州(治襄阳，今湖北襄阳市)五百万，市绢绵布米。使台传并于所在市易。

⑩《史记·货殖列传》："榻布、皮革千石……此亦比千乘之家。"榻布《汉书·货殖传》作"荅布"。孟康《汉书音义》："荅布，白叠也。"颜师古不同意孟康《音义》的解释。颜师古说："粗厚之布也，其价贱，故与皮革同其量耳，非白叠也。"按孟康释荅布为白叠，颜师古驳之，极是。荅布《史记》作榻布，据吐鲁番近年出土文书大谷第3080号："氎布一端，上估四百八十文，中估四百七十文，下估四百五十文。"此氎布即《史记·货殖列传》之榻布及《汉书·货殖传》之荅布。在唐代高昌市场上，把缣布(即白叠布，亦即后世之棉布)和氎布严格分为两类，可证《史记》的榻布或《汉书》的荅布，决非白叠布。

⑪华峤《汉后书》这条记载，后来东晋人常璩著《华阳国志》和刘宋人范晔著《后汉书》时，都曾据以改写，收入各自的书中。

《华阳国志·南中志》云："其梧桐木，其花柔如丝，民绩以为布，幅广五尺以还，洁白不受污垢，名为桐华布，以覆亡人，然后服之，及卖与人。有兰干细布，兰干，僚言纻也。织成文如绫锦。又有罽旄、帛叠、水精、琉璃、轲虫、蚌珠。宜五谷，出铜锡。"

《后汉书·南蛮西南夷传》：哀牢夷"土地沃美，宜五谷蚕桑，知染采文绣，罽旄、帛叠、兰干细布，织成文章如绫锦。有梧桐木华，绩以为布，幅广五尺，洁白不受垢污。"按"帛叠"即"白叠"。

又按哀牢夷在东汉时，已称草棉布为"帛叠"，盖亦用外来语名之。又三国时吴人著《外国传》云："诸簿国女子作白叠花布"(《太平御览》卷820引)。诸簿洲，据近人考证，即阇婆迦之异译，亦即今印度尼西亚之爪哇岛，则当时东南亚国家初亦称棉布为帛叠或白叠。

⑫李时珍《本草纲目》卷36《木绵》条引张勃《吴录》："交州、永昌木绵树高过屋，

有十余年不换者,实大如杯。花中绵软白,可为温絮及毛布。"

⑬ 参考新疆博物馆《新疆民丰县北大沙漠中古遗址墓葬区东汉合葬墓清理简报》,载《文物》1960 年第 6 期;沙比提馆长《从考古发掘资料看新疆古代的棉花种植和纺织》,载《文物》1973 年第 10 期。

⑭ 慧琳《一切经音义》卷 4《大般若经》卷 398《音义》:白叠"其草花絮,堪以为布"。又卷 34《转女身经音义》不但明确地提到叠是草棉之花,花如柳絮,而且讲到"土俗皆抽捻以纺成缕,织以为布,名之为叠"。此明指草棉。

叠布又作缘布,《广韵》下平声二仙"棉"字下云:"木棉,树名。《吴录》云:'其实如酒杯,中有绵如蚕绵,可作布。'又名曰缕。"

慧琳《一切经音义》卷 40《大力金刚经音义》:"妙缕,《声考》云:'毛布也,亦草花布也。'经文作缘,非也。"大概慧琳认为叠布之叠,当作叠,不当写作缘,缘是叠的别体字。

叠布有时又作㲲布,《量处轻重仪》:"初是十种衣财……二者劫贝(即吉贝)衣,中国有之,缉花所作,如白㲲之例,京师有也。"按白㲲亦即白叠。叠布、缘布、㲲布,用一句话来简单说明,指的都是草棉制成的布。到今天,新疆吐鲁番地区仍称棉花为"叠"。

《太平御览》卷 820 引《魏文帝(曹丕)诏》曰:"夫珍玩所生,皆中国及西域,他方物比不如也。代郡黄布为细,乐浪练为精,江东太末布为白;故不如白叠布鲜洁也。"按曹丕以中国(中原地区)与西域(西部地区)对举,而特别标举白叠布的鲜洁,此白叠布盖来自今新疆地区无疑。

⑮ 按《晋令》的内容,后来多被南朝宋、齐继承下来。《宋书·礼志》载:"骑士卒百工人,加不得大绛紫襈、假结(即髻字)、真珠珰珥、犀、玳瑁、越叠,以银饰器物,张帐,乘犊车。"内容和《晋令》相同。

⑯《宋书·百官志》卫尉……晋江右掌冶铸,领冶令三十九,户五千三百五十,冶皆在江北;而江南唯有梅根及冶唐二冶,皆属扬州,不属卫尉。……少府……东冶令一人……南冶令一人……掌工徒鼓铸……江南诸郡县有者,或置冶令,或置丞,多是吴所置。

《南齐书·百官志》:少府……左右尚方令各一人……锻署丞一人……东冶令一人……南冶令一人……。

《通典·职官典》:梁、陈有东西冶,东冶重,西冶轻,其西冶即宋、齐之南冶。

⑰ 庾信《枯树赋》:东南以梅根作冶。

《太平寰宇记》卷 105 池州铜陵县:自齐、梁之代,为梅根冶,以烹铜铁。

《太平御览》卷 46 引山谦之《丹阳记》曰:《永世(今江苏溧阳南十五里)记》云:

"县南百余里铁岘山,广轮二百许里,山出铁,扬州今鼓铸之地。"

《太平御览》卷46引山谦之《南徐州记》曰:剡县有三白山,出铁,常供戎器。

《太平寰宇记》卷120鄂州江夏县:冶唐山,在县东南二十六里。旧记云:"先是晋、宋之时,依山置冶,因名。"

⑱《太平寰宇记》卷263:岭南道新州,银山出银……卢循采之。

⑲ 参考潘吉星先生《关于造纸术的起源》,载《文物》1973年第9期。

⑳《太平御览》卷605引盛弘之《荆州记》曰:枣阳县一百许步蔡伦宅。其中具存白,即名蔡子池。伦,汉顺帝时人,始以鱼网造纸。县人今犹多能作纸,盖伦之遗业也。

同卷引《董巴记》曰:东京有蔡侯纸,即伦也。用故麻名麻纸,木皮名榖纸,用故鱼网作纸名网纸也。

同卷引王隐《晋书》:和帝元兴中,中常侍蔡伦以故布捣剉作纸,故字从巾。

㉑《太平御览》卷605引《语林》曰:王右军为会稽,谢公乞笺纸,库中惟有九万枚,悉与之。

㉒ 唐舒元舆《悲剡溪古藤文》:剡溪上绵四五百里,多古藤。……溪中多纸,中刀斧,斩伐无时,擘剥皮肌,以给其业。……异日过数百郡,泊东雒(洛阳)、西雍(长安),历见言书文者,皆以剡纸相夸。

《元和郡县图志》:杭州余杭县由拳村出好藤纸。

㉓《太平御览》卷756引《晋令》曰:欲作漆器物卖者,各先移主吏者名,乃得作,皆当淳漆著布器,器成,以朱题年月姓名。

㉔ 参考安徽亳县博物馆《亳县曹操宗族墓葬》,载《文物》1978年第8期。

㉕ 参考中国科学院考古研究所编《新中国的考古收获》;陈万里先生著《中国青瓷史略》;冯先铭先生《我国陶瓷发展中的几个问题》,载《文物》1973年第7期。

㉖《隋书·地理志》:丹阳旧京所在,人物本盛,小人率多商贩,君子资于官禄,市廛列肆,埒于二京。

《乐府诗集》引宋《读曲歌》:"家贫近店肆,出入引长事,郎君不浮华,谁能呈实意。""登店卖三葛,郎来买丈余,合匹与郎去,谁解断粗疏。"是商人女坐列肆卖葛之证。

㉗《宋书·谢庄传》:上(孝武帝刘骏)始践阼……下节俭诏书……诏云:"贵戚竞利,兴货廛肆……"

《宋书·吴喜传》:喜未死〔前〕一日,上(明帝刘彧)与刘勔、张兴世、齐王(萧道成)诏曰:"……西难既珍,便应还朝,而解故槃停,托云扞蜀。实由贸易交关,事未回展。……兴生求利,千端万绪。从西还,大艑小艒,爰及草舫,钱米布绢,无船不满。

自喜以下,迨至小将,人人重载,莫不兼资。……"

《梁书·徐勉传》:勉尝为书诫其子崧曰:"……显贵以来,将三十载,门人故旧,亟荐便宜,或使创辟田园,或劝兴立邸店,又欲触舻运致,亦令货殖聚敛,若此众事,皆拒而不纳。……"

㉘《南齐书·荀伯玉传》:世祖(萧赜)在东宫……任左右张景真……景真又度丝锦与昆仑舶营货,辄使传令防送过南州津。

《南史·循吏·郭祖深传》:普通七年,改南州津为南津。……由来王侯势家,出入津,不忌宪纲。

㉙《太平御览》卷 827 引山谦之《丹阳记》曰:京师四市。建康大市,孙权所立;建康东市,同时立;建康北市,永安中(公元 304 年)立;秣陵斗场市,隆安中(公元 397—401 年)发乐营人交易,因成市也。

《隋书·食货志》:"又都西有石头津,东有方山津。……淮水(秦淮河)北有大市百余,小市十余所。"《通典·食货典》作:"淮水北有大市,自余小市十余所。"《宫苑记》及景定《建康志》皆从《通典》。又淮水亦有释为江北之淮水而不释为秦淮水者,然以《宫苑记》及景定《建康志》证之,是指秦淮水以言甚明。

㉚《晋书·文苑·伏滔传》:〔滔〕著论二篇,名曰《正淮》。其上篇曰:"……彼寿阳者,南引荆、汝之利,东运三吴之富;北接梁、宋,平涂不过七日;西援陈、许,水陆不出千里;外有江湖之阻,内保淮、肥之固。龙泉之陂,良畴万顷,舒、六之贡,利尽蛮越,金石皮革之具萃焉,苞木箭竹之族生焉。……"

㉛《晋书·苻健载记》:苻雄遣苻菁掠上洛郡,于丰阳立荆州,以引南金奇货,弓竿漆蜡,通关市,来远商。于是国用充足,异赆盈积。

《魏书·崔玄伯传族人宽附传》:为陕城镇将,弘农出漆蜡竹木之饶,路与南通,贩贸来往,家产丰富。

《北齐书·循吏·苏琼传》:旧制以淮禁,不听商贩辄渡。

《北史·高允传族子季式附传》:天保初(天保四年前,公元 550—552 年)……随司徒潘乐征江、淮间,为私使乐人于边境交易,还京,坐被禁止。

《北史·崔挺传从子季舒附传》:乾明初(公元 560 年)……出为徐州刺史,坐遣人渡淮平市……为御史所劾。

㉜《汉书·地理志》:自日南障塞、徐闻、合浦船行,可五月,有都元国。又船行可四月,有邑卢没国。又船行可二十余日,有谌离国。步行可十余日,有夫甘都卢国。自夫甘都卢国船行可二月余,有黄支国(据日本藤田丰八考证,黄支即《大唐西域记》中之建志补罗 Konchpura),民俗略与珠崖相类。其州广大,户口多,多异物,自武帝以来皆献见。有译长,属黄门,与应募者俱入海市明珠、璧流离、奇石异物,赍

黄金杂缯而往，所至国皆禀食为耦，蛮夷贾船，转送致之。亦利交易，剽杀人，又苦逢风波溺死，不者数年来还。大珠至围二寸以下。……自黄支船行可八月，到皮宗；船行可二月，到日南、象林界云。黄支之南有已程不国，汉之译使自此还矣。

㉝《梁书·中天竺传》：汉和帝时，天竺数遣使贡献（从陆路），后西域反叛，遂绝。至桓帝延熹二年（公元159年）、四年，频从日南徼外来献。

《梁书·中天竺国传》：其西与大秦、安息交市海中，多大秦珍物，珊瑚、琥珀、金碧珠玑、琅玕、郁金、苏合。……汉桓帝延熹九年，大秦王安敦遣使自日南徼外来献，汉世唯一通焉。其国人行贾，往往至扶南、日南、交趾，其南徼诸国人少有到大秦者。

《太平御览》卷771引康泰《吴时外国传》：从加那调州乘大舶船，张七帆，时风一月余日，乃入大秦国也。

㉞《梁书·中天竺国传》：孙权黄武五年，有大秦贾人字秦论来到交趾，交趾太守吴邈遣送诣权，权问方土谣俗，论具以事对。……权以男女各十人，差吏会稽刘咸送论，咸于道物故，论径还本国。

㉟《梁书·王僧孺传》：天监初……寻出为南海太守。郡常有高凉生口，及海舶每岁数至，外国贾人，以通货易。旧时州郡以半价就市，又买而即卖，其利数倍，历政以为常。

《南史·梁吴平侯景传子劢附传》：徙广州刺史……广州边海，旧饶，外国舶至，多为刺史所侵，每年舶至不过三数。及劢至，纤毫不犯，岁十余至。

㊱公元5世纪前半叶（东晋末至刘宋元嘉之世），中国船舶远航至波斯湾。亦思法航（Ispahan）人哈姆柴（Hamza）及阿拉伯地理家麻素提（Masudi）皆记：当5世纪时，幼发拉底河可上航至巴比伦（Babylon）古城西南，苦法城（Kufa）附近之希拉城（Hira），其地居民常见印度及中国之船舶，寄椗于市房之前。其后波斯湾上之商业，由河之上流，逐渐移于下流，印度、中国之商务，亦随之而下移矣。见张星烺《中西交通史料汇编》。

㊲见《宋书·夷蛮呵罗单国》、《天竺迦毗黎国传》、《南齐书·南夷扶南国传》、《梁书·南夷诸国传》。

㊳张星烺《中西交通史料汇编》：希腊人科斯麻士（Cosmas），生于埃及，少年时为商人，尝航行红海及印度洋，远至非洲东岸波斯湾、印度西岸及锡兰岛等地。著有《基督教诸国风土记》，约成书于公元530—550年之间。科斯麻士称中国为秦尼斯达（Tginista），即梵文秦那斯坦那（Cinasthana）、波斯文秦尼斯坦（Chinislan）之转音也。记云："吾尝见世间有不避难苦，远往天涯海角以取丝绸者。……产丝国在印度诸邦中为最远者，……产丝之名为秦策尼国。……秦策尼国在左边最远之境，丝货由陆道经历诸国辗转而至波斯，所需时日，比较上实甚短促，若由波斯而经海道往

彼，所需时日实甚久也。……塔勃罗贝恩岛(Island of Taprobane)为印度洋中大岛，印度人称之曰锡雷的巴(Sielediba)，岛中有二王，其一所辖境内，商务繁盛，为重要港口，四方商贾鳞集。……印度、波斯及依梯俄皮亚(Ethiopia)诸境之船只，来此岛者甚多，岛人亦自有船远航四方，盖此岛地位适居世界之中也。远国如秦尼斯达以及其他输出诸地，运来丝货、伽罗木、丁香、旃檀木等至塔勃罗贝恩岛……以上诸物更由锡雷的巴转运至……波斯……等地……同时岛中亦将其土产输出至东西各国也。……由锡雷的巴更向东为丁香国(Clove Country，今马来半岛)，过丁香国为秦尼斯达国，其地产丝，过秦尼斯达国即无他国矣，盖秦尼斯达以东，为大洋海环绕也。"

㊴东晋时，色黑者谓之昆仑，昆仑奴指黑肤的马来人。《宋书·王玄谟传》："孝武(刘骏)宠一昆仑奴子，常在左右，令以杖击群臣。"《南史·恩幸·孔范传》："后主多出金帛，募人立功。范素于武士不接，莫有至者，惟负贩轻薄多从之，高丽、百济、昆仑诸夷并受督。"这是因为当时外国人流入中国者甚多，故临时召募他们组成一支军队。

㊵《北史·甄琛传》：宣武(元恪)践阼……琛表曰："……今伪弊(南朝)相承，仍崇关廛之税；大魏宏博，惟受谷帛之输。……"

㊶《隋书·地理志》晋自过江，凡货卖奴婢、马牛、田宅，有文券，率钱一万输估四百入官，卖者三百，买者一百。无文券者，随物所堪，亦百分收四，名为散估。历宋、齐、梁、陈，如此以为常。

徐陵《与顾记室书》："吾市徐枢宅，为钱四万，任人(证人)市估，文券历然。"

《宋书·庾登之传弟炳之附传》：上……召问尚书右仆射何尚之，尚之具陈炳之得失，又密奏曰："……市令盛馥进数百口材助营宅，恐人知，作虚买券。……"

《颜氏家训·勉学篇》：博士买驴，书券三纸，未有驴字。

㊷《隋书·食货志》晋自过江……历宋、齐、梁、陈，……都西有石头津，东有方山津，各置津主一人、贼曹一人、直水五人，以检察禁物及亡叛者。其获炭鱼薪之类过津者，并十分税一以入官。其东路无禁货，故方山津检察甚简。

《晋书·孝武帝纪》：宁康元年(公元373年)三月，"诏除丹杨竹格等四桁税。"

《梁书·武帝纪》大同十一年(公元545年)诏文有"四方所立屯、传、邸、冶、市、埭、桁、渡、津税、田园……游军戍逻，有不便于民者，尚书州郡各速条上，当随言除省，以舒民患。"桁是浮桥，盖石头、方山两津以外，凡是桁渡的地方，也都设立税官，征收过路税。可见桁、渡、津税，已经成为人民的祸患了。

㊸《隋书·食货志》晋自过江……历宋、齐、梁、陈……大市备置官司，税敛既重，时甚苦之。

《宋书·武帝纪》：永初元年秋七月……又以市税繁苦，优量减降。

《宋书·文帝纪》：元嘉十七年十一月丁亥，诏曰："……所在市调，多有烦刻……自今咸依法令，务尽优允。……"

《南齐书·豫章王嶷传》：徙荆州刺史。……以市税重滥，更定梧格，以税还民。

《南齐书·竟陵王子良传》：子良又启曰："……司市之要，自昔所难。顷来此役，不由才举，并条其重资，许以贾衒。前人增估求侠，后人加税请代，如此轮回，终何纪极？兼复交关津要，共相唇齿，愚野未闲，必加陵诟，罪无大小，横没资载。凡求试谷帛，类非廉谨，未解在事所以容奸？……"

《梁书·武帝纪》：天监十五年春正月己巳，诏曰："……关市之赋，或有未允，外时参量，优减旧格。"

《梁书·侯景传》：景既据寿春……辄停责市估……乃抗表曰："……臣……无所侵物，关市征税，咸悉停原，寿阳之民，颇怀优复。……"

《北史·艺术·陆法和传》：梁元帝以法和为都督、郢州刺史，……列肆之所，不立市丞，牧左之法，无人领受。但以空槛篝在道间，上开一孔以受钱，贾客店人，随货多少，计其估限，自委槛中。所掌之司，夕方开取，条其孔目，输之于库。

《陈书·宣帝纪》：太建十一年十二月己巳，诏曰："……重以旗亭关市，税敛繁多，不广郡内之钱，非供水衡之费，逼遏商贾，营谋私蓄……"

《南史·陈本纪》：税江税市，征取百端。

④ 过路税除牛埭税外（已见注五），又有巧立名目的道路杂税，如《宋书·孝武帝本纪》载大明八年（公元464年）诏："东境（指浙江）去岁不稔，宜广商货，远近贩鬻米粟者，可停道中杂税。"此处所谓道中杂税，可能既包括津桁税和牛埭税，还兼指其他苛捐杂税。

⑤《宋书·周朗传》：世祖（刘骏）即位……朗上书曰："……宜罢金钱，以谷帛为赏罚，然愚民不达其权，议者好增其异。凡自淮以北，万匹为市；从江以南，万斛为货，亦不患其难也。今且听市至千钱以还者用钱，余皆用绢布及米，其不中度者坐之。"

《通典·食货典·钱币》：沈约曰："……固宜一罢钱货，专用谷帛，使人知役生之路，非此莫由。夫千匹为货，事难于怀璧；万斛为市，未易于越乡，斯可使末技自禁，游食知返。而年代推移，人事兴替，或库盈朽贯，而高廪未充；或家有藏镪，而良畴罕辟。若事改一朝，废而莫用，交易所寄，朝夕无待。……然后驱一代之人，反耕桑之路……"

⑥ 所指大钱，据《宋书·何尚之传》："尚之议曰：'……又钱之形式，大小多品，直云大钱，则未知其格。若止于四铢五铢，则文皆古篆，既非下走所识，加或漫灭，尤

难分明,公私交乱,争讼必起……'"

㊼《通典·食货典·钱币》:〔梁〕武帝乃铸钱,肉好周郭,文曰五铢,重四铢三参二黍,其百文则重一斤二两。又别铸,除其肉郭,谓之公式女钱,径一寸,文曰五铢,重如新铸五铢。二品并行。百姓或私以古钱交易者,其五铢,径一寸一分,重八铢,文曰五铢,三吴属县行之。女钱径一寸,重五铢,无轮廓,郡县皆通用。太平百钱二种,并径一寸,重四铢,源流本一,但文字古今之殊耳,文皆曰太平百钱。定平一百五铢,径六分,重一铢半,文曰定平一百。稚钱五朱,径一分半,重四铢,文曰五朱,源出于五铢,但狭小,东境谓之稚钱。五铢钱,径七分半,重三铢半,文曰五朱,源出稚钱,但稍迁异,以铢为朱耳,三吴行之,差少于余钱。又有对文钱,其源未闻。丰货钱,径一寸,重四铢,代(世)人谓之富钱,藏之令人富也。布帛钱,一寸,重四铢半,代(世)谓之男钱,云妇人佩之即生男也。此等轻重不一,天子频下诏书,非新铸二种之钱,并不许用,而趣利之徒,私用转甚。至普通中,乃议尽罢铜钱,更铸铁钱。

㊽《隋书·食货志》:陈初,承梁丧乱之后,铁钱不行。始梁末又有两柱钱及鹅眼钱,于时人杂用。其价同,但两柱重而鹅眼轻,私家多熔钱,又间以锡铁,兼以粟帛为货。

第七章 北朝的政治与经济

第一节 北魏初期的社会性质

鲜卑拓跋氏的建国 拓跋氏是鲜卑族部落联盟中的一个构成单位。拓跋族的原来居住地，是在今天的黑龙江省嫩江流域大兴安岭北部嘎仙洞附近。拓跋部的历史序幕掀起是在成帝拓跋毛时期，《魏书·序纪》称他为"远近所推，统国三十六，大姓九十九"。三十六国，大概是指三十六个部落而结成的部落联盟，拓跋部是三十六个部落中的一个部落，可能拓跋毛曾经被推选担任过部落联盟的酋长。这三十六个部落，是由九十九个大氏族所构成的。三十六国也好，九十九姓也好，拓跋部离开嫩江流域以后，就和他们没有多大联系了。《魏书·官氏志》所载的三十五部（加上拓跋部，为三十六部），是拓跋部南出以后重新组合；其余七十六个姓氏，也很少是原来九十九姓的后人。《魏书·官氏志》也明白指出这七十六个姓氏，是在神元皇帝拓跋力微到了塞上以后，"余部诸姓内入者"，加以接纳，和嫩江流域时期的九十九姓，不见得有多大密切关系。

拓跋部到了宣帝拓跋推寅（第一个推寅）时期，正是东汉初年。这时北匈奴西迁，南匈奴保塞，草原上出现了真空状态，鲜卑部在拓跋推寅的领导下，也开始"南迁大泽，方千余里，厥土昏冥沮洳"（《魏书·序纪》）。这个大泽，可能是今内蒙古呼伦贝尔市的呼伦湖。

拓跋部在呼伦湖附近住了七代。到了献帝拓跋邻统部时期，"七分国人"，把拓跋部分为八个小部落——族，命这八个部放弃呼伦湖附近的牧地，继续向南迁移。所有"迁徙策略"，多由拓跋邻来决定，鲜卑语里称肯钻研问题的人叫推寅，所以也呼拓跋邻为推寅（第二个推寅）。这个推寅据近人研究，就是参加东汉桓帝时鲜卑檀石槐部落联盟的西部大人推演，我个人是同意这一说法的。拓跋邻的儿子圣武帝拓跋诘汾听从了父亲的话，开始"南移，山谷高深，九难八阻"，"历年乃出，始居匈奴之故地"（《魏书·序纪》）。这一部落也就参加了檀石槐为首的部落联盟。

拓跋部的一支，由拓跋诘汾的长子秃发匹孤率领，从塞北迁居河西。匹孤的曾孙树机能，在晋武帝时起兵抗晋，曾攻破凉州。十六国南凉的秃发乌孤，就是这一支的后人，秃发即拓跋之异译。

拓跋氏的另一支，也就是拓跋族本支，从拓跋诘汾的次子拓跋力微时代起，就游牧于云中一带（今内蒙古托克托东北云中古城）。因为鲜卑族、乌桓族都把头发剃去一部，而拓跋部还打着辫子，因此当时人称作"索头鲜卑"。

拓跋部在酋长拓跋诘汾迁居漠北时代，还是一个小部落。到拓跋力微时也只附属在没鹿回部大人纥豆陵氏之下。其后兼并了没鹿回部，"诸部大人悉皆款服，控弦上马二十余万"（《魏书·序纪》）。公元258年（魏曹髦甘露三年），迁居定襄之盛乐（今内蒙古和林格尔北），是年四月，举行"祭天"大典，开了一个由部落贵族和扈从武士所操纵的部落大会，"诸部君长皆来助祭"（《魏书·序纪》）。在这一次大会中，拓跋部正式取得了部落联盟的领导权，拓跋力微也巩固了世袭的大酋长地位。部内有诉讼之事，由大酋长和四部大人（由部落联盟中选出来的）商议判决，但还没有法律和监狱，拓跋部这一阶段还没有形成正式的国家。力微死后，"诸部离叛，国内纷扰"。到了公元295年，力微少子禄官统部，拓跋部仿匈奴旧制，分国人为中、东、西三部。

禄官自为大酋,居上谷之北、濡源之西(今河北沽源东南),为东部;力微长子沙漠汗之子猗𢓨,居代郡参合陂(今内蒙古凉城西北)北,为中部;猗𢓨弟猗卢居定襄之盛乐故城,为西部。其后猗𢓨、禄官先后病死,公元308年,猗卢总摄三部,"控弦骑士四十余万",成为塞上一支强大的力量。时值西晋末年,中原大乱,西晋并州刺史刘琨要依靠拓跋部的帮助来和刘、石对抗,乃在公元310年,请求晋朝封猗卢为代公;公元314年,又进封为代王,并割陉岭以北(今山西代县西勾注山以北)马邑、阴馆、楼烦、繁峙、崞五县之地与猗卢。猗卢得很多晋人的归附,拓跋部的势力,更为强盛。猗卢再传至拓跋郁律时期,拓跋部虽仍不得逞志于中原,而向草原上发展,于是"西兼乌孙故地,东吞勿吉以西,控弦上马,将有百万"。又数传至什翼犍。拓跋什翼犍曾为质子于石赵历十年之久,受汉文化浸润较深。公元338年在繁峙(今山西浑源西)北即代王位后,"始置百官,分掌众职";用汉人燕凤为长史,许谦为郎中令。始制法律,规定反逆、杀人、奸、盗等罪的刑罚。代国至此正式具有国家规模。什翼犍于公元340年定都于云中的盛乐宫,公元341年又于盛乐故城南八里筑盛乐新城,代国开始有了定居的政治中心。定居以后,种植穄(糜子)田,农业也开始发展起来了。公元376年,前秦苻坚出兵二十万击代,什翼犍大败,逃往阴山之北,部落离散;又遭高车部落四面抄掠,"不得刍牧"。什翼犍不得已退回漠南,回到云中就为其子寔君所杀,秦遂灭代。

代国灭后,什翼犍之孙拓跋珪,先后流寓于独孤部与贺兰部。淝水战后,苻秦政权颠覆,慕容垂称帝于中山,建立后燕。公元386年拓跋珪也纠合旧部,在牛川(今内蒙古锡拉木林河)召开部落大会,并即代王位,同年又改国号曰魏,称登国元年。那时塞上鲜卑化的匈奴族独孤部(即屠各部)的势力颇为强大,拓跋珪是慕容垂的外孙,所以慕容垂支持拓跋珪,命其子慕容麟率兵会同拓跋珪消灭独孤部和另一贺兰部。拓跋氏在攻灭独孤部时,虏获到马三十余万匹,牛、羊四百余万头。二部消灭之后,拓跋魏遂成为塞外唯一的强国。慕容垂见拓跋珪的势力日益雄厚,会威胁后燕的安全;同时慕容垂又想掠取拓跋珪的马匹畜牲来充实他的军队配备,遂命太子慕容宝率兵八万进攻拓跋珪。拓跋族那时还过着"逐水草"、"无城郭"的游牧生活,听到慕容垂来攻,拓跋珪就远徙河南(今内蒙古鄂尔多斯)。慕容宝的出兵,是在公元395年的五月;拓跋珪的避到河南,是在这一年的七月。到了这一年的十月二十一日,慕容宝的远征军已出师五月之久,因为达不到与拓跋珪军队的主力决战的目的,塞外严寒,只得撤兵。十一月九日,拓跋珪亲率精锐二万余骑追击慕容宝军,到达参合陂(参合陉,今内蒙古凉城西北五十里石匣子沟)。十日晨合战,慕容宝军大败,"人马相腾蹂,压溺死者以万数"。结果"燕兵四五万人,一时放仗敛手就擒";"文武将吏数千人,兵甲粮货以巨万计",均落入拓跋珪手中。慕容宝单骑逃走,"其遗迸去者不过数千人"(《资治通鉴》晋孝武帝太元二十年)。拓跋珪把俘虏到的后燕军士四五万人全都坑杀,燕军精锐至此已损失大半。公元396年,慕容垂亲率大军(这些新军是从龙城调来的,是后燕仅有的补充队伍),直扑云中,拓跋珪时已退守善无(今山西左云西北)。慕容垂攻破平城(今山西大同市),驻平城十日,拓跋珪退保阴山。慕容垂因病班师,归途病死。慕容垂这次出兵,虽攻下平城,收拓跋氏部落三万余落,但始终未能搜索到拓跋珪军队的主力以进行决战,旋因病重班师,平城终亦不能守,后燕在军事方面的颓势,迄未能有所挽回。垂死,拓跋珪遂挟其优越的骑兵,长驱进入中原。

拓跋珪乘慕容垂新死,进兵中原,攻取晋阳、中山、邺等名都重镇,尽有今山西、河北二省之地。公元398年,珪定都平城,即皇帝位,是为魏道武帝。到了其孙太武帝拓跋焘时,灭匈奴族夏赫连氏(公元431年)、北燕冯氏(公元436年)、卢水胡北凉沮渠氏(公元439年),统一了黄河流域,与南方的刘宋王朝对峙,成了南北朝的局面。公元450年,魏太武帝拓跋焘又进兵经略江淮,至瓜步,掠淮南五万余家而还。到这时候,北方的实力已经压倒南方了。

北魏道武帝以前拓跋氏世系表

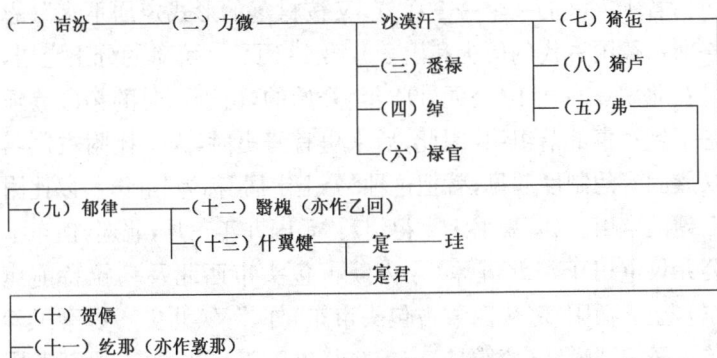

```
(一)诘汾————(二)力微————————沙漠汗—————————(七)猗㐌
                         ├—(三)悉禄         ├—(八)猗卢
                         ├—(四)绰           └—(五)弗
                         └—(六)禄官

├—(九)郁律————————(十二)翳槐(亦作乙回)
│                └—(十三)什翼犍————寔————珪
│                               └—寔君
├—(十)贺傉
└—(十一)纥那(亦作敦那)
```

北魏的社会性质 从社会发展的阶段来看,拓跋氏在拓跋珪入主中原以前,还停留在氏族公社组织继续解体,奴隶使用制度发展极不成熟的阶段。在道武帝入主中原之前,拓跋氏还长期保存着氏族关系,这点可以在稳固的贵族氏族联系上,在拓跋氏自拓跋诘汾以下酋长的氏族传统中,例如兄弟轮替继承王位的兄终弟及制方面,得到确切的证实。在拓跋诘汾之前,拓跋氏的世系除宣帝推寅一人之外,盖不可尽信;而到了道武帝之后,兄终弟及制才为严格的嫡长子继承制所代替。

因为拓跋氏在鲜卑族中是比较落后的一支,他们到了拓跋珪建国以前,还过着游牧的生活,他们作战的行伍,也还以部落组织方法为根据,即凡是有着血亲关系的人,总是并肩作战。所以拓跋氏于道武帝时代开始在塞上定居划分新土地,如《魏书·外戚·贺讷传》所称"太祖(拓跋珪)平中原……其后离散诸部,分土定居,不听迁徙,其君长大人,皆同编户",这时候也是受着这一部落中的氏族关系的组织方法所支配的,每一个部落占有一块一定的土地定居下来。正如恩格斯在《马克》一文中所说:"每一个部落都定居下来了,但他们的定居,决不是任意地或偶然地,而是……依据部落成员的血统关系住下来的。血缘关系较近的一个较大的集团,分配到一定的地区,在这个地区里面,包括若干家庭的一个一个氏族,又按村落的形式定居下来"(恩格斯:《德国古代的历史和语言》,第 136 页)。鲜卑的分土定居,是在北魏登国九年(公元 394 年)开始的,由于那时的拓跋族还是采用军事部落组织,因此,后来史官修史时,为了比附古制与汉族固有的制度起见,就把这种"分土定居"称为"屯田",以比附汉魏的屯田。如《魏书·太祖纪》:"登国九年三月,北巡,使东平公元仪屯田于河北五原(今内蒙古包头市西北及乌拉特前旗东),至于稒阳塞(今内蒙古包头市东)外。"又《北史·魏秦王翰传》:子仪,"道武(拓跋珪)……命督屯田于河北,自五原至稒阳塞外,分农稼,大得人心。"事实上北魏登国中的屯田,除了带有军事性的一点和汉、魏屯田的性质有某种类似以外,关于屯田土地上耕作者的身份,一者是氏族成员,身份极高;一者是失去自由被强迫在屯田土地上耕作的隶属农民,身份很低,在这一点上是应该严格地区别开来,不能等量齐观的。

鲜卑族氏族成员"分土定居"以后,其居住地区,大概都在都城平城以及平城的四围。因此,北魏王朝就在鲜卑族氏族成员居住的地区,"置八部帅",也称"八部大夫"。"八部大夫"的职责是"劝课农耕,量校收入,以为殿最"(《魏书·食货志》)。八部帅的监临地区,当时也称为"八国"①。

和鲜卑族氏族成员分土定居同时或稍后,拓跋氏由于军事上的胜利,又从中原地区及当时蒙古草原上迁来大批被征服各族的人民,如《北史·魏道武帝纪》:"天兴元年(公元 398 年)正月,徙山东六州人吏及徒何(鲜卑慕容氏)高丽杂夷、三十六署百工伎巧十余万口,以充京师。……诏给内徙新户耕牛,计口授田。"《北史·魏明元帝纪》:"永兴五年(公元413年)七月,前军奚斥等破越勒倍泥部落于跋那山西,徙二万余家而旋。……八月甲寅,帝临白登山,观降人,数军实,置新人于大宁(在今河北怀安东南),给农器,计口授田。"《北史·魏明元帝纪》:"泰常三年(公元418年)三月己巳,徙冀定幽三州徒何于京师。"《北史·魏太武帝纪》:"神麚二年(公元429年)四月,车驾北伐……蠕蠕(柔然)……绝迹西走。冬十月,振旅凯旋于京师。……列置新人于漠南,东至濡源(今河北沽源东南滦河),西暨五原阴山,竟三千里。"除了"高车以类粗犷,不任役使,故得别为部落"(《魏书·高车传》),仍过着游牧生活,没有"分土定居"以外,大部分汉族和其他各族的移民,被强制徙居于东起濡源,经大宁,越代郡、阴馆(今山西山阴西南),西至五原、阴山、稒阳塞(今内蒙古包头市东)的塞上。他们除了需要供给六镇的屯戍军队以足够粮食以外,还须补充六镇一定的兵源。

自从"分土定居"下来之后,鲜卑族在它的村落里居住越久,他们与被他们所征服的汉族和其他各族移民也越来越融合的话,则诚如恩格斯所说:"联系的血族性质就愈消失,而地域的性质便愈巩固。"过去鲜卑族氏族成员在他们新划分的土地上定居下来后,还是以"姓族"来分别的;到了道武帝天赐元年(公元404年),已经因为"八国姓族难分,故国立大师小师,令辨其宗党,品举人才"(《魏书·官氏志》)。"宗"固然还含有血族的性质,"党"已经是地域的性质了。也就是说,氏族组织到这时已经不知不觉地变为地域组织了。

拓跋氏氏族组织变为地域组织的过程,也就是他们由游牧经济生活转入农业经济生活的过程。

拓跋部在道武帝时代,还滞留在家长奴隶制阶段。随着拓跋氏军事上的胜利,奴隶的数字大为增加,在每次战役胜利以后获得战俘,自道武帝开始,就用来赏赐部落氏族贵族和扈从武士。如《魏书·官氏志》载:"天赐元年十二月,诏始赐王公侯子国臣吏:大郡王二百人,次郡王、上郡公百人,次郡公五十人,侯二十五人,子十二人。皆立典师,职比家丞,总统群隶。""典师"就是奴隶总管的别名。赏赐的奴隶,有的以户计②,有的以口数③,总的说来,奴隶的数字是在直线上升。但是拓跋氏所统临的是封建制度已经确立的中原地区,因此,形成奴隶占有制社会的客观条件就不能存在。奴隶主不能使自己成为一个统治阶级,只得被迫而退让给封建主。本来没有土地的奴隶主就不多,而拓跋氏所统治地区内的奴隶主,又大都是从部落贵族和最显贵的扈从武士们转化来的,他们早已由圈占土地等等手段,夺取到大量土地,变成隶属农民的剥削者,以封建贵族的身份,打进封建剥削阶级的人群里去了。由于他们身份的转化,他们所拥有的奴隶,自然也就会逐渐变成束缚在土地上的农奴,所以到了太和二十三年(公元 499 年)魏孝文帝元宏定官制时,就没有设立管理奴隶的"典师",却在王公侯伯子男等爵的封地上,设置"大农"之官。《魏书·官氏志》:"〔太和〕二十三年,高祖(元宏)复次职令。及帝崩,世宗(元恪)初班行之,以为永制。……王公国大农……从第七品上阶;……侯伯国大农……从第八品;……子男国大农……从第九品。"这里的"大农"也就是为封建贵族管理其土地上耕作者的官吏,这不是说明北魏政权到了太和末年,一部分奴隶劳动的形态,是已经在开始逐渐地改变了吗?

拓跋氏以滞留在家长奴隶制阶段的部落,君临了封建关系已经确立的中原地区,所建国家成为一种复杂的结合体,它包含着一些经济发展不同的地区,但是无论如何,从拓跋氏君临中原地区起,拓跋部内封建的阶层正在战胜其他社会阶层,而逐渐取得主宰的地位。道武帝入主中原以后,一开始就采取田租户调的方式,向中原地区小农农村的小生产者进行剥削④;同时,中原所盛行的"部曲"、"佃客"与世家大族之间所建立起来的依附关系,也还正在发展,这说明中原的封建经济关系,是原封不动地保留了下来,并没有因拓跋氏进入中原所带进来的一些落后因素的搀入而逆转。而拓跋部的内部自从"分土定居"之后,由于封建化程度的加深,部落内的阶级分化更为急遽。如拓跋族中丘穆陵氏、步六孤氏、贺赖氏、独孤氏、贺楼氏、勿忸于氏、太洛稽氏、尉迟氏等八姓子弟,多半是"勋著当世,位尽王公"(《魏书·官氏志》),受赐到大量隶户,以后又逐渐转变为封建贵族。这一转变,到了孝文帝迁都洛阳之后,尤其显著。至于拓跋部的一部分贫困的氏族成员,开初固然还被称为"八国良家"(《魏书·官氏志》),"国之肺腑"(《北齐书·魏兰根传》),而且他们还曾共同成为北魏军事力量的主要构成部分的,现在由于随着封建化程度的加深,他们过去向政府缴纳的贡税⑤,也逐渐变成了田租户调的剥削形式;而且繁重的力役,又大都压在他们的肩上。如《魏书·太祖纪》所载:天赐三年六月,"发五百里内男丁筑灅南宫,门阙高十余丈,引沟穿池,广苑囿,规立外城,方二十里,分置市里,径涂洞达。三十日罢。"同时,由于他们戍防"六镇",兵役已经成为他们破产的主要因素。这样,他们的身份地位日益低落,因而他们都沦落到封建隶属的人群里去了。这些人,以后在北魏末年都参加了起义,那就是六镇与河北人民大起义。

由此可见,拓跋部在孝文帝迁都洛阳以前,在历史发展上还是处于一种特殊阶段而出现的先封建社会。孝文帝的变法,就是想洗刷先封建因素而向封建制过渡的一种改革。

----

①《魏书·官氏志》:初,安帝(拓跋越,按《序纪》作成帝毛,是。)统国,诸部有九

十九姓。至献帝(拓跋邻)时,七分国人,使诸兄弟各摄领之,乃分其氏。……七族之兴,自此始也。又命叔父之胤曰乙旃氏……又命疏属曰车焜氏……凡与帝室为十姓。

《魏书·食货志》:天兴初,制定京邑。东至代郡(今山西大同市),西及善无(今山西左云西),南极阴馆(今山西山阴西南),北尽参合(今山西阳高东北),为畿内之田。其外四方四维,置八部帅以监之,劝课农耕,量校收入,以为殿最。

《元和郡县图志》:河东道云州:后魏道武帝又于此建都,东至上谷军都关(今居庸关),西至河,南至中山隘门塞(今山西灵丘东南隘门山,《水经注》:"水自县南流入峡,谓之隘门,设隘于峡,以讥禁行旅。"),北至五原(今内蒙古乌拉特前旗东,包头市西),地方千里,以为甸服。

《魏书·官氏志》:天兴元年(公元398年)十二月,置八部大夫。……其八部大夫于皇城四方四维,面置一人,以拟八座,谓之八国。

《魏书·官氏志》:天赐元年十一月,以八国姓族难分,故国立大师小师,令辨其宗党,品举人才。自八国以外,郡各自立师,职分如八国,比今之中正也。宗室立宗师,亦如州郡八国之仪。

《魏书·官氏志》:天赐四年五月,增置侍官,侍直左右,出内诏命,取八国良家,代郡、上谷、广宁、雁门四郡民中年长有器望者充之。

②《魏书·王建传》:登国(公元386—396年)初……从征伐诸国,破二十余部,以功赐奴婢数十口、杂畜数千。从征卫辰,破之,赐僮隶五千("千"是"十"之讹,自宋本已然)户。

《魏书·安同传》:登国初,太祖……赐以妻妾及隶户三十、马二匹、羊二十口。

以上魏道武帝时。

《魏书·李先传》:太宗……赐隶户二十二。

《魏书·王洛儿传》:太宗……赐僮隶五十户。

《魏书·外戚·姚黄眉传》:太宗……赐隶户二百。

以上魏明元帝时。

《魏书·宿石传》:父沓干,世祖时……从讨和龙,以功赐奴婢十七户。

《魏书·奚斤传》:凉州平,以战功赐僮隶七十户。

《魏书·司马楚之传》:从征凉州,以功赐隶户一百。

《魏书·陈建传》:世祖……赐户二十。

《魏书·李顺传》:世祖赐奴婢十五户。

以上魏太武帝时。

《魏书·刘尼传》:显祖即位……赐别户三十。

以上魏献文帝时。

拓跋氏又把被征服的部落有时整个罚充营户,如:

《魏书·世祖纪》:太平真君五年(公元 444 年)六月,北部民杀立义将军衡阳公莫孤,率五千余落北走。追击于漠南,杀其渠帅,余徙居冀、相、定三州为营户。

《魏书·高祖纪》:延兴元年(公元 471 年)十月丁亥,沃野、统万二镇敕勒叛。诏太尉、陇西王源贺追击,至枹罕,灭之,斩首三万余级,徙其遗迸于冀、定、相三州为营户。

《魏书·高祖纪》:延兴二年三月,连川敕勒谋叛,徙配青、徐、齐、兖四州为营户。

③《魏书·王建传》:登国初……从征伐诸国,破二十余部,以功赐奴婢数十口,杂畜数千。

《魏书·太祖纪》:登国五年三月……帝西征……高车袁纥部,大破之,虏获生口马牛羊二十余万。

《魏书·宿石传》:赫连屈孑弟文陈之曾孙也。天兴二年(公元 399 年),文陈父子归阙,太祖嘉之,以宗女妻焉,赐奴婢数十口。

《魏书·长孙肥传》:肥前后征讨……南平中原,西摧羌寇,肥功居多,赏赐奴婢数百口,畜物以千计。

《魏书·张济传》:太祖……赏赐奴婢百口、马牛数百、羊二十("十"是"千"之讹)口。

《魏书·李先传》:太祖……大破蠕蠕,赏先奴婢三口、牛羊五十头。

以上魏道武帝时。

《魏书·世祖纪》:始光四年(公元 427 年),车驾西讨赫连昌……以昌宫人及牲口、金银、珍玩、布帛,班赉将士各有差。

《魏书·世祖纪》:神䴥三年(公元 430 年)……获……〔赫连〕定车旗,簿其牲口财畜,班赐将士各有差。

《魏书·世祖纪》:延和三年(公元 434 年),命诸军讨山胡白龙于西河……九月……屠其城……同恶斩数千人,虏其妻子,班赐将士。

《魏书·卢鲁元传》:赏赐僮隶前后数百人,布帛以万计。

《魏书·广平王连传》:子潭,世祖……赐马百匹、僮仆数十人。

《魏书·豆代田传》:世祖……赐奴婢十五口。

《魏书·世祖纪》:正平元年(公元 451 年)三月,车驾至自南伐……赐留台文武所获军资牲口各有差。

《宋书·索虏传》:虏又破邵陵县,残杀二千余家,尽杀其男丁,驱略妇女一万二千口。

以上魏太武帝时。

《魏书·高宗纪》：兴安二年(公元453年)，诛河间郡民为盗贼者，男十五以下为生口，班赐从臣各有差。

以上魏文成帝时。

《魏书·慕容白曜传》：〔皇兴〕二年(公元468年)，〔宋冀州刺史〕崔道固及兖州刺史梁邹守将刘休宾，并面缚而降。白曜……后乃徙二城民望于下馆，朝廷置平齐郡怀宁、归安二县以居之。自余悉为奴婢，分赐百官。

《魏书·陆俟传》：子馥，显祖……赐绢五百匹、奴婢十口。

以上魏献文帝时。

《魏书·恩幸·王叡传》：子椿，僮仆千余。

《魏书·阉官·王遇传》：遇与抱嶷，并为文明太后所宠，前后赐以奴婢数百人，马牛羊他物称是，二人俱号富室。

《魏书·阉官·抱嶷传》：嶷前后赐赏奴婢牛马数百千，他物称是。……老寿(嶷先以从弟老寿为后)死后……奴婢尚六七百人。

《魏书·阉官·张宗之传》：诸中官皆世衰，唯赵黑及宗之后，家僮数百，通于士流。

以上魏孝文帝变法前。

④《魏书·太祖纪》：天兴元年正月，克邺，诏大军所经州郡，复赀租一年，除山东民租赋之半。二年八月，除州郡民租赋之半。

《魏书·太宗纪》：神瑞二年(公元415年)三月，诏曰："刺史守宰，率多逋慢……今年赀调悬违者，谪出家财充之，不听征发于民。"……四月，车驾北巡。……六月丁卯，幸赤城……复租一年；南次石亭，幸上谷……复田租之半。秋七月，还宫，复所过田租之半。……泰常二年(公元417年)十有一月……复诸州租税。……三年三月……以范阳去年水，复其租税。……八月，雁门河内大雨水，复其租税。九月甲寅，诏诸州调民租，户五十石，积于定、相、冀三州。……四年四月……南巡，幸雁门，赐所过无出今年租赋。五月己亥，车驾还宫，所过复一年租赋。……八月辛未，东巡。……甲申，车驾还宫，所过复一年田租。……七年秋九月……东幸幽州……十月，车驾还宫，复所过田租之半。

《魏书·世祖纪》：始光四年十有二月，行幸中山……癸卯，车驾还宫，复所过田租之半。神䴥三年十有一月……安慰初附，赦秦雍之民，赐复七年。延和三年二月……诏令州郡县隐括贫富，以为三级，其富者租赋如常，中者复二年，下穷者复三年。太延元年(公元435年)十有二月甲申，诏曰："……若有发调，县宰集乡邑三老，计资定课，哀多益寡，九品混通，不得纵富督贫，避强侵弱。……"三年二月，行幸幽州……还幸上谷，遂至代，所过复田租之半。太平真君四年六月，诏复民赀赋三年，其田租岁输如常。

《魏书·高宗纪》：和平四年（公元 463 年）十月，以定、相二州霣霜杀稼，免民田租。

《魏书·显祖纪》：和平六年六月，诏曰："……今兵革不起，畜积有余，诸有杂调，一以与民。"

《魏书·食货志》：天安、皇兴（公元 466—470 年）间……刘彧（宋明帝）淮北青、冀、徐、兖、司五州告乱请降。……山东之民咸勤于征戍转运……遂因民贫富为租输三等九品之制，千里内纳粟，千里外纳米；上三品户入京师，中三品入他州要仓，下三品入本州。

《魏书·高祖纪》：延兴二年九月，诏以州镇十一水，丐民田租，开仓赈恤。……三年秋七月，诏河南六州之民，户收绢一匹，绵一斤，租三十石。……是岁，州镇十一水旱，丐民田租，开仓赈恤。…… 四年…… 州镇十三大饥，丐民田租，开仓赈之。……承明元年（公元 476 年）八月，以长安二蚕多死，丐民岁赋之半。

《魏书·食货志》：先是（太和八年以前）天下户以九品混通，户调帛二匹，絮二斤，丝一斤，粟二十石。

⑤《魏书·食货志》：世祖即位，开拓四海。以五方之民各有其性，故修其教不改其俗，齐其政不易其宜，纳其方贡以充仓廪，收其货物以实库藏，又于岁时取鸟兽之登于俎用者以物膳府。

《北史·魏明元帝纪》：泰常六年（公元 421 年）三月乙亥，制六部人羊满百口者，调戎马一匹。

第二节　北魏孝文帝的均田、迁都与改革

　　均田制的起源　自魏道武帝拓跋珪进入中原时起，鲜卑族以及被他们所征服的部落，已经从游牧经济生活逐渐转入农业经济生活。诚如上节所讲过的，他们开始是"离散诸部，分土定居"，"给耕牛，计口授田"，在平城四周树立起一种生产有机体的村社来。但是这种生产有机体，是在封建制度已经确立、私有经济较为发展的中原地区的塞上树立起来的，它不可能不受到当时中原地区私有经济发展的巨大影响。因而我们也就可以了解在这种生产有机体中，农业怎样在公有制的残余——主要是土

地的共有基础上发展,而又怎样会急遽地转变到土地私有制的基础上来发展的原因了。这种新树立起来的生产有机体,其剩余生产物,最后是集中到高居于各生产有机体之上的最高君主手里去的,这样,又不得不使拓跋氏的北魏政权以"劝课农耕",当作他们内政的唯一要务。魏太武帝拓跋焘太平真君(公元440—450年)中,太子拓跋晃曾令"有司课畿内之民,使无牛家以人牛力相贸,垦殖锄耨。……各列家别口数,所劝种顷亩,明立簿目,所种者于地首标题姓名,以辨播殖之功"①。孝文帝元宏也在太和元年(公元477年),以牛疫,"敕在所督课田农,有牛者加勤于常岁,无牛者倍庸于余年。一夫制治田四十亩,中男二十亩,无令人有余力,地有遗利"②。这种"计口授田","各列家别口数,所劝种顷亩,明立簿目","一夫制治田四十亩,中男二十亩",其实就是北魏均田制的起源。到了太和九年,孝文帝"遣使者循行州郡,与牧守均给天下之田,还授以生死为断"(《魏书·高祖纪》),其实是把过去拓跋部初到塞上分土定居后所奉行的这种制度,加以推广于整个中原地区而已。

当然,地主经济占主导地位的中原地区,比起塞上来是更为发展的地区,然而这种带有村社性的均田制度却能在这地区生根。从太和九年到唐玄宗末年(公元755年),二百多年间,均田制在中国不断被破坏,又不断在同一地点实施。均田土地的所有权不属于农民而属于国家;均田制度下土地的买卖,受到一定的约制;均田土地的还授,也始终掌握在国家的手里;北魏实施均田初期的休耕地,也还是由国家来调配:这些情况总起来说,倘使封建经济久已确立的中原地区以前没有推行过如西晋的占田制,那也不可能使北魏的均田制度很顺利地推行的。古代中国本来有"普天之下,莫非王土"那种井田制的传统看法,而西晋占田制的实施更加强了土地所有权属诸村社这一过程。孝文帝就是综合了北魏的"计口授田"与古代的井田制、西晋的占田制这几种过程而在中原地区实施均田制度的。

这种带有村社性的均田制度,所以能够推行于中原地区,这是为当时"土广人稀"的客观条件所决定的。自西晋末年以来,中原地区长期遭受少数民族贵族的蹂躏和破坏,所谓"自永嘉丧乱,百姓流亡,中原萧条,千里无烟";"或死于干戈,或毙于饥馑,其幸而自存者盖十五焉。"正可说明这扰攘的一百多年间,中原地区的农民不是在战争中大批地被屠杀,便是饥馁死亡,或弃去自己的田园逃往江南,以及漂流异乡,变为世家大族庇护下的"部曲"和"佃客"。这样,自然使中原地区许多肥沃的土地,变成了荒田。而且北魏王朝自道武帝拓跋珪君临中原时起,本来农业生产已经开始在全国经济中占了主导的地位,但是由于拓跋部长期的塞外生活,畜牧生产还是占较大的比重。如神瑞二年(公元415年),平城旱荒,王亮、苏坦劝明元帝拓跋嗣把首都从平城迁到邺城去时,崔浩就曾说:"至春草生,乳酪将出,兼有菜果,足接来秋。"(《魏书·崔浩传》)可见鲜卑族在经济生活方面说来,畜牧业和农业还是并重的。因此,拓跋部也和其他游牧部落一样,在入主中原之初,把大量民田圈禁起来,作为牧场。如《魏书·古弼传》载:"上谷民上书言苑囿过度,民无田业,乞减大半,以赐贫人。"太武帝拓跋焘时(《资治通鉴》系于公元439年),北魏多封禁良田,高允因此进言,拓跋焘"遂除田禁,悉以授民"(《魏书·高允传》)。到了孝文帝均田之后,还有罢河西苑封,与民垦殖的事。魏宣武帝元恪正始元年(公元504年)十二月丙子,又"以苑牧公田,分赐代迁之户";延昌二年(公元513年)闰二月辛丑,又"以苑牧之地赐代迁民无田者"(《魏书·世宗纪》),可见直到那时,牧地在中国北部,还占着很大的面积,那么在太和九年均田以前,牧场占地之广,更是不用说了。因为这些中原地区无主的荒地和牧场,都掌握在国家的手里,主权是国家的,所以孝文帝于太和九年在中原地区推行均田制时,也必然会先在这种无主的荒田和牧场上建立起农业生产组织来,然后把这种带有村社性的均田制度推行于整个中原地区的小农农村。北宋刘恕曾经这样说过:"后魏均田制度,似今世佃官田及绝户田出租税,非如三代井田也。魏、齐、周、隋兵革不息,农民少而旷土多,故均田之制存;至唐承平日久,丁口滋众,官无闲田,不复给授,故田制为空文。"(《困学纪闻》卷16)我个人基本上是同意这种看法的。这也正好补充说明一方面均田带有村社性,另一方面,均田用田租户调来完成封建剥削,又绝有异于古之井田公社,所以说它是北魏"计口授田"与西晋占田法两种制度相遇混合和交叉的结果,绝无附会;同时也说明为什么均田制度除了具有封建的私有成分以外,还会带着一种先封建的公有成分。这里还应该着重指出,在均田制之下,农业很快在土地私有制的基础上获得发展,因此,均田制度一开始实施,封建成分已经占主导的地位了。先封建的公有成分,只是其残存的形骸而已。

还有,北魏均田制的实施,是拓跋氏王权十分强化的结果。由于拓跋氏是由原始公社解体、家长奴隶制开始发展时期跃进封建社会的,先封建因素很浓厚。在他们自己的鲜卑族里,一直到孝文帝时代,自由民阶层还广泛地存在,王权也还能保护他们,使他们的经济不致完全衰颓,因之他们还能构成为拓跋魏王权的主要军事力量,所以北魏拓跋氏的王权在那时是十分强化的。均田制之在中原地区实施,是在北魏中央政权和地主不断斗争的过程中,以及北魏政权必须采用超经济的力量强迫中原地区的小农农村接受的过程中建立起来的。因此,如果单靠中原地区的客观条件——"土广人稀"这一现象的普遍存在,而没有强大的王权来作后盾,来有力地执行这一任务的话,也是不可能实现的。北魏政权正是具备了这些有利的主观条件,所以均田制这个在东晋、南朝是不可能推行的制度,在中原地区居然顺利地实施起来了。——尽管其实施的地区受到限制,实施以后在地主经济发展的地区内又迅速地衰落下去。

尤其应该指出的,北魏均田制的实施,是在当时紧张的阶级斗争形势之下被迫进行的。北魏从道武帝建国(公元 386 年),其后进兵中原(公元 398 年),到太武帝时又统一了黄河流域(公元 439 年),及至孝文帝太和九年(公元 485 年)实行均田,统治中原已历一个世纪之久。在这一个世纪中,由于拓跋氏贵族的残酷统治,如南朝谢灵运所说:"北境自染逆虏,穷苦备罹,征调赋敛,靡有止已,所求不获,辄致诛殒,身祸家破,阖门比屋。"(《宋书·谢灵运传》)王融也称北朝"禁令苛刻,动加镬诛"(《南齐书·王融传》)。此外拓跋氏贵族每次对外用兵,所谓"虐虏见驱,后出赤族"(《宋书·柳元景传》),他们"每次骑战,驱夏人(汉人)为肉篱"(《通典·边防典》),"以骑蹙步,未战先死"(《宋书·柳元景传》)。魏太武帝在公元 451 年攻宋盱眙城时,曾写信给盱眙城守将,劝他出兵决战,信的内容说:"我今所遣斗兵,尽非我国人。城东北是丁零与胡,南是三秦氏、羌。设使丁零死者,正可减常山赵郡贼;胡死,正减并州贼;氏、羌死,正减关中贼。卿若杀丁零、胡,无不利。"(《宋书·臧质传》)从这信的内容看来,拓跋氏贵族的迫害汉族和其他各族人民,是何等残酷。由于拓跋氏贵族对汉族和其他各族人民的压榨和奴役,中原的汉族人民自始至终就没有停止过反抗;而这时留居于中原地区而且已进入农业经济生活领域的匈奴、羯、丁零、乌桓、氏、羌、卢水胡各族人民,也已经成为被压迫的民族了,他们不仅和汉族杂居、通婚,经济文化联系非常密切,可以说已经在和汉族融合之中了。同时他们也和汉族人民在阶级和民族双重压迫之下一道肩并肩地和拓跋氏贵族进行顽强的斗争③,就中以公元 445 年至 446 年卢水胡盖吴的起义规模最大。盖吴起义杏城(今陕西黄陵西南),联络关中汉、胡、氏、羌诸族,遥通南朝的刘宋,进兵威胁长安,太武帝拓跋焘"御驾亲征",才把这次大起义镇压下去④。其他吐京、山胡、屠各、丁零、敕勒等族人民，前仆后继，不断起义，想推翻北魏的统治。到了孝文帝元宏即位的第一年（延兴元年，公元471年）九月，青州高阳有封辩为首的农民起义；十月，朔方有曹平原为首的石楼堡起义；十一月，齐州平陵有司马小君为首的农民起义；第二年，光州有孙晏为首的农民起义；第三年十二月，齐州有刘举为首的农民起义；第五年九月，洛州有贾伯奴为首的农民起义；同月，豫州有田智度为首的农民起义；第六年五月，冀州有宋伏龙为首的农民起义；第七年（太和元年，公元477年）正月，秦州略阳有王元寿为首众至五千余家的农民起义；十一月，怀州有伊祁、苟初为首的农民起义；第十年正月，雍州有氐民齐男王为首的农民起义；十月，徐州兰陵有桓富、兖州有徐猛子、昌虑有桓和、泰山有张和颜等推司马朗之为首的农民起义；第十一年二月，京都平城有沙门法秀"招结奴隶"的起义。汉族和各族人民联合起来举行的起义，遍及中原各地，次数频繁，震撼了拓跋魏的统治。北魏政权慑于人民起义的巨大威力，为了缓和矛盾，巩固统治，也不得不解决土地和农民的结合问题。

均田制的内容 北魏孝文帝在太和九年颁布了均田法。

均田法规定：男子在十五岁以上，授露田（不栽树的田，称作露田）四十亩；妇人二十亩。那时在农业耕作技术方面，还施行休耕法。如采用二圃制的休耕法，男子授田八十亩，妇人四十亩；如采用三年轮种一次的休耕法，男子授田一百二十亩，妇人六十亩。一般规定，耕地和耕地连在一起，休耕地和休耕地连在一起。此外，男子给桑田二十亩（土地不足之处，桑田包括在倍田数中），每家桑田之上，课种桑五十株，枣五株，榆三株；不适宜栽桑养蚕的地区，男子给麻田十亩，妇人五亩，另外男子还给田一亩，课种榆、枣。原来有屋基地的，不再分配宅田；倘若移居新址，三口给宅田一亩，以为居室。在宅田之上，一亩的五分之一，课种蔬菜。除了"桑田皆为世业,身终不还,恒从见口"(《魏书·食货志》)之外,所有授予农民的土地,其人年老免课和身死时,土地要归还国家。自然,北魏政权并非无条件把荒地交与农民耕种,而是为了要榨取农民的剩余生产品,于是规定田租户调之制,一夫一妇之户,岁出帛一匹、粟二石,此外还有沉重的力役。

均田制是带有村社性的一种封建土地所有制度。均田农民从政府那里取得均田土地,均田的土地所有权是属于国家的,农民年老免课和身死,均田中的露田都得归还国家,国家通过露田的还授制度,把均田农民束缚在国家均田土地之上,限制了他们的自由迁徙,并对他们进行田租、户调、力役(后来以庸代役)的剥削,从这点看来,均田农民基本上是封建土地制度上的带有依附性的农民;但是,均田制规定,"诸桑田皆为世业,身终不还",而且一开始就规定桑田在某种限度内可以自由买卖,所谓"盈者得卖其盈,不足者得买所不足"(《魏书·食货志》),到了后来,桑田的自由买卖,更是公开,从这一点看来,均田农民又带有小土地所有者的性质。

奴婢和平民一样受露田,奴四十亩,婢二十亩,不给桑田。麻布地区,奴也受麻田十亩,婢五亩。奴婢五口给宅田一亩。当然这里要说清楚的,奴婢没有自己的经济,他们土地上的耕作收入和纺织出来的布帛,全归奴隶主所有。奴婢不给国家服徭役("发奴"是特殊的例子)。"奴任耕,婢任绩者",出一夫一妇租调的八分之一,即奴隶一口,岁出帛五尺、粟二斗五升。"丁牛"一头受田三十亩,受田的牛,以四头为限。丁牛一头,出一夫一妇租调的二十分之一,即帛二尺、粟一斗。随奴婢和牛的有无以还授露田土地。北魏对于授田的奴婢人数,没有加以限制。在奴隶制残余形态特别严重的特定阶段里,鲜卑贵族和中原地区的汉世家大族很多拥有大量的奴婢,如咸阳王禧(孝文帝弟)"奴婢千数"(《魏书·咸阳王禧传》),高阳王雍(孝文帝弟)"僮仆六千"

（《洛阳伽蓝记》），尚书令李崇"僮仆千人"（《洛阳伽蓝记》）。到了北齐河清三年（公元564年）定令："奴婢受田者，亲王止三百人，嗣王止二百人，第二品嗣王已下及庶姓王止一百五十人，正三品以上及皇宗止一百人，七品已上限止八十人，八品已下至庶人限止六十人。"（《隋书·食货志》）可见到了北齐虽然限制奴隶数额，但是一般庶民还可拥有奴婢六十人。如果北魏也以奴婢六十人来计算受田数字，三十奴、三十婢合受露田一千八百亩。若采用二圃制耕作法，则受田共三千六百亩；采用三年轮种一次的耕作法，则受田共五千四百亩，外加桑田六百亩（桑田是算在休耕地亩数之内的）或麻田四百五十亩，奴婢五口加给宅田一亩，六十口受宅田十二亩，此外耕牛还可受田，授田的总数是相当可观的。倘若奴婢有三百人甚至六千人的话，那么授田的数字，更是惊人了。由此可知，均田制的推行，一开始对土地的分配，就不是平均的。广有奴、牛的鲜卑贵族和中原的世家大族，实际获益最多。所以均田制在中原能够推行无阻，不致遭受鲜卑贵族和中原世家大族的坚决反对，其主要原因，也就在此。

北魏在中原地区实施均田法的步骤，开始是在政府授予失去土地的农民以官荒地令其佃耕的情况下进行的，后来又把这种制度推广到小农农村里去实行，所谓"遣使者循行州郡，与牧守均给天下之田"（《魏书·高祖纪》）。在当时中原地区的小农农村里，由于地主经济的发展，一般自耕小农，他们一夫一妇所占有的土地，往往不足均田授田之数，因而在授田方面，是不会感到十分困难的。但是倘使北魏政府连他们的庭院土地（包括桑园）和房屋也全部予以征收，然后再来重新分配的话，那么在私有经济高度发展的中原地区，必然会引起农村的普遍骚扰和不安，因而使均田制度不易推行。何况鲜卑人原先组织起来的生产有机体在他们"分土定居"以后，鲜卑族人对于屋基地和庭院土地（包括桑园），久已有了十足的产权，所以孝文帝在均田令中也就作了"诸桑田皆为世业,身终不还,恒从见口。有盈者无受无还,不足者受种如法。盈者得卖其盈,不足者得买所不足。不得卖其分,亦不得买过所足"(《魏书·食货志》)的规定。这样,均田法从一开始就给土地的自由买卖开了方便之门。

在当时中原地区,以血缘为纽带的家族关系以及这种观念,还是非常强烈地保存着的。如果一姓的土地,被调配给别姓使用,就会遇到很大的阻力。均田制中规定了一条:"诸远流配谪、无子孙,及户绝者,墟宅、桑榆尽为公田,以供授受。授受之次,给其所亲,未给之间,亦借其所亲。"这后面四句话,补充得很重要,使绝户田不致落入异姓手中,这个考虑和规定,对于均田制的推行,多少减少了一些阻力。

当时国家所掌握的荒地,多在边郡。中州奥区,人口较多,地主经济也特别发展,土地的平均分配较有困难。故孝文帝颁布均田令时,又依据各地人口密度,作出宽乡、狭乡的区别来。政府为了开辟荒地,增加税源,奖励农民从狭乡迁往宽乡,在均田令中规定:"诸土广民稀之处,随力所及,官借民种莳,后有来居者(原作"役有土居者",今据《册府元龟》卷495《邦计部·田制门》改),依法封授。"诸地狭之处,"乐迁者听逐空荒,不限异州他郡,唯不听避劳就逸。其地足之处,不得无故而移"(《魏书·食货志》)。这固然是为中原的世家大族开了兼并土地的方便之门,迫使贫苦农民流向宽乡开垦荒地;但就总的社会经济发展形势来看,这种规定在当时对于恢复和发展农业生产,是起了一定的积极作用的。

当孝文帝推行均田制之始,中原地区的无主荒地和牧场都掌握在国家手里,因此,政府缺乏的不是土地而是劳动人手。当时中原地区的自耕小农,作为一个阶级来说,他们经过长期的战争和破坏,都已转变成为世家大族或僧侣大地主的荫庇户,史称当时"民多隐冒,五十、三十家方为一户"(《魏书·李冲传》)。

"隐荫者皆无官役,豪强征敛,倍于公赋。"(《魏书·食货志》)当时的世家大族如赵郡李灵之孙李显甫,"集诸李数千家于殷州西山,开李鱼川方五六十里居之",时不立三长,"唯立宗主督护","显甫为其宗主"(《北史·李灵传》)。《通典·食货典》引宋孝王《关东风俗传》称:"瀛、冀诸刘,清河张、宋,并州王氏,濮阳侯族,诸如此辈,一宗近将万室,烟火连接,比屋而居。"他们的户口集中到如此程度,真是"百室合户,千丁共籍",而国家编户却又缺乏。在这种情况下,要使均田制推行无阻,搜括荫户,便成为北魏王朝当前的急务。要搜括荫户,如仅仅依靠政治的力量来强化地方组织,成立三长制度,还是不够的,首先必须减轻农民对政府的封建负担,使"课有常准,赋有恒分",而后"苞荫之户可出"。所以孝文帝在颁布均田令的下一年,与实施三长制同时,重定了户调田租的课征额。

北魏初年的田租户调是"天下户以九品混通"(《晋故事》中已有"九品相通"),"计资定课"。什么叫做"九品混通"呢?这是把当时中原地区每一地区的民户,分成九等,如《张丘建算经》所载:

今有率户出绢三匹,依贫富欲以九等出之,令户各差除二丈。今有上上三十九户,上中二十四户,上下五十七户,中上三十一户,中中七十八户,中下四十三户,下上二十五户,下中七十六户,下下一十三户,问九等户,户各出绢几何?

答曰:

上上户户各出绢五匹;

上中户户各出绢四匹二丈;

上下户户出绢四匹;

中上户户出绢三匹二丈;

中中户户出绢三匹;

中下户户出绢二匹二丈;

下上户户出绢二匹；

下中户户出绢一匹二丈；

下下户户出绢一匹。

根据这本算术书上的比率如平均每户出绢三匹，以"九品混通"的话，政府就按照上面的比差来征收绢调。

除了以"九品混通"来征收户调绢布以外，北魏在献文帝拓跋弘时期，还因"山东之民咸勤于征戍转运"，"遂因民贫富，为租输三等九品之制。千里内纳粟，千里外纳米；上三品户入京师（平城），中三品入他州要仓，下三品入本州"（《魏书·食货志》）。这是因为绢布体积小，运输方便，所以九品混通时，用上下户出绢四匹，下上户出绢二匹，下下户出绢一匹来调节；租米体积大，运输困难，所以以运输的远近来调剂。

北魏初年，"民多荫冒，五十、三十家方为一户"。针对这种情况，北魏王朝向中原地区的编户齐民进行征发，征发的数量也异常巨大。如北魏明元帝拓跋嗣泰常三年（公元418年）九月，"诏诸州调民租，户五十石，积于定、相、冀三州"（《魏书·太宗纪》）。孝文帝延兴三年（公元473年）七月，"诏河南六州之民，户收绢一匹，绵一斤，租三十石"（《魏书·高祖纪》）。同年十月，因太上皇拓跋弘要南侵刘宋，"诏州郡之民，十丁取一以充行。户收租五十石，以备军粮"。征发租粟，每户动不动就是三十石、五十石，这只有两个理由可以解释：一是当时三十、五十家为一户的编户很多，如果向三十、五十家为一户的编户征收三十石、五十石租粟，他们是能够承担起这个沉重剥削的；二是当时征收户调绢，以九品混通，征收田租除了上面讲到的因民贫富为远近租输之制外，如果临时征发租粟，也可能采用九品混通之制，来解决临时征集困难的问题。当然，以上的这些征发，不是经常出现的，所以我们就不去多讲它了。

现在我们来谈北魏向编户齐民征收的正常租调吧。北魏初年的户调征收额，据《魏书·食货志》说："先是天下户以九品混通，户调帛二匹，絮二斤，丝一斤，粟二十石。又入帛一匹二丈，委之州库，以供调外之费。至是(太和八年，公元 484 年)户增帛三匹，粟二石九斗，以为官司之禄，后增调外帛满二匹。"根据以上记载，北魏在孝文帝颁布均田令之前(太和九年)、内外百官普给俸禄之后(太和八年六月)，政府的编户，每户每年平均(九品混通)缴纳的租调，即绢粟二项，绢调已在五匹以上，田租二十二石九斗以上。租调的数量，有增无减。虽说九品混通纳调，但是富人田连阡陌，中中以上户的封建负担，一般说来固然不算重，至于世家大族和僧侣地主有免税的特权，更无所谓负担存在；而中下户以下，则随时有"弃卖田宅，漂居异乡"(《魏书·李孝伯传兄子安世附传》)的可能，下下户固已一贫如洗，惟有"质妻卖子"(《魏书·薛野𦙼传》)之一途。这种过度的租调剥削，只会使政府管下的编户齐民逐渐减少，政府的税收也日益减缩。北魏政权要想挽回这种险恶的局面，惟有开辟税源，要想开辟税源，必须用廉价的方法来争取劳动人手。所谓廉价的方法，就是李冲在太和九年与三长制的建议同时提出的新户调制。《魏书·食货志》载："李冲上言：'……其民调，一夫一妇帛一匹，粟二石。民年十五以上未娶者，四人出一夫一妇之调。奴任耕，婢任绩者，八口当未娶者四(即当一夫一妇之调)。耕牛二十头，当奴婢八。其麻布之乡，一夫一妇布一匹，下至牛，以此为降。……'书奏……高祖(元宏)从之。"此外因"军国须麻绵之用，故绢上税绵八两，布上税麻十五斤"(《魏书·张普惠传》)。这廉价的新税率，表面看来，好像政府的目的在于减轻人民的负担，其实从政府整个的税收说来，政府管下的编户由于廉价的号召和三长的搜括而增加很多，比过去竭泽而渔要更为有利。均田令颁布的下一年，北魏王朝接着就减轻户调田租，其主要原因就在于此。政府还按收入户调的总数，分为十分来支配，据《通典·食货典》

称:"后魏……〔户调〕大率十匹中,五匹为公调,二匹为调外费,三匹为内外百官俸。"因于"豪强征敛,倍于公赋"(《魏书·食货志》)的农民,只要政府能拨予土地,政府对他们的剥削比世家大族对他们的剥削来得轻,有谁愿意荫庇在地主的户下沦为部曲佃客,而不愿做耕种国家土地的编户齐民呢?这样,荫庇户口自然纷纷向政府请求授予土地,政府在劳动人手争夺战方面,至此可算获得全胜。接着均田制就在中原地区小农农村全面推行起来,由于租调减轻到仅存均田前租调二分之一弱,自耕小农自然也乐于接受这个制度。再加上三长制度的配合,均田制就顺利实施了。

《魏书·食货志》说:"魏初不立三长,故民多荫附。荫附者皆无官役,豪强征敛,倍于公赋。"魏孝文帝在颁布均田令以前,曾在太和五年,班"户籍之制"(《魏书·高祖纪》)。在均田令颁布后的一年,即太和十年的二月,与重定户调田租同时,又采取了李冲的建议,强化了县级以下的地方组织,确立三长制度,"初立党、里、邻三长,定民户籍。"五家立一邻长,二十五家立一里长,一百二十五家立一党长⑤。三长制成立后的第一步工作是校比户口,造户籍⑥。换句话说,也就是有组织地来搜括荫户,来扩大政府的剥削对象。因此三长制的实行,对大地主来说是不利的,所谓"豪富并兼者,尤弗愿也"。所以当李冲提议设立三长制时,反对最力的是中原的世族大地主冠冕人物中书令荥阳郑羲与秘书令勃海高祐⑦。但是北魏的王权是颇为强化的,有了强化的王权作为先决条件;同时均田令中关于奴、牛授田的规定,又有利于拥有奴、牛的世家大族。因此三长制也就终于无阻碍地建立起来了。有了三长制度,而后地方组织比较健全,校比户籍的工作可以展开,"隐口漏丁,即听附实",倘使"朋附豪势,陵抑孤弱"(《魏书·高祖纪》太和十四年诏),政府也可以及时制裁;授受土地和束缚农民于土地上的工作,可以加强执行。荫庇的户口既然被搜括出来,成为政府的编户齐民,政府的税源自然大大地增多了,农民所受政府的剥削也相对地减轻起来了,过去"州郡之民,或因年俭流移,弃卖田宅,漂居异乡,事涉数世",现在"始返旧墟"了⑧。所以均田、重定户调田租的课征额和强化地方组织的三长制度来束缚农民,这三者是孝文帝太和九年均田时互相关联的三个重要环节,倘使其中有一个环节做得不好,就会使均田无法在中原地区实现的。

均田令在太和九年颁布,这一点不会有多大疑问。确立党、里、邻三长制在太和十年,《魏书》本纪和《食货志》有明确的记载,应该说是可靠的,更不容置疑。当然,均田是非常细致而琐碎的工作,决不是下一道命令,委派一批党、里、邻三长,就万事大吉了。所以我同意唐长孺教授的看法。孝文帝在太和十四年十二月有一道诏书说:"依准丘井之式,遣使与州郡宣行条制,隐口漏丁,即听附实。若朋附豪势,陵抑孤弱,罪有常刑。"(《魏书·高祖纪》)唐长孺教授认为"丘井之式"和州郡所宣行的"条制",显然是与均田和三长制相关。那么,至迟在太和十四年十二月以前已有均田制(见《北魏均田制中的几个问题》,载《魏晋南北朝史论丛续编》)。这个看法很有见地。我认为至少可以那么说,从太和九年颁布均田令,随即开始授田,到了太和十四年,均田工作可算基本结束,那时只要做一些复查之类的扫尾工作好了。

这里还要附带谈到的,现在对北魏的均田存在着两种说法:一种说法认为均田实施以后,全国土地都由政府收来重新分配;一种说法是均田的实施,只局限在国家荒地和绝户田方面。我们不成熟的意见,认为在均田实施之际,国家必然拥有大量荒地来供还授之用,然而均田制也是推行到小农农村去的,不过对于大土地所有者的土地,则一点也没有触动。大土地所有者庄园内的部曲、佃客和寺院内的僧祇户,他们的身份经过均田以后,一点也没有改变,这是可以断言的。

均田制的实施,租调的减轻,固然在当时封建经济非常发展的情况下,不可能彻底改变"富强者并兼山泽"的现象,不过"贫弱者望绝一廛"(《魏书·高祖纪》太和九年诏)的情况,由于农民得到土地,基本上已消除了。由于均田把游离的劳动人手重新和土地结合起来,由于奖励农民从狭乡迁居宽乡,由于荫庇的户口逐渐减少,因此,政府编户齐民的数字就大大地增加起来了,到了北魏孝明帝元诩正光(公元 520—524 年)以前,政府编户齐民达到五百余万户⑨,垦地面积也一定有着显著的增加。"当时百姓殷阜,年登俗乐,鳏寡不闻犬豕之食,茕独不见牛羊之衣。"(《洛阳伽蓝记》)这对于恢复黄河流域自魏晋以来遭受严重破坏的农业生产,是起了一定的积极作用的。

均田制在北魏实施之后,固然不久即被破坏,但是继承北魏而兴起的东西魏、北齐、北周、隋、唐王朝又不断在同一地点加以推行。均田制的成功使自耕小农这一阶层,在中原地区大大地增多起来。这一阶层人数的增多,使以这一阶层作为牢固剥削对象的强大的中古性的王权出现,有了可能;以后,从西魏、北周起,又把府兵制度和均田制度结合起来,这种在均田基础上发展起来的府兵,以后终于成为隋唐王朝的主要军事力量。从北周起,兵农的身份比起南朝来也大大有所提高,这都不能不说是受到北魏初期社会发展阶段的巨大影响的结果。

中原地区推行均田制成功,基本上改变了拓跋部过去虽然是农业已经占主导地位,而畜牧业仍占很大比重的局面。北魏王朝从这时候起,农业生产在社会经济中占到绝大的比重了,中原地区新推行起来的均田制,已经成为北魏王朝唯一可靠的剥削方法了。同时,农业化的过程,也就是拓跋部更疾速地向封建化跃进的过程,如果他们再以塞上为政治重心和保持塞上的生活方式,对他们说来,都已经不大合适了,所以北魏孝文帝在中原地区推行均田后的十年中,就要把都城从平城迁到洛阳,还必须作一系列符合向典型封建社会跃进的改革,这就是下面要讲到的迁都与改革。

工商地位的逐渐改善 正如马克思在《资本主义生产以前各形态》里所说的,"在古代人那里,工业已被认为有害的事业(是释放的奴隶、被保护民、异邦人的职业)"(人民出版社1956年版,第32页)。"凡有奴隶制的地方,被释放的奴隶总企图用他们后来往往因以积蓄大量财富的那种职业来保证自己的生存:所以在古代,这种行业常常落在他们手里,因而便被认为不适于公民之事。"(第13页)。这样,"古代人一致认为农业是适合于自由民的唯一的事业",而"手工业和商业被认为不名誉的职业"(第12页)了。在北魏初期,由于在历史发展上,拓跋部还是属于一种先封建国家,因此,在它那一独特的社会阶段中,手工业者和商人的身份地位,也是非常低下,和贱民相差无几的。

在魏道武帝拓跋珪进入中原攻克后燕都城中山之始,曾"徙百工伎巧","以充京师(平城)"。魏太武帝拓跋焘灭赫连氏,也"徙长安工巧二千家于京师"。此外又把州郡的漏户逃户,编为"绫罗户",身份与营户相同,由"杂营户帅"管辖⑩,政府为了达到独占工匠的目的,不允许私家畜养工匠。魏太武帝拓跋焘在太平真君五年(公元444年),曾下诏:"自王公已下,至于庶人,有私养……金银工巧之人在其家者,皆遣诣官曹,不得容匿。……过期不出……主人门诛。"(《魏书·世祖纪》)同时还下令百工伎巧的子弟,必须继承父兄之业,不准工匠私收门徒,如私收门徒,处罪亦极重。太平真君五年颁发的另一诏书说:"百工伎巧,驺卒子息,当习其父兄所业,不听私立学校。违者,师身死,主人门诛。"(《魏书·世祖纪》)当然,在这样阶段里,工匠的身份都远比编户齐民要低。政府对王公士庶之家和百工伎巧卑姓的通婚,限制也极严,如文成帝拓跋濬在和平四年(公元463年)十二月壬寅,诏曰:"……今制:皇族肺腑,王公侯伯,及士庶之家,不得与百工伎巧卑姓为婚。犯者加罪。"(《北史·魏文成帝纪》)工匠和商人,即使到了孝文帝时代,他们的仕宦,还受到一定的限制,如太和元年(公元477年)诏:"工商皂隶,各有厥分;而有司纵滥,或染清流。自今户内有工役者,唯止本部丞已下,准次而授。"(《魏书·高祖纪》)可见工商几乎是处于和皂隶相等的一种地位。

不过随着北魏封建化程度的加深,一方面鲜卑族内自由民的身份大大低落;另一方面,工商的地位,却又大大提高。如当时视"农业是适合于自由民的唯一的事业",而在孝文帝延兴二年(公元472年),开始下诏允许"工商杂伎,尽听赴农"(《魏书·高祖纪》)了。政府的"尚方锦绣绫罗之工",一部分也开始解放出来,并允许"四民欲造,任之无禁"(《魏书·高祖纪》太和十一年),对工匠也不再那么严格管理了。他们的地位已有显著的改善,他们已逐渐预于编户齐民之列,不像过去一样和"皂隶"、"驺卒"并列,称为贱民了。

商人的地位,变化更大,由于他们积蓄了大量财富,"贵族之门","贪利财赂"(《北史·魏文成帝纪》载和平四年诏),首先自动地和他们联姻。当时的官吏也和富商大贾勾结在一起,共同对人民进行掠夺。如《魏书·高宗纪》载和平二年诏:"刺史牧民,为万里之表。自顷每因发调,逼民假贷;大商富贾,要射时利,旬日之间,增赢十倍。上下通同,分以润屋。故编户之民,困于冻馁;富豪之门,日有兼积。为政之弊,莫过于此。"到了西魏之时,这种情况,还是存在。当时官吏征收租调,"临时迫切……捶扑交至,取办目前。富商大贾,缘兹射利,有者从之贵卖,无者与之举息。输税之民,于是弊矣"(《周书·苏绰传》)。可见富商大贾不管政府怎样压制,他们的经济势力还是在发展,他们的社会地位也由于和官吏"上下通同"的缘故,是在不断提高。至少由于政府允许他们"尽听赴农"的缘故,他们最起码也预于编户齐民之列了。

迁都洛阳 北魏自道武帝拓跋珪定都平城,僻处塞上,虽不断地移民塞上,给耕牛,计口授田,也只能供应六镇的军粮。至于平城自作为京都以后,人口集中,游食者多,粮食供给难免发生困难。《魏书·食货志》称:"永兴(公元409—413年)中,频有水旱。……神瑞二年(公元415年),又不熟,京畿之内,路有行殣。帝(明元帝拓跋嗣)以饥,将迁都于邺(今河北临漳西南),用博士崔浩计乃止。于是分简国人尤贫者,就食山东三州(冀、定、相),敕有司劝课留农者。"《魏书·崔浩传》载此事云:"神瑞二年,秋谷不登,太史令王亮、苏坦因华阴公主等言谶书国家当治邺……劝太宗迁都。浩与特进周澹言于太宗曰:'今国家迁都于邺,可救今年之饥,非长久之策也。东州之人,常谓国家居广漠之地,民畜无算,号称牛毛之众。今留守旧都,分家南徙,恐不满诸州之地。……屈丐(赫连勃勃)、蠕蠕(即柔然)必提挈而来,云中、平城则有危殆之虑,阻隔恒、代千里之险,虽欲救援,赴之甚难,如此,则声实俱损矣。今居北方,假令山东有变,轻骑南出……谁知多少!……此是国家威制诸夏(中原)之长策也。至春草生,乳酪将出,兼有菜果,足接来秋,若得中熟,事则济矣。'太宗……曰:'今既糊口无以至来秋,来秋或复不熟,将如之何?'浩等对曰:'可简穷下之户,诣诸州就谷;若来秋无年,愿更图也。但不可迁都。'太宗从之。于是分民诣山东三州就食……来年遂大熟。"可见在明元帝时代,平城一带一遇荒年,就有打算迁都就丰收地区的计划。即使不是荒年,平城的粮食也还是不够。北魏政权通常令关内诸州郡用牛车运粟塞上,劳费也是很多。如《魏书·世祖纪》载:"始光二年(公元425年)五月,诏天下十家发大牛一头,运粟塞上。"像这类事情,是经常发生的。到了太和十一年,平城一带又是大旱荒,旱到春天"野无青草"(《魏书·高祖纪》),"郊甸间甚多馁死"(《魏书·食货志》),"饿死衢路,无人收识"(《魏书·高祖纪》),可见饥荒之严重。接着又流行"牛疫",牲畜也死了很多。孝文帝允许人民到丰收地区就食,"行者十五六"(《魏书·食货志》),可见平城的旱荒,已达到严重程度,北魏王朝至此实已不得不迁都。据《魏书·成淹传》载,孝文帝在迁都洛阳之后对成淹说:"朕以恒、代无运漕之路(从山东、河北运粮至平城,不能利用水运),故京邑(平城)民贫;今移都伊、洛,欲通运四方。"可见迁都洛阳是解决塞上一带严重粮荒的唯一办法。何况自从孝文帝于太和九年扩大推行均田制以后,中原地区的农业经济已经成为北魏王朝的主要基础,从关外的平城移都到中原政治经济文化中心的洛阳,从社会经济发展的特定阶段来说,就也有其特殊的意义了。孝文帝迁都的原因,此其一。

过去,拓跋部氏族成员及被征服各族的"豪杰"、"名家",往往戍防六镇,构成北魏王朝军队的基本核心。随着封建化程度的加深,拓跋氏内部阶级分化更为急剧,他们的经济逐渐衰颓起来了,这也使得北魏王朝的军事威力逐渐衰落。可是当时居拓跋氏北方的柔然人的势力,却大大扩张起来。据《南齐书·芮芮("柔然"之异译)虏传》称,太和三年,"芮芮主发三十万骑南侵,去平城七百里,魏拒守不敢战,芮芮主于燕然山纵猎而归";其后高车南攻柔然,取柔然故地,柔然南徙,逼近平城,孝文帝遣数十万骑北拒柔然,"大寒雪,人马死者众"。如果北魏仍都平城,稍一疏忽,便有被柔然包围的危险,甚至平城有失守的可能;倘南迁洛阳,此时南齐国力,日趋衰颓,不但不能威胁洛阳,而且孝文帝认为如大举南侵,南北混一可期。是平城有累卵之危,洛阳有磐石之安,故定都洛阳。孝文帝迁都的原因,此其二。

根据上述原因,孝文帝不得不迁都。新都的地点有两处,不是洛阳便是邺城。洛阳是汉、魏、西晋的故都,邺城是后赵、前燕的旧都。洛阳在黄河之南,邺城在黄河之北。孝文帝南伐,一方面经始洛阳,一方面又营建宫殿于邺西,太和十八年,又曾朝群臣于邺宫,可见定都邺城的可能性也是很大的。中原最富庶的地区——粮食仓库和丝绢产地是河北,北魏王朝的财政支出,主要是由河北人民来负担的,所谓"国之资储,唯藉河北"(《北史·魏常山王遵传》),冀、定二州的户调绢,一年便在三十万匹以上。邺城在河北,从经济方面来讲比洛阳要优越;但洛阳究竟是中原政治与文化的中心地区,孝文帝既已迁都塞内,必须以华夏文化的继承者自期,自以定都洛阳为宜。都洛阳,更能迷惑中原的一批醉心于"中夏正音"的士大夫,故孝文帝遂舍邺而都洛阳。

孝文帝与鲜卑保守贵族的斗争　孝文帝既迁都洛阳,就是说,鲜卑族拓跋氏的政权,到此已跃进典型的封建社会,清除了还遗存着的氏族制残余与奴隶制残余;反言之,必须放弃过去以农业、畜牧业并重的一种塞上的生产方法,而使经济生活全部农业化,同时还须放弃"马背中、领上生活"(《宋书·索虏传》),而使生活方式全部汉化,才能适应这种新的环境。但是当时拓跋氏统治集团内部,对此却有三种不同的主张。

一、保守派。这一派主张保持鲜卑固有风俗,不主张汉化,更不主张迁都。这一派以北魏政权中鲜卑族的元老穆泰、元丕、陆叡等为代表,以后太子元恂也属于这一派。他们认为鲜卑贵族之所以能够统治中原,就是因为鲜卑人勇悍善战,马背上的生活方式和战斗方式的一致。倘若南迁洛阳,由于生活方式的转变,鲜卑人的气质,也会一天天变成脆弱,失去过去强悍善战的性格和习惯,反而不能统治汉族。同时黄河中下游的气候比塞上要热,鲜卑人不服水土,死亡率一定会很高。所以他们不主张迁都,更反对汉化。

二、中间派。这一派主张不放弃鲜卑原有的习俗,但也可以相应地汉化。这一派以鲜卑贵族中的开明分子为代表。他们已看到了那时北魏政权财富的主要来源，是中原的农业和手工业生产品；塞上的屯田，只足供六镇军粮，塞北的畜牧业固然发达，但从农业与畜牧业两者的比重看来，已经不能相提并论。塞上荒凉，平城地寒，六月雨雪，风沙常起，时人有《悲平城》之作，云："悲平城，驱马入云中。阴山常晦雪，荒松无罢风。"（《魏书·祖莹传》）那时的歌谣有云："纥干山（在今山西大同市东，登纥干，可见桑干河，望平城）头冻死雀，何不飞去生处乐！"从上面两首诗看来，当时除掉一批顽固保守的鲜卑贵族以外，较为开明的鲜卑贵族对生产落后的塞上和比较寒苦的平城，并不十分留恋，所以他们并不反对迁都。但是他们却用保留的态度对待彻底汉化的问题，他们认为鲜卑族和汉族过去的风俗习惯，因袭不同，迁都洛阳之后，朝廷典章制度虽也可以斟酌魏晋故事，以装饰门面；鲜卑族的语言服装风俗习惯，却可保留下来，不必硬性干涉，强迫汉化。

三、改革派。这一派主张彻底汉化，孝文帝就是属于这派的。他们认为既然迁都洛阳，就应该与代都（平城）时代有所不同，也就是应该用一种适合于那时封建经济的生活方式来代替过去"佛狸（拓跋焘）已来，稍僭华典，胡风（匈奴留下来和西域传来的风俗）、国俗（鲜卑固有的风俗）杂相揉乱"的塞上生活方式。他们认识到鲜卑族既已发展到这一特定阶段，还要保持固有的生活方式，已不可能。所以他们主张彻底汉化，换句话说，他们是想用汉族固有的传统方法来统治汉族人民；何况通过鲜卑族的彻底汉化，正可以消灭鲜卑、汉族两大部族间的矛盾，他们的政权，因此会更巩固，他们的子孙，可以更好地统治汉族人民。同时那时的世家大族如由南朝逃奔至北朝的世族大地主琅邪王肃，以及中原的世族大地主陇西李冲、清河崔光、广平程灵虬、太原郭祚诸人，也都撺掇孝文帝进行改革⑪。这一派的主张，由于适应社会经济发展的客观形势，因此终于战胜了以上两派，这才有孝文帝迁都后，在政治上、在社会风俗上的一系列的改革。

但是顽固保守的鲜卑贵族，仍继续地想采取行动来破坏这一改革，如太子元恂，在迁都洛阳以后，"忌河洛暑热，意每追乐北方"。适值孝文帝在太和二十年（公元 496 年）出游嵩山，命恂镇守洛阳，恂谋阴"召牧马，轻骑奔代（平城）"。此事被发觉，孝文帝引见群臣，议废太子，曰："今恂欲违父背尊，跨据恒、朔。天下未有无父国，何其包藏，心与身俱！此小儿今日不灭，乃是国家之大祸。"（《魏书·废太子恂传》）乃下诏废太子为庶人，不久又用椒酒把恂毒死。同年的冬天，鲜卑贵族中的元老穆泰、陆叡秘密联络镇北大将军乐陵王元思誉、代郡太守元珍、阳平侯贺赖头等，共同策划推拥朔州刺史阳平王元颐为帝，阴谋据代都（平城）起兵⑫，"代乡旧族，同恶者多"（《魏书·于栗磾传》）。孝文帝获悉这项政变阴谋以后，派他所信任的任城王元澄前往镇压叛乱，接着自己也出巡北都，捕杀了很多人，才把这次政变镇压下去。通过这几次对顽固分子的严厉打击，孝文帝的汉化改革，更是放手进行，不受一点牵掣。他于是以华夏文化正统继承者的姿态，出现在中国历史舞台上了。

孝文帝改革的内容　孝文帝为了适应社会经济的发展，为了巩固封建的政治体制来缓和国内阶级矛盾和民族矛盾，不得不彻底推行汉化，也就是进一步封建化的政策。

在迁都洛阳以前，孝文帝已经开始清除鲜卑人的氏族制残余与奴隶制残余，已经开始执行汉化政策。太和七年（公元 483 年），下诏禁止鲜卑人同姓相婚⑬；太和八年，采用汉制，规定百官俸给等差；太和九年下令："自太和六年已来，买定（州治卢奴，今河北定州）、冀（州治信都，今河北冀州）、幽（州治蓟，今北京市西南）、相（州治邺）四州饥民良口者，尽还所亲。"（《魏书·高祖纪》）同年，推行上面提到的均田法；太和十六年，又下令禁革鲜卑人的袒裸之俗。到公元494年迁都洛阳之后，更加速了汉化的过程，三数年间，先后实行以下的重要改革：

一、禁鲜卑语。北魏初定中原，鲜卑人自然使用本族的语言；军中号令，也都用鲜卑语；汉人仕宦拓跋魏王朝，也都学习鲜卑语，或置"传译"。但是拓跋部的经济文化远较汉族为落后，鲜卑族人口又不多，政治上他们固然是征服者而暂居优势；但是在经济文化特别是语言的势力上，鲜卑族却是居于劣势。到了孝文帝迁都洛阳之后，索性下令禁用鲜卑语及其他各族语言，以汉语为北魏唯一通行的语言。孝文帝对群臣说："今欲断诸北语，一从正音（汉语）。年三十以上，容或不可卒革。三十以下，见在朝廷之人，语音不听仍旧；若有故为，当降爵黜官。所宜深戒。"（《北史·魏咸阳王禧传》）乃在太和十九年六月下诏："不得以北俗之语，言于朝廷，若有违者，免所居官。"（《魏书·高祖纪》）孝文帝是想通过消除鲜卑族和汉族在言语方面的隔阂，来逐渐泯灭民族间的隔阂，以达到其汉化的最终目的。

二、改鲜卑复姓。鲜卑族是多缀语的部族，他们的姓氏也是多缀语。孝文帝既禁止使用鲜卑语，自然也要把鲜卑复姓改成汉字单姓。乃在太和二十年下诏，以为："北人谓土为拓，后为跋。魏之先出于黄帝，以土德王，故为拓跋氏。夫土者，黄中之色，万物之元也；宜改姓元氏。"（《资治通鉴》齐明帝建武三年）此外，北魏皇族九氏，以及北魏初期所统的部落一百十八氏，姓皆重复，皆改为单姓。于是改拔拔氏为长孙氏，达奚氏为奚氏，乙旃氏为叔孙氏，丘穆陵氏为穆氏，步六孤氏为陆氏，贺赖氏为贺氏，独孤氏为刘氏，贺楼氏为楼氏，勿忸于氏为于氏，乌丸氏为桓氏，素和氏为和氏，步大汗氏为韩氏，纥豆陵氏为窦氏，乌洛兰氏为兰氏。鲜卑姓改了，鲜卑名当然也改用汉名。孝文帝又命令鲜卑贵族死于洛阳者，即葬于洛阳，不得还葬平城；同时改他们的籍贯为河南郡洛阳县人。

三、禁胡服。拓跋部起自塞外，其俗编发左衽。孝文帝于迁都洛阳之前，即锐意改作，命李冲与冯诞、高闾（二人均拓跋氏外戚）、游明根、蒋少华等，议定衣冠于"禁中"，时亦问于刘昶（南朝宋文帝刘义隆第九子，从南朝逃至北魏，北魏妻以公主，封为宋王）。鲜卑族把袴褶（胡服）作为朝贺大会的礼服，不合魏晋以来中原传统的礼仪。因服制未定，孝文帝曾下诏暂时停止太和十五年十二月初一日的小岁贺和太和十六年正月初一日的元旦朝贺。经过六年不断研究，始制定官吏的冠服。妇女的服饰也有了规定，大抵模仿南朝⑭。太和二十年，孝文帝从前方回到洛阳，见妇女服装仍为夹领小袖，就责备留守京都的官员，认为他们禁止胡服不彻底。太和二十三年，他又从前方回到洛阳，第二天，他"引见公卿……曰：'朕昨入城，见车上妇人，冠帽而著小襦袄者，若为如此，尚书何为不察？'〔任城王〕澄曰：'著犹少于不著者。'高祖曰：'深可怪也，任城意欲令全着乎。'"（《魏书·任城王云传子澄附传》）可见孝文帝对禁着胡服的关切程度。这一局限在鲜卑贵族方面服装的改变，固然是由塞上生活方式转入关内地主生活方式这点来决定的，但是孝文帝的主观动机，无非是想通过衣冠礼乐方面的改革，说明北魏王朝是华夏正统文化的继承者。

四、改定郊祀宗庙礼。北魏拓跋氏先世所崇拜的天、神，和汉族所崇拜的天、神，不是一样的。因此祭天的仪式也不会一样。如北魏王朝前期有一种"祀天于西郊"的仪式，《南齐书·魏虏传》里记载着："〔平〕城西有祠天坛，立四十九木人，长丈许，白帻，练裙，马尾被，立坛上。常以四月四日杀牛马祭祀，盛陈卤簿，边坛奔驰奏伎为乐。"据《魏书·礼志》说：西郊祀天之日，"帝御大驾，百官及宾国诸部大人毕从至郊所"。致祭时，挑选帝室十族中子弟七人，"以酒洒天神主"，还有女巫在祭坛上摇着鼓，"帝拜，后肃拜，百官内外尽拜"。这种西郊祀天的仪式，一年举行一次,说明鲜卑族拓跋氏一直保持着他们那些古老流传下来的原始崇拜。到了孝文帝太和十八年,索性下令把西郊祀天的仪式废除了。在废除西郊祀天前数年,孝文帝已经开始采用汉地帝王的祭祀天地仪式,圆丘祭天,方泽祭地,以祖宗配天,祭起什么天皇大帝和五方上帝来了。放弃本部族崇拜的天、神不祀,改而祭祀别的天、神,这在鬼神迷信盛行的时代里,是了不得的一桩大事。孝文帝为了实现汉化,自然要崇拜汉地的天、神。另外,从道武帝拓跋珪天兴(公元398至403年)初年起,在北魏的太庙里,正中供奉平文皇帝拓跋郁律的牌位,尊为太祖。道武帝拓跋珪死后,尊为烈祖,他的牌位陈列在太庙的一边。孝文帝认为道武帝是君临中夏的北魏第一个君主,应该尊他为太庙中的太祖,所以在太和十五年,就把郁律的牌位拉了下来,而把拓跋珪的牌位供奉在太庙正中。这样把君临中夏的北魏第一位皇帝奉为太祖,加强了北魏君临中夏的特殊政治意义,孝文帝便为自己作为华夏文化的继承者,找到了根据。

五、改官制。北魏初年的官吏名称,大都汉、鲜卑杂用[15]。官名用鲜卑语称呼的,如皇室子弟之称直懃[16],内左右之称羽真(或译作直真)之类[17]。魏收《魏书》里有驾部尚书,可是鲜卑语称尚书为俟懃地何[18],驾部并不称驾部,而称乞银曹,乞银是騘马的意思[19]。另外有些将军虽用汉文,也和魏晋以来的将军名称大不一样,如郑兵、宋兵、陈兵、楚兵、吴兵、越兵将军之类[20]。孝文帝废鲜卑语,既然废除了鲜卑语的官名,同时也把魏晋所罕见的官名都改掉了。他重用来自南朝的世族大地主王肃,厘定官制,完全模仿两晋、南朝的官制、军号,而又加以发展,把过去北魏王朝中的鲜卑成分,洗刷殆尽,政府的组织系统和文武内外职官的名称,几乎与两晋、南朝没有两样。官制上经过这样改革,在孝文帝看来,北魏王朝也就可以当之无愧地成为华夏正朔相承的王朝了。

六、改定律令。北魏道武帝拓跋珪、太武帝拓跋焘、文成帝拓跋濬、孝文帝元宏、宣武帝元恪都改定过律令。孝文帝一朝就改订了两次，一次在太和元年，开始修改律令旧文，到太和五年修订完成，"凡八百三十二章，门房之诛十有六，大辟之罪二百三十五，刑三百七十七。除群行剽劫首谋门诛，律重者止枭首"（《魏书·刑罚志》）。到了太和十一年，又对律令作进一步修订，到太和十六年四月，正式颁布新律令。这两次改定律令，对北魏初年的刑律，改动很大。在死刑方面，魏初死刑分镮（车裂）、腰斩、斩首、绞四种，孝文帝制定新律令时，除去镮、腰斩，改为枭首、斩首、绞三等。北魏初年有一种"门房之诛"的酷刑，像拓跋焘太平真君十一年（公元450年）杀大臣崔浩，"清河崔氏无远近，范阳卢氏（崔浩母亲的家族）、太原郭氏（崔浩妻郭氏的家族）、河东柳氏，皆浩之姻亲，尽夷其族"（《魏书·崔浩传》）。孝文帝延兴四年（公元474年），"诏自非大逆干纪者，皆止其身，罢门房之诛"（《魏书·刑罚志》）。当时还有五族、三族、门诛之刑，门诛，杀犯罪者本人和他的妻、子（女）。三族，杀犯罪者本人和他的妻、子（女）、父母、兄弟，五族所杀的范围更广，孝文帝太和五年诏："其五族者降止同祖，三族止一门，门诛止身。"（《魏书·高祖纪》上）五族降一等，还要杀同祖的叔伯和叔伯兄弟；如果不降一等，杀戮的范围更广。孝文帝太和十六年颁布新律令以后，在北朝的史籍记载上，门诛还偶尔出现，夷五族、夷三族之刑，从此绝迹了。孝文帝所改定的《魏律》，还给此后《隋律》、《唐律》以很大影响。孝文帝这两次的改定律令，把中国古代原来已经废除，到十六国时代重又行用的车裂、腰斩、夷五族等落后残酷的刑律，有的废除，有的降等，孝文帝这样做，是企图显示他的君临华夏，已经到了"胜残去杀"的地步，从而表明洛阳政权的稳定程度；客观上却使北魏王朝的法律，能够适应中原地区社会经济发展的需要，所以是有进步意义的。

孝文帝的改革措施，除了上面所讲的几点以外，还有修学校、兴建洛阳城坊等等。这一系列的改革措施，无疑会缩短鲜卑族人向封建制发展的过程。而且无形中也多少促进了一部分先进入中原地区的鲜卑族上层分子的加速汉化；以后六镇起义，留滞在塞上的沦落到封建隶属人群里去的鲜卑族人也先后涌入中原地区，他们在和汉族农民一起生死决斗推倒北魏统治之后，大都"不得不适应征服后存在的比较高的'经济情况'；他们为被征服者所同化，而且大部分甚至还不得不采用被征服者的语言"（恩格斯：《反杜林论》，载《马克思恩格斯选集》第3卷，人民出版社1972年版，第222页）。这样，鲜卑族也就逐渐地融合于汉族之中，久而久之，"鲜卑"就成为历史上的名词了。

总的看来，北魏孝文帝推行均田制，迁都洛阳，并且采取其他一系列的改革措施，其主观动机，无非是想缓和民族矛盾和阶级矛盾，巩固自己的统治；而在客观上，均田制的实行，在一定程度上使失去土地的农民能够重新和土地结合起来，承十六国破坏局面以后的北方社会经济，有了继续发展的可能，并给以后隋唐时期在均田制基础上发展起来的经济繁荣，准备了前提；其他的改革措施，又缩短了鲜卑族人向封建化飞跃的过程，为鲜卑族和汉族人的进一步融合，创造了有利条件。固然，这些都是历史发展的必然产物，就是孝文帝不这样做，也迟早会实现的；但是孝文帝顺应了历史发展的趋势，对当时社会经济的恢复和各族的融合，作出了贡献，因此孝文帝不失为一位有卓见的政治家。

北魏政权与汉世家大族结合的加强　拓跋部以一个人数少而又比较落后的部族入主中原，要想控制越来越扩大的征服地区，就必须取得汉世家大族的合作，并且吸取他们的统治经验，来建立有效的统治秩序。史称魏道武帝拓跋珪"初拓中原，留心慰纳，诸士大夫诣军门者，无少长皆引入。……苟有微能，咸蒙叙用"（《北史·魏道武帝纪》）。明元帝拓跋嗣在永兴五年（公元

413年)曾下诏:"豪门强族为州间所推者",使"各诣京师,当随才叙用"(《魏书·太宗纪》)。太武帝拓跋焘统一中原地区后,又在神麚四年(公元431年)下诏征聘世族大地主范阳卢玄、赵郡李灵等三十五人,参加政权工作(见《魏书·高允传》)。北魏初期的"公卿方镇",大部分是原来的"部落大酋",小部分就"参用赵魏旧族"(北宋刘攽等《魏书·目录叙》)来充任了。

但是,在北魏初期,鲜卑贵族大多属于奴隶主阶级,中原的汉世家大族大多属于地主阶级,由于他们对奴、客的剥削方式不同,对政治设施的利害看法,因此也有了不同。此外,他们承袭的风俗习惯、生活方式等等的差别,语言的隔阂,也使他们之间不能十分融洽。因此,在北魏初期,固然拓跋王朝曾经不遗余力地拉拢汉族地主,同时也不可避免地与汉族地主发生冲突。最激烈的火并,如太武帝诛清河崔氏、范阳卢氏、太原郭氏、河东柳氏诸大族,死者二千余人,所谓"赵魏旧族,往往以猜忌夷灭"(《魏书·目录叙》)。鲜卑贵族和汉世家大族之间,始终存在着或隐或现的矛盾。

到了孝文帝时,面对着日益尖锐的阶级矛盾,北魏王朝为了加强对于作为租调收入来源的中原地区的控制,巩固对于汉族农民及其他各族人民的统治,就积极采取措施,来消除胡汉统治阶级之间的隔阂,从而使得鲜卑贵族更进一步地和汉世家大族密切结合起来。

根据《资治通鉴》齐明帝建武三年记载:"魏主(孝文帝)雅重门族,以范阳卢敏、清河崔宗伯、荥阳郑羲、太原王琼(王慧龙孙)四姓,衣冠所推,咸纳其女以充后宫。陇西李冲……当朝贵重,所结姻娅,莫非清望,帝亦以其女为夫人。"又《北史·崔挺传》称:"孝文以挺女为嫔。"孝文帝为了更进一步勾结汉世家大族,不仅如上所载使自己与中原的汉世家大族建立姻戚关系,而且还替他五个弟弟聘当时中原汉世家十族女为妻。《魏书·咸阳王禧传》："时王国舍人，应取八族及清修之门。禧取任城王隶户为之，深为高祖所责；因诏为六弟聘室：长弟咸阳王禧可聘故颍州太守陇西李辅（李冲兄）女，次弟河南王幹可聘故中散代郡穆明乐女，次弟广陵王羽可聘骠骑谘议参军荥阳郑平城（郑羲兄子）女，次弟颍川王雍可聘故中书博士范阳卢神宝女，次弟始平王勰可聘廷尉卿陇西李冲女，季弟北海王详可聘吏部郎中荥阳郑懿女。"六国王妃中，除了穆明乐女出于鲜卑八大贵族之一族外，其余不是出自荥阳郑氏、范阳卢氏，便是出自陇西李氏。此外如范阳卢氏，"一门三主"，卢道裕尚献文帝女乐浪长公主，卢道虔尚孝文帝女济南长公主，卢元聿尚孝文帝女义阳长公主，尤为当时统治阶级所称慕。以上不过是拓跋氏皇室与世族地主的姻戚关系，至于其他拓跋族诸王公大人与汉世家大族的姻戚关系，更不胜枚举㉑。而这类婚姻，无疑是政治的结合，恩格斯说："对于骑士或男爵，以及对于王公本身，结婚是一种政治的行为，是一种借新的联姻来扩大自己势力的机会；起决定作用的是**家世**的利益，而决不是个人的意愿"（《家庭、私有制和国家的起源》，载《马克思恩格斯选集》第4卷，第74页）。这话在魏孝文帝与中原的汉世家大族通婚姻一事上，获得充分的证明。

孝文帝同时也采用了汉族的门第制度，制定姓族。除帝室元氏及长孙、叔孙、达奚氏以外，鲜卑以穆、陆、贺、刘、楼、于、嵇、尉八姓为首；汉世族地主中，山东以清河崔氏、范阳卢氏、荥阳郑氏、太原王氏、赵郡李氏为首，关中和河东以韦、裴、柳、薛、杨、杜为首，郡姓中又按门第官位分为四等，《新唐书·儒学·柳冲传》载柳芳论氏族曰："郡姓者，以中国（中原地区）士人差第阀阅为之制。凡三世有三公者曰膏粱，有令、仆者曰华腴，尚书、领（领军）、护（护军）而上者为甲姓，九卿若方伯者为乙姓，散骑常侍、太中大夫者为丙姓，吏部正员郎为丁姓。凡得入者，谓之四姓。"门第评定后，孝文帝还"诏诸郡中正，各列本土姓族次第为选举格,名曰'方司格'"(《新唐书·儒学·柳冲传》)。吏部必须严格地根据这一门第的标准来提拔人才,这样,北朝的"以贵承贵,以贱袭贱"(《魏书·韩麒麟传》)的门阀制度,也就在孝文帝时代确立起来[22]。当时中原地区汉世族大地主崔僧渊称赞孝文帝这一系列的改革措施,有如下的说法:"分氏定族,料甲乙之科;班官命爵,清九流之贯。礼俗之叙,粲然复兴;河洛之间,重隆周道。"(《魏书·崔玄伯传》)这几句赞语,正好说明孝文帝采用门阀制度,是符合当时中原地区汉世家大族的狭隘的阶级要求的。孝文帝已经把胡汉统治阶级之间的隔阂融化在门阀制度里,而这种门阀制度也就是用来巩固其统治政权的最好工具。

在这种情况下,拓跋氏的洛阳新政权就不仅仅代表了鲜卑贵族而且代表了整个胡汉统治阶级的利益,中原的汉世家大族同鲜卑贵族是休戚相关、利害与共的了。但是历史事实告诉我们,北魏王朝以后终究在汉族和各族人民大起义的沉重打击下,宣告崩溃,无论拓跋氏的政权怎样强化它的统治机器,并不能挽救它灭亡的命运。

---

①《魏书·恭宗纪》:初(太平真君中),恭宗监国,曾令曰:"……其制有司,课畿内之民,使无牛家以人力相贸,垦殖锄耨。其有牛家与无牛家一牛耕田二十二亩,偿以耘锄功七亩("一牛"原作"一人","耘"原作"私",今从《册府元龟》卷 495《邦计部·田制门》改),如是为差,至与小、老无牛家种田七亩,小、老者偿以锄功二亩,皆以五口下贫家为率。各列别郡口数,所劝种顷亩,明立簿目。所种者于地首标题姓名,以辨播殖之功。"……垦田大为增辟。

②《魏书·高祖纪》:延兴三年(公元 473 年)二月癸丑,诏:"牧守令长,勤率百姓,无令失时。同部之内,贫富相通,家有兼牛,通借无者;若不从诏,一门之内,终身不仕。守宰不督察,免所居官。"

《魏书·高祖纪》:太和元年(公元 477 年)三月丙午,诏曰:"……去年牛疫,死伤太半,耕垦之利,当有亏损。今东作既兴,人须肄业,其敕在所督课田农,有牛者加勤于常岁,无牛者倍庸于余年。一夫制治田四十亩,中男二十亩,无令人有余力,地有遗利。"

③明元帝永兴二年八月，章武有以刘牙为首的农民起义；永兴五年四月，上党有以劳聪、士臻为首的农民起义；六月，濩泽有以刘逸为首的农民起义；神瑞二年(公元415年)三月，河西有以山胡白亚栗斯为首的人民起义；泰常元年(公元416年)三月，常山有以霍季为首的人民起义(以上见《魏书·太宗纪》)。

太武帝神䴥二年(公元429年)二月，上党有以李禹为首的农民起义；太平真君七年(公元446年)三月，上邽东城有以金城人边冏、天水人梁会为首的人民起义(以上见《魏书·世祖纪》)。

④《魏书·世祖纪》：太平真君六年九月，卢水胡盖吴聚众反于杏城。冬十月戊子，长安镇副将元纥率众讨之，为吴所杀，吴党遂盛。……于是诏发高平敕勒骑赴长安，诏将军叔孙拔乘传领摄并、秦、雍兵屯渭北。十有一月……盖吴遣其部落帅白广平西"掠"新平，安定诸夷酋皆聚众应之，杀汧城守将。吴遂进军李闰堡，分兵"掠"临晋已东。将军章直与战，大败之，兵溺死于河者三万余人。吴又遣兵西"掠"至长安，将军叔孙拔与战于渭北，大破之，斩首三万余级。……河东蜀薛永宗聚党"盗"官马数千匹，驱三千余人入汾曲，西通盖吴，受其位号。……庚午，诏殿中尚书扶风公元处真、尚书平阳公慕容嵩二万骑讨薛永宗；诏殿中尚书乙拔率五将三万骑讨盖吴；西平公寇提三将一万骑讨吴党白广平。盖吴自号天台王，署置百官。……癸未，车驾西巡。七年春正月庚午，围薛永宗营垒，永宗出战大败，六军乘之，永宗众溃，永宗男女无少长赴汾水死。……盖吴退走北地。二月……丙申，幸盩厔，诛叛民耿青、孙温二垒与盖吴通谋者。……北道诸军乙拔等大破盖吴于杏城，吴乘马遁走。……三月……分军诛李闰叛羌。……五月……盖吴复聚杏城，自号秦地王，假署山民，众旅复振。于是遣永昌王仁、高凉王那督北道诸军同讨之。……秋八月，盖吴为其下人所杀，传首京师。永昌王仁平其遗烬。高凉王那破盖吴党白广平，生擒屠各路那罗于安定，斩于京师。……八年春正月，吐京胡阻险为"盗"，诏征东将军武昌王提、征南将军淮南王他讨之，不下。山胡曹仆浑等渡河西，保山以自固，招引朔方诸胡。提等引军讨仆浑。二月己卯。高凉王那等自安定讨平朔方胡，因与提等合军共攻仆浑，斩之，其众赴险死者以万数。

⑤《魏书·食货志》：[太和]十年(公元486年)，给事中李冲上言："宜准古，五家立一邻长，五邻立一里长，五里立一党长。长取乡人强谨者。邻长复一夫、里长二、党长三，所复复征戍，余若民。……"高祖从之……乃诏曰："……自昔以来，诸州户口籍贯不实，包藏隐漏，废公罔私。富强者并兼有余，贫弱者糊口不足。……今革旧从新，为里党之法。……"初，百姓咸以为不若循常，豪富并兼者尤弗愿也。事施行后，计省昔十有余倍，于是海内安之。

⑥《魏书·韩茂传子均附传》：显祖……又以五州（青、冀、定、相等）民户殷多，编籍不实……诏均检括，出十余万户。

《魏书·高祖纪》：延兴三年（公元473年）秋九月，诏遣使者十人，循行州郡，检括户口。其有仍隐不出者，州、郡、县、户主，并论如律。

《南齐书·魏虏传》：永明四年（魏太和十年），造户籍。

《魏书·外戚·闾毗传》：子豆，后赐名庄。太和中，初立三长，以庄为定户籍大使，甚有时誉。

《魏书·尧暄传》：太和中……始立三长，暄为东道十三州使，更比户籍。

《魏书·高祖纪》：太和十四年冬十有二月，遣使与州郡宣行条制，隐口漏丁，即听附实。

⑦《魏书·李冲传》：旧无三长，惟立宗主督护，所以民多隐冒，五十、三十家方为一户。冲以三正治民，所由来远，于是创三长之制而上之。文明太后（文成帝妻，是当时的实际摄政者）览而称善，引见公卿议之。中书令郑羲、秘书令高祐等曰："冲求立三长者，乃欲混天下一法。言似可用，事实难行。"羲又曰："不信臣言，但试行之，事效之后，当知愚言之不谬。"太尉元丕曰："臣谓此法若行，于公私有益。咸称方今有事之月，校比民户，新旧未分，民必劳怨；请过今秋，至冬闲月，徐乃遣使，于事为宜。"冲曰："……若不因调时，百姓徒知立长校户之勤，未见均徭省赋之益，心必生怨。宜及课调之月，令知赋税之均。既识其事，又得其利，因民之欲，为之易行。"著作郎傅思益进曰："民俗既异，险易不同，九品差调，为日已久，一旦改法，恐成扰乱。"太后曰："立三长，则课有常准，赋有恒分，苞荫之户可出，侥幸之人可止，何为而不可？"群议虽有乖异，然惟以变法为难，更无异议。遂立三长，公私便之。

⑧《魏书·李孝伯传兄子安世附传》：时民困饥流散，豪右多有占夺。安世乃上疏曰："……井税之兴，其来日久；田莱之数，制之以限……盖欲使土不旷功，民罔游力。雄擅之家，不独膏腴之美；单陋之夫，亦有顷亩之分。……窃见州郡之民，或因年俭流移，弃卖田宅，漂居异乡，事涉数世。三长既立（《册府元龟》卷495《邦计部·田制门》作"子孙既立"），始返旧墟，庐井荒毁，桑榆改植。事已离远，易生假冒。强宗豪族，肆其侵凌，远认魏晋之家，近指亲旧之验。又年载稍久，乡老所惑，群证虽多，莫可取据。各附亲知，互有长短……争讼迁延，连纪不判，良畴委而不开，柔桑枯而不采。……今虽桑井难复，宜更均量，审其径术，令分艺有准，力业相称，细民获资生之利，豪右靡余地之盈。……又所争之田，宜限年断，事久难明，悉属今主。然后虚妄之民，绝望于觊觎；守分之士，永免于凌夺矣！"高祖深纳之。

⑨《通典·食货典·历代盛衰户口》：后魏起自阴山，尽有中夏。孝文迁都河洛，定礼崇儒。孝明帝正光（公元520—524年）以前，时惟全盛，户口之数，比夫晋太

康，倍而余矣！（原注，“按晋武帝太康元年平吴后，大凡户二百四十五万九千八百，口千六百一十六万三千八百六十三，今云倍而余者，是其盛时，则户有至五百余万矣。”）

⑩《魏书·阉官·仇洛齐传》：魏初禁网疏阔，民户隐匿漏脱者多。东州既平，绫罗民户乐葵因是请采漏户，供为纶绵。自后逃户占为细茧罗縠者非一。于是杂营户帅遍于天下，不属守宰，发赋轻易，民多私附，户口错乱，不可检括。洛齐奏议罢之，一属郡县。

⑪《南齐书·王融传》：世祖时，……融上疏曰：“……虏前后奉使，不专汉人，必介以匈奴，备诸觇获。且设官分职，弥见其情，抑退旧苗，扶任种戚。师保则后族冯晋国（冯熙），总录则邽姓直勒（直懃）渴侯，台鼎则丘颓、苟仁端（苟颓），执政则目凌、钳耳（王遇）。至于东都羽仪，西京簪带，崔孝伯（崔光）、程虞虬（程灵虬）久在著作，李元和、郭季祐（郭祚）上下中书，李思冲（李冲）饰虏清官，游明根泛居显职。今经典远被，诗史北流，冯〔熙〕、李〔冲〕之徒，必欲遵尚；直勒（直懃）等类，居致乖阻。何则？匈奴以毡骑为帷床，驰射为糇粮。冠方帽则犯沙陵雪，服左衽则风骧鸟逝。若衣以朱裳，戴之玄颏，节其揖让，教以翔趋，必同艰桎梏，等惧冰渊，婆娑蹴蹶，困而不能前已。及夫春草水生，阻散马之适；秋风木落，绝驱禽之欢。……冯、李之徒，固得志矣；虏之凶族，其如病何！于是风土之思深，愎戾之情动，拂衣者连裾，抽锋者比镞，部落争于下，酋渠危于上……”世祖答曰：“吾意不异卿。”

⑫《魏书·穆崇传玄孙泰附传》：泰自陈久病，乞为恒州，遂转陆叡为定州，以泰代焉。泰不愿迁都，叡未及发而泰已至，遂潜相扇诱，图为叛。乃与叡及安乐侯元隆、抚冥镇将鲁郡侯元业、骁骑将军元超、阳平侯贺赖头、射声校尉元乐平、前彭城镇将元拔、代郡太守元珍、镇北将军乐陵王思誉等，谋推朔州刺史阳平王颐为主。颐不从，伪许以安之，密表其事。高祖乃遣任城王澄率并肆兵以讨之。……泰等惊骇，计无所出，……凶党离心，莫为之用。……澄……穷治党与……泰等伏诛。

⑬《魏书·高祖纪》：太和七年十有二月癸丑，诏曰：“淳风行于上古，礼化用乎近叶，是以夏殷不嫌一族之婚，周世始绝同姓之娶，斯皆教随时设，治因事改者也。皇运初基，中原未混，拨乱经纶，日不暇给，古风遗朴，未遑厘改。后遂因循，迄兹莫变。朕……思易质旧，式昭惟新，自今悉禁绝之，有犯以不道论。”

⑭《魏书·阉官·张宗之传》：始宗之纳南来殷孝祖妻萧氏，刘义隆仪同三司思话弟思度女也。多悉妇人仪饰故事。太和中，初制六宫服章，萧被命在内，豫见访采。

⑮《南齐书·魏虏传》：国中呼内左右为直真，外左右为乌矮真，曹局文书吏为比德真，檐衣人为朴大真，带仗人为胡洛真，通事人为乞万真，守门人为可薄真，伪台

乘驿贱人为拂竹真,诸州乘译人为咸真,杀人者为契害真,为主出受辞人为折溃真,贵人作食人为附真,三公贵人通谓之羊真。佛狸(拓跋焘)置三公、太宰、尚书令、仆射、侍中,与太子共决国事。殿中尚书知殿内兵马仓库,乐部尚书知伎乐及角史伍伯,驾部尚书知牛马驴骡,南部尚书知南边州郡,北部尚书知北边州郡。又有俟懃地何比尚书,莫堤比刺史,郁若比二千石,受别官比诸侯。诸曹府有仓库,悉置比官,皆使通房(鲜卑)汉语,以为传驿。兰台置中丞、御史,知城内事。又置九豆和官,宫城三里内民户籍不属诸军戍者,悉属之。

⑯ 直懃是皇室亲子弟之称,北魏有此称呼,见《宋书·索虏传》。太武帝太平真君三年有"使持节、都督洛豫州及河内诸军事、镇南大将军、开府仪同三司、淮南王、直懃它大翰"。献文帝天安元年、二年(公元 466、467 年),有"使持节、征东大将军、安定王、直懃伐伏玄"(即《魏书》之安定王休)。"侍中、尚书左仆射、安西大将军、平北公、直懃美晨"(即《魏书》之宜都王目晨,初封南平公)。"使持节、征南大将军、勃海王、直懃天赐"(即《魏书》之汝阴王天赐)。"使持节、征南将军、京兆王、直懃子推"。"使持节、征南大将军、宜阳王、直懃新成"(即《魏书》之阳平王新成)。又文成帝拓跋濬未即位前,以嫡皇孙称乌雷直懃。

⑰ 《南齐书·魏虏传》:"国中呼内左右为直真。"按此称亦见《宋书·索虏传》:"羽直、征东将军、北平公拔敦。"羽直即直真。羽真又见陆绍墓志:"祖大羽真、南部尚书、酒泉公。"大羽真亦见于元夫人赵光墓志。又元保洛墓志有羽真,奚智墓志有内行羽真。直真即羽真之异译。

⑱ 《南齐书·魏虏传》:"又有俟懃地何比尚书。"《故司空城局参军陆君墓志铭》(即陆绍墓志):"祖冠军将军、俟懃地何,蒙赠幽州刺史。"

⑲ 《魏故使持节征虏将军华州诸军事华州刺史丘公之墓志》(即丘哲墓志):"乞银曹比和真曹宿卫官四曹尚书洛州诸军事洛州刺史乞真之子。"

按据《元和郡县图志》关内道银州条下云:"苻秦建元元年,自骢马城巡抚夷狄,其城即今(银)州理城也。周武帝保定二年,分置银州,因谷为名。旧有人牧骢马于此谷,虏语骢马为乞银。"可见乞银曹就是骢马曹。

⑳ 《宋书·索虏传》载明元帝拓跋嗣时有郑兵(《魏书》作晋兵)将军达奚斤,宋兵将军侯普幾,陈兵将军张模,楚兵将军涉归幡能健(即《魏书》之叔孙建),吴兵将军公孙表,越兵将军薛道千。在孝文帝时,这些军号已废弃不用。

㉑ 《魏故使持节假黄钺侍中太师领司徒都督中外诸军事彭城武宣王妃李氏墓志铭》(即元勰妃李媛华墓志):"亡祖讳宝。""亡父讳冲,司空,清渊文穆公。""夫人荥阳郑氏。""兄延实,今持节都督光州诸军事、左将军、光州刺史、清渊县开国公。""亡弟休纂,故太子舍人。""姊长妃,适故使持节镇北将军、相州刺史、文恭子荥阳郑道

昭。""姊仲王,适故司徒主簿荥阳郑洪建。""姊令妃,适故持节、抚军、青州刺史、文子范阳卢道裕。""妹稚妃,适前轻车将军、尚书郎中、朝阳伯清河崔勖。""妹稚华,适今太尉参军事河南元季海。""子子讷,字令言,今彭城郡王。妃陇西李氏,父休纂。""女楚华,今光城县主,适故光禄大夫长乐郡开国公长孙冯颢。父诞,故使持节、司徒、长乐元公。""女季瑶,今安阳乡主,适今员外散骑侍郎、清渊世子陇西李彧。父延实。"

我们从这个墓志可以看到元氏宗室亲王娶了崔、卢、李、郑四家的某一家的女儿的时候,实际和这四家都联上了姻。李媛华的长姊、次姊都嫁给荥阳郑氏,三姊嫁给范阳卢氏,四姊嫁给清河崔氏,元勰娶了李媛华,实际和崔、卢、李、郑四姓都联了亲。元勰和李媛华所生的儿子元子讷,又娶了他舅舅李休纂的女儿为妻;他们所生的女儿元季瑶又嫁与他舅舅李延实的儿子李彧为妻,都是姑表兄弟姊妹结婚,亲上加亲。元勰一家如此,像宗室元季海等家,也当如此。

㉒《魏书·韩麒麟传子显宗附传》:高祖曾诏诸官曰:"自近代以来,高卑出身,恒有常分。朕意一以为可,复以为不可,宜相与量之。"李冲对曰:"未审上古以来,置官列位,为欲为膏梁儿地? 为欲益治赞时?"高祖曰:"俱欲为治。"冲曰:"若欲为治,陛下今日何为专崇门品,不有拔才之诏?"高祖曰:"苟有殊人之伎,不患不知。然君子之门,假使无当世之用者,要自德行纯笃,朕是以用之。"……显宗进曰:"……国之兴否,指此一选。臣既学识浮浅,不能援引古今,以证此议;且以国事论之,不审中秘书监令之子必为秘书郎,顷来为监令者,子皆可为不?"高祖曰:"卿何不论当世膏腴为监令者?"显宗曰:"陛下以物不可类,不应以贵承贵,以贱袭贱!"高祖曰:"若有高明卓尔,才具隽出者,朕亦不拘此例。"

《魏书·刘昶传》:十九年(《资治通鉴》系齐明帝建武三年,即魏之太和二十年)十月,昶朝于京师。高祖临光极堂大选。高祖曰:"……夫典者,为国大纲,治民之柄。……我国家昔在恒代,随时制作,非通世之长典。故自夏及秋,亲议条制。或言唯能是寄,不必拘门,朕以为不尔。何者? 当今之世,仰祖风朴,清浊同流,混齐一等,君子小人名品无别,此殊为不可。我今八族以上,士人品第有九;九品之外,小人之官,复有七等。若苟有其人,可起家为三公。正恐贤才难得,不可止为一人,浑我典制。故令班镜九流,清一朝轨……"

第三节　北魏末年的各族人民大起义

北魏政治的衰乱　自公元 494 年北魏迁都洛阳,至公元 524 年六镇起义,前后三十年间,洛阳又一度成为中原的政治、经济和文化的中心。洛阳除了城内的宫殿、寺署、邸宅以外，出西城外还有特设的市区。据《洛阳伽蓝记》所载，"出西阳门四里，御道南有洛阳大市，周回八里"。"市东有通商、达货二里。里内之人，尽皆工巧，屠贩为生，资财巨万。有刘宝者，最为富室，州郡、都会之处，皆立一宅，各养马一匹，至于盐粟贵贱，市价高下，所在一例。舟车所通，足迹所履，莫不商贩焉。是以海内之货，咸萃其庭。产匹铜山，家藏金穴。宅宇逾制，楼观出云，车马服饰，拟于王者。市南有调音、乐律二里，里内之人，丝竹讴歌，天下妙伎出焉。""市西有退酤、治觞二里，里内之人，多酝酒为业。""市北慈孝、奉终二里，里内之人，以卖棺椁为业，赁辒车为事。""别有准财、金肆二里，富人在焉。凡此十里，多诸工商货殖之民，千金比屋，层楼对出。"城内还有"西域商胡"万余家，《洛阳伽蓝记》载："自葱岭以西，至于大秦，百国千城，莫不款附。商胡贩客，日奔塞下，所谓尽天地之区已。乐中国土风，因而宅者，不可胜数。是以附化之民，万有余家。门巷修整，阊阖填列，青槐荫陌，绿柳垂庭，天下难得之货，咸悉在焉。"洛阳总户数一度激增到十万九千余户。

从魏晋以来，商业停滞，货币几近废弃，《魏书·食货志》称："魏初至于太和，钱货无所流通。"北魏孝文帝迁都洛阳之后，开始铸造"太和五铢"的青铜币，流通在洛阳附近地区；河西诸郡，因与西域通商，也都广泛地行用一种西域金银钱。但是太和五铢青铜币的流通地区是不广的，所谓"专贸于京邑，不行于天下"，货币使用额不多，货币使用范围缩得很小，当时河北诸州，"专以单丝之缣，疏缕之布……裂匹为尺，以济有无"，完全用布帛来代替货币，"钱略不入市"（《魏书·食货志》）。因此，从当时经济现象的一切总和来看，可以说自然经济在中原地区还占统治地位。

自然经济占统治地位，这也说明当时生产率低下，生产技术落后,剩余产品稀少。稀少的剩余产品,也照例以封建地租形式被封建地主剥削去了,不可能有很多剩余产品作为商品来交换,从而也可以知道当时农民的生活是极端困苦的。可是进入中原的鲜卑贵族,随着他们经济生活的变化,他们的奢侈腐化也越来越惊人了。

在北魏初期,官吏并不是不贪污。如太武帝拓跋焘时,大将公孙轨在上党,贪纵狼藉。"其初来,单马执鞭;返去,从车百两,载物而南。"(《魏书·公孙表传子轨附传》)又《魏书·良吏传》称:魏初"拥节分符,多出丰、沛。政术治风,未能咸允,虽动贻大戮,而贪虐未悛,亦由网漏吞舟,时挂一目"。可见贪污情况是严重存在着的。不过当时北魏政权对贪污行为的制裁,执行得很严峻。如明元帝拓跋嗣曾遣"使者巡幸诸州,校阅守宰资财,非自家所赍,悉簿为赃"(《魏书·太宗纪》)。献文帝拓跋弘"诏诸监临之官,所监治,受羊一口、酒一斛者,罪至大辟,与者以从坐论"(《魏书·张衮传玄孙白泽附传》)。直到孝文帝太和五年(公元481年)定律,还规定"枉法十匹,义赃二百匹,大辟"(《魏书·刑罚志》)。太和八年普给百官俸禄之后,"更定义赃一匹,枉法无多少皆死";就在这一年,孝文帝还派"遣使者,巡行天下,纠守宰之不法,坐赃死者四十余人",一时造成"食禄者跼蹐,赇谒之路殆绝"(《魏书·刑罚志》)的情况。这也反映了在王权强大的时代,官吏多少还有所顾忌。

孝文帝死(公元499年),子恪(宣武帝)即位。史称当时的洛阳政权"宽以摄下",政治趋于腐败。宣武帝死,子诩(孝明帝)即位(公元515年),年仅七岁,母胡太后临朝。公元520年,太后妹夫宗室(道武帝玄孙)元叉与宦官刘腾,共幽禁胡太后于北宫,叉、腾遂共执朝政,政治至此大坏。《洛阳伽蓝记》称:"于是帝族王侯,外戚公主,擅山海之富,居川林之饶,争修园宅,互相竞夸。崇门丰室,洞户连房,飞馆生风,重楼起雾,高台芳榭,家家而筑,花林曲池,园园而有。莫不桃李夏绿,竹柏冬青。"如咸阳王元禧"姬妾数十","奴婢千数";高阳王元雍"僮仆六千,妓女五百";河间王元琛"妓女三百人"。为了满足他们享乐腐化的生活要求起见,他们除了"田业盐铁,遍于远近,臣吏僮仆,相继经营"(《魏书·咸阳王熙传》),"舟车之利,水陆无遗;山泽之饶,所在固护"(《魏书·阉官·刘腾传》)之外,在政治上还卖官鬻爵,贿赂公行。如元晖为吏部尚书,"纳货用官,皆有定价,大郡二千匹,次郡一千匹,下郡五百匹"(《北史·魏常山王遵传曾孙晖附传》),其余官职,各按差等定价。当时称吏部为卖官市场——市曹,称吏部卖官为白昼行劫①。朝中权贵卖官鬻爵,贿赂公行,州郡的刺史、太守更是"聚敛无极"(《北史·魏河间公齐传孙志附传》)。当时户调绢每匹规定长四丈,可是相州刺史奚康生向人民征收户绢时,却每匹要"皆长七八十尺"(《北史·卢同传》),方肯收纳。租米也是如此,据唐代人的考证,"魏、齐斗称,于古二而为一(加倍)",而当时又有大斗、重称,所谓"三斗为大斗,三两为大两",度量衡的变化,骤然给黄河流域均田上的均田农民增加封建负担一倍或二倍以上,人民生活的困苦是可以想见的。

自耕小农在这种繁重的租调之下,不得不落进高利贷者的罗网里去,当时的高利贷利息高到百分之二百二十五②。当时放高利贷的,世家大族如清河崔光伯以放高利贷致富,家内"绫绢钱布,匮箧充积"(《魏书·崔亮传从弟光韶附传》),皆光伯所营;赵郡李元忠家素富厚,其家人多有举贷求利。僧侣地主也利用他们所控制的僧祇粟,"俭年出贷,丰则收入",来进行高利贷盘剥③。

在孝文帝颁布均田法时,曾规定:"诸宰民之官,各随近给公田,刺史十五顷,太守十顷,治中、别驾各八顷,县令、郡丞六顷,更相代付"(《魏书·食货志》),私卖处罚。此外北魏政府又下令规定:"职分公田,不问贵贱,一人一顷,以供刍秩(马料)。"(《通典·食货典》引宋孝王《关东风俗传》)从宣武帝时开始,"始以永赐,得听卖买",公田开始可以买卖。均田中的露田,虽然依法不听买卖,但是"贫户因王课不济,率多货卖田业"(《通典·食货典》引宋孝王《关东风俗传》)。自公元485年孝文帝颁布均田法,到此不满三十年,在地主经济比较发展的地区,均田制已经开始破坏了。

兵役和徭役也成为当时自耕小农破产的主要因素。

北魏在迁都洛阳之后,由于洛阳在黄河之南,要巩固河南的防务,必须夺取南朝长江北部的土地,因此不断南侵。交战地点,西在宛、邓,中在义阳,东在淮上。宣武帝即位,战争规模益趋扩大,"荆、扬二州,屯戍不息,钟离、义阳,师旅相继"。因之人民的徭役和兵役也随之增重,"汝颖之地,率户从戎;河冀之境,连丁转运"(《魏书·卢玄传孙昶附传》)。被征发去服兵役的人民,在军队中受尽将帅剥削,史称"其勇力之兵,驱令抄掠。若值强敌,即为奴虏;如有执获(战利品),夺为己富。其羸弱老小之辈,微解金铁之工,少闲草木之作,无不搜营穷垒,苦役百端。自余或伐木深山,或芸草平陆,贩贸往还,相望道路。……穷其力,薄其衣,用其功,节其食,绵冬历夏,加之疾苦,死于沟渎者,常十七八焉"(《魏书·袁翻传》)。由于"兵士役苦",均田农民甚至自己抛弃了土地,所谓"竞弃本生,飘藏他土。或诡名托养,散没人间;或亡命山薮,渔猎为命;或投仗强豪,寄命衣食"(《北史·孙绍传》)。到此农民不是亡命山泽,便是庇荫到世家豪族大地主那里去作佃客部曲;此外便是"绝户而为沙门",《魏书·释老志》所谓:"正光已后,天下多虞,王役尤甚。于是所在编户,相与入道,假慕沙门,实避调役。……略而计之,僧尼大众,二百万矣。"农民离开自己土地,必然会造成"通原遥畛,田芜罕芸,连村接闻,蚕饥莫食"(《魏书·卢玄传孙昶附传》)的现象。社会矛盾发展到了极其尖锐复杂的程度，人民大起义的条件是完全成熟了。

北魏末年的僧侣起义 孝文帝迁都洛阳以后，农民的反抗斗争并没有停息。太和二十一年（公元497年），就发生定州民王金钩为首的起义（见《魏书·高祖纪》）。在宣武帝元恪统治的十五年中，见之于记载的人民起义有十次：太和二十三年，幽州有王惠定为首的农民起义（见《魏书·世宗纪》）；景明元年（公元500年）九月，齐州有柳世明为首的农民起义（见《魏书·世宗纪》）；正始三年（公元506年）正月，秦州有屠各胡人王法智为首的人民起义，法智寻推吕苟儿为主，年号建明，众至十万，同年，泾州人陈瞻起兵响应（见《魏书·世宗纪》、《北史·魏济阴王小新成传》）；永平二年（公元509年）正月，泾州有沙门刘慧汪为首的农民起义（见《魏书·世宗纪》）；永平三年二月，秦州有沙门刘光秀为首的农民起义（见《魏书·世宗纪》）；同月，秦州陇西羌族人民杀镇将，举行起义（见《魏书·世宗纪》）；永平四年正月，汾州有刘龙驹为首的人民起义（见《魏书·世宗纪》）；延昌三年（公元514年）十一月，幽州有沙门刘僧绍为首的农民起义（见《魏书·世宗纪》）；延昌四年六月，冀州有沙门僧法庆为首的农民起义（见《魏书·肃宗纪》、《北史·魏京兆王子推传》）。

宣武帝时代的十次起义，其中四次是僧侣领导的，连同孝文帝太和五年沙门僧法秀在平城招结奴隶策划起义、太和十四年沙门司马惠卿的起义，一共有六次。

早在孝文帝即位的次年（延兴二年，公元472年），就有诏书提到："比丘不在寺舍，游涉村落，交通奸猾，经历年岁。令民间五五相保，不得容止。"（《魏书·释老志》）稍后，世族大地主范阳卢渊也曾上表说："关右之民，自比年以来，竞设斋会，假称豪贵，以相煽惑，显然于众坐之中，以谤朝廷，无上之心，莫此为甚。愚谓宜速惩绝，戮其魁帅；不尔，惧成赤眉、黄巾之祸。"（《魏书·卢玄传孙渊附传》）从这些诏、表中，可以见到从那时起，少数僧侣已经采用宗教的形式,开始组织农民来进行推翻北魏统治的活动。或认为:"这时僧侣地主在经济上的势力,已极雄厚,因此想通过'叛乱'的形式来夺取政权,所以这是一种政教的武装冲突。"我个人是不同意这种看法的。

北魏在孝文帝承明元年(公元476年),黄河流域的僧尼总数还不到八万人;到了孝明帝正光之际(公元520—524年),相距不到半个世纪,僧尼总数却骤然增加到二百万人左右,占政府编户总人口数的十五分之一。这是由于被奴役、被压迫的自耕小农,他们想找出一条逃避苛政的出路。所谓"假慕沙门,实避调役"(《魏书·释老志》),他们为了逃避苛重的调役,出家当和尚,是他们当时一条可走的路子。

可是佛教寺院是封建贵族的"孪生姊妹",寺院里的教职制,昭玄统、沙门都、州三藏、州僧主、州律主、寺主、都维那之类,是与封建社会诸关系的品级制度相适应的。二百万僧侣中,只有一小撮僧侣地主掌握着寺院中的常住财产(寺院的库房称为无尽藏,寺院里的财产称为常住财产)④;按照佛教教律,常住财产是属于全体僧众的,但确立了与封建制度相适应的封建的教职制之后,实际上寺院的财产是掌握在一两个寺主的手里。他们拥有为数众多的佛图户、僧祇户以及"部曲"⑤,结交官府,放高利贷,气焰烜赫,成为僧侣中的特权阶级——僧侣大地主。这样的僧侣地主,在中原地区二百万僧侣中,究占绝少数;其他绝大多数的僧侣,却是在寺院庄园里做牛马。虽说按佛教教义,僧侣不必参加生产劳动,应该受人供养,可是事实上广大劳动僧必须在寺院庄园里刈稻种菜⑥,有时还要修屋筑路⑦,至如初投寺院作小沙弥,服侍大和尚,洒扫周旋,更不用说了。他们受尽僧侣地主的奴役和剥削,事实上,他们就是寺院里变相的农奴。因此,逃避调役的僧侣,本来就不满政府,至此也会不满僧侣地主。所以法庆领导的冀州起义,他们不仅攻城略地,杀戮官吏,震撼了北魏统治政权;同时还公开宣称"新佛出世,除去众魔","所在屠灭寺舍,斩戮僧尼,焚烧经像"(《北史·魏京兆王子推传子遥附传》),杀了不少僧侣地主,烧毁了不少寺院。队伍迅速发展到五万多人。北魏冀州刺史萧宝夤派长史崔伯麟率领军队前往镇压,被起义军击溃于煮枣城(今河北枣强西),伯麟败死。后来北魏王朝一面派遣亲王元遥率领十万大军进攻起义军;一面派遣汉世族大地主勃海高绰执"白虎幡军前招慰",进行分化,这才把义军基本上镇压下去。起义军虽然只支持三个月(延昌四年六月至九月),可是两年以后(熙平二年,公元 517 年),还有"大乘余'贼',复相结聚,攻瀛州"(《北史·魏孝明帝纪》)的余波。

从上面几次僧侣领导的起义的具体内容来看,我们应该把它当作是最尖锐的阶级斗争的具体表现,而不应该认为是政府与僧侣地主之间的内部矛盾,这是毫无疑问的;因此,把它说成是政、教的武装冲突,我们认为是值得商榷的。

法庆领导的冀州起义,只能算作北魏末年大起义的序幕。

六镇起义　北魏初都平城,为了拱卫首都,不受北方游牧人柔然族之威胁,乃在平城沿北边置立六个军事据点,这就是六镇⑧。从西说起,这六个镇是:

沃野镇——今内蒙古五原东北乌加河北。

怀朔镇——今内蒙古固阳西南。

武川镇——今内蒙古武川西南乌兰不浪土城梁。

抚冥镇——今内蒙古四子王旗东南。

柔玄镇——今内蒙古兴和西北。

怀荒镇——今河北张北北。

北魏抵抗北方柔然族人的军事主力,就集中在这六个军事重镇中,每镇有"镇都大将","统兵备御"(《魏书·官氏志》)。镇都大将的人选,在北魏初期,不是拓跋宗王,便是鲜卑八族王公;就是戍防的士兵,也大都是拓跋族的氏族成员,或者是中原的强宗子弟。《北史·魏广阳王建传孙渊附传》(《北史》避唐讳改作"深")载渊上书曰："……昔皇始(公元 396—397 年)以移防为重,盛简亲贤,拥麾作镇,配以高门子弟,以死防遏。不但不废仕宦,至乃遍得复除,当时人物,忻慕为之。"《北齐书·魏兰根传》载兰根说尚书令李崇曰："缘边诸镇,控摄长远。昔时初置,地广人稀,或征发中原强宗子弟,或国之肺腑,寄以爪牙。"都说明了这点。在孝文帝以前,北魏王朝的几个皇帝对北镇的防务非常重视⑨;就是孝文帝在迁都洛阳之初,还常至六镇巡察。

但是拓跋部自从"分土定居"之后,由于封建化程度的加深,部落内部阶级分化,已经非常急遽,诚如《魏书·官氏志》所说的:"代人诸胄,先无姓族(门阀等第)……故官达者,位极公卿,其功衰之亲(叔伯兄弟),仍居猥任。"孝文帝迁都洛阳之后,更加速了这一分化的过程。除了少数鲜卑贵族随都南迁,"得上品通官"(《北史·魏广阳王建传孙渊附传》)以外,大部分的鲜卑族人以及被征服各族的人民都无可抗拒地沦落到封建隶属的人群里去了。

拓跋部的成员,起初曾构成拓跋部全部军队,而在北魏王朝初期,又构成北魏王朝军队的基本核心。现在,一部分随着都城南迁而移居洛阳之后,孝文帝在太和二十年,曾"以代迁之士,皆为羽林、虎贲"(《魏书·高祖纪》)。可是随着封建化程度的加深,他们过去"进仕路泰",现在却"进仕路难"(《魏书·山伟传》)了。他们有的被称为"代来寒人",开始受到鲜卑贵族和汉族大地主的排抑,认为他们是武人,"不使预在清品",因而引起了他们的抗争。在孝明帝神龟二年(公元 519 年)二月二十日,洛阳的羽林、虎贲聚集至千余人,进入尚书省诟骂,最后"以杖石为兵器"(《魏书·张彝传》),焚毁征西将军张彝第宅,殴伤张彝,烧杀彝子张始均。起因就是由于张彝的长子张仲瑀曾上封事请重定铨叙法,排抑代来武人的缘故⑩。

随迁都而进入中原地区的鲜卑族人，虽然由于鲜卑族封建化加深，身份为之低落，但无论怎样，北魏王朝有时还会照顾他们一些，如"奏立勋附队，令各依资出身"或"悉被收叙"⑪。至于留在塞上的鲜卑族人，以及和他们共同戍防边陲的被征服的各族人民，情况就不一样。由于迁都洛阳之后，过去拱卫平城的六镇，至此渐失去其重要性，因此，宣武帝以后，"边任益轻，唯底滞凡才，出为镇将"（《北史·魏广阳王建传孙渊附传》），他们大都贪残无比，"政以贿立"。史载"景明（公元500—503年）以来，北蕃（六镇）连年灾旱，高原陆野，不任营殖，惟有水田，少可蓄苗"，可是六镇的"主将、参僚专擅腴美，瘠土荒畴以给百姓，因此困敝，日月滋甚"（《魏书·源贺传子怀附传》）。如薄骨律镇（今宁夏灵武市西南）的"农夫虽复布野，官渠乏水，不得广殖。承前以来，功不充课，兵人（民）口累，率皆饥俭"（《魏书·刁雍传》）。镇户的经济因此日益衰颓，生活也更加困难起来。

镇户的身份也日益低落。尤其自文成帝（公元452—465年）以来，北魏政府把判处死刑的罪犯"恕死"，"徙充北蕃诸戍"（《魏书·源贺传》），充当"边戍之兵"。镇户既然经常与罪犯谪配者同列，他们的身份地位，更是明显地低落了。久而久之，就造成《北史·魏广阳王建传孙渊附传》所谓"及太和在历，仆射李冲当官任事，凉州土人（平凉户），悉免厮役；丰、沛旧门（拓跋族人），仍防边戍。自非得罪当世，莫肯与之为伍。征、镇驱使，但为虞候、白直；一生推迁，不过军主。然其往世房分（本家兄弟），留居〔洛〕京者，得上品通官；在镇者，便为清途所隔"的情况。这样，贫困的鲜卑族人，甚至逃奔到柔然人那里去。政府恐怕他们逃亡，"乃峻边兵之格，镇人浮游在外，皆听流兵捉之。于是少年不得从师，长者不得游宦"（《北史·魏广阳王建传孙渊附传》），形成了"中年乖实，号曰府户，役同厮养，官婚班齿，致失清流"（《北齐书·魏兰根传》）的情形。可见他们已完全沦落到被封建隶属的境地，他们逐渐在失去人身的自由，而且被称为"府户"⑫，比起"各各荣显"的"本宗旧类"来，他们已经成为与之对抗的阶级了。

同时由于留居塞上的鲜卑族及被征服各族人民经济的衰颓，也显然使北魏的军事力量衰落，因此，北方游牧人柔然族的进攻，又大大频繁起来。

六镇起义发生的经过是这样的：

孝明帝元诩正光四年（公元523年）夏，柔然主郁久闾阿那瓌南侵至平城附近，那时六镇"戎马甲兵，十分阙八"（《魏书·源贺传子怀附传》），边防非常空虚，结果阿那瓌俘执北魏行台尚书元孚，"驱掠良口二千，并公私驿马牛羊数十万"北去。孝明帝急忙抽调关内大军十五万人前往抵御，结果无功返回。柔然人不久又进攻六镇，六镇本来很空虚，士兵天天在饥饿之中，见大敌来侵，怀荒镇兵民请求镇将把公仓打开，发粮食给兵民，以便抵抗。镇将借口没有洛阳命令，不敢擅自开仓⑬，以致兵民愤恨异常，聚众攻杀镇将。

正光五年三月，六镇最西的一个镇——沃野镇辖下有一个高阙戍，戍主"率下失和"（《北史·魏广阳王建传孙渊附传》）。镇民破六韩拔陵聚众起义，杀戍主。起义不久，就攻占了沃野镇，史称"诸镇华夷之民，往往响应"（《资治通鉴》梁武帝普通四年）。高平镇民赫连恩等推敕勒酋长胡琛为首，举兵攻下高平镇，响应拔陵。拔陵接着攻下武川、怀朔两镇，又连败政府军于五原白道（今内蒙古呼和浩特市北）。白道之战，魏军"只轮不返"（《北史·魏广阳王建传孙渊附传》）。六镇至此尽为起义军占领。东西部敕勒（高车族），也加入了起义集团，声势浩大。北魏政府至此已经束手无策，统治阶级为了挽救自己灭亡的命运起见，不惜出卖土地和人民，请柔然人来消灭六镇义军的势力。北魏的设立六镇，本来是为了抵御柔然，拱卫平城的；现在北魏

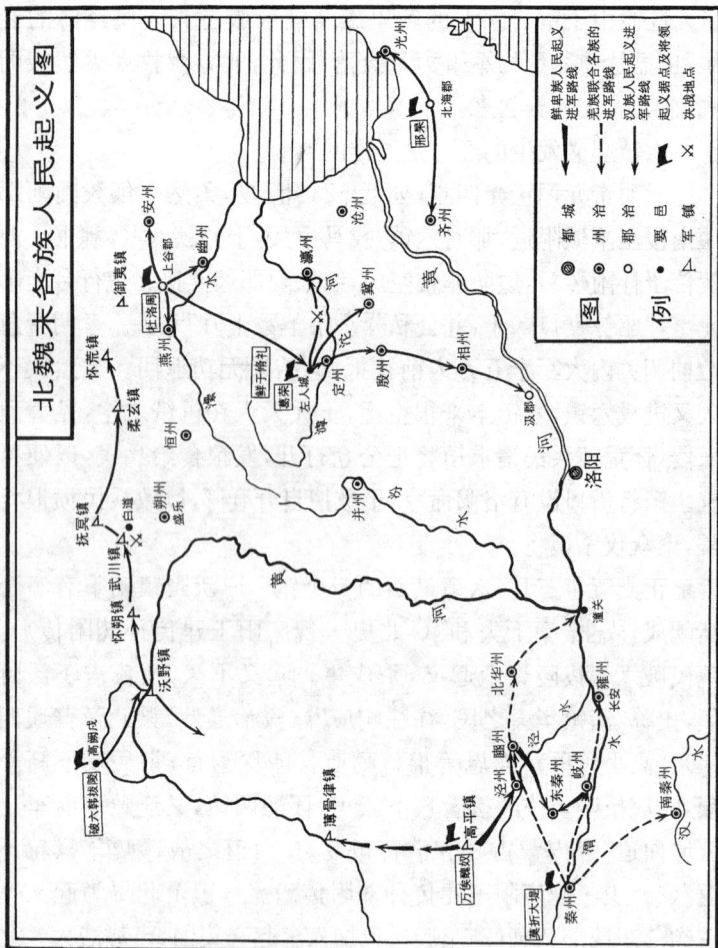

北魏末各族人民起义图

图例

鲜卑族人民起义进军路线
羌族联合各族的进军路线
汉族人民起义进军路线
起义要点及将领
决战地点

郡城
州治
郡治
要邑
军镇

自己愿意请柔然人来消灭六镇,削弱在北方抵抗柔然人的军事力量,柔然主阿那瑰焉有不愿之理。柔然主阿那瑰就在孝昌元年(公元 525 年)的春天,率领大军十万,进攻武川镇,西向沃野镇,义军频战不利。六月,拔陵渡黄河南移,余众尚二十余万,不幸又受到北魏广阳王元渊率领下的政府军的夹击。由于军事上的失利,拔陵无法掩护六镇兵民全部后撤,以致六镇兵民二十余万人都为元渊所截获。这时六镇经过柔然人的袭击,生产组织破坏无余,所谓"六镇荡然,无复蕃捍"(《魏书·高凉王孤传六世孙天穆附传》)。北魏政府便派遣黄门侍郎杨昱把这些六镇降户"分散于定(治卢奴,今河北定州)、冀(治信都,今河北冀州)、瀛(治赵军都城,今河北河间)三州就食"(《魏书·杨播传弟子昱附传》)。但日益尖锐的阶级矛盾并未因此解决,于是又爆发了河北大起义。

六镇起义的领导者和组织者破六韩拔陵,是自从东汉以来就已加入鲜卑部落结合的匈奴人的后裔⑭。参加这次起义的将领如别帅卫可孤、王也不卢等,也大都是鲜卑族人。拔陵自公元524 年 3 月起义到公元 525 年 6 月起义失败,共一年零三个月。起义失败之后,拔陵的下落不明,可能为柔然人所杀。

六镇起义失败后八九个月,即公元 526 年的 4 月,怀朔镇(时已改称朔州)民鲜于阿胡(鲜卑化的丁零族人)、库狄丰洛(鲜卑族人)继续据镇起义,这一年的七月,他们还攻下北魏的故都平城。

这一支义军的结果如何,史书也缺乏记载。

河北大起义 公元 525 年 6 月,六镇起义失败,北魏政府开始把平城以及六镇兵民二十多万人移往河北地区就食。这二十多万兵民,路上饥饿困苦,固已难以形容;而河北频遭水旱,"饥馑积年,户口逃散"(《北史·魏常山王遵传五世孙晖附传》),他们到达河北后也无处就食,终于又爆发了河北大起义。

孝明帝孝昌元年的八月,以柔玄镇兵杜洛周为首的"六镇降户"在上谷(郡治沮阳,今河北怀来东南)起义,"攻没郡县,南围燕州(治广宁,今河北涿鹿)"(《魏书·肃宗纪》);"安州(治方城,今河北隆化)石离、穴城、斛盐三戍兵……二万余落"(《魏书·常景传》),也举兵响应。孝昌二年(公元526年)的十一月,洛周攻下幽州(治蓟,今北京市西南)。武泰元年(公元528年)正月,洛周兵锋南转,又攻下了定州和瀛州,并击败了柔然主阿那瓌的一万援兵;过了一个月,另一支在定州的义军领袖葛荣杀了杜洛周,并有了他的部众。

在杜洛周上谷起义后四个月,以怀朔镇兵鲜于修礼(鲜卑化的丁零族人)为首的"六镇降户",在定州之左人城(今河北唐县西)起义。起义发动之初,定"州城之内,先有燕、恒、云三州避难之户,皆依傍市廓,草庐攒住。……外'寇'将逼,恐有内应,〔州长史甄〕楷……乃收州人中粗豪者皆杀之"(《魏书·甄琛传子楷附传》),统治阶级这样"屠害北人",更增加了北人的仇恨,起义群众一时发展到十余万人。起义发动后的八个月,在孝昌二年的八月,鲜于修礼为义军别帅元洪业所杀。元洪业杀了鲜于修礼之后,就想投降政府。修礼部将葛荣杀元洪业,继续领导义军坚持斗争。博野(今河北蠡县)白牛逻一役,葛荣击溃了北魏王朝的主力军,在阵上击杀了北魏的左军都督章武王元融;不久,又在定州附近俘斩了魏军的大都督广阳王元渊。史称"葛荣自破章武、广阳二王之后,锋不可当"(《魏书·崔辩传子楷附传》),于是葛荣自称天子,国号齐,建元广安。接着在孝昌三年又攻下了殷州(治广阿,今河北隆尧东)、冀州(治信都,今河北冀州),杀殷州刺史博陵崔楷,俘冀州刺史北魏宗室元老元孚。武泰元年正月,又攻下了北魏的河北大镇定州。过了一个月,葛荣火并了杜洛周,攻占了冀、定、沧、瀛、殷五州之地。这时义军已经发展到数十万之众,号称百万,"将向京师(洛阳)"(《魏书·尔朱荣传》)。在这一年八月，义军围攻相州（治邺，今河北临漳西南），前锋已过汲郡（治汲，今河南卫辉西南）。这时北魏的政权已落入契胡族酋长尔朱荣的手里。九月，尔朱荣自"率精骑七千，马皆有副，倍道兼行，东出滏口（今河北磁县西北石鼓山）"（《魏书·尔朱荣传》）。滏口会战结果，轰轰烈烈的葛荣起义是失败了。

葛荣领导的起义失败。义军"数十万众，一朝散尽"（《魏书·尔朱荣传》）。但是就在这一年的十二月，义军的余部在韩楼、郝长领导之下，继续起义，还占领过幽州（治蓟，今北京市西南），人数也发展到数万人，到第二年九月才失败。河北大起义失败，六镇兵民被北魏政府"分道押领，随便安置"，"流入并（州治晋阳，今山西太原市西南）、肆（州治九原，今山西忻州）者二十余万，为契胡（尔朱族）陵暴，皆不聊生，大小二十六反，诛夷者半"（《北齐书·神武帝纪》），可见他们还是前仆后继，不间断地进行斗争。

从公元525年八月，杜洛周起义上谷，到公元529年九月，韩楼幽州起义失败为止，河北大起义共持续了四年零一个月。起义群众大都是六镇兵民，他们不是鲜卑族人，便是被北魏所征服各族中鲜卑化已经很深的人。如杜洛周，《梁书·侯景传》作吐斤洛周，《魏书·官氏志》称"独孤浑氏后改为杜氏"，杜洛周可能就是这一族的后人。鲜于修礼是丁零族人。葛荣可能是复姓贺葛，《魏书·官氏志》称"贺葛氏后改为葛氏"；又《梁书·侯景传》称葛荣曾任怀朔镇镇将，在当时，这一军职往往只有鲜卑族人才能充任，所以他无疑是鲜卑人。韩楼复姓出大汗氏，《魏书·官氏志》称"出大汗氏后改为韩氏"。因此，河北义军四个领袖除了鲜于修礼是被征服族的丁零族人，而因久镇北边，已经鲜卑化了的以外，其余大都是鲜卑族人。杜洛周军中将领曹纥真（见《魏书·常景传》），可能是匈奴族人；马叱斤（见《魏书·常景传》），也不像是汉人；贺拔文兴、侯莫陈升（见《魏书·肃宗纪》），皆鲜卑族人。鲜于修礼军中将领元洪业系元魏宗室，尉灵根（见《魏书·杨播传弟津附传》）系尉迟氏，潘法显（见《魏书·杨播传弟津附传》）系破多罗氏，宇文肱（见《周书·太祖纪》）属鲜卑别部，他们也大都是鲜卑人。葛荣军中将领独孤信（见《周书·独孤信传》）、贺若统（见《周书·贺若敦传》）、可朱浑元（见《北齐书·可朱浑元传》），也都是鲜卑人。韩楼军中的将领郝长可能是匈奴族人，乙弗醜（见《北齐书·薛孤延传》）是鲜卑人。除了杜洛周的别将御夷镇军主孙念恒、葛荣封为京兆王的"广宗大族"潘乐等是汉人之外，起义军将领大都是鲜卑族或同化于鲜卑族的人。诚如前节我们已经提到过的，由于拓跋部封建化的程度加深，塞外八部六镇的鲜卑族人，大都沦落到被封建隶属的人群里来，因此，他们领导的六镇起义以及接着发生的河北起义，都是尖锐的阶级斗争——是沦落的鲜卑族人及被征服各族的人民联合反对鲜卑贵族及汉世族大地主的反压迫反剥削的斗争，所以是进步的。

六镇兵民的河北起义，虽然是在汉族人民聚居的中原地区进行的，但由于这是鲜卑、汉两大部族中的封建隶属阶级的第一次接触，因此，在民族关系上，不可能一开头就十分融洽。所以六镇鲜卑在河北地区就有"欺汉儿"的情况发生，如葛荣破信都时，"逐出居民，冻死者十六七"（《魏书·肃宗纪》）；攻下沧州时，"居民死者什八九"（《魏书·肃宗纪》）；进围相州，游兵向汲郡推进之际，"所在村坞，悉被残略"（《魏书·尔朱荣传》），迫使河北流民二十余万，流入青州。镇将出身的葛荣，对于汉族人民采取歧视和排斥的态度，使得自己终于为广大起义群众所唾弃，这是河北起义失败的重要原因。

河北的义军领袖对于汉族人民加以凌暴，可是对于汉世家大族却毫不警惕地予以拉拢。如范阳卢勇，葛荣封之为燕王（见《北史·卢同传从子勇附传》）；"山东豪右"渤海高乾、高昂兄弟，葛荣也竭力拉拢。义军领袖把汉世家大族尽量地吸收到义军中来，对于"市令驿帅，咸以为王，呼曰市王、驿王"（《魏书·李顺传族子裔传》）的义军将领，却没有重用，以致后来尔朱荣得施用分化手段，命高欢收买义军方面的"别帅称王者七人"（《魏书·孝庄纪》）。这样，混入义军中的汉世家大族和鲜卑的贵族豪强，很快地倒向尔朱荣了。这也是河北起义失败的重要原因。

此外义军方面战略、战术上的错误，也加速了失败的过程。

山东起义　在河北大起义期间，河北冀、瀛诸州的汉族人民，有二十多万户流亡到青州（治东阳城，今山东青州）一带，饱受当地豪右的欺凌，生活无着，靠食榆叶度日。永安元年（公元528年）六月，青州爆发了以前幽州北平府主簿河间世族邢杲为首的河北流民起义。"所在流人……率来从之，旬朔之间，众逾十万"（《魏书·高凉王孤传六世孙天穆附传》）。邢杲自称汉王，年号天统。从以汉为国号这一点看来，邢杲这次起义，阶级斗争和民族斗争是结合起来了的。起义军曾攻占过光州（治掖，今山东莱州）和今胶东半岛。北魏政府派遣了宗室大臣元天穆率领大军前往镇压。济南之战，起义军被击溃了，邢杲兵败牺牲。

邢杲为首的山东起义，从公元528年六月到公元529年四月，一共持续了十个月。在当时自然经济占统治地位的中原地区，由于经济联系的缺乏，锢闭经济所造成的地域观念也特别深，以邢杲为首的河北流民与山东土著农民之间的关系也没有搞好，因而邢杲也没有得到他们的充分支持，这可能是邢杲为首的山东起义失败得这样急促的一个原因。

六镇起义和河北起义、山东起义，这三次起义是连续着进行的;在六镇起义同时,关陇地区也爆发了人民起义。

关陇起义　关陇起义,比六镇起义稍迟一些,是在正光五年(公元524年)六月发动的。那时的秦州(治上封,今甘肃天水市)刺史李彦(陇西李氏,李冲兄子)刑政酷虐,城民薛珍、刘庆、杜超等杀彦,推羌人莫折大提为帅,大提自称秦王。南秦州(治洛谷城,今甘肃西和县南)城民张长命、韩祖香、孙掩等杀刺史博陵崔游,响应大提。不久,大提病死,大提子莫折念生称天子,国号秦,年号天建。

起义军曾攻下岐州(治雍城镇,今陕西凤翔南),俘斩北魏的都督元志及岐州刺史裴芬之。分兵西向,攻下凉州。后来这支起义军在黑水(今陕西兴平西)与政府军决战,一度遭受损折;北魏政权又勾结在青海一带的游牧人吐谷浑贵族,叫他们袭取了义军据守的凉州;同时义军内部出现了叛徒天水人吕伯度,引魏军进攻义军,起义一度进入低潮。

到了孝昌三年(公元527年)的正月,莫折念生开始反攻,大败政府军于泾州(治临泾城,今甘肃镇原),再度攻占陇东的东秦(州治汧城,今陕西陇县南)、岐、豳(州治定安,今甘肃宁县)、北华(州治杏城,今陕西黄陵西南)诸州,并曾越长安东据潼关,有直捣北魏京城洛阳的动向。北魏政府震惧异常,孝明帝下令宣布"中外戒严",并声称将出动御驾"西讨"。北魏王朝一方面派重兵堵击义军,收复潼关,解除了洛阳的威胁;一方面又派间谍收买义军将领,分化义军内部。就在527年的九月,莫折念生部将常山王杜粲叛变,杀了莫折念生和念生全家,据秦州投降了政府。杜粲不久又为他的部下骆超所杀。但是起义并没有结束,关陇地区的人民,团聚在另一义军领袖万俟丑奴的周围,与北魏王朝继续进行战斗。

当公元524年三月,破六韩拔陵在六镇首义,高平镇敕勒族酋长胡琛举兵响应时,万俟丑奴就是胡琛的部将。到了孝昌元年,莫折念生一度为政府军击败,损折很大,胡琛就命万俟丑奴和宿勤明达等率领义军进攻泾州。北魏行台萧宝夤率岐州刺史崔延伯等"甲卒十二万,铁马八千"(《资治通鉴》梁武帝普通六年),赶来镇压。丑奴奋击,击溃了政府的主力军,临阵斩杀崔延伯,造成关陇义军起义以来的空前大捷。胡琛死后,丑奴继胡琛为领袖。及莫折念生为杜粲所杀,关陇义军都受丑奴指挥,接连攻下东秦州和豳州。永安元年的夏天,丑奴就自称天子,建元神虎;永安二年,进围岐州。那时北魏政权已落入尔朱荣的手中,尔朱荣在消灭了葛荣之后,就命其从子尔朱天光、都督贺拔岳等率领新收编的六镇军团中的武川军团,赶到关陇进行镇压。建明元年(公元530年)的四月,义军溃败,丑奴本人被擒送洛阳,壮烈牺牲。

丑奴失败后,关陇义军的一支有六千人左右,在万俟道洛率领之下,退至略阳,与氐人王庆云会合,据守水洛城(今甘肃庄浪),继续抵抗。后来遭到尔朱天光军队的包围,义军在突围时中伏,全部被尔朱天光坑杀,"死者万七千人,分其家口"(《魏书·尔朱天光传》)。义军的另一支在宿勤明达率领之下,退至夏州(治岩绿,即统万城,今陕西靖边县北白城子),又从夏州退至东夏州(治广武,今陕西延安市西北甘谷驿附近)。到了普泰元年(公元531年)四月,尔朱天光军北出夏州,宿勤明达也被擒送到洛阳,像万俟丑奴一样地壮烈牺牲了。

关陇起义,自公元524年六月莫折大提领导起义开始,到公元531年四月宿勤明达最后失败为止,一共持续了六年零十个月。莫折大提是羌人,已见前述。万俟则是鲜卑复姓。《一切经音义》称:"万俟氏,上万音墨,下俟音期。"隋费长房的《历代三宝记》称:"高齐居士万天懿……元是鲜卑,姓万俟氏。"隋世去魏犹近,其言当可信,故丑奴是鲜卑族人无疑。丑奴的太尉侯伏侯元进(西魏侯植赐姓侯伏侯氏,可证是鲜卑姓），大行台尉迟菩萨，泾州刺史侯几长贵（即《魏书·官氏志》之俟幾氏），将帅叱干麒麟（《官氏志》有叱干氏），这几个姓也大都是鲜卑复姓。所以两次关陇起义，前者是羌人领导的起义，而后者却是六镇义军在六镇起义失败后推进到关陇地区的持续斗争。因此，前者扩及的地区，大致在原来氐、羌两族人居住的陇山东西；而后者扩及的地区，大致自河套以南以至陕北。这两次起义的失败，前者以义军叛徒杀义军领袖投降政府而结束，后者则除了由于犯了战略、战术上的错误以外，鲜卑族人不能及时联合汉族以及氐、羌、山胡各族人民来壮大起义的队伍与力量，也是失败的重要原因。

北魏末年各族人民的大起义，其影响是极其深远的。第一，北魏王朝就在起义的烈火中，分崩离析，举行了它的葬礼。第二，深刻地教育了后来北齐和北周的统治者，促使他们进一步贯彻汉化政策，和改变鲜卑贵族对待汉族和其他各族人民的态度，并迫使他们考虑到土地问题、农民问题和兵士地位的沦落为府户等问题。所以东魏、北齐和西魏、北周都不得不继续推行并巩固均田制，北周甚至没收寺院土地，以图缓和由于土地问题引起的阶级矛盾。北齐王朝的缔造者高欢在得政之初还告诫他的部下不得欺侮汉人；北周王朝的缔造者宇文泰也重用汉族地主苏绰、卢辩等，积极推行汉化政策。除此以外，宇文泰和他的儿子北周武帝宇文邕还建立、推行府兵制来提高士兵的身份地位，并分给他们均田土地，使兵士的经济生活有了保障。这些措施，都可以算作是北魏末年各族人民大起义的硕大果实。第三，在这次各族人民大起义中，初进塞内的鲜卑族平民和汉族及其他各族人民的关系，一开头固然不是怎样融洽。但是汉族人民参加大起义的人数还是极多，如六镇鲜卑流寓河北者二十多万人，而河北起义军后来在葛荣领导下，人数号称百万，那么除了二十多万鲜卑人以外，其余的就大都是汉族农民了。关陇的义军的情况恐怕也不会两样。鲜卑族人民和汉族及其他各族人民在这次大起义中，既然并肩作战，他们必然会在共呼吸、同命运的对统治阶级的斗争中，日益融合起来了。所以不到一个世纪，到了7世纪20年代隋末农民大起义时，民族的大融合已经基本完成，除了在姓氏上还可看出鲜卑人、汉人的区别外，在经济生活、文化生活、风俗习惯各方面，已完全看不出汉族和鲜卑族或其他各族的差异来了。因此，这一次大起义对民族大融合的影响也是极其深远的。

---

①《北史·魏常山王遵传曾孙晖附传》：〔晖〕再迁侍中，领右卫将军。……侍中卢昶亦蒙恩眄，故时人号曰"饿彪将军，饥鹰侍中"。迁吏部尚书。纳货用官，皆有定价，大郡二千匹，次郡一千匹，下郡五百匹，其余官职各有差，天下号曰市曹。

《北史·魏汝阴王天赐传》：〔子〕脩义……明帝初……累迁吏部尚书。及在铨衡，唯事货贿，授官大小，皆有定价。时中散大夫高居者，有旨先叙。上党郡缺，居遂求之。脩义私已许人，抑居不与。居大言不逊，脩义命左右牵曳之，居对大众呼天唱贼。人问居曰："白日公庭，安得有贼？"居指脩义曰："此坐上者，违天子明诏，物多者得官，京师白劫，此非大贼乎？"脩义失色。

②《张丘建算经》：今有甲，贷乙绢三匹，约限至不还，匹日息三尺（一匹四十尺，每日息三尺，一月九十尺，利率为百分之二百二十五）。

③《魏书·释老志》：和平（公元460—465年）初……〔沙门统〕昙曜奏："平齐户及诸民有能岁输谷六十斛入僧曹者，即为僧祇户，粟为僧祇粟。至于俭岁，赈给饥民。"……高宗（拓跋濬）……许之。于是僧祇户、粟……遍于州镇矣。……世宗（元恪）永平四年（公元511年）夏，诏曰："僧祇之粟，本期济施，俭年出贷，丰则收入。……民有窘敝，亦即赈之。但主司冒利，规取赢息，及其征责，不计水旱。或偿利过本，或翻改券契。侵蠹贫下，莫知纪极。细民嗟毒，岁月滋深。"又尚书令高肇奏言："谨案故沙门统昙曜，昔于承明元年（公元476年），奏凉州军户赵苟子等二百家为僧祇户，立课积粟，拟济饥年。……而都维那（僧官）僧暹、僧频等……肆意任情，奏求逼召，致使吁嗟之怨，盈于行道，弃子伤生，自缢溺死，五十余人。……"

④《释氏要览》：寺院长生钱，律云无尽财，盖子母展转无尽，故《十诵律》云："以

佛塔物出息,佛听之。"《维摩经·佛道品》:佑利众生诸贫穷者,现作无尽藏(即寺院之质库)。

⑤《魏书·释老志》:和平初……昙曜……又请民犯重罪及官奴,以为佛图户,以供诸寺扫洒,岁兼营田输粟。高宗……许之,于是……寺户遍于州镇矣。

《唐律》卷6《名例》:"观寺部曲奴婢于三纲,与主之期亲同。"疏议曰:"观有上座、观主、监斋,寺有上座、寺主、都维那,是为三纲。其当观寺部曲奴婢于三纲有犯,与俗人期亲部曲奴婢同。……若三纲殴杀观寺部曲,合徒一年;奴婢有罪,不请官司而杀者,杖一百。其部曲奴婢殴三纲者绞,詈者徒二年。""观寺部曲殴当观寺余道士、女冠、僧、尼等,各合徒一年,伤重各加凡人一等;若殴道士等,折一齿,即徒二年。奴婢殴又加一等,徒二年半。"

⑥《高僧传·晋长安五级寺释道安传》:姓卫氏,常山扶柳人也。……至年十二,出家。……不为师之所重,驱役田舍,至于三年,执勤就劳,曾无怨色。

《高僧传·宋江陵辛寺释法显传》:尝与同学数十人,于田中刈稻。

《续高僧传·唐京师宏法寺释静琳传》:七岁投僧出家,以役田畴,无垂道训。

⑦《续高僧传·唐益州净惠寺释惠宽传》:初造龙怀寺,有徒属二百余人,并令在役。

⑧ 六镇的说法极不一致,这里六镇之名,是根据《元和郡县图志》之说和它的次序来叙述的。六镇中除了沃野、武川二镇以外,其余四镇往往以怀柔、"玄"、"冥"、"荒"、"朔"为名,可见它们的重要任务是抵御北方的柔然人。在怀荒镇东南尚有御夷镇。《水经·沽水注》:"大谷水又南径御夷镇城西,魏太和中置,以捍北狄。"《魏书·高祖纪》下载有太和十八年八月"丙寅,诏六镇及御夷城人"云云,御夷称城,是其时犹未立镇,故在六镇之外。且御夷未立镇之先,顾镇立名,其重要任务,也只在抵御东方的北燕冯氏之类,而尚未担负起"捍北狄"的任务。六镇最西一镇沃野之西南,尚有薄骨律镇(今宁夏灵武西南)、高平镇(今宁夏固原),也都是沿边重镇,但也不在六镇之列。

⑨《魏书·肃宗纪》:正光五年八月丙申,诏曰:"赏贵宿劳,明主恒德,恩沾旧绩,哲后常范。太祖道武皇帝(拓跋珪),应期拨乱,大造区夏。世祖太武皇帝(拓跋焘)……光阐王业,躬率六师,扫清逋秽。诸州镇城人,本充爪牙,服勤征旅,契阔行间,备尝劳剧。逮显祖献文皇帝(拓跋弘)自北被南(向南发展),淮海思乂,便差割强族,分卫方镇。高祖孝文皇帝(元宏)……将迁嵩洛,规遏北疆,荡辟南境,选良家酋帅,增戍朔垂,戎捍所寄,实惟斯等。先帝(宣武帝元恪)以其诚效既亮,方加酬锡,会宛、郢驰锋,朐、泗告警,军旗频动,兵连积岁,兹恩仍寝,用迄于今……。"

⑩《魏书·张彝传》:子仲瑀上封事,求铨别选格,排抑武人,不使预在清品。由

是众口喧喧,谤言盈路,立榜大巷,克期会集,屠害其家。……神龟二年(公元519年)二月,羽林、虎贲几将千人,相率至尚书省诉骂,求其长子尚书郎始均不获,以瓦石击打公门,上下畏惧,莫敢讨抑。遂便持火虏掠道中薪蒿,以杖石为兵器,直造其第,曳彝堂下,捶辱极意,唱呼嗷嗷,焚其屋宇。始均、仲瑀当时逾北垣而走,始均回救其父,拜伏群小,以请父命,羽林等就加殴击,生投之于烟火之中,及得尸骸,不复可识……远近闻见,莫不惋骇。……彝遂卒,……官为收掩羽林凶强者八人斩之,不能穷诛群竖,即为大赦,以安众心。有识者知国纪之将坠矣。

⑪《魏书·崔亮传》:迁吏部尚书。时羽林新害张彝之后,灵太后令武官得依资入选。官员既少,应选者多。……亮乃奏为格制,不问世之贤愚,专以停解日月为断,虽复官须此人,停日后者,终于不得;庸才下品,年月久者,灼然先用。沉滞者皆称其能。……亮答〔外甥刘景安〕书曰:"……今勋人甚多,又羽林入选,武夫崛起,不解书计,唯可弰弩前驱,指踪捕噬而已。忽令垂组乘轩,求其烹鲜之效,未曾操刀,而使专割。又武人至多,官员至少,不可周溥。设令十人共一官,犹无官可授;况一人望一官,何由可不怨哉?吾近面执,不宜使武人入选,请赐其爵,厚其禄,既不见从;是以权立此格,限以停年耳……"……魏之失才,从亮始也。

《魏书·山伟传》:天下无事,进仕路难,代迁之人,多不沾预。及六镇、陇西二方起逆,领军元叉欲用代来寒人为传诏,以慰悦之。而牧守子孙投求状者百余人,又欲杜之,因奏立勋附队,令各依资出身,自是北人悉被收叙。

⑫《魏书·节义·刘侯仁传》:豫州人也。城人白早生杀刺史司马悦,据城南叛,悦息胐走投侯仁。……侯仁终无漏泄,胐遂免祸。事宁,有司奏其操行,请免府籍(府籍即兵籍),叙一小县,诏可。

《魏书·肃宗纪》:正光五年八月丙申,诏曰:"……诸州镇军贯,元非犯配者,悉免为民,镇改为州……"

⑬《魏书·于栗䃅传曾孙景附传》:黜为怀荒镇将。及蠕蠕主阿那瑰叛乱,镇民固请粮廪,而景不给。镇民不胜其忿,遂反叛。执缚景及其妻,拘守别室,皆去其衣服,令景著皮袄,妻著故绛袄,其被毁辱如此。月余,乃杀之。

《魏书·李平传》:延昌(公元512—515年)初,……武川镇民饥,镇将任款请贷未许,擅开仓赈恤,有司绳以费散之条,免其官爵。

⑭《北齐书·破六韩常传》:附化人,匈奴单于之裔也。右谷蠡王潘六奚没于魏,其子孙以潘六奚为氏,后人讹误以为破六韩。世领部落,其父孔雀,世袭酋长。孔雀少骁勇,时宗人拔陵为乱,以孔雀为大都督、司徒、平南王。孔雀率部落一万人,降于尔朱荣。

第四节　东魏与北齐的政治

北魏王朝的分裂　人民起义的火焰，漫天遍野[①]，统治阶级——鲜卑贵族和汉世家大族的反人民统治，在人民力量的沉重打击下，到处裂出缺口。塞上北秀容川（今山西西北部流经神池、五寨、保德之朱家川）的契胡族酋长尔朱荣，"常领部落，世为酋帅"（《魏书·尔朱荣传》）。荣拥有部落八千余家，"牛羊驼马，色别为群，弥漫川谷，不可胜数"（《资治通鉴》梁武帝普通五年）。他趁魏末衰乱的时机，"招合骁勇"，纠集武装力量。武泰元年（公元528年）二月二十五日，北魏孝明帝元诩为母胡太后所毒死，无子，胡太后择孝明帝堂侄、三岁小儿元钊为帝。其年四月，尔朱荣以此为借口率兵南下，拥立元子攸（孝庄帝，献文帝子彭城王勰第三子）为帝。荣兵渡河，胡太后落发出家。尔朱荣把胡太后及元钊投在黄河沉死，又在陶渚（在今河南孟津）杀百官王公卿士二千余人，把洛阳的鲜卑贵族和出仕北魏王朝的汉世族大地主消灭殆尽。

尔朱荣擅政后，以其塞上劲悍善战的契胡族骑兵，疯狂地进攻各地的起义军，东方消灭了葛荣、邢杲，西方消灭了万俟丑奴、宿勤明达，造成军事上的一度统一。各地人民起义刚镇压下去，统治阶级内部的矛盾却又大大地尖锐起来。永安三年（公元530年）九月，尔朱荣自晋阳（今山西太原市西南，荣以晋阳为军事根据地，自己镇守，遥执朝政）入朝洛阳，魏孝庄帝元子攸乘荣入宫朝见之际，伏兵杀荣。荣从子尔朱兆等起兵为荣复仇，攻陷洛阳，杀魏孝庄帝，改立元恭（孝文帝弟广陵王元羽之子，史谓节闵帝）为帝。

这时，尔朱兆奄有并（州治晋阳，今山西太原市西南）、汾（州治西河郡兹氏城，今山西汾阳），尔朱天光专制关中，尔朱仲远

（荣从弟）擅命徐（州治彭城，今江苏徐州市）、兖（州治瑕丘，今山东兖州），他们"分裂天下，各据一方"（《魏书·尔朱天光传》）。此外，尔朱彦伯、尔朱世隆（仲远兄弟）兄弟在朝秉政。史称尔朱氏"割剥四海，极其暴虐"（《魏书·尔朱彦伯传弟世隆附传》）；其中尔朱仲远尤其贪暴，"大宗富族，诬之以反，没其家口，簿籍财物，皆以入己。丈夫死者，投之河流，如此者不可胜数"（《魏书·尔朱彦伯传弟仲远附传》），山东一带的人民，比他做"豺狼"。那时六镇兵民自河北起义失败之后，被迫迁徙到今山西一带，人数尚有二十余万，深受尔朱氏凌虐，他们的生活非常困苦。时值山西连年霜旱，移到山西的六镇兵民，个个饿得"面无谷色"，至"掘田鼠而食之"（《资治通鉴》梁武帝中大通二年），曾举行过大小二十六次的武装反抗。这部分六镇兵户，除了武川一部分兵户，以前已由贺拔岳率领随尔朱天光西征，往后成为宇文泰的主要军事力量以外，留在并州的一二十万人，还时时继续举行武装反抗。尔朱兆同晋州刺史高欢商量对策，高欢认为"六镇反残，不可尽杀，宜选王素腹心者私使统焉。若有犯者，直罪其帅，则所罪者寡"（《北齐书·神武帝纪》）。尔朱兆接受了他的意见，就叫高欢统领这三州（恒、燕、云）六镇兵民。高欢将他们加以部勒，组成军队。接着高欢又请求尔朱兆，让他们去山东（太行山以东地区）就食，"待温饱而处分之"。尔朱兆也就答应了。尔朱兆的长史慕容绍宗规劝尔朱兆不要把三州六镇兵民交给高欢去指挥，他说："方今四方纷扰，人怀异望。高公（高欢）雄才盖世，复使握大兵于外，譬如借蛟龙以云雨，将不可制矣。"（《资治通鉴》梁武帝中大通二年）尔朱兆不听慕容绍宗的劝告，就让高欢带了三州六镇兵民去山东就食。高欢掌握了三州六镇兵民，就依靠这一支力量，倒戈消灭尔朱氏。

高欢，鲜卑名贺六浑，自称是渤海蓨人（今河北景县东），因祖父犯法发配到六镇中的怀朔镇充兵户，"累世北边，故习其俗，遂同鲜卑"(《北齐书·神武帝纪》)。据史籍载侯景骂高澄(高欢长子)为"鲜卑小儿"(《北齐书·神武帝纪》);北齐文宣帝高洋(高欢第二子)问杜弼"治国当用何人",弼对以"鲜卑车马客,会须用中国人",高洋以为这话是讥讽自己的(见《北齐书·杜弼传》);又隋费长房《历代三宝记》卷9云:"高洋武川镇房"(武川当作怀朔);《隋书·五行志》云:"齐氏出自阴山,胡服者,将反初服也",这些记载可证实高氏为鲜卑族人。但其祖父犯法发配到六镇,可能是事实,因此高欢生于六镇兵户之家。而自魏孝文帝迁都洛阳之后,六镇军事上的地位逐渐下降,即使高门子弟,也"役同厮养",何况高欢祖先是犯法配户,他们的生活,当更为惨苦。欢娶匹娄氏(鲜卑族人)为妻,匹娄氏家富于财,高欢结婚后才得到一匹马,镇将就提拔他任"队主",改任"函使"。"函使"是负责把怀朔镇的公文送往洛阳的小军官,他任"函使"达六年之久,常至洛阳,对当时洛阳的腐败政治,知道得比较清楚。六镇起义后,他也和六镇其他的下级军官一样,参加过破六韩拔陵、杜洛周、葛荣等的起义队伍。不久他就背叛了葛荣,投奔到北秀容川契胡族酋长尔朱荣那里去,尔朱荣以高欢为亲信都督(卫队长)。尔朱荣举兵入洛阳把持北魏政权后,出兵镇压河北起义军,利用高欢过去在河北起义军中的关系,就派他去进行分化工作。高欢就把起义军中七个称王的将领和一万多军队拉到政府那儿来,又和元天穆一起率兵去镇压山东以邢杲为首的起义军,击破了邢杲的起义队伍,以功累迁第三镇民酋长(鲜卑族人才授此官)、晋州(治白马城,今山西临汾)刺史,成为尔朱荣部下的得力将领。

尔朱荣为北魏孝庄帝元子攸所杀,尔朱兆起兵赴洛,高欢借故留在晋州,曾引起尔朱兆的不满。其后河西牧子费也头纥豆陵步藩南下,欲袭取晋阳,兵势甚盛,高欢和尔朱兆联兵击破步藩,两人重又和好。河北大起义失败后,三州六镇兵民流亡到并州一带的有一二十万人,尔朱兆就命高欢去统率他们。因并州一带连年霜旱,粮食发生困难,三州六镇兵民"皆面无谷色"。高欢得到尔朱兆允许,带领他们去山东"就食"。高欢掌握了这十多万三州六镇兵民,他就有了当时最雄厚的政治资本。

公元531年,高欢到达太行山以东的今河北地区。那时河北的情况复杂。河北的第一重镇相州(治邺,今河北临漳西南)掌握在尔朱氏的亲信契胡族的冀州刺史刘诞手里,殷州(治广阿,今河北隆尧东)掌握在尔朱氏族人殷州刺史尔朱羽生手里。幽州(治蓟,今北京市西南)刺史刘灵助已举兵反对尔朱氏,并自称燕王;尔朱氏特地任命其亲信侯渊为定州(治卢奴,今河北定州)刺史,来对付刘灵助。只有控制了冀州(治信都,今河北冀州)的赵、魏大族封隆之、高乾、高昂兄弟,是倾向高欢的。高欢一到滏口(在今河北磁县西北石鼓山),高乾就和封隆之的儿子封子绘亲去滏口联系,欢迎他带领三州六镇兵民去信都。赵郡李氏的代表人物李元忠也赶到滏口,表示殷州的局面,他可以控制。这样,高欢就进驻信都。北魏的洛阳政权为了安抚高欢,封他为渤海王,并任命他为东道大行台、冀州刺史。

高欢准备和尔朱氏决裂,假称"尔朱兆将以六镇人配契胡为部曲";又假造并州征兵的兵符,装作要送部众万人去并州应征的样子,使得三州六镇兵民怨恨尔朱氏而拥戴自己。高欢然后对他们说:"尔乡里难制,……无刑法,终自灰灭。今以吾为主,当与前异,不得欺汉儿,不得犯军令,生死任吾则可,不尔不能为取笑天下。"大家都异口同声答应:"死生唯命。"(《北齐书·神武纪》)这样,高欢通过各种权诈的手段,把三州六镇兵民紧紧控制在自己手里,作为反对尔朱氏的主要武装力量。这是公元531年六月间的事情。

这时高欢还不敢公开反对尔朱氏。不久赵郡大族李元忠起兵攻打殷州，高欢派高乾领兵以救援为名袭杀了殷州刺史尔朱羽生，高欢就表示了与尔朱氏决裂的决心。于是他任命李元忠为殷州刺史，同时上表洛阳的北魏朝廷，控诉尔朱氏的罪恶。随后由于其亲信孙腾再三劝说，拥立元魏宗室疏属元朗为魏帝，欢自称丞相、都督中外诸军事、大将军、录尚书事、大行台。

这年十月，尔朱兆亲率步骑二万，自晋阳出井陉关（在今河北井陉西）直扑殷州，李元忠逃奔信都。尔朱兆进驻广阿，众号十万。尔朱仲远等和尔朱兆配合，也自徐、兖方向向河北推进，屯军阳平（今山东莘县）。高欢利用尔朱氏内部矛盾，离间尔朱兆和尔朱仲远等人之间的关系，结果仲远等不战而还。高欢遂与尔朱兆在广阿合战，俘获尔朱兆方面的甲士五千多人。次年正月，高欢又攻下邺城，生擒相州刺史刘诞。

高欢在河北的节节胜利，迫使骨肉间互相猜疑的尔朱家族暂时地团结起来了。经过在洛阳掌握北魏朝廷大权的尔朱世隆的策划，尔朱兆、尔朱天光、尔朱仲远等凑集了二十万大军，会于邺城。这时高欢战马不满二千，步兵不满三万，虽然众寡不敌，但三州六镇鲜卑深恨契胡贵族，因此士气非常旺盛，"将士皆有死志"。高昂所带的汉兵三千余人，也都"练习已久，前后战斗，不减鲜卑"（《北齐书·高乾传弟昂附传》）。公元532年三月，两军在邺城西南的韩陵山（今河南安阳市东北十七里）合战，尔朱兆大败，逃还晋阳，尔朱仲远逃还滑台，尔朱天光逃往洛阳。洛阳的政局接着也发生了巨大的变化，尔朱氏的亲信、大都督斛斯椿从前线败回后，率部背叛尔朱氏，杀尔朱世隆、尔朱彦伯及其同党，并将尔朱天光等执送与高欢。尔朱仲远在徐、兖一带也立不了足，仓忙投奔南朝。关中尔朱氏的残余势力尔朱显寿（天光弟）镇守长安，也被倒向高欢的尔朱天光部将贺拔岳、侯莫陈悦所擒。四月,高欢入洛阳,废杀元恭(因为他是尔朱氏所拥立的)及元朗(因为他是元魏宗室疏属),另立孝文帝孙子、广平王元怀之子平阳王元修为魏帝(北魏孝武帝),欢自为大丞相。北魏的政权,实际掌握在高欢手里。

高欢不让尔朱兆有喘息的机会,在公元 532 年的七月,调动了大军十多万,攻下了晋阳。尔朱兆退往北秀容(今山西神池、五寨一带),至次年正月,兵败自杀。尔朱氏的势力,到这时候彻底垮台了。晋阳东阻太行山、常山,西有吕梁山,南有霍太山、高壁岭,北扼东陉、西陉关,地形四塞,形势险要。高欢取得并州后,就在晋阳修建大丞相府,后来还修建晋阳宫,把晋阳建设成为高欢霸业的政治、军事中心。他还把三州六镇兵民从河北迁回来,让他们居住在晋阳周围。侨置恒州于肆州之秀容郡城(今山西原平西南),侨置燕州于并州故寿阳城(今山西寿阳)西二十五里(今名烟竹村),侨置云州于并州受阳县(今山西文水东)北三十里。又把六镇改置为朔、显、蔚三州,侨置朔州于并州界内,侨置显州于汾州之六壁城(今山西孝义西南十五里),侨置蔚州于并州邬县界(今山西平遥西北二十五里)。从此三州六镇鲜卑,就改称六州鲜卑了。六州鲜卑因为构成为高欢的主要军事力量,因此他们在政治上处于优越的地位,他们家属的经济生活也有了一定的保障。

六州鲜卑侵暴汉族人民,高欢在起兵时,就和六镇鲜卑约定,"不得欺汉儿"。后来他每号令军士,"其语鲜卑,则曰:'汉民是汝奴,夫为汝耕,妇为汝织,输汝粟帛,令汝温饱,汝何为陵之?'其语华人,则曰:'鲜卑是汝作客,得汝一斛粟、一匹绢,为汝击贼,令汝安宁,汝何为疾之?'"(《资治通鉴》梁武帝大同三年)高欢为了巩固他的政治权力,就利用缓和胡汉之间的民族矛盾,来实现他的统一事业,这也是他成功的重要原因之一。

高欢消灭尔朱氏后,自己居于晋阳,遥控洛阳政权。魏帝元修不甘心于充当傀儡,高欢和元修之间的矛盾不久就尖锐起来了。元修杀高欢亲信高乾,乾弟高昂、高慎都投奔到高欢那里避难。这样,洛阳和晋阳之间的关系更加紧张起来。元修想利用拥兵关陇的尔朱氏旧部贺拔岳为势援,任用岳兄贺拔胜为荆州(治穰城,今河南邓州)刺史;贺拔岳被依附高欢的侯莫陈悦所杀,元修又扶植宇文泰的势力,来对抗高欢。公元534年五月,元修下诏发河南诸州兵,声言欲亲率大军伐梁,实际上是企图袭击晋阳。高欢已经知道洛阳政局底细,他先发制人,调集了二十万大军,分道南下,说是要去讨伐梁和关中、荆州等地方势力。高欢的军队一渡过黄河,元修就知道大势已去,这年七月,他放弃洛阳,率轻骑入关,投奔宇文泰。荆州刺史贺拔胜兵败投奔梁朝。

高欢进入洛阳。十月,拥立年仅十一岁的元善见(孝文帝子清河王元怿孙)为帝(东魏孝静帝),统治权当然完全掌握在高欢手里。高欢嫌洛阳逼近前方,决定迁都邺城,命令下达的第三天,官民四十万户就狼狈上路。高欢自己留在洛阳,处分后事,事毕回晋阳。迁都邺城后的魏朝,史称东魏。

元修到长安后,宇文泰也想把他当作傀儡皇帝,元修当然不会甘心,主相之间的矛盾又尖锐化了。就在公元534年的冬末,宇文泰在酒中下了毒药,把元修毒死。宇文泰拥立元宝炬(孝文帝子京兆王元愉子)为帝,是为西魏文帝。

东魏和西魏的战争 东、西魏分裂后,这两个割据的王朝,都企图吞并对方,不断发生战争。

公元536年(西魏大统二年、东魏天平三年),关中地区是个大荒年,人"死者什七八"(《北史·西魏文帝纪》)。高欢利用了关中地区的自然灾害,就想消灭西魏。高欢兵分三路,自己率领主力驻屯蒲坂(今山西永济西蒲州),造三座浮桥,准备渡过黄河。大都督窦泰率领步骑万余人,直趋潼关;

北魏帝系表　北魏十二主，一百四十八年；西魏三主，二十四年；东魏一主，十六年。

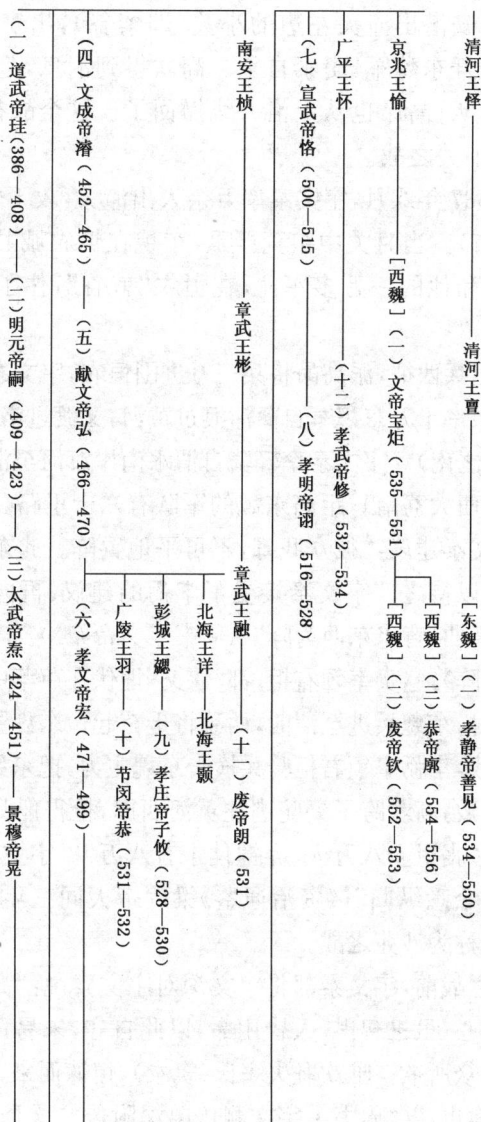

清河王怿 —— 清河王亶 —— ［东魏］（一）孝静帝善见（534—550）

广平王怀

京兆王愉 —— ［西魏］（一）文帝宝炬（535—551）
　　　　　　　　├ ［西魏］（二）废帝钦（552—553）
　　　　　　　　└ ［西魏］（三）恭帝廓（554—556）

（七）宣武帝恪（500—515）—— （十二）孝武帝修（532—534）

南安王桢 —— 章武王彬 —— 章武王融 —— （十一）废帝朗（531）

北海王详 —— 北海王颢

（八）孝明帝诩（516—528）

彭城王勰 —— （九）孝庄帝子攸（528—530）

广陵王羽 —— （十）节闵帝恭（531—532）

（四）文成帝濬（452—465）—— （五）献文帝弘（466—470）—— （六）孝文帝宏（471—499）

（一）道武帝珪（386—408）—— （二）明元帝嗣（409—423）—— （三）太武帝焘（424—451）—— 景穆帝晃

高昂自上洛（今陕西商州）包抄蓝田（今陕西蓝田）。宇文泰利用窦泰"屡胜而骄"的弱点，假装要退保陇右，实际却选拔精锐，从长安潜出潼关左边的小关（即禁谷），出窦泰不意进行袭击，全歼东魏军，窦泰自杀。高欢得到消息，赶忙拆掉浮桥，撤退军队；高昂也从上洛一线撤回了。这个战役，北朝历史上称为小关之战。

公元537年八月，宇文泰率万余人出潼关，攻下恒农（今河南三门峡市）。当时关中粮荒严重，东魏在恒农城贮有大量积粟，宇文泰和他的一万多军队，在恒农"就谷"，住了五十多天之久。

高欢出兵西征，派高昂将兵三万进围恒农，宇文泰已引兵入关。高欢亲率十万东魏军自蒲津渡过黄河，又渡过洛水，屯军许原（在洛水之南）。宇文泰率轻骑自渭水南岸渡河至渭水北岸的沙苑（今陕西大荔南），距离东魏的军队有六十里路。西魏大将李弼向宇文泰建议："彼众我寡，不可平地置阵。此东十里有渭曲，可先据以待之。"宇文泰接受了李弼的建议，再向东推进十里，"军于渭曲，背水东西为阵"（《周书·文帝纪》）。李弼率领左拒（拒是方阵），赵贵率领右拒，都"偃戈"埋伏在芦苇中。十月二日下午申时，东魏兵进至渭曲，西魏将士奋起。东魏主力同西魏的左拒接战，李弼率领右拒骑兵横击东魏主力，把东魏军横截为二，东魏大败，高欢跨了橐驼逃往黄河西岸，抢得船只渡河。这一次，东魏"丧甲士八万人，弃铠仗十有八万"。宇文泰"选留甲士二万人，余悉纵归"（《资治通鉴》梁武帝大同三年）。这个战役，历史上称为沙苑之战。

沙苑之战前，宇文泰部将宇文深对宇文泰说："高欢之抚河北，甚得众心，虽乏智谋，人皆用命，以此自守，未易可图。今悬师度河，非众所欲。唯欢耻失窦氏（窦泰），愎谏而来，所谓忿兵，一战可以擒也。"（《周书·宇文测传弟深附传》）这个分析，基本上是符合当时实际情况的。《孙子·谋攻篇》说："主不可以怒而兴师，将不可以愠而致战，合于利而动，不合于利而止。怒可以复喜，愠可以复悦，亡国不可以复存，死者不可以复生。"这段话提出了指导战争的一个重要原则，即战争指导者不可凭感情用事，轻率决定战争行动。西汉宣帝时丞相魏相也说过："争恨小故，不忍愤怒者，谓之忿兵，兵忿者败。"（《汉书·魏相传》）高欢这次惨败，正是因为犯了"忿兵"的错误。他愤激于窦泰一军的覆没，贸然动用以六镇鲜卑为主力的十万大军，去攻打另一支以六镇鲜卑为主力的军队，结果"悬师度河，非众所欲"，上下不能齐心协力，自然会招致失败。此外，高欢还由于骄傲轻敌的缘故，十万之众竟被宇文泰不满一万的军队打得大败。

沙苑之捷后，西魏乘胜攻下了河东的蒲坂和洛阳的金墉城。公元538年（西魏大统四年、东魏元象元年），东魏大将侯景进攻西魏占领的金墉城，"悉烧洛阳内外官寺民居，存者十二三"（《资治通鉴》梁武帝大同四年）。西魏主元宝炬和丞相宇文泰本来要到洛阳去祭扫园陵（孝文帝以下几代皇帝的坟墓都在洛阳附近），听说侯景围攻金墉城甚急，宇文泰亲提大军赶往救援。前军至谷城（今河南新安东），击杀了东魏前锋莫多娄贷文。侯景布置阵势，北据河桥（在今河南孟州西南），南依邙山（在今河南洛阳市北），宇文泰亲率轻骑搏战，马中流矢逃逸，宇文泰落马，几乎被俘。西魏大军赶到，奋勇反击，东魏军大败，甲士被俘的有一万五千人，士兵落水而死的将近万人。东魏大将高昂也被西魏追兵所杀。这个战役，称为河桥之战。

高欢在河桥之战后亲率精骑七千，自晋阳赶到洛阳前线，西魏金墉守将弃城逃走，东魏收复了洛阳城。高欢军队一撤退，洛阳又被西魏所袭取。但这时的洛阳城经过战火兵燹，已经破坏得不像样子了。

公元 543 年(西魏大统九年、东魏武定元年)二月,东魏北豫州刺史高慎据虎牢(今河南荥阳西北氾水镇)降西魏,宇文泰率大军亲至洛阳前线应接高慎,并遣大将于谨围攻河桥南城。高欢也于三月间亲提大军十万赶到黄河北岸。宇文泰"纵火船于上流以烧河桥"(河桥是用船连起来的浮桥),东魏人"以小艇百余载长锁,伺火船将至,以钉钉之,引锁向岸,桥遂获全"(《资治通鉴》梁武帝大同九年)。高欢的大军遂得从河桥渡河,据邙山为阵。宇文泰向邙山推进,两军合战,东魏军大胜,俘斩西魏督将以下三万余人。第二天,两军再度合战,西魏中军、右军联合击败东魏;但西魏左军失利,宇文泰只得引兵入关。这个战役,称为邙山之战。

公元 546 年(西魏大统十二年、东魏武定四年)十月,高欢亲率大军十余万人,围攻西魏据守的玉壁(今山西稷山西南),想拔除西魏安在汾水下流的这个钉子。西魏守军坚决抵抗,东魏军苦攻玉壁五十多天,士兵战死、病死的有七万人之多,最后高欢也病倒了,只好解围而去。这就是玉壁之战。

高欢回到晋阳不久,病死,长子高澄以大将军、渤海王名义,执掌东魏大权。当时东魏的河南道大行台、司徒侯景"将兵十万,专制河南",已有十三四个年头,他素来看不起高澄,尝对人说:"高王(高欢封渤海王)在,吾不敢有异;王没,吾不能与鲜卑小儿(指高澄)共事。"(《资治通鉴》梁武帝中大同元年)高欢一死,侯景叛降西魏;同时又派人和南朝联系,表示愿意投梁。东魏派兵进攻侯景,西魏也趁机占领了侯景的东荆州(治比阳,今河南泌阳西)、北荆州(治伊阳,今河南嵩县)、广州(治鲁阳,今河南鲁山)、颍州(治长社,今河南长葛东北),一共四州之地,并要求侯景入朝长安。侯景曾在河南和西魏血战十多年,他知道宇文泰不会容忍他,于是就决意附梁。

到了公元 549 年（西魏大统十五年、东魏武定七年），东魏派遣大将高岳、慕容绍宗率领步骑十万，进攻西魏占领的长社。西魏守军只有八千人，却奋勇抗击了一年之久，东魏大将慕容绍宗、刘丰生都战死于城下。东魏大将军高澄率领十万援军亲临前线，方才攻下长社城，生擒西魏大将王思政。西魏守军生存者仅三千人。

长社被东魏攻下后，东、西魏的战争暂时停止了。这时侯景乱梁，南朝力量削弱，取代东魏的北齐和西魏都掉转兵锋，向南朝攻城略地去了。

北齐王朝的建立　公元 549 年八月，东魏大将军高澄在邺城为"膳奴"兰京刺杀，其弟高洋继掌朝政。次年正月，东魏主元善见任命高洋为丞相、都督中外诸军事、录尚书事、大行台，封为齐郡王，随后晋爵为齐王。同年五月，高洋废掉东魏主，称齐皇帝（是为北齐文宣帝），建立北齐政权。

在高洋称帝之初，西魏曾出兵讨伐北齐。宇文泰亲率诸军自弘农（今河南三门峡市）渡河，推进至黄河北岸的建州（西魏建州治车厢城，在今山西绛县东南十里）。高洋特地在晋阳城东集合六州鲜卑举行了一次规模较大的军事演习，"军容严盛"。宇文泰听说后，说："高欢不死矣。"（《北齐书·文宣帝纪》）就取道蒲坂退回关中了。直到宇文泰病死，子宇文觉代西魏称帝，北周政权刚建立的时候，北周害怕北齐对它进行突然袭击，史称："文宣（高洋）时，周人常惧齐兵之西度，恒以冬月，守河椎冰。"可见当时北齐的实力超过北周。到了北齐武成"帝即位，朝政渐紊"，国力也随着政治的腐败而削弱，反而"齐人椎冰，惧周兵之逼"（《北史·斛律金传子光附传》）了。

高洋还在天保三年（公元 552 年），袭击库莫奚，获杂畜十余万头；天保四年，出卢龙塞掩袭契丹，虏获十余万口，杂畜数百万头；天保五年，北破柔然残部，获生口三万余人，牛羊数十万头。

高洋又西破山胡(步落稽);南边拓地淮南,尽长江而止。高洋在位时期,是北齐国力鼎盛的时期。

在当时,"王四渎之三,统九州之五",拥有户三百万、口二千万的北齐,占有今黄河流域下游的河北、山东、山西、河南及苏北、皖北等广大平原地区。这些地区是当时中原最富庶的产粮地区,所有各州沿河的渡口,都有官仓贮积粮米。淮南石鳖等屯,每年征收到粮米数十万石,保证了淮南军粮的供应。在幽州督亢陂及长城左右营屯,每年政府可以征收到稻粟数十万石,附近地区的粮食恐慌,也初步得到了解决。此外如盐铁事业,自东魏迁邺之后,"于沧、瀛、幽、青四州之境,傍海煮盐。沧州置灶一千四百八十四,瀛州置灶四百五十二,幽州置灶一百八十,青州置灶五百四十六,又于邯郸置灶四,计终岁合收盐二十万九千七百二斛四升。军国所资,得以周赡"(《魏书·食货志》)。

在青瓷制造方面,河北景县封氏墓群出土的几件北朝青瓷莲花壶,壶的形制和堆积花纹的方法,与南方出土的青瓷器不同。经过化学分析,瓷胎中含三氧化二铝和氧化钛都较高,和南方的青瓷胎含氧化硅较高,氧化钛极微的情况也不同。此外河间邢氏墓群中出土了青瓷器一百多件,都很精美。尤其应该特别提到的是白瓷器。白瓷器的烧造历史比青瓷器短,早期白瓷出于河南安阳北齐武平六年(公元 575 年)范粹墓中。该墓共出土陶瓷器十三件,其中白釉者十件,胎质细腻;另有带绿彩者三件。从胎质淘练细洁,釉质较润并带绿彩推断,这批瓷器不似最初阶段产物,可能它的烧造历史要比武平时期为早[2]。自北魏以来,"铸铁为农器兵刃,在所有之,然以相州牵口冶为工"(《魏书·食货志》)。至齐,綦母怀文又造宿铁刀,"斩甲过三十札",到了唐代"襄国冶家尚传其法",可见北齐统治地区农业、盐铁业、瓷器制造业都相当发达。所以北齐是当时中国境内鼎立的三国中最富庶的一个。

均田制在北齐地区的推行及其破坏 东魏、北齐统治地区，是中原地区地主经济比较发展的地区，因此，均田制也特别容易破坏。史称："东魏以丧乱之后，户口失实，徭赋不均。〔孝静帝武定二年，公元544年〕冬十月丁巳，以太保孙腾、大司徒高隆之为括户大使，分行诸州，得无籍之户六十余万，侨居者皆勒还本属"（《资治通鉴》梁武帝大同十年）。通过这次括户，政府租调收入一定增加不少。

括户以外，北齐对三长免役特权，也作了些补充规定。北魏孝文帝在立三长制的时候，曾规定邻长复（免力役与户调）一夫，里长复二夫，党长复三夫。一党即一百二十五家之内，总共有三十八夫可以免役（党长一，复三夫；里长五，复十夫；邻长二十五人，复其身，即复二十五夫）。因为免役的人较多，兵源、税源都会受到很大的影响，对政府有所不利，故当北魏末年六镇起义之际，已有人说"顷来差兵，不尽强壮"，以"今之三长，皆是豪门多丁为之"，而"求权发为兵"（《北史·常爽传孙景附传》）；常景在河北，且曾发"范阳三长之兵"，来堵截起义军。到了东魏时，宗室元孝友也认为过去"百家为党族，二十五家为闾，五家为比邻，百家之内，有帅二十五人，征发皆免"，这样，"羊少狼多"，"苦乐不均"（《北齐书·元孝友传》）。所以他主张裁掉邻长，在二十五家一闾之下，设立比长二人。那么一百家之内，只需要八个比长，可以减少十二个受复的丁夫，"计族少十二丁，得十二匹赀绢，略计见管之户，应三万余族，一岁出赀绢二十四万区，十五丁为番兵（应力役之兵丁），计得一万六千兵"（《北齐书·元孝友传》）。由于这时条件尚未成熟，因此，元孝友的建议不能立即见诸实行。但是到了北齐河清三年（公元564年）制定新令时，终于作出了这样的规定："十家为比邻，五十家为闾里，百家为族党。"（《隋书·食货志》），"一党之内，则有党族一人，副党一人，闾正二人，邻长十人，合有十四人，共领百家。"（《通典·食货典·乡党》)如果这新的三长制度仍旧保留三长荫丁以及免役特权的话,那么党族、副党各复三夫共六丁,闾正各复二夫共四丁,邻长各复其身共十丁,则一百家之内,受复者共二十人;比起北魏孝文帝初定三长制时,减少了十八丁之多。以北齐户口三百万户计算,一年之中,政府可以多收到赀调四十五万匹;如果十五丁合起来服一番力役的话,也使政府增多了二万个役丁的员额,这对于政府是有利的。

魏、齐、周、隋、初唐乡里组织简表

朝代	北 魏	北 齐	北 周	隋	唐
乡里组织	五家为邻,立一邻长。	十家为邻比,立一邻长。		五家为保,立一保长。	四家为邻,立一邻长。
	五邻为里,立一里长。	五十家为闾,立一闾正。	有里正	五保为闾,有闾正。畿外置里正,比闾正。	五邻为保,立一保长。
	五里为党,立一党长。	百家为党族,立党族一人,副党一人。	有党长	四闾为族,置族正。畿外有党长,比族正。	百家为里,立一里正。在邑居者为坊,别置坊正一人。在田野者为村,别置村正一人。
				五百家为乡,立乡正。	五里为乡,置乡长一人,乡佐二人。
备考	邻长复一夫,一党内有二十五个邻长,共复二十五夫。里长复二夫,一党内有五个里长,共复十夫。党长复三夫。一党内共复三十八夫。所复止于征戍,余如平民。	一党内有十个邻长,共复十夫。有两个闾正,共复四夫。党族、党副各复三夫,共复六夫。一党之内,共复二十夫。			

· 558 ·

北齐对于均田制,在河清三年(公元564年)定令:"一夫受露田八十亩,妇四十亩。奴婢依良人……丁牛一头,受田六十亩,限止四牛。又每丁给永业田二十亩,为桑田。……不在还受之限。非此田者,悉入还受之分。土不宜桑者,给麻田,如桑田法"(《隋书·食货志》)。"奴婢受田者,亲王止三百人,嗣王止二百人,第二品嗣王已下及庶姓王止一百五十人,正三品已上及皇宗止一百人,七品已上限止八十人,八品已下至庶人限止六十人"(《隋书·食货志》)。

北齐这次的新令,对奴婢的人数、耕牛的头数和受田的数目,都比北魏孝文帝时有了详细的规定和一定的限制。但就实际情况说来,一个庶人可以拥有奴婢六十人,以一奴授田八十亩、一婢授田四十亩计算,那么六十人中,奴婢各半,三十奴共授田二千四百亩,三十婢共授田一千二百亩,丁牛四头,共授田二百四十亩,合计一个庶人,如有奴婢六十人,丁牛四头,就可以分到土地三千八百四十亩之多。所以当时宋孝王《关东风俗传》说:"广占者,依令,奴婢请田,亦与良人相似,以无田之良口,比有地之奴牛。宋世良天保中献书,'请以富家牛地先给贫人',其时朝列,称其合理。"(《通典·食货典·田制》引)可见当时的鲜卑勋贵和汉世家大族,他们拥有奴婢的数量很多③,他们一定在奴婢受田的名义下,向政府请领到比三千八百四十亩更多的土地,所以这种规定,实际上是对他们有利而无害的。

在齐文宣帝的天保八年(公元557年),北齐曾把原居住在冀、定、幽三州的无田农民,强迫迁移到幽州宽乡去,谓之"乐迁"户,可是内地诸郡的肥沃土地,却尽量让豪家势族去占夺。宋孝王《关东风俗传》云:"又河渚山泽,有司耕垦,肥饶之处,悉是豪势,或借或请,编户之人,不得一垄。"(《通典·食货典·田制》引)这正可说明有奴牛的地主,他们请领到的土地,决不会很少,而没有土地的农民却是"不得一垄"。毋怪《关东风俗传》又要说

"其时强弱相凌,恃势侵夺,富有连畛亘陌,贫无立锥之地"(《通典·食货典·田制》)了。

北齐户调的课征,以床为单位,一夫一妇为一床,未娶者为半床。课征的根据是"受田输租调……退田免租调"(《隋书·食货志》)。户调的税率是:"率人一床,调绢一匹,绵八两。凡十斤绵中,折一斤作丝。垦租二石,义租五斗。""未娶者输半床租调","奴婢各准良人之半。""奴婢限外不给田者,不输。""牛调二尺,垦租一斗,义租五升。"(《隋书·食货志》)

垦租送台;义租纳郡,以备水旱。所谓垦租,相当于户调中的田租;而所谓义租,相当于地方政府征收户调时的调外手续费或后来的义仓税。从北齐户调税率的表面额看来,好像并不比北魏孝文帝时加重多少。事实上力役是很重的,如在河清三年曾明文规定:"男子十八已上,六十五已下为丁;十六已上,十七已下为中;六十六已上为老;十五已下为小。率以十八受田,输租调,二十充兵(兵指力役,非指兵役),六十免力役,六十六退田,免租调。"(《隋书·食货志》)可见均田户除了负担田租户调以外,还须负担沉重的徭役。北齐政权征发频仍,据《隋书·食货志》称:"北兴长城之役,南有金陵之战。其后南征诸将,频岁陷没,士马死者以数十万计。重以修创台殿,所役甚广。"徭役已经成为均田户破产的重要因素。

地主经济在北齐统治地区的特别发展,土地兼并的剧烈,高利贷的横行,田租户调及兵役、徭役的苛重,在在结合起来进攻均田户,使他们不得不"卖帖(典)田园",流转他乡。宋孝王《关东风俗传》云:"帖卖者,帖荒田七年,熟田五年,钱还地还,依令听许。露田虽复不听卖买,卖买亦无重责。贫户因王课不济,率多货卖田业,至春困急,轻致藏走。"(《通典·食货典·田制》引)露田到了"卖买亦无重责",这正说明均田是如何迅速地在崩溃,均田上的农民是如何不断地在"卖帖田园",逃亡他乡。他们在逃亡之后，不得不隐瞒户口。而北齐定制，未娶的编户，输半床租税，于是"阳翟一郡，户至数万，籍多无妻"（《隋书·食货志》）。在东魏初年，高欢还能派遣使者搜括无籍户口。及至北齐后期，"暴君慢吏，赋重役勤。人不堪命，多依豪室"（《通典·食货典·丁中》）。至于"假慕沙门，实避调役"的壮丁，更发展到二百余万人之多，约占北齐全国人口（北齐亡国时，有口二千万六千八百八十人）总数的十分之一（如五口有一壮丁的话，约占全国壮丁人数的二分之一），造成了国内"户口租调，十亡六七"（《隋书·食货志》）的严重现象；到这时候，连"括户"也不胜其括了。

由此可见，北齐的统治地区，虽是中原最富庶的地区，但是，这一地区也是地主经济比较发展的地区，唯其如此，均田制度愈难巩固，从而也给王朝军事力量带来了衰落。

土地兼并的剧烈进行与均田制的迅速破坏，使得东魏、北齐的统治地区内，阶级矛盾始终处于紧张状态。东魏天平三年（公元 536 年）九月，定州博陵郡有以阳平人路绍遵为首的农民起义；天平四年十二月，河北有河间人邢摩纳、范阳人卢仲礼为首的农民起义；濮阳有杜灵椿为首众至万人的农民起义；兴和三年（公元 541 年）三月，梁州有公孙贵宾为首的农民起义；武定元年（公元 543 年）九月，北徐州有郑土定为首的农民起义；武定二年二月，徐州有刘乌黑为首的农民起义。北齐天保中，楚州有东方白额为首的农民起义；天保八年（公元 557 年）五月，国都邺城有以冀州人刘向为首的起义；武平四年（公元 573 年）三月，信州爆发了攻破州城杀死刺史的农民起义；武平六年三月，乘氏县有阳平人郑子饶为首众至数千的农民起义。上面的这些不间断的农民起义，已经震撼了北齐国家大厦的基础；何况又加之以统治阶级在剥夺农民土地和奴役农民的争夺战基础上展开了统治阶级内部胡、汉权贵间争权夺利的斗争，北齐之亡，是必然的事情了。

北齐王朝的腐败 以六镇中的怀朔一镇的中下级军官为骨

干,获得赵、魏一带世族大地主拥护而起家的高欢,对于"聚敛无厌,淫虐不已"的鲜卑勋贵,是从来不加裁制的。高欢的姊夫尉景贪污得实在太不像话了,有一次,高欢"令优者石董桶戏之。董桶剥景衣,曰:'公剥百姓,董桶何为不剥公?'"高欢就借此机会告诫尉景说:"可以无贪也!"但是尉景的回答却是:"与尔计,生活孰多? 我止人上取,尔割天子调。"高欢听了,只能笑笑,不作答复(见《北齐书·尉景传》)。当时的鲜卑勋贵是这样地看待贪污问题的。在高欢的统治政权还未稳固以前,他所亲信的汉人杜弼曾"请先除内贼,却讨外寇。高祖(高欢)问内贼是谁。弼曰:'诸勋贵掠夺万民者皆是。'……高祖……谕之曰:'……诸勋人身触锋刃,百死一生,纵其贪鄙,所取处大,不可同之循常例也。'"(《北齐书·杜弼传》)对于鲜卑勋贵的贪污行为,高欢也不肯作断然处置,使统治集团内部发生离心的倾向。

高欢在中原的统治权比较巩固之后,他就想用中原传统的封建统治手段,来统治中原人民。他知道这样贪污成风,终究会动摇政权的基础的。他自己坐镇晋阳,遥执东魏大权,命儿子高澄在都城邺城掌握朝政,使儿子重用汉族地主崔暹、崔季舒等人,来制裁鲜卑勋贵的贪赃枉法行为,如免可朱浑元、司马子如、元坦等官职,以儆效尤,一时颇收成效。高澄死,高洋继掌朝政,他想做皇帝,对鲜卑权贵不得不极尽拉拢之能事,以求获得他们的支持,乃把崔暹、崔季舒各鞭二百,充军北边。不过他做皇帝之后的尚书省的长官,还是由中原的世族大地主弘农杨愔(高欢女婿)充任。史称高洋"初践大位,留心政术,以法驭下"(《北齐书·文宣帝纪》)。他在杨愔等中原世族地主辅佐下,推行汉化政策,这对封建政权的巩固,起了一定的作用。高洋死,子高殷继位;不久,洋弟高演、高湛在鲜卑勋贵高归彦、贺拔仁、斛律光的拥护下,杀大臣杨愔、燕子献、宋钦道(皆汉人),废高殷,拥立高演为帝(公元560年)。这一次胡、汉统治集团的火并,也就是北齐政权执行汉化和反汉化政策的斗争。这种斗争反映在北齐的宫闱内部,因为高演、高湛,都是太皇太后匹娄氏(高欢妻)的儿子,而高殷母李太后(高洋妻),却是汉世族大地主赵郡李氏的女儿,所以在这次政变中,匹娄氏也说:"岂可使我母子受汉老妪斟酌。"(《北齐书·杨愔传》)经过这次政变,鲜卑勋贵的势焰更盛;汉族地主在北齐政权中的地位,更为低落。高演为常山王时,王晞(前秦丞相王猛六世孙)为常山王友,关系密切;高演即位之后,却不敢重用王晞,主要是怕鲜卑勋贵见他接近汉世家大族,就认为他倾向汉化,会对他不满。高演死,弟高湛继位(公元561年),鲜卑勋贵的势力更大。湛死,子高纬亲政,鲜卑人和士开,亲幸贵重,国柄朝权,都操在鲜卑族人手中,汉族地主到此只是在政权机关中办办例行公事而已。汉族地主信都冯子琮,就想利用高纬弟高俨的力量,来推翻鲜卑贵族的统治权。俨起兵杀和士开(公元571年),高纬又倚仗鲜卑勋贵斛律光(高车族人)杀冯子琮。和士开死后,高纬考虑到汉族地主对政府的不满,乃通过乳母陆令萱和令萱子穆婆提的关系,起用汉人祖珽为侍中(宰相)、尚书右仆射,企图缓和统治阶级内部的矛盾。汉世族地主如薛道衡、颜之推等人,也在这时被重用,分任机要。封孝琰誉珽曰:"公是衣冠宰相,异于余人。"(《资治通鉴》陈宣帝太建五年)祖珽就在汉世家大族的要求下,劝高纬杀斛律光(勋贵中的实力派),又继续驱逐胡人在北齐政府中的政治势力。史称:"自和士开执事以来,政体隳坏。珽推重高望(世家大族),官人称职,内外称美。复欲增损政务,沙汰人物。"(《北齐书·祖珽传》)以前六镇军人,属于京畿大都督府,祖珽为了要把指挥六镇军人的实权从鲜卑贵族手里夺过来,至是乃"奏罢京畿府,并于领军"。他又想"黜诸阉竖及群小辈,推诚延士,为致治之方"(《北齐书·祖珽传》)。结果反为穆提婆、高阿那肱、韩长鸾等所排挤,朝廷的军政大权,又落到鲜卑勋贵的手中。穆提婆等掌握大权之后，就大肆杀戮"汉儿文官"。汉世族地主的首脑人物如侍中崔季舒、张雕虎，尚书左丞封孝琰，散骑常侍刘逖，黄门侍郎裴泽、郭遵等也在"狗汉，大不可耐，唯须杀却"（《北史·恩幸传》）的口吻下，同日斩于殿庭，造成了鲜卑贵族在国家机器中的清一色局面。颜之推《观我生赋》自注云："祖孝徵（珽字）用事，则朝野翕然……骆提婆（即穆提婆）等苦孝徵以法绳己，谮而出之。于是教令昏僻，以至于亡。"颜之推的论调是代表当时汉世家大族的看法的。在穆提婆、高阿那肱等掌握政权之后，"官由财进，狱以贿成"。"庶姓封王者百数，开府千余，仪同无数"。"赋敛日重，徭役日繁，人力既殚，帑藏空竭。乃赐诸佞幸卖官，或得郡两三，或得县六七，各分州郡，下逮乡官，亦多降中者，故有敕用州主簿，敕用郡功曹。于是州县职司，多出富商大贾，竞为贪纵，人不聊生"（《北齐书·后主纪》）。这样自然使北齐统治地区的阶级矛盾，日益激化；而统治阶级内部鲜卑族和汉人间的冲突，又到了不可调和的地步。北周武帝宇文邕就在这样的有利形势下，南联陈，北结突厥，向北齐进兵，终于在公元577年，灭北齐，俘高纬，统一了黄河流域。

北齐帝系表　北齐六主，二十八年。

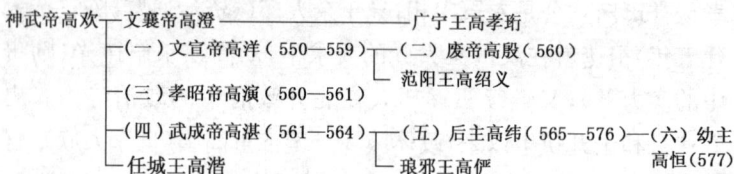

神武帝高欢┬文襄帝高澄──────────广宁王高孝珩
　　　　　├（一）文宣帝高洋（550—559）　（二）废帝高殷（560）
　　　　　│　　　　　　　　　　　　　　└范阳王高绍义
　　　　　├（三）孝昭帝高演（560—561）
　　　　　├（四）武成帝高湛（561—564）┬（五）后主高纬（565—576）─（六）幼主
　　　　　└任城王高湝　　　　　　　　　└琅邪王高俨　　　　　　　　　　高恒（577）

①魏孝明帝神龟元年（公元518年）正月，秦州有羌人的起义。三月，南秦州有氐人的起义。七月，河州又有羌人的起义。二年九月，瀛州有刘宣明为首的农民起义。正光元年（公元520年）正月，南秦州又有氐人的起义（以上在六镇起义之前，均见《魏书·肃宗纪》）。正光五年八月，南秀容有牧子万于乞真为首的起义。并州有牧子素和婆岳为首的起义（均见《魏书·尔朱荣传》）。十月，营州有就德兴为首的农

民起义。十二月,汾州有吐京胡薛羽为首众至数万的起义(均见《魏书·肃宗纪》)。同月,丘城有山胡冯宜都、贺悦回成等为首的起义(见《魏书·肃宗纪》、《裴延儁传从弟良附传》)。又汾州有吐京胡薛悉公、马牒腾为首众至数万的起义(见《魏书·裴延儁传》),燕州有大俄佛保攻陷昌平郡的起义(见《魏书·京兆王黎传》)。孝昌元年(公元525年)三月,齐州魏郡有房伯和为首的农民起义。三月,齐州清河有崔畜为首的农民起义。同月,广川有傅堆为首的农民起义。孝昌二年春,河西有牧子费为首的起义。六月,绛郡有陈双炽为首的起义。闰十一月,齐州平原有刘树、刘苍生为首的农民起义。孝昌三年正月,徐州有任道棱为首袭据萧城的农民起义。二月,东郡有赵显德为首的农民起义。三月,齐州广川有刘钧为首的农民起义。同月,清河有房须为首袭据昌国城的农民起义。七月,陈郡西华有刘获、郑辩为首的农民起义。武泰元年(公元528年)二月,豫州有李洪为首袭据阳城的起义(均见《魏书·肃宗纪》)。

魏孝庄帝建义元年(公元528年)五月,齐州有贾皓为首的农民起义。七月,濮阳有刘举为首众至数千的农民起义。永安三年(公元530年)正月,徐州有昌文欣、王赦为首的农民起义(均见《魏书·孝庄帝纪》)。节闵帝普泰元年(公元531年),青州海岱之间有崔社客为首的农民起义(见《北齐书·李浑传》)。

魏孝武帝永熙二年(公元533年)三月,胶州有青州人耿翔为首的农民起义。五月,东徐州有王早、简实等为首的据州投奔南朝的起义(均见《魏书·出帝纪》)。

② 参考中国科学院考古研究所编《新中国的考古收获》;冯先铭先生著《我国陶瓷发展中的几个问题》,载《文物》1973年第7期。

③ 颜之推《颜氏家训·治家篇》:邺下有一领军,贪积已甚。家童八百,誓满一千。朝夕每人肴膳以十五钱为率,遇有客旅,便无以兼。后坐事伏法,籍其家产,麻鞋一屋,弊衣数库,其余财宝,不可胜言。

第五节　西魏与北周的政治

北周王朝的建立　宇文泰的先世是东胡族宇文部的酋长。宇文部在东汉末曾加入鲜卑檀石槐部落联盟,游牧在今内蒙古西拉木伦河上游。西晋末,宇文部曾一度强盛,其酋长尝自称单于。4世纪40年代,为徒河鲜卑慕容氏所灭①。

宇文部虽亡,宇文部的部落贵族,仕于慕容氏所建立的前燕、后燕政府的人数很多,如宇文输为慕容垂之甥,为垂所重用;宇文拔仕慕容盛为中领军将军。慕容宝败亡,有宇文陵降魏，迁居武川。陵生系，系生韬，韬生肱，宇文泰就是宇文肱的儿子。

北魏末年，沃野镇民破六韩拔陵据沃野起义，起义军的大将卫可孤攻下武川镇，不久武川镇中下级军官贺拔度拔、贺拔岳父子和宇文肱、念贤等叛变，袭杀卫可孤，投降政府。那时北魏政府曾向柔然人方面借兵来消灭六镇起义军，柔然人攻下六镇之后，大肆劫掠与破坏，使得六镇饥荒严重，北魏政府只得移六镇饥民去河北就食，宇文肱全家都在被移之列。宇文肱到了河北博陵郡之后，就参加了以怀朔镇兵鲜于修礼为首的起义队伍。起义军的总部在定州左人城，宇文肱率领全家从博陵前往左人城，走到唐河北面，为政府军所败，宇文肱和他的长子、次子都在这次战役中阵亡。

宇文肱的第三子洛生，后来在葛荣起义军中，屡立战功，封为渔阳王；葛荣失败后，洛生为尔朱荣所杀。宇文泰随兄洛生在葛荣军中，曾被葛荣任为将帅，时年二十岁。葛荣失败，宇文泰因与尔朱荣的部将贺拔岳有世交的关系，被收编在贺拔岳的部下。贺拔岳奉尔朱荣命率兵镇压关陇起义军，宇文泰随岳入关。这次入关的政府军主帅是尔朱天光，贺拔岳和侯莫陈悦为副主帅。关陇起义军被消灭后，尔朱天光因尔朱荣被杀，率兵东返，为荣复仇，不久尔朱氏失败，尔朱天光被杀。关中只剩下贺拔岳与侯莫陈悦两个军团。高欢与魏孝武帝元修火并，魏孝武帝想依赖贺拔岳在关中的实力，来牵制高欢，任命贺拔岳为关西大行台，叫他率兵东下。高欢方面也暗地派人联络侯莫陈悦，叫他在和贺拔岳会见的时候，杀死贺拔岳。

宇文泰随贺拔岳入关后，累迁关西大行台左丞，出为夏州（治岩绿，今陕西靖边县北白城子）刺史。贺拔岳被侯莫陈悦所杀，岳军中将领迎宇文泰主岳军，泰举兵伐侯莫陈悦，悦大将李弼倒戈迎降，悦兵溃被杀。关陇地区遂为宇文泰所据有，时为北魏永熙三年（公元 534 年）三月。到了这年七月，魏孝武帝为高欢所逼，自洛阳入关，泰迎孝武帝迁都长安，是为西魏。泰遂擅军政大权。孝武帝入关不久，与宇文泰之间又发生裂痕；同年十二月，泰毒杀了孝武帝，拥立元宝炬（孝文帝之孙）为傀儡皇帝（西魏文帝）。宇文泰的政治地位，遂由大将军、雍州刺史兼尚书令，进而为都督中外诸军事、录尚书事，最后为太师、大冢宰。

宇文泰以一个二十七八岁的人，能够继贺拔岳为统帅，实际掌握西魏的军国大政，主要原因在于贺拔岳的军团是以六镇中的武川镇军官为骨干而组成的，其后成为高级将领的念贤、寇洛、赵贵、李虎、侯莫陈崇、梁御、若干惠、王德、韩果等，没有一个不是武川镇人，而宇文泰不仅仅是贺拔岳的左右手，而且也是这个集团中的核心分子。所以在贺拔岳死后，由宇文泰来领导这军团，并不是偶然的。

以六镇中之武川一镇的中下级军官为骨干而又获得关陇、河东地区世家大族拥护而成功的宇文泰，他一方面把过去鲜卑族在塞外的民兵制度介绍到关陇地区来成立府兵制度，另一方面又通过西魏的政权组织和府兵的鲜卑、汉人混合编制，组成关陇统治集团，他的政权基础是比较稳固了。他因此能够有力地抵御实力远胜于己的高欢的进攻；同时还能乘侯景乱梁以后，利用萧梁统治集团的内部矛盾，于公元 553 年，命他的甥儿尉迟迥出兵取得巴蜀（今四川、重庆）；公元 554 年，又命大将于谨和侄儿宇文护出兵攻破江陵，杀梁元帝萧绎，扶植萧詧在江陵建立后梁傀儡政权，作为他以后经略江南的据点。西魏的疆土也扩展到了今四川、重庆、湖北一带。

公元 551 年（西魏大统十七年），西魏文帝元宝炬病死，子元钦继位，是为废帝。元氏宗室还想把国家权力从宇文泰手里夺过来，以尚书元烈为首，阴谋发动政变。事泄，元烈被杀。元钦倾向元烈,对宇文泰"有怨言"。公元554年,宇文泰废杀元钦,立元钦弟元廓为帝,是为恭帝。宇文泰还是把国家权力牢牢地掌握在自己手里。

恭帝三年(公元556年),宇文泰出巡至北黄河(今内蒙古后套乌加河),得病,还至云阳宫(在今陕西淳化西北)病死,年五十。宇文泰在世时,因诸子年幼,对他长兄的两个儿子宇文导、宇文护,委以重任。宇文导为陇右大都督,早于宇文泰病故;宇文泰临死时,不得不把国家权力交给宇文护。宇文护接过国家权力之后,就推宇文泰嫡子宇文觉代西魏称周天王,是为北周孝闵帝。

北周王朝建立后,宇文护专政。与宇文泰行辈相似的前西魏大将赵贵、独孤信等怏怏不服,图谋袭杀宇文护。宇文护先发制人,杀赵贵,令独孤信自杀。北周政权稳固下来了,宇文护也由大司马迁任大冢宰(大冢宰是当时的丞相),晋封晋国公,威权日盛。不久竟废杀孝闵帝宇文觉,立宇文泰庶长子宇文毓为帝,是为明帝。到公元560年,宇文护又毒杀明帝宇文毓,立宇文泰第四子宇文邕为帝,是为北周武帝。《周书·晋荡公护传》称:"自太祖(宇文泰)为丞相,立左右十二军,总属相府。太祖崩后,皆受护处分。凡所征发,非护书不行。护第屯兵禁卫,盛于宫阙。事无巨细,皆先断后闻。"连北齐人也说:"护外托为相,其实王也。"(《北齐书·段荣传子韶附传》)宇文护是北周政权的实际主宰者。

公元563年(北周武帝保定三年),宇文护命柱国大将军杨忠率步骑兵一万,出北黄河与突厥联兵伐齐,至晋阳而还。翌年,宇文护征调了二十万军队,出潼关,围攻洛阳,因北齐援军赶到,无功而归。少师杨㯹率州郡"义兵"一万余人深入敌境,全军覆没。伐齐的挫败,使宇文护在北周的威望大为降低。

宇文护自公元557年至公元572年,前后执政十五年之久,对北周王朝的稳定局面起了一定作用。但北周武帝宇文邕精明强干,他不愿充当傀儡皇帝,对于宇文护"诸子贪残,僚属纵逸,恃护威势,莫不蠹政害民"(《周书·晋荡公护传》)这些情状,又是不满意的。于是在公元572年的三月,趁宇文护进宫朝见太后时,杀掉宇文护。三十岁的北周武帝,这时才政由己出。北周武帝不但把国家权力夺回到自己手中,同时为了集权中央,还进一步扩大了府兵的兵源,打击了僧侣地主在经济上的势力,并且出兵消灭北齐,完成了宇文泰所未能完成的事业。

西魏北周的均田制度 西魏、北周统治地区,同东魏、北齐地区比较起来,是地主经济发展比较缓慢的地区。因此,均田制度也容易巩固。

关于北朝均田制度的实施情况,除了史籍所载魏、齐、周、隋四朝颁布的均田令式,以及《通典·食货典》转引的宋孝王《关东风俗传》外,其余可资说明的资料不多。近年敦煌石室资料的发现,尤以其中西魏大统十三年(公元547年)的《邓延天富等户户籍计帐残卷》(斯坦因汉文书第613号)的发现,使我们对于北朝时期尤其是西魏时期施行的均田制下土地的实际分配情形和租调徭役的实际负担情形,清楚得多了②。我们过去认为在北朝均田制实施初期,均田的土地该是足额的;到了隋唐时代,由于人口的激增,官吏受田数字的庞大等等原因,土地方才不足分配。但是我们现在从《邓延天富等户户籍计帐残卷》来看,情况并非如此。残卷所牵涉的三十三户中,只有六户是授田足额的;六户三分之一左右未足;十三户二分之一未足;七户三分之二未足;另有一老女户因为缺乏劳动力全不受田。这三十三户的应受田额和已受田额的比例如下:

户　数	六　户	六　户	十三户	七　户	一　户
应受田	一一六亩	五三一亩	八四八亩	三三七亩	一五亩
应受田类别　麻田	三〇亩	一三五亩	二五〇亩	未详	五亩
正田	八〇亩	二五〇亩	一七〇亩	未详	十亩
园宅	六亩	〇	一三亩	七亩	〇
已受田	一一六亩	三八五亩	四三三亩	一一二亩	〇
未受田	〇	一四六亩	四一五亩	二二五亩	一五亩
受田是否足额	足　额	三分未足(即缺少三分之一)	二分未足(即缺少二分之一)	一分未足(即缺少三分之二)	无　田

从上列表中可以看到,受田足额的均田户六户,只占三十三户中的五分之一弱,而且平均每户受田数额不到二十亩;受田不足额的,竟占五分之四强。这说明在西魏时期,均田制下可供授受的土地,就已非常不足了。

西魏大统十三年《邓延天富等户户籍计帐残卷》所反映的均田情况,说明当时授予均田的底额,不仅谈不到一夫一妇授田百亩,连一夫授田四十亩这一数目也已经达不到了。它还说明当时敦煌地区(麻土狭乡),丁男只授正田(即露田)二十亩、麻田十亩,丁女只授正田十亩、麻田五亩,奴婢依良,丁牛每头二十亩;因为是狭乡,户籍计帐残卷中没有授受倍田的记载。现在把残卷中可以考知的邓延天富等五户受田亩数,列表于下:

户主姓名	邓延天富	王皮乱	刘文成	失　名	其天婆罗门
户主身份	白　丁	白　丁	荡寇将军	未　详	白　丁
户　　等	课户中	课户中	课户上	未　详	课户上
受田口数　丁男	一	一	一	二	一
丁妻	一	一	一		一
婢				一	
牛					二

户主姓名	邓延天富	王皮乱	刘文成	失　名	其天婆罗门
应受田	四六	四六	六六	九一	八六
已受田类别 麻田	一五	一五	一五	三〇	一五
已受田类别 正田	一〇	七	一〇	一〇	五五
已受田类别 园宅	一	一	一	一	一
已受田总数	二六	二三	三六	四一	七一
未　受　田	二〇	二三	三〇	五〇	一五
备　注	二分未足(即不足二分之一)	二分未足	二分未足	二分未足	三分未足(即不足三分之一)

这五户受田皆不足额,有的只受二分之一,有的只受三分之二。但同一残卷中,却有可靠的资料说明他们是要依照足额的土地亩数来缴纳田租、户调的。西魏均田农民田租户调的负担,列表如下:

租　调		上等户	中等户	下等户	贱丁婢	受田丁牛
田租	田租全额	二石(一夫一妇为四石)	一石七斗五升(一夫一妇为三石五斗)	一石(一夫一妇为二石)	四斗五升	一斗五升
田租	纳粟	一石二斗五升	一石	五斗		
田租	折草	七斗五升折草一围半	七斗五升折草一围半	五斗折草一围		
户调	布	二丈(一夫一妇为四丈)			一丈	二尺
户调	麻	一斤(一夫一妇为二斤)			八两	

课户的田租,还根据上中下三等的户等,折草输纳。如上等户每丁男或丁女,纳租二石,其中一石二斗五升输租粟,七斗五升折草(折草一围半);中等户每丁纳租一石七斗五升,其中一石输租,七斗五升折草(折草一围半);下等户每丁纳租一石,其中五斗输租粟,五斗折草(折草一围)。

我们从西魏大统十三年《邓延天富等户户籍计帐残卷》中，还可以了解到丁、中、老、小的年龄规定。三岁以下为黄，四岁至九岁为小，十岁至十七岁为中，十八岁至六十四岁为丁，六十五岁以上为老。凡男子从十八岁到六十四岁称之为丁的，都得服力役。关于均田户所服的力役，残卷有如下的记载：

> 　　都合课丁男叁拾柒人
> 　　　五人杂任役
> 　　　　一人猎师
> ……（二人防阁）……
> 　　　　二人虞候
> 　　　叁拾两人定见
> 　　　　六丁兵卅人
> 　　　亲〔信〕二人

从残卷的断片中，可以看到邓延天富等三十三户，应服力役的丁男有三十七人之多。最普遍的一种力役为"六丁兵"，即每个丁男在六个月内要为政府服役一个月，一年内要服役两个月。这种力役负担，是非常沉重的③。

从西魏大统十三年《邓延天富等户户籍计帐残卷》来看西魏时期的均田制度，授田土地非常不足，政府却要按照足额的授田亩数来向均田农民征收令文上规定的田租、户调，还要他们每年服力役两个月，对均田户的剥削，可以说是极其苛重的。这也说明了均田制的虚伪性，西魏王朝正是通过这种虚伪的均田制，来实现其对人民的残酷剥削。

北周王朝的均田制，据《隋书·食货志》载："司均掌田里之政令。""有室者（一夫一妇）田百四十亩，丁者（尚未娶妻）田百亩。""凡人口十已上，宅五亩；口九已下，宅四亩；口五已下，宅三亩。"十八岁成丁受田，六十四岁年老退田。一夫一妇每年纳"绢一匹，绵八两，粟五斛，丁（未娶妻者）者半之（减半收纳）。其非桑土（麻乡），有室者布一匹、麻十斤，丁者又半之。丰年则全赋，中年半之，下年一之（三分之一）"，皆以时征纳。北周的力役，"凡人自十八以至五十有九，皆任于役"。西魏大统十三年敦煌户籍计帐所记载的是六丁兵制，即六个月服力役一个月，一年服力役两个月。北周初年已改为八丁兵制，即八个月中服力役一个半月，一年服力役一个半月。"武帝保定元年（公元 561 年），改八丁兵为十二丁兵"④，即一年十二个月当中，均田农民服力役一个月。《隋书·食货志》还说，当时农民服力役，"丰年不过三旬，中年则二旬，下年则一旬。凡起徒役，无过家一人。"北周宣帝大象元年（公元 579 年）二月，营建洛阳宫，临时"发山东诸州兵，增一月功为四十五日役"，常役四万人。这是临时把山东诸州的十二丁兵改为八丁兵；宣帝死后，洛阳宫停筑，局部地区的八丁兵又恢复为十二丁兵了。

北周的户调，同北魏、北齐、西魏大统十三年的差不多，但西魏一夫一妇缴麻二斤，而北周一室缴麻增至十斤；田租因授田百四十亩，纳粟亦增至五斛（即五石）。我们根据上面的资料知道，应受田尽管定额是一百四十亩，实际上政府没有那么多的土地来供授受之用，而田租并不因为授田数额不足而有所削减，所以北周田租的定额还是很高，剥削是很重的。订定北周田租、户调数额的是苏绰，他在西魏时订定这个数额，他自己也觉得定得太重了，《隋书·苏威传》里有这样一段话："初，威父（苏绰）在西魏，以国用不足，为征税之法，颇称为重。既而叹曰：'今所为者，正如张弓，非平世法也。后之君子，谁能弛乎？'威闻其言，每以为己任。"到了隋文帝代周称帝，苏威为民部尚书，"奏减赋役，务从轻典"。关于隋代轻徭薄赋的问题，我们这儿且不去谈它；我们只是说明，北周的田租五石，确比西魏上等户的四石、中等户的三石五斗、下等户的二石要高得多，缴纳原麻也增加到西魏的五倍之多，所以北周农民的田租、户调负担，确是很重的。

此外还有一个考订上的问题,需要交代一下。苏绰死在西魏大统十二年,这是《周书·苏绰传》明文记载着的。如果北周的田租、户调式真的是苏绰手订的话,那么在大统十二年之前,早已固定下来了,何以这个剥削数额与授田亩数等等,和敦煌石室发现的西魏大统十三年《邓延天富等户户籍计帐残卷》所记载的出入那么大呢? 我们的答复是西魏到大统十二年,才真正取得河西走廊的瓜州和凉州,这个西魏大统十三年的敦煌户籍计帐,只是根据北魏以来授田令式,并参考敦煌地区均田土地和丁壮多少的实际情况来记录的,它还没有受到苏绰大统新制的太大影响。关于这个问题,比较复杂,我当另文加以详述,在这里就不多讲了。

北周的田租、户调、力役都不算轻,只是由于关陇地区的土地兼并情况,不比北齐统治地区那样剧烈,均田农民多少还能分到一些土地(尽管是二分未足或三分未足),能够进行农业生产;加以北周的政治,相对来说,要比北齐好一些,所以这一地区的土地危机不算突出,北周的统治也还比较稳定。

府兵制度的确立 宇文泰在接收贺拔岳的以六镇中武川镇兵户为骨干的军团时,这一军团人数不过数千人;侯莫陈悦兵溃后,李弼拥众万人来归;北魏宿卫禁旅所谓"六坊之众"(也是鲜卑族人)随孝武帝元修入关的,也"不能万人"(《隋书·食货志》)。合起来,西魏的兵力,大概在三万人左右。宇文泰命十二个将军分别率领。大统三年(公元 537 年)沙苑会战,高欢以二十万众进犯西魏,宇文泰迎击的军队,还不满万人;大胜以后,不断补充,人数增多。大统八年三月,正式成立六军。到了大统九年,西魏的军队,就发展到十万人左右了。同年与高欢在邙山会战失利,宇文泰的军队被东魏歼灭的,就有六万人之多。经过这次惨败,西魏实力大伤,而且事实上,关陇地区的六州鲜卑人数本来就不多,战争的长期持续,使兵员的补充更有困难,宇文泰自不得不从汉族方面补充军队,来充实自己的力量。《周书·文帝纪》称:"邙山失律,于是广募关陇豪右,以增军旅。"这些新编的军队,又都是由政府选择关陇地区有名望的人物来统领的,如:太原阳曲人郭彦,"其先从官关右,遂居冯翊。……大统十二年,初选当州首望,领乡兵,除帅都督"(《周书·郭彦传》)。武功人苏椿,"大统初……赐姓贺兰氏。……十四年,置当州乡帅,自非乡望,允当众心,不得预焉。乃令驿追椿领乡兵"(《周书·苏绰传弟椿附传》)。敦煌人令狐整,"世为西土冠冕。……常愿举宗效力,遂率乡亲二千余人入朝,随军征讨"(《周书·令狐整传》)。兵力是渐渐充实了。为了更好地配合建军工作,宇文泰对他的统帅部,也略加改组,形式上采取鲜卑旧日八部之制,立八柱国,除自己已在大统三年由西魏文帝任命为柱国大将军、都督中外诸军事,为西魏政权中的实际最高统帅外,又在大统十四年,任命西魏宗室广陵王元欣为柱国大将军,但也只挂虚名,并不授予实权,却用赵贵、李虎、李弼、于谨、独孤信、侯莫陈崇等六人为柱国大将军来实际分头统率六军⑤。每个柱国大将军下,有二个大将军,共十二大将军。每个大将军下,有两个开府,共二十四开府,是为二十四军。每个开府下,又有两个仪同,共四十八个仪同。根据西魏末、北周初的记录,一个仪同在那时领士兵一千人,一个开府在那时领士兵二千人⑥,那么一个大将军领士兵四千人,一个柱国大将军领士兵八千人,六柱国合起来有众四万八千人,与《邺侯家传》所称西魏初期府兵"六柱国共有众不满五万"(《玉海》卷138引《邺侯家传》)的说法,相差不远。这支军队,就是历史上所说的府兵。

府兵的前身,是以贺拔岳武川军团和侯莫陈悦军团的一部分(即李弼军团)以及"六坊之众"随魏孝武帝入关的北魏宿卫禁旅这三个基本部分组成的,原是鲜卑化非常彻底的军队。其中尤以构成府兵核心的武川军团,它的前身是六镇鲜卑,六镇鲜卑前身大都是拓跋部氏族成员，由于北魏孝文帝以后，封建化的程度急剧加深，他们的地位也急剧下降，终于沦为"役同厮养"的"府户"，因此，他们参加过六镇起义和河北起义。固然，六镇起义和河北大起义终于推倒了腐朽的北魏洛阳政权，但是进入中原的六镇鲜卑，其中一部分背叛了起义军而成为新兴的军事贵族以后，他们却还存在着一种不可实现的幻想，就是想回复到原来的氏族或部落关系去，这样他们也必然会带着一种反动的反对汉化的倾向。宇文泰、赵贵、独孤信等既出身于武川军团，在他们建立府兵时，主观上为了要满足六镇鲜卑的要求，就采用了六镇鲜卑所向往的过去鲜卑族的一种原有部落组织，即八部组织⑦，作为编制新军的一种蓝本。宇文泰等想在编制这一支新军的时候，对于士兵和军官之间的结合，也在一定程度上保持鲜卑旧日的氏族关系。因此，在西魏恭帝元年（公元554年），诏以有功诸将继承鲜卑三十六国（大部落），及九十九姓（大氏族）之后⑧，除了新军中的将领本来就用鲜卑复姓的如侯莫陈氏、独孤氏、豆卢氏、贺兰氏诸姓不予更动外，有的鲜卑复姓已经北魏孝文帝变法时改为单姓的，如于氏，则仍旧改为勿忸于氏。其他功高诸将，或虽出身武川，而已采用汉姓或本来汉姓的，则均由西魏政府赐以三十六大部落中的一个姓氏，如：李虎赐姓大野氏，李弼赐姓徒何氏，赵贵赐姓乙弗氏，杨忠赐姓普六茹氏（亦译作普陋茹氏），王雄赐姓可频氏，让他们都作为这一姓的"宗长"，也就是这一部落的酋长，并且"仍撰谱录，记其所承"（《隋书·经籍志》），以表示他们都是三十六大部落或九十九大氏族的嫡系子孙。同时又令鲜卑、汉族将领所统率的士卒，皆以他们主将的鲜卑赐姓为他们的姓氏，犹如过去鲜卑族的氏族社会里氏族成员以氏族的姓氏作为他们的姓氏一样。由于鲜卑复姓的重复使用，六镇鲜卑政治军事势力的在各方面抬头，所以庾信诗中甚至有"梅林能止渴，复姓可防兵"（《出自蓟北门行》）的句子，可见复姓的鲜卑军事贵族,怎样地在社会上受到重视。六镇鲜卑居住在北镇时,是一直讲鲜卑话的,就是进入中原地区,也在本族人中保持着讲鲜卑语的习惯。东魏丞相高欢"号令将士,常鲜卑语"。只有高昂在侧,"则为之华言"(《资治通鉴》梁武帝大同三年)。宇文泰对六镇鲜卑也是讲鲜卑话的,一直到宇文泰的儿子北周武帝宇文邕还是讲鲜卑话,《隋书·经籍志》载有《周武帝鲜卑号令》一卷。《隋书·李德林传》称周"武帝尝于云阳宫作鲜卑语谓群臣云"云,可见周武帝习惯于讲鲜卑话。群臣中有很大一部分(尤其是鲜卑军事贵族)也懂得鲜卑话,鲜卑话又一度成为"国语"。至于胡服,更是流行,纱帽、黄纹绫袍或青袍,九环金带,乌皮吉莫靴,所谓"虏袍通踝,胡靴至膝"(《文苑英华》卷672引徐陵《答顾记室书》),这类鲜卑贵族的服装,触目皆是。然而历史的发展,不是以人们的意志为转移的,所有六镇鲜卑,既然进入中原地区,只能像他们的先辈跟随北魏孝文帝迁居洛阳一样,必然要走上汉化的道路。

宇文泰企图用落后的氏族关系来组织府兵,搞好将领与兵士间的结合,使他们好像血缘近亲,并肩作战,来改善兵士的地位,提高府兵的战斗力量。事实上,在鲜卑族成员之间,他们的血缘联系久已消失了;宇文泰对于毫无血缘关系的鲜卑、汉族兵士,硬用旧日的氏族关系把他们合在一起,是不符合当时的历史要求的。因此,府兵的组成,并没有也不可能使府兵真正退回到氏族关系去,那是可以肯定的;但是,由于这种"府兵",多少还带着一些过去自由民所组成的"民兵"的色彩,因而在已经沦为"府户"、"役同厮养"的六镇兵户看来,身份是大大地提高了。不但六镇鲜卑,成了府兵的骨干力量;就是"中原强宗子弟"、"关陇豪右",也是府兵发展的对象。他们"不但不废仕宦",而且"进仕路泰",他们的地位,的确大大地改善了,因此,府兵的战斗力也有了一定的提高。

下面讨论一下从西魏到隋初，府兵制度的变化：

　　第一，尽管府兵制度在开始时鲜卑化的程度还算深刻，兵士的身份比起魏、晋、南朝来，有相当的提高，因而早期的府兵制度蒙上了薄薄一层古代的"民兵"色彩；但是从府兵的实质来看，它既不是过去拓跋氏拱卫平城的六镇驻防军，更不是鲜卑更早期的部落军，而一开始就和北魏孝文帝迁都洛阳时"以代迁之士皆为羽林虎贲"（《魏书·高祖纪》）一样，是以禁旅的姿态出现的中央禁卫军。史载："柱国大将军……六人，各督二大将军，分掌禁旅，当爪牙御侮之寄。"（《周书》赵贵等传后叙）又称："十二大将军，十五日上，则门栏陛戟，警昼巡夜；十五日下，则教旗习战，无他赋役。每兵唯办弓刀一具，月简阅之，甲槊戈弩，并资官给。"（《北史》李弼等传后叙）可见府兵一开始就是"禁旅"——中央禁卫军的性质，所以"十二大将军外，念贤、王思政亦拜大将军。然贤作牧陇右，思政出镇河南，并不在领兵之限"（《北史》李弼等传后叙），可见州镇的督帅，就不能算作府兵统帅，也就是说，只有"禁旅"的统领，才算是府兵统帅。

　　不过，府兵一开始，固然以"禁旅"的性质出现，但是由于当时实际的执政者是宇文泰，西魏文帝元宝炬只是宇文泰所操纵的傀儡，府兵的指挥权，实际属于相府（宇文泰任大丞相、大冢宰、都督中外诸军事），所以名为"宿卫"、"禁旅"的早期府兵，皇帝是无法调度的。直到北周前期，宇文护专政十余年，府兵的指挥权也是属于相府（宇文护任大冢宰、都督中外诸军事）。《周书·晋荡公护传》称："自太祖（宇文泰）为丞相，立左右十二军，总属相府。太祖崩后，皆受护处分。凡所征发，非护书不行。"北周武帝杀宇文护（公元572年），命其弟齐王宇文宪往宇文护相府"收兵符及诸簿书等"（《周书·齐炀王宪传》），这支府兵才真正直辖于君主。建德三年（公元574年），武帝下令"改诸军军士为侍官"（《周书·武帝纪》），从此府兵便成为名副其实的直辖于皇帝的禁卫军了。

第二，既如前述，西魏建立府兵制度时，府兵的身份地位，比较北魏末年的"府户"，大有提高。宇文泰为了发展府兵，在六镇鲜卑以外，又以关陇豪右为发展对象，广为征募。可是东、西魏对峙，周、齐分立，战争的长久持续，府兵的人数兵源，有减无增。北周武帝宇文邕把府兵指挥权从中外都督诸军事府收回由自己掌握之后，为了要扩大兵源，充实军事力量，于是不得不使均田上的"六户中等以上，家有三丁，选材力一人"（《玉海》卷138引《邺侯家传》）来充当府兵。

西魏、北周的统治地区，在当时说来（和东魏、北齐相对而言），是地主经济发展比较缓慢的地区，因此，均田制也就比较能够巩固。西魏、北周政府为了扩大府兵基础，以"除其县籍"（《隋书·食货志》）、"无他赋役"（《北史》李弼等传后叙）等廉价方法来号召农民充当府兵。均田上的农民，正苦于经济上的超额剥削，自然纷纷入伍，故史称"是后夏人（汉人）半为兵矣"（《隋书·食货志》）。府兵制到这时，开始和均田制结合起来，兵源大大地扩大，府兵制至此向前跨了大大的一步。

第三，府兵在成立初期，由二十四军统率，另有军籍⑨，不编户籍，也不负担其他的赋役⑩，所以到了周武帝天和元年（公元566年），还继续在关中渭水上游侨置恒、云、燕、朔、蔚、显六州并"筑武功、郿斜谷、武都、留谷、津坑诸城，以置军人"（《周书·武帝纪》）。而且早期的府兵，不是六州鲜卑，便是关陇豪右，并非一般平民；加之那时府兵人数很少，而战争接触频繁，事实上又"十五日上，则门栏陛戟，警昼巡夜；十五日下，则教旗习战"，也不可能兼事农耕，所以兵农是分离的。在兵农分离的时期，"兵士、军人"，虽是"权置坊府"，但"南征北伐，居处无定"，"家无完堵，地罕苞桑，恒为流寓之人，竟无乡里之号"（《隋书·高祖纪》），是不可能有土著的军府的⑪。到周武帝扩大府兵基础，开始招募均田制中的农民来充当府兵以后⑫，情况有了变化。固然那时的均田户一当府兵，还可不编入民籍；但既以均田户来充当府兵，又不能令均田户放弃农业生产，自然要设置土著军府，郡守也可以在"农隙教试阅"（《玉海》卷 138 引《邺侯家传》）。"初置府不满百"，恐怕就是指开始成立土著军府（唐折冲府之前身）这一阶段而说的。在初置土著军府之始，还是兵民异籍，到了隋文帝开皇十年（公元 590 年），又下令："凡是军人，可悉属州县，垦田籍帐，一与民同，军府统领，且依旧式。"（《隋书·高祖纪》）到这时候，凡是府兵，也就是均田制下的农民——均田户固然未必人人是府兵，而府兵必然是均田户。府兵制至此，已从初期的兵农分离制走向和均田制结合起来的兵农合一制了⑬。

由于府兵在开始时带有"民兵"的色彩，其身份从西魏以来，已大大提高；到了北周时，且称为"侍官"（《隋书·食货志》）。府兵制和均田制结合以后，均田户中六等户以上，他们的身份、地位也显然有所提高，这一部分上升的均田户，必然带有豪强的气息。

自府兵基础扩大以后，到北周灭齐时，府兵已发展到近二十万人；到了隋文帝灭陈时，府兵已发展到五十万人。这支军队以后终于成为隋唐王朝的主要军事力量，隋唐王朝的强盛，是和均田、府兵分不开的。

关陇统治集团的组成　宇文泰在创置府兵同时，组织了代表鲜卑、汉族地主阶级利益的关陇统治集团。

宇文泰领导了以武川镇军官为骨干的贺拔岳军团，据有关陇，而关陇一带的人力、物力，远不及高欢所辖境域之富庶。那时的江南，则自晋室南迁之后，又是汉族文化荟萃之地，高欢也曾说过："江东复有一吴儿老翁萧衍者，专事衣冠礼乐，中原士大夫望之以为正朔所在。"（《北齐书·杜弼传》）梁武帝在位时候，又是正如庾信说的"江表五十年无事"（《哀江南赋》）的时代，因此宇文泰除了在军事方面创置府兵,来提高自己军队的战斗力和贯彻执行汉化政策以外,在统治阶级内部,还须加强团结关陇地区及河东地区世族大地主的工作,结成关陇统治阶级的联合阵线,俾与雄踞山东的高欢及偏安江南的萧衍争一日之长。

在组织府兵统帅部与关陇统治集团的过程中,还有两项措施。第一,必须泯没鲜卑、汉族统治阶级的民族界限。在当时,西魏的军队中,不仅有六州鲜卑与久已鲜卑化的汉人,也有关陇豪右,这样就会有两支部族不同、语言不同的士兵,集结在同一部队里。宇文泰为了要团结这一支鲜卑、汉族混合的军团,泯没他们的民族成见,以完成其建军工作起见,于是如前所述,表面上采取了过了时的鲜卑旧日部落组织形式,作为编制新军的一种蓝本(实质上还是强化中央的力量)。凡是关陇将领,率领他们的乡兵加入这一府兵统帅部时,大都赐以鲜卑复姓,如苏绰弟苏椿赐姓贺兰氏,李远弟李穆赐姓拓跋氏,令狐整赐姓宇文氏之类。士卒也以统将的鲜卑赐姓作为姓氏,使这一支鲜卑化的军队,虽有关陇豪右新的成分参加,但是无法从他们的姓氏上辨别出他们的民族差异来。第二,宇文泰还想使关陇世家大族、六州鲜卑、山东乡帅泯没他们的地域成见,因此改易代人(即鲜卑人)之河南郡望为京兆郡望,对西迁关陇之汉族将帅中之山东郡望也不予歧视。这样,关陇统治集团内部就会结合得更紧,而关陇政权也自然会更巩固起来了。

这里所指的关陇统治集团,是指代表西魏北周关陇政权利益的一种政治性地主集团而言,它不仅包括了鲜卑贵族上层元、长孙、宇文、于、陆、源、窦、独孤诸族,以及关、陇、河东一带的汉世家大族京兆韦氏、弘农杨氏、武功苏氏、上谷侯氏、陇西李氏、河东裴氏、柳氏、薛氏诸姓。而且也并不完全排斥山东地区的世族大地主。当时山东地区世家大族个别房分出仕关西的,如博陵崔氏有崔士谦、崔说、崔猷,清河崔氏有崔彦穆,范阳卢氏有卢柔、卢辩、卢光，荥阳郑氏有郑孝穆、郑译，赵郡李氏有李子雄，顿丘李氏有李昶，他们虽然都是山东世族，但因仕于西魏、北周之故，亦应列入关陇统治集团之内。

在关陇统治集团组成之后，府兵统帅部中的八柱国、十二大将军——也就是宇文泰军团中的高级将领——与他们的继承人，便成为这一统治集团中的宝塔尖。八柱国中，除了宇文泰之外，如：柱国大将军李虎，是唐高祖李渊的祖父；柱国大将军独孤信，长女为周明帝宇文毓皇后，第四女为李虎的儿子李昺的妻子（李渊的母亲），第七女为隋文帝杨坚皇后。十二大将军中，如杨忠就是后来隋文帝杨坚的父亲。可见周、隋、唐三朝的创业皇帝，没有一个不和关陇统治集团有着血缘上的关系。自周、隋迄唐初的将相大臣，也有很多是关陇统治集团中重要组成分子的后裔。

宇文泰为了巩固他的关陇政权，首先必须给关陇统治集团打下雄厚的经济基础，因此拼命对外掠夺劳动人手。如在取得梁朝的四川之后，每年命将攻略居住在四川一带的僚族人民，俘虏到数十万人之多，把他们作为"生口"，分赐给他的部下，当作奴隶，大将陆腾一人，先后就受赐到僚族奴隶八百口之多。宇文泰又在取得江陵之后，把江陵城内和江陵附近城邑的人民十余万人，全部俘虏入关，分赐给当时关陇集团中的统治贵族，作为奴婢。如：赐于谨（唐宰相于志宁的曾祖）奴婢一千口，赐长孙俭奴婢三百口，赐杨绍（唐宰相杨思道、杨恭仁的祖父）奴婢一百口，赐侯植（唐大将侯君集的祖父）奴婢一百口。其余如伐稽胡，赐韩果奴婢一百口；伐羌，赐于寔（于谨子）奴婢一百口，赐李贤奴婢四十口；伐吐谷浑，赐李雅奴婢百口；灭齐，赐有功将领元景山奴婢二百五十口，赐宇文弼奴婢一百五十口，赐崔弘度奴婢百口，赐阴寿奴婢百口。这些奴婢，虽然以后北周武帝宇文邕曾下令把他们解放为部曲；隋文帝杨坚即位后，又再度下令放免，可是还是准许旧主留为部曲、佃客，他们一直被束缚在土地之上，受着关陇统治集团的剥削和压迫。这数十万劳动人手，给关陇统治集团中的大地主的庄园经济，打下了稳固的基础。我们可以从《旧唐书·于志宁传》的记载里来窥知他们庄园经济势力的雄厚："志宁尝与右仆射张行成、中书令高季辅俱蒙赐地。志宁奏曰：'臣居关右，代袭箕裘，周、魏以来，基趾不坠。行成等新营庄宅，尚少田园，于臣有余，乞申私让。'"关陇统治集团的核心分子于氏，从于谨到于志宁，经历过一百多年，"田园"照旧"有余"，庄园下的劳动人手，当然也不会缺乏。所以关陇统治集团无论在政治、军事、经济各方面，他们的潜势力都是非常雄厚的。从而我们对于关陇统治集团能够左右周、隋和李唐前期三朝的政权，就也不难了解了。

北周武帝统一北方　在北魏末年，全国有寺院三万余所，"假慕沙门，实避调役"（《魏书·释老志》）的僧侣，人数发展到二百万，占政府编户人数十五分之一。到北齐时，寺院有四万余所，僧侣人数二百万，占政府编户人数十分之一。北周寺院约万余，僧侣人数约一百万，占政府编户人口的比例数，大概也在十分之一左右。僧侣人数愈多，政府的租调收入愈少，编户齐民的赋役负担势必加重。这样发展下去，阶级矛盾一定要激化，统治政权一定要动摇。当时北周有个卫元嵩，就提出消灭佛教的建议。他认为有德的贫人，只要向政府缴纳租调，而不必服力役；无行的富僧，除了输课以外，还必须服力役。他声称这样做法，不是灭佛，而正是符合佛教"平等"的宗旨的，所以他又说："劝行平等，非灭法；劝不平等，是灭佛法。"（《广弘明集》卷7《叙列代王臣滞惑解》）统治阶级中的世俗地主，既有这种论调，而周武帝呢？在他亲政之后的第二年，关中发生大饥荒，政府命令"公私道俗积贮粟麦者，准口听留，以下尽粜"（《周书·武帝纪》）。而僧侣地主能够根据政府的命令，拿寺院积谷赈济贫民的，恐怕为数极少；相反，僧侣地主必定会利用人民饥馑的机会，举放高利贷，牟取大利，加深统治政权的危机。而那时的北周地狭民贫，远不及北齐地广国富。周武帝要统一中原，必须消灭北齐；要消灭北齐，必须富国强兵，于是"求兵于僧众之间，取地于塔庙之下"（《广弘明集》卷 27 周释昙积《谏周高祖沙汰僧表》），便成为他的政策了。他在建德三年（公元 574 年）五月，下诏废佛，把关、陇、梁、益、荆、襄地区几百年来僧侣地主的寺宇、土地、铜像、资产全部没收，充作以后伐齐的军事费用；把近百万僧侣和僧祇户、佛图户，编为均田户，作为北周境内生产战线上的重要力量；把合龄的壮丁，编为军队，扩大了府兵的队伍。这种做法，在客观上由于僧侣、僧祇户、佛图户的编入户籍，调整了人民的赋役负担，在一定程度上缓和了国内的阶级矛盾。"所谓自废〔佛〕以来，民役稍稀，租调年增，兵师日盛。"（《广弘明集·叙任道林辩周武帝除佛法诏》）不到五年，周武帝便出兵灭掉北齐，废佛教成为北周能够统一中原的重要原因之一。

周武帝在灭齐之后，继续执行废佛政策，把北齐僧侣地主的"三宝福财，其资无数"（《续高僧传·周终南山避世蓬释静蔼传》），也同样全部没收。这样，整个中原地区"八州寺庙，出四十千（四万），尽赐王公，充为第宅。三方（周、北齐、后梁）释子，减三百万，皆复军民，还归编户"（《历代三宝记》），北周也成为当时富强昌盛的国家了。

北周武帝一方面吸收均田上广大的汉族农民充当府兵，扩大了府兵的队伍；另一方面他又消灭僧侣地主在经济上的势力，没收许多寺院财产和土地，增加了国家的财富，同时也或多或少地缓和了境内的阶级矛盾。他还善于运用外交策略，北与突厥和亲，娶突厥可汗的女儿为皇后，和突厥连兵伐齐；南与陈朝通好，约中分中国，使陈进兵淮南，牵制北齐，因此他在公元 577 年能够出兵灭齐，统一黄河流域。

从公元 568 年起，北齐、北周两个王朝开始通好，互相遣使聘问。北周武帝亲政后，见"齐氏昏暴，政出多门，鬻狱卖官，唯利是视，荒淫酒色，忌害忠良。阖境嗷然，不胜其弊"(《周书·韦孝宽传》)，便准备趁机消灭北齐。他整军练武，"蓄锐养威"；表面上还是同北齐和好，"使彼懈而无备"(《资治通鉴》陈宣帝太建七年)，然后"观衅而动"，大举出击。

公元 575 年(北周建德四年、北齐武平六年)，北周武帝调集了十八万大军进攻北齐。武帝亲率六军攻拔了河阴(今河南孟津东)大城；齐王宇文宪率领的前锋也攻拔了洛口东西二城(今河南巩义东北)。武帝麾军进围洛阳城，不克。北周的主力在攻下河阳(今河南孟州西南)南城之后，进攻中潬城(在河南孟县西南黄河中，北岸为河阳北城，南岸为南城)，攻了二十天，未能攻下。北齐派右丞相高阿那肱从晋阳统率大军救援河阳，北周武帝也得了疾病，只得退兵。

第二年即公元 576 年，北周武帝再度出兵伐齐。北周的谋臣宇文弼认为："河阳冲要，精兵所聚，尽力攻围，恐难得志。"不如"彼汾之曲，戍小山平，攻之易拔"(《隋书·宇文弼传》)。赵煚也认为："河南洛阳，四面受敌，纵得之，不可以守。请从河北直指太原，倾其巢穴，可一举以定。"(《隋书·赵煚传》)鲍宏也主张："进兵汾、潞，直掩晋阳。"(《隋书·鲍宏传》)武帝采纳了他们的意见，统率步骑兵十四万五千人，直指平阳(今山西临汾市西南)。这年十月初三日出兵，到了十月下旬，周军主力进抵平阳城下。十月二十七日，北齐晋州刺史崔景嵩开北门出降，周军当夜进入平阳，俘获了北齐平阳城主行台仆射海昌王尉相贵及其甲士八千人。北周攻占平阳为进军晋阳打开了大门，在军事上有重大的意义。武帝遂命齐王宇文宪率精兵二万沿汾水河谷向北挺进,攻拔了洪洞(今山西洪洞北六里)、永安(今山西霍州)二城,前锋挺进到鸡栖原(在霍州北);柱国宇文盛也率步骑一万,到达了汾水关(今山西霍州北、灵石南的南关)。

北齐后主高纬在周军进攻晋州平阳城的时候,正在晋阳。十月十一日,他带了妃子冯淑妃在天池(在今山西宁武西南管涔山上)打猎,晋州告急的文书,"自旦至午,驿马三至"。右丞相高阿那肱说:"大家(对皇帝的称呼)正作乐,何急奏闻"(《北齐书·恩幸·高阿那肱传》)。后主准备提早回到晋阳,冯淑妃"请更杀一围(围猎)"(《北史·后妃·北齐冯淑妃传》)。所以唐诗人李商隐有诗(《北齐二首》之二)云:

巧笑知堪敌万机,倾城最在著戎衣。

晋阳已陷休回顾,更请君王猎一回。

十月十八日,北齐后主回到晋阳。十九日,在晋阳的晋祠(今山西太原市西南晋祠)集合了齐军主力十万以上。二十五日,出发救援平阳。齐军来不及赶到平阳城下,平阳先已落入周军手中了。北齐后主所率领去救援晋州的十万大军,是北齐六州鲜卑的主力,如果指挥得当,战斗力是很强的。北齐大军向鸡栖原推进,分兵出汾水关。宇文宪看到齐军来势猛,接受了北周武帝的命令,全军向南撤退到玉壁(在今山西稷山南二十里)附近。北周武帝听说北齐大军南下,任命梁士彦为晋州刺史,留精兵一万守平阳城,自率六军退到玉壁。十月十八日,北周武帝还从玉壁返回长安,住了三天,发布诏书重申伐齐的决心。十二月初三日,武帝又到达汾水之曲的高显(今山西曲沃东北)前线。

北齐后主在十一月初三日率齐军主力到达平阳,开始包围平阳城,昼夜猛攻。北周平阳守将梁士彦苦守待援。北齐十万大军囤兵于平阳城下,有一个多月之久,士气逐渐衰颓。根据"避其锐气,击其惰归"(《孙子·军争篇》)这个著名军事原则,北周武帝决定选择平阳城南与北齐主力进行决战。十二月初六

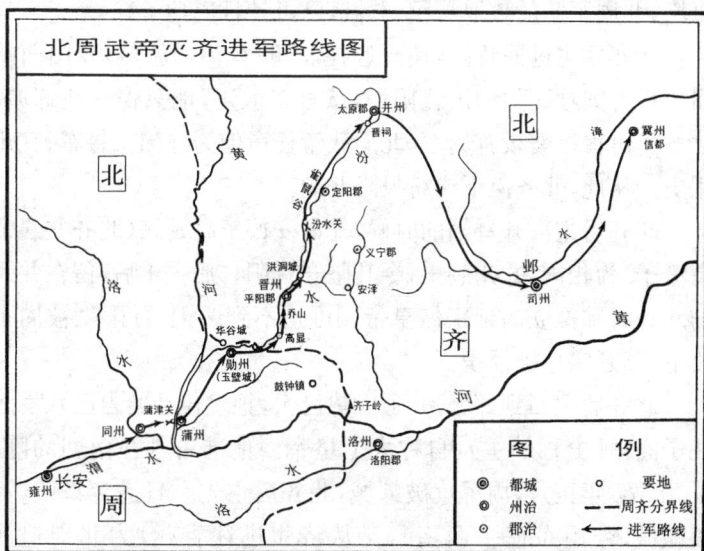

北周武帝灭齐进军路线图

日,北周集结了八万主力,靠近平阳城布置阵势,东西二十余里。北齐在决战之前,在平阳城南挖掘壕沟,东起乔山(在今山西襄汾北),西抵汾水,北齐的军队列阵于壕沟北面。周军在壕沟南面。从早晨到申时(下午三点钟到五点钟),两军"相持不决"。北齐后主左右的一批幸臣对后主说:"彼亦天子,我亦天子。彼尚能远来,我何为守堑示弱"(《北齐书·恩幸·高阿那肱传》)。北齐后主听从了,下令齐军填平壕沟南进,两军一接战,齐军东翼稍微退却,在阵上观战的冯淑妃和录尚书事、城阳王穆提婆便认为已经打了败仗,怂恿北齐后主退保高梁桥(今山西临汾东北)。北齐后主的脚跟一动,军心涣散,结果全军大溃,损折了一万多人。"军资甲仗,数百里间,委弃山积。"(《周书·武帝纪》)平阳之围,也自然解除。十二月十日,北周大军攻取了高壁(山西灵石东南二十五里)。十二月十二日又攻取了介休(今山西介休)。十四日就包围了并州。平阳城下一战,北齐主力实际已被打垮，北周军队的攻取晋阳、邺城，已可计日成功了。

北齐后主逃回晋阳，还想逃往北朔州（治马邑城，今山西朔州），投奔突厥。他一出晋阳城，从官多散走，他只得退往邺城。北齐幸臣穆提婆投奔周军，北周武帝任命他为柱国大将军、宜州刺史。从此，北齐臣下纷纷投降北周。

北齐后主离开晋阳的时候，任命安德王高延宗（北齐文襄帝高澄子）为相国、并州刺史，令其坚守晋阳。后主走后，留在并州的北齐将帅推立高延宗做皇帝。可是不到两天，晋阳就被周军攻下，高延宗也被俘虏。

北齐后主回到邺城，知道大势已去，把皇位让给自己八岁的儿子高恒（史称幼主），自称太上皇帝。他准备逃往南朝的陈。公元577年正月，周军攻破邺城，北齐后主先一日逃奔济州（治碻磝城，今山东茌平西南），又从济州逃往青州，为北周追兵所俘。

北齐任城王高湝（高欢子）在信都（今河北冀州）集兵，众至四万余人。北周武帝命齐王宇文宪进攻信都，宇文宪俘斩齐军三万人，高湝也被俘。

北齐范阳王高绍义（文宣帝高洋子）退保北朔州马邑城（今山西朔州），周军进逼马邑，高绍义战败，北奔突厥，犹有众三千人，自称皇帝。后来突厥可汗接受了北周王朝的贿赂，把他送往长安。北周将高绍义流放到蜀中，不久在蜀病死。

当周武帝联陈伐齐之时，陈派大将吴明彻进兵取齐淮南。周灭齐之后，又派大军伐陈，夺得陈淮南之地，擒陈大将吴明彻，消灭了南朝主力军三万多人。一时北周的疆土，南面抵达长江沿岸。周武帝还打算"平突厥，定江南"，造成全国统一的局面。可是他不久病死（公元578年），他的统一事业，遂由隋文帝杨坚来完成。

北魏时期，奴隶制残余形态，还很严重，所以均田制实施之初，还有奴婢受田的规定。其后东、西魏分立，周、齐对峙，由于长期进行战争，西魏、北周的统治者往往把战俘和征服地区的平民作为奴隶，分赐功臣，因此奴隶使用的残余形态，在较短的一个时期内，又有变态的发展。北周武帝即位之后，前后五次下诏，释放官、私奴婢⑭，并令"所在附籍，一同民伍，若旧主人犹须共居，听留为部曲及客女"(《周书·武帝纪》建德六年诏)。这对于奴隶制残余形态的削弱，封建隶属关系的发展，是有贡献的。

北周武帝是当时历史上一位杰出的人物。他不仅结束了周、齐对峙的局面；同时还给此后南北朝的统一，打下了良好基础。在他统治时期，北周王朝开始吸收均田上的广大汉族农民充当府兵，这样不仅大大地扩充了府兵的队伍，加强了军事力量；同时由于汉族农民参加鲜卑化非常浓厚的府兵队伍，也就使得鲜卑族和汉族人民有了进一步融合的可能。此外，他消灭了僧侣地主在经济上的势力，没收了寺院的许多财产和土地，因而增加了国家的财富，也调整了人民的赋役负担。他在灭齐前后，还五次下诏释放奴婢，并听任旧主留为部曲和客女，这就削弱了当时的奴隶制残余形态，促进了封建关系的发展。因此，北周武帝在当时的历史进程中，是起了积极作用的。

北周王朝的衰亡　公元 578 年，北周武帝病死，子宣帝赟立。宣帝是一个非常荒唐的皇帝。他在做太子时就干了许多坏事，武帝知道后，把迎合他做坏事的太子宫尹郑译等除名。他喜饮酒，武帝"遂禁醪醴不许至东宫"。内史中大夫王轨侍武帝内宴，酒后捋武帝须曰："可爱好老公，但恨后嗣弱耳。"(《周书·王轨传》)武帝也明白儿子不争气，但次子汉王宇文赞同样不争气，其余的孩子年纪又小，所以这个继承人问题被搁置下来了。由于武帝管教很严，太子也"矫情修饰，以是过恶遂不外闻"(《周书·宣帝纪》)。其实武帝的弟弟齐王宇文宪文武全才，是武帝事业的最好的继承人。宇文宪"善谋多算略，尤长于抚御，达于任使"，"摧锋陷阵，为士卒先，群下感悦，咸为之用"，算得上是个出色的军事统帅。而且他善于识别和选拔人才。唐人修《周书》时，还称道说："昔张耳、陈馀（楚汉之际的人）宾客厮役，所居皆取卿相；而齐（指宇文宪）之文武僚吏，其后亦多至台牧。"（《周书·齐炀王宪传》）北周武帝不肯把皇位传给这样的弟弟，终于让不肖子成为自己的继承人，北周王朝很快就走向衰亡。

宣帝宇文赟既即位，他最妒忌的就是齐王宇文宪，刚做了皇帝就把宇文宪杀死。到了第二年，还杀掉王轨，逼死武帝所信托的宗室重臣宇文神举、宇文孝伯。而把迎合他为非作歹的郑译、刘昉等人留在身边，参掌机要。宣帝自己"酗饮过度"，几乎天天都在醉乡，有宫伯（宿卫）下士杨文祐在宣帝酒席前歌曰："朝亦醉，暮亦醉，日日恒常醉，政事日无次（无秩序）。"（《隋书·刑法志》）宣帝听了发怒，重杖二百四十，把他活活打死。至于纵情声色，更是不用说了。宣帝"先搜天下美女，用实后宫；又诏仪同以上女，不许辄嫁"（《周书·颜之仪传乐运附传》）。他一入后宫，接连一二十天不出来，大臣无法见到他，国家大事，只能通过宦官向他报告。他还制定了一些非常不合乎情理的法令规定，如下令"唯宫人得乘有辐车"，"令天下车皆以浑成木为轮"。又下令只准宫人"加粉黛"（粉以傅面，黛以画眉），"禁天下妇人皆不得施粉黛"（《周书·宣帝纪》），只能"黄眉墨妆"（《资治通鉴》陈宣帝太建十一年）。宣帝还嫌武帝所制定的法律《刑书要制》在量刑定罪上太轻，"更峻其法"，称为《刑经圣制》。新的法律规定："宿卫之官，一日不直，罪至削除（开除官职）。逃亡者皆死，而家口籍没。""鞭杖皆百二十为度，名曰天杖。其后又加至二百四十。""其决人罪，云与杖者，即一百二十；多打者，即二百四十。"（《隋书·刑法志》）上自公卿，内及后妃，往往多被棰杖，他想通过"威虐"来慑服臣下，搞得内外恐怖，人人离心。

北周宣帝还非常狂妄。他即位的第二年，就把皇位传给七岁的儿子宇文阐（静帝）来做，自己做太上皇帝，称天元皇帝，这时他才二十一岁。他居住的宫殿，称为"天台"，制（大赏罚、大除授用的文件）称"天制"，敕（任免一般官员用的文件）称"天敕"。还立了五个皇后，天元大皇后杨氏、天大皇后朱氏、天中大皇后陈氏、天右大皇后元氏、天左大皇后尉迟氏。宣帝这样昏暴荒淫，做了不到两年的皇帝和太上皇帝，大象二年（公元 580 年）五月就得病死了，死时年才二十二岁。静帝宇文阐这时年才八岁，大权遂旁落到宣帝嫡妻天元大皇后杨氏之父杨坚的手里。

杨坚祖先原是弘农杨氏。五世祖杨元寿在北魏初期，迁居武川镇。父杨忠，从小生长武川镇，后来成为独孤信的部将，在西魏担任将帅，宇文泰组织府兵统帅部，置八柱国、十二大将军，杨忠就是十二大将军中的一员。北周时，官至柱国大将军、大司空，封随国公。杨忠死，杨坚袭父爵为随国公。北周武帝灭齐后，任用杨坚为定州（治卢奴，今河北定州）总管。宣帝时，因为杨坚是皇后的父亲，由亳州（治左城，今山东曹县西北）总管内调为大司马和右司武，掌握军权。宣帝死，静帝只有八岁，掌握机要的内史上大夫郑译和御正下大夫刘昉假造遗诏，命杨坚总持朝政。随后让静帝叔父汉王宇文赞出任右大丞相，实际上什么权力也没有。杨坚却获得假黄钺（代表皇帝专主征伐）、左大丞相、都督内外诸军事、大冢宰等名号；既而取消左、右大丞相的官号，杨坚为大丞相，国家权力操纵在他一人手里。

杨坚掌握了国家大权之后，怕周室五王赵王宇文招、陈王宇文纯、越王宇文盛、代王宇文达、滕王宇文逌（均宇文泰子）等在外藩发动兵变，先不将宣帝死讯告诉他们，推说宇文招女千金公主要嫁与突厥可汗，征召五王回京。不久就把周室五王和明帝、武帝诸子陆续杀死。

当时担任相州（治邺，今河北临漳西南）总管的尉迟迥，是宇文泰的外甥，武帝让他统治旧齐之地，权力极大。杨坚想把他撤换,派韦孝宽担任相州总管。大象二年六月,迥起兵反坚;迥弟子尉迟勤时为青州(治东阳城,今山东青州)总管,也起兵响应;荥州(治虎牢,今河南荥阳西北汜水镇)刺史周宗室宇文胄、徐州(治彭城,今江苏徐州市)总管司录席毗罗,都纷纷起兵,席毗罗部众号称八万。尉迟迥的军队发展到数十万人。除了并州(治晋阳)总管李穆、幽州(治蓟)总管于翼以外,关东诸州,几乎全都响应尉迟迥了。

郧州(治安陆,今湖北安陆)总管司马消难的女儿是北周静帝的皇后。他在尉迟迥起兵的下一个月,起兵响应尉迟迥,反对杨坚。他管下的九州八镇,都归附了他。

益州(治成都,今四川成都市)总管王谦,是十二大将军之一王雄的儿子。他听说杨坚掌握了北周大权,派了梁睿来替代他做益州总管,他也起兵闹独立,益州所管益、潼等十八州和川南、川东十州,大都处于他的控制之下。

当时三方起兵,"半天之下,汹汹鼎沸","城有昼闭,巷无行人"(《隋书·高祖纪》),形势是相当紧张的。杨坚在对三方用兵的同时,先革除了北周宣帝的"苛酷之政",废除《刑经圣制》,删略旧律,重新行用武帝制定的《刑书要制》,一切更为宽大,取得了人民和下级官吏对他的好评。其次就在大象二年六月,下令准许传播佛、道两教,发还寺院的一部分财产,允许僧侣重新在寺院修行念佛。他这样做,一方面是想利用佛教来欺骗和愚弄人民,巩固他的统治政权;另一方面也想缓和统治阶级内部——世俗大地主所代表的王权和僧侣大地主之间的矛盾,来应付周隋之际改朝换代的紧张局面。

杨坚要应付三方起兵的局面,首先要解决东战场"聚众百万,称兵邺邑"(《隋书·高祖纪》),"地乃九州陷三,民则十分拥六"(李德林《天命论》)的尉迟迥。他征发关中精兵,任命韦孝宽为行军元帅,不久加派心腹高颎去做监军,东讨尉迟迥。这时韦孝宽年老多病，可是他是有实战经验的老将，加上高颎足智多谋，作战部署完成得比较出色。这支军队推进到永桥城（今河南武陟西南大虹桥，当时桥旁有城），与尉迟迥儿子尉迟惇带领的十万军队相持于沁水两岸。高颎就在沁水上赶造浮桥，渡过大军。尉迟惇布阵二十余里，企图在韦孝宽的军队半渡之际进行袭击，因此麾兵稍作退却。尉迟惇退却时阵地动摇，韦孝宽乘势出击，军队鸣鼓齐进；高颎便下令焚毁沁水浮桥，使士卒只好勇往直前。尉迟惇大败，全军溃散，惇单骑逃奔邺城。这次会战的胜利，奠定了杨坚一方胜利的基础。

韦孝宽乘胜进逼邺城。尉迟迥集中在邺城的兵力是十三万人，韦孝宽的兵力大概也有十多万人。韦孝宽的军队列阵于邺城西面，尉迟迥的军队列阵于邺城南面。尉迟迥虽然年已老迈，还是披甲临阵；其麾下别统万人，皆绿巾、锦袄，号称"黄龙兵"，作战很卖力。两军接战之初，韦孝宽军不利，稍作退却。当时邺城士民有数万人在旁观战，韦孝宽部下故意用箭乱射观战者，观战者赶紧躲避，"转相腾藉，声如雷霆"（《北史·宇文贵传子忻附传》）。韦孝宽的军队乘势猛攻，迥军大败，退守邺城。韦孝宽纵兵包围邺城，很快就攻破邺城，尉迟迥自杀。邺城的大城里面有小城，大概就是几年之前北齐王朝的宫城，有很多军士聚集在小城里坚持抵抗，城破，韦孝宽把他们坑杀在游豫园内，据《隋书·五行志》说，被坑杀的人数有几万人之多⑮。杨坚还命令韦孝宽、高颎，把邺城彻底加以破坏，所有居民南迁至四十五里外的安阳（今河南安阳西南）居住，改安阳为邺县，仍为相州治所。邺城自东汉以来，一直为河北政治中心，曹操时为魏都，石虎、慕容氏前燕和北齐又都作为都城，经过这次大破坏，它就从地图上消失了，一直到今天，只留下一些断碑残碣，一湾漳水，供访古者凭吊而已。

邺城破后，尉迟迥麾下大将檀让有部众数万人，另一大将席毗罗有部众十万人，在河南地区活动，先后被杨坚任命的河南道行军总管于仲文击败，檀让被擒，席毗罗被杀。关东诸州都为韦孝宽、于仲文两支军队所平定。尉迟迥从大象二年六月起兵，到八月失败，历时仅六十八天。

在南战场方面，杨坚以王谊为行军元帅，率荆襄兵进攻司马消难。司马消难以郧、随等九州八镇降陈，陈宣帝趁机出兵，攻下沿江一些城镇。王谊大军进逼，司马消难逃奔陈朝，只有鲁山、甑山两镇（今湖北汉川、蔡甸之地）为陈占有。

西战场方面，益州总管王谦派大将达奚惎等率众十万，北攻利州（治绵谷，今四川广元），利州总管豆卢勣坚守待援。杨坚任命梁睿为行军元帅，出兵二十万，深入蜀境。达奚惎等苍黄撤兵，梁睿军自剑阁进逼成都。王谦令达奚惎等守成都，自己亲率精兵五万，迎战失败，守城将领达奚惎等开城投降梁睿。王谦在北逃途中被擒杀。西战场的战事也是以杨坚的胜利而结束。

大象二年六月尉迟迥起兵，到这年十月王谦最后失败，三方从起兵到失败，不到四个月的时间。三方既平，杨坚也在公元581年（北周静帝大定元年、隋文帝杨坚开皇元年）二月代周称帝，国号隋。不久杀北周静帝，尽灭宇文氏。从公元557年北周王朝建立，到北周静帝宇文阐失国，凡五主，共二十四年。

北周帝系表

```
宇文肱 ─┬─ 宇文颢 ─┬─ 宇文导
        │          └─ 宇文护
        │
        ├─ 宇文泰 ─┬─ （一）闵帝觉（557）
        │          │
        │          ├─ （二）明帝毓（557—560）
        │          │
        │          ├─ （三）武帝邕（561—578）── （四）宣帝赟（578—579）── （五）
        │          │    静帝阐（579—581）
        │          │
        │          ├─ 齐王宪
        │          │
        │          └─ 赵王招
```

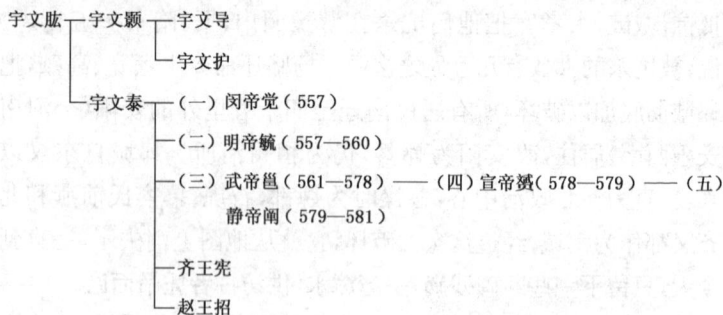

北方各族人民的大融合　从公元317年起，到公元581年

止，匈奴、羯、氐、羌、卢水胡、鲜卑人先后入主中原，有两个半世纪以上，至隋文帝杨坚即位，黄河流域的统治权才又重新回到汉族地主的手中。当拓跋部进兵中原的时候，鲜卑族的人口本不多，它的社会发展的阶段也较落后，因此，为了巩固他们的统治权起见，无论对内镇压还是对外征服，都不得不依靠汉族地主和强迫汉族农民来供他们奴役。起初，鲜卑的统治阶级还警惕着，它将政权的主要部分和军事的主要力量都紧紧地掌握在自己手中。政权方面，所谓"其始也，公卿方镇，皆故部落大酋；虽参用赵、魏旧族，往往以猜忌夷灭"（北宋刘攽等《魏书·目录叙》）。军队中，起初由鲜卑族人构成全部军队，汉族农民只是"服勤农桑，以供军国"⑯，即使以后驱蹙汉族农民作战，也只充步兵，骑兵均由鲜卑人来担任，鲜卑人构成当时军队中的基本力量。随着他们封建化程度的加深，鲜卑族内部急遽的分化，大部分鲜卑人都沦落到被封建隶属的人群里去了。宇文泰筹组府兵，兵农的身份固然有所提高，但是终究不能挽回这一颓势。这样，军事力量自不得不依靠汉族农民来补充，从北周武帝宇文邕起，府兵在均田的基础上大大地发展起来，这一事实也反映了这时汉族农民已经构成为府兵中的主要力量了。另一方面，汉族地主在政权中的势力，也必然会随着鲜卑族封建化加深而更加重要起来。这样，久而久之，鲜卑族的统治权，逐渐从鲜卑贵族的手里移转到汉族地主的手里，而鲜卑统治集团的腐化堕落，又加速了这一过程。隋文帝的代周，就是这一过程的必然结果。

在南北朝对峙时期，南朝人民的支持南朝政权，主要是因为这两个半世纪中，民族矛盾已经上升到第一位，而南朝终究是汉族地主的政权之故。现在，北朝的统治权重新回到汉人的手中了，民族矛盾基本不存在了；而南朝统治集团的腐化堕落，又使南朝政权成为南朝人民痛恨的目标。所以隋文帝代周以后，在均田、府兵扩展后的国富兵强的基础上，很快消灭了南朝，结束了二百多年的纷扰局面，使中国又成为一个统一的国家。

隋文帝以汉族地主的身份重新取得北朝的皇帝地位，隋王朝的统一南北，这些事业的完成，都是在北方各族人民大融合的基础上进行的。从十六国时代起，匈奴、羯、氐、羌、卢水胡各族，以及最后崛起的鲜卑族拓跋部，先后入主中原，建立政权，这些政权崩溃后，各族人民并没有迁回到他们自己的原居住地去，他们留在中原，和汉族杂居，并和汉族人民一道与北方的各族统治者进行顽强的斗争，久而久之，他们自然和汉族融合在一起了。无论在经济生活方面、文化语言方面、风俗习惯方面，他们已完全和汉族一样了。后来的历史学家也只有从他们后裔的姓氏（如匈奴的呼延氏，羌的夫蒙氏，鲜卑的元氏、长孙氏、独孤氏诸姓）和郡望上（如代人、河南洛阳人、京兆长安人之类），来考知他们族姓之所自出了。到了隋唐时代，匈奴、羯、赀、氐、羌、丁零、乌桓、鲜卑等族诸名称，终于成为历史上的名词，在当时再也没有他们的活动可以记录下来了，也就是说，经过十六国南北朝将近三百年的时间，这时他们已经完全融合在作为统一国家中主体部族的汉部族里了。这一民族大融合，固然经历了长期的痛苦历程，但是由于汉族接受了新的成分，因此在经济上、文化上，不但没有衰落，而且比之以前更加兴盛起来。中国历史上空前强盛的隋唐封建国家，就是在这种民族大融合的基础上形成发展起来的。

---

① 宇文泰的先世是宇文部的酋长。宇文部，东胡族，游牧于今内蒙古西拉木伦流域。在东汉桓帝时，鲜卑族的大酋长檀石槐所组织的部落联盟中，有东部大人槐头，据说他就是宇文部的酋长。宇文部共有十二个部落，因此他是十二个部落结合起来的一个部落联盟的酋长。公元 293 年，宇文部的大酋长莫槐死，弟普拨继立。普拨死，子丘不勤继立。丘不勤死，子莫珪继立。莫珪时，部众强盛，自称单于。莫珪死，子逊昵延继立。逊昵延死，子乞得归继立。公元 319 年，乞得归率士卒数十

万，南伐鲜卑徒何族酋长慕容廆于棘城（今辽宁义县），反为慕容廆所败。公元325年，慕容廆又战败乞得归，长驱入其国三百余里，掳掠宇文部人数万户而归。公元332年，乞得归为其族人逸豆归所逐，走死于外。公元343年，逸豆归亦为慕容晃所败，远遁漠北。慕容晃徙宇文部五千余落于昌黎（今辽宁朝阳），宇文部亡。

②关于西魏大统十三年敦煌《邓延天富等户户籍计帐残卷》，日本山本达郎博士和池田温教授作了精湛的研究，其论文《敦煌发见计帐样文书残简》载日本《东洋学报》第37卷第2号。西村元佑教授对此也作了极其细致的研究，其论文有《关于西魏时代之户籍计帐二三问题》，载日本《史林》第44卷第2号；《西魏户籍计帐关于课上税之意义》上、下篇，载日本《东洋史研究》第2卷第1号、第2号；《敦煌发现西魏计帐户籍（斯坦因汉文文书第613号）关于兵制税制与其施行时间》，载日本《东方学》第23辑。本文所介绍的西魏均田实施情形和当时的田租、户调、力役制度，都是参考了山本达郎、池田温和西村元佑三位先生的论文结论而写成的，附志于此，并致谢意。

③《邓延天富等户户籍计帐》中提到五人杂任役中有一人是猎师。按《周书·裴侠传》："除河北（治河北县，今山西平陆北）郡守。""此郡旧制有渔猎夫三十人，以供郡守。侠曰：'以口腹役人，吾所不为也。'乃悉罢之。"猎师盖即渔猎夫之类，是替郡守、县令猎取鸟兽以供口腹的杂役。据《太平御览》卷431引《桓阶别传》曰："阶为赵郡太守，⋯⋯诏⋯⋯赐射鹿师二人，并给媒弩。"射鹿手亦猎师之类，是猎师在曹魏时已有之。

又《邓延天富等户户籍计帐残卷》断片中，其最后一行"亲二人"，"亲"即"觊"字，觊系觊信或觊兵之简略。当时独孤信以陇右大都督、秦州刺史督兵擒凉州刺史宇文仲和；令狐整亦于此时逐张保，以瓜州归西魏，西魏任命申徽为瓜州刺史。而独孤信适又加督凉、甘、瓜诸州。敦煌为统府督将讳，故觊信便用"觊"字。西魏、北周有"觊信"或"觊信兵"，其上置觊信都督、觊信大都督。

④《隋书·食货志》：保定元年（公元561年），改八丁兵为十二丁兵，率岁一月役。

《资治通鉴》陈文帝天嘉二年胡三省注曰：八丁兵者，凡境内民丁，分为八番，递上就役；十二丁兵者，分为十二番，月上就役，周而复始。

⑤当时虽设八柱国，可是实际只有六个军。事实上宇文泰也不可能把六个军打散，再改编成为八个军。因此八柱国中，除了宇文泰都督中外诸军事为西魏最高统帅外，广陵王欣，史称为"元氏懿戚，从容禁闼而已"（《周书》赵贵等传后叙），并没有带领军队。带领军队的实际只有六个柱国。六个柱国分掌六个军，也就是大统八年所成立的六军。六军的前身就是贺拔岳的武川军团、侯莫陈悦旧部李弼军团与

元修带进关中的禁卫军团。不过宇文泰在组织府兵统帅部时,为了团结以上三个军团的将领以巩固关陇统治集团的联合阵线起见,贺拔岳军团还是由赵贵、侯莫陈崇、李虎等率领;李弼的军团,也保持原有的建制。除了调"专制陇右"的独孤信来主持一军之外,宇文泰又提拔他的亲信于谨(宇文泰任夏州刺史时,谨为夏州长史;宇文泰为大丞相时,谨又为丞相府长史)为柱国大将军。可见六军原有的班底,并没有多少更动,新招募到的"关陇豪右",也只是分隶六军(归六柱国指挥),并没有组织新的军团来予以收编。

⑥《周书·尉迟迥传》:迥伐蜀,督开府元珍、乙弗亚、俟吕陵始、叱奴兴、綦连雄、宇文昇等六军甲士一万二千,骑万匹。(是一开府领兵二千人之证。)

《周书·赵刚传》:孝闵帝(宇文觉)践阼……刚……督仪同十人,马步一万。(是一仪同领兵一千人之证)

⑦《魏书·官氏志》:初安帝(拓跋越)统国,诸部有九十九姓;至献帝(拓跋邻)时,七分国人,使诸兄弟各摄领之(与帝室合为八部)。

⑧《北史·西魏文帝纪》:大统十五年(公元549年)五月,初诏诸代人太和中改姓者,并令复旧。

《周书·文帝纪》:魏氏之初,统国三十六,大姓九十九,后多绝灭。至是(魏恭帝元年,公元554年)以诸将功高者为三十六国后,次功者为九十九姓后,所统军人,亦改从其姓。

《隋书·经籍志》:后魏迁洛,有八氏十姓,咸出帝族;又有三十六族,则诸国之从魏者;九十二姓,世为部落大人者,并为河南洛阳人。……及周太祖入关,诸姓子孙有功者,并令为其宗长,仍撰谱录,纪其所承。又以关内诸州,为其本望。

《周书·明帝纪》:二年(公元558年)三月庚申,诏曰:"三十六国,九十九姓,自魏氏南徙,皆称河南之民;今周室既都关中,宜改称京兆人。"

⑨《周书·孝闵帝纪》:元年(公元557年)八月甲午,诏曰:"……今二十四军宜举贤良堪牧治民者,军列九人。……"(是二十四军另有军籍之证)

⑩《北史》李弼等传论:柱国大将军……六人,各督二大将军,分掌禁旅,当爪牙御侮之寄。……每大将军督二开府,凡为二十四员,分团统领,是为二十四军。每一团,仪同二人,自相督率,不编户贯。都十二大将军。十五日上,则门栏陛戟,警昼巡夜;十五日下,则教旗习战。无他赋役,每兵唯办弓刀一具,月简阅之。甲槊戈弩,并资官给。

⑪不是土著的军府,自北魏初期已有。《魏书·杨播传》:弟椿,"除定州刺史。自太祖(拓跋珪)平中山,多置军府,以相威慑。凡有八军,军各配兵五千;食禄主帅,军各四十六人。自中原稍定,八军之兵,渐割南成,一军兵才千余;然主帅如故,费禄

不少。椿表罢四军,减其帅百八十四人。"这一类军府的兵士,不一定是土著农民,因此和唐代均田户、府兵合一的折冲府,意义完全不同。

⑫《隋书·食货志》:建德二年(公元573年),改军士为侍官,募百姓充之,除其县籍,是后夏人半为兵矣。

⑬府兵创置时,八柱国的模仿鲜卑旧日八部之制,系采用陈寅恪氏所著《隋唐制度渊源略论稿》中的说法。但府兵一开始是禁卫而不是分隶六柱国家的部落军,则采用岑仲勉《隋唐史》和唐长孺《魏晋南北朝史论丛》中的说法。

⑭《周书·武帝纪》:保定五年(公元565年)六月辛未,诏曰:"江陵人年六十五以上,为官奴婢者,已令放免。其公私奴婢有年至七十以外者,所在官司宜赎为庶人。"

《周书·武帝纪》:建德元年冬十月庚午,诏"江陵所获俘虏充官口者,悉免为民"。

《周书·武帝纪》:建德六年二月……关东平……癸丑,诏曰:"……自伪武平三年(公元572年)以来,河南诸州之民,伪齐被略为奴婢者,不问官私,并宜放免。其住在淮南者,亦即听还;愿住淮北者,可随便安置。"

《周书·武帝纪》:建德六年十一月,诏"自永熙三年(公元534年)七月已来,去年十月以前,东土之民,被抄略在化内为奴婢者;及平江陵之后,良人没为奴婢者,并宜放免,所在附籍,一同民伍。若旧主人犹须共居,听留为部曲及客女"。

《周书·武帝纪》:宣政元年(公元578年)三月丁亥,诏"柱国故豆卢宁征江南武陵、南平等郡,所有民庶为人奴婢者,悉依江陵放免"。

⑮《隋书·五行志》:周大象二年,尉迟迥败于相州,坑其党与数万人于游豫园。

《集神州三宝感应录》:隋运创临,天下未附。吴国公(当作蜀国公)尉迟迥,周之柱臣,镇守河北,作牧旧都。闻杨氏御图,心所未允,即日聚结,举兵抗诏。官军一临,大阵摧解,收拥俘虏,将百万人,总集〔相州大慈〕寺北游豫园中,明旦斩决。围墙有孔,出者纵之。至晓便断,犹有六十万人,并于漳河岸斩之。流尸水中,水不为流,血河一月。

《法苑珠林》卷84:唐初相州大慈寺塔,此塔即隋高祖手敕所置。初以隋运创临,天下未附,吴(当作"蜀")国公尉迟迥,国之柱臣,镇守河北,作牧旧都。闻杨氏御图,心所未允,即日聚结,举兵抗诏。官军一临,大阵摧解,收拥俘虏,将百万人,总集寺北游豫园中,明旦斩决。围墙有空,出者纵之。至晓便断,犹有六十万人,并于漳河岸斩之,流尸水中,水为不流,血河一月。帝(杨坚)曰:"此段一诛,深有枉滥。贼止尉迟迥,余并被驱,当时恻隐,咸知此事,国初机候,不获纵之。可于游豫园南葛蓁山上立大慈寺，六时礼拜加一拜为园中枉死者。"

按《隋书·五行志》谓坑杀数万人于游豫园，释记谓杀六十万人，流尸漳水，语有夸大，今从《隋志》。

⑯《魏书·刘洁传》：〔世祖〕时……洁奏曰："……郡国之民，虽不征讨，服勤农桑，以供军国，实经世之大本，府库之所资。……"

第八章　魏晋南北朝时期的边境各族

第一节　东北各族

夫馀　夫馀是我国东北部的一个古老部族。这个部族的政治中心,大概在今天的吉林省农安附近。东汉时,这个部族地方二千余里,北起今天黑龙江双城,南至辽宁昌图,包括今天的长春市、吉林市、四平市等地。有一条大河贯穿这个地区,就是今天的松花江,当时称之为弱水。这条水发源于长白山,从东南流向西北,它会合嫩江以后,才折而转向东北。凡是东南流向西北的水,在我国都会蒙上弱水这个名称,所以松花江在和嫩江会合之前,也获得弱水这个名称。这一辽阔地区,"虽多山陵广泽",但土地平敞,灌溉便利,"宜五谷","善养牲。出名马、赤玉、貂狖、美珠,珠大者如酸枣"(《三国志·魏志·夫馀传》)。

夫馀国的王族,并不是夫馀的土著,他们的第一代国王东明,据神话传说,是北方索离国王的孽子,因为索离国王要杀他,他逃至施掩水(今黑龙江),"以弓击水,鱼鳖浮为桥"(《三国志·魏志·夫馀传》注引《魏略》),东明因此南王夫馀之地。夫馀的后王,据说都是东明王的后裔。

夫馀部落,有"户八万",是个土著的部族。和西边的近邻鲜卑游牧部落专事掠夺恰恰相反,夫馀部落专心从事农业生产,风俗谨厚,不事寇钞。"国有君王",君王以下,"以六畜名官,有马加、牛加、猪加、狗加、大使、大使者、使者"。诸加权力大的,"主数千家,小者数百家"。"邑落有豪民,名下户皆为奴仆"。"以弓矢刀矛为兵,家家自有铠仗"。战争的时候,诸加官径自在各地作战,"下户俱担粮饮食之"。贵族死了,"杀人殉葬,多者百数"。"用刑严急,杀人者死,没其家人为奴婢。窃盗,一责十二。""有宫室、仓库、牢狱";"兄死妻嫂,与匈奴同俗。"(《三国志·魏志·夫馀传》)夫馀是早期奴隶制国家,它虽然有真性王了,但还没有出现绝对的王权。"旧夫馀俗,水旱不调,五谷不熟,辄归咎于王,或言当易,或言当杀。"国王随时会被废黜甚至杀害,可见王权并不怎样强大。

夫馀王以腊月祭天,这一天,"国中大会连日,饮食歌舞,名曰迎鼓"。发生了战争,也要祭天,"杀牛观蹄,以占吉凶"。人民都爱好音乐,走路时,一路走,一路歌唱,"无老幼皆歌,通日声不绝"(《三国志·魏志·夫馀传》)。

东汉光武帝建武二十五年(公元 49 年),夫馀王遣使聘汉,光武帝赠以中原方物,"于是使命岁通"(《后汉书·夫馀传》)。安帝永宁元年(公元 120 年),夫馀王遣嗣子尉仇台亲诣洛阳,安帝赠送尉仇台印绶和金彩。顺帝永和元年(公元 136 年),夫馀王亲至洛阳朝贡,顺帝命作黄门鼓吹、角抵戏来欢迎他。桓帝、灵帝时,夫馀王再次遣使聘汉。由于夫馀是东北受汉族文化较深的国家,因此汉王朝也对夫馀王特别优待,规定夫馀王死后,和汉朝皇帝或汉宗室诸王一样,可以"葬用玉匣"。汉王朝预先在玄菟郡(汉末玄菟郡治在今辽宁沈阳附近)存放了一套金缕玉衣或银缕玉衣,夫馀王死了,就由地方官派专人把金缕玉衣或银缕玉衣送往夫馀国都。三国时,公孙度据有辽东,他为了西面牵制徒河鲜卑的势力,东南面牵制高句丽的势力,和夫馀王族表示亲善,曾把宗女嫁给夫馀王,结为婚姻,两个地方政权关系密切。

西晋时,徒河鲜卑慕容氏崛起,开始侵略邻部。晋武帝太康六年(公元 285 年),慕容廆袭破夫馀国都,夫馀王依虑兵败自杀,依虑子夫馀后王依罗逃往沃沮。西晋武帝命护东夷都尉何龛出兵援助依罗,收复夫馀故地。但经过这次战争,夫馀的国力大大地削弱了,夫馀的人民经常被徒河鲜卑慕容氏贵族掠为奴婢,转卖到其他部族里去。

北朝时期,夫馀王国和北魏王朝还是有着密切的经济文化联系。北魏文成帝太安三年(公元457年),夫馀王派遣使节到达北魏都城平城访问,并馈赠方物。这时夫馀王国在进一步削弱下去。北魏宣武帝正始(公元504至507年)中,据高句丽使臣芮悉弗向宣武帝作口头报告,提到"夫馀为勿吉所逐"(见《北史·高丽传》),说明夫馀确实已经衰亡了。

代夫馀王国而起,据有夫馀故地北部的是豆莫娄部落。它和夫馀王国一样,地方二千余里,所不同者,它的政治中心逐渐向北推移,以避免南面高句丽王国加给它的军事威胁,所以中国史上仍称它为"北夫馀"。豆莫娄的社会组织和风俗习惯,基本继承夫馀王国,没有多大变化。

沃沮 沃沮部落,地处盖马大山(狼林山脉)之东,"东滨大海而居,其地形东北狭,西南长,可千里。北与挹娄(即勿吉)、夫馀,南与涉貊接"。即从今天的延边自治州起,一直延伸到海滨为止。当时东沃沮分南沃沮和北沃沮两个部分。东沃沮"土地肥美,背山向海,宜五谷,善田种"。全境有"户五千,无大君王,世世邑落各有长帅",大概还没真性的王出现。东沃沮人的语言,和夫馀人大同小异。"饮食居处,衣服礼节,有似句丽。"东沃沮境内,"少牛马",战争的时候,多"持矛步战"(《三国志·魏志·东沃沮传》)。

汉武帝元封三年(公元前108年),开东沃沮为玄菟郡(郡治夫租,今朝鲜民主主义人民共和国的咸兴)。昭帝始元五年(公元前82年),又把玄菟郡治迁到高句骊县(今辽宁新宾西南)。东汉时,又把玄菟郡治迁移到今辽宁沈阳之东。沃沮的邑落时时受到高句丽的侵陵,高句丽王国向沃沮人民征收"租税、貂布、鱼、盐、海中食物",责令沃沮人民"千里负担,致之"高句丽。高句丽王还迫令沃沮"送其美女以为婢妾",对待沃沮人民简直像对待奴婢一样。

北沃沮,亦名置沟娄,"去南沃沮八百余里",风俗基本和南沃沮相同。南沃沮受到高句丽王国的欺凌,北沃沮也时时受到挹娄部落的欺凌。"挹娄喜乘船寇钞,北沃沮畏之,夏月恒在山岩深穴中为守备。冬月冰冻,船道不通,乃下居村落。"(《三国志·魏志·东沃沮传》)沃沮人从事农业,爱好和平生活。

勿吉 勿吉,古称肃慎,汉魏时期称挹娄,北朝时期称勿吉,隋唐时期称靺鞨。其地"在夫馀东北千余里,滨大海,南与北沃沮接,莫知其北所极"(《三国志·魏志·挹娄传》)。它的境界,大概从今我国黑龙江省起(除了内蒙古呼伦贝尔外),一直到达黑龙江北岸迤北的地方,东北更伸展到库页岛。"其土界广袤数千里,居深山穷谷。其路险阻,车马不通。"(《晋书·肃慎传》)其人"形似夫馀,言语不与夫馀、句丽同"。地"有五谷牛马麻布"。"无大君长,邑落各有大人。"(《三国志·魏志·挹娄传》)"父子世为君长",说明已经有世袭制度了。"无文墨,以言语为约。"有马不乘,但以为财产而已。"无牛羊,多畜猪,食其肉,衣其皮,绩毛以为布。"(《晋书·肃慎传》)"夏则裸袒,以尺布隐其前后,以蔽形体。"(《三国志·魏志·挹娄传》)"夏则巢居,冬则穴处。"(《晋书·肃慎传》)因为黑龙江流域一到冬天气候严寒,故穴居"以深为贵,大家至接九梯"(《后汉书·肃慎传》)。"人皆善射,以射猎为业。""婚嫁,妇人服布裙,男子衣猪皮裘,头插虎豹尾。""初婚之夕,男就女家。"(《北史·勿吉传》)"妇贞而女淫,贵壮而贱老。"(《晋书·肃慎传》)

两汉时期,挹娄受夫馀的役属。到了三国曹魏时期,由于夫馀"责其租赋重",挹娄人民开始挣脱夫馀的役属。夫馀王几次出兵进攻挹娄,挹娄人"众虽少,所在山险,邻国人畏其弓矢,卒不能服也"(《三国志·魏志·挹娄传》)。

到了北朝时期,夫馀王国衰落了,继挹娄而起的勿吉部落却强盛起来了。《北史·勿吉传》称:"勿吉国在高句丽北,一曰靺鞨。"它分为七个部落:"其一号粟末部,与高丽接,胜兵数千";"其二伯咄部,在粟末北,胜兵七千;其三安车骨部,在伯咄东北;其四拂涅部,在伯咄东;其五号室部,在拂涅东;其六黑水部,在安车骨西北;其七白山部,在粟末东南。胜兵并不过三千,而黑水部尤为劲健。"这七个部落,白山部地处最南,白山就是今天的长白山。粟末部以粟末水得名,粟末水亦译作速末水,即今松花江和嫩江会合以后而流向黑龙江的一段。黑水部的黑水,就是今天的黑龙江,它地处最北。所有这七个部落,"邑落各自有长,不相总一"(《北史·勿吉传》),可见他们的国家组织还是很松散。每一个部落的酋长,称为大莫弗瞒咄,权力好像不太大。

勿吉人强悍有力,作战勇敢,便逐渐成为这个地区的强大力量,所以四邻都怕他们。不但经常劫掠北沃沮和北夫馀(即豆莫娄),还不断出兵进攻高句丽,成为高句丽北面的劲敌。

在周武王和周成王时代,肃慎氏曾进贡楛矢、石砮,远方遣使重译入贡,成为史家艳称的盛事。三国曹魏景元三年(公元262年),挹娄"遣使重译入贡,献其国弓三十张,长三尺五寸,楛矢长一尺八寸,石砮三百枚,皮、骨、铁杂铠二十领,貂皮四百枚"(《三国志·魏志·陈留王纪》)。这时司马氏将要代魏称帝,就大吹大擂,说这是司马氏威德所致。挹娄使臣回去的时候,魏朝回送了锦罽、绵帛等礼物。西晋武帝咸宁五年(公元279年),东晋元帝太兴二年(公元319年),挹娄都来馈赠楛矢、石砮。十六国后赵石虎时期,挹娄又来赠送楛矢、石砮,据说这次挹娄使团走了四年,才到达中原地区的河北邺城。北魏孝文帝太和二年(公元478年)、十年、十二年、十七年,宣武帝景明四年(公元

503 年）、正始四年（公元 507 年）、永平二年（公元 509 年）、三年、四年、延昌二年（公元 513 年）、三年、四年，孝明帝熙平元年（公元 516 年）、神龟元年（公元 518 年）、正光二年（公元 521 年），不断派遣使臣，来魏洛阳赠送楛矢、石砮和珍贵方物，最大的一次使团人数有五百余人之多，说明勿吉和中原地区的经济文化联系是非常密切的。

到了东魏、北齐时期，孝静帝天平三年（公元 536 年）、武定二年（公元 544 年）、四年、五年，北齐文宣帝天保五年（公元 554 年），武成帝河清二年（公元 563 年）、三年，后主天统元年（公元 565 年）、二年、三年、四年、武平元年（公元 570 年）、三年、四年，有时以肃慎部落的名义，有时以勿吉部落的名义，有时以靺鞨部落的名义，向东魏、北齐派遣使臣，进贡方物，同时也加强了经济文化的联系。

有人认为挹娄、勿吉用楛矢、石砮来作为礼物赠送中原地区一些王朝，说明当时他们还留滞在新石器时期，这个说法是大可商榷的。在周武王、成王时的肃慎，可能确实处于新石器时期；至于挹娄、勿吉，早已进入使用铁器的时代，这从三国曹魏末年，挹娄赠送器物中有铁铠一事，获得确切的说明。

室韦 室韦，也译作失韦，大概居住在我国东北今嫩江流域和黑龙江的上游。它与契丹是近属，在南者号契丹，在北者号室韦。北朝时期，室韦"分为五部，不相总一，所谓南室韦、北室韦、钵室韦、深末怛室韦、大室韦，并无君长"（《北史·室韦传》）。语言和库莫奚、契丹、夫馀很相近。据《魏书·失韦传》载：其地"颇有粟麦及穄，唯食猪鱼，养牛马，俗又无羊。夏则城居，冬逐水草。亦多貂皮。丈夫索发。用角弓，其箭尤长。女归束发，作叉手髻。其国少窃盗，盗一征三，杀人者责马三百匹。男女悉衣白鹿皮襦袴。有曲酿酒。"《北史》和《隋书》对于五部室韦的生活风俗，记载得更为细致。我们现在分别叙述于下：

南室韦在契丹之北,"土地卑湿,至夏则移向北"。南室韦内部分为二十五个部落,每部有一个馀莫弗瞒咄,即部落酋长。他们内部已经有世袭制度,馀莫弗瞒咄"死则子弟代之,嗣绝则择贤豪而立之"。"气候多寒,田收甚薄。无羊,少马,多猪牛","多貂","其国无铁","其俗,丈夫皆被发,妇女盘发,衣服与契丹同。乘牛车,以蘧蒢(粗草席)为屋,如突厥毡车之状。度水则束薪为栿,或有以皮为舟者。寝则屈木为室,以蘧蒢覆上,移则载行";"妇女皆抱膝坐","婚嫁之法,二家相许竟,辄盗妇将去,然后送牛马为聘,更将妇归家,待有孕,乃相许随还舍"(《北史·室韦传》)。

南室韦北行十一日,至北室韦。北室韦分为九个部落,部落酋长称乞引莫贺咄。乞引莫贺咄以下有副酋长三人,称莫何弗。北室韦"气候最寒,雪深没马。冬则入山居土穴,牛畜多冻死。饶獐鹿,射猎为务,食肉衣皮"。"地多积雪,惧陷阬阱,骑木(雪橇)而行,札(骤然煞住)即止。皆捕貂为业,冠以狐貂,衣以鱼皮(水獭皮之类)。"(《北史·室韦传》)

从北室韦又北行千里至钵室韦。钵室韦人数要比北室韦多。除了"用桦皮盖屋"以外,其余生活风俗,和北室韦基本相同。

深末怛室韦,在钵室韦的西南,约四日行程。深末怛室韦居住的地区,也非常冷,因此他们在冬季也都穴居,以避严寒。

钵室韦又西北数千里至大室韦,他们居住在大兴安岭以西,额尔古纳河以东。大室韦人从事游牧,兼以射猎为业。《北史·室韦传》里只说到他们居住的地区,"径路险阻,言语不通,尤多貂及青鼠"。这个大室韦部落居住的地区,也就是传说中后来蒙古部落祖先居住的地区。

东魏和北齐时期,室韦的部落酋长岁时派遣使人来聘。东魏孝静帝武定二年(公元544年)、四年、六年、七年,北齐文宣帝天保二年(公元 551 年)、三年,武成帝河清二年(公元 563 年),后主天统三年(公元 567 年),室韦"贡使相寻"(《北史·室韦传》),来邺城聘问,并赠送方物,这说明室韦部落和中原地区的经济文化联系有了进一步的发展。

在室韦部落的西南,还有两个部落,一个叫地豆于,在今西拉木伦河西北的内蒙古东乌珠穆沁旗、西乌珠穆沁旗一带。地豆于"多牛羊,出名马,皮为衣服,无五谷,唯食肉酪"(《北史·地豆于传》),这是一个以游牧为生的部落。北魏孝文帝延兴二年(公元 472 年)、四年、五年、太和三年(公元 479 年)、六年,宣武帝延昌四年(公元 515 年),孝明帝正光五年(公元 524 年),东魏孝静帝武定四年(公元 546 年),北齐文宣帝天保五年(公元 554 年),地豆于部落的渠帅不断派遣使者来到中原的平城、洛阳、邺城,向北魏、东魏、北齐王朝赠送方物;到了地豆于贡使回去的时候,北魏、东魏、北齐王朝也相应回赠礼品,从而加强了经济文化联系。

还有一个乌洛侯部落,他们的居住地区,更在地豆于之北,大概在今黑龙江省西北部的大兴安岭以西、额尔古纳河东南地区。"其地下湿,多雾而气寒。人冬则穿地为室,夏则随原阜畜牧。多豕,有谷、麦。无大君长,部落莫弗(酋长),皆世为之。其俗,绳发,皮服,以珠为饰。人尚勇,不为奸窃,故慢藏野积而无寇盗。好射猎。乐有箜篌,木槽革面而施九弦"(《北史·乌洛侯传》)。北魏太武帝拓跋焘太平真君元年(公元 440 年)、四年,乌洛侯的部落酋长两次遣使来魏朝贡,并且说他们居住地区的北方,有北魏祖先拓跋部族人居住过的旧墟石室(今嘎仙洞)。太武帝特派中书侍郎李敞前去踏看,并告祭石室,刊祝文于石室之壁。

契丹　契丹族居住在潢水(今西拉木伦河)、土河(今老哈河)一带,这一地区,当时称之为松漠。契丹和室韦是近属,契丹的风俗和室韦极为相近。契丹居鲜卑故地,经济生活也以游牧为主,"逐寒暑,随水草畜牧"(《北史·契丹传》)。由于契丹靠近中原地区的塞上,它对北朝的北魏、东魏、北齐等王朝,也是贡使不绝。北魏时期,契丹先后派遣使臣来平城、洛阳访问,共达三十多次;东魏时期,契丹也派遣过使臣来到邺城访问;北齐时期,契丹又先后六次派遣使臣来到邺城访问。他们向这些中原王朝,岁贡名马、文皮,北魏、东魏、北齐王朝也回赠契丹以缯帛、青镝等礼品。北朝并在和龙(今辽宁朝阳)和密云(今河北丰宁境,不是今天北京的密云)一带,与契丹互市,交易有无。北魏孝文帝太和三年,高句丽和柔然结成联盟,想瓜分契丹和契丹北面的地豆于。契丹莫贺弗(酋长)率领部落人众万余口,车三千乘,驱徙杂畜,请求附塞,取得北魏王朝对它的保护。以后碰到饥荒的年头,北魏王朝还允许契丹部落"入关市籴"(《魏书·契丹传》)。北齐文宣帝高洋天保四年,契丹犯塞,文宣帝亲自北讨,大败契丹,获十余万口,杂畜数十万头,所虏生口,皆分置诸州为平民。

北朝末年,契丹部落又强盛起来,分为十个部落,"兵多者三千,少者千余"。"有征伐,则酋帅相与议之,兴兵动众,合如符契。"(《北史·契丹传》)由于契丹和中原经济文化联系不断加强,所以契丹的社会制度进展较快,到了隋唐时期,契丹更加强盛了。

库莫奚 库莫奚是宇文部的别部。宇文部为前燕慕容皝所破,余众奔走隐匿,后来集结在西拉木伦河以南的松漠之间,形成为库莫奚部落。北魏登国三年(公元388年),道武帝拓跋珪出兵松漠,袭击库莫奚部落,至弱落水(即西拉木伦河)南,大破库莫奚,"获其马牛羊豕十万余"。十余年后,库莫奚经过休养生息,人畜蕃滋。北魏太武帝拓跋焘取北燕,置戍和龙(今辽宁朝阳),东北各部族同北魏王朝加强了经济、文化各方面的联系。

在整个北魏时期,库莫奚部落派遣使臣来平城、洛阳访问,一共有三十多次。北齐时期，它又派遣使臣至邺城访问，一共有五次。库莫奚部落和中原王朝的交往，"岁致名马、文皮"，和契丹部落几乎完全相同。除此以外，库莫奚部落"与安（州治方城，今河北隆化）、营（州治龙城，今辽宁朝阳市）二州边民参居，交易往来，并无欺贰"（《北史·奚传》），奚、汉两大部族既然经常和睦相处，经济、文化的联系也就更加密切了。

库莫奚"随逐水草"，"而善射猎"。到北朝后期，库莫奚部落人口增加很快，他们"分为五部，一曰辱纥主，二曰莫贺弗，三曰契个，四曰木昆，五曰室得。每部俟斤一人为其帅。……有阿会氏，五部中最盛，诸部皆归之"（《北史·奚传》）。库莫奚和契丹一样，到了隋唐时期，更是强盛，这和它靠近塞上，不断吸取中原地区先进生产技术和文化，有很大关系。

第二节　柔然、高车与突厥

柔然人与柔然汗国　公元 4 世纪末至 6 世纪中叶，柔然（南朝译为芮芮，北朝译为蠕蠕）曾经在今蒙古草原上建立起一个强大的游牧国家来。

柔然，《魏书·蠕蠕传》称它为"东胡之苗裔"，从柔然汗始祖木骨闾"秃头"和柔然人"辫发"（《梁书·芮芮传》）的风俗，以及柔然汗阿那瓌对北魏孝明帝元诩说的"臣先世源由，出于大魏"（《北史·蠕蠕传》）这话看来，柔然和拓跋族可能还是鲜卑族中的近支。有许多参加柔然部落结合的部落或氏族，如侯吕陵氏、尔绵氏、奇斤氏，后来加入拓跋氏三十六国九十九姓之内的也有这些姓氏，这更证明了柔然是鲜卑的支属。

公元 4 世纪初叶（西晋末），拓跋氏酋长猗卢统部时代，柔然汗始祖木骨闾开始挣脱拓跋氏的羁縻。到了他儿子郁久闾（柔然汗姓）车鹿会继位时，柔然人便形成为一个部落结合了。柔然部在拓跋部的北边,他们常用"马畜貂豽皮"(《北史·蠕蠕传》)来和拓跋部进行贸易。

公元 5 世纪初年,车鹿会的五世孙社仑统部,为了避免北魏拓跋氏对他的侵袭,开始从漠南推向漠北,侵入高车部落聚居的鄂尔浑河、土拉河流域,"深入其地,遂并诸部"(《北史·蠕蠕传》)。当时在鄂尔浑河的西北,还有许多匈奴残余部落,后来也被社仑征服。社仑自号"豆伐可汗"(意为驾驭开张之王),建庭于鹿浑海附近(今蒙古国哈拉和林西北)。柔然汗国的版图,东起大兴安岭,西逾阿尔泰山,南自大戈壁,北至贝加尔湖以南,包有准噶尔盆地,一直和天山以南的焉耆国交界,成为当时亚洲东北部的一个强盛的游牧国家。

从社仑时期开始,柔然人的军队中有了百夫长、千夫长的编制:"千人为军,军置将一人;百人为幢,幢置帅一人。"(《北史·蠕蠕传》)他们和其他游牧人一样,"以毡帐为居"(《宋书·索虏传》),"随水草畜牧","冬则徙度漠南,夏则还居漠北"(《北史·蠕蠕传》)。他们还没有文字,"以羊屎粗记兵数,颇知刻木为记"(《北史·蠕蠕传》)。他们每次出征,"先登者赐以虏获,退懦者,以石击首杀之,或临时捶挞"(《北史·蠕蠕传》)。他们在社仑以前,还处在氏族社会末期以及家长奴隶制刚开始发展的阶段。当时奴隶的来源,主要是战争中获得的俘虏。

社仑再传至大檀(社仑叔父之子),自号"牟汗纥升盖可汗"(意为制胜之王),这是柔然汗国的极盛时期。柔然人的势力,曾向准噶尔盆地西北发展,一度压迫乌孙人和悦般人。乌孙原为两汉时代的大国,至是"其国数为蠕蠕所侵,西徙葱岭山中"(《北史·西域·乌孙传》),就渐渐衰微下去了。悦般国"在乌孙西北……其先匈奴北部单于之部落。……北单于度金微山(今阿尔泰山)西走康居,其羸弱不能去者,住龟兹(今新疆库车)北,地数千里,众可二十余万,凉州人犹谓之单于王"(《北史·西域·

悦般传》），其地自龟兹以北至乌孙西北，盖自伊犁河以至巴尔喀什湖，他们和柔然"数相征讨"。可见柔然人的兵锋，还曾到达今天的哈萨克高原。

柔然人是北魏王朝的强敌，北魏为了要抵御柔然人的进攻，在平城周围成立六个军事重镇——六镇来拱卫京都。当时柔然的骑兵几乎每年都出来侵扰北魏的北边。公元424年，大檀亲率六万骑入云中，"围太武（拓跋焘）五十余重，骑逼马首，相次如堵"（《北史·蠕蠕传》），并一度攻破了北魏故都盛乐；后来因柔然内部有问题，才解围北去。不久，北魏太武帝为了要雪云中被围之耻，在公元429年亲征柔然，度戈壁，至栗水（今翁金河）；大檀知北魏军势甚盛，乃"将其族党，焚烧庐舍，绝迹西走，莫知所至。于是国落四散，窜伏山谷，畜产野布，无人收视"。太武帝从栗水西行，至菟园水（今推河），然后"分军搜讨，东至瀚海，西接张掖水，北度燕然山，东西五千余里，南北三千里"（《北史·蠕蠕传》）。这时高车诸部也趁机摆脱柔然人的统治，先后归附北魏者，有三十余万落之多。不久，太武帝又派遣别军往已尼陂（今贝加尔湖）一带招降东部高车数十万落，把他们劫往漠南的北魏控制地区去。柔然的强盛，本来是靠高车部落的依附，高车一挣脱它的统治，柔然汗国的势力，就骤然削弱了下来。柔然汗大檀以部落衰弱，至恚恨发病而死。

大檀死，子吴提立，自号"敕连可汗"（意为神圣之王）。初以国势不振，与魏和亲。北魏太武帝以西海公主嫁与吴提为妻，吴提也进妹于太武帝，被立为夫人（后进位左昭仪，仅次皇后一等）。到了公元439年，吴提以北魏太武帝西征北凉沮渠氏，乘虚进袭平城，前锋至七介山（今山西平鲁西北），"京邑大骇，争奔中城"（《北史·蠕蠕传》）。但此时北魏已灭北凉，所以柔然麾兵北返。公元443年，北魏分四道进攻柔然，太武帝亲率轻骑进至鹿浑谷（鄂尔浑河山谷。《资治通鉴》宋文帝元嘉二十年胡三省

注:"鹿浑谷即鹿浑海之谷也,本高车袁纥部所居,其地直平城西北,其东即弱洛水。"),与吴提相遇。柔然不意魏军猝至,上下惊惧,仓皇北走。魏军追赶不及而还。

吴提死,子吐贺真立,自号"处可汗"(意为唯王)。公元449年,北魏太武帝乘吐贺真新立,国势未固,亲率大军北伐柔然,"收其人户畜产百余万"(《北史·蠕蠕传》)。这次战役之后,太武帝就把他的兵锋转向南朝,吐贺真也"怖威北窜,不敢复南"。

公元464年,吐贺真死,子予成立,自号"受罗部真可汗"(意为惠王)。柔然汗开始模仿中原,建年号,予成初立时自号永康元年。《宋书·索虏传》也称:芮芮初时"国政疏简,不识文书,刻木以记事",到了这时也开始"渐知书契,至今颇有学者"了。柔然汗还写信给南朝的齐武帝萧赜,要求南朝派医生和锦工到他们那儿去,好使他们向汉人学习先进生产技术;同时还要求知道指南车和漏刻的造法,以便仿制。这在在说明了柔然人在这一个半世纪之中,生产力有了大大的提高,社会有了飞跃的进展,才会提出这种要求来的。

自予成以后,柔然开始想联合南朝来牵制北魏的北侵;南朝自公元450年(宋元嘉二十七年)魏军进侵江淮以后,也想联络柔然来对付北魏,以纾自己北边之急。所以到了刘宋末年(公元478年),曾派骁骑将军王洪轨"经途三万余里"(《南齐书·芮芮虏传》),出使柔然,克期共攻北魏。柔然汗予成也在479年"发三十万骑南侵,去平城七百里……于燕然山下(杭爱山南麓)纵猎而归"(《南齐书·芮芮虏传》)。由于这时正是南朝宋、齐改朝换代之际,南朝"不遑出师",所以夹攻的计划也就流产了。

柔然人既不得逞志于北魏,于是把他们的兵锋转而西向,企图在取得塔里木盆地的霸权以后,然后再与北魏王朝争雄长。《北史·西域·高昌传》载高昌国(都高昌壁,在今新疆吐鲁番东南高昌故城)在"和平元年(公元460年)为蠕蠕所并,蠕蠕以阚伯周为高昌王"，这可以说是柔然势力向西域推进的先声。接着"西域诸国焉耆（今新疆焉耆）、鄯善（都扞泥城，今新疆若羌卡克里克）、龟兹（今新疆库车）、姑墨（今新疆阿克苏）东道诸国"（《宋书·索虏传》），也次第被柔然所"役属"。柔然汗国的势力，不但到达了东道的托什干河流域，而且柔然汗国还乘北魏击败吐谷浑人之际，进军南道，想攻占吐谷浑势力范围内的于阗王国（今新疆和田）。于阗国王在魏献文帝皇兴元年（公元467年），上书北魏，有"西方诸国，今皆已属蠕蠕……今蠕蠕军马到城下，奴聚兵自保……遥望救援"（《北史·西域·于阗传》）等语，可见这时南道诸国也开始受到柔然汗国的威胁了。

但是强大的柔然汗国，"是偶然凑合起来的、内部缺少联系的集团的混合物"（《斯大林全集》第2卷，第292页），"是一些各有各的生活方式、各有各的语言的部落和部族的集合体"，它"不曾有自己的经济基础，而是暂时的不巩固的军事行政的联合"（斯大林：《马克思主义与语言学问题》，第9页）。这个偶然统一起来的柔然汗国，很快就因构成柔然汗国主要部分的高车族人独立运动的成功而趋于瓦解，最后因突厥人的兴起而倾覆了。

公元487年，当予成子豆仑（自号"伏名敦可汗"，意为恒王）统部时代，蒙古草原西部阿尔泰山附近的高车副伏罗部酋长阿伏至罗率高车部众十余万落，开始挣脱柔然汗国的统治，向西撤走，不久他们就征服了准噶尔盆地，"自立为王"（《北史·高车传》）。柔然汗豆仑和他的叔父那盖两路进兵追击，结果，豆仑屡败，那盖屡胜，柔然的贵族乃杀豆仑，立那盖，那盖自号"伏伐库者可汗"（意为悦乐之王）。自高车独立之后，公元488年，柔然的"伊吾（今新疆哈密）城主高羔子率众三千，以城内附"（《魏书·高祖纪》）于北魏；同时，东道的焉耆、龟兹诸国，也大都脱离柔然，改附嚈哒（见《梁书·滑国传》）；到了公元491年，高车的势力还一度进入高昌。可以说柔然在塔里木盆地的霸权,不到三十年,就宣告结束了。

那盖死,子伏图立,自号"他汗可汗"(意为绪王)。伏图在公元508年西征高车,为高车王弥俄突所杀。伏图子丑奴继位,自号"豆罗伏拔豆伐可汗"(意为彰制之王)。公元516年,他西征高车,擒杀高车王弥俄突,"尽并叛者,国遂强盛"(《北史·蠕蠕传》)。但是到了公元520年,高车副伏罗部又酝酿独立运动,柔然汗丑奴出兵攻击,兵败而归,丑奴母与诸大臣共杀丑奴,立丑奴弟阿那瓌为主。

阿那瓌称汗不到十天,内乱又起,其族兄示发率众数万进攻阿那瓌,阿那瓌战败,轻骑逃奔北魏,其母及二弟均为示发所杀。阿那瓌出走之后,阿那瓌从父兄婆罗门入讨示发,示发走死。柔然共立婆罗门为汗,婆罗门自号"弥偶可社句可汗"(意为安静之王)。由于柔然统治阶级内部存在矛盾,高车的势力更加发展。公元521年,婆罗门为高车所逐,弃其故地,退往漠南,"国土大乱,姓姓别住"(《北史·蠕蠕传》);不久,婆罗门遂率十部落走投凉州,降于北魏。北魏孝明帝元诩封阿那瓌为朔方公、蠕蠕王,置之于怀朔镇北的吐若奚泉,安置婆罗门于额济纳河流域的故西海郡。

公元522年,婆罗门想与其部众逃奔嚈哒,北魏发兵追讨,擒归洛阳。公元523年,阿那瓌也在柔玄、怀荒二镇之间聚兵三十万,摆脱了北魏的监视,驱掠边上"良口二千,并公私驿马、牛、羊数十万"(《北史·蠕蠕传》),退返故地。不久,北魏六镇起义,北魏统治者利用柔然主阿那瓌的兵力,来镇压六镇军民。公元525年,阿那瓌率众十万,"从武川镇西向沃野,频战克捷"(《北史·蠕蠕传》)。北魏的设置六镇,本来是为抵御柔然的,现在北魏叫阿那瓌来消灭六镇,阿那瓌自然尽情破坏,弄得"六镇荡然,无复蕃捍"(《魏书·高凉王孤传六世孙天穆附传》),"恒、代以北,尽为丘墟"(《魏书·地形志》)。从此长城以北的北魏领土,一度归于柔然汗国统治之下。阿那瓌虽然失去漠北,但是还能称雄漠南,史称其"部落既和,士马稍盛"(《北史·蠕蠕传》)。阿那瓌乃自号"敕连头兵伐可汗"(意为把揽之王)。

公元534年,东西魏分裂,"竞结阿那瓌为婚好"(《北史·蠕蠕传》)。西魏相宇文泰嫁西魏宗室女化政公主于阿那瓌弟塔寒,又废西魏文帝元宝炬后乙弗氏为尼,不久并逼乙弗后自杀,而为西魏文帝纳阿那瓌女郁久闾氏为皇后。东魏相高欢也尽力拉拢柔然,以东魏宗室女兰陵长公主妻阿那瓌,阿那瓌也以孙女邻和公主妻高欢第九子高湛;高欢自己也处正妻娄氏于别居,而纳阿那瓌爱女为正妻。由此可见当时东西魏的国势反不如柔然那样强盛了。

到了公元552年,突厥崛起,袭击阿那瓌于怀荒镇之北,阿那瓌兵败自杀。阿那瓌子庵罗辰及阿那瓌从弟登注俟利、登注子库利等率众投奔北齐。柔然余众更立登注次子铁伐为主。公元553年,铁伐为契丹部落所杀,北齐送登注父子北归,柔然部人仍立登注为主,又为国内大人阿富提等所杀。北齐文宣帝高洋乃立庵罗辰为蠕蠕主,置之马邑川(今山西朔州恢河)。公元554年,庵罗辰想挣脱北齐的羁縻,拥兵北返,高洋追击至沃野镇而还。庵罗辰的结果,史失记载,我们只知道柔然余众此时在沃野另推立阿那瓌叔父邓叔子为主,同年,突厥进攻沃野,邓叔子屡为所败,不能自立,乃率领残部逃奔西魏。突厥可汗遣使至西魏索取邓叔子等,"使驿相继",西魏相宇文泰"遂收缚蠕蠕主已下三千余人,付突厥使,于〔长安〕青门外斩之。中男以下免,并配王公家"(《北史·蠕蠕传》),蒙古草原上的柔然汗国便从此消灭了。

高车 高车和匈奴是近属,史称"其语与匈奴同,而时有小异"(《北史·高车传》),即它是土耳其语系而不同于鲜卑、柔然的蒙古语系。

高车在汉代称之为丁零，亦译作丁灵，到了南北朝时代，始有高车或敕勒之称。《魏书·高车传》称高车"初号为狄历，北方以为敕勒，诸夏以为高车、丁零"，可见北方的鲜卑、柔然人称它为敕勒，北方的汉人则称之为高车，南朝的汉人则因循两汉以来的名称称之为丁零。狄历、敕勒、丁零，都是译音之转，而高车的名称，则是由于这一族人"俗多乘高轮车"（《新唐书·回鹘传》），"车轮高大，辐数至多"（《北史·高车传》）的缘故，因以得名。

高车的原分布地区是在今西伯利亚南部从贝加尔湖以北的安加拉河流域一直到叶尼塞河的上游。

两汉以来，有一部分丁零族人进入中原地区，其中最著名的如中山、常山、西山等丁零，它们在十六国时代，还在黄河下游建立过短期丁零王国——翟魏，后为后燕慕容氏所灭。这些丁零族人后来被拓跋氏迁往六镇，很快地鲜卑化，最后并且汉化了。

在漠北的丁零，北方称之为高车的，在公元4、5世纪之际，有高车六氏和高车十二姓之别。高车六氏为"狄〔历〕氏、袁纥氏、斛律氏、解批氏、护骨氏、奇异斤氏"（《北史·高车传》），他们最初的牧地在鄂尔浑河、土拉河流域。高车十二姓"一曰泣伏利氏，二曰吐卢氏，三曰乙旃氏，四曰大连氏，五曰窟贺氏，六曰达薄氏，七曰阿仑氏，八曰莫允氏，九曰俟分氏，十曰副伏罗氏，十一曰乞袁氏，十二曰右叔沛氏"（《北史·高车传》），他们的牧地在色楞格河以西至阿尔泰山以东一带。

公元4、5世纪，漠北的高车人除了六氏十二姓以外，即以《北史·高车传》而论，或称"七部"，或称"五部"，或称"三十余落"，或称"九百余落"，而东部高车乃至有"数十万落"，可见高车是漠北人口最多，所谓"种类繁多"（《魏书·袁翻传》）的一个部落。

高车人过着游牧人的生活，"其迁徙随水草，衣皮食肉，牛羊畜产，尽与蠕蠕同"（《北史·高车传》）。在他们的部落里面，农耕还没有发达起来，故其"俗无谷，不作酒"（《北史·高车传》）。但是他们已经进入阶级社会了，在他们那里，私有财产制度已经在逐渐发展起来了。史称"其畜产自有记识，虽阑纵在野，终无妄取"（《北史·高车传》），即是其证。不过他们的氏族社会残余还是非常严重的，如"丈夫婚毕，便就妻家，待产乳男女，然后归舍"（《隋书·铁勒传》）；而东部高车，在"迎妇之日，男女相将持马酪熟肉节解。主人延宾……穹庐前丛坐，饮宴终日，复留其宿，明日将妇归"（《北史·高车传》），这些遗风佚俗，在在说明高车刚从氏族社会走进阶级社会没有多久。

在公元4、5世纪的时候，他们还没有"都统大帅"，即还没有部落联盟的领袖，不过每一个部落"各有君长"。他们勇猛而粗豪，部落内部很团结，碰到有"寇难，翕然相依"。他们作战还不知道立"行阵"，每一个高车人，凭他们的勇敢，冲锋陷阵，"乍出乍入"。但是也由于他们没有最高的军事指挥官，严格地指挥作战，因此他们只凭勇气，"不能坚战"（《北史·高车传》），为此吃了草原上其他游牧部落人不少的亏。

北魏从拓跋氏兴起的时候就对高车人进行侵掠。如道武帝拓跋珪曾渡弱洛水（今土拉河西支之喀尔喀河）而西，袭击驻牧于鹿浑海（今鄂尔浑河河谷）一带的高车人，"虏获生口、牛、马、羊二十余万"；他还"亲勒六军，自驱犛水（今内蒙古集宁西北）西北徇略……破其杂种三十余落"；又命卫王拓跋仪"别督诸将，从西北绝漠千余里，复破其遗进七部"。道武帝驱蹙高车人从漠北引向漠南，乃"大校猎，以高车为围，骑徒遮列，周七百余里，聚杂兽于其中，因驱至平城，即以高车众起鹿苑，南因台阴，北距长城，东包白登（白登山，在今山西大同市东北），属之西山"（《北史·高车传》)。当时高车俟利曷部的莫弗(高车官名)敕力犍率九百余落,解批部的莫弗幡豆建率三十余落,以及斛律部帅倍利侯等纷纷附魏。到了北魏太武帝时,出征柔然,一次就在已尼陂(今贝加尔湖)一带击降高车"数十万落,获马、牛、羊亦百余万,皆徙置漠南千里之地"(《北史·高车传》)。这些被强制迁徙到漠南的高车族人,还是保存他们的原有部落组织。他们每年向北魏政府缴纳贡税,"由是国家(北魏)马及牛、羊,遂至于贱;毡皮委积"(《北史·高车传》)。他们在漠南北魏统辖地区内,还是"乘高车,逐水草,畜牧蕃息";但由于他们和农耕生活的汉部族接触频繁的缘故,所以他们在数年之后,也"渐知粒食"(《北史·高车传》)了。北魏文成帝拓跋濬时(公元452—465年),在漠南北魏统治地区内的五部高车部落,曾"合聚祭天,众至数万,大会走马,杀牲游绕,歌吟忻忻"(《北史·高车传》)。他们自己都认为这一次大会是高车族人被迁徙到漠南以后的最大的一次盛会。

在北魏地区内的高车人,除了要缴纳沉重的贡赋给北魏王朝以外,还要负担沉重的兵役,北魏王朝时常调发他们作战,因此他们想摆脱北魏的统治,回到漠北。但是举行多次反抗,都被北魏王朝残酷地镇压下去。随着鲜卑拓跋氏封建化的加深,不但六镇兵民的身份急遽低落,"役同厮养",就连高车人的情况也更加恶化了。因此当六镇起义之际,在高平镇的敕勒酋长胡琛就首先响应,此外河西地区的敕勒牧民也遥遥响应,和汉族及其他各族人民一起起来颠覆北魏王朝。他们和汉族人民一起对统治阶级展开生死决斗,推倒了北魏王朝以后,他们在和汉族人民并肩作战中很快地就和汉部族融合在一起了。

在漠北的高车族人,自从柔然汗国兴起以后,其中高车东部六氏,首先受到柔然人的侵袭,被迫放弃了他们在鄂尔浑河、土拉河流域一带的牧地而迁徙到土拉河以北和贝加尔湖以南的地方去。到了公元 5 世纪 90 年代，柔然汗豆仑统部，柔然"乱离，国部分散"，西部高车十二姓十余万落在副伏罗部酋长阿伏至罗及其从弟穷奇的领导之下，开始挣脱了柔然汗国的统治，率部西迁，到达车师前部的西北（今新疆吐鲁番西北），建立起独立的高车王国。阿伏至罗被部民称为"候娄匐勒"，译言"大天子"；穷奇被称为"候倍"，译言"储主"。"两人和穆，分部而立"（《北史·高车传》），阿伏至罗居北，专以御柔然；穷奇居南，专以防哒。高车王国独立以后，屡次击败柔然的进攻。此时东部高车六氏，也配合西部高车，向柔然汗国进行侵袭，迫使柔然汗豆仑不得不"引众东徙"（《北史·高车传》），以避高车进攻的锐势。

高车王国在今新疆吐鲁番西北建国以后，袭杀高昌王阚首归，立敦煌人张孟明为高昌王，使高昌成为高车的附庸。不久，新兴的高车王国还攻破了鄯善（今新疆若羌卡克里克）。这时中亚的哒汗国自柔然失去控制塔里木盆地的力量以后，也正向这一地区发展，在役属了"罽宾（在克什米尔西北，今健驮罗地方）、焉耆（今新疆焉耆）、龟兹（今新疆库车）、疏勒（今新疆喀什市）、姑墨（今新疆阿克苏）、句盘（渴槃陀之异译，今新疆塔什库尔干塔吉克自治县）等国，开地千余里"（《梁书·滑国传》）之后，为了争夺塔里木盆地的霸权，就进犯高车。结果高车王国的"储主"穷奇被哒杀死，穷奇的儿子弥俄突也给哒人掳去，"其众分散"（《北史·高车传》），或奔北魏，或投柔然。不久，高车王国的"大天子"阿伏至罗也因残暴大失众心，为部人所杀，部人拥立阿伏至罗的族人跋利延为主。一年多以后，哒汗国又助穷奇子弥俄突进兵高车，高车部人共杀跋利延，迎立弥俄突。这几次战役的结果，高车王国固然仍旧还是存在，但事实上已不得不受哒汗国的役属了；也就是说，塔里木盆地的霸权，到了公元 6 世纪初年代，已经属于哒汗国了。

公元 508 年，高车主弥俄突与柔然汗伏图战于蒲类海（今新疆巴里坤哈萨克自治县西北巴里坤湖)之北,结果弥俄突大破柔然,擒杀伏图。到了公元 516 年,伏图子丑奴西征高车,弥俄突战败被擒,"丑奴系其两脚于弩马之上,顿曳杀之,漆其头为饮器";高车的"部众悉入哒"(《北史·高车传》)。哒汗国还想利用高车来牵制柔然,所以过了数年之后,又立弥俄突弟伊匐为高车国王,令其还国。伊匐复国以后,连败柔然,最后并迫使柔然汗婆罗门投奔北魏。伊匐后为其弟越居所杀;越居自立为高车国王之后,到了公元 6 世纪 40 年代,正值柔然汗阿那瑰"部落既和,士马稍盛"(《北史·蠕蠕传》)时期,高车王国又屡为柔然汗国所败。高车王国的统治集团内部矛盾也随着对外军事失利而加深,伊匐子比适复杀越居而自立,越居子去宾投奔柔然。40年代末 50 年代初,比适复为柔然所破。到了公元 546 年,高车人还想进攻柔然;这时突厥已经兴起,突厥的土门可汗率领部众,邀击高车,把高车击溃,并把高车五万多落归并入突厥汗国的统治之下。此后在公元 552 年,高车人虽然在突厥可汗率领之下,颠覆了柔然汗国;但是高车族本身却也在一段很长的时间内,受着突厥汗国的役属,而没法形成独立的国家。到了唐贞观初,高车族的一支薛延陀部落一度挣脱突厥的役属而称雄漠北,但不久即覆灭。唐玄宗时代,高车族的另一支回纥部落又终于击溃东突厥而在漠北建立汗国,称雄一时。

突厥人与突厥汗国 突厥(Turk),是 6 世纪初崛起于阿尔泰山西南麓的一个强大的游牧部落结合名称。突厥人最早居住在准噶尔盆地以北,后来又迁移到吐鲁番盆地西北的博格达山麓。5 世纪中叶,柔然汗国的势力曾到达准噶尔盆地和塔里木盆地的北部,突厥族人不得不受柔然汗国的役属,并被迫迁居到阿尔泰山的西南麓。

突厥人原来居住过的博格达山山麓,和龟兹(今新疆库车)邻近。龟兹城邦是以锻铁驰名的,《水经注》说:"屈茨(即龟兹的异译)北二百里有山,夜则火光,昼日但烟。人取此山石炭(煤),冶此山铁,恒充三十六国用。"(《河水注》引《西域记》)可见这一地区是塔里木盆地的冶铁中心。突厥人由于和龟兹人接触频繁,不仅学会了锻冶技术,而且涌现出不少出色的铁工来。他们在迁居阿尔泰山西南麓以后,受到柔然汗国的役属,便经常用锻铁生产武器为柔然汗庭服务。

从公元5世纪90年代起,由于高车部族不能忍受柔然汗国的残暴统治而西迁,柔然汗国的势力大大削弱下来,突厥人也在这时逐渐摆脱柔然汗庭的束缚。他们开始以牲畜和手工业产品同西域各城邦进行贸易,并派遣使者到西魏塞上市缯絮,表示通好之意。西魏相宇文泰也在大统十一年(公元545年)派遣使者前往突厥。突厥人热烈欢迎中原使者的到来,"皆相庆曰:'今大国使至,我国将兴也。'"(《周书·突厥传》)到了第二年,突厥汗阿史那土门又派遣使者来中原赠送方物,自此,突厥和中原地区经济文化联系更加密切了。这种联系的加强,对突厥社会生产力的发展是起重要作用的。就在西魏大统十二年,突厥主阿史那土门率领部众,打败并合并了贝加尔湖以南、天山以北的高车部落五万落(一落约十口左右),力量更是壮大,开始对柔然汗庭宣布独立。西魏在大统十七年,以长乐公主嫁给突厥主阿史那土门。明年,土门出兵击败柔然,柔然主阿那瓌自杀。土门遂自称伊利可汗,号其妻为可贺敦。伊利可汗死,子科罗立,号乙息记可汗。科罗死,弟俟斤立,号木杆可汗。到木杆可汗(公元553—572年)在位时,突厥汗国势力更加发展,在俟斤继承汗位的第二年,就彻底消灭了柔然汗国的残余势力,从此突厥人代替了柔然人做了蒙古草原的主人。其后突厥汗又"东走契丹,北并契骨(也译作坚昆,今译吉尔吉斯),威服塞外诸国"(《周书·突厥传》)。这时突厥汗国的版图,东起大兴安岭,西至撒马尔罕和布哈拉的铁门,南自沙漠以北,北包贝加尔湖,东西万里,南北五六千里。大汗的牙帐，设于鄂尔浑河畔的于都斤山（杭爱山的支脉）。到了公元563年，突厥又与波斯萨桑王朝合谋，击灭了累世与柔然汗为姻亲的中亚嚈哒汗国，更拓地至罽宾（今克什米尔），突厥至此已成为东北亚强大的国家。

突厥人远征西域，击灭嚈哒汗国的军事首脑是木杆可汗的叔父室点密。室点密"统领十大首领，有兵十万众，往平西域诸胡国，自为可汗，号十姓部落，世统其众"（《旧唐书·西突厥传》）。这就是西突厥分藩的开始。但这时西突厥最高领袖，还只是突厥大汗下的西面可汗，并没有摆脱东突厥大汗而完全独立，因此他在"本藩为莫贺咄叶护"，而不用可汗的称号。室点密控制西域各地以后，因"丝路"有时不能直达东罗马，室点密先后派遣使者往见东罗马皇帝查士丁尼二世，查士丁尼二世也先后派遣使臣到室点密处报聘，并订立通商条款，由此中国的丝绢通过中亚"丝路"，盛销东罗马各地。这对中西经济文化交流起了促进作用，而突厥汗和突厥贵族也在垄断国际贸易方面，获得巨大利润。

突厥人和以前的匈奴人、柔然人一样，过着游牧生活。他们"被发左衽，食肉饮酪，身衣裘褐"（《隋书·突厥传》），"穹庐毡帐，随水草迁徙，以畜牧射猎为务"。"虽移徙无常，而各有地分。"（《周书·突厥传》）突厥人以狼为图腾，因此他们有自己祖先是狼种的神话传说。"牙门建狼头纛。"（《隋书·突厥传》）"旗纛之上，施金狼头。侍卫之士，谓之附离。"（《周书·突厥传》）"附离"在突厥语中就是狼的意思。突厥人善于骑射，勇敢善战，"重兵死，耻病终"（《隋书·突厥传》）。起初还没有文字，刻木为契，"其征发兵马及科税杂畜，辄刻木为数，并一金镞箭蜡封印之，以为信契"（《周书·突厥传》）。后来创造出了突厥文，"其书字类胡。而不知年历，唯以草青为记"（《周书·突厥传》）。在突厥社会中，奴隶制生产方式已经占主导地位，但氏族制残余还是非常严重。可汗、贵族和大小牧主是突厥社会中的统治阶级,他们占有大量牲畜和奴隶,使用奴隶从事畜牧和其他各种劳动。贵族和大小牧主组成贵族会议,贵族会议有权决定和战、汗位的继承以及其他重要事务。在突厥汗国初建立时,突厥族内部阶级分化还不怎样剧烈,本族自由民阶层是构成突厥军队的基本核心。但崛起于金山之阳的突厥人,本族人数不多。和突厥同一语系的高车(铁勒或敕勒)人,既是突厥人的近属,又是草原上人数最多的一个部族,突厥贵族把高车征服以后,就必然会利用高车人来补充自己的军队,"东西征讨,皆资其用,以制北荒"(《隋书·铁勒传》)。所以被突厥汗所征服的高车诸部落,也是构成突厥汗国军队的一支重要力量。

突厥的"刑法:反叛、杀人及奸人之妇、盗马绊者,皆死;奸人女者,即以其女妻之;斗伤人者,随轻重输物;盗马及杂物者,各十余倍征之"(《周书·突厥传》)。突厥汗国"家法残忍"(《隋书·突厥传》),被征服部落的人民如果起而反抗,不是被屠杀,便是被役使为奴隶。突厥族人民如果触犯统治者的特权,也要遭到"为奴为婢"(突厥文《阙特勤碑》)的惩罚。

突厥族社会的氏族残余是很严重的,在婚姻关系上,还保存着"父兄叔伯死者,子弟及侄等妻其后母、世叔母及嫂"(《周书·突厥传》)这一风俗习惯。在王权的氏族传统中,兄弟轮替继承汗位的这一习惯,也还作为合法的存在。这在东突厥和西突厥汗位的继承上,可以获得确切的证实。

突厥自木杆可汗起,"其国富强","弯弓数十万,别处于代(代郡,此指大同市)、阴(阴山,此指大青山),南向以临周、齐,二国莫之能抗,争请盟好"(《北史·突厥传》),"以为外援"(《周书·突厥传》)。由于突厥汗和西魏相宇文泰通好较早,因此北周在宇文护当权时争取与突厥联军进攻北齐的行动,能够实现。保定三年(公元563年),突厥木杆可汗集结了精骑十万,会合北周大将杨忠(隋文帝杨坚的父亲)所率的骑兵一万,进攻北齐的重镇晋阳。保定五年,木杆可汗又把女儿嫁给北周武帝做皇后。木杆可汗死,弟他钵可汗继位。北周既与突厥和亲,每年送给突厥缯絮、锦彩十万段,突厥也经常以名马馈赠北周,每次有马万匹之多。"突厥在京师(长安)者,又待以优礼,衣锦食肉者,常以千数。齐人惧其寇掠,亦倾府藏以给之"(《周书·突厥传》)。隋文帝后来在声讨突厥的诏文中也说:"往者周、齐抗衡,分割诸夏,突厥之虏,俱通二国。周人东虑,恐齐好之深;齐人西虞,惧周交之厚①。各谓虏意轻重,国遂安危。非徒并有大敌之忧,思减一边之防。竭生民之力,供其往来,倾府库之财,弃于沙漠。"(《北史·突厥传》)这样就使突厥可汗更加骄横,他钵可汗甚至对他的臣下说:"但使我在南两个儿孝顺,何忧无物邪。"(《周书·突厥传》)

北周灭了北齐,统一了中原,北齐的宗室范阳王高绍义(北齐文宣帝高洋子)从马邑城(今山西朔州)逃奔到突厥可汗那里去。他钵可汗为了利用中原分裂的局面,陵轹汉族人民,勒索财物,自然是不喜欢中原重新统一的。于是立高绍义为齐帝,收容北齐的残余势力,并于公元578年(北周宣帝宣政元年)和高绍义联军入侵幽州(治蓟,今北京市西南)。这年冬天,他钵可汗还出兵围攻酒泉。当地的军民奋勇抵抗,他们点燃玉门的石脂(石油原油),焚烧突厥的攻城工具(撞车之类,大都是木制的),突厥才被迫退走。这是中国历史上第一次利用石油击败敌人②。

他钵可汗病死,他钵可汗兄乙息记可汗之子摄图立,称沙钵略可汗。沙钵略可汗请与北周和亲,静帝大象二年(公元580年),北周以赵王宇文招(武帝弟)女千金公主嫁与沙钵略可汗为可贺敦(可汗妻),沙钵略可汗也把高绍义送往北周,表示亲善。

---

①《北齐书·王纮传》:武平初……纮上言:"突厥与宇文,男来女往,必当相与

影响，南北寇边。宜选九州(并、肆、汾、恒、燕、云、朔、蔚、显九州)劲男强弩，多据要险之地。"

②《元和郡县图志》：陇右道肃州玉门县，"石脂水在县东南一百八十里。泉有苔如肥肉，燃之极明。水上有黑脂，人以草盉取，用涂鸱夷酒囊及膏车。周武帝宣政中，突厥围酒泉，取此脂燃火，焚其攻具，得水逾明，酒泉赖以获济。"

第三节　西北各族

　　玉门、阳关以西，葱岭以东，巴尔喀什湖以南地区，中国史上统称之为"西域"。两汉以来，这个地区的各族人民就和中原地区的经济文化联系，已经很紧密了。到了魏晋南北朝时，这种大家庭内兄弟般友好联系，更在不断加强。曹魏时期，"西域虽不能尽至，其大国龟兹、于阗、康居、乌孙、疏勒、月氏、鄯善、车师之属，无岁不奉朝贡，略如汉氏故事"(《三国志·魏志·东夷传》)。北魏太武帝太延元年(公元 435 年)，北魏王朝"遣使者二十辈使西域"。太延二年，"遣使六辈使西域"。太平真君五年(公元 444 年)，又"遣使者四辈使西域"(《魏书·世祖纪》)。在太延元年的这次使节中有行人王恩生、许纲，又有散骑侍郎董琬、高明。董琬、高明等"多赍锦帛"过九国，曾北行至乌孙、破落那(大宛)、者舌等国；等到董琬、高明东还，"乌孙、破落那之属遣使与琬俱来贡献者，十有六国。自后相继而来，不间于岁，国使(魏朝派出使节)亦数十辈矣"(《魏书·西域传》序)。魏晋南北朝时西北各族人民和中原地区经济文化联系的继续加强，给隋唐时代中原人民和西北各族人民的大团结，打下了扎实的基础。

　　鄯善　鄯善，本来的名称叫楼兰，楼兰王的都城叫扜泥城(今新疆若羌卡克里克)。西汉时，鄯善有"户千五百七十，口四万一百。胜兵二千九百十二人"。鄯善土"地沙卤少田，寄田(寄田于他国)仰谷旁国"。地"多葭苇、柽柳、胡桐、白草。民随畜牧逐水草。有驴、马，多橐它（即橐驼）"（《汉书·西域传》）。曹魏文帝黄初三年（公元 222 年），鄯善王遣使朝魏，馈赠方物。东晋隆安四年（公元 400 年），汉地求法僧法显行经其国，说"其地崎岖薄瘠，俗人衣服粗与汉地同，但以毡褐为异。其国王奉〔佛〕法，可有四千余僧，悉小乘学"（《法显传》）。可见这时还是鄯善的全盛时代，所以这个地区才能供养得起四千多个僧侣。

北魏太武帝太延三年（公元 437 年）、五年，鄯善王曾派遣使臣来北魏首都平城聘问。北魏太平真君三年（公元 442 年），北凉沮渠无讳纠合北凉的残余势力，自河西走廊退守高昌。其前锋攻陷了鄯善。鄯善王比龙被迫带领鄯善国人四千余家，西奔且末（今新疆且末）。不久，沮渠无讳继续向高昌进军，他退出鄯善时，立鄯善贵族真达为鄯善王。北魏派遣使节出使西域，真达命人剽劫魏使，"断塞行路"（《北史·西域传》）。北魏太武帝一方面为了打开西域通道，一方面准备消灭北凉沮渠氏在高昌的残余势力，乃在太平真君六年，命成周公万度归进军西域，袭取了鄯善，鄯善王真达出降。太平真君九年，北魏太武帝还任命交趾公韩（鲜卑姓出大汗）拔为假节、征西将军、领护西戎校尉、鄯善王，镇守鄯善，"赋役其民，比之郡县"（《魏书·西域·鄯善传》）。

过了几十年，高车的势力又向塔里木推进。它击溃了车师前部（交河城）以后，兵锋向鄯善推进。公元 492—493 年之间，南朝的使臣出使高车的时候，经过鄯善，见"鄯善为丁零（高车）所破，人民散尽"（《南齐书·芮芮传》），说明鄯善已被高车破坏得不像样子了。此后吐谷浑汗的势力也推进到塔里木盆地南缘，所以史书说吐谷浑"地兼鄯善、且末"（《魏书·吐谷浑传》）。北魏神龟二年（公元 519 年），灵太后派遣宋云等人到天竺取经。当他们经过鄯善时，这个古国已经成为吐谷浑汗国的一个屯戍了。"从吐谷浑西行三千五百里至鄯善城。其城自立王，为吐谷浑所吞。今城内主是吐谷浑〔主〕第二息宁西将军,总部落三千以御西胡"(《洛阳伽蓝记》)。

鄯善人民流散,一半迁居且末。西魏文帝大统八年,有"鄯善王兄鄯朱那率众内附"(《北史·西魏文帝纪》)的记载,可见还有鄯善余部入居河西走廊。另外,"唐初有土人鄯伏陁,属东突厥,以征税繁重,率城人入碛奔鄯善。至并吐浑居住。历焉耆,又投高昌,不安而归"。遂又北奔伊吾,"胡人呼鄯善为纳职,〔以鄯伏陁〕既从鄯善而归,遂以为号耳"(《沙州图经·纳职县》条)。所以唐太宗贞观四年,于鄯伏陁所筑之城,置纳职县,即今新疆哈密西南的拉布楚克。由此看来,鄯善人民散居伊吾的大概也还不少①。

伊吾 伊吾,亦作伊吾卢,即今新疆的哈密(故城在今哈密西)。这一地区土地肥饶,"地宜五谷、桑、麻、蒲桃",东汉王朝开始在此经营屯田。东汉明帝于永平十六年(公元 73 年),"命将帅北征匈奴,取伊吾卢地,置宜禾都尉以屯田"(《后汉书·西域传》)。章帝建初二年(公元 77 年)因为匈奴急攻,一度放弃伊吾屯田。和帝永元二年(公元 90 年)收复伊吾。安帝永初元年(公元 107 年)复罢都护。元初六年(公元 119 年)又屯田伊吾,其后复废。顺帝时西域开通,永建六年(公元 131 年),"以伊吾旧膏腴之地,傍近西域,匈奴资之以为钞暴,复令开设屯田"(《后汉书·西域传》),并在伊吾置伊吾司马一人,管理屯田事务。东汉一代,西域凡三绝三通,伊吾的屯田,也三罢三复。总之伊吾的三次屯田,标识了东汉三次开通西域的历程。

西晋王朝在今哈密设置伊吾县,隶敦煌郡。惠帝元康五年(公元 295 年),分敦煌置晋昌郡,伊吾县改隶晋昌郡。前凉张骏时,分敦煌、晋昌、高昌三郡置沙州,伊吾县也隶属于沙州。西凉灭后,西凉后主李歆的妻兄唐契、契弟唐和携带外甥李宝,避难伊吾,招集西凉遗民二千余家,受柔然役属。柔然汗以唐契为伊吾王,契为伊吾王历二十年之久。后来柔然又攻逼伊吾,唐契及其弟唐和拥众退往高昌,唐契与柔然部帅阿若作战阵亡。此后伊吾并入北魏的版图,成了北魏的一个县。北魏末年中原扰攘,西魏、北周的势力都达不到伊吾。直到隋炀帝大业五年(公元609年),伊吾城主献西域数千里之地,隋于伊吾置伊吾郡,伊吾重又归属中原王朝。

高昌 魏晋南北朝时期,地处我国西北部的高昌,是西域主要城邦之一。

高昌在汉代是车师前部王的故地。汉代开发边疆,汉元帝初元元年(公元前48年)于高昌壁(今新疆吐鲁番东南六十里之阿斯塔那南夷都护城废址)设置屯田,西域长史和戊己校尉都驻扎在这里,后来就有许多汉朝的屯田兵士留居在这一地区。一直到西晋末年,戊己校尉治高昌壁,没有改变。东晋咸和二年(公元327年),前凉张骏于高昌壁置高昌郡,后凉吕氏、北凉沮渠氏均因而不改。北魏灭北凉(公元439年),北凉后主沮渠茂虔弟沮渠无讳率户万余家,自敦煌北奔高昌,统治高昌二十年之久。至公元460年,无讳弟沮渠安周时始为柔然汗国所并。

柔然汗消灭了高昌的北凉沮渠氏残余势力,因为高昌有万户以上的中原播迁来的汉族人民,统治困难,所以扶植汉人阚伯周为高昌王,通过阚伯周来役属高昌。因为高昌地区是柔然、高车、嚈哒三大势力争夺塔里木盆地控制权的必争之地,所以高昌王阚伯周再传至从子阚首归时,高车王国崛起,阚首归就为高车王阿伏至罗所杀。阿伏至罗另立敦煌人张孟明为高昌王,高昌遂又改受高车役属。不久,张孟明又为高昌国人所杀,高昌国人共立马儒为王。公元497年,马儒又为高昌国人所杀,金城榆中(今甘肃榆中西北)人麴嘉被国人拥立为高昌王。

麴嘉开创的高昌麴氏王朝(公元497—640年),政局是比较稳定的。这时焉耆王国(今新疆焉耆)"又为嚈哒所破灭,国人分散,众不自立,请王于嘉。嘉遣第二子为焉耆王以主之"(《北史·高昌传》)。高昌王国"由是始大",麹嘉也"益为国人所服"(《通典·边防典·高昌》)。尽管高昌王国在西域城邦中文化较高,实力较强,但"其地东西三百里,南北五百里"(《周书·高昌传》),户口不多,一直到唐代初年,也只有八千户、三万口,因此不得不先后受柔然、高车、突厥所役属。麹嘉初为高昌王,曾臣附于柔然;不久,柔然汗伏图为高车所杀,高昌被迫改附于高车;到了突厥兴起,高昌又不得不受突厥的役属。突厥贵族对高昌的奴役和掠夺是非常残酷的,高昌举国上下始终想摆脱这种被役属的地位,因此具有和先进的中原地区加强经济、政治、文化各方面联系的强烈愿望。

高昌在西域城邦中,原是和中原地区联系比较密切的一个城邦。高昌麹氏王族是金城郡榆中县人,高昌人民也有很多是由内地迁移去的,所谓"彼之甿庶,是汉、魏遗黎。自晋氏不纲,因难播越,成家立国,世积已久"(《北史·高昌传》)。所以高昌王的"坐室",就画有"鲁哀公问政于孔子之像"(《隋书·高昌传》)。高昌王麹嘉在北魏孝明帝正光(公元520—524年)年间,曾向北魏王朝"求借五经诸史,并请国子助教刘燮"(《北史·高昌传》)为博士,到高昌去讲学,因此,汉地的《毛诗》、《论语》、《孝经》,历代子、史、集"(《通典·边防典·高昌》)等书籍,在高昌也很流传。近年来,考古工作者在吐鲁番故高昌王国的废址上,发现汉文的《毛诗》、《尚书》、《孝经》以及佛经等残纸,更证实了高昌和中原地区在文化方面的密切联系。这些《诗》、《书》传到高昌以后,麹氏王朝曾置学官"弟子,以相教授"(《北史·高昌传》)。麹氏王朝还因袭汉、魏以来的传统习惯,把汉文作为通行的文字,故"文字亦同华夏"(《周书·高昌传》)。这从近年来在吐鲁番考古发掘获得高昌麹氏王朝时期的一百多块汉文墓志一事,也得到了确实的证明。当然,高昌有其本地区的民族文化,尽管高昌使用汉文,但我们也不能忽略其"兼用胡书"的一方面;况且高昌人在习读汉文诗书时,固然"言语与华略同"(《南史·高昌传》),他们在平时却"皆是胡语"(《北史·高昌传》)。高昌既有其地区文化特点,又是深受汉族文化影响的地区。

高昌人的服装,"丈夫从胡法,妇人裙襦,头上作髻"(《北史·高昌传》)。男子"辫发垂之于背,著长身小袖袍,缦裆裤。女子头发辫而不垂,著锦缬缨珞环钏"(《梁书·高昌传》)。近年来在吐鲁番阿斯塔那以南高昌王国废址中,发掘出5—6世纪的墓多座。埋在一座当地民族墓中的妇人,穿着丝织右衽的上衣,下系裙襦;埋在一座汉人墓中的男子,颈上盘着发辫。这种籍贯不分内地与边区,丈夫从胡法,辫发施之于背,妇人裙襦的民族混合装束,正是两汉以来民族杂居的高昌地区各族文化融合的反映。高昌的"刑法、风俗、婚姻、丧葬,与华夏小异而大同"(《北史·高昌传》)。他们崇拜"胡天神",同时也信仰佛教,很多汉地的僧侣去高昌,收集五天竺的梵本佛经,或者就在高昌翻译起佛经来了。

高昌在西域诸城邦中,是物产富饶的地区,"气候温暖,厥土良沃,谷麦一岁再熟,宜蚕,多五果,又饶漆"。"引水溉田"(《北史·高昌传》),农业较为发展。和农业密切结合的家庭手工业,也相当发达,除了由内地传入的养蚕业外,草棉很早就在高昌种植起来。据史书记载:高昌"多草木,草实如茧,茧中丝如细纩,名为白叠子,国人多取织以为布,布甚软白,交市用焉"(《梁书·高昌传》)。当时中原地区还没有普遍种植棉花,因此高昌所产的棉布——白叠布,亦称缣布,运销中原地区或邻近国家,在国内和国际市场上,享有很高的声誉。另外,从高昌"赋税则计田输银钱,无〔银钱〕者输麻布"(《北史·高昌传》)一事看来,麻布的生产相当发达。在吐鲁番阿斯塔那南的高昌遗址中,曾经发掘出来自内地的对频伽锦和来自中亚的对马纹锦,这也说明了高昌地区由于它位于中西交通线上的缘故,因此国际贸易非常发达。1959 年春,考古工作者在高昌遗址还发现了公元 4 世纪的波斯银币十枚,证明了高昌和波斯通商频繁的事实。

高昌麴氏王朝实际是由高昌郡太守的府朝衍变而来的,因此政府的组织规模,介乎汉地的中央政府和郡守府朝之间。"官有令尹一人,比中夏相国;次有公二人,皆其王子也;一为交河(今新疆吐鲁番西雅尔)公,一为田地(今新疆鄯善西南鲁克沁)公;次有左右卫;次有八长史,曰吏部、祠部、库部、仓部、主客、礼部、民部、兵部等长史也;次有五将军,曰建武、威远、陵江、殿中、伏波等将军也;次有八司马,长史之副也;次有侍郎、校书郎、主簿、从事,阶位相次,分掌诸事。次有省事,专掌导引。""官人虽有列位,并无曹府,唯每旦集于牙门,评议众事。诸城各有户曹、水曹、田曹。每城遣司马、侍郎相监检校,名为城令。"(《周书·高昌传》)近数十年的考古发掘,在吐鲁番境内掘得大量砖志,其中多是麴氏王朝时期的碑志,碑志上大量记载着这一时期文武职官名称,将军号除了《周书·高昌传》中所提到的五将军外,还有冠军、奋威、明威、广威、虎威、虎牙、宁朔、振武、建义等军号②,这里就不一一列举了。总之,从麴氏王朝的政府组织和职官名号看来,高昌受内地的影响是非常深远的。

麴氏王朝不断派遣使臣来南北朝聘问。北魏宣武帝永平元年(公元 508 年),高昌王麴嘉曾派兄子左卫将军、田地太守麴孝亮至洛阳访问。后来还十余次派遣使臣来魏,并馈赠白、黑貂裘、名马、盐枕等礼物。西魏、北周时期,高昌王继续遣使来长安赠送方物。南朝梁武帝大同(公元 535—545 年)中,高昌王麴坚(麴嘉子)也派遣使臣到达建康,馈赠鸣盐枕、蒲桃、良马、氍毹(织毛褥为氍毹,即今地毯)等方物。盐枕大概就是鸣盐枕,《北史·高昌传》称:高昌"出赤盐,其味甚美。复有白盐,其形如玉,高昌人取以为枕,贡之中国(指中原王朝)",可见盐枕是一种比较名贵的方物。

焉耆　焉耆也是当时我国西北部的一个城邦,都员渠城(今新疆焉耆),方二里。西汉时,有"户四千,口三万二千一百,胜兵六千"(《汉书·西域传》)。东汉时,有"户万五千,口五万二千,胜兵二万余人"(《后汉书·西域传》)。东汉时代的焉耆,比西汉时代的焉耆,人口及军事力量都有了巨大增长。其地"气候寒,土地良沃,谷有稻、粟、菽、麦,畜有驼、马、牛、羊。养蚕不以为丝,唯充绵纩。俗尚蒲桃酒,兼爱音乐"。"兵有弓、刀、甲、矟。婚姻略同华夏。死亡者皆焚而后葬,其服制满七日则除之。"(《周书·焉耆传》)"其俗,丈夫剪发,妇人衣襦,著大裤。"(《晋书·焉耆传》)"俗事天神,并崇信佛法。"(《周书·焉耆传》)

焉耆方四百里,国内凡有九城。员渠城"南去海(今博斯腾湖)十余里,有鱼、盐、蒲、苇之饶"(《周书·焉耆传》)。"四面有大山,道险隘,百人守之,千人不过。"(《晋书·焉耆传》)焉耆东去高昌九百里,西去龟兹九百里,中间都是沙碛地带。

西晋武帝泰始六年(公元 270 年),焉耆王遣使来洛阳访问。太康(公元 280—289 年)中,焉耆王龙安又派遣王子来洛阳学习。到了龙安的儿子龙会为王,发兵袭灭龟兹王白山,遂据有龟兹,而遣其子龙熙归焉耆为焉耆王。龙会"有胆气筹略",合并龟兹后,曾称霸西域,"葱岭以东,莫不率服"(《晋书·焉耆传》)。可是龙会"恃勇轻率,尝出宿于外",终于"为龟兹国人罗云所杀"。焉耆贵族统治龟兹的局面,很快就结束了。

前凉张骏曾遣将张植屯兵铁门(今铁门关),进据尉犁(今新疆焉耆南)。焉耆王龙熙迎战失利,率领吏民四万人降附前凉。其后吕光进兵西域,龙熙又归附吕光。吕光自立为凉王,龙熙还派遣他的儿子以"入侍"名义来后凉都城姑臧学习。北魏太武帝拓跋焘太延三年(公元 437 年),焉耆王遣使朝魏。到了太平真君九年（公元 448 年），因为焉耆"恃地多险"，多次剽劫北魏出使西域的使臣，北魏派大将成周公万度归率骑兵五千攻下焉耆都城员渠城，焉耆王鸠尸毕那被迫逃往龟兹。大约就在这个时候，车师前部的人民为高车所逼，在其部帅车伊洛率领下，逃入焉耆③。接着嚈哒汗国的势力，又向塔里木盆地推进，"焉耆又为嚈哒所破灭，国人分散，众不自立，请王于〔麴〕嘉"（《北史·高昌传》）。高昌王麴嘉于是派遣其第二子为焉耆王。北周武帝保定四年（公元 564 年），焉耆王遣使至长安赠送名马。隋炀帝大业中，焉耆王龙突骑支派遣使臣入隋馈送方物。焉耆经过不断的战乱，这时"国少人贫，无纲纪法令"。"其国胜兵千余人而已"（《北史·焉耆传》），比起东汉时期焉耆的有胜兵二万人来，真可说削弱得不像样子了。

龟兹　龟兹（今新疆库车）是当时我国西北部的一个城邦。西汉时，龟兹有"户六千九百七十，口八万一千三百一十七，胜兵二万一千七十六人"（《汉书·西域传》）。龟兹王娶乌孙国乌孙公主女即汉外孙女为妻，因此曾数次到长安访问，汉王朝"赐以锦绣杂缯琦珍，凡〔值〕数千万"。龟兹王羡慕中原内地文化和汉地的木建筑艺术，回到龟兹后，也模仿汉地，"治宫室，作徼道周卫，出入传呼，撞钟鼓，如汉家仪"（《汉书·西域传》）。

曹魏文帝黄初三年（公元 222 年），龟兹王遣使来魏馈赠方物。西晋武帝太康中，龟兹王还派遣王子来洛阳访问学习。前凉张重华时，龟兹王又遣使访问姑臧，赠送方物。前秦主苻坚统一北方后，曾派大将吕光率兵七万进军西域，攻下龟兹都城，龟兹王帛纯逃亡。苻坚战败于淝水，吕光撤出龟兹。吕光撤退时立帛纯弟帛震为王，安抚龟兹。北魏时，龟兹国王不断遣使来魏，太武帝太延三年、太平真君十年，孝文帝延兴五年（公元 475年）、太和元年（公元 477 年）、太和二年、太和三年，孝明帝神龟元年（公元 518 年）、正光三年（公元 522 年），龟兹王先后派遣使臣至北魏都城平城和洛阳聘问,并馈送方物。北周保定元年(公元561年),又遣使臣来长安馈赠方物。龟兹同时也派遣使臣到南朝都城建康,加强和江南的经济文化联系。梁武帝普通二年(公元521年),龟兹王尼瑞摩珠那胜不顾山川阻隔,遣使致书梁朝,赠送方物。

龟兹在"白山(即天山山脉的哈尔克山)之南一百七十里","其南三百里,有大河东流,号计戍水(即塔里木河)"(《北史·龟兹传》)。龟兹的都城叫延城,"城方五六里"(《周书·龟兹传》)。"城有三重,外城与长安城等,室屋壮丽,饰以琅玕金玉"(《梁书·龟兹传》),"焕若神居","中有佛塔庙千所"。龟兹"人以田种、畜牧为业。男女皆剪发垂项"(《晋书·龟兹传》)。"婚姻、丧葬、风俗、物产与焉耆略同。唯气候少温为异。又出细毡、氍毹、铙沙、盐绿、雌黄、胡粉及良马、封牛等。"(《周书·龟兹传》)"饶铜、铁、铅。"(《北史·龟兹传》)据郦道元《水经·河水注》引释氏《西域记》云:"屈茨(即龟兹之异译)北二百里有山,夜则火光,昼日但烟。人取此山石炭(煤),冶此山铁,恒充三十六国用。故郭义恭《广志》云:'龟兹能铸冶。'"可见在当时我国西北环绕着塔里木盆地的一些城邦中,龟兹是冶铸工业很发达的地区。

龟兹王姓白,有时也译作帛。"王头系彩带,垂之于后,坐金师子床。""其刑法,杀人者死,劫贼则断其一臂并刖一足。税赋准地征租,无田者则税银钱。"(《魏书·龟兹传》)隋时龟兹有胜兵数千,比起西汉时的胜兵二万余人来,国势大大地削弱下来了。

于阗 于阗(今新疆和田西南)也是当时我国西北部的一个城邦。东汉时,有"户三万二千,口八万三千,胜兵三万余人"(《后汉书·于阗传》),是塔里木盆地南缘的一个强大城邦。"其地方亘千里,连山相次。"都城叫西山城,"城方八九里"(《北史·

于阗传》),"有屋室市井"(《梁书·于阗传》),"人民殷盛"(《法显传》)。"部内有大城五,小城数十。"(《北史·于阗传》)"沙碛大半,壤土隘狭","气序和畅,飘风飞埃"(《大唐西域记》)。土"宜稻、麦、蒲桃","果蓏菜蔬与中国(指中原地区)等"(《梁书·于阗传》)。"山多美玉。有好马、驼、骡。"(《北史·于阗传》)"国人善铸铜器。"(《梁书·于阗传》)因为于阗地区盛产桑麻,每到"蚕桑月","桑树连荫",人"工纺绩绝绸",纺织业很发达。所以当地人士"少服毛褐毡裘,多衣绁、绸、白叠"。也"出氍毹、细毡"(《大唐西域记》)。

于阗"俗重佛法,寺塔僧尼甚众"(《北史·于阗传》)。"其国中有十四大僧伽蓝(僧寺),不数小者。"(《法显传》)"僧徒五千余人,并多学习大乘法教。"(《大唐西域记》)"王所居室,加以朱画。王冠金帻,如今胡公帽,与妻并坐接客。国中妇人皆辫发,衣裘裤。""相见则跪,其跪则一膝至地。书则以木为笔札,以玉为印。"(《梁书·于阗传》)"自高昌以西,诸国人等深目高鼻,唯此一国,貌不甚胡,颇类华夏。""其刑法,杀人者死,余罪各随轻重惩罚之。""城东二十里,有大水北流,号树枝水","一名计式水(今玉龙喀什河)。""城西十五里,亦有大水,名达利水(今喀拉喀什河),与树枝水合,俱北流。"(《北史·于阗传》)

曹魏文帝黄初元年(公元220年)、三年,于阗王山习遣使来魏馈赠名马及方物。北魏太平真君六年(公元445年),吐谷浑汗慕利延为了躲避北魏的兵锋,将吐谷浑的主力撤向塔里木盆地南缘,"遂入于阗,杀其王,死者数万人"(《魏书·吐谷浑传》)。这一次战事,据《大唐西域记》记载:于阗"王城东三百余里大荒泽中,数十顷地,绝无蘖草,其土赤黑。闻诸耆旧曰:'败军之地也。'昔者东国军师百万西伐,此时瞿萨旦那王(即于阗王)亦整齐戎马数十万众,东御强敌。至于此地,两军相遇,因即合战,西兵失利,乘胜残杀,虏其王,杀其将,诛戮士卒,无复孑遗。流血染地,其迹斯在。"可见战事的惨烈。北魏献文帝拓跋弘皇兴四年(公元 470 年),柔然又大举进攻于阗,于阗王派遣使臣向北魏求救,表文说:"西方诸国,今皆已属蠕蠕(即柔然)。奴世奉大国,至今无异。今蠕蠕军马到城下,奴聚兵自固。故遣使奉献,遥望救援。"北魏王朝为了这事,召集公卿开了一次御前会议,结果认为"于阗去京师(魏都平城)几万里……虽欲遣师,势无所及。"所以北魏并没有发兵去援救,柔然的军队也不久从于阗退走。于阗自此迫切要求加强同中原的政治、经济联系。北魏文成帝太安三年(公元 457 年),献文帝天安元年(公元 466 年)、皇兴元年、三年,宣武帝景明三年(公元 502 年)、正始四年(公元 507 年)、永平元年(公元 508 年)、延昌元年(公元 512 年)、二年,北周武帝建德三年(公元 574 年),于阗王先后派遣使臣,来北魏的都城平城、洛阳和北周的都城长安访问,并馈送方物。于阗对南朝的梁,也派遣使节,进行访问。在梁武帝的天监九年(公元 510 年),于阗王遣使至建康赠送方物。天监十三年和天监十八年,于阗王又一再遣使来梁赠送琉璃罂和波罗婆(即棉布)步障等珍贵礼品。大同七年(公元 541 年),又来赠送玉佛。由于梁武帝信仰佛教,而于阗又是佛教盛行的地区,彼此间的联系才会这样频繁和密切。

渴盘陁 渴盘陁,《洛阳伽蓝记》作汉盘陀,《魏书》作诃盘陁、渴槃陁,《大唐西域记》作朅槃陀,在帕米尔高原四山中,即今新疆塔什库尔干。《梁书·渴盘陁传》说它"西邻滑国(嚈哒),南接罽宾国,北连沙勒(即疏勒)国。所治在山谷中。城周回十余里,国有十二城。风俗与于阗相类。衣古贝布(草棉布),著长身小袖袍,小口裤。地宜小麦,资以为粮。多牛、马、骆驼、羊等。出好毡、金、玉"。

渴盘陁虽然是当时我国西北部的一个小小城邦,由于它地处塔里木盆地西缘通向五天竺的孔道,因此从中原去五天竺取经的僧侣,一般要经过渴盘陁,然后到达罽宾,进入五天竺,所以它很是出名。我国东晋时著名求法僧法显和北魏的取经人宋云等人,都到过这个城邦。渴盘陁也不断派遣使节,访问南北朝的京都平城、洛阳、建康等地。北魏太武帝太延三年(公元437年),渴盘陁遣使来北魏的平城,馈赠汗血马;太延五年,文成帝兴安二年(公元453年)、和平三年(公元462年),宣武帝景明三年(公元502年)、正始四年(公元507年)、延昌元年(公元512年)、延昌二年,渴盘陁凡八次遣使向北魏王朝馈赠方物,从而加强了与中原地区的经济、文化联系。同时渴盘陁还在南朝梁武帝的中大同元年(公元546年),遣使到达建康,馈赠方物。

疏勒 疏勒(今新疆喀什市),是当时我国西北部的一个重要城邦。在东汉时代,疏勒很强盛,居民有二万一千户,胜兵三万余人。到了南北朝时期,疏勒先后遭受哒哒、突厥的役属,国力渐衰,胜兵只有二千人了。疏勒的"都城方五里。国内有大城十二,小城数十"。"土多稻、粟、麻、麦、铜、铁、锡、雌黄"。

曹魏时期,疏勒每年派遣使臣到洛阳赠送方物。北魏太武帝太延三年、太延五年、太平真君十年(公元449年),文成帝兴安二年、太安元年(公元455年)、和平三年,宣武帝景明三年、正始四年、延昌元年,孝明帝熙平二年(公元517年)、神龟元年(公元518年),凡十一次遣使聘魏,并馈赠方物。神龟元年一年中,两次来使。在北魏文成帝末年,疏勒王遣使送来佛袈裟一件,据说把袈裟"置于猛火之上",可以"经日不然(燃)"。这件袈裟大概是由石棉制成的。北朝末年,突厥势力崛起,疏勒受着突厥的役属。疏勒生产的粮食和铜、铁、锡等物资,"每岁常供送于突厥"(《北史·疏勒传》)。因此它更迫切地要求加强和中原地区的经济、政治、文化联系,来摆脱被突厥、哒哒所役属的艰难境地。

乌孙与悦般 乌孙原来和大月氏都居住在我国河西走廊的祁连、敦煌间，约在公元前 139 年左右，由于受到匈奴的压迫，开始和大月氏先后向西迁徙，大月氏迁徙更远，乌孙迁移到今伊犁河和伊塞克湖一带。"地莽平多雨寒，山多松樠。不田作种树（种植），随畜逐水草。""国多马。"乌孙王称大昆弥，"都赤谷城（今吉尔吉斯斯坦伊什提克）"。在西汉时，乌孙有"户十二万，口六十三万，胜兵十八万八千八百人"（《汉书·西域传》）。汉武帝曾两次把公主嫁给乌孙大昆弥。

到了南北朝时期，乌孙国都虽仍在赤谷城，但"其国数为蠕蠕（柔然）所侵，西徙葱岭山中，无城郭，随畜牧逐水草"（《魏书·乌孙传》），已经远不如西汉时期那样强盛了。北魏太武帝太延三年，北魏派遣使者董琬等到达乌孙，代表魏帝赠送锦帛等礼品。乌孙王"得魏赐，拜受甚悦。谓琬等曰：'传闻破落那（大宛）、者舌（康国）皆思魏德，欲称臣致贡，但患其路无由耳。今使君等既到此，可往二国，副其慕仰之诚。'琬于是自向破落那，遣〔高〕明使者舌，乌孙王为发导译，达二国"。"已而琬、明东还，乌孙、破落那之属，遣使与琬俱来贡献者，十有六国。自后相继而来，不间于岁。"（《北史·西域传》序）

到了西突厥强盛时期，乌孙的境界就更加蹙小。不过到了辽太宗会同元年（公元 938 年），还有乌孙遣使来辽馈赠方物的记载。大概这时乌孙只是一个人数很少的部落而已。

悦般，在乌孙的西北，即今巴尔喀什湖以南的伊犁河流域。东汉初期，匈奴分裂为南北匈奴，一部分匈奴人依附东流，是为南匈奴；一部分匈奴人离开今蒙古草原向西迁移，是为北匈奴。公元 1 世纪末，"北单于度金微山（阿尔泰山），西走康居，其羸弱不能去者，住龟兹北"，形成了悦般国。"地方数千里，众可二十余万，凉州人犹谓之'单于王'。其风俗、言语，与高车同。而其人清洁于胡（此胡指柔然和丁零）。俗剪发齐眉，以醍醐

（奶油）涂之，昱昱然光泽。日三澡漱，然后饮食"（《魏书·悦般传》）。

悦般原来和柔然结好。后来双方关系恶化，"数相征讨"。北魏太武帝太平真君九年（公元 448 年），悦般王曾两次遣使至北魏京都平城，馈赠方物，与北魏修好；并且提出，如果北魏出兵袭击柔然，悦般也一定"东西齐契"，进行夹攻。从此以后，悦般还不断派遣使节来魏，主动地加强了和中原地区的经济、文化联系。

---

① 参考冯承钧《西域南海史地考证论著汇辑》中之《高车之西徙与车师鄯善国人之分散》一文。

② 参考黄文弼氏《高昌专集》及《高昌官制表》一文。

③《魏书·车伊洛传》："车伊洛，焉耆胡也。世为东境部落帅。……延和（公元432—434 年）中，授伊洛平西将军，封前部王（车师前部都交河城，今新疆吐鲁番西雅尔）……伊洛又率部众二千余人伐高昌，讨破焉耆东关七城，虏获男女二百人。驼千头，马千匹。先是伊洛征焉耆，留其子歇守城，而〔沮渠〕安周乘虚引蠕蠕三道攻歇……歇走奔伊洛。伊洛收集遗散一千余家，归焉耆镇。正平二年（公元 452 年），伊洛朝京师……拜上将军王如故。"按《北史·高昌传》谓"前部胡人悉为高车所徙，入于焉耆，又为嚈哒所破灭，国人分散，众不自立。"实即指前部帅车伊洛入焉耆一事。惜《魏书》、《北史》皆未详载高车、嚈哒如何陵轹车师前部诸事，以致当时详细情形，已无法考知。请参看冯承钧《西域南海史地考证论著汇辑》一书中的《高车之西徙与车师鄯善国人之分散》一文。

第四节　西　境　各　族

吐谷浑　吐谷浑是徒河鲜卑慕容氏的支庶。当西晋前期，鲜卑慕容氏还放牧在西拉木伦河流域时，民族大移动时代开始了，慕容氏的正支由慕容廆带领，开始向辽水东西移动，后来称之为徒河鲜卑，曾在中原地区建立前燕、后燕、西燕、北燕几个政权。慕容氏的支庶即慕容廆的庶兄慕容吐谷浑，大概在西晋武帝太康六年(公元285年)稍后,带领了他的部落一千七百户,也从西拉木伦出发,沿着阴山山脉西行,经鄂尔多斯草原,碰到西晋末年永嘉乱离(公元307—312年),很容易地度过陇坂,一度把他们的帐幕安置在枹罕(今甘肃临夏)、西平(今青海西宁市)一带。他们在迁徙的过程中,接受了不少匈奴人①,到达枹罕以后,又和这一地区的羌人杂居②,逐渐形成一个部落结合。到了吐谷浑的孙子叶延时代,就采用他祖父吐谷浑这个名字,来作为这一部落结合的名称。

这一部落结合到达枹罕以后,他们的游牧地区,"自枹罕以东千余里暨甘松(今甘肃迭部东,白龙江北),西至河南,南界昂城(今四川阿坝)、龙涸(今四川松潘)。自洮水西南,极白兰(今青海布尔汗布达山),数千里中,逐水草,庐帐居"(《宋书·鲜卑吐谷浑传》)。可是吐谷浑人实际居住枹罕、西平、甘松等地并没有多久,在前凉张骏时,前凉已于枹罕置河州,并于西平置西平郡,又于甘松置甘松护军。十六国后期,西秦乞伏氏曾以枹罕为都城,并于甘松置甘松郡。南凉秃发氏又曾以西平乐都为都城。可见吐谷浑人久已放弃这些地方了。在吐谷浑汗乌纥堤统部期间(公元400—405年),吐谷浑人为西秦主乞伏乾归所败,乌纥堤投奔南凉,几乎亡国。乌纥堤兄子树洛干(公元405—417年)率所部数千家逃奔至莫贺川(今青海同德巴沟),遂建帐于莫贺川,"自称大都督、车骑大将军、大单于、吐谷浑王。化行所部,众庶乐业,号为戊寅可汗,沙、漒杂种莫不归附"(《晋书·吐谷浑传》)。"沙"指"沙州","漒"指"西漒山"(即今甘肃碌曲南之西倾山)。沙州"有黄沙,南北一百二十里,东西七十里,不生草木,沙州因此为号"(《宋书·鲜卑吐谷浑传》)。这个沙漠,就是今天青海贵南县茫拉沟一带的沙漠。乞伏乾归和乞伏炽磐妒忌吐谷浑的强盛,屡次出兵袭击,掠夺吐谷浑的牲畜,树洛干被迫退保白兰,发病而死。树洛干弟阿豺继位为汗(公元417—424年),吐谷浑的势力还是继续发展，"阿豺兼并氐、羌，地方数千里，号为强国"（《北史·吐谷浑传》）。东晋末年，谯纵割据巴蜀，阿豺的兵力向南推进，取得龙涸（今四川松潘），所以《宋书》说吐谷浑"南界龙涸"。刘裕消灭了谯纵，阿豺的南境已和南朝邻接，阿豺遣使通好南朝。阿豺死，弟慕璝统部（公元 425—436 年），宋文帝于元嘉七年（公元 430 年）封慕璝为陇西公。到元嘉九年，进爵为陇西王。

吐谷浑在慕璝统部时期，更是强盛。公元 414 年，南凉秃发氏亡；公元 431 年，西秦乞伏氏亡，使吐谷浑解除了东北面的威胁。北魏太武帝神䴥四年（公元 431 年），大夏主赫连定在北魏兵锋逼迫下，率其残余势力自上邽（今甘肃天水市）西行，想渡过黄河，退入凉州。吐谷浑汗慕璝遣其弟慕利延率领精骑三万，"乘其半济"，进行袭击。赫连定全军溃败，赫连定被生俘，慕璝把他送与北魏。北魏太武帝封慕璝为大将军、西秦王。慕璝还占领了金城（今甘肃兰州市西北）、枹罕（今甘肃临夏）、陇西（今甘肃陇西）三郡之地。这是吐谷浑汗国极盛时期。

慕璝死，弟慕利延继位（公元 437—452 年）。公元 439年，北魏灭北凉沮渠氏，取得河西走廊，中原地区被北魏统一起来了。慕利延知道形势对他极为不利，开始率部众向沙州（今青海同德）以西撤退。公元 444 年，北魏主太武帝利用吐谷浑贵族的内部矛盾，出兵袭击吐谷浑，攻取了乐都、枹罕等地。慕利延退保白兰，魏军深入追击，慕利延又从白兰西北翻越阿尔金山，入于阗境。从此吐谷浑汗国"地兼鄯善（今新疆若羌）、且末（今新疆且末北）"（《北史·吐谷浑传》），"北接高昌"（《梁书·河南王传》）。辖境"东西二千里，南北千余里"（《周书·吐谷浑传》）。慕利延等待魏军撤退后，又回到白兰。从此，吐谷浑虽然失去中原地区的一些郡县，反而可以专心经营青海草原了。

南朝宋文帝封慕利延为河南王。慕利延死,兄子拾寅继位(公元453—481年),宋文帝也封他为河南王,自此吐谷浑汗国就自称为河南国。河南国曾在宋孝武帝大明五年(公元461年)送给南朝"善舞马"。当时词臣谢庄还奉诏做了一篇《舞马赋》和《舞马歌》,喧动文苑。北魏王朝在全盛的时候,常去攻略吐谷浑,有一次掠夺到驼马二十多万匹之多。到北魏王朝衰乱时,吐谷浑汗国却国力鼎盛。公元524年,北魏的关陇地区爆发了以莫折念生为首的人民大起义,凉州幢帅于菩提等囚执刺史宋颖,响应念生。吐谷浑汗伏连筹(拾寅孙)曾出兵救援凉州,击杀于菩提,并乘机向陇右沿边扩展势力。

伏连筹死,子夸吕(公元530—591年)立,"始自号为可汗,居伏俟城(今青海共和西北铁卜加古城,东距青海湖约七公里),在青海西十五里"。"青海周回千余里,海内有小山(海心山),每冬冰合后,以良牝马置此山,至来春收之,马皆有孕,所生得驹,号为龙种,必多骏异。吐谷浑尝得波斯草马,放入海,因生骢驹,能日行千里,世传青海骢者也"(《北史·吐谷浑传》)。

吐谷浑人过着游牧生活,"土多牦牛、马、骡","虽有城郭而不居,恒处穹庐,随水草畜牧"。"好射猎,以肉、酪为粮。亦知种田,有大麦、粟、豆。然其北界气候多寒,唯得芜菁、大麦,故其俗贫多富少。""兵器有弓、刀、甲、矟。"(《北史·吐谷浑传》)"国无常税,调用不给,辄敛富室商人,取足而止。"(《晋书·吐谷浑传》)"其刑罚,杀人及盗马,死;余则征物以赎罪,亦量事决杖。刑人必以毡蒙头,持石从高击之。父兄死,妻后母及嫂等,与突厥俗同。"(《北史·吐谷浑传》)"婚礼,富者纳厚聘,贫者窃妻去。"(《新唐书·吐谷浑传》)丈夫的服装,"著小袖袍,小口裤"(《南史·河南王传》),"通服长裙,帽或戴幂䍦。妇人以金花为首饰,辫发萦后,缀以珠贝"(《晋书·吐谷浑传》)。吐谷浑可汗夸吕"椎髻毦珠,以皂为帽,坐金师子床。号其妻为恪尊(可贺敦的异译),衣织成裙,披锦大袍"(《魏书·吐谷浑传》)。吐谷浑社会大概处于不发展的奴隶制阶段。

南北朝时期,吐谷浑和南朝经济文化的联系很密切。如宋文帝的时候,吐谷浑汗送南朝的礼物有乌丸帽、女国(即后来的吐蕃)金酒器、胡王金钏等;宋朝则回赠牵车等物。《梁书·河南王传》还说吐谷浑"与益州邻,常通商贾",可见相互间的商务贸易也很频繁。吐谷浑与北朝的关系也很密切,北魏王朝曾赠送给吐谷浑许多锦彩,吐谷浑汗也不断赠送牦牛、蜀马及西南的珍贵土产。在西魏废帝二年(公元553年),西魏将领在凉州之西袭击吐谷浑从北齐回来的商队,"获其……商胡二百四十人,驼骡六百头,杂彩丝绢以万计"(《周书·吐谷浑传》)。即此一例,可见吐谷浑与中原地区的频繁商务往来。此外,吐谷浑和波斯等中亚国家也互通贸易,1956年春在青海省西宁市一次出土波斯萨桑王朝俾路斯时期(公元457—483年)的银币,即有七十六枚之多。

东、西魏分裂之际,东魏丞相高欢欲以吐谷浑为外援,建议东魏孝静帝元善见纳吐谷浑汗从妹为妃,并封济南王元匡的孙女为广乐公主以妻吐谷浑可汗,想利用吐谷浑贵族来骚扰西魏的后方。由此西魏"缘边,多被其害"(《周书·吐谷浑传》)。西魏为了巩固后方,除调动重兵来防御吐谷浑外,也利用突厥和吐谷浑争夺塔里木盆地霸权这个矛盾,在公元556年,派遣大将史宁与突厥木杆可汗联军进攻吐谷浑,虏夸吕妻子,大获珍宝及杂畜而还。北周武帝时,吐谷浑汗四次遣使来北周赠送方物。武帝建德五年(公元576年),吐谷浑贵族内部火并,国内大乱,武帝遣太子宇文赟统领大军进攻吐谷浑,军至伏俟城,夸吕远走,周军虏其余众而还。建德六年,北周灭北齐,吐谷浑可汗在那年又派遣了使臣来赠送方物。

吐谷浑汗世系表

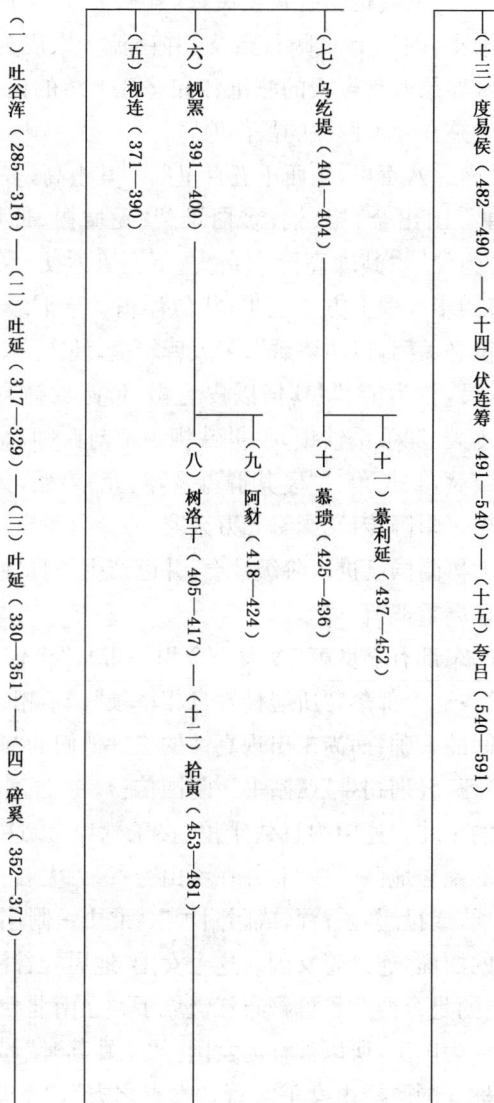

（一）吐谷浑（285—316）—（二）吐延（317—329）—（三）叶延（330—351）—（四）碎奚（352—371）

（五）视连（371—390）

（六）视罴（391—400）

（七）乌纥堤（401—404）

（八）树洛干（405—417）—（十二）拾寅（453—481）

（九）阿豺（418—424）

（十）慕璝（425—436）

（十一）慕利延（437—452）

（十三）度易侯（482—490）—（十四）伏连筹（491—540）—（十五）夸吕（540—591）

附国和女国 附国,《北史·附国传》说它在"蜀郡西北二千余里,即汉之西南夷也。有嘉良夷,即其东部"。又说:"嘉良有水阔六七十丈,附国有水阔百余丈,并南流。用皮为舟而济"。这两条大水如果就是今天的澜沧江和怒江上游的话,那么附国的所在地就是在今天西藏的昌都地区。

附国"南北八百里,东西千五百里"。"其土高,多风少雨,宜小麦、青稞。山出金、银、铜,多白雉。""无城栅,近川谷,傍山险。""垒石为碉","其碉高至十余丈,下至五六丈,每级以木隔之,基方三四步。碉上方二三步,状似浮图。于下级开小门,从内上通。夜必关闭,以防盗贼"。"人皆轻捷,便击剑。漆皮为牟甲,弓长六尺,竹为箭。""其俗以皮为帽,形圆如钵,或戴幂罗。衣多毛毼皮裘。""项系铁锁,手贯铁钏。王与酋帅,金为首饰。""好歌舞,鼓簧,吹长角。""妻其群母及嫂,儿、弟死,父兄亦纳其妻。"(《北史·附国传》)"国有二万余家,号令自王出。"(《隋书·附国传》)大概附国已进入阶级社会,并已产生了真性的王,但氏族制残余还严重遗留。

附国的东部有嘉良夷(今大小金川一带),"土俗与附国同,言语少殊"。这个部落,"所居种姓自相率领","不相统一",即只有邑落之间的大帅,而尚未出现真性的王。他们的"政令系之酋帅,重罪者死,轻刑罚牛"(《隋书·附国传》)。

附国的东北,"连山绵亘数千里,接于党项"。这数千里中,都是羌族的聚居地区。他们"并在深山穷谷,无大君长。其风俗略同于党项,或役属吐谷浑,或附附国"(《北史·附国传》)。

附国的西面,连接着女国。这个女国,地居吐谷浑汗国的西南,可能指的是今西藏雅鲁藏布江流域了。在南北朝末年,还是世代以女性为国王,所以被称为女国。"王姓苏毗",苏毗大概是部落的名称。国政概由女王掌管,"女王之夫","不知政事。国内丈夫,唯以征伐为务。山上为城,方五六里,人有万家。王居九层之楼,侍女数百人,五日一听朝。复有小女王,共知国政"。"其女王死,国中则厚敛金钱,求死者族(苏毗部落)中之贤女二人,一为女王,次为小王。"(《隋书·女国传》)从这个继承制度,可以见到苏毗部落里,氏族制残余也是很严重的。"其地五男三女,贵女子,贱丈夫。妇人为吏职,男子为军士。女子贵者则多有侍男,男子不得有侍女。虽贱庶之女,尽为家长,有数夫焉。生子皆从母姓。"(《通典·边防典·女国传》)"男女皆以彩色涂面,一日之中,或数度变改之。"(《隋书·女国传》)"男子皆被发,妇人辫发而萦之。"(《通典·边防典·女国传》)"以皮为鞋。""课税无常。"其地"气候多寒"(《隋书·女国传》)。"风俗土著,宜桑麻,熟五谷。"(《北史·吐谷浑传附女国传》)人民多"以射猎为业"。"出输石、朱砂、麝香、牦牛、骏马、蜀马。尤多盐,恒将盐向天竺兴贩,其利数倍。亦数与天竺及党项战争。""俗事阿修罗神"(《隋书·女国传》),可见这时候佛教还没有开始传入西藏。

宕昌与邓至 宕昌,是羌族的一个部落。"其界自仇池以西,东西千里;席水以南,南北八百里。地多山阜,部众二万余落。"政治中心宕昌城,在今甘肃宕昌西。"姓别自为部落,各立酋帅,皆有地分,不相统摄。""俗皆土著,居有栋宇。其屋织牦牛尾及羖羊毛覆之。国无法令,又无徭赋。唯征伐之时,乃相屯聚;不然,则各事生业,不相往来。皆衣裘、褐。牧养牦牛、羊、豕,以供其食。父子伯叔兄弟死者,即以其继母、世叔母及嫂、弟妇等为妻。俗无文字,但候草木荣落,以记岁时。三年一相聚,杀牛羊以祭天。"(《周书·宕昌传》)

宕昌的首领姓梁,世为酋帅,自称宕昌王。宕昌王经常派遣使者向北魏进贡朱砂、雌黄、白石胆等方物,北魏也还赠以车骑、戎马、锦彩等物,加强了彼此间的经济文化联系。西魏时宕昌王梁仚定,北周时宕昌王梁弥定不时侵犯西魏、北周的边境。北周武帝于保定四年(公元 564 年)命大将军田弘率兵击破宕昌王国,以其地为宕州(治阳宕,今甘肃宕昌西)。

邓至羌,亦称白水羌,居住在仇池以西,汶岭(岷山)以北,宕昌以南。它的政治中心邓至城,在今四川九寨沟县南,白水江东岸。邓至的"风俗物产,亦与宕昌略同"(《周书·邓至传》)。在北魏初,有白水酋帅像舒治自称邓至王。舒治十一传至像檐桁,因内乱失国,投奔西魏,西魏相宇文泰派兵护送他回邓至,以后就在邓至置邓州(治尚安,今四川九寨沟县西北)。

党项 党项是羌族的一个部落名称。他们居住在今青海玉树藏族自治州的东部和果洛藏族自治州一带。北"周灭宕昌、邓至,而党项始强"(《新唐书·党项传》)。党项"南北数千里,处山谷间。每姓别为部落,大者五千余骑,小者千余骑。织牦牛尾及羖羊毛为屋。服裘褐,披毡为上饰。俗尚武力,无法令,各为生业,有战阵则屯聚,无徭役,不相往来。养牦牛、羊、猪以供食,不知稼穑"。"无文字,但候草木以记岁时。三年一聚会,杀牛羊以祭天。""有琵琶、横吹,击缶为节。"(《北史·党项传》)

北朝的北魏后期和西魏、北周时期,党项部落已经进入早期奴隶社会,他们的酋长开始对四邻进行掠夺,并不断侵扰魏、周的边境,尤其在周末隋初政权交替、中原扰攘的时候。他们的首领以拓跋为姓,如隋开皇五年(公元 585 年),其酋帅拓跋宁丛等率众诣旭州(即千旭成,当在今甘肃碌曲东)内附。从《北史·党项传》所说党项"东接临洮、西平"以及隋唐时期称西倾山以南的黄河岸为党项岸(见《太平寰宇记》)一事看来,当时党项人的足迹,已经推进到洮水和湟水流域了。到了唐代,吐蕃强大,吐谷浑破灭,党项也被迫北迁,居住灵州和夏州之间,后来形成为与宋及辽、金先后鼎峙的西夏政权。

---

① 《宋书·鲜卑吐谷浑传》:西北诸杂种谓之阿柴虏。

《南齐书·河南传》：河南者，匈奴种也。汉建武中，匈奴奴婢亡匿在凉州界杂种数千人，虏名奴婢为赀，一谓之赀虏。

《晋书·吐谷浑传》：西北杂种谓之阿柴虏，或号为野虏焉。

按"阿柴虏"即"赀虏"，原是匈奴贵族对奴婢的贱称。吐谷浑部落在迁徙过程中，接受了不少匈奴奴婢，因此吐谷浑也就被称为"阿柴虏"或是"野虏"了。

②《晋书·吐谷浑传》：吐延为羌酋姜聪所刺，剑犹在其身，谓其将纥拔泥曰："……所以控制诸羌者，以吾故也。吾死之后，善相叶延（吐延子），速保白兰。"

第九章　魏晋南北朝时期的
中外经济文化交流

第一节　魏晋南北朝与海东各国的经济文化交流

高句丽　高句丽，是从涉貊部落发展起来的一个国家。涉和貊是两个部落，涉在东，貊在涉西。高句丽属于貊部落，后来才合并了涉部落。据《三国志·魏志·涉传》说："涉南与辰韩，北与高句丽、沃沮接，东穷大海……户二万。"开始还没有形成国家，"无大君长，自汉已来，有侯邑君、三老，统主下户"。"男女衣皆著曲领，男子系银花，广数寸以为饰。""同姓不婚。""有麻布，蚕桑作绵。晓候星宿，豫知年岁丰约。不以珠玉为宝。""其邑落相侵犯，辄相罚，责生口牛马，名之为责祸。杀人者偿死。少寇盗。"涉部落的"耆老，旧自谓与句丽同种"。事实也证明了他们的"言语法俗，大抵与句丽同"。到了曹魏后期，高句丽逐渐强大，涉部落就很自然地并入高句丽国了。

高句丽是属于貊部落的，貊族以外，还有貊的"别种，依小水为居，因名之为小水貊。出好弓，所谓貊弓是也"（《三国志·魏志·高句丽传》）。貊部落和小水貊部落，他们构成了高句丽国人的主体。汉代称高句丽人为貊人，说明高句丽人即出于貊人。但统治高句丽的贵族却不是貊人，而是夫馀人。高句丽的贵族很忌讳高句丽人民和涉貊部落人民之间有血缘纽带的这段历史，总喜欢强调他们和夫馀王族的亲密关系。《三国志·魏志·高句丽传》曾提到"东夷旧语，以为夫馀别种，言语诸事，多与夫馀同"，这个说法，就高句丽贵族而言是对的。至于高句丽的人民，那么应该说是涉、貊族而不是夫馀族。

高句丽的创业君主，名唤朱蒙。传说"朱蒙母河伯女，为夫馀王闭于宫中，为日所照，引身避之，日影又逐。既而有孕"，遂生朱蒙。所以朱蒙自称，"我是日子，河伯外孙"（《魏书·高句丽传》）。后来夫馀人要杀朱蒙，朱蒙从夫馀南逃，建立了高句丽国。高句丽国的统治贵族固然是夫馀人，而构成高句丽国的人民却不是夫馀人，他们主要是貊人和涉人，当然也有古朝鲜人，以及沃沮人的南方一部分。高句丽国的形成，也经历过一个各族人民融合的较长历程。

朱蒙四传至莫来，曾北征夫馀，夫馀王战败，夫馀的势力开始向北面撤退，但高句丽王始终无法征服夫馀，夫馀仍以今吉林农安为都城。在北魏时期，夫馀国还是用豆莫娄国这个名称，作为我国东北部的一个强大部落而存在着。旧史说高句丽强盛之后，"乃并夫馀"的说法，是不可信的。

高句丽国初都纥升骨城（在今我国辽宁省桓仁西北），后来从纥升骨城迁都到丸都城（今我国吉林省集安）。到了我国南北朝时期，高句丽又把都城从丸都城迁到平壤。我们现在先讲丸都城时期的高句丽，再讲平壤城时期的高句丽。丸都城时期的高句丽，其地"南与朝鲜、涉貊，东与沃沮，北与夫馀接"。"方可二千里，户三万。多大山深谷，无原泽。随山谷以为居，食涧水。无良田，虽力佃作，不足以实口腹。"（《三国志·魏志·高句丽传》）"故其俗节于饮食。"（《后汉书·高句丽传》）由于自然条件较差，因此高句丽人西面想向汉朝的辽东郡发展，北面想侵凌夫馀，东面想蚕食南沃沮，尤其不忘南下略定朝鲜半岛。高句丽有五个大的氏族，"有涓奴部、绝奴部、顺奴部、灌奴部、桂娄部。本涓奴部为王，稍微弱，今（指曹魏时）桂娄部代之"。"绝奴部世与王婚"，所以势力也很大。高句丽已经进入奴隶社会，国内阶级分化非常明显，"其国中大家不佃作，坐食者万余口。下户远担米粮鱼盐供给之"。这种"下户"，不见得一定是奴隶，而是自耕农民。高句丽"无牢狱，有罪，诸加(加是官名)评议，便杀之，没入妻子为奴婢"(《三国志·魏志·高句丽传》)。奴婢的来源，除了这些罪犯奴婢外，其余就是被掳掠的四邻人民了。因为要通过战争来掠夺奴婢，所以高句丽国很好战，国力也较强，史称其人"有气力，习战斗，好寇钞"(《后汉书·高句丽传》)，这当然不是偶然的事情。高句丽人"洁清自喜"，"喜歌舞，国中邑落，暮夜男女群聚相就歌戏"(《三国志·魏志·高句丽传》)，以上讲的都是丸都城时期的高句丽社会风俗。

公元32年(东汉光武帝建武八年)，高句丽王派遣使节访问洛阳。公元244年(曹魏齐王芳正始五年)，高句丽王位宫乘公孙渊新灭，想略取辽东(郡治襄平，今辽宁辽阳市)，为曹魏幽州刺史毌丘俭所破。高句丽王把他的兵锋转而南下，攻取平壤。东晋十六国前期，前燕慕容氏霸有辽海，高句丽王钊也想乘隙攻占辽东，这两个力量冲突的结果，前燕主慕容皝取得胜利，高句丽国人五万余口归附了前燕，高句丽国都丸都城被毁坏，高句丽王钊为百济国所杀。到了后燕慕容熙时，高句丽王乘后燕衰败之际，夺取了辽东郡。这时高句丽国的都城已经不在丸都而在平壤了。

高句丽迁都平壤城以后，在朝鲜半岛的几个国家中，是国力最为强盛的一个国家。北魏太武帝拓跋焘派遣的使节李敖曾到达平壤城，据说这时高句丽国的"人户参倍于前魏(曹魏)时"(《北史·高丽传》)，曹魏时高句丽有三万户，这时户口已有九万户了。平壤城"东西六里，随山屈曲，南临浿水(今大同江)"。高句丽国的疆域，这时东至新罗，西抵辽水，南接百济，北邻靺鞨，可是"土田薄瘠，蚕农不足以自给"(《北史·高丽传》)。"赋税则绢布及粟，随其所有，量贫富差等输之。"(《周书·高丽传》)"税，布五匹,谷五石;游人则三年一税,十人共细布一匹。租,户一石,次七斗,下五斗。"(《隋书·高丽传》)"其刑法:谋反及叛者,先以火焚爇,然后斩首,籍没其家。盗者,十余倍征赃。若贫不能备,及负公私债者,皆听评其子女为奴婢以偿之。"(《周书·高丽传》)"有婚嫁,取男女相悦即为之,男家送猪酒而已,无财聘之礼;或有受财者,人共耻之,以为卖婢。"(《北史·高丽传》)服装,"人皆头著折风,形如弁"(《北史·高丽传》)。"其有官品者,又插二鸟羽于其上以显异之。"(《周书·高丽传》)"贵者,其冠曰骨苏,多用紫罗为之,饰以金银。服大袖衫,大口裤,素皮带,黄革屦。"(《隋书·高丽传》)"妇人服裙襦,裾袖皆为襈(缘边)。""其公会,衣服皆锦绣,金银以为饰。"(《魏书·高句丽传》)"兵器有甲、弩、弓、箭、戟、稍、矛、铤。"(《周书·高丽传》)"乐有五弦、琴、筝、筚篥、横吹、箫、鼓之属,吹芦(芦管)以和曲。"(《隋书·高丽传》)以上讲的都是平壤城时期的高句丽社会风俗。

高句丽和我国东晋、后赵、前燕、前秦、后燕、北燕、北朝、南朝,每岁都有频繁的使节来往。它派遣使节到北魏、东魏、北齐、北周王朝的京都访问,并馈赠方物,前后有九十余次之多,有时一年中派出的使团,不是二次,便是三次。派遣使节到达东晋、南朝的京城建康访问,并馈赠方物,前后也将近三十次。在北魏王朝举行大朝会款待外国使团名单中,南朝使团列在首位,高句丽王派遣的使团,名次排列在第二位。高句丽可算是当时东北亚各国中国力最强盛、文化最发达的一个国家。

在南朝宋文帝元嘉十六年(公元439年),高句丽王一次就赠送给南朝战马八百匹,南朝也相应回赠高句丽王许多礼物。在北魏太武帝拓跋焘的全盛时期,高句丽每年赠送北魏王朝黄金二百斤、白银四百斤,北魏王朝也回赠价值相等的礼物。北魏末年,干戈扰攘,有很多中原人民流亡到高句丽。北齐文宣帝高洋天保三年(公元552年),遣使臣崔柳出使高句丽,"求魏末流人"(《北史·高丽传》)，高句丽王一次就遣返了五千户。

高句丽从建国以来，很早就接受了我国的儒家思想，因为这种思想适合高句丽阶级社会的发展需要，所以他们的统治阶级便大力加以提倡。高句丽王曾模仿中国，在国都平壤设置太学，还从中国取去许多书籍，所以在高句丽国内，"书有五经(《易》、《书》、《诗》、《礼》、《春秋》)、三史(《史记》、《汉书》、《东观汉记》)、《三国志》、《晋阳秋》"(《北史·高丽传》)等，并且非常流行。在公元 372 年左右，佛教也从中国北方前秦王朝统治地区传入高句丽，高句丽的统治阶级也企图利用佛教来熏陶人民，巩固他们的统治。高句丽一方面吸取中国文化的有益成分，来充实和发展高句丽文化，一方面又把中国文化和高句丽文化介绍到南方的百济、新罗和隔海的日本去，给予这些国家非常深远的影响。

百济　百济是从马韩部落发展而来的一个国家。马韩在我国的汉代，共分五十四个部落。这些部落，"大者万余户，小者数千家，各有渠帅"(《晋书·马韩传》)。"其民土著，种植，知蚕桑，作绵布。""其俗少纲纪，国邑虽有主帅，邑落杂居，不能善相制御。""居处作草屋土室，形如冢，其户在上。举家共在中，无长幼男女之别。"(《三国志·魏志·马韩传》)"其男子科头露紒(把头发打成一个结，盘在上面)，衣布袍，履草蹻。""俗不重金银锦罽，而贵璎珠，用以缀衣，或饰发垂耳。"(《晋书·马韩传》)西晋武帝司马炎在位时，马韩部落的酋长还派遣使节到洛阳，赠送方物，共有七八次之多。

公元 346 年(东晋穆帝永和二年)，马韩五十四个部落之一的百济部落，开始在部落联盟基础上形成了百济国家。

百济的王室姓夫馀氏，自称出于夫馀王之后，他们开始把夫馀王室东明的神话传说，搬来作为百济王室的神话传说。我们认为构成百济国人民的主体的是马韩的五十四个部落，可能百济王室有夫馀王的血统，或确有夫馀王子仇台其人南下为百济部落的酋帅。至于史籍上说仇台带领夫馀族人,"初以百家济,因号百济"(《北史·高丽传》)的这个说法,肯定是不可靠的。不可靠的理由是,《三国志·魏志·马韩传》曾提到了构成马韩的五十四个部落中,已经有个伯济部落——伯济国。伯济即百济,那时百济还没有统一五十四个部落,也还没有形成百济国家,但是已经有了这个伯济国了。遍考东北亚部族的迁移迹象,在此之前找不出夫馀王子率夫馀族人,"以百家济"的一点痕迹。所以,百济是夫馀王子"以百家济,因号百济"的说法,是望文生义,完全不可靠的说法。

百济"地界东极新罗,北接高句丽,西南俱限大海。东西四百五十里,南北九百余里"。"土田下湿,气候温暖。五谷、杂果、菜蔬及酒醴、肴馔、药品之属,多同于内地(指中国)。唯无驼、驴、骡、羊、鹅、鸭等。""其衣服,男子略同于高丽。若朝拜祭祀,其冠两厢加翅,戎事则不。拜谒之礼,以两手据地为礼。妇人衣似袍而袖微大。"(《周书·百济传》)"女辫发垂后。已出嫁,则分为两道,盘于头上。""兵有弓、箭、刀、矟。俗重骑射。""又知医药、蓍龟与相术、阴阳五行法。""有鼓角、箜篌、筝、竽、箎、笛之乐,投壶、摴蒲、弄珠、握槊等杂戏。尤尚弈棋。""赋税以布、绢、丝、麻及米等,量岁丰俭,差等输之。其刑罚,反叛、退军及杀人者,斩;盗者流,其赃两倍征之;妇犯奸,没入夫家为婢。"(《北史·百济传》)

百济国于北魏孝文帝延兴元年(公元471年)、北齐后主天统三年(公元567年)、武平三年(公元572年)、北周武帝建德六年(公元577年),先后四次派遣使节来北朝京都洛阳、邺城、长安访问,并馈赠方物。北朝航海捕鱼的渔民和出使海东的使节在海上遇难,百济往往加以救护。有一次百济国人在"西界海中,见尸十余,并得衣器鞍勒"(《北史·百济传》),经过调查,知道是北魏出海使节遇难的遗物,除了埋葬尸体外,还把这个消息通报北魏王朝。

百济也经常派遣使节,到东晋、南朝来访问。东晋简文帝咸安二年(公元372年),宋文帝元嘉十七年(公元440年)、元嘉二十年,明帝泰始三年(公元467年)、七年,梁武帝天监十一年(公元512年)、普通二年(公元521年)、中大通六年(公元534年)、大同七年(公元541年)、太清三年(公元549年),陈后主至德二年(公元584年),百济使节访问东晋、南朝的京城建康凡十一次。百济士人爱好中国的"坟史,其秀异者颇解属文"。梁武帝时,百济国的使节曾到建康"求书"。在侯景乱梁之后,建康城内断垣残壁,荒凉不堪。百济国的使节来到建康,"见城阙荒毁,并号恸涕泣。侯景怒,囚执之。及景平,方得还国"(《梁书·百济传》)。就此二事,可见百济国王派遣到南朝的使节,不但爱慕汉族文化,而且也极其关心南朝的治乱,百济和南朝的友好关系确实非同一般。

百济很早就从辽东地区传入了五帝神。公元384年,百济又从东晋传入佛教,百济国内"有僧尼,多寺塔,而无道士"(《北史·百济传》)。何承天的《元嘉历》,也从南朝传入百济,史称百济"用宋《元嘉历》,以建寅月为首"(《周书·百济传》)。梁武帝大同七年(百济圣王明祎十九年,即公元541年),百济使节到达建康,"表请《毛诗》博士,《涅槃》等经义,并工匠、画师等"(《三国史记》卷26),梁武帝非常友好地满足了百济的要求。从这一系列的事实看来,百济和当时中国的经济、文化交流,是如何频繁而密切了。汉族文化还以百济为媒介,给予新罗和日本以一定的影响。

新罗 新罗是从辰韩和弁韩发展而来的一个国家。辰韩地处马韩之东,它总共由十二个部落组成联盟,联盟的酋长称辰王。另外又有一个弁韩,也由十二个部落组成联盟。这二十四个部落,大的部落有五千家,小的也有六七百家,总起来有四五万户。由于北方强大的高句丽，念念不忘南下牧马；在朝鲜半岛南部，倭国也在弁韩的迦罗部落基础上建立任那府，企图利用这个桥头堡垒，经营朝鲜半岛。为了抵御南北两大势力的侵凌，在公元356年（东晋穆帝永和十二年），辰韩、弁韩等部落开始联合起来，由过去松散的部落联盟，形成了新罗国家。

新罗"田甚良沃，水陆兼种，其五谷、果菜、鸟兽、物产，略与华同"（《北史·新罗传》）。"晓蚕桑，作缣布。乘驾牛马。""国出铁"，在辰韩、弁韩时代，"韩（马韩）、涉、倭皆从取之。诸市买皆用铁，如中国用钱"。铁的普遍使用，使新罗社会经济有了飞跃的发展。"俗喜歌舞、饮酒。有瑟，其形似筑，弹之亦有音曲。"（《三国志·魏志·弁辰传》）"其文字甲兵，同于中国。选人壮健者悉入军，烽、戍、逻俱有屯营部伍。风俗、刑政、衣服略与高丽、百济同。""服色尚素。妇人辫发绕颈，以杂彩及珠为饰。婚嫁礼唯酒食而已，轻重随贫富。""死有棺敛，葬送起坟陵。"（《北史·新罗传》）

西晋武帝太康元年（公元280年）、二年、七年，辰韩王曾三次派遣使节来洛阳访问，并馈赠方物。南朝梁武帝普通二年，陈废帝光大二年（公元568年），宣帝太建二年（公元570年）、三年，新罗国王先后四次派遣使节，远涉重洋，来建康访问。北齐武成帝河清元年（公元562年）、后主武平三年（公元572年），新罗国王也先后两次遣使来齐都邺城访问，并馈赠方物。这些友好往来，给此后几百年两国间的经济文化交流，打下了良好基础。

日本邪马壹与大和国家　约当我国西汉时期，日本岛上存在一百多个独立的部落。自从汉武帝把汉王朝势力推进到辽东半岛之后，前后有三十多个倭部落与汉有了经济文化交流。到公元1世纪中叶，北九州已形成了几个部落国家。公元57年（东汉光武帝建武中元二年），其中的倭奴国曾派遣使节到东汉京城洛阳来，馈赠方物。东汉光武帝赠以印绶。这个"汉委奴国王"的金印，在日本的天明四年（公元1784年），于筑前国糟屋郡志贺岛叶崎村发现。公元107年（东汉安帝永初元年），倭王又遣使聘汉，曾赠送汉王室生口（奴婢）一百六十人。从这件事看来，倭奴国已经把被征服部落的俘虏当作奴隶，并用来赠送邻邦，这说明他们已经进入较为原始的奴隶社会了。

据《三国志·魏志·倭人传》记载，公元3世纪前半叶，日本岛上出现了一个服属二十多个部落的势力强大的邪马壹（即邪马台）国。它的国王是个名叫卑弥呼的独身女子，常用"鬼道"来牢笼人心。政务由她的弟弟管理。卑弥呼女王平时深居简出，"以婢千人自侍"；死后"大作冢，径百余步，徇葬者奴婢百余人"。可见邪马壹国社会，还滞留在不发展的奴隶制阶段。"倭地温暖，冬夏食生菜。""种禾稻、纻麻，蚕桑缉绩，出细纻缣绵。其地无牛马虎豹羊鹊"。"兵用矛、楯、木弓。木弓短下长上，竹箭或铁镞或骨镞。""收租赋，有邸阁（存贮粮食）。国国（每个部落）有市，交易有无。"风俗淳朴，"不盗窃，少诤讼。其犯法，轻者没其妻子，重者没其门户。""男子无大小皆黥面、文身。"每个部落"文身各异，或左或右，或大或小，尊卑有差"。同时还"以朱丹涂其身体，如中国用粉也。""男女皆徒跣。""男子皆露纟介，以木棉招头。其衣横幅，但结束相连，略无缝。妇人被发屈纟介。作衣如单被，穿其中央，贯头衣之。""有屋室，父母兄弟卧息异处。""其会同坐起，父子男女无别。""食饮用笾豆，手食。"妇人"不妒忌"，国多女子，"国大人皆有四五妇，下户或二三妇"（《三国志·魏志·倭人传》）。"嫁娶不以钱帛，以衣迎之。"（《晋书·倭人传》）阶级的差别已经非常明显，"下户与大人相逢，逡巡入草。传辞说事，或蹲或跪，两手据地，为之恭敬。对应声曰噫，比如然诺"（《三国志·魏志·倭人传》）。

曹魏明帝的景初二年（公元238年），司马懿灭公孙渊，取得了辽东。这年六月,邪马壹国卑弥呼女王遣使至洛阳,馈赠男生口四人,女生口六人,班布二匹二丈。曹魏王朝回赠了许多礼物,其中有"绛地交龙锦五匹,绛地绉粟罽(羊毛织品)十张,蒨绛五十匹,绀青五十匹"。另外还有"绀地句文锦三匹,细班华罽五张,白绢五十匹,金八两,五尺刀二口,铜镜百枚,真珠、铅丹各五十斤"。到了齐王芳正始四年(公元243年),卑弥呼女王又派遣使节到洛阳,馈赠"生口、倭锦、绛青缣、绵衣、帛布、丹木、狌、短弓矢等"。正始八年,卑弥呼女王病死。不久,嗣女王壹与又遣使节来魏都洛阳,馈赠"男女生口三十人","白珠五千孔,青大句珠二枚,异文杂锦二十匹"(《三国志·魏志·倭人传》)。魏王朝也相应回赠方物。司马昭相魏,邪马壹国的使节,又几次来到洛阳。西晋武帝泰始二年(公元266年),邪马壹国又派遣使节,重译来洛阳,馈赠方物。

邪马壹国究竟在日本的什么地方?一说是在九州北部,一说是在本州的大和(今奈良),历来就有争论。但是到公元3世纪以后,大和地方兴起了一个犹如邪马壹那样的大和国家,这是无可置疑的事①。在我国南朝时,大和国多次派遣使节,远涉重洋,到建康访问。《宋书·倭国传》记载着大和国王武在宋顺帝昇明二年(公元478年)所上的一个表文,文中提到倭王武的父、祖"躬擐甲胄","东征毛人(蝦夷)五十五国,西服众夷(熊袭)六十六国,渡平海北(指三韩部落)九十五国"。可见自西晋末至南朝时,大和国已经逐渐统一四国,进而渡过海峡,向朝鲜半岛扩张势力了。正如《北史·倭传》所说:"新罗、百济皆以倭为大国,多珍物,并敬仰之,恒通使往来。"

大和国和东晋、南朝的通聘,一共十次。第一次是在晋安帝义熙九年(公元413年),第二次是在宋武帝永初二年(公元421年),第三次是在宋文帝元嘉二年(公元425年),第四次是在元嘉七年,第五次是在元嘉十五年,第六次是在元嘉二十年,第七次是在元嘉二十八年,第八次是在孝武帝大明四年(公元460年),第九次是在顺帝昇明元年,第十次是在昇明二年,倭国王先后派遣使节来建康访问,并馈赠方物。宋孝武帝大明六年(公元462年),南齐高帝建元元年(公元479年),梁武帝天监元年(公元502年),南朝的皇帝也主动派遣使臣,赠与大和国王以荣誉位号。除了南朝和大和国彼此间的友好往来有了进一步发展以外,中国人民很早就把中国大陆的先进生产技术和先进文化介绍到日本去。从西晋时候起,中国人开始流移到日本,这对日本的社会发展,起过一定影响。在西晋武帝太康六年(公元285年),有吴服师(我国江南地区的缝衣师)经百济到达日本。同年,我国的儒家经典《论语》,也传到了日本。宋明帝泰始六年(公元470年),大和国又从江南聘去“汉织(北方织匠)、吴织(南方织匠)及衣缝(缝衣师)兄媛、弟媛等”(《日本书纪·雄略天皇纪》)。过了两年,在公元472年,大和朝廷又下令本国栽植桑树。从此,日本的蚕桑和丝织业,便迅速发展起来。我国与日本的友好关系,到了隋唐时代更有长足的发展。

---

① 参考日本井上清教授著《日本历史》第二章《大王国家与部民》。

第二节　魏晋南北朝与西域及五天竺 各国的经济文化交流

大宛　大宛国在今塔吉克斯坦和吉尔吉斯斯坦境内的费尔干纳盆地,都城贵山城即今塔吉克斯坦的苦盏。据《晋书·大宛传》说,这时大宛国内有“大小七十余城,土宜稻麦,有蒲桃酒,多善马,马汗血。其人皆深目多须”。大宛国人会做买卖,“善市贾,争分铢之利”。国内没有行用金银铸币,“得中国金银,辄为器物,不用为币也”。曹魏陈留王咸熙二年(公元265年),大宛王遣使赠送名马。西晋武帝在太康六年(公元 285 年),派遣杨颢出使大宛,赠与大宛国主蓝庾以大宛王的尊号。蓝庾身故,其子摩之继位,派遣使节到达西晋京城洛阳,馈赠汗血马。后赵石勒建平二年(公元 331 年),大宛国王派人赠送石勒"珊瑚、琉璃、氍毹、白叠"(《太平御览》卷 820 引吴笃《赵书》)等贵重物品。前秦苻坚建元十四年(公元 378 年),大宛国王又遣使到达长安,赠送汗血善马。北朝称大宛国为破落那国。北魏太武帝太延三年(公元 437 年)、太延五年、太平真君十年(公元 449 年)、正平元年(公元 451 年),文成帝和平六年(公元 465 年),破落那国王先后凡五次派遣使节来到北魏京都平城访问,并馈赠方物,其中太延三年与和平六年这两次,都是赠送汗血马。

者舌 者舌国,唐代称为石国,是由大月氏部落分裂出来的一个国家。都城在今乌兹别克斯坦的塔什干。北魏太武帝太延三年,者舌国派遣使节来北魏京都平城聘问,从此以后,使节来往不绝。

悉万斤 悉万斤国,唐代称为康国,也是由大月氏部落分裂出来的一个国家。它的都城在今乌兹别克斯坦的撒马尔罕。北魏孝文帝延兴三年(公元 473 年)、承明元年(公元 476 年)、太和三年(公元 479 年)、四年、十一年、十五年,宣武帝景明三年(公元 502 年)、正始四年(公元 507 年)、永平二年(公元 509 年),悉万斤国王凡先后十次派遣使节来魏访问,并馈赠方物。在正始四年一年中,且两次遣使来聘。

忸密 忸密国,唐代称为安国,也是由大月氏部落分裂出来的一个国家。它的都城忸密城,即今乌兹别克斯坦的布哈拉。北魏宣武帝永平二年,忸密国王曾派遣使节,到洛阳访问,并馈赠方物。北周武帝娶突厥公主为皇后之后,安国乐和康国乐都传入中原地区,说明彼此间有了经济文化交流。

粟特 粟特即古代的奄蔡,一名温那沙。史书说它"居于大泽"(《北史·粟特传》),这个大泽大概是指今天的里海。北魏太武帝太延元年(公元435年)、三年、五年、太平真君五年(公元444年),粟特国王都派遣使节,来魏访问,并馈赠方物。太武帝在公元439年,灭北凉,攻取姑臧(今甘肃武威),收容了很多在凉州经商的粟特商人。到了北魏文成帝太安三年(公元457年),粟特王遣使聘魏,请求北魏送回这些粟特商人,北魏王朝答应了,优礼送归。北魏献文帝皇兴元年(公元467年)、孝文帝延兴四年(公元474年)、太和三年(公元479年),北周武帝保定四年(公元564年),粟特王又先后四次派遣使节访问北魏和北周的都城平城、洛阳、长安等地,馈赠方物,北魏、北周朝廷回赠了许多礼品,加强了彼此间的经济文化交流。

大月氏贵霜王朝 大月氏人原来居住在我国河西走廊的敦煌、祁连间①。汉文帝的前元元年(公元前165年),匈奴老上单于攻破月氏部落,杀月氏王,漆其头为"饮器"(溺器)。月氏部落被逼向西迁徙,只有一小部分月氏人留居在祁连山间,这就是我们以前讲到过的建立北凉王朝的沮渠部落——卢水胡。大月氏向西迁移,经过大宛,到达大夏(巴克特利亚,Bactriane)。大月氏人在迁徙的过程中,大大加强了战斗力,而"大夏本无大君长,城邑往往置小长,民弱畏战"(《汉书·西域·大月氏传》),因此很快就被大月氏人所征服了。他们就在那里建立起大月氏国家来,其都城为蓝氏城(Balkh,今阿富汗瓦齐拉巴德)。在大月氏全盛时代,有"户十万,口四十万,胜兵十余万人"(《后汉书·大月氏传》),是当时中亚的一个强盛国家。

大月氏是由五个主要部落构成的,部落的酋长,称为翕侯。大月氏西迁大夏之后的一百多年,五个翕侯中的贵霜翕侯丘就却,势力最为强大,他统一了大月氏五部落,建立了贵霜王朝。丘就却西攘安息,南并高附(今阿富汗喀布尔)。丘就却的儿子阎膏珍(公元47—78年)继位之后,又进一步蚕食西北天竺,并取得罽宾(今克什米尔)。到了阎膏珍的儿子迦腻色迦大王(公元78—123年)在位时,贵霜王朝已征服整个西北天竺,建都富楼沙城(今巴基斯坦的白沙瓦)。它的领土,北起妫水(阿姆河)以北,南逾印度河而南。鱼豢《魏略》说,"罽宾国、大夏国、高附国、天竺国(指乾陀罗),皆并属大月氏"(《三国志·魏志·四夷传》注引),这个说法基本上是可以相信的。迦腻色迦大王当时也皈依了佛教,大月氏贵霜王朝实际已成为天竺化的佛教国家了。

关于贵霜王朝迦腻色迦大王死后的历史资料极端缺乏。我们只知道贵霜王朝虽有都城,但大月氏部落还没有放弃游牧生活,"随畜牧迁徙,亦类匈奴"。"其俗以金银钱为货"(《北史·小月氏传》),这从近代在阿富汗、印度和巴基斯坦国内掘到的贵霜王朝金银铸币,也可以获得确切的证明。

三国魏明帝太和三年(公元229年),大月氏贵霜王波调派遣使节来洛阳访问,并馈赠方物。魏明帝赠与波调以"亲魏大月氏王"的名誉位号。

公元320年(东晋元帝大兴三年),中天竺的笈多王朝兴起,被贵霜王朝所役属的北天竺一些国家,开始挣脱了贵霜王朝的统治枷锁,和笈多王朝联合起来,把大月氏人的势力驱逐出北天竺。这样,贵霜王朝在西北天竺的统治便一度瓦解。但贵霜王朝继续保持对阿姆河上游和喀布尔河谷的统治。

贵霜王朝退出北天竺的富楼沙后,大概过了一个多世纪,又受到从粟特方面南下的匈奴人势力的侵袭和威胁[2],于是贵霜王朝把都城迁到薄罗城(即蓝氏城)来。此后不久,贵霜王朝有个名王寄多罗还趁天竺笈多王朝的衰弱,提兵逾越兴都库什山,南侵北天竺,攻占了富楼沙城,"自乾陀罗以北五国,尽役属之"(《北史·大月氏传》)。寄多罗又以富楼沙为都城,建立了小月氏王国。

公元 5 世纪后半叶③,大月氏贵霜王朝在喀布尔河谷和阿姆河上游的统治地区,都给哒汗国占领了。寄多罗在北天竺富楼沙城建立的小月氏王国到了公元 500 年(北魏宣武帝景明元年)左右,也终于被哒汗国征服了。公元 520 年(北魏孝明帝正光元年),北魏派遣的取经使节宋云、惠生等经过富楼沙城时,这个富楼沙城已经由哒汗所派遣的王子来镇守,说明小月氏王国的统治,在此以前已告结束④。

哒汗国 哒(Hephthalites),欧洲人称之为白匈奴,南朝称之为滑国,北朝称之为哒。哒得名,据《梁书·滑国传》载,哒有名王"厌带夷栗陀",厌带盖其王之姓,因以为国名;《通典·边防典》引刘璠《梁典》,称"滑国姓哒,后裔以姓为国号,转讹又谓之恓怛";同书又引韦节《西蕃记》,谓"亲问其国人,并自称挹阗"。厌带、哒、恓怛、挹阗,皆一音之异译。

哒在公元 4 世纪末、5 世纪初,还是一个小国,而且曾一度受柔然汗国的役属。到了 5 世纪中叶,哒人游牧在乌浒河(Oxus,即阿姆河)流域,后来逐渐强大,击灭大月氏。公元 500 年左右,进兵乾陀罗,取小月氏,代替贵霜王朝而成为中亚细亚的强国。哒的都城拔底延城就是大月氏的都城蓝氏城。

哒在南面以旁遮普(Punjab)为根据地,逐渐蚕食印度笈多王朝的领地至麻拉瓦(Malwa)而止;在西面,屡败波斯之众,公元 484 年的一次战役,还在阵上把波斯萨桑王朝的皇帝 Pirouz 杀死;在东面,于 5 世纪末乘柔然汗国中衰之际,进兵塔里木盆地,役属了塔里木盆地南道的渴盘陀、朱居波(今新疆叶城)、于阗、疏勒和北道的姑墨(今新疆阿克苏)、龟兹、焉耆等城邦。它同时利用柔然汗国与高车王国间的矛盾,有时联合柔然来夹攻高车,使塔里木盆地的霸权尽属于己;有时又扶植高车来和柔然进行斗争,巩固了自己在塔里木盆地的霸权。哒汗国的版图,西界波斯,东抵塔里木盆地,北邻高车,南包北天竺,东西万余里，南北数千里。

哒汗国的疆土固然"土田庶衍，山泽弥望"，但是哒人还是过着游牧的生活，"居无城郭，游军而治，以毡为屋，随逐水草，夏则随凉，冬则就温"（《洛阳伽蓝记》引宋云《使西域记》）。他们"以䴬及羊肉为粮"。还没有自己的"文字，以木为契"，假使和旁国通信，"则使旁国胡〔人〕为胡书，羊皮为纸"（《梁书·滑国传》）。哒人都善于骑射，他们的男子都"着小袖长身袍，用金玉为带；女人被裘，头上刻木为角，长六尺，以金银饰之"（《梁书·滑国传》）。"衣服类加以缨络，头皆剪发。"（《北史·哒传》）哒王的"毡帐，方四十步，周围以氍毹为壁。王着锦衣，坐金床，以四金凤凰为床脚"（《洛阳伽蓝记》）。样子非常威严。

哒人崇拜祆教和火教，"不信佛法，多事外神"（《洛阳伽蓝记》），因此哒汗国势力到达的地区，给佛教带来了沉重的打击，如哒王摩醯逻炬罗（公元502—542年）"乘其战胜之威，西讨健驮逻国（即乾陀罗）……毁窣堵波，废僧伽蓝，凡一千六百所"（《大唐西域记》卷4）等等。哒部落"众可有十万……能战斗"（《北史·哒传》）。镇守在富楼沙城（今巴基斯坦的白沙瓦）的哒敕勤（即特勤，官名），"有斗象七百头，十人乘一象，皆执兵仗，象鼻缚刀以战"（《北史·乾陀国传》），即此一端，可见哒人的强悍善战。

哒汗国"用刑严急，偷盗无多少皆腰斩，盗一责十"。贫富的分化，已经非常显著，"死者，富者累石为藏，贫者掘地而埋"。不过，氏族制的残余仍然严重地存在，"兄弟共一妻，夫无兄弟者，妻戴一角帽，若有兄弟者，依其多少之数更加帽角焉"。"王位不必传子，子弟堪者，死便受之。"（《北史·哒传》）哒人大概正处于从原始公社飞跃进入家长奴隶制的社会阶段。

哒汗国和北朝的北魏、西魏、北周有频繁的外交往来，北魏文成帝太安二年(公元 456 年)、宣武帝正始四年(公元 507 年)、永平二年(公元 509 年)、四年、延昌二年(公元 513 年),孝明帝熙平二年(公元 517 年)、神龟元年(公元 518 年)、二年、正光五年(公元 524 年),孝庄帝永安三年(公元 530 年),孝武帝永熙元年(公元 532 年),西魏文帝大统十二年(公元 546 年),废帝二年(公元 553 年),北周明帝二年(公元 558 年),哒王先后十多次派遣使节来北朝都城平城、洛阳、长安访问,并馈赠方物。哒汗国同时于南朝梁武帝普通元年(公元 520 年)、七年、大同七年(公元 541 年),派遣使节,访问建康。由此可见,哒汗国和南北朝的经济文化交流,都是非常频繁的。

哒汗国在争夺塔里木盆地霸权方面固然和柔然汗国存在着矛盾,但是两大汗国世结亲姻,柔然汗婆罗门有三个姊妹都嫁给哒汗。在公元 6 世纪中叶突厥崛起、柔然汗国灭亡之后,哒汗国在塔里木盆地的霸权也因突厥势力向该地区发展而不能不动摇;在这种情况下,哒汗国和新兴的突厥汗国的矛盾就不可避免地要爆发了。突厥的木杆可汗欲利用波斯萨桑王朝的皇帝 KhosronAnouschirwan(Pirouz 之孙)雪其祖父被杀之耻,以女妻萨桑王朝皇帝,与结亲盟,然后在 563—567 年之间,突厥、波斯联军共灭哒,中分其国,以乌浒河为界;过了不久,突厥人又趁波斯萨桑王朝对外不竞之际,进而扩张其领地至于罽宾(在今克什米尔),于是哒汗国的旧壤就完全被突厥占领了。

从公元 5 世纪中叶哒汗国成为中亚强国到公元 6 世纪中叶它被突厥、波斯联军所灭,立国一个多世纪。

波斯萨桑王朝 从公元前 2 世纪以来,统治伊朗高原的是安息王国(帕提亚)。据《史记·大宛列传》说:安息"其俗土著,耕田,田稻麦,蒲桃酒"。"其属大小数百城,地方数千里,最为大国。临妫水(阿姆河),有市,民商贾用车及船,行旁国或数千里。以银为钱,钱如其王面。""画革,旁行以为书记。"到公元 3 世纪初,安息王国由于长期内讧和对外战争而衰弱不堪。公元226年(魏文帝黄初七年),新兴的波斯萨桑王朝终于灭亡了安息,做了伊朗高原的主人。

安息王国虽然灭亡了,可是尚有安息部落,《北史·安息传》说它"北与康居(在今乌兹别克斯坦撒马尔罕),西与波斯相接,在大月氏西北"。它的酋长在北周武帝天和二年(公元567年),曾派遣使节到长安访问,并馈赠方物。这个安息部落,该是安息王国的残余势力所形成的。

波斯萨桑王朝,建都宿利城(Seleucia,在今伊拉克巴格达西南,古巴比伦稍在其南)。这个王朝向西扩展势力时,与罗马帝国斗争不绝。公元260年(魏陈留王景元元年),国王沙普儿一世(Sapor Ⅰ)曾歼灭罗马帝国的军队,生俘罗马皇帝瓦列里安(Valerian)。公元363年(东晋哀帝兴宁元年),沙普儿二世又击败罗马帝国的军队,罗马皇帝朱利安(Julian)受创致死。6世纪上半叶,东罗马帝国曾远交哌哒以攻波斯。萨桑王朝的皇帝库思老一世(Chosrau Ⅰ)也结好突厥,娶突厥西面可汗室密点的女儿为皇后,并于公元563至567年之间,波斯、突厥联军东西夹击,共灭哌哒,瓜分其地。

中国史籍记载波斯萨桑王朝时期的社会风俗,比较详细。萨桑王朝都城宿利城,"城方十里,户十余万,河(幼发拉底河)经其城中南流"。"气候暑热,家自藏冰。地多沙碛,引水溉灌。其五谷及鸟、兽等与中夏略同,唯无稻及禾、稷。土出名马、大驴及驼,往往一日能行七百里者,富室至有数千头。""其刑法:重罪,悬诸竿上,射杀之;次则系狱,新王立乃释之;轻罪则劓、刖若髠,或剪半须及系牌于项,以为耻辱;犯强盗,系之终身;奸贵人妻者,男子流,妇人割其耳鼻。"(《北史·波斯国传》)"市买用金银。"(《梁书·波斯国传》)"赋税,则准地输银钱。俗事火神、天神。""多以姊妹为妻妾,自余婚合,亦不择尊卑。"(《北史·波斯国传》》"婚姻法,下聘讫,女婿将数十人迎妇,婿著金线锦袍,师子锦裤,戴天冠,妇亦如之。妇兄弟便来捉手付度,夫妇之礼,于兹永毕。"(《梁书·波斯国传》)波斯"王坐金羊床,戴金花冠,衣锦袍、织成帔,饰以真珠宝物。其俗,丈夫剪发,戴白皮帽,贯头衫,两厢近下开之,亦有巾帔,缘以织成。妇女服大衫,披大帔。其发,前为髻,后披之,饰以金银花,仍贯五色珠,络之于髆。王于国内别有小牙十余所,犹中国之离宫也。每年四月出游处之,十月仍还"。波斯缺乏严格的继承制度,波斯王"即位以后,择诸子内贤者,密书其名,封之于库,诸子及大臣莫之知也。王死,众乃共发书视之,其封内有名者,即位以为王。余子出各就边任,兄弟更不相见也"。"大官有摸胡坛,掌国内狱讼;泥忽汗,掌库藏、关禁;地卑,掌文书及众务。次有遏罗诃地,掌王之内事;薛波勃,掌四方兵马。其下皆有属官,分统其事。兵有甲、矟、圆排、剑、弩、弓、箭。战兼乘象,百人随之。"(《北史·波斯国传》)《北史》的记载没有涉及生产关系。据近人研究,公元5—6世纪,波斯国内奴隶制已经衰落解体,自耕农民往往被剥夺了土地,正在经历农奴化这个痛苦的过程,封建社会在形成中。

中国是丝绸之国,所出产的丝绸,历来是通过"丝绸之路",转销到西方去的。波斯处于丝路上,为了发展丝绸贸易,波斯国王曾不断派遣使节,来到中国。如北魏文成帝太安元年(公元455年)、和平二年(公元461年),献文帝天安元年(公元466年)、皇兴二年(公元468年),孝文帝承明元年(公元476年),宣武帝正始四年(公元507年),孝明帝熙平二年(公元517年)、神龟元年(公元518年)、正光二年(公元521年)、三年,以及西魏废帝二年(公元553年),先后十一次派遣使节,来北魏的平城、洛阳和西魏的长安进行访问,并馈赠方物。据《魏书·于阗传》说,北魏献文帝时(公元466—470年),北魏王朝曾派遣韩羊皮出使波斯;韩羊皮回国的时候,波斯国王也派遣使节随魏使回访平城,并馈赠驯象及珍物多品。在近年国内的考古发掘中,曾在河北定县(今定州)北魏太和五年(公元 481 年)古塔废址舍利石函中,发现波斯萨珊王朝耶斯提泽德二世(Yezdigird Ⅱ,公元 438—457 年在位)时期的银币四枚,卑路斯(Pilouz,公元 457—483 年在位)时期的银币三十七枚⑤。由此可见,公元 5—6 世纪,中国和波斯之间的经济文化交流,是极其频繁的。南朝的梁武帝中大通二年(公元 530 年)、大同元年(公元 535 年),波斯国王还派遣使节,来到建康访问,并赠送佛牙,估计是由海道远航印度洋,到达我国的江南的。

大秦帝国　罗马帝国,中国历史上称之为大秦国;因为它在黑海和地中海之西,旧史有时称之为"海西国"。国内"有小城邑合四百余,东西南北数千里"(《三国志·魏志·四夷传》注引《魏略》)。"小国役属者数十。"(《后汉书·西域·大秦传》)"其王治滨侧河海(指今意大利之罗马),以石为城郭。"(《三国志·魏志·四夷传》注引《魏略》)这个都城,"周围百余里",气势雄伟。"屋宇皆以珊瑚为棁(梁上短柱)榈(柱上的斗栱),琉璃为墙壁,水精为柱础。"(《晋书·大秦传》)"公私宫室,为重屋。"(《三国志·魏志·四夷传》注引《魏略》)这些描绘当然带有夸张的色彩,但从古罗马城发掘出来的废址和它的雕琢艺术看来,中国史书上那种夸张的描写,也有它合理的成分。大秦国人的服装,"皆著袴褶、络带"(《太平御览》卷 696 引《吴时外国传》)。大秦国内也和中国一样,有驿站制度,"列置邮亭,皆垩堅之"(《后汉书·西域·大秦传》)。"民俗田种五谷,畜乘有马、骡、驴、骆驼,桑蚕。"(《三国志·魏志·四夷传》注引《魏略》)大秦国的纺织业也相当发达,"刺金缕绣,织成金缕罽(织毛为布)、杂色绫。又有细布,或言水羊毳、野蚕茧所作也"(《后汉书·西域·大秦传》)。东方人称呼细羊毛织成的呢绒为"海西布"。除了这些产品以外,大秦人还"织成氍毹、氀毲、罽帐之属皆好,其色又鲜于海东诸国(指地中海和黑海以东国家)所作也"。大秦国也很想和中国通商,在汉代,"常欲通使于中国,而安息图其利(垄断丝绸贸易),不能得通"。大秦国"又常利得中国丝,解以为胡绫,故数与安息数国交市于海中"(《三国志·魏志·四夷传》注引《魏略》)。中亚一些地区买卖货物,往往讨价还价,争分铢之利。唯独大秦"市无二价",这种良好的风尚,给予中国商人深刻的印象。大秦亦"以金银为钱,银钱十,当金钱一"。在中国史书上还提到罗马帝国的皇帝是选举产生的,不是父死子继或兄终弟及的:"其王无有常人,皆简立贤者。"(《后汉书·西域·大秦传》)"若国有灾异,辄更立贤人,放其旧王,被放者亦不敢怨。"(《晋书·大秦传》)

东汉桓帝延熹九年(公元166年),大秦皇帝安敦派遣使节,来到东汉王朝的京城洛阳,馈赠东汉皇帝以象牙、犀角、瑇瑁等珍贵礼物,东汉桓帝厚礼款待。东吴孙权黄武五年(公元226年),有大秦商人秦论到达吴都建康,详细地向孙权介绍了大秦的"方土谣俗"(《梁书·诸夷传》)。西晋武帝太康五年(公元284年),大秦皇帝又派遣使节,来到西晋王朝的京城洛阳访问,并馈赠方物。

公元395年,罗马帝国分裂。公元476年,西罗马帝国灭亡。《北史·大秦传》中讲到的大秦,"地方六千里,居两海(地中海和黑海)之间",已经不是指西罗马帝国的罗马城,而是指东罗马帝国的都城君士坦丁堡(今土耳其的伊斯坦布尔)了。"其地平正,人居星布"。"其土宜五谷桑麻,人务蚕田"。公元494年,北魏迁都洛阳之后,洛阳一度非常繁荣,在洛阳的"永桥以南,圆丘以北,伊、洛(二水)之间,夹御道置四夷馆"。"自葱岭以西,至于大秦,百国千城,莫不款附。商胡贩客,日奔塞下。"他们"乐中国土风,因而宅(侨居洛阳)者,不可胜数。是以附化之民,万有余家,门巷修整,阊阖填列,青槐荫柏,绿柳垂庭"(《洛阳伽蓝记》)。这一万多家四方商贾中,其中就有东罗马帝国的商人。近年国内考古发掘中,在河北赞皇南邢郭北齐武平六年(公元575年)李希宗妻崔氏墓中,出土了东罗马帝国的金币三枚,一枚是狄奥多西斯二世(Theodosius Ⅱ,公元408—450年在位)时期铸造的金币,二枚是查士丁一世(Justin Ⅰ,公元518—527年在位)和他的外甥查士丁尼(Justinianus,公元527—565年在位)舅甥共治时期(公元527年4月1日—8月1日)所铸造的金币。其中一枚金币,钻有两孔,说明它已用来作为悬挂的饰物⑥。由此可见,魏晋南北朝时期,中国先和西罗马帝国,后来又和东罗马帝国,都有频繁的经济文化交流。

五天竺各国 《后汉书·西域传》记述天竺国的情况是:"天竺国一名身毒。""其国临大水(恒河)。乘象而战。其人弱于月氏,修浮屠道(佛教),不杀伐,遂以成俗。从月氏、高附国(在今阿富汗喀布尔)以西,南至西海(波斯湾),东至磐起国(在今孟加拉国境),皆身毒之地。身毒有别城数百,城置长;别国数十,国置王。虽各小异,而俱以身毒为名。""西与大秦通,有大秦珍物。"《后汉书》对中天竺情况的介绍比较概括。

到了东吴孙权时,交州刺史吕岱派中郎康泰、宣化从事朱应出使扶南(今柬埔寨)。当时扶南派往天竺的使节刚回国,天竺国还有使臣来到扶南。康泰、朱应就从他们那里了解到天竺,"佛道所兴国也。人民敦庞(民风厚实),土地饶沃"。"所都城郭,水泉分流,绕于渠堑,下注大江(恒河)。其宫殿皆雕文镂刻。街曲市里,屋舍楼观,钟鼓音乐,服饰香华。水陆通流,百贾交会,奇玩珍玮,恣心所欲。左右嘉维(迦罗卫国)、舍卫(舍卫城属拘萨罗国)、叶波(乾陀罗国)等十六国,去天竺或二三千里,共尊奉之,以为在天地之中也。"(《梁书·中天竺国传》)这里所讲中天竺摩揭陀王国的情形较为具体。

摩揭陀国的都城华氏城(在今印度比哈尔邦的巴特那),曾是中天竺古代孔雀王朝（公元前321—前187年）的政治中心。公元前187年，摩揭陀的一个将军普沙密多罗，推翻了孔雀王朝，建立了巽伽王朝（公元前187—前73年）。但巽伽王朝的统治权，只达到恒河流域的中游和下游。公元前73年，巽伽王朝又为甘婆王朝所代替。甘婆王朝时期的摩揭陀国更是衰落不振，公元前28年，终于为案达罗人所灭。大月氏贵霜王朝也就在这时定都北天竺乾陀罗国的富楼沙城（今巴基斯坦白沙瓦），迦腻色迦大王很快把大月氏贵霜王朝变为一个天竺化的佛教国家。公元320年（东晋元帝大兴三年），摩揭陀国人旃陀罗笈多（公元320—330年在位）建立了笈多王朝，不久就把统治权扩展到整个摩揭陀和恒河流域的中部。旃陀罗笈多的儿子三谟陀罗笈多（公元330—380年）继位之后，征服了恒河流域上游各国和中游各国。孟加拉和喜马拉雅山麓的许多小国也遭受了笈多王朝的役属。旃陀罗笈多二世（公元380—414年）在位时，是笈多王朝的全盛时期，他曾远征西天竺，驱逐入侵的塞种人，把笈多王朝的统治权从孟加拉湾扩展到阿拉伯海。

东晋安帝元兴二年（公元403年），中国著名的旅行家、取经僧法显到达笈多王朝的都城华氏城，这时正是超日王（即旃陀罗笈多二世）在位时期。法显著有《佛国记》，他在书中称摩揭陀为"中国"，说"中国寒暑调和，无霜雪"。"民人富盛。""人民殷乐，无户籍、官法。唯耕王地者，乃输地利。欲去便去，欲住便住。"所谓"人民"大概是指耕种村社土地的村社农民，身份还是自由的，去住也有一定程度的自由。"王治不用刑网，有罪者但罚其钱，随事轻重。虽复谋为恶逆，不过截右手而已。王之侍卫左右，皆有供禄。"有一种贱民称为旃陀罗，"名为恶人，与人别居，若入城市，击木以自异"。"诸国王、长者、居士，为众僧起精舍，供养田宅、园圃、民户、牛犊，铁券书录，后王相传，无敢废者。"这里所说的"民户"，是连同土地、牛犊一并施舍给寺院的，他们的身份和自由农民显然不同。现在历史学界认为中天竺笈多王朝是印度最后一个早期奴隶制国家,我是同意这个看法的。法显在华氏城住了三年之久,所以对中天竺的社会风俗,叙述得比较详细。

中天竺的笈多王朝,很早就和中国有了友好往来。前秦苻坚建元十七年(即东晋孝武帝太元六年,公元 381 年),笈多王朝的超日王遣使到达长安访问,并馈赠火浣布。宋文帝元嘉五年(公元 428 年),笈多王月爱遣使到达江南的建康访问,并馈赠金刚指环、摩勒金环等珍贵礼物及赤白鹦鹉各一头。宋明帝泰始二年(公元 466 年),笈多王朝又派遣使节来建康访问,并馈赠礼物。梁武帝天监二年(公元 503 年),中天竺王屈多(即笈多的异译)派遣使节,来到建康访问,并馈赠琉璃唾壶、刻香、古贝(草棉布)等珍贵礼物。陈宣帝太建三年(公元 571 年),又有天竺使节到达建康。

南朝称笈多王朝为中天竺,北朝称笈多王朝为南天竺⑦。笈多王朝和北魏也有频繁的友好往来。北魏宣武帝景明三年(公元 502 年)、四年、正始四年(公元 507 年)、永平元年(公元 508 年)、延昌三年(公元 514 年),笈多王朝凡五次派遣使节,来到北魏京城洛阳访问,并馈赠骏马、金银、佛牙等珍贵礼物,从而加强了彼此间的经济文化交流。

中天竺的拘萨罗国(Kosala),都舍卫城(Sravasti,故城在今 Balrampur 西北)。在北魏孝文帝太和元年(公元 477 年),拘萨罗王遣使访问平城,并馈赠方物。

南北朝时期,北天竺国家和北魏有着友好往来的为犍陀罗国,都富楼沙城(今巴基斯坦白沙瓦)。它的国王在北魏宣武帝正始四年、永平二年、四年,凡五次遣使来洛阳访问,并馈赠方物。在永平四年的一年中,且三次遣使。这个国王可能是哌哒的敕勤,也可能是受哌哒役属的北天竺犍陀罗国王。北天竺还有一个乌苌国（在今巴基斯坦北部斯瓦特河流域），"北接葱岭，南连天竺。土气和暖，地方数千里，民物殷阜"（《洛阳伽蓝记》）。"土多林果，引水灌田，丰稻麦。事佛，多诸寺塔，极华丽。"（《北史·西域·乌苌传》）乌苌国和北魏也有着频繁的友好往来，北魏宣武帝景明三年、永平三年、四年，孝明帝神龟元年（公元 518 年）、正光二年（公元 521 年），乌苌国王先后六次派遣使节，来北魏京城洛阳访问，并馈赠方物。在永平四年两次遣使到洛阳来。北魏神龟二年，北魏取经使者宋云，曾到达乌苌国，乌苌国王隆重招待，这说明两国间的关系是很密切的。

我国和克什米尔很早就有友好往来。罽宾的都城善见城，在今克什米尔的斯利那加附近。这个国家"居在四山中，其地东西八百里，南北三百里。地平，温和，有苜蓿、杂草、奇木、檀、槐、梓、竹。种五谷，粪园。田地下湿，生稻。冬食生菜。其人工巧，雕文刻镂，织罽。有金、银、铜、锡，以为器物。市用钱。他畜与诸国同"（《北史·西域·罽宾传》）。北魏太武帝正平元年（公元 451 年），文成帝兴安二年（公元 453 年），宣武帝景明三年、永平元年，孝明帝熙平二年（公元 517 年），罽宾王先后六次遣使来到北魏京都平城、洛阳访问，并馈赠礼物。在熙平二年，一年中凡两次遣使。使节的频繁往来，对加强两国间的经济文化交流，起了重要作用。

北天竺尼婆罗国（今尼泊尔），《魏略》（《三国志·魏志·四夷传》注引）称之为临儿国（在今尼泊尔南部罗美德，Rummind-ei）。这是佛教的圣地，相传释迦牟尼就诞生在这里，因此中国的取经僧侣去五天竺的，必定到这个地方去巡礼。东晋时著名取经僧法显和唐初取经僧玄奘，都到过这里。南北朝时期，尼婆罗国王于北魏宣武帝正始四年、永平二年、四年，先后四次遣使来洛阳访问，并馈赠礼物。在永平四年的一年里便派遣了两次使节⑧。

东天竺有槃是国(在今孟加拉国),也和北朝有了友好来往。这个国家,在中天竺的东南,与中国的益州相近,"蜀人贾似至焉"(《三国志·魏志·乌丸鲜卑东夷传》注引《魏略》)。在北魏宣武帝永平二年,槃是王曾派遣使节,到达魏都洛阳访问,并馈赠方物。

西天竺有一个国家,曾在北魏孝文帝太和元年,遣使访问魏都平城,可惜这个国家的国名,已无法考知了。

锡兰岛的斯里兰卡,因为国人能够驯养狮子,所以当时中国史书称之为师子国。中国著名的旅行家、取经僧法显,曾在师子国住了两年之久。法显记述师子国说:"其国本在洲上。""左右小洲乃百数,其间相去或十里,或二十里,或二百里,皆统属大洲。多出珍宝珠玑。""其国本无人民……诸国商人共市易……因商人来往住故,诸国人闻其土乐,悉亦复来,于是遂成大国。其国和适,无冬夏之异,草木常茂,田种随人,无有时节。"法显到达这里之后,思乡心切,有一天忽在城北"玉像边,见商人以晋地(中国)一白绢扇供养,不觉凄然,泪下满目。"从这件事情看来,中国的白绢扇已经作为珍贵商品经商人之手运销到师子国去了。师子国的都城,"屋宇严丽,巷陌平整"。据说"其国立治已来,无有饥荒丧乱"(《佛国记》),真像世外桃源。在两晋十六国时期,我国国内战祸频仍,自然有人向往这个和平的环境了。东晋安帝义熙元年(公元405年),师子国王遣使至江南赠送玉像,像高四尺二寸,玉色纯洁,形制特殊,当时把它当作稀世之宝。宋文帝元嘉五年(公元428年),师子国王刹利摩诃南又遣使至建康赠送象牙佛像。元嘉七年、十二年与梁武帝大通元年(公元527年),刹利摩诃南与后王迦叶伽罗诃黎邪又先后遣使到达建康,馈赠方物。在当时的航海条件下,五天竺和师子国使臣远涉印度洋和南海来到建康,往往"泛海三年,陆行千日"(《宋书·师子国传》),真是异常艰辛的事。五天竺和师子国的使节不畏险阻,长途跋涉,来到中国,他们对发展这些国家和中国之间的友好关系作出的贡献,是不可低估的。

---

① 大月氏,《金壶字考》一书说,"月氏"应该读作"肉支"。我个人认为"月"就读作"日月"的"月",不必读作"肉";"氏"应该读作"支",或径作"月支"。

②《北史·西域·大月氏传》:大月氏国,都滕监氏城(即蓝氏城)。……北与蠕蠕(柔然)接,数为所侵,遂西徙都薄罗城。……其王寄多罗勇武,遂兴师越大山,南侵北天竺。自乾陁罗(即犍陀罗)以北五国,尽役属之。

《北史·西域·小月氏传》:小月氏国,都富楼沙城。其王本大月氏王寄多罗子也。寄多罗为匈奴所逐,西徙,后令其子守此城,因号小月氏焉。

按《大月氏传》之"蠕蠕",《小月氏传》作"匈奴",疑作匈奴为是。时柔然疆境尚未与大月氏相接,不当谓大月氏为柔然所侵。又据《北史·西域·粟特传》:"先是,匈奴杀其王而有其国,至王忽倪,已三世矣。"这时君临粟特的匈奴王,张星烺氏据夏德(F. Hirth)的考证,认为是匈奴主阿提拉的少子 Hernae,其说或可信。这样,大月氏为匈奴所侵,就是为占领粟特的匈奴王所侵。粟特在里海之北,与大月氏疆界相接,阿提拉死后,其少子把兵锋转而南向大月氏的贵霜王朝,完全有这种可能。匈奴主阿提拉死于公元 453 年(宋文帝元嘉三十年),其少子粟特王忽倪在位时间,当在 5 世纪后半叶。大月氏王寄多罗的南逾兴都库什山,建立小月氏国,可能也就在这时。

③ 据《魏书·高宗纪》,嚈哒最早遣使聘魏,在高宗文成帝的太安二年,即公元456 年。大概贵霜王朝避粟特王(即匈奴王)兵锋而迁都之后,嚈哒部落就席卷大月氏故地,开始建立嚈哒汗国,并与北魏通好。经过二三十年的时间,它才消灭大月氏贵霜王朝的势力。再过一二十年,嚈哒汗又灭掉富楼沙的小月氏王国。

④《洛阳伽蓝记》说宋云等于北魏正光元年(公元 520 年)四月,入乾陀罗国,并称其国"为嚈哒所灭,遂立敕勤为王,治国以来,已经二世。多行杀戮,不信佛法,好祀鬼神"。按近人认为嚈哒敕勤是指寄多罗,我们不同意这个看法。因为贵霜王朝崇信佛教,寄多罗当亦是虔诚的佛教徒。而嚈哒人不信佛法,嚈哒汗国兵锋到达之处,佛教都遭到严重破坏。所以嚈哒敕勤决不可能就是小月氏王寄多罗。大月氏和嚈哒最明显的区别,是前者信仰佛教,后者破坏佛教。

⑤ 参考夏鼐教授著《河北定县塔基舍利函中波斯萨珊朝银币》,载《考古》1966年第 5 期。

⑥ 参考夏鼐教授著《赞皇李希宗墓出土的拜占廷金币》,载《考古》1977 年第6 期。

⑦ 五天竺中与北魏通好的国家,有南天竺而无中天竺。我怀疑《北史》和《魏书》本纪里提到的南天竺,就是指中天竺摩揭陀而说的。自从孔雀王朝统治崩溃以后,五天竺国家南以摩揭陀为中心(都华氏城),北以犍陀罗为中心(都富楼沙城),形成和中国相似的南北朝局面。贵霜王朝和哒汗国迭据富楼沙城,有似北朝;笈多王朝据恒河中上游,有似南朝,故中国史书称摩揭陀为南天竺。在《北史·西域传》中,别有《南天竺国传》,则另有所指,不是指摩揭陀。

⑧ 尼泊尔,正确的译法是泥婆罗,但译音无准。在《魏书·世宗纪》中,正始四年作"婆罗",永平二年作"波罗",永平四年既作"波罗"又作"阿婆罗",疑皆尼泊尔的异译。

第三节　魏晋南北朝与南海各国的经济文化交流

占婆国　占婆国(在今越南中南部),中国史上称之为林邑国。东汉初平(公元190—193年)初年,中原地区州牧混战,日南郡象林县的占婆人区逵也起兵杀象林县令,自号占婆王,都典冲城,即汉象林县城(今越南维川南茶荞地方)①。到了东吴孙权赤乌十一年(公元248年),占婆的势力向北推进,攻下东吴交州的西卷县,改称区粟城(今越南广平渌江南岸的高牢下村)②。从此区粟城便成为占婆国的别都,"兵器战具,悉在区粟"(《水经·温水注》)。区逵数传至外孙范熊为占婆王。范熊死,子范逸继位。范逸死(公元331年),其臣范文杀范逸子自立为王。他开始用兵攻灭大岐界、小岐界、式仆、徐狼、屈都、乾鲁、扶单等部落③,"威加诸国",有战士四五万人,成为东南亚的一个强大力量。一方面,"林邑素无田土,贪日南地肥沃,常欲略有之"(《南史·林邑国传》);另一方面,东晋、南朝的交州刺史和日南太守,大多侵刻百姓。因此占婆王国的势力不断北进,想攻占日南以北郡县,从而引起了战争,结果还是两败俱伤,"交州遂致虚弱,而林邑亦用疲弊"(《晋书·林邑国传》)。

占婆国的风俗,"居处为阁,名曰干阑"。"书树叶为纸。"(《南史·林邑国传》)"文字同于天竺。"(《隋书·林邑国传》)由于占婆的气候，"四时暄暖，无霜无雪"，所以一般人民"皆倮露徒跣(赤足)，以黑色为美"(《晋书·林邑国传》)。到了公元 5 世纪，"男女皆以横幅古贝(草棉布)绕腰以下，谓之干漫，亦曰都漫。穿耳贯小环。贵者著革屣，贱者跣行"。"其王者，著法服，加璎珞，如佛像之饰。出则乘象，吹螺击鼓，罩古贝繖(伞)，以古贝为幡旗。"(《南史·林邑国传》)"良家子侍卫者二百许人，皆执金装刀。"(《隋书·林邑国传》)"国不设刑法，有罪者，使象蹋杀之。"(《南史·林邑国传》)"有弓、箭、刀、槊。以竹为弩，傅毒于矢。乐有琴、笛、琵琶、五弦。每击鼓以警众，吹蠡(海螺)以即戎。"(《隋书·林邑国传》)国人"事尼乾道(尼犍外道)，铸金银人像，大十围"(《南齐书·林邑国传》)。"其大姓号婆罗门。嫁娶必用八月，女先求男，由贱男而贵女。同姓还相婚姻。使婆罗门引婿见妇，握手相付，咒曰'吉利吉利'为成礼。"(《南史·林邑国传》)

占婆国"从广可六百里"。著名的产品有古贝、沉香、璋瑁、贝齿。"古贝者，树名也，其华成时如鹅毳，抽其绪纺之以作布，布与纻布不殊。亦染成五色，织为斑布"(《南史·林邑国传》)。这就是举世闻名的草棉布。自从汉九真(郡治胥浦县，今越南清化省马江右岸的栏村)太守任延推广耕犁以来，占婆的农业生产力显著提高了。"名白田，种白谷，七月火作，十月登熟；名赤田，种赤谷，十二月作，四月登熟，所谓两熟之稻也。"占婆气候温暖，"至于草甲萌芽，谷月代种，穜稑早晚，无月不秀"。"米不外散，恒为丰国。桑蚕年八熟茧。"(《水经·温水注》)先进的农业技术和先进的丝纺织手工业技术的推广，大大促进了占婆社会经济的发展。

占婆国都典冲城，"西南际山，东北瞰水，重堑流浦，周绕城下"。其城"东西横长，南北纵狭"。"城周围八里一百步，砖城二丈"，城上起楼阁重屋。"楼高者六七丈，下者四五丈。飞观鸱尾(屋脊两端装饰物)，迎风拂云。""城内小城，周围三百二十步，合堂瓦殿","绮牖紫窗"。"屋有五十余区,连甍接栋,檐宇相承。神祠鬼塔,小大八庙,层台重树,状似佛刹。"但是这个占婆国都城,只是王侯的堡垒,人民居住的很少,商业也不甚发达,所谓"郭无市里,邑寡人居"。城外更是"林棘荒蔓,榛梗冥郁"。别都区粟城"周围六里一百七十步",也是"砖城二丈",上起层楼高阁。"城开十三门,凡宫殿南向,屋宇二千一百余间,市居周绕"(《水经·温水注》),区粟城的居民要比典冲城为多,商业也要比典冲城为发达。

占婆和东吴、西晋、东晋、宋、齐、梁、陈各个王朝,疆境相接,因此有着频繁的友好往来。《太平御览》卷 781 引《林邑记》,提到东吴时占婆王曾赠"金指环于吴主",这个吴主可能就是孙权。西晋武帝泰始四年(公元 268 年)、太康五年(公元 284 年),东晋成帝咸康七年(公元 341 年)、简文帝咸安二年(公元 372 年)、孝武帝太元七年(公元 382 年)、安帝义熙十年(公元 414 年)、十三年,南朝的宋武帝永初二年(公元 421 年)、宋文帝元嘉七年(公元 430 年)、十年、十一年、十五年、十六年、十八年、孝武帝孝建二年(公元 455 年)、大明二年(公元 458 年)、明帝泰豫元年(公元 472 年),南齐武帝永明中(公元 483—493 年),梁武帝天监九年(公元 510 年)、十一年、十三年、普通七年(公元 526 年)、大通元年(公元 527 年)、中大通二年(公元 530 年)、六年,陈废帝光大二年(公元 568 年)、宣帝太建四年(公元 572 年),占婆国王先后二十多次派遣使节来到西晋京城洛阳和东晋、南朝京城建康访问,并馈赠金银器、香、布等方物;东晋、南朝回赠了很多珍贵礼品,这就进一步加强了彼此间的经济文化交流。

扶南国 扶南国在今柬埔寨境内。"在日南之南大海西湾中,广袤三千余里,有大江(湄公河)西流入海。"(《南齐书·扶南国传》)它的都城"去海五百里"。"土地洿下而平博"(《梁书·扶南国传》),因此农业生产比较发达。扶南人"以耕种为务,一岁种,三岁获"(《晋书·扶南国传》)。

中国史书记载扶南人的神话传说,说:"扶南国俗本裸体,文身被发,不制衣裳。以女人为王,号曰柳叶。年少壮健,有似男子。"(《梁书·扶南国传》)"有摸趺国人,字混填……夜梦人赐神弓一张,教载贾人舶入海。混填晨入庙,于神树下得弓,便载大船入海,神回风令至扶南。柳叶欲劫取之。"(《太平御览》卷347引康泰《吴时外国传》)。"混填举弓遥射,贯船一面通中人,柳叶怖,遂降。混填娶以为妻。恶其裸露形体,乃叠布贯其首,遂治其国,子孙相传。"(《南齐书·扶南国传》)这个摸趺国,《太平御览》卷787引康泰《扶南土俗》④,又作横趺国⑤。《太平御览》同卷引《扶南土俗》又提到"乌文国,昔混填初载贾人大船入海,所成此国"。这些神话传说,反映了东南亚一些国家包括扶南国在内,都有几个部族迁徙融合的过程。

柳叶和混填"生子,分王七邑"。后王混盘况不久又统一了七邑,建成了一个扶南国。混盘况死,子盘盘立,不久病死,大将范蔓取得政权,"攻伐旁国,咸服属之"。"乃作大船穷涨海,开国十余,辟地五六千里"。"自号扶南大王"(《南史·扶南国传》)。扶南一时成为东南亚的强大国家,开始"攻略旁邑不宾(不服从)之民为奴婢",用奴婢来"货易金银彩帛"。因此奴隶制度有了较快的发展。贫富分化已非常显著。"大家(有财有势之家)男子截锦为横幅,女为贯头,贫者以布自蔽。"(《南齐书·扶南国传》)从人们的服饰上就可以分别出不同的身份来。

扶南"无牢狱,有讼者,则以金指镮若鸡子投沸汤中,令探之;又烧锁令赤,著手上捧行七步,有罪者手皆燋烂,无罪者不伤。又令没水,直者入即不沉,不直者即沉也"(《南齐书·扶南国传》)。康泰的《吴时外国传》,还提到扶南国的"鳄鱼,大者长二三丈,有四足,似守宫,常吞食人。扶南王范寻敕捕取置沟堑中,〔范〕寻有所忿者,缚以食鳄。若罪当死,鳄便食之;如其不食,便解放以为无罪"(《太平御览》卷938引)。可见这个原始奴隶制国家,刑法是既不合理而又非常残酷的。

扶南国人"所居不穿井,数十家共一池引汲之"(《梁书·扶南国传》)。"伐木起屋。国王居重阁,以木栅为城。海边生大箬叶,长八九尺,编其叶以覆屋。人民亦为阁居。为船八九丈,广才六七尺,头尾似鱼。国王行乘象,妇人亦能乘象。斗鸡及豨为乐。"(《南齐书·扶南国传》)"王坐,则偏踞翘膝,垂左膝至地,以白叠(白色草棉布)敷前,设金盆、香炉于其上。"(《梁书·扶南国传》)"亦有书记、府库,文字有类于胡。"(《晋书·扶南国传》)扶南的文字,大概和梵文相近。从东晋末年起,天竺的婆罗门教和其他一些外道,传入扶南。《南齐书·扶南国传》说扶南"国俗,事摩醯首罗天神(大自然的主宰者)"。《梁书·扶南国传》也说扶南"俗事天神"。"天神以铜为像,二面者四手,四面者八手,手各有所持,或小儿,或鸟兽,或日月。"扶南的婚姻比较自由,"男女恣其奔随"。"死者有四葬,水葬则投之江流,火葬则焚为灰烬,土葬则瘗埋之,鸟葬则弃之中野。"(《南史·扶南国传》)

扶南国和我国从三国东吴时起,就有了友好往来。东吴孙权黄武五年至黄龙三年(公元226—231年),交州刺史吕岱派遣中郎康泰、宣化从事朱应出使扶南等国⑥。归国后康泰撰《吴时外国传》,朱应撰《扶南异物志》,记述海外见闻,可惜两书都已散佚。孙权赤乌六年(公元243年),扶南王范旃遣使来吴聘问,带来乐人及方物。西晋武帝泰始四年(公元268年)、太康六年(公元285年)、七年,东晋穆帝升平元年(公元357年)、孝武帝太元十四年(公元389年),南朝宋文帝元嘉十一年(公元434年)、十二年、十五年,南齐武帝永明二年(公元484年),梁武帝天监二年(公元503年)、十一年、十三年、十六年、十八年、普通元年(公元520年)、中大通二年(公元530年)、大同元年(公元535年)、五年,陈武帝永定三年(公元559年)、宣帝太建四年(公元572

年)、后主祯明二年(公元 588 年),扶南国王先后二十多次派遣使节来建康访问。扶南赠送东晋、南朝的方物有象牙佛像、珊瑚佛像、犀牛、驯象、火齐珠、瑇瑁盘、琉璃器、郁金、苏合香、婆罗树叶、古贝等,东晋、南朝政府也回赠以珍贵的丝织品如绛紫地黄碧绿纹绫等,这就加强了彼此间的经济文化交流。

金邻、顿逊与狼牙修国　在今天的泰国境内,公元 3—6 世纪时有金邻、顿逊、狼牙修等国家。

这里先讲金邻国(在今泰国的西南部)。万震《南州异物志》介绍金邻国的风土民俗,说"金邻一名金陈,去扶南可二千余里。地出银。人民多好猎大象,生得乘骑,死则取其牙齿"(《太平御览》卷 790 引)。康泰《扶南日南传》也谈到"金陈国入四月便雨,六月乃止,少有晴日,六月不雨常晴,岁岁如此"(《太平御览》卷 11 引)。由于金邻国地处暹罗湾上,所以古时称暹罗湾为金邻大湾。

在金邻国的西南,有一个顿逊国,也在今天泰国西南部。中国史书上说它在扶南"南界三千余里"。又说:"顿逊国在海崎(海岸弯曲处)上,地方千里。城去海十里,有五王,并羁属扶南。顿逊之东界通交州,其西界接天竺、安息徼外诸国,往还交市。所以然者,顿逊回入海中千余里,涨海无崖岸,船舶未曾得径过也。其市,东西交会,日有万余人。珍物宝货,无所不有。"(《梁书·扶南国传》)康泰《扶南传》还说"顿逊国人,恒以香花事天神,香有多种……冬夏不衰,日载数千车于市卖之,燥乃益香。亦可为粉,以傅身体"(《太平御览》卷 981 引)。竺枝《扶南记》还谈到顿逊国"属扶南。国王名昆仑。国有天竺胡五百家,两佛图,天竺婆罗门千余人,顿逊敬奉其道,嫁女与之,故多不去。唯读天神经(婆罗门教经典),以香花自洗,精进不舍昼夜。有酒树,有似安石榴,取花与汁停瓮中,数日乃成酒,美而醉人"(《太平御览》卷 788 引)。在南北朝时候,昆仑是指马来人而言的。

顿逊国王名昆仑,国王大概原是马来人,而又崇拜婆罗门教,和扶南一样,信奉天神(大自然的主宰者)。这个国家距离扶南要比金邻国远,当在今泰国东南部马来半岛万伦湾(Bandon B.)沿岸一带,这是当时横断马来半岛克拉地峡的必经之地,所以东西商贾云集,商业非常发达。

《水经·河水注》引康泰《扶南传》,提到"发拘利口,入大湾中,正西北入可一年余,得天竺江口,名恒水江口"。《梁书·中天竺国传》作投拘利口。这个投拘利口,就是今天泰国南部马来半岛西部的帕克强(Pokchan)河口。这是从马来半岛乘船去五天竺的重要港口。

狼牙修国,在今泰国南部马来半岛上的北大年(Pattani)附近一带。这也是当时东南亚地区东西贸易繁荣发达的地方。《梁书·狼牙修国传》说它"土气物产与扶南略同。偏多栈、沉、婆律香等。其俗,男女皆袒而被发,以古贝为干缦。其王及贵臣,乃加云霞布覆胛,以金绳为络带,金环贯耳。女子则贯布,以璎珞绕身。其国累砖为城,重门楼阁。王出乘象,有幡毦旗鼓,罩白盖,兵卫甚设"。梁武帝天监十四年(公元515年)、普通四年(公元523年)、中大通三年(公元531年),狼牙修国王凡三次派遣使节至建康访问,并馈赠方物,这就加强了两国间的经济文化交流。

婴皇、丹丹与婆婆国　婴皇国[⑦],据近人考证,在今马来西亚境内马来半岛上的彭亨。宋文帝元嘉十九年(公元442年)、二十六年、二十八年,孝武帝孝建二年(公元455年)、大明三年(公元459年)、八年,明帝泰始二年(公元466年),婴皇国王凡七次派遣使节来建康访问,并馈赠礼物,这就加强了两国间的经济文化交流。

丹丹国,据近人考证,在今马来西亚马来半岛南部的吉兰丹。梁武帝中大通三年、大同元年(公元535年),陈宣帝太建三年（公元 571 年）、十三年、后主至德二年（公元 584 年），丹丹国王凡六次遣使来建康访问，并馈赠金银、琉璃杂宝、火齐珠、古贝、香药等等，在太建三年的一年中，便派遣了两个使团到达中国，从而加强了两国间的经济文化交流。

婆婆国，据《太平御览》卷 787 引《梁书》说，婆婆国在"南海大洲中，北与林邑隔小海，自交州船行四十日至其国"。这个小海，是指南海而言的。唐僧人义净《南海寄归内法传》里提到的盆盆洲，《宋史·真宗纪》里提到的蒲婆国，实际都是指婆婆国，当在今马来西亚的加里曼丹北部沙捞越或沙巴和文莱境内⑧。《太平御览》卷 787 引《梁书》，说婆婆国"百姓多缘水而居，国无城，皆竖木为栅。王坐金龙床，每坐，诸大人皆两手交抱肩而跪"。"其国多有婆罗门"，"王甚重之"。"有僧尼寺十所，僧尼读佛经，皆食肉而饮酒。""其矢多以石为镞，稍则以铁为刃。"南朝宋文帝元嘉（公元 424—453 年）、孝武帝孝建（公元 454—456 年）、大明（公元 457—464 年）中，梁武帝的中大通元年、四年、五年、大同六年，陈宣帝太建三年、后主至德二年，婆婆国王先后近十次派遣使节来建康访问，并馈赠沉香、檀香、詹糖、菩提树叶等方物，说明这个地区很早就和我国有了经济文化交流。

诃罗单、干陀利与婆利国　诃罗单国，《宋书》说它"治阇婆洲"。据近人考证，阇婆洲即今爪哇岛。还有一个阇婆婆达国，也可能在爪哇岛上。诃罗单国在三国东吴时，称为诸薄国，"诸薄"就是"阇婆"的异译。《梁书·扶南国传》提到"扶南东界即大涨海，海中有大洲，洲上有诸薄国，国东有马五洲（后之马礼洲，即今之巴厘岛）。复东行涨海千余里，至自然大洲（今加里曼丹岛）"。《太平御览》卷 820 引康泰《吴时外国传》说："诸薄国女子织作白叠花布"。这种织作白叠布（草棉布）的草棉，当时已逐渐移植到我国岭南一带，行将成为我国纺织手工业史上的大事。康泰《扶南土俗》还提到"诸薄之西北，有耽兰之洲，出铁"（《太平御览》卷 787 引）。这个耽兰洲，就是今天的苏门答腊岛了。嵇含《南方草木状》里还说，"铁出耽兰洲，裸夷装船载铁至扶南买之"（《太平御览》卷 813 引），大概当时耽兰洲的铁器，是驰名东南亚的。万震《南州异物志》说："鸡舌（香）出在苏门。云是草花，可含，香口"（《太平御览》卷 981 引）。这个"苏门"，和前面提到的耽兰洲的"耽兰"，合起来成为"苏门耽兰"，正是今天苏门答腊岛的异译，那是最早见之于中国史书的。

爪哇岛上的国家，很早就和我国有了友好往来。诃罗单国王于南朝宋文帝元嘉七年，遣使来建康，赠送金刚指环、天竺国白叠、古贝、叶波国古贝、赤鹦鹉鸟等珍贵礼物。元嘉十年、十一年、十四年、二十九年，又四次遣使来建康访问，并馈赠方物。阇婆婆达国王也在宋文帝元嘉十二年，遣使来建康访问，馈赠方物，加强了彼此间经济文化交流。

干陀利国，据近人考证，在今印度尼西亚苏门答腊岛上的巨港。《梁书》也说它"在南海洲上"。"出斑布、古贝、槟榔。槟榔特精好，为诸国之极。"我国东晋时的著名旅行家、取经僧法显，从师子国搭船回国，泛海九十天，到达耶婆提国，在这个国家住了五个月之久。耶婆提国就是干陀利国的异译。干陀利国王在我国南朝宋孝武帝孝建二年，梁武帝天监元年（公元 502 年）、十七年、普通元年（公元 520 年），陈文帝天嘉四年（公元 563 年），凡五次遣使至建康访问，并馈赠金银宝器、玉盘、金芙蓉、杂香药等珍贵礼物，南朝皇帝也回赠许多礼物，从而加强了彼此间的经济文化交流。

婆利国，据近人考证，就是今天印度尼西亚的巴厘岛。《梁书》说它"在广州东南海中洲上，去广州二月日行"。这个国家"有一百三十六聚（自然村落）。土气暑热，如中国之盛夏。谷一岁再熟，草木常荣。海出文螺、紫贝"。"其国人披古贝如帊（襆），及为都缦。王乃用斑丝布，以璎珞绕身，头著金冠，高尺余,形如弁,缀以七宝之饰。带金装剑,偏坐金高坐,以银蹬支足。侍女皆为金花杂宝之饰,或持白毦拂及孔雀扇。王出,以象驾舆,舆以杂香为之,上施羽盖珠帘,其导从吹螺击鼓。"(《梁书·婆利国传》)其"国人善投轮刀,其大如镜,中有窍,外锋如锯,远以投人,无不中"。婆利国的刑法,"其杀人及盗,截其手。奸者锁其足,期年而止"(《隋书·婆利传》)。

南朝时代,婆利国和我国有了友好往来。宋后废帝元徽元年(公元 473 年),婆黎国王遣使来宋访问,并馈赠方物,婆黎国就是婆利国的异译。梁武帝天监十六年、普通三年,婆利国王又先后遣使到达建康,馈赠兜鍪(盔)、琉璃器、古贝、螺杯、杂香药等方物数十种,梁王朝也答以厚礼,这就加强了彼此间的经济文化交流。

---

① 《水经·温水注》:温公浦⋯⋯西,即林邑都也,治典冲,⋯⋯秦汉象郡之象林县也。

《晋书·林邑国传》:林邑国,本汉时象林县。

② 《水经·温水注》:泠水⋯⋯东径区粟故城南。考古志并无区粟之名。应劭《地理风俗记》曰:"日南,故秦象郡,汉武帝元鼎六年,开日南郡,治卷县。"《林邑记》曰:"城去林邑步道四百余里。"《交州外域记》曰:"从日南郡南去到林邑国,四百余里。"准径相符,然则〔区粟〕城故西卷县也。

③ 《水经·温水注》:"船官口川源徐狼。外夷皆裸身,男以竹筒掩体,女以树叶蔽形,外名狼脒,所谓裸国者也。虽习俗裸祖,犹耻无蔽,惟依暝夜,与人交市,暗中臭金,便知好恶,明朝晓看,皆如其言。"从这条材料看来,占婆的近旁,还有许多比较原始的部落,占婆是这个地区最为先进的国家。

④ 按《扶南土俗》与《吴时外国传》,实即一书。

⑤ 按《太平御览》卷 787 引康泰《扶南土俗》曰:"优钵国,在天竺之东南可五千里,国土炽盛,城郭、珍玩、谣俗,与天竺国同。"又引康泰《扶南土俗》曰:"横跌国在优钹之东南,城郭饶乐,不及优钵也。"横跌、摸跌,是同一国名,当有一误。优钵在天竺东南五千里,摸跌又在优钵的东南,大概在今孟加拉国境内或缅甸的西北部靠孟加拉湾一带。

⑥ 按吕岱于东吴孙权黄武五年(公元 226 年),出任交州刺史,到了孙权黄龙三年(公元 231 年)被调走。康泰和朱应的奉吕岱命令出使扶南等国,"南宣国化"(《三国志·吴志·吕岱传》),当在孙权黄武五年至黄龙三年这一段时间里。

⑦《太平御览》卷 787 引《宋元嘉起居注》曰:"〔元嘉〕二十六年,蒲黄国献牛黄等物,又献郁金香等物。"按此蒲黄国疑即槃皇国的异译。

⑧ 以前的人以为槃槃国在今马来半岛上,这是不确当的。由于今本《梁书》有残缺,稽考槃槃今地址的人没有发现《太平御览》里所引《梁书》佚文有在"南海大洲中"和"北与林邑隔小海"这几句话,所以会有这样的说法。它既在林邑之南,只有把它安置在加里曼丹北部最为合适;如果是在马来半岛上的话,应该说"东与扶南隔小海"了。

第十章 魏晋南北朝的哲学思想与宗教

从整个中国封建社会来讲,统一的时间长,分裂的时间是短暂的。魏晋南北朝这三百七十年间,却经历了较长的分裂时期,开始是魏、蜀、吴三国分立,后来虽有西晋的短暂统一,但不久又出现了十六国的分裂和江左的偏安,逐渐又形成了南北朝的对峙局面。在这样一个长期分裂的历史时期里,还频繁地进行着州镇割据所引起的战争,和各族统治阶级所挑动的民族仇杀。这种长期分裂和频繁战争,对于当时的文化发展来讲,应该是极为不利的。而且,从东汉王朝崩溃以后,城市衰落,商业停滞,货币的行用也不广,自然经济又完全占统治地位,这种经济状况对当时的文化发展来讲,也不可避免地会产生消极影响。可是,勤劳、勇敢、智慧的中国人民,在这一时期里,既在农业和手工业的生产实践中取得了巨大的成就,同时也克服了种种困难,使这一时期的文化,不仅没有停滞,而且有了显著的发展。因而,这一时期产生了不少杰出的思想家和优秀的文学家、艺术家、史学家,还出现了一些重要的科学发明和杰出的科学著作。

魏晋南北朝时期,是我国民族大融合的时代,在这样一个融合的过程中,各族的文化得到了交流和融化,这就为此后的光辉绚烂的唐代文化打下了深厚基础。同时,魏晋南北朝时期,中国和亚洲各国的文化交流也有了发展,中国的思想家、文学家、艺术家,在不同程度上吸取了外来文化的有益营养,丰富并发展了具有中华民族自己风格和气派的文化艺术。

列宁曾经这样说过:"每个民族的文化里面,都有一些哪怕是还不太发达的民主主义和社会主义的文化成分,因为每个民族里面都有劳动群众和被剥削群众,他们的生活条件必然会产生民主主义的和社会主义的思想体系。但是每个民族里面也都有资产阶级的文化(大多数的民族里还有黑帮和教权派的文化),而且这不仅是一些'成分',而是占统治地位的文化。因此,'民族文化'一般说来是地主、神甫、资产阶级的文化"(《关于民族问题的批评意见》,载《列宁全集》第26卷,第6—7页)。我国魏晋南北朝时期,也没有例外,尽管产生了优秀的思想家鲍敬言、杰出的无神论者范缜等,还出现了不少反映被剥削群众思想感情的一些乐府民歌;但占统治地位的文化,还是地主阶级的文化。在当时世家大族大地主的经济占统治地位,在意识形态领域方面,如哲学思想、宗教、文学、艺术等等,无一不是为他们服务的。如经学中尤其对丧服的繁琐商订,玄学思想中的虚无主义以及及时享乐主义的腐朽观点,佛教诡辩思想中出现的一股繁琐学风,家谱学的发达成为一门专门学问和避讳习尚的严格遵守,文学方面辞藻的华丽和骈俪化,宗教画方面所表现的投身喂虎、地狱变相等等恐怖场面,在在说明一切作品,从思想内容到表现形式,都浸透了世家大族地主阶级所提倡的森严的门第等级制度以及当时统治阶级用来麻醉人民的宗教迷信的毒素。

下面从几个方面叙述魏晋南北朝时期的文化,先从哲学思想讲起。

第一节　魏晋玄学与反玄学思想

从清议到清谈　东汉中叶以后,阶级矛盾尖锐化,统治阶级内部的斗争也激剧展开,最后,宦官战胜了外戚和外廷官僚,制造了两次"党锢之祸"。当时的士夫、官僚及其后备力量太学诸生,在政治低潮下,为了锻炼自己的队伍以战胜其敌人,曾采用了过去乡举里选时所习用的"清议"一种形式。

东汉用征辟、察举等制度,来选拔统治人才,选拔的标准,大半依据乡间宗党平日对这个人长期观察而得出的社会舆论——也是一种舆论方面的鉴定,即所谓清议来决定的。鉴定的主要着重点,是"经明行修",即这个人对儒家经典要有一定深度的研究,和他本人在道德行为、生活作风方面,无疵可指。这种社会舆论——清议的表现,有一个时期,往往通过"风谣"和"题目"的形式。所谓风谣,在东汉的经师们以往就是用来标榜个人在经学上的独特成就和作为上的卓特之点的。例如七字一句的,有:

五经无双许叔重(《后汉书·许慎传》)。

五经纷纶井大春(《后汉书·井丹传》)。

关西夫子杨伯起(《后汉书·杨震传》)。

关中觥觥郭子横(《后汉书·郭宪传》)。

四言两句的,有:

天下无双,江夏黄童(《后汉书·文苑·黄香传》)。

贾氏三虎,伟节最怒(《后汉书·党锢·贾彪传》)。

荀氏八龙,慈明无双(《后汉书·荀爽传》)。

这种风谣,赅括了个人的"德业"、"学行",简短有力,并采取诗歌的形式,以便于流传,是士夫、官僚及太学诸生用来作为统治集团内部政治斗争的很好工具,不但用来褒奖"善类",而且也用来贬斥奸邪。如东汉末,甘陵周福以桓帝师,擢升为尚书;同郡房植为河南尹,亦名重当朝,乡人为之谣曰:"天下规矩房伯武,因师获印周仲进。"(《后汉书·党锢列传》序)一褒一贬,就表示了当时士大夫的清议。所谓题目,主要是称述人物的品德、性格、才能、识度。例如:

李元礼(膺)叹荀淑、钟皓曰:"荀君清识难尚,钟君至德可师。"(《世说新语·德行篇》)

郭林宗见王允曰:"王生一日千里,王佐才也。"(《后汉

书·王允传》)

　　陈仲举（蕃）尝叹曰："若周子居（乘）者，真治国之器。譬诸宝剑，则世之干将。"(《世说新语·赏誉篇》)

　　世目李元礼谡谡如劲松下风(同上)。

此外如曹操曾问许劭："我何如人？"劭曰："子治世之能臣，乱世之奸雄。"(《三国志·魏志·武帝纪》注引孙盛《异同杂语》)这种名士对人物的评价，也就代表了当时的清议。

　　既称清议，是非标准自然以名教为依归。世称："陈元方（纪）遭父丧，哭泣哀恸，躯体骨立。其母愍之，窃以锦被蒙上。郭林宗（泰）吊而见之，谓曰：'卿，海内之俊才，四方是则，如何当丧锦被蒙上？孔子曰：衣夫锦也，食夫稻也。于汝安乎？我不取也！'奋衣而去，自后宾客绝百所日。"(《世说新语·规箴篇》)由此可知，名教是清议的基本内容。

　　党锢之祸，很多人"破族屠身"，在这种政治低潮下，一部分名士渐渐缄默下来了，过去的一种"危言核论"(《后汉书·郭泰传》)，"上议执政，下讥卿士"(袁宏《后汉纪·桓帝延熹九年》)的风气，不得不有了变化。"一代人伦"的郭泰，就有"天之所废，不可支也"的感觉，而生"优哉游哉，聊以卒岁"的念头，闭门教授以终。南州高士徐稺，向郭泰进忠告，也有"大树将颠，非一绳所维，何为栖栖，不遑宁处"(《后汉书·徐稺传》)的话语。"道周性全，无德而称"(《后汉书·黄宪传》)的黄宪，隐身遁命的姜肱，隐居精学博贯五经的申屠蟠，也都以明哲保身的缘故，而开始被后来的名士们加以称道起来。

　　黄巾起义失败以后，接着牧守混战。当时出任牧守者，大都是一时"名士"，他们都善于臧否人物。如豫州刺史孔伷"能清谈高论，嘘枯吹生"(《三国志·魏志·武帝纪》注引张璠《汉纪》)①，青州刺史焦和"清谈干云"(《三国志·魏志·臧洪传》注引《九州春秋》)。他们清谈的主要内容，还是"好说是非，则以为臧否;讲目(即题目)成名,则以为贤愚"(《人物志·效难篇》)。所以这时的清谈,仍是清议的别称。不过自此以后,也有一部分清谈的内容,已经开始和名教脱离开来。如祢衡称"〔荀〕文若可借面吊丧,〔赵〕稚长可使监厨请客"(《后汉书·文苑·祢衡传》),这种轻相诋毁,是和名教抵触的。至如孔融谓"父之于子,当有何亲? 论其本意,实为情欲发耳。子之于母,亦复奚为? 譬如寄物瓶中,出则离矣"(《后汉书·孔融传》),更与名教背道而驰了。两汉标榜以"孝"治天下,每朝皇帝(除了第一代以外)的谥法上,都加上一个"孝"字。而孔融这种论调,已经处于孝道的对立面了。但这究竟还不是主流,作为清谈的主流来说,基本上还是为名教服务的。

曹操杀孔融、崔琰,放逐祢衡,尤其到了"魏晋之际,天下多故,名士少有全者"(《晋书·阮籍传》),不仅党于曹氏的何晏、邓飏、王凌、诸葛诞、夏侯玄、李丰、嵇康、吕安等人,被司马氏所杀,就是党于司马氏的钟会,也不能免祸。这样,有一些士大夫,为了避祸,不敢与闻世事,而以酣饮为常。如钟会数以时事问阮籍,"欲因其可否而致之罪,〔籍〕皆以酣醉获免"(《晋书·阮籍传》)。故司马昭称:"天下之至慎者,其唯阮嗣宗乎? 每与之言,言及玄远,而未尝评论时事,臧否人物,可谓至慎乎?"(《世说新语·德行篇》注引《魏氏春秋》)清谈发展到这时,过去东汉党锢之祸以来评讥时事、臧否人物的精神,便已完全丧失,代之而起的,自然是言及玄远的清谈玄学了。当然,大部分玄学家的清谈,基本上还不敢完全脱离名教;只有一小部分玄学家中的偏激派,才敢把清谈和名教对立起来。

清议转变为清谈,并不意味着清议的形式完全绝迹,不过过去清议是掌握在一批敢于直言的士大夫手中,曾起过一定作用;而魏晋以后的清议,自九品中正制实施以后,完全操纵在出任州郡中正的世家大族和领选的官吏手里,完全成为大地主阶级

参加政权品第人物高下以获取高官显位的舆论根据,西晋初年领吏部尚书山涛《启事》中,充分说明了这一事实。山涛《启事》称:

> 阮咸真素寡欲,深识清浊,万物不能移也。若在官人之职,必妙绝于时(《世说新语·赏誉篇》注引)。

> 太子舍人夏侯湛,字孝若,有盛德,而不长治民,有益台阁(《太平御览》卷215引)。

以上山涛在《启事》中品评人物的语调,其实还是继承汉代的月旦评而来的,不过这种品第人物的目的,更露骨地为门阀专政服务罢了。

由于魏晋时期,清议的性质虽变了,而品藻人伦的清议形式还在官人选用之法中部分地保存了下来,因此这一时期统治阶级内部对人物的品第,还是能够决定这一人物在政治上的升沉命运的——当然,决定人物的政治命运的,更重要的是经济地位。魏明帝时,刘劭著《人物志》三卷,他就是就统治阶级的人才标准,来论述自己的看法的。他对人物的品评,完全从抽象的人性出发,如他在《人物志》第一篇《九征》的开头说:"盖人物之本,出乎情性,情性之理,甚微而玄,非圣人之察,其孰能究之哉!"他不能从经济地位的属性来品评人物,这样,他自然只能归结为"甚微而玄"四个字了。

玄学思想的产生 自从汉武帝罢黜百家,独尊儒术之后,尽管还是综合名法,不废黄老,但儒家思想已支配了当时的思想界。东汉中叶以后,阶级矛盾激化,社会危机日益尖锐,儒家思想的统治基础动摇,统一的王朝在农民战争的烈火中举行了它的葬礼,尽管有一部分统治者,在镇压农民起义以后,还想采用刑名来稳定封建秩序,但也很难挽狂澜于既倒了。曹魏以来,由于城市的破坏,商业的停滞,黄初之后货币的完全近于废弃,锢闭性的世族经济日益发展,地区与地区之间的经济缺乏联系,自然经济完全占统治地位。在这样情况下，不但儒家思想，已不能垄断当时的精神世界，就是刑名家的一套法术，也无所用其伎了。带有"自然"、"无为"对命运不作反抗的老庄思想开始抬头。《文心雕龙·论说篇》谓："迄至正始（公元240—248年），务欲守文，何晏之徒，始盛玄论，于是聃（老子）、周（庄子）当路，与尼父（孔子）争涂矣。"这一时期老庄思想的抬头，与汉代初年崇尚黄老之学，旨趣大异。汉初崇尚黄老的清静无为，是统治者企图与民休息，使动荡的社会秩序稳定下来；而魏晋时期玄学家们崇尚老庄，却是想巩固世家大族地主的经济任其充分发展，他们实际是主张君主无为，门阀专政。

老庄的学说是讲清虚寡欲的。而魏晋的玄学家，都是属于世家大族这个大地主阶层，他们在行为上，恰恰和老庄的学说相反，过着放荡纵欲，腐朽糜烂的生活，因此魏晋之际的玄学清谈，表面上也主张崇尚自然，而实质上是在替世族大地主的放荡糜烂生活找理论根据。

从学术思想本身的发展来讲，汉代占支配地位的儒家思想，是通过经学的形式表达出来的。可是愈到后来，经学的末流，不是支离破碎地来解释经文，便是流于谶纬迷信，已经不能作为统治人民的思想武器了。在锢闭性的世族经济日益发展之下，在自然经济完全占统治地位的情况之下，魏晋之际的世家大族认为《周易》的"寡以制众"，"变而能通"，《老子》的"崇本息末"，"执一统万"，《庄子》的"不谴是非"，"知足逍遥"，对巩固当时世家大族地主阶级专政来说，都是有用的思想资料，因此便推崇这三部书。《颜氏家训·勉学篇》所谓："何晏、王弼，祖述玄宗……《庄》、《老》、《周易》，总谓三玄。"把三部书凑合在一起，并不是偶然的事情。

清谈一般分宾主两方，谈主首先叙述自己的意见，称之为"通"；难者即就其论题加以诘辩，称之为"难"。一个问题，为了

深入起见,可以经过"数番"讨论。有时也由谈士本人自为客主,翻覆分析义理。如:

> 何晏为吏部尚书,有位望,时谈客盈坐。王弼未弱冠,往见之。晏闻弼名,因条向者胜理语弼曰:"此理仆以为极,可得复难否?"弼便作难,一坐人便以为屈,于是弼自为客主,数番,皆一坐所不及。(《世说新语·文学篇》)

清谈结束,有时宾主双方,一胜一屈;有时双方都能言之成理,持之有故,便不能决定胜屈。参加这种论战的名士,如果也"未知理源所归",那么只能"共嗟咏两家之美,不辨理之所在"(《世说新语·文学篇》)了。另外也有一种情况,即由第三者来作总结性发言,如《世说新语·文学篇》称:

> 傅嘏善言虚胜,荀粲谈尚玄远,每至共语,有争而不相喻。裴冀州(徽)释二家之义,通彼我之怀,常使两情皆得,彼此俱畅。

谈玄的时候,谈士往往执麈尾以指划,成为一时的风尚。麈为麋属,尾能生风,辟蝇蚋。《名苑》云:"鹿之大者曰麈,群鹿随之,皆视麈所往,麈尾所转为准。于文,主鹿为麈,古之谈者挥焉,良为是也。"(《资治通鉴》齐武帝永明十一年胡三省注引)故名士谈玄时执之。史称王衍"妙善玄言,唯谈老庄为事,每捉玉柄麈尾,与手同色"(《晋书·王戎传从弟衍附传》);"孔安国(盛)往殷中军(浩)许共论,往反精苦,客主无间,左右进食,冷而复暖者数四,彼我奋逐麈尾,悉脱落满餐饭中。"(《世说新语·文学篇》)这样,"盛饰麈尾",也成为谈士的象征[2]。

正始之音的代表人物——何晏与王弼 玄学思想在曹魏废帝齐王芳统治的正始年代,发展得非常快。这一时期的玄学家代表人物是何晏与王弼。

何晏字平叔,汉外戚大将军何进的孙子。何进以谋诛宦官,事泄被杀。何氏之灭,在汉灵帝中平六年(公元189年)。何晏可能是何进儿子的遗腹子，所以才能活了下来。后来曹操纳晏母为妾，晏随母少长宫中，后又娶操女金乡公主，封列侯。正始中，曹爽秉政，晏深为爽所信任，官至侍中、吏部尚书。正始十年（即嘉平元年），司马懿夺魏政，杀曹爽，晏同时被杀。

何晏在正始中，有重名。他任吏部尚书的时候，史称选举得人。但他又祖述老、庄，大阐玄论。他的主要论点是：

> 天地万物，皆以"无为"为本。"无"也者，开物成务，无往不成者也。阴阳恃以化生，万物恃以成形，贤者恃以成德，不肖恃以免身。故"无"之为用，无爵而贵矣（《晋书·王衍传》）。

> 有之为有，恃"无"以生；事而为事，由"无"以成。夫道之而无语，名之而无名，视之而无形，听之而无声，则道之全焉。故能昭音响而出气物，包形神而章光影，玄以之黑，素以之白，矩以之方，规以之圆，圆方得形而此无形，白黑得名而此无名也（《列子·天瑞篇》张湛注引何晏《道论》）。

在老子的学说中，还带有一些辩证法思想因素，如老子认为一切事物的生成变化，都是"有无相生"（《老子》第二章），不过他把"无"说成是更基本的，所谓"天地万物生于有，有生于无"（《老子》第四十章）。"有"与"无"的矛盾统一，老子又称之为"道"。《老子》不适当地把"无"夸大了，说它不同于万物，不具有某一种物质元素的性质；但在有些地方，他又说，"道之为物"，"其中有精，其精甚真"（《老子》第二十一章），把它说成是肉眼所看不见的元气。老子又把没有经过人工制作过的素材——朴，来比喻"道"，因此它又不完全是后来所说的"空无"或"精神"。可是何晏却利用《老子》在道的论述上的片面性，而加以夸大，说"道"是不具有任何物质的规定性的精神的本体，它不同于万有的实际存在。何晏就在这样颠倒物质精神的从属关系之后，说有恃"无"以生，事由"无"而成，建立起一套贵"无"的唯心主义哲学体系来。

由于魏晋的玄学家们把"无"说成是万有的本体,必然夸大了精神方面的作用,因此尽管他们表面上是无神论者,不相信有鬼神③,但他们所崇尚的被视为万物宗主的"无",实际上就是精雕细琢的"神"。他们只是抛弃通常习见的有神论的低级形式,而通过哲学理论的隐蔽形式,来传播他们的唯心主义思想罢了。

何晏还著有《无名论》,他在这篇文章里说:

> 为民所誉,则有名者也;以无誉,无名者也。若夫圣人,名无名,誉无誉,谓无名为道,无誉为大,则夫无名者可以言有名矣,无誉者可以言有誉矣。然与夫可誉可名者,岂同用哉?此比于无所有,故皆有所有矣;而于有所有之中,当与无所有相从,而与夫有所有者不同。……夫道者,唯无所有者也。自天地以来,皆有所有矣,然犹谓之道者,以其能复用无所有也。故虽处有名之域,而没其无名之象。……夏侯玄曰:"天地以自然运,圣人以自然用。"自然者,道也。道本无名,故老氏曰:"强为之名。"仲尼称"尧荡荡无能名焉",下云"巍巍成功"则强为之名,取世所知而称耳,岂有名而更当云无能名焉者邪!夫唯无名,故可得遍以天下之名名之,然岂其名也哉。(《列子·仲尼篇》张湛注引何晏《无名论》)

无名,是老庄思想的哲学命题之一。老子《道德经》说:"无名天地之始,有名万物之母"(第一章),即认为天地形成之始,还没有名称、概念;所有名称、概念,都是有了天地以后才由人制造出来的,所以老子又说:"始制有名"(第三十二章)。"道"原来也是"无名"的,"吾不知其名,字之曰道"(第二十五章)。老子把这种"道常无名"(第三十二章)的纯自然状态,称之为"无名之朴"。"无名之朴,夫亦将无欲,不欲以静,天下将自定"(第三十七章),他以此反对一切人为的仁义、礼乐,主张"我无为而民自化,我好静而民自正,我无事而民自富,我无欲而民自朴"(第五十七章)。

这基本上是符合当时村社小农的经济利益的。而何晏在《无名论》中，虽然也因袭了老子的说法，认为道唯无名，圣人体道，故圣人无可名；道唯无所有，圣人体道，故能在"有所有"的客观世界中复用"无所有"。意思是说一切事物和名誉，本来都是虚无的，因此不必看得太认真。民无德而称焉，是最伟大的人物。我们知道何晏的政治地位，和老子不同，他兼任执掌封建政权选用官吏大权的吏部尚书，和参与国家机要的侍中，曹魏政权中这样重要的人物，却主张无名无誉最为伟大，政治设施的表现是"无所有"，这除了为他们生活极端腐化、工作不负责任的那种行为涂脂抹粉以外，是没有值得可以介绍的地方的。

何晏在《无名论》中，虽然推重无名，但也不废有名；虽然要与"无所有"相从，但也不否认"自天地以来，皆有所有矣"这一事实。因此，他是客观唯心论者。另外，何晏虽然主张道合自然，但没有企图把自然和名教对立起来，不过主张名教应本于自然。所以《世说新语·文学篇》注引《文章叙录》说："以老子非圣人（指孔子），绝礼弃学，晏说与圣人同，著论行于世。"可见何晏还是认为儒玄本来是一家，名教和自然能够统一得起来。

何晏还著有《论语集解》一书。在何晏注释这一部书时，遇到可以发挥孔子的微言大义的地方，他就用玄学家的思想观点，来解释孔子的思想。如《论语·公冶长篇》："夫子之言性与天道，不可得而闻也。"何晏解释为"性者，人之所受以生也；天道者，元亨日新之道深微，故不可得而闻也。"《论语·卫灵公篇》："子曰：'赐也，汝以予为多学而识之者与？'对曰：'然，非与？'曰：'非也，予一以贯之。'"何晏解释为："善有元，事有会，天下殊涂而同归，百虑而一致，知其元，则众善举矣。故不待多学，一以知之也。"《论语·雍也篇》："有颜回者，好学，不迁怒。"何晏解释为："凡人任情，喜怒违理。颜渊任道，怒不过分。"企图把儒家的圣人，改造成为玄学家的圣人，何晏在这方面确实出了不少力。

王弼,字辅嗣,山阳高平(今山东济宁市东南)人,是著名文学家王粲的族孙。生于魏文帝黄初七年(公元 226 年)。正始中,为中书郎,为何晏所知,晏尝曰:"若斯人者,可与言天人之际矣"(《世说新语·文学篇》注引《王弼别传》)。嘉平元年(公元249 年)秋病死,年二十四。他著有《老子注》、《周易注》、《周易略例》,其书俱存。另外有《论语释疑》,全书已佚,但其中精义部分,仍保存在皇侃《论语义疏》和邢昺《论语正义》两书中。又有《老子指略》,部分被保存在道藏中。

　　王弼是对魏晋玄学思想的发展影响较大的一个唯心主义哲学家,他的客观唯心主义哲学和何晏基本上是一致的,不过更加系统化了。王弼和何晏一样,把"无"说成是不具有任何物质性的万有的本体。他说:"道者,无之称也,无不通也,无不由也。况之曰道,寂然无体,不可为象"(邢昺《论语正义·述而篇》"志于道"疏引《论语释疑》)。大意是说,"道"就是"无"的别称,没有一样事物能不通过它("无不通"、"无不由")。称它作"道",只是一种强为之名,"道"是静止的,"无体"的,"不可象"的。王弼又说:"常无形,不系,常不可名。"(《老子》第三十二章注)就是说,"道"是无形的,不固定的,不能用一般名称、概念来称呼它的。他又说:"穷极虚无,得道之常。"(《老子》第十六章注)"唯以空为德,然后乃能动作从道。"(《老子》第二十一章注)大意是说,"道"以空为德,它不具有物质性,因此它能穷极虚无,无所不在。又说,道之为物,"深远不可得而见,然而万物由之其可得见以定其真,故曰窈兮冥兮,其中有精也"(《老子》第二十一章注)。"其中有精",在《老子》书里是指一种元气而言的,可是王弼却说"物反窈冥,则真精之极得",把它解释为精神性的东西了。从以上的论述,可以看出王弼主张在万物之上,有比万有更根本的一个本体存在,那就是"无",就是"道"。他认为万有都是有形有名的,有形有名的东西都是有限的,有限的东西,不能成为万有的始基，所以他说："故可道(说)之盛，未足以官天地；有形之极，未足以府万物。"(《老子指略》)因此，万有的本体，只能是无形无名，不具有任何物质性的"道"或"无"了。所以他又说："夫物之所以生，功之所以成，必生乎无形，由乎无名。无形无名者，万物之宗也。"(《老子指略》)他所说的"道"，只是一种抽象概念；所说的"无"，也是把一切存在的属性都抽出去的空洞的观念。这种观念只存在于唯心主义者头脑中，而王弼把它看成万有的本体，从而得出了"以无为本"(《老子》第四十章注)的结论来。

《老子》里有"道常无为"(第三十七章)一句话，王弼注云："顺自然也。"王弼又说："自然者，无称之言，穷极之辞也。"(《老子》第二十五章注)"自然，其端兆不可得而见也，其意趣不可得而睹也。"(《老子》第十七章注)王弼认为无为就是顺自然，自然就是道，也就是万有的本体。他不了解决定物质存在的是物质自身运动发展的规律，而认为是受着高居于万物之上的"自然"所支配的。他把这种观点推广到社会政治方面，就是要求崇尚自然，无为而治。他说："夫以明察物，物亦竞以其明应之；以不信察物，物亦竞以其不信应之。夫天下之心不必同，其所应不敢异，则莫肯用其情矣，甚矣！害之大也，莫大于用其明矣。夫在智则人与之讼，在力则人与之争。智不出于人，而立乎讼地，则穷矣；力不出于人，而立乎争地，则危矣。……如此，则己以一敌人，而人以千万敌己也。"(《老子》第四十九章注)不用智，不用力，任其自然，就可以收到无为而治的效果。这种自然无为的理论，显然是为世家大族的阶级利益服务的。

王弼在注释《老子》一书，发挥老子的哲学思想时，特别强调"崇本息末"。他说："《老子》之书，其几乎可一言蔽之，噫，崇本息末而已矣！观其所由，寻其所归，言不远宗，事不失主"(《老子指略》)。他把"本"放在主要地位，要求不要用"末"来干扰"本"。他认为只有这样，才能"言不远宗，事不失主"。他教人对待事物也要从"本"上边着眼,而不要从"末"上边着手。如果"舍本而攻末,虽极圣智","巧愈思精,伪愈多变,攻之弥甚,避之弥勤"。因此要根本上去解决,"不攻其为也,使其无心于为也;不害其欲也,使其无心于欲也"(《老子指略》)。他认为"以道治国",就是"崇本以息末"。《老子》的"我无为而民自化,我好静而民自正,我无事而民自富,我无欲而民自朴","此四者,崇本以息末也"(《老子》第五十七章注)。王弼还在《论语释疑》里,说到孔子所说的"予欲无言","盖欲明本,举本统末,而示物于极者也"(皇侃《论语集解义疏·阳货篇》引)。王弼又在《老子注》中说:"母,本也;子,末也。得本以知末,不舍本以逐末也。"(《老子》第五十二章注)"守母以存其子,崇本以举其末,则形名俱有,而邪不生,大美配天,而华不作,故母不可远,本不可失。"(《老子》第三十八章注)反复地论证"崇本息末"的重要性,只有"崇本息末",才最符合"道"的原则,最符合"无为"的原则。如果王弼把"本"作为本质的东西,"末"作为表面现象,那么他的论点具有一定合理因素。可是王弼从唯心主义观点出发,把本末倒置起来了。他把"本"说成是不具有物质性的"道"或"无",即万有的本体,他只是把这万有本体即精神性的东西,放在第一位上;而把物质世界作为"末"而置之于从属的地位,这样,他的一套"崇本息末"的观点,还有什么可取的地方呢?

在动和静的问题上,王弼也用他的形而上学观点,为他的唯心主义本体论作辩护。他在《周易注》中注《复》卦时说:"复者,反本之谓也。天地以本为心者也。凡动息则静,静非对动者也。语息则默,默非对语者也。然则天地虽大,富有万物,雷动风行,运化万变,寂然至无,是其本矣。故动息地中④,乃天地之心见也。若其以有为心,则异类未获具存矣。"大意是说,一切事物,静止是它的永恒的存在形式,是它的属性。所以说动息则静,静是绝对的,动是相对的;语息则默,默是绝对的,语是相对的。万有尽管千变万化，但回到静止状态中去，是它的归宿点。王弼在《老子注》里也提到："以虚静观其反复，凡有起于无，动起于静，故万物虽并动作，卒复归于虚静，是物之极笃也。"(《老子》第十六章注)这就是说，一切事物虽然有变化、运动，但静止、不变是它的属性，他认为运动起源于静止。辩证唯物主义认为物质不可能在运动之外存在，虽然它并不排斥在一般的、永不休止的物质变化过程中可以有静止的因素、平衡的因素，不过静止和平衡是相对的，暂时的；变化、运动是物质的永恒的存在形式，是绝对的。王弼用形而上学观点把这种关系颠倒了，自然得不到正确的回答了。

在一和多这一问题上，王弼说："一，数之始而物之极也。"(《老子》第三十九章注)又说："万物万形，其归一也。何由致一，由于无也。由无乃一，一可谓无。"(《老子》第四十一章注)大意是说，"一"之所以能够统制万有，因为"一"是"物之极"，是万有的本体，万有都是由"一"派生的。王弼在论《周易》大衍义时说："演天地之数，所赖者五十也。其用四十有九，则其一不用也。不用而用之以通，非数而数之以成。斯易之太极也。四十有九，数之极也。夫无不可以无明，必因于有，故常于有物之极，而必明其所由之宗也。"(《周易·系辞》韩康伯注引)《周易》卜筮的方法，用五十根蓍草，可是只用四十九根来占卦，其余一根放在一边不用。对这现象，后来的《周易》注家作了许多神秘性的无聊推测。王弼则认为这个不用的"一"，就是太极，就象征万有的本体。他认为这不用的一根蓍草，比那用的四十九根蓍草更重要，四十九是有物之极，是数；一是未有之极，即万有的本体，即太极，非数。非数而数之以成，不用而用之以通，正因为它是万有的本体，它起着"宗""极"作用的缘故。王弼就是这样用形而上学观点来论证他以无为本，执一统万的论点的。

王弼还把这种唯心主义形而上学观点的学说推广到社会政

治方面去。他认为："夫众不能治众,治众者至寡也"。又说:"夫少者,多之所贵也;寡者,众之所宗也。"(《周易略例·明象》)他在著《论语释疑》时,还对《论语·里仁篇》中的"吾道一以贯之"诠释说:"贯犹统也。……譬犹以君御民,执一统众之道也。"(皇侃《论语集解义疏》引)王弼的这种以少统多、以寡治众的论点,其实质就是要愚弄人民群众叫他们服从君主和世家大族的统治,其政治目的是非常露骨的。

王弼在"圣人"有无喜、怒、哀、乐、怨的感情这一命题上,也提出了他自己的看法。何晏以为圣人无喜、怒、哀、乐、怨,钟会等人都祖述这一说法。王弼却不同意这样提法,他认为:"圣人茂于人者神明也,同于人者五情(喜、怒、哀、乐、怨)也。神明茂,故能体冲和以通无;五情同,故不能无哀乐以应物。然则圣人之情,应物而无累于物者也。今以其无累,便谓不复应物,失之多矣。"(《三国志·魏志·钟会传》注引何劭《王弼传》)王弼在答荀融书中,也提到:"夫明足以寻极幽微,而不能去自然之性,颜子之量,孔父之所豫在,然遇之不能无乐,丧之不能无哀……乃知自然之不可革。"(何劭《王弼传》)大意是说圣人有别于常人的是英明而有远见,至于喜、怒、哀、乐、怨的感情,则和常人一样,只是能够主动从喜、怒、哀、乐、怨中解脱出来而已。何晏的圣人无情说,后来被郭象沿用,如《论语·先进篇》:"颜渊死,子哭之恸。从者曰:'子恸矣!'子曰:'有恸乎? 非夫人之为恸而谁为?'"郭象在《论语隐》中,解释为"人哭亦哭,人恸亦恸,盖无情者与物化也"(皇侃《论语集解义疏》引)。何晏的圣人无情说是把圣人当作不复应物的石头人;郭象的圣人无情说,把圣人说成为人哭亦哭、人恸亦恸的应声虫,名曰体无,而实际上却违反自然。王弼的圣人有情说,认为圣人应物而无累于物,反而把圣人说成更接近自然,此王义胜于何义之处。王弼的这种论点,同时也是替当时世家大族的放荡纵欲的生活打掩护,按照王弼的说法,世家大族虽然过着这种生活，但由于应物而无累于物的缘故，所以完全符合"自然"这一原则。

王弼和何晏一样，认为无为本，有为末，但没有有也就不能体现无；自然为本，名教为末，但名教却是自然的体现。因此他虽"好论儒道"（《三国志·魏志·钟会传》），但他从来没有菲薄孔子，他甚至表面上非常尊崇孔子。他说："圣人体无，无又不可以训，故不说也；老子是有者也，故恒言无（其）所不足"（何劭《王弼传》）。他把孔子尊为圣人，驾于老子之上，但这个圣人却是体无以应有的圣人，不是儒家的圣人，而是玄学家的圣人。王弼就是这样巧妙地把自然与名教统一起来，也就是把儒、玄两家巧妙地统一起来。

西晋时，有这样一个故事：

> 阮宣子（脩）有令闻。太尉王夷甫（衍）见而问曰："老庄与圣教同异？"对曰："将'无'同。"太尉善其言，辟之为掾，世谓三语掾（《世说新语·文学篇》）。

阮脩的论调，就是祖述何晏、王弼的说法。

正始时代，正是高平陵事变的前夜，统治阶级内部矛盾已经很尖锐，不过还没有发展到总爆发阶段而已。在王弼的著作中，也反映出当时世家大族及其知识分子的忧患之感来，如王弼在《周易注》中说："处天地之将闭，平路之将陂，时将大变，世将大革；而居不失其贞，动不失其应，艰而能贞，不失其义，故无咎也。"（《泰》卦注）又说："处君子道消之时，已居尊位，何可以安？故心存将危，乃得固也。"（《否》卦注）又说："既失其位，而上承至尊之威，下比分权之臣，其为惧也，可谓危矣。唯夫有圣知者，乃能免斯咎也。"（《大有》卦注）这种战战兢兢、临渊履冰的思想，在王弼《周易注》里充分流露出来。王弼的贵无思想，正是有避祸保命的指导意义，他说："夫安身莫若不竞，修己莫若自保，守道则福至，求禄则辱来。"（《颐》卦注）这样就可以小心地渡过这一关。"动天下，灭君主而不可危也"（《周易略例·明卦适变通爻》），只要世家大族的政治地位和社会地位不受影响，动天下，灭君主，对他们来说，是无动于衷的。后来南北朝时期每到王朝变革的时候，世家大族们总是"殉国之感无因，保家之念宜切。市朝亟革，宠贵方来，陵阙虽殊，顾眄如一"（《南齐书·褚渊王俭传》论）。就是继承了正始以来玄学家的衣钵。

才性同异离合的讨论　才性同异离合的展开讨论，是从曹魏嘉平元年（公元 249 年）开始的。到了甘露二年（公元 257 年），这一讨论才算初步告一段落⑤。

才性同异离合的讨论，亦称《四本论》的讨论。

《四本论》这篇论文是钟会著的，《世说新语·文学篇》注引《魏志》："四本者，言才性同，才性异，才性合，才性离也。尚书傅嘏论同，中书令李丰论异，侍郎钟会论合，屯骑校尉王广（王凌子，诸葛诞婿）论离。"《四本论》今已失传，大概论"同"的，以人的本质释性，以人之本质的外在表现者释才，这也就是较传统的说法；论"异"者，根据王充《论衡》中的说法⑥，以操行释性，以才能释才；其论"合"、"离"者，亦皆以操行释性，才能释才，然后讨论两者之间的关系。

关于才性之论，傅、李、钟、王四家之文均已无存，《艺文类聚》卷 21 有袁準《才性论》，他说：

> 曲直者，木之性也，曲者中钩，直者中绳，轮桷之材也。
>
> 贤不肖者，人之性也，贤者为师，不肖者为资，师资之材也。
>
> 然则性言其质，才名其用，明矣。

袁準以体用释才性，大体上应属于论才性同的一派。袁準所说的"性"，不是操行而是本质。才之美恶，即性之美恶之外见，有如木之曲直是天生的，曲者中钩，直者中绳，即成为不同的木材。性行善恶，才能高低，受之于天者同为"性"，见之于外者同为"才"。性善不但行清，而且也必然才美；性恶不但行秽，而且也必然才朽。

才性同异合离的四种说法，实际上可以合并为"合、同"和"离、异"两派：属于合同派的傅嘏、钟会，他们是走司马氏路线的，他们在政治上没有受到压抑，因此他们主张才性一致；李丰、王广，他们既不是曹氏的密戚近臣，也不是司马氏的党羽，他们的政治地位虽也很高（如李丰官为中书令，王广是太尉王凌之子），但在当时统治阶级内部复杂的斗争中，他们的政治地位极不稳固，他们的才能的发挥也受到限制，因此他们主张才性不一致。由此可知，这一才性论的讨论，只是统治阶级内部的当权派为巩固自己已经取得的地位权力寻找理论根据；而非当权派则借这一问题的讨论，来发泄他们的政治上受压抑的牢骚而已。这种对人物才性的不同看法，虽然通过清谈的形式把它提升到唯心主义哲学的理论高度来认识，但从其实质来讲，它还是在臧否人物，还是清议的余波。

四本论一直到东晋、南朝，还是清谈中的主要项目之一，如《世说新语·文学篇》称：

> 殷中军（浩）虽思虑通长，然于才性偏精，忽言及《四本》，便若汤池铁城，无可攻之势。

> 支道林（遁）、殷渊源（浩）俱在相王（简文帝）许，相王谓二人："可试一交言，而才性殆是渊源崿函之固，君其慎焉。"支初作，改辙远之，数四交，不觉入其玄中。相王抚肩笑曰："此自是其胜场，安可争锋。"

《南齐书·王僧虔传》载僧虔诫子书有云：

> 《才性四本》，《声无哀乐》，皆言家口实，如客至之有设也。

可见这个论题，一直到东晋、南朝时，在清谈、玄学中仍占有极重要的地位。当然，这时候才性论已和现实政治派系斗争的关系不怎么密切，只是一种知识上的炫耀而已。

《四本论》讨论以后，玄学思想阵营内部，很快分化了。其一派以嵇康、阮籍为代表，是其左翼；其一派以向秀、郭象为代表，是其右翼。

嵇康与阮籍的思想　正始的名士，在政治倾轧上还没有发展到最高峰，因此他们不会放弃用以统治人民的武器——名教，他们巧妙地把自然和名教统一起来。到了高平陵事变发生，何晏、邓飏既诛，接着王凌、王广父子见杀，夏侯玄、李丰受祸，诸葛诞见讨，所谓"魏晋之际，天下多故，名士少有全者"的时代开始了。在这一过程中，一些名士转向了，另一些名士在政治压力下消沉起来了，而有些却激而采取澌灭名教的反抗行动。他们破坏名教，主张达生任性，把自然和名教对立起来。其代表人物为嵇康、阮籍。

嵇康（公元223—262年），字叔夜，原籍会稽上虞人，其先世避仇，移居谯郡铚县（今安徽濉溪县）。康是曹操子沛王曹林的孙女婿，以魏宗室婿，历官郎中，拜中散大夫。康"文辞壮丽，好言老庄"（《三国志·魏志·王粲传》）。高平陵事变以后，不复更求仕进。毌丘俭举兵讨司马氏，嵇康欲起兵应俭，不果发。康尝"寓居河南之山阳县（今河南修武西北）……与陈留阮籍、河内山涛、河内向秀、籍兄子咸、琅邪王戎、沛人刘灵（即刘伶）相与友善，游于竹林，号为'七贤'"（《三国志·魏志·王粲传》注引《魏氏春秋》）。后来袁宏作《名士传》，称他们七人为"竹林名士"。

嵇康为人"尚奇，任侠"（《三国志·魏志·王粲传》）。尝在洛阳太学写石经古文，有兵家子赵至，年十四，问康姓名，康具告之。后来赵至亡命至山阳投康，康不在，至乃游邺，与康相见，遂随康还山阳。《文士传》又称"康性绝巧，能锻铁，家有盛柳树，乃激水以圜之，夏天甚清凉，恒居其下傲戏，乃身自锻。家虽贫，有人就锻者，康不受直。唯亲旧以鸡酒往，与共饮啖，清言而已"（《世说新语·简傲篇》注引《文士传》）。这时，黄门侍郎钟会是司马师、司马昭的重要谋臣，仰慕嵇康的名声，骑了肥马，带了宾从去寻访嵇康，"康方大树下锻，向子期（向秀字）为佐鼓排（拉风箱），康扬槌不辍，傍若无人，移时不交一语"。钟会觉得没趣，只得走开。临去，"康曰：'何所闻而来？何所见而去？'钟曰：'闻所闻而来，见所见而去。'"（《世说新语·简傲篇》）由嵇康对待赵至、钟会两种不同态度，可以看出嵇康那种奖进寒素和不事权贵的傲岸性格。

嵇康在反对司马氏的魏臣王凌、毌丘俭、诸葛诞等相次失败之后，曾著《管蔡论》，他说："文武之用管、蔡以实，周公之诛管、蔡以权。权事显，实理沉，故令时人全谓管、蔡为顽凶。"他认为"管、蔡皆服教殉义，忠诚自然"，由于他们"不达圣权，卒遇大变，不能自通，忠于乃心，思在王室，遂乃抗言率众，欲除国患"，而后来的论者，也就以成败来论人了。嵇康的替周武王之弟管叔鲜、蔡叔度叫屈，其实就是在替王凌、毌丘俭、诸葛诞这些为司马氏所诛锄的人鸣冤。嵇康还在《太师箴》中提到："刑本惩暴，今以胁贤"，"矜威纵虐，祸崇丘山"，以攻击司马氏，这自然不是司马氏之所能容忍的了。嵇康的好友山涛，自吏部郎迁散骑常侍，举康自代。吏部郎掌选，在当时是较重要的官吏，嵇康知道了，乃写信与山涛，表示要和他绝交。在这一封《与山巨源绝交书》中，说自己"有必不堪者七，甚不可者二"，"性有所不堪，真不可强"。在提到"甚不可者二"的内容里面，他还特地提到自己有"每非汤、武而薄周、孔"的这种思想。这时正是司马氏想篡夺曹魏政权的前夕，而嵇康用这样嘲笑口吻来表示自己的反对态度，自然更不是司马氏所能容忍的了。这样，到了曹魏景元三年（公元262年），司马昭终于在一个和嵇康毫不相干的案件中⑦，把嵇康也牵连在里面，并把他一起杀了。当嵇康下狱以后，太学生三千人曾联名上书，请求司马昭释放嵇康，让他担任太学博士，足见他在太学生中拥有极大的声望。洛阳东市，亦称马市，是嵇康被杀的地方，后人为了纪念嵇康，马市也成为凭吊这位诗人和哲学家的名胜处所。

嵇康在他的著作中，曾提到"浩浩太素，阳曜阴凝，二仪陶化，人伦肇兴"（《太师箴》）⑧。又说："元气陶铄，众生禀焉。"（《明胆论》）"天地合德，万物贵生，寒暑代往，五行以成。"（《声无哀乐论》）这些说明他在自然观方面，带有朴素的唯物主义倾向。

在形神的依存关系方面，他在《养生论》里有这样的说法，"形恃神以立，神须形以存"。一个人如果"神躁于中"，必然会"形丧于外"。他承认形神之间有互相依存关系，这是可取的。但他夸大了精神方面的作用，如说："服药求汗，或有弗获；而愧情一集，涣然流离。""夜分而坐，则低迷思寝；内怀殷忧，则达旦不寐。"举了一些特殊的例子，来论证精神方面影响作用比物质方面的影响作用还要大得多，那就陷入唯心主义的泥坑。他在这篇论文里还提到，当时一些人认为"一怒不足以侵性，一哀不足以伤身"，所以"轻而肆之"。他认为这样做就等于在不断地零星地戕害自己的生命。他说：

> 而世人不察，惟五谷是嗜，声色是耽，目惑玄黄，耳务淫哇。滋味煎其腑藏，醴醪鬻其肠胃，香芳腐其骨髓，喜怒悖其正气，思虑销其精神，哀乐殃其平粹。夫以蕞尔之躯，攻之者非一涂；易竭之身，而外内受敌，身非木石，其能久乎？……至于措身失理，亡之于微；积微成损，积损成衰。从衰得白，从白得老，从老得终，闷若无端。中智以下，谓之自然。纵少觉悟，咸叹恨于所遇之初，而不知慎众险于未兆。是犹桓侯抱将死之疾，而怒扁鹊之先见；以觉痛之日，为受病之始也。（《养生论》）

他既然认为"悟生理之易失，知一过之害生"，因此他主张"修性以保神，安心以全身。爱憎不栖于情，忧喜不留于意。泊然无感，而体气和平。又呼吸吐纳（犹今之气功），服食养身，使形神相亲,表里俱济"。大意是说可以通过精神的修养,并配合气功治疗、药物治疗,使身心各方面的健康状况,都有所增进。这些,都是有可取的地方的。他最后还认为善养生者,应该"清虚静泰,少私寡欲。知名位之伤德,故忽而不营,非欲而强禁也;识厚味之害性,故弃而弗顾,非贪而后抑也。外物以累心不存,神气以醇白独著。旷然无忧患,寂然无思虑。又守之以一,养之以和,和理日济,同乎大顺"。他还夸大了养生的作用,认为"至于导养得理,以尽性命,上获千余岁,下可数百年",甚至可以"与羡门比寿,王乔争年"。嵇康的这种观点,当然又是唯心主义的。

嵇康的好友向秀见到《养生论》,就作《难养生论》来与嵇康辩论,认为"节哀乐,和喜怒,适饮食,调寒暑",以此为养生之道,他是同意的;"至于绝五谷,去滋味,寡情欲,抑富贵,则未之敢许。"(向秀《难养生论》)嵇康在《答难养生论》中,为了进一步阐释自己的论点,而有如下的说法:

> 是以古之人知酒色为甘鸩,弃之如遗;识名位为香饵,逝而不顾。使动足资生,不溢于物,知正其身,不营于外。背其所凶,守其所吉,此所以用智遂生之道也。

他以为既然"欲以逐物害性",甚至可以采用老子的"不见可欲,使心不乱"的方式来抑制欲的萌芽;如果欲已经萌芽,即"滋味当染于口,声色已开于心"了,可以"以至理遣之,多算胜之"的。他还认为"故以荣华为生具,谓济万世不足以喜耳。此皆无主于内,借外物以乐之,外物虽丰,哀亦备矣。有主于中,以内乐外,虽无钟鼓,乐已具矣"。大意是说,如果一个人追求荣华富贵,认为什么东西都不比它重要,这是由于他内心缺乏修养,不得不依靠外部物质来刺激自己的缘故。物质条件满足了,内心却也饱尝甜酸苦辣的滋味。如果内心修养很好,知足常乐,借以弥补外界之不足,这样,即使自己听不到钟鼓之声,也好像在欣赏音乐一样。这种知足常乐的人生观,反映了嵇康在酷烈的政治斗争中，假借老庄的放达，来颐神养性的消极避世态度。

嵇康在他另一代表作《声无哀乐论》中，论述了他对心声关系的看法。他说：“心之与声，明为二物。”“声音自当以善恶为主，则无关于哀乐；哀乐自当以情感而发，则无系于声音。”“声音之体，尽于舒疾，情之应声，亦止于躁静耳。”“躁静者，声之功也；哀乐者，情之主也。不可见声有躁静之应，因谓哀乐皆由声音也。”大意是说，声音和人的感情是不同的两种事物，音乐有好坏的区别，它不含有哀乐的感情；哀乐决定于内心的感情，和音乐并没有必然的联系。音乐的旋律有快慢舒疾，人们听了音乐后的反应，有烦躁，有静穆，音乐的作用只是如此。至于哀乐，完全决定于主观的感情，同声音没有什么关系，不能因为听了音乐有烦躁、静穆的反应，便说哀乐也出之于音乐。他并举例说：“夫会宾盈堂，酒酣奏琴，或忻然而欢，或惨尔而泣，非进哀于彼，道乐于此也？其音无变于昔，而欢戚并用，斯非吹万不同邪！夫唯无主于喜怒，无主于哀乐，故欢戚俱见。”他用同时听琴，有的人喜欢，有的人悲泣，来证明音乐本身不包含有喜怒哀乐的感情。他又说：“声音以平和为体，而感物无常；心志以所俟为主，〔故〕应感而发。然则声之与心，殊途同归，不相经纬。”嵇康把心、声严格地区分开来，这是可取的。但由于他否认客观的音乐不具有表达思想感情的能力，并认为主观的感情完全发诸内心，不受音乐刺激的影响，把主观的感情和客观的声乐的关系加以割裂，否认两者之间有任何联系，这就未能逾越唯心主义的窠臼。

嵇康在《声无哀乐论》中反驳了一些利用声音来宣扬迷信的说法，如“葛卢闻牛鸣，知其三子为牺；师旷吹律，知南风不竞，楚师必败；羊舌母听闻儿啼，而审其丧家”。他力辩这些传说的荒诞性，这是有积极因素的。他还强调理性的判断，他说：“夫推类辨物，当先求之自然之理，理已定，然后借古义以明之耳。今未得之于心，而多恃前言以为谈证，自此以往，恐巧历不能纪。”大意是说，判断一桩事情，首先要求符合自然之理，理已定，然后引用诗书来证明它。现在有些人内心并没有主见，只是引用许多前人言行来作为论据，这样，就是最有本领的数学家也无法来判断事情的正确与否。这些说法，也是有它合理因素的。

嵇康的哲学思想，其中带有一些唯物主义倾向，但也有不少是唯心主义的。嵇康的哲学思想，对当时玄学家的影响是非常大的。他的《声无哀乐论》、《养生论》和后来欧阳建所著的《言尽意论》，这三篇论文，当时称之为"三理"。《世说新语·文学篇》称："旧云王丞相（导）过江左，止道《声无哀乐》、《养生》、《言尽意》三理而已。然宛转关生，无所不入。"可见三理是"言家口实"，是玄学家们经常讨论到的命题。

嵇康在《释私论》里说到"大道无违，越名任心"，所以可以"越名教而任自然"，也就是叫人超出名教的拘束，来符合自然，他显然把名教和自然对立起来，这在当时来说，是一种愤激而大胆的论调。他在《难张辽叔自然好学论》这一篇论文里，认为原始社会要比后来有阶级的社会好，他说：

> 昔鸿荒之世，大朴未亏，君无文于上，民无竞于下，物全理顺，莫不自得。饱则安寝，饥则求食，怡然鼓腹，不知为至德之世也。若此，则安知仁义之端，礼律之文？及至人不存，大道陵迟，乃始作文墨，以传其意。区别群物，使有类族；造立仁义，以婴其心；制为名分，以检其外；劝学讲文，以神其教。故六经纷错，百家繁炽，开荣利之涂，故奔骛而不觉。……今子立六经以为准，仰仁义以为主，以规矩为轩乘，以讲诲为哺乳，由其涂则通，乖其路则滞。游心极视，不睹其外，终年驰骋，思不出位。聚族献议，唯学为贵。执书摘句，俯仰谘嗟。伏膺其言，以为荣华。故吾子谓六经为太阳，不学为长夜耳。今若以明堂为丙舍（墓堂小舍），以讽诵为鬼语，以六经为芜秽，以仁义为臭腐，睹文籍则目瞧，修揖

让则变伛，袭章服则转筋，谈礼典则齿龋，于是兼而弃之，与万物为更始。则吾子虽好学不倦，犹将阙焉；则向之不学，未必为长夜，六经未必为太阳也。

嵇康歌颂原始社会，抨击后世虚伪的仁义、礼让，六经、礼律这一套名教，尽管嵇康受着地主阶级的局限，他不可能真正走上废弃名教的道路，但至少他已经在怀疑名教了。嵇康的思想，徘徊名教和自然之间，是非常苦闷的。这和他"进不敢定祸福于卜相，退不敢谓家无吉凶"，是一样的矛盾而无法解决的。

阮籍（公元210—263年），字嗣宗，陈留尉氏（今河南尉氏）人。父瑀，建安七子之一。瑀为蔡邕弟子，籍亦博览群书，因此阮氏是经学世家。阮氏崇尚老庄，大概从阮籍开始。籍为曹爽大将军府参军，以疾去职。后为司马懿太傅府从事中郎，司马师大司马府从事中郎，徙散骑常侍，转步兵校尉，世称阮步兵。史称"籍本有济世志"，他所著《通易论》和《乐论》，还不反对名教，也不怎样祖尚浮虚，所以有些学者认为这些是他前期即抱济世之志时期的作品。他和嵇康友善，同为竹林之游。史称"属魏、晋之际，天下多故，名士少有全者。籍由是不与世事，遂酣饮为常"（《晋书·阮籍传》）。他所著《达庄论》和《大人先生传》，都是这一时期即他中期的作品。

阮籍在《达庄论》里说："天地生于自然，万物生于天地。自然者无外，故天地名焉；天地者有内，故万物生焉。"又说："道，法自然而为化，侯王能守之，万物将自化，《易》谓之太极，《春秋》谓之元，《老子》谓之道。"阮籍认为天地万物都生于自然，并没有神的主宰存在。"道"也只是说明自然规律的东西。他还说："人生天地之中，体自然之形。身者，阴阳之精气也；性者，五行之正性也；情者，游魂之变欲也；神者，天地之所以驭也。"他认为人的形体和精神，都是由自然界禀受而来的，因此他主张崇尚自然。

他在《大人先生传》中说："明者不以智胜，暗者不以愚败。

弱者不以迫畏，强者不以力尽。盖无君而庶物定，无臣而万物理。"这是他所向往的一种理想社会。到了后来，"君立而虐兴，臣设而贼生。坐制礼法，束缚下民，欺愚诳拙，藏智自神。强者睽眠而凌暴，弱者憔悴而事人。假廉而成贪，内险而外仁。"又说："竭天地万物之至，以奉声色无穷之欲。"对当时残暴虚伪的社会制度提出尖锐的抨击。他还用很辛辣的口吻来讽刺礼法之士，他说：

> 世人所谓君子，唯法是修，唯礼是克。手执圭璧，足履绳墨。行欲为目前检，言欲为无穷则。少称乡党，长闻邻国。上欲图三公，下不失九州牧。独不见群虱之处裈中，逃乎深缝，匿乎坏絮，自以为吉宅也。行不敢离缝隙，动不敢出裈裆，自以为得绳墨也。然炎丘火流，焦邑灭都，群虱处于裈中，而不能出也。君子之处域内，何异夫虱之处裈中乎。(《晋书·阮籍传》)

他最后还说："汝君子之礼法，诚天下助残贼，乱危死亡之术耳。"这样大胆地抨击世家大族的礼法名教，是有进步意义的。

直到嵇康被杀，阮籍不得不在政治压力下，替大臣郑冲等起草请求司马昭接受九锡的劝进表。不过即使在这样的形势下，司马昭想为长子司马炎向阮籍的女儿求婚，"籍醉六十日，不得言而止"，没有和司马昭攀成亲家。他对母亲很尽孝道，到他母亲病故，他还"饮酒二斗，举声一号，吐血数升。及将葬，食一蒸肫，饮二斗酒，然后临诀，直言穷矣，举声一号，因又吐血数升。毁瘠骨立，几至灭性"(《晋书·阮籍传》)。他这一时期，除了做些应酬的文章以外，作品不多，但是我们在下章文学中要提到的他的八十几首《咏怀诗》，恐怕主要是这一时期——即他的后期的作品。

阮籍以景元四年(公元263年)病卒，距离嵇康的被杀，前后只有两个年头。

向秀和郭象的思想 嵇康和阮籍，他们在口头上表示了对于名教的反抗。他们反对一切人为的束缚，认为不合自然，他们所追求的乃是庄子的逍遥；他们要扶破礼法，非尧、舜，薄周、孔；这一种精神在破坏名教方面起了一些作用。但是，名教是统治阶级用来巩固封建秩序的主要武器，如果让名教破坏，那就等于放弃了自己掌握的武器，因此，尽管嵇、阮等人想蔑弃礼法，而另一部分名士却还是主张名教本于自然的说法，替名教做辩护人，向秀和郭象就是他们的代表。

向秀，字子期，河南怀（今河南沁阳）人，和嵇康、阮籍等同为竹林之游。嵇康锻铁时，向秀在旁为康鼓排（拉风箱），"相对欣然，傍若无人"。向秀又与吕安友善，尝和吕安一起在山阳灌园。秀好读书，又"雅好老庄之学"。嵇康著《养生论》，秀故与康"辞难往复，盖欲发康高致也"⑨。秀尝欲注《庄子》，先以告嵇康、吕安，嵇康、吕安都不赞成，认为"此书讵复须注，正是妨人作乐耳"（《晋书·向秀传》）。及成，"读之者，无不超然若已出尘埃而窥绝冥……能遗天下，外万物"（《世说新语·文学篇》注引《竹林七贤论》）。嵇康被杀，秀应"郡计"入洛，司马昭问他："闻君有箕山之志，何以在此？"对曰："巢、许狷介之士，不足多慕。"（《世说新语·言语篇》）司马昭听了，非常高兴。后来他官做到黄门侍郎、散骑常侍。

郭象（公元252—312年），字子玄，晋惠帝时人，官至司马越太傅府主簿，永嘉六年病死。史称象"少有才理，好老庄，能清言"。说话"如悬河泻水，注而不竭"（《晋书·郭象传》）。先是向秀注《庄子》，名《庄子隐解》，"唯《秋水》、《至乐》二篇未竟，而秀卒。秀子幼，义遂零落，然犹有别本。……〔象〕见秀义不传于世，遂窃以为己注。乃自注《秋水》、《至乐》二篇，又易《马蹄》一篇，其余众篇，或定点文句而已"（《世说新语·文学篇》）。关于郭象究竟有没有窃取向秀的《庄子》注，这件公案到今天还没有搞清楚，我们不准备在这儿多谈；今天的《庄子》注中，哪些是郭象抄袭向秀的说法，哪些是郭象自己的说法，我们也不准备逐条去查对。大致上说来，他们两人的哲学观点，基本上是一致的。这也可以说，是代表了当时的一种哲学思潮⑩。

向秀、郭象注释《庄子》，有很大部分是就《庄子》的原来哲学思想来诠释《庄子》，但也有一部分并没有因袭《庄子》的原来思想来解释《庄子》，提出了他们自己的新解来，他们两人的主要观点，是独化的学说。

郭象在《庄子注》里，首先也承认一切事物是在变化着的，他说："变化日新，未尝守故。"（《秋水》注）并说这种变化，不仅无物而不然，而且无时而不然。他说："夫无力之力，莫大于变化者也。故乃揭天地以趋新，负山岳以舍故，故不暂停，忽已涉新，则天地万物，无时而不移也。"（《大宗师》注）这种变化日新，有没有造物主在主宰着呢？《庄子·齐物论》说："若有真宰，而特不得其朕。"庄子是不相信在万物之上有一个真宰存在，郭象也同意这一观点，认为："万物万情，趣舍不同，有若真宰使之然也。起索真宰之朕迹，而亦终不得，则明物皆自然，无使物然也。"（《齐物论》注）即他也认为万物都是自然产生的，并没有真宰使之然。所以他说："夫庄、老之所以屡称无者何哉？明生物者无物，而物自生耳。"（《在宥》注）"既明物物者无物，又明物之不能自物，则为之者谁乎哉？皆忽然而自尔也。"（《知北游》注）所以他说："物之生也，莫不块然而自生。"（《齐物论》注）又说："请问夫造物者，有邪无邪？无也，则胡能造物哉？有也，则不足以物众形（使许多形体成为物）。故明众形之自物，而后始可与言造物耳。……故造物者无主，而物各自造。"（《齐物论》注）他还说：

> 无既无矣，则不能生有，有之未生，又不能为生，然则生生者谁哉？块然而自生耳！自生耳，非我生也，我既不能生物，物亦不能生我，则我自然矣。自己而然，则谓之天然，天

然耳，非为也，故以天言之。以天言之，所以明其自然也，岂苍苍之谓哉！而或者谓天籁役物使从己也，夫天且不能自有，况能有物哉？故天也者，万物之总名也。

莫适为天，谁主役物乎？故物各自生，而无所出焉。此天道也（《齐物论》注）。

从以上郭象的论点来看，认为万物本身以外，并没有造物主存在，也不能把"无"当作万有本体，因为"无既无矣，则不能生有"，所以他提出"造物者无主，而物各自造"的论点来，这个看法否定了"道"和"无"生化万物的观点，肯定了万有的实在性，从这一点说，带有无神论的因素。

郭象从"造物者无主"这一论点出发，接着又说：

道，无能也，此言得之于道，乃所以明其自得耳。自得耳，道不能使之得也。我之未得，又不能为得也。然则凡得之者，外不资于道，内不由于己，掘然自得而独化也。（《大宗师》注）

大意是说，道既不能生成万物，万物都是自己生长起来的，可见万物的生成，"外不资于道，内不由于己"，是"自己而然"地生成起来的。他又说万物"欻然自生"，"欻然自死"，"死生出入，皆欻然自尔"（《庚桑楚》注），即把它说成突然冒出来，而又一下子消失。自己既作不了主，也不需要任何外部条件，更不必遵循任何规律，彼我事物之间也没有任何因果的联系，即把各种事物——"有"，看成是各自绝对孤立的东西，万有是千千万万个各自绝对孤立的东西，否认他们之间有统一的物质根源，同时也就是否认了物质世界的统一性，这就深深地陷入唯心主义的泥坑里去了。

郭象这种不可知论的认识论，他喜欢用一个字来表达它，即"冥"字。他从独化的观点出发，认为一切事物是"自己而然"地生成起来。但是"物各自然"，"彼，自然也，自然生我，我自然生，故自然者，即我之自然"（《齐物论》注）。自然的彼和自然的我，他认为彼我间都是孤立的事物,因此如果以"迹"求,就会失之愈远,所以只有用直与物"冥"这一超认识的方法,无心地顺着它走,这样就可以"玄同彼我,泯然与天下为一"(《人间世》注)了。所以他又说:"至理有极,但当冥之,则得其枢要也。"(《徐无鬼》注)"无心者与物冥,未尝有对于天下也,此居其枢要而会其玄极,以应乎无方也。"(《齐物论》注)冥是昏暗的意义,郭象所说的"冥",则是指"凡得之不由于知,乃冥也"(《知北游》注),强调对于一切事物的认识,不能通过知识去获得,只有"循而直往,则冥然自合"(《齐物论》注)。他认为对于事物即使去进行认识,也是没有用的;不去进行认识,反而就是认识。

郭象既然认为万有的存在都是绝对孤立的,因此只要"自足其性"就行了。从"各足其性"这一点来看,他认为万物之间的大小、美丑、是非等等的差别是没有的。他说:

> 夫以形相对,则大山大于秋毫也;若各据其性分,物冥其极,则形大未为有余,形小不为不足。苟各足于其性,则秋毫不独小其小,而大山不独大其大矣。若以性足为大,则天下之足,未有过于秋毫也;若性足者非大,则虽大山亦可称小矣。故曰:"天下莫大于秋毫之末,而大山为小。"大山为小,则天下无大矣;秋毫为大,则天下无小也。无小无大,无寿无夭,是以蟪蛄不羡大椿,而欣然自得;斥鷃不贵天池,而荣愿以足。苟足于天然,而安其性命,故虽天地未足为寿,而与我并生;万物未足为异,而与我同得。则天地之生又何不并,万物之得又何不一哉。(《齐物论》注)

大意是说,对事物的观察,不要从形体大小来看,而要从万物的"各足其性"这一点来看。只要万物主观上满足了自己的要求,客观上的差别,就无所谓的了,也就等于不存在的了。郭象在《庄子注》里的许多地方,都尽量发挥他这一观点,如说:"夫庄子之大意,在乎逍遥游放,无为而自得,故极小大之致,以明性分之适。"又说:"夫小大虽殊,而放于自得之场,物任其性,事称其能,各当其分,逍遥一也,岂容胜负于其间哉。"(《逍遥游》注)又说:"以小求大,理终不得,各安其分,则大小俱足矣。若毫末不求天地之功,则周身之余,皆为弃物;天地不见大于秋毫,则顾其形象,裁自足耳。将何以定细之定细,大之定大也。"(《秋水》注)郭象多方论证客观事物的差别是不存在的,"冥此群异,异方同得"(《逍遥游》注),只讲主观的满足。他认为只有自足其性,那就是"自得",就是最大的满足。所以他又说:"任其自得,斯可谓德矣。"(《天地》注)

郭象又把他用来说明自然界现象的观点,即"使群异各安其所安"(《齐物论》注)的说法,也用来说明人类社会关系。他认为人也和自然界的事物一样,应该自足其性,安于自己所处的地位。他认为一个人"突然而自得此生"(《天地》注)以后,自己完全作不了主宰,只有听任"自然"的摆布。他说:"天也者,自然也。人皆自然,则治乱成败,遇与不遇,非人为也,皆自然耳。"(《大宗师》注)又说:"夫我之生也,非我之所生也,则一生之内,百年之中,其坐起行止,动静趣舍,性情知能,凡所有者,凡所无者,凡所为者,凡所遇者,皆非我也,理自尔耳。而横生休戚乎其中,斯又逆自然而失者也。"(《德充符》注)他又说:"其理故当,不可逃也。故人之生也,非误生也,生之所有,非妄有也。天地虽大,万物虽多,然吾之所遇,适然于是,则虽天地神明,国家圣贤,绝力至知,可弗能违也。故凡所不遇,弗能遇也;其所遇,弗能不遇也。凡所不为,弗能为也;其所为,弗能不为也。故付之而自当矣。"(《德充符》注)这样,郭象所说的"自然",实际就成为命运的同义语。他又说:"知不可奈何者,命也;而安之,则无哀无乐,何易施之有哉! 故冥然以所遇为命,而不施心于其间;泯然与至当为一,而无休戚于其中。"(《人间世》注)他固然"遣命之名,以明其自尔"(《寓言》注),实际上是认为有命运在支配着的了。

郭象认为人的性分,在出生的时候就已经禀受了,任何人都不能把它变易。他说:"天性所受,各有本分,不可逃,亦不可加。"(《养生主》注)又说:"性各有分,故知者守知以待终,愚者抱愚以至死,岂有能中易其性者也。"(《齐物论》注)也就是说,贫贱的应自安于贫贱,富贵的应安享其富贵,小的不必羡慕大的,贫贱的不足羡慕富贵的。"苟足于其性,则虽大鹏无以自贵于小鸟,小鸟无羡于天地,而荣愿有余矣。故小大虽殊,逍遥一也。"(《逍遥游》注)各安于自己所处的地位,不追求自己分外的事情,就会感到最大的满足。他认为以小羡大是不对的,所以他说:"夫物未尝以大欲小,而必以小羡大,故举小大之殊,各有定分,非羡欲所及,则羡欲之累,可以绝矣。""以小求大,理终不得。各安其分,则大小俱足。"(《逍遥游》注)同时他还认为有人要弃多任少,那也一样是不对的,他说:"夫方之少多,天下未之有限,然少多之差,各有定分,豪芒之降,即不可以相跂,故各守其守,则少多无不自得。而或者闻多之不足以正少,因欲弃多而任少,是举天下而弃之,不亦妄乎。"(《骈拇》注)郭象的这一观点,是极其露骨的。他一方面要人人安分守己,不要以小羡大;另一方面却认为世家大族也不必因此而放弃自己已有的经济利益和政治利益,弃多任少。如果弃多任少,就会把世家大族地主阶级的专政权利也放弃了,那就是"举天下而弃之",在他认为这就是妄之又妄了。

　　郭象认为世家大族生来就是世家大族,露门役户生来就是露门役户,一切存在的,都是合理的。所以他说:"夫时之所贤者为君,才不应世者为臣。若天之自高,地之自卑,首自在上,足自居下,岂有递(互相替代)哉!"他教人安于自己所处的被统治、被隶属的地位,说:"臣妾之才,而不安臣妾之任,则失矣。故知君臣上下,手足内外,乃天理自然,岂真人之所为哉? 夫臣妾但各当其分耳。"(《齐物论》注)总之,郭象想从各方面来论证,世家大族地主阶级的等级制度是完全合理的，封建统治秩序是不可动摇的。

庄子主张废除礼法名教，认为这些都是违反人的本性的。郭象为了维护世家大族的利益，对庄子这方面的思想，作了完全相反的解释。如《庄子》书里说："落（络）马首，穿牛鼻"，这是违反牛马本性的。而郭象却说："人之生也，可不服牛乘马乎？服牛乘马，可不穿落之乎？牛马不辞穿落者，天命之固当也。苟当乎天命，则虽寄之人事，而本在天也，穿落之可也。"（《秋水》注）认为络马首、穿牛鼻是符合牛马的本性的。《庄子》说："弃隶者若弃泥涂，知身贵于隶也。"（《田子方》）意思是说，奴隶知道自由民的身份远比奴隶高贵，所以他对于摆脱奴隶的地位，就像抛弃泥土那样毫不顾惜。可是郭象却说："凡得真性，用其自为者，虽复皂隶，犹不顾毁誉而自安其业。"（《齐物论》注）要求奴隶不顾毁誉，自安其业，不要放弃奴隶的地位。《庄子》说："藐姑射之山，有神人居焉，肌肤若冰雪，绰约若处子，不食五谷，吸风饮露，乘云气，御飞龙，而游乎四海之外。"庄子是不相信有神仙的，这不过是他的寓言，故郭象也说："此皆寄言耳。"但是郭象却又说："夫神人，即今所谓圣人也。夫圣人虽然庙堂之上，然其心无异于山林之中，世岂识之哉！徒见其戴黄屋，佩玉玺，便谓足以缨绂（扰乱）其心矣；见其历山川，同民事，便谓足以憔悴其神矣。岂知至至者之不亏哉。"（《逍遥游》注）郭象认为当时的世家大族，他们形式上虽然过着世俗的生活，但是只要精神上能清高绝俗，就像身在庙堂之上，心在山林之中一样。这样，庄子是把名教和自然对立起来的，而郭象却巧妙地把它一致起来，把名教和自然说成是一体的两个方面了。所以他说：

> 夫理有至极，外内相冥，未有极游外之致，而不冥于内者也。未有能冥于内而不游于外者也。故圣人常游外以弘内，无心以顺有，故虽终日挥形，而神气无变，俯仰万机，而

淡然自若。(《大宗师》注)

这样,当时的世家大族,就可以既有清高之名,又不废享乐之实。郭象不但把名教和自然的矛盾调和了起来,而且照他的说法,只有不放弃名教,这才是最合自然。这种学说,此后便成为世家大族的生活准则。

郭象的思想,是世家大族政治经济势力发展到一定阶段的产物。何晏、王弼的贵无学说,主张不去干涉世家大族的政治经济利益,让它自然地发展下去;而郭象的独化学说,则是主张维护世家大族的既得利益,进一步巩固已有的统治秩序。从何晏、王弼的贵无论到郭象的独化论,说明作为反映世家大族大地主意识形态的玄学,目的是更加明确了,体系是更加完整了,阶级反动性在哲学思想上也表现得更加露骨了。

杨泉、欧阳建、裴颁的唯物主义思想　魏晋时期,尽管唯心主义的玄学思想支配了当时的思想界,杨泉、欧阳建、裴颁等人的唯物主义哲学思想,却站在对立方面,同它们展开了论争。

杨泉,字德渊,三国时吴国人,卒于西晋时。他的代表作是《物理论》。

杨泉尖锐地批评了当时崇尚的玄学思想,认为"夫虚无之谈,尚其华藻,无异春蛙秋蝉,聒耳而已。"他认为当时唯心主义哲学家们的儒玄之争,都是"见虎一毛,不知其斑。道家笑儒者之拘,儒者嗤道家之放,皆不见其本也"。

初期的玄学家,以"无"为万有本体。而杨泉则认为宇宙是物质性的东西,是实有的。他认为天地万物都是由元气组成的,他说:"夫天,元气也。皓然而已,无他物焉。"他用元气来解释自然界的各种物体和现象。他说:"星者,元气之英。""汉,水之精也。"天上的星体是元气的精华部分,天上的银河是水的精华部分。"气发而升,精华上浮,宛转随流,名之曰天河,一曰云汉,众星出焉。"他认为天体是气的精华形成的。"成天地者,气也。水土之气,升而为天。""地有形而天无体,譬如灰焉,烟在上,灰在下也。""游浊为土,土气合和,而庶物自生。"

杨泉又认为元气来源于水,水是天地万物的根本。他说:"所以立天地者,水也。夫水,地之本也,吐元气,发日月,经星辰,皆由水而兴。"他认为天地万物都是由气构成的,而气的来源是水。杨泉《物理论》一书,反映出杨泉的自然观带有朴素的唯物主义性质。

杨泉在《物理论》中,还企图说明天地万物的运动变化的原因。他说:"天者,旋也,均(造圆形陶器的旋转器)也。积阳为刚,其体回旋,群生之所大仰。""日者,太阳之精也。""月,水之精。""风者,阴阳乱气激发而起者也。……方土异气,疾徐不同,和平则顺,违逆则凶,非有使之者也。"他想用阴阳两种气的对立和相互作用来解释自然界的不同的运动和变化。

在当时自然科学水平的限制之下,杨泉要想把物质世界的各种自然现象解释到接近正确程度,那是不可能的,是脱离时代的一种要求。但是在唯心主义的玄学家们大肆宣传"无"是万有本体的时候,而杨泉提出"水"是物质的元素这一命题,应该说是富有战斗意义的。

杨泉在形神问题上,说:"人含气而生,精尽而死。死犹澌也,灭也。譬如火焉,薪尽而火灭,则无光矣。故灭火之余,无遗炎矣;人死之后,无遗魂矣。"他坚持了"成天地者气也"这一思想,认为人含气而生,精尽而死,继承了汉代桓谭和王充的论点,提出了人死神灭的唯物主义命题,成了魏晋南北朝时期神灭论的先驱。

杨泉还著有《蚕赋》和《织机赋》,歌颂了手工业生产技术的重要性,可惜他的著作大部分都散失了,使我们无法窥见其思想的全部面貌。

欧阳建,字坚石,渤海(治南皮,今河北南皮东)人。史称其

"雅有理思,才藻美赡,擅名北州。时人为之语曰:'渤海赫赫,欧阳坚石。'"(《晋书·石苞传欧阳建附传》)他是石崇的外甥,历官山阳令、尚书郎、冯翊太守。西晋元康六年(公元 296 年),他在冯翊太守任上的时候,西晋宗室赵王司马伦正以征西将军镇关中。司马伦虐害关中地区的氐羌少数民族人民,引起氐羌人民的反抗。欧阳建是司马伦的下属,"每匡正,不从私欲"(《文选》卷 23 欧阳坚石《临终诗》注引王隐《晋书》),因此得罪了这个贪残的上司。到了永康元年(公元 300 年),司马伦擅国政,借故杀建。建时年三十余岁。史称建"甚得时誉",他被杀害后,人们"莫不悼惜"(《晋书·石苞传欧阳建附传》)。

欧阳建的代表作,是《言尽意论》。当时唯心主义的玄学家,都祖述《周易·系辞》里的"书不尽言,言不尽意"这句话,把它奉为至理名言。《周易·系辞》里还有一句话,即"圣人立象以尽意"。王弼在他所著《周易略例·明象章》里就把这三者之间的关系,加以诠释。他采用了《庄子·外物》"言者所以在意,得意而忘言"这个论点,推论出只有忘言,才能得象;只有忘象,才能得意。实际上是怀疑或否认名称、概念有反映事物本质的能力,从而否认认识的作用,宣扬一种神秘的直觉主义。这种"言不尽意"论是唯心主义的学说。欧阳建的"言尽意"论,同"言不尽意"论是针锋相对的。这一命题的争论,实质上是认识论中唯心主义和唯物主义的争论。

欧阳建的《言尽意论》全文,被保存在《艺文类聚》卷 19 里。它说:

> 夫天不言而四时行焉,圣人不言而鉴识存焉。形不待名而方圆已著,色不俟称而黑白以彰。然则名之于物,无施者也;言之于理,无为者也。而古今务于正名,圣贤不能去言,其故何也?诚以理得于心,非言不畅;物定于彼,非言不辨。言不畅志,则无以相接;名不辨物,则鉴识不显。鉴识

显而名品殊，言称接而情志畅。原其所以，本其所由，非物
有自然之名，理有必定之称也。欲辨其实，则殊其名；欲宣
其志，则立其称。名逐物而迁，言因理而变，此犹声发响应，
形存影附，不得相与为二矣。苟其不二，则言无不尽矣，吾
故以为尽矣。

大意是，客观的事物，是独立于名称、概念而存在的，但在人的认
识过程中，却不可缺少名称和概念。因此，"古今务于正名，圣人
不能去言。"如果没有名称，便无法反映事物的区别；如果没有语
言，便无法交流思想。只有通过名称来区别各种不同的事物，只
有通过语言来交流思想感情，所以说："鉴识显而名品殊，言称接
而情志畅。"

各种事物的名称和表达思想观念的语言，不是先天制定好
了的，人们为了要辨别各种客观事物，交流不同思想感情，才通
过名称、概念、语言，把它表达出来。名称、概念、语言是随着客
观事物和思想观念的变化而变化着的，所以说："名逐物而迁，言
因理而变。"

欧阳建把"物"与"名"的关系，比附为形与影的关系。他说
名与物的关系，就像"声发响应，形存影附，不得相与为二矣"，这
是非常确切的。这不仅解决了物是第一性、名是第二性的问题，
同时，影之附形，与名之逐物，也把第一性和第二性的东西统一
了起来。名和实，言和理，是统一的，是不能分割的。这样，他得
出了结论，就是名和实，言和理，"苟其不二，则言无不尽矣，吾故
以为尽矣"。

欧阳建在《言尽意论》里，说明了语言概念有反映客观事物
的能力，这是对当时反映世家大族思想意识的"言不尽意"论即
认为语言概念不具有反映客观事物能力的论点的有力批驳。在
反对唯心主义的斗争中，是具有重要意义的。

嵇康、阮籍的怀疑名教和反对儒家思想，只是在理论上对名

教作一番探讨。由于阶级的局限性,他们不可能真正地反对名教,诚如鲁迅先生所说的:"嵇阮的罪名,一向说他们毁坏礼教。但据我个人的意见,这判断是错的。魏晋时代,崇奉礼教的看来似乎很不错,而实在是毁坏礼教,不信礼教的。表面上毁坏礼教者,实则倒是承认礼教,太相信礼教。"嵇康、阮籍一部分人看到曹操、司马懿喜欢把毁坏礼教的罪名,加在反对他的政敌头上,认为这样做法,实际是"褒渎了礼教,不平之极,无计可施,激而变成不谈礼教,不信礼教,甚至于反对礼教。——但其实不过是态度,至于他们的本心,恐怕倒是相信礼教,当作宝贝,比曹操、司马懿要迂执得多"(《而已集·魏晋风度及文章与药及酒之关系》)。所以嵇康、阮籍等人,在当时虽然表面上做出了一些轶出名教范围的行动,如阮籍"邻家妇有美色,当垆酤酒,阮……常从妇饮酒……醉便眠其妇侧。夫始殊疑之,伺察终无他意"(《世说新语·任诞篇》)。"籍邻家处子有才色,未嫁而卒,籍与无亲,生不相识,往哭尽哀而去。"(《世说新语·任诞篇》注引王隐《晋书》)但是他们内心里还不肯纵欲自肆,自甘堕落。当时礼法尚峻,阮籍母丧饮酒食肉,何曾便谓"宜流之海外,以正风教"。阮咸(籍兄子)"先幸姑家鲜卑婢。及居母丧,姑当远移,初云当留婢;既发,定将去。仲容(阮咸字)借客驴,著重服(丧服),自追之,累骑而返"(《世说新语·任诞篇》)。而当时"世议纷然,自魏末沉沦闾巷,逮晋咸宁(公元275—279年)中,始登王途"(仕途)(《世说新语·任诞篇》注引《竹林七贤论》)。咸兄子阮简亦以在父丧中,"行遇大雪寒冻,遂诣浚仪(今河南开封市西北)令。令为它宾设黍臛,简食之,以致清议,废顿几三十年"(《世说新语·任诞篇》注引《竹林七贤论》)。这种清议的发挥作用,也使当时名士有所顾忌,还不敢放纵恣肆到任何不顾的程度。

到了晋惠帝元康(公元291—299年)年间,政治混浊,社会上放荡恣情的风气,更加有了发展。如谢鲲好《老》、《易》,任达不拘，"邻家高氏女，有美色。鲲尝挑之，女投梭，折其两齿。时人为之语曰：'任达不已，幼舆（鲲字）折齿。'鲲闻之，嗷然长啸曰：'犹不废我啸歌。'"（《晋书·谢鲲传》）又如毕卓少希放达，后为吏部郎，"尝饮酒废职。比舍郎酿酒熟，卓因醉，夜至其瓮间取饮之。主者谓是盗，执而缚之。知为吏部也，释之。卓遂引主人燕瓮侧，取醉而去"（《世说新语·任诞篇》注引《晋中兴书》）。当时谢鲲与胡母辅之、阮放、毕卓、羊曼、桓彝、阮孚、光逸等八人，俱为放达，世称"八达"。如有一次谢鲲等七人"散发裸袒，闭室酣饮已累日"。光逸后至，"将排户入，守者不听，逸便于户外脱衣，露头于狗窦中窥之而大叫。辅之惊曰：'他人决不能尔，必我孟祖（光逸字）也。'遂呼入，遂与饮，不舍昼夜"（《晋书·光逸传》）。还有许多世家大族，受到郭象山林庙堂遇物而当这种处世哲学的影响，他们虽做了大官，而以萧散不问世事为清高。这样，他们既过着萧散、不问世事的生活，就无法来执行其代表本阶级利益的政治任务，所以连正统派的玄学名士也觉得应该加以纠正了。《世说新语·德行篇》云："王平子（王衍弟王澄字）、胡母彦国（胡母辅之字）诸人，皆以放任为达，或有裸体者。乐广笑曰：'名教中自有乐地，何为乃尔也？'"乐广也是玄学家，但他却不满意当时那种以"放任"为得自然之趣的习气，他的意思是说名教中就能得自然之趣，这是申述自然、名教合一之说，以纠正不要名教的放恣之行。

当时的"京城上国公子王孙贵人"（《抱朴子·疾谬篇》），没有一个不染上这种放诞的风气。他们竟然"相与为散发保身之饮"，甚至"对弄婢妾"（《晋书·五行志》），荒诞已极。

《列子》这部书，在稍后流传起来，并不是偶然的。《汉书·艺文志》道家里，著录《列子》八篇。本注说："名圉寇。先庄子，庄子称之。"这个真本，大概到西晋时已散失了。东晋人张湛，把《列子》的佚文掇辑起来，又伪造了一些，掺杂进去。其中《力命》、《杨朱》等篇，显然是魏晋时期的作品，正好标志了这一时期思想界唯心主义的泛滥和世家大族生活的进一步堕落。尤其是《杨朱篇》，露骨地表现了当时世家大族的恣情纵欲的思想。它说："子产相郑……有兄曰公孙朝，有弟曰公孙穆。朝好酒，穆好色。朝之室也，聚酒千钟，积曲成封。……穆之后庭，比房数十，皆择稚齿婑媠者以盈之。"子产去规劝他们，他们反说："凡生之难遇，而死之易及。以难遇之生，俟易及之死，可孰念哉！……为欲尽一生之欢，穷当年之乐，唯患腹溢而不得恣口之饮，力惫而不得肆情于色，不遑忧名声之丑，性命之危也。"子产说服不了他们，过了几天，去告诉邓析。邓析听了，说："子与真人居而不知也，孰谓子智者乎？"把荒淫酒色，腐朽透顶的人，说成是"真人"。书里还说："十年亦死，百年亦死；仁圣亦死，凶愚亦死。生则尧舜，死则腐骨；腐骨一矣，孰知其异？且趣当生，遑恤死后？"《杨朱篇》的作者认为流芳百世和遗臭万年，是一模一样的。他认为应该趁一生极有限的时光，尽情地享乐，"丰屋、美服，厚味、姣色"，满足眼前的快乐，等待死亡的到来。他认为有些人"矜一时之毁誉，以焦苦其神形，要死后数百年余名，岂足润枯骨？何生之乐哉？"这些充分反映了世家大族在西晋王朝灭亡前后的一种享乐主义人生观及其悲观厌世的颓废思想。

对于形形色色的唯心主义的虚诞思想，恣情纵欲的享乐思想，悲观颓废的厌世思想，唯物主义哲学家必须不调和地和它进行斗争。从裴頠的《崇有论》内容来看，裴頠是站在这一斗争的前列的。

裴頠（公元267—300年），字逸民，河东闻喜（今山西闻喜）人，出身世家大族。祖潜，魏尚书令；父秀，晋司空，巨鹿郡公，尝作《禹贡地域图》十八篇，是当时著名的地理学家。頠袭父爵，惠帝时，历官国子祭酒、右军将军、左军将军，累迁至侍中、尚书左仆射。裴頠虽是贾后的表兄弟，但他"履行高整"（《世说新语·

言语篇》注引《冀州记》），并不阿附贾后。赵王司马伦杀贾后，颜与张华以"时望"亦同时被害，死时年三十四岁。

史称颜"通博多闻，兼明医术"（《晋书·裴秀传子颜附传》）。又称颜"善谈名理，混混有雅致"（《世说新语·言语篇》），能"经日不竭"（《世说新语·赏誉篇》），而"辞喻丰博"（《世说新语·文学篇》注引《晋诸公赞》），故"时人谓为言谈之林薮"（《世说新语·赏誉篇》）。"颜深患时俗放荡……口谈浮虚，不遵礼法，尸禄耽宠，仕不事事。至王衍之徒，声誉太盛，位高势重，不以物务自婴，遂相放效，风教陵迟，乃著《崇有》之论，以释其蔽"（《晋书·裴秀传》）。陆机在《惠帝起居注》中，也称"颜理具渊博，赡于论难，著《崇有》、《贵无》二论，以矫虚诞之弊，文辞精富，为世名论"（《三国志·魏志·裴潜传》注引）。

裴颜在《崇有论》中，首先提出他对现实世界看法的主要论点来。他说："夫总混群本，宗极之道也。方以族异，庶类之品也；形象著分，有生之体也。化感错综，理迹之原也。"大意是说，最根本的"道"，是总括万有的。也就是说，道不是一个独立自存的实体，只是万有的总合；离开万有的存在，也就无所谓道。根据万物不同的形象，区分为不同的品类；一切有生之物，都是有形象的。万有的变化及其相互作用，是错综复杂的，这种复杂的情况正是事物的法则、客观规律形成的根源。裴颜认为万有的本体是有，而不是"无"，现象尽管复杂，但还是可以找出它的规律来的。

他又就事物之间的关系说："夫品而为族，则所禀者偏；偏无自足，故凭乎外资。是以生而可寻，所谓理也；理之所体，所谓有也。"大意是说，既然万有区分为不同的类别，每一类别又都有其不足之处（"偏"），因此必须倚靠外在条件，互相依存。凡是万物的生成变化，有迹象可以寻求的，就称之为"理"，理是以万有、物质的存在为根据（"体"）的。

他还说:"夫至无者无以能生,故始生者自生也。自生而必体有,则有遗而生亏矣;生以有为己分,则虚无是有之所谓遗者也。"大意是说,如果是绝对的"无",那么"有"也就生不出来。所以万有的产生,都是自己生出来的。既然万物自生,必然以"有"为本体,如果遗弃了"有",便会使生命受到亏损。生命既然体"有",那么崇尚虚无的一套思想就该放弃。

裴𫖭批判了当时主张崇尚虚无的唯心主义玄学家们,说这一批"悠悠之徒","遂阐贵无之议,而建贱有之论",他们"深列有形之故,盛称空无之美"。他认为这种论点是完全没有根据的。这是由于"形器之故有征,空无之义难检,辩巧之文可悦,似象之言足惑",因此他们避开讲有形可以证实的东西,而发挥空无难以检验的理论,这种似是而非的诡辩,只是用来炫耀自己知识罢了。

裴𫖭还指出玄学家们歪曲了老子的学说,他说:"老子既著五千之文,表摭秽杂之弊,甄举静一之义,有以令人释然自夷,合于《易》之《损》、《谦》、《艮》、《节》之旨。"大意是说,老子为了反对当时秽杂之弊,特别标举出守静、抱一的说法,教人心情平坦,它和《周易》之《损》、《谦》、《艮》、《节》等卦的主要意思差不多,教人谦退、节制,动静不失其时,损益与时盈虚,只是讲到君子道德修养的一方面,并没有提出"本无"的论点。《老子》书里固然也有"有生于无","以虚为主"的话,并强调了这一方面,但这也只能代表"一家之辞","一方之言",如果就认为"至理信以无为宗",那就陷入片面性的错误,也就不是老子"以无为辞而旨在全有"的原来意思了。

裴𫖭认为人生既然已经"有"了,就应该以积极的态度来对待"有",如果用虚无的态度来对待"有",对"已有之群生"来讲,是没有好处的。所以他说:"济有者皆有也,虚无奚益于已有之群生哉!"他又说:"故养既化之有,非无用之所能全也;理既有之众,非无为之所能循也。"他非常严厉地批判了当时世家大族那种一味贪图享乐腐化,连掌握在自己手里的国家机器也懒得去操纵的情况,说他们"薄综世之务,贱功烈之用;高浮游之业,卑经实之贤"。"立言藉于虚无,谓之玄妙;处官不亲所司,谓之雅远;奉身散其廉操(不讲廉洁操守),谓之旷达。故砥砺之风,弥以陵迟"。裴颁站在世家大族的立场上,为他们长远的利益打算,认为他们这样下去,政治上的危害性是极大的。他说:"贱有则必外形,外形则必遗制,遗制则必勿防,勿防则必忘礼。礼制弗存,则无以为政矣!"指出了贵无贱有的学说破坏了礼教和社会秩序,给统治政权带来了严重危机,皮之不存,毛将焉附,名士们也就会生存不下去。

裴颁《崇有论》写成发表后,曾遭到唯心主义玄学家们的围攻。当时清谈玄学家的代表人物王衍亲自与裴颁辩论,终因理屈词穷而被击败。第一流玄学家乐广也想在清谈中折服裴颁,"而颁辞喻丰博",乐广"笑而不复言"(《世说新语·文学篇》注引《晋诸公赞》),只得认输。裴颁还撰写《辩才论》,辨释"古今精义",可惜这篇论文还没有写成功他就被杀害了。

放诞的风气愈益发展,政治也更加混浊,西晋政权最后终于覆灭了。当西晋主力军十余万人,从洛阳撤退,要逃向江南的时候,统帅东海王司马越病死,王衍以太尉被推为元帅。军至苦县宁平城(今河南鹿邑),为石勒所攻围,大军尽没,王衍亦被活埋;将死前,谓人曰:"呜呼!吾曹虽不如古人,向若不祖尚浮虚,勠力以匡天下,犹可不至今日。"(《晋书·王戎传从弟衍附传》)东晋时,桓温北伐,眺瞩中原,也慨叹地对人说:"遂使神州陆沉,百年丘墟,王夷甫(王衍字)诸人,不得不任其责。"(《世说新语·轻诋篇》)梁时陶弘景有诗云:

夷甫任散诞,平叔(何晏字)坐论空。岂悟(或作"不言")昭阳殿(侯景篡梁,居昭阳殿),遂作单于宫(《题所居壁》)。

诗是为讽谏梁武帝而作,但讲的却正是西晋覆灭的教训。清谈玄言,是可以亡国的啊!

鲍敬言的《无君论》 嵇康、阮籍那种和名教不协作的理论,发展下去,也可以成为具有进步倾向的理论。本来在阮籍的《大人先生传》中,就有"昔者……无君而庶物定,无臣而万事理。……今……君立而虐兴,臣设而贼生,坐制礼法,束缚下民。……竭天地万物之至,以奉声色无穷之欲。……于是惧民之知其然,故重赏以喜之,严刑以威之",在思想上对现实政权已经有揭露的倾向了。到了鲍敬言,对这一理论加以发挥和补充,便提出无君的主张来。

鲍敬言,身世不详,他的《无君论》,是葛洪在《抱朴子》的《诘鲍篇》中提到的;葛洪还同他反复诘难,由此推知他也是两晋之交的人。在《诘鲍篇》中,葛洪称他"好老庄之书,治剧辩之言",所以把他作为清谈家来进行批判。

在《无君论》里,鲍敬言首先认为原始社会,是"万物并生"的自然状态,所谓"混茫以无名为贵,群生以得意为欢"的一种生活状态。他认为"曩古之世,无君无臣,穿井而饮,耕田而食,日出而作,日入而息。泛然不系,恢尔自得,不竞不营,无荣无辱。……川谷不通,则不相并兼;士众不聚,则不相攻伐。……势力不萌,祸乱不作;干戈不用,城池不设。……纯白在胸,机心不生。舍餔而熙,鼓腹而游。其言不华,其行不饰。安得聚敛以夺民财,安得严刑以为坑阱?"这也就是说,那时根本没有阶级,没有君臣,没有剥削,没有战争,没有政府,没有刑法,人和人都是平等的;后来,阶级社会代替了这种社会。

他认为阶级的出现,国家机构的出现,也是暴力和征服的结果。他反对儒家的"天生烝民而树之君"的说法,认为这全是欺人的说法——"欲之者为之辞"。他认为君臣之道,只是"强者凌弱,则弱者服之矣;智者诈愚,则愚者事之矣"的结果。所以他说:"服之,故君臣之道起焉;事之,故力寡之民制焉。然则隶御役属,由乎争强弱而校愚智,彼苍天果无事也。"

他还反对儒家所谓君师之起,是为人民平讼息争的说法。他说如果没有帝王,人民之间即使发生争执,"细民之争不过小小,匹夫校力亦何所至! 无疆土之可贪,无城郭之可利,无金宝之可欲,无权柄之可竞。势不能以合徒众,威不足以驱敌人",影响是不会太大的;只因有了君主,"造剡锐之器,长侵割之患,弩恐不劲,甲恐不坚,矛恐不利,盾恐不厚"。"王赫斯怒,陈师鞠旅,椎无仇之民,攻无罪之国。僵尸则动以万计,流血则漂橹丹野",危害性也就大了。所以从战争来讲,他认为有君还不如无君好。

他认为人民的生活,本来已经很艰难了,所谓"人生也衣食已剧";自从有了国家机器和君臣以后,"役彼黎烝,养此在官,贵者禄厚,而民亦困矣",困难更是加剧。他还把统治阶级和被统治阶级的关系,比作獭和鱼、鹰和鸟的关系。他说:"夫獭多则鱼扰,鹰众则鸟乱,有司设则百姓困,奉上厚则下民贫。"他揭露统治阶级的恣情享乐,说他们"壅崇宝货,饰玩台榭,食则方丈,衣则龙章,内聚旷女,外多旷男。采难得之宝,贵奇怪之物,造无益之器,恣不已之欲。""起土木于凌霄,构丹绿于棼(短梁)橑(椽子)。倾峻搜宝,泳渊采珠。聚玉如林,不足以极其变;积金成山,不足以赡其费。"这一切负担,都是压在老百姓头上的,"非鬼非神,财力安出哉!"他还说:"夫谷帛积,则民有饥寒之俭;百官备,则坐糜供奉之费。宿卫有徒食之众,百姓养游手之人。民乏衣食,自给已剧,重以赋役!""又加之以收赋,重之以力役","劳之不休,夺之无已,田芜仓虚,杼轴之空,食不充口,衣不周身","饥寒并至,下不堪命,冒法犯罪,于是乎生","欲令勿乱,其可得乎?"他认为到了阶级关系已经开始紧张的时候,统治阶级为了巩固统治，"临深履薄，惧祸之及。恐智勇之不用，故厚爵重禄以诱之；恐奸衅之不虞，故严城深池以备之。而不知禄厚则民匮而臣骄，城严则役重而攻巧"。这就招致了恶性循环，更加重了人民的负担，必然会出现"救祸而祸弥深，峻禁而禁不止"的情况。到了阶级矛盾进一步尖锐化，"下不堪命，且冻且饥。冒法斯滥（放肆为非）"，"众蹙日滋，而欲攘臂乎桎梏之间，愁劳于涂炭之中；人主忧栗于庙堂之上，百姓煎扰乎困苦之中"。阶级矛盾发展到这样尖锐的程度，统治阶级还想"闲之以礼度，整之以刑罚"，来缓和矛盾，"是犹辟滔天之源，激不测之流，塞之以撮壤，障之以指掌也"，显然是无济于事的了。关于社会上一切罪恶和祸乱的根源，鲍敬言都归结为"皆有君之所致"。

鲍敬言还提到像桀、纣那样的暴君，如果不是身为帝王而"并为匹夫，性虽凶奢，安得施之？"对人民的危害，也就不会有那么大。"使彼肆酷恣欲，屠割天下"，正是由于他们居于帝王地位的缘故。他还说一般所说的仁君，其实好比"盗跖分财，取少为让"，所谓强盗发善心，少拿一点罢了，真正的好皇帝是根本没有的。因此他主张不要政府，不要君臣，使人民回到"身无在公之役，家无输调之费，安土乐业，顺天分地，内足衣食之用，外无势利之争"的上古无君之世——"清静而民自正"的一种理想社会来。

在西晋、东晋之交，阶级矛盾已发展到短兵相接，你死我活的时候，鲍敬言的《无君论》发表出来，其战斗意义是巨大的。他在《无君论》中大胆揭露了统治阶级对人民的残酷剥削和压迫，抨击了儒家"天生烝民而树之君"的神权政治理论，具有无神论的性质。同时他的论文也多少反映了当时封建隶属关系正在日益强化过程中的被隶属人民对封建社会秩序的强烈憎恨和不满，以及要求消灭剥削，改造统治的迫切愿望。从这一角度来看，鲍敬言《无君论》的进步意义及其具有的反抗精神，是值得我们称道的。但是由于受到历史的和阶级的局限,《无君论》是有很多缺点的。它把君主制度的起源,简单归结为"强者凌弱"的结果,具有暴力论的倾向。同时又认为这是"智者诈愚","智用巧生,道德既衰"的结果,那就流于唯心主义的道德观了。鲍敬言虽然严厉地斥责了封建君主的罪恶,但怎样把有君的社会改变为无君的社会,他是无法解决这一问题的。因此鲍敬言只能把自己的理想寄托于一种闭塞落后的没有文化的"万物玄同"的原始社会,这就违背了社会历史发展的规律。由于当时还没有新的生产力和新的生产关系,没有新的阶级力量,没有先进的政党,当时的进步思想界,也就不可能描绘出未来社会的宏伟远景来,《无君论》对未来的憧憬,也就存在着不可克服的缺点⑪。

----

① 《后汉书·郑太传》李贤注:枯者,嘘之使生;生者,吹之使枯。言谈论有所抑扬也。

② 《南齐书·王僧虔传》:僧虔宋世尝有书诫子曰:"……曼倩有云:'谈何容易。'见诸玄,志为之逸,肠为之抽,专一书,转诵数十家注,自少至老,手不释卷,尚未敢轻言。汝开《老子》卷头五尺许,未知辅嗣(王弼)何所道,平叔(何晏)何所说,马〔融〕、郑〔玄〕何所异,指(汉严遵作《老子指归》)、晋王弼作《老子指略》)、例(王弼作《易略例》)何所明,而便盛于麈尾,自呼谈士,此最险事。"

③ 《世说新语·方正篇》:阮宣子(阮修)论鬼神有无者,或以人死有鬼,宣子独以为无。曰:"今见鬼者,云著生时衣服。若人死有鬼,衣服复有鬼邪?"

④ 《周易正义》:动息地中,雷在地下,息而不动,静寂之义,与天地之心相似。观此复象,乃见天地之心也。天地非有主宰,何得有心,以人事之心托天地以示法尔。

⑤ 按魏齐王芳正始十年(公元249年)正月,司马懿发动高平陵事变,杀曹爽、何晏。四月,改元嘉平。傅嘏在曹爽被杀后为河南尹,不久迁尚书。嘉平三年(公元251年),王广诛死,广为屯骑校尉,论才性之异,当在嘉平三年以前。嘉平四年,李丰为中书令,后二年丰又诛死。正元二年(公元255年),钟会为黄门侍郎,至甘露二年(公元257年)以母丧去职。则"才性"异同的讨论,当从嘉平元年开始,到正元末、甘露初,钟会才做出"才性四本"的这一总结。

⑥ 王充《论衡》中论才性如："故夫临事知愚，操行清浊，性与才也。"（《命禄篇》）"操行清浊，性也。"（《骨相篇》）"论人之性，定有善有恶。……善渐于恶，恶化于善，成为性行。"（《率性篇》）"人性有善有恶，犹人才有高有下也。"（《本性篇》）

⑦ 《世说新语·雅量篇》注引《晋阳秋》："初〔嵇〕康与东平吕安亲善，安嫡兄逊（《魏晋世语》作吕巽）淫安妻徐氏。安欲告逊遣妻，以咨于康，康喻而抑之。逊内不自安，阴告安挝母，表求徙边。安当徙，诉自理，辞引康。《文士传》曰：吕安罹事，康诣狱以明之。钟会庭论康曰：'今皇道开明，四海风靡，边鄙无诡随之民，街巷无异口之议。而康上不臣天子，下不事王侯，轻时傲世，不为物用，无益于今，有败于俗。昔太公诛华士，孔子戮少正卯，以其负才，乱群惑众也。今不诛康，无以清洁王道！'于是录康闭狱。"鲁迅先生在《而已集·魏晋风度及文章与药及酒之关系》一文中说到："嵇康的见杀，是因为他的朋友吕安不孝，连及嵇康。……魏晋，是以孝治天下的，不孝，故不能不杀。为什么要以孝治天下呢？因为天位从禅让，即巧取豪夺而来，若主张以忠治天下，他们的立脚点便不稳，办事便棘手，立论也难了，所以一定要以孝治天下。但倘是实行不孝，其实那时倒不很要紧的，嵇康的害处是在发议论。"

⑧ 浩浩通皓皓，明也。太素，《白虎通》："始起之天，先有太初，后有太始，形兆既成，名曰太素。"《列子·天瑞篇》："太素者，质之始也。"两仪，天地也。

⑨ 向秀作《难养生论》，是故意装作反对者提出不同意见，来同嵇康辩论，使嵇康在《养生论》中提出的主张可以发挥得更加透彻。所以这篇论文，不代表向秀本来的思想。倘若向秀本来就坚持《难养生论》中这些论点，恐怕嵇康早已同他绝交了。

⑩ 《列子·天瑞篇》："故生物者不生，化物者不化"，张湛注引向秀《庄子注》曰："吾之生也，非吾之所生，则生自生耳，生生者，岂有物哉？故不生也。吾之化也，非物之所化，则化自化耳，化化者，岂有物哉？无物也，故不化焉。若使生物者亦生，化物者亦化，则与物俱化，亦奚异于物！明夫不生不化者，然后能为生化之本也。"

⑪ 本节编写时，参考了陈寅恪先生的《论陶渊明之思想与清谈关系》，汤用彤先生的《魏晋玄学论稿》，侯外庐先生主编的《中国思想通史》第三卷第四、五、六章，唐长孺教授的《魏晋南北朝史论丛》中的《清谈与清议》、《魏晋才性论的政治意义》、《魏晋玄学之形成及其发展》，任继愈教授主编的《中国哲学史》第四篇第二、三、四、五章。

第二节　道教的形成与发展

道教的形成与《太平经》的传播　东汉末年，道教开始形成和发展起来。道教表面上推崇老子，尊他作祖师爷，称他为"太上老君"，其实道教后来的教义，和代表老、庄思想的道家学说，是背道而驰的。老、庄思想崇尚自然，主张无为，提倡清心寡欲，反对人为的束缚。《庄子》这部书虽然讲到有关神仙的一类寓言，但并不主张求仙。道教却不然，就是相信天上是有神仙的，道教徒修持的目的，就是追求白日飞升，上天界去当大罗神仙。所以道教和道家并无密切的关系，它反而和商周的巫师、秦汉的方士神仙家之说，非常接近。

东汉末年阶级矛盾发展到极端紧张的程度，一些受尽苦难的人民群众，在把宗教当作精神支柱的时候，也曾利用宗教作为发动反抗斗争的工具。这一宗教，就是从神仙方士之说和庸俗化了的经今文学派的阴阳谶纬之说混合而产生出来的道教了。《后汉书·襄楷传》称："初，顺帝时（公元126—144年），琅邪宫崇诣阙上其师于吉于曲阳泉水上所得神书百七十卷……号《太平清领书》，其言以阴阳五行为家，而多巫觋杂语。有司奏崇所上妖妄不经，乃收藏之。后张角颇有其书焉。"这里提到的《太平清领书》，可以算作道教的重要经典著作，它的内容我们下面就要提到。由于农民起义军领袖张角也传习其书，因此黄巾亦称太平道。裴松之《三国志·魏志·张鲁传》注引《典略》云："角为太平道。……太平道者，师持九节杖，为符祝，教病人叩头思过，因以符水饮之。得病或日浅而愈者，则云此人信道；其或不愈，则为不信道。"同时又有张陵，学道于蜀之鹄鸣山中，造作道书，跟他受道的要出五斗米，世称"五斗米道"。五斗米道的传教方法和太平道大致相像，不过"加施静室，使病者处其中思过。又使人为奸令祭酒，祭酒主以《老子》五千文，使都习，号为奸令。为鬼吏，主为病者请祷。请祷之法，书病人姓名，说服罪之意。作三通，其一上之天，著山上，其一埋之地，其一沉之水，谓之三官手书"。后来张陵孙张鲁割据巴汉，乃"自号师君。其来学道者，初皆名鬼卒。受本道已信，号祭酒。各领部众，多者为治道大祭酒"。"诸祭酒皆作义舍……置义米肉悬于义舍,行路者量腹取足;若过多,鬼道辄病之。"(《三国志·魏志·张鲁传》)"又教使自隐(自首悔过),有小过者,当治道(筑路)百步,则罪除。"(《三国志·魏志·张鲁传》注引《典略》)可见道教开始的教义还带有原始村社性质的一种平等精神,所以才会获得人民群众的拥护,才会和农民革命运动结合在一起。

原始道教的经典《太平清领书》,后来也称为《太平经》,原来有一百七十卷,到收在明朝《正统道藏》里的,只剩下五十七卷这一残本了。留存的这部《太平经》残本,究竟是不是于吉所著、宫崇所上的神书? 各家的说法不一致。我肤浅的看法,认为这部书是东汉末年的旧籍,即东汉桓帝、灵帝时代的著作。第一,《太平经》卷86 提到县以下的乡亭、里的组织,如"亭有刚强亭长,尚乃一亭部为不敢语,此亭长尚但吏之最小者也";"畏其乡亭……畏其里";"或县不睹而乡亭睹";"或甲里不睹而乙里睹"。如果到了东汉建安之后,乡亭、里的组织,遭到破坏,就不会这样郑重地提到它了。第二,《太平经》卷96,讲到"选举多不俱得其人;污乱天官,三光为之不正",这和葛洪《抱朴子》里提到的"举秀才,不知书;察孝廉,父别居;寒素清白浊如泥,高第良将怯如鸡",指摘"灵、献之世……台阁失选用于上,州郡轻贡举于下"(《外篇·审举》)的情形,基本是一致的。而建安以后,曹操综核名实,选举制度有所改变,因此说它也是反映桓、灵时代的东西,大概是能够成立的。第三,《太平经》突出地讲到流民问题,如卷120 说:"种者少收,树木枯落,民无余粮……收无所得,相随流客,未及贱谷之乡,饥饿道傍,头眩目冥,步行猖狂,不食有日,饿死不见葬,家无大小,皆被灾殃。"又说:"无德之国,阴气蔽日,令使无光。人民恐惧,谷少滋息,水旱无常,民复流客有谷之乡。……有明君,国得昌,流客还耕农休废之地。诸谷得下,生之成熟,民得复粮。"卷114 还提到有人之父,"游荡他方,死生不

738

知，所在无有。往来者闻言已死，不知所在"。其母"贫无自给"，就再嫁了，"随夫行客，未有还期"。这个自幼失去父母的人，"至年颇大……时以行客，赁作富家，为其奴使"。反映的情况，也同东汉末年农民大量破产流亡，终于被迫役作富家，隶属关系随之逐渐强化的情况，完全相符合。西晋以后，也有流民出现，但那是比较有组织的，随着宗党大姓一起迁徙，迁徙时还经过武装这一过程，和东汉后期流民的盲目流徙的情形略有不同。第四，《太平经》卷45提到"今时时有近流水而居，不凿井，固多病不寿者何也？此天地既怒，及其比伍，更相承负"。这也反映了东汉后期，流行的疫病非常猖獗，居民点的流水，容易传染疾病，这才会发生《太平经》上那种迷信的推测。此外，《太平经》卷69还提出禁酒的问题来，它说："中古以来，人君好纵酒者，皆不能太平，其治反乱，其官职多战斗，而致盗贼……故当断酒也。"《太平经钞》是从《太平经》抄出的简编，它也说："推酒之害万端，不可胜纪。""损废五教。""但使有德之君，有教敕明令，谓吏民言：'从今已往，敢有市无故饮一斗者，笞三十，谪三日；饮二斗者，笞六十，谪六日；饮三斗者，笞九十，谪九日。'"如果把这个主张和此后曹操、刘备的严厉禁酒一事联系起来看，也显得时代很相接近。

《太平经》内容复杂，有维护统治阶级的言论，也有一些反映劳动人民利益的思想。《太平经》卷67说："积财亿万，不肯救穷周急，使人饥寒而死，罪不除也。"又说富人"得天地中和之财，积之乃亿亿万种，珍物金银亿万，反封藏逃匿于幽室，令皆腐涂。见人穷困往求，骂詈不予；既予，不即许，必求取增倍也。而或但一增，或四五乃止（高利贷）"。它认为财富是天地之公物，不应让富人去独占，说："此财物乃天地中和所有，以共养人也。此家但遇得其聚处，比若仓中之鼠，常独足食。此大仓之粟，本非独鼠有也。"它不仅反对富人独占财富，而且攻击聚敛民财的专制帝王:"少内(少府府藏,汉代皇帝的私库)之钱财,本非独以给一人(亦指皇帝)也。其有不足者,悉当从其取也。愚人无知,以为终古当独有之,不知乃万户之委输,皆当得衣食于是也。爱之反常怒喜,不肯力以周穷救急,令使万家之绝,春无以种,秋无以收。其冤结悉仰呼天,天为之感,地为之动。不助君子周穷救急,为天地之间大不仁人。"《太平经》作者公开斥责帝王搜括万姓脂膏,独以给己,说这类帝王是愚人无知,说这类帝王是天地之间大不仁人,可以说是非常大胆的了。

《太平经》中也反映了一些人人劳动的思想。卷67说:"天生人,幸使其人人自有筋力,可以自衣食者。""夫力本以自动举,当随而衣食。"这样强调人人自食其力,可以说是当时农民对剥削阶级不劳而获的控诉。《太平经》里还指责了当时溺女的弊俗,在卷39里,说到当时"多贱女子,而反贼杀之"。"今天下一家杀一女,天下几亿家哉!或有一家乃杀十数女者,或有妊之未生出,反就伤之者,其气冤结上动天。"同时也批判了当时"竭资财为送终之具,而盛于祭祀"(见《太平经钞》丙二十一)的厚葬弊俗。

《太平经》原书一百七十卷,像这样的一部巨著,未必出自一人之手。大概经过太平道徒们在传教时的不断补充,因而书的内容就比较庞杂了。它既有一些民主性的精华,但也保留了很多糟粕。譬如卷65里说农民天生就是"为王者主修田野治生"的。它又把被剥削被迫害到走投无路、不得不起来反抗统治阶级的农民说成是"小人无道多自轻,共作反逆,犯天文地理,起为盗贼相贼伤,犯王法,为君子重忧"(卷67)。还有太平道的一套宗教神学世界观,那是应该严格加以批判的①。

黄巾起义失败,张鲁亦终于丧失汉中根据地而投降曹操,从此道教内部的分化急剧加速。一部分道教徒仍采用首过、符水治病等廉价的宗教迷信方式,在人民群众中间传播道教——不妨称之为道教的符水派；而另一部分道教徒则以金丹经、辟谷方、房中术等等玩意儿，来替统治阶级服务，来满足统治阶级的生活欲望——可以称之为金丹派。例如曹操集中了许多方士在邺城，原因是："诚恐斯人之徒，接奸宄以欺众，行妖慝以惑民。"（《三国志·魏志·华佗传》注引曹植《辩道论》）在这批方士中，有颍川人郗俭，善辟谷，能行气导引；庐江人左慈，知补导之术；甘陵人甘始，亦善行气，呼吸吐纳。他们完全以帮闲的角色，出现在统治者的周围。

到了东晋初年，葛洪著《抱朴子》，他进一步从理论上来反对原始道教，道教在他的改造和提倡之下，便完全成了为世家大族服务的宗教。当时世家大族也竞相崇奉它，南朝的琅邪王氏（王羲之一房）、高平郗氏、兰陵萧氏，北朝的清河崔氏、京兆韦氏等世家大族，从此时起，也都变成为天师道的世家。

葛洪与《抱朴子》 葛洪字稚川，自号抱朴子，丹阳句容（今江苏句容）人。约生于西晋武帝太康五年（公元284年），约卒于东晋哀帝兴宁二年（公元364年）。洪祖系，仕孙吴，位列九卿；父悌，初仕吴至会稽太守，吴亡入晋，仕至邵陵太守。洪年十三岁而父死，归寓江南。西晋惠帝太安二年（公元303年），张昌起义，农民军别帅石冰攻下江、扬等州，当时江南世家大族地主联合起来镇压农民起义，推吴郡大姓顾祕为"义军大都督"，顾秘以洪为将兵都尉。洪因参与镇压农民起义有功，东晋初封关内侯，食句容县二百户，曾为司徒王导谘议参军。后去广州罗浮山（在今广东增城东）炼丹，卒年八十一。

葛洪的著作很多，现在保存下来的有《抱朴子》和《肘后备急方》、《神仙传》等书。《抱朴子》内篇二十卷，外篇五十卷[2]。据《抱朴子·自叙》："其内篇言神仙方药，鬼怪变化，养生延年，禳邪却祸之事，属道家。其外篇言人间得失，世事臧否，属儒家。"我们今天来分析，葛洪的所谓道家，实际上和老庄关系不大，严格说来是神仙家。其外篇据他自己说是儒家，实际上是儒家兼刑名家。所以他说："道者，儒之本也；儒者，道之末也。"（《明本篇》）即认为神仙不死之术，是人生头等重要的事情；而刑名政教，又是维护统治阶级的根本利益，也不可加以忽视的，因此其重要性仅次于神仙不死之术，这就是他的全部思想。

葛洪认为"玄"是万有的本体，他说："玄者，自然之始祖，而万物之大宗也。"（《畅玄篇》）"玄"的本身，深微绵邈，看不见，摸不到，所谓"来焉莫见，往焉莫追"。但它却是产生天地万物，"乾以之高，坤以之卑，云以之行，雨以之施，胞胎元一，范铸两仪，吐纳太始，鼓冶亿类"。就是说，天地万有都是"玄"所产生的。可是它是不具有物质性的东西，而只是精神性的。

葛洪又把"道"当作"玄"字的同义语，他说："道者，涵乾括坤，其本无名。论其无，则影响犹为有焉；论其有，则万物犹为无焉。隶首（善算的人）不能计其多少，离朱（目力极好的人）不能察其髣髴。"（《道意篇》）又说："凡言道者，上自二仪，下逮万物，莫不由之。""道也者，所以陶冶百氏，范铸二仪，胞胎万类，酝酿彝伦者也。"（《明本篇》）"道"和"玄"都是万有的本体，是精神性的而非物质性的。

葛洪又特别强调"一"，把它和"道"、"玄"等同起来。他说："余闻之师云，人能知一，万事毕。知一者，无一之不知也；不知一者，无一之能知也。道起于一，其贵无偶。""视之不见，听之不闻；存之则在，忽之则亡；向之则吉，背之则凶；保之则遐祚罔极，失之则命凋气穷。"（《地真篇》）从"一"又衍化出"真一"和"玄一"，它是一种神秘的灵物，变化无方。所以"一"和"玄"、"道"一样，也是一种神秘性精神性的东西。

在形神有无的关系问题上，葛洪认为"夫有因无而生焉，形须神而立焉。有者，无之宫也；形者，神之宅也。故譬之于堤，堤坏则水不留矣；方之于烛，烛糜则火不居矣。身劳则神散，气竭则命终。根竭枝繁,则青青去木矣;气疲欲胜,则精灵离身矣"(《至理篇》)。他认为"有"因"无"而生,"形"须"神"而立,"无"与"神"都是第一性的,"有"与"形"都是第二性的。而且认为精灵可以离身,道教炼形的目的,正是要把精灵凝聚不散,长生不死。这种宗教神秘的唯心主义观点,和他的"玄"、"道"、"一"等神秘理论,完全一致。

葛洪在《抱朴子内篇·论仙》里,多方论证了神仙不死之道。那么怎样才能成仙呢? 就是要炼丹。他认为"草木之药,埋之即腐,煮之即烂,烧之即焦",因此"服草木之药,可得延年,不免于死也"。而黄金和朱砂二物,"丹砂烧之成水银,积变又还成丹砂";"黄金入火,百炼不消,埋之毕天不朽"。因此用黄金和丹砂来炼丹,"服此二药,炼人身体","故能令人长生","寿无穷已,与天地相毕"(《金丹篇》)。据他说,凡人吃了"九转仙丹",三天之内便可白日飞升。但配合的药物,都是些稀奇古怪的东西,倘若一时不能找全,炼一种"金液丹"也可以。炼这种丹要花费黄金数十斤,合计资费在四十万钱左右,即四百匹绢左右。这样巨大的费用,当然只有世家大族才能有此财力,因此也只有世家大族才有成仙的机会。

世家大族妄图永享奢靡腐化的生活,既然希望能够长生不死,同时又留恋人间富贵。南北朝的皇帝也不例外,譬如北齐文宣帝令诸术士合"九转金丹"成,置之玉匣中,不肯立即服用,说:"我贪世间作乐,不能即飞上天,待临死时取服。"(《北齐书·方伎·由吾道荣传》)葛洪便设想了一个折衷的办法,说服了金丹以后,"且欲留其世间者,但服半剂,而录其半;若后求升天,便尽服之(《对俗篇》)。至于成仙以后,仙人的生活,"饮则玉醴金浆,食则翠芝朱英,居则瑶堂瑰室,行则逍遥太清",不但生活豪奢,而且"或可以翼亮五帝,或可以监御百灵","位可以不求而自致","势可以总摄罗酆(阴间)"(《对俗篇》),权势也和人间一样,丝毫不会有所降低。这是完全合乎世家大族地主的口味的。

葛洪站在为世家大族服务的道教的金丹派立场上，尽情攻击符水派，说原始道教是"妖道"或"鬼道"，说农民领袖张角利用符水治病，"遂以招集奸党，称合逆乱"。主张把符水派的巫祝，"刑之无赦，肆(陈尸)之市路"(《道意篇》)。道教到他的手里，完全成为统治阶级御用的宗教。

葛洪《抱朴子外篇》，大都是政论性的著作，一部分是阐述其文学观点的作品。他这一部书的写成，正是在西晋灭亡之后，东晋建国前夜，他凭他亲身感受，对当时的许多政治问题，提出自己的看法。他不仅直接参加了镇压张昌、石冰领导的农民起义，而且主张用"以杀止杀"的高压政策，来统治人民。《用刑篇》说："当杀不杀，大贼乃发。""鞭朴废于家，则僮仆怠惰；征伐息于国，则群下不虔。""故诛一以振万，损少以成多。""若不齐之以威，纠之以刑，远羲义、农之风，则乱不可振，其祸深大，以杀止杀，岂乐之哉。"葛洪认为，在"髡钳不足以惩无耻，族诛不能以禁觊觎"的农民大起义时代，必须恢复最野蛮的"刖人肢体，割人耳鼻"的肉刑。"周用肉刑，积祀七百；汉氏废之，年代不如。"只有恢复肉刑，才能巩固统治。他责备"世人薄申、韩之实事，嘉老、庄之诞谈"。倘若真正听从老、庄的话，"则当燔桎梏，隳囹圄，罢有司，灭刑书，铸干戈，平城池，散府库，毁符节，撤关梁"。所以他说："道家之言，高则高矣；用之则弊，辽落迂阔。"他认为肉刑恢复之后，一方面受肉刑的人，"犹任坐役，能有所为"，还可以供统治者奴役；另一方面，受过肉刑的人，手足不全，"终身残毁，百姓见之者莫不寒心，亦足使未犯者肃栗"。"能令愿伪不作，凶邪改志。"总之，他是坚决主张统治者对人民进行血腥镇压的。

葛洪也要求统治者采取"仁"、"刑"并用的两手策略。不过，"仁者为政之脂粉，刑者御世之辔策；脂粉非体中之至急，而辔策须臾不可无也"。"刑"是"国之神器"，"崇替之所由，安危之源本”；“仁”只是脂粉，作为麻痹和欺骗人民的手段而已。

葛洪认为阶级“等威”，是天造地设的，所谓“清玄剖而上浮，浊黄判而下沉，尊卑等威，于是乎著。往圣取诸两仪，而君臣之道立；设官分职，而雍熙之化隆”(《君道篇》)。在他看来，“贵贱有章”，“上下以形”(《诘鲍篇》)，这是一种天经地义的事情。“夫君，天也，父也。君而可废，则天亦可改，父亦可易也”(《良规篇》)，因此鲍敬言主张无君，他就猛烈地加以攻击。凡是君主，尽管是残忍酷虐的吴主孙皓，白痴无能的晋惠帝，他也不肯加以指斥。

在农民大起义的浪涛中，葛洪站在地主阶级的立场，认为必须集中地主阶级所有力量来加强镇压。他说：“南溟引朝宗〔之水〕以成不测之深，玄圃崇木石以致极天之峻。大厦凌霄，赖群橑之积；轮曲辕直，无可阙之物。”“众力并，则万钧不足举也；群智用，则庶绩不足康也。故繁足者死而不弊（百尺之虫，死而不僵），多士者乱而不亡”，“卫灵所以虽骄恣而不危也”(《务正篇》)。这就是说，只要地主阶级集中所有力量，即使卫灵公那样的无道之君，也不会有亡国失位的危险。他从这一立场出发，批判了汉末魏晋的用人制度，认为“汉之末世，吴之晚年”，“望冠盖以选用，任朋党之华誉”(《崇教篇》)。“父兄贵显，望门而辟。”(《审举篇》)“品藻乖滥，英逸穷滞。”(《名实篇》)这样，在九品官人法之下，只有少数世家大族把持政权，很多世家大族以外的地主阶级知识分子，就没有参加政权的机会，这就无形中削弱了统治力量，无法镇压农民起义。所以他一方面要求重视县令牧守的人选；另一方面，主张通过考试制度选拔统治阶级人才，“孝廉必试经无脱谬，而秀才必对策无失指”(《审举篇》)，然后量才叙用。这样，地主阶级力量进一步集中，就可以加强封建统治③。

葛洪在《抱朴子外篇》里，对汉、吴政治之失，颇多指摘。其

《疾谬》、《讥惑》、《刺骄》三篇，对西晋末年地主阶级江南地区的"背礼叛教"，放荡纵恣之风，也作了一定的抨击。此外，葛洪的文学观，也有可取的地方；他在医药学方面，也有所贡献，这些我们在下面还要讲到。

陶弘景、寇谦之对南北朝道教发展的影响　陶弘景，字通明，丹阳秣陵（今江苏南京市东南）人。生于宋孝建三年（公元456年），卒于梁大同二年（公元536年）。祖隆，王府参军。父贞，孝昌令。弘景仕齐为诸王侍读，奉朝请。自永明十年（公元492年），隐居句容（今江苏句容）句曲山（即今茅山）修道。自号华阳陶隐居。他曾遍历名山，寻访仙药，从东阳道士孙游岳受符图经法，著《真诰》和《真灵位业图》两书，这两部书以后都成为道教的重要经典。梁武帝在雍州（治襄阳，今湖北襄阳市）起兵，兵至新林（今江苏南京市西南），陶弘景派遣弟子戴猛之从小道奉表，表示支持。梁武帝即帝位后，"国家每有吉凶征讨大事，无不前以谘询。月中常有数信，时人谓为'山中宰相'"（《南史·隐逸·陶弘景传》）。

陶弘景善琴棋，工草隶，知识面很广，"明阴阳、五行、风角、星算、山川地理、方图产物、医术本草"。"所著《学苑》百卷，《孝经》、《论语集注》、《帝代年历》、《本草集注》、《效验方》、《肘后百一方》、《古今州郡记》、《图像集要》"等。"又尝造浑天象，高三尺许，地居中央，天转而地不动，以机动之，悉与天相会。"（《南史·隐逸·陶弘景传》）

陶弘景在《真灵位业图》的序文里说，仙真的等级很森严，"虽同号真人，真品乃有数；俱目仙人，仙亦有等级千亿"。这也就是说，神仙的等级尚且这样森严，人间的阶级划分，等级俨然，更是理所当然了。他的神仙世界就是以人世间阶级社会为蓝本的。

陶弘景在《真诰》里说："道者混然，是生元气。元气成，然后有太极。太极则天地之父母，道之奥也。"(《甄命援》第一)他把"道"看成是万有的本体，而这个本体是精神性的，非物质性的，这完全是一种唯心主义的观点。

道教在陶弘景施加影响之后，它获得了进一步的发展，当然它也更进一步地起了巩固世家大族地主阶级专政的作用。陶弘景虽然是道教徒，但他晚年宣扬自己前身是佛教中的胜力菩萨投胎下凡来渡众生的。因此他曾去鄮县(今浙江宁波市南)阿育王塔礼佛，自誓受五大戒。因为梁武帝非常佞佛，陶弘景为了迎合梁武帝，所以也信奉佛教了。陶弘景企图融和佛道两教于一身，来发展他的道教。在句曲山修炼地随侍陶弘景的，不仅有道士，也有僧侣。他死后，"道人(指僧侣)道士并在门中，道人左，道士右"。这种现象，在北朝是看不到的。

北魏太武帝拓跋焘时，有道士上谷人寇谦之，《魏书·释老志》说他"少修张鲁之术"，可见他崇奉的是天师道(即五斗米道)。后来他制造了一套神话传说，说他自己在北魏神瑞二年(公元415年)在嵩山见到道教第一代祖师爷太上老君，太上老君封他做"天师"。他还假造了许多道经，如《云中音诵新科之诫》、《箓图真经》之类，来传播道教。寇谦之又从各方面吸收了许多天算、医药的学问，来作为传播道教的手段；同时他模仿佛教的戒律轨仪，制定了一套道教的戒律。他的口号是要"清整道教，除去三张(指张修、张衡、张鲁)伪法，租米钱税，及男女合气之术"，"专以礼度为首，而加之以服食闭练"(《魏书·释老志》)，使道教的内容更加净化，也更符合统治阶级的胃口。寇谦之还宣称道教应该负起辅佐北方太平真君统治中原人民的责任来，这样，自然大大受到北魏统治者的赏识。北魏宰相崔浩尊寇谦之为师，"拜事甚谨"。太武帝自此崇敬道教，至改年号为太平真君(公元440年)。并为寇谦之起天师道场于京城之东南，重坛五层。太平真君三年，太武帝还亲至道坛受符箓。从此以后，北魏诸帝初即位，都去道坛受符箓，成为故事④。

北齐文宣帝高洋时，金陵道士陆修静投奔北朝。那时北齐佛教非常发达，全境僧尼有二百万人。陆修静上章劝文宣帝废除佛教。天保六年（公元555年）八月，文宣帝召集僧道两教代表人物至殿前论难，由于皇帝大臣都倾向崇奉佛教，遂下令废除道教，"敕道士皆剃发为沙门（僧人）；有不从者，杀四人，乃奉命。于是齐境皆无道士"（《资治通鉴》梁敬帝绍泰元年）。

北周武帝宇文邕时，道教、佛教彼此互相攻击，建德三年（公元574年），武帝下令废除佛教，同时废除道教。但以后武帝伐齐时，曾大醮于正武殿；灭齐以后，又大醮一次。北周宣帝又大醮于正武殿一次，大醮于道会苑一次。醮，是道教的一种祈祷仪式，据《隋书·经籍志》云："夜中，于星辰之下，陈设酒脯饼饵币物，历祀天皇太一，祀五星列宿，为书如上章之仪以奏之（奏上天曹），名之为醮。"由此可见，当时道教虽被废除，而道教的一些宗教仪式，还被保存了下来。到了北周大象二年（公元580年），杨坚以左大丞相辅政，"复行佛、道二教"（《周书·静帝纪》），佛教和道教也同时恢复了。

道教自东汉末年起，到南北朝止，持续发展，道教的经典也不断增加；葛洪在《抱朴子》里，列举他所见到的道书，那时还不过二三百种；到了梁初阮孝绪叙《七录》时，其《仙道录》中列有：

> 经戒部二百九十种，八百二十八卷；
>
> 服饵部四十八种，一百六十七卷；
>
> 房中部十三种，三十八卷；
>
> 符图部七十种，一百三卷。

凡分四部，共四百二十五种，一千一百三十八卷。到了北周时，据《广弘明集》卷9甄鸾《笑道论》载："玄都〔观〕经目云，道经传记、符、图、论，六千三百六十三卷，二千四十卷有本……其四千三百二十三卷……本并未得。"甄鸾还提到玄都经目所以比《七录》卷数多出八百多卷，主要是修道藏的人开始把《汉书·艺文志》里道家的著作都收进去了。其实道经的卷数，并没有真的增加。道藏还模仿佛经的三藏，分为洞玄、洞真、洞神三部，称为"三洞"。

甄鸾在北周天和五年（公元570年），作《笑道论》，攻击道藏的一些经典，认为非常可笑。如道经《太上老君造立天地初记》中称："老子西度关，与尹喜期，三年后，于长安市……相见。"甄鸾指出，长安本名咸阳，到了汉高祖建都关中，才称长安。老子时，根本见不到长安这个地名。又《道德经》序云："老子以上皇元年丁卯，下为周师。无极元年癸丑，去周度关。"甄鸾指出，"古先帝王，立年无号，至汉武帝创起建元。"老子时，决不可能有"上皇"、"无极"那样纪年的年号出现。又《化胡经》里说到后汉"明帝即遣张骞等……至舍卫（佛国）……写经六十万五千言"。甄鸾指出张骞是前汉武帝时代的人，怎么会到后汉明帝时代还活着呢？这些常识性的错误，使道士们无法回答。唐《护法沙门法琳别传》载：后周武帝灭二教时，有前道士张宾、焦子顺、马翼、李运等四人，"于华州故城内守真寺，造道家佛经一千余卷，时万年县人索皎装潢。但是甄鸾笑道处，尽改除之"。许多道教经典，就是经过这样伪造、修改、加工，才流传下来的。

---

① 参考王明教授的《太平经合校》及其《前言》部分；任继愈教授主编的《中国哲学史》第四篇第七章。

②《抱朴子》原书已有散佚，严可均辑《全晋文》时，把《抱朴子》的佚文都收进去了。

③ 参考侯外庐先生主编的《中国思想通史》第三卷第七章，任继愈教授的《中国哲学史》第四篇第七章。

④ 参考任继愈教授主编的《中国哲学史》第四篇第七章。

第三节　佛教的传播与发展

佛教在中国的传播　佛教原来是流行于五天竺一带的宗教，它的创始人佛陀，本名悉达多，族姓乔达摩，属于刹帝利种姓。他大约在公元前 563 年出生于今尼泊尔南境喜马拉雅山与恒河之间当时释迦（Sakya）部落所建立的迦毗罗卫（Kapilavas-tu）国家里。他的父亲就是这个国家的国王——净饭王，他是这个国家的太子。他幼年受教育于婆罗门，二十九岁的时候，他弃家去探讨一种宗教神秘学说。到了三十五岁，开始创立佛教。他在恒河流域上游传教四十多年，殁时年八十岁（约公元前 483 年）①。他创建佛教后，收了许多门徒，其著名的有迦叶、阿难等。门徒称悉达多为"佛"或"佛陀"，译意是觉悟了的人。

佛陀创建佛教时的主要论点，认为现实世界是一个苦难的世界。但是由于受到阶级出身的限制，他不肯承认人剥削人的制度是产生这种苦难的根源，而把苦难世界的形成原因，归结为有了生命，从而有了痛苦的缘故。因此他就不注意于改造现实世界，反而得出了如果要消灭痛苦，只要消灭肉体，使精神进入到一种完全寂灭的状态就可以了，这是一种很荒谬而又错误的结论。他的所谓成佛，是指人的生命结束的时候，要身心俱"灰灭"，解脱忧喜苦乐，使精神升华到一种绝对安乐宁静的寂灭境界，亦即"无余涅槃"境界里去。他认为这样就可以永远解脱痛苦了，寂灭者的灵魂就再也不受"业"的规律所控制了，也就永远摆脱因果关系的支配而从此避免"六道轮回"之苦了。要达到涅槃的境界是不容易的，他认为必定要挣脱贪欲、情爱、瞋恚等等缰索，因为"业"是由这些引起的，只有挣脱这些缰索，"业"的因果关系才会停止发生作用。怎样来摆脱贪欲、情爱、瞋恚呢？佛陀还提出下列一些论点来。

佛陀认为世界一切事物，都是处在不断变异灭坏的过程当中，迁流不停。一切万物，无常存者；一切有因，必须毁灭，因此叫做"诸行无常"。一切事物既然都是因缘的产物，在不断变异灭坏过程中，没有常住的我体，人也不能逃出这一规律的支配。因此现在的"我"，他认为只只是一种"假我"，"于无我中而取我相"，不能看作实有，所以叫做"诸法无我"。既然现实世界在佛陀看来，是不真的，无常的，"我"也只是"假我"，那么还有什么理由为这些虚假的东西而去自寻烦恼呢？他认为产生烦恼的原因，在于"无明"。由"无明"而起"我想"，由"我想"而产生贪欲、情爱、瞋恚。因此要不受"业"的束缚，必须挣脱贪欲、情爱、瞋恚；要挣脱贪欲、情爱、瞋恚，必须断灭"无明"；要断灭"无明"，必须通过"戒"、"定"、"慧"等修证方法，才会达到最后目的，即在生命结束的时候精神升华到一种绝对安乐宁静的寂灭境界里去。

佛陀既然以为"一切皆苦"、"诸行无常"、"诸法无我"，这类思想，无疑是厌世的；以涅槃作为他的究竟理想，也必然是消极的。在轮回学说方面，他大部分承袭了婆罗门教的说法。固然婆罗门教把婆罗门、刹帝利、吠舍三个等级，称为"再生族"，他们有诵经拜神的权利，死后亦得再投生为人；而把首陀罗等级称为"一生族"，他们没有诵经拜神的权利，死后转入畜道，亦不得再度投生为人；而佛教尤其后来的大乘佛教认为一切众生皆有佛性，不管属于哪一个等级，都要和他们的"业"相应而轮回六道，表面看来，这种学说在当时天竺那样种姓制度等级森严的国家里，好像是有可取的地方，实际更具有欺骗性。因为所谓六道轮回，实际是不存在的。佛陀发展这一套学说，只能说明当时天竺社会经济有了发展，阶级关系有了变化，佛教应时而起，来执行它麻痹人民反抗意志的新任务而已。佛教和其他宗教并无两样，它害怕社会的根本改造，害怕革命；它的神秘的宗教唯心主义，使它无法重视现实世界，却引导人民向往虚无缥缈的涅槃境界，依靠幻想而存在。佛陀的宣传慈悲、忍辱、不抵抗，充满缓和阶级矛盾的意味。佛陀宣传"业"的学说，认为人生痛苦的根源，不是社会的不平等和阶级压迫的制度，而是自己前身的"业"所造成的，这就企图解除人民在思想上反抗统治阶级的武装。无怪佛教创建不久，五天竺的统治阶级发现它是控制人民思想的很有效的工具，因此使得它很快地传播开来。

在佛陀死后一百多年内，所谓"教海一味"，佛教学说没有分派。到了一百多年后，佛教分成了"上座"和"大众"两大部派。从这两大部派中又分裂十八个部派来。上座部分裂出十个部派，大众部分裂出八个部派。它们都是唯心主义宗教神学思想，本质上并没有多少区别。

公元 2 世纪至公元 3 世纪的时候，佛教又出现了新的教派——大乘教派，梵语谓之"摩诃衍"（Mahayana）。

正当贵霜王朝的迦腻色迦大王在位时期（公元 120—160 年），中天竺有马鸣（Asvaghosha）反对旧说，创导大乘，称旧派为小乘。马鸣著有《大乘起信论》、《大庄严经论》等行世。到了公元 3 世纪，有龙树（Magarjuna）及其弟子提婆（Deva），更把大乘学说发扬光大。龙树出生于南天竺毗达罗国，属婆罗门种姓。幼时深通婆罗门经典，后来皈依佛教，初修小乘（属于大众部），进研大乘，于三藏（《律藏》、《经藏》、《论藏》）教义，很有研究。他写了许多论释来宣传大乘佛教，所以当时称他为"千部论主"。他著有《十二门论》、《大智度论》、《十住毗婆沙论》等，他的弟子提婆著有《百论》。后秦时大僧人鸠摩罗什把龙树在《大智度论》中的《中观品》单独翻译出来，称为《中论》，和《十二门论》以及提婆的《百论》，合称三论。因为《中论》亦称《中观论》，所以就称这一教派为"中观宗"或"空宗"。

原始佛教中曾袭用了婆罗门教的轮回说法，佛教一方面利用这种说法来欺骗人民；但另一方面，却又使自己的出世哲学陷进矛盾的境地。因为很多原始佛教的部派,既然都说"我"非实有,既然把现实世界看作是幻觉,却又故神其事地来宣传地狱是实有的,轮回是实有的,"惑业"的体性是实有的,那不是自己在扯自己的后腿吗?这样,佛教中最容易替现实政治服务的轮回学说,同时又成了整个佛教唯心哲学体系中最薄弱的一环了。所以大乘学派创立之后,龙树首先用诡辩的方法批判了这种说法。他认为诸法皆空,就是惑业的体性也是空而不是实有的。把它当作实有,那是由于众生颠倒愚痴,不知道诸法无"性相"的缘故;也因为这缘故,起业因,招苦报,流转生死,受诸苦恼。他把轮回、惑业也都看作是非实有的东西,使佛教的唯心主义学说体系比较完整了。

龙树从唯心主义出发,认为一切诸法(一切事物与道理)都是空,不但诸法空,空亦复空,因此这一宗也称为"空宗"。这里所谓的"空",不是"无"的异名,不是和"有"对等的"空",而是他们所认为的超越有无的"中道"。

在大乘学说中,佛不仅是法力无边的神,而且还是救世主。大乘教徒鼓励僧徒不要一味专求涅槃,而要积极传播教义,去拯救他们所认为的沉沦苦海中的一切众生,实质上是利用可以利用的机会来向人民群众施加影响。改造后的佛教,它的教义更完整了,它的欺骗性也更大了,也更能教人民放弃反抗手段,对巩固统治政权所起的作用也更显著了。因此很快获得四向传播的机会,不久就同小乘教义一起先后传到中国来了。

大约到了公元5世纪时候,大乘佛教当中又产生出新的教派,即"瑜伽宗"来。瑜伽宗的创始者为无著(Asanga)、世亲(Vasubandhu)两论师。无著、世亲是两兄弟,都是在公元4世纪中末叶生于北天竺犍驮罗国国都富楼沙城(今巴基斯坦的白沙瓦),属于婆罗门种姓。开初他们都是小乘教派(属于上座部之一切有部)的论师,后来才倾向大乘,并创建出新的教派来。

龙树的大乘中观宗，其特色是破小乘，以发挥大乘的教义；而无著、世亲的瑜伽宗，其特色是拿小乘的哲理做基础，在它的上面建立起大乘学说。

瑜伽宗依据的经典是佛说《解深密经》和五部大论——《瑜伽师地论》、《金刚般若波罗蜜经论》、《辨中边论》、《大乘庄严经论》、《分别瑜伽论》。据无著的说法，这些经典都是弥勒菩萨讲解传授给他的。据近人的考证，证实《大乘庄严经论》、《瑜伽师地论》是无著所著，那么弥勒传授是无著故神其事的一种说法，可能这五部大论都是无著所著。此外无著还著有《显扬正教论》、《摄大乘论》、《集论》等。世亲亦著有《唯识三十颂》、《唯识二十颂》、《佛性论》等。

瑜伽宗的基本教理是"万法唯识"，因此又称为唯识宗。

瑜伽宗把"唯识"的心理学和五天竺古代的因明学（古代的逻辑学）结合起来，在《瑜伽师地论》里，心理的分析可分到六百六十法。这种精细而古奥的教义，一方面标志着佛教还在发展，但另一方面，这种烦琐的学风，也透露出佛教已经趋于衰落的消息来了。

佛教传入中国西北部龟兹（今新疆库车）、于阗（今新疆和田）等城邦，要比传入中原地区早得多。大概在公元前1世纪左右，龟兹、于阗已经有佛教传播的迹象。到了公元2、3世纪，这些城邦的佛教已经很发达了。

佛教何时传入中原内地，说法不一。据隋费长房著《历代三宝记》称："始皇时，有诸沙门释利防等十八贤者，赍经来化。始皇弗从，遂禁释利防等"，随后将他们放逐回国。按北天竺孔雀王朝的阿育王在公元前249年（秦庄襄王元年）举行佛遗教的第三回结集，会后分命众僧，各携结集之佛典四出传教，因此秦始皇时有沙门到达咸阳，并非没有可能。由于当时中原地区开始接触佛教，对它了解不深；同时当时中国的统治者也还没有感到可以利用佛教来统治人民的迫切需要，因此佛教没有传播开来。

到了汉武帝时，张骞出访西域诸国，从大月氏人那里，知道了身毒国（天竺之异译），“始闻浮屠之教”（《魏书·释老志》）。据《三国志·魏志·东夷传》注引鱼豢《魏略》称：“汉哀帝元寿元年（公元前 2 年），博士弟子景卢，受大月氏王使伊存口授浮屠经。”这可算是汉人和佛教接触的开始，而这种接触是通过大月氏贵霜王朝的使臣为媒介的。后汉时，佛教渐渐在中原地区传播开来，如光武帝子楚王刘英“喜黄老学，为浮屠斋戒祭祀”，明帝给他的诏书里有“诵黄老之微言，尚浮屠之仁祠”（《后汉书·楚王英传》）的话，可见当时崇信佛教，已大有人在，不过当时人们对佛教的教义，还没有足够认识，所以“浮屠之仁祠”，还是和“黄、老之微言”对举来说的。桓帝在宫中，也是黄、老、浮屠并祠，可见一直到东汉末年，这一情况并没有多大变化。当时对佛陀的理解是：“浮屠者，佛也。……佛者，汉言觉。……又以人死，精神不灭，随复受形。生时所行善恶，皆有报应。……佛身长一丈六尺，黄金色，项中佩日月光，变化无方，无所不入，故能化通万物，而大济群生”（《后汉纪》）。“佛之言觉也。恍惚变化，分身散体，或存或亡，能小能大，能圆能方，能老能少，能隐能彰，蹈火不烧，履刃不伤，在污不染，在祸无殃，欲行则飞，坐则扬光，故号为佛也”（《弘明集》卷 1 引牟子《理惑论》）。把佛形容成能飞腾变化，水火兵刃所不能伤害的神人。可见对佛教的了解是不深的。

《三国志·吴志·刘繇传》称：

> 笮融者……〔徐州牧陶谦〕使督广陵、彭城运漕，遂……断三郡委输以自入。乃大起浮图祠，以铜为人，黄金涂身，衣以锦采，垂铜槃九重，下为重楼阁道，可容三千余人。悉读佛经，令界内及旁郡人有好佛者听受道，复其他役，以招致之，由此远近前后至者五千余人户。每浴佛，多设酒饭，

> 布席于路，经数十里。民人来观及就食且万人，费以巨
> 亿计。

按笮融死于汉献帝兴平二年（公元195年），陶谦任徐州牧在献帝初平四年（公元193年），故融之造像立寺，当在公元193至195年间，也就是说佛教在这一个时候，开始在人民群众间逐渐传播开来。

佛教从这一时候开始在人民群众间传播开来，这不是偶然的。黄巾大起义失败以后，接着统治阶级内部地方牧守就混战起来，很多失去了家园而流离失所的人民，生活痛苦，难免产生一些消极情绪；同时，自东汉以后，封建的隶属关系正在日益强化，受隶属的人们，牢固地被束缚在世家大族地主的土地上，他们无法摆脱这种艰难的经济地位。人民群众的苦难生活，为佛教的传播，提供了肥沃的土壤。受苦受难的人民，他们并不真正想要进入涅槃境界，他们只是祈求佛陀大发慈悲，把他们拯救出人间苦海。有一天，他们如果能够脱出人间苦海——轮回六道，固然这对他们说来是一种恐惧，但也有一种希望，即希望来世能转生温饱之家，生活能过得比今生好一些，这样，他们就信仰起佛教来了。在统治阶级方面，他们眼看东汉统一王朝崩溃，迫切需要维护统治的有效工具，自然要尽量利用佛教来欺骗和愚弄人民群众，佛教于是很快地传播开来了。

虽然在东汉末已有人信仰佛教，但开始还只准西域人奉祠，汉人要出家为僧，政府是明令禁止的。在曹魏甘露五年（公元260年）的稍前一两年，才有颍川人朱士行，第一个出家做和尚，故隋费长房《历代三宝记》称为"汉地沙门之始"。从此以后，汉人当和尚的，就渐渐多起来了。

初期佛经的传译　佛教既然是从天竺传入的，佛教的经典原来又都是用梵文写的，因此为了要了解佛教教义，就必须把佛经翻译过来。

佛教的教义,在五天竺和西域,开始都没有写本,所谓"外国法,师徒相传,以口授相付,不听载文"(《分别功德论》卷上)。法显《佛国记》也说:"法显本求戒律,而北天竺诸国,皆师师口传,无本可写。"既然没有写本,就只有口授,这从汉哀帝元寿元年,博士弟子景卢从大月氏使臣伊存面受浮屠经这一事例,也可以获得确切的证明。

佛经最早的译本为《四十二章经》。这部书有两种译本:一是汉明帝永平十年(公元 67 年)中天竺僧迦叶摩腾和中天竺僧竺法兰在洛阳白马寺译出的本子;一是三国东吴时大月氏僧支谦在江东译出的本子。现在保存下来的,可能就是支谦的译本。这部书,以前有人怀疑是晋人伪撰的;但据汤用彤先生考订,认为不是伪书,这已成为定论。《四十二章经》大概是小乘教徒撮取佛教群经要义而编辑的属于概论一类的书;隋费长房在《历代三宝记》中说"本是外国经抄,元出大部,撮要引俗,似此(指中国)《孝经》十八章",就说明了这部书的性质。因为它概括地介绍了一些佛教教义及其哲学思想,初学者很容易接受,小乘教徒曾利用它把佛教传播到五天竺以外的地区,它自然也就传进中国来了。

佛经传译初期的译师中,其代表人物有安清,字世高,安息国人。自汉桓帝建和二年(公元 148 年)至汉灵帝建宁(公元168—171 年)中,他前后译出《安般守意经》等三十九部。其后释道安对他的翻译很推崇,认为:"天竺音训诡塞,与汉殊异,先后传译,多致谬滥。唯高所出,为群译之首。"(《高僧传》卷 1《汉雒阳安清传》)

支娄迦谶,亦简称支谶,大月氏国人。在汉灵帝光和(公元178—183 年)、中平(公元 184—189 年)年间,译出《般若道行经》等十四部。道安对于他的翻译也作了肯定的评价,说"皆审得本旨,了不加饰"(《高僧传》卷 1《汉雒阳支娄迦谶传》)。

但他们两人所译的佛经，大都是从大经中割裂出来的小品，每经多则不过三卷，少则一卷；支娄迦谶译出的《般若道行经》十卷，在当时已经算是巨著了。

安世高、支娄迦谶以后有支谦，也是大月氏国人，生长中土，为支娄迦谶再传弟子。初居洛阳，以后南寓东吴。自东吴黄武初元（公元222年）至东吴建兴（公元252—253年）中，前后三十年中，译出《维摩诘经》、《大般泥洹经》等四十九种，《高僧传》称许他"曲得圣义，辞旨文雅"。支愍度也认为支谦的译笔，"颇从文丽"，"约而义显"（《出三藏记集》引《合首楞严经记》）。

康僧会，"其先康居人，世居天竺，其父因商贾移于交阯"（《三出藏记集·康僧会传》）。会自东吴赤乌十年（公元247年）至晋太康元年（公元280年），一直住在建业。前后译出《阿难念弥经》等多部。梁僧祐称他的译笔"并妙得经体，文义允正"。

竺法护，原名昙摩罗刹，其先大月氏人，流寓敦煌。西晋武帝时，随师遍游西域诸国，通三十六国语言文字。回来的时候，"大赍梵经，还归中夏"，并"写为晋文"（《高僧传》卷1《晋长安竺昙摩罗刹传》）。他前后译出佛经一百六十五部。《华严经》三十九品，他译出五品；《大品般若》，他译出《光赞般若经》十卷；《正法华经》，也由他首先译出。他"终身写译，劳不告倦"，对佛经的翻译事业，有一定贡献。释道安称道他的翻译，"纲领必正"，"宏达欣畅"。

这一期译出的佛经固然不算少，但都是些断章零品，同时质量也不能保证。因为那时胡僧梵客东来，一般全不赍带经本，他们要翻译，只好全凭暗诵与口授。译经的过程是：

一、译主　由梵僧甲任译主诵出

二、录为梵文　由梵僧乙笔受为梵文

三、宣译　由梵僧丙用汉语宣译

四、笔受　由汉地僧人或居士笔录为汉文

如果梵僧的汉语程度较高,那么翻译的过程,也可以简化一下,为:

　　一、译主　　由梵僧甲用梵语诵出

　　二、笔受　　由梵僧乙笔译为汉文

或者为:

　　一、译主　　由梵僧暗诵后用汉语宣译

　　二、笔受　　由汉地僧人或居士笔录为汉文

无论上述的哪一种情况,既然只凭暗诵,而无译本可据,很少人能够把大经全部都一字不遗地背出来,这样翻译的自然只能是些断章零品了。同时口口相传,但凭记诵,时间稍久,错误自难避免,要想保证质量,当然也有困难。

　　还有,佛经传译初期的译师,大都来自中亚细亚,他们对汉语的修养很浅;执译笔传写的汉人,他们对佛教的教义和梵文的语法,又缺乏常识。宋僧赞宁所谓:"初则梵客华僧,听言揣意,方圆共凿,金石难和","咫尺千里,觌面难通"。这样,译出的佛经,其错误浅薄之处,在所难免。译文不是偏于直译,而有生硬之嫌;便是在译梵文为汉文时,大量沿用了当时玄学上流行的术语,反而失去了佛经的原来意义。释道安称这种现象为掺水的葡萄酒——"皆葡萄酒之被水者也"(《出三藏记集》卷11引《比丘大戒序》)。

　　还有,这一时期的译经事业,大部分是由私家来进行的,翻译工作既没有通盘的计划,译出的佛经也很难自成系统。

　　佛经传译初期,译师汉语修养差,不能使用现成确切的词汇来诠释或表达佛教教义内容,因此在传译时,不得不沿用当时中土玄学家的一些术语。如安世高在《安般守意经》中说,"安般守意"就是"清静无为"。陈慧在《阴持入经注》中,译"无我"为"非身","无常"为"非常"。支谦在《道行经》中,康僧会在《六度集经》中,译"真如"为"本无"。支谦和康僧会还沿用汉代流行的

"元气"这一名词来说明五蕴中的名色②。牟子在《理惑论》中，又把"涅槃"译作"无为"。总之，佛经传译初期，由于译师不很了解佛经中某些名词概念的准确的意义，往往采用玄学家的术语去说明佛理，以致早期的佛教思想，如果只从字面上去了解，简直和老庄、玄学很难区分③。

佛教在南方与玄学思想的结合　魏晋时期，清谈玄学之风大盛，当时佛教思想刚开始传播，远远不能与之抗衡。永嘉之际，不仅有很多门阀士族逃亡江南，同时也有不少僧侣相率南渡。这些僧侣为了使佛教教义在思想界获得地位，在缙绅中获得传播，就不得不从建立学术上的威信着手，即不得不注意于当时盛行的清谈玄学，通过玄学清谈来和缙绅士族接近，来传播佛教。

东晋渡江之初，有龟兹僧人帛尸黎蜜多罗，时人呼为"高座"，最为当时名流所钦敬。不过他不懂汉语，还不可能和当时清谈名士融洽无间。又有康僧渊，虽原籍康居，而生长汉地，因此"貌虽梵人，语实中国"（《高僧传》）。渡江以后，时常与玄学家往还。渊目深而鼻高，王导曾调笑他这一点，说："鼻者面之山，目者面之渊。山不高则不灵，渊不深则不清。"（《世说新语·排调篇》）他曾同殷浩相见，殷浩向他请教佛经，他也同殷浩讨论玄学方面的问题，"自昼至曛，浩不能屈"（《高僧传》），由是知名。又有康法畅，"亦有才思，善为往复"辩难；"常执麈尾行，每值名宾，辄清谈尽日"（《高僧传》）。他尝"造庾太尉（亮），握麈尾至佳。公曰：'此至佳，那得在？'法畅曰：'廉者不求，贪者不与，故得在耳。'"（《世说新语·言语篇》）又有琅邪人竺道潜，字法深，俗姓王，出身士族，避乱过江，与玄学家多所往还。尝在琅邪王司马昱（即后来的简文帝）座上，当时名士刘惔故意问他："道人何以游朱门？"答曰："君自见其朱门，贫道如游蓬户"（《世说新语·言语篇》）。从这些事例看来，不独僧侣与玄学家之间往还频繁，而且佛教的机锋，已经和玄学交触起来了。

《世说新语·文学篇》称：

> 僧意在瓦官寺中，王苟子（王脩小名）来与共语，便使其唱理。意谓王曰："圣人有情不？"王曰："无。"重问曰："圣人如柱耶？"王曰："如筹算，虽无情，运之者有情。"僧意曰："谁运圣人耶？"苟子不得答而去。

佛教的机锋，已经咄咄逼人了。到了支遁，进一步钻研《老》、《庄》，然后再以佛理攻难老、庄之说，来折服玄学家，从而使佛教取得一定的地位。

支遁字道林，本姓关氏，陈留人，或云河东人。永嘉中，随家人避难过江，后出家为僧。支遁玄谈特美，王濛把他同王弼相比，称叹"林公（支道林）寻微之功，不减辅嗣（王弼字）"（《世说新语·赏誉篇》）。郗超尝问谢安："林公谈，何如嵇公？"谢安答："嵇公勤着脚，裁可得去耳"（《世说新语·品藻篇》）。嵇公当指嵇康，可见谢安对支道林也很推重。《世说新语·文学篇》载支遁尝在白马寺与人共语，谈及《庄子·逍遥游篇》；当时玄学家虽都钻研《庄子》此篇，但很难"拔理于郭〔象〕、向〔秀〕之外"，遁乃"标新理于二家之表，立异义于众理之外，皆是诸名贤寻味之所不得，后遂用支理"。又载支遁尝与许询、谢安共集王濛家，言及《庄子·渔父篇》，"支道林先通作七百许语，叙致精丽，才藻奇拔。众咸称善"。可见支遁对于玄学的造诣之深，以及东晋名士对支遁的推崇备至。

由于支遁以佛理入玄言，故与玄学家辩难时，独能揭标新理，使"四坐莫不厌心"。由此也引致一部分玄学家开始接触佛经。如东晋时第一流玄学家殷浩，在北伐失败之后，"始看佛经，初视《维摩诘》，疑'般若'（智慧）、'波罗蜜'（到彼岸）太多；后见小品，恨此语少"。浩"大读佛经，皆精解。唯至事数（四谛、五阴、十二因缘之类）处不解，遇见一道人问所签，便释然"。浩"读小品，下二百签，皆是精微，世之幽滞。尝欲与支道林辩之，竟不得"（《世说新语·文学篇》）。当时玄学家初读佛经，遇到译义晦涩之处，还未能很好理解，但这也说明玄学家已经开始接触佛学，也就是说玄学已经开始同佛学交融起来了。

西晋的覆没使玄学在思想界的统治地位，受到一定挫折。东晋、南朝时，玄学思想虽然在江南流行，但是停滞在魏和西晋的水平上，没有新的发展。而佛学思想却从玄学思想的附庸地位逐渐发展起来，最后玄学思想反而成为佛学思想的附庸了。

从学术思想本身的发展趋势来看，佛教势必逐渐取代玄学的地位。当时佛教大乘空宗一套唯心主义哲学体系的学说，在空无这方面，比玄学的本无学说来得更彻底。从真谛来说，它可以否定现实世界的存在，可以否定天堂的存在，可以否定地狱的存在，最后甚至否定佛的存在，认为"涅槃"也是没有的，它把空无说得愈彻底，也就是说比起玄学思想要的花招更玄妙，这就有条件可以取得玄学的继承地位。同时，玄学基本上停留在哲理的探究方面，不起麻醉人民的作用，而佛教却正好弥补了这点。因为佛教虽然用许多语言来证明空无；但它还是用世俗谛来正视现实世界的"有"，它的神魂不灭、因果报应、三世轮回等愚弄人民的说法，在玄学思想中是找不到的。当时的统治阶级自然要放弃过时的思想武器——玄学，而采用佛教来作为精神支柱了。

佛教在中原地区的流行　西晋覆灭以后，玄学思想在中原地区的基地动摇了，佛教趁这一个空隙，在少数民族贵族所建立的王朝里，很快地传播开来。

佛教在中原地区的迅速传播，除了前面所讲的一般原因外，还由于当时各族人民受尽阶级和民族的双重压迫以及战争带来的痛苦，容易接受佛教所散播的幻想；同时，进入中原的各少数贵族，经历着忽胜忽败，生死无常的境地，内心是怯弱的，他们也需要从佛教的教义里得到精神上的安慰。这样，佛教在中原地区很快流行起来，便成为很自然的事情。

后赵时，有龟兹僧人佛图澄，以道术为石勒、石虎所信事，勒"有事必谘而后行，号大和尚"。虎"朝会之日，和尚升殿，常侍以下悉助举舆，太子诸公扶翼而上，主者唱大和尚，众坐皆起。……于是中州胡晋，略皆奉佛……国人每共相语：莫起恶心，和尚知汝。……澄道化既行，民多奉佛，皆营造寺庙，相竞出家"（《高僧传》）。石虎尝下书问中书以"今沙门甚众，或有奸宄避役"，故想料简淘汰。中书著作郎王度上奏认为"佛出西域，外国之神……非天子诸华所应祀奉"，所以建议石虎禁止赵人（汉人）"诣寺烧香礼拜"，凡赵人出家为沙门的，一概还俗。石虎不从度议，他认为他自己"生自边壤……君临诸夏，至于飨祀，应兼从本俗。佛是戎神，正应所奉"，所以他下令"夷赵百蛮，有舍于淫祀，乐事佛者，悉听为道"。佛图澄"前后门徒几且一万，所历州郡，兴立佛寺八百九十三所"（《高僧传》）。佛图澄的弟子出名的很多，其中尤以道安和法雅二人，在佛学、文学上都很有成就，对佛教传播的影响也较大。

道安（公元312—385年），俗姓卫，常山扶柳（今河北衡水西南）人。十二岁出家，为佛图澄弟子。初居河北，后移居东晋的襄阳，创立檀溪寺居之。公元379年，符秦攻陷襄阳，道安遂西入长安。

道安对佛教的传播，做了下列三方面的工作：

第一，组织僧徒，四出传教。他在佛图澄死后，把佛图澄门徒中对佛理有较深了解的僧侣，组织起来。到了公元365年，慕容氏侵扰河南的时候，道安逃往襄阳，在新野途中，就劝同学法汰去扬州，法和入蜀，将徒众分散到四方，扩大佛教影响。到公元379年襄阳被符秦攻陷前，他又再一次分散徒众，其弟子慧远就是在这一次散遣中去荆州，后来在庐山创建东林寺的。道安的这种做法,对当时佛教的传播,影响很大。

第二,制定僧徒的戒规。佛教迅速地在中国传播开来,当时天竺的戒律又尚未翻译过来,所以道安在襄阳檀溪寺时,曾制定清规戒律三条,以约制僧众:"一曰行香定座上经上讲之法,二曰常日六时行道饮食唱时法,三曰布萨差使悔过等法。天下寺舍,遂则而从之。"(《高僧传·晋长安五级寺释道安传》)在魏晋时代,僧侣依师为姓,故姓各不同。道安认为僧侣既然崇奉释迦,应该以"释"为姓,从此僧侣都姓释了。

第三,主持佛经的整理和翻译工作。道安在襄阳时,曾撰《综理众经目录》一卷,书成于东晋孝武帝宁康二年(公元 374 年),它是中土第一部佛经总目,可惜原书今已散失。道安虽然不懂梵文,但他却非常重视佛经的翻译工作。他在长安时,正是苻秦王朝的全盛时期,当时长安一地,即有"僧众数千"(《高僧传·晋长安五级寺释道安传》),并有不少胡僧梵客在那里。道安就延"请外国沙门僧迦提婆、昙摩难提、僧伽跋澄等,译出众经百余万言"(《高僧传·晋长安五级寺释道安传》)。译经之际,道安自己也亲自参加"诠定文字,详核文旨"的工作,并为译成的佛经作序言。由于道安参加并主持译经工作,他知道译经工作的困难,有"五失本"、"三不易"的说法。什么是"五失本"呢?"一者,胡语尽倒,而使从秦,一失本也。"就是说梵文句法,都是倒装句,把它译成汉文,就会失掉原来的面目。"二者,胡经尚质,秦人好文,传可众心,非文不合,斯二失本也。"就是说梵文较朴素,译成汉文,加以辞藻的修饰,以及汉地玄学术语的借用,又会失掉原来的面目。"三者,胡经委悉,至于叹咏,丁宁反复,或三或四,不嫌其烦,而今裁斥,三失本也。"就是说梵文佛经中有许多反复咏叹、再三丁宁的话,译成汉文时,把它删汰了,又会失掉原来的面目。"四者,胡有义记,正似乱辞,寻说向语,文无以异,或千五百,刈而不存,四失本也。"就是说梵文佛经在各个段落的末尾,往往重复解释,翻译时把它删去,也会失掉原来的面目。"五者,事已全成,将更傍及,反腾前辞,已乃后说,而悉除此,五失本也。"(《出三藏记集》卷8引道安《摩诃钵罗若波罗蜜经抄序》)就是说梵文佛经说完一桩事,在说另一桩事以前,要把说过的事重述一遍,翻译时把它精简了,又会失掉原来的面目。"三不易",指翻译佛经不容易做到的三点:既要求真,又要喻俗,这是第一点;佛学奥涩,它的精义不容易领会,这是第二点;去古久远,无从博证,这是第三点。他主张直译,并认为译笔应该力求质朴,"不令有损言游字"(《鞞婆沙序》)。道安对佛经的整理、译注,作出不少的贡献。

般若六家七宗学说的玄学化 在释道安的时代,大乘中观宗的思想,已经陆续传入,而且在中土佛教界奠定了它的支配地位。但是这时中观宗的许多经论,尤其三论,即《中论》、《百论》、《十二门论》,还没有正式翻译过来。中观宗所依据的主要经典《般若经》,翻译出来的也只是一些断章零品。在道安时,《般若经》虽然已经有了七种译本,如支谶译的《般若道行经》十卷,朱士行从于阗求来的《放光般若经》二十卷,影响都是比较大的。但这些都是节译本,其译文也不能令人满意。

当时在中国思想界里,玄学思想还占据极其重要地位。玄学界所讨论的哲学问题,还是"有"、"无"、"本"、"末"、"一"、"多"等等命题,《般若经》的基本论点,也是从宗教唯心主义立场来论证现实世界的一切存在都是不真实的,这也正是玄学中所要讨论的主要命题之一,因此般若学就成为当时研讨的对象。

由于《般若经》没有全译过来;已译成的各种节译本,译文的质量又不高;译师又往往用玄学的名词、概念来比附佛教的名词、概念,这样就使当时对《般若经》中解释"空"、"无"的概念存在着混乱,使当时般若学说分成六家七宗之多。梁释宝唱《续法论》中云:

　　　　宋庄严寺释昙济作《六家七宗论》。论有六家,分成七宗。第一本无宗,第二本无异宗,第三即色宗,第四识含宗,第五幻化宗,第六心无宗,第七缘会宗。本有六家,第一家分为二宗,故成七宗也(唐释元康《肇论疏》卷上)。
这六家七宗的代表人物,经汤用彤先生详细考证,现在已经清楚了。今列表如下:

六　家	七　宗	代　表　人　物
本无	本无	道安
	本无异	竺法深　竺法汰
即色	即色	支道林
识含	识含	于法开
幻化	幻化	道壹
心无	心无	支愍度　竺法蕴　道恒
缘会	缘会	于道邃

六家七宗所以被认为没有完全符合大乘中观宗的论点,主要由于中观宗是彻底唯心主义的宗教哲学,而六家七宗中各代表人物的思想,虽然也属于唯心主义诸流派,但比起中观宗,还嫌不够彻底。

　　释道安的本无义,当时亦称为“性空义”,因为“本无”是借用玄学的名词,其实就是指般若性空而言的。释道安的前期思想,受到玄学的影响,比较倾向于客观唯心主义。所以他在《安般注序》中,说禅法应该“损之又损之,以至于无为”。“忘之又忘之,以至于无欲也。”又说:“无为,故无形而不因;无欲,故无事而不适。无形而不因,故能开物;无事而不适,故能成务。成务者,即万有而自彼;开物者,使天下兼忘我也。彼我双废者,守于唯守也。……夫执寂以御有,崇本以动末,有何难也。”(《出三藏记集》卷6)在他的《道地经序》里也说:“夫道地者,应真之玄堂,升

766

仙之奥室也。无本之城，杳然难陵矣；无为之墙，邈然难逾矣。……其为像也，含弘静泊，绵绵若存，寂寥无言，辩之者几矣。恍忽无形，求矣漭乎其难测。"(《出三藏记集》卷10)我们从这两篇论文的思想内容和文句表达方式上，都可以看出道安的早期思想和玄学是如何接近。

宋京师庄严寺释昙济的《七宗论》，介绍了道安的本无学说：

> 如来兴世，以"本无"弘教，故《方等》深经，皆备明五阴"本无"。"本无"之论，由来尚矣。何者？夫冥造之前，廓然而已；至于元气陶化，则群像禀形。形虽资化，权化之本，则出于自然。自然自尔，岂有造之者哉！由此而言，"无"在元化之前，"空"为众形之始，故谓"本无"，非谓虚豁之中能生万有也。夫人之所滞，滞在"末有"，宅心本无，则斯累豁矣。夫崇本可以息末者，盖此之谓也(梁宝唱《名僧传·昙济传》引)。

大意是说，佛教主张"本无"，什么是本无呢？他认为"冥造之前"，什么都没有的。世界万物，自然生成出来，"岂有造之者哉"，决没有一个造物主在主宰。他这样讲，比之讲有一个上帝在主宰的说法，要灵活、巧妙得多。他在这一论点的基础上，却又宣传"元化之前"，"众形之始"，还有一个"空"、"无"的本体存在，它是万有的根本。因此他教人"宅心本无"，教人"崇本"、"息末"，而他认为佛的学说是最宅心本无的，最崇本息末的。

上述思想可能是道安前期受到玄学思想影响的结果。道安后期的思想，由于日益接近大乘中观宗的学说的缘故，他在《道行经序》里说："执道御有，卑高有差，此有为之域耳。非据真如，游法性，冥然无名也。"(《出三藏记集》卷7)这里已经把"执寂以御有"，"崇本以息末"，贬低为"有为之域"，进而追求"据真如，游法性"的更高义谛了。道安在晋太元元年(公元376年)所作的《合光光赞略解序》中，释"真际"为"无所著也，泊然不动，湛尔玄齐"。"万行两废，触章辄无。"(《出三藏记集》卷 7)他已经把一切诸法说成本性空寂，无怪佛学界当时要推他为"性空之宗"了。道安晚年思想，从唯心主义走向彻底的唯心主义。可是他的门徒僧睿，他的后继者如隋代吉藏，却在替他的早期思想掩饰，他们想把道安说成从来就认为"一切诸法本性空寂"，他早期的思想已经达到唯心主义的高度与深度④，这是不符合道安思想发展过程的。

深法师的本无异义，吉藏在《中观论疏》中介绍这一家的说法："本无者，未有色法，先有于无，故从无出有，即无在有前，有在无后，故称本无。"安澄在《中论疏记》中引用这一家的论点时说："夫无者何也？ 壑然无形，而万物由之而生者也。有虽可生，而无能生万物，故佛答梵志，四大从空生也。"从上面的介绍来看，深法师形而上地认为无能生有，有生于无，先无后有；他还不了解佛教"非有非无"的中道，只认为道家的有无之"无"，就是佛教的空无之"无"。这比起释道安的本无义来，自然又去一间。

支愍度的心无义，据《世说新语·假谲篇》："愍度道人始欲过江，与一伧道人为侣，谋曰：'用旧义往江东，恐不办得食。'便共立'心无'义。既而此道人不成渡，愍度果讲义积年。后有伧人来，先道人寄语云：'为我致意愍度，〔心〕无义那可立？治此计权救饥尔，无为遂负如来也！'"从这一段材料来看，可见心无义在江南很流行，所以说"从是以后，此义大行"(见元康《肇论疏》)。心无义的主要论点，据僧肇在《不真空论》说："心无者，无心于万物，万物未尝无。"元康《肇论疏》说："但于物上不起执心，故言其空；然物是有，不曾无也。"安澄在《中论疏记》中介绍《心无论》时说："夫有，有形者也；无，无象者也。然则有象不可谓无，无形不可谓无(当作"有")，是故有为实有，色为真色。经所谓色为空者，但内止其心，不滞外色。外色不存余情之内，非无如何？岂谓廓然无形而为无色者乎！"大意是说，世界万物是有，而不是无,故谓"有为实有,色为真色"。不仅万物未尝无,心也是有的,所谓心无,只是要求人对万物不起执著之心,"内止其心","不滞外色",那就是心无了。在当时佛学界人人醉心于大乘中观宗的学说,用种种词汇来说明一切皆空,"心"、"道"、"佛"一切都在否定之列。而心无派却说"有为实有,色为真色",这在当时,自然要受到般若各宗的围攻了。

支道林的即色义,据《世说新语·文学篇》注引《支道林集·妙观章》说:"夫色之性也,不自有色,色不自有,虽色而空。故〔《般若经》〕曰:'色即为空,色复异空。'"僧肇《不真空论》论述支道林即色义的论点时说:"明色不自色,故虽色而非色也。夫言色者,但当色即色,岂待色色而后为色哉!"陈慧达《肇论疏》云:"支道林法师《即色论》云:吾以为'即色是空,非色灭,空'(《维摩经》语),此斯言至矣!何者?夫色之性,色不自色(三字据汤用彤先生说增补),虽色而空,如知不知,虽知恒寂也。"在佛经词汇中,"色"在一定的意义上,好像就是指我们所说的物质世界那样一个范畴。综合上面所引支道林的有关说法,支道林认为世界万物都不是自己形成的,也没有一个在世界万物之上来形成世界的造物主("岂待色色而后为色哉"),这些地方,很有一些像郭象独化论"明物物者无物"的看法。但他接着采用了佛教的说法,认为世界万物所以不能自己形成,由于众缘和合而成,没有自性,那就是虚假不实的,所以说"色即是空","虽色而空"。世界万物因为无自性,所以说"假有"是"空",但并不是说世界万物坏灭了,才算空,所以他也说:"非色灭,空。"因为从真谛看来,"色即为空","即色是空";而从俗谛看来,又"色复异空"。从唯心主义的角度来看,支道林的论点,大概在分析色空方面,基本上已经可以了,即否定客观世界方面,已经和佛教教义基本一致了;其缺点在于但空色性,不空心境,在佛经上有这样的说法:"见即色,见无可见即空。"支道林只知析物以明空,而不知心境本来就是空的,所谓"心本无相,所言相者,并是妄心"。因此只能说他"已了名假,未了相空"(文才《肇论新疏》卷上)。

于法开的识含义,据吉藏《中观论疏》中说:"于法开立识含义,三界为长夜之宅,心识为大梦之主,今之所见群有,皆于梦中所见,其于大梦既觉,长夜获晓,即倒惑识灭,三界都空,是时无所从生,而靡所不生。"大意是:三界虽森罗万象,宛然而有,却都是梦幻,只是心识在起着作用。

道壹的幻化义,据安澄在《中论疏记》中介绍他的说法是"一切诸法,皆同幻化。同幻化,故名为世谛;心神犹真不空。是第一义谛。若神复空,教何所施?谁修道?隔凡成圣,故知神不空。"这一家的主要论点是说,一切事物都像幻化一样,是空无不真的;而心神却是真实的,不空的。

于道邃的缘会义,吉藏在《中观论疏》中提到这一家时说,"于道邃明缘会故有,名为世谛;缘散故即无,称第一义谛。难云,经不坏假名而说实相。岂待推散,方是真无。推散方无,盖是俗中之事无耳。"大意是说,一切诸法,众缘所成,这就构成世界万有,名为俗谛。如果把众缘推散,不叫它积聚起来,就什么都没有,复归空无,是为真谛。如以土木构造舍宇作比喻,土木构成舍宇,好像众缘构成世界万有,是为俗谛。把舍宇拆散,只剩土木,要找舍宇,空不可得,好像把众缘拆散,要找世界万有,也都不可得,是为真谛。他的基本论点是世界万有,只是众缘凑合的东西,只要用智慧般若去把它一推散,它就坏灭了,因此也是属于空色而不空心神的一派。

总起来说,六家七宗可以分为三派。本无、心无两家,各自可以独立成为一派;即色、识含、幻化、缘会四家,都认为色相是虚幻的,心神是真实的,都想用精神来否定物质世界,因此他们又可以归结为即色一派。这三派般若学思想,正是当时玄学不同派别对物质和意识关系的各种不同看法在佛教思想中的反映。同时也说明了当时宗教唯心主义阵营内部思想的分歧和步调的混乱。到了鸠摩罗什来到中土，龙树系中观哲学的经论，大量地被翻译过来，僧肇就批评了这三派的看法，并进一步地发展了中观宗的学说，六家七宗的学说也就到此结束了。

中土僧侣的西行取经　佛教僧徒对般若学说理解的不一致，也是由于中土译出的佛经太少，而又不能保证译文质量的缘故。因此当时僧侣比较迫切的任务是西行取经和大规模地从事传译。

在取经的僧侣中，对佛教发展影响较大的是法显。在法显以前，已经有西行取经的僧侣了，如曹魏甘露五年（公元 260 年），有朱士行西行取经，但是他仅仅到达当时中国西北部的于阗（今新疆和田）。西晋武帝时（公元 265—289 年）有竺法护，似曾越葱岭而西；有僧建，似曾到达今阿富汗境内，实际上也没有到达五天竺。5 世纪初叶，法显西行取经，才在五天竺取了许多佛教经典回来。

法显，俗姓龚，平阳武阳（今山西襄垣）人。后秦初年居长安，当时佛教刚在中国传播，迫切要寻求戒律。法显乃于后秦姚兴弘始元年（即东晋安帝隆安三年，公元 399 年）三月中旬从长安出发。公元 400 年，从敦煌出玉门关，到达鄯善（今新疆若羌卡克里克），西北行十五日，到了乌夷（今新疆焉耆）。

法显原来是准备从乌夷经龟兹（今新疆库车）再去疏勒的，后来因塔里木盆地北道诸城邦大都信奉小乘教，不欢迎大乘教徒，因此法显等改从南道，折而西南行，经于阗、子合（即朱俱波，今新疆叶城县）、于麾（即揭盘陀，今新疆塔什库尔干县）、竭叉（今新疆喀什市），由此翻越葱岭。葱岭高寒，冬夏有雪，顺岭西南行，"其道艰岨，崖岸崄绝，其山唯石，壁立千仞，临之目眩，欲进则投足无所"（《佛国记》）；下岭经过一段路程便到达北天竺的乌苌国（Mankial），又南行至富楼沙国（今巴基斯坦的白沙瓦，

Peshawar)。法显为了要礼拜佛骨,又折而西北行至那竭国(今阿富汗境内的 Kila)。然后再翻小雪山,越过海拔一万五千六百二十英尺的北瓦口(Peiwar),到达罗夷国(今巴基斯坦的 Lakki),经达跋那国(今巴基斯坦的 Harana),渡印度河,到达毗茶国(今巴基斯坦的 Uchk)。法显在西、北天竺停留了两三年,到公元 405 年,才到达中天竺笈多王朝(Gupta Dynasty)的都城巴连弗邑(即香花宫城,亦名华氏城,今印度巴特那[Patna])。

法显到达巴连弗邑时,笈多王朝正处于全盛时期,当时旃陀罗笈多二世——超日王在位,国势强大,"民人富盛"(《佛国记》)。笈多王朝的版图,东起恒河口,西至阿拉伯湾;五天竺中,差不多中、西、北三天竺都包括在它的势力范围之内。巴连弗邑成为当时五天竺的政治、经济、文化中心,因此法显在那里留学了三年之久,"学梵书、梵语,写律"(《佛国记》)。据法显自著《佛国记》中称:"法显本求戒律,而北天竺诸国,皆师师口传,无本可写。是以远步,乃至中天竺。于此摩诃衍僧伽蓝,得……摩诃僧祇众律……最是广说备悉者;复得一部抄律,可七千偈,是萨婆多众律,即此秦地众僧所行者也,亦皆师师口相传授,不书之于文字。"法显在三年中,抄写了这两部戒律以后,还搜罗到一些佛经,就整装回国。

公元 406 年,法显曾去释迦牟尼诞生地迦毗罗卫城(在今尼泊尔南境)巡礼,这是第一个中国人到达尼泊尔境内,也是中尼人民友好往来的开始。

公元 407 年,法显离开笈多王朝的都城巴连弗邑,经赡波国(今印度的巴格尔普[Bhagalpur]),到达恒河口的多摩黎帝国(在今印度加尔各答西南)。法显在这里又住了两年,"写经及画像"(《佛国记》)。到了公元 409 年冬初,才搭商船,航行十四昼夜,到达师子国(今斯里兰卡)。法显在师子国住了两年,到公元 411 年,再从那里搭商船,动身回国。途中遇到大风,漂泊九十多天，到一国名耶婆提（今爪哇），在那里停留了五个多月。公元412年5月，又从耶婆提搭大商船前往广州。在海上航行了一个多月，忽遇大风暴雨，迷失了方向，粮食、淡水都快要吃完，尚未着陆，又折向西北，昼夜行十二日，到达长广郡的牢山（今山东青岛市崂山），方才登陆。这一天是公元412年（东晋义熙八年）的阴历七月十四日。

法显从离开长安直到回国，前后共十三年零四个月的时间（公元399年三月—公元412年七月）。在这期间，国内局势有不少变化：东晋司马氏的政权，已落入刘裕的手中；青州长广郡原来是属于南燕慕容氏的，东晋义熙六年，南燕为刘裕所灭，因此这一地区已经"统属晋家"（《佛国记》）了。以戒律驰名的北天竺僧佛驮跋陀罗，先居长安，后来因教派间的摩擦，被长安僧侣撵走，准备渡江南下，在建康道场寺宣译；但长安佛教界又有了些新的变故，因此法显休息了一些时候，就南下抵达建康，在道场寺和佛驮跋陀罗合作，翻译取归的佛经。先后译出《大般泥洹经》、《僧祇尼戒律》等五种。又记载他的旅行经历，写成《佛国记》一卷（亦称《法显传》），总计九千五百多字。这部《佛国记》是研究当时中国与印度、巴基斯坦等国的交通以及中天竺笈多王朝超日王时代历史的重要史料。

继法显之后，又有释智猛的西行。智猛，雍州京兆新丰（今陕西临潼东北）人，少年出家为僧。于后秦弘始六年（公元404年）与同侣沙门十五人，结伴自长安出发，经由河西走廊出阳关；从于阗西南行二千里，登葱岭，翻雪山，到罽宾国（今克什米尔）；复西南行千三百里，至迦毗罗卫国（在今尼泊尔南境），然后至华氏城（即巴连弗邑）。宋元嘉元年（公元424年），乃自天竺返国。同行沙门有九人中途退回，四人相继病死，只有智猛和昙纂两人一起回到凉州。他在五天竺留学二十年之久。著有《游行外国传》，《隋书》、《唐书》的《经籍志》皆著录，可惜其书今已失传。

又有释昙无竭,幽州黄龙(今辽宁朝阳市)人,从小出家。宋永初元年(公元420年),招集沙门二十五人西行取经。经吐谷浑、高昌(今新疆吐鲁番东南)、龟兹、疏勒,越葱岭,度大雪山,"悬崖壁立,无安足处。石壁皆有故杙(小木桩)孔,处处相对。人各执四杙,先拔下杙,右手攀上杙,展转相攀,经三日方过。……料检同侣,失十二人"(《高僧传》卷3《宋黄龙释昙无竭传》)。其余十三人,经罽宾前往中天竺,又有八人死在路上,仅余五人同行。最后只有昙无竭一人从南天竺乘船泛海回到广州。

法显以后,西行取经著名者,在北魏末,有惠生、宋云。

惠生和宋云等在北魏神龟元年(公元518年)十一月,奉灵太后的命令,前往五天竺取经。他们从洛阳出发,取道吐谷浑到达鄯善(今新疆若羌卡克里克),经左末(今新疆且末)、于阗(今新疆和田)、朱驹波(今新疆叶城)、汉盘陀(今新疆塔什库尔干),越葱岭。"自发葱岭,步步渐高,如此四日,乃得至岭"。"山路欹侧,危坂千里,悬崖万仞"(《洛阳伽蓝记》)。由此出帕米尔高原。神龟二年十二月,到达了乌苌国。惠生等礼拜佛教胜迹,在这里停留了几个月。正光元年(公元520年)四月中旬,又前往干陀罗国(Gandhara),到达这个国家都城富楼沙(今巴基斯坦白沙瓦[Peshawar])。到了正光三年二月,才回到洛阳,并携归佛经一百七十部。

这些中国的僧侣,在古代极其困难的交通条件下,经历无数险阻,到五天竺去求法取经。他们足迹到达的地方,包括今天的阿富汗、巴基斯坦、印度、斯里兰卡、尼泊尔等国家,这是中国人民和这些国家的人民友好往来的开端,对于促进中国与这些国家间的文化交流,起了积极作用。

鸠摩罗什、昙无忏的东来传译　在法显从长安出发西行取经的后二年,译经大师鸠摩罗什来到了长安。

鸠摩罗什(约公元 343—413 年),父为天竺人,母为当时中国西北部的城邦龟兹(今新疆库车)人。鸠摩罗什生长于龟兹,年七岁,随母出家。九岁以后,随母游学罽宾(今克什米尔)、月氏(即干陀罗,今巴基斯坦之 Taxila)、疏勒等国。鸠摩罗什初学小乘,并旁通婆罗门哲学;在疏勒时始学大乘,精研《中论》《十二门论》《百论》等经典,誉满西域,遂为龟兹王迎还龟兹。前秦建元十八年(公元 382 年),苻坚派大将吕光进军西域,便有迎取罗什的意思。吕光破龟兹,得罗什,回师据有凉州,罗什滞留凉州十八年,得以通晓汉文。后秦弘始三年(公元 401 年),姚兴出兵破后凉,迎罗什到长安,住草堂寺,有"三千德僧,同止一处"(《历代三宝记》)。姚兴辟逍遥园为译场,请鸠摩罗什担任译主,并命僧肇、僧睿、道生、道融等八百余僧人襄助翻译。前后共译出佛经九十八部,计四百二十五卷(据《大唐内典录》)。鸠摩罗什所译佛经的卷帙,固然不及后来的玄奘之多,但他所译经、论的方面之广,却超过玄奘。尤其在大乘部方面,如经部之《放光般若波罗蜜经》《妙法莲华经》《大方等大集经》《维摩诘经》,论部之《中论》《百论》《十二门论》《大智度论》等,皆出其手。龙树中观宗大乘学说的主要经典,到这时基本上翻译过来了。这对中观宗学说的传播,起了重要作用。同时由于他把《成实论》译出,小乘成实师的经典,至此也臻于完备了。

鸠摩罗什精通梵文和汉语,他对于佛经的翻译,有这样的看法:"天竺国俗,甚重文制,其宫商体韵,以入弦为善。凡觐国王,必有赞德;见佛之仪,以歌叹为贵,经中偈颂,皆其式也。但改梵为秦,失其藻蔚,虽得大意,殊隔文体,有似嚼饭与人,非徒失味,乃令呕哕。"(《高僧传》卷 2《晋长安鸠摩罗什传》)他力求译文典丽而又不损原意,对翻译的态度是十分严肃的。他在翻译《摩诃般若波罗蜜经》的时候,自己"手执胡本,口宣秦言",如果遇到"两译异音,交辩文旨"的时候,便"与诸宿旧义业沙门……五百余人，详其义旨，审其文中，然后书之"。有时"胡音失者，正之以天竺；秦名谬者，定之以字义；不可变者，即而书之：是以异名斌然，胡音殆半，斯实匠者之公谨，笔受之重慎也"（《出三藏记集》卷8释僧睿《大品经序》）。他的译文，既然不流于生硬的直译，又保存了"天然西域之语趣"（《宋高僧传》卷3），受到当时僧侣的普遍欢迎。他译出的经、论，不仅传播了佛教大乘中观宗思想，而且奠定了中国翻译文学的基础。

昙无忏，意译法丰，中天竺人，少时随母佣织罽氍（毛毯）为业。后出家为僧，初学小乘，后来改学大乘。北凉沮渠蒙逊玄始（公元412—428年）中，昙无忏到达北凉都城姑臧（今甘肃武威）。在姑臧学习汉语三年，乃和河西沙门惠嵩、道朗等合作，译出《大般涅槃经》三十六卷、《方等大集经》二十九卷，共十四部。《大般涅槃经》是大乘中观宗重要典籍之一，它阐发"一阐提人"（不具信心的人）皆得成佛的学说，对此后中土佛教的发展具有较大的影响。昙无忏在译经方面的成就，几乎可以和鸠摩罗什媲美。由于昙无忏在姑臧宣译，因此河西走廊一度成为佛经翻译的据点，这一地区的佛教发展对此后北朝佛教的发展影响也很大。

与鸠摩罗什同时，有迦毗罗卫国（在今尼泊尔南境）僧侣佛驮跋陀罗，意译觉贤，于后秦弘始十年（公元408年）左右，来至长安。因为遭到鸠摩罗什门徒的排挤，被迫南下，到了东晋。后来在建康道场寺宣译《华严经》。从东晋义熙十四年（公元418年）开译，到宋永初二年（公元421年）译成。又襄助法显把从五天竺带回的佛经梵本如《大般泥洹经》、《僧祇律戒本》译成汉文。佛驮跋陀罗前后译出佛经十多部，尤其宣译《华严经》，对此后中土华严宗的创建，有重大影响。

晚于佛驮跋陀罗一个多世纪，在梁武帝中大同元年（公元546年），有西天竺优禅尼国（Ujjain，在今印度阿麦达巴德一带）

僧人拘那罗陀，意译真谛，从海道来到中国。太清二年（公元548年），始达梁都建康。适遇侯景之乱，真谛随方漂泊，而译业不废，一直到陈宣帝太建元年（公元569年），前后二十二年，译出《摄大乘论》、《唯识论》、《大乘起信论》、《俱舍论》等，共六十四部，二百七十八卷。无著、世亲的大乘瑜伽宗学说由此传入中国。小乘俱舍师的依据经典，至此也已完备。当时北朝有菩提流支、佛陀扇多、般若流支、毗目智仙、达摩笈多等梵僧，也译出了不少有关瑜伽宗方面的经、论。

这一时期来到中土译经的胡僧、梵客，他们的汉语修养比以前来到的有了很大提高；笔受的汉人，对佛教哲理也有了深入的研究。固然，偶或"时有差违"，是不可能完全避免的，然而"彼晓汉语，我知梵说"（《宋高僧传》），可以说是"十得八九"了。同时，西行取经者接踵，梵本源源东来，也为译经事业创造有利条件。传译的程序，可以省掉"暗诵"和"录为梵文"这一道手续，现在是：

一、译主　由梵僧甲执梵本宣译

二、度语　由梵僧乙在义未达处传译解释

三、笔受　由汉地僧人笔受为汉文

翻译过程的简化，又大大提高了翻译工作的效率。而且以前的佛经翻译工作，是由私人进行的，从后秦时鸠摩罗什起，政府支持的译场开始出现。对翻译工作来说，不但由于得到政府的支持，人力、物力都有了保证，而且计划性也较为周密，译出的佛经也更有系统了。所以在这一时期，无论大、小乘，无论经、律、论，尤其和大乘中观宗有关的重要著作，可以说大体上都陆续翻译过来了。此后中土的佛教，进入咀嚼消化的过程，所以到了隋唐之际，开始有条件来形成各宗派了。

僧肇《肇论》与竺道生的涅槃佛性学说　鸠摩罗什不仅把大量龙树系的中观宗经、论翻译过来，同时也把龙树系的大乘教派思想广泛传播中土各地。他的弟子僧肇是三论宗的奠基人,竺道生是涅槃佛性学说的发扬者,对当时佛教的发展影响都很大。

僧肇(公元384—414年),俗姓张,京兆长安(今陕西西安市)人,少时出家为僧,后为鸠摩罗什弟子,襄助译经。他的主要著作被收集在《肇论》一书中。他从佛教大乘中观宗唯心主义的立场上,对当时般若六家七宗各流派的理论,进行了批判,并建立了中土中观宗的哲学体系。

僧肇在《不真空论》中,力图论证物质世界的虚幻不实。他在这篇论文一开始就说:"夫至虚无生者,盖是般若玄鉴之妙趣,有物之宗极也。"意思是说,什么都是虚假的,没有实体,这是般若学发现的真理,也是一切事物的最高原则。为什么一切事物都是虚假的呢?这是由于一切事物随着因缘而生起坏灭,没有自性,僧肇称之为"万物之自虚"。在中观宗看来,"自性无,他性亦无",因为"他性于他,亦是自性"。离开自性、他性,那么物、我都是虚假的。所以《中论》归结为"若无有我者,何得有我所"(《观法品》)。"我所",指客观世界。无我,无我所,就把一切说成空无了。

僧肇又说:"《中论》云:'诸法不有不无者,第一真谛也。'"什么是"不有不无"呢?就是指一切事物的没有自性,即"万物之自虚"而说的。从真谛(即第一义谛)看,因为万物无自性,所以是"假有","虽有而无,所谓非有"。从俗谛看,"虽无而有,所谓非无"。"真谛以明非有,俗谛以明非无"。当然,僧肇是以真谛为依归的。所以他说:"如此,则非无物也,物非真物。物非真物,故于何而可物?"他还引用了《般若经》的话,"色之性空,非色败空"。说"色"(物质世界)没有自性,所以是空的,不真实的;并不是说万物都坏灭了,才算是空。他又说:"虽无而非无,无者不绝虚;虽有而非有,有者非真有。""无者不绝虚",就是"色复异空";"有者非真有",就是"色即是空"。他归结说:"然则非有非无者,信真谛之谈也"。

僧肇在《不真空论》中说:"《中观》云:物从因缘故不有,缘起故不无。寻理即其然矣。"大意是说,《中观论》说,万物随着因缘生起坏灭,无自性,因此不能说它是有;万物既然随着因缘生起,因而又不能说它是无。他进一步解释这些话的含义时说:"所以然者,夫有若真有,有自常有,岂待缘而后有哉?譬彼真无,无自常无,岂待缘而后无也?若有不能自有,待缘而后有者,故知有非真有。有非真有,虽有不可谓之有矣。不无者,夫无则湛然不动,可谓之无,万物若无,则不应起,起则非无,以明缘起,故不无也。"大意是说,一切事物如果是真的有,它自身就应该不需要任何条件能够独立地永恒存在,不会随着因缘而生起坏灭。由于万物需要随着因缘生起坏灭,所以知道这有也不是真有。既然不是真有,虽有也不能认为是有。什么叫做不无呢?只有湛然不动,才可以叫做无。一切事物既然随着因缘生起坏灭,就不是无,因此说它不无。他又说:"欲言其有,有非真生;欲言其无,事象既形。象形不即无,非真非实有。然则不真空义显于兹矣。"大意是说,如果说它是有,有却不是真实的;要想说它是无,万象又森然罗列。万象森然罗列就不是无,但它只是一种假象,并非实有。假有,就是"不真",就是"空",这是不真空论的基本论点。僧肇从更彻底的唯心主义立场上,采用中观宗的一套二律背反的诡辩逻辑,企图从"万物之自虚"即万物无自性这一论点出发,来论证物质世界的虚幻性。他说:"譬如幻化人,非无幻化人,幻化人非真人也。"现象界的存在,在他看来,只是像幻影一样,不是怎样真实的东西。这样他就根本否认了客观物质世界的存在,而引导人们去向往那一种虚无缥缈的涅槃境界。

僧肇在《不真空论》中,还对当时般若六家七宗中有代表性的本无、心无、即色三义进行了批判。他认为本无义的缺点"情尚于无,多触言以宾无。故非有,有即无;非无,无亦无。"大意是说，这一派太强调无了，认为什么都离不开无，"此直好无之谈"。因为佛教所讲的"非有"，只意味着不是真实的有；"非无"，只意味着是假有。现象界的存在，只要说明它是虚幻不实就好了，何必瞪着眼说客观世界是不存在的呢？

他认为心无义的缺点，"无心于万物，万物未尝无，此得在于神静，失在于物虚"。大意是说，这一派只是想从主观方面排除万有对心的干扰，而不知道万有也是没有自性，万有本身就是"空"、"不真"的。

他认为即色义的缺点，是偏空色性，不空心境。因为支道林讲色空，已认为万物无自性，色只是假名罢了；但支道林并不知道心境所显现的"相"，也是妄心所作，本来是空的。因此，僧肇批评支道林说："此直语'色不自色'，未领色之非色也。"就是说支道林只懂得"色不自色"，即色无自性，色只是假名，析物以明空总算到家了；而由于不空心境的缘故，不懂得心境显现的"相"，也是妄心所作，本来也是空的。所以可以说："已了名假，未了相空。"（文才《肇论新疏》卷上）

僧肇认为本无义偏于虚无，心无义空心不空物，即色义偏空色性，不空心境，因此他从更彻底的唯心主义立场对他们进行批判，提出他那一套更诡辩的唯心主义理论来。

僧肇在《物不迁论》中，说世界上一切事物和现象，看来是在运动、变化着的，这其实是假象，静止而不变化才是它的真实。他在这篇论文的开头说："夫生死交谢，寒暑迭迁，有物流动，人之常情。"就是说他承认事物现象是有运动变化的。但是他断言事物现象所反映的运动、变化，都是不真实的。他引用了《放光般若经》的话，"法无去来，无动转者"，来说明佛教的教义是认为事物是没有生灭，没有变化的。他教人不必离开变化去寻求不变，而是应该通过变化去寻求不变。所谓"岂释动以求静，必求静于诸动"。他认为，如果能够通过变化去寻求不变，那么就可以知道一切事物,好像是在变动着,而实际却是不变的。所以他说:"即动而求静,以知物不迁明矣"。

一切运动变化,都是在时间内进行的,僧肇为了要论证事物的没有变化,也得从时间三际(过去、现在、未来)的论证上着手。中观宗论师龙树曾经在《中论·观时品》中,运用了这一套二律背反的诡辩逻辑,最后得出一个违反常识的荒谬结论,所谓"时住不可得,时去亦叵(不可)得,时若不可得,云何说时相",说明时间的绵延性是不可能存在的。僧肇在时间三际方面的论证,正是继承了龙树的诡辩逻辑的衣钵,他说:"求向(昔)物于向,于向未尝无;责向物于今,于今未尝有。于今未尝有,以明物不来;于向未尝无,故知物不去。覆而求今,今亦不往。"意思是说,过去的事物不是在过去的时间里不存在过,但在现在的时间里,的确找不到过去的事物。既然在现在的时间里找不到过去的事物,可见过去的事物没延续到现在来;那么过去的事物一定还存在在过去的时间里。反过来看今天的事物,也一定不会延续到将来的。又说:"若古不至今,今亦不至古,事各性住于一世,有何物而可去来?"这是说,过去的事物只存在于过去,没有延续到现在来,现在的事物也和过去无所谓联系,那么事物都停留在各自的阶段里,还有什么事物可以真正谈得上在运动变化呢?

僧肇认为时间三际是截然分立而没有绵延性可言的,"以其不来","故不驰骋于古今";"以其不动",故"古今常存"。既然"不驰骋于古今","古今常存",一切事物自然是"不化"、"不迁"的了。僧肇在这里利用了事物在变化发展过程中不稳定性这一事实,把它不适当地绝对化起来。然后他就强词夺理,把事物的运动和变化说成是假象,认为静止、不变,才是真谛。所以他说:"故谈真有不迁之称,导俗有流动之说。"僧肇的这种形而上学观点和他否认世界万有具有任何物质性的唯心主义世界观,是完全一致的。从而他得出完全违反科学事实的结论:"旋岚(猛风)偃岳而常静,江河竞注而不流,野马(春天田野上的游气)飘鼓(飞扬)而不动,日月历天而不周。"因为他认为在运动着的事物本身就都是假象,当然是"乾坤倒覆,无谓不静!洪流滔天,无谓其动!"因为他所说的是没有物质性的运动啊!僧肇的《物不迁论》,正是建筑在没有物质的运动这一形而上学观点之上的。

一切事物的变化运动,都是在时间内进行的,如果把物质存在形式的时间同物质割裂开来,那么时间就成了一个空洞的框子,便成为人们头脑中存在的空洞的观念。僧肇的时间三相,正是这样的东西,所以他才得出"物不迁"的荒谬结论来。

僧肇还在《般若无知论》中宣扬了他在认识论方面的唯心主义的不可知论观点。般若在佛教教义里是指一种超于感性认识和理性认识之上的神秘认识能力而言的,佛教徒认为只有通过这种神秘的认识能力,才能认识佛教的精神性本体。在僧肇看来,现实世界是虚幻的,一切事物和现象,如梦幻泡影,对于这样的虚幻世界,一般俗人要想认识它是不可能的,也是不必要的。他还说:"夫有所知,则有所不知。以圣心无知,故无所不知。不知之知,乃一切知。故经云'圣人无所,无所不知',信矣!"大意是说圣人(佛)不去分别一切现实事物,因此无所不知。他又说:"夫圣心虚静,无知可无,故曰无知,非曰知无;惑者有知,故有知可无,可谓知无,非曰无知也。"意思是说,世俗的人有一般认识能力,反而认识不到什么东西;只有佛这样进入无知可无的境界,才能认识佛教的所谓最后真理。他通过这种宣传,教人放弃对现实世界的认识,要人去追求虚无缥缈的涅槃境界。

佛教思想在僧肇以前,多多少少蒙上一些玄学的色彩。僧肇的《肇论》,虽然在命意遣词上,还保留一些玄学家所习用的词汇,而作为哲学体系来说,已经是佛教思想的结晶而不是玄学思想的再版了。中土中观宗的理论，到了僧肇时才更加完整。它不仅表面上摆脱了玄学的影响，实际上还大力宣扬了出世的宗教世界观。僧肇宣称世界上一切都是虚假不真的，因此是不值得正视的；教人放弃斗争，到佛教的精神世界去寻求解脱。僧肇就是企图利用这种迷人的手法，来引导劳动人民驯顺地忍受阶级剥削和阶级压迫，为巩固封建统治服务。

竺道生，本姓魏，祖先原籍巨鹿（今河北平乡），其后流徙，遂寓彭城（今江苏徐州市），为彭城人。父广戚县令。道生幼年从竺法汰出家，改姓竺。到了二三十岁的时候，听说鸠摩罗什在关中译经，间关至关中听讲。鸠摩罗什四大弟子"生、肇、融、睿"，道生居其首位。后来又回到江南，宋元嘉十一年（公元 434 年）卒于庐山，年龄约六十岁左右。著作很多，但大都散失，留传下来的只有《妙法莲华经疏》二卷。此外《注维摩诘经》和《涅槃经集解》两书中，曾收辑道生《维摩经义疏》和《泥洹经义疏》的论点。

竺道生从关中回到江南以后，即主张顿悟义。什么叫做顿悟义呢？因为当时佛教徒对成佛的步骤有各种不同的说法。例如小乘禅法认为成佛要累世修行，积累功德；而另一派般若学者如支道林、释道安等则认为只要逐渐修行，到了一定阶段，即可得到一个飞跃，然后再继续去修行，即可成佛；而竺道生则认为只要顿悟，亦即他所谓的"豁然大悟"（吉藏《二谛义》引竺道生语）。他认为只要真正充分体会佛说的道理，即可成佛。当然也不是说他完全废弃渐修，不过他更强调了认识上这一飞跃的过程。顿悟可以成佛，既省时，又省力，当时的统治阶级自然是欢迎这种主张的。在竺道生死后，宋文帝为了发扬竺道生的顿悟学说和佛性学说，特地在御前开了一个讨论会来探索这些论点，还把竺道生捧了一阵。

竺道生还著《法身无色论》，认为实相无相，"封惑永尽，仿佛亦除"（《维摩诘经注》），既佛无人相，自非色身，所以他主张法身无色。他又著《佛无净土论》，认为"国土者，是众生封疆之域"。如果说有净土，就是说佛有国土了；"净"本来是无的意思，有土就是不净，无土才可能净。因此他认为"无土之净"（《法华经疏》）才对。一方面他阐明佛无净土；另外一方面，又认为佛虽无土，不过可以借用"净土"这两个字来指"无土之净"，这对世俗教化能起一定作用，"若闻净土不毁，则生企慕意深"（《法华经疏》），因此不妨保留"净土"这一名词，但必须说明白"无土之净"这一内容。他所述《善不受报义》，大概受到《百论·舍罪福品》思想的影响。《百论》认为如果布施望报，那么就是在进行一笔买卖，持戒而企求上生天上与天女娱乐，或求人中富贵，那也不能说是持戒，而是在追求未来的淫乐。中观宗经论中批评了这种不净施和不净持戒，可能道生也是接受了这一个论点来立论的，这些原文均已散佚，无法窥知其详。但道生的思想，主要不是上面所介绍的这些论点，而是他的涅槃佛性学说。因为上面这些论点，基本上还是属于般若思想范畴以内的；而涅槃佛性学说在中土则是一种比较新起的学说。

竺道生说："夫象以尽意，得意则象忘；言以诠理，入理则言息。自经典东流，译人重阻，多守滞文，鲜见圆义。若忘筌取鱼，始可与言道矣。"（《高僧传》）这段话所反映的竺道生思想，比较重要。在当时的佛教思想中，般若学说已经占主要地位，它偏重于哲理的研究。作为出世的哲学来讲，般若学发展到鸠摩罗什、僧肇和道生的阶段，唯心主义的哲学体系已经达到比较精致的水平了；但是作为入世的宗教来看，般若学说把一切都说成是空的，不真实的，认为"如来灭度后，不言有与无"，"涅槃与世间，无有少分别"（《中论·观涅槃品》），对于怎样引导人们把希望寄托在死后灵魂升入天堂上面，注意得不够，这样，它就不能充分起到宗教应有的作用。道生不满意这点,所以强调"忘筌取鱼",言筌可忘,鱼不可忘,亦即宁可忘记宗教的哲理,却不能忘记宗教麻醉人民的目的。于是他提出涅槃佛性的学说来。

竺道生在《维摩诘经注》中说:"无我,本无死生中我,非不有佛性也。""佛身我",也就是真法身,这就是宣称,一切虽都虚假,而佛性却是实有的,它是永恒存在的精神实体("实相")。他又说:"夫大乘之悟,本不近舍生死,远更求之也。斯在生死事中,即用其为实悟矣。苟在其事,而变其实为悟始者,岂非佛之萌芽起于生死事哉?"这是说,要求涅槃妙境,就在生死中,而不在生死之外。这样,"一切众生,莫不是佛,亦皆泥洹(涅槃)"(《法华经疏》),人人皆可成佛,便成为必然的结论。

在"一切众生,皆有佛性"的前提之下,竺道生又提出"一阐提人皆得成佛"的说法来。"一阐提人"就是不具信心,断了成佛善根的人。不具信心的人尚且可以成佛,那么具信心的人成佛的可能性就更大了,这可以说是在廉价销售升入天堂的门票。可是在当时世家大族地主身份锢闭性的等级制度下,僧俗地主们认为天堂只是为少许人开门的,而竺道生却想敞开大门,让"一切众生"都有进去的机会,自然引起一片反对的声浪,"遂显大众,摈而遣之"(《高僧传》),他因而被撵出建康。不久昙无忏译出的大本《涅槃经》四十卷传到江南,大本《涅槃经》中果然有"阐提悉有佛性"的话,道生才被恢复了名誉。竺道生的涅槃佛性学说,显然是符合封建统治阶级的长远利益的。它把涅槃妙境,渲染得七宝庄严,清凉寂静,而这样一个天堂,又是对所有的人都敞开大门的。统治阶级不用花费一文钱,只是开出一张永不兑现的空头支票,就起了麻痹人民思想的妙用,诱使人民沉醉于成佛升天的幻想之中。对于剥削者来说,他们即使作恶多端,如果一旦改恶从善,就能成佛,他们当然也是欢迎这种学说的。上面讲到过的,宋文帝对竺道生的学说非常赞赏,就是因为它适应封建统治阶级稳定统治的需要。当时大臣何尚之在《答宋文帝赞扬佛教事》疏中也说:使"百家之乡,十人持五戒,则十人淳谨矣;千室之邑。百人修十善,则百人和厚矣。传此风训,以遍宇内,编户千万,则仁人百万矣。此举戒善之全具者耳若持一戒一善悉计为数者,抑将十有二三矣。夫能行一善,则去一恶;一恶既去,则息一刑;一刑息于家,则万刑息于国。……所谓坐致太平者也"(《弘明集》卷11)。统治阶级这样迫切地要利用佛教,而竺道生的涅槃佛性学说,又非常有利于稳定封建统治,这样,它自然很快就传播开来了⑤。

般若学说和涅槃佛性学说两者配合起来,相辅相成,使表面上出世、实际上入世的佛教大乘学说臻于完整的境地,更有效地为封建统治阶级服务。

释慧远对佛教发展的影响 对佛学哲理的造诣,虽然没有僧肇、竺道生两人深,对江南佛教的发展却要比竺道生影响更大的,是释道安的大弟子释慧远。

释慧远(公元334—417年),俗姓贾,雁门楼烦(今山西宁武东)人。少为儒生,博综《诗》、《礼》,尤善《老》、《庄》。年轻时出家为僧,以释道安为师。道安在襄阳分遣弟子四出传教时(公元377年),慧远率领弟子十余人南下荆州。其后又东适江州,住在庐山,在庐山东阜建立东林寺,此后东林寺便成为南方传播佛教的中心地。慧远在庐山住了三十多年才死。在这期间他尽管未曾出山一步,但和各地的佛教徒互通声气,如鸠摩罗什到达关中,他就派遣弟子前往听讲;又命弟子远度葱岭,寻求佛经;凡是从关中南下的西僧,慧远往往多方罗致,邀请他们翻译佛经。因此《高僧传》说:"葱外妙典,关中胜说,所以来集兹土(指江南)者,远之力也。"不仅如此,慧远和当时政治上的重要人物都有来往,如荆州刺史殷仲堪和他关系密切,后来桓玄要攻打殷仲堪,来看望慧远,临走时要慧远替他祝福,慧远说:"愿檀越(指桓玄)

安隐（即安稳），使彼（指殷仲堪）亦复无他。"这样两方面都没有得罪。当卢循率农民军来到江州的时候，慧远利用自己和卢循父亲卢嘏幼年同学的关系，同卢循拉交情。卢循失败，刘裕率领军队追击卢循经过江州，派人送钱米给慧远，慧远就又倒向刘裕那儿了。慧远交游既广，手腕又圆滑，这就便利了他的传播佛教的活动。

慧远是主张佛性之说的。《高僧传》称："先是中土未有泥洹（涅槃）常住之说，但言寿命长远而已。远乃叹曰：'佛是至极则无变，无变之理，岂有穷耶？'因著《法性论》曰：'至极以不变为性，得性以体极为宗。'"意思是说，佛的精神实体是不变的，永恒常存的，人们应该把达到这一境界作为奋斗目标。他认为无论凡圣，都具有不灭之神，"夫神者何耶？精极而为灵者也"。"神有冥移之功"（《弘明集》卷5《沙门不敬王者论》）。"形尽神不灭，谓识神驰骛，随行东西也"（《高僧传》），慧远还发挥了佛教因果报应的学说，认为"无明（愚暗无知）为惑网之渊，贪爱为众累之府"。"心以善恶为形声，报以罪福为影响"。"罪福之应，惟其所感"。"失得相推，祸福相袭。恶积而天殃自至，罪成而地狱斯罚"（《弘明集》卷5《明报应论》）。他讲报应时，特别强调一个"感"字，这和他解释《周易》"《易》以感为体"（见《世说新语·文学篇》）的观点，是完全一致的。他把因果报应说成"本以情感而应自来"，祸和罪是个人"无明"、"贪爱"所必然招致的恶果，这样说法使人人更加检点自己的言行，从而消除不满现实、反抗压迫的意志。佛教对于人们思想上的统治加强了，它的维护封建统治阶级利益的作用，也更为显著了。

慧远提倡净土，他招集"弃世遗荣"的名士一百二十三人，成立"白莲社"，宣传为"来生之计"（《与刘遗民书》），以为只要念佛持禅，不出家也可以成佛。这对此后净土学说的发展，有很大影响。

慧远不仅精研佛学，而且兼通经学和玄学。东晋、南朝的世家大族最讲究丧服，慧远就在庐山东林寺讲《丧服经》。名学者雷次宗听讲后，还撰成义疏。在慧远的作品中，大量发挥三玄的玄义，可以说他一身而兼儒、释、玄三家。他站在僧侣领袖的地位，虽然主张沙门不向王者跪拜，但这不等于说僧侣不和封建政权合作，而是想抬高僧侣的社会地位，使僧侣对世俗发生更大的影响和作用。他说："内外之道，可合而明。"（《弘明集》卷5《沙门不敬王者论》）"如今合内外之道，以求弘教之情，则知理会之必同。"（《弘明集》卷5《三报论》）佛教徒称自己是内学，把儒、玄叫做外道，慧远认为儒、释、玄三家作为统治思想来讲，其立场基本上是一致的，因此"可合而明"，完全可以互相配合、共同合作。因为三者的目的只有一个，即加强对人民的思想统治。到了慧远的手里，佛教和政治进一步结合起来，这又推动了佛教本身的发展。

东晋南朝君臣的佞佛　东晋、南朝时期，佛教在南方迅速而广泛地发展，成了封建统治阶级奴役劳动人民的有力的精神武器。当时帝王朝贵、世家大族佞佛的事迹，在唐释法琳所撰《辨正论·十代奉佛篇》中，记载得很详备，这里只能作些简要的叙述。

在东晋、南朝的皇帝中，佞佛达到极点的是梁武帝萧衍。他大力鼓吹灵魂不灭，迷信因果报应。他在天监三年（公元504年）的舍道归佛诏中，这样说："愿使未来世中，童男出家，广弘经教，化度含识，同共成佛。宁在正法（指佛教）之中，长沦恶道；不乐依老子教，暂得生天。"（《广弘明集》卷4）他从天监（公元502—519年）以后，长斋事佛，每天只吃一顿蔬菜粗米饭。他曾四次舍身同泰寺为奴，每次由群臣出钱一亿万把他赎回。在他在位的年代，也可以算是南朝佛教发展登峰造极时期。陈朝的皇帝，也像他一样佞佛，如陈武帝就曾在建康大庄严寺舍身为奴，由群臣出钱把他赎回。后来陈后主亦曾舍身弘法寺为奴，由群臣出钱赎回。即此一端，可见东晋、南朝的皇帝迷信佛教到了何等地步。

东晋南朝的王公贵戚也迷信佛教，其中尤以齐竟陵王萧子良信佛最笃。萧子良是齐武帝第二子，身为司徒（宰相），屡次在府邸设斋，大会众僧，亲自送饭送水，以致被世俗认为有失宰相体统。他还时常招致僧侣，讲说佛法。又曾手书佛经七十一卷。他对于佛教在南朝盛行，有一定影响。

江南的世家大族，佞佛的更多，如琅邪王氏、陈郡谢氏、庐江何氏、汝南周氏、琅邪颜氏、吴郡张氏陆氏，大都崇奉佛法。其中陈郡谢氏如谢灵运，尤信佛法。他尝著《辩宗论》，申顿悟之义，又注解《金刚般若经》，并参加修订《大般涅槃经》的工作。后因获罪被杀于广州，临刑前还遗嘱把他的髭须布施给南海祇洹寺，作为塑造维摩诘像时的假须之用。

统治阶级大力提倡的结果，佛教的传播更加广泛了。一般人民也往往"竭财以趣僧，破产以趋佛"（范缜《神灭论》）。帝王朝贵和地方官吏更是尽情向人民搜刮脂膏，来祈求来生的幸福。如宋明帝"以故宅起湘宫寺，费极奢侈"，自以为"起此寺是大功德"。近臣虞愿直率地说："陛下起此寺，皆是百姓卖儿贴妇钱，佛若有知，当悲哭哀愍。罪高佛图（罪比塔还高），有何功德。"（《南史·循吏·虞愿传》）梁武帝要在他父亲萧顺之墓上建造寺院，"未有佳材"。当时曲阿（今江苏丹阳）人弘氏有好木材，"材木壮丽，世所稀有"（《太平广记》卷120引《还冤记》），官吏就诬告弘氏在路劫掠，处以死刑，把木材没收，造起寺院。梁武帝同时还强买王骞在钟山的赐田八十余顷，造大敬爱寺。这样，宏丽的寺宇到处建立起来了，僧尼的人数随之增多了。唐法琳《辩正论·十代奉佛篇》著录有两晋、南朝僧尼寺数、口数以及译经部数，兹列表于下：

朝代	京城内寺数	全国寺数	僧尼数	译经人数	译经部数
西晋	两京 180		3700	13	73
东晋		1768	24000	27	263
宋		1913	36000	23	210
南齐		2015	32500	16	72
梁	都内 700	2846	82700	42	238
后梁		108	3200		
陈	郭内 300	1232	32000	3	11

梁朝的版图较陈朝为大,梁武帝的佞佛又超过前代任何一朝帝王,因此,东晋、南朝的僧尼人数,梁朝为最多。《南史·循吏·郭祖深传》称:当时"都下佛寺五百余所,穷极宏丽。僧尼十余万,资产丰沃。所在郡县,不可胜言。道人(僧侣)又有白徒(未出家而为僧院服役的男丁),尼则皆蓄养女(未出家而为尼寺服役的女子),皆不贯人(民)籍,天下户口,几亡其半。"所以南方的反佛声浪,也以这一时期为最高。

在东晋孝武帝时代(公元 373 年以后),佛教在江南已经有很大势力。《正诬论》中提到"道人聚敛百姓,大构塔寺,华饰奢侈,靡费而无益"(《弘明集》卷 1)。到了桓玄秉政(公元 402 年),认为"佛所贵无为,殷勤在于绝欲"。而今"避役钟于百里,逋逃盈于寺庙,乃至一县数千,猥成屯落",不仅"伤治害政",同时也"尘滓佛教"(《弘明集》卷 12 桓玄《与僚属沙汰僧众教》)。因此他下令沙汰僧众。不过桓玄很快就失败了,所以这一沙汰政策,并没有认真执行。义熙(公元 405—418 年)中,有人抨击僧侣,说他们"既出家离俗",就应该是"德行卓然,为时宗仰"。可是事实上他们却是"栖托高远,而业尚鄙近。至于营求孜伋,无暂宁息。或垦殖田圃,与农夫齐流;或商旅博易,与众人竞利;或矜恃医道,轻作寒暑;或机巧异端,以济生业;或占相孤虚,妄论吉凶;或诡道假权,要射时意;或聚畜委积,颐养有余;或指掌空谈，坐食百姓。斯皆德不胜服，行多违法。"因此主张"自可废之，以一风俗"（《弘明集》卷6晋释道恒《释驳论》）。宋文帝元嘉十二年（公元435年），丹阳尹萧摹之奏请限制用铜铸佛像及兴造塔寺精舍；倘若擅自兴造，"铜宅林苑，悉没入官"（《宋书·天竺迦毗黎国传》）。宋孝武帝大明二年（公元458年），因僧尼杂滥，下令沙汰一批僧尼，但没有执行。齐明帝时（公元494—498年），张欣泰上书，"言宜毁废僧寺"（《南史·张兴世传子欣泰附传》），可是也不见下文。到了梁武帝时，荀济上书指斥佛法，说僧侣"交纳泉布，卖天堂五福之虚果"；"豫征收赎，免地狱六极之谬殃"。还说僧尼都是一些"避役奸诈之侣"（《广弘明集》卷7）。郭祖深上书请将沙门"精加检括，若无道行，四十〔岁〕以下，皆使还俗附农"（《南史·循吏·郭祖深传》），但都没有结果。陈宣帝伐周失败（公元577年）后，想检括无籍的僧侣来补充军队，后来也没有实行。

东晋、南朝始终没有用政治力量来禁止佛教，主要原因在于江南僧尼人数，最多时不到十来万人，南朝政权有足够的力量来控制僧尼。以沙门该不该向帝王行跪拜礼一事为例，从东晋成帝时（公元326—342年）起，就开始讨论了。按照佛教的规矩，僧侣见了什么人都不跪拜，只是合掌致敬。因此大多数有名僧侣和佞佛朝贵都倾向"不应尽敬"。可是到了宋孝武帝大明六年，朝廷下令僧侣对皇帝必须行跪拜礼，有僧人不遵守的，即"鞭颜皴面而斩之"（《广弘明集》卷6《叙列代王臣滞惑解》），僧侣就立刻屈服了。世俗地主和僧侣地主之间的矛盾，在南方不比在北方那样突出，所以南朝不曾出现政教之争，不是由统治政权在政治上用暴力来摧毁佛教。这个任务落在唯物主义学者的肩上，要求他们在思想界展开一场辩论，在理论上给予佛教思想以致命性的打击。范缜的杰出著作——《神灭论》，就是在这种情况下提出来的。

① 关于释迦牟尼的生卒年月,这里依据锡兰大史的记载;我国的记载则谓生于公元前565年,卒于公元前485年。

② 康僧会《六度集经》卷8:识与元气,微妙难睹,形无系发,孰能把获,然其释故禀新,终始无穷矣。

陈慧《阴持入经注》:师云:五阴种,身也。灭此彼生,犹谷种朽于下,栽受身生于上。又犹元气,春生夏长,秋萎冬枯,百谷草木,丧于土上,元气潜隐,禀身于下。春气之节,至卦之和,元气悄躬于下,禀身于上。有识之灵,及草木之栽,与元气相含,升降废兴,终而复始,转三界无有穷极,故曰种也。

初期传译的译师,译五蕴为五阴,同时也把"阴"说成和元气差不多的东西。如:

康僧会《安般守意经序》云:心之溢荡,无微不浃,悦惚髣髴,出入无间,视之无形,听之无声,逆之无前,寻之无后。深微细妙,形无丝发,梵释仙圣,所不能照明。默种于此,化生乎彼,非凡所睹,谓之阴也。

陈慧《阴持入经注》:识神微妙,往来无诊,阴往默至,出入无间,莫睹其形,故曰阴。

③ 汤用彤先生《汉魏两晋南北朝佛教史》第六章《佛教玄学之滥觞》:支谦、康僧会,系出西域,而生于中土,深受华化。译经尚文雅,遂常掇拾中华名词与理论,羼入译本。故其学均非纯粹之佛教也。又牟子采《老》《庄》之言,以明佛理。僧会《安般》《法镜》二序,亦颇袭《老》《庄》名词典故。而同时有《阴持入经注》(标题为陈慧,但序首自称为密),读之尤见西方、中夏思想之渐相牵合。嵇康、阮籍所用之理论,亦颇见于是书中。安世高、康僧会之学说(禅学),主养生成神。支谶、支谦之学说,主神与道合。前者与道教相近,上承汉代之佛教;而后者与玄学同流。两晋以还所流行之佛学,则上接二支。明乎此,则佛教在中国之玄学化,始于此时,实无疑也。

④ 关于六家之说,有的据日本僧安澄《中论疏记》云:"今此言六家者,于七宗中除本无异宗也。"如果除本无异宗,那么道安的本无宗即在六家之内。然而这和当时一部分僧侣的说法发生歧异。如《出三藏记集》卷8僧睿《毗摩罗诘堤经义疏序》称:"自慧风东扇,法言流咏已来,虽曰讲肄,格义迂而乖本,六家偏而不即;性空之宗,以今验之,最得其实。然炉冶之功,微恨不尽,当是无法可寻,非寻之不得也。……先匠(指其师道安)所以辍章遐慨,思决言于弥勒者,良在此也。"由此可见,僧睿是把道安的本无宗,称为"性空之宗",而列之于六家之外的。隋嘉祥吉藏大师在《中观论疏》卷2末云:"什师未至长安,本有三家义。一者释道安明本无义。谓'无在万化之前,空谓众形之始,夫人之所滞,滞在末(末)有,若托(宅)心本无,则异想便息'。睿

法师云：'格义迂而乖本，六家偏而未即。'师云：'安和上凿荒途以开辙，标玄旨于性空，以炉冶之功验之，唯性空之宗，最得其实。'详此意，安公明本无者，一切诸法本性空寂，故云本无，此与《方等》经论，什、肇山门，义无异也。次琛法师云本无者，未有色法，先有于无，故从无出有。即无在有先，有在无后，故称本无。此释为肇公《不真空论》之所破。"可见吉藏也不把道安的本无宗列于被僧肇所批判的三家之列。这是由于道安对当时的佛教发展，有重要贡献，他对此后三论宗的创建，也有很大影响。同时他有不少学生在关中襄助鸠摩罗什译经，僧睿即是其一。这样，僧睿和后来三论宗的吉藏，自然要替他设法开脱了。

⑤ 本节编写时，参考了汤用彤先生的《汉魏两晋南北朝佛教史》、侯外庐先生主编的《中国思想通史》第三卷第十章、任继愈教授的《汉唐佛教思想论集》中的《南朝晋宋间佛教"般若"、"涅槃"学说的政治作用》一文，及其主编的《中国哲学史》第四篇第八章。

第四节　反佛教的斗争与范缜的无神论思想

反佛教思想的先驱　有鬼论与无鬼论，神不灭论与神灭论的论争，本质上就是唯物主义与唯心主义两种思想的斗争。东汉以来，在唯物主义战线上，就有不少优秀的战士如桓谭、王充等，他们都坚持着无神论的主张。魏晋以后，宗教气氛弥漫全国，无神论者便不懈地展开反对宗教神学的斗争。

孙盛，字安国，太原中都（今山西平遥西北）人，仕东晋官至秘书监。他非常博学，著有《魏氏春秋》、《晋阳秋》，是当时著名的历史学家。又善于言名理，连著名玄学家殷浩都无法难倒他。当时有罗含，著《更生论》，主要论据是："善哉！向生（向秀）之言曰：'天者何？万物之总名；人者何？天中之一物。'因此以谈，今万物有数，而天地无穷。然则无穷之变，未始出于万物。万物不更生，则天地有终矣。天地不为有终，则更生可知矣。"罗含从这一论点出发，认为人的精神可以离开肉体而存在，而且是"聚散隐显，环转于无穷之涂"（《弘明集》卷5）。孙盛不同意罗含的这种唯心主义看法，在他给罗含的信中，说："吾谓形既粉散，知

〔神〕亦如之，纷错混淆，化为异物。"(《弘明集》卷5《与罗君章书》)他明确地主张神随形灭，用神灭思想批判了神不灭思想。

戴逵，字安道，谯郡铚县(今安徽濉溪县)人。"博学，好谈论，善属文，能鼓琴，工书画，其余巧艺靡不毕综。"(《晋书·隐逸·戴逵传》)青年时，东晋宗室太宰武陵王司马晞听说他善于鼓琴，派人去招他，他对来人把自己的琴磕破，说："戴安道不为王门伶人！"他一直隐居在会稽剡中(今浙江嵊州)，不肯做官。东晋孝武帝太元二十年(公元395年)病卒，年约六十岁。戴逵因为是名画家，所以他经常画佛像，并和当时名僧慧远等有来往，可是他并不相信因果报应之说。在他的《释疑论》中有这样的说法："尧、舜大圣，朱(丹朱，尧子)、均(商均，舜子)是育；瞽叟(舜父)下愚，诞生有舜；颜回大贤，早夭绝嗣；商臣(即楚穆王，弑父代立)极恶，令胤克昌(楚庄王即楚穆王子)；……比干忠正，毙不旋踵；张汤酷吏，七世珥貂(子孙七代都做大官)。""又有束脩履道，言行无伤，而天罚人楚(苦)，百罗备婴；任性恣情，肆行暴虐，生报荣贵，子孙繁炽。"他举了这一系列事实，说明好人得不到好报，而恶人也并没有得到恶报，因此他认为因果报应之说，是没有根据的。他在《答周居士难释疑论》中说：如果认为有"冥司"之说，可以"祈验于冥中"的话，那么冥司应该像阳间理国治家一样，"善无微而不赏，恶无纤而必罚"。"积善之家，被余庆于后世；积不善之家，流殃咎乎来世"。可是事实却不然，"或恶深而莫诛，或积善而祸臻；或履仁义而亡身，或行肆虐而降福。岂非无司(冥司)而自有分命乎？"可见戴逵是不承认有所谓阴司地狱的。戴逵又在《流火赋》里这样说："火凭薪以传焰，人资气以享年，苟薪气之有歇，何年焰之恒延。"(《初学记》卷25引)也认为薪尽火灭，人死神灭。可惜他的作品保留下来的不多，无法窥知其详了。

由于时代的局限和阶级的局限，戴逵虽不信因果报应说，但认为"圣人之救其弊,因神道以设教"(《释疑论》),因果报应说"故是劝教之言"(《答周居士难释疑论》),他并没有决心把它根本推翻掉。同时,他虽不信因果报应说,却认为人的善恶,都是由"分命"决定的,"分命原定于冥初(出生之前)",人的"穷达善恶,愚智寿夭,无非分命"(《答周居士难释疑论》)。这样,他的宿命论思想,就给唯心主义保留了地盘。

何承天(公元370—447年),东海郯城(今山东郯城)人。刘宋时官至国子博士、御史中丞。承天学问赅博,尤精于天文历数之学,宋初的《元嘉历》,就是由他撰定的。由于他在自然科学方面,有较大的成就,这对他无神论思想的发展,有一定影响。

南朝宋文帝元嘉(公元424—453年)初年,有释慧琳著《均善论》,假设白学先生和黑学道士的对答(因此也称《白黑论》),从侧面对佛教进行了批评,如说佛教"叙地狱则民惧其罪,敷天堂则物欢其福"。"美泥洹(涅槃)之乐,生耽逸之心;赞法身之妙,肇好奇之心。近欲未免,远利又兴。"又说:"施一以邀百倍","永开利竞之俗"。并指出佛教反而不及"周、孔敦俗"和老庄"谨守性分"(《宋书·天竺迦毗黎国传》引)。慧琳在最后虽然也认为儒、释可以"殊涂同归",但这篇论文的基本倾向,却是暴露佛教的缺点多,肯定佛教的优点少。以一个僧侣而写这样一篇论文,当时全体僧侣自然要认为是异端而加以排斥和围攻了。何承天却是站在慧琳这一立场方面的,因此把这篇论文寄给宗炳看,并征求他的意见。

为什么何承天要把《均善论》寄给宗炳看呢?因为宗炳是当时极为佞佛的名士,他曾著有《明佛论》,亦名《神不灭论》。宗炳这篇论文的主要论点是:"精神不灭,人可成佛,心作万有,诸法皆空,宿缘绵邈,亿劫乃报"(《弘明集》卷2)。他又说:"神也者,妙万物而为言矣。若资形以造,随形以灭,则以形为本,何妙以言乎?夫精神四达,并流无极,上际于天,下盘于地",形虽灭而神不灭。他宣扬佛性学说，说"无身而有神，法身之谓也"。并说："法身无形，普入一切。"因为戴逵在《释疑论》里有瞽叟生舜，舜生商均，怎样来解释因果报应的说法。宗炳就用神不灭学说来牵强附会，大放厥词，认为神（灵魂）有粗妙之分，"随缘迁流"，永恒不灭。"今虽舜生于瞽，舜之神也，必非瞽之所生；则商均之神，又非舜之所育。生育之前，素有粗妙矣。既本立于未生之先，则知不灭于既死之后矣。"何承天把慧琳的《均善论》抄给这样一个佛教徒看，要求他表明自己的态度。宗炳虽然复信，表示不同意慧琳"周、孔疑而不辨，释氏辨而不实"的说法，并再度表示他不能接受身死神灭的观点（见《弘明集》卷 3 宗炳《答何衡阳书》）。

何承天就围绕《均善论》所提出的问题，和宗炳展开了争论。他首先批驳了宗炳"人形至粗，人神实妙，以形从神，岂得齐终"的说法。认为"形神相资，古人譬以薪火。薪弊火微，薪尽火灭。虽有其妙，岂能独传"（《弘明集》卷 3 何承天《答宗居士书》）。并表示自己对因果报应的看法，说佛教徒"若唯取信天堂地狱之说，因缘不灭之验，抑情菲食，尽勤礼拜，庶几荫罗帐之盖，升弥镫之座，淳于生所以大谲也"（《答宗居士书》）。

何承天在他所著《达性论》里，又驳斥了佛教的轮回学说。他认为"生必有死，形毙神散，犹春荣秋落，四时代换，奚有于更受形（更受人形）哉"（《弘明集》卷 4）。这是说，人的生死，好比草木的枯荣，四季的更替，一旦身死神散，怎会转生来世呢？在《报应问》中，他说："夫欲知日月之行，故假察于璇玑（古代观察天文的仪器）；将申幽冥之信，宜取符于见事。故鉴燧悬而水火降，雨宿离而风云作，斯皆远由近验，幽以显著者也。"他从研究自然科学的实践精神出发，批驳了因果报应说的荒唐无稽。他还以人所共知的自然现象为例，说："夫鹅之为禽，浮清池，咀春草，众生蠢动，弗之犯也；而庖人执焉，鲜有得免刀俎者。燕翔求食,唯飞虫是甘;而人皆爱之,虽巢幕而不惧。"意思是说,鹅浮游于池塘,与人无争,而难免死于刀俎之下;燕以昆虫为食,却得到人们的爱护。"是知杀生者无恶报,为福者无善应。"他进一步诘问道:"若谓燕非虫不甘,故罪所不及;民食刍豢(家畜),奚独婴辜(受罪)。"(《广弘明集》卷 20)何承天以浅显生动的道理批判了因果报应说,丰富了当时的反佛教神学思想。

但是何承天还不敢彻底地否认鬼神。例如说:"昔人以鬼神为教,乃列于典经,布在方策。郑侨(子产)、吴札(季札),亦以为然。"(《弘明集》卷 4《重答颜光禄》)"明有礼乐,幽有鬼神,圣王所以为教,初不昧其有也。"(《答宗居士书》)"余谓佛经但是假设权教,劝人为善耳。"(《报应问》)他虽然驳斥了佛教因果报应、轮回转世之说,但对神道设教用以麻醉人民的根本思想,却仍然采取一种存而不论的态度。他同人家讨论神灭、神不灭问题的时候,又曾提道:"夫神魄惚怳,游魂为变,发扬凄怆,亦于何不之。"(《弘明集》卷 4《答颜光禄》)这也说明由于何承天和传统思想没有完全决裂,他的无神论学说,就无法前进一步了。

《后汉书》著者范晔,也是无神论者。他也认为"死者神灭","天下决无佛鬼"(《宋书·范晔传》)。到他将要被杀的时候,痛恨徐湛之出卖他,对人说:"当相讼地下。"人们因此讥笑范晔主张神灭学说不彻底。其实这不过是一句气话。可惜范晔在无神论方面的作品,没有被保存下来。

刘峻(公元 462—521 年),字孝标,原籍平原(今山东平原南),祖昶,渡河移居北海都昌(时都昌寄治青州,今山东青州)。父璇之,流寓江南。孝标生期月而父卒,其母携孝标返青州。不久,北魏攻陷青州,青齐民户多被俘作牲口,称为平齐户。孝标时年八岁,亦被掠为奴。后虽为中山富人赎出,但又徙往平城,"贫不自立,与母并出家为尼、僧,既而还俗"(《南史·刘怀珍传从弟峻附传》)。"峻好学,家贫,寄人庑下,自课读书。"(《梁书·文学·刘峻传》)到了南齐永明(公元 483—493 年)中,才从平城逃归江南。他读书非常用功,"苦所见不博,闻有异书,必往祈借",当时人称他为"书淫"。"于是博极群书,文藻秀出。"可是受到当时世家大族的排挤,他尝求为齐竟陵王萧子良的幕僚,吏部尚书徐孝嗣抑而不许。后来梁武帝招引文学之士,因为刘孝标为人率真,"不能随俗沉浮",梁武帝"颇嫌之,故不仕用"。此后他就退居东阳(今浙江金华)讲学,普通二年病死。

刘孝标一生的遭际,是非常坎坷不平的,他的《辨命论》和《自序》,就是表达他对自己遭际的愤慨。刘孝标在《辨命论》里说:"夫道生万物,则谓之道;生而无主,谓之自然。自然者,物见其然,不知其所以然;同焉皆得,不知所以得。鼓动陶铸而不为功,庶类混成而非其力。生之无亭毒(长养)之心,死之岂虔刘(杀害)之志。坠之渊泉非其怒,升之霄汉非其悦。荡乎大乎,万宝以之化;确乎纯乎,一化而不易。化而不易,则谓之命。命也者,自天之命也。定于冥兆,终然不变。"刘孝标所说的自然之命,如果译成今天的话,带有一种机械的必然法则的性质。他认为这一法则,"鬼神不能预,圣哲不能谋,触山之力无以抗,倒日之诚弗能感。"刘孝标强调客观的必然性到了机械的必然法则程度,认为人的主观在它面前,完全丧失能动的作用,所以他说"咸得之于自然,不假道于才智",因而不能不慨叹"士之穷通,无非命也"。

他认为"伍员浮尸于江流,三闾(屈原)沉骸于湘渚",以及贾谊、桓谭、冯衍之徒,"皆摈斥于当年,韫奇才而莫用","此岂才不足而行有遗哉?"这种现象,除了用自然之命来解释外,就无法予以说明。当时世家大族把持政权,"高才而无贵仕,饕餮而居大位"。在"薰(香草)莸(臭草)不同器,枭(恶鸟)鸾(仁鸟)不接翼"的情况下,必然使得"浑敦(古代传说中的糊涂人)、梼杌(古代传说中的恶人),踱武于云台之上(相继做大官);仲容、庭坚(古代传说中的有才德的人），耕耘于岩石之下"。由于历史条件的限制，刘孝标只能把这种现象归之于自然的命运了。他还提到在北朝，当时的拓跋贵族，"居先王之桑梓，窃名号于中县。与三皇竞其氓黎，五帝角其区宇。种落繁炽，充牣神州"。无数汉族平民，则被掠作奴婢，刘孝标本身就是经历过这种境地的，他不禁感叹说："呜呼！福善祸淫，徒虚言耳！"因果报应，又在哪里？于是他批驳了报应说："为善一，为恶均，而祸福异其流，废兴殊其迹。荡荡上帝，岂如是乎？"他不相信有上帝在主宰着善恶。

刘孝标和戴逵一样，有定命论的倾向，他说："所谓命者，死生焉，贵贱焉，贫富焉，治乱焉，祸福焉，此十者，天之所赋也。"所不同于戴逵的是，他说："愚智善恶，此四者人之所行也。"认为人的愚智善恶，与自然之命无关，而"在于所习"。东汉王充说过："夫中人之性，在所习焉。习善而为善，习恶而为恶也。"（《论衡·本性篇》）刘孝标倾向于王充的这种主张。所以他又说："素丝无恒，玄黄代起；鲍鱼芳兰，入而自变。"他并且举子路和楚穆王二人为例，"季路学于仲尼，厉风霜之节；楚穆谋于潘崇，成杀逆之祸（指商臣谋于潘崇，杀其父楚成王）"。可见善没有产生善果，恶也没有得到恶报，"而商臣之恶，盛业光于后嗣；仲由（即子路）之善，不能息其结缨（子路结缨而死）"。这样，他就得出这么一个结论，"斯则邪正由于人，吉凶在乎命也"。意思是说，贵贱吉凶决定于自然之命，为善作恶却是事在人为。因此他一方面批驳了因果报应说，一方面又鼓励自己努力去做好事，"善人为善，焉有息哉！"

刘孝标所说的自然之命，比起戴逵的宿命论来是前进了一步。但是他虽然批判了"福善祸淫"的宿命论，却又陷入了"吉凶在乎命"的宿命论。他在《自序》中，说自己"魂魄一去，将同秋草"，这又说明他把精神看作某种可以离开形体的特殊物质。他同在他以前的无神论者一样，都不能把神灭思想坚持到底。

范缜的唯物主义与无神论思想 范缜,字子真,约生于宋文帝元嘉二十七年(公元 450 年),约卒于梁武帝天监十四年(公元515 年)。祖先原籍顺阳南乡(今河南淅川)。六世祖汪,东晋初渡江,遂流寓江南。范缜祖父范璩之,宋中书郎;父范濛,早死。缜少孤贫,刻苦勤学,二十岁以前,到当时的名儒刘瓛那里去听讲。刘瓛那里有不少学生是世族子弟,"多车马贵游"。范缜"芒屩布衣,徒行于路",毫无愧色。"及长,博通经学,尤精三《礼》。""性质直,好危言高论"(《南史·范云传从兄缜附传》),不畏权威,从青年时代就表现出战斗的性格来了。

范缜仕齐为尚书殿中郎,时齐司徒竟陵王萧子良开西邸,盛招宾客,当时名士萧衍(即后来的梁武帝)、沈约、谢朓、王融、萧琛、范云、任昉、陆倕等八人为西邸上客,号称"八友"。范缜亦在子良的延揽之列。

竟陵王萧子良是以佞佛出名的,范缜虽是西邸的宾客,但他却不相信因果报应说,因此引起了争论。《梁书·儒林·范缜传》称:

> 子良问曰:"君不信因果,世间何得有富贵,何得有贫贱?"缜答曰:"人之生譬如一树花,同发一枝,俱开一蒂,随风而堕,自有拂帘幌坠于茵席之上,自有关篱墙落于溷粪之侧。堕茵席者,殿下(指子良)是也;落粪溷者,下官(缜自谓)是也。贵贱虽复殊途,因果竟在何处?"子良不能屈。

范缜在这一段对答里,明白地说人生的富贵贫贱,只是偶然的际遇,否定了佛家的因果报应说。为了进一步阐明他的观点,他就开始撰写他的《神灭论》。

《神灭论》初稿写成以后,史称"朝野喧哗,子良集僧难之,而不能屈"。当时有一个佛教信徒世族大地主太原王琰写文章攻击范缜,说:"呜呼范子! 曾不知其先祖神灵所在。"想一下子把范缜骂倒。范缜针锋相对地说:"呜呼王子! 知其先祖神灵所在,而不能杀身以从之!"驳得王琰哑口无言。萧子良又派王融去对范缜说:"神灭既自非理,而卿坚执之,恐伤名教。以卿之大美,何患不至中书郎,而故乖剌为此,可便毁弃之。"缜大笑说:"使范缜卖论取官,已至令、仆矣,何但中书郎邪!"(《南史·范云传从兄缜附传》)范缜这种不肯妥协,坚持真理的精神,充分表现出唯物主义者的坚强性格。

齐建武(公元494—497年)中,范缜由尚书殿中郎转为领军府长史;不久,又出为宜都(郡治夷道,今湖北宜都)太守。范缜不相信佛,当然也不相信有鬼神,当时夷陵(今湖北宜昌市)有许多神庙,缜下令禁毁,不许奉祀。梁武帝称帝,因为同范缜是西邸的旧友,所以任命他做晋安(郡治侯官,今福建福州市)太守。南朝的世族是把担任刺史、太守当作发财机会的,范缜却"在郡清约,资公禄而已",说明他是比较清廉的官吏。不久,梁朝又内调范缜为尚书左丞。到了梁武帝天监四年(公元505年),因事谪徙广州,过了一二年,又追还为中书郎、国子博士(约在天监六年以后)。

梁武帝是最为佞佛的皇帝,他在做皇帝以后的第三年(天监三年)下了一道诏令:

> 大经中说道有九十六种,唯佛一道,是于正道;其余九十五种,名为邪道。朕舍邪外,以事正内。诸佛如来!若有公卿能入此誓者,各可发菩提心。……其公卿百官侯王宗族,宜反伪就真,舍邪入正(《广弘明集》卷4)。

这道诏令,无异正式宣布佛教为国教。一时佞佛的气氛,弥漫全国。而范缜却在这时把他的《神灭论》修订定稿,在亲友之间流传开来。

如果让范缜这篇论文广泛流传开来,对封建统治阶级的威胁是很大的。因此由大僧正(最高僧官,总管全国僧侣)法云出面,上书梁武帝说:"中书郎顺阳范轸(缜)著《神灭论》,群僚未详其理,先以奏闻"(《续高僧传》卷6《梁扬都光宅寺沙门释法云传》)。提醒梁武帝利用皇帝的威势来压服范缜。这时梁王朝建立不久,政权尚未稳定,梁武帝为了加强思想统治,就对范缜发动围攻。他先发布了一道敕旨,开头还装作允许范缜从学术上来进行自由讨论的样子,他说:"欲谈无佛,应设宾主,标其宗旨,辨其长短,来就佛理以屈佛理,则有佛之义既踬,神灭之论自行。"可是接着他就斥责范缜:"违经背亲,言语可息。神灭之论,朕所未详。"(《弘明集》卷10梁武帝《敕答臣下神灭论》)结果还是给范缜扣上"违经背亲"的大帽子。这正好说明梁武帝不是真正想讨论神灭、神不灭的问题,而是想用政治力量把神不灭思想压下去。大僧正法云体会梁武帝的意旨,把梁武帝的敕旨抄写了很多份,遍送当时王公朝贵,鼓动他们围攻范缜。当时王公朝贵六十二人都采用信札的形式来答复法云,表示对神灭学说的反对态度(见《弘明集》卷10)。信札的内容,如沈约在复信中说:"神本不灭,久所伏膺。神灭之谈,良用骇惕!"王泰在复信中说:"一日曲蒙燕私,预闻范中书有形神偕灭之论,斯人径侹,不近人情。"这六十二封复信,只是附和梁武帝的敕旨,责骂范缜,谈不上讨论问题,商榷是非。有些信中除了歌颂梁武帝兼弘儒释以外,还提到"神灭之为论,妨政实多,非圣明者无法,非孝悌者无亲,二者俱违,难以行于圣世"(《弘明集》卷10马元和答书),所以主张禁绝神灭学说。当时曹思文写了《难神灭论》和《重难神灭论》两篇诘难文章,好像是在进行学术讨论,实际上也谈不出一个所以然来。曹思文用来攻击神灭学说的也不是佛教哲理,而是周公、孔子的名教学说。他提出儒家经典中的郊祀配天制度,以证明神之不灭,接着问道:"若形神俱灭,复谁配天乎?复谁配帝乎?"企图通过诡辩来给范缜加上"欺天罔帝"、"伤化败俗"(《弘明集》卷9)的罪名,把神灭学说压下去。无神论者的范缜坚持真理,毫不理睬这些政治压力和舆论压力,坚强地和这些御用学者进行论战，真是"辩摧众口，日服千人"（《弘明集》卷9萧琛《难神灭论序》）。

范缜在《神灭论》里说："神即形也，形即神也。是以形存则神存，形谢则神灭也。""神即形"，"形即神"，就是形神相即的意思，也就是精神和形体互相依存的意思。范缜又把这称为"形神不二"、形神"不得相异"、"形神是一体之相即"，即认为形神是不可分离的统一体。形神虽是不可分离的、互相依存的，但他也不认为形神的关系是平行的，如果肉体死了，精神也就随着消灭，因此形是第一性的，神是第二性的，形为神的基础，神为形的派生物。

范缜的形神相即，形神不二，形神不得相异的观点，是和佛教神学形神相异、形神有二的观点尖锐对立的。当时的唯心主义宗教神学认为形神是可以离合的，"形非即神也，神非即形也，是合而为用者也，而'合'非'即'矣。生则合而为用，死则形留而神逝也"（《弘明集》卷9曹思文《难神灭论》）。形神可以离合，这是神不灭论的主要论点。佛教徒用梦幻来论证形神的相异，萧琛在《难神灭论》中就说："人或梦上腾玄虚，远适万里，若非神行，便是形往邪？形即不往，神又弗离，复焉得如此？"萧琛认为这是一种"神游"，并且说"形静神驰，断可知矣"。因此他认为"形神有二"，"灵质分途"。曹思文在《难神灭论》中又举庄子梦蝶为例，"斯其寐也魂交（精神交错），故神游于蝴蝶，即形与神分也；其觉也形开（目开意悟），蘧蘧然周（庄子名）也，即形与神合也。然神之与形，有分有合，合则共为一体，分则形亡而神逝也"。范缜有力地驳斥了这类论点，说："若合而为用者，明不合则无用"，"此乃灭神之精据，而非存神之雅决（正确的判断）"。他还批驳了如下的说法："赵简子五日不知人，秦穆公七日乃寤，并神游于帝所，帝赐之钧天广乐（神话中天上的音乐），此形留而神逝者乎？"他认为"既云耳听钧天，居然口尝百味，亦可身安广厦，目悦玄黄，或复披文绣之衣，控如龙之辔"，可见梦中的神游，也必须依赖于形体，"故知神之须待，既不殊人"（《弘明集》卷9《答曹舍人书》）。离开形体，连梦幻中的享受，也是不可能的。他驳神游蝴蝶的说法时说："此难可谓穷辩，未可谓穷理也。子谓神游蝴蝶，是真作飞虫邪？若然者，或变为牛，则负人辕轴，或梦为马，则入人跨下；明旦应有死牛死马，而无其物何也？""梦幻虚假，有自来矣。""神昏于内，妄见异物，岂庄生实乱南园（《文选》卷29晋张景阳《杂诗》之八：'蝴蝶飞南园'），赵简真登闾阖（神话中的天门）也？"范缜在当时固然不能对梦幻作出科学的解释，但他坚持了唯物主义的形神一元论，击退了唯心主义的形神二元论。精神既然不能离开形体而存在，因果报应、涅槃佛性等形形色色的神学迷信，也就根本不能成立。

范缜在《神灭论》里还说："形者神之质，神者形之用，是则形称其质，神言其用，形之与神，不得相异。"他认为形体是产生精神的主体，精神是形体所发挥的作用，它是一个统一体的两方面，而不是两个东西的结合，所以他特别指出："名殊而体一也。"

范缜为了要说明形和神之间的关系，拿锋利与刀刃来作比喻，说："神之于质，犹利之于刃；形之于用，犹刃之于利。利之名非刃也，刃之名非利也。然而舍利无刃，舍刃无利。未闻刃没而利存，岂容形亡而神在？"大意是说，精神和形体的关系，很像刀刃和锋利的关系一样。锋利不就是刀刃，刀刃不就是锋利；但是离开了锋利就无所谓刀刃，离开了刀刃就无所谓锋利。没有听说过刀刃不存在而锋利仍旧存在，哪有形体已经死亡而精神却不消灭的道理？范缜的这个比喻较之以前的唯物主义者提出的薪火之喻，大大前进了一步。他不再把精神看成一种特殊物质，而是明确指出精神对形体的依赖关系。这一名殊而体一，形神不得相异的论点，有力地反驳了形神相异的论点。

萧琛想就这一问题来非难范缜，说："夫刃之有利，砥砺之功，故能水截蛟螭，陆断兕虎。若穷利尽用，必摧其锋锷，化成钝刃。如此，即利灭而刃存，即是神亡而形在。……刃利既不俱灭，形神则不共亡。"萧琛以钝刀没有锋利，来论证精神可以离开形体，这是一种诡辩，因为刀虽钝，还是有锋利的作用；没有锋利的刀，就不是刃。这正好证明范缜的思想是正确的。

当时唯心主义者曾拿树木有质而无知的现象来反驳范缜形神相即的观点。他们说："木之质无知也，人之质有知也，人既有如木之质，而有异木之知，岂非木有其一，人有其二邪？"又说："人之质所以异木质者，以其有知耳。人而无知，与木何异？"范缜驳斥了这种说法，说："异哉言乎！人若有如木之质以为形，又有异木之知以为神，则可如来论也。今人之质，质有知也；木之质，质无知也。人之质非木质也，木之质非人质也。安在有如木之质，而复有异木之知哉？"并且说："人无无知之质，犹木无有知之形。"范缜指出人和木具有不同的质，不能把两者混同起来。精神虽一定是形体的作用，但并不是所有物质形体都具有精神的作用。人的质具有精神作用，树木的质就不具有精神作用。

唯心主义者又拿死人有形骸而无知觉来证明精神可以离开形体。他们说："死者之形骸，岂非无知之质邪？""若然者，人果有如木之质，而有异木之知矣。"范缜正确地回答说："死者有如木之质，而无异木之知；生者有异木之知，而无如木之质也。""生形之非死形，死形之非生形，区已革矣，安有生人之形骸，而有死人之骨骼哉？""是生者之形骸，变为死者之骨骼也。"这是说，活人的形体才具有精神作用，死人的质已经起了变化，就不具有精神作用。活人的形骸有知觉，死人的骨骼就没有知觉。活人的形骸和死人的骨骼不一样，正如"荣木变为枯木，枯木之质，宁是荣木之体？"欣欣向荣的树木会结果实，枯木却已凋零了。

范缜把人的精神现象分为两部分，一是能感受痛痒的"知"，一是能判断是非的"虑"。知即知觉，虑即思维。他认为两者有程度上的差别，"浅则为知，深则为虑"。但它们又同是精神现象的组成部分，"知即是虑"。他还认为，每一种精神作用，都是一定的生理器官所产生的。"痛痒之知"以手足为基础，"是非之虑，心器所主"。因为"心病则思乖，是以知心为虑本"。由于当时科学水平的限制，范缜无法认识到脑是思维的中枢，但这并不影响他关于"形者神之质，神者形之用"的论断。范缜由此进而批驳了"虑体无本"即思虑自身没有基础这种把精神和形体分离的神学观点，说："苟〔虑〕无本于我形，而可遍寄于异地，亦可张甲之情寄王乙之躯，李丙之性托赵丁之体，然乎哉？不然也！"有力地论证了唯物主义的形神一元论。

但是，范缜在回答论敌提出的人为什么有圣人和凡人的差别的问题时，他的弱点就暴露了出来，说什么"八彩（眉有八彩）、重瞳、勋（放勋，尧名）、华（重华，舜名）之容；龙颜、马口、轩（轩辕）、皞（少皞）之状，此形表之异也。比干之心，七窍并列；伯约（姜维）之胆，其大如拳，此心器之殊也。是以知圣人……非惟道革群生，乃亦形超万有"。这样，他就承认了"圣人"生来就具有特殊的体质，"圣人之体"决定了"圣人之神"，"凡人之形"决定了"凡人之神"，结果陷入于物质结构的机械论了。

佛教徒为了替神不灭论辩护，利用儒家经典上提到的鬼神传说，如《左传》里所记载的"伯有（春秋时郑国贵族）被甲，彭生（春秋时齐国公子）豕见"，来证明鬼神的存在。范缜否定了这种传说。他说："妖怪茫茫，或存或亡，强死者众，不皆为鬼，彭生、伯有，何独能然？"他在解释《礼记·檀弓》上的"魂气则无不之也"的说法时说："人之生也，资气于天，禀形于地。是以形销于下，气灭于上，故言'无不之'。'无不之'者，不测之辞耳，岂必其有神与知邪。"（《答曹舍人书》）范缜坚决地表示："人灭而为鬼，鬼灭而为人，则吾未知也！"

范缜尽管在哲学理论上坚决主张神灭学说，但是受到封建伦理观念的束缚，不敢公开反对儒家经典。因此当宗教神学利用儒家经典中谈到的鬼神来证明神不灭论的时候，范缜在有些地方，就表现得软弱无力了。例如他反对人死为鬼的同时，却又承认"有人焉，有鬼焉，幽明之别也"。认为鬼是与人不同的一种生物。论敌问他："经(指《孝经》)云：'为之宗庙，以鬼飨之，何谓也?'"他的答复是："圣人之教然也。所以从孝子之心，而厉偷薄之意，神而明之，此之谓矣。"又说："宗庙郊社，皆圣人之教迹，彝伦之道，不可得而废耳。"(《答曹舍人书》)肯定"神道设教"虽然不等于主张有神论，但是说明他终究不是彻底的无神论者。

范缜在《神灭论》的最后部分，指斥"浮屠害政，桑门蠹俗"，"惑以茫昧之言，惧以阿鼻(地狱)之苦，诱以虚诞之辞，欣以兜率(天堂)之乐"。"至使兵挫于行间(打败仗)，吏空于官府(官府缺乏称职官吏)，粟罄于惰游(粮食被游手好闲的僧侣吃光)，货殚于土木(财尽于兴建寺院)。"他站在地主阶级的立场，讲求"匡国"、"霸君"之术，主张废除佛教。

范缜的《神灭论》，在中国古代思想发展史上是划时代的作品。对于形神关系问题的论证，他超过了在他以前的唯物主义哲学家所能达到的水平，在中国长期的封建社会里，以后也没有一位唯物主义者在这问题上比他作出更深入的论证来。他驳斥了神不灭的说法，不仅从理论上揭穿了宗教神学的谎言，而且也谴责了当时封建帝王和世家大族佞佛所造成的社会危机，有其积极的实践意义。

范缜作为中国历史上一位杰出的无神论者、唯物主义者，他的学说，当然不是没有缺点的。例如他在《神灭论》中说："若知陶甄(陶铸，指天地化生万物)禀于自然，森罗(万象森然罗列)均于独化(指事物自己变化)，忽焉自有，恍尔而无，来也不御，去也不追，乘夫天理，各安其性。"这种偶然论的自然观，无法阐明世界万物客观发展的必然规律。同样，他曾用偶然论反对萧子良信奉的因果报应说，所谓"人之生譬如一树花，同发一枝，俱开一蒂,随风而堕"(见上引《梁书》本传),认为人的富贵贫贱,全是凭幸运,自己不能掌握自己的命运,结果和宿命论一样,并没有说明富贵贫贱的真正原因,而不能不陷于唯心主义。

范缜从地主阶级的立场出发,把封建统治阶级剥削劳动人民看作是天经地义的事情,他说过:"小人甘其垄亩,君子保其恬素;……下有余以奉其上,上无为以待其下。"上面提到过,他认为"圣人"的体质构造不同于凡人,以及他对儒家经典中神道设教的一套说法采取保留态度,这些是其阶级和时代的局限性的表现①。

北朝的灭佛事件 北朝的皇帝,同南朝的皇帝差不多,大都佞佛。北齐的几个皇帝,佞佛尤甚。如北齐文宣帝高洋,一方面昏虐杀人,另一方面迷信佛教,曾亲受菩萨戒。在他在位的十年当中,关东佛法兴盛。到了北齐末年,后主高纬甚至把邺都三台宫(铜雀台、金凤台、冰井台)舍施给大兴圣寺,后来又把并州的尚书省也舍施为大基圣寺,把并州的晋祠舍施为大崇皇寺。

北朝的妃、主、诸王,也大都佞佛。有许多废后,往往出家为尼②。公主、郡主出家的也不少。北魏诸王在"河阴之变"(公元528年)中多被尔朱荣杀害,其家"多舍居宅,以施僧尼",一度几乎造成"京邑第宅略为寺"(《魏书·释老志》)的情况。

中原的世家大族,如清河崔氏、范阳卢氏、荥阳郑氏、陇西李氏、河间邢氏、河东柳氏,以及代北的鲜卑贵族,也多信仰佛法。

由于各族统治阶级提倡佛教,加上当时中原人民在民族和阶级双重压迫之下,生活穷困,走投无路;有的为了逃避徭役和租调,结果纷纷出家当和尚。《魏书·释老志》云:"正光(公元520—524年)以后,天下多虞,王役尤甚,于是所在编户,相与入道,假慕沙门,实避调役。"故北齐时刘昼上书称:"佛法诡诳,避役者以为林薮。"(《广弘明集》卷7《叙列代王臣滞惑解》)这样,僧尼的人数不可避免地增多起来。北魏孝文帝太和元年(公元477年),全国僧尼人数还不过七万七千余人,到了北魏末年(公元534年左右),上距太和初元不到六十年,全国僧尼总数激增到二百万人左右(当时北方总人口数约三千万)。东西魏分裂(公元534—556年),周、齐对峙(公元557—577年),两国僧尼总数,几达三百万左右(两国总人口数在三千万左右),占当时北方总人口数的十分之一。

十六国与北朝僧尼人数、寺院数目、译经部数表

年 代	京城内寺数	京城内僧尼人数	全国寺数	全国僧尼人数	译经人数	译经部数	材料来源
后赵石氏			八九三所	近一万人			《高僧传》卷10《竺佛图澄传》
前秦苻氏		数千人			八人	四十部	《高僧传》卷5《释道安传》、《历代三宝记》
后秦姚氏		三千人			八人	一四二部	《高僧传》卷2《鸠摩罗什传》、《历代三宝记》
西秦乞伏氏						二二部	《历代三宝记》
北凉沮渠氏					八人	三七部	《历代三宝记》
北魏太和元年(477)	平城一百余所	二千余人	六四七八所	七七二五八人	四人	九部	《魏书·释老志》、《历代三宝记》

年　代	京城内寺数	京城内僧尼人数	全国寺数	全国僧尼人数	译经人数	译经部数	材料来源
延昌二年 (513)			一三七 二七所		五人	五九部	《魏书·释老志》、《历代三宝记》
神龟元年 (518)	洛阳 五百所						《魏书·释老志》
北魏末 (534)	洛阳 一三六 七所		三万所	近二百万人	四人	十九部	《魏书·释老志》、《洛阳伽蓝记》、《历代三宝记》
北齐	邺城 四千所	八万人	三万所	近二百万人	二人	八部	《大唐内典录》、《历代三宝记》
北周			一万所	近一百万人	四人	十六部	《历代三宝记》、《辨正论·十代奉佛篇》

　　随着佛教的盛行,寺院的经济势力也迅猛发展起来。遍布京都及各州郡的寺院,通过封建统治者的赏赐和贵族、官僚的施舍以及"侵夺细民"等途径,"广占田宅"(《魏书·释老志》)。例如北齐文宣帝高洋在天保三年(公元 552 年),曾为稠法师"于邺城西八十里龙山之阳,为构精舍,名云居寺。……初敕造寺,面方十里。稠曰:'十里太广,损妨居民,请半减之。'敕乃以方五里为定"(《续高僧传·齐邺西龙山云居寺释僧稠传》)。西魏时,宇文泰为大僧统道臻建中兴寺于长安昆明池南,"池之内外,稻田百顷,并以给之;梨枣杂果,望若云合"(《续高僧传·西魏京师大

僧统中兴寺释道臻传》)。这样,"凡厥良沃,悉为僧有"(《广弘明集》卷7《叙列代王臣滞惑解》),大量土地转入寺院的手中。

当时的寺院内,除了一部分僧侣也参加耕作的主要劳动以外,还有等于农奴身份的僧祇户和等于奴隶身份的佛图户,为寺院进行生产。北魏献文帝皇兴三年(公元469年),夺取了南齐的青、齐地区,除迁移青、齐地区的一部分"民望"于平城附近,为置平齐郡以居之外,其余青、齐人民,悉没为生口,分赐百官,称之为"平齐户"。当时北魏沙门统昙曜奏请献文帝,把这一部分平齐户及凉州军户等拨归"僧曹"(管辖寺院的机构),称为"僧祇户",每户每年纳谷六十斛,称之为"僧祇粟"。同时又请求把一部分犯重罪的罪人和官奴婢,充作"佛图户",以供诸寺洒扫,称之为"寺户"。魏献文帝都答应了,从此,每个州镇,都有僧祇户和寺户。在开始时"内律"(即僧律)里有规定:"僧祇户不得别属一寺"(《魏书·释老志》),应该由僧曹向僧祇户征收僧粟,不能由寺院直接向他们征收僧粟;征收来的僧祇粟,也是贮积起来,准备到荒年来"赈给饥民",所谓"俭年出贷,丰则收入"的。后来寺院就直接向僧祇户征收租谷,收到的租谷,也不是用来"济施",而是用来作为寺院高利贷的资本,来"规取赢息"了。寺院收债的时候,不顾水旱灾害而强征勒索;有的僧祇户虽已"偿利过本",可是僧侣地主竟"翻改券契",照旧催征。《北史·苏琼传》载:东魏时有"道人道研,为济州沙门统,资产巨富,在郡多出息,常郡县为征",可见农民如果拖欠寺院的债务,还会受到官吏的迫害。

寺院就是通过上述的手段,把财富大大地集积起来。而且,寺院在拥有雄厚的财富的同时,还占有众多的劳动人手,包括寺院中的僧侣和寺户,所以他们的经济力量,一天比一天强大,这就引起了政教之争,在北朝发生了两次灭佛事件。

在中国的佛教史上,有所谓"三武之厄":第一次是北魏的太武帝拓跋焘太平真君七年(公元446年)的灭佛;第二次是北周武帝宇文邕建德三年(公元574年)的灭佛;第三次是唐武宗李炎会昌五年(公元845年)的灭佛。本书中只叙述前面两次的灭佛经过。

北魏太武帝的灭佛,主要是由于当时拓跋氏进入黄河流域还不到三四十年,刚开始接触佛教,对佛教还不够了解,同时又掺入了佛、道斗争的因素,这样才会发生的。太武帝在太平真君五年(公元444年)正月下诏:"西戎虚诞,生致妖孽。"自今以后,"自王公已下至于庶人,有私养沙门、师巫……在其家者,皆遣诣官曹,不得容匿。限今年二月十五日,过期不出,师巫、沙门身死,主人门诛"(《魏书·世祖纪》)。太平真君六年秋,关中一带,爆发了以盖吴为首的各族人民大起义,太武帝亲自出征,才镇压了这一次规模巨大的人民起义。他在出征途中驻跸长安,入一佛寺,见寺中藏有很多兵器,就怀疑僧侣和盖吴通谋,下令把这一佛寺的僧侣,全都杀死;在没收寺院财产时,又发现寺院内有酿酒的用具(僧律禁酒);同时还搜查到许多州郡官吏和富人寄存在寺院里的财物;最后还发现了僧侣藏匿妇女以恣淫乐的地下窟室。信道抑佛的宰相崔浩,乘机劝太武帝灭佛。于是太武帝下令,把全国沙门一概坑杀,所有经像都要烧毁。这一命令公布之前,有些僧侣事先已经获得消息,先期逃匿,所以僧侣并没有全部杀尽。

太武帝晚年,佛禁稍微松弛。到了公元452年,太武帝被宦官宗爱杀死,文成帝拓跋濬(太武帝孙)继位,立即下诏恢复佛教。孝文帝迁都洛阳之后,佛教到达全盛时期,僧尼增加到二百万,"寺夺民居,三分且一"(《魏书·释老志》载任城王元澄语)。其后东西魏分裂,直到周齐对峙之际,僧尼总人数多达三百万人。北齐文宣帝高洋天保六年(公元555年)九月,并且下令禁绝道教,所有道士皆剃发为僧;如有不从,即时斩首。如道士妄称自己是神仙,就命令他从铜雀台上跳下去,粉身碎骨。这样,齐国境内就没有道教,专崇佛教。

当时在北朝,也不断出现反佛教思想。北魏末,李场诋佛教为鬼教。东魏时,阳衒之在所著《洛阳伽蓝记》中,对佞佛风气作了抨击。北齐时,邢邵尝在文宣帝高洋的东山别墅中,和佞佛的大臣杜弼展开神灭、神不灭的辩论。杜弼认为人死了,"骨肉下归于土,魂气则无不之,此乃形坠魂游,往而非尽。如鸟出巢,如蛇出穴"。邢邵反驳说:"死之言澌,精神尽也。""神之在人,犹光之在烛,烛尽则光穷,人死则神灭。"邢邵显然是继承了桓谭以来以烛火比喻形神的神灭思想,不过他没有能够坚持这种思想,他在辩论中竟肯定了"鹰化为鸠,鼠变为鴽,黄母为鳖"这些没有根据的说法,并且得出结论说:"类化而相生,犹光去此烛,复然(燃)彼烛。"这就认为光可以离开烛、神可以离开形,背弃了人死神灭的基本论点。他和杜弼的辩论,终于以"邢邵理屈而止"(《北齐书·杜弼传》)。稍后,"门族寒陋"的樊逊,在天保五年(公元 554 年)举秀才对策中,指出"祸福报应"是"妄说",并且提出沙汰僧尼的主张。他们都没有形成系统的反对佛教神学的思想,只有片段的言论留传下来。

由于北朝的寺院经济特别发达,寺院分割国家人口特别严重,尽管佛教是为封建统治阶级服务的,然而也会造成它与当时政府在经济利益方面的冲突。因此,北朝的政教之争,主要表现为政府与寺院争夺土地和劳动人手的斗争。继北魏太武帝灭佛之后,又发生北周武帝的灭佛事件。

北周武帝的灭佛,主要是出于经济和政治上的原因;固然这里也掺杂了佛、道之争,但是道教徒在这里实际上没有起什么作用,这从北周武帝于废佛同时也把道教废去一事,可以得到确切的说明。西魏文帝元宝炬,西魏相宇文泰,宇文泰子北周明帝宇文毓,泰兄子北周相宇文护,都是佞佛的人。北周武帝宇文邕早年受到父兄的影响，也信佛教。天和二年（公元 567 年），有卫元嵩上书，认为："唐、虞无佛图而国安，齐、梁有寺舍而祚失者，未合道也。但利民益国，则会佛心耳。夫佛心者，大慈为本，安乐含生，终不苦役黎民。"因此他建议废佛教，"造平延大寺，容贮四海万姓"；他所设想的平延大寺的如来，就是北周的皇帝，只要皇帝能在政治方面"行十善以伏未宁，示无贪以断偷劫"，佛教虽灭，却会出现佛的理想社会。他认为如果这样做，"劝行平等，非灭佛法"；如果不这样做，允许富僧免丁停课，那就是"劝不平等"，反而"是灭佛法"（《广弘明集》卷 7《叙列代王臣滞惑解》）。当时有个道士张宾，也建议废佛。武帝曾在天和四年，召集百官、僧、道，讨论佛教是否应该存在的问题，讨论了四次，都没有结果。事实上，这时北周大权掌握在大冢宰宇文护手里，像废毁佛教那样的大事情，是非事先征得宇文护同意不可的，而宇文护却是笃信佛教的，所以在宇文护擅政时期，不但不曾废毁佛教，就是要争论佛、道的优劣，安置佛教于道教之后，也是不可能的事。

武帝既杀宇文护之后，政由己出，乃在建德二年（公元 573 年）十二月，召集群臣、沙门、道士等，辩论三教先后，定儒教为先，道教为次，佛教为后。可见当时已经把佛教压到第三位去了。到这个时候，一部分僧侣还拼命攻击道士，以图与道教争一日之长；而另一部分僧侣则知道武帝的本意所在——旨在灭佛以富国强兵，于是径直说出这样的话："若他方异国，远近闻知，疑谓求兵于僧众之间，取地于塔庙之下，深诚可怪！""但顽僧任役，未足加兵；寺地给民，岂能富国。"（《广弘明集》卷 24 周释昙积《谏周高祖沙汰僧表》）这些话也并没有什么效果。建德三年五月十五日，武帝终于下敕禁断佛、道二教，"融佛焚经，驱僧破塔……宝刹伽蓝皆为俗宅，沙门释种悉作白衣"（隋费长房《历代三宝记》）。到了建德六年周灭齐，武帝至邺城，召北齐僧人并赴殿集，叙废教之意。当时僧人慧远抗声反对，以地狱相威胁，慧远说："陛下今恃王力自在,破灭三宝,是邪见人。阿鼻地狱不简贵贱,陛下何得不怖。"(《广弘明集》卷10《叙释慧远抗周武帝废佛教事》)武帝不顾这类威胁,毅然下敕并断齐境佛教。《历代三宝记》称:

> 周武帝邕世,建德敉肂(三年甲午),迄于作咢(六年丁酉,是年灭齐),毁破前代关山西东数百年来官私所造一切佛塔,扫地悉尽。融刮圣容,焚烧经典。八州寺庙,出四十千(四万),尽赐王公,充为第宅。三方释子,减三百万,皆复军民,还归编户。

这一次禁断佛教的结果,对王权来讲,成绩是显著的,所谓"自废以来,民役稍希,租调年增,兵师日盛。东平齐国,西定妖戎,国安民乐,岂非有益"(《广弘明集》卷10《叙任道林辨周武帝除佛法诏》)。所以当时人卢思道著《西征记》中,亦称武"帝独运远略罢之(灭佛),强国富民之上策"(《广弘明集》卷7《叙列代王臣滞惑解》)。

这次灭佛的目的,是想强迫三百万僧侣"还归编户",没收寺院向人民骗取来的财产,"并送官府"(《太平广记》卷131引《广古今五行记》)。而不是想彻底消灭佛教思想,所以坑杀僧尼的事情,没有发生。有些逃往深山中坚持修行的僧侣,政府也并未严办③。同时周武帝还在僧侣当中,拉拢一部分头面人物,参加政权,任以官职。如原来的周三藏兼陜岵寺主昙崇,在灭佛以后,获得金紫光禄大夫的官衔。另有一些僧侣如普旷,出任岐山郡从事。在北齐地区灭佛之后,北齐的昭玄都法智,也"因僧职,转任俗官,册授洋州洋川郡守"(《历代三宝记》)。可见这次对僧侣的处理,比起北魏太武帝的坑杀沙门来,是较为得体的。

这一次灭佛,还有一个后果,即北周、北齐的僧侣,有不少逃奔南朝,如北齐僧昙迁、靖嵩等三百余人,"自北徂南,达于江左"(《续高僧传·隋彭城崇圣道场释靖嵩传》),得习《摄论》;智顗亦因灭佛南下。前者成为法相宗之先驱，后者奠定天台宗的基础。至如禅宗的第三祖璨禅师，疑亦在此时，自相台（邺）移住江北。这些对此后南北佛教思想的交流、新的教派的形成，起了一定作用。

北周武帝灭佛之初，曾立通道观，置学士一百二十人，取儒士及释、老三方面的有名人物来充任，令他们研究有关释、老方面的哲学著作。但僧侣、道士已不是以僧侣的资格参加，而是以官吏的身份来参加，因此皆须长发留须，着衣冠。武帝宇文邕病死，宣帝宇文赟继位，在大象元年（公元 579 年）三次下诏，表示要兴复佛法。当时从旧沙门中挑选"声望可嘉者一百二十人，在陟岵寺为国行道"。"其民间禅诵，一无有碍。唯京师（长安）及洛阳各立一寺，自余州郡，犹未通许"（《广弘明集》卷 10《叙任道林辨周武帝除佛法诏》）。而且两京陟岵寺的僧人，都不削发剃须。到了大象二年（公元 580 年）周宣帝病死，外戚杨坚总揽朝政，便正式下令复行佛道二教。第二年（公元 581 年）的二月十三日，杨坚代周称帝。同月十五日，即准许僧人落发着僧服，并把他们安置在大兴善寺，"为国行道"，佛法就这样地渐渐恢复起来了。事实上，北周武帝的灭佛，主要是为了打击僧侣地主经济上、政治上的势力，以期富国强兵。灭佛之后，经济、政治上的目的已经达到了。从统治阶级的长远利益着想，废毁佛教远不如利用佛教为有利。而且当周、隋禅代之际，统治阶级内部矛盾非常尖锐，隋文帝杨坚同时恢复佛、道二教，不独可以利用宗教来统治人民，而且也缓和了政教之间——僧俗地主之间的矛盾，借以巩固新政权，所以佛教又恢复了。

《隋书·经籍志》称："开皇元年（公元 581 年），高祖（杨坚）普诏天下，任听出家；仍令计口出钱，营造经像。"在封建统治者这样大力提倡下，佛教大盛。但是隋时全国僧尼人数，不超过二十四万人；唐会昌灭佛时（公元 845 年），僧尼总数也只有二十六万人左右，比起周、齐的三百万僧尼数目来，真是瞠乎其后了。全国僧尼人数，从二十四万到二十六万，对当时拥有总人口三至五千万的封建国家来说，这是能够容忍的一个数目。

---

① 参考任继愈教授主编《中国哲学史》第四篇第九章、第十章。

② 北朝皇后出家为尼者，有北魏孝文帝元宏废后冯氏，宣武帝元恪废后高氏，孝明帝元诩废后胡氏，西魏文帝元宝炬废后乙弗氏，恭帝元廓后若干氏，北齐文宣帝高洋后李氏，后主高纬废后斛律氏，北周孝闵帝宇文觉后元氏，宣帝宇文赟后朱氏、陈氏、元氏、尉迟氏等。

③《续高僧传·隋终南山楩梓谷释普安传》：释普安……周氏灭法，栖隐于终南山楩梓谷。时有重募，捉获一僧，赏物十段。有人应募，来欲执安。即慰喻曰："观卿贫给，当欲相给。"为设食已，俱共入京。帝语此人曰："我国法急，不许道人民间；尔复助急，不许道人山中。若尔，遣他何处得活？宜放入山，不须检校。"又周臣柳白泽者，奉敕傍山搜括逃僧。有党〔长〕告曰："此楩梓谷内，有普安道人。"因遣追取，即与俱至，泽语党曰："我不得见，宜即放还。"于是释然复归所止。

第十一章　魏晋南北朝的经学、
　　　　史学与文学艺术

第一节　经学与历史、地理著作

经学的继续发展　近代有不少学者说,盛极一时的两汉经学,到了魏晋南北朝时期完全衰竭了,在当时的思想界,玄学思想和佛教思想,完全垄断了人们的精神世界。对于这个问题,我们得从两个方面来加以分析。第一,诚如许多学者所说,东汉以来,由于阶级矛盾不断尖锐化,用两汉那种儒家思想来继续统治人民、欺骗人民,已经行不通了,统治阶级不得不在儒家思想以外,还利用玄学思想和佛教思想,作为统治人民思想的工具。因此,在儒家思想之外,玄学思想,佛教思想,以及形形色色的带有宗教色彩的唯心主义思想,充塞了当时的思想界。第二,尽管玄学思想和佛教思想有了蓬勃的发展,但不能认为儒家思想就此完全衰竭了,经学从此一蹶而不振了,因为儒家思想对巩固封建社会的伦常秩序来讲,是最适合统治阶级的需要的,它既没有玄学思想带有的那种消极因素,又不像佛教那样存在分割民户影响国家租调收入和兵源的危险,所以统治阶级还是要发展儒家思想的。当时在政府设立的国子学里,儒家经典仍然是国子学生修习的主要科目。儒家思想仍然作为统治阶级行动的准则,经典的根据。也就是说,虽然玄学和佛教思想都很活跃,但儒家思想的统治地位,仍然没有动摇。尽管这一时期,在儒家经典的注释方面，也有不少玄学家想用玄学思想来改造儒家思想，但这些玄学家在注释工作中，却也不敢完全推翻儒家学说，或是把儒家思想篡改得面目全非，他们只是在一定限度之内，利用玄学思想来讲儒家所不大讲的东西（如性命、天道等学说），以作为补充而已。

《周易》：汉宣帝时，有施氏（施雠）《易》、孟氏（孟喜）《易》、梁丘氏（梁丘贺）《易》三家，皆置博士。元帝又置京氏（京房）《易》博士。尚有费氏（费直）《易》，不置博士，而民间传习甚盛。到了东汉，传习费氏《易》的有马融，著《易传》十卷，郑玄注《易》十卷，荀爽注《易》十一卷。可见费氏《易》传习之盛。三国时，曹魏有王朗、王肃父子亦为《易》学名家；东吴有虞翻，家世传习孟氏《易》，注《易》十卷。陆绩为京氏《易》，著《易述》十三卷。汉代的《易》学，重象数，好说阴阳灾异，不脱卜筮之书的范围。

曹魏正始（公元240—248年）以后，玄学兴起，王弼首先以玄学思想来阐明《易》学，他注《易》上下经六卷，又著《易略例》一卷。《周易》中有关"六爻变化，群象所效，日时岁月，五气相推"的术数迷信，"弼皆摈落，多所不关"（《三国志·魏志·钟会传》注引孙盛言）。他着重讲运动变化的理论，开创《易》学研究方面的新风尚。西晋永嘉之后，"施氏、梁丘之《易》亡，孟、京、费之《易》，人无传者，唯郑康成（郑玄）、王辅嗣（王弼）所注行于世"（《经典释文》卷1）。东晋学官，初置王氏（王弼）博士，元帝太兴四年（公元321年），太常荀崧奏请置《周易》郑玄注博士。孝武帝太元（公元376—396年）中，以王肃《易》学，"在玄（郑玄）、弼（王弼）之间"，又立《易》王肃注博士。宋元嘉十八年（公元441年），颜延之任国子祭酒，又黜郑玄《易》，独置王弼《易》。所以在江左，《易》学郑注浸微，王弼独尊。王弼的《易注》，只注了上下经；《系辞》以下，后人用东晋韩康伯的注来加以续补，今天流传的《周易注》，收在《十三经注疏》里的，就是这个本子。江左自东晋以下，注《易》者数十家，如张璠集钟会、向秀、阮咸、王济、卫瓘等二十八家之说为《周易集解》十二卷。又如谢万（谢安弟）、韩康伯、桓玄等，并注《系辞》，发挥玄理。他们大都祖述王弼，摈落郑注。北朝和江左相反，有不少经师专习郑注，只有青齐地区曾属南朝，才有讲王弼注的。到了唐初，孔颖达奉诏作疏，专崇王弼，废弃汉儒马、郑诸说，因此马、郑在《周易》方面的学说，后来大都散佚了。

《尚书》：秦时焚毁民间藏书。汉兴，济南伏生出壁藏《尚书》，已经腐烂很多，只有二十九篇还较完整，伏生以此授徒。汉王朝为使《尚书》得到传播，派人去伏生处学习《尚书》，并用当时流行的字体隶书来迻写壁中古文，是为《今文尚书》。汉武帝时，鲁恭王刘馀为了扩充王宫，拆毁鲁县（今山东曲阜市）孔子旧宅，又在孔宅墙壁中发现《尚书》五十八篇，被孔子十二世孙孔安国所得，后以授徒。因为孔壁中的《尚书》是用古文写的，所以称为《古文尚书》。司马迁曾从孔安国受《古文尚书》，所以《史记》里还保存不少《古文尚书》的说法。王莽时，一度列《古文尚书》于学官，莽败又废。因为《古文尚书》在东汉一代未能列于学官的缘故，所以不但壁中真本早已湮灭，就是传授《古文尚书》的经师们如马融、郑玄，他们注笺《尚书》，也是但注伏生所有篇目，不注伏生所无的篇目，因此孔壁的遗篇，也渐渐地失传了。就是《今文尚书》，在东汉一代，虽被列于学官，而传至三国，亦告散失。

西晋时，又出现了一个《尚书》本子，这就是后来称为《伪古文尚书》的，据说是西晋人所伪作。《伪古文尚书》系根据《今文尚书》——伏生传出的本子作底本，它又分《尧典》为《舜典》，分《皋陶谟》为《益稷》，并修改了原来《泰誓》篇内容和文字；另外，它又根据子书所引《尚书》的逸文，伪造了二十五篇，合起来成为今天《十三经注疏》中《尚书》的本子，人们称之为《伪古文尚书》。造《伪古文尚书》的人，他不但伪造经文，同时也伪造孔安国《尚书传》，因此我们称孔安国的传为《伪孔传》。西晋灭亡，东晋在江南建国，这一部伪书在这时流传到江南，那时戎马倥偬，谁去辨别一部书的真假。东晋元帝建武元年（公元317年），豫章内史梅赜把这部伪书献于朝廷，由此在江南流传开来。当初西晋人造这部伪书时，为了要使人们相信，所以用隶体书写，称为《隶古定尚书》。传到江南以后，隶书传授不便，经过东晋豫章太守范宁改写成当时流行的楷书，由此传习遂盛。东晋时，有尚书郎谢沈注《尚书》十五卷，江夏太守李颙注《尚书》十卷，范宁有《尚书集解》十卷，宋给事中姜道盛有《尚书集解》十卷，梁国子助教费甝作《尚书义疏》十卷。到了唐贞观时，孔颖达奉诏撰《尚书正义》，仍以《伪古文尚书》、《伪孔传》为底本。这一学案到明梅鷟才开始认为《伪古文尚书》中伪造的二十五篇，系西晋皇甫谧所造；清康熙时，阎若璩作《古文尚书疏证》，也指出其伪，佐证分明。到现在差不多已经成为定论了。

《诗》：《诗》自秦火后，有毛公及鲁、齐、韩三家。东汉时，郑玄作《毛诗笺》，申明毛义，辩难三家，于是三家遂废。《齐诗》早亡。《鲁诗》自西晋灭亡后，没有传过江东。《韩诗》虽在，当时传习的人也不多。曹魏时王肃有《毛诗注》二十卷，述毛非郑；同时有荆州刺史王基常与抗衡，据持郑玄义。东晋有孙毓，著《诗同异评》十卷，评毛、郑、王肃三家优劣，而偏向于王肃。陈统又难孙毓，申郑玄。直到南北朝，各家聚讼不已。然《毛诗郑笺》，国学置博士，世所遵用。梁世崔灵恩集诸家之说为《毛诗集注》二十四卷，此外又有沈重等七家为《毛诗义》，到唐代还流传其书。又东吴人陆玑，著《毛诗草木鸟兽虫鱼疏》二卷，这本书到今天还有参考价值。

《周礼》：《三礼》中，《周礼》较为晚出，郑玄《六艺论》谓亦得自孔氏壁中。王莽时，曾列《周礼》于学官。东汉时，郑兴、郑众父子，贾逵，马融，皆作《周礼解诂》。马融传郑玄，郑玄作《周礼注》,最称通洽。曹魏时,王朗有《周官传》,朗子王肃有《周礼注》,肃注多与郑玄抵牾。东晋时,干宝有《周礼注》十三卷。宋元嘉中复立国子学,《周礼》郑氏注置国子助教,列于学官。西魏仿《周礼》行六官,卢辩、辛彦之等都对《周礼》有较深的研究。后梁有沈重,撰《周官义疏》四十卷,北周特地把沈重从江陵请到长安,讲授《三礼》。北齐有熊安生,亦以礼学名家,北周武帝灭齐之初,亲到熊安生家访问,可见当时政府对《三礼》的研究的重视。

《仪礼》:东汉时有郑玄注《仪礼》十七卷。曹魏时,王肃亦尝注《仪礼》。后梁时,沈重为《仪礼义疏》。但是王、沈二家之书,传习不多。宋元嘉国子学,《仪礼》郑氏注置国子助教。

《丧服》是《仪礼》中的一篇,魏晋南北朝论《丧服》的著述特别多,清人章宗源在《隋书经籍志考证》里,著录有七十一家之多。讲《丧服》的单篇著述,收在《晋书》和《宋书》志里,以及《通典·礼典》里的,还不计算在内。讨论丧服的等差区别,主要是根据亲疏、尊卑等等来决定的。当时的世家大族,标榜自己门第族望特别优越,在宗族之内则分别亲疏,在亲戚婚对之间更重视门第,使士庶的界限划分得非常清楚。举一个例子来说明,《丧服》规定,外孙或外甥替外祖父母或舅父服丧五月(大功),但是有个前提条件,那个外祖父母或舅父必须是世家大族,世家大族的外孙或外甥才肯替他们戴孝;如果外祖父母或舅父是寒门庶族,就别想世家大族的外孙或外甥来替他们戴孝。魏晋南北朝人讲究《丧服》,比汉代经师讲得更精细,也更烦琐,为世家大族特殊权益服务的阶级性十分突出。

《礼记》:汉代有戴圣传《礼记》四十九篇,时称戴圣为小戴,因此这部《礼记》世称为《小戴礼》。东汉时,马融、卢植加以整理,郑玄又根据马、卢的定本,加以注释,就是今天流传的郑玄注《礼记》二十卷本。曹魏时,王肃注《礼记》三十卷。宋元嘉国子学置郑玄注《礼记》国子助教。梁时有国子助教皇侃撰《礼记义疏》五十卷,后梁有沈重撰《礼记义疏》四十卷,北朝周齐间有熊安生撰《礼记义疏》,并行于世。

《大戴礼记》:汉代有戴德传《礼记》八十五篇,时称戴德为大戴,因此这部《礼记》世称为《大戴礼记》。西魏、北周间人卢辩,"以《大戴礼》未有解诂,辩乃注之。其兄景裕为当时硕儒,谓辩曰:'昔侍中(指他们的祖先卢植)注《小戴》,今尔注《大戴》,庶纂前修矣'"(《周书·卢辩传》)。《大戴礼记》注本,这算是第一部。

《春秋左氏传》:汉初,张苍、贾谊传《左氏传》,但未立学官。至平帝时,始立《左氏传》博士于学官。东汉光武建武中,以李封为《左氏》博士,置博士官就是在国学中特设一个讲座。李封死后,许多蔽陋的学官,公开反对《左氏》置博士,因此这个讲座就被撤销了。到了和帝永元十一年(公元 99 年),经郑兴、郑众父子力争,遂在学官里,复置《左氏传》博士。东汉明帝永平(公元 58—75 年)中,贾逵著《春秋左氏解诂》三十卷,其后服虔又著《春秋左氏传解谊》三十卷,并行于世。公羊家经师何休著《公羊墨守》、《左氏膏肓》、《穀梁废疾》,企图抬高《公羊传》,贬低《左传》、《穀梁传》。郑玄著《发墨守》、《针膏肓》、《起废疾》,针锋相对地与何休进行争论。经过这次争论,学者争相传习《左氏传》,"自是《左氏》大盛"(《经典释文》卷 1)。西晋时,杜预撰《左氏经传集解》三十卷,专取丘明之传,以释《春秋》之经;又著《春秋释例》十五卷,成为一家之言。东晋南朝时,服虔、杜预二家《左传》注,并立学官。当时人对杜预这部书评价特别高,如南齐永明(公元 483—493 年)时领国子博士陆澄写信给尚书令王俭,提到"杜预注《传》,王弼注《易》,俱是晚出,并贵后生。杜之异古,未如王之夺实,祖述前儒,特举其违。又《释例》之作,所弘惟深"。王俭复书说:"元凯(杜预字)注《传》,超迈前儒,若不列学官,其(指学官)可废矣"(《南齐书·陆澄传》)。可见他二人对这部书都很推重。梁朝有沈文阿撰《春秋左氏经传义略》二十五卷,全书尚未完成;入陈有王元规又撰《春秋左氏传义略》十卷,以续沈文阿之书。北朝的经师,比较相信汉学,因此有很多人研究贾逵、服虔的《左传》注,传习杜预《集解》的人不多。

《公羊传》:东汉时,何休注《公羊传》,名《春秋公羊解诂》,凡十一卷。晋至南朝,列于学官。东晋时,王愆期注《春秋公羊经传》十三卷,孔衍撰《春秋公羊传集解》十四卷。

《穀梁传》:曹魏时,有麋信注《春秋穀梁传》十二卷。东晋时,学官置《穀梁传》博士,即用麋信注。孔衍撰《春秋穀梁传集解》十四卷;徐邈注《春秋穀梁传》十二卷,又范宁撰《春秋穀梁传集解》十二卷,号称赅洽。宋元嘉中,颜延之为国子祭酒,《穀梁传》置助教,仍用麋信注,益以范宁集解。南齐时,陆澄致书王俭,以为《穀梁》劣于《公羊》,注又不善,麋信、范宁不足两立。王俭复信,同意了陆澄的看法,存麋略范,学官单用麋信注来讲授。

《孝经》:相传有郑玄注,但《郑志》及《中经簿》并无著录。南齐陆澄亦云:“世有一《孝经》,题为郑玄注,观其用辞,不与注书相类。案玄自序所注众书,亦无《孝经》”(《南齐书·陆澄传》)。可见他也怀疑不是郑玄的著作。到了隋刘炫,又伪造《古文孝经》,于是《孝经》也有今文与伪古文的分别。魏晋南北朝人注《孝经》的很多,梁皇侃还撰有《孝经义疏》三卷。唐玄宗时,令群儒论定《孝经》真伪,刘知幾主古文(伪古文),司马贞主今文,最后今文行而古文(伪古文)废,并以玄宗御注名义颁行《孝经正义》,即今通行本《孝经》。玄宗御注《孝经》行而郑注亡。今世所传郑注,系自日本传来,清人阮元认为是伪中之伪,尤不可信。又今所传孔安国注《古文孝经》,亦自日本传来,阮元亦认为荒诞不可信据。

《论语》:西汉时传《论语》者有三家:《鲁论语》,鲁人所传;《齐论语》,齐人所传;《古论语》,出自孔氏壁中。东汉时,郑玄以

《鲁论》为主，并参考《齐论》、《古论》，为之注。魏正始（公元240—248年）中，"吏部尚书何晏集孔安国、包咸、周氏、马融、郑玄、陈群、王肃、周生烈之说，并下己意，为《集解》"（《经典释文》卷1）。这就是何晏的《论语集解》十卷。由于何晏是清谈钜子，随着玄学的发展，他的注本也盛行于世。东晋南北朝时，郑玄、何晏两家所注《论语》，并立于学官。魏晋间人注《论语》者，有十多家。东晋时，江熙又集卫瓘、郭象、江淳、范宁、王珉等十三家之说，为《论语集解》十卷。梁朝皇侃撰《论语义疏》十卷，专以何晏《集解》为主，而兼采江熙所集卫瓘、郭象等十三家之说，援证精博，为当时所称。

《尔雅》：西汉时有犍为文学（佚名）注，东汉时有樊光、李巡等注《尔雅》。至东晋，郭璞又作《尔雅》注三卷。郭璞"洽闻强识，详悉古今"（《经典释文》），因此他注的这一部书，受到后世的重视。

文字训诂之学，在这一时期，除郭璞《尔雅》注以外，还有不少著作，陈顾野王著《玉篇》三十一卷，最为博洽。汉许慎撰《说文解字》，收采九千三百五十三字；魏李登撰《声类》十卷，收采一万一千五百二十字；晋吕忱撰《字林》七卷，收采一万二千八百余字；北魏阳承庆撰《字统》二十一卷，收采一万三千七百三十四字；至《玉篇》成书，收采一万六千九百一十六字，超过了前人的著作。文字符号的不断增多，标志着生产力的发展，人们知识面的开拓。

声韵反切之学，在这一时期，也取得突出的成就。从东汉末年起，中土文士受到梵音拼音方法的影响，开始创反切来注字音。孙炎的《尔雅音义》八卷，就是采用反切来注《尔雅》字音的。三国以后，反切更为盛行，高贵乡公不解反切，至当时以为怪异。魏李登《声类》，分所收之字为宫、商、角、徵、羽五部。西晋吕静《韵集》六卷，又按宫、商、角、徵、羽分卷，并立韵部。齐梁时代，文士追求声律，特别讲究音韵之学。当时周颙著《四声切韵》，

"字皆有纽,纽有平上去入之异"(《封氏闻见记》卷2)。沈约著《四声韵谱》,一时文士,咸取准则。在北朝,李概撰《音谱》四卷,阳休之撰《韵略》一卷,都很重视声韵之学。

颜之推在《颜氏家训·音辞篇》里说当时讲求声韵之学,"音韵锋出",著作甚多。但这些著作都杂有方音,"各有土风,递相非笑",莫衷一是。他认为南朝建业,北朝洛阳,这两处的方言比较近正,因此主张"共以帝王都邑,参校方俗,考核古今,为之折衷",来制订一种标准语言。北周末年至隋开皇初年,颜之推、陆法言、萧该、卢思道等九人在长安共同商榷音韵之学,认为"古今声调,既自有别,诸家取舍,亦复不同。吴楚则时伤轻浅,燕赵则多涉重浊,秦陇则去声为入,梁益则平声似去"。吕静以下诸家韵书,又"各有乖互"。"江东取韵,与河北复殊"。他们因此讨"论南北是非,古今通塞,欲更捃选精切,除削疏缓"(陆法言《切韵序》),编制一部标准的韵书。不久陆法言就在以前讨论的基础上,"取诸家音韵,古今字书",并博采众记,费了二十年的时间,于隋仁寿元年(公元601年),撰成《切韵》五卷。《切韵》综合古今南北语言,吸取前人韵书长处,奠定汉字音韵学的基础,是一部重要的韵书。

从上面的事实看来,魏晋南北朝时期的经学,有其独特的成就,后世所遵用的注本,如《周易》王弼注,《左传》杜预集解,《穀梁》范宁集解,《论语》何晏集解,《尔雅》郭璞注,以及字书《玉篇》,韵书《切韵》,都是这一时期的作品,这也说明当时的经学是在继续发展中。

南北的学风,本来是略有区别的,所谓"北人学问,渊综广博";"南人学问,清通简要"。"北人看书,如显处视月;南人学问,如牖中窥日。"(《世说新语·文学篇》)"南人约简,得其英华;北学深芜,穷其枝叶。"因此"南北所为章句,好尚互有不同。江左《周易》则王辅嗣,《尚书》则孔安国,《左传》则杜元凯;河洛《左传》则服子慎(虔),《尚书》、《周易》则郑康成。《诗》则并主于毛公,《礼》则同遵于郑氏"(《北史·儒林传》)。除了《诗》、《礼》南北同遵毛、郑以外,一般来讲,南朝采用魏晋以来的新注多,北朝遵守汉代的旧注多。因为汉代的旧注,比较烦琐,所以要说他们"深芜"、"广博";因为魏晋的新注,在当时说来,比较有一些新颖的见解,所以说他们"清通"、"约简"。

到了隋代,南北统一,南北的学风逐渐合流。到了唐前期,南北学风更有熔冶于一炉的必要。因为,统治阶级是想靠经学来巩固封建社会的统治秩序的,如果经师们对儒家经典各持异说,门户之见甚深,那就会造成思想上的混乱。唐初的统治者亟亟于统一思想,所以在唐太宗贞观(公元627—649年)中,诏孔颖达、颜师古、王恭、王琰等撰《五经正义》,同时又有贾公彦也撰成《周礼注疏》、《仪礼注疏》,陆德明撰成《经典释文》,可以说把汉魏两晋南北朝以来的经师们研究成果,作了总结性的整理工作,并且把南北学风基本上统一起来了。这一工作的成功,对此后宋代的经学和清代的朴学,都有一定影响。

正史的修撰　魏晋南北朝时期,私家修史的风气非常发达,这不是没有原因的。第一个原因,在民族矛盾上升为主要矛盾的时候,唯有依赖史书,使民族精神有所发扬,所以修史的同时也含有发扬民族精神的目的在内,这便是当时学者从事撰述的动机之一。第二个原因,自三国鼎峙,永嘉离乱,十六国云扰,直至南北分裂,这种长期的战乱局面,使得官府保留的资料,很容易散失;统治政权在百事废弛的情况下,也无暇及此,于是就不得不依靠私家的记载。

下面按照历史时代的顺序来叙述修史的经过①。

《后汉书》:东汉时,学者奉命在东观(洛阳宫中殿名,是当时皇家藏书和修史之处)撰述国史,初称《汉记》,至《隋书·经籍志》乃题为《东观汉记》。参加撰述的人很多,先后有班固、刘珍、蔡邕等,始终没有完稿。此书有丰富的第一手资料,史料价值相当高,但是它究竟是一部没有完成的著作。此后有关后汉的史书,出了不少。列表如下:

书　　名	卷　　数	撰　述者	存佚	附　　　　考
《东观汉记》	一百四十三卷	汉　刘珍等	佚	清代辑佚,存二十四卷
《后汉书》	一百三十卷	吴　谢承	佚	有辑佚本
《后汉记》	一百卷	晋　薛莹	佚	《隋志》著录存六十五卷。有辑佚本
《续汉书》	八十三卷	晋　司马彪		志三十卷,后附入范晔《后汉书》中,称《续汉志》
《汉后书》	九十七卷	晋　华峤	佚	《隋志》著录存十七卷。《旧唐志》著录存三十卷。有辑佚本
《后汉书》	一百二十卷	晋　谢沈	佚	《隋志》著录存八十五卷。有辑佚本
《后汉南记》	五十五卷	晋　张莹	佚	《隋志》著录存四十五卷。《旧唐志》著录存五十八卷
《后汉书》	一百卷	晋　袁山松	佚	《隋志》著录存九十五卷。有辑佚本
《后汉书》	五十八卷	宋　刘义庆	佚	
《后汉书》	九十七卷	宋　范晔	存	
《后汉书》	一百卷	梁　萧子显	佚	以上纪传体
《后汉纪》	三十卷	晋　袁宏	存	
《后汉纪》	三十卷	晋　张璠	佚	以上编年体

这十三种后汉史,完整地保存到现在的,只有范晔的《后汉书》、司马彪的《续汉书》八志和袁宏的《后汉纪》了。

十三家中,据刘勰《文心雕龙·史传篇》称:"后汉纪传,发源东观。袁(山松)、张(莹)所制,偏驳不伦;薛(莹)、谢(沈)之作,疏谬少信;若司马彪之详实,华峤之准当,则其冠也。"刘知幾《史通·古今正史篇》论述后汉诸史,除了范晔《后汉书》外,也推重司马彪、华峤两家,而且认为"推其所长,华氏居最"。可是华峤的著作,也并未完成,尤其"遭晋室东徙,三惟一存",残阙得很厉害。所以范书一出，采掇众家之说，包有诸史之长，而诸史俱废。

范晔，字蔚宗，顺阳人（今河南淅川南）。宋文帝元嘉中，官至左卫将军，掌管禁旅，参与机要，后因孔熙先等谋立彭城王刘义康一案牵涉，被杀。晔任宣城太守时，收集了各家的后汉书，删繁补略，成《后汉书》十纪、八十列传，最后拟撰十志，合成百卷，十志未成而被杀。梁刘昭以晔书无志，乃取西晋宗室司马彪《续汉书》中的八志补之，并为作注，分成三十卷行世。至北宋时，以续志与范书合刊流行，即今通行本二十四史中的《后汉书》。

袁宏，东晋时人。他生在范晔之前，所著《后汉纪》，其精华及重要史料，大都被范晔吸收进《后汉书》中去了。因为《后汉纪》是编年体，简明易检，所以仍然流传下来。

《三国志》：有关三国史的著作，一共有十余家，列表如下：

书　　名	卷　　数	著　者	存亡	附　　　　考
《魏书》	四十四卷	晋　王沈	佚	纪传体
《魏氏春秋》	二十卷	晋　孙盛	佚	编年体
《魏纪》	十二卷	晋　阴澹	佚	《旧唐志》作魏澹撰，误。编年体
《汉魏春秋》	九卷	晋　孔衍	佚	编年体
《魏尚书》	八卷	晋　孔衍	佚	
《魏略》	五十卷	魏　鱼豢	残	
《魏国统》	二十卷	晋　梁祚	佚	以上魏史
《蜀书》		蜀　王崇	佚	
《蜀记》	七卷	晋　王隐	佚	
《蜀本纪》		晋　谯周	佚	
《汉晋阳秋》		晋　习凿齿	佚	以上蜀汉史
《吴书》	五十五卷	吴　韦昭	佚	纪传体
《吴录》	三十卷	晋　张勃	佚	
《吴纪》	九卷	晋　环济	佚	以上吴史
《三国志》	六十五卷	晋　陈寿	存	纪传体

这些著作中，陈寿《三国志》为集大成者，故《三国志》出，而众史皆废。陈寿，字承祚，巴西安汉（今四川南充）人。少受学于谯周，治《尚书》、《三传》，锐精《史》、《汉》，初仕蜀汉为东观秘书郎，散骑黄门侍郎。入晋后再为著作郎。撰魏、蜀、吴三书，号《三国志》，时称良史。刘勰《文心雕龙·史传篇》谓："魏代三雄，记传互出，《阳秋》、《魏略》之属，《江表》、《吴录》之类，或激抗难征，疏阔寡要。唯陈寿《三志》，文质辨洽，荀〔勖〕、张〔华〕比之于迁、固，非妄誉也。"可见南朝时人对《三国志》的评价，就很高了。

陈寿的《三国志》，固然"高简有法"（《郡斋读书志》语），但是终究嫌太简略。南朝宋文帝时，中书郎裴松之为之注。松之"兼采众书，补注其阙"（《史通·古今正史篇》），书成，于元嘉六年（公元 429 年）奏上，文帝称其书为不朽之作。裴松之在《上〈三国志〉注表》中，提出注书四例。其一曰："三国虽历年不远，而事关汉、晋，首尾所涉，出入百载（约公元 184 至 280 年间事），注记纷错，每多舛互。其寿所不载，事宜存录者，则罔不采取，以补其阙。"其二曰："或同说一事，而辞有乖杂；或出事本异，疑不能判，并皆抄内，以备异闻。"其三曰："若乃纰缪显然，言不附理，则随违矫正，以惩其妄。"其四曰："其时事当否，及寿之小失，颇以愚意，有所论辩。"在他的注中，引用的书籍，多至二百十种，差不多有关三国的重要史料，全部在注中保存下来，史料价值，又出陈寿本书之上。像他这种注《三国志》的方式，与其说是注史，毋宁说是补史。魏晋故籍，传世者寡，亏得在裴注中保存了下来，所以裴松之的《三国志》注，是十分值得重视的。

《晋书》：撰晋史者，前后二十余家，列表如下：

书　名	卷　数	著　者	存亡	附　　考
《晋书》	九十三卷	晋　王隐	佚	所记皆西晋事
《晋书》	四十四卷	晋　虞预	佚	所记皆西晋事
《晋书》	十四卷	晋　朱凤	佚	讫东晋元帝
《晋书》		晋　谢沈	佚	
《晋中兴书》	七十八卷	晋　何法盛	佚	所记皆东晋事
《晋书》	三十六卷	晋　谢灵运	佚	未完稿
《晋书》	一百一十卷	齐　臧荣绪	佚	
《晋书》	一百二卷	梁　萧子云	佚	
《晋史草》	三十卷	梁　萧子显	佚	未完稿
《晋书》	七卷	梁　郑忠	佚	
《晋书》	一百十一卷	梁　沈约	佚	未完稿
《东晋新书》	七卷	梁　庾铣	佚	未完稿 以上纪传体
《晋纪》	四卷	晋　陆机	佚	仅记宣、景、文三世事
《晋纪》	二十三卷	晋　干宝	佚	讫愍帝
《晋纪》	十卷	晋　曹嘉之	佚	
《汉晋春秋》	四十七卷	晋　习凿齿	佚	讫愍帝
《晋纪》	十一卷	晋　邓粲	佚	讫东晋明帝
《晋阳秋》	三十二卷	晋　孙盛	佚	讫东晋哀帝
《晋纪》	二十三卷	宋　刘谦之	佚	
《晋纪》	十卷	宋　王韶之	佚	起孝武帝,讫安帝义熙九年
《晋纪》	四十五卷	宋　徐广	佚	起海西公,讫孝武帝
《续晋阳秋》	二十卷	宋　檀道鸾	佚	起海西公,讫安帝
《续晋纪》	五卷	宋　郭季产	佚	以上编年体

上面所列二十三家中,谢沈、郑忠、沈约、庾铣之书,至唐初皆已亡佚;习凿齿所著之《汉晋春秋》,上溯后汉、三国,并不专记晋事,因此专属晋事者,一共有十八家。然而这十八家之中,大部

分不是以西晋为断限,便是仅记东晋事,而且很多是未完成的史稿,只有臧荣绪和萧子云两家之书,纪、录、志、传比较完备。而萧子云之书,原来一百零二卷,到了唐初修撰《隋书·经籍志》时,已经残缺很多,只剩十一卷了。所以臧荣绪的《晋书》,在唐初可以说是晋史中最完整的一个本子。

两晋和十六国,是一个变动极大的时代,硕果仅存的臧荣绪《晋书》尚不能把这一变动极大的时代反映出来,"前后晋史十有八家,制作虽多,未能尽善"(《史通·古今正史篇》)。所以唐太宗在贞观十八年(公元 644 年),敕令房玄龄、褚遂良等重撰《晋书》,其实际执笔的则为令狐德棻等人,并有深通律历的李淳风负责纂修《天文》、《律历》、《五行》三志。德棻等以臧荣绪《晋书》为主,采撷正典与杂说数十余部,兼引十六国书,成《晋书》一百三十卷。贞观二十年(公元 646 年)书成,因为唐太宗亲撰宣帝司马懿、武帝司马炎二纪和陆机、王羲之二传的史论,故题其书为"御撰"。它的材料,自然又超过臧荣绪《晋书》。安史之乱以后,臧氏之书又亡,于是比较完善的晋史,就只有这部唐房玄龄等修撰的《晋书》了。

十六国史:关于十六国的史书,就其可考者,列表如下:

书 名	卷 数	著 者	存亡	附 考
《汉赵记》	十卷	前赵 和苞	佚	记前赵刘氏事
《赵书》	十卷	燕 田融	佚	记后赵石勒事
《二石传》	二卷	赵 王度	佚	度又作《二石伪治时事》二卷,见《隋志》
《汉之书》	十卷	晋 常璩	佚	记蜀李氏事,后改称《蜀书》
《燕记》		燕 杜辅	佚	记前燕事
《燕书》	二十一卷	燕 范亨	佚	记前燕慕容儁事
《后燕书》	三十卷	后燕 董统	佚	
《燕书》		后燕 封懿	佚	

书　名	卷　数	著　者	存亡	附　考
《南燕录》	五卷	南燕　张诠	佚	记慕容德事
《南燕录》	六卷	南燕　王景晖	佚	记慕容德事
《南燕书》	七卷	游览先生	佚	
《燕志》	十卷	魏　高闾	佚	记北燕冯跋事
《秦书》	八卷	何仲熙	佚	记前秦苻健事
《秦记》	十一卷	宋　裴景仁	佚	此书实因仍赵整、车频之《秦记》
《秦记》	十卷	魏　姚和都	佚	记后秦姚氏事
《凉记》	八卷	燕　张谘	佚	记前凉张轨事
《凉国春秋》	五十卷	凉　索绥	佚	记前凉张氏事
《凉记》	十二卷	凉　刘庆	佚	记前凉张氏事
《凉书》	十卷	凉　刘昞	佚	记前凉张轨事
《西河记》	二卷	晋　喻归	佚	记前凉张重华事
《凉记》	十卷	凉　段龟龙	佚	记后凉吕光事
《凉书》	十卷	魏　高道让	佚	记北凉沮渠氏事
《凉书》	十卷	魏　宗钦	佚	记北凉沮渠蒙逊事
《拓跋凉录》	十卷	（佚名）	佚	记南凉秃发氏事
《敦煌实录》	十卷	魏　刘昞	佚	记西凉李氏事
《夏国书》		夏　赵思群	佚	记夏赫连氏事
《十六国春秋》	一百卷	魏　崔鸿	佚	原书亡，今有辑本及伪《十六国春秋》本
《三十国春秋》	二十一卷	梁　萧方等	佚	此书以晋为主，附刘渊以下二十九国
《战国春秋》	二十卷	北齐　李槩	佚	记十六国事

　　这些北方各族和汉人所建立的短期王国，流传下来的史书本自不多，所以到了崔鸿的《十六国春秋》行世，其余单行的十六国诸史就散亡了。

　　崔鸿，清河崔氏，是北方有名的世家大族。鸿卒于北魏孝昌

（公元 525—527 年）末年，官至散骑常侍。北魏正始三年（公元506 年），他写成《十六国春秋》九十五卷，只有李氏成汉政权的事迹，由于没有搜集到它的史料，无法动笔。到了正光三年（公元 522 年），终于托人从江南搜集到《华阳国志》，于是继续写定，合为百卷（附目、叙录各一卷）。书成，大行于世。后来唐史官奉敕撰《晋书》载记及张轨、李暠等传，主要就是根据崔鸿的书来编写的。可惜崔书到了北宋，已经散亡，现在所流行的《十六国春秋》一百卷，是明朝人从《晋书》以及类书中抄撮而成的；另外清人汤球又有《十六国春秋辑补》。如果我们现在把《太平御览》等类书所引《十六国春秋》，以及《晋书》载记部分，《资治通鉴》所载十六国史部分，搜集在一起，以国别为篇，以年代排比，每条之下，注明它的出处，可能还可以恢复《十六国春秋》的一些原来面目。

十六国史以外，宋段国撰有《吐谷浑记》二卷，记载当时居住在青海一带少数兄弟民族吐谷浑汗国的历史。

南北史：宋、齐、梁、陈、魏、齐、周、隋，所谓八代史，现在先将南朝四史列表如下：

书　名	卷　　数	著　者	存亡	附　　　　考
《宋书》	六十五卷	宋　徐爰	佚	起义熙，讫大明
《宋书》	六十一卷	佚名	佚	宋大明中撰
《宋书》	六十五卷	齐　孙严	佚	
《宋书》	一百卷	梁　沈约	存	以上纪传体宋史
《宋纪》	三十卷	齐　王智深	佚	
《宋略》	二十卷	梁　裴子野	佚	
《宋春秋》	二十卷	梁　王琰	佚	以上编年体宋史
《齐书》	六十卷	梁　萧子显	存	今本仅五十九卷，缺叙传一卷
《齐纪》	十卷	梁　刘陟	佚	
《齐纪》	二十卷	梁　沈约	佚	

书 名	卷 数	著 者	存亡	附 考
《齐史》	十三卷	梁 江淹	佚	以上纪传体齐史
《齐春秋》	三十卷	梁 吴均	佚	
《齐典》	五卷	梁 王逸	佚	
《齐典》	十卷	齐 熊襄	佚	上起十代,下讫齐朝 以上编年体齐史
《梁书》	一百卷	梁 谢昊	佚	《隋志》著录残存四十九卷, 《旧唐志》著录残存三十四卷, 题谢昊、姚察等撰
《梁史》	五十三卷	陈 许亨	佚	
《梁史》	一百卷	北周 萧欣	佚	
《梁书帝纪》	七卷	隋 姚察	佚	
《梁书》	五十卷	唐 姚思廉	存	以上纪传体梁史
《梁典》	三十卷	北周 刘璠 陈 何之元	佚	《史通》谓二人合撰
《梁后略》	十卷	隋 姚最	佚	
《梁太清纪》	十卷	梁 萧韶	佚	以上编年体梁史
《陈书》	四十二卷	陈 陆琼	佚	
《陈书》	三卷	陈 顾野王	佚	
《陈书》	三卷	陈 傅綜	佚	
《陈书》	三十六卷	唐 姚思廉	存	以上纪传体陈史
《南史》	八十卷	唐 李延寿	存	

这些著作中,宋代的历史今存沈约《宋书》,齐代的历史今存萧子显《齐书》(后人为区别李百药的《北齐书》,改名《南齐书》),梁代的历史今存姚思廉《梁书》,陈代的历史今存姚思廉《陈书》。此外,《南史》原本具存。南朝的四史,以沈约的《宋书》卷帙较大,材料较丰富,纪、志、列传,体例也较为完备。沈约在编撰《宋书》时,认为自司马彪《续汉书》有志以外,《三国志》、《晋书》都没有志,所以《宋书》的纪、传虽以刘宋为断限,而它的志,却是上起三

国、下迄宋季,上继《续汉志》以弥补陈寿以来史书的缺略,对前朝典章制度多所综述。后来唐初纂修《晋书》,除补撰《食货志》等外,晋志大部分抄自《宋书》,就是这个缘故。沈约《宋书》是在它以前的徐爰、苏宝生等的《宋书》基础上加以扩大整比而成,它的八志,又多因仍何承天等的旧作。所以沈约虽然在齐武帝永明五年(公元 487 年)奉诏纂修,到永明六年就成书奏上,可见在奉诏纂修以前,实际已经基本完成,只是借重奉诏纂修的名义,把它传写出来而已。除沈约《宋书》外,裴子野的《宋略》,是有关刘宋历史的一部重要著作,由于它是编年体,因此不为后世正统史学界所重视,后来也便散佚了。唐人许嵩撰《建康实录》,所述刘宋的历史,基本上取材于《宋略》。因此从《建康实录》中还可窥见《宋略》原本的大概。萧子显以齐高帝的孙子,在梁代启撰《南齐书》;由子孙执笔来叙述祖宗的事迹,本来是很不容易下笔的,故《南齐书》于高、武之治,事多褒饰;而于齐明帝(萧鸾)杀高、武子孙诸事,则又奋笔直书。尽管《南齐书》有这些缺点,但是《南齐书》的八志,所谓"宪章所系",还是"非老于典故〔者〕不能为"(郑樵《通志序》)。《南齐书》的文笔,也是典驯尔雅,仅次《宋书》。姚思廉的《梁书》、《陈书》,是根据他父亲姚察的旧稿,补缀续撰而成的。陈朝年代短促,事迹不多,姚书所述,已称详尽。梁武享国较久,文物可观。当姚氏父子修史事时,萧韶《梁太清纪》,萧圆肃《淮海乱离志》,刘璠、何之元《梁典》,刘仲威《梁承圣中兴略》等书具存;关于梁代的杂史,流传至多;甚至敌国的记录,如魏收《魏书·岛夷传》,也可作为参考。可是姚思廉撰《梁书》时,对这些材料却采掇不多,以致萧梁一代之史,多所阙略,故南朝四史中,以《梁书》为最弱。我们今日研究梁事,可以司马光《资治通鉴·梁纪》来补其不足,因为司马光编《资治通鉴》时,采录梁代杂史很多,保存了梁代不少有价值的史料。

关于北史的著作，列表如下：

书　名	卷　数	著　者	存亡	附　考
《后魏书》	一百三十卷	北齐　魏收	存	今称《魏书》
《后魏书》	一百卷	隋　魏澹	佚	
《魏书》	一百卷	唐　张太素	佚	以上纪传体魏史
《北齐书》	二十四卷	隋　李德林		未完成
《齐书》	一百卷	隋　王劭	佚	
《北齐书》	五十卷	唐　李百药	存	
《北齐书》	二十卷	唐　张太素	佚	以上纪传体北齐史
《齐纪》	三十卷	北齐　崔子发	佚	
《齐纪》		隋　杜台卿	佚	
《齐志》	十卷	隋　王劭	佚	
《北齐纪》	二十卷	隋　姚最	佚	以上编年体北齐史
《周史》	十八卷	隋　牛弘	佚	
《后周书》	五十卷	唐　令狐德棻	存	今称《周书》
《隋书》	八十卷	隋　王劭	佚	
《隋书》	八十五卷《五代史志》三十卷	唐　魏徵	存	
《隋书》	三十二卷	唐　张太素	佚	
《北史》	一百卷	唐　李延寿	存	

　　北朝的历史著作，今存者有魏收的《魏书》，李百药的《北齐书》，令狐德棻的《周书》，魏徵领衔修撰的《隋书》，此外还有李延寿的《北史》。

　　《后魏书》除魏收所撰者以外，隋魏澹的《后魏书》，亦称名著，可惜唐时已经散佚，现在只能从《太平御览》等类书中见到它的一鳞半爪了。魏收的书，由于触犯了某些世家大族，而又谄媚贵臣，书成后议论纷纭，曾被称为"秽史"。这部书收集史料相当丰富，尤其诸志中立《官氏志》、《释老志》、《食货志》，有不少可取之处。但其《地形志》只记东魏武定时的疆域,而对北魏延昌以前的州郡沿革,颇多省略,未免有所不足。自《北史》流行后,此书残佚甚多,后人多以《北史》来补阙,有些已不是它原来的面目了。隋时王劭撰《齐志》,其叙事率直,多记当时口语,最为刘知幾所称道。唐李百药修《北齐书》,犹仍其旧,所以高齐一代的历史,写得比较生动,可是《北史》流行后,《北齐书》残缺过多,后人往往以《北史》及《高氏小史》来补苴残帙,这是一桩憾事。《周书》,唐令狐德棻所撰,自《北史》流传后,《周书》亦日渐湮灭,残阙者多。令狐《周书》于宇文诸帝有庙号者皆称庙号(如世宗、高祖之类),而《北史》于宇文诸帝一律称谥,故今本《周书》列传中有述及宇文诸帝而称谥者,都是《周书》原已散失,后人用《北史》来补足的文字了。又令狐德棻以宇文周宪章姬周,其军国词令,皆准则《尚书》,故在撰写《周书》时,亦悉用古文笔调,但由于矫枉过正,对当时的口语多所删落,以致人物形象的描写,不及《北齐书》那样生动,这是《周书》的一个缺点。唐史官修《隋书》,时代相接,故记犹存,因此《隋书》的材料,比较丰富;后来李延寿《北史》记述隋代事,在史料方面很少能够越出《隋书》之外,即此一端,可见《隋书》的史料价值是相当高的。

唐初再修《晋书》,此外又敕姚思廉撰《梁书》、《陈书》,李百药撰《北齐书》,令狐德棻撰《周书》,魏徵领衔撰《隋书》,宋、齐、梁、陈、魏、齐、周、隋八代史,有五部史书(加上《晋书》是六部)是在唐代修撰成的。唐代修撰的历史,本来应该在唐史中叙述;因为这些史书对研究魏晋南北朝史有重要意义,所以一并在这里介绍。

唐初(唐太宗贞观三年至贞观十八年)修《五代史》(即《梁书》、《陈书》、《北齐书》、《周书》、《隋书》)时,因为梁、陈、齐、周史,并有纪、传而无志,所以把五代综合起来,修撰了《礼仪志》、《音乐志》、《律历志》、《天文志》、《五行志》、《食货志》、《刑法志》、

《百官志》、《地理志》、《经籍志》，一共十志，计三十卷，俗呼为《五代史志》，到唐高宗时才定稿。后来就把《五代史志》附入《隋书》一起刊行，现在就称它为《隋志》了。所以我们要研究梁、陈、齐、周的典章制度，地理历算，文化典籍及学术源流，就得去找这部《五代史志》。

还有李延寿的《南史》、《北史》，也是唐初修成的，也得在这里提一下。李延寿继承了他的父亲李大师的遗志，编写《南史》、《北史》，他在《自序》里讲到他的父亲"常以宋、齐、梁、陈、魏、齐、周、隋，南北分隔，南书谓北为'索虏'，北书指南为'岛夷'。又各以其本国周悉，书别国并不能备，亦往往失实。常欲改正"。这说明在隋唐全国统一的局面形成后，人们很需要综合叙述南北各朝历史的新著。同时，南北朝时期分裂的封建政权互相敌视诟骂的用语，实际也和全国统一后南北各民族大融合的形势不相适应了。所以李延寿父子打破了朝代的断限，通叙南北各朝历史，又在书中删除了一些不利于统一和民族团结的提法，正是反映了当时历史的要求。李延寿在编写《南北史》时，除了参考宋、南齐、魏旧史外，并参考杂史千余卷。当时《五代史》未出，延寿乘参与《五代史》的编纂工作的机会，在史局里亲手抄录他所需求的材料，加以撰述。书成，《南史》起宋讫陈，合八十卷。《北史》起魏讫隋，合一百卷。两书史事多而文省，阅读起来前后贯穿，因此书成以后，流布甚速，压倒八史。

两晋、南北朝时期编写的历史，和唐初编写的《五代史》、《南史》、《北史》，它们有一个共同点，就是这些正史都是出于封建地主阶级之手，总是详尽地叙述帝王将相的活动。对于创造历史的劳动人民的活动，却极少讲到。即使讲到农民战争和农民起义，也是在编撰者百般诋毁、尽情诬蔑的情况之下来加以叙述的。在这些正史的列传里，最占篇幅的是世家大族的家族史。世家大族的仕宦经历，一言一行，答人的一封信，对人说的一句话,都被郑重其事地记载了下来。南朝宋的何法盛,著《晋中兴书》,甚至把东晋大族王、谢两家的头面人物集中为传,称为《琅邪王录》、《陈郡谢录》,说是国史,实际无异于家传。这个现象,正是反映了南北朝时期世家大族垄断政治局面的社会现实。

汲冢竹简的发现及其史料价值　西晋武帝咸宁五年(公元279年),有汲郡人不准掘魏襄王(或说是魏安釐王)冢,得竹简小篆漆书十余万言,载之数十车。其中有魏国史书,是用编年体记载史事的,记夏以来至魏安釐王二十年事。整理的人,根据竹简原来的包扎法,把它分为十三篇,题作《竹书纪年》。所记的事情,如云:"尧之末年,德衰,为舜所囚。""益干启位,启杀之。""仲壬崩,伊尹放太甲于桐,乃自立。""太甲僭出自桐,杀伊尹。""文丁杀季历。""帝乙二年,周人伐商。"又如"自周受命,至穆王百年,非穆王寿百岁也;幽王(当作厉王)既亡,有共伯和摄行天子事,非二相共和也"(《晋书·束皙传》)。和儒家《经》、《传》上记载的传统说法,出入很大。《竹书纪年》中所载战国时期的史事,近代学者根据历法推算来对证,认为史料的可信价值,不在《史记》之下。

《竹书纪年》以外,还有《汲冢琐语》十一篇,虽说是"诸国卜梦妖怪相书"(《晋书·束皙传》),但对古史研究也有一定参考价值。如《琐语》谓:"舜囚尧于平阳,取之帝位,今见有囚尧城。"和《竹书纪年》的尧"为舜所囚"的说法,可以互相印证。又有《穆天子传》五篇,记周穆王游行四海,见西王母(当时西方的一个部落女酋长)故事。另有一篇记美人盛姬之死及其丧仪。《穆天子传》传世之后,晋人郭璞作注,流传至今。此外汲冢又出《易经》二篇;言楚、晋事的《国语》三篇;《师春》一篇,书《左传》诸卜筮事;《缴书》二篇,论弋射法;《大历》二篇,邹子谈天之类。这些出土的竹简,经过荀勖、和峤、束皙、卫恒等人的整理,改用当时通行文字写定成书的有七十五篇。其中有七篇,因竹简折坏,无法考知书名。这批汲冢出土的竹简，曾轰动过当时历史学界。可惜除了《穆天子传》外，其余的如《竹书纪年》、《琐语》等书，到了宋代已经散失了，我们现在只能看到它的辑本了。汲冢竹简的发现，对研究我国古代夏、商、周及战国的历史，有重要的意义。

在汲冢竹书出现以前，蜀人谯周以为司马迁的《史记》"书周、秦以上，或采俗语百家之言，不专据正经。周于是作《古史考》二十五篇，皆据旧典，以纠迁之谬误"（《晋书·司马彪传》）。其实是谯周站在儒家的立场上，认为司马迁在著述《史记》时所采录的材料，还不完全依据儒家的传统说法，所以想通过《古史考》来纠正《史记》。汲冢竹书出现以后，西晋宗室、史学家司马彪又根据《竹书纪年》指出谯周《古史考》中不当的地方，有一百二十二处之多。魏晋间人皇甫谧著有《帝王世纪》十卷，上起三皇，下讫汉魏。这部书也是在汲冢《竹书纪年》未传布前写定的，因此和《古史考》一样，其史料价值远远没有《竹书纪年》那样高。《古史考》和《帝王世纪》原书都散失了，但《太平御览》等类书中，还保存了不少条；在辑佚书里也有它的辑本。

《西京杂记》 《西京杂记》原本二卷，今本分为六卷。卷末有葛洪跋，跋云："洪家世有刘子骏（刘歆）《汉书》一百卷，无首尾题目，但以甲乙丙丁纪其卷数。……歆欲撰《汉书》，编录汉事，未得缔构而亡。故书无宗本，止杂记而已，失前后之次，无事类之辨。后好事者，以意次第之，始甲终癸为十帙，帙十卷，合为百卷。洪家具有其书。试以此记考校班固所作，殆是全取刘书，有小异同耳，并固所不取，不过二万许言。今抄出为二卷，名曰《西京杂记》，以裨《汉书》之阙尔。后洪家遭火，书籍都尽，此两卷在洪巾箱中，常以自随，故得犹在。……恐年代稍久……并洪家此书二卷，不知出所，故序之云尔。"但是《隋书·经籍志》不著撰人，《旧唐书·经籍志》题作葛洪撰，可见唐五代时人都不相信这一部书是刘歆的作品。段成式《酉阳杂俎·语资》云："庾信作诗，用《西京杂记》事，旋自追改。曰：'此吴均语，恐不足用也。'"
鲁迅先生不主张把这书归之吴均，他说："梁武帝敕殷芸撰《小
说》，皆抄撮故书，已引《西京杂记》甚多，则梁初已流行世间，固
以葛洪所造为近是。"(《中国小说史略》)

我个人完全同意鲁迅先生的看法，即《西京杂记》"以葛洪所
造为近是"。但是《西京杂记》文风和葛洪的《抱朴子》迥然不同，
这也是可以解释的。大概东晋初年，去汉未远，葛洪的家里确实
藏有一部汉代杂事长编十帙之多，但未必是刘向、刘歆父子的手
稿，葛洪为了抬高这部长编的身价，于是托名为刘歆所撰集。他
从这部长编《汉书》里抄出了不少珍贵资料，但也掺杂有不可靠
的资料，于是真假混杂，就编成为这部《西京杂记》。因为葛洪只
是抄集材料，没有重加写定，所以这部书的笔调，与《抱朴子》显
然不同了。从《西京杂记》的史料价值来讲，远比《汉武帝内传》
为高。从文学而论，鲁迅先生说："在古小说中，固亦意绪秀异，
文笔可观者也。"《西京杂记》应该说是一部好书。

《西京杂记》中载：

> 汉帝送死，皆珠襦玉匣，匣形如铠甲，连以金缕。武帝
> 匣上皆镂为蛟龙鸾凤龟麟之象，世谓为蛟龙玉匣。

汉武帝的蛟龙玉匣，我们尚无法证实，但汉代诸王的金缕玉衣，
近日考古发掘，已有实物出现，可见《西京杂记》所记载的事，都
不是向壁虚造的。又载：

> 韩嫣好弹，常以金为丸，所失者日有十余。长安为之语
> 曰："苦饥寒，逐金丸。"京师儿童每闻嫣出弹，辄随之，望丸
> 之所落，辄拾焉。

短短不到五十字，写出了幸臣韩嫣骄奢汰侈生活，极为形象。可
以补《汉书》所缺。又载：

> 戚夫人侍儿贾佩兰……说在宫内时，尝以弦管歌舞相
> 欢娱，竞为妖服，以趣良时。十月十五日，共入灵女庙，以豚

黍乐神,吹笛击筑,歌上灵之曲;既而相与连臂踏地为节,歌
《赤凤凰来》。至七月七日,临百子池,作于阗乐。乐毕,以
五色缕相羁,谓为相连爱。……九月九日,佩茱萸,食蓬饵,
饮菊花酒,令人长寿。菊华舒时,并采茎叶,杂黍米酿之,至
来年九月九日,始熟,就饮焉。故谓之菊华酒。……戚夫人
死,侍儿皆复为民妻也。

汉高帝时期,未必有于阗乐传到中原地区,也就是说,这些反映
宫内生活的资料,未必是汉初的,但是说它反映西汉末年的宫廷
生活,还是有近似的地方,可以补正史之不足。

《华阳国志》 东晋南北朝时期,还有一部有名的地方性的
通史《华阳国志》。

《华阳国志》十二卷,东晋常璩撰。璩系蜀郡江原(今四川崇
州东南)人,初仕成汉李氏,李氏灭后入晋,著此书。从这部书的
书名看,好像是地方志,其实是一部地方性的通史。所志曰巴,
曰汉中,曰蜀,曰南中,曰公孙述、刘二牧(刘焉、刘璋),曰刘先主
(备),曰刘后主(禅),曰大同(晋统一),曰李特、雄、期、寿、势,曰
先贤士女,曰后贤,曰序志。叙述有法,材料丰富,是研究西南地
方史和西南少数兄弟族以及蜀汉、成汉政权的较好史书,有很高
的史料价值。

常璩在《华阳国志》的《序志》里,提到"世俗间有为《蜀传》
者,言蜀王蚕丛之间,周回三千岁"。他认为"周失纪纲,而蜀先
王,七国皆王,蜀又称帝。此则蚕丛自王,杜宇自帝,皆周之叔世
(叔世犹言末期),安得三千岁?"又批驳了"荆人鳖灵死,尸化西
上,后为蜀帝"的说法,认为"且太素资始,有生必死,……自古以
来,未闻死者能更生……况能为帝王乎?"他还批驳了周苌弘之
血,变成碧珠的说法②,认为"碧珠出不一处,地之相距,动数千
里,一人之血,岂能致此?"他还批驳了杜宇之魄,化为子鹃的神
话传说,认为"子鹃鸟今云是巂,或曰巂周,四海有之,何必在

蜀?"③这些论点,带有朴素的唯物主义因素,是比较正确的。

常璩在《华阳国志》的《巴志》里,还有如下的记载:

> 孝桓帝时,河南李盛……为郡守,贪财重赋。国人刺之曰:"狗吠何喧喧,有吏来在门。披衣出门应,府记欲得钱。语穷乞请期,吏怒反见尤(责怪)。旋步顾家中,家中无可与。思往从邻贷,邻人已言匮。钱钱何难得,令我独憔悴!"

像这样朴素质直的诗歌,在《华阳国志》中被保存了下来,说明常璩在采录这样一首东汉末年的诗歌方面,不仅注意到了诗歌的艺术性,也注意到诗歌的思想性。这也是值得称道的。

由于时代的局限和阶级的局限,《华阳国志》也存在不少缺点。对属于地主阶级的"耆旧"、"先贤","大姓"、"显宦",他们的仕宦言行,往往不厌其详地加以载述。还有,因为它是一部地方性的通史,有时不免流露出地方民族主义的色彩。

《世说新语》 在西晋时,有郭颁撰《魏晋世语》十卷。东晋隆和(公元 362—363 年)中,有裴启,字荣期,收集汉、魏以来一直到东晋穆帝时为止,关于世家大族、名士显宦的言语应对,人物品题,符合于当时清谈风尚的材料,撰成《语林》十卷。由于它的故事新颖,文笔清隽,其书曾风行一时。《世说新语·文学篇》称:"裴郎(裴启)作《语林》始出,大为远近所传。时流年少,无不传写,各有一通。"但是《语林》中记载谢安的"话言"两条,一条是说:"谢安目支道林,如九方皋(秦穆公时善相马者)之相马,略其玄黄,取其俊逸。"一条是说:谢安当面对裴启说过,"裴郎乃可不恶,何得复为饮酒?"谢安向人否认,说他没有说过这些话。这样,别人就对《语林》有不同的评价,裴启本人也难以分辨,只得把书中牵涉谢安的事情,全都删削。东晋末,又有郭澄之仿裴启《语林》的风格体例,著《郭子》三卷。

到了南朝宋文帝时,宋宗室临川王刘义庆招集文士何长瑜、鲍照等,在《语林》、《郭子》等书的基础上,撰成《世说新语》十卷,分为《言语》、《文学》、《识鉴》、《品藻》等三十八门。梁武帝世,刘峻又为《世说新语》作注,引用"汉、魏、吴诸史及子、传、地理之书,皆不必言。只如晋氏一朝史,及晋诸公别传、谱录文章,凡一百六十六家,皆出于正史之外,记载特详"(高似孙《纬略》)。刘峻注释此书时,征引广博,用书四百余种之多。遇到《世说新语》有谬误的地方,刘峻必摘其瑕疵,加以纠正。其注考证之详确,征引之繁富,和裴松之的《三国志》注,可以媲美。

《世说新语》虽然记的是轶事佳话,片言只语,但反映出了当时世家大族、豪门显宦的生活面貌,和一代的清谈风气,特别在揭露他们骄汰奢侈的腐朽生活方面,比较成功。《世说新语》的语言特色,是简明而有风致,它还保存了当时流行的一些口语。文字虽简,表达能力却极强,往往通过两句三句话,把这个人的性格面貌,勾画了出来,形象非常鲜明。

在《世说新语》里,对偏安江东起栋梁作用的王导和淝水之战击败苻坚入侵时主持中枢大计的谢安,都是以肯定人物的面目出现的。试看书中对他们两个人的记载,《言语篇》载:

〔东晋初〕过江诸人,每至美日,辄相邀新亭,藉卉饮宴。周侯(颉)中坐而叹曰:"风景不殊,正自有山河之异!"皆相视流泪。唯王丞相(导)愀然变色曰:"当共戮力王室,克复神州,何至作楚囚相对!"

《世说新语》用过江诸名士在新亭对泣,怆怀故国的伤感情调,来衬托王导的坚毅性格和政治远见,是比较成功的。

《雅量篇》载:

谢太傅(安)盘桓东山,时与孙兴公(绰)诸人泛海戏。风起浪涌,孙、王诸人色并遽(紧张),便唱使还;太傅神情方王,吟啸不言。舟人以公貌闲意悦,犹去不止。既风转急,浪猛,诸人皆喧动不坐,公徐云:"如此,将无归!"众人即承响而回。于是审其量,足以镇安朝野。

同篇又载：

> 桓公（温）伏甲设馔，广延朝士，因此欲诛谢安、王坦之。王甚遽，问谢曰："当作何计？"谢神意不变，谓文度（坦之字）曰："晋阼存亡，在此一行。"相与俱前。王之恐状，转见于色；谢之宽容，愈表于貌。望阶趋席，方作洛生咏，讽"浩浩洪流"，桓温惮其旷远，乃趣解兵。王、谢旧齐名，于此始判优劣。

又载：

> 谢公与人围棋，而谢玄淮上信至，看书竟，默然无言，徐向局。客问淮上利害，答曰："小儿辈大破贼（指淝水之战大败符秦）。"意色举止，不异于常。

第一则用诸人在风急浪猛中的喧动形状，来陪衬谢安泛海时那种貌闲意悦的神情；第二则写谢安临危不惧，而以王坦之的恐状来衬托谢安的宽容；第三则更着笔写出谢安在淝水大捷声中那种镇安朝野的高量雅度。使人读了这三则故事以后，对谢安这么一个清流人物，就有深刻的印象，这就是作者写作上的成功之处。

《世说新语》作者为了要表现一个杰出的人物，往往制造一个典型的环境，把这个典型人物突出出来。如《雅量篇》载：

> 嵇中散（康）临刑东市，神气不变，索琴弹之，奏《广陵散》。曲终，曰："袁孝尼（準）尝请学此散，吾靳固（吝惜）不与，《广陵散》于今绝矣。"太学生三千人上书，请以为师，不许。文王（司马昭）寻亦悔焉。

嵇康的被杀，千古之下，为之扼腕。《世说新语》作者却正摄取了嵇康临刑时弹奏《广陵散》这样一个速写镜头，来为这位一代才人之死鸣不平。最后还提到太学生三千人请以为师一事，来加强当时人们惋惜的气氛。

作者在《识鉴篇》中，对石勒的描写，也是很成功的：

> 石勒不知书,使人读《汉书》,闻郦食其劝〔汉高祖〕立六
> 国后,刻印将授之,大惊曰:"此法当失,云何得遂有天下?"
> 至留侯(张良)谏,乃曰:"赖有此耳!"

把石勒在实践中积累的政治经验和他的识见,前后只用三句话,就完全表达了出来。这是一个有生命的、有智慧的石勒,完全不同于一般史书所漫骂的石勒。

《世说新语》很少引用诗歌的全文,唯独对曹植的七步诗,却加以引用。《文学篇》载:

> 文帝(曹丕)尝令东阿王(曹植)七步中作诗,不成者行大法(死刑)。应声便为诗曰:"煮豆持作羹,漉豉以为汁。其在釜下燃,豆在釜中泣。本自同根生,相煎何太急!"帝深有惭色。

统治阶级在同室操戈的时候,读曹植这首诗,不能不无动于衷。

《世说新语》写政治上遭到挫折的失意形象,也入木三分。如《黜免篇》载:

> 殷中军(浩)废后,恨简文〔帝〕曰:"上人著百尺楼上,儋梯将去。"

> 殷中军被废,在信安,终日恒书空作字。扬州吏民寻义逐之,窃视唯作"咄咄怪事"四字而已。

因为殷浩的北伐,是简文帝(时以会稽王秉国政)所支持的,想用北伐的胜利来牵制跋扈于上游的桓温。浩兵溃失官,所以责怪简文帝把他送上百尺楼上,却把梯子搬走了,使人下不了台。这二则,都是通过寥寥几笔,把失意人物的形象和懊丧情绪,都表达了出来。据刘峻在《世说新语》注中考证云:

> 《续晋阳秋》曰:浩虽废黜,夷神委命,雅咏不辍,虽家人不见其有流放之戚。外生韩伯(韩康伯)始随至徙所,周年还都。浩素爱之,送至水侧,乃咏曹颜远诗曰:"富贵他人合,贫贱亲戚离。"因泣下。其悲见于外者,唯此而已。则书

空、去梯之言，未必皆实也。

《世说新语》还善于表现幽默和讽刺。如《言语篇》载：

> 满奋畏风，在晋武帝坐，北窗作琉璃屏，实密似疏，奋有
> 难色。帝笑之。奋答曰："臣犹吴牛（水牛），见月而喘（吴牛
> 畏热，见月疑是日，故喘）。"

《俭啬篇》载：

> 王戎有好李，卖之，恐人得其种，恒钻其核。

《术解篇》云：

> 郗愔信道（天师道）甚精勤。常患腹内恶，诸医不可疗，
> 闻于法开有名，往迎之。既来，便脉，云："君侯所患，正是精
> 进太过所致耳。"合一剂汤与之，一服即大下，去数段许纸，
> 如拳大，剖看，乃先所服符也。

这些幽默和讽刺的小品，语言简约含蓄，隽永有味。

由于作者的阶级地位和生活、思想的局限，《世说新语》是以
全盘肯定的态度来看待当时世族名流的言行的，甚至对于他们
不可宽恕的罪恶，《世说新语》作者也用欣赏的语气来叙述它。
譬如《汰侈篇》载：

> 石崇每要客燕集，常令美人行酒，不尽者，使黄门交斩
> 美人。王丞相（导）与大将军（王敦）尝共诣崇，丞相素不能
> 饮，辄自勉强，至于沉醉。每至大将军，固不饮，以观其变，
> 已斩三人，颜色如故，尚不肯饮。丞相让之，大将军曰："自
> 杀伊家人，何预卿事！"

这一则，未必一定是实事，可能有夸张的成分。《世说新语》作者
虽然把这则故事，安置在《汰侈篇》里，包含有谴责石崇残杀劝酒
美人的意思。但这一则的本意却是要突出王敦，用王导的饮酒
至于沉醉，来衬托王敦的坚不饮酒，突出王敦在年轻时候，就具
有豪迈残忍的性格。在这里，石崇枉杀无辜，便是无足轻重的
了。我们对《世说新语》所存在的这些缺点，是应该用批判的眼

光来看待的。

《水经注》 魏、晋、南北朝的许多地理著作,有的记述州郡地理,有的专记名山大川,有的记叙征途经涉,有的兼记土产异物。其著名者,如三国时,蜀汉人谯周著《三巴记》,东吴人沈莹著《临海水土异物志》。西晋时,周处著《阳羡风土记》。东晋时,贺循著《会稽记》,顾夷著《吴郡记》。刘宋时,郭缘生著《述征记》,戴延之著《西征记》,山谦之著《吴兴记》、《丹阳记》、《南徐州记》,盛弘之著《荆州记》,庾仲雍著《湘州记》、《江记》、《汉水记》,袁山松著《宜都记》,阮昇之著《南兖州记》。这些著述,除了《江记》、《汉水记》记述长江流域、汉水流域的地理景物,卷帙稍多,每记五卷以外,其余少则一卷,多则三卷,其中描写山川风景,关河险阻,文字清丽可喜,读之令人神往。这一些地理著作,卷帙很少,虽然流传很广,却容易散失,所以保存起来比较困难。南齐时,陆澄收集了一百六十家地理方面著作,依据地理书籍性质的分类,著述的先后,编为《地理书》一百五十卷(其中目录一卷)。到了梁代,任昉又在陆澄所编的一百六十家《地理书》基础上,加以扩充,增收了八十四家,编成《地记》二百五十二卷。可惜这些地理著作,后来大部分散失了。在北魏人郦道元著《水经注》时,他本人没有到过江南,他记述江南的山川景物,主要借助于这些著作。

《水经注》四十卷,北魏郦道元撰。道元字善长,范阳(今河北涿州)人。北魏景明中(公元500—503年),为冀州镇东府长史,代行州刺史事。后历鲁阳太守、东荆州刺史、河南尹、御史中尉等职。道元当官"有严猛之称"(《北史·郦范传子道元附传》),因此权贵们都讨厌他。这时北魏雍州刺史萧宝夤看到北魏王朝面临分崩离析的局势,就想割据关陇,自立为帝,北魏的权贵们有意要陷害郦道元,建议派郦道元为关右大使,前往长安慰劳军士。道元入关前至阴盘驿(今陕西临潼东),被萧宝夤所派的人杀害了。这一年是北魏的孝昌三年（公元527年）。

道元好学博闻，历览异书。他生长的时代，正当两晋十六国各族大迁移以后，在北方，有许多地名，几经变动，人们已不知道它的原名了；有许多城郭，原来是设置过郡县的，以后废毁了，也有的是治所移动了。在南方，新成立了许多州郡县；侨置的州郡，又棋置星罗，变动更大。独有水道系统，尽管"川流戕改"，"川渠隐显，书图自负"（郦道元《水经注序》），也有变动，而且"胡汉译言，音为讹变"（《水经·河水注》），但究竟要比城郭的变改少，究竟容易考查一些。因此他依据三国时人所撰《水经》，而为之注，成《水经注》四十卷。《水经》原书只简略地叙述了一百三十七条水流，郦道元在注《水经》时，详细地介绍了全国重要的河流，有一千二百五十二条之多。《水经》原文，往往不过简短的一两句话，郦道元在《水经注》里却写成几百字甚至多到几千字的文章。《水经注》全文约三十万字左右，比起《水经》原文来要多二十倍左右。《水经注》的内容，包括沿革地理、自然地理、经济地理各方面，它名为注释《水经》，实际上是一部以《水经》为纲的全面而系统的综合性地理著作。

郦道元在撰写《水经注》时，引用了周秦两汉以来与《水经》有关的文献达三百余种之多，有些间接的参考资料以及单篇的文章，尚不包括在内。

《水经注》在自然地理方面，如对平城（今山西大同市）的火井温泉，有翔实的描写。《㶟水注》云：

右合火山西溪水，水导源火山，西北流。山上有火井，南北六七十步，广减尺许，源深不见底，炎势上升，常若微雷发响。以草爨之，则烟腾火发。……其山以火从地中出，故亦名荧台矣。火井东五六尺，又东有汤井，广轮与火井相状，热势又同。以草内之，则不燃，皆沾濡露结，故俗以汤井为目。……井北百余步，有东西谷，广十许步。南崖下有风穴，厥大容人，其深不测，而穴中肃肃常有微风，虽三伏盛暑，犹须袭裘，寒吹陵人，不可暂停。

郦道元对火井温汤的地貌描述，真实地反映了这一地带一千多年前的火井活动和周围的地貌情况。

在经济地理方面，《水经注》详细地记载了古代劳动人民所修造的堰渠分布情况和溉田亩数，以及各地的特产等等。他又转引它书，记载了石油的产地，如《河水注》中载：

> 清水又东径高奴县（今陕西延安东），合丰林水，《地理志》谓之洧水也。故言高奴县有洧水，肥可爇，水上有肥，可接取用之。《博物志》称：酒泉延寿县（今甘肃玉门东南）南山出泉水，大如筥，注地为沟，水有肥如肉汁，取著器中，始黄后黑，如凝膏，燃极明，与膏无异，膏车及水碓缸甚佳，彼方人谓之石漆水。肥亦所在有之，非止高奴县洧水也。

这是今天延长石油矿和玉门石油矿的最早记录。郦道元却十分重视这些资料，他把这两则记录合在一起写在书里，后来张华的《博物志》散佚了，幸亏郦道元摘录下来，才不致湮没。又如关于石炭使用的记载，《水经·浊漳水注》云：

> 〔邺城〕冰井台，亦高八丈，有屋百四十五间，上有冰室，室有数井，井深十五丈，藏冰及石墨焉。石墨可书，又燃之难尽，亦谓之石炭。

又《灢水注》载：

> 火山水……发火山东溪，东北流出山。山有石炭，火之，热同樵炭也。

这两则有关石炭的记载，也是史书中较早记录中国人使用石炭的资料，作为古代经济资料来说，价值是很高的。

又如《河水注》中，记载了河东蒲坂（今山西永济）的名酿——桑落酒。

> 河东郡郡多流杂，谓之徙民。民有姓刘名堕者，宿擅工

酿,采挹河流,酝成芳酎。……酾于桑落之辰,故酒得其名矣。然香醑之色,清白若滫浆焉。别调氛氲,不与佗同,兰薰麝越,自成馨逸。方土之贡献,最佳酌矣。自王公、庶友(平民),牵拂相照者,每云"索郎有顾,思同旅语",索郎反语为桑落也。

这种河东的名酒,当时在国内享有很高的声誉,所以郦道元把它详细地记载了下来。

在沿革地理方面,郦道元在《水经注》里,不仅系统地阐明了水道的源流和变迁,同时他还对郡县的沿革,城市的盛衰,以及历史故迹、民间传说,都作了详尽的记载。譬如他在《渭水注》中,对西汉、前秦故都长安的描述;在《浊漳水注》中,对曹魏和后赵故都邺城的描述;在《灅水注》中,对北魏前期都城平城的描述;在《谷水注》中,对当时的皇都洛阳的描述,都结合历史的事迹,宫殿园苑池台巷市遗址的调查,详尽细致,令人读了不仅增长地理知识,同时也增长历史和考古知识。

《水经注》既是古代地理名著,也是山水文学中的优秀作品。郦道元以雄拔隽秀的文笔,不拘散骈的文学形式,来描写祖国的壮丽河山,具有很大的感染力。郦道元对于自己游历过的地方的自然景色,写得尤其生动翔实。郦道元是在青、齐一带长大的,因此他在《水经注》里,对这一地带的名胜区,写得特别出色。如《巨洋水注》载:

巨洋水自朱虚北入临朐县,熏冶泉水注之。水出西溪……斯地盖古冶官所在,故水取称焉。水色澄明,而清泠特异。渊无潜石,浅镂沙文。中有古坛,参差相对,后人微加功饰,以为嬉游之处。南北邃岸凌空,疏木交合。……至若炎夏火流,闲居倦想,提琴命友,嬉娱永日。桂笋寻波,轻林委浪,琴歌既洽,欢情亦畅,是焉栖寄,寔可凭衿。小东有一湖,佳饶鲜笋,匪直芳齐芍药,寔亦洁并飞鳞。

虽是寥寥几笔，临朐的绮丽风光，却已尽收眼底。

又如郦道元在《济水注》中写大明湖景色说：

> 济水又东北，泺水入焉。水出历城县故城西南。泉源上奋，水涌如轮。……其水北为大明湖，西即大明寺。寺东北两面侧湖，此水便成净池也。池上有客亭，左右楸桐，负日俯仰，目对鱼鸟，水木明瑟，可谓濠梁之性，物我无违矣。

这是最早描述大明湖和历下亭的记载。

此外如对三门峡的描写，文笔也非常细致生动。《河水注》云：

> 砥柱，山名也。昔禹治洪水，山陵当水者凿之，故破山以通河。河水分流，包山而过，山见水中若柱然，故曰砥柱也。三穿既决，水流疏分，指状表目，亦谓之三门矣。……河水翼岸夹山，巍峰峻举，群山叠秀，重岭干霄。……自砥柱以下，五户已上，其间百二十里，河中竦石杰出，势连襄陆。……其山虽辟，尚梗湍流，激石云洄，澴波怒溢，合有十九滩，水流迅急，势同三峡，破害舟船，自古所患。……虽世代加功，水流湍洑，涛波尚屯，及其商舟是次，鲜不踟蹰难济。

上面一些情况，大都是郦道元亲身经历过的，这才写得出来。至于江南、西蜀，不在他足迹所至的范围之内，郦道元网罗了那一带的地理文献资料，借以弥补自己知识之不足。如他在《沔水注》中，讲到汉中阳都坂（在今陕西洋县东北）杂峻异常，说：

> 〔汉水〕又南径阳都坂，东坂自上及下，盘折十九曲，西连寒泉岭。《汉中记》云：自西城（今陕西安康西北）涉黄金峭（今陕西洋县东北）、寒泉岭（今陕西洋县北）、阳都坂，峻崿百重，绝壁万寻。既造其峰，谓已逾崧（嵩山）岱（泰山），复瞻前岭，又倍过之。言涉羊肠，超烟云之际，顾看向涂，杳然有不测之险。山丰野牛野羊，腾岩越岭，驰走若飞，触突

树木，十围皆倒。山殚艮阻，地穷坎势矣。

这一则对秦岭南段景色的描写，郦道元主要利用了庾仲雍的《汉中记》的记载。经过他加工以后，文笔生动，使人读了，有点像他自己正在跋登万重峻岭，回头顾眄烟云苍茫的来径一样。

还有描写长江的三峡景色，《江水注》云：

> 江水又东径巫峡……历峡东径新崩滩……其下十余里有大巫山，非惟三峡所无，乃当抗峰岷、峨，偕岭衡、疑，其翼附群山，并概青云，更就霄汉，辨其优劣耳。……其间首尾百六十里，谓之巫峡，盖因山为名也。自三峡七百里中，两岸连山，略无阙处。重岩叠嶂，隐天蔽日，自非停午夜分，不见曦月。至于夏水襄陵，沿溯阻绝，或王命急宣，有时朝发白帝，暮到江陵，其间千二百里，虽乘奔御风，不以疾也。春冬之时，则素湍绿潭，回清倒影；绝𪩘多生怪柏，悬泉瀑布，飞漱其间。……每至晴初霜旦，林寒涧肃，常有高猿长啸，属引凄异，空谷传响，哀转久绝。故渔者歌曰："巴东三峡巫峡长，猿鸣三声泪沾裳。"

三峡不是郦道元足迹到过的地方，但是他善于利用当时文学家写的游记、地志，如庾仲雍的《江记》、盛弘之的《荆州记》、袁山松的《宜都记》等书，因此把前人和当时人对三峡的景色描写记录下来。

《水经注》对历史沿革地理作出很大贡献。倘使没有《水经注》的记载，后人简直无法考知汉代朔方郡的境界在那里，也无法知道汉代的渔阳郡白檀县在今天承德西北。今天北京密云，当时叫通潞县。北魏的密云县和西密云戍，在今天河北丰宁县附近。到了东魏时失去安州，当时的密云县治自口外的丰宁县迁到通潞县境内，后来通潞县在地图上消失了，代之以今天的密云了。清乾隆时，清高宗御制《热河考》和《滦河濡水源考证》，犹以为"白檀乃今密云"，郦道元把白檀、要阳安置在承德西北，是错误的,"汉时郡县,安得至此?"一批御用学者也随声附和,认为"白檀、要阳在今密云,并非滦水所经。郦氏此条,舛误殊甚。御制《热河考》、《滦源考证》特加辨正,一破千古传讹"。实际在密云的白檀、要阳,是东魏以后的侨治,汉代的白檀、要阳确实是在承德西北。不是郦道元记载错了,而是御制《热河考》、《滦河濡水源考证》考错了。

当然,郦道元的《水经注》,不是没有缺点的。江南不是郦道元经历过的地方,有些地区又缺乏文献方面的资料,因此郦道元记载这些地区的水道河流,往往失实。举两三个例子来说。他把《羌水篇》中的白水(白龙江)和《漾水篇》中的白水(白水江),搞成一个源头,都出于西嶂山。他把云南的叶榆水从大理通到昆明。还采用古老的违反科学的传说,黄河的水源出于昆仑墟,这个昆仑墟却在今天的新疆。另外,又由于时代的局限和阶级的局限,因此在《水经注》里记载了不少神鬼故事和迷信传说,这就不能不削弱这部伟大著作的科学价值。

《洛阳伽蓝记》　东魏时,阳衒之撰《洛阳伽蓝记》④。衒之历官抚军府司马,期城郡太守。洛阳为东汉、曹魏、西晋的京都。公元 494 年,北魏孝文帝又自平城迁都洛阳,此后四十年中,洛阳再度成为北方的政治、经济、文化中心。及尔朱荣入洛,杀王公朝士二千余人,当时死事之家多舍居宅以施寺,为死者造福,故史称"京邑第舍,略为寺矣"(《魏书·释老志》)。永熙(公元532—534 年)初,"京城表里,凡有一千余寺"(《洛阳伽蓝记序》)。永熙末,东西魏分立,东魏迁都于邺,诸寺僧尼,同时徙邺。接着东西魏长期战争,洛阳被战火破坏得很严重。阳衒之本来就居住过洛阳的,武定五年(公元 547 年)又因事到达洛阳,看到过去繁华的洛阳城,这时候"城郭崩毁,宫室倾覆;寺观灰烬,庙塔丘墟;墙被蒿艾,巷罗荆棘。野兽穴于荒阶,山鸟巢于庭树。游儿牧竖,踯躅于九逵;农夫耕老,艺黍于双阙"(《洛阳伽蓝记序》）。衒之抚今思昔，感触万端，于是怀抱这个故都横遭大劫的沉痛心情，写出《洛阳伽蓝记》这部书来。

阳衒之在《洛阳伽蓝记》里，用细致的笔触来记述城内外著名伽蓝的结构和帝都风物、庭园景色。如他记载城南景明寺说：

> 景明寺，宣武皇帝（元恪）所立也。景明年（公元500—503年）中立，因以为名。在宣阳门外一里御道东。其寺东西南北，方五百步。前望嵩山少室，却负帝城，青林垂影，绿水为文，形胜之地，爽垲独美。……台观光盛，一千余间，复殿重房，交疏对霤，青台紫阁，浮道（飞道）相通。虽外有四时，而内无寒暑。房檐之外，皆是山池。松竹兰芷，垂列阶墀，含风团露，流香吐馥。至正光年（公元520—524年）中，太后始造七层浮图（塔）一所，去地百仞。是以邢子才碑文云"俯闻激电，旁属奔星"是也。妆饰华丽，侔于永宁（寺名）。金盘宝铎，焕烂霞表。寺有三池，萑蒲菱藕，水物生焉。或黄甲紫鳞，出没于蘩藻；或青凫白雁，沉浮于绿水。磏（碾）硙春簸，皆用水功。伽蓝之妙，最为称首。

像景明寺这样的寺院，当时在洛阳还不止一两所。这些寺院的建筑，都是"金刹与灵台比高，讲殿共阿房等壮，岂直木衣绨绣，土被朱紫而已哉"（《洛阳伽蓝记序》）。当时北魏全国大小寺院二万多所，其豪华奢靡的情况，可以推想而知。

阳衒之还通过本书，详尽地记载了北魏末年尔朱氏跋扈的历史事件，同时也无情地揭露了当时贵族权豪穷奢极欲的生活及其贪鄙性格。如写河间王元琛的华侈和章武王元融的贪婪：

> 于是帝族王侯，外戚公主……争修园宅，互相夸竞。……而河间王琛最为豪首。……造文柏堂，形如徽音殿。置玉井金罐，以五色缬为绳。妓女三百人，尽皆国色。……〔琛〕得千里马，号曰"追风赤骥"。次有七百里者十余匹，皆有名字。以银为槽，金为环锁，诸王服其豪富。琛

常语人云："晋室石崇，乃是庶姓，犹能雉头狐腋，画卵雕薪，况我大魏天王，不为华侈？"造迎风馆于后园，窗户之上，列钱（行列如钱的雕制环状饰物）青琐（用青色涂饰的连环形花纹），玉凤衔铃，金龙吐佩。素柰朱李，枝条入檐。……琛常会宗室，陈诸宝器，金瓶银瓮百余口，瓯檠盘盒称是。自余酒器，有水晶钵、玛瑙杯、琉璃碗、赤玉卮数十枚，作工奇妙，中土所无，皆从西域而来。又陈女乐及诸名马。复引诸王案行府库，锦罽珠玑，冰罗雾縠，充积其内，绣缬、纤绫、丝彩、越葛、钱、绢等，不可胜计。琛忽谓章武王融曰："不恨我不见石崇，恨石崇不见我！"融立性贪暴，志欲无限，见之婉叹，不觉生疾，还家卧三日不起。……及〔胡〕太后赐百官负绢，任意自取，朝臣莫不称力而去。唯融与陈留侯李崇负绢过性（任），蹶倒伤踝。〔太后即不与之，令其空出，时人笑焉。〕……经河阴之役，诸元歼尽（指北魏武泰元年，尔朱荣举兵入洛，杀王公朝士二千余人），王侯第宅，多题为寺。……四月初八日，京师士女多至河间寺（当是因旧为河间王宅而名）。观其廊庑绮丽，无不叹息，以为蓬莱仙室，亦不是过。

阳衒之在《洛阳伽蓝记》中记载当时洛阳商市的情形，除了洛阳大市和通商等十里，已在第七章第三节提到以外，它还记载了永桥市和鱼鳖市：

> 别立市于洛水南，号曰四通市。民间谓为永桥市。伊、洛之鱼，多于此卖，士庶须脍，皆诣取之。鱼味甚美，京师语曰："洛鲤、伊鲂，贵于牛羊。"

> 城南归正里，民间号为吴人坊，南来投化者，多居其内。近伊、洛二水，任其习御。里三千余家，自立巷市，所卖口味，多是水族，时人谓为鱼鳖市也。

《洛阳伽蓝记》除了记载这些商市以外，还介绍了当时誉满洛阳的佳酿桑落酒：

市西有延沽、治觞二里，里内之人，多酝酒为业。河东人刘白堕，善能酿酒。季夏六月，时暑赫晞，以罂贮酒，暴于日中，经一旬，其酒味不动。饮之香美，醉而经月不醒。京师朝贵，出郡登藩，远相饷馈，逾于千里。以其远至，号曰鹤觞，亦名骑驴酒。

这一条和上引《水经·河水注》刘堕桑落酒条参看，就可以看出刘白堕所酿的桑落酒风靡全国的畅销盛况。

另外，阳衒之在《洛阳伽蓝记》中，还介绍了南北两地饮食嗜好的殊异情况，如说：

〔王〕肃初入国，不食羊肉及酪浆等物，常饭鲫鱼羹，喝饮茗汁（茶）。京师士子道肃一饮一斗，号为漏卮。经数年以后，肃与高祖（孝文帝）殿会，食羊肉酪粥甚多。高祖怪之，谓肃曰："……羊肉何如鱼羹？茗饮何如酪浆？"肃对曰："羊者是陆产之最，鱼者乃水族之长，所好不同，并各称珍；以味言之，甚有优劣。羊比齐、鲁大邦，鱼比邾、莒小国，唯茗不中与酪作奴。"高祖大笑。……彭城王谓肃曰："卿不重齐、鲁大邦，而爱邾、莒小国？"肃对曰："乡曲所美，不得不好。"彭城王重谓曰："卿明日顾我，为乡设邾、莒之食，亦有酪奴。"因此复号茗饮为酪奴。

又如记录当时重视四声反切的风尚说：

洛阳城东北有上商里……高祖名闻义里。……冠军将军郭文远游憩其中，堂宇园林，匹于邦君。时陇西李元谦乐双声语，尝经文远宅前过，见其门阀华美，乃曰："是谁第宅？过佳！"婢春风出曰："郭冠军家。"元谦曰："凡婢双声！"春风曰："伧奴谩骂！"元谦服婢之能，于是京邑翕然传之。

"是谁"同属禅母，"过佳"及"郭冠军家"同属见母，"凡婢"同属奉母，"双声"同属审母，"伧奴"同属泥母，"慢骂"同属明母，皆双声字。"第宅"二字，"第"为定母，"宅"为澄母，古音亦属同部。李元谦和春风互相用双声语来嘲戏,可见当时喜用双声语的风尚已很普遍。

《洛阳伽蓝记》是一部出色的地理著作,又是一部抒情的文学作品。这部书的文体,接近骈俪,但不流于浮靡雕琢。它能够以精雅洁净的语言,繁简得宜的记叙笔法,表现了纯熟的艺术技巧。阳衒之还依据宋云《家纪》、慧生《行记》和《道荣传》,综述宋云、慧生西行求法的经过,这是研究古代西域和中印文化交流的重要史料,如果没有保存在《洛阳伽蓝记》里,那也早就散失了。

《洛阳伽蓝记》和《水经注》一样,记载了不少鬼神传说,这和当时宗教迷信思想的盛行是密切相关的,尽管作者本意不在于宣传鬼神怪异。

颜之推的《颜氏家训》　颜之推,原籍琅邪临沂(今山东临沂北)人,先世随东晋渡江,寓居建康。之推初仕梁朝,为梁元帝散骑侍郎。西魏破江陵(公元 555 年),之推被俘入关。他偷偷从弘农郡(今河南陕州区)坐了一条小船,趁黄河水涨,逃奔北齐。仕齐至黄门侍郎、平原太守。齐亡又入周,至隋初病死。他在《观我生赋》自注里,说自己一生"三为亡国之人",一次是侯景破台城;一次是江陵沦没;一次是北齐灭亡。他在赋的结尾沉痛地说:"向使潜于草茅之下,甘为畎亩之人,无读书而学剑,莫抵掌以膏身,委明珠而乐贱,辞白璧以安贫,尧舜不能荣其素朴,桀纣无以污其清尘,此穷何由而至,兹辱安所自臻! 而今而后,不敢怨天而泣麟也。"他和庾信的心情一样,对身世的感触是较深的。

颜之推是南北朝后期的一位著名学者。他的代表作是《颜氏家训》二十篇。《家训》的《序致篇》说:"魏晋以来,所著诸子,理重事复,递相模效,犹屋下架屋,床上施床耳。"他所著《家训》,确实也避免了这点,做到言之有物。由于他经历南北,饱经忧患,深知南北俗尚的弊病,政治的得失,南学北学的短长,因此在《家训》里提出他自己的看法时,往往非常中肯。

颜之推在《颜氏家训》里，曾揭露了北方世家大族教儿子学鲜卑语、弹胡琵琶，借以猎取官位的无耻行径。《教子篇》说：

> 齐朝有一士大夫尝谓吾曰："吾有一儿，年已十七，颇晓书疏。教其鲜卑语，及弹琵琶，稍欲通解。以此伏事公卿，无不宠爱，亦要事也。"吾时俛而不答。异哉此人之教子也！若由此业，自致卿相，亦不愿汝曹为之。

对这种无耻想法，颜之推是深恶痛绝的。他又揭露了北方世家大族凭借门第来进行婚姻买卖交易的丑剧，《治家篇》说：

> 近世嫁娶，遂有卖女纳财，买妇输绢，比量父祖，计较锱铢，责多还少，市井无异。

他批评南朝的世家大族，"未尝目观起一坯土，耘一株苗，不知几月当下，几月当收"（《涉务篇》）。"问其造屋，不必知楣横而梲竖也；问其为田，不知稷早而黍迟也。"（《勉学篇》）他进而抨击了南朝的门阀世族制度，《涉务篇》说：

> 梁世士大夫，皆尚褒衣博带，大冠高履，出则车舆，入则扶持，郊郭之内，无乘马者。……及侯景之乱，肤脆骨柔，不堪行步，体羸气弱，不耐寒暑，坐死仓卒者，往往而然。建康令王复，性既儒雅，未尝乘骑，见马嘶喷陆梁（跳跃），莫不震慑。乃谓人曰："正是虎，何故名为马乎？"其风俗至此。

《勉学篇》又说：

> 梁朝全盛之时，贵游子弟，多无学术，至于谚云："上车不落则著作，体中何如则秘书。"无不熏衣剃面，傅粉施朱，驾长檐车，跟高齿屐，坐棋子方褥，凭斑丝隐囊，列器玩于左右，从容出入，望若神仙。明经求第，则顾人答策；三九公宴，则假手赋诗。当尔之时，亦快士也。及离乱之后，朝市迁革，铨衡选举，非复曩者之亲；当路秉权，不见昔时之党。求诸身而无所得，施之世而无所用。被褐而丧珠，失皮而露质，兀若枯木，泊若穷流，鹿独（犹落拓）戎马之间，转死沟壑

之际,当尔之时,诚骜材也。

以上二则,对南朝世家大族的没落腐朽,揭露无遗。

颜之推对北朝贪婪的鲜卑贵族,也作了辛辣的讽刺。他在《治家篇》里说:

> 邺下有一领军,贪积已甚,家童八百,誓满千人。朝夕肴膳,以十五钱为率,遇有客旅,便无以兼。后坐事伏法,籍其家产,麻鞋一屋,弊衣数库,其余财宝,不可胜言。

在《颜氏家训》中,颜之推还反映了世家大族南北风尚的区别,如在《治家篇》里说:

> 江东妇女,略无交游。其婚姻之家,或十数年间未相识者,唯以信命赠遗,致殷勤焉。邺下风俗,专以妇持门户,争讼曲直,造请逢迎,车乘填街衢,绮罗盈府寺,代子求官,为夫诉曲,此乃恒代(北魏初都恒州代郡之平城)之遗风乎?南间贫素,皆事外饰,车乘衣服,必贵齐整;家人妻子,不免饥寒。河北人事,多由内政,绮罗金翠,不可废阙;羸马悴奴,仅充而已。

此外他在《治家篇》里又反映了当时北方世家大族溺杀女婴的恶习:

> 太公曰:"养女太多,一费也。"陈蕃曰:"盗不过五女之门。"女之为累,亦已深矣。……世人多不举女,贼行骨肉。……吾有疏亲,家饶妓媵,诞育将及,便遣阍竖守之,体有不安,窥窗倚户,若生女者,辄持将去,母随号泣,莫敢救之,使人不忍闻也。

《颜氏家训》这些方面的记载,有助于我们对当时社会风习的了解。

颜之推在《颜氏家训》里,几次提到,有了一点学问,千万不能骄傲。他说:"夫学者所以求益尔,见人读数十卷书,便自高大,凌忽长者,轻慢同列。人疾之如仇敌,恶之如鸱枭。如此以学自损，不如无学也"（《勉学篇》）。

颜之推在《颜氏家训》中，还提出他在经学和文学方面的见解，有些是很精辟的。他对南朝文学批评形成一种风气，非常赞许。他说："《书》曰：'好问则裕。'《礼》云：'独学而无友，则孤陋而寡闻。'盖须切磋相起明也。见有闭门读书，师心自是，稠人广坐，谬误羞惭者多矣"（《勉学篇》）。所以他说："江南文制，欲人知有病累，随即改之。陈王（曹植）得之于丁廙也"（《文章篇》）。他对北朝文坛上文学批评风气的不展开，所谓"山东风俗，不通击难"，是不以为然的。

颜之推认为要使作品有生命，首先要有充实的内容，然后再讲求写作技巧。他说："文章当以理致为心胸，气调为筋骨，事义为皮肤，华丽为冠冕。"他反对当时那种浮艳的文风，说："今世相承，趋末弃本，率多浮艳。辞与理竞，辞胜而理伏；事与才争，事繁而才损。"认为偏重辞藻，反而阻碍了内容的表达，限制了文气的奔放。因此他主张向古人的作品——主要是优秀的散文学习，说"古人之文，宏材逸气，风格去今实远，但缉缀疏朴，未为密致耳。今世音律谐靡，章句偶对，讳避精详，贤于往昔远矣。宜以古之制裁为本，今之辞调为末，并须两存，不可偏弃也"（《文章篇》）。

颜之推谈到当时的经师："'仲尼居'即须两纸疏义"，"闻一言辄酬数百〔言〕，责其指归，或无要会"（《勉学篇》）。他对这种学风，也加以反对。他嗤笑当时的学者，说他们正像邺城谣谚中所嗤笑那样，"博士买驴，书券三纸，未有驴字"。讲了好多废话，始终没有把主题点出来，这种情况"令人气塞"，他告诫子孙千万别向他们学习。

《颜氏家训》一书，不但持论平实，而且在当时骈偶文盛行的年代里，沾染习气不深，它的文风，给人以一种浑朴的感觉，对后代散文的发展，起了一定影响。

颜之推这一部书，自然也有许多缺陷。尤其是之推虔信佛教，在《家训》里散布了因果报应思想，这是必须加以批判的。

---

① 在本节编写时，参考了金毓黻先生著《中国史学史》第四章。文中附录后汉史、三国史、晋史、十六国史、南史、北史诸表，均据金先生书中所列之表制成。

②《庄子·外物篇》："苌弘死乎蜀，藏其血，三年化为碧。"按苌弘碧血，蜀地传说又把它变为碧珠，常璩否定了这种说法。

③ 扬雄《蜀王本纪》："望帝使臣鳖灵治水，去后，望帝与其妻通。惭愧，且以德薄不如鳖灵，乃委国授之而去。望帝去时，子鹃鸣，故蜀人悲子鹃鸣而思望帝。望帝，杜宇也。"按子鹃，即子规，杜鹃鸟的别称。

④ 阳衒之，刘知幾《史通》、晁公武《郡斋读书志》作羊衒之。《隋书·经籍志》、隋费长房《历代三宝记》、唐法琳《破邪论》、道宣《续高僧传》、《大唐内典录》作杨衒之。独唐释道宣《广弘明集·辩惑篇》作阳衒之，并云："阳衒之，北平人。元魏末为秘书监。"按羊氏郡望为泰山，杨氏郡望多弘农，独阳氏郡望是北平。衒之既是北平人，当作阳氏为是。北平阳氏，是北朝的世家大族。

第二节 文　　学

五言诗的形成　汉以前的诗，大都是四言。到了汉代，出现了五言诗。汉初戚夫人的《永巷歌》和李延年的"北方有佳人，绝世而独立"歌，都可以说是五言诗的滥觞。

汉武帝立乐府，采歌谣，以李延年为协律都尉，"于是有赵、代之讴，秦、楚之风"（《汉书·艺文志》），和塞上横吹之曲。乐府歌辞，有三言、四言、五言、七言不等，其后渐以五言为多。乐府歌辞本来是同音乐结合在一起的，诗就是歌。到了后来，乐府中的五言歌辞，逐渐同音乐分离开来。于是人们把可以歌唱的五言诗，仍旧称为乐府，如班婕妤的《怨歌行》、辛延年的《羽林郎》、宋子侯的《董娇饶》；不能入乐的案头五言歌辞，叫做五言诗，如《文选》中的《古诗十九首》，《玉台新咏》中的秦嘉《赠妇》诗之类。

五言诗到东汉,可以说已臻成熟的阶段了。

五言诗愈成熟,离开音乐也愈远,但不能说乐府就衰歇了。五言诗在向五言诗的成熟方向发展,乐府诗也继续在向同音乐结合的方向发展。在东汉末年,有一首《孔雀东南飞》的五言故事诗,原题《古诗为焦仲卿作》,全诗一千七百八十五字。诗的内容是叙述东汉建安(公元 196—219 年)中,庐江小吏焦仲卿,娶妻刘兰芝,夫妻俩感情很好。可是焦仲卿的母亲对兰芝却百般挑剔,最后终于把她赶回到娘家去。兰芝被迫投水自杀,焦仲卿也自缢而死。故事情节,在封建社会里,有它的普遍性。作者通过叙事诗的形式,对封建宗法制度和封建礼教进行了有力的控诉和批判。

《孔雀东南飞》一开头,有这样的句子:

> 孔雀东南飞,五里一徘徊。十三能织素,十四学裁衣。……十七为君妇,心中常苦悲。……鸡鸣入机织,夜夜不得息。三日断五匹,大人故嫌迟。

我们不妨拿《太平御览》卷 826 里所引的《古艳歌》来和它比较。《古艳歌》云:

> 孔雀东飞,苦寒无衣。为君作妻,中心恻悲。夜夜织作,不得下机。三日载匹,犹言我迟。

这首《古艳歌》的作者,已不可知,但作品产生的时间肯定是在《孔雀东南飞》之前。它的内容和表现形式,提供了《孔雀东南飞》一诗以很典型的塑造材料。这也可以说明,不仅《孔雀东南飞》是如此,一切民间的诗歌创作,往往汲取了流传在民间的乐府艳歌歌辞等等的精华部分,然后充实具体的故事内容,又经过文人的不断加工,才完成它的创作过程的。

建安文学　建安时期,涌现了不少著名的诗人,他们的作品,受到了乐府民歌的深刻影响。

东汉王朝的统治,在黄巾起义之后,实际已经土崩瓦解了。

在东汉王朝的废墟上,董卓擅政,牧守混战,又给这一代人带来了巨大灾难,即使统治阶级中的文士才人,也都受到战乱的冲击,没有一个人能够例外。他们根据自己在乱离中的切身经历,不仅唱出了东汉王朝末日的挽歌,同时还把所见所闻可悲可泣的富有社会内容的事情,通过诗赋的形式表达了出来。唐诗人陈子昂所称誉的"建安风骨",就是指建安时期诗歌的社会内容和它的苍凉风格而言的。

建安诗人的代表人物,有曹操父子、王粲、陈琳、蔡琰等人。

曹操在建安时代,在政治上是叱咤风云的霸主,同时在诗坛上也是一代主将。曹操的诗歌,最喜欢摹拟乐府。由于受到乐府的深刻影响,因此节奏响亮,史称操所"造新诗,被之管弦,皆成乐章"(《三国志・魏志・武帝纪》注引《魏书》)。曹操的诗歌,流传到现在的有二十首左右,几乎全部都是乐府。曹操利用乐府这一形式,来抒写自己的思想感情和当时的乱离情况,也就是说,乐府形式到了他的手中,被赋予新的内容,即带有抒情诗的内容了。

曹操的代表作,有《蒿里行》:

> 关东有义士,兴兵讨群凶(指董卓等)。初期会盟津,乃心在咸阳。军合力不齐,踌躇而雁行。势利使人争,嗣还自相戕。淮南弟(指袁术)称号,刻玺于北方(指袁绍亦欲为帝)。铠甲生虮虱,万姓以死亡。白骨露于野,千里无鸡鸣。生民百遗一,念之断人肠。

曹操在这首乐府里,叙述了当时讨伐董卓的将领自相残杀,特别指出袁绍、袁术兄弟企图割地称帝,造成长期战争,给人民带来了巨大灾祸。这首诗客观上反映了牧守混战,人民死亡的社会现实。

曹操在行军途中,做了一些诗歌,其中如乐府《苦寒行》,是讲在太行山一带进军的情景,描述行军之艰苦,也反映出曹操在行军途中,"担囊行取薪,斧冰持作糜",主帅和士卒同甘苦的可贵精神。

曹操在取得冀州之后,因为三郡乌桓骚扰北边,他出兵抗御,经过碣石山(在今河北昌黎)的时候,写了一首《碣石篇》的乐府,其第一章《观沧海》云:

> 东临碣石,以观沧海。水何澹澹,山岛竦峙。树木丛生,百草丰茂。秋风萧瑟,洪波涌起。日月之行,若出其中;星汉灿烂,若出其里。幸甚至哉,歌以咏志。

曹操在秋风萧瑟的季节,登高望海,在他面前展示出一幅波涛汹涌的大海图景。诗歌里描述了吞吐宇宙的自然景象,也表达出曹操那种雄放豪迈的气概。写大海的景色达到这么水平,确实是千古绝唱了。

同一首《碣石篇》的第四章《龟虽寿》,也是脍炙人口的诗篇:

> 神龟虽寿,犹有竟时;腾蛇乘雾,终为土灰。老骥伏枥,志在千里;烈士暮年,壮心不已。盈缩之期,不但在天;养怡之福,可得永年。幸甚至哉,歌以咏志。

曹操用神龟、腾蛇都不免身死物化,比喻人的生命是有限的。但他并不为此而颓唐丧气,却反而通过形象思维,用"老骥伏枥,志在千里"的积极乐观的精神,来表现老当益壮的志士胸怀。他在《短歌行》的开头,尽管咏叹"人生几何","去日苦多",稍嫌消沉,但是这首诗的基调还是昂扬的,最后唱出"山不厌高,海不厌深,周公吐哺,天下归心"的诗句,诗中反复倾诉的正是这种求贤若渴,借以成就统一大业的心情。这类诗最能体现曹操诗歌悲凉慷慨的特色。

曹操的文章,在《三国志·魏志·武帝纪》正文及裴松之注以及类书所引的,如《上杂物疏》、《军谯令》、《整齐风俗令》、《明罚令》、《求贤令》、《举贤勿拘品行令》等等,虽然代表了曹操的思想,但未必由曹操亲自动笔,而是由其幕僚起草的。惟有《让县自明本志令》，肯定是曹操亲自属稿的。又曹操临死时的《遗令》，即使不是他的亲笔，至少是曹操口授成文的。这两篇令文，反映了曹操那种清峻、通脱的散文风格。尤其是前一篇，观点鲜明，语言简朴，毫无矫饰，表现了政治家的豪迈气概。

曹丕（公元 187—226 年），字子桓，是曹操的次子，后来代汉做皇帝，史称魏文帝。他在文学方面，也有相当的成就。他的诗文，有一部分是建安时代的，也有一部分是他称帝后的黄初时期（公元 220—226 年）的作品。他在五言诗方面，开始写出像后来抒情诗那样的作品。他的七言诗，如《燕歌行》，固然还采用乐府形式，诗的基调比较伤感悲沉，但是它采用七言的句法，这在当时是一种创格，因为七言比起四言、五言来，毕竟能够表达较多的东西，毕竟是一种进步。《燕歌行》要算是现存最早最完整的七言诗，对诗歌形式的发展是有贡献的。

曹丕乐府《上留田行》云：

> 居世一何不同，上留田。富人食稻与粱，上留田。贫子食糟与糠，上留田。贫贱亦何伤，上留田。禄命悬在苍天，上留田。今尔叹息，将欲谁怨，上留田。

上留田在汉歌吹曲里，本来是一个地名。可是在这里是作为曲调的余声，如《临高台》的"收中吾"，今天民歌中的"萨丽哈"之类，有音无义。曹丕在这首乐府里，虽然指出贫富生活的悬殊，但是他却归结为悬在苍天的禄命在主宰着一切，就差以毫厘，谬以千里了。

曹丕著《典论》五卷，其中《论文》一篇，对文学创作和文学批评都有过积极的影响。文中指出文体"本同而末异"，亦即一切诗文从根本上说有其共同性，但是由于具体效用不同，所以分成各种不同的体裁，所谓"奏议宜雅，书论宜理，铭诔尚实，诗赋欲丽"。正是因为"文非一体，鲜能备善"，因此他尖锐地批评了"各以所长，相轻所短"这种"文人相轻"的陋习。他又提出"文以气为主"，"气"是指作家的个性而言，他认为每个人的个性不同，创作的风格也就千差万别，连父兄也不能勉强要求自己的子弟消灭这种差别。最后强调"文章经国之大业，不朽之盛事"，高度评价了文学作品的功能和价值。全篇重视文学作品的地位、作用和特点，鼓励作家努力写作，对当时文学的繁荣无疑是有推动作用的。

曹植（公元192—232年），字子建，曹丕的同母弟。他从小就受到良好的文学教养，"年十余岁，诵读诗论及辞赋数十万言，善属文"（《三国志·魏志·陈思王植传》）。他早年的作品如《送应氏》诗：

> 步登北邙阪，遥望洛阳山。洛阳何寂寞，宫室尽烧焚。垣墙皆顿擗，荆棘上参天。不见旧耆老，但睹新少年。侧足无行径，荒畴不复田。游子久不归，不识陌与阡。中野何萧条，千里无人烟。念我平常居，气结不能言。

这首诗作于建安十六年（公元211年），当时曹植随曹操西征马超，经过洛阳，作诗送别汝南应玚、应璩兄弟，在一定程度上反映出东汉末年洛阳的残破景象。

曹植又有乐府《泰山梁父行》：

> 八方各异气，千里殊风雨。剧哉边海民，寄身于草野。妻子象禽兽，行止依林阻。柴门何萧条，狐兔翔我宇。

反映了海边贫民经历战乱之后的艰辛生活。

尤其令人触目惊心的，是曹植《说疫气》中的一段话：

> 建安二十二年，疠气流行。家家有僵尸之痛，室室有号泣之哀，或阖门而殪，或覆族而丧。……人罹此者，悉被褐茹藿之子，荆室蓬户之人耳。若夫殿处鼎食之家，重貂累蓐之门，若是者鲜焉。此乃阴阳失位，寒暑错时，是故生疫。而愚民悬符厌之，亦可笑也。

根据当时名医张仲景在《伤寒论》中的判断，这次疫病为伤寒病的感染。近半世纪医学史的研究,认为倘属伤寒或流感,人民不可能死亡那么快、那么多,所以推断是肺鼠疫。曹植在这则短文里,指出感染疫病死亡的,绝大多数是穷苦的老百姓。他还批判了用悬符压邪来抵御疫气的愚昧行为。

曹植的一生,以公元220年曹丕称帝为界,可分为前后两期。他在前期因"文才富艳",得到曹操宠爱,几乎被立为世子。这时他的诗歌除了反映战乱和人民疾苦以外,主要是表现政治抱负,向往建功立业。后来曹丕、曹叡父子相继做了皇帝,他深受猜忌,动辄得咎。黄初四年(公元223年)五月,他和同母兄任城王曹彰、异母弟白马王曹彪同朝京都,曹彰突然不明不白地死在洛阳。同年七月,他和曹彪回到封国去,"欲同路东归,以叙隔阔之思,而监国使者不听"(《三国志·魏志·陈思王植传》注引《魏氏春秋》)。他以充满激愤的情调,写了一首《赠白马王彪》的长诗,痛斥小人播弄是非,谗间骨肉:"鸱枭鸣衡轭,豺狼当路衢。苍蝇间白黑,谗巧令亲疏。"他还唱出"丈夫志四海,万里犹比邻。恩爱苟不亏,在远分日亲。何必同衾帱,然后展殷勤",来宽慰自己,这更加重了全诗悲切、愤懑的气氛。曹植在魏初十一年中迁徙封国三次,一直处于被监视、受压抑的境地,居常汲汲无欢,正当四十一岁的壮年,就发病而死。曹植在文学造诣上,却由于他久处逆境,虽然贵为侯王,而情同囚犯,反而使他体会现实较深,哀怨牢愁,形象思维更为深刻。

曹植采用了美人香草以譬忠贤,飘风云霓以比谗佞的传统表现手法,写出了《七哀》诗:

> 明月照高楼,流光正徘徊。上有愁思妇,悲叹有余哀。借问叹者谁,言是客子妻。君行逾十年,孤妾常独栖。君若清路尘,妾若浊水泥。浮沉各异势,会合何时谐?愿为西南风,长逝入君怀。君怀良不开,贱妾当何依?

诗中借思妇的愁叹,来表达自己的哀怨之情。"君若清路尘,妾若浊水泥"，这和"煮豆燃豆萁，豆在釜中泣"的比喻，意义是一样的，豆和萁同根而生，相煎何急；尘和泥本为一物，升沉异路。"君怀良不开，贱妾当何依"，这样沉痛绝望的呼声，基调虽很低沉，但也反映了政治压力之深。

曹植《杂诗》六首之一：

> 南国有佳人，容华若桃李。朝游江北岸，夕宿潇湘沚。
> 时俗薄朱颜，谁为发皓齿？俯仰岁将暮，荣华难久恃。

"时俗薄朱颜，谁为发皓齿"，志士暮年，美人迟暮，这首诗表达的感情也是很沉痛的。

曹植在另一首《野田黄雀行》中，表现了他对抉破罗网，逃出危难境地的渴望之情。

> 高树多悲风，海水扬其波。利剑不在掌，结交何须多！
> 不见篱间雀，见鹞自投罗？罗家得雀喜，少年见雀悲。拔剑
> 捎罗网，黄雀得飞飞。飞飞摩苍天，来下谢少年。

曹植诗歌的特色，是在乐府民歌基础上，进一步提炼加工，创造出新的风格来，不仅可以任意写景物，而且可以任意抒写感情，可以说把五言诗推进到成熟的境界了。

曹植在辞赋方面的成就也很高，《洛神赋》是他的代表作。曹植采用神话传说中洛水女神宓妃的故事作为素材，通过形象思维，塑造了"翩若惊鸿，婉若游龙"这么一个神女形象。《洛神赋》整篇充满抒情的气氛，比宋玉的《高唐赋》、《神女赋》更完整，更形象，文辞也提炼得更华丽而简约。

建安时期的著名作家，除了"三曹"——曹操、曹丕、曹植以外，还有"七子"。曹丕在《典论·论文》里曾提到这七个人，他说："今之文人，鲁国孔融、广陵陈琳、山阳王粲、北海徐干、陈留阮瑀、汝南应玚、东平刘桢，此七子者，于学无所遗……咸自以骋骐骥于千里。"这才有"建安七子"的称呼。其中孔融行辈较高，他也不是曹操集团中人。王粲、陈琳等六人都是曹操霸府的幕

僚，又经常和曹丕、曹植兄弟诗酒唱和。这里只介绍王粲和陈琳。

王粲（公元 177—217 年），字仲宣，山阳高平（今山东邹城南）人，家世公卿。粲年十余岁随汉献帝迁都长安。董卓死后，又避地荆襄。在这期间，经历了流离的生活，他的著名诗篇《七哀诗》，就是这一时期的作品。《七哀诗》的第一首云：

> 西京（长安）乱无象，豺虎方遘患。复弃中国去，远身适荆蛮。亲戚对我悲，朋友相追攀。出门无所见，白骨蔽平原。路有饥妇人，抱子弃草间。顾闻号泣声，挥涕独不远。未知身死处，何能两相完？驱马弃之去，不忍听此言。南登灞陵岸，回首望长安。悟彼下泉人，喟然伤心肝。

诗人从长安往荆州避难，这首诗当是初离长安时所作。诗里描写了董卓死后，董卓部将李傕、郭汜等攻掠长安，残杀人民，造成白骨蔽野的惨酷景象，是非常真实的。

王粲到了荆州襄阳，看到刘表的苟安局面，未必能支持多久，他本是作赋的能手，这时他就作了一篇《登楼赋》。赋里说道："虽信美而非吾土兮，曾何足以少留！"表示了对这种苟安局面的担心。赋里还说道："惟日月之逾迈兮，俟河清之未极。冀王道之一平兮，假高衢而骋力。"表达了他渴望全国统一的心情。

陈琳，字孔璋，广陵（今江苏扬州市）人。他的作品，流传下来的不多，诗歌只留存四首。他的乐府《饮马长城窟行》，描写的虽然是秦代筑长城的历史题材，实际是反映了东汉末年人民征役之苦：

> 饮马长城窟，水寒伤马骨，往谓长城吏："慎莫稽留太原卒！"官作自有程，举筑谐汝声。男儿宁当格斗死，何能怫郁筑长城！长城何连连，连连三千里。边城多健少，内舍多寡妇。作书与内舍："便嫁莫留住。善事新姑嫜，时时念我故夫子。"报书往边地："君今出语一何鄙！身在祸难中，何为

稽留他家子？生男慎莫举，生女哺用脯。君独不见长城下，
死人骸骨相撑拄。结发行事君，慊慊心意关。明知边地苦，
贱妾何能久自全！"

这篇乐府运用民歌常用的对话形式，通过役卒和官吏、役卒和妻
子的对话，把封建徭役制度下一幅凄惨的社会画面生动地展示
出来。诗中役卒忍痛劝妻子改嫁，妻子却怀疑丈夫在边城已经
别有所爱，所以想抛弃她了。这么一个转折，用彼此不信任的气
氛，来加深人们对这对夫妇生离死别的灾难性处境的同情。

　　与七子同时富有才华的作家，还有女诗人蔡琰。

　　蔡琰，字文姬，陈留圉（今河南杞县南）人。父亲蔡邕，是东
汉末年著名的学者。蔡邕字伯喈，在汉灵帝时为议郎，因上疏议
论朝政得罪宦官，被流放到五原安阳县（今内蒙古五原北）。得
赦后畏惧宦官集团陷害，逃亡到江南会稽等地，积十二年之久。
董卓擅政时被迫出仕，官左中郎将。司徒王允杀董卓，并捕蔡
邕，杀之狱中[①]。

　　蔡琰博学多才，一生的遭遇却非常不幸。她在幼年曾随父
亲度过一段流亡生活。年轻时嫁给河东卫仲道，又因夫死无子，
回陈留父家寡居。汉末大乱，为董卓部下的胡骑掳去，居胡中
（南匈奴）十二年，生二子。曹操和蔡邕是旧交，见蔡邕没有儿
子，这一个女儿又流落在南匈奴，就用金璧把她赎回来，改嫁给
屯田都尉董祀。

　　蔡琰感伤离乱，作《悲愤诗》二章，第一章中有句云：

卓众来东下，金甲耀日光。平土人脆弱，来兵皆胡羌。
猎野围城邑，所向悉破亡。斩截无孑遗，尸骸相撑拒。马边
悬男头，马后载妇女。长驱西入关，迥路险且阻。还顾邈冥
冥，肝脾为烂腐。所略有万计，不得令屯聚。或有骨肉俱，
欲言不敢语。失意几微间，辄言"毙降虏。要当以亭刃，我
曹不活汝"。岂复惜性命，不堪其詈骂。或便加棰杖，毒痛

参并下。旦则号泣行，夜则悲吟坐。欲死不能得，欲生无一可。彼苍者何辜，乃遭此厄祸。

蔡琰挑选了最惨绝人寰的一个场面，来暴露董卓并州军利用胡、羌作战残杀掳掠汉地人民的万恶罪行，是非常成功的。在《悲愤诗》中，蔡琰还把自己热爱汉地的感情和母子骨肉之爱这两者间的矛盾，深刻细致地描写了出来。

　　邂逅徼时愿，骨肉来迎己。已得自解免，当复弃儿子。天属缀人心，念别无会期。存亡永乖隔，不忍与之辞。儿前抱我颈，问"母何所之？人言母当去，岂复有还时？阿母常仁恻，今何更不慈？我尚未成人，奈何不顾思！"见此崩五内，恍惚生狂痴。号泣手抚摩，当发复回疑。

没有亲身的经历和真实的感情，是写不出这样动人的作品的。

　　蔡邕在音乐方面，造诣很深。他亡命在江南的时候，"吴人有烧桐以爨者，邕闻火烈之声，知其良木，因请而裁为琴，果有美音。而其尾犹焦，故时人名曰焦尾琴焉"（《后汉书·蔡邕传》）。蔡琰幼时，受到家庭的熏陶，也妙于音律。有时蔡邕弹琴，琴弦断了，蔡琰一听便知道第二弦断了，或是第四弦断了。蔡琰在南匈奴时，每遇日暮风悲，笳声四起，她就写成了《胡笳十八拍》。可惜蔡琰的原作已佚，现在《乐府诗集》中所收的《十八拍》，其中如："城头烽火不曾灭，疆场征战何时歇？杀气朝朝冲塞门，胡风夜夜吹边月。"宛然是唐人的诗格，已经不是蔡琰的原作了。

　　正始文学　正始时期（公元240—248年），正是玄学的发展时期，诗歌方面，也同样会受到玄学的深刻影响，《文心雕龙·明诗篇》所谓"正始明道，诗杂仙心。何晏之徒，率多浮浅。惟嵇旨清峻，阮旨遥深，故能标焉"。所以诗歌的创作，仍以嵇康、阮籍为首。

　　嵇康的诗如《赠秀才入军》诗十九首中的一首：

　　良马既闲，丽服有晖。左揽繁弱（弓名），右接忘归（矢名)。风驰电逝,蹑景追飞。凌厉中原,顾眄生姿。

这首诗是寄赠他的哥哥嵇喜(字公穆,曾举秀才)的,想像嵇喜在军中戎装驰射的生活。诗旨"清峻",有如其人。他入狱以后所写的《幽愤》诗,最后表示要"采薇山阿,散发岩岫",也表达了他不肯和当时权要妥协的精神。

阮籍在思想上,和嵇康是同路人。嵇康死后,阮籍以嵇康为前车之鉴。因此他的诗旨,更是托寄"遥远",以隐晦的笔调,来抒写内心的苦闷,所谓"言在耳目之内,情寄八荒之表"。"虽多感慨之词"(《诗品》卷上),却使人难于推求他的旨趣所归。

《咏怀》诗八十二首,是阮籍的代表作品。其二云:

> 二妃游江滨,逍遥从风翔。交甫解环佩,婉娈有芬芳。
> 猗靡情欢爱,千载不相忘。倾城迷下蔡,容好结中肠。感激
> 生忧思,萱草树兰房。膏沐为谁施,其雨怨朝阳。如何金石
> 交,一旦更离伤!

这首诗借江妃二女游于江汉之滨,解佩赠与郑交甫的传说,追忆作家自己和嵇康等周旋的经过。嵇康被杀,对阮籍来说,当然是很伤心的事情,所以说"如何金石交,一旦更离伤"。嵇康已死,知己零落,"岂无膏沐,谁适为容"(《诗·卫风·伯兮》),所以阮籍要说"膏沐为谁施"了。又第一首云:

> 夜中不能寐,起坐弹鸣琴。薄帷鉴明月,清风吹我襟。
> 孤鸿号外野,翔鸟鸣北林。徘徊将何见,忧思独伤心。

本篇写夜中不寐,苦闷彷徨的情景。末两句吐露自己得不到任何慰藉的伤感。其第三十一首云:

> 驾言发魏都,南向望吹台。箫管有遗音,梁王安在哉!
> 战士食糟糠,贤者处蒿莱。歌舞曲未终,秦兵以复来。夹林
> 非吾有,朱宫生尘埃。军败华阳下,身竟为土灰!

这首诗是借古事以慨时政。它写的是战国时魏王婴歌舞荒淫,以致兵败身死的故事,却深刻揭露了曹魏后期黑暗腐败的现实

政治。这类诗给处于黑暗统治下的诗人开拓了一条抒情述怀的道路。

西晋文学 西晋是门阀士族即世家大族专政的时期,这一期的作品,大都粉饰太平,缺乏社会内容。即便是名士领袖的张华,他的诗赋,也是"兴托不奇",所以后来谢灵运说:"张公虽复千篇,犹一体耳。"(《诗品》卷中)傅玄的诗文,固然"繁富可嘉"(《诗品》卷下),但精彩的也不多。其时著名的作家,当推潘岳与陆机。

陆机,字士衡(公元261—303年),吴郡吴县华亭(今上海市松江)人。祖陆逊,父陆抗,都是东吴大将。吴亡,机与弟云入洛,机仕至平原内史。八王内战,成都王司马颖任机为后将军、河北大都督,兵败为颖所杀。陆机的乐府,是全力摹仿曹植的,但由于他过于追求辞藻的华赡和对偶的工整,着重了形式,轻忽了内容,因此比起曹植来,就大大不如。但是如他的《猛虎行》"渴不饮盗泉水,热不息恶木阴。恶木岂无枝?志士多苦心"等诗句,还是清新可诵。陆机所作辞赋很多,以《文赋》为著名,它对于创作方法、创作过程都作了比较细致的论述。他的散文,如《吊魏武帝文》、《辩亡论》、《五等论》,在当时也都是传诵一时的文章。

潘岳(公元247—300年),字安仁,荥阳中牟(今河南中牟)人,仕至黄门侍郎,后为赵王伦所杀。他的《悼亡诗》,描写得很细腻,感情也还真挚,所谓使人读了弥增伉俪之情。他做了很多篇赋,著名的如《秋兴赋》、《闲居赋》、《笙赋》、《射雉赋》之类,梁昭明太子萧统编录《文选》时,收入了很多篇。他的诔文,在当时也传诵一时。

潘岳和陆机在当时才名相当。东晋时人孙绰说:"潘文浅而净,陆文深而芜。"又说:"潘文烂若披锦,无处不善;陆文若排沙简金,往往见宝。"(《世说新语·文学篇》)可见两人的文风各有特色。我们现在从思想性方面来讲,潘、陆的成就,都没有左思大。

左思,字太冲。临淄(今山东临淄)人。他最有名的代表作,是《三都赋》,和东汉张衡的《二京赋》并称,当时人有"《三都》、《二京》,五经鼓吹(言二赋是经典之羽翼)"的话(见《世说新语·文学篇》),评价很高。《三都赋》初成,当时西州大儒皇甫谧为之作序;著名文士张载替他的《魏都赋》作注,刘逵替他的《吴都赋》和《蜀都赋》作注。"于是豪贵之家,竞相传写,洛阳为之纸贵。"(《晋书·文苑·左思传》)

左思的诗,就其内容来讲,比他的赋的价值要高。其代表作是《咏史》诗八首。左思的父亲左熹,出身小吏。后来左思有妹左芬,为晋武帝贵嫔,但我们从左芬的《离思赋》开头第一句"生蓬户之侧陋兮"看来,左氏虽然是外戚,而家世寒素,并不是当时第一流的世家大族,因此左思在政治上、社会地位上是有被压抑的感觉的。他在《咏史》诗第二首中表示出愤恨不平的心情:

> 郁郁涧底松,离离山上苗,以彼径寸茎,荫此百尺条。
> 世胄蹑高位,英俊沉下僚。地势使之然,由来非一朝。金张
藉旧业,七叶珥汉貂,冯公(冯唐)岂不伟,白首不见招。

他还愤激地疾呼:"何世无奇才,遗之在草泽"(第七首),控诉九品中正制度的不合理和贤才的被埋没。同时他唱出"贵者虽自贵,视之若埃尘。贱者虽自贱,重之若千钧"(第六首)的诗句,表示对权贵的蔑视。最后他写出自己"被褐出阊阖,高步追许由。振衣千仞冈,濯足万里流"(第五首)的心愿,决意离开宫阙巍峨、侯门深邃的皇都,走向广阔的大自然。他还有《娇女》诗一首,描写自己两个幼女的淘气情况,憨态如画,形象生动。

和左思同时,有河南人郭泰机,是"后门寒素之士"(《文选》注引《傅咸集》)。泰机有《赠傅咸》诗一首,也是对当时九品官人法的一种控诉。其诗云:

皦皦白素丝，织为寒女衣，寒女虽妙巧，不得秉杼机。天寒知运速，况复雁南飞，衣工秉刀尺，弃我忽如遗。人不取诸身，世士焉所希，况复已朝餐，曷由知我饥。

西晋永嘉之际，刘琨诗文，时称雄拔。刘琨（公元271—318年）字越石，永嘉元年（公元307年）为并州刺史，当时"并土饥荒，百姓随〔东瀛公司马腾〕南下，余户不满二万"（《晋书·刘琨传》）。据刘琨的表文称：

臣……九月末得发，道险山峻，胡寇塞路，辄以少击众，冒险而进，顿伏艰危，辛苦备尝，即日达壶口关。臣自涉州疆，目睹困乏，流移四散，十不存二，携老扶弱，不绝于路。及其在者，鬻妻卖子，生相捐弃，死亡委厄，白骨横野，哀呼之声，感伤和气。群胡数万，周匝四山，动足遇掠，开目睹寇。

他率领了一千多人，转战到达晋阳（今山西太原市西南）。那时晋阳也是"府寺焚毁，僵尸蔽地，其有存者，饥羸无复人色"；琨加以整顿，敌人时来袭击，"恒以城门为战场，百姓负楯而耕，属鞬而耨"（《晋书·刘琨传》）。刘琨终于把防地逐渐稳固起来。洛阳、长安相继陷没，西晋政权虽告颠覆，刘琨在河东继续作战，支持危局，历十年之久，方才失败。他在和各少数民族统治者（刘聪、石勒等）的实际军事斗争中，锻炼了坚强的战斗意志，这种战斗意志也贯穿在他的作品之中。他的《扶风歌》，是所谓"善为凄戾之词，自有清拔之气"（《诗品》卷中）的。他的《重赠卢谌》诗有句云：

功业未及建，夕阳忽西流；时哉不我与，去乎若云浮。朱实陨劲风，繁英落素秋。狭路倾华盖，骇驷摧双辀。何意百炼刚，化为绕指柔！

这首诗透露出一种英雄末路而坚贞不屈的气概来，在两晋的诗人中，这种悲壮的风格是不容易见到的。

东晋南朝的玄言诗与山水诗 自正始(公元 240—249 年)中何晏一派开始,他们的诗掺杂了玄学思想的成分,所谓"正始明道,诗杂仙心"(《文心雕龙·明诗篇》),创建了"玄言诗"的一个流派。但是他们没有能够把玄学思想和情感真正地融合起来,只是想通过诗歌的形式把哲理的内容表达出来。玄学思想因素损害了诗的形象思维,引致玄言诗走上绝路。可是这一诗派,随着玄学的盛行,到了两晋,更加发展。钟嵘《诗品·总论》所谓:"永嘉时贵黄老,稍尚虚谈,于时篇什,理过其辞,淡乎寡味。爰及江表(东晋),微波尚传,孙绰、许询、桓〔温〕、庾〔亮〕诸公,诗皆平典似《道德论》,建安风力尽矣。"②

东晋初可以称述的作家,只有郭璞。郭璞(公元 276—324 年)字景纯,河东闻喜(今山西闻喜)人。博学多才,爱好古文奇字,注释过《尔雅》、《方言》、《山海经》、《穆天子传》、《楚辞》等书。他又精于阴阳、历算、天文、卜筮之术。中原大乱前渡江,东晋初为著作佐郎、王敦大将军府记室参军。王敦谋反,璞借卜筮劝阻,为敦所杀。郭璞的诗篇,在玄言诗盛行的年代里,固然不能不受到这一诗派的影响③;但是它富于文采,并不像当时的玄言诗那样平淡无味。他的代表作是《游仙诗》,名曰游仙,其实是采用象征的手法,来抒写自己不满现实的感情,如"燕昭无灵气,汉武非仙才","长揖当途人,去来山林客"之类;至如"灵妃(指宓妃,传说中洛水女神)顾我笑,粲然启玉齿;蹇修(古之良媒)时不存,要之将谁使",表示有意学仙而无缘,语言鲜明生动,自具特色,远非抽象浮浅的玄言诗可比。

山水诗到了郭璞,也有了发展。西晋末,左思的《招隐》诗,有"白雪停阴冈,丹葩曜阳林","何事待啸歌,灌木自悲吟"等句,已经开山水诗之端绪。郭璞的"林无静树,川无停流"(《世说新语·文学篇》),更为时人所称道。他还著有《江赋》,也是山水文学方面的重要著作。

郭璞以后,山水文学在继续发展。北来的世家大族初到江南之际,在太湖流域一带和土著的江东世家大族争夺土地,东晋统治阶级内部曾经产生尖锐的矛盾。后来为了巩固封建政权,以王、谢为首的北来世家大族就率其宾客、部曲,转而经营东土(会稽等郡)。王羲之与谢万书,就说过:"当与安石(谢安)东游山海,并行田视地利,颐养闲暇。衣食之余,欲与亲知时共欢宴,其为得意,可胜言邪。"(《晋书·王羲之传》)他们要称誉他们在东土一带庄园的山水之美,自然不能不形诸笔墨。《世说新语·言语篇》载:

> 王子敬(献之)云:"从山阴道上行,山川自相映发,使人应接不暇。若秋冬之际,尤难为怀。"

> 顾长康(恺之)从会稽还,人问山川之美,顾云:"千岩竞秀,万壑争流,草木蒙笼其上,若云兴霞蔚。"

自东土成为北来世家大族的禁脔,歌咏东土山川者,亦日益增多;孙绰作《天台山赋》,对人说"掷地要作金石声"(《世说新语·文学篇》),虽然这是自我吹嘘的话,但也可以看出当时人对山水文学的重视。南朝宋初,山水诗在谢灵运的倡导之下,有了新的发展,玄言诗就更加衰落下去了,故《文心雕龙·明诗篇》云:"宋初文咏,体有因革,庄、老告退,而山水方滋。"不过这里应该附带说明的,当山水诗开始发展之际,在谢灵运等山水诗人的诗篇中,并不完全排斥玄言佛理的成分,相反如谢灵运的诗中,有"三世无极已","永拔三界苦"等生硬的语句,这种生硬的语句,又往往破坏诗篇的优美风格。

陶渊明　陶渊明(公元 365—427 年),字元亮,后改名潜,寻阳柴桑(今江西九江市西南)人。东晋大司马、荆州都督陶侃的曾孙(从沈约《宋书·隐逸·陶潜传》和萧统《陶渊明传》的说法)。渊明祖父陶茂,东晋武昌太守。父早卒。陶侃虽是在东晋几次内战中,立了大功,勋业显赫,但是他的十七个儿子,见诸史传记载者有九人（包括陶渊明的祖父陶茂），其余八人都不见记载。可见陶侃的后人，有些房分已经偏枯了。陶渊明这一房，到他父亲这一代，也已经破落了。

陶渊明生于东晋兴宁三年（公元 365 年）。在他三十岁以前，正是东晋王朝的相对安定时期，所谓"自晋氏迁流，迄于太元之世，百余年中，无风尘之警，区域之内，晏如也"（《宋书·孔季恭传》论）。陶渊明就是在这样安定的环境中长大的。陶氏虽然衰落，但究竟是寻阳的数一数二望族，因此江州刺史曾辟陶渊明为江州祭酒从事。渊明任职不久，因"不堪吏职"，辞职回家。后来江州刺史又召他去当主簿，他也没有到职。后又出仕为镇军将军府、建威将军府参军等职。东晋、南朝人是以做地方官作为括钱的手段的④，陶渊明也表示："聊欲弦歌（做地方官），以为三径（指隐居的处所）之资。"（《宋书·隐逸·陶潜传》）结果在东晋义熙元年（公元 405 年），陶渊明做了彭泽令。他做了八十多天的县令，认为要向老百姓括钱，"饥冻虽切，违己交病"（《归去来兮辞》序）。"会郡遣督邮至县，吏请曰：'应束带见之。'渊明叹曰：'我岂能为五斗米折腰向乡里小儿！'即日解绶去职。"（萧统《陶渊明传》）从而结束了仕宦生活。这一年他不过四十一岁。

陶渊明在弃官之前，就向往田园生活。东晋安帝元兴二年（公元 403 年），他因母丧离职，与从弟敬远同居田舍，并参加农业劳动，有诗云："秉耒欢时务（指农活），解颜劝农人。平畴交远风，良苗（指麦苗）亦怀新。"（《癸卯岁始春怀古田舍》）他的早年作品《五柳先生传》，曾提到"环堵萧然，不蔽风日，短褐穿结，箪瓢屡空"的话，可见陶渊明早年的生活并不富裕。退居农村以后，开始几年，生活还可以对付，如同他的《归园田居》五首之一所描写的：

> 少无适俗韵，性本爱丘山。误落尘网中，一去三十年。
> 羁鸟恋旧林，池鱼思故渊。开荒南野际，守拙归园田。方宅

十余亩，草屋八九间。榆柳荫后檐，桃李罗堂前。暧暧远人
村，依依墟里烟。狗吠深巷中，鸡鸣桑树巅。户庭无尘杂，
虚室有余闲。久在樊笼里，复得返自然。

家有草屋八九间，绕宅有田地十多亩，生活安排得不算坏的。可
是到了义熙四年，家里失火，把八九间草屋全都烧光了，"正夏长
风急，林室顿烧燔。一宅无遗宇，舫舟荫门前"（《戊申岁六月中
遇火》）。幸亏是夏天，一家人暂时住在船上，生活渐渐困难起来
了。有时"旧谷既没，新谷未登。颇为老农，而值年灾。……登
岁之功，既不可希；朝夕所资，烟火裁通"（《有会而作》序），日常
生活仅能维持不至于断炊的地步，境况是比较艰难的。尤其是
他五十四岁那一年（公元 418 年），先是旱灾，接着又是水灾，所
收粮食不足维持一家人的生活："炎火屡焚如，螟蜮恣中田。风
雨纵横至，收敛不盈廛。"（《怨诗楚调示庞主簿邓治中》）陷于"夏
日长抱饥，寒夜无被眠"的困境。在生活最艰难的年头，陶渊明
曾向人借贷，做过一首《乞食》诗，中有句云："饥来驱我去，不知
竟何之。行行至斯里，叩门拙言辞。主人谐余意，遗赠岂虚期。"
陶渊明的友人颜延之在陶渊明死后作《陶征士诔》，说渊明"少而
贫病，居无仆妾"。陶渊明临死时与子俨等书中，也有"恨汝辈稚
少，家贫无役，柴水之劳，何时可免"之语⑤，可见他家里的主要
劳动，还需要家内成员来担当，所以陶渊明有时需要参加农业劳
动。我们举陶渊明两首诗为证：

人生归有道，衣食固其端。孰是都不营，而以求自安？
开春理常业（指耕作），岁功（一年的收成）聊可观。晨出肆
微勤，日入负未还。山中饶霜露，风气亦先寒。田家岂不
苦，弗获辞此难。四体诚乃疲，庶无异患干。盥濯息檐下，
斗酒散襟颜。遥遥〔长〕沮〔桀〕溺心，千载乃相关。但愿长
如此，躬耕非所叹。（《庚戌岁九月中于西田获早稻》）

种豆南山下，草盛豆苗稀。晨兴理荒秽，戴月荷锄归。

道狭草木长，夕露沾我衣。衣沾不足惜，但使愿无违。(《归
园田居》五首之三)

都是清晨出门，日落才回家，劳动是相当沉重的。

但是，陶氏是寻阳的望族，其社会地位和一般露门役户是截
然不同的；陶渊明又是高士，受到人们的尊重。元熙(公元
419—420年)中，江州刺史王弘钦仰陶渊明的为人，想见到他。
听说陶渊明要去庐山，就备了酒菜，在去庐山的路上等候他。陶
渊明到了那里，"既遇酒，便引酌野亭，欣然忘进。〔王〕弘乃出与
相见，遂欢宴穷日。……弘后欲见，辄于林泽间候之。至于酒米
乏绝，亦时相赡"(《晋书·隐逸·陶潜传》)。"尝九月九日无酒，
出菊丛中摘盈把，坐其侧久之。望见白衣人至，乃王弘送酒，即
便就酌。"(《太平御览》卷996引《续晋阳秋》)由此可见，陶渊明
虽然生活清苦，可是他毕竟还是过着没落的世族生活。

陶渊明辞官归田以后，同农村接触多了，使得他的作品具有
一般诗人所缺乏的清新内容和朴素风格。他对田园生活是爱好
的。他常说："见树木交荫，时鸟变声，亦复欢然有喜。"(《与子俨
等疏》)"朝霞开宿雾，众鸟相与飞。"(《咏贫士》)"采菊东篱下，悠
然见南山。"(《饮酒》第五首)平淡无奇的东西，收入他的笔端，便
成为最好的写作素材。《读山海经》十三首中的第一首，最能写
出他对幽居耕读的乐趣来。

孟夏草木长，绕屋树扶疏。众鸟欣有托，吾亦爱吾庐。
既耕亦已种，时还读我书。穷巷隔深辙，颇回故人车。欢然
酌春酒，摘我园中蔬。微雨从东来，好风与之俱。泛览周王
传(指《穆天子传》)，流观山海图。俯仰终宇宙，不乐复
何如。

由于他生活在农村，他的诗大多以田园生活为题材。如：

野外罕人事，穷巷寡轮鞅(指车马)。白日掩荆扉，虚室
绝尘想。时复墟曲(乡野)中，披草共来往。相见无杂言，但

道桑麻长。桑麻日已长，我土日已广，常恐霜霰至，零落同草莽。(《归园田居》五首之二)

他在诗里说归田以后交游稀少，也没有世俗的想法，人们关心的只是桑麻。这首诗写得既朴素，又亲切。

陶渊明晚年作品《桃花源诗并记》，标志了诗人思想发展的高度。他用浪漫主义的手法，把自己所憧憬的理想社会描绘出来了。所谓桃花源是一个人人自食其力，没有剥削，没有压迫的社会；是一个"相命肆农耕，日入从所憩"，"春蚕收长丝，秋熟靡(无)王税"(《桃花源诗》)，"黄发(老人)垂髫(儿童)，并怡然自乐"(《桃花源记》)的美好世界。这正是受尽苦难的劳动人民求之不得的一种空想社会。陶渊明所描写的世外桃源的图景，尽管是不能实现的，然而却反映了广大农民用自己的劳动创造幸福生活的共同愿望。

陶渊明虽然被《诗品》的作者钟嵘推崇为"古今隐逸诗人之宗"，但他并没有完全超脱政治。鲁迅先生说过："诗文完全超于政治的所谓'田园诗人'、'山林诗人'是没有的。完全超出于人间世的，也是没有的。"《陶集》里有《述酒》一篇，是说当时政治的。这样看来，可见他于世事也并没有遗忘和冷淡。"(《而已集·魏晋风度及文章与药及酒之关系》)陶渊明听到刘裕收复长安、洛阳的消息后，他在《赠羊长史》诗中说："圣贤留余迹，事事在中都。岂忘游心目，关河不可逾。九域甫已一，逝将理舟舆。"可见陶渊明对全国统一事业，不是不关心的。

但是陶渊明的作品，究竟写悠闲生活的比较多，写农民疾苦的少。他的隐居农村，在当时可以说是一种消极的行为，他采用这种逃避现实斗争的方式，注定他的作品对当时社会不起积极作用。由于陶渊明思想因素中有不少消沉的东西，譬如他在诗里时常提到死，还做了《挽歌诗》三首，他对死的态度是："聊乘化以归尽，乐夫天命复奚疑"(《归去来兮辞》)；"纵浪大化中，不喜亦不惧。应尽便须尽，无复独多虑。"（《神释》）这种委运任化，随顺自然的老庄思想，基本上是消极的。还有陶渊明诗里时常提到酒，我们知道酒是可以消忧的，陶渊明"每一醉，则大适融然"（《晋书·隐逸·陶潜传》）。他在诗里说道："何以称我情，浊酒且自陶。千载非所知，聊以永今朝。"（《己酉岁九月九日》）"泛此忘忧物，远我遗世情。"（《饮酒》）这种以酒为欢的生活态度，反映到他的诗篇里，其基调又往往是低沉的。陶渊明歌颂了避世的隐士，向往桃花源的可以逃避战乱。陶渊明在《饮酒》诗中说："结庐在人境，而无车马喧。问君何能尔？心远地自偏。"他创造了一个逃避现实斗争的精神世界。陶渊明作品中的这一些消极成分，对后人也起了不良的影响。宋以后许多过惯安逸生活的地主阶级文人，喜爱陶渊明的诗，并不是偶然的。

诗自潘岳、陆机以来，缛采纷披，可是愈追求诗的华丽繁缛，离开诗的意境神韵愈远。至于玄言诗，一方面是玄学思想因素损害了诗的形象思维，使玄言诗自己走进死胡同去，不可能更有发展；然而另一方面，玄言诗"平典似道德论"，"理过其辞，淡乎寡味"（《诗品序》），却给繁缛华丽的诗体起了一种冲洗作用，为陶渊明那样的朴素、平淡的独特风格的产生，创造了有利条件。陶渊明的诗，可以说汲取玄言诗的精华，而摒弃了它的糟粕。由于陶渊明经历了一般文人所不曾经历过的那种田园生活和参加部分农业体力劳动，因此他的诗文就有一般文人所没有的清新内容和朴素风格。尤其在文学语言方面，如"凄凄岁暮风，翳翳经日雪。倾耳无希声，在目皓已洁"（《癸卯岁十二月中作与从弟敬远》）；如"暖暖远人村，依依墟里烟。狗吠深巷中，鸡鸣桑树巅"（《归园田居》）；如"若复不快饮，空负头上巾。但恨多谬误，君当恕醉人"（《饮酒》）；如"虽有五男儿，总不好纸笔。阿舒已二八，懒惰故无匹。阿宣行志学，而不爱文术。雍端年十三，不识六与七。通子垂九龄，但觅梨与栗"（《责子》）；以及《五柳先生传》、《桃花源记》、《与子俨等疏》等散文,文学语言都自然到接近口语的程度。在当时"俪采百字之偶,争价一句之奇"(《文心雕龙·明诗篇》)的骈俪文盛行时代,陶渊明独能运用这样朴素简洁的语言来写出优秀的诗篇和散文,对此后的文风来说,是有积极意义的。

钟嵘在《诗品》里,特别提到陶渊明的"欢言酌春酒"(《读山海经》)、"日暮天无云"(《拟古》)这两首诗"风华清靡";而把陶渊明其余作品,归结为"文体省净,殆无长语","世叹其质直"。这是以六朝文风来衡量陶渊明,是不能作为定论的。

谢灵运与颜延之　谢灵运(公元 385—433 年),陈郡阳夏(今河南太康)人,是谢玄的孙子,袭封康乐县公,故世称谢康乐。仕宋为永嘉太守,历官秘书监、侍中、临川内史。后在广州被杀。陈郡谢氏,是东晋南朝数一数二的世家大族。"灵运因父祖之资,生业甚厚,奴僮既众,义故门生数百。"(《宋书·谢灵运传》)他家在始宁县(今浙江上虞西南)"有故宅及墅",经过灵运修营,"傍山带江,尽幽居之美"。可是他还不满足,请求政府拨予会稽东郭的回踵湖和始宁的岯崲湖,企图辟为湖田。他在会稽,经常"凿山浚湖,功役无已。寻山陟岭,必造幽峻,岩障千重,莫不备尽"。他"尝自始宁南山,伐木开径,直至临海(郡治章安,今浙江临海东南),从者数百人。临海太守王琇惊骇,谓为山贼,徐知是灵运,乃安"。他就是在这样情况下,从事山水文学的创作的。

谢灵运写了一篇《山居赋》,在赋的注文里,他详尽地记述他的山庄景物之美,这篇赋可以说是山水文学中的代表作,对于我们今天研究东晋南朝世族地主的庄园制度,也有重要的参考价值。

谢灵运的诗如:

殷忧不能寐,苦此夜难颓。明月照积雪,朔风劲且哀。运往(时间的运转推移)无淹物(久留之物),年逝(年华消

逝)觉已催。(《岁暮》)

"明月照积雪,朔风劲且哀"二句,当时曾传诵一时。谢灵运的山水诗,更是"情必极貌以写物,辞必穷力而追新"(《文心雕龙·明诗篇》)。他的每首诗未必通篇都好,但时有佳句,如"池塘生春草,园柳变鸣禽"(《登池上楼》);"春晚绿野秀,岩高白云屯"(《入彭蠡口》);"野旷沙岸净,天高秋月明"(《初去郡》);"连岩觉路塞,密竹使径迷"(《登石门最高峰》);"石横水流分,林密蹊绝踪"(《于南山往北山经湖中瞻眺》);"密林含余清,远峰隐半规"(《游南亭》);"岩下云方合,花上露犹泫"(《从斤竹涧越岭溪行》);"扬帆采石华,挂席拾海月"(《游赤石进帆海》);"乱流趋正绝,孤屿明中川"(《登江中孤屿》),这些诗句,描写风景,在技巧上,注意"俪采百字之偶,争价一句之奇"(《文心雕龙·明诗篇》),比平典似《道德论》的玄言诗,前进了一大步。但是谢灵运的山水诗,由于缺乏社会内容,他的写作技巧也因斧凿痕迹太深,而不能达到更高的境界。他在《山家》诗里,曾有这样的句子:"中为天地物,今成鄙夫有。"即是他怀着封山锢水的欲望来描述山水、歌咏山水,山水成为他想占夺的对象,反而不可能把自己的感情渗透到山水景物中去,这样,要使他的山水诗达到更高的境界,就受到了限制。

颜延之(公元384—456年),字延年,原籍琅邪临沂(今山东临沂北),其先人在东晋初,移居建康。延之"少孤贫,居负郭,室巷甚陋"。好读书,"文章之美,冠绝当时"(《宋书·颜延之传》)。仕宋为始安太守、步兵校尉。他和陶渊明交情很好,和陶渊明一样喜欢喝酒,酒后使气,往往批评时政。当轴权贵讨厌他,撤掉他的官职。延之"屏居里巷,不豫人间者七载。"颜延之的《五君咏》就是这个时候做的。《五君咏》的《嵇中散》一首云:

中散不偶世,本自餐霞人(仙人)。形解验默仙,吐论(指嵇康作《养生论》)知凝神。立俗迕流议,寻山洽隐沦(指嵇康与隐士孙登、王烈同游）。鸾翮有时铩，龙性谁能驯。
《阮始平》一首云：

> 仲容青云器，实禀生民秀。达音何用深，识微在金奏
> （指阮咸对音律有真知灼见）。郭奕已心醉，山公（山涛）非
> 虚觏。屡荐不入官，一麾乃出守。

阮咸在晋武帝时因坚持自己对音律的看法，得罪了权贵荀
勖，被斥为始平太守。颜延之在宋少帝时也因得罪权贵徐羡之、
傅亮，而被出为始安太守。当时人把他和阮咸相比，称为“二
始”。所以颜延之在咏阮咸时说：“屡荐不入官，一麾乃出守。”延
之在咏嵇康时说：“鸾翮有时铩，龙性谁能驯。”咏阮籍时说：“沈
醉似埋照。”“途穷能无恸。”咏刘伶时说：“韬精日沉饮，谁知非荒
宴。”歌咏的虽是古人，实际却借题发挥，在发泄自己胸中的愤愤
不平之气。

颜延之后来官至金紫光禄大夫，活到七十多岁。颜延之的
诗最大的缺点，是“喜用古事（典故），弥见拘束”（《诗品》卷中）。
在他的作品影响之下，“文章殆同书抄”（《诗品序》）。“唯睹事例
（典故），顿失清采”（《南齐书·文学传论》）。因为搬用典故过
多，把诗句堆砌得密不通风，就会同诗歌所要求的“空灵”二字，
背道而驰了。

鲍照　鲍照，字明远。其先原籍上党（郡治潞，今山西长治
市东北），流寓东海（郡治郯，今山东郯城）。家世寒微，照自称
“北州衰沦，身地孤贱”（《拜侍郎上疏》），又云“家世本平常”（《松
柏篇》），“田茅下第”（《谢永安令解禁止启》）。他曾做过王国侍
郎、秣陵令，宋文帝用他为中书通事舍人，后为孝武帝（刘骏）子
荆州刺史临海王刘子顼的前军府记室参军，子顼在内战中被其
叔明帝（刘彧）所杀，鲍照亦为乱兵所害（公元466年）。由于鲍
照出身寒门，政治上始终受到压抑，同时在文坛上也受到轻视，
所以钟嵘著《诗品》时，有“嗟其才秀人微，故取湮当代”之语。唯

其如此,他的诗文就反映出那种怀才不遇的悲愤情绪和对于黑暗现实的不满情绪来。

他的《拟行路难》十八首中的第四首:

> 泻水置平地,各自东西南北流。人生亦有命,安能行叹复坐愁。酌酒以自宽,举杯断绝歌路难。心非木石岂无感,吞声踯躅不敢言。

表现出对于现实的不满,但同时也流露出一种及时行乐的颓废情绪来。他在《代东武吟》中写道:

> 主人且勿喧,贱子歌一言。仆本寒乡士,出身蒙汉恩。始随张校尉(指张骞),占募到河源,后逐李轻车(指李蔡,汉武帝时为轻车将军),追虏穷塞垣。密途亘万里,宁岁犹七奔。肌力尽鞍甲,心思历凉温。将军既下世,部曲亦罕存。时事一朝异,孤绩谁复论? 少壮辞家去,穷老还入门。腰镰刈葵藿,倚仗牧鸡豚。昔如鞲(革制臂衣)上鹰,今似槛中猿。徒结千载恨,空负百年怨。弃席思君幄,疲马恋君轩。愿垂晋主(指晋文公)惠,不愧田子(指田子方)魂。

这首诗写久历战场的下级军官晚年凄凉生活,比较亲切,但最后几句反映了鲍照的地主阶级立场和忠君思想。再看《拟行路难》十八首中的第十四首:

> 君不见少壮从军去,白首流离不得还。故乡窅窅日夜隔,音尘断绝阻河关。朔风萧条白云飞,胡笳哀极边气寒。听此愁人今奈何,登山远望得留颜。将死胡马迹,能见妻子难。男儿生世辚轲(坎坷)欲何道,绵忧摧抑起长叹。

写出了百战关山的老军人流离边塞,思乡难归的愁苦。鲍照又在《拟古》诗中写道:

> 束薪幽篁里,刈黍寒涧阴。朔风伤我肌,号鸟惊思心。岁暮井赋(田赋)讫,程课相追寻。田租送函谷,兽藁输上林。河渭冰未开,关陇雪正深。笞击官有罚,呵辱吏见侵。

　　　　不谓乘轩意,伏枥还至今。

这首诗抒写自己的困苦生活以及不能用世的感慨,客观上也反映了人民的疾苦。鲍照又在《拟行路难》第九首中描写弃妇愤激决绝的态度:

　　　　刬蘗染黄丝,黄丝历乱不可治。昔我与君始相值,尔时自谓可君意。结带与我言,死生好恶不相置。今日见我颜色衰,意中索漠与先异。还君金钗瑇瑁簪,不忍见之益愁思。

诗中揭示了封建社会妇女地位没有保障的现实,同时表现了被损害者那种强烈反抗的精神。

　　此外如"蹔游越万里,少别数千龄。凤台无还驾,箫管有遗声。何时与尔曹,啄腐共吞腥"(《代升天行》),借游仙诗来表示自己对现实的不平;"人情贱恩旧,世议逐衰兴。毫发一为瑕,丘山不可胜"(《代白头吟》),借炎凉世态来对现实社会进行批评。这些也都带有一定现实意义。

　　鲍照的诗篇,以乐府诗为多。鲍照的主要成就也在于乐府歌行。他从汉魏以来的乐府民歌中汲取营养,丰富了作品的思想内容和文学语言,形成了他的诗歌的豪迈风格。他的文学语言,如"莫惜床头百个钱"(《拟行路难》),"愁思忽而至,跨马出北门"(《拟行路难》),"朱城九门门九闺,愿逐明月入君怀;入君怀,结君佩,怨君恨君恃君爱。筑城思坚剑思利,同盛同衰莫相弃"(《代淮南王》),都自然到接近口语的地步,这是和他运用乐府民歌的体裁来作诗分不开的。他写了很多七言诗,他在这方面的努力,推动了此后七言诗进一步的发展。

　　萧子显在《南齐书·文学传论》中说到鲍照的诗歌,"发唱惊挺,操调险急,雕藻淫艳,倾炫心魂,亦犹五色之有红紫,八音之有郑、卫。"钟嵘在《诗品》里也说鲍照的诗,"不避危仄,颇伤清雅之调,故言险俗者,多以附照。"这些都是站在门阀世族正统派的立场上,看不惯鲍照诗歌继承和发扬乐府民歌的优良传统,妄加指责,并非定评。

鲍照的著名代表作,还有《芜城赋》。宋文帝元嘉二十七年(公元450年),北魏大举攻宋,进兵至长江北岸的瓜步山(今江苏六合东南),广陵太守刘怀之放火焚烧城市、官署及船只车辆,率民众渡江南逃;宋孝武帝大明三年(公元459年),南兖州刺史、竟陵王刘诞又在广陵举兵叛乱,孝武帝命大将沈庆之等率兵讨诞,城破之日,城内五尺以上男子皆斩首,杀三千余人,女口为军赏。广陵是当时南朝数一数二的雄镇,十年内经过两次严重破坏,一时不能恢复。大明三、四年间,鲍照亲履其地,缅想广陵过去的繁华和国防上的重要性,经过战火,只见"通池(城濠)既已夷,峻隅(城上角楼)又已颓","野鼠城狐,风嗥雨啸",一片凄凉景况,无限感慨,故作《芜城赋》以资凭吊。这篇作品实际是对南朝统治集团虐害人民的控诉书,是具有社会内容的优秀作品。

鲍照的另外两篇文章《登大雷岸与妹书》及《瓜步山揭文》,也很脍炙人口。前一篇,他用细致的笔触,描绘自己在旅途中见到的江山雄伟景象,并以抒情的口吻,叙述旅途的艰辛,读之使人弥增手足之情。后一篇,借描述江中小山——瓜步山,为寒门才士吐气。文章最后,直接斥责了当时"贩交买名之薄,吮痈舐痔之卑"的这一流人物,抨击现状,颇为大胆。

东晋南北朝的民歌与故事诗　东晋、南北朝时期,无论在长江流域或黄河流域,民歌都有较大的发展。

两晋之际,少数民族接连进入中原,汉族人民则纷纷渡江南下。这样,南北方不仅在政治上陷于分裂,而且在经济、社会风俗以及文学风格方面,也有显著的差别。民歌来自民间,更表现出南朝与北朝鲜明不同的色彩与情调。

南方的民歌,以缠绵婉转为特色;北方的民歌,以激昂慷慨为特色。南方民歌的内容,大部分是描写爱情;北方民歌的内容，则更为广泛，恋歌之外，有牧歌、战歌等等。

南方的民歌，主要可以分为《吴声歌》和《西曲歌》两大部分。《吴声歌》是长江下游的民歌，即扬州一带的民歌，所谓"盖自永嘉渡江之后，下及梁、陈，咸都建业，吴声歌曲起于是也"（《乐府诗集》四十四）。《西曲歌》是长江中游的民歌，即荆襄一带的民歌，所谓"《西曲歌》出于荆、襄、樊、邓之间"（《乐府诗集》四十七）。这些作品，大都流传在人民的口头，后来由乐府收集起来，被之管弦。北朝把"江南吴歌，荆楚西声，总谓之《清商乐》"。"隋平陈得之……因于太常置清商署以管之"（《乐府诗集》四十四），所以南朝的民歌，也被称为《清商曲辞》。

由于荆、扬二州风土习俗，略有不同，因此《吴歌》、《西曲》的风貌情调，也不一样；在"声节送和"方面，也有所不同。

《吴声歌》现在保留在《乐府诗集》里的，一共有三百多首。以《子夜歌》、《子夜四时歌》、《前溪歌》、《读曲歌》、《碧玉歌》以及《华山畿》等曲为主。在这些歌辞里，较多的是恋歌。如：

> 暂出白门（建康的正南门宣阳门，世称白门）前，杨柳可藏乌。欢作沉水香，侬作博山炉。（《读曲歌》）

> 锲臂饮清血，牛羊持祭天。没命成灰土，终不罢相怜。（《欢闻变歌》）

都是用女子的口吻来描写感情的坚贞。这些民歌中，也有很多是控诉男女恋爱的不自由的。如《华山畿》：

> 未敢便相许。夜闻侬家论，不持侬与汝（不肯把我嫁给你）。

> 啼著曙（哭到天亮），泪落枕将浮，身沉被流去。

> 相送劳劳渚，长江不应满，是侬泪成许（如许，这样）。

> 君既为侬死，独生为谁施？欢若见怜时，棺木为侬开！

这种刻骨的描写，在爱情得不到正当满足的封建社会里，往往达到对封建制度猛烈冲击和破坏的程度，所以是可以肯定的作品。

在男女不平等的封建社会里,女子的失恋和被遗弃,成为民歌普遍的题材。如:

> 忧思出门倚,逢郎前溪渡。莫作流水心,引新都舍故。
> (《前溪歌》)

> 遣信欢不来,自往复不出。金铜作芙蓉(双关语,莲的别名,谐"夫容"),莲子何能实。(《子夜歌》)

> 侬作北辰星,千年无转移。欢行白日心(指其所爱心易转移,犹如白日一样),朝东暮还西。(《子夜歌》)

> 君行负怜事,那得厚相于(相亲近)?麻纸语三葛,我薄汝粗疏。(《读曲歌》)

这些歌反映了封建社会里女子婚姻得不到保障,是具有现实的思想内容的。

在《吴声歌》中,男女结合生产来歌唱爱情。如:

> 春倾桑叶尽,夏开蚕务毕。昼夜理机丝,知欲早成匹。
> (《子夜夏歌》)

> 初寒八九月,独缠自络丝。寒衣尚未了,郎唤侬底为。
> (《子夜秋歌》)

这平淡、真挚的口吻,充分表现了劳动者的本色。

《西曲歌》现在保留在《乐府诗集》里的,一共有一百四十多首。传下来的歌辞固然比《吴声歌》少,但种类比《吴声歌》多。以《石城乐》、《乌夜啼》、《襄阳乐》、《三洲乐》、《那呵滩》、《作蚕丝》等曲为主。这些歌辞也和《吴声歌》一样,有不少是恋歌。如:

> 春蚕不应老,昼夜常怀丝。何惜微躯尽,缠绵自有时。
> (《作蚕丝》)

也是用女子的口吻来描写爱情的。

《西曲》中也有不少一面歌唱爱情,一面歌唱劳动的歌声。如:

吴中细布，阔幅长度。我有一端，与郎作裤。（《安东平》）

春月采桑时，林下与欢俱。养蚕不满百，那得绣罗襦？

语欢稍养蚕，一头养百坯。奈何黑瘦尽，桑叶常不周。（以上《采桑度》）

素丝非常质，屈折成绮罗。敢辞机杼劳，但恐花色多。（《作蚕丝》）

歌辞委婉，感情十分真诚。

《吴歌》、《西曲》虽然有杂体，但一般都是五言四句。这种五言四句，如《子夜四时歌》："秋风入窗里，罗帐起飘飏。仰头看明月，寄情千里光。""暑盛静无风，夏云薄暮起。携手密叶下，浮瓜沉朱李。"无论形式和内容，都和五言绝句很相近了。所以南朝的民歌，给以后唐代五言绝句的发展，起了积极的作用。

南朝的民歌，在表现方法上，都喜欢用双关字的隐语，如"思欢久，不爱独枝莲，只惜同心藕"（《读曲歌》），"莲"谐"怜"字，"藕"谐"偶"字。如"高山种芙蓉，复经黄檗坞。果得一莲时，流离婴辛苦"（《子夜歌》），以黄檗之苦，譬相思之苦。如"理丝入残匹，何悟不成匹"（《子夜歌》），以匹端之匹，谐匹偶之匹。如"明灯照空局，悠然未有期"（《读曲歌》），以棋局之棋，谐期会之期。后来唐人的"东边日出西边雨，道是无情却有情"（刘禹锡《竹枝辞》），以晴雨之晴，谐感情之情，就是从六朝民歌里学来的。

同时，南朝的民歌，往往采取问答的形式，所谓"郎歌妙意曲，侬亦吐芳词"（《子夜歌》），男女一唱一答。以西曲歌中《那呵滩》为例：

闻欢下扬州，相送江津湾（在今湖北荆州）。愿得篙橹折，交（教）郎到（倒）头还！

篙折当更觅，橹折当更安。各自是官人（指应官差服力役的人），那得到头还？

前一首女子所唱,后一首是男子的对答。这种例子还很多,我们在这里就不多举了。

北方的民歌,现在保留在《乐府诗集》里的,约有七十首左右。《乐府诗集》把这些民歌列在《梁鼓角横吹曲》里。这些东晋以来的北方民歌,有汉人的作品,也有少数民族人的作品而用汉文翻译过来的。

北方民歌的思想内容,比南方民歌较为丰富。由于南北风习的不同,南北民歌的色彩情调,也有显著的差异。在内容上,北方民歌所反映的生活面貌比较广泛。有反映各族大移动时期的诗歌,如:

> 陇头(陇山的顶上。陇山在今陕西陇县西北)流水,流离西下。念我一身,飘然旷野。
>
> 朝发欣城,暮宿陇头。寒不能语,舌卷入喉。
>
> 陇头流水,鸣声幽咽。遥望秦川(指渭水流域),心肝断绝。(《陇头流水歌辞》)

所谓"东人西役,升此而顾,莫不悲思"(《太平御览》卷50引《周地图记》)是也。又如:

> 高高山头树,风吹叶落去。一去数千里,何当还故处。(《紫骝马歌辞》)
>
> 朔马心何悲,念旧心中劳。燕雀何徘徊,意欲还故巢。(《朔马谣》)⑥

这些都是中原汉族人民遭受少数民族政权强制迁徙时的作品。至如少数民族人的作品而被汉人所移译的,有:

> 纥干山(在今山西大同市东)头冻杀雀,何不飞去生处乐⑦。

这首歌谣,可能是北魏初年都平城时的作品。它反映了边疆上的游牧人正准备继续向中原迁移的迹象。

边疆上的游牧人还带来了他们自己喜欢唱的歌辞,如牧歌有：

> 敕勒川，阴山下。天似穹庐，笼盖四野。天苍苍，野茫
> 茫，风吹草低见牛羊。（《敕勒歌》）

这首歌是东魏时高车族酋长斛律金所唱的高车族牧歌，后来由汉人用汉语记录了下来。寥寥数语，却勾勒出一幅辽阔草原上的放牧图，笔力劲健，具有无比魅力。

北方的民歌，很多是表现尚武精神，歌唱勇敢的战士及其战斗生活的。如十六国时代的《企喻歌辞》：

> 男儿欲作健（做健儿），结伴不须多。鹞子竟天飞，群雀
> 两向波（向左右两边飞逃，如同波浪涌起）。

> 放马大泽中，草好马著膘（马肥）。牌子铁裲裆（马甲），
> 钲铄（疑是头盔）雉尾条（插在头盔上作装饰用的雉尾）。

凡是原野上驰骋射猎的能手，在战场上必然会成为出色的战士。

《折杨柳歌辞》五首中的三首：

> 上马不捉鞭，反折杨柳枝。蹀（行者）坐（坐着）吹长笛，
> 愁杀行客儿。

> 遥看孟津（在今河南孟州南）河，杨柳郁婆娑。我是虏
> 家儿，不解汉儿歌。

> 健儿须快马，快马须健儿。跷跋（马蹄击地声）黄尘下，
> 然后别雄雌。

这些民歌描摹出北方健儿的马上生活，逼真地表现了他们骑着快马在原野上往来驰逐的形象。

北方的恋歌，刚健、爽朗，不像南方恋歌那样柔靡、缠绵。如：

> 侧侧力力（叹息声），念君无极。枕郎左臂，随郎转侧。
> （《地驱歌乐辞》）

> 腹中愁不乐，愿作郎马鞭。出入擐郎臂，蹀坐郎膝边。
> （《折杨柳歌辞》）

这些北方恋歌大胆干脆，毫不做作，与南方恋歌的委婉含蓄，大异其趣。民歌中也有反映婚姻问题上苦闷的作品。如：

> 门前一株枣，岁岁不知老。阿婆不嫁女，那得孙儿抱。
> （《折杨柳歌辞》）

> 黄桑柘屐蒲子履，中央有系两头系。小时怜母大怜婿，何不早嫁论家计。（《捉搦歌》）

风格也和南方民歌迥然不同。

长期的战争，使丁壮大量死亡，所谓"男儿可怜虫，出门怀死忧。尸丧狭谷中，白骨无人收"（《企喻歌辞》），这就会给当时社会制造出无数孤儿寡妇。民歌中也反映了这种情况：

> 驱羊入谷，白羊在前。老女不嫁，蹋地唤天。（《地驱歌乐辞》）

> 烧火烧野田，野鸭飞上天。童男娶寡妇，壮女笑杀人。（《紫骝马歌辞》）

这两首歌辞反映了当时社会上存在的"老女不嫁"、"童男娶寡妇"等反常现象。

北方民歌的艺术特色，是语言质朴，表情真率，风格豪放，而不扭怩作态。有关爱情婚姻的民歌是如此，反映社会现实的也不例外。如：

> 快马常苦瘦，剿儿（指劳动人民）常苦贫。黄禾起赢马，有钱始作人。（《幽州马客吟歌辞》）

这首民歌坦率地诉说无钱难做人，正是劳动人民的不平之鸣。

在北方的民歌里，艺术成就最高的是长达三百多字的叙事诗《木兰诗》。《木兰诗》继承和发展了北方民歌的优秀传统⑧，而又经过后代文人不断的艺术加工，所以这篇作品更趋完美。正是因为这个原故，我们要断定这篇作品的著作年代，反而比较困难，在这方面的论争直到今天还没有解决⑨。

《木兰诗》内容是写木兰代父从军的故事。木兰为了捍卫祖国,女扮男装,代父出征,在外作战十年之久。诗中以"愿为市鞍马,从此替爷征","万里赴戎机,关山度若飞。朔气传金柝,寒光照铁衣。将军百战死,壮士十年归"等词句,歌咏了木兰的英雄气概和高贵品德。最后战争胜利结束,写木兰回到家里时的情景,"爷娘闻女来,出郭相扶将;阿姊闻妹来,当户理红妆;小弟闻姊来,磨刀霍霍向猪羊",反映了人民对和平生活的向往。一千多年以来,人民喜欢歌唱这首杰出作品。

永明诗人与新体诗　南齐永明(公元 483—493 年)中,有周颙著《四声切韵》。僧斌(俗姓王)亦"著《四声论》行于世"(《南史·陆慧晓传从孙厥附传》)。沈约又撰《四声谱》,"自谓入神之作"(《南史·沈约传》)。同时沈约又大力提倡把这种声律学说应用到诗歌上去,成了四声八病之说。据《南史·陆慧晓传从孙厥附传》称:

> 时盛为文章,吴兴沈约、陈郡谢朓、琅邪王融以气类相推毂,汝南周颙善识声韵。约等文皆用宫商,将平上去入四声,以此制韵,有平头、上尾、蜂腰、鹤膝。五字之中,音韵悉异;两句之内,角徵不同,不可增减。世呼为"永明体"。

沈约撰《宋书》时,特别在《谢灵运传》后论中,对声律之说,加以鼓吹。谓:

> 夫五色相宣,八音协畅,由乎玄黄律吕,各适物宜。欲使宫羽相变,低昂互节(《南史·陆慧晓传从孙厥附传》引此语作"宫商相变,低昂舛节"),若前有浮声,则后须切响。一简之内,音韵尽殊;两句之中,轻重悉异。妙达此旨,始可言文。

并谓"自灵均(屈原)以来,此秘未睹"。沈约也是偶然发明的,所谓"暗与理合,匪由思至"(《南史·陆慧晓传从孙厥附传》)。

总之,永明诗体要求诗赋在整篇之中,"宫商相变,低昂舛节",尽量在文学语言方面,加强其音乐性。同时,除了要求严格地遵守四声规律以外，还提出了避忌八病（平头、上尾，蜂腰、鹤膝，大韵，小韵，旁纽、正纽）的要求⑩，使"五字之中，音韵悉异；两句之内，角徵不同"，这样就会音节铿锵，使作品收到预期的音乐效果。

事实上，诗最早就是歌，也就是乐。到了建安以后，诗逐渐离开乐府而独立发展起来，开始诗里还有浓厚的音乐成分，它一方面是诗，一方面仍然可以歌唱。自西晋潘岳、陆机以来，追求辞藻华丽和对仗工整的风气开始发展，诗和音乐的距离一天一天扩大。到了刘宋之世，辞藻雕琢的风气，变本加厉，同时如颜延之辈又喜欢在诗里用典故，渐渐发展成为钟嵘《诗品》中所说的，"大明（宋孝武帝年号，公元457—464年）、泰始（宋明帝年号，公元465—471年）中，文章殆同书抄。"到了南齐时，而且形成了任昉、王融等的"辞不贵奇，竞须新事"，"句无虚语，语无虚字"的风气。这样的文学作品，自然既不能被之管弦，又不能加以歌唱。诗歌既然不能自然地和音乐合节来歌唱，必然会有人工地加强诗歌本身语言文字方面音节和谐的要求，永明诗人对声病的讲求，就是在这种情况之下产生的。但是四声八病这些规律的发展，固然开启了以后唐代律诗形成的门径，而在当时，却并不能使诗歌真的接近音乐，只是使齐、梁的作家更趋于技巧和形式方面的追求而已。也由于齐、梁作家过于追求技巧和形式，过于重视文学的形式美而轻视作品的思想性，这就造成内容空虚表面华丽的唯美文风和齐梁诗体。

永明诗人诗歌做得最好的，要推谢朓（公元464—499年）。朓字玄晖，为谢安兄谢据的玄孙，谢灵运的族子，有"小谢"之称。他曾任宣城太守，人们又称他为谢宣城。谢朓的山水诗，在谢灵运的基础上，又前进了一步，不仅彻底摆脱了玄言诗的影响，而且更为清新秀丽，而为时人所爱重。沈约誉之为"二百年来（指建安以来）无此诗也"（《南齐书·谢朓传》）。梁武帝常说："不读

谢诗三日,觉口臭。"(《太平广记》卷198引《谈薮》)

谢朓诗尽管不是通篇都好,"一章之中,自有玉石。然奇章秀句,往往警遒"(《诗品》卷中)。他在描述山水及自然景物方面的诗句,例如"寒城一以眺,平楚正苍然"(《宣城郡内登望》),"日华川上动,风光草际浮"(《和徐都曹出新林渚》),"余霞散成绮,澄江静如练"(《晚登三山还望京邑》),"天际识归舟,云中辨江树"(《之宣城郡出新林浦向板桥》),"鱼戏新荷动,鸟散余花落"(《游东田》),这些秀句,描绘细致,色彩鲜明。诗篇开头第一、二句,如果起势好,就能笼罩全篇,谢朓在这方面特别擅长,如"大江流日夜,客心悲未央"(《暂使下都夜发新林至京邑赠西府同僚》),"朔风吹飞雪,萧条江上来"(《观朝雨》),"洞庭张乐地,潇湘帝子游。云去苍梧野,水还江汉流"(《新亭渚别范零陵云》),《诗品》说他"善自发诗端",也是不错的。

谢朓的边塞诗如"红尘朝夜合,黄沙万里昏;寥戾清笳转,萧条边马烦"(《从戎曲》),狩猎诗如"原泽旷千里,腾骑纷往来"(《校猎曲》),也都使人读了有一种清新的感觉。

谢朓在新体诗方面,也是有一定成就的。其特色是在声律和辞藻运用上,善于熔铸和剪裁,注意了辞藻,但不流于华靡;重视了声律,而不受到拘束。诗的思想内容固然比较贫乏,而词句秀丽,音律和美,形成了一种清新风格。特别是他的五言小诗如:

> 绿草蔓如丝,杂树红英发。无论君不归,君归芳已歇。

(《王孙游》)

他在这方面受了江南民歌的影响,同时加以锤炼提高,使五言小诗正式成为新体诗的一种。

谢朓的新体诗已开唐人绝句的先河,后世评论者认为"已有全篇似唐人者"(南宋严羽《沧浪诗话》)。谢朓在山水诗的发展上贡献尤大,唐代著名诗人王维、孟浩然的作品都受到他的诗的影响。李白更在诗中三番四复地提到谢朓:"蓬莱文章建安骨,中间小谢又清发"(《宣城谢朓楼饯别校书叔云》);"我吟谢朓诗上语,朔风飒飒吹飞雨"(《酬殷明佐见赠五云裘歌》);"解道澄江静如练,令人长忆谢玄晖"(《金陵城西楼月下吟》);他还称赞"诗传谢朓清"(《送储邕之武昌》)。所以清人王士祯在《论诗绝句》中说李白"一生低首谢宣城",可见谢朓的诗在唐代诗人中影响之深。

永明体诗人还有王融、沈约等。王融的诗如《三妇艳行》、《芳树》等,对以后的新体诗影响也很大。

沈约的诗,在当时享有盛名,其实他的诗不如谢朓、王融,但谢朓、王融都早死(朓三十六岁、融二十七岁下狱死),而沈约活到七十多岁,政治地位又很高,又是新体诗和永明声律说的倡导者,所以"见重闾里,诵咏成音"(《诗品》卷中)。他的诗如《临高台》、《六忆诗》、《夜夜曲》,对后来新体诗的影响也很大。

何逊稍后于谢朓、王融,他的诗句如:"江暗雨欲来,浪白风初起"(《相送》),"岸花临水发,江燕绕樯飞"(《赠诸旧游》);"窗中度落叶,帘外隔飞萤"(《和萧谘议岑离闺怨》);"阵云横塞起,赤日下城圆"(《学古》);"野岸平沙合,连山远雾浮"(《慈姥矶》),都是脍炙人口的佳句。

与何逊齐名,年辈又在何逊之后,成名于梁代,死于陈代的阴铿,他受到永明体的影响,在新体诗的创作方面,取得了一定的成就,而没有受到当时风靡一时的宫体诗影响。他的写作态度比较严肃,善于练字造句,如"大江静犹浪,扁舟独且征"(《和傅郎岁暮还湘州》);"远戍唯闻鼓,寒山但见松"(《晚出新亭》);"古石何年卧,枯树几春空"(《开善寺》);"鼓声听欲绝,帆势与云齐;泊处空余鸟,离亭已散人"(《江津送刘光禄不及》)等,对后来唐朝律诗的影响较大。杜甫自述作诗甘苦时,曾说"颇学阴〔铿〕、何〔逊〕苦用心"(《解闷》);又在赠李白诗时有云,"李侯有佳句，往往似阴铿"（《与李十二同寻范十隐居》），可见他对阴铿的推重。

此外如梁代前期柳恽的诗句"亭皋木叶下，陇首秋云飞"（《捣衣》），王籍的诗句"蝉噪林逾静，鸟鸣山更幽"（《入若邪溪》），梁宗室萧悫（侯景乱后入北齐）的诗句"芙蓉露下落，杨柳月中疏"（《秋思》），都是名句，都没有用什么典故和多少辞藻，在当时即被传诵一时。

骈文的发展 东汉之前，辞、赋、诔、赞以外，一般文体，都用散文。东汉之末，散文也渐趋整齐，并有对仗的倾向，但也并不是通篇如此，只在一篇之中偶一为之而已。西晋自潘、陆起，他们的文章，开始追求辞藻的华丽和对偶的工整，这一趋势，到了南朝更加发展。刘宋时，范晔撰《和香方序》，鲍照有《登大雷岸与妹书》，一般习惯，这些都是用散文来写的，可是他们却改用骈文来写，辞藻愈来愈绮丽，对仗也愈来愈工整。永明声律学说兴起以后，当时贵族文人专心在声病丽辞方面争奇斗胜，结果，把骈俪文学推到了高峰。沈约用骈俪文来写《宋书》某几篇的传论，刘勰用骈俪文来写文学批评名著《文心雕龙》，一切文章，都向骈偶化、辞赋化方面发展。到了萧纲（梁简文帝）、萧绎（梁元帝）兄弟，庾信，徐陵等人，连几十字的一张小启，也都缉事比类（典故），非对不发（对仗）；辞藻纷披（辞藻），宫徵靡曼（音律）。这些华丽的辞藻和靡曼的声律，无非是用来掩盖他们作品内容的贫乏和空虚而已。

由于辞赋是最适宜运用骈俪的文学体裁，因此当时的贵族文人尽量在辞赋方面下功夫。梁昭明太子萧统编《文选》时，把赋列在主要地位，可能也是这个缘故。在当时文人一般的辞赋里，大都以绮丽的辞藻，来粉饰它空虚的内容，但也产生了一些代表当时高水平的作品，如江淹的《恨赋》、《别赋》，庾信的《哀江南赋》、《小园赋》、《枯树赋》之类。

在骈文中，孔稚圭的《北山移文》和刘孝标的《广绝交论》，不但在写作技巧上都有较高的成就，就是从思想性来讲，也有一定的社会内容。孔稚圭在《北山移文》中对当时的假逸人、假名士，作了尖锐的讽刺与抨击；刘孝标在《广绝交论》中，对当时的趋炎附势之徒，也作了应有的揭露与批评。

《文心雕龙》与《诗品》　齐、梁时文学创作讲求对仗、用典、辞藻、声律，在表达思想内容方面受到很多限制，甚至流于空虚和颓废，这就激起了反对颓废主义和形式主义文风的要求。这时候就产生了优秀的文学批评专著《文心雕龙》和《诗品》，对当时和后代的文学发展有深远的影响。

《文心雕龙》作者刘勰，字彦和，东莞莒（今山东莒县）人，仕梁为东宫通事舍人、步兵校尉。一生不婚娶，最后出家为僧。《文心雕龙》创作于南齐之末（约公元501年左右），全书共五十篇。它系统地论证了有关文学理论方面的重要问题，提到了文学发展的规律，讨论了文学创作艺术技巧各方面的问题，同时还对齐、梁以前一些作家和他们的作品，作了扼要的评述。

刘勰在《文心雕龙》里，强调了文学反映现实这一原则。他认真地考察了齐、梁以前"蔚英十代，词采九变"（《时序篇》赞）的文学变迁轨迹以后，分析了每个时代的代表作品，由此得出了"歌谣文理，与世推移"，"文变染乎世情，兴废系乎时序"（《时序篇》）这一规律，即文学反映现实，现实在不断变易中，文学也跟着在变易这一事实，刘勰已经对它有所认识了。

刘勰在《文心雕龙》里，还特别强调文学艺术的真实性，他反对并指摘当时一种虚假的创作态度和作风。他认为那些"世极迍邅，而辞意夷泰"（《时序篇》）的作品，或者"志深轩冕，而泛咏皋壤；心缠机务，而虚述人外"（《情采篇》）的诗文，都是虚假而没有真实生活内容的东西，也就不可能有感人的艺术力量。他所推许的，则是那些"志足而言文，情信而辞巧"（《征圣篇》），内容既充实,形式又完美的作品。

刘勰除了强调作品内容的重要性,如称道"虽文非拔群,而意实卓尔"(《杂文篇》)的作品以外,还提到了形式影响内容的问题。他反对用繁缛的辞藻、艰深的典故来写"论说"、"议对"这一类文体,认为"文以辨洁为能,不以繁缛为巧;事以明核为美,不以深隐为奇"(《议对篇》),如果"词深人天",便会"致远方寸"(《论说篇》赞)。他并不反对在诗赋韵文中用辞藻,不过他反对用浮丽的辞藻来掩饰作品内容的空虚和贫乏。他在《情采篇》里还说:

> 昔诗人什篇,为情而造文;辞人赋颂,为文而造情。何以明其然?盖风雅之兴,志思蓄愤,而吟咏情性,以讽其上,此为情而造文也;诸子之徒,心非郁陶,苟驰夸饰,鬻声钓世,此为文而造情也。故为情者,要约而写真;为文者,淫丽而烦滥。而后之作者,采滥忽真,远弃风雅,近师辞赋。故体情之制日疏,逐文之篇愈盛。

这对繁采寡情的当时文风,是一种很好的针砭。

刘勰是不反对对仗的,不过他赞成"自然成对","不劳经营"(《丽辞篇》)。他也不反对用典,不过他认为文人应该"综学在博,取事贵约,校练务精,捃理须覈"(《事类篇》);有了这些条件而后用典,就会"用人若己"(《事类篇》赞),"不啻自其口出"(《事类篇》)。他在修辞方面,认为有些辞汇,"后世所同晓者,虽难斯易;时所共废,虽易斯难"(《练字篇》),学者不可不察。他反对诗赋里用诡异的字,称之为"字妖";他反对用一连串同偏旁的字(如石旁、水旁),诋之为"字林"(古代字典)。

刘勰在《文心雕龙》里,认为文学批评家要避免主观,"不偏于憎爱",不要"贵古贱今",不要"崇己抑人",不能"执一偶之辞,欲拟万端之变,所谓东向而望,不见西墙"。应该"博观",应该"沿波讨源",不能使作品"深废浅售"(《知音篇》)。批评的标准,

"有同乎旧谈者,非雷同也,势自不可异也;有异乎前论者,非苟异也,理自不可同也。同之与异,不屑古今"(《序志篇》),这样才够得上做一个批评家。

刘勰的文学观点,有许多是应该加以肯定的。但是因为他是站在地主阶级立场上立论的,必然强调文学必须折衷于周、孔之道。他在《原道篇》里说:"爰自风姓,暨于孔氏,玄圣创典(伏羲作八卦),素王(孔子)述训,莫不原道心以敷章……然后能经纬区宇,弥纶彝宪,发挥事业,彪炳辞义。故知道沿圣以垂文,圣因文而明道,旁通而无涯,日用而不匮。《易》曰:'鼓天下之动者存乎辞。'辞之所以能鼓天下者,乃道之文也。"在《征圣篇》里又说:"是以政论文,必征于圣,必宗于经。"他从地主阶级立场出发,鼓吹文学必须为当时封建制度服务,这样,他对作家和作品的评价难免带有偏见。还有,刘勰在《文心雕龙》里,一方面固然批评了当时文风的采溢于情,争疏僻典;另一方面他自己又不可避免地受到这种文风的深刻影响,全书用骈文写成,有些地方使读者感到费解。

《诗品》,钟嵘所著。嵘字伟长,颍川长社(今河南长葛东)人,仕梁至西中郎将晋安王(萧纲,即后来的梁简文帝)记室参军。当他写这部书时,骈俪、声病的风气,已盛极一时,宫体文学也正在酝酿成熟之中,他就针对当时文风,提出批评。

首先,钟嵘反对声病说,他在《诗品序》中说:"平上去入,则予病未能;蜂腰鹤膝,闾里已具。"他主张自然和谐的音律,认为古代的诗歌,都是"被之金竹,故非调五音,无以谐会";到了曹魏"三祖(操、丕、叡)之词,文或不工,而韵入歌唱";现在"既不备管弦,亦何取于音律邪"? 所以他主张作品只要求它能够"讽读,不可塞碍,但令清浊通流,口吻调利"就好了,如果在声律方面过于讲究,会损害作品的自然之美,所谓"使文多拘忌,伤其真美"。

其次,钟嵘反对用典。他认为诗歌是"吟咏情性"的,亦"何贵于用事"。传诵一时的佳句,"'思君如流水',既是即目;'高台多悲风',亦唯所见;'清晨登陇首',羌(乃)无故实;'明月照积雪',讵(岂)出经史",多不用什么典故,而是由"直寻"得来的。颜延之"喜用古事,弥见拘束",刘宋中叶以后的作品,简直像"书抄"一样,没有什么创造性。

其次,他反对玄言诗,诋永嘉时的诗篇,由于受到玄风的影响,"理过其辞,淡乎寡味";诋东晋时的作品,"平典似道德论"。他最推重建安文学,要求大家学习建安诗人的创作精神。

《诗品》的批评方法,是把诗分为《国风》、《小雅》、《楚辞》三大类,然后把与三大类风格接近的作家归纳进去,如李陵、班姬出于《楚辞》,曹植出于《国风》,阮籍出于《小雅》之类;进而论述各家风格的源流,特别提出前后作家的继承关系,如王粲、曹丕出于李陵,潘岳、刘琨出于王粲,陆机、谢灵运出于曹植,郭璞出于潘岳,颜延之出于陆机之类。这样的分析法,比较机械,也嫌牵强,没有能够说明每一个诗人的独特风格。

《诗品》把汉、魏以来的诗人,分为上、中、下三品(这是受到《汉书·古今人表》的影响,当然和六朝的流品也有一定的关系),定其等级。运用这种方法,难免不流于主观。如置曹操于下品,置陶渊明、鲍照于中品,就太低了;置潘岳、陆机、谢灵运于上品,置卢谌、任昉、沈约于中品,又未免太高了。钟嵘品评诗人,往往着眼于作品的辞藻,而忽视作品的思想内容,甚至也没有理解其高度的艺术成就,这说明他并没有完全摆脱当时流行的形式主义文风的影响。

《文选》 从晋代起,有不少人在编纂文章总集,但至今大都已经亡佚。现存的总集,不得不推梁昭明太子萧统所主编的《文选》为最古。

萧统在《文选序》里说,从周秦以来,时逾千载,"词人才子,则名溢于缥囊;飞文染翰,则卷盈乎缃帙"。为了要节约读者精力，必须"略其秽芜，集其精英"，选出一部好的文章总集来。选择的标准，经书是周公、孔子所定，不敢"加之剪截"，因此只收录了《毛诗序》《尚书序》《春秋左氏传序》三篇序文，这都是作为文学的体裁来采辑的。诸子如"老、庄之作，管、孟之流，盖以立意为宗，不以能文为本"，因此也从略。大量的历史著作，主要是记载史事，"褒贬是非"，不同于文学作品，因此也不收；然而其中的赞论和序述，因为"事出于沉思，义归乎翰藻"，已经属于文学作品的范畴了，所以加以辑集。

《文选》全书三十卷（李善加以注释时析为六十卷），以类（文体）分卷。共分成赋、诗、表、启、赞、论、碑文、墓志、行状、祭文等三十九类。三十九类文体以赋冠首，赋的分量占全书三十卷中的九卷有余，从这里可以看到萧统受到当时传统文学观点重视骈俪的深刻影响。每一类文体又分成许多子目，如诗一类内，又分成公宴、游览、咏怀、赠答、行旅、乐府等许多子目。每个作家的作品，按照体裁分别编入各类目。《文选》中虽然辟有乐府这一子目，但所收的绝大部分是文士的作品，汉乐府和东晋南朝的吴歌西曲，大都遗漏不载。

尽管《文选》有些缺陷，但萧统选录作品还是比较严格，当时盛行的那些庸俗作品，他大都摒而不录。《文选》略古详近，对晋宋以来的作品收得比较多，选择得也比较精，这都是可取的地方。

《文心雕龙》的作者刘勰在梁天监初，曾为东宫通事舍人，"昭明太子好文学，深爱接之"（《梁书·文学·刘勰传》）。萧统的文学观点，受到刘勰的文学观点的一定影响，所以以《文选》的取材标准，与《文心雕龙》的批评标准，基本上是一致的。《文选》一书的所以可贵，恐怕也就在此。

《文选》成书以后，风行一时，到了唐代，应进士举者，必须熟习《文选》。唐高宗显庆三年（公元658年），有李善为《文选》作注,成书六十卷。李善引据丰博,考订翔实;而且他所引用的古籍,有不少已经散佚了,所以他的注文到后世还成为辑佚的渊薮。世以裴松之注《三国志》,刘孝标注《世说新语》,郦道元注《水经》和李善注《文选》,四书并称。虽体例微有不同,但都是不朽的著作。自李善以后,治《文选》者接踵,世称"选学",一直到清代还没有衰竭,可见《文选》影响之大。

宫体诗　从齐永明(公元 483—493 年)时代起,辞藻更趋华靡,声律更加讲究,诗歌的内容题材也渐渐从描写山水转而描写色情。南北世家大族,这时愈来愈腐朽。他们"未尝目观起一坡土,耘一株苗;不知几月当下,几月当收"。"出则车舆,入则扶持……肤脆骨柔,不堪行步,体羸气喘,不耐寒暑"(《颜氏家训·涉务篇》),不但做官做不了,连当家也当不了。这些贵族子弟,还"熏衣剃面,傅朱施粉"(《颜氏家训·勉学篇》),很少能够不沉溺在荒淫堕落的色情生活里,这样,这一时期便产生了以描写色情为主要内容的宫体文学。

梁武帝中大通三年(公元 531 年),昭明太子萧统病卒,其同母弟萧纲被立为皇太子(到公元 549 年侯景乱梁时继位为傀儡皇帝,即简文帝)。萧纲及其弟萧纶、萧绎都喜欢写以色情为主要内容的诗歌,当时环绕东宫周围有一群贵族诗人如庾肩吾、刘孝威、徐陵、庾信之徒,"文并绮艳"(《北史·文苑·庾信传》),他们又彼此模仿和提倡,便形成了宫体文学。宫体文学,追求声律,夸耀辞藻,内容则着重描写色情。这种文学,是南朝统治阶级上层淫侈颓废生活的集中反映。

为了提倡宫体文学,徐陵特别编了一部《玉台新咏》。徐陵在《玉台新咏》里,为了标榜色情的宫体文学得情性之正,所以他收罗了很多汉、魏以来有关爱情的诗篇和乐府民歌,来装饰宫体文学的门面,说宫体诗和这些作品有着血脉的渊源。当然我们不能完全割断宫体和宫体以前的文学的关系,但是汉、魏以来的优秀诗篇和宫体文学，在基本态度上是不同的。至于乐府民歌，大都来自民间，固然也有情歌，但是仍然在一定程度上揭露了封建社会的罪恶，基本上还是现实主义的。宫体诗在形式方面固然采用了乐府的体裁，而在内容方面，我们只要从《玉台新咏》所收录的萧纲等宫体诗题目中，如《春郊见美人》、《车中见美人》、《为人宠姬有怨》、《咏人弃妾》、《倡妇怨情》、《咏舞》、《看妓》、《夜听妓声》之类，就可以了然这些诗歌内容堕落到如何程度了。宫体诗对女性的侮辱，对色情的放恣，和乐府民歌在本质上有严格的区别。

侯景乱梁以后，宫体诗并没有停止发展。陈时，徐陵称一代文宗，他就是当时宫体文学的主将。陈后主（公元583—589年）好为艳体诗，与宫廷诗人江总、孔范等互相唱和。他们最艳丽的作品有《玉树后庭花》等，大概都是写贵妃嫔嫱的美丽容色的。他们对艳体诗的提倡，使当时文学颓废堕落到极点。

庾信及北朝诗人　庾信（公元513—581年），字子山，南阳新野（今河南新野）人。父肩吾，为梁太子中庶子（皇太子东宫的秘书长）。信十五岁作昭明太子萧统的东宫讲读，十九岁作萧纲的东宫抄撰学士，父子都是宫体诗的重要作家。侯景乱梁时，信逃奔江陵。梁元帝萧绎在江陵即位，以信为右卫将军，派他出使西魏。不久梁亡，庾信因其文学成就被强留在长安，历仕西魏、北周，官至骠骑大将军、开府仪同三司，世称庾开府。直到隋开皇元年才病死。

庾信的作品可以划分为两个时期。前期（四十二岁以前）的作品，和一般宫体诗人一样，写艳丽的诗篇，夸耀辞采，内容颓废贫乏。后期（四十二岁以后）的作品，由于政治的变化和生活的感受，他的作品起了较大的变化。他亲身经历过侯景之乱，又看到梁元帝败亡时，西魏把江陵十几万人民都俘作奴隶这一事实，加上自己羁旅北朝，屈身事敌的痛苦和怀念乡土的感情，便倾注在他的作品里。

庾信在后期的诗赋里，痛恨南朝世家大族的腐朽无能和皇室的骨肉相残：在和平的日子里，"宰衡以干戈为儿戏，搢绅以清谈为庙略"（《哀江南赋》）；到紧急关头，"江淮无涯岸之阻，亭壁无藩篱之固"，"百万义师，一朝卷甲"（《哀江南赋序》），把萧梁王朝都断送了。他责备梁武帝任用孙子萧詧为雍州刺史，以后萧詧叛梁，以致江陵陷没，"用无赖之子弟，举江东而全弃，惜天下之一家，遭东南之反气，以鹑首（襄阳、江陵的分野）而赐秦（指西魏），天何为而此醉"（《哀江南赋》）。他也痛恨自己没有能够完成朝廷交给他的任务，而遭受敌人的欺骗，并在长安被扣留起来；他甚至于怀疑到历史上没有申包胥哭秦廷这种事情——"始知千载内，无复有申包"（《咏怀》），并比喻他的被扣留而留仕北朝是"倡家遭强聘"（《咏怀》）。他最悲愤的时候，甚至想到了"惜无万金产，东求沧海君"（《咏怀》），要效法张良的博浪沙一击。他认识出仕北朝以后，"忠孝"两个字全都勾销了，"惟忠且惟孝，为子复为臣，一朝人事尽，身名不足亲"（《咏怀》）。于是他就认为自己应该不求声誉，偏偏自己文学方面的声誉很高——"无闷无不闷"；自己所以不死，照理说应该有所等待，然而还有什么可以等待的呢——"有待何可待"？他把自己无可奈何地生活下去，比之为"昏昏如坐雾，漫漫疑行海"（《咏怀》）。最后，他只好慨叹"所谓天乎，乃曰苍苍之气；所谓地乎，其实搏搏之土。怨之徒也，何能感焉"（《思旧铭》），流露出极为沉痛而又消极悲观的复杂心情。

庾信怀念江南的感情是和他的"故国之思"分不开的。尽管庾信在西魏、北周不算太落寞，而他总是有"日暮途远，人间何世"（《哀江南赋序》）的感触。"关山则风月凄怆，陇水则肝肠断绝"（《小园赋》），"楚歌非取乐之方，鲁酒（薄酒）无忘忧之用"（《哀江南赋序》），在在都能使他触目动心。他在"秦关望楚路，灞岸想江潭"（《和侃法师》），"还思建业水，终忆武昌鱼"（《奉和永丰殿下言志》）等诗句中，反复倾诉了对故国的深切怀念。只要能生还江南，连封侯他也不要，所谓"一思探禹穴（在会稽），无用鏖皋兰（在今甘肃临夏西南，公元前 121 年霍去病败匈奴处）"（《咏怀》）。他甚至讨厌羁留地的长安，最后说出"倘使如杨仆（汉武帝时人，耻为关外民，东徙函谷关数百里），宁为关外人"（《率尔成咏》）的话来。

庾信的代表作，诗有《咏怀》诗二十七首，赋有《哀江南赋》、《小园赋》、《枯树赋》，铭志有《思旧铭》和萧泰、吴明彻等墓志铭。他的《咏怀》诗二十七首中的第二十六首是：

> 萧条亭障远，凄惨风尘多。关门临白狄，城影入黄河。
> 秋风苏武别，寒水送荆轲。谁言气盖世，晨起帐中歌。

这首诗是庾信羁留长安时的即景伤怀之作。他在诗里自比李陵的永别苏武，荆轲的入秦不还。而又将梁元帝败于江陵，比作项羽败于垓下。其中第十七首说：

> 日晚荒城上，苍茫余落晖。都护楼兰返，将军疏勒归。
> 马有风尘气，人多关塞衣。阵云平不动，秋蓬卷欲飞。闻道
> 楼船战，今年不解围。

这首是指公元 567 年北周大将元定的军队在江南被陈兵所围歼的事情，诗前面八句都是形容北周军队战斗力之强，用来陪衬最后两句南侵的失败，以说明南朝的不可轻侮。庾信这些诗，都是具有一定内容的作品，风格也不低。杜甫诗"庾信平生最萧瑟，暮年诗赋动江关"（《咏怀古迹》），又云"庾信文章老更成，凌云健笔意纵横"（《戏为六绝句》），可能就是指这种风格既高又具有一定内容的作品而来说的。

庾信至北朝后，有些诗句描写北国风光，也一洗浓艳的旧习，使人读了有清新的感觉，如"古碑文字尽，荒城年代迷"（《将命至邺酬祖王员》），如"有城仍旧县，无树即新村"（《望野》），如

"寒沙两岸白,猎火一山红"(《上益州柱国赵王》),如"上林催猎响,河桥争渡喧"(《同州还》),如"野戍孤烟起,春山百鸟啼"(《至老子庙应诏》)。他在新体诗方面的这种努力,给予以后唐代五言律诗的发展以深刻的影响。

庾信的五言小诗,也清新可咏。如:

> 玉关道路远,金陵信使疏。独下千行泪,开君万里书。

(《寄王琳》)

短短二十字,却是感情深厚,富于含蓄,尽管平仄稍有不调,但它已经是唐代五言绝句的先驱。

庾信的类似七言诗的《春赋》和乐府诗中的《燕歌行》、《杨柳歌》,对唐初七言诗的发展,也有很大的影响。

庾信在骈体文方面的成就极高。骈文的缺点,一般失于柔靡,而庾信的作品却给人以一种挺拔的感觉。清人蒋士铨曾评论庾信的骈文说:"唐四六毕竟滞而不逸,丽而不遒。徐孝穆(陵)逸而不遒,庾子山遒逸兼之,所以独有千古"(《评选四六法海·总论》)。《四库提要》说庾信骈文"集六朝之大成,导四杰之先路"。说明他在骈体文的发展中,是承先启后的人物,对唐代的骈文影响也是很大的。当然,无论庾信的骈文和诗,就内容而论,其基调还是低沉的。

与庾信同时的,还有王褒。他在前期也是梁朝宫体诗的重要作家。江陵破后被俘至长安,以文学受到宇文氏的优待,官位通显。他到了北方以后,诗歌的风格,也有了变化。他在这一时期写了不少关于边塞和从军的诗。其代表作如《渡河北》:

> 秋风吹木叶,还似洞庭波。常山临代郡,亭障绕黄河。
> 心悲异方乐,肠断《陇头歌》。薄暮临征马,失道北山阿。

这首诗写北渡黄河所见秋色及故国之思,具有苍凉的格调,和他在南方的作品大不相同。

王褒的五言小诗,也清新可咏。如:

百年余古树,千里暗黄尘。关山行就近,相看成远人。
（《入关故人别》）

短短二十字,写亡国羁旅的心情,颇为真切。

江陵破后,流寓北朝的诗人,还有颜之推。他的《颜氏家训》,前面已经详细介绍过了。他的诗的代表作是《从周入齐,夜度砥柱》。诗云:

侠客重艰辛,夜出小平津。马色迷关吏,鸡鸣起戍人。
雾鲜华剑彩,月照宝刀新。问我将何去?北海就孙宾。

辞藻清丽,对仗工整,还有齐、梁余习;而风格内容,已经接近唐风了。

庾信等来北朝以后,对南北文风的融合,起了一定的作用。北周明帝宇文毓、武帝宇文邕都喜爱文学,明帝的诗的风格,以《过旧宫》一首为例,就完全是模仿庾信的。其余赵王宇文招、滕王宇文逌（皆宇文泰子,明帝弟）以及李昶（小名李那）等人的诗文,也大都师法庾信。这也可以说,北朝的文风,受到南朝文风的深刻影响。同时庾信等来到北朝以后,由于政治环境的变化和本身感受的不同,以及生活面的较为广阔,因之,他们的作品的思想内容也丰富起来;与这种内容相适应,诗歌的艺术风格也从艳冶转入刚健,出塞、入塞、从军、夜宿荒村,成了诗歌的重要题材,这就是庾信等到了北朝以后南北文风初步融合的结果。

隋代统一后,南北文风有了进一步的融合。固然当时诗歌还不可能摆脱梁、陈旧习,但如薛道衡的"空梁落燕泥"（《昔昔盐》）,王胄的"庭草无人随意绿",从新体诗的意境和写作技巧来看,比之以前都有了进展。至如卢思道的《从军行》,杨素、虞世基的《出塞》,和薛道衡的《出塞》、《渡北河》等作,在内容和风格上,已成唐代边塞诗的前驱。这种文风的转变,正为唐代诗歌的发展铺好了道路。

神话与志怪小说 魏晋南北朝时期,神话和志怪小说都很发达,这和这一时期封建隶属关系的强化,自然经济的占统治地位,颓废厌世思想的充塞,宗教迷信的广泛传播,有密切的关系。

鲁迅先生在《中国小说史略》第四篇《今所见汉人小说》一章中说:"现存之所谓汉人小说,盖无一真出于汉人,晋以来文人方士,皆有伪作,至宋明尚不绝。文人好逞狡狯,或欲夸示异书,方士则意在自神其教,故往往托古籍以炫人;晋以后人之托汉,亦犹汉人之依托黄帝、伊尹矣。"

《神异经》一卷,《十洲记》一卷,旧题东方朔撰;《汉武洞冥记》一卷,旧题东汉郭宪撰,其实都是魏晋以后方士的伪作。《汉武帝故事》一卷,记汉武帝生于猗兰殿至死后葬于茂陵杂事,《隋书·经籍志》著录,不题撰人,宋晁公武《郡斋读书志》始云"世言班固作"。又云:"唐张柬之书《洞冥记》后云,《汉武故事》,王俭造也。"那么应该算是南齐时代的作品。又有《汉武帝内传》一卷,今收入《太平广记》中,这部书多采用《十洲记》和《汉武帝故事》中的话,可见它的成书又在以上二书之后。以上几部书,都接近于神话,有文学价值,在史料价值上意义不大。

魏晋南北朝志怪小说中,著名的有旧题魏文帝撰《列异传》三卷,西晋张华撰《博物志》十卷,东晋葛洪撰《神仙传》十卷,干宝撰《搜神记》二十卷,戴祚撰《甄异传》三卷,旧题陶渊明撰《搜神后记》十卷,宋刘敬叔撰《异苑》十卷,东阳无疑撰《齐谐记》七卷,南齐王琰撰《冥祥记》十卷,梁吴均撰《续齐谐记》一卷,萧绮撰《王子年拾遗记》十卷,北齐颜之推撰《还冤志》三卷。

《列异传》,旧题魏文帝撰,但是书里讲到甘露年间(公元256—259年)事,已在文帝死后三十年,可能后人加以增益,也可能撰人是假托,但裴松之《三国志注》、郦道元《水经注》都征引过这部书,所以定为魏晋人的作品,大概是没有问题的。原书已佚,下列两条均从《太平御览》转引。

神仙麻姑降东阳蔡经家,手爪长四寸。经意曰:"此女

子实好佳手,愿得以搔背。"麻姑大怒。忽见经顿地,两目流血。(《太平御览》卷370)

武昌新县北山上有望夫石,状若人立者。传云,昔有贞妇,其夫从役,远赴国难,妇携幼子饯送此山,立望而形化为石。(《太平御览》卷888)

《博物志》,西晋张华撰。华字茂先(公元232—300年),范阳方城(今河北固安南)人,官至司空,为赵王伦所杀。他博闻强识,于书无所不览,所记异境奇物及古代琐闻杂事,如:

《周书》曰:"西域献火浣布,昆吾氏献切玉刀,火浣布污则烧之则洁,刀切玉如蜡。"布汉世有献者,刀则未闻。

敦煌西渡流沙……千余里无水。时有伏流处,人不能知。骆驼知水脉,过其处辄不行,以足踏地,人于其所踏处掘之,辄得水。

《神仙传》,葛洪撰,叙述古代传说中九十四个神仙的故事。其中《麻姑》条云:

汉孝桓帝时,神仙王远,字方平,降于蔡经家。……有顷……麻姑至矣。……是好女子,年十八九许。……坐定……麻姑自说云:"接待以来,已见东海三为桑田,向到蓬莱,水又浅于往者会时略半也。岂将复还为陵陆乎?"方平笑曰:"圣人皆言海中复扬尘也。"(《太平广记》卷60《女仙·麻姑》)

沧海变为桑田的典故,就是从这里出来的。

《搜神记》,干宝撰。宝字令升,新蔡(今河南新蔡)人。东晋元帝时以著作郎领修国史,著《晋纪》二十卷,时称良史。又编集神怪灵异故事,成《搜神记》二十卷,原书已佚;今存本亦二十卷,为后人所辑录。这部书意在"发明神道之不诬"(《搜神记序》),宣传迷信思想,但也保存了一些民间故事,借助神怪的题材,反映人民群众的思想和愿望。韩凭妻条说:

宋康王(即战国的宋君偃)舍人韩凭,娶妻何氏,美。康王夺之。凭怨,王囚之,论为城旦(五岁刑)。……俄而凭乃自杀。其妻乃阴腐其衣。王与之登台,妻遂自投台;左右揽之,衣不中手而死。遗书于带曰:"……愿以尸骨赐凭合葬。"王怒,弗听,使里人埋之,冢相望也。王曰:"尔夫妇相爱不已,若能使冢合,则吾弗阻也。"宿昔之间,便有大梓木生于两冢之端,旬日而大盈抱,屈体相就,根交于下,枝错于上。又有鸳鸯雌雄各一,恒栖树上,晨夕不去,交颈悲鸣,音声感人。宋人哀之,遂号其木为相思树。……南人谓此禽即韩凭夫妇之精魂。

这则故事揭露了统治者的荒淫无道,歌颂了韩凭夫妇的生死不渝的爱情和何氏的坚贞不屈的斗争精神,并且通过幻想,表现了人民的美好愿望。

干宝在《搜神记》的《三王墓》一条里,还把流传已久的干将莫邪的故事加以重写,突出了主题,人物形象也更为鲜明了。

楚干将莫邪为楚王作剑,三年乃成……剑有雌雄。……将雌剑往见楚王。……王怒,即杀之。莫邪子名赤,比(及)后壮……日夜思欲报楚王。……王即购之千金。儿闻之亡去,入山行歌。客有逢者,谓:"子年少,何哭之甚悲邪?"曰:"吾干将莫邪子也。楚王杀吾父,吾欲报之。"客曰:"闻王购子头千金,将子头与〔雄〕剑来,为子报之。"儿曰:"幸甚!"即自刎……客持头往见楚王,王大喜。客曰:"此乃勇士头也,当于汤镬煮之。"王如其言。煮头三日三夕不烂。……客曰:"此儿头不烂,愿王自往临视之,是必烂也。"王即临之。客以剑拟王,王头随堕汤中;客亦自拟己头,头复堕汤中。三首俱烂,不可识别,乃分其汤肉葬之,故通名三王墓。今在汝南北宜春县(今河南汝南西南)界。

故事是虚构的,但干宝却在短短几百字中,写出了统治者的残暴和人民的反抗精神，情节生动感人。

《搜神记·李寄》条，记载了少女李寄斩蛇的故事：

> 东越闽中有庸岭，高数十里。其西北隙中，有大蛇，长七八丈，大十余围（五寸为一围）。……都尉、令、长……共请求人家生婢子（奴婢子女仍为奴婢的，女的叫"家生婢"；"子"，语尾辞）兼有罪家女养之，至八月朝（初一日）祭，送蛇穴口，蛇出吞啮之。累年如此，已用九女。尔时预复募索，未得其女。将乐县（今福建将乐）李诞……其小女名寄，应募欲行。……父母慈怜，终不听去。寄自潜行，不可禁止。寄乃告请（访求）好剑及咋（咬）蛇犬。至八月朝，便诣庙中坐，怀剑将犬。先将数石米糍，用蜜麨灌之，以置穴口。蛇便出，头大如囷，目如二尺镜。闻糍香气，先啖食之。寄便放犬，犬就啮咋；寄从后斫得数创。疮痛急，蛇因踊出至庭而死。寄入视穴，得其九女髑髅，悉举出，咤言曰："汝曹怯弱，为蛇所食，甚可哀愍！"于是寄女缓步而归。……

这则故事描写一个穷苦的女孩子为民除害的英雄行为，也反映出官吏的颟顸无能。这类故事是《搜神记》也是志怪小说中的优秀作品。

《异苑》，刘敬叔撰。敬叔，彭城（今江苏徐州市）人。东晋末为南平国郎中令，入宋为给事黄门郎，泰始（公元465—471年）中病死。他在《异苑·紫姑神》条中，叙述了一个平凡的故事，说紫姑为人家婢妾，受大妇虐待，于正月十五夜感愤而死。后人同情她的遭遇，每到正月十五夜，就在"厕间或猪栏边"，"奠设酒果"，来悼念她。当然还掺杂进许多迷信的内容。但是这种迷信故事的侧面，也揭露了封建社会地主家庭的残忍，婢妾身份的低贱和生命的没有保障，具有一定社会内容。

《异苑·鲟父庙》条说：

> 会稽石亭埭有大枫树，其中朽空，每雨水辄满。有估客

携生鲖（鳝）至此，辄放一头于朽树中。村民见之，以鱼鲖非树中之物，咸神之。乃依树起室，宰牲祭祀，未尝虚日，目为鲖父庙。有祷请及秽慢，则祸福立至。后估客复至，大笑。乃求鲖臛食之，其神遂绝。

这则故事揭露了盲目迷信的荒唐可笑。

《异苑·铜澡盘》条说：

> 晋中朝有人畜铜澡盘，晨夕恒鸣，如人扣。乃问张华，华曰："此盘与洛钟宫商相应，宫中朝暮撞钟，故声相应耳。可错令轻，则韵乖，鸣自止也。"如其言，后不复鸣。

这个解释，说明当时人不仅懂得今天声学中由声波的作用而引起的共振现象，而且已经有了消除共振现象的知识。但是《异苑》所收的绝大部分是鬼怪迷信故事，荒诞无稽，是应该批判的。

《拾遗记》，王嘉撰。嘉字子年，陇西安阳（今甘肃秦安县东）人。前秦时隐居长安附近山中，弟子数百人。后为姚苌所杀。此书一名《王子年拾遗记》。原书经战乱散失，梁萧绮掇拾残本，编为十卷。明人胡应麟《少室山房笔丛》卷32谓"盖即绮撰，而托之王嘉者也"。

《拾遗记》中的《怨碑》条，说秦为始皇造骊山墓成，临葬把筑墓工匠都活埋在陵墓里。工匠没有立刻死掉，还在墓内刻了许多碑文，辞多怨酷，称为"怨碑"。《嗽金鸟》条写魏明帝（曹叡）宫闱的奢华；《翔风》条描述西晋官僚石崇的侈汰：都在不同程度上暴露了统治阶级的残酷腐朽，有积极意义。全书其余部分"记事多诡怪"（《晋书·艺术·王嘉传》），只能产生消极有害的影响。

《续齐谐记》，梁吴均（公元469—520年）撰。均字叔庠，吴兴故鄣（今浙江安吉西北）人。梁武帝时为王国侍郎、奉朝请，以撰《齐春秋》不实免职。不久奉召撰《通史》，未成而卒。"均夙有诗名，文体清拔，好事者或模拟之，称'吴均体'，故其为小说，亦卓然可观，唐宋文人多引为典据，阳羡鹅笼之记，尤其奇诡者

也。"（鲁迅《中国小说史略》第五篇）

　　　　阳羡（今江苏宜兴）许彦于绥安（在今江苏宜兴西南）山行，遇一书生，年十七八，卧路侧，云脚痛，求寄鹅笼中。彦以为戏言，书生便入笼，笼亦不更广，书生亦不更小，宛然与双鹅并坐，鹅亦不惊。彦负笼而去，都不觉重。前行息树下，书生乃出笼谓彦曰："欲为君薄设。"彦曰："善。"乃口中吐出一铜奁子，奁子中具诸饰馔，珍羞方丈。……酒数行，谓彦曰："向将一妇人自随，今欲暂邀之。"彦曰："善。"又于口中吐一女子，年可十五六，衣服绮丽，容貌殊绝，共坐宴。俄而书生醉卧，此女谓彦曰："虽与书生结妻，而实怀怨，向亦窃得一男子同来，书生既眠，暂唤之，君幸勿言。"彦曰："善。"女子于口中吐出一男子，年可二十三四，亦颖悟可爱，乃与彦叙寒温。书生卧欲觉。女子吐一锦行障遮书生，书生乃留女子共卧。男子谓彦曰："此女虽有心，情亦不尽，向复窃得一女人同行。今欲暂见之，愿君勿泄。"彦曰："善。"男子又于口中吐一妇人，年可二十许。共酌戏谈甚久。闻书生动声，男子曰："二人眠已觉。"因取所吐女子，还纳口中。须臾，书生处女乃出，谓彦曰："书生欲起。"乃吞向男子，独对彦坐。然后书生起，谓彦曰："暂眠遂久，君独坐，当悒悒邪？日又晚，当与君别。"遂吞其女子，诸器皿悉纳口中。留大铜盘可广二尺余，与彦别曰："无以藉君，与君相忆也。"彦太元（公元376—396年）中为兰台令史，以盘饷侍中张散；散看其铭，题云是永平三年（公元60年）作。

段成式《酉阳杂俎·续集·贬误篇》谓佛教《譬喻经》有这类故事。鲁迅先生也说："然此类思想，盖非中国所故有。"盖"魏晋以来，渐译释典，天竺故事亦流传世间，文人喜其颖异，于有意或无意中用之，遂蜕化为国有。如晋人荀氏作《灵鬼志》，亦记道人（和尚）入笼子中事，尚云来自外国，至吴均记，乃为中国之书

生。"(《中国小说史略》第五篇)

《还冤志》亦称《冤魂志》,颜之推撰。之推笃信佛教,因此《还冤志》也是以讲因果报应,传播宗教迷信思想为其主要内容。不过之推经历了许多变乱,如侯景乱梁,江陵陷没,北齐灭亡,因此多少在他的书里反映出这些变乱的惨痛事迹来。如《弘氏》条:

> 梁武帝欲为文皇帝(梁武帝父萧顺之)陵上起寺,未有佳材,宣意有司,使加采访。先有曲阿(今江苏丹阳)人姓弘,家甚富厚。乃共亲族多赍财货,往湘州(州治临湘,今湖南长沙市)治生。经年营得一筏,可长千步,材木壮丽,世所稀有。还至南津,南津校尉孟少卿希朝廷旨,乃加绳墨,弘氏所卖衣裳缯彩⋯⋯诬以涉道劫掠所得⋯⋯结正处死,没入其材充寺用。奏遂施行。(《太平广记》卷120《报应》)

梁武帝为了掠夺弘氏的木材,竟授意官吏诬陷弘氏为劫盗,处以死刑,并没收了弘氏从湘州贩运来的木材。故事的下文说为虎作伥的孟少卿很快就遭到恶报,"呕血而死。凡诸狱官及主书舍人,预此狱事署奏者,以次殂殁"。"其寺营构始讫,天火烧之。"主题在于宣扬因果报应,客观上却暴露了封建统治阶级狼狈为奸的丑恶面目。又《江陵士大夫》条说:

> 江陵陷时,有关内人梁元晖,俘获一士大夫姓刘。此人先遭侯景丧乱,失其家口,唯余小男始数岁,躬自担负,又值雪泥,不能前进。梁元晖监领入关,逼令弃儿,刘甚爱惜,以死为请。遂强夺取,掷之雪中,杖棰交下,驱蹙使去。刘乃步步回顾,号叫断绝,辛苦顿毙,加以悲伤,数日而死。(《太平广记》卷120《报应》)

颜之推亲身经历江陵的陷落,所以在这里描述了江陵士民被当作俘虏驱迫入关的惨痛遭遇,揭露了封建统治阶级荼毒生灵的罪恶。尽管故事以刘死后梁元晖惊悸成疾而结尾,也是讲因果报应的。这些故事,扬弃其中宗教迷信的糟粕,还是有具体的社会内容和一定的史料价值的⑪。

———————————

① 蔡邕晚年藏书万卷。像王充所著《论衡》,当时流传很少,蔡邕就藏有《论衡》的抄本。蔡邕很器重王粲,他在长安见到王粲时说:"吾不如也。吾家书籍文章,尽当与之。"(《三国志·魏志·王粲传》)张华《博物志》称:"蔡邕有书近万卷,末年载数车与粲。"蔡邕送给王粲的书,后来落到王粲族孙玄学家王弼的手里。王弼在玄学方面的成就,该当与他多读书有关。

②《诗品》卷下:永嘉以来,清虚在俗。王武子(王济)辈,诗贵道家之言。爰洎江表,玄风尚扇。真长(刘惔)、仲祖(王濛)、桓〔温〕、庾〔亮〕诸公犹相袭,世称孙〔绰〕、许〔询〕,弥善恬淡之词。

③《世说新语·文学篇》注引《续晋阳秋》曰:"自司马相如、王褒、扬雄诸贤,世尚赋颂,皆体则《诗》、《骚》,傍综百家之言。及至建安,而诗章大盛。逮乎西朝(西晋)之末,潘、陆之徒,虽时有文质,而宗归不异也。正始中,王弼、何晏好庄老玄胜之谈,而世遂贵焉。至过江,佛理尤甚,故郭璞五言,始会合道家之言而韵之;〔许〕询及太原孙绰,转相祖尚,又加以三世之辞,而《诗》、《骚》之体尽矣。询、绰并为一时文宗,自此作者悉体之,至义熙(公元 405—418 年)中谢混始改。"按《续晋阳秋》,宋檀道鸾所作。道鸾以为"会合道家之言而韵之",自郭璞开始。而钟嵘在《诗品》中,就不同意他的看法。钟嵘固然认为哲理诗"平典似道德论,建安风力尽矣",但是他接着又说"先是郭景纯用隽上之才,变创其体;刘越石仗清刚之气,赞成厥美,然彼众我寡,未能动俗",说明郭璞是想改变这种诗风的人物。我个人基本上同意钟嵘的看法,但是也不否认郭璞的诗歌受到当时哲理诗的一定影响。

④《世说新语·言语篇》:李弘度(充)常叹不被遇,殷扬州(浩)知其家贫,问"君能屈志百里不?"李答曰:"北门之叹,久已上闻,穷猿奔林,岂暇择木。"遂授剡县。

⑤ 萧统:《陶渊明传》:"为彭泽令。不以家累自随,送一力给其子,书曰:'汝旦夕之费,自给为难。今遣此力,助汝薪水之劳。此亦人子也,可善遇之。'"渊明弃官归,作《归去来兮辞》,中有"僮仆来迎"语,疑此僮仆,即前送之力也。渊明既罢令,此力亦当遣返。《晋书·隐逸·陶潜传》谓潜"不营生业,家务悉委之儿仆"。《晋书》唐初所修,不知根据何书。

⑥《晋书·吕光载记》:初光徙西海郡人于诸郡,至是谣曰:"朔马心何悲? 念旧中心劳。燕雀何徘徊? 意欲还故巢。"顷之,遂相扇动,复徙之于西河乐都。

⑦《元和郡县图志》卷 14:"云州云中县,纥真山在县东三十里。房语纥真,汉言

三十里。其山夏积霜雪。"按：纥干山即纥真山，登纥干山，可以望平城。此歌见《资治通鉴》唐昭宗天佑元年引鄙语。

⑧ 如同《古艳歌》的"孔雀东飞，苦寒无衣"，提供了《孔雀东南飞》的塑造材料一样，北方民歌里的《折杨柳歌辞》"敕敕何力力，女子临窗织。不闻机杼声，只闻女叹息。问女何所思，问女何所忆。阿婆许嫁女，今年无消息"，也给《木兰诗》的"唧唧复唧唧，木兰当户织，不闻机杼声，唯闻女叹息。问女何所思，问女何所忆"，提供了塑造材料。

⑨ 关于《木兰诗》的著作年代，近年来经过许多人的讨论，我同意这一作品最后完成是在隋代或唐初的说法。理由如下：

一、这首诗如"万里赴戎机，关山度若飞。朔气传金柝，寒光照铁衣。将军百战死，壮士十年归"，和"当窗理云鬓，对镜帖花黄"等句，不像北朝早期的作品，即庾信、王褒未到北朝之前的作品。

二、这首诗不像是府兵制度尚未形成以前的作品，如"昨夜见军帖，可汗大点兵，军书十二卷，卷卷有爷名"之类，似乎反映了府兵制度的存在。又如写木兰决定代父从军以后，还在"东市买骏马，西市买鞍鞯，南市买辔头，北市买长鞭"，与唐初府兵制度"当给马者，予其直市之，每匹二万五千"一事，也相吻合。

三、隋承周制，有勋官十一等。唐制勋官"凡十有二等，十二转为上柱国，十一转为柱国"（《唐六典》卷 2）；《木兰诗》中的"策勋十二转"，似述唐代制度。

四、府兵制度从西魏大统中开始。但西魏在实施府兵制同时，也仿《周礼》行六官，此制终北周之世不改。在行《周礼》时，既无尚书台，更无尚书郎。至隋废周官，始有尚书郎。如果说《木兰诗》是西魏、北周间即府兵制初期的作品，尚书郎这一问题就说不通了。

五、现在许多同志认为《木兰诗》是隋以前的作品，主要根据是郭茂倩在《乐府诗集·木兰诗》题下注云："《古今乐录》曰：'木兰，不知名。'浙江西道观察使兼御史中丞韦元甫续附入。"《古今乐录》在陈时成书，《玉海·艺文类》引《中兴书目》："陈光大二年（公元 568 年）僧智匠撰《古今乐录》，起汉讫陈。"既然《古今乐录》成书在陈光大二年，《木兰诗》被收入此书中，当然是《古今乐录》以前的作品，亦即隋代以前的作品。我个人不成熟的看法，认为《乐府诗集·木兰诗》下的"木兰，不知名"这话，并不是陈智匠《古今乐录》的原文，它连同下文"浙江西道观察使兼御史中丞韦元甫续附入"，都是后人注《古今乐录》的注文。《古文苑》卷 9《木兰诗》题下注云："旧注云：不知名。浙江西道观察使兼御史中丞韦元甫闻续附入"，所谓旧注，是当时唐人注《古今乐录》的注文。因为《木兰诗》的写出是在智匠之后，在智匠编《古今乐录》时，不可能把它收进书里去；到了唐代，韦元甫才把它附录在《古今乐录》里，唐人为《古今乐录》作注,恐后人不察,附带加以说明。现在有人反而根据这一点来证明它是陈智匠以前的作品,这是值得商榷的。

不过,我们一方面说《木兰诗》最后完成在隋代或唐初(高宗以前)。另一方面,又认为木兰的故事,可能在北朝初期已经流传于民间,《木兰诗》的许多塑造材料,在北朝民歌中也可以探索到。就是木兰的名字,如韩擒虎的父亲韩雄,小名就叫韩木兰,可见这是北朝流行的名字。所以说它是北朝的作品也可以。然而它经过文人的艺术加工,到了唐初才最后完成。至于今人有以"可汗"之词致疑者,则北朝诸帝有时亦称可汗,北齐即称后为可贺敦,这是很平常的事,不独自唐太宗称天可汗始。以此而证《木兰诗》是唐初之作,则非所敢闻。

⑩ 八病的解释,唐时日本僧遍照著《文镜秘府论》,曾存其说。

⑪ 本节的编写,参考鲁迅先生著《中国小说史略》第四、五、六篇。

第三节 艺 术

绘画与雕塑方面的成就 魏晋南北朝在绘画方面,也涌现了不少优秀的画家,他们都有较高的艺术成就,创造了不少优良技法;但由于时代的局限,他们绘画的主要内容,不是为宗教服务,便是带有浓厚的贵族享乐情味。

三国时,佛教在江东传播,因此佛教画也在东吴发展起来。当时有曹不兴,吴兴(郡治乌程,今浙江湖州市)人。善画大幅人像,尝用"五十尺绢画一像,心敏手疾,须臾立成,头面手足,胸臆肩背,无遗失尺度"(《太平广记》卷110引《尚书故实》)。他见到天竺传来的佛像,便从事摹写,于是他便成为中国佛像画的始祖。据说有一次孙权请他"画屏风,误落笔点素,因就成蝇状。权疑其真,以手弹之"(《历代名画记》)。他的写实精神,于此可见。

曹不兴的弟子,有卫协、张墨。晋时两人都有"画圣"之称。他们的作品,都没有流传下来。据东晋顾恺之说,卫协的画"伟而有气势","巧密于精思","美丽之形,尺寸之制,阴阳之数,纤妙之迹,世所并贵"(《历代名画记》)。南齐谢赫在《古画品录》中称"古画皆略,至〔卫〕协始精";又称张墨的画,"风范气候,极妙参神"。从这些说法中,可见他们画人物,不仅画出人物的相貌,同时也画出人物的神情来。传说卫协曾作《七佛图》,画好以后,不敢点眼睛;说点了眼睛之后,恐怕"佛"会飞去。这虽是夸张的形容,但也说明他所画人物神态之生动。

卫协弟子顾恺之,字长康,小名虎头,晋陵无锡(今江苏无锡市)人,仕东晋官至散骑常侍。他的画,同时人谢安认为"有苍生以来,未之有也"(《晋书·文苑·顾恺之传》)。东晋南朝三大画家——东晋顾恺之、宋陆探微、梁张僧繇,《画断》认为"象人之美,张得其肉,陆得其骨,顾得其神,神妙无方,以顾为最"。顾恺之"画人,或数年不点目睛。人问其故,答曰:'四体妍蚩,本无关于妙处;传神写照,正在阿堵(这个,指眼睛)中'"(《世说新语·巧艺篇》)。他不但注意点睛传神,而且注意描绘出人的性格来。他尝画谢鲲像,把他安置"在岩石里,人问所以。顾曰:'谢云:"一丘一壑,自谓过之。"此子宜置丘壑中。'"(《世说新语·巧艺篇》)他坚持写实态度。他要替殷仲堪画像,殷仲堪因自己一双眼睛有毛病,所以说:"'我形恶,不烦耳。'顾曰:'明府正为眼尔;但明点瞳子,飞白拂其上,使如轻云之蔽日。'"(《世说新语·巧艺篇》)他的遗作有唐人临摹的《〈女史箴〉图》,固然是传摹的,但人物栩栩欲生,布局严密,反映了当时贵族生活,具有一定的社会内容。1900年八国联军侵入北京,这幅画被英军劫去,现藏英国伦敦不列颠博物馆。

陆探微,吴(今江苏苏州市)人,曾侍从宋明帝(公元465—472年在位)。善画人物,尤擅肖像。张怀瓘说他:"参灵酌妙,动与神会,笔迹劲利,如锥刀焉。秀骨清像,似觉生动,令人懔懔,若对神明"(《历代名画记》引)。谢赫撰《古画品录》时,把他列在上品之上,推崇备至,可惜他的作品没有流传下来。

谢赫,南齐时人。他也善于画人物。据说他"写貌人物,不俟对看,所须一览便归,操笔目想,毫发皆无遗失。丽服靓妆,随时变改;直眉曲鬓,与时竞新"(《历代名画记》引姚最《续画品》)。可见他写生的技巧很高明。

谢赫不仅富于写实精神,他对绘画的理论也有所发展。他在所著《古画品录》中,首先提出内容在绘画中的重要性,他说:"图绘者,莫不明劝戒,著升沉,千载寂寥,披图可鉴。"主张绘画必须为当时社会制度服务。在这个基础上,他又提出画的"六法"来。六法是:

一、气韵生动(画面里的人物,神情气韵,要像活的一样,即要求能够写出人物的生命和性格来);

二、骨法用笔(轮廓、比例、线条等等);

三、应物象形(选择和描写现实的人物和场面);

四、随类赋彩(色彩的讲求);

五、经营位置(布局、结构的法则);

六、传移模写(多看名作,多临摹名作,汲取名家的长处)。

他的理论,对于后世绘画的发展,有很大的影响。

晋、宋之际,山水画开始被重视起来。

山水画的开始受到重视,和山水诗的发展差不多同时。在诗歌方面,晋、宋之际,"庄老告退,而山水方滋"(《文心雕龙·明诗篇》);在画的方面,本来作为人物背景的山水,也被强调起来了。顾恺之尝作《雪霁望五老峰图》,后人推之为山水画科的祖师,可惜画已失传。刘宋时,南阳涅阳(今河南邓州东北)人宗炳(公元375—443年),善画。他喜欢游览山水,往辄忘归。尝"西陟荆、巫,南登衡岳……结宇衡山";后来因病居住江陵。他曾叹息说:"'老疾俱至,名山恐难遍睹,唯当澄怀观道,卧以游之。'凡所游履,皆图之于室。"(《宋书·隐逸·宗炳传》)他开始提倡山水画,著有《画山水序》:

今张绡素以远映,则昆、阆之形,可围于方寸之内。竖划三寸，当千仞之高；横墨数尺，体百里之迥。……如是则嵩、华之秀，玄牝之灵，皆可得之于一图矣。(《历代名画记》引宗炳《画山水序》)

宗炳同时人王微，亦善画。他也提倡"绿林扬风，白水激涧"(《历代名画记》)的山水画。又梁时有萧贲，"尝画团扇上为山水。咫尺之内，而瞻万里之遥；方寸之中，乃辨千里之峻"(《续画品》)。山水画经过他们的提倡，开始受到人们的重视。但山水画刚发展起来，还很幼稚；人物画还是当时绘画的主科。

张僧繇，吴(今江苏苏州市)人。梁武帝天监(公元502—519年)中，直秘阁知画事，后历右军将军、吴兴太守。他善画人物，当时崇尚佛教，寺院的壁画，很多是他画的。姚最说他"善图塔庙，超越群工。朝衣野服，今古不失。奇形异貌，殊方夷夏，实参其妙"(《续画品》)。由于他画的都是佛教画，因此不可能不受到天竺画风的影响。中国传统的画法，固然也注意彩色，但画面却受到线条的支配，凹凸面是不容易显示出来的。到了张僧繇开始吸收天竺的晕染法，据《建康实录》称，梁大同三年(公元537年)，建康所建的一乘寺，"寺门遍画凹凸花，代称张僧繇手迹，其花乃天竺遗法，朱及青绿所成，远望眼晕如凹凸，就视即平"，时人因称一乘寺为凹凸寺。这种画法是于线条之外，别施彩色，微分深浅，其凸出者施色较浅，凹入之处傅彩较深。这样，不仅画面因色彩的渲染而更为美丽，而且高下分明，也增强了形象的立体感。这在当时是一种重大成就，对此后的画风影响很大。

在北方，也涌现出许多杰出的画家。北齐时，有杨子华，当时称为"画圣"。同时有刘杀鬼，以善画名，尝画斗雀于壁上，像是活的一样。北周时，有田僧亮，他画"野服柴草，称为绝笔"(《历代名画记》)。曹仲达，曹国人，初仕北齐，后入周、隋，他画人物，与唐吴道子齐名，世称"曹、吴"。"吴〔道子〕之笔，其势圜

转,而衣服飘举;曹〔仲达〕之笔,其体稠叠,而衣服紧窄。故后辈称之曰:'吴带当风,曹衣出水。'"(《图画见闻志》)

魏晋南北朝时期,在绘画史上的唯一特点,是宗教画特别发达,因为中亚和五天竺的绘画技法,也随着佛教而介绍到中国来,这对中国的画风,起了一定的影响。我国各族画家,乐于汲取外来艺术的有益营养。如南朝的名画师张僧繇、北朝的名画师田僧亮,他们都虚心地借鉴古代的和外国的有益东西,来提高自己的绘画技法,而且都取得了显著的成就。

在雕塑艺术方面,这一时期也有较大的成就,许多名画家同时也是雕塑家,例如东晋末年的戴逵。逵字安道,谯郡铚(今安徽濉溪县)人。工书画,所画人物、山水,"情韵绵密,风趣巧发"(《古画品录》)。又善于鼓琴。他还擅长雕塑佛像。曾为会稽山阴(今浙江绍兴市)灵宝寺做木雕无量寿佛一尊、胁侍菩萨两尊,自己还不很满意,于是躲在帷幔后面,听取人家的批评意见,反复加以修改。他"核准度于毫芒,审光色于浓淡,其和墨点采,刻形镂法"(《法苑珠林》卷 24),都极端严格,前后费了三年时间,方才完工,在塑造艺术上妙绝当时。

戴逵的儿子戴颙(公元 378—443 年),继承父亲的事业,善琴书,对造像也很有研究。有一次建康瓦官寺铸了丈六铜像,"既成,面恨瘦,工人不能治,乃迎颙看之。颙曰:'非面瘦,乃臂胛肥耳。'既错减臂胛,瘦患即除"(《宋书·隐逸·戴颙传》)。

石窟艺术　魏晋以来,随着佛教的广泛传播,寺宇林立。在今新疆、甘肃、陕西、山西、河南、四川、重庆等地,还开山凿窟,建立石窟寺。这些石窟寺,由于地质岩石的构造不同,因此如大同云冈、洛阳龙门、重庆大足等地区,岩石适宜于雕刻,主要的艺术创作是石雕;如敦煌千佛洞、天水麦积山等地区,岩石比较松脆不适宜于雕刻,主要的艺术创作是壁画和塑像。

云冈石窟在今山西大同市西十六公里,当时称为武州塞。

始建于北魏兴安二年(公元453年),那时北魏建都平城,云冈在平城附近,因此香火特别兴旺。《水经·㶟水注》云:"武州川水又东南流,水侧有石祇洹舍并诸窟室,比丘尼所居也。其水又东转,径灵岩南。凿石开山,因岩结构,真容巨壮,世法所希。山堂水殿,烟寺相望。林渊锦镜,缀目新眺。"初凿五窟,每窟"镌建佛像各一,高者七十尺,次六十尺,雕饰奇伟,冠于一世"(《魏书·释老志》)。现存洞窟五十三个,主洞二十一个,东西绵延约一公里,壁龛无数。佛像包括影像在内,达十万尊之多。雕刻的风格是继承和发展了汉代石刻艺术的传统,并且汲取了外来艺术的有益成分而形成的。它是我国珍贵的文化遗产和艺术宝库之一。但因云冈地质是比较松软的砂岩,容易施工,也容易风化,经过一千多年风雨的侵蚀,不少佛像的形体已经模糊了。加上解放前遭到帝国主义分子的破坏,许多佛像的头部被砍下,盗运往国外,大佛像被劫走的达七百尊之多,真是令人痛心。解放后我国已将云冈石窟列为全国重点文物保护单位。

龙门石窟亦称伊阙石窟,在今河南洛阳市南二十五里的伊水入口处两岸。西崖叫龙门山,最早的石窟开始创建于北魏宣武帝(元恪)景明元年(公元500年);东岸叫香山,都是唐代的石窟。两崖石窟和露天的壁龛,有几千个,特别是西崖,石窟群长约三里,远看简直像蜂窝一样。龙门石窟石龛的数目最多,主要的石窟,在西崖有二十八处,在东崖有七处。所有石窟石龛中,北朝的作品占百分之三十,唐代的作品占百分之六十,其他各时代的作品占百分之十。

据《魏书·释老志》载:"景明初,世宗(即宣武帝元恪)诏大长秋卿白整准代京灵岩寺石窟(即云冈石窟),于洛南伊阙山,为高祖(孝文帝元宏)、文昭皇太后(宣武帝生母高氏)营石窟二所。……永平(公元508—511年)中,中尹刘腾奏为世宗复造石窟一,凡为三所。从景明元年至正光四年(公元523年)六月已前,用功八十万二千三百六十六。"可见为了开凿这三个石窟,耗费了无数的人力和物力。

龙门石窟在解放前也遭到严重破坏,如古阳洞是龙门石窟中最早开凿的一个石窟,主佛像首却被道士用泥盖上,塑成太上老君的样子,已经看不到原来的雕像面目,所以当地人都称它为老君洞了。尤其是帝国主义分子的盗劫,比较精美的佛像,十之八九已丧失头颅。宾阳洞中洞两块出名的大浮雕,描绘北魏孝文帝与皇后礼佛情景的《帝后礼佛图》,也被盗往国外。解放以后,龙门石窟亦被列为全国重点文物保护单位。

巩义石窟寺,离开河南巩义车站西北约七里,在洛水北岸断崖之上,创建于北魏孝文帝时。共有五窟,其中以浮雕的礼佛图为多,约二十余幅,且极精美。这里也曾遭到帝国主义破坏,一部分佛头已被盗走。

天龙山石窟在山西太原市南约三十里的天龙山上。山有东西两峰,东峰分布八个石窟,西峰分布十三个石窟,系北齐至隋唐时期陆续开凿。北齐天保二年(公元 551 年),文宣帝高洋开始命人在山上刻石佛,高二百尺;天保七年又刻石佛,高一百七十尺。这两个大石佛因年久不见遗迹。在这以后雕刻的佛像,雕法细致,神态生动,有很高的艺术价值。可惜遭受帝国主义分子破坏,现在只剩下一些断裂的菩萨肢体了。

响堂山石窟在河北邯郸市境内,分南响堂、北响堂两窟群;两窟群相距三十余里,都创建于北齐文宣帝天保年间(公元 550—559 年)。窟内石雕也在解放前遭到严重破坏,大部分佛像有身无头。

甘肃天水麦积山石窟,创自北魏。它和敦煌千佛洞一样,因岩石比较松脆,不适宜于雕刻,所以佛像大都是泥塑。那里有许多北朝的佛、菩萨像,光颜圆满。在第一百二十三号窟中,有魏代塑造供养童男女像:童女发作二髻,长裙,带项圈;童男垂髫,顶垂小辫一条，长袍袖手，亦带项圈，足登毡靴，不似汉人装束。这对塑像表现了神情安详，性格纯洁。在第一百二十一号窟内，有西魏塑造的比丘二人，一像头向左，一像头向右，似在作偶语，表情也非常生动。从这些作品中，我们可以看出当时艺术家在创作受到佛教题材限制的作品时，是怎样地尽量摄取生活内容，把富于生活感情的形象再现在他的作品上，发挥了中国艺术上优秀传统的写实精神。

甘肃永靖炳灵寺石窟，这一石窟群最早的题记为西秦建弘元年（公元420年）。炳灵寺现已编号的窟、龛，一共有一百八十三个，计西秦窟二；北魏窟七，龛三十；隋窟四，龛一；唐窟十九，龛一百十五；明窟二，龛一；无法判断年代的龛一。

在一百八十三个窟龛中，以第一百六十九号窟规模最大，也就是古代称之为唐述窟或天寺的。《水经·河水注》载：

> 山峰之上，立石数百丈，亭亭桀竖，竞势争高。……其下层岩峭举。壁岸无阶，悬岩之中，多石室焉。室中若有积卷矣……因谓之积书岩。岩堂之内，每时见神人往还矣，盖鸿衣羽裳之士，练精饵食之夫耳，俗人……乃谓之神鬼。彼羌目鬼曰唐述，复因名之为唐述山。指其堂密之居，谓之唐述窟。……故《秦川记》曰："河峡崖傍有两窟，一曰唐述窟，高四十丈。西二里，有时亮窟，高百丈，广二十丈，深三十丈。"

时亮，是人的名字，大概由时亮出资开凿，所以叫时亮窟。唐述窟和时亮窟，就是西秦时开凿的二窟。唐述窟内有大小龛三十个，每个龛内，或一立佛，或一佛一菩萨，或一佛两胁侍菩萨。除个别龛内的造像为北魏中晚期外，绝大部分为西秦时代建造。可分为石雕、石胎泥塑、泥塑三种类型。大都形相端庄，表情肃穆，和国内各大窟的十六国后期和北魏早期作品风格，基本相同。此外窟内还有不少西秦壁画，画的内容，大都为说法图和供养人像，面像敦厚端庄，体态丰满健壮。在绘画技法上，则是采用屈铁盘丝的细线条，劲健有力，写意的气氛非常浓郁。人物衣着，多作绿、青、黄等色，虽经一千五百多年之久，色泽鲜艳，给人以一种舒适明快的感觉。其余各窟的北朝或唐代壁画、雕像，也都显示出它那一时代的独特风格来。

敦煌千佛洞，在河西走廊西端，甘肃敦煌东南四十里的鸣沙山上，古称莫高窟。它开凿于前秦建元二年（公元366年），历经北魏、西魏、隋、唐以至元代，都有修建。现尚存有壁画和雕塑作品的洞窟，一共有四百九十二窟，计有壁画四万五千多平方米，彩塑像二千一百余尊，它不愧为我国历史上伟大的民族艺术宝库。

壁画的内容，北朝时期的以说法图和佛本生故事为主。说法图布局简单，一般都是一佛在中间，两菩萨侍立左右，有时也点缀散花奏乐的飞天在空中飞翔。所谓佛本生故事，就是释迦牟尼在过去世中行菩萨道，利生受苦的故事，如摩诃萨埵投崖以身喂饿虎的故事，称为《摩诃萨埵本生》；如尸毗王为了要营救饥鹰爪底下的鸽子而把自己身上的肉割下来喂鹰的故事，称为《尸毗王本生》。而摩诃萨埵和尸毗王，就都是释迦牟尼的前身。这些佛教故事的含义，不外乎教人慈悲、牺牲、忍辱、不抵抗等等的内容。

当时被寺院所雇用的画师们，他们尽管被生活所迫而接受绘制宗教画的任务，但有时他们也并不甘心于受到宗教题材的束缚，往往运用他们的智慧和纯熟技巧，很巧妙地把富有社会现实生活内容的作品绘制了出来，如耕作、收获、伐木、射猎、饲养、挤奶、拉纤、屠沽等画幅，都在不同程度上反映了当时劳动人民的辛勤劳苦生活；又如舟车、行旅、游乐、宴飨、杂技、战争等画幅，也从各个不同的角度反映了当时各阶层的生活。还有国内各族的人像和供养人像，也如实地写出了当时北方各族、各阶级、各阶层的衣着面貌来。这些画幅,不仅具有艺术价值,而且也富有史料价值。

十六国和北朝的塑像,无论佛、菩萨,面相都比较清癯端正,表情庄严肃穆,与此相适应,衣着的襞褶也是紧贴躯体,所谓"曹衣出水",好像刚从水里出来一样,衣褶线条,劲健有力。佛、菩萨、金刚、梵天王、飞天之类,在现实世界中是并不存在的,但艺术家在创造他们的形象时,却不得不参考现实世界中各种人物的形象和性格来作为素材加以捏造,如塑匠们参考女伎的形象来捏塑女菩萨或飞天,参考劳动人民的发达肌肉来捏塑四大梵天王或金刚力士,这样,可以说在捏塑创作中,人物的性格形象表现得很鲜明而有典型性,捏塑的艺术水平也达到前所未有的高度。

敦煌千佛洞石窟中所发现的历史文物和艺术珍品,遭到帝国主义分子的严重破坏,大量珍贵文物被盗劫。解放后莫高窟回到了人民的怀抱,得到了修复和保护①。

与佛教艺术有关的,我国至今还保存了不少北朝的宝塔,这里只介绍嵩山嵩岳寺宝塔。

嵩山嵩岳寺砖塔,创建于北魏孝明帝正光元年(公元520年),这是我国现存的最古砖塔,塔共十级,高约四十米,外形作筒型。由于基础打得很牢固,同时采用了抗弯剪性能良好的筒型结构,在砖砌体方面也保证了很高的工程质量,所以一千四百多年来,历经自然力的损害,这座砖塔仍然基本完好。在设计和施工技术方面,还表现在十二角塔身那优美的抛物线体形的准确性上,可以说是一项重大创造。

木结构的宝塔,最著名的是北魏洛阳永宁寺的宝塔,《洛阳伽蓝记》里说:"永宁寺……中有九层浮图一所,架木为之,举高九十丈,有刹复高十丈,合去地一千尺。去京师百里,已遥见之。……殚土木之工,穷造形之巧……绣柱金铺,骇人心目。至于高风永夜,宝铎和鸣,铿锵之声,闻及十余里。……装饰毕功,明帝与太后共登之,视宫内如掌中,临京师若家庭。以其目见宫中,禁人不听升。衒之尝……登之,下临风雨,信者不虚。……永熙三年(公元 534 年)二月,浮图为火所烧。"由于当时还不知道安置避雷设备,太高的木结构宝塔就容易为雷火所毁。这类宝塔的建筑,形式和风格,开始时固然受到外国建筑的一定影响,但中国优秀的建筑师们却也尽量运用中国建筑上的优良传统技术,很快就使它变成为自己民族形式的东西,来点缀我们祖国的美丽河山。

书法 中国文字的书写方法,在长时期里经过很多的变化,有甲骨文、大篆、小篆、隶书、草书、真书、行书等等。自从西汉时人们发明了造纸术,到东汉以后,纸的应用越来越普遍,书写便利起来,书法也就逐渐成为一种艺术。

东汉末,书法名家蔡邕善篆、隶,他的字"骨气洞达,爽爽有神"(《法书要录》引袁昂《书评》)。杜度善草书,时称"神妙"。崔瑗学书于杜度,杜度"字画微瘦",而崔瑗"书体甚浓",然"点画之间,莫不调畅"(《书断》),故时称"草贤"。张芝,字伯英,亦学草书于杜度。"精熟神妙"又过于杜度。他又"创为今草","劲骨丰肌","字皆一笔而成",看了使人"凭虚欲仙"(《法书要录》引袁昂《书评》),故时称"草圣"。据说他家里人着的衣服素缣,都先经过他书写然后上染,他每次"临池学书,池水尽墨"(《法书要录》引王右军自论书)。同时有颍川人刘德昇,以行书擅名,他的行书"风流婉约,独步当时"(《书断》),后人称他为"行书之祖"(《书断》)。钟繇就是他的入室弟子。

三国时,颍川长社(今河南长葛东)人钟繇(公元 151—230 年),字元常,仕魏官至太傅,人称钟太傅。工书,师法曹喜(东汉书法家)、蔡邕、刘德昇,兼善各体,尤精于隶、楷和行书。梁袁昂称"钟繇书意气密丽,若飞鸿喜海,舞鹤游天,行间茂密,实亦难过"(《法书要录》引袁昂《书评》)。唐张怀瓘称钟繇"真书绝世，刚柔备焉，点画之间，多有异趣，可谓幽深无际，古雅有余，秦汉以来，一人而已"(《书断》)。近人以为钟繇发展秦汉以来所未有的楷法，对汉字的定型有很大贡献，这确也不是过誉。钟繇的行书，对王羲之的影响也很大。与钟繇同时有胡昭，他与钟繇同师刘德昇，与繇齐名，善行、草，世称"胡肥钟瘦"(《书断》)。东吴有皇象，师法杜度，最工章草。笔势沈著痛快，纵横自然。魏之韦诞，诸书并善，尤精题署。袁昂评他的书法，"龙威虎振，剑拔弩张"(《法书要录》引袁昂《书评》)，大概气魄是比较雄伟的。

西晋书法家有敦煌人索靖(公元 244—303 年)，字幼安，张芝姊之孙。亦擅章草，传张芝草法而变其形迹。并学韦诞，而险峻过之。"有若山形中裂，水势悬流，雪岭孤松，冰河危石，其坚劲则古今不逮。"(《书断》)卫瓘(公元 220—291 年)，字伯玉，河东安邑(今山西夏县北)人。西晋司空。行草亦称"神妙"，当时人将他与索靖并称"二妙"。他的族孙女卫铄(公元 272—349 年)，字茂漪，东晋初年汝阴太守李矩妻，世称卫夫人。工书，师钟繇，妙传其法。王羲之少时，曾从她学书。她著《笔阵图》，阐述执笔、用笔方法，并列举"一"、"、"等七种基本笔画的写法：

一　应该像"千里阵云"；

、　应该像"高峰坠石"；

丿　应该像"陆断犀象"；

乀　应该像"百钧弩发"；

丨　应该像"万岁枯藤"；

乁　应该像"崩浪雷奔"；

㇉　应该像"劲弩筋节"。

她认为写字时，"下笔点墨，画芟波屈曲，皆须尽一身之力而送之"。"善笔力者多骨，不善笔力者多肉。多骨微肉者谓之筋书，多肉微骨者谓之墨猪。多力丰筋者圣，无力无筋者病"(《法书要录》)。从这些经验之谈中可以见到她论书法的大概了。

王羲之(公元 321—379 年)字逸少,琅邪临沂人,仕东晋官至右军将军,人称王右军。七岁开始学书。羲之的叔父王廙,工章楷,他的书法受了王廙的影响;他早年又从卫夫人受笔法。以后他看了李斯的《峄山碑》、蔡邕的三体石经、张昶(张芝弟)的《华岳碑》以及他叔父王导珍藏的钟繇《宣示表》真迹,遂改变初学,博采众长,创造了妍美流便的新体。张怀瓘说他"割析张公之草〔书〕,而浓纤折衷,乃愧其精熟;损益钟君之隶〔书〕,虽运用增华,而古雅不逮"(《书断》)。他的书法为历代学书者所宗尚,影响极大,他因此有"书圣"之称。

王羲之的代表作有《兰亭序》、《黄庭经》等,但是它们的真迹都没有流传下来。《兰亭序》是他三十三岁那一年写的;"书用茧蚕纸,鼠须笔,遒媚劲健,绝代更无。"(《法书要录》引唐何延之《兰亭记》)现在所流传的《兰亭序》模本,据近人考证,认为是齐梁间人或唐初人所临摹的,距离羲之的真迹气息已远②。《黄庭经》是羲之三十七岁那一年写的。据传说羲之最爱鹅,山阴(今浙江绍兴市)昙礶村有一道士养了十几只好鹅,一天早上,他坐船经过那里看到了,非常欢喜。道士表示可以把这群鹅送给羲之,条件是羲之替道士写《黄庭经》一部。羲之用了半天时间,在道士那里把《黄庭经》写毕,笼鹅而归③。

现在所流传的王羲之《万岁通天帖》,笔意稍带隶意,尚存羲之笔法规模。

王羲之的妻子郗璿,亦善书,有些王羲之署名的书笺,往往是郗璿代笔的。王羲之的儿子玄之、凝之、徽之、操之、献之,以及凝之的妻子谢道韫(谢安的侄女),并工书,而以献之成就最大。王献之(公元 344—386 年),字子敬,官至中书令,世称"大令"(当时王导孙王珉亦工书,亦官至中书令,称"小令")。献之七八岁的时候,正在学字,父"羲之从后掣其笔,不脱"(《法书要录》引虞龢《论书表》），羲之知道他以后在书法方面会有成就，于是写了一篇《乐毅论》叫他临摹。献之嗣又师法张芝，兼精诸体，尤工行、草和隶书，与其父羲之齐名，并称"二王"。宋羊欣认为王献之的字，"骨势不及父，而媚趣过之"（《法书要录》）。唐人孙过庭说："元常（钟繇）工于隶书，伯英（张芝）精于草体，彼之二美，而羲〔之〕、献〔之〕兼之。"（《书断》）二王的成就，正是在此。

二王以后，尤其是到了南朝时，涌现了许多书法家。最著名的，有羊欣。据说羊欣十五六岁的时候，王献之来看他的父亲，见羊欣正在午睡，他所穿新的白绢裙搁在床边，献之就拿他的绢裙写字。羊欣醒来，看了非常高兴，这条白绢裙便成了他的法帖，朝夕临摹，书法大进。沈约称赞羊欣，说是"子敬（王献之）之后，可以独步"（《书断》）。刘宋时代，羊欣的真书，孔琳之的草书，萧思话的行书，范晔的篆书，"各一时之妙"。袁昂在《书评》中说"萧思话书，走墨连绵，字势屈强，若龙跳天门，虎卧凤阁"，可见成就较高。稍后还有薄绍之，与羊欣齐名，后世并称"羊薄"。他也是学王献之的，他的书法，"风格秀异，若干将（宝剑）出匣，光芒射人"（《法书要录》引《书断》）。

梁代萧子云"善草隶，为时楷法"。他年轻时规摹王献之，中年以后"全范元常（钟繇）"。梁武帝称赏他的书法："笔力劲骏，心手相应，巧逾杜度，美过崔寔，当与元常并驱争先"（《梁书·萧子恪传弟子云附传》）。据传说萧子云的书名，远播海外。有一次百济国的使节到建康来"求书"，恰巧萧子云出任东阳太守，"维舟将发"。百济国的使节就亲自到江边去求子云的墨迹。"子云乃为停船三日，书三十纸与之"（《南史·齐豫章王嶷传子子云附传》）。这件事后来成为书法史上的佳话。

陈、隋间释智永，是王羲之的七世孙。吴兴永欣寺僧，人称永禅师。他尝"登楼不下四十余年"（《法书要录》引唐徐浩论书），专心学书，"终著能名"。据说智永"学书有秃笔头十瓮，每瓮皆数千。人来觅书并请题额者如市,所居户限(门槛)为穿穴,乃用铁叶裹之,谓为铁门限"(《太平广记》卷 207《书》引《尚书故实》)。梁武帝最爱王羲之的字,教人在王羲之遗书中拓下不同的字一千个,命周兴嗣编为四言韵语;周兴嗣就编成一部《千字文》,因用脑过度,鬓发皆白。智永又把周兴嗣编、王羲之书《千字文》临了八百本,分送江南寺院和熟悉的人。

东晋、南朝书法的正宗是二王的真书,而十六国、北朝书法则沿袭钟繇、卫瓘的旧书体。西晋末,范阳卢谌,清河崔悦,均以书法著名。卢法钟繇,崔师卫瓘,又俱参以索靖的草书。卢谌传子偃,偃传子邈,邈传子玄,玄传子度世,度世传子伯源;崔悦传子潜,潜传子宏,宏传子浩。故北魏初年工书者,称崔、卢二门。由于北朝受到崔、卢两家的影响,也就是说北方还是宗法钟繇和卫瓘,因此北方的书法,既没有汉碑那样古涩的味道,也没有南方二王那样流风回雪的情韵,但却能保持它一种古雅而端庄的独特风格。

关于十六国、北朝时代的北方书法风格,敦煌发现的写经真迹,是最好的见证人。我们从西晋永嘉二年(公元 308 年)所写的《波罗蜜经》真迹中,可以看到晋人的书法,还非常显著地受到汉代木简字体的影响,结体端庄,笔法古茂。到了十六国时期,如前秦甘露元年(公元 359 年)所写的《譬喻经》,西凉李暠建初七年(公元 411 年)所写的《妙法莲华经》,和北凉沮渠氏承平十五年(公元 457 年)所写的《佛说菩萨藏经》,这些写经真迹,还是继承并发展了汉魏这一系统的风格。它们大都微参隶法,结体朴茂。北朝的写经真迹,在十六国的书法基址上更有所发展。真书中参以隶法的成分日益冲淡了,而笔法在茂密之中,又宕以逸气。如北魏正始二年(公元 505 年)所写的《大般涅槃经》,永平三年(公元 510 年)所写的《大智度论》,延昌元年(公元 512年)所写的《摩诃衍经》、《华严经》等,大都是结体庄茂,笔力骏放，都达到较高的艺术水平。进入北朝后期，从西魏大统十四年（公元548年）所写的《大般涅槃经》和北周建德二年（公元573年）所写的《大般涅槃经》两种真迹看来，这时的书法又渐渐在向工整浓丽的方向发展，已经到了南北朝书法风格融合的前夜了④。

当然，要研究北朝的书法，除了写经真迹以外，还得依靠出土的北朝墓志。尤其近百年来，北朝的碑志大量出土，魏志已盈三百，周、齐志铭亦将近七八十，隋志过百，这对于我们研究当时书法，有很大帮助。

大概北朝的志铭，除了张猛龙、张黑女等著名墓志以外，北魏嫔嫱诸志中，如王普贤墓志、司马显姿墓志、冯迎男墓志，元氏宗室诸志中，如元珍、元天穆、元引、元继、元维、元固、元桢、元智妻姬氏等墓志，群臣中如上谷寇氏诸志以及吐谷浑玑墓志、司马昺墓志、郭显墓志、王诵墓志、苟景墓志、邢峦妻元纯陀墓志，莫不骨力雄劲，结体古雅，而又不乏媚趣。后代的碑志是无法和它们相颉颃的。如果说南方的书法，其代表作品是二王系统的书帖的话，那么北方的书法，其代表作品不能不是魏、齐的碑志了。它们犹如春兰秋菊，各有千秋，谁都不能抹煞对方的优点和成就。

周、齐之际，不但南方的文风因庾信等文士入关而影响了北方，在书法艺术方面，也因王褒等书法家入关的缘故，南方的书法风格——主要是二王的风格——深刻地影响了北方。《周书·艺术·赵文深传》载："文深少学楷隶……雅有钟、王之则，笔势可观。当时碑榜，唯文深及冀隽而已。……及平江陵之后，王褒入关，贵游等翕然并学褒书。文深之书，遂被遐弃。文深惭恨，形于言色。后知好尚难反，亦攻习褒书，然竟无所成，转被讥议，谓之学步邯郸焉。至于碑榜，余人犹莫之逮，王褒亦每推先之。……世宗令至江陵书《景福寺碑》，汉南人士，亦以为工。"从这一则例子中,可见北方的书法,如何受到南方的深刻影响。但在碑志方面,用二王的风格来书写,有时不如用钟、卫的风格来书写为古雅有奇致。因此,赵文深在书写碑牓方面的地位,并没有因二王书体流行而降低,他还是当时书写碑牓方面的一个名家。

钟书古雅,宜于碑志;二王流便,宜于书帖,风格不同,各有所施。大概到了隋代,碑志方面的书法家认为当时北方的书法,自从受了南方书法风格的影响以后,已经流便有余,古雅不足了。为了在碑志方面杜塞这一颓风,于是又在真书之中,更多地参酌隶体。可是这样一来,不但没有恢复和发展魏碑的古雅朴质的优秀传统,反而使人感到不自然,感到有些做作。当然,隋碑中也有不少优美的作品,如张礼暨妻罗氏墓志、蔡夫人张贵男墓志,董美人墓志等,是可以和魏齐碑志相抗衡的。

音乐、舞蹈与杂伎 中国古代所谓"雅乐"的声歌部分,其实就是《诗》三百篇。《诗》三百篇中一部分来自民间,采诗的官把它们采集起来以后,经过乐师整理、编纂,和其余一部分非民间的东西,配合钟鼓节奏,以供统治阶级享祀燕乐之用,这就是后来所谓的雅乐了。雅乐中的一部分固然来自民间,但既已成为帝王举行大典所用的乐舞,它就逐渐离开人民,衰亡下去。所以到了建安初年,曹操平荆州,得汉雅乐郎杜夔,他只能拿三百篇中的《鹿鸣》、《驺虞》、《伐檀》、《文王》四篇来合乐歌唱,"余声不传"。"太和(公元227—232年)末,又失其三,左延年所得,唯《鹿鸣》一笙。""至晋室,《鹿鸣》一篇又无传矣"(《通志·乐略·乐府总序》),这样也就是说春秋以来的雅乐至西晋而亡,当然是很自然的事。

两汉、魏、晋的乐府,它也来自民间,"采诗入乐,自汉武始"(《通志·乐略·正声序论》)。它的声乐有短箫铙歌(鼓吹乐的一种),有《鞞舞歌》(《鞞舞》本汉《巴渝舞》),有《拂舞歌》,有《相和歌》（汉世街陌讴谣之辞，丝竹相和）。这些歌辞合乐以后，被统治阶级采用作为宗庙的乐歌和军中的凯歌，一直到南朝还是如此。

音乐是在人民中间发展出来的，因此不可能不带有地方色彩。中原的声歌，由于西晋沦亡以后，没有乐府来加以采集整理，所以"中原正声"很少被保存下来。而自各族大移动起，漠北、西域的音乐，大量输入黄河流域；同时，东晋在江南建国以后，南方的声歌如《清商曲》中的《子夜》、《前溪》、《乌夜啼》、《石城乐》、《莫愁乐》、《襄阳乐》之类，也大大发展起来，并被乐府采集整理。这样，当时的音乐界就出现了"陈、梁旧乐，杂用吴、楚之音；周、齐旧乐，多涉胡戎之伎"（《旧唐书·音乐志》）的现象。

现在先讲《清商乐》。《清商乐》是盛行于东晋南朝的音乐。《清商乐》的前身，是汉代的《相和歌》。汉魏时期，有一种《但歌》，它没有配合音乐，"作伎，最先一人倡，三人和"。曹操的后宫宋容华，"清澈好声，善唱此曲，当时特妙"。《相和》和《但歌》不同的地方，是和音乐配合起来，"丝竹更相和，执节者歌"（《宋书·乐志》）。节是塞满糠的小鼓，领唱的人，手里拿着小鼓。曹魏时，有朱生、宋识、列和等乐师把流行于当时的《相和》十七曲，合并为十三曲。从没有配合音乐的《但歌》，发展到"被之弦管"的《相和歌》；又根据《相和歌》的乐谱，配合弦管金石，制造新的歌辞，称为清商三调歌词。《宋书·音乐志》说："魏晋之世，有孙氏善弘旧曲（依据旧的乐谱谱新词），宋识善击节倡和（领唱），陈左善清歌（独唱），列和善吹笛，郝索善弹筝，朱生善琵琶，尤发新声。"这六位歌手和乐师，对此后《清商乐》的发展，有较大影响。西晋末年，洛都沦覆，汉魏旧音流传到江南，又补充以《吴歌》、《西曲》，《清商乐》的歌词内容，就非常丰富了。南齐有朱顾仙、朱子尚，梁代有吴安泰、韩法秀，皆以善歌闻名，同时有宫人王金珠"善歌吴声四曲，又制《江南歌》，当时妙绝"（《通典·乐典》）。

可见南朝声乐方面人才辈出。北朝到了北魏孝文帝时期,南朝的《吴歌》、《西曲》以及汉魏以来中原旧曲,开始传播到北方,北朝总谓之《清商乐》。隋文帝灭陈之后,大量的《清商乐》曲传播到北方,隋文帝称赞它为华夏正声,特别在太常卿之下设立一个清商署来整理保存这部分音乐遗产。并把《清商乐》列为七部伎之一,称为《清商伎》。"歌曲有《阳伴》,舞曲有《明君》、《并契》。其乐器有钟、磬、琴、瑟、击琴、琵琶、箜篌、筑、筝、节鼓、笙、笛、箫、篪、埙等十五种。"(《隋书·音乐志》)

《西凉乐》,这是盛行于十六国北朝的音乐。《隋书·音乐志》称:"西凉者,起苻氏之末,吕光、沮渠蒙逊等据有凉州,变龟兹声为之,号为秦汉伎。魏太武(拓跋焘)既平河西得之,谓之《西凉乐》。至魏、周之际,遂谓之国伎。"这是北方各民族融合过程中形成的一种音乐,既有秦汉旧伎,又掺进了少数民族的声调和乐器。所以《隋志》又说:"今曲项琵琶、竖头箜篌之徒,并出自西域,非华夏正器。《杨泽新声》、《神白马》之类,生于胡戎,胡戎歌非汉魏遗曲,故其乐器声调,悉与书史不同。其歌曲有《永世乐》,解曲有《万世丰》,舞曲有《于阗佛曲》。其乐器有钟、磬、弹筝、搊筝、卧箜篌、竖箜篌、琵琶、五弦、笙、箫、大筚篥、长笛、小筚篥、横笛、腰鼓、齐鼓、担鼓、铜钹、贝等十九种,为一部。"《旧唐书·音乐志》称西凉伎有"白舞一人,方舞四人"。

《龟兹乐》,苻秦之末,吕光至龟兹(今新疆库车),得其乐声,传播到中原地区,风靡一时,一直到隋唐,都在发生影响。齐隋之际,《龟兹乐》有《西国龟兹》、《齐朝龟兹》、《土龟兹》等三部。《隋书·音乐志》说它的"歌曲有《善善摩尼》,解曲有《婆伽儿》,舞曲有《小天》,又有《疏勒盐》。其乐器有竖箜篌、琵琶、五弦、笙、笛、箫、筚篥、毛员鼓、都昙鼓、答腊鼓、腰鼓、羯鼓、鸡娄鼓、铜钹、贝等十五种,为一部。"《旧唐书·音乐志》称龟兹乐有"舞者四人"。

当时中国国内少数民族地区的音乐影响中原地区最大的要算《龟兹乐》了。《大唐西域记》称"屈支(龟兹的异译)国,管弦伎乐,特善诸国。"《旧唐书·音乐志》称:"自周隋以来,管弦杂曲将数百,多用《西凉乐》,鼓舞曲,多用《龟兹乐》。"而且《西凉乐》,《隋书·音乐志》说它"变龟兹声为之",可见也来源于《龟兹乐》。《龟兹乐》固然是从苻秦末传其乐声,可是中原地区传习之盛,却是从北魏后期开始。《通典·乐典》称:"自宣武(元恪)已后,始爱胡声。泊于迁都(东魏迁邺),屈茨(龟兹)琵琶、五弦、箜篌、胡笛、胡鼓、铜钹、打沙罗、胡舞,铿锵镗鞳,洪心骇耳。抚筝新靡绝丽,歌音全似吟哭,听之者无不凄怆。"北齐尤好《龟兹乐》,有曹国人曹婆罗门,北魏时以弹龟兹琵琶著名当世;子曹僧奴,僧奴子曹妙达,北齐后主(高纬)时,"以能弹胡琵琶,甚被宠遇,俱开府封王";此外还有"何朱弱(何国人)、史丑多(史国人)之徒十余人,咸以能舞工歌,及善音乐者,亦至仪同、开府"(《北史·恩幸传》)。当时盛为无愁之曲,"音韵窈窕,极于哀思","曲终乐阕,莫不殒涕"(《通典·乐典》)。北周武帝时,有龟兹人苏祗婆来到长安,把龟兹乐调也传到中原地区,对此后中原地区音乐的发展,影响极大。

《疏勒乐》,北魏时传入内地。《隋书·音乐志》称《疏勒乐》"歌曲有《亢利死让乐》,舞曲有《远服》,解曲有《盐曲》。乐器有竖箜篌、琵琶、五弦、笛、箫、筚篥、答腊鼓、腰鼓、羯鼓、鸡娄鼓等十种,为一部"。《新唐书·礼乐志》称《疏勒乐》有"舞者二人"。

以上是国内各族的音乐,下面讲的是国外传入中土的音乐。

《安国乐》,北魏时传来中国。《隋书·音乐志》说它的"歌曲有《附萨单时》,舞曲有《末奚》,解曲有《居和祇》。乐器有箜篌、琵琶、五弦、笛、箫、筚篥、双筚篥、正鼓、和鼓、铜钹等十种,为一部"。《新唐书·礼乐志》称《安国乐》有"舞者二人"。

《康国乐》,北周武帝娶突厥公主为皇后,《康国乐》也随着突厥公主辗转传来中国。《隋书·音乐志》说它的"歌曲有《戢殿农和正》,舞曲有《驾兰钵鼻始》、《末奚波地》、《农惠钵鼻始》、《前拔地惠地》等四曲。乐器有笛、正鼓、和鼓、铜钹等四种,为一部"。《新唐书·礼乐志》称《康国乐》有"舞者二人"。

《高丽乐》和《百济乐》,北魏灭北燕冯氏时(公元436年),得二国之乐,但不完备。到了北周武帝灭北齐时(公元577年),这两国的音乐继续输入中国,渐臻完备。《隋书·音乐志》称《高丽乐》的"歌曲有《芝栖》,舞曲有《歌芝栖》。乐器有弹筝、卧箜篌、竖箜篌、琵琶、五弦、笛、笙、箫、小筚篥、桃皮筚篥、腰鼓、齐鼓、担鼓、贝等十四种,为一部"。

《天竺乐》和《扶南乐》,本来是二部。《天竺乐》是在前凉张重华时期(公元346—353年),传到河西走廊的。大概这时佛教广泛流行,五天竺的音乐随着佛教而输入中国。扶南(今柬埔寨)的音乐,和天竺是一个系统即佛教系统,因此到隋代,就把《扶南乐》合并到《天竺乐》里去了。《隋书·音乐志》谓《天竺乐》的"歌曲有《沙石疆》,舞曲有《天曲》。乐器有凤首箜篌、琵琶、五弦、笛、铜鼓、毛员鼓、都昙鼓、铜钹、贝等九种,为一部"。《新唐书·礼乐志》称《天竺乐》有"舞者二人"。

以上一些乐伎,有国内的,有国外的,有中原地区的,有少数民族地区的,乐工的衣服装饰,一概从其方俗。如《龟兹乐》乐工,都是"皂丝布头巾,绯丝布袍,锦袖,绯布袴……乌皮靴"。《高丽乐》乐工,都着"紫罗帽,饰以鸟羽,黄大袖,紫罗带,大口袴,赤色靴"(《通典·乐典》)。可以说,竭力想通过衣服装饰,以保存音乐的原来情调和气氛。

此外,北朝还流行过鲜卑、吐谷浑、步落稽(即稽胡)三个部族的音乐,并用它的曲调配合鼓吹,作为马上鼓吹之乐。《鲜卑乐》,亦谓之《北歌》,北魏时称为《真人代歌》。北魏建都平城时,令掖庭宫女,朝夕歌唱。到了周、隋之际,还用来和《西凉乐》杂奏。《北歌》的歌辞，除了《企喻歌》少数几首有汉语翻译以外，其余绝大部分都是用鲜卑语记录下来的，既没经过汉译，北魏孝文帝迁都洛阳之后不久，鲜卑语就被废止行用，久而久之，《北歌》的歌辞就无人能解了。《吐谷浑乐》和《步落稽乐》，虽然都是有歌辞的，但都没有经过汉译，所以未能留传下来。

音乐和舞蹈必然是联系起来的。魏晋南北朝时期的舞蹈，也是两个体系，一个是魏晋南朝的体系，一个是十六国北朝的体系。现在先讲魏晋南朝的舞蹈。

《鞞舞》，鞞亦作鞁，是一种有柄的小鼓。舞者一边手摇小鼓，一边舞蹈。有时也执扇而舞，称为《扇舞》。南朝宋时，呼为《鞞扇舞》。《鞞舞》本来用十六人，桓玄在称帝前，改用六十四人（八佾），从此南朝相承，不复改革。可算是当时规模格局较大的一种舞蹈。

《杯盘舞》，在西晋以前，但用盘，没有杯。盘多的用到七个之多。所以《宋书·乐志》提到：“张衡《舞赋》云：‘历七槃而踪蹰。’王粲《七释》云：‘七槃陈于广庭。’鲍照云：‘七槃起长袖。’皆以七槃为舞也。”《旧唐书·音乐志》也引用“乐府诗云‘妍袖陵七盘’，言舞用盘七枚也”。到了西晋太康（公元280—289年）中，在盘上加了一个杯子，熟练的舞伎在舞蹈时，杯盘反复，而杯子不从盘子里掉下来。梁代称为《舞盘伎》。

《巾舞》，因为和古曲《公莫渡河曲》配合，所以亦称《公莫舞》。舞者原来十六人，梁代减为八人。舞者著“碧轻纱衣，裙襦大袖，画云龙之状，漆鬟髻，饰以金铜杂花，状如雀钗，锦履。舞容闲婉，曲有姿态”（《旧唐书·音乐志》）。

《拂舞》，起自东吴，舞者持拂，故称《拂舞》。隋代始令《拂舞》不持拂，《巾舞》亦不持巾。又有《白纻舞》，也是起于东吴，大概和《拂舞》同属一个音乐舞蹈体系，不过在舞蹈时，手不拿拂而已。

北朝的舞蹈，另成一个系统。北齐时，有《兰陵王入阵曲》，亦称《大面》或《代面》，属于软舞的范围。"出于北齐。北齐兰陵王〔高〕长恭，才武而貌美，常著假面以对敌。尝击周师金墉城下，勇冠三军，齐人壮之，为此舞以效其指麾击刺之容，谓之《兰陵王入阵曲》。"(《旧唐书·音乐志》)舞者戴假面具，紫衣金带，手执金桴，这对此后戏剧的发展，有一定影响。

北周武帝灭北齐后，作《城舞》，"行列方正，象城郭"。"舞者八十人，刻木为面，狗喙兽耳，以金饰之，垂丝为发，画猰皮帽"(《旧唐书·音乐志》)。这些装饰，再配合龟兹音乐，可以说充满了鲜卑的情调。

杂伎，古称《百戏》，也称《散乐》。在杂伎中，规模最大的是鱼龙烂漫之戏。《宋书·乐志》载："后汉正月旦，天子临德阳殿受朝贺，舍利(兽名)从西方来，戏于殿前，激水化成比目鱼，跳跃嗽水，作雾翳日；毕，又化成黄龙，长八九丈，出水游戏，炫耀日光。"这个杂伎剧目，很像今天杂伎中的狮子舞、龙舞，南朝、北朝都把这个优良传统剧种保存了下来，梁称之为《变黄龙弄龟伎》，北魏称之为《鱼龙》，北齐称之为《鱼龙烂漫》，北周称之为《鱼龙漫衍之伎》，并见《魏书·乐志》和《隋书·音乐志》。还有一种叫《山车》伎，魏晋南朝称之为"神龟抃舞，背负灵岳，桂树白雪"(《宋书·乐志》)，北齐称之为《山车》。在东汉张衡的《西京赋》里，本来是两个剧种，一个是把一辆大车装饰成鳌山的样子，下面是灵龟，还在抃舞，龟背上饰成神山，由演员扮成龙、虎、猨、狄，在神山上游戏；另一个是在大车上饰成山岳冈峦，神木灵草，由演员用假头扮成白虎在鼓瑟，扮成苍龙在吹篪，扮成豹、罴按着节拍在舞蹈，还有女演员饰女神娥皇、女英来歌唱，这个乐队由身披羽毛衣装扮仙人洪崖先生的人来指挥。歌唱进行到一个段落，下一个演奏还没有开始，忽然大雪纷飞，满山遍树都是白雪(当然雪也是假的)。南北朝把这两个戏目混合起来，变成了一个剧目。还有一个叫《白虎伎》，梁和北魏都有这个传统剧目。故事出在《西京杂记》里："有东海人黄公少时为术，能制蛇御虎，佩赤金刀，以绛缯束发。……及衰老，气力羸惫，饮酒过度，不能复行其术。秦末，有白虎见于东海，黄公乃以赤刀往厌之，术既不行，遂为虎所杀。三辅人俗用以为戏。"这个《白虎伎》大概由一个演员饰黄公，一个演员扮白虎，最后白虎咬死了黄公。还有一个叫《巨象》伎，汉代称《白象行孕》，东晋南朝称《巨象行乳》，北魏称《白象》，北齐称《巨象》，由演员（可能要两人）伪装大白象，从东面来到观楼前，一边行走，一边产下一头小白象（也是由演员扮的），巨象鼻子的动作，特别逗人欢乐。还有一个叫《鹿马仙车》（见《魏书·乐志》），也是汉代以来的传统剧目。和这些相近的剧目有《辟邪》、《青紫鹿》、《麒麟》、《凤凰》、《长蛇》等等。

绳伎，梁称之为《青丝幢伎》，北魏称之为《高纮百尺》。《宋书·乐志》载："以两大丝绳系两柱头，相去数丈，两倡女对舞，行于绳上，相逢切肩而不倾。"在梁代表演绳戏时，如果演员手里拿一柄伞，用来保持平衡，称之为《一伞花幢伎》。

缘竿，汉代称为《寻橦》，南朝梁时称为《猕猴幢伎》，北魏称为《缘橦》。橦木是插在牢固的橦戏车上的，人在橦木上作种种表演，橦戏的车子同时还在走动。如果橦木不建立在戏车上，由人担着，称为《担橦》，前秦苻坚时有这个剧目。据《西京赋》载，缘橦的多半是童子，他能在橦上"上下翻翻，突倒投而跟絓"，就是说他突然倒投身躯，如像失手要坠下一样，又突然把足跟反絓在橦木之上，并在橦上做驰马、弯弓种种动作。和《缘橦》这个剧目相近的，梁代还有《雷幢伎》、《金轮幢伎》、《白虎幢伎》、《啄木幢伎》等等，区别在哪里，就无法知道了。和《缘橦》相近的，梁代有须弥山、黄山、三峡等伎，《旧唐书·音乐志》说："梁有……《透三峡伎》，盖今《透飞梯》之类也。"从飞梯这个名称，就可以清楚知道它是属于空中演技的一个剧目。梁有《五案幢伎》，北魏有

《五案》，用五张桌子，尤其上面几张桌子，用不同的角度叠起来，人倒站在上面演技，这也是一个优秀的传统剧目。

魏晋宋还有《夏育扛鼎》一个剧目。夏育是春秋时代的勇士，力举千钧。演这个剧时，"取车轮、石臼、大瓮器等，各于掌上而跳弄之"（《隋书·音乐志》）。梁代称之为《舞轮伎》。和这个剧种相近的，梁有《跳铃伎》、《跳剑伎》，北魏有《跳丸伎》。《文选》张衡《西京赋》六臣注："跳，弄也。丸，铃也。"跳丸就是弄铃。

翻斤斗，梁代杂伎中称为《掷倒伎》；在桌上或跳跃过桌子翻斤斗，称为《掷倒案伎》。连续翻斤斗并用手来走路，称为"逆行连倒"（见《宋书·乐志》）或《跂行》。《宋书·乐志》里有一种杂伎叫《筚儿》，《南齐书·乐志》里叫《筚鼠》，可能就是《西京赋》里所说的"冲狭燕濯，胸突铦锋"。《文选》六臣注谓："狭，以草为环，插刃四边，伎人跃入其中，胸突刀上，如燕之飞跃水也。"这是很惊险的一个场面，没有很纯熟的技艺是钻不过四边插刃的草环的。《宋书·乐志》里提到"头足入筚"和《鳖食》两个杂伎，都是柔软的艺技表演，难度都很大。

在所有杂伎表演中，《角抵》是最受人们欢迎的剧目之一。《角抵》是由两个力士来角力，北魏把它安排在《百戏》的第二位，第一位是舞刀使枪的《五兵》，第二位就是《角抵》了，这是和北朝的尚武精神分不开的。南朝尚文，在《百戏》中甚至取消了《角抵》这个传统剧目。

在《百戏》的幻术方面，魏晋宋有《画地成川》，梁有《吞剑伎》，北朝有吞刀、吐火、拔井、种瓜、杀马、剥驴等稀奇古怪的表演。

魏晋南北朝时期，音乐舞蹈都有一定的发展，而且终于形成南北融合局面。在中原地区，原来一套华夏的雅乐衰落下去了，《龟兹》、《西凉》等音乐舞蹈，取代了古代雅乐的地位；同时江南的清商乐舞也传播到北方来。这种南北音乐舞蹈融合局面的出现,有助于我国当时音乐舞蹈民族风格的形成,并对隋唐音乐舞蹈的发展,起了促进作用。

---

① 本节石窟艺术部分,编写时参考了《敦煌石室勘察报告》,载《文物参考资料》1955 年第 2 期;温廷宽先生著《我国北部的几处石窟艺术》,载《文物参考资料》1955 年第 1 期;甘肃省文化局文化工作队《调查炳灵寺石窟的新收获》,载《文物参考资料》1963 年第 10 期;潘絜兹先生著《敦煌莫高窟艺术》。

② 当代学人,怀疑传世的唐神龙本《兰亭序》,书法圆润,缺少隶意,未必是真正王羲之真迹上石的拓本;并举《王兴之墓志》等为例,认为"志"字古拙,饶有隶意,这才符合东晋时期书法发展阶段的规律。我本人是不敢苟同这个说法的。墓志和帖,用处不同,写法当然也不能尽同。墓志要上石,古人书丹勒石,一般不会采取行、草书体,因为当时刻石技术水平的限制,行草圆转飞舞,一般的刻石工匠是无法刊凿的,就像今天名家刻治印章一样,用行书刻印的很少。《考古》1974 年第 6 期载有江西省博物馆《江西南昌晋墓》发掘的报告,在这座西晋墓里,出土木方遣册一块,是用墨笔书写的,书法虽略存隶意,古拙可爱,而在隶意之外,又参以流转便利,和东晋南朝人的行书,已经非常接近了。这块木方书写的年代,大概在王羲之之前半个世纪。经过半个世纪的发展,出现二王的书法,是完全有可能的。

③ 王羲之写《黄庭经》换白鹅事,《法书要录》卷 2 引梁虞龢《论书表》,作写河上公注《老子》换白鹅。《晋书·王羲之传》亦采虞说。但陶弘景曾说"逸少有名之迹,不过数首,《黄庭》为第一"(《广川书跋》卷 6 引),《法书要录》卷 3 唐人褚遂良《晋右军王羲之书目》中亦有"《黄庭经》六十行与山阴道士"之语,李白诗中"山阴道士如相见,应写《黄庭》换白鹅",或即本此。盖此事本传说,一作写《道德经》,一作写《黄庭经》,固无定论也。

④ 关于十六国、北朝写经部分,参考罗福颐先生著《由魏晋南北朝的写经看当时的书法》,载《文物参考资料》1963 年第 4 期。

第十二章 魏晋南北朝的科学技术

第一节 数学、天文学与地图学

数学 魏晋南北朝时期,我国涌现了一批优秀的数学家。

刘徽,魏晋时数学家,撰有《九章算术注》和《海岛算经》。《隋书·律历志》云:"魏陈留王(曹奂)景元四年(公元 263 年)刘徽注《九章》。"刘徽在《九章算术·方田》章圆田术注和《商功》章圆困术注里都提到"晋武库中有汉时王莽所作铜斛"。而晋武库于惠帝元康五年(公元 295 年)发生火灾,"焚累代之宝"(《晋书·惠帝纪》)。可知刘徽撰《九章算术注》,始于曹魏景元四年,而成于西晋武帝时。刘徽在《九章算术·方田》章约分术注说到:"物之数量,不可悉全(整数),必以分(分数)言之。"《少广》章开方术注说到:"凡开积(正方形面积)为方(方边),方之自乘当还复其积。"《方程》章正负术注里说到:"今两算(数)得失相反,要令正负以名之。"他对于抽象的数学概念,都已作了正确的注解,而且说得很透彻。刘徽还在《九章算术·少广》章开立圆术注里算出球体积是球径立方的十六分之九,指出东汉张衡受着"阴阳奇偶之说"的束缚,"不顾疏密",以致把球体积算成是球径立方的八分之五,错误是非常明显的。在这个问题上,充分体现了他那种实事求是的唯物主义精神。

《九章算术》圆面积的量法,采用古法的"周三径一"($\pi = 3$),这是不够精密的。西汉末,新莽铸铜斛,从它的铭文,知道

铜斛的圆径是 $1.4142+2\times0.0095=1.4332$ 尺，圆面积是 1.62 方尺。从圆径和面积，计算出圆周率约等于 $4\times1.62\div1.4332^2=3.1547$。东汉时，张衡著《灵宪》，取 $\pi=\dfrac{730}{232}=3.1466$ 为圆周率。

东吴王蕃《浑仪论》取 $\pi=\dfrac{142}{45}=3.1556$ 为圆周率。这些圆周率的近似值，都不够精密。刘徽认为旧的割圆率太疏舛，应该"割之弥细，所失弥少，割之又割，以至不可割，则与圆周合体，而无所失矣"（《九章算术·方田》章圆田术注）。刘徽从圆内接正六边形开始，逐次加倍地增加边数，一直计算到内接正九十六边形。由于面积的增大，边数愈大则内接正多边形面积愈近于圆面积。刘徽在实际计算中，采用了 $\pi=3.14=\dfrac{157}{50}$ 来计算圆面积。而在精密计算中，认为圆面积等于 $314\dfrac{64}{625}+\dfrac{36}{625}=314\dfrac{4}{25}$ 方寸，由此得 $\pi=314\dfrac{4}{25}\div100=\dfrac{3927}{1250}$ 这个近似分数值，化成十进小数是 3.1416，自然是更加精密了。刘徽虽然只求到小数后第四位，但他知道可以继续往下算下去。刘徽在中国数学史上，可以算作第一个用"极限"的人。

刘徽在《九章算术·少广》章开方术注中，认为在开平方或开立方不尽时，原来那种用分数来表示奇零部分的方法也并不十分准确，他主张继续开方下去，"求其微数。微数无名者以为分子，其一退以十为母，其再退以百为母。退之弥下，其分弥细"。以求得出以十进分数表示平方根或立方根的近似值来。刘徽在《九章算术注》中还创立了不少新的演算方法，比起旧的演算方法来要简捷得多。

在西汉时，天文学家为了测量夏至日太阳离地面的高度，创立了两次测量日影的方法，东汉数学家称之为重差术。举例来说,在南北相距一千里的两处地方,各立高八尺的表,夏至日日中量二表的影长,北表影长一尺六寸,南表影长一尺五寸,影长相差一寸。由此计算夏至日太阳高出地面约为 $\frac{80}{1} \times 1000 = 80000$ 里。因为地面是球面,不是平面,用这种方法来测量太阳的高远,是不会得到正确的答数的。但是如果用它来测量地面上近距离的目的物的高、深、广、远,譬如推算海岛的距离,测量高楼的高远,还是有用处的。刘徽在《九章算术注》中总结了这种方法,举出九个例题来说明它的应用,补写了《重差》一章。到了唐朝初年,这一章独立成书,称为《海岛算经》,作为当时官立算学(培养天文、数学人才的学校)的重要教材。刘徽在数学上的贡献是很大的。

祖冲之(公元 429—500 年),字文远,南朝宋、齐时人,祖籍范阳遒县(今河北涞源北),祖先流寓江南。冲之历仕宋、齐,官至长水校尉。他是南北朝时代一位杰出的科学家,在天文历法、数学、机械制造等方面都有重大成就。在数学方面,他在刘徽的基础上,"更开密法,以圆径一亿为一丈,圆周盈数(过剩近似值)三丈一尺四寸一分五厘九毫二秒七忽,朒数(不足近似术)三丈一尺四寸一分五厘九毫二秒六忽,正数在盈、朒二限之间。密率:圆径一百一十三,圆周三百五十五。约率:圆径七,周二十二"(《隋书·律历志》上)。他精确地算出圆周率是在 3.1415926 和 3.1415927 之间。他还求得两个分数值的圆周率,一个是 $\pi = \frac{355}{113}$(约等于 3.1415927),这一个数比较精密,所以称为"密率";另一个是 $\pi = \frac{22}{7}$(约等于 3.14),这一个数比较粗疏,所以称为"约率"。祖冲之是世界上第一个把圆周率的准确数值算到小数点后七位数字的人。九百多年以后,15 世纪时阿拉伯数学家阿尔·卡西(拉丁音 al-Kashi)求得的结果方才超过了他的成就。至于密率 $\pi = \dfrac{355}{113}$，在欧洲直到 1573 年，德国的奥托(Valenlinus Otto)才重新得到这一数值，这已是一千一百年后的事了。祖冲之在数学方面的研究成果，记载在他的数学名著《缀术》里。这部书到了唐代被列为算学的主要课本之一，学习年限四年，政府举行数学考试时多从《缀术》中出题，它的重要性可想而知。可惜到了北宋中期，这部很有价值的科学著作竟失传了。

祖冲之的儿子祖暅，生活在南齐和梁朝，也是一位有名的数学家。颜之推就说："算术亦是六艺要事，……江南此学殊少，唯范阳祖暅精之。"(《颜氏家训·杂艺篇》)他首先求出球体积的准确公式，这也是我国数学史上一件重要事情。

《孙子算经》，撰人无考，大概是十六国后期、北魏前期的著作，北周甄鸾、唐李淳风注释。

《孙子算经》共三卷，卷上叙述算筹记数的纵横相间制，和筹算乘除法则。卷中举例说明筹算分数算法和筹算平方法，都是考证古代筹算法的绝好资料。卷中和卷下所选的应用问题大都浅近易晓，在《九章算术》范围内，每章各举一二个典型例题，指示解题方法，对于初学数学的人是有帮助的。

《孙子算经》卷下又选取几个算术难题，在解答时，故意将解法的思想过程隐藏起来，使读者很难理会解决同类问题的一般原则。例如："今有妇人河上荡杯。津吏问曰：'杯何以多?'妇人曰：'家有客。'津吏曰：'客几何?'妇人曰：'二人共饭，三人共羹，四人共肉，凡用杯六十五，不知客几何?'答曰：'六十人。'"解题术文指示："置六十五杯，以一十二乘之，得七百八十，以十三除之，即得。"没有说明 $\dfrac{1}{2} + \dfrac{1}{3} + \dfrac{1}{4} = \dfrac{13}{12}$。

又例如："今有雉兔同笼，上有三十五头，下有九十四足，问雉兔各几何？答曰：雉二十三，兔一十二。术曰：上置头，下置足，半其足，以头除足，以足除头，即得。"设头数是 A，足数是 B，则 $\frac{1}{2}B-A$ 是兔数，$A-\left(\frac{1}{2}B-A\right)$ 是雉数。这个解法是很奇妙的。

《孙子算经》卷下最著名的问题是："今有物不知其数，三三数之剩二，五五数之剩三，七七数之剩二，问物几何？""答曰：二十三。"这个问题用整数论里的同余式符号表达出来，是：设 $N\equiv2(\mathrm{mod}3)\equiv3(\mathrm{mod}5)\equiv2(\mathrm{mod}7)$，求最小的数 N，答案是 $N=23$。《孙子算经》本题的术文说："三三数之剩二置一百四十，五五数之剩三置六十三，七七数之剩二置三十，并之得二百三十三，以二百十减之，即得。"按照术文，这问题的解法是 $N=70\times2+21\times3+15\times2-2\times105=23$。术文又说："凡三三数之剩一则置七十，五五数之剩一则置二十一，七七数之剩一则置十五。一百六以上，以一百五减之，即得。"用下列一次同余式组 $N\equiv R_1(\mathrm{mod}3)\equiv R_2(\mathrm{mod}5)\equiv R_3(\mathrm{mod}7)$ 的解是：$N=70R_1+21R_2+15R_3-105P$（P 是整数）。

《孙子算经》的"物不知数"问题，颇有猜谜的趣味，而且它的解法也很巧妙，流传到后世，有"秦王暗点兵"、"剪管术"、"鬼谷算"、"韩信点兵"、"隔墙算"、"大衍求一术"等等名称，作为科技文娱活动中的一个节目。欧洲 18 世纪中叶，欧勒（L. Euler，公元 1707—1783 年）、拉格朗日（J.L. Lagrange，公元 1736—1813 年）等都对一次同余式问题进行过研究，德国数学家高斯（C.F. Gauss，公元 1777—1855 年）于公元 1801 年出版的《算术探究》中明确地写出了上述定理。当时欧洲的数学家们对中国古代数学毫无所知，高斯是通过独立研究得出他的成果的。公元 1851 年，英国基督教士伟烈亚力（Alexander Wylie，公元 1815—1887 年）把《孙子算经》物不知数问题的解法介绍到欧洲，公元 1876

年,德国人马蒂生(L. Mathiesen)指出《孙子算经》的解法符合高斯的定理,从而西方数学家把这一个定理称为"中国剩余定理"。

《孙子算经》中所选的问题也有违反科学的东西,如卷下的最后一题:"今有孕妇行年二十九,难九月,未知所生。""答曰:生男。"这不是一个算术问题,把它列入算术书内是荒谬可笑的。

《张丘建算经》,大概是北魏前期的张丘建撰写。这部算术书一共保存了九十二个算题,对我国数学有一定贡献。

《张丘建算经》卷下最后一题:"今有鸡翁一,直钱五;鸡母一,直钱三;鸡雏三,直钱一。凡百钱,买鸡百只。问鸡翁、母、雏各几何?"设 x、y、z 为鸡翁、母、雏只数,依据题意,列出下列方程:

$$x + y + z = 100$$
$$5x + 3y + \frac{1}{3}z = 100$$

两个方程有三个未知量,所以是不定方程组。它的整数解应该是:

$$x = 4t, \quad y = 25 - 7t$$
$$z = 75 + 3t, \quad t = 1, 2, 3$$

本题有三组答案:答曰:"鸡翁四,直钱二十;鸡母十八,直钱五十四;鸡雏七十八,直钱二十六。"又答:"鸡翁八,直钱四十;鸡母十一,直钱三十三;鸡雏八十一,直钱二十七。"又答:"鸡翁十二,直钱六十;鸡母四,直钱十二;鸡雏八十四,直钱二十八。"但术文只写"鸡翁每增四,鸡母每减七,鸡雏每益三,即得"十七字,说明整数解中参数七的三个系数,没有指示整个问题的解法。

甄鸾,中山毋极(今河北无极)人。北周武帝世,任司隶大夫、汉中郡守。通天文历法,保定时撰《天和历》,于天和元年(公元566年)被采用颁行。鸾并撰《五曹算经》、《五经算术》、《数术记遗》。

《五曹算经》是一部为地方军政人员所写的应用算术书。全书五卷，用田曹、兵曹、集曹、仓曹、金曹五个项目标题，所有算术问题都能切合当时实际，解题方法都很浅近。

《五经算术》是对于中国古代五部经籍《书》、《诗》、《周易》、《礼记》、《论语》需要用数学计算的地方，作了注解。但由于古制渺茫，甄鸾往往用后世的制度来解释它，未必解释得当，对经学的用处不大。

《数术记遗》，题汉徐岳撰，北周汉中郡守前司隶臣甄鸾注。书中有"刹那"、"大千"等佛经词汇，不像汉代的作品，恐怕是魏晋以后人的著作，不过托名汉人而已。书中介绍"珠算"时说："刻板为三分，其上下二分，以停游珠；中间一分，以定算位。位各五珠，上一珠与下四珠色别。其上别色之珠当五，其下四珠，珠各当一。"因为板中没有像今天算盘那样设置横梁，所以上边记五的珠，和下边记一的珠，须要用不同的颜色来加以识别。明朝的算盘，可能由这种珠算改进发展而来①。

天文历法 在魏晋南北朝，有不少优秀的科学家，在天文和历法方面通过刻苦钻研，取得了较大的成就。

在魏晋以前，我国天文学界对于宇宙的看法，大致可以分为三个派别，即盖天、宣夜、浑天三家。魏晋时期，又有昕天、安天、穹天三家。合起来称为论天六家。

盖天家和《周髀算经》的说法，基本相同，因此也得称为周髀家。他们说："天圆如张盖，地方如棋局。"又说："天似盖笠，地法覆槃，天地各中高外下。"他们认为天是以天中北极为中心而旋转着，地则静止而不动的。他们认为"天旁转如推磨而左行，日月右行，随天左转，故日月实东行，而天牵之以西没"(并见《晋书·天文志》)。然而事实恰恰相反，天和日月都是在左转，不过日月走得较慢而已。这一派的学说，荒谬很多，但知道利用日晷来探测一年是三百六十五天又四分之一，同时知道二十四个节气的推移，还是有它可以肯定的地方。

宣夜家的专门著作，已经亡佚，据《晋书·天文志》载汉秘书郎郗萌记载宣夜家先师的说法："天了无质，仰而瞻之，高远无极，眼瞀精绝，故苍苍然也。譬之旁望远道之黄山而皆青，俯察千仞之深谷而窈黑，夫青非真色，而黑非有体也。日月众星，自然浮生虚空之中，其行其止，皆须气焉。是以七曜或逝或住，或顺或逆，伏见无常，进退不同，由乎无所根系，故各异也。"(《晋书·天文志》)宣夜家是在作了很多恒星的测定工作之后，得出七曜不是缀附于天球，无所根系，这种独到的创见，可惜在东汉那样谶纬迷信占统治地位的天文学界，没有能够发展下去，而被窒杀了。

浑天家认为："天如鸡子，天体圆如弹丸。地如鸡中黄，孤居于天内，天大而地小。天表里有水。天之包地犹壳之裹黄。天地各乘气而立，载水而浮。周天三百六十五度四分度之一，又中分之，则一百八十二度八分之五覆地上，一百八十二度八分之五绕地下，故二十八宿半见半隐，其两端谓之南北极。……天转如车毂之运也，周旋无端，其形浑浑，故曰浑天。"(《经典集林》卷27张衡《浑天仪注》辑佚)这里除了"天表里有水"和"天地各……载水而浮"两句话，讲得不对头以外，其余基本上都是接近正确的。

魏晋论天三家中，吴太常姚信著《昕天论》。他说："又冬至……日去人远……故冰寒也。夏至……日去人近……故蒸热也。"这和事实恰恰相反。又说：冬至"极之低时，日行地中深，故夜长"，夏至"极之高时，日行地中浅，故夜短"(《晋书·天文志》)，这也不正确。

东晋河间相虞耸撰《穹天论》。他说："天形穹隆如鸡子，幕其际,周接四海之表,浮于元气之上。譬如覆奁以抑水,而不没者,气充其中故也。日绕辰极,没西而还东,不出入地中"(《晋书·天文志》)。和浑天家的说法,基本相同。

东晋成帝咸康(公元335—342年)中,虞喜作《安天论》。他认为"天高穷于无穷,地深测于不测。天确乎在上,有常安之形;地魄焉在下,有居静之体。当相覆冒,方则俱方,圆则俱圆,无方圆不同之义也。其光耀布列,各自运行,犹江海之有潮汐,万品之有行藏也"(《晋书·天文志》)。虞喜的论点,首先认为天是无穷大的,《安天论》不是说天安而不动,而是说天上日月五星列宿的运动,"犹江海之有潮汐",有规律可循。这种说法和宣夜家非常接近。当时的唯心主义有神论者葛洪对这个论点进行攻击,他说:"苟辰宿不丽于天,天为无用,便可言无,何必复云有之而不动乎。"(《晋书·天文志》引)

浑天家的理论实践,必然会和浑天仪(即天球仪)联系起来。

浑天仪:西汉武帝时期,有落下闳、耿寿昌等创立浑天仪,铸铜为之。东汉和帝时,贾逵又造黄道铜仪,以测定黄道宿度。顺帝阳嘉元年(公元132年),"张衡又制浑象,具内外规、南北极、黄赤道,列二十四气、二十八宿中外星官及日月五纬"(《晋书·天文志》)。"以四分为一度,周天一丈四尺六寸一分。亦于密室中,以漏水转之。令司之者闭户而唱之,以告灵台之观天者,璇玑所加,某星始见,某星已中,某星今没,皆如合符"(《隋书·天文志》),制作非常巧妙。东吴时人王蕃以为张衡之前的浑天仪,尺寸太小,张衡的浑天仪尺寸又太大,转动困难,他更铸浑天铜仪,大小介乎两者之间。西晋灭吴,王蕃的这个浑天仪就不知下落了。

前赵刘曜光初六年(公元323年),史官丞孔挺据张衡遗制铸造浑天铜仪。东晋义熙十四年(公元418年),刘裕破后秦,入长安,获孔挺所造浑天仪,后来把它搬到建康,一直到梁朝末年,此仪犹安放在建康的华林苑重云殿前。北魏明元帝(拓跋嗣)永兴四年(公元412年),铸铜铁浑天仪,至隋尚继续行用。但专家们根据遗留的片段材料,认为孔挺等所造的浑天仪,只有四游仪和六合仪部分,而没有三辰仪部分。

圭表:古代有土圭,用来测量日影长短,借以推算太阳距离赤道南北的远近。土圭除了测定回归年的长度以外,还可以用来测定时刻,当作日晷用。梁天监(公元502—519年)中,祖暅曾在高山山顶上造八尺长的铜表作为日晷,下面和石圭相连接,圭面还掘着沟,把水倒在沟里,以定水平,这可以说是后世定水平方法的开端。他还利用圭表来测定南北线的方向。

漏刻:即漏壶,是钟表没有发明以前,古代的一种计时工具。分单壶和复壶两种。单壶只有一个贮水壶,壶底穿有一孔,壶中直立一箭,箭上刻有度数。壶中装满了水,水按漏渐减,箭上所刻度数,也就依次显露,这样就可以知道时间。汉代漏水"总以百刻,分于昼夜。冬至昼漏四十刻,夜漏六十刻。夏至昼漏六十刻,夜漏四十刻。春秋二分,昼夜各五十刻。……冬夏二至之间,凡差二十刻"(《隋书·天文志》)。漏刻都随着二十四个节气的变化而随气增损。白昼分为五个阶段,朝、禺、中、晡、夕;夜间分为五个阶段,甲、乙、丙、丁、戊。昼夜共用四十八箭。魏晋承用这个制度,没有改变。东晋成帝咸和七年(公元332年),会稽山阴令魏丕造漏刻成,献给政府,大概也是根据汉魏的制度来造的。

宋朝何承天修《元嘉历》,他"考验日宿","测量晷度,知冬至移旧四日",因此主张改定漏法。《元嘉历》定冬至昼漏四十五刻,夜漏五十五刻。夏至昼漏六十五刻,夜漏三十五刻。春秋二分昼漏五十五刻五分,夜漏四十四刻五分。南齐至梁初年,都行用这个漏刻。

梁武帝天监六年,改昼夜百刻为九十六刻。又命祖暅造《漏经》,大同十年(公元 544 年)颁行之,昼夜改用一百零八刻。冬至昼漏四十八刻,夜漏六十刻。夏至昼漏七十刻,夜漏三十八刻。春秋二分,昼漏并六十刻,夜漏四十八刻。陈又恢复昼夜百刻的制度。北朝并以百刻分于昼夜。

关于历法,汉末刘洪密测二十余年,造《乾象历》,由此才知道月行有迟疾。他作《七曜术》,创迟疾阴阳二术。魏晋时历法家都把他的著作作为重要参考材料。

魏明帝太和(公元 227—232 年)中,杨伟造《景初历》。他知道黄道和白道的交点每年有变动,交食的发生不一定非在交点不可,月朔在交点附近也可以发生日蚀,月望在交点附近也可以发生月蚀,于是定出交会迟疾的差,这和现在的食限一样;他又提出推算交食亏始方位角和食分多少的方法。这些都是以前历法所没有的。《景初历》在西晋初年改名为《泰始历》,到宋初又改名为《永初历》,北魏也用过它,它实际使用了二百十五年。

宋文帝元嘉二十二年(公元 445 年),改用何承天造的《元嘉历》。《元嘉历》施用不久,祖冲之通过自己的观测和研究,发现它还不够精密,于是在宋孝武帝大明六年(公元 462 年),编成了一部《大明历》。祖冲之在这部新历法中,作出了不少重大改革。他毅然修改了闰法,并且应用了"岁差"的原理,这两项是发展了当时天文学上的先进成果。而且他精确地测出一回归年的日数是 365.24281481 日,与现代科学所得日数相比,只差约五十秒。他又求出"交点月"的数值是 27.21223 日,跟现在测得的值只差十万分之一。交点月就是地球上所看到月球运行的轨道和太阳运行的轨道间的相互关系,这对推算日蚀和月蚀是非常重要的。《大明历》是当时最好的历法,但是由于保守势力的反对,直到梁天监九年,才被梁朝采用。陈朝继续沿用,到隋开皇九年(公元589 年)陈亡为止,前后共施行了八十年。

在公元前五百年前后,我国的天文学家在制订历法时,就把十九年算作一章，每一章里有七个闰月。按照这种闰周，闰数嫌大了些，经过二百四十多年，就要相差一天。自从东汉以后，天文观测记录的积累增多了，统计所得的回归年日数和朔望月日数更加精密了，必须改良闰周来调整回归年数和朔望月数的比率。在十六国后期，河西走廊的北凉，有一位优秀的历法家赵𣷢，他于公元 412 年制定《元始历》，开始改订闰周，把六百年算作一章，在每一章里有二百二十一个闰月，因为 $\frac{221}{600}$ 要略小于

$\frac{7}{19}$，所以赵𣷢的改订闰周，在天文学史上讲来是有重要意义的。

赵𣷢的《元始历》传到南朝之后，祖冲之在编制《大明历》时，就吸取了赵𣷢的先进成果，并加以改进，提出三百九十一年内设置一百四十四个闰月的新闰法，这就更符合实际情况了。

从汉代以来，历法家一直认为太阳在黄道上的运动速度是均匀不变的，一回归年 365.25 日中等速地走了一周天。一周天就是 365.25 度，太阳每天正好走一度。把一回归年均分为二十四等分，对应二十四个节气，每个节气各占 15.22 日。这种推算节气的方法，称为"平气"或"恒气"。实际上太阳在天球上的运转是地球绕太阳公转的反映。地球走到近日点时，速度最快，因而太阳运转速度也是最快；地球走到远日点时，速度最慢，这时太阳运转速度也最慢。因此，当平气的春秋分时，太阳并不在黄赤道交点上，每两个平气间太阳走的黄道度数也并不相等。东魏、北齐时人张子信，他在海岛上居住三十多年，专以浑仪测候日月五星，根据三十多年的实测，他发现一年里面，日月行动的快慢不齐，同时发现了日月蚀的规律。月行的迟速，汉代已经有人推测出来，而日行的盈缩是张子信首先发现的。张子信认识到太阳视运动的不均匀性，"春分后则迟，秋分后则速"（《隋书·天文志》）。他在这方面的发现，对历法的改进是有很大意义的。

以后隋刘焯撰《皇极历》时，汲取了张子信的新成果，立盈缩缠差法。唐一行撰《大衍历》，也是在张子信的基础上，提出了较准确的定气概念。

汉代以前的天文学家一直认为太阳在黄道上每经过一个回归年的运行，它又会回到原来出发的位置上。因此，他们相信冬至点的位置一经测定，就永远不变。实际上，太阳从上一年的冬至到下一年的冬至运行一周天，并没有回到上一年的冬至点上，总要相差一段微小的距离。冬至点每年都要逐渐向后（即向西）移动。据古历法一周 $365\frac{1}{4}$ 度计算，约七十年七个月后移一度（据现代观测，每年大约后移 50.2″，约七十一年八个月后移一度），这种现象称为"岁差"。汉代沿用旧说，认为冬至起于牵牛初度，西汉刘歆已经对它发生怀疑，东汉贾逵更明白说冬至日在斗二十一度又四分之一，因为从春秋战国时测定冬至点后，到贾逵时已经将近四百年，冬至自然会相差五度的。由此可知，汉人固然还不知道所谓岁差现象，但从实测所得，已经发觉这种现象的存在。到了东晋成帝时（约公元 330 年左右），天文学家虞喜比较了自己的观测结果和历代的天文记录，发现冬至点的位置古今不同，他明确指出太阳在天球上运动一周天，并不等于从冬至到冬至一周岁。这样，他就发现了岁差。虞喜还推算出每五十年，冬至点要在黄道上西移一度，这个数据虽然不算精密，但在天文学史上是一个大进步。祖冲之不仅证实了岁差现象的存在，而且第一个用它来改进历法。不过他在《大明历》里，使用了每四十五年十一个月差一度的数值。以后隋代刘焯在《皇极历》里，改用每七十五年差一度的岁差数值，这和实际情形已相差不远，而这时欧洲却还牢守着每一百年差一度的旧值。

十六国时期，后秦有天水人姜岌造《三纪甲子元历》，以月食检知日度，所得更为准确。他还发现了"蒙气差"。由于地球周围大气的折射作用,观测者所看到的天体的方向和天体的真方向有差别,天体视高度比真高度大,这两个差别叫做"大气折射改正",旧称蒙气差。越近地面,蒙气差也越大,渐高渐小,到了天顶就没有蒙气差了。姜岌说:"夫日者……光明外耀,以眩人目,故人视日如小。及其初出,地有游气,以厌日光,不眩人目,即日赤而大也。"(《隋书·天文志》)姜岌对蒙气差现象给以合乎近代学理的解释,这是值得加以珍视的②。

裴秀的《禹贡地域图》 裴秀,字季彦(公元 224—271 年),河东闻喜(今山西闻喜)人。仕西晋官至尚书令、司空。

裴秀是一位杰出的地图学家。官至尚书令总理中枢政务,负有掌管全国的户籍、土地、田亩赋税的职责。裴秀因为职务的关系,很重视地图的绘制工作。他认为先秦所绘制的地图已经无法看到了,当时尚被保存在秘书省的一些汉代舆地图或括地图,既没有比例尺的表示,也不考正方位,又未备载名山大川。这些地图虽然也表示了舆地的轮廓,但是粗略简陋,不可依据。至于有些地图,那简直是"荒外迂诞之言,不合事实,于义无取"。于是他就根据当时所绘测的地图,"上考《禹贡》山海川流,原隰陂泽,古之九州,及今(指西晋)之十六州,郡国县邑,疆界乡陬,及古国盟会旧名,水陆径路,为地图十八篇"(《晋书·裴秀传》),名为《禹贡地域图》。

裴秀在《禹贡地域图》的序文中,还提出了所谓"制图六体",就是绘制地图的六项原则。他说:"制图之体有六焉。一曰分率,所以辨广轮之度也。"分率,就是比例尺。他说:"有图象而无分率,则无以审远近之差。"就是说有地图而不用比例尺,就不能确定距离的远近,故曰"远近之实,定于分率"。因此,要绘制地图,比例尺是极其重要的。"二曰准望,所以正彼此之体也。"准望,就是方位。他说:"有比率而无准望,虽得之于一隅,必失之于他方。"就是说如果有了比例尺而不确定方位,则某一地的方向从某一方面看是对的,但从其他方面看就不对了。故"准望之法既正,则曲直远近,无所隐其形也"。因此定方位也是极其重要的。"三曰道里,所以定所由之数也。"道里,就是道路实际路线及其距离。他说:"有准望而无道里,则施于山海绝隔之地,不能以相通。"就是说如果只有方位的确定,而没有道路实际路线及其距离的表示,则碰到有山有海的地方,就不知道怎样通行。故"彼此之实,定于道里"。因此讲究实际路线及其距离,也是极其重要的。除了上面三点以外,"四曰高下,五曰方邪,六曰迂直,此三者,各因地而制宜,所以校夷险之异也"。高下、方邪、迂直,都是指与地面倾斜起伏有关的问题而言的。他说:"有道里而无高下、方邪、迂直之校,则径路之数,必与远近之实相违,失准望之正矣。"就是说如果只有道路实际路线及其距离的表示,而不注意到地面的高低起伏和路线曲直的校正,那么道路远近距离的情况,必定与实际不符合,方向也不会准确了。"度数之术,定于高下、方邪、迂直之算,故虽有峻山巨海之隔,绝域殊方之迥,登降诡曲之因,皆可得举而定者。"前三条是绘图的主要原则,后三条是由于地形有起伏变化而绘图者应该加以考虑到的问题。这六条原则,相互补充。除了经纬线和投影外,其余今天地图学上所考虑的主要问题,都已经提到了。从裴秀以后,直到明末,我国地图的绘制方法,基本上是依照裴秀的"六体"。裴秀在地图史上有着重要的地位。

当时西晋政府绘制了一种《天下大图》,是用八十匹缣绘制的。裴秀认为使用不太方便,于是他以"一分为十里,一寸为百里"的比例,把《天下大图》缩制成《方丈图》。这种《方丈图》携带披阅就都方便多了③。

---

① 参考李俨教授著《中算史论丛》;钱宝琮教授主编《中国数学史》。

② 参考陈遵妫教授著《中国古代天文学简史》；钱宝琮教授著《从春秋到明末的历法改革》，载《历史研究》1960年第3期。

③ 参考梁海松先生著《裴秀》，载中国科学院中国自然科学史研究室编《中国古代科学家》。

第二节　炼钢技术与机械发明

炼钢技术的新成就　我们的祖先曾利用天上掉下来的陨铁，来作为青铜器的刃部，这在殷墟发掘里，已经获得确切的证明。后来人们渐渐知道利用熟铁了，但由于当时冶炼技术的限制，主要是火力不够，熔化铁矿石有困难，炼成的熟铁缺乏碳素，质地柔软，硬度不够，还不能取代青铜器。冶炼技术的进一步发展，铁矿石能够熔化了，这就得到了生铁。生铁含碳素过多，质地脆硬，耐磨的性能虽强，但只可以用来铸造农具，还不能用来制造武器。熟铁比起生铁来又难熔化得多，用炼生铁的方法来炼熟铁，由于火力不够强，熟铁未曾熔化，却在高温下吸收了百分之零点二五至百分之一点七的碳素，这就产生了渗碳钢。再加以淬、锻等工序，挤出铁中所含的杂质，就成质量较纯的钢铁。这种钢铁的产生，才能在武器方面取青铜器而代之。

我国钢铁的应用在武器方面，应该说开始于春秋后期，《越绝书》里提到楚王派风胡子到吴国去请欧冶子和干将作铁剑①，《史记·范雎列传》里也讲到由于楚国的铁剑锐利，士兵的战斗意志也更强了②。铁剑就是指经过锻炼制成的钢剑而言。《吴越春秋》里也提到干将作剑，"使童男童女三百人鼓橐（风箱）装炭，金铁乃濡"③。说明由于鼓风炉的改进，已经能够产生出渗碳钢，又经过锻炼，挤去杂质，就能炼出纯钢了。两汉时期，好的钢刀，已经能够"斫坚刚，无变动之异"（杨泉《物理论》）④。在武器方面，完全奠定了钢铁的统治地位。

三国时期，炼钢的技术在继续提高。曹丕制成百辟宝剑三把,百辟宝刀三把,匕首三把,都是经过精炼制成的⑤。诸葛亮命蒲元铸刀三千口,锐利非常,"以竹筒内铁珠满中,举刀断之,应手虚落"⑥,可见冶炼技术已经很高了。

东晋南朝时期,江南一带炼钢的技术也有所提高。南齐建武元年(公元494年),有上虞(今浙江上虞南)人谢平以作刚朴著名,刚朴就是不成器形的钢材⑦。齐梁时人陶弘景云:"钢铁是杂炼生(生铁)𨱏(熟铁)作刀镰者"(《重修政和证类本草》卷4《铁精》条引)。所谓杂炼生𨱏,把生铁和熟铁混杂起来冶炼。"洪炉鼓鞲,火力到时,生钢(铁之讹字)先化,渗淋熟铁之中,两情投合,取出加捶,再炼再捶,不一而足"(《天工开物·五金篇》)。这样就成为质量较纯的钢铁。这种炼法,费功较少,成本较低,因此不独可以制刀剑,也可以制镰刀,对发展生产是有积极意义的。梁武帝天监四年(公元505年),政府的官冶又发明一种百炼的横法钢,由此可见,江南在冶钢技术方面有显著的提高。

在北方,十六国时期,大夏赫连勃勃造百炼钢刀,刀上有龙雀大环,快利非常⑧。北魏、东魏时期,相州有牵口冶(今河南安阳水冶),制成的钢刀,锐利无比⑨。北齐时,綦母怀文能造宿铁刀,"斩甲过三十甲"⑩,可想见其锐利程度。西魏、北周在同州夏阳(今陕西韩城南)山区,置立铁冶,"每月役八千人,营造军器"⑪。所造成的兵器,也非常精利。由此可见,北方在炼钢技术方面也有显著的进步。

机械发明 三国时,魏有马钧,字子衡,扶风(郡治槐里,今陕西兴平东南)人,官至给事中。他是一位"巧思绝世"(《太平御览》卷752引《马钧别传》)的发明家。他的发明对农业和手工业生产的发展都有促进作用。旧的织"绫机,五十综者五十蹑,六十综者六十蹑",比起《西京杂记》里的"机用一百二十蹑",固然已经简化,但马钧还是"患其丧功费日,乃皆易以十二蹑"(《三国志·魏志·杜夔传》注引《马钧别传》）。织绫机经过这样改进，生产效率提高了四五倍。马钧住在洛阳城里，附近有一个土坡，可以作园圃，但是缺乏水来灌溉。马钧制造一种翻车，能够源源不断地引水灌溉园圃，而且轻便灵巧，儿童也能运转。这种翻车就是龙骨水车，它在当时是世界上最先进的生产工具之一，后来就推广到广大农村里去了。

西晋时，杜预（公元228—284年）发明连机水碓。水碓的前身就是杵臼，早先人们用杵一起一落地在臼里舂米，效率很低，又费力气。后来有了改进，人们在木杆上装上石杵，拿架子架起来，用脚踏另外一头，使石杵在石臼里舂米，这种工具叫做碓。再进一步就不用脚踏而利用水力来带动碓舂米，这就是西汉末年出现的水碓，所谓"役水而舂，其利乃且百倍"（《太平御览》卷829引桓谭《新论》）。魏晋之际，水碓的施用，极其普遍⑫。杜预更在这样的基础上作了改进，创造了连机水碓，利用水力带动好几个碓同时舂米。它的动力机械是一个大的立式水轮，安装在溪流或江河的岸边。水轮的长轴上装有一排滚角不动的短横木，好似一排角相不同的凸轮，当流水冲击水轮使它转动时，轴上横木一个接一个地打动一排碓梢，使碓舂米。这样的装置，可以使水力平均利用，减少消耗，增加效率。

与杜预同时人刘景宣又发明了用畜力拉的"连转磨"。本来在东汉末年，如许靖"以马磨自给"（《三国志·蜀志·许靖传》），用牲畜来牵引磨，已很普遍。到了魏晋之际，刘景宣发明了连转磨，"奇巧特异，策一牛之任，转八磨之重"（《太平御览》卷762引嵇含《八磨赋》）。这种磨的主要构造是中间一个巨轮，所谓"巨轮内建"，用畜力牵引，轮轴直立在镈臼里，上端有木架管制，所谓"方木矩跱"，不使倾倒。在轮的周围，排列着八部磨，轮辐和磨边都用木齿相间，构成一套齿轮系。牲畜牵引轮轴，八个磨就同时转动，可以节省不少的劳力。以后经过长期的改进，南朝在齐武帝永明(公元 483—493 年)中,祖冲之"于乐游苑造水碓磨"(《南史·文学·祖冲之传》);北朝在北魏孝明帝(元诩)正光(公元 520—524 年)中,崔亮在洛阳"张方桥东,堰谷水,造碹磨数十区"(《北史·崔亮传》)。碓和磨都是粮食加工的主要工具,到那时都已经利用水力来发动了,这就进一步提高了生产效率,也给人民生活带来了不少方便。

后赵石虎时(公元 334—349 年),尚方令解飞又发明了"舂车"和"磨车"。舂车"有舂车木人及作行碓于车上,动则木人蹋碓,行十里,成米一斛。又有磨车,置石磨于车上,行十里,辄磨一斛"(《太平御览》卷 752 引《邺中记》)。据说这种车只要一个人去管理就行了。

石虎时,还有一种巧妙的"司里车",刘裕攻下长安时得到这辆车,带回江南,称为"记里鼓车"。它是一种两轮马车,车上有木人,双手执鼓锤,车中置一鼓,"车行一里,木人辄击一槌"(《宋书·礼志》)。它的构造方法是利用车轮的转动,带动车体上四种不同的齿轮。当车行一里,即轮转百周时(古法车轮一周合三步,一百转则为三百步,即一里),最后的齿轮转了一周,由于关捩拨动作用,车上的木人即击鼓一次,这样就便于统计车行的里数。这种以齿轮机械的原理来记录里数,在当时是一种重要的发明。

东汉时,张衡曾制造了一辆指南车,汉末丧乱,其器不存。魏明帝青龙(公元 233—236 年)中,马钧又试制成了一辆,后又失传。后赵时,石虎命解飞造过指南车。后秦时,姚兴也命令狐生造成指南车。当时指南车的形制,据说是"车上有木仙人,持信幡,车内人恒指南"(《太平御览》卷 775 引《述征记》),"车虽回转,所指不移"(《宋书·礼志》)。但是制造得不十分精巧,"虽曰指南,多不审正。回曲步骤,犹须人功正之"。南朝宋昇明(公元 477—479 年)中,萧道成辅政,命祖冲之重造,冲之造车成,"其制甚精，百屈千回，未尝移变"(《宋书·礼志》)。

祖冲之还发明了千里船，曾于新亭江试航，"日行百余里"（《南史·文学·祖冲之传》）。这些科学发明，标志着当时中国的科学技术水平居于世界的先进行列。

---

①《越绝书·外传·记宝剑》：楚王……于是乃令风胡子之吴，见欧冶子、干将，使人作铁剑。欧冶子、干将凿茨山，泄其溪，取铁英，作为铁剑三枚：一曰龙渊，二曰泰阿，三曰工布。

②《史记·范雎蔡泽列传》：〔秦〕昭襄王曰："吾闻楚之铁剑利而倡优拙。夫铁剑利则士勇，倡优拙则思虑远。……"

③《吴越春秋》卷4：干将者，吴人也，与欧冶子同师，俱能为剑。……莫邪，干将之妻也。干将作剑，采五山之铁精，六合之金英……而金铁之精，不销沦流。……于是干将妻乃断发剪爪，投于炉中。使童男童女三百人，鼓橐装炭，金铁及濡，遂以成剑。阳曰干将，阴曰莫邪。

④ 杨泉《物理论》："古有阮师之刀，天下之所宝贵也。阮之作刀……以水火之齐，五精之陶，用阴阳之候，取刚软之和。……三年，作刀千七百七十口。……其刀平背狭刃，方口洪首，截轻微绝丝发之系，斫坚刚无变动之异。世不吝百金精求，不可得也。其次有苏家刀，虽不及阮家，亦一时之利器也"(《太平御览》卷345引)。按杨泉是三国时东吴人。他所说的"古"，可能指的是东汉时期。从他的话里，可以看到汉代锻炼的钢刀，"斫坚刚无变动之异"，这说明当时炼钢技术已经达到较高的水平。

⑤ 曹丕《典论》：建安二十四年二月壬午，魏太子丕造百辟宝剑。又云：选兹良金，命彼国工，精而炼之，至于百辟。其始成也，五色骇炉，巨橐（大风箱）自鼓。……以为宝器九，剑三，刀三，匕首三。

⑥《艺文类聚》卷60引《蒲元传》：君性多奇思，于斜谷为诸葛亮铸刀三千口。刀成……以竹筒内铁珠满中，举刀断之，应手虚落。因曰神刀。金属环者，乃是其遗范。

陶弘景《刀剑录》：蜀主刘备令蒲元造刀五千口，皆连环，及刃口刻"七十二炼"，柄中通之。

⑦《太平御览》卷665引陶弘景曰："又有一百炼刚（钢）刀……顷来有作者十余人，皆不及此。作刚（钢）朴是上虞谢平，凿镂装治是右尚方师黄文庆，并是中国绝

手。以齐建武元年甲戌岁八月十九日辛酉建于茅山造（指钢朴），至梁天监四年乙酉岁，敕令造刀剑形，供御用，奇768绝世。别有横法刚（钢），公家自作百炼。黄文庆因此得免隶役，为山馆道士也。"

⑧《晋书·赫连勃勃载记》：改元为凤翔（公元 413—417 年）……又造百炼钢刀，为龙雀大环，号曰"大夏龙雀"。铭其背曰："古之利器，吴楚湛卢。大夏龙雀，名冠神都。可以怀远，可以柔逌。如风靡草，威服九区。"世甚珍之。

⑨《魏书·食货志》：其铸铁为农器兵刃，在所有之。然以相州牵口冶为工，故常炼锻为刀，送于武库。

⑩《北齐书·方伎·綦母怀文传》：怀文造宿铁刀，其法，烧生铁精以重柔铤，数宿则成刚（钢）。以柔铤为刀脊，浴以五牲之溺，淬以五牲之脂，斩甲过三十札。今襄国冶家所铸宿铁柔铤，乃其遗法，作刀犹甚快利，但不能截三十甲也。

⑪《周书·薛善传》：又于夏阳诸山置铁冶，复令善为冶监，每月役八千人，营造军器。善亲自督课……甲兵精利。

⑫《三国志·魏志·张既传》：出为雍州刺史。……是时太祖（曹操）徙民以充河北、陇西、天水、南安民相恐动，扰扰不安，既假三郡人为将吏者休课，使治屋宅，作水碓，民心始安。

《太平御览》卷 762 引《魏略》曰：司农王思弘作水碓，免归田里。

《晋书·魏舒传》：任城樊人也。少孤，不为乡亲所重，从叔父衡使守水碓。

《太平御览》卷 762 引王浑表曰：洛阳百里内，旧不得作水碓，臣表上先帝，听臣立碓，并搀得官地。

《太平御览》卷 762 引王隐《晋书》曰：刘颂为河内太守，有公主水碓三十余区，所在遏塞，辄为侵害。颂表上封诸碓，民获便宜。

《太平御览》卷 762 引王隐《晋书》曰：石崇有水碓三十区。

《太平御览》卷 762 引《晋书》曰：王戎……水碓四十所。

第三节　农学与医药学

《齐民要术》　《齐民要术》是我国现存最古最完整的一部农书，东魏时杰出的农业科学家贾思勰著。思勰为山东益都人，做过高阳太守。这部书写成于公元 534—544 年之间①。

《齐民要术》全书一共十卷，近十一万字，"起自耕农，终于醯醢，资生之道，靡不毕书"（《自序》）。贾思勰在这部书里，比较系统地总结了公元 6 世纪以前黄河中下游地区劳动人民的农业和畜牧业等的生产经验。他"采捃经传,爰及歌谣②,询之老成,验之行事",整理了一百五六十种古书里的农业知识,又汲取了农民的生产经验,并且在自己的生产实践里证明和丰富了这些经验和知识。

《齐民要术》非常重视耕作时的土壤燥湿和耙劳的保墒作用。它在《耕田篇》里说:"凡耕高下田,不问春秋,必须燥湿得所为佳。若水旱不调,宁燥不湿。"自注云:"燥耕虽块,一经得雨,地则粉解;湿耕坚垎,数年不佳。谚曰:'湿耕泽锄(带雨锄地),不如归去。'言无益而有损。湿耕者,白背(等待土地干燥发白时)速镉耧之(赶快用铁齿耙耙松),亦无伤;否则大恶也。"同篇又说:"凡秋耕欲深,春夏欲浅,犁欲廉(密的意思),劳(摩田器如无齿耙之类)欲再。"自注云:"犁廉耕细,牛复不疲,再劳地熟,旱亦保泽也。"根据今天的科学分析,为了要达到秋耕地表面疏松的覆盖层保存水分的目的,决不能使用有齿耙来破坏土壤结构,而应该使用无齿耙,尽量保持水分不太快的蒸发,以期收到"旱亦保泽"的效果。《齐民要术》在一千四百多年前已经摸索到这一规律,可以说是非常不容易的事了。

《齐民要术》还非常重视作物的轮栽。它主张不要在同一块土地上连年种植同一种作物,因为这样容易引起矿物质养分的损耗和病虫害的蔓延。这比以前提倡的休耕法,有了进一步的发展。如它说:"谷田必须岁易"(《种谷篇》);"稻无所缘,唯岁易为良"(《水稻篇》);"麻欲得良田,不用故墟。……田欲岁易"(《种麻篇》)。并在《种麻篇》的自注中说:"故墟亦良;有点叶夭折之患,不任作布也。"意思是说在同一块土地上连栽,容易引起病虫害。它又说:

> 凡谷田,绿豆、小豆底为上,麻、黍、胡麻次之,芜菁、大豆为下。(《种谷篇》)

凡黍穄地，新开荒为上，大豆底为次，谷底为下。(《黍穄篇》)

〔种瓜〕良田，小豆底佳，黍底次之。(《种瓜篇》)

小豆大率用麦底，然恐小晚，有地者常须留去岁谷下以拟之。(《小豆篇》)

以上指出了大部分作物，连栽不如轮栽，非豆科作物的前作物，一般以豆科作物为适宜。对于轮栽的重要性，可以说已有了深刻的认识。

关于施肥，《齐民要术》不但提出要应用有机肥(主要是粪)，而且注意到粪有生熟之分，强调应用熟粪。《种麻篇》里说："地薄者粪之。"自注云："粪宜熟；无熟粪者，用小豆底亦得。"除了人粪以外，它也重视厩肥的利用。《杂说篇》说："凡田地中有良有薄者，即须加粪粪之。其踏粪法：凡人家秋收治田后，场上所有穰(禾茎)、谷穋(糠)等，并须收贮一处，每日布牛脚下三寸厚；每平旦收聚堆积之。还依前布之，经宿即堆聚。计经冬，一具牛踏成三十车粪。至十二月、正月之间，即载粪粪地。"这种堆积起来的厩肥，成为粪田的最好肥料。除了人粪、厩肥以外，在当时蚕丝业广泛发展的情况下，蚕矢也被作为重要肥料之一。

《齐民要术》还特别强调绿肥的作用。《耕田篇》说："秋耕，掩青(将青草翻入地里)者为上"。"凡美田之法，绿豆为上，小豆、胡麻次之。悉皆五六月中穊(撒播)种，七月八月犁掩杀之(犁翻到地里闷杀它们)。为春谷田，则亩收十石，其美与蚕矢、熟粪同"。《种葵篇》也说："若粪不可得者，五六月中穊(稠密)种绿豆，至七月八月，犁掩杀之。如以粪粪田，则良美与粪不殊，又省功力。"因为绿肥中豆科植物能增加土壤中氮化物，所以他更为重视。

《齐民要术》非常重视选种的工作，它认为种子必须纯净。《收种篇》说："种杂者，禾则早晚不均，舂复减而难熟，粜卖以杂糜见疵，炊爨失生熟之节，所以特宜存意，不可徒然。"它讲到选种的方法："粟、黍、穄、粱、秫，常岁岁别收，选好穗纯色者，劁刈高悬之"，作为种子。选出的种子，到春天播种在特设的留种田里，准备下年大量播种。对留种田里的种子，还要常常加以锄治，使它不生稗子，生长得更好。种子收获后脱粒时，打谷场要打扫干净，不使它和别的谷物混淆。《收种篇》又指出种子要单独窖藏并且随即用禾藁遮盖窖口。"不尔，必有为杂之患"。尽量避免所收种子同其他谷物混杂，以保证种子的纯净。最后，在播种之前的二十余天，还要采用水选法，剔去秕粒，然后晒干下种。

《齐民要术》所记的播种方法，是多种多样的，随作物的种类而异。它把各种作物的播种期，一般分成为三个阶段——上时、中时、下时。如《黍稷篇》说："三月上旬种者为上时，四月上旬为中时，五月上旬为下时。"《小豆篇》说："夏至后十日种者为上时，初伏断手为中时，中伏断手为下时，中伏以后则晚矣。"《种麻篇》对播种期的重要性，尤为强调。它说："夏至前十日为上时，〔夏〕至日为中时，〔夏〕至后十日为下时。"自注云："谚曰：'夏至后，不没狗。'……又谚曰：'五月及泽，父子不相假。'言及泽急。……夏至后者，匪唯浅短，皮亦轻薄，此亦趋时，不可失也。父子之间，尚不相假借，而况他人者也？"这一段话充分表示了贾思勰对适时播种强调到何等重视程度。

《齐民要术》认为播种必须结合雨泽，但雨后播种，也还需要看雨水量多少而灵活处理。它在《种谷篇》里说："凡种谷，雨后为佳。遇小雨，宜接湿种；遇大雨，待藏生。"自注云："小雨不接湿，无以生禾苗；大雨不待白背，湿辗，则令苗瘦。藏若盛者，先锄一遍，然后纳种，乃佳也。"这是说小雨之后，可以趁地湿时下种；大雨以后，杂草萌生，索性等待干燥一下，重新锄一道，然后再下种。

贾思勰在《齐民要术》里，对播种量和播种期的关系，也讲得很详细。《大豆篇》说："岁宜晚者，五六月亦得，然稍晚稍加种子。地不求熟。"这里不但掌握了迟播应该增加播种量这一正确原则，而且又指出迟播大豆，土壤不能太肥（即地不求熟），太肥的土壤，容易使豆叶滋长，成熟推迟。

《齐民要术》十分强调播种要疏密得宜。它说如果播种疏密失宜，不但会影响产量，而且也还影响质量。《种麻篇》说："良田一亩，用子三升，薄田二升。"自注云："概（密）则细而不长，稀则粗而皮恶。"所以疏密之间的距离，要恰到好处。贾思勰一方面主张在播种时，下种的种子应该多于生长的种子几倍。到了出苗以后，他主张采用间苗法，使株与株之间保持一定的距离。他引用汉初刘章《耕田歌》"深耕概种，立苗欲疏"，来说明播种时，要种得密；立苗时，要留得稀。他还指出过分密植的坏处，所谓"苗概穗不成"（《梁秫篇》自注）。同时他还主张在空白缺苗处，采用补苗的办法，所谓"稀豁之处，锄而补之"（《种谷篇》）；并自注云："用功盖不足言，利益动能百倍。"

《齐民要术》对中耕除草培土工作，也极其重视。如《种谷篇》说："苗出垄则深锄，锄不厌数，周而复始，勿以无草而暂停。"自注云："锄者，非止除草，乃地熟而实多，糠薄米息。"所谓"地熟"，是指土壤肥力的增加；"实多"，是指产量高；"糠薄米息"，是指粟米的壳薄颗子多。这种"锄不厌数"的方法，在北方干燥的气候条件下，是完全有必要来这样做的。《大小麦篇》也说："正月、三月，劳而锄之。三月、四月，锋而更锄。"自注云："锄麦倍收，皮薄面多，而锋劳锄各得再遍为良也。"总之，它对锄劳是非常重视的，认为锄劳适时，可以提高单位面积的收获量。

贾思勰很重视保墒工作。认为北方气候比较干燥，对雨雪的保存特别重要。他在《耕田篇》和《大小麦篇》里都引用了《氾胜之书》中保墒的办法，如说："冬雨雪止，以物辄蔺麦上，掩其雪,勿令从风飞去;后雪复如此,则麦耐寒多实。"(《大小麦篇》)在《旱稻篇》里他还指出:"每经一雨,辄欲耙(耙)劳。"使水分不致散失。他在《种瓜篇》里也说:"冬月大雪时,速并力堆雪于坑上,为大堆。至春草生,瓜亦生茎叶,肥茂异于常者,且常有润泽,旱亦无害。"

《齐民要术》在讲到栽培水稻的时候,强调"曝根令坚"这一工序。《水稻篇》说:"稻苗渐长,复须薅(拔草);薅讫,决去水,曝根令坚。量时水旱而溉之。将熟,又去水。"这段记载,说明南北朝时期栽培水稻,不是长期浸水,而是时排时灌的。所谓"曝根令坚",实际就是烤田的具体内容。

《齐民要术》在防霜冻方面,介绍了熏烟防冻法。《栽树篇》说:"凡五果,花成时遭霜,则无子。常预于园中,往往贮恶草、生粪。天雨新晴,北风寒切,是夜必霜。此时放火作煴(没有光焰的火),少得烟气,则免于霜矣。"这是指果树而言,实际上适用于一切农作物。近世所用熏烟防冻法,我国劳动人民在一千四百年前与自然气象作斗争时,已经广泛地应用了。

《齐民要术》在树木栽植方面,也总结出当时劳动人民的丰富经验。首先,那时已经广泛应用苗圃育苗的方法了。对有些树木,它还说明为什么要先在苗圃培育几年后才能移栽的原因。如《种榆白杨篇》自注云:"初生即移者喜曲,故须丛林长之,三年乃移种。"槐树种子应当和麻子一起下种,它说:"槐子……种麻时和麻子撒之。当年之中,即与麻齐。麻熟刈去,独留槐。……明年,劚地令熟,还于槐下种麻。"自注云:"胁槐令长。"这样就使新长的槐树"亭亭条直,千百若一。若随宜取栽,匪直长迟,树亦曲恶"(《槐柳楸梓梧柞篇》)。楮也要和麻一起种,因为楮怕冻死,所以"秋冬仍留麻勿刈,为楮作暖"(《种谷楮篇》)。这种其他作物和麻合种的方法,有四个优点:一,利用闲地;二,使麻迫使树苗向上生长;三,借麻力量排除杂草;四,利用麻保护树木过冬。

在果树的种植方面,如种栗树是"栗种而不栽。栗初熟出谷,即于屋里埋著湿土中。至春二月,悉芽生,出而种之"(《种栗篇》)。种桃树是桃子"熟时,合肉全埋粪地中。至春既生,移栽实地"(《种桃柰篇》)。种梨树是"梨熟时,全埋之。经年,至春地释(解冻),分栽之;多著熟粪及水"(《插梨法》)。这些都是结合各种果树的特性来进行培育的,因此不能强求一致。

《齐民要术》根据果树不同的品种性能,提出采用扦插(即埋枝)的方法,可以使果树提前结实。《种李篇》云:"李欲栽(即扦插)。李性坚,实(结果)晚,五岁始子,是以藉栽,栽者三岁便结子也。"对于杨树、柳树,它也主张用扦插法来蕃殖。除了扦插法以外,还认为如果采用嫁接法——"插"法,可以使某些果树提早结实。《插梨篇》云:"插者弥疾。插法用棠、杜,杜如臂已上皆任插。"嫁接梨树之所以采用棠树或杜树做砧木,这是因为棠、杜和梨是同属的植物;但也可以用枣、石榴、桑树来作砧木,那就不是同科的植物了。贾思勰在《插梨篇》里,还细致地介绍嫁接的方法和应该注意的事项,尤其强调利用高大砧木,使嫁接上去的梨树能迅速地长成大树。他还特地指出:"凡插梨:园中者,用旁枝;庭前者,中心。用根带小枝,树形可憘,五年方结子;鸠脚老枝,三年即结子而树丑。"据现代农艺学家研究,果树较低部位和较高部位,对于结果子的准备程度不同,贾思勰的说法,完全符合这个原理。而且近根的小枝是发育枝,生长势强,容易整枝而培养成可爱的树形;鸠脚老枝是短果枝,生长慢,不容易整枝,所以树形丑陋。贾思勰的说法也符合植物生长规律的③。

在畜牧饲养方面,贾思勰重视了选种、品种改良和畜牧的繁殖及管理等各方面的工作。他不厌其详地收集了医兽疫病的医方,同时还记载了阉割牛羊猪的方法。考虑到动物的繁殖,他还详细地介绍了乳制品酥、酪的制作法,以及铰毛、制毡的各种方法。

《齐民要术》还用了不少篇幅来介绍酿酒的方法和制造酱、醋、豉、菹（泡菜）、饧（糖稀）等的方法。

贾思勰在《齐民要术》中，虽也引用了如《杂五行书》、《师旷占》、《玄中记》一类带有迷信成分的书籍，可是他自己却并不完全相信。例如他在《种谷篇》引了《氾胜之书》里的"小豆忌卯，稻麻忌辰……凡九谷有忌日，种之不避其忌，则多伤败"等语以后，自注说："《史记》曰：'阴阳之家，拘而多忌。'止可知其梗概，不可委曲从之。谚曰：'以时及泽为上策'也。"显然他认为不必对禁忌顾虑太多，还是根据适当的时期和土壤的燥湿程度来播种，最为上策。

《齐民要术》是继西汉氾胜之所著《氾胜之书》之后的一部农学名著，它的出现，说明自东汉以来的五百多年间，我国北方劳动人民始终坚持着和自然界作斗争，并且在生产战线上取得了伟大的胜利。这种胜利，是在当时各族人民互相学习、互相交流生产经验的条件下获得的。《齐民要术》总结出来的极为丰富的农业生产经验和技术知识，直到今天还值得我们重视。一千四百多年前，我们的祖先在农业科学上已经有了这样卓越的成就，这是十分可贵的。

医学与药物学方面的重要成就　张机（约公元 150—219 年），字仲景，东汉末年南阳人，灵帝时尝举孝廉，其后官至长沙太守。建安时代（公元 196—219 年），瘟疫流行，仲景在其医学著作《伤寒杂病论》的序文中称："余家属素多，向余二百。建安纪年以来，犹未十稔，其死亡者三分有二，伤寒十居其七。感往昔之沦丧，伤横夭而莫救，乃勤求古训，博采众方，撰……为《伤寒杂病论》合十六卷。"（《伤寒卒（杂）病论集序》）这十六卷《伤寒杂病论》后来经晋王叔和编次，就成为现存的《伤寒论》和《金匮要略》二书。

张仲景在《伤寒论》中,继承了《内经》《素问》的六经分证方法,把疾病分为三阳(太阳、阳明、少阳)和三阴(太阴、少阴、厥阴)六大类型。一般抗病力强,病势抗奋者,称为三阳之病;抗病力弱,病势虚弱的,称为三阴病。每一种类型都具有它们的基本特征,但病情是在不断发展和转变的,因此需要根据病情变化来处理治疗。他在这样基础上,提出他的治疗方法来。他认为治疗方法,不外汗、下(泻)、灸几种,但进行治疗,却需要恰到好处。他说:"不须汗而强汗之者,出其津液,枯竭而死;须汗而不与汗之者,使诸毛空闭塞,令人闷绝而死。又须下而不与下之者,使人心内懊恼,胀满烦乱浮肿而死;不须下而强与下之者,令人开肠洞泄不禁而死。又不须灸而强与之灸者,令人火邪入肠,干错五藏,重加其烦而死;须灸而不与灸之者,使冷结重凝,久而弥固,气上冲心,无地消散,病笃而死。"(《医心方·治病大体篇》引张仲景语)总之,他认为病情是变化起伏的,必须寻找到它的规律,然后辨证施治。

《金匮要略》一书的卷帙虽然没有《伤寒论》那么多,但其中包括内科、外科、妇产科等,内容也极其丰富。张仲景在《金匮要略》里,认为致病原因,不外三条,所谓"千般灾难,不越三条:一者,经络受邪,入脏腑,为内所因也;二者,四肢九窍,血脉相传,壅塞不通,为外皮肤所中也;三者,房室、金刃、虫兽所伤。以凡详之,病由都尽"。第一类是由内因引起的;第二类是由外因引发的;第三类是因意外的伤害所致。对于内因引起的疾病,防治的方法是,"人能养慎,不令邪风干忤,经络适中,经络未流传腑脏,即医治之"。对于外因引发的疾病,防治的方法是,人的"四肢才觉重滞,即导引、吐纳(类似气功疗法)、针灸、膏摩(包括运动、按摩、洗澡等),勿令九窍闭塞"。对于意外的伤害,要尽量加以避免并注意克制自己。这样就可以保持身体健康。

张仲景一方面反对人没有病胡乱吃药。他说:"人体和平,唯好自将艰,勿妄服药。药势偏有所助,则令人藏气不平,易受外患;唯断谷者,可恒将药耳。"(《医心方·服药节度篇》引《养生要集》引张仲景语)另一方面他认为如果人真的病了,就应该赶快服药。他说:"凡人有疾,不时即治,隐忍冀差,以成痼疾。小儿、女子,益以滋甚。"(《金匮要略》)这是说疾病一经拖延,就会变成痼疾,很难治好。

作为一位卓越的医学家,张仲景医道高明,能兼用多种技术治疗疾病。《金匮要略》就记载了使用人工呼吸来急救病人的方法:"救自缢死……徐徐抱解,不得截绳,上下安被卧之,一人以脚踏其两肩,……一人以手按据胸上数动之,一人摩捋臂胫屈伸之。若已僵,但渐渐强屈之,并按其腹,如此一炊顷。气从口出,呼息眼开,而犹引按莫置,亦勿苦劳之。"他还告诫人们注意饮食卫生,如说:"六畜自死皆疫死,则有毒,不可食之。""秽饭、馁肉、臭鱼,食之皆伤人。"(《金匮要略》)在药物的应用方面,如用白虎汤(由石膏、知母、甘草、粳米四味组成)治疗乙型脑炎,白头翁汤(由白头翁、黄连、黄柏、秦皮四味组成)治疗急性细菌性痢疾,麻黄汤(由麻黄、桂枝、杏仁、甘草四味组成)治疗外感风寒等症,都有显著的效果。

由于当时自然科学水平的局限,在张仲景的著作中,也不可避免地存在着一些糟粕,如劝人不要吃燕肉,说吃了"入水为蛟龙所吞","六甲日勿食鳞甲之物","父母本命肉(如肖牛、肖猪)食之,令人神魂不安"(《金匮要略》)之类。这些迷信和不科学的东西,是应该加以排除的。

华佗,一名旉,字元化,沛国谯(今安徽亳州)人。他曾游学徐州,通晓医理,在今安徽、江苏、山东、河南一带行医。曹操常患偏头风病,请他去做侍医,他不愿意为曹操一人服务,结果被曹操杀了。

华佗在当时是一位杰出的医生,精通内科、外科、妇产科、小儿科和针灸科，尤其擅长外科，后世称他为外科鼻祖。相传他发明一种麻醉药，叫做"麻沸散"，"若病结积在内，针药所不能及，当须刳割者，便饮其麻沸散，须臾便如醉死无所知，因破取病。若在肠中，便断肠湔洗，缝腹膏摩，四五日差，不痛……一月之间即平复矣"（《三国志·魏志·华佗传》）。我们知道要施行这种外科手术，第一要懂得人体解剖，第二要有可靠的麻醉剂，第三要消毒工作做得好，华佗在这三方面可能都做到了，才会取得良好的效果。

有一次，彭城夫人的手在晚上给毒蝎咬了，很是痛苦。华佗叫她用暖酒来热敷，到第二天早晨，疼痛已止，肿也消了。热敷的应用，可以说是华佗的发明。

华佗很重视平日的运动与锻炼，对他的学生吴普说过："人体欲得劳动，但不当使极尔（不过度）。动摇则谷气得消（肠胃容易消化），血脉流通，病不得生。"（《三国志·魏志·华佗传》）"卿见户枢，虽用易腐之木，朝暮开闭动摇，遂最晚朽。"（《医心方》卷27引《华佗别传》）他创造了一套医疗体操，"名五禽之戏，一曰虎，二曰鹿，三曰熊，四曰猨（猿），五曰鸟"。就是模仿这五种动物的动作姿态，可以使全身各个关节和肌肉都得到舒展，"沾濡汗出"，"身体轻便，腹中欲食"。吴普照这个方法坚持锻炼，后来活到九十多岁，还是"耳目聪明，齿牙完坚"（《三国志·魏志·华佗传》）。

华佗的学生，出名的有三人。一个就是吴普，著有《吴普本草》；一个叫李当之，著有《药录》；还有一个是善于针灸的樊阿。吴、李两人在药物学方面作出一定的贡献，他们的原著虽然散失了，但有一小部分还保存在《政和证类本草》和《本草纲目》中。

王熙，字叔和，西晋太医令，著《脉经》十卷。《脉经》总结了西晋以前的脉学经验，详细辨析了三部九候及二十四种脉象，并论述了脏腑各种疾病的诊断方法，为现存最早的脉学专著。王叔和除了撰写《脉经》以外，还对张仲景的《伤寒论》、《金匮要略》两书，做了细致的整理工作。

皇甫谧(公元 215—282 年)，字士安，安定朝那(今甘肃平凉市西北)人，后徙新安(今河南渑池)。因家道贫寒，他边耕边读，勤学苦练，成为史学专家，著有《帝王世纪》、《年历》、《高士传》、《逸士传》、《列女传》、《玄晏春秋》等书。中年患风痹疾，半身不遂，乃悉心研究医学，精通针灸术。他根据《素问》、《针经》和《明堂孔穴针灸治要》三书，结合自己取得的经验，撰成《针灸甲乙经》十二卷。书中叙述了人体的生理结构和病理变化，厘定了腧穴的总数和部位，详尽地介绍了针灸的操作方法，和应该注意的禁忌。它既然说明了针灸疗法的效验；而又慎重地指出人体的有些穴位，是不能下针刺的，如"刺中心，一日死"；"刺中肺，三日死"；"刺中肝，五日死"；"刺中脾，十五日死"；"刺中肾，三日死"；"刺中胆，一日半死"，刺坏大血脉，"血出不止死"。《针灸甲乙经》是我国针灸学的重要著作，对于后世针灸疗法的发展有深远影响。后来这部书流传到朝鲜、日本等国，在国际医学交流中起了很大的作用。

东晋的葛洪，是道教理论家、炼丹术家，同时也是医学家，他对医学的发展作出一定的贡献。著作有《金匮药方》一百卷、《肘后卒救方》三卷。葛洪采录张仲景、华佗各家的验方，集为《金匮药方》百卷。以后感到《金匮药方》卷帙繁重，"非有力不能尽写"。同时各家所著的备急方，又"多珍贵之药，岂贫家野居，所能立办"。因此他住到交、广以后，就编写这样一部简易的方书——《肘后卒救方》。书里记载的方药，"率多易得之药，其不获已须买之者，亦皆贱价，草、石所在皆有"。他又认为针灸灸易针难，"自非究习医方，素识明堂流注(人体生理结构和穴位)者，则身中荣卫尚不知其所在，安能用针以治之哉？"所以葛洪在《肘后卒救方》中，只讲灸的操作方法而没有介绍针的操作方法，因为"灸但言其分寸,不名孔穴,凡人览之,可了其所用"(葛洪《肘后卒救方》序),不比针那样容易发生医疗事故。成书后因卷帙不多,携带便利,可以随身挂在肘后,故以取名"肘后方"。书中备列急性传染病、各脏器急慢性病、外科、儿科、皮肤科、眼科以及六畜病的治疗方药。对每种疾病,都讲到病源、病状、治法和药方。由于药方从"便"、"廉"、"验"三方面着眼,因此这部书流行很广。

葛洪在《肘后方》中,对结核性传染病,已有了深切的认识。他把传染病叫做"尸注"、"鬼注病"。他说:"其病变动,乃有三十六种,至九十九种。大约使人寒热、淋沥、沉沉、默默,不的知其所苦,而无处不恶。累年积月,渐就顿滞,以至于死。死后复传之旁人,乃至灭门。"他对结核性传染病的症状和传染情况的认识,基本上是正确的。在《肘后方》里,葛洪还介绍了天花的症状,他称之为"虏疮"。他说:"比岁有病天行发斑疮,头面及身,须臾周匝,状如火疮,皆戴白浆,随决随生,不即疗,剧者数日必死。疗得差后,疮瘢紫黯,弥岁方灭,此恶毒之气也。世人云,以建武中(公元 317 年)于南阳击虏所得,仍呼为虏疮"(《外台秘要》卷 3 引《肘后方》)。这是中国关于天花的最早记载。在药物的应用方面,葛洪也经常用常山来治疗疟疾,用黄连来治疗痢疾,用麻黄来治疗咳嗽和哮喘,用昆布、海藻来治疗甲状腺肿大,用大黄来作泻剂,用松节油来医关节炎,用雄黄、艾来作消毒剂,都收到显著的医疗效果。不过葛洪的方书,也和他的其他著作一样,里面掺杂有许多迷信和不科学的东西,那些糟粕部分,是应该加以剔除的。

南齐永明元年(公元 483 年),龚庆宣整理出《刘涓子鬼遗方》五卷。这是一部较早的外科学方书,书里收集了很多有关痈、疽、金创方面的药方,对当时外科治疗,起了一定作用。书里对痈、疽两大证状的鉴别和诊断,有较为详尽的论述。它对于辨别痈的有无脓和手术地位,也有详细的记载。它说:"痈大坚者,未有脓,半坚薄半有脓,当上薄者都有脓,便可破之。所破之法,应在下逆上破之,令脓得易出。……脓泄,去热气,不尔长速,速即不良。"这一部书到今天还完整地保存下来,它是研究中国古代外科学的重要参考著作。

葛洪的《肘后卒救方》,原本有八十六方。到了南齐永元二年(公元500年),陶弘景认为这部书已经流传了一百多年,有不少新的验方可以补充。于是他把葛洪的八十六方删并为七十九方,另外又采集补阙,增添了二十二方,合为一百零一方,并重新加以编次,改名为《肘后百一方》。《肘后方》经过陶弘景的补充以后,在民间广泛流传,其影响更大了。

陶弘景除了增订《肘后方》以外,在药物学方面,又撰成《本草经集注》七卷,这书亦称为《名医别录》。原来从汉代就流传着一部《神农本草经》,因为这部书中有后汉的地名,所以许多人怀疑是张仲景、华佗等人所编录的。到了华佗的弟子"吴普、李当之等,更复损益。……三品混糅,冷热舛错,草石不分,虫兽无辨。且所主治,互有得失,医家不能备见"(陶弘景《本草经集注》序)。故陶弘景加以整理。他把《神农本草经》原来著录的药品三百六十五种,详细地加以订正,另外增收魏晋间名医所用新药三百六十五种,合成七百三十种,订为七卷。《本草经》是用朱笔来书写的;《本草经集注》是用墨笔来书写的。他把七百三十种药分为玉石、草木、虫、兽、果、菜、米食等七大类,这种分类方法,对后来修撰的药典有深远影响。

陶弘景在《本草经集注》里,在每一种药品之下,还指出药物的疗效和它采集的季节、产地等等。他还考订了古今药用的度量衡,并且规定了汤、酒、膏药及丸散的制造常规,这在中国古代药剂学上具有重要意义。陶弘景又著有《太清草木集要》二卷,《隋志》著录,惜已亡失。

陶弘景既是一位药物学家，也是一位医学家。他平日常对人说：同时治两个患同一种疾病的人（如都是肺痨病），也应该根据他们各人的工作性质、生活条件、乡土习俗以及各人的情绪好坏等等，分别处理。所以他说："复观人之虚实补泻，男女老少，苦乐荣悴，乡壤风俗，并各不同。褚澄（南齐名医）疗寡妇尼僧，异乎妻妾，此是达其性怀之所致也。"（《重修政和证类本草》卷1引）可见他观察人的疾病，是非常细致深入的。

————————

① 《齐民要术·种谷篇》自注称："西兖州刺史刘仁之，老成懿德，谓予言曰：'昔在洛阳，于宅田，以七十步之地，试为区田，收粟三十六石。'"刘仁之据《魏书》列传载，出帝初（公元532—534年）为著作郎，兼中书令；出除卫将军西兖州刺史，在州有当时之誉，武定二年（公元544年）卒。则思勰成书，当在公元534—544年之间。

② 《齐民要术》中所采用的歌谣、谚语，有三十多条，都是极好的经验总结。如关于黍穄的收割时期，引谚曰，"穄青喉，黍折头"（《黍穄篇》自注），谓穄当在穗基部和秆相接的地方还没有完全褪色以前收割，黍当在穗子完全成熟到弯下头来的时候才收割。如关于种黍的时期，引谚曰，"椹（桑椹）厘厘，种黍时"（《黍穄篇》自注），谓桑椹成熟，正是种黍的季节。如关于耕作，引谚曰，"耕而不劳，不如作暴"（《耕田篇》自注），谓翻耕不摩，简直是闯祸。如说明锄地要及时，引谚曰，"锄头三寸泽"（《杂说篇》），谓多锄一次地，犹如多下一次雨。如强调雨水对麻的重要性，引谚曰"夏至后，不没狗"，"但雨多，没橐驼"（《种麻篇》），谓夏至后种麻，不易长大，连狗也遮蔽不住；只要雨水多，麻会长到遮得住骆驼。又如说小麦要种在低地，引歌谣曰，"高田种小麦，稴穇不成穗（有气无力不结穗）。男儿在他乡，焉得不憔悴"（《大小麦篇》），用男儿作客他乡，形象地来比喻高田种小麦。这些都是用一两句话或谚语、歌谣，概括出人民在和大自然作斗争中所取得的宝贵经验。

③ 参考万国鼎教授著《论〈齐民要术〉——我国现存最早的一部农书》，载《历史研究》1956年第1期；石声汉教授著《从〈齐民要术〉看中国古代的农业科学知识》。

魏晋南北朝大事年表

帝　王　纪　年	公　元	大　　　　　　　事
东汉灵帝　中平元年	184 年	二月，黄巾大起义。
中平五年	188 年	三月，初选尚书、列卿为州牧，以太常刘焉为益州牧，宗正刘虞为幽州牧。州任之重，自此而始。
中平六年	189 年	四月，灵帝卒，少帝刘辩立，帝舅大将军何进辅政。八月，宦官杀何进，袁绍诛宦官。董卓提兵入洛阳。九月，董卓废少帝，立献帝。
东汉献帝　初平元年	190 年	正月，关东州郡起兵讨董卓，推袁绍为盟主。二月，董卓胁献帝迁都长安。是岁，辽东太守公孙度自立为辽东侯、平州牧。
初平二年	191 年	七月，袁绍自领冀州牧。
初平三年	192 年	四月，诛董卓，司徒录尚书事王允并害蔡邕。是月，曹操领兖州刺史。六月，董卓部将李傕、郭汜等破长安，关中大乱。十二月，曹操败黄巾于济北，得戎卒三十余万，收其精锐，号青州兵，操兵力始强。
兴平元年	194 年	笮融在彭城，大起浮屠祠，课人诵读佛经，招致旁郡好佛者至五千余户。
兴平二年	195 年	孙策渡江，遂据江东。
建安元年	196 年	七月，献帝被劫返至洛阳。八月，曹操迎帝都许。是岁，曹操始募民屯田许下，得谷百万斛。
建安三年	198 年	曹操擒吕布于下邳。
建安四年	199 年	九月，曹操出兵与袁绍相持于官渡。十一月，张绣降于曹操。
建安五年	200 年	四月，孙策卒，弟孙权继位。十月，曹操大败袁绍于官渡。
建安六年	201 年	九月，曹操击刘备于汝南，刘备投奔荆州牧刘表。
建安七年	202 年	五月，袁绍卒。绍三子袁谭、袁熙、袁尚争立。
建安十年	205 年	曹操灭袁谭，走袁熙、袁尚，遂定河北。颁田租、户调令。
建安十一年	206 年	正月，曹操击高幹，取并州。
建安十二年	207 年	八月，曹操击破乌桓蹋顿。

帝　王　纪　年	公　元	大　　　　　事
建安十三年	208 年	八月,荆州牧刘表卒,曹操进兵取荆州。十月,赤壁之战。是岁,杰出医学家华佗被杀。
建安十六年	211 年	刘备入蜀。
建安十九年	214 年	刘备取蜀。
建安二十四年	219 年	关羽败死,刘备失荆州。
魏文帝　黄初元年	220 年	正月,曹操卒,曹丕继位为丞相、魏王。二月,实施九品中正制。十月,曹丕称皇帝,是为魏文帝,三国开始,东汉亡。
黄初二年	221 年	刘备称帝。孙权受封吴王。
黄初三年	222 年	六月,吴败蜀于夷陵。
黄初四年	223 年	四月,刘备卒,子刘禅继位,诸葛亮以丞相辅政。
黄初六年	225 年	诸葛亮定南中。
黄初七年	226 年	五月,曹丕卒,子曹叡继位,是为魏明帝。是岁,吴交州刺史吕岱遣中郎康泰、宣化从事朱应出使扶南。
魏明帝　太和三年	229 年	四月,孙权自称帝。
太和四年	230 年	吴使将军卫温等浮海求夷洲、亶洲。是岁,大书法家钟繇卒。
太和六年	232 年	十一月,文学家曹植卒。
青龙二年	234 年	八月,诸葛亮卒于五丈原。
景初二年	238 年	八月,魏遣司马懿伐公孙渊,灭之,取辽东等四郡。
景初三年	239 年	正月,魏明帝曹叡卒,子曹芳继位。曹爽、司马懿辅政。二月,爽转司马懿为太傅,不令录尚书奏事。
魏齐王曹芳正始元年	240 年	何晏、王弼等开始提倡玄学。
正始四年	243 年	吴数学家阚泽卒。
嘉平元年	249 年	正月,高平陵事变,曹爽、何晏等被杀,司马懿专擅魏政。是岁,玄学家王弼病卒。
嘉平三年	251 年	四月,魏都督扬州诸军事王凌谋立楚王曹彪,司马懿率兵击之;五月,王凌自杀;六月,楚王曹彪自杀。八月,司马懿卒,子司马师继懿擅政。

帝　王　纪　年	公元	大　　　　　事
嘉平四年	252年	四月,孙权卒。权少子亮继位,诸葛恪为太傅辅政。
嘉平五年	253年	四月,蜀姜维率数万人,围狄道。粮尽退军。五月,吴诸葛恪出兵围合肥新城。七月,恪引兵还。十月,吴宗室孙峻杀诸葛恪,峻以丞相辅政。
魏高贵乡公正元元年	254年	二月,司马师杀中书令李丰、太常夏侯玄,九月,司马师废魏帝曹芳,立高贵乡公曹髦。
正元二年	255年	正月,魏镇东将军毌丘俭、扬州刺史文钦于寿春举兵;兵败,俭被杀,文钦奔吴。司马师病卒,弟司马昭继师擅政。
甘露元年	256年	九月,吴孙峻病卒,峻从弟孙綝继峻辅政。是岁,经学家王肃卒。
甘露二年	257年	四月,魏征东大将军诸葛诞于寿春举兵反魏。
甘露三年	258年	二月,魏司马昭破寿春,杀诸葛诞。九月,吴孙綝废吴主孙亮,立孙休为帝。十二月,孙休杀孙綝。是岁,鲜卑拓跋力微始居定襄之盛乐。
魏元帝　景元元年	260年	五月,司马昭杀曹髦,立曹奂。是岁,朱士行出家为僧,汉地有僧人之始。
景元三年	262年	名士嵇康被杀。
景元四年	263年	十一月,蜀亡。是岁,刘徽注《九章算术》成书。名士阮籍病卒。
咸熙元年	264年	七月,吴主孙休病卒,休兄子孙晧继位。是岁,魏罢屯田官。
西晋武帝　泰始元年	265年	八月,司马昭卒,子司马炎嗣为相国、晋王。十二月,司马炎代魏称帝,是为西晋武帝。
泰始二年	266年	罢农官为郡县。
泰始五年	269年	鲜卑秃发树机能扰凉州,历十一年之久。
泰始六年	270年	史学家谯周卒。
泰始九年	273年	四月,《国语》注者韦昭为吴主孙晧所杀。
太康元年	280年	三月,吴亡。是岁,全国有户二百四十五万九千八百四十。颁占田令。
太康二年	281年	汲冢书出土。
太康三年	282年	史学家兼针灸学家皇甫谧病卒。

帝 王 纪 年		公 元	大　　　　事
	太康四年	283 年	三月，齐王司马攸病卒。
西晋惠帝	永熙元年	290 年	三月，西晋武帝卒，子司马衷继位，是为惠帝。武帝皇后之父杨骏辅政。
	元康元年	291 年	三月，楚王司马玮承贾后意，杀杨骏。贾后干预朝政。六月，贾后命楚王玮杀汝南王亮、太保卫瓘，又杀楚王玮。
	元康四年	294 年	五月，匈奴族人郝散起兵于上党。
	元康六年	296 年	八月，氐人齐万年起兵于关中。
	元康八年	298 年	略阳、天水六郡民流徙入梁、益。
	元康九年	299 年	江统著《徙戎论》。十二月，贾后废太子遹。
	永康元年	300 年	三月，贾后杀废太子遹。四月，赵王司马伦杀贾后，并害张华及裴頠。是岁，文学家潘岳、哲学家欧阳建被杀。
	永宁元年	301 年	正月，司马伦称皇帝。四月，伦败死。惠帝复帝位，宗室混战开始。十月，李特起兵于绵竹。
	太安二年	303 年	夏，张昌起兵于安陆。十月，文学家陆机被杀。
	永兴元年	304 年	十月，匈奴北单于刘渊举兵于左国城，称汉王。李雄亦于成都称成都王。是岁，张轨出镇凉州。
	光熙元年	306 年	六月，李雄称皇帝，国号大成。八月，东海王司马越擅政。十一月，晋惠帝卒，弟司马炽即帝位，是为怀帝。
西晋怀帝	永嘉元年	307 年	九月，琅邪王司马睿移镇建业。
	永嘉二年	308 年	十月，刘渊称汉皇帝，建都平阳。
	永嘉四年	310 年	七月，刘渊卒，太子和继位，和弟刘聪杀和自立。九月，王如起兵于南阳。
	永嘉五年	311 年	正月，巴蜀流民四五万家起义于湘州，推杜弢为主。三月，东海王越病死于项。四月，石勒击灭西晋主力军于苦县宁平城，死者十余万人。六月，汉刘曜等攻陷洛阳，俘晋怀帝。
西晋愍帝	建兴元年	313 年	四月，秦王司马邺即皇帝位于长安，是为愍帝。七月，羯人石勒据襄国。
	建兴四年	316 年	十一月，刘曜攻陷长安，俘西晋愍帝，西晋亡。

帝 王 纪 年		公 元	大　　　事
东晋元帝	建武元年	317年	三月,司马睿即晋王位于建康,东晋建国。六月,东晋豫州刺史祖逖进据谯城,经营北伐。
	太兴元年	318年	三月,司马睿改称皇帝,是为东晋元帝。七月,刘聪病卒,汉乱。十月,刘曜称帝。是岁,刘琨被杀。
	太兴二年	319年	六月,汉刘曜改国号曰赵,史称前赵。十一月,石勒称赵王,史称后赵。
	太兴四年	321年	九月,祖逖卒。
	永昌元年	322年	王敦举兵。
东晋明帝	太宁二年	324年	著名的训诂学家郭璞为王敦杀害。王敦病死。
东晋成帝	咸和二年	327年	苏峻举兵。
	咸和四年	329年	九月,石勒灭前赵。
	咸和五年	330年	东晋始度百姓田,取十分之一,亩税三升。九月,石勒称皇帝。是岁,虞喜发现岁差。
	咸和八年	333年	七月,石勒死,石虎杀石勒诸子自立。
	咸康三年	337年	十月,辽西徒河鲜卑慕容皝称燕王,史称前燕。
东晋康帝	建元元年	343年	是岁,《抱朴子》著者葛洪卒。
东晋穆帝	永和元年	345年	八月,东晋以桓温为安西将军、荆州刺史。
	永和三年	347年	三月,桓温率兵取成都,成汉亡。
	永和五年	349年	正月,后赵境内梁犊起义。七月,东晋褚裒北伐失败。十二月,冉闵展开反胡羯的斗争。是岁,中原内地始有祠胡天神的记载。
	永和六年	350年	闰正月,冉闵登皇帝位,国号魏。十一月,氐人苻健入长安,定关中。
	永和七年	351年	正月,苻健自称天王,国号秦,史称前秦。
	永和八年	352年	四月,前燕主慕容儁灭魏,杀冉闵。
	永和九年	353年	三月,王羲之写出《兰亭序》。十月,殷浩北伐失败。
	永和十年	354年	正月,张祚自称凉王,凉州地区开始不用东晋年号。二月,桓温伐前秦,至灞上。六月,温以缺乏粮食退兵。
	永和十二年	356年	桓温北伐,攻入洛阳。

帝　王　纪　年	公　元	大　　　　　事
升平元年	357 年	六月，苻坚杀苻生，称大秦天王，始任王猛为政。
升平三年	359 年	十月，谢万北伐失败。
东晋哀帝　隆和二年	362 年	东晋减田租，亩收二升。
兴宁二年	364 年	三月庚戌，东晋庚戌土断。
东晋海西公太和元年	366 年	是岁即前秦建元元年，敦煌莫高窟开凿。
太和四年	369 年	桓温北伐前燕，至枋头，以粮竭退兵；燕军追蹑至襄邑，晋军败归。
太和五年	370 年	十一月，前秦灭前燕。
东晋简文帝咸安元年	371 年	十一月，桓温率兵入建康，图谋夺取政权。
东晋孝武帝宁康元年	373 年	七月，桓温病卒；谢安执政。十一月，前秦取东晋梁、益二州。
宁康三年	375 年	七月，前秦丞相王猛卒，秦政始衰。
太元元年	376 年	八月，前秦攻凉州，灭前凉，统一北方。九月，东晋除度田收租之制，王公以下，口税米三斛。十二月，前秦灭代。
太元二年	377 年	东晋建立北府兵。
太元四年	379 年	二月，前秦取东晋重镇襄阳。
太元七年	382 年	前秦吕光进军西域。
太元八年	383 年	十一月，秦晋淝水之战，秦兵大败。十二月，东晋增民税米，口五石。鲜卑慕容垂起兵于河北。
太元九年	384 年	正月，慕容垂称燕王，史称后燕。四月，羌人姚苌起兵关中，称秦王，史称后秦。
太元十年	385 年	五月，苻坚自长安出奔五将山。闰五月，西燕主慕容冲入据长安。八月，谢安卒。同月，苻坚在五将山为姚苌所杀。九月，吕光自西域还师，据凉州，史称后凉。鲜卑乞伏国仁据苑川，史称西秦。是岁，释道安卒。
太元十一年	386 年	正月，鲜卑拓跋珪复国，称代王；四月，改称魏王。
太元十九年	394 年	八月，后燕灭西燕。

帝 王 纪 年	公 元	大　　　　　事
太元二十年	395 年	十一月,拓跋珪歼后燕军于参合陂。是岁,雕塑家戴逵卒。
太元二十一年	396 年	四月,后燕主慕容垂卒。
东晋安帝　隆安元年	397 年	正月,秃发乌孤称大单于、西平王,史称南凉。三月,北魏进军河北,后燕主慕容宝弃中山,逃奔龙城。
隆安三年	399 年	十月,孙恩起义。是岁,名僧法显赴天竺。
隆安四年	400 年	五月,孙恩起义军攻破会稽。十一月,李暠据敦煌,史称西凉。是岁,鲜卑慕容德称燕皇帝于广固,史称南燕。
隆安五年	401 年	六月,孙恩起义军浮海至丹徒,陷广陵,又浮海北抵郁洲。同月,沮渠蒙逊据张掖,史称北凉。是岁,龟兹名僧鸠摩罗什至长安。
元兴元年	402 年	三月,桓玄入建康。孙恩失败,卢循继续领导起义军。
元兴二年	403 年	七月,北凉吕氏亡。十二月,桓玄称皇帝,国号楚。
元兴三年	404 年	二月,以刘裕、刘毅为首的北府兵将领起兵讨桓玄。三月,桓玄西走荆州。五月,桓玄死。十月,卢循取广州。
义熙元年	405 年	正月,桓氏残余势力消灭。二月,蜀乱,谯纵自称成都王。三月,晋帝复位。
义熙三年	407 年	六月,匈奴赫连勃勃称大夏天王、大单于。七月,后燕冯跋等拥高云为天王,史称北燕;后燕亡。
义熙五年	409 年	四月,刘裕北伐南燕。十月,高云被杀,冯弘自立为燕天王,史亦称北燕。
义熙六年	410 年	二月,南燕亡。
义熙七年	411 年	七月,卢循失败。
义熙八年	412 年	七月,法显自天竺返国。是岁,北凉著名历法家赵蒻制订《元始历》,改置闰周。
义熙九年	413 年	三月,东晋义熙土断。七月,东晋平蜀。
义熙十年	414 年	六月,南凉亡。是岁,僧肇卒。
义熙十二年	416 年	八月,刘裕北伐后秦。

帝　王　纪　年	公　元	大　　　　　　　　事
义熙十三年	417 年	七月，后秦亡。十二月，刘裕南归。
义熙十四年	418 年	十一月，夏主赫连勃勃取关中。
宋武帝　　永初元年	420 年	六月，刘裕即皇帝位，国号宋，东晋亡。南北朝开始。是岁，魏始崇道教。
永初三年	422 年	五月，宋武帝卒，少帝义符继位。
宋文帝　　元嘉元年	424 年	五月，宋徐羡之、谢晦等废少帝刘义符；六月，杀之。八月，迎立荆州刺史刘义隆为帝，是为文帝。
元嘉三年	426 年	正月，宋文帝杀宰相徐羡之、傅亮；二月，杀荆州刺史谢晦。
元嘉四年	427 年	是岁，大诗人陶渊明卒。
元嘉六年	429 年	是岁，裴松之注《三国志》成。
北魏太武帝神麚四年	431 年	正月，西秦亡。六月，夏赫连氏亡。
延和元年	432 年	是岁，名僧昙无谶为凉王沮渠蒙逊所杀。
宋　　　　元嘉十年	433 年	是岁，诗人谢灵运被杀。
元嘉十一年	434 年	是岁，竺道生卒。
北魏　　　太延二年	436 年	五月，北燕主冯弘逃往高丽，北燕亡。
宋　　　　元嘉十五年	438 年	是岁，宋于台城北郊鸡笼山开馆，立儒、玄、史、文四学。
北魏　　　太延五年	439 年	九月，北魏灭北凉。
太平真君三年	442 年	是岁，沮渠无讳经流沙，据高昌。
宋　　　　元嘉二十年	443 年	是岁，雕塑家戴颙卒。
元嘉二十一年	444 年	是岁，何承天撰《元嘉新历》成。
北魏　元嘉二十二年 　　　太平真君六年	445 年	正月，宋颁行《元嘉新历》。九月，北魏卢水胡人盖吴起义于杏城。十二月，宋杀史学家范晔。
太平真君七年	446 年	二月，北魏毁佛寺，坑僧尼，焚经像。八月，盖吴败死。
宋　　　元嘉二十七年 北魏太平真君十一年	450 年	十二月，北魏太武帝拓跋焘侵宋，进至瓜步。
北魏文成帝兴安元年	453 年	是岁，云冈石窟开凿。

帝 王 纪 年	公 元	大　　　　　事
宋孝武帝　孝建三年	456 年	是岁,诗人颜延之卒。
大明五年	461 年	十二月,制民户岁输布四匹。
大明八年	464 年	是岁,宋有户九十四万有奇。
宋明帝　　泰始二年	466 年	九月,诗人鲍照在荆州为乱军所杀。
泰始五年 北魏献文帝皇兴三年	469 年	正月,北魏陷宋东阳,于是青、冀之地尽入于魏。五月,北魏徙青、齐民于平城,置平齐郡以处之;又用沙门统县曜言,以平齐户及诸民能输谷入僧曹者为僧祇户,以重罪犯及官奴为佛图户。
宋顺帝　　昇明元年 北魏孝文帝太和元年	477 年	宋萧道成擅政。北魏制,一夫治田四十亩,中男二十亩。
南齐高帝　建元元年	479 年	四月,萧道成即皇帝位,国号齐,宋亡。
南齐武帝　永明三年 北魏　　　太和九年	485 年	十月,北魏孝文帝颁均田令。十二月,南齐富阳人唐寓之起义。
太和十年	486 年	北魏实施三长制。
南齐　　　永明六年	488 年	沈约撰成《宋书》。是时永明声律学说兴起。
永明十一年	493 年	七月,诗人王融被杀。
北魏　　　太和十八年	494 年	北魏迁都洛阳。
太和二十年	496 年	北魏禁鲜卑语。改鲜卑姓,并以门第用人。
南齐东昏侯永元元年	499 年	是岁,诗人谢朓下狱死。
永元二年 北魏宣武帝景明元年	500 年	杰出的自然科学家祖冲之卒。陶弘景增订《肘后百一方》成书。龙门石窟开凿。
南齐　　　永明三年	501 年	刘勰《文心雕龙》成书。
梁武帝　　天监元年	502 年	四月,萧衍称帝,国号梁,南齐亡。
天监六年	507 年	范缜著《神灭论》成。
天监九年	510 年	梁采用祖冲之制订的《大明历》。
天监十二年	513 年	闰二月,文学家、史学家沈约卒。
北魏　　　延昌四年	515 年	六月,北魏冀州沙门法庆起义,自号大乘。
梁　　　天监十五年 北魏孝明帝熙平元年	516 年	九月,梁浮山堰崩塌,缘淮村落十余万口被漂入海。是岁,柔然击杀高车王弥俄突。

帝　王　纪　年	公　元	大　　　　事
神龟元年	518 年	是岁,北魏命惠生、宋云往北天竺取经。
梁　　天监十八年	519 年	是岁,著名画家张僧繇卒。
普通二年	521 年	是岁,著名学者刘峻卒。
北魏　　正光三年	522 年	正月,惠生、宋云从北天竺回到洛阳。
正光五年	524 年	三月,六镇起义。六月,关陇起义。
孝昌元年	525 年	八月,杜洛周起义于上谷。
孝昌二年	526 年	正月,鲜于修礼起义于定州左人城。八月,鲜于修礼被害,部将葛荣继续领导起义军。
孝昌三年	527 年	九月,关陇起义军领袖莫折念生被杀。十月,《水经注》作者郦道元被杀。
北魏孝庄帝永安元年	528 年	四月,尔朱荣举兵入洛阳,杀朝士二千余人于河阴,遂擅魏政。六月,邢杲起义于北海。七月,万俟丑奴于关中称帝。八月,葛荣起义军为尔朱荣所败。
永安二年	529 年	四月,邢杲失败。
永安三年	530 年	四月,万俟丑奴失败。九月,北魏孝庄帝杀尔朱荣。十二月,北魏孝庄帝为尔朱兆所杀。
梁　　中大通四年	531 年	四月,《文选》纂撰者梁昭明太子萧统卒。
北魏孝武帝永熙二年	533 年	正月,尔朱兆自杀,高欢尽灭尔朱氏。是时北魏僧尼近二百万,寺院三万所。
永熙三年 东魏孝静帝天平元年	534 年	七月,北魏孝武帝西奔长安。十月,高欢立元善见为帝,是为东魏孝静帝;旋迁都邺。自是魏分东西。闰十二月,宇文泰杀北魏孝武帝。
西魏文帝　大统元年	535 年	正月,宇文泰立元宝炬为帝,是为西魏文帝。
东魏　　大统三年 天平四年	537 年	十月,东西魏战于沙苑,东魏大败,丧甲士八万。
西魏　　大统四年 东魏　　元象元年	538 年	八月,东西魏战于河桥,西魏初胜后败。
西魏　　大统九年 东魏　　武定元年	543 年	三月,东西魏战于邙山,东魏胜西魏。
西魏　　大统十二年 东魏　　武定四年	546 年	十月,东魏围西魏玉壁,士卒死伤七万人;十一月,东魏军无功而退。是岁,高车为突厥所役属,突厥开始强大。

帝　王　纪　年	公　元	大　　　　　　事
梁　　　　　太清元年 东魏　　　　武定五年	547 年	正月，东魏丞相高欢卒。三月，侯景叛东魏降梁。十一月，梁丧师于寒山堰。是岁，东魏杨衒之撰成《洛阳伽蓝记》。
梁　　　　　太清二年 西魏　　　　大统十四年	548 年	八月，侯景叛梁；十月，围建康。是岁，西魏创建府兵制。
梁　　　　　太清三年	549 年	三月，侯景破台城。
梁简文帝　大宝元年 北齐文宣帝天保元年	550 年	五月，高欢子高洋称帝，国号齐，是为北齐文宣帝；东魏亡。十一月，侯景称帝，国号汉。
梁元帝　　承圣元年 西魏废帝　　元年	552 年	正月，突厥袭破柔然。三月，侯景败亡。五月，西魏取梁梁州。十一月，梁萧绎在江陵称帝，是为梁元帝。
梁　　　　　承圣二年 西魏废帝　　二年	553 年	五月，西魏取梁益州。
梁　　　　　承圣三年 西魏恭帝　　元年	554 年	十一月，西魏破江陵。十二月，西魏杀梁元帝，立萧詧为梁主。
梁敬帝　　绍泰元年 北齐　　　　天保六年	555 年	二月，梁王僧辩、陈霸先等拥立萧方智于建康，称梁王。八月，北齐令道士皆削发为沙门。十月，梁萧方智称帝，是为敬帝，陈霸先擅政。
梁　　　　　太平元年 西魏恭帝　　三年 北齐　　　　天保七年	556 年	六月，陈霸先大破齐军。十月，西魏太师宇文泰病卒，子宇文觉嗣位。泰兄子宇文护总军国事。
陈武帝　　永定元年 北周孝闵帝　元年 　　　明帝　　元年	557 年	正月，西魏宇文觉称天王，国号周，是为北周孝闵帝；西魏亡。九月，北周宇文护杀天王宇文觉，立宇文毓为天王，是为明帝。十月，陈霸先称皇帝，国号陈；梁亡。
陈文帝　　天嘉二年	561 年	正月，陈收复巴、湘失地。
北齐武成帝河清三年	564 年	三月，北齐颁均田令。
北周武帝　建德元年 北齐后主　武平三年	572 年	三月，北周武帝宇文邕杀大冢宰宇文护，开始亲政。是岁，史学家魏收卒。
陈宣帝　　太建六年 北周　　　　建德三年	574 年	五月，北周禁佛道二教。是岁，陈收复淮南。
建德六年	577 年	正月，北周灭北齐。禁关东佛教。
陈　　　　　太建十年 北周　　　　建德七年	578 年	二月，北周败陈军于吕梁，淮南之地复入于周。六月，北周武帝卒，子宇文赟继位，是为宣帝。

帝　王　纪　年	公　元	大　　　　　事
北周　　大象二年	580 年	五月,北周宣帝病死,后父杨坚擅政。六月,尉迟迥起兵于相州。七月,司马消难起兵于郧州。八月,王谦起兵于益州,皆以讨杨坚为名,不久皆陆续失败。是岁,北周复行佛、道二教。
北周静帝　大定元年 隋文帝　　开皇元年	581 年	二月,杨坚即皇帝位,国号隋;北周亡。是岁,文学家庾信卒。
陈后主　　开皇九年 祯明三年	589 年	正月,隋灭陈,统一全国。